Hans Delbrück

Geschichte der Kriegskunst

Das Altertum

Von den Perserkriegen bis Caesar

Hans Delbrück

Geschichte der Kriegskunst

Das Altertum

Von den Perserkriegen bis Caesar

Mit einem Vorwort von Ulrich Raulff
und einer Einleitung von Karl Christ

Nikol Verlagsgesellschaft mbH & Co. KG
Hamburg
www.nikol-verlag.de

Geschichte der Kriegskunst
Das Altertum

Sonderauflage 2003 für die
Nikol Verlagsgesellschaft mbH & Co. KG, Hamburg
www.nikol-verlag.de

Mit freundlicher Genehmigung
des Verlages Walter de Gruyter GmbH & Co. KG, Berlin

1. Auflage 1900
2. Auflage 1908
3. Auflage 1920
Die ersten bis dritten Auflagen erschienen bei Georg Stilke, Berlin.
Nachdruck 1964 der 3. Auflage 1920
Neuausgabe 2000 des Nachdrucks von 1964
Nachdruck der Neuausgabe 2000

Satz: Arthur Collignon GmbH, Berlin
Umschlaggestaltung: Callena Creativ GmbH, www.callena.de
Abbildung auf der Einbandvorderseite:
Die Schlacht bei Issus 333 v. Chr., Albrecht Altdorfer (um 1480 bis 1538)
Artothek, Weilheim
Druck: CPI Books, Ulm
Printed in Germany

ISBN 3-933203-73-2

Inhalt

3. Buch. Die Macedonier

4. Buch. Altrom

5. Buch. Der zweite punische Krieg

6. Buch. Die Römer als Welteroberer

7. Buch. Cäsar

VORWORT ZUR NEUAUFLAGE VON ULRICH RAULFF

Politik als Passion. Hans Delbrück und der Krieg in der Geschichte

Ein Klassiker kehrt zurück

Von der Prosa des neunzehnten Jahrhunderts hat das zwanzigste nur den Roman übrig gelassen. Manzoni, Tolstoi, Keller werden noch gelesen, Hawthorne, Hardy oder Henry James bewahrt der Film vor dem Vergessen. Jenseits der Belletristik aber wächst die Wüste. Schopenhauer, ehedem ein Erfolgsautor, ist im Begriff, ein Tip für Eingeweihte zu werden; Nietzsche wird viel zitiert und schlecht gelesen. Wer außerhalb des Oberseminars versenkt sich noch in die einst bewunderten Seiten von Carlyle, Ruskin, Walter Pater? Ebenso düster sieht es bei den Klassikern der Historiographie aus: Michelet ist dank der »Pléiade« noch präsent, was aber ist aus Taine geworden, was aus Renan? Was ist von Ranke geblieben über eine einzige Sentenz hinaus, was hilft Mommsen der Nobelpreis für Literatur? Ist Jacob Burckhardt der einzige Klassiker des bürgerlichen Bücherschranks, der sich auf die High-Tech-Regale des postmodernen Medienkonsums gerettet hat?

Wer so fragt, folgt einem kulturellen Verfallsmuster, oder er hegt einen Hintergedanken: Es gibt Werke, die aus der Zeit fallen und der Welt abhanden kommen, bis eine andere Zeit und ein neues Publikum sie neu entdecken. Es gibt die Flegeljahre eines toten Autors, der zu alt ist, um noch als relevant zu gelten, und zu jung, um schon ein Klassiker zu sein. Das sind die leichteren Fälle, bei denen einige Jahre ausreichen, um das Blatt zu wenden. Es gibt aber auch Werke, die bei ihrem Erscheinen als epochal gefeiert werden und eine Generation später als überholt angesehen werden. Sie müssen dann oft lange warten, bis Epochen vergangen und Paradigmen zerfallen, bis die Dogmen, die ehedem ihr Licht verdunkelten, selbst zu Plunder auf dem Flohmarkt der Ideen geworden sind. So ähnlich ist es auch Hans Delbrücks »Geschichte der Kriegskunst« ergangen, die bald nach ihrem Abschluss 1920 von der politischen Aktualität und der historiographischen Wetterlage an den Rand der Szene gedrängt wurde. Dort behauptete sie sich zwar ehrenvoll, von der Fachwelt hoch geschätzt, dem größeren Publikum aber war sie aus den Augen geraten.

Wohl sprach 1948, zum hundersten Geburtstag des Verfassers, Theodor Heuss vom »letzten Klassiker in der Geschichtsschreibung«[1]. Doch der einsetzende Kalte Krieg und der Schatten der nuklearen Drohung verhinderten die Wiederkehr eines Autors, der zwar viel über die Reiter von Cannae und die Infanterie vor Marignano zu sagen hatte, aber nichts über die Kesselschlachten in Mittelrussland und den atomaren Wettlauf der Supermächte. Delbrück blieb ein Mann für Spezialisten, ein Autor fürs gelehrte Publikum, seine »Geschichte der Kriegskunst« ein Lesestoff der *happy few*. Das könnte sich jetzt ändern, und viel spricht dafür, dass es das tun wird.

Denn die politische und intellektuelle Konjunktur, die so lange dieses singuläre Monument der Militärgeschichte überschattete, ist dabei, sich grundlegend zu ändern. Seit dem Zu-

1 Theodor Heuss, »Der letzte Klassiker in der Geschichtsschreibung. Hans Delbrück zum 100. Geburtstag«, in *Der Tagesspiegel* vom 10. November 1948.

sammenbruch der bipolaren Welt ist der lange Zeit an die Peripherie verdrängte und auf »Stellvertreter« übertragene Krieg wieder in Europa, im Nahen Osten und in Transkaukasien aufgeflammt. Zugleich sind, ausgelöst durch Phänomene des Staatenzerfalls und des Staatsterrorismus, Formen des Krieges und der organisierten Gewalt wiedergekehrt, die für historisch überwunden, für atavistisch galten. Der Krieg ist vor die Tür der westlichen Welt zurückgekehrt, nicht in Gestalt des nuklearen Letzten Gefechts, sondern in der Maske des Bürgerkriegs gegen die eigene Bevölkerung, der ritualisierten Gewalt und des mit Billigangeboten aus dem internationalen Waffenhandel zäh und schmutzig geführten »kleinen« Krieges. Im selben Maß schließlich, wie auch in den zivilen Gesellschaften des Westens der Krieg wieder als »führbar« gilt, ist das Interesse an Kriegstheorie und Militärgeschichte neu erwacht: Clausewitz ante portas.

Doch auch die Militärgeschichte, und hier liegt der »literarische« Grund für die bevorstehende Renaissance Delbrücks, ist nicht mehr dieselbe wie noch vor zwei, drei Jahrzehnten. Aus der Hand der Militärs genommen, die sie in praktischer Hinsicht, auf mögliche Anwendung des Wissens bedacht, studierten, ist sie zum integralen Bestandteil einer durchaus zivilen Wissenschaft geworden. Und diese, in zivilem Geist betriebene Militärgeschichte erkennt in Delbrücks »Geschichte der Kriegskunst« ihren größten und in vielem immer noch vorbildlichen Klassiker.[2]

Ungewollt oder nicht, steht sie dabei auf den Schultern von ideologischen Riesen. Die Hegemonialmächte jener bipolaren Welt haben dem Autor ihren Tribut entrichtet, indem sie ihn zum Teil ihrer Offiziersausbildung machten und auf Geheiß ihrer Kriegakademien übersetzen ließen. Bereits zwischen 1936 und 1939 erschien im Auftrag des Volkskommissariats der

2 Vgl. Gerd Krumeich, »Militärgeschichte für eine zivile Gesellschaft«, in: *Geschichtswissenschaften. Eine Einführung*, hrsg. von Christoph Cornelissen, Frankfurt am Main 2000, S. 184 f.

UdSSR eine russische Ausgabe, die auch die von Delbrücks Schüler Emil Daniels verfassten Anschlußbände V und VI umfasste – und ebenso Band VII von Daniels und Otto Haintz, mit Ausnahme der Schilderung des russisch-japanischen Krieges von 1904, die jenen Band beschloss. Vierzig Jahre sollten vergehen, bis auf amerikanischer Seite die Militärakademie West Point nachzog – erst 1975 erschien der erste Band der englischen Übersetzung des Delbrück, dem in kurzer Frist die drei weiteren folgten. Aber bereits 1943 hatte ihn der von Edward Mead Earle herausgegebene Sammelband »Makers of Modern Strategy« als einzigen Historiker ins Pantheon der Denker des Krieges seit Machiavelli aufgenommen[3]. Mag das Fiasko des strategischen Denkens im Anbruch des Nuklearzeitalters Delbrücks Stern zeitweise verdunkelt haben, ganz zum Verschwinden hat es ihn doch nie gebracht, und in den neunziger Jahren schrieb sich die ambitionierte Forschung der englischsprachigen Welt wieder sein Programm einer Militärhistorie *im Rahmen der politischen Geschichte* stolz auf ihre Fahnen.[4]

Delbrücks »Geschichte der Kriegskunst« hat sich als Klassiker der Geschichtsschreibung neben den Werken von Ranke, Droysen, Burckhardt und Mommsen behauptet – über ein Jahrhundert hinweg, das die Kriegführung um neue Dimensionen sowohl der Destruktionsenergie und der Massenvernichtung wie der strategischen und technischen Intelligenz erweitert hat, Dimensionen, die sich zu Delbrücks Zeiten erst schemenhaft ab-

3 Der ausgezeichnete Essay von Gordon A. Craig »Delbrück: The Military Historian« hat in überarbeiteter Form auch wieder Eingang in den erweiterten Folgeband gefunden, den Peter Paret 1986 bei der Princeton University Press herausgegeben hat.

4 Vgl. das Sonderheft zum Symposium »The History of War as Part of General History« (am Institute for Advanced Studies, Princeton) des *Journal of Military History*, 57. Jg., 5 (1993), hg. von Peter Paret und Henry S. Bausum; außerdem Peter Parets Bilanz »The History of War and the New Military History«, in: Ders., *Understanding War. Essays on Clausewitz and the History of Military Power*, Princeton 1992.

zeichneten und in sein Werk allenfalls indirekt eingingen. Die Gründe für diesen erstaunlichen Wertbestand eines keineswegs zeitentrückten Werks sind im kritischen Geist und in der analytischen Schärfe seines Autors zu suchen; weniger in dessen stilistischer Raffinesse, obwohl auch dazu ein Wort zu sagen wäre. Jenen Qualitäten wiederum liegen nicht nur Tüchtigkeit, Fleiß und theoretische Intelligenz des Historikers zugrunde, sondern etwas, das bis in die letzten Eigenheiten des Werks hinein spürbar ist: der politische, der protestantische Bekennermut des Staatsbürgers. Wer war dieser eigenwillige Mann; wer war Hans Delbrück?

Ein Militärhistoriker mit Zivilcourage

Auf Delbrück, der im November 1848 in Bergen auf Rügen geboren wurde, läßt sich übertragen, was Gottfried Benn von einem Dichter gesagt hat – auch er war ein großartiges Ausstrahlungs- und Durchkreuzungsphänomen. Der Mann, der stets in der innersten, heißen Zone von Wissenschaft, Politik und Publizistik operierte, blieb von keinem der politischen Schicksalsfälle seiner Zeit unberührt und ließ seinerseits von denen, die ihm begegneten, keinen gleichgültig. Ein Genie der Freundschaft, ein größeres der Polemik, hat Delbrück keine Gelegenheit versäumt, mit seinen zahlreichen Gegnern im Generalstab und in der Akademie, in den politischen Parteien und den Redaktionen des Wilhelminischen Deutschland und der Weimarer Republik die Klinge zu kreuzen. Wie bei wenigen anderen »Engagierten« seiner Zeit, wie bei Max Weber und Ernst Troeltsch, vielleicht noch bei seinem Schwager Adolf von Harnack, spiegelt sich in der intellektuellen Vita des Gelehrten zugleich die politische Krisengeschichte seines Landes wieder. Solche Konstellationen mochten bis in die Zufälle der Geburtstage und des Todesdatums hinein gehen – Delbrück starb am 14. Juli 1929, auf den Tag einhundertvierzig Jahre nach dem Ausbruch der Französischen Revolution. Als ein melancholisches Geschichtszeichen deuteten sich auch die Zeitgenossen Delbrücks siebzigsten Geburtstag am 11. November 1918, dem Tag der deutschen Kapitulation. Ernst Troeltsch hat seine Erinnerung an diesen Abend später mitgeteilt:

»Montag, den 11. November, hatte Hans Delbrück seinen siebzigsten Geburtstag… Dort traf ich allerhand Spitzen der Gelehrten-, Beamten- und Finanzwelt. Es war eine merkwürdige Feier, ähnlich einer Begräbnisfeier. Man sprach gedämpft. Der Glück wünschende Redner fand vor Tränen die Worte nicht. Delbrück erwiderte ergreifend, es sei das Ende der Friderícianischen Monarchie, mit der all sein politisches Denken und jeder Glaube an Deutschlands Zukunft verwachsen sei; sie habe stets an bösen Rückbildungen und Erstarrungen gelitten, woraus sich stets revolutionäre Neigungen ergaben. So furchtbar wie jetzt habe es freilich mit ihr noch nie gestanden. Der Glaube des Historikers an alle seine bisherigen Maßstäbe und Voraussetzungen sei im Wanken.«[5]

In diesen Worten lag keine Übertreibung. Bis ins Innerste seines Denkens und Fühlens war Delbrück mit Preußen und dem von Preußen gestifteten Reich verwachsen, ihr Unglück war sein Unglück. Der Freiwillige von 1870 entstammte einer Familie des protestantischen Bürgertums, aus der eine Reihe hoher Beamter, Gelehrter, Juristen und Bankiers hervorgegangen war.[6] Unter dem Eindruck der Reichsgründung wurde der junge Bismarck-Gegner zum Bismarck-Anhänger, der bald den eigenen Weg in die Politik seines Landes fand. Nach der Promotion bei Sybel im Jahr 1893 wirkte Delbrück fünf Jahre lang, bis zum

5 Ernst Troeltsch, *Die Fehlgeburt einer Republik. Spektator in Berlin 1918 bis 1922*, Frankfurt am Main 1994, S. 9 f. Delbrück selbst hat seine Worte an jenem denkwürdigen Abend dem letzten Heft der *Preußischen Jahrbücher* des Jahres 1918 anvertraut.

6 Knappe biographische Übersichten bieten Karl Christ, *Von Gibbon zu Rostovtzeff. Profile der Alten Geschichte*, Darmstadt 1989, Kap. 8 »Hans Delbrück (1848–1929)«, sowie Andreas Hillgruber, »Hans Delbrück«, in: Hans-Ulrich Wehler (Hg.), *Deutsche Historiker*, Bd. 4, Göttingen 1972.

plötzlichen Tod des Prinzen Waldemar 1879, als Prinzenerzieher am Hof des späteren Kaisers Friedrich III. Daneben setzte er seine wissenschaftliche Arbeit fort; 1877 hatte er die von Pertz begonnene Bearbeitung des Nachlasses von Gneisenau übernommen und schrieb dessen Lebensgeschichte, die 1882 erschien[7]. Seit Anfang der achtiger Jahre sammelte Delbrück auch Erfahrungen in der praktischen Politik: Von 1882 bis 1885 saß er als Abgeordneter der Freikonservativen im preußischen Abgeordnetenhaus, von 1884 bis 1890 vertrat er dieselbe Partei im Reichstag. Als ihm aber bewußt wurde, dass er in Wahrheit ein »Gelehrter in der Politik« geblieben war, zog er sich aus dieser Sphäre politischer Wirksamkeit zurück. Längst hatte er die ihm gemäße Berufung gefunden: Er war zum Kritiker der Politik geworden.

Erste Anläufe als Publizist hatte Delbrück 1882 mit der Gründung der »Politischen Wochenschrift« unternommen, in der er seine Vorstellungen von einer fortschrittlichen Sozialpolitik vor liberal-konservativem Hintergrund propagierte.[8] Als das Experiment nach einem Jahr scheiterte, bot ihm Heinrich von Treitschkes Angebot, sich mit ihm in die Herausgabe der »Preußischen Jahrbücher« zu teilen, ein neues politisches Sprachrohr. Sechs Jahre später kam es wegen Delbrücks sozialpolitischem Engagement zum Bruch mit Treitschke, aber statt Delbrück auf dessen Wunsch hin zu entlassen, übertrug ihm der Verleger die alleinige Herausgeberschaft. Dreißig Jahre lang, von 1889 bis 1919, nutzte nun Delbrück das kostbare Instrument, das er in Händen hielt, um in sämtliche politischen Probleme des Reiches einzugreifen, die diplomatischen und militärischen Akteure zu kritisieren und ihre Meinungsbildung zu beeinflussen.[9] Dabei besagt

7 Hans Delbrück, *Das Leben des Feldmarschalls Grafen Neidhardt von Gneisenau*, Berlin 1882.

8 Zu Delbrücks sozialpolitischen Vorstellungen vgl. Annelise Thimme, *Hans Delbrück als Kritiker der Wilhelminischen Epoche*, Düsseldorf 1955, S. 44 ff.

9 Zur Programmatik (und zu dem Sendungsbewußtsein, mit der sie vorgetragen wurde) vgl. Hans Delbrück, »Das Programm der Preußischen

die zahlenmäßig geringe Größe der Leserschaft recht wenig: Mit ihren 2000 Exemplaren erreichten die »Preußischen Jahrbücher« die politische Elite. Durch seine monatlich verfaßte »Politische Korrespondenz« suchte Delbrück, wie Annelise Thimme respektvoll formulierte, »in Bildung und Politik erzieherisch auf das deutsche Volk einzuwirken«[10] – eine intellektuelle Rolle, die sicherlich nicht mit derjenigen der großen kritischen Solisten jener Zeit wie Maximilian Harden oder Charles Péguy zu vergleichen ist, in ihrer geistespolitischen Bedeutung aber noch der Bewertung harrt. Gleichwohl muss man sich hüten, sämtliche Äußerungen Delbrücks in den »Jahrbüchern«, zumal aus der Zeit des Weltkriegs, unmittelbar auf ihn als einzigen und alleinigen Autor zurückzuführen: Delbrück war eben auch hier ein großartiges Durchkreuzungsphänomen.[11]

Aus heutiger Sicht erscheint Delbrücks Rolle während des Weltkriegs als interessant, kompliziert und nicht in jedem Fall realistisch. Für einen Verhandlungsfrieden einzutreten und gleichzeitig die Strategie Falkenhayns vor Verdun zu unterstützen, die »Gegeneingabe« deutscher Intellektueller und Gelehrter (gegen die für alldeutsche Kriegsziele plädierende »Intellektuellen-Eingabe« von 1915) zu initiieren und daneben Annexionen im Osten und ein Kolonialreich in Afrika zu befürworten, das mochte für einen liberalen Konservativen seiner Zeit kein un-

Jahrbücher«, *Preußische Jahrbücher*, Bd. 75, Feb. 1899. Vgl. zu Delbrück und den »Preußischen Jahrbüchern« auch Wilhelm Deist, »Hans Delbrück. Militärhistoriker und Publizist«, in: *Militärgeschichtliche Mitteilungen* 57 (1998), S. 371 ff.

10 Annelise Thimme, Hans Delbrück, S. 13.

11 Vgl. ebda., S. 140 über Delbrück und den »Mittwochabend-Kreis«, der Delbrück und seine Freunde über Denkschriften und Eingaben in enge Fühlung mit Regierungskreisen brachte – Aktivitäten, die wiederum ihren Niederschlag und ihr Forum in den »Preußischen Jahrbüchern« fanden: »Die Friedenskorrespondenzen hatten die ganz persönlichen Ansichten Delbrücks zum Ausdruck gebracht. Hinter den Kriegskorrespondenzen stand eine Gruppe, deren Sprecher und aktivste Persönlichkeit Delbrück war.«

möglicher Spagat sein – ob diese Optionen praktisch versöhnbar gewesen wären, ist eine andere Frage.[12] Aber bereits die Politik der nationalen Stärke – »Weltpolitik ohne Krieg« –, die Delbrück vor dem Krieg vertreten hatte, als er für die Schaffung eines »deutschen Indien« in Gestalt ausgedehnten Kolonialbesitzes in Mittelafrika plädierte[13] und ungeachtet englischer Empfindlichkeiten den Ausbau der deutschen Flotte befürwortete[14], war von Wunschdenken nicht frei gewesen. Dennoch wurde Delbrück schon bald nach dem August 1914 unter dem Eindruck des Chauvinismus vieler Intellektueller und politisierender Professoren, den er in den »Preußischen Jahrbüchern« mit beißender Kritik überzog, und dank seinem militärischen und außenpolitischen Sachverstand zum Wortführer der Gemäßigten. Entschiedener Gegner des uneingeschränkten U-Boot-Krieges, von dem er voraussah, dass er die Vereinigten Staaten in den Krieg ziehen würde, erkannte Delbrück auch früh das Verhängnis, das sich unter der Militärdiktatur der Obersten Heeresleitung abzeichnete. Ludendorff, der Vater des totalen Krieges, wurde geradezu zur geistigen Gegenfigur, die zu befeinden der Militärhistoriker auch nach dem Krieg nicht müde wurde.[15]

12 Zu Delbrück im Weltkrieg vgl. Annelise Thimme, *Hans Delbrück*, S. 116 ff., sowie Arden Bucholz, *Hans Delbrück and the German Military Establishment*, Iowa City 1985, Kap. 4, S. 86 ff.; zu den Intellektuellen im Weltkrieg: Kurt Flasch, *Die geistige Mobilmachung. Die deutschen Intellektuellen und der Erste Weltkrieg*, Berlin 2000, sowie Stefan Meineke, *Friedrich Meinecke. Persönlichkeit und politisches Denken bis zum Ende des Ersten Weltkriegs*, Berlin/New York 1995.

13 Vgl. zur Weltmacht- und zur Flottenpolitik Annelise Thimme, *Hans Delbrück*, S. 101 ff.

14 Die uneingeschränkte Unterstützung der Tirpitzschen Flottenpolitik wich allerdings seit 1907 einer reservierteren Haltung und schlug 1912 in Gegnerschaft einer neuen Flottennovelle um.

15 Vgl. Hans Delbrück, *Ludendorffs Selbstporträt*, Berlin 1922, eine scharfe Abrechung mit den Kriegserinnerungen des Feldherrn. Zur Auseinandersetzung Delbrücks mit den Memoiren sowohl von Ludendorff als auch von Tirpitz und Falkenhayn in der Nachkriegszeit vgl. W. Deist, »Hans Delbrück«, S. 382 f.

Waren der Ludendorff-Kult und die »Dolchstoßlegende« die eine Seite, gegen die Delbrück seit 1919 polemisch zu Felde zog, so war die »Kriegsschuldlüge« die andere. Wieder einmal hielt der liberale Kritiker den Platz zwischen allen Stühlen besetzt, repräsentierte »die Mitte« und diente dabei, wie Andreas Hillgruber bemerkte, eher der Sache der gemäßigten Rechten.[16] Die Morgenröte der ersten deutschen Republik sah Delbrück auf der Höhe seiner kombinierten Wirksamkeit als politischer Publizist und historischer Forscher – aber auch neuerlich als Zielscheibe heftigster Attacken: Im selben Jahr, in dem er den vierten und letzten Band der »Geschichte der Kriegskunst« in Druck gab, 1920, wurde er in die vom Reichstag eingesetzte »Historische Kommission für das Reichsarchiv« berufen – den Ausschuss zur Untersuchung der Ursachen des deutschen Zusammenbruchs. In dieser Funktion untersuchte er die politischen und strategischen Operationen der letzten Kriegsmonate. In seinen beiden Berichten von 1922 griff er Argumente auf, die er bereits in den »Preußischen Jahrbüchern« während der Kriegszeit gebraucht hatte, aber damals aus Furcht vor der Zensur kaschieren musste. Der Hauptvorwurf gegen die militärische Führung Deutschlands lautete, nicht begriffen zu haben, dass angesichts des wirtschaftlichen und militärischen Potentials des Reiches im Jahr 1918 ein Vernichtungsfeldzug nicht mehr möglich war – und darüber hinaus keinerlei Verständnis für die notwendige Einheit von Strategie und Politik aufgebracht zu haben.[17]

16 Vgl. Andreas Hillgruber, »Hans Delbrück«, S. 44. Vgl.auch Arden Bucholz, *Hans Delbrück*, S. 121 ff.

17 Abgedruckt in *Das Werk des Untersuchungsausschusses der Deutschen Verfassunggebenden Nationalversammlung und des Deutschen Reichstages 1919–1926. Die Ursachen des deutschen Zusammenbruches im Jahre 1918*, Berlin 1920–1929, Bd. 3, S. 239–273. Vgl. auch Gordon Craig, »Delbrück: The Military Historian«, in Peter Paret (Hg.), *Makers of Modern Strategy from Machiavelli to the Nuclear Age*, Princeton 1986, S. 350. Zur Auseinandersetzung Delbrücks mit den Memoiren von Ludendorff, Tirpitz und Falkenhayn in den ersten Nachkriegsjahren vgl. W. Deist, »Hans Delbrück«, S. 382 f.

In beiden Punkten schloss sich, von den meisten Zeitgenossen unbemerkt, der Kritiker der Obersten Heeresleitung wieder an den Historiker der Kriegskunst an.

Bei allem politischen Engagement, aller polemischen Energie verstand es der Kritiker Delbrück, den Professor Delbrück nicht ganz aus dem Blickfeld der Öffentlichkeit zu verdrängen. Aus der Tätigkeit des Wissenschaftlers bezog die des Publizisten ihre theoretischen Richtlinien, aber auch ihre Legitimation. Zudem hatte bereits der Hochschullehrer Delbrück eine im Rahmen seines Staates zentrale und spannungsreiche Position bezogen. Wissenschaft und Wehrkraft, so hatte Adolf Harnack in seiner Denkschrift des Jahres 1910 verkündet, seien die Säulen, auf denen die Größe und die Macht des Deutschen Reiches beruhten, jetzt und in Zukunft. Wissenschaft und Wehrkraft waren aber auch die Säulen, auf denen sein Freund und Schwager Hans Delbrück[18] – bei aller Zerrissenheit, die ihn von der diplomatischen Glätte des Mandarins Harnack unterschied – ein eigenes wissenschaftliches Reich errichtet hatte: Wie keinem zivilen Gelehrten vor ihm, war es Delbrück gelungen, in das Territorium der professionellen Strategen des Generalstabs einzudringen und dort seine wissenschaftlichen Feldzeichen aufzustellen, sprich seine Kompetenz zu behaupten. Dieser Krieg der Fakultäten war kein kleines Scharmützel, es war der vierzigjährige Krieg eines einzelnen Historikers gewesen.

Die Entdeckung der Ermattung

Die Leidenschaft für Politik hatte Hans Delbrück begleitet, so weit er sich zurückerinnern konnte. Früh erwacht war auch sein Interesse am Militärischen – wie sollte es anders sein bei jemand, dessen Adoleszenz mit der Zeit der deutschen Einigungskriege

18 Zum Verhältnis Delbrück-Harnack vgl. Hartmut Lehmann, »Über vierzig Jahre kamen sie Sonntag für Sonntag, mit ihren Frauen, zusammen: Adolf von Harnack und Hans Delbrück«, in: *Adolf von Harnack 1851–1930*, hrsg. von Kurt Nowak, Göttingen, erscheint demnächst.

zusammenfiel? Am dritten und letzten, dem Krieg gegen Frankreich, nahm der Bonner Student selbst teil, kämpfte bei Gravelotte und belagerte Metz. Wenige Jahre später führte ihn die Beschäftigung mit dem Strategen der Befreiungskriege, Neidhardt von Gneisenau, seinem wissenschaftlichen Hauptthema, der Geschichte des Kriegswesens, zu. Doch erst die Lektüre von Clausewitz, dessen nachgelassenes Hauptwerk, »Vom Kriege«, nach 1871 als die »Bibel von Königgrätz« galt, öffnete Delbrück die Augen für den notwendigen Zusammenhang von Politik und Krieg. Der Primat der Politik oder vielmehr die »Einheit von Politik und kriegerischer Aktion, die das Wesen der Strategie ausmacht«[19], sollte künftig sowohl seinen militärkritischen und politischen Einlassungen wie seinen militärhistorischen Studien als Prinzip zugrunde liegen. Delbrück, der Exeget eines nüchternen, analytischen und kritischen Clausewitz, sah sich in die Rolle gedrängt, den Theoretiker des Krieges gegen dessen blinde Verehrer in Schutz zu nehmen.

Am Ende des zwanzigsten Jahrhunderts wundert sich niemand mehr darüber, wenn das, was bei Delbrück »Geschichte der Kriegskunst« hieß, von zivilen Fachleuten, also kritischen Historikern betrieben wird. »Die Chance einer zivilistischen Aneignung der Militär- und Kriegsgeschichte«, schreibt einer der Anreger der neuen Militärgeschichte unserer Tage, »war noch nie so groß wie heute. Wir sind auf dem Weg einer möglichen Integration der Militär- und Kriegsgeschichte in die allgemeine Geschichte.«[20]

Zu Delbrücks Zeit sah das anders aus. Im Zeitalter der Einigungskriege und eines sich professionalisierenden Offizierskorps lag die Geschichtsschreibung der Kriege, der Waffentech-

19 H. Delbrück, *Geschichte der Kriegskunst*, Bd. IV, S. 599.

20 Gerd Krumeich, »Sine ira et studio? Ansichten einer wissenschaftlichen Militärgeschichte«, in Kühne und Ziemann (Hgg.), *Militärgeschichte heute*, erscheint demnächst.

nik und der Feldzüge noch unbestritten in der Hand der Militärs. Studierten und lehrten sie das Fach, so taten sie es in der Erwartung, aus den Exempla der Geschichte das Wissen für Gegenwart und Zukunft zu erwerben. Anders als den Wissenschaften fehlte dem Militär das praktische Studierfeld des Labors und die Möglichkeit des Experiments. Die Wirklichkeit des jeweils nächsten Gefechts lag im Dunkeln – ein Dunkel, das sich allenfalls durch systematische Erforschung der Geschichte und die Simulation des »Kriegsspiels« ein wenig erhellen ließ. Deshalb wurde die Kriegsgeschichte in Preußen zum unbestrittenen »Gipfel der auf der Kriegsakademie zu erteilenden kriegerischen Bildung«, und in dieser Wertschätzung wusste sich der preußische und später deutsche Generalstab mit Clausewitz einig, der das Fach stets als wichtigste Schule des militärischen Intellekts betrachtet hatte.[21]

Dies Feld der Kriegsgeschichte, das ein Jahrzehnt nach dem Feldzug in Frankreich vorrangig von Generalstäblern bestellt wurde, betrat Delbrück, der Schüler Rankes, Droysens und Sybels, mit Einfallsreichtum, Temperament – und mit dem festen Willen, den Standards einer kritischen Wissenschaft Geltung zu verschaffen. Im selben Jahr, in dem seine Hauslehrerzeit am Hof Friedrichs III. endete, 1879, brach Hans Delbrück einen Streit vom Zaun, der ihn über drei Jahrzehnte begleiten, alsdann auf den Seiten seiner »Geschichte der Kriegskunst« nachgrollen und endlich als »Strategiestreit« in die Geschichtsbücher eingehen sollte.[22] Oberflächlich betrachtet nichts als ein Historikerstreit um den Stil der friderizianischen Kriegführung, ging es doch um mehr: um die historische Legitimation der Einigungskriege, um den Anspruch auf die gültige Auslegung Clausewitz'

21 Vgl. das exzellente 9. Kapitel (»Clausewitz as Historian«) in Peter Paret, *Understanding War,* S. 130 ff.

22 Vgl. die eingehende Studie von Sven Lange, *Hans Delbrück und der ‚Strategiestreit'. Kriegführung und Kriegsgeschichte in der Kontroverse 1879–1914*, Freiburg i. Br. 1995.

und schließlich um die Rolle der Militärgeschichte als Generalstabswissenschaft oder als Teil der allgemeinen Historie. Letzten Endes stand das Deutungsmonopol auf Friedrich und die preußische Geschichte auf dem Spiel: also wahrlich keine Kleinigkeit.

Der Streit begann 1879 mit einer Attacke auf Adalbert von Thaysens Kommentar zum Militärischen Testament Friedrichs des Großen. In seiner Rezension stellte Delbrück die Behauptung auf, Friedrich habe die Schlacht als wichtigstes Mittel zur Entscheidung des Krieges prinzipiell abgelehnt: »Friedrich hat immer und zu allen Zeiten, wie das schon Clausewitz betont hat, die Schlacht als ein Uebel angesehen, dem man sich im Notfall unterziehen müsse.« Friedrich sei kein moderner »Niederwerfungsstratege« gewesen, welcher die Entscheidung um jeden Preis gesucht, sondern ein »Ermattungsstratege«, der sie zu vermeiden oder allenfalls als Mittel neben anderen anzuwenden gewußt habe.[23]

Delbrücks Sicht des Preußenkönigs als Ermattungsstrategen, die er über Jahre hin ausarbeitete und vertiefte, stand in krassem Gegensatz zur offiziellen kriegsgeschichtlichen Darstellung, die ihn als schlachtenfreudigen Vorläufer Napoleons und des älteren Moltke behandelte. Sie rief die Empörung der Militärs hervor – und eine Flut von Entgegnungen und Polemiken. Mit seinem Angriff auf die Geschichtsschreibung des Generalstabs habe Delbrück, so schrieb Andreas Hillgruber, gegen zwei Tabus auf einmal verstoßen – gegen das heroisierende Friedrich-Bild und gegen das den Militärs teure »Dogma der Vernichtungsschlacht«.[24] Mehr als eine Attacke auf die Dogmen der Kriegsgeschichte aber stellte Delbrücks Operation einen Frontalangriff auf die Geschichtsdeutung des Kaiserreichs dar, dem der Staat Friedrichs zum allgemeinen Vorbild wurde und die Einigungskriege »als eine logische Fortsetzung der friderizia-

23 Vgl. ebda., S. 83 ff.

24 Vgl. A. Hillgruber, »Hans Delbrück«, S. 45.

nischen Kriege«[25] erschienen. Ein Anschlag auf Friedrich bedeutete in dieser Lage geschichtspolitischen Hochverrat.

Was aber besagte die Rede vom Ermattungskrieg? In militärischen Ohren konnte die Vokabel nicht gut lauten, deutete sie doch ein nicht gerade schneidiges Verhalten an – »Ermattung« klang nach Effemination oder orientalischer Trägheit. Sollte der Begriff der Physik oder der Physiologie entstammen, Bereichen, in denen das neunzehnte Jahrhundert seine jungen Entdeckungen der Energieerhaltung und der animalischen Ermüdung formulierte?[26] Hatte der Theoretiker Delbrück etwa Kenntnisse der Thermodynamik auf die Kriegsgeschichte des achtzehnten Jahrhunderts appliziert? Mag sein, dass hier ein solcher epistemologischer Transport stattfand. Schärfer als seine historischen und kriegswissenschaftlichen Vorläufer jedenfalls betonte Delbrück den Gegensatz zwischen den »Kabinetts-« oder »Manöverkriegen« des Ancien Régime (deren Vielfalt er dem einheitlichen Konzept der Ermattung subsumierte) und den schnellen, offensiv geführten Kriegen der napoleonischen und nachnapoleonischen Zeit, die ihren Zweck in der Niederwerfung des Gegners und ihr Mittel in der Vernichtungsschlacht fanden. Den Bruch mit der offiziellen Historiographie des Generalstabs vollzog Delbrück, als er Friedrich den Titel des ersten Niederwerfungsstrategen der neueren Geschichte (und insofern Vorläufer Napoleons und Moltkes) bestritt und unter Aufbietung aller verfügbaren Zeugnisse den Nachweis führte, dass Friedrich ein zwar geschickter, gleichwohl aber konventioneller Manöverstratege im Geist seiner Zeit gewesen war.

Vierzig Jahre nach dem Beginn des »Strategiestreits« glommen die Feuer von einst immer noch. Auf der letzten Seite des letzten Bandes seiner »Geschichte der Kriegskunst«, der 1920

25 S. Lange, *Hans Delbrück*, S. 70.

26 Vgl. dazu Anson Rabinbach, *The Human Motor. Energy, Fatigue, and the Origins of Modernity*, Berkeley u. Los Angeles 1990.

erschien, kehrte Hans Delbrück zum Schauplatz eines lebenslangen Gelehrtenkriegs zurück und rief sich selbst zum Sieger aus: »Ihren Höhepunkt und Abschluß findet die Epoche in Friedrich dem Großen. Man hat diesem lange eine besondere Stellung anweisen wollen, indem man ihn charakterisierte als den Vorläufer Napoleons. Diese Formulierung haben wir als falsch erkannt und verworfen. Friedrich war nicht ein Vorläufer, sondern ein Vollender.«[27] Zugleich berief sich Delbrück erneut auf die Autorität Clausewitz', der in seiner »Nachricht« von 1827 davon gesprochen habe, dass es »zwei Arten des Krieges« gebe – eine, die auf die vollständige Niederwerfung des Gegners abziele, und eine andere, die es bloß auf periphere Eroberungen an den Grenzen des Reiches abgesehen habe. Clausewitz, so fuhr Delbrück fort, sei zu früh gestorben, um dieses Prinzip der Kriegswissenschaft in einer Revision seines Werkes zu verwirklichen: »Die Lücke, die er gelassen hat, auszufüllen, war eine der Aufgaben des vorliegenden Werkes.«[28]

Schon bald nach dem Ausbruch des Streits hatte Delbrück den Gegensatz von Niederwerfungs- und Ermattungsstrategie weiter differenziert. In einer kühn vergleichenden Studie über die Strategie des Perikles und diejenige Friedrichs des Großen von 1890 hatte er beim zweiten Teil des Gegensatzpaars, der Ermattung, eine Art Wegegabel ausgemacht: Während die Niederwerfungsstrategie nur einen »Pol« kannte, die Vernichtung der gegnerischen Heermacht, besaß die Ermattungsstrategie deren zwei: Je nach Lage der Kräfte und der politischen Absichten

27 H. Delbrück, *Geschichte der Kriegskunst*, Bd. IV, S. 599. Auch auf Seiten der zivilen Historiker erlischt um 1920 der Streit um den von Delbrück postulierten Gegensatz von friderizianischer und napoleonischer Strategie. Zu den letzten, schon sehr ausgewogenen Äußerungen gehört Otto Hintze, »Delbrück, Clausewitz und die Strategie Friedrichs des Großen. Eine Erwiderung«, in: *Forschungen zur Brandenburgischen und Preußischen Geschichte*, 33 (1921), S. 131 ff. und 412 ff.

28 H. Delbrück, ebda.

konnte der Ermattungsstratege manövrieren oder schlagen, dem Gefecht aus dem Wege gehen oder es herbeizuführen suchen.[29] Die historische Entwicklung dieser »doppelpoligen Strategie« zu verfolgen, sollte eines der Leitmotive der »Geschichte der Kriegskunst« werden. Man kann darin einen geschichtsphilosophischen Gedanken des Hegelianers Delbrück erkennen: War nicht die Einsicht des Subjekts, auch unter Bedingungen des Krieges über Handlungsalternativen zu verfügen, ein entscheidender Fortschritt im Bewußtsein der Freiheit? Die doppelpolige Ermattungsstrategie war in sich komplexer und ließ sowohl der Reflexion wie dem Handeln größeren Spielraum: Eben dies begründete in Hans Delbrücks Augen ihren historischen Vorzug.[30]

Dass hier nicht eine späte Blüte vom Baum des deutschen Idealismus gepflückt, sondern eine theoretische Figur entworfen war, die auf aktuelle Lagen reagierte und auf Gegenwartserkenntnis zielte, sollte sich freilich erst in Delbrücks Kritik der deutschen Strategie im Ersten Weltkrieg zeigen. Um so erstaunlicher, dass die bisherige Delbrück-Forschung (mit Ausnahme der Studie von Arden Bucholz[31]) an den Brücken zwischen Delbrücks historischem Werk und seinem kritischen Geschäft vorbei gegangen ist. Wieder ist es verblüffend zu sehen, wie Delbrück angesichts der Erstarrung der Fronten schon Ende 1914 an

29 Vgl. Hans Delbrück, *Die Strategie des Perikles erläutert durch die Strategie Friedrichs des Großen*, Berlin 1890, S. 27 f. Vgl, dazu auch G. Craig, »Delbrück: The Military Historian«, S. 341 ff., sowie S. Lange, Hans Delbrück, S. 96 f.

30 Dass die Ermattungsstrategie selbst alles andere als matt war oder gar, wie von den Niederwerfungsstrategen des Generalstabs unterstellt, zum Defätismus neigte, bezeugt das frühe und überzeugte Engagement Delbrücks in der Flottenfrage; vgl. A. Thimme, *Hans Delbrück*, S. 101 ff.. Vgl. auch Delbrücks entschiedene Absage an die pazifistischen Befürworter einer Abrüstung in »Zukunftskrieg und Zukunftsfriede«, *Preußische Jahrbücher*, Bd. 96, Mai 1899.

31 Wie Anm. 12. Hier Kap. IV, S. 86 ff.

die Waffentechnik und Strategie des achtzehnten Jahrhunderts erinnert und die Analogien der Situation herausarbeitet, die Friedrich II. dazu brachten, seine zweipolige Strategie Manöverkrieg und Offensive zu entwickeln. Aber anders als ein Rezensent des Bucholz-Buches meinte, tat Delbrück dies nicht, weil er, vielfältig engagiert in seiner Gegenwart, theoretisch nicht über den Horizont der friderizianischen Feldzüge hinaussah.[32] Im Gegenteil: Der Historiker, der nicht müde wurde, auf die Differenz der historischen Situationen hinzuweisen, suchte nach einer neuen doppelpoligen Strategie für die Gegenwart. Sie sollte den Krieg wieder führbar machen, ihn in Bewegung und zu einem Ende bringen.[33]

Es mutet wie eine zynische Pointe der Geschichte an, dass Delbrück, dessen gesamtes Denken um das Problem der militärischen Bewegung kreiste, ausgerechnet bei demjenigen Truppenführer Gehör fand, dessen Name zum Synonym wurde für den blutigsten Stellungskrieg der Westfront: Erich von Falkenhayn. Der intelligente Oberkommandierende, Nachfolger des jüngeren Moltke, war gegen Ende des Jahres 1915 zu derselben Auffasung gelangt wie Delbrück sie, soweit die Zensur es zuließ, in den »Preußischen Jahrbüchern« vertrat: dass die Lage der deutschen Truppen und ihrer Verbündeten einen Vernichtungssieg ausschloss.[34] Niemand kennt den Inhalt des Gesprächs, das Falkenhayn und Delbrück führten, als sie sich in der dritten Januarwoche des Jahres 1916 trafen – zu einem Zeitpunkt, als

32 Vgl. Peter Winzens Besprechung von A. Bucholz, *Hans Delbrück*, in: *Historische Zeitschrift* Bd. 243, 1986, S. 701 f.

33 Vgl. H. Delbrück, »Das Zahlenübergewicht unserer Gegner und die Politik Belgiens. Die strategische Lage Ende Dezember 1914«, *Preußische Jahrbücher*, Januar 1915; vgl. auch A. Bucholz, *Hans Delbrück*, S. 90.

34 Bereits am 2. 8. 1915 war Falkenhayn auf Vorschlag von Delbrück die Ehrendoktorwürde der Friedrich-Wilhelms-Universität verliehen worden; vgl. Holger Afflerbach, *Falkenhayn. Politisches Denken und Handeln im Kaiserreich*, München 1994, S. 313. Leider geht Afflerbach in seiner ausgezeichneten Studie den intellektuellen Verbindungen von Delbrück und Falkenhayn nicht nach.

Falkenhayn bereits tief in den Vorbereitungen für den Angriff auf Verdun steckte.[35] Delbrück, so scheint es, hat sich von Falkenhayn eine Rückeroberung des strategischen Denkens – durch taktische und politische Beweglichkeit – erhofft. Es muss ihn erschüttert haben zu sehen, wie in der Folge aus seinem Konzept der »Ermattung« die grausame Wirklichkeit des »Weißblutens« wurde.[36]

Den wirklichen Bruch mit der Welt von Clausewitz – die auch Hans Delbrücks Welt war – vollzogen aber weder der »Ermattungsstratege« Falkenhayn noch die »Niederwerfungsstrategen« der Moltke- und Schlieffenschule. Beriefen nicht auch die Schlieffenschüler sich auf die Darstellung der Schlacht von Cannae, die Delbrück im ersten Band seiner Kriegsgeschichte gegeben hatte – jenem Cannae, Höhepunkt der antiken Kriegskunst, dem seine Schilderung zu einem wundersamen Nachleben in den Sandkästen der Kriegsakademien und den Köpfen der strategischen Planer bis zu den Panzerschlachten des Zweiten Weltkriegs verholfen hat?[37] Und war nicht Graf Schlieffen selbst von der Lektüre Delbrücks zu eigenen Studien über Cannae angeregt worden, deren inzitative Bedeutung für seine strategischen Planungen für jedermann sichtbar auf der Hand lag? Doch diese Auslegungen der Geschichte auf die Gegenwart spielten sich allesamt noch im Rahmen der Clausewitz-Welt ab, in der der Krieg ein Instrument der Politik war und nicht umgekehrt. Erst der Übergang zum »totalen Krieg« unter der faktischen Militärdiktatur der dritten Obersten Heeresleitung, ließ diese Welt, wie Delbrück richtig sah, unwiderruflich versinken.

35 Vgl. A. Bucholz, *Hans Delbrück,* S. 95.

36 Sehr verhalten spricht Delbrück nach dem Krieg in den *Preußischen Jahrbüchern* (180, 1920, S. 280) von der »Überspannung« des Gedankens von der Ermattungsstrategie vor Verdun, die zu »Falkenhayns Verhängnis« geworden sei.

37 Vgl. Jehuda L. Wallach, *Das Dogma der Vernichtungsschlacht*, Frankfurt am Main 1967.

Um der Weltgeschichte willen

Seit den ersten selbständigen Schritten als Wissenschaftler war Delbrück immer weiter auf das Territorium der Historiker in Uniform vorgedrungen, um dort, allen Schmähungen als »Zivilstratege« zum Trotz, seine Autorität zu behaupten. Er tat das nicht in der Absicht, Soldaten eine Belehrung für ihre Praxis zu erteilen. Zwar war ihm die Wertschätzung bekannt, die sowohl Napoleon wie Clausewitz der Kriegsgeschichte als Lehrmeisterin entgegengebracht hatten. Aber von den ersten Zeilen der »Geschichte der Kriegskunst« an betonte Delbrück, bis in den Ton hinein ein großes Vorbild imitierend, »so hohe Ziele« nicht zu verfolgen: »Ich bin nichts als Historiker und wollte ein Werk für Geschichtsfreunde und Hilfsbuch für Historiker im Geiste Leopold Rankes schreiben.«[38] Und wieder im selben Tenor, zwanzig Jahre später, zu Beginn des vierten und letzten Bandes: »Nicht um der Kriegskunst willen ist dieses Werk geschrieben worden, sondern um der Weltgeschichte willen. Wenn Militärs es lesen und daraus Anregungen entnehmen, so kann mir das nur recht sein und ist mir eine Ehre; geschrieben aber ist es für Geschichtsfreunde von einem Historiker.«[39]

Delbrück vollzog auf diese Weise, was man drei Generationen später einen »epistemologischen Schnitt« nennen sollte: Er setzte sich radikal ab von allen »applikatorischen« Ansätzen in der Kriegsgeschichte, die das Wissen militärischer Nutzanwendung zugänglich machen wollten. Dann sollte, zweitens, die Geschichte der »Kriegskunst« für sich betrachtet, nach erkennt-

38 H. Delbrück, *Geschichte der Kriegskunst*, Bd. I, S. LVI.

39 H. Delbrück, *Geschichte der Kriegskunst*, Bd. IV, S. 10 f. Freilich schloß das nicht aus, gelegentlich, en passant, den Praktikern eins auf den Hut zu geben: »Wir haben hier also wieder einmal den gar nicht so seltenen Fall, dass hervorragende Praktiker, die versuchen, die Probleme ihrer Zeit theoretisch zu erfassen, damit nicht fertig werden: sie vermögen sich das, was sie sehen und verstehen, doch nicht begrifflich und kausal zu erklären.« (*Geschichte der Kriegskunst*, Bd. IV, S. 182.)

nisleitenden Prinzipien durchforscht und systematisch dargestellt werden. Sie sollte sich zu einer eigenständigen Disziplin bilden, deren Standards der historischen Wissenschaft entsprächen, die sich zwischen 1820 und 1830 in mehreren Ländern Europas durchgesetzt hatte. Die dergestalt selbständig gewordene Militärgeschichte aber sollte, drittens, wieder ihren Platz einnehmen im weiten Rahmen der Universal- oder Weltgeschichte, mit der sie durch tausend Fäden wechselseitiger Bedingung verbunden war.

Den größeren Zusammenhang, in dem seine Militärgeschichte stand, konnte Hans Delbrück erst spät für jedermann sichtbar machen: Mitte der zwanziger Jahre veröffentlichte der fleißige Emeritus innerhalb von fünf Jahren eine fünfbändige »Weltgeschichte«.[40] Freilich, auch die universalgeschichtliche Perspektive, die Delbrück hier bot, wies erneut dem militärischen, kriegerischen Anteil menschlichen Handelns einen prominenten Platz zu – das war nun einmal die Domäne, auf der er über die gediegensten Spezialkenntnisse verfügte. Um so deutlicher aber traten im Spiegelbild der »Weltgeschichte« die Charakterzüge der »Geschichte der Kriegskunst« hervor: Von Anfang an hatte Delbrück Militärgeschichte sowohl als eigenständigen Entwicklungszweig wie als integralen Teil der Weltgeschichte betrieben. Der Anspruch, den der Titel des Werkes bei Erscheinen des ersten Bandes im Jahr 1900 erhoben hatte – dass hier Kriegsgeschichte *im Rahmen der politischen Geschichte* erörtert werde – sollte das Vorwort des vierten, 1920 publizierten Bandes bekräftigen und erweitern.

»Die Erkenntnis der Wechselwirkung zwischen Taktik, Strategie, Staatsverfassung und Politik«, so begann Delbrück selbstbewußt, »wirft ihr Licht auf den Zusammenhang der Universalgeschichte und hat Vieles, was bisher im Dunkel lag oder

40 H. Delbrück, *Weltgeschichte*, 5 Bde., Berlin 1923–1928. Vgl. die eingehende Würdigung des der Antike gewidmeten Teils bei Karl Christ, »Hans Delbrück«, S. 183 ff.

verkannt wurde, aufgehellt.« Erneut betonte er die Autonomie der historischen Wissenschaft gegenüber dem militärischen Wissen, um dann fortzufahren: »Ich würde sogar nichts dagegen haben, wenn man dieses Werk, das den Krieg behandelt und noch dazu ausdrücklich im Rahmen der politischen Geschichte, doch in die Kategorie der kulturgeschichtlichen Werke einordnen wollte. Denn die Kriegskunst ist eine Kunst wie die Malerei, die Baukunst oder die Pädagogik, und das ganze kulturelle Dasein der Völker wird in hohem Grade bestimmt durch ihre Kriegsverfassungen, die wiederum mit der Technik des Krieges, der Taktik und Strategie zusammenhängen. Alles steht in Wechselwirkung miteinander …«[41]

Alles steht in Wechselwirkung miteinander: deutlicher konnte sich der hegelsche Geist des Delbrückschen Unternehmens kaum aussprechen. Delbrück war Hegelianer mütterlicherseits; sein Großvater, der Professor der Philosophie Leopold von Henning, war ein Schüler des großen Dialektikers gewesen. Und als dialektisch im besten Sinne darf man Delbrücks Denken sicherlich bezeichnen: Einen feineren, wacheren Sinn für komplizierte Zusammenhänge, notwendige Voraussetzungen, Bedingungen der Möglichkeit, das Spiel von Aktion und Reaktion, für ironische Verkehrungen ins Gegenteil des Beabsichtigten, aber auch für tragische Abläufe und schicksalhafte Verkettungen, kurz für den rationalen wie den irrationalen Wellenschlag der Geschichte findet man nicht leicht bei einem anderen seiner Zeitgenossen, Vorgänger oder Nachfolger. Delbrück besaß das seltene Ingenium für die Physik der Kräfte, der sichtbaren wie der unsichtbaren Bewegungskräfte in der Geschichte, das den großen Historiker auszeichnet.

Dabei stand stets, auch dies ein hegelscher Gedanke, der Gedanke der »Kriegsverfassung« im Mittelpunkt. Wer das *régime militaire*, wie ein Franzose gesagt hätte, durchschaute, der hielt

41 H. Delbrück, *Geschichte der Kriegskunst*, Bd. IV, S. X.

den Schlüssel zur gesamten Verfassung von Staat und Gesellschaft, ja, wie Delbrück selbst in dem zitierten Vorwort behauptete, zur Kultur im weitesten Sinn in der Hand.[42] Umgekehrt ließen sich Rüstung und Rekrutierung, Kampfesweise und Stellung der Soldaten, kriegerischer Geist und militärischer Wert einer Nation nur begreifen, wenn man sie vor dem Hintergrund von deren Staats- und Regierungsform, Rechts- und Besitzverhältnissen, Bildung und Moral begriff. Wie ein Brennglas bündelte dergestalt die »Kriegsverfassung« einer Nation deren gesamtes politisches, soziales und kulturelles Licht.

Man darf das nicht so verstehen, als habe Delbrück von der Perspektive des Militärischen her bewußt oder unbewußt einer *histoire totale* der okzidentalen Gesellschaften zugestrebt. Aber er besaß ein Gespür dafür, dass es im Verhältnis von Militär, Politik, Gesellschaft und Mentalität einer Zeit Kernfragen gab – und Schlüsselbegriffe, die sich nur finden ließen, wenn man den Blick für das Ganze und die Wechselwirkung aller Teile miteinander nicht verlor. Dazu gehörte beispielsweise die Frage der Disziplin der neuzeitlichen Heere, in der sich äußere Ordnung und Führbarkeit des Truppenkörpers mit Zuverlässigkeit und innerer Motivation des einzelnen Kämpfers verbanden.[43] In der Art und Weise, in der Delbrück im vierten Band seiner »Geschichte der Kriegskunst« diese Grundvoraussetzung militärischer Modernisierung aus der Fülle des Quellenstoffs heraus-

42 Dabei konnte durchaus der Fall eintreten, dass die Geschichte eines Volkes sich eine zeitlang im Gegensatz zu ihrem inneren Prinzip entwikkelt. Ein Beispiel ist die deutsche Wehrverfassung der frühen Neuzeit, bei der laut Delbrück über zweihundert Jahre lang Theorie und Praxis im Gegensatz zueinander stehen: »Theoretisch hantiert man fortwährend mit Lehnsdienst, Bürgeraufgebot und Miliz – praktisch werden die Kriege geführt von Söldnern.« (*Geschichte der Kriegskunst*, Bd. IV, S. 309).

43 Den »entscheidenden Begriff«, nämlich die römische Disziplin, nicht herausgefunden zu haben, ist ein Vorwurf, den Delbrück dem ansonsten als Historiker geschätzten Machiavelli macht; vgl. *Geschichte der Kriegskunst*, Bd. IV, S. 139.

schält, zeigt sich eine selten glückliche Verbindung von naturwissenschaftlicher Beobachtungsgabe und analytischem Scharfsinn, man könnte auch sagen: von Positivismus und Geschichtsdialektik.

Denn so wichtig auch Hegels Rechts- und Staatsphilosophie für die intellektuelle Erziehung des jungen Historikers gewesen waren – nach der Mitte des neunzehnten Jahrhunderts war das hegelsche Universum kein geschlossener Kosmos mehr. In den Methoden, deren Delbrück sich bediente, traten Elemente zutage, die über die Welt des deutschen Idealismus und seiner Geschichtsphilosophie hinauswiesen. Sie mochten der Geisteswelt der aufblühenden Naturwissenschaften, der Welt Boltzmanns, Helmholtz' und Virchows entstammen oder Bruchlinien und Umwälzungen in den Geisteswissenschaften selbst anzeigen; auf den unmittelbaren Einfluß Hegels ließen sie sich nicht mehr zurückführen. Hierzu gehörten Delbrücks ausgeprägtes Interesse an Zahlenangaben in der Geschichte und sein Stil der historischen Kritik ebenso wie seine unkonventionelle und gelegentlich wilde Komparatistik.

Wie jeder schöpferische Geisteswissenschaftler in Deutschland hatte Delbrück ein Faible für Methodenfragen. Es gelang ihm sogar, eine eigene Variante der historischen Kritik zu lancieren und mit seinem Namen zu verbinden: die sogenannte »Sachkritik«. Eher ein Supplement der philologischen Textkritik als deren Widerpart[44], richtete sich diese Form der Kritik auf die »sachlichen Bedingungen, die technischen Möglichkeiten der Ereignisse«[45]. Wie die Textkritik ging auch die Sachkritik von der schriftlichen Überlieferung aus, unterzog dann aber deren Angaben einer Prüfung auf materielle und personelle Richtigkeit, ja zunächst einmal auf ihre bloße Möglichkeit hin. Und hier kamen Delbrücks kühne Vergleiche ins Spiel. »Es bedeutete«, bemerkt Karl Christ treffend, »für die Zeitgenossen eine Revolu-

44 So sah es Delbrück selbst in der Vorrede der *Geschichte der Kriegskunst*, Bd. I, S. XLIX.

45 Ebda.

tion, dass Delbrück zur Lösung der Probleme der antiken Kriegsgeschichte Analogien der Burgunder- und der Freiheitskriege heranzog, dass er die Länge der Marschkolonnen eines modernen Armeekorps, Bestimmungen des preußischen Reglements »Vorschriften über das Turnen der Infanterie« oder Ergebnisse eines »Sarissen-Exerzierens« der Berliner Akademischen Turnvereine zu Beweismitteln für die Kriegsgeschichte des Altertums erhob.«[46]

Das erste Opfer dieser unorthodoxen Sachkritik wurden die Zahlenangaben der antiken Autoren: Herodot, Polybios, Livius und Caesar, denen Delbrück wenig Respekt erwies und die er ungerührt nach unten korrigierte. Das Ergebnis waren die »kleinen Heereszahlen«: Die Heere der Perserkriege und des Alexanderzuges mussten ebenso wie die römischen, karthagischen und gallischen Verbände ihrem zahlenmäßigen Umfang nach wesentlich niedriger angesetzt werden, als es die antiken Berichterstatter taten.[47] Hinter manchen Zahlenangaben steckte der propagandistische oder mythenbildende Wunsch, die Bedeutung der eigenen Leistung zu erhöhen, indem man Zahl und Gewicht des Gegners übertrieb, hinter anderen objektive Schwierigkeiten genauer Zählung und Abschätzung im Kriege. Manche dieser Angaben ließen sich leicht ad absurdum führen; berühmt ist Delbrücks Spott über Herodot: »Das Heer, das Xerxes nach Griechenland führte, wird von Herodot ganz genau auf

46 K. Christ, »Hans Delbrück«, S. 168 f.

47 Vgl. den Triumph des Legendentöters im Vorwort zur 2. Aufl. von Bd. I seiner *Geschichte der Kriegskunst*: »Es ist wirklich so gewesen, dass nicht die Perser, sondern die Griechen die an Zahl Überlegenen waren, dass Alexander nicht mit einer kleinen Schar ausging, das persische Weltreich zu erobern, sondern mit einem Heer etwa doppelt so gross wie einst das des Xerxes, dass in Rom nie nach Vermögensklassen ausgehoben worden ist, dass die Barbarenheere, die die Kulturwelt bedrohten, stets ganz klein waren, dass die Römer ihre Siege über Gallier und Germanen wesentlich mit numerischer Überlegenheit erfochten haben, dass die ritterliche Kriegsart bereits vor dem Lehnswesen bestand und nicht erst aus ihm erwachsen ist.«

4 200 000 Mann mit dem Tross angegeben. Ein Armeekorps, das sind 30 000 Mann, nimmt nach der deutschen Marschordnung etwa drei Meilen ein (ohne den Fuhrpark). Die Marschkolonne der Perser wäre also 420 Meilen lang gewesen, und als die ersten vor Thermopylä ankamen, hätten die Letzten gerade aus Susa jenseits des Tigris ausmarschieren können.«[48]

So wie der erste Band der »Geschichte der Kriegskunst« mit der Korrektur (um nicht zu sagen Demontage) Herodots begonnen hatte, so endete er mit einer Zurechtrückung Caesars, dessen Zahlenangaben aus dem gallischen Krieg Delbrück »ungeheuerlich übertrieben« fand.[49] Die »Richtigstellung des Zahlen-Verhältnisses in Cäsars gallischem Krieg und was sich daraus ergibt« hielt Delbrück selbst für die wichtigste Leistung seiner antiken Kriegsgeschichte.[50] Wie er überhaupt in den Zahlen den Universalschlüssel zur Geschichte sah: »Die Zahlen, nicht nur die Heeres-, sondern auch die Volkszahlen, sind von der höchsten Bedeutung für alles geschichtliche Leben und Werden – wenn wir von den Zahlen bekennen müssen, dass wir sie nicht wissen, was können wir dann überhaupt von den geschichtlichen Erscheinungen mit Sicherheit sagen?«[51]

Sowohl sein Glaube an die geschichtserschließende Kraft der Zahl wie seine Respektlosigkeit im Umgang mit antiken Autoren schufen dem Entzauberer abermals Feinde, die diesmal nicht dem Generalstab angehörten als vielmehr zivilen Historiker- und Philologenkreisen. Den Positivisten der Sachkritik suchte der Positivismus der gelehrten Pedanterie zu schlagen – in Gestalt des Forscherpaares Kromayer und Veith, das in systematischer Geländearbeit an den Stätten der antiken Schlachten die Annahmen Delbrücks als subjektive Annahmen und rationa-

48 H. Delbrück, *Geschichte der Kriegskunst*, Bd. 1, S. 10.

49 Ebda., S. 554.

50 Vgl. ebda., »Vorrede«, S. LVI.

51 H. Delbrück, »Geist und Masse in der Geschichte« (1912), in: *Vor und nach dem Weltkrieg*, Berlin 1926, S. 604.

listische Konstrukte zu falsifizieren suchte[52]. Den respektlosen Textexegeten und Philologen Delbrück bekämpfte das akademische Establishment, angeführt von Wilamowitz-Moellendorff, in der »Historischen Zeitschrift«.[53]

Viele dieser Kritiken trafen Delbrück und hielten ihn, wie seine Repliken in der Presse und seine Ergänzungen bei Neuauflagen zeigen, oft über Jahre weg in Atem, konnten ihn aber keinen Zentimeter weit von seinem Weg abbringen. Das mag an seinem starken, eigensinnigen Charakter gelegen haben. Es lag auch daran, dass Delbrück nicht den Krieg von der Warte des historischen Seminars betrachtete, sondern umgekehrt die Geschichte aus der Perspektive des aktuellen und jederzeit präsenten Krieges: Für Hans Delbrück war tatsächlich die Historie die Fortsetzung des Krieges mit anderen Mitteln.

Bewegliche Körper

Vergleicht man die »Geschichte der Kriegskunst« mit Militärgeschichten aus jüngerer Zeit, die den von Delbrück behandelten Zeitraum wenigstens teilweise abdecken, etwa Michael Howards Darstellung des Krieges in der europäischen Geschichte[54] oder Geoffrey Parkers Geschichte der »militärischen Revolution«[55], so macht man eine überraschende Entdeckung. Es ist, als redeten Delbrück und seine geistigen Enkel von vollkommen verschiedenen Gegenständen. Zwar beschreiben alle genannten Autoren das Aufkommen der Feuerwaffen, die Geburt der Infanterie und die Einführung stehender Heere, doch könnten ihre Zugangsweisen und Erklärungsmuster nicht unterschiedlicher sein. Da der allmähliche Eintritt der europäischen Gesellschaften in die

52 Vgl. K. Christ, »Hans Delbrück«, S. 175 ff.

53 Vgl. A. Bucholz, *Hans Delbrück*, S, 33.

54 Michael Howard, *Der Krieg in der europäischen Geschichte. Vom Ritterheer zur Atomstreitmacht*, München 1981.

55 Geoffrey Parker, *Die militärische Revolution. Die Kriegskunst und der Aufstieg des Westens 1500–1800*, Frankfurt/New York 1990.

militärische Moderne aber den Konstruktionspunkt der gesamten »Geschichte der Kriegskunst« bildet, kann ein solcher Vergleich dazu dienen, die Spezifik der Delbrückschen Perspektive zu verdeutlichen.

Am deutlichsten ist der Gegensatz zu Delbrück bei Geoffrey Parker. Für den englischen Historiker entwickelt sich die »militärische Revolution« im Europa der frühen Neuzeit in mehreren sukzessiven, einander auslösenden und bedingenden Schüben. An ihrem Beginn stehen die qualitativen und quantitativen Verbesserungen der Artillerie, die im Lauf des fünfzehnten Jahrhunderts auch Fortschritte im Festungsbau nach sich ziehen. Der Aufstieg der Infanterie führt zur Entwicklung neuer Kampfweisen und vor allem zu einer Erhöhung der Schußfrequenz. Mit den neuen Methoden der Kriegführung wiederum geht eine enorme Erhöhung in Umfang und Kopfzahl der Heere einher.[56] Ursächlich für die rasche Entwicklung des europäischen Militärwesens (oder »militärische Revolution«) ist in Parkers Augen zweifellos der dynamische Gegensatz von Artillerie und Festungsbau – eine Dialektik von Waffe und Panzer, die das Werkzeug oder die *hard ware* des Krieges ins Zentrum der Betrachtung stellt. Ein Blick in »den Delbrück« zeigt demgegenüber, dass der Autor keineswegs die historische Bewegkraft dieser Dialektik – die Technologie als Motor der Geschichte – ignorierte, aber gar nicht daran dachte, sie zum roten Faden der Militärgeschichte zu machen.

Delbrücks Leitgedanke militärhistorischer Forschung war die Entstehung und Entwicklung taktischer Körper, das heißt selbständiger oder kombinierter Truppenkörper, in denen der Einzelne zum Teil eines Ensembles von Mitkämpfenden und Waffen wird – eben eines »Körpers«, dessen Form indes keineswegs beliebig ist. Über die Verhaltens- und Bewegungsmuster, die ihm zwingend vorgegeben sind, ist dieser Körper zugleich

56 Vgl. G. Parker, *Die militärische Revolution*, S. 45.

fester Bestandteil einer politisch-sozialen »Kriegsverfassung«, in die über ethische und ästhetische Wahlen auch kulturelle Elemente integriert sind. Ein solcher taktischer Körper war die antike Phalanx, die Delbrück unübertrefflich knapp charakterisiert: »Die Hopliten-Phalanx ist die natürliche taktische Form für ein kriegerisches Bürgeraufgebot. Was von dem Einzelnen verlangt wird, ist alles sehr einfach und bedarf nur geringer Übung. Der Mann lernt sich in der schweren Rüstung zu bewegen, den Spieß zu führen, Vordermann und Richtung zu halten. Irgendwelche künstlerischen Exerzitien sind nicht nötig. Das Ganze bildet einen einzigen geschlossenen Körper, der geradeaus marschiert und kurz vor dem Feinde den Anlauf zur Attacke macht; dieser Anlauf soll nach Herodot bei Marathon zum erstenmal gemacht worden sein.«[57]

Die »Physik« der Phalanx, wie Delbrück sie schildert, besteht darin, einen einheitlichen, kompakten Körper zu bilden, der mit ungeheurem Druck auf den Gegner eindringt und ihn zurückwirft. Aber diese primitive Festkörperphysik birgt zugleich ein Risiko, das in der Schlacht von Cannae sichtbar wurde. Der Angriff auf die umfasste Phalanx war in der Lage, deren Impetus zu vernichten: »Die ganze römische Infanterie war es gewohnt, mit der geschlossenen Phalanx vorzudrücken, bis der Feind nachgab und wich. Sobald nunmehr der Ruf ertönte ‚Angriff von hinten' und die letzten Glieder Kehrt machen mussten, hörte der vorwärtsschiebende Druck der Masse auf, und damit kam die ganze Phalanx zum Stehen. In diesem Augenblick war sie rettungslos verloren. Der Vorteil der numerischen Überlegenheit war paralysiert. Er bestand ja ausschließlich in dem ungeheuren physischen und moralischen Druck, den die hinteren Glieder ausübten; der eigentliche Waffengebrauch beschränkt sich in jeder Phalanx auf einen ganz geringen Teil.«[58]

57 H. Delbrück, Geschichte der Kriegskunst, Bd.I, S. 123.
58 Ebda., S. 369.

Die Lehre, die die Römer aus dieser offenkundigen Schwäche der Phalanx zogen, war eine kompliziertere Physik der kämpfenden Einheit: »Die Römer haben die Phalanx erst mit Gelenken versehen, sie dann in Treffen geteilt, endlich in eine Vielheit kleiner taktischer Körper aufgelöst, die imstande sind, bald zu einer kompakten, undurchdringlichen Einheit zusammenzuschließen, bald sich nach dieser oder jener Seite zu wenden.«[59] Die Voraussetzungen für diese fortschreitende Differenzierung und Artikulation waren politischer Art (die Ausweitung des Bürgerrechts) und des weiteren sozialer (Übergang zur Berufsarmee, Stellung der Centurionen) und psychologischer Natur (Disziplin). Was so einfach aussah, die »Bildung kleiner Haufen, die so fest zusammenhalten, dass sie taktische Körper bilden«, war in Wahrheit unendlich schwer gewesen: »Eine Jahrhunderte lange Entwicklung und die römische Disziplin gehörte dazu; nur dieser eine Staat des Alterums hat sie wirklich durchgeführt und hat dadurch die Herrschaft über alle anderen gewonnen.«[60]

Wie eine jüngere historische Parallele zu dieser antiken Entwicklung – die allmähliche Ausbildung von immer kleineren selbständig kämpfenden Einheiten – erscheint der Prozess, den Delbrück im dritten und vierten Band der »Geschichte der Kriegskunst« beschreibt. Es ist der Prozess der militärischen Modernisierung. Aber gegenüber dem, was man als seine »Präfiguration« in der Welt des Altertums ansehen könnte, ist der Gang der Moderne durch neue technische, politische und demographische Faktoren kompliziert, quantitativ erweitert und in seiner Verlaufsgeschwindigkeit gesteigert. Delbrück zeichnet die Entwicklung nach, die von der Wiederentdeckung der antiken Kriegskunst durch die Schweizer in den Burgunderkriegen bis zum modernen Gefecht der aufgelösten Schützenlinie und der

59 Ebda., S. 499.
60 Ebda.

verbundenen Waffen in den napoleonischen Kriegen führt. Wieder ist es das Verhältnis von Individuum und Masse, dem die Aufmerksamkeit des Militärhistorikers gehört. Besteht doch das moderne Massenheer, so paradox es scheint, aus lauter militärischen Individualisten, deren selbständiges Zusammenwirken das Resultat langwieriger historischer Vorgänge der Formierung und Disziplinierung ist.

Wie beim Blick auf die Phalanx ist Delbrücks Interesse an solchen Vorgängen durchaus politischer Natur. An jeder Stelle seines Werks äußert sich ein akuter historischer Sinn für die wechselnden Beziehungen von Krieg und Politik: »Die Hopliten-Phalanx entwickelt sich nach einer anderen Richtung unter den mazedonischen Königen als in der römischen aristokratischen Beamtenrepublik, und erst in Verbindung mit konstitutionellen Wandlungen gelangt diese zur Kohortentaktik. Wiederum anders als römische Kohorten fechten ihrer Natur nach germanische Hundertschaften.«[61]

Kein anderer Clausewitz-Leser des neunzehnten Jahrhunderts hat die Lektion vom Primat der Politik gründlicher in die eigene, historische Arbeit einfließen lassen als Hans Delbrück. Dass der Krieg nichts sei als die Fortsetzung der Politik mit anderen Mitteln, hat er sich übersetzt in die Frage nach der jeweiligen Form dieser Mittel: Welche der Elemente, denen wir in der Hitze der Schlacht und auf den gewundenen Wegen der Manöver begegnen, sind mit der politischen Form des Gemeinwesens verbunden? Je weiter sich die Geschichte von den ursprünglichen Bürgeraufgeboten Athens und der römischen Republik entfernte, um so diffiziler wurde die Analyse der Beziehungen zwischen taktischem Körper und politischer Form. Trotzdem verlor Delbrücks politische Militärgeschichte nicht ihr Ziel aus dem Auge: die historischen Bedingungen zu begreifen, unter denen der Soldat des modernen Nationalstaats aufgetreten war. Die

61 H. Delbrück, *Geschichte der Kriegskunst*, Bd. II, S. 475.

Geburt des politischen Subjekts auf dem Schlachtfeld zu beschreiben, dies war das Ziel der »Geschichte der Kriegskunst«.

Man kann freilich diese Geschichte von der Bildung taktischer Körper auch in einem anderen, steuerungs- und informationstechnischen Sinn lesen. Zu den *obiter dicta* Delbrücks, dem nicht selten aphoristisch dichte Prägungen gelangen, gehört ein Wort über Massen und ihre Bewegung: »Eine Bewegung, die eine Schar von 1000 Mann ohne weiteres macht, ist für 10 000 Mann schon eine Leistung, für 50 000 ein Kunstwerk, für 100 000 eine Unmöglichkeit.«[62] Hinter dem mot d'esprit stand die Erfahrung desjenigen, der in der Moltke-Zeit der Massenheere und ihrer technikgestützten Logistik, im Zeitalter der Eisenbahn und des Telegraphen aufgewachsen war. Denn die Probleme der modernen Massenheere waren in erster Linie Probleme der Führung und der Koordination. Selbständig operierende Truppenteile aufzustellen und das Gefecht der verbundenen Waffen zu organisieren, schnelle Ortswechsel zu bewerkstelligen und Nachrichtenverbindungen zu halten, lange logistische Linien einzurichten und gegen Überfälle zu sichern, darin lag das Wesen der »Kriegskunst« zu jener Zeit, als Delbrück selbst den Krieg kennenlernte. In der Aufmerksamkeit, die seine »Geschichte der Kriegskunst« nicht nur der Bildung taktischer Körper, sondern auch ihrer Beweglichkeit und Führbarkeit schenkt, verrät sich der durchgehende Gegenwartsbezug dieser Historiographie. Sie *aktualisiert* die Geschichte, sie erforscht sie im Licht des gegenwärtigen Krieges.

Dieser Krieg ist längst nicht mehr ein Krieg der Disziplin oder der Stoßkraft von geschlossenen Haufen. Mitte des neunzehnten Jahrhunderts ist der Krieg längst zu einem veritablen Informationskrieg geworden. Umgekehrt macht das komplizierte System formierter und informierter Körper, das diesen Krieg führt, auch die Geschichte intelligibel: Krieg und Ge-

62 H. Delbrück, *Geschichte der Kriegskunst*, Bd. I, S. 7.

schichte erhellen sich gegenseitig. Der Militärhistoriker Hans Delbrück denkt die Geschichte in der Perspektive eines Systems, das sich fortwährend weiter differenziert und über die Leistung seiner kognitiven Prozesse seine Aktions- und Reaktionsgeschwindigkeiten steigert. In dieser Perspektive gesehen, steht der Krieg der Information nicht mehr am fernen Zukunftshorizont, er liegt im Ursprung aller Kriegs- und Militärgeschichte.

Ähnlich wie die Ermattungsstrategie, die Delbrück (wieder)entdeckte und auf den Begriff brachte, tendierte somit auch seine »Geschichte der Kriegskunst« nach zwei verschiedenen Polen. An der Doppelnatur des *taktischen Körpers*, der im Zentrum dieser Kriegsgeschichte steht, zeigt sich das am deutlichsten: Dieser Körper ist zum einen ein Verbund politischer Subjekte, notwendiger Ausdruck der Kriegsverfassung eines Gemeinwesens, zum anderen aber ist er ein System beweglicher Teile, die der äußeren und inneren Steuerung und Information bedürfen. Allerdings muss man sich hüten, diesen zweiten Pol der Delbrückschen Kriegsgeschichte gegenüber dem ersten zu isolieren oder absolut zu setzen. Die Geschichte der Kriegskunst war für Delbrück nicht die Geschichte einer sich perfektionierenden Maschine oder Episteme, es war die humanistisch aufgefaßte Geschichte des militärischen Wissens und Könnens politischer Staatsbürger. Die Geschichte einer *Kunst*, die mehr war als ein Handwerk, aber weniger als eine Wissenschaft.

»Kriegskunst« nach hundert Jahren

Hundert Jahre sind vergangen, seit der erste Band der »Geschichte der Kriegskunst« erschien, hundert Jahre, die sowohl die Natur des Krieges als auch die Kriegsgeschichte dramatisch verändert haben – so sehr, dass heute schon der Begriff der Kriegskunst obsolet, ja geradezu obszön anmutet. Wer will nach einem Jahrhundert, das seine rasanten Fortschritte bei den Massenvernichtungswaffen nur dadurch übertrumpfte, dass es die zivilisatorische Entkoppelung von Krieg und Genozid rückgängig machte, noch von einer »Kunst« der Kriegführung sprechen? Die Militärgeschichte hat sich im Lauf dieser hundert Jahre fortentwickelt und differenziert wie andere Schulen und Genres der Historiographie auch. Sie hat die Grenzzäune zur Sozialgeschichte eingerissen; sie hat sich Rathenaus Einsicht zu eigen gemacht, dass die Wirtschaft das Schicksal des modernen Menschen ist – auch im Krieg. Sie hat neben dem kämpfenden Mann den leidenden Menschen (in den Gräben, Lagern und Fabriken, den Bunkern und bombardierten Städten) entdeckt; sie hat sich zur Mentalitätsgeschichte von kampfbereiten und von kampfunwilligen Gesellschaften gemacht. Konsequent wie wenige andere Spielarten der Historie hat die Militärgeschichte vollzogen, was man in Analogie zum »linguistic turn« die *anthropologische Wende* nennen könnte: Jenseits der Geschichte der Schlachten und der militärischen Operationen hat die neue Militärgeschichte eine »Kultur des Krieges« entdeckt, die den *politischen* Rahmen, in dem das Abendland den Krieg gedacht hat, überschreitet und Auskünfte sowohl von der Psychologie wie von der Ethnologie einholt.[63] Von diesen Humanwissenschaften angeleitet, hat die noch junge Militärgeschichte mit anthropologischem Vorzeichen die Geschichte des Krieges in das neue Koordinatenfeld von Ge-

63 Als populärster Vertreter einer anthropologisch erweiterten Kriegsgeschichte darf der britische Militärschriftsteller John Keegan gelten; unter seinen zahlreichen Werken vgl. besonders *Die Kultur des Krieges*, Berlin 1995. Die heftige Gegnerchaft zu Clausewitz, die Keegan pflegt, hat zwei Wurzeln: Erstens gibt Keegan wie sein großer Vorgänger Basil Henry Liddell Hart dem preußischen Denker des »absoluten Krieges« die Schuld am »totalen Krieg« des zwanzigsten Jahrhunderts. Zweitens steht Clausewitz prototypisch für ein *politisches* Verständnis des Krieges, das Keegan durch seine *anthropologische* Auffasung überwinden will. Ob diese Anthropologisierung der Kriegsgeschichte (die ja nur der literarische Schatten der Anthropologisierung des Krieges selbst ist) letztlich, wie Keegan glaubt, dem Ziel der Pazifizierung der Menschheit besser dient, als es die »Politisierung« durch die Schüler Clauwitz' tut, ist eine interessante Frage, die aber an dieser Stelle nicht diskutiert werden kann.

walt, Ritual und Trauma gestellt. Nichts könnte der »Kriegsgeschichte« einer gar nicht so lange vergangenen Zeit ferner stehen als diese Wissenschaft vom kriegführenden und tötenden Menschen.

Von solchen wissenschaftsgeschichtlichen Revolutionen der Nachwelt weiß Delbrück naturgemäß nichts. Sein Werk, eine politische Geschichte der Entwicklung von Strategie und Taktik vor dem Hintergrund der Weltgeschichte, ragt wie ein altertümliches Monument in die sich rasch wandelnde Landschaft hinein. Der Wanderer unserer Tage, der auf seinen literarischen Streifzügen auf das patinierte Denkmal stößt, fragt sich, was dieses Werk der Gegenwart noch bedeuten mag: Was findet der Leser in den Zeiten »intelligenter Waffen« in einer Kriegsgeschichte, die zwischen Königgrätz und Verdun entstand? Was entnimmt der Zeitgenosse des globalisierten Konfliktmanagements einem Werk, das im Horizont des mit militärischen Mitteln gegründeten Nationalstaats konzipiert wurde? Doch die Frage, wie weit Delbrück heute noch aktuell ist, ist keine Frage seines numerischen Alters, sondern seiner interpretatorischen Jugend: Wie zeitgenössisch ein historisches Werk sein kann, entscheidet sich nicht an der Zahl seiner Jahresringe, sondern an der Qualität seines Denkansatzes. Im Falle Delbrücks hängt alles an der Frage, was seine altmodisch anmutende »Kriegskunst« noch mit der Wirklichkeit von heute zu tun hat.

In dem bereits zitierten Vorwort zum vierten Band der »Geschichte der Kriegskunst« steht der erstaunliche Satz, die Kriegskunst sei ebenso »eine Kunst wie die Malerei, die Baukunst oder die Pädagogik«[64] – wobei der Hinweis auf die Pädagogik den Zirkel der schönen Künste sprengt und den Bereich menschlicher Praktiken, in den die Kriegskunst gerückt wird, um Professionen erweitert, zu denen auch die ärztliche oder die juristische »Kunst« zählen könnten. Im selben Band greift Del-

64 Hans Delbrück, *Geschichte der Kriegskunst*, Bd. IV, X.

brück noch einmal den Terminus »Kriegskunst« auf und bestreitet, aus der Natur des Gegenstandes argumentierend, jede Nähe dieser »Kunst« zur Wissenschaft: »Der Krieg ist immer Kunst und kann nie Wissenschaft werden.«[65] Ganz offensichtlich reiht sich Delbrück damit hinter Hegel ein; gleichzeitig aber folgt er auch Max Jähns, dem geschätzten Verfasser einer umfassenden Geschichte der kriegswissenschaftlichen Literatur, der seinerseits die »Kriegskunst« als praktisches Können der »Kriegswissenschaft« gegenüber stellt: »Die Aufgabe der Wissenschaft ist es, zu erkennen und zu lehren, die der Kunst, zu schaffen und zu leisten. ‚Kunst' stammt von ‚Können', und etwas anderes als Verstehen und Wissen sind Eingreifen und Wirken.«[66]

Jähns affirmative Worte vom »Kriegskünstler«[67] macht sich Delbrück, der nur knapp eine Generation später schreibt, nicht mehr zueigen. Wohl aber folgt er der überkommenen philosophischen Ansicht vom Krieg als einer von Menschen gemachten Wirklichkeit, die als solche auch prinzipiell menschlicher Lenkung unterliegen kann. Genau darin aber liegt der Kern der Rede von der »Kriegskunst«: Der Krieg gilt als ein rational planbares und lenkbares Geschäft von Menschen, die in politischen Ordnungen leben. Wer von »Kriegskunst« spricht, bringt seine Überzeugung zum Ausdruck, dass der Krieg selbst »könnbar«, das heißt von Menschen führbar, in Maßen lenkbar, begrenzbar und vor allem beendbar ist. Es ist die Überzeugung eines politischen Humanismus.

In dieser Perspektive, die Clausewitz zuerst einnimmt und die Delbrück später historisch vertieft, erscheint der Krieg als ein politisch lenkbares Unternehmen. Auf diese Lenkung kommt es an: Erst die politische Ausrichtung ist es, man erinnere sich, die

65 Delbrück, *Geschichte der Kriegskunst*, Bd. 4, S. 374.

66 Max Jähns, *Geschichte der Kriegswissenschaften vornehmlich in Deutschland*, 3 Bde., XXX, hier Bd. I (Altertum, Mittelalter, 15. und 16. Jahrhundert), S. VI.

67 Vgl. ebda., S. VII.

nach Delbrücks Auffassung das taktische Können in den Rang der Strategie erhebt. Politische Regierbarkeit des Krieges wiederum setzt voraus, dass es die dazu fähigen politischen Instanzen tatsächlich gibt; sie setzt voraus, dass neben dem Militärischen ein eigenständiger, übergeordneter Raum des Politischen existiert. Von daher begreift man Delbrücks leidenschaftlichen Kampf gegen die Tendenz zur Militarisierung der Gesellschaft, die er im letzten Jahrzehnt seines Lebens in Ludendorff verkörpert sah – und umgekehrt sein Engagement für die Zivilisierung des Militärischen, das dem Gedanken der Beherrschung und Begrenzung der Gewalt verpflichtet ist.

Besteht aber der Sinn der »Kunst« darin, den Krieg nach politischen Vorgaben zu führen, so liegt der Sinn einer Geschichte der Kriegskunst darin, den sich wandelnden Horizont der politischen Lenkung freizulegen und zu beschreiben. Deshalb bleibt die Geschichte der Kriegskunst *im Rahmen der politischen Geschichte* so lange aktuell, wie der Krieg als Mittel zu politischen Zwecken akzeptiert wird, das heißt so lange Republiken bereit sind, um politischer oder humanitärer Zwecke willen die militärische Auseinandersetzung in Kauf zu nehmen. Eine problematische Voraussetzung, in der Tat. Denn kaum eine andere Idee hat am Ende des zwanzigsten Jahrhunderts, das von Verdun bis Hiroshima immer aufs neue die Pervertierbarkeit der Zweck-Mittel-Rationalität erfahren hat, derart an Kredit verloren wie die Idee vom Krieg als akzeptables Mittel zu politischen Zwekken.

Angesichts jener Erfahrungen hat Militärgeschichte in unseren Tagen, wie der Historiker Michael Geyer eindringlich feststellt[68], eine doppelte Aufgabe: Als spezielle Geschichte des Krieges muss sie von dem sprechen, was das Wesen des Krieges

68 Vgl. Michael Geyer, »War and the Context of General History in an Age of Total War«, *The Journal of Military History*, Special Issue 57, (Oktober 1993), S. 145 ff.

ist, nämlich der von Menschen willentlich herbeigeführte Massentod; als allgemeine Geschichte der Zivilisation aber bekräftigt sie den Fortbestand und der Behauptung der Zivilität über die Mächte des Chaos. In dieser Verpflichtung der Militärgeschichte auf das Selbstbewußtsein der zivilen Gesellschaft liegen das Erbe und die Aktualität Hans Delbrücks.

Sommer 2000 Ulrich Raulff

Vorrede zur dritten Auflage

Seit dem Erscheinen der zweiten Auflage dieses Bandes, 1908, haben zwei große Probleme der antiken Kriegsgeschichte ihre Lösung gefunden, die Schlachten bei Salamis und bei Thapsus, und konnten in die Neubearbeitung aufgenommen werden. Platää und Issus durften die Grundzüge der früheren Darstellung behalten, erfuhren aber auf Grund neuer topographischer Feststellungen Umarbeitung im einzelnen. Die alte Streitfrage von Cannä, ob die Schlacht auf dem rechten oder linken Ufer des Aufidus stattgefunden, ist definitiv entschieden, gleichzeitig aber die quellenmäßige Grundlage des ganzen zweiten punischen Krieges durch eine neue, sehr wirksam begründete Hypothese stark erschüttert worden. Das sind neben mannigfachen Verbesserungen im einzelnen die Punkte, wo sich die neue Auflage von der vorhergehenden unterscheidet.

Gleichzeitig habe ich auch endlich den vierten Band zu Ende geführt und damit das ganze Werk zum Abschluß gebracht.

21. Juli 1920.

Hans Delbrück

Vorrede zur zweiten Auflage der beiden ersten Bände

Schon seit mehreren Jahren sind die beiden ersten Bände der »Geschichte der Kriegskunst» vergriffen, ohne daß ich, mit der Ausarbeitung des dritten Bandes beschäftigt, die Zeit gefunden hätte, die neue Auflage zu besorgen. Manche schöne neue Einzelforschung war in der Zwischenzeit erschienen und mußte geprüft, in den alten Text hineingearbeitet und auch sonst dies und jenes gebessert, ein wichtiges Stück, die älteste römische Kriegsverfassung, völlig umgeschmolzen werden. Aber diese Verbesserungen haben schließlich die wenigste Arbeit gefordert und hätten die neue Auflage nicht so lange aufgehalten; das eigentlich Mühselige und Zeitraubende der neuen Auflage war durch etwas anderes verursacht. In einer Besprechung des ersten Bandes gab der General d. Inf. v. Schlichting, der Verfasser der »Taktischen und strategischen Grundsätze der Gegenwart«, der Hoffnung Ausdruck, daß das vorliegende Werk »dem militärischen Dilettantismus, der bisher in der Geschichtsschreibung herrschte, ein Ende machen« werde. In diesen Worten ist auf das präziseste das ausgedrückt, was ich mir selbst bei meiner Arbeit vorgesetzt und worauf meine Hoffnung gerichtet war. Aber diese Hoffnung ist nicht nur nicht in Erfüllung gegangen, sondern das gerade Gegenteil ist eingetreten. Wohl kaum je in einer früheren Zeit ist auf dem Gebiet der Geschichte des Kriegswesens und der Kriegskunst durch unmethodische und dilettantische Gelehrsamkeit soviel Verkehrtes und Verwirrendes zutage gefördert worden, wie gerade in diesem letzten Jahrzehnt. Es sind nicht bloß Historiker und Archäologen daran beteiligt, sondern auch Militärs, die viel zu schnell und viel zu sicher glauben, mit den in der Praxis, oft nur des Friedensdienstes, gewonnenen Vorstellungen die Verhältnisse früherer Kriegsepochen kritisch bemeistern zu können. So sind nicht nur unrichtige Auslegungen der Quellen, über die man verschiedener Ansicht sein kann und immer sein wird, sondern auch sachlich und physisch unmögliche Konstruktionen ausgebildet und vorgetragen worden und haben die klaren historischen Vorgänge vielfach verdunkelt, und der größere Teil meiner Arbeit in dieser zweiten Auflage der ersten beiden Bände bestand deshalb darin, diese Unmöglichkeiten quellenkritisch und sachlich aufzulösen und zu widerlegen. Das ist, wie man des weiteren ebenfalls sehen wird, keineswegs eine leichte und einfache Arbeit, denn auch dem völlig Sinnlosen läßt sich in der Geschichte bei dem weiten Abstand, in dem wir von den Dingen leben, sehr leicht ein gewisser Anstrich von Wahrscheinlichkeit geben, und es bedarf breiter ausführlicher Darlegungen, um solche Täuschungen zu zerstören und, da man nicht zum Experiment greifen kann, mit Worten klarzumachen, was physisch möglich und was unmöglich ist. Zuweilen bringt eine derartige Diskussion den Vorteil, den Gegenstand selbst zu größerer Klarheit zu erheben, und man fühlt sich belohnt für seine Mühe. Meistens aber erntet man solche Frucht nicht und schließt nur mit der ärgerlichen Empfindung, Zeit und Kraft, die man für Besseres hätte verwenden können, vergeudet zu haben.

Wie viel lieber wäre ich zur Ausarbeitung des vierten Bandes geschritten!

Die Aufnahme, die der erste Band seinerzeit bei der wissenschaftlichen Kritik gefunden hat, tönte vielfach, auch wo sie sonst freundlich gehalten war, in der Befürchtung aus, ob ich nicht doch das Recht der Sachkritik überspannt und von der quellenmäßigen Tradition weiter abgewichen sei, als sich rechtfertigen lasse. Nirgends hat die erneute Durcharbeitung des Stoffes mir gezeigt, daß diese Befürchtung begründet sei. Im Gegensatz, ich darf sagen, daß die sachlichen Veränderungen durchweg der Erkenntnis entsprungen sind, daß ich in der ersten Auflage in der Abweichung von den überlieferten Anschauungen noch nicht weit genug gegangen war. Es ist wirklich so gewesen, daß nicht die Perser, sondern die Griechen die an Zahl Überlegenen waren, daß Alexander nicht mit einer kleinen Schar ausging, das persische Weltreich zu erobern, sondern mit einem Heer etwa doppelt so groß wie einst das des Xerxes, daß in Rom nie nach Vermögens-Klassen ausgehoben worden ist, daß die Barbarenheere, die die Kulturwelt bedrohten, stets ganz klein waren, daß die Römer ihre Siege über Gallier und Germanen wesentlich mit numerischer Überlegenheit erfochten haben, daß die ritterliche Kriegsart bereits vor dem Lehnswesen bestand und nicht erst aus ihm erwachsen ist.

Der Glaube an die entgegengesetzte Tradition in allen diesen Punkten ist fast so fest wie er alt ist, und nicht nur Gründe, sondern auch Zeit braucht's ihn zu überwinden und eine bessere Erkenntnis an seine Stelle zu setzen. Die beste Hilfstruppe in diesem Kriege aber wird die Fortführung des vorliegenden Werkes selber sein.

Der alte Historiker, der nur den ersten Band liest, der Rechtshistoriker, der nur den Ursprung des Lehnswesens mit seinen überlieferten Anschauungen vergleicht, der Kreuzzugshistoriker, der nur liest, wie gering die Zahl der Ritter gewesen und wie wenig Originelles diese große Kriegsepoche hervorgebracht haben soll – ich kann ihnen allen ihre Vorsicht und ihren Zweifel nachempfinden. Aber ich habe die Zuversicht, daß die Zweifel sich lösen und vergehen werden, wenn der alte Historiker auch den zweiten und dritten Band dieses Werkes sich zu eigen macht, wenn der Rechtshistoriker sich den Gegensatz zwischen dem Einzelkrieger und dem taktischen Körper aus dem Zusammenhang des ganzen Werkes klargemacht, der Kreuzzugshistoriker den Unterschied von Rittertum und Kavallerie und die Gegensätzlichkeit der Begriffe Rittertum und Taktik aus dem Vergleich mit den Perioden vorher und nachher sich zur Anschauung gebracht hat.

Wie mir selbst das Werk aus der Gesamtanschauung der Entwicklung der Kriegskunst erwachsen ist, so kann auch nur derjenige den vollen wissenschaftlichen Gewinn aus ihm ziehen, der es nicht bloß als alter, mittlerer oder neuerer Historiker benutzt, sondern es im ganzen nimmt als eine Forschung zur Weltgeschichte.

Berlin-Grunewald, den 12. Juli 1908.

Hans Delbrück

Motto:

ἐγὼ δὲ φημὶ μὲν δεῖν οὐκ ἐν μικρῷ προσλαμβάνεθαι τὴν τοῦ συγγραφέως πίστιν, οὐκ αὐτοτελῆ δὲ κρίνειν, τὸ δὲ ρνεῖον ἐξ αὐτῶν τῶν πραγμάτων ποιεῖσθαι τοὺς ἀναγιγνώσκοντας τὰς δοκιμασίας.

Πολύβιος III, 9.

Vorrede zur ersten Auflage

Die stets fortschreitende Spezialisierung in der Wissenschaft vollzieht sich auf dem Gebiete der Geschichte in doppelter Art, nach Perioden und nach Erscheinungen. Die einen bearbeiten eine bestimmte Zeit nach allen Richtungen, die anderen suchen eine Besonderheit durch die verschiedenen, womöglich durch alle Zeiten zu verfolgen. Man hat besondere Kunst- und Literaturgeschichte, Religionsgeschichte, Geschichte der Verfassungen und des Rechts, des Wirtschaftslebens, der Finanzen, auch einzelner Institutionen, wie etwa der Ehe. Alle Einzel-Geschichten fließen zusammen in der Universal-Geschichte und befruchten sich gegenseitig. Keine ist zu entbehren, wenn nicht die Erkenntnis des Ganzen darunter leiden soll. So bedarf die Universal-Geschichte auch einer Geschichte der Kriegskunst. Einen wie breiten Raum nehmen die Kriege, die die Staaten bilden und zerstören, in der Gesamt-Geschichte ein: die Forderung ist nicht zu umgehen, daß sie nicht bloß der Überlieferung gemäß nacherzählt, sondern kritisch erfaßt und zu technisch richtiger Darstellung gebracht werden. Eine Spezialgeschichte ist nach dem Gesetze der Arbeitsteilung das beste Mittel.

Die Schwierigkeit jeder solchen Spezialgeschichte liegt für den Historiker in der Erwerbung der genügenden technischen Kenntnisse. Mag man dem Literatur-Historiker glauben, daß er sich ganz in den Prozeß der dichterischen Produktion zu versenken imstande ist, so ist schon schwieriger, daß der Kunsthistoriker die Technik des Malens und Bauens, der Wirtschaftshistoriker die des Ackerbaues, des Handwerks und des Handels völlig beherrsche. Man verlangt ja von ihnen nicht, daß sie selber Madonnen malen, Dome bauen, den Pflug führen oder Kolonien gründen sollen, aber indem man das nicht verlangt, behält der Praktiker, der sich solche Dinge zutraut oder sie gar übt, doch vor dem Historiker etwas voraus und betrachtet ihn mit einem gewissen Mißtrauen. Achill verdankt dem Homer seinen Ruhm – aber ob er nicht doch bei diesem oder jenem Verse ausgerufen hätte: man sieht, du bist ein Poet und hast nicht selber an der Spitze der Myrmidonen den Speer geschleudert!

Der Gelehrte, der eine Geschichte der Strategie und Taktik schreibt, ist noch schlimmer daran. Schon viel, wenn es ihm einmal vergönnt war, in den untersten Graden die Wirklichkeit des Krieges kennen zu lernen. Aber alles Höhere muß er sich rein theoretisch anzueignen suchen, und nicht mit dichterischer Freiheit darf er nachher schalten. Technische Exaktheit ist die Bedingung des Erfolges. Wie der Künstler oder der Kriegsmann, der die Taten der Vergangenheit in seinem Fache darstellen will, sich das methodische Quellen-Studium aneignen muß, so muß der Historiker, der Kriege und nun gar die Geschichte der Kriegskunst selbst erzählen will, auch die sachlichen Bedingungen, die technischen Möglichkeiten der Ereignisse so lange studieren, bis er sie mit voller Sicherheit beherrscht.

Diese Forderung ist prinzipiell keineswegs neu, und von vornherein ist die Vorstellung abzulehnen, als ob bei einem Werk, wie dem vorliegenden, eine andere wissenschaftliche Methode in Anwendung komme, als sonst in der historischen Untersuchung. Man spricht freilich wohl von Sachkritik im Gegensatz zur Wortkritik, aber das sind nicht Gegensätze, sondern nur verschiedene Hilfsmittel derselben einheitlichen, wissenschaftlichen Kritik. Kein Philolog, fühle er sich noch so sehr Meister in der strengen, sprachlichen Interpretation, wird deshalb die sachliche Betrachtung des Gegenstandes prinzipiell verwerfen; kein Fachmann, und wisse er den sachlichen Zusammenhang mit experimenteller Sicherheit zu demonstrieren, wird deshalb leugnen, daß die Grundlage alles historischen Wissens die quellenmäßige Überlieferung ist. Der Unterschied ist nur, daß der eine nach dem Gange seiner Studien und persönlicher Anlage seine Stärke mehr in diesem, der andere mehr in jenem Mittel findet. Der eine ist der Gefahr unterworfen, eine falsche Überlieferung nachzusprechen, weil er ihre sachliche Unmöglichkeit nicht zu durchschauen vermag; der andere, Erscheinungen aus der Praxis der Gegenwart auf die Vergangenheit zu übertragen, ohne genügend auf die Verschiedenheit der Verhältnisse zu achten. Um mit der Untersuchung bis auf den Grund zu kommen, muß daher die philologische und die Sachkritik bei jedem Schritt und jeder

Betrachtung Hand in Hand gehen, sich unausgesetzt gegenseitig belehren und kontrollieren. Es gibt keine wahre Sachkritik ohne die quellenmäßige, philologisch genaue Grundlage, und es gibt keine wahre philologische Kritik ohne Sachkritik. Nur auf diesem Wege kann man zu der vollen Strenge der Methode gelangen, deren Wesen die Ausschließung aller Willkür ist, der Willkür sowohl in der Annahme wie in der Verwerfung der überlieferten Nachrichten. Trefflich hat das bereits Polybius ausgesprochen in dem Wort, das ich als Motto vorangestellt habe.

Wenn dieses Buch einen Fortschritt in der Erkenntnis der Vergangenheit bedeutet, die ein so tiefes Bedürfnis des menschlichen Geistes ist, so beruht das also nicht auf der Anwendung einer neuen Methode, sondern nur auf der praktischen und systematischen Anwendung längst bekannter und theoretisch auch anerkannter Grundsätze. Es gehört daher mit zum Wesen dieses Buches, und ich bitte um Erlaubnis, darüber sprechen zu dürfen, wie ich selber darauf geführt worden bin, zu erkennen, daß hier der Wissenschaft noch eine Aufgabe gestellt sei, und wie besonders günstige Umstände sich vereinigten, mir das Studium gerade des Kriegswesens zu ermöglichen.

Schon bald nachdem ich die Universität verlassen hatte, habe ich einige Studien über Geschichte des Kriegswesens gemacht, ohne daß ich mich zu erinnern wüßte, woher ich die Anregung dazu empfangen. Im Frühjahr 1874 hatte ich eine Übung in Wittenberg zu machen; ich ließ mir von der Regiments-Bibliothek die »Geschichte der Infanterie« von Rüstow geben, und von da an hat mich der Gegenstand nicht wieder losgelassen.

Im Jahre 1877 wurde mir durch die Vermittlung der Gräfin Hedwig Brühl die Vollendung der von Georg Heinrich Pertz unfertig hinterlassenen Biographie Gneisenaus, des Großvaters der Gräfin, übertragen. Als ich mich in die Geschichte der Freiheitskriege versenkte, empfand ich auf das stärkste das Bedürfnis, zu einer wirklichen Beurteilung der Ereignisse gelangen zu können, und die Studien zu diesem Zweck mußten eine um so größere Ausdehnung annehmen, als in dieser Zeit zwei verschiedene strategische Grundanschauungen – die eine vertreten durch den Erzherzog Karl, Schwarzenberg und Wellington, die andere durch Napoleon und Gneisenau – aufeinanderstießen und historisch zu würdigen waren.

Goethe hat einmal gesprochen von der Förderung, die man durch ein einziges geistreiches Wort erfahren könne, und ein andermal, daß man am besten nicht aus Büchern, sondern durch lebendigen Ideentausch, durch den Umgang mit klugen Leuten, lerne. Die Wahrheit dieser Aussprüche habe ich damals an mir erlebt.

Ich war in jenen Jahren Erzieher des jüngsten Sohnes des Kaisers Friedrich, des Prinzen Waldemar, der elfjährig im Jahre 1879 starb. In dieser

Stellung hatte ich nicht nur Gelegenheit, durch Erzählungen des damaligen Kronprinzen selber und des Feldmarschalls Grafen Blumenthal eine gewisse unmittelbare Anschauung zu gewinnen, wie die Entschlüsse eines Armee-Kommandos psychologisch entstehen, sondern konnte auch meine Studien, von Clausewitz ausgehend, dessen Werke mir der Kronprinz schenkte, in jedem Augenblick durch Fragen erleichtern und ergänzen. Ich weiß noch heute Punkte, wo ich sozusagen mit meinem Verständnis festsaß und eine glückliche Auskunft, ein treffendes Wort mich wieder flott machte, und ich kann es nicht unterlassen, jetzt nach fast fünfundzwanzig Jahren in Dankbarkeit der Namen der Herren zu gedenken, denen ich die Belehrung verdanke. Ich nenne den General von Gottberg, gestorben als kommandierender General des I. Armee-Korps, den General von Winterfeld, zuletzt kommandierender General des Garde-Korps, den General von Mischke, den Obersten von Dresky, den verstorbenen General von Unruh, zuletzt Kommandeur des Alexander-Regiments, vor allem aber den damaligen Oberstleutnant und Militär-Gouverneur des Prinzen Friedrich Leopold, von Geißler, der als Generalleutnant verstorben ist. Herr von Geißler war eine lehrhafte Natur und machte sich ein Vergnügen daraus, mir, während unsere beiden jungen Herren unter unserer Aufsicht auf dem Turnplatz am Neuen Palais oder auf dem Böttcherberg bei Glienicke spielten, auf meine wissensbedingten Fragen ganze Vorträge über militärische Gegenstände zu halten, die von vorzüglicher begrifflicher Klarheit, mich ungemein gefördert haben. Noch zwei anderer hoher Offiziere möchte ich in demselben Sinn erwähnen, des Generals von Fransecky, der 1870 kommandierender General des II. Armeekorps, später des XI. war und zuletzt Gouverneur von Berlin, und des damaligen Majors im Generalstabe, Boie, der als Gouverneur von Thorn gestorben ist. Jener hatte als junger Generalstabs-Offizier einmal eine Biographie Gneisenaus begonnen; dadurch kam ich zu ihm in Beziehungen und habe ihn oft besucht und mit ihm darüber gesprochen; dieser überließ mir für den Feldzug 1814 das Heft, das er sich selber aus den Akten für eine Vorlesung an der Kriegs-Akademie ausgearbeitet hatte, und wir sprachen einzelne Probleme dieses Feldzuges miteinander durch.

Als ich mich nun, nachdem ich die Gneisenau-Biographie vollendet, im Januar 1881 an der Universität Berlin habilitierte, war meine erste Vorlesung über den Krieg 1866. Dann las ich (im Sommer 1881) »Geschichte der Kriegsverfassungen und der Kriegskunst seit der Einführung des Lehnswesens«. Das Altertum in diese Vorlesung hineinzuziehen getraute ich mich noch nicht; ich hatte es noch nicht selber quellenmäßig durchgearbeitet und fühlte mich, wenn es mir auch schon dämmerte, daß die herrschende Vorstellung von der Entwicklung der römischen Taktik

(Quincunx-Stellung) unmöglich richtig sein könne, doch außerstande, etwas anderes an die Stelle zu setzen. Erst zwei Jahre später, im Sommer 1883, wagte ich »Allgemeine Geschichte der Kriegsverfassungen und der Kriegskunst von den Perserkriegen bis auf die Gegenwart« anzukündigen. Diese Vorlesung habe ich dann mehrfach gehalten; auch über den »Krieg von 1870«; »Ausgewählte Kapitel aus der Strategie und Taktik, für Historiker«; »Die Hauptschlachten Friedrichs und Napoleons«, endlich (im Winter 1897/98) »über das wirtschaftliche Gedeihen der Völker in seiner Wechselwirkung mit ihrer Kriegsverfassung und ihren Kriegstaten« habe ich gelesen. Quellenmäßige Untersuchungen veröffentlichte ich über die Perserkriege, die Strategie des Perikeles, über Thucydides und Kleon, die römische Manipular-Taktik, den urgermanischen Staat und Gau, den ersten Kreuzzug, die Schweizer- und Burgunderschlachten, die Grundsätze der Strategie Friedrichs und Napoleons; andere Arbeiten aus den verschiedensten Perioden der Kriegsgeschichte von Hannibal bis Napoleon machten jüngere Gelehrte auf meine Anregung.

In und mit diesen Vorlesungen und Spezial-Arbeiten ist allmählich das Buch entstanden, von dem ich jetzt den ersten Band vorlege und dabei noch besonders bitte, sich bei der Lektüre gegenwärtig zu halten, daß es ein erster Band ist und daß für den Verfasser persönlich der Ausgangspunkt nicht in dieser, sondern in der neuesten Epoche der Weltgeschichte gelegen hat.

Voraussetzung für die Möglichkeit meiner Arbeit war die sorgfältige Durcharbeitung und Ordnung des Quellenmaterials nach der philologischen, antiquarischen und staatsrechtlichen Seite, die der Stand der Wissenschaft heute bietet. Zahllose Vorgänger müßte ich an dieser Stelle nennen, wenn ich alle die aufzählen wollte, denen auch vom Gesichtspunkte dieses Werkes aus Dank gebührt, und zu sagen, daß an ihrer Spitze Mommsen steht, ist so selbstverständlich, daß die Ehrerbietung es vielleicht mehr verbietet als verlangt, es besonders auszusprechen. Ich will mich deshalb mit der allgemeinen Feststellung dieser Abhängigkeit begnügen; nur *ein* Buch möchte ich ausdrücklich erwähnen, weil es zu dem meinigen sozusagen eine geistige Parallele bietet. Es ist »Die Bevölkerung der griechisch-römischen Welt« von Julius Beloch (1886), das so, wie ich die Kriegskunst, die Bevölkerungs-Statistik durch das ganze Altertum verfolgt auf Grund nicht bloß philologischer, sondern vor allem sachkritischer, an der neueren Zeit geübter und geschärfter Methode. Je mehr ich mich mit diesem Buche beschäftigt habe, desto mehr habe ich es schätzen gelernt. Wenn man finden wird, daß ich selber nicht nur einzelne Ergänzungen, sondern auch einige nicht unbedeutende Abweichungen von den Ergebnissen Belochs zu begründen suche, so möchte ich nicht unterlassen, schon hier hervorzuheben, daß Beloch selbst solche Abweichungen und Korrekturen als sehr wohl möglich bezeichnet hat. Die nachprüfende Abweichung im einzelnen bedeutet hier für das Ganze und Prinzipielle Zustimmung und Bestätigung.

Ohne Belochs Vorarbeit hätten manche Teile des vorliegenden Werkes kaum geschrieben werden können, ja die Heereszahlen werden eine solche Rolle spielen, daß man vielleicht meinen könnte, von ihnen seien meine Untersuchungen überhaupt ausgegangen. So ist es aber nicht gewesen, sondern ich darf sagen, zu meinem eigenen Erstaunen bin ich im Lauf jeder einzelnen Untersuchung immer wieder bei diesem Punkt angekommen. Vielleicht das wichtigste Ergebnis des ganzen Buches für die folgenden Bände wie für die Historie ist die Richtigstellung des Zahlen-Verhältnisses in Cäsars gallischem Krieg und was sich daraus ergibt, und darüber bin ich, wie ich zu bekennen habe, selber erst bei der letzten Ausarbeitung zur Klarheit gelangt. Ein historisches Werk bedeutet ja hier so wenig wie sonst die Durchführung einer in einem glücklichen Moment der Intuition gefundenen Idee nach ihren logisch gegebenen Konsequenzen, sondern beruht auf der von Punkt zu Punkt fortschreitenden empirischen Forschung, und nur langsam ringen sich die Gedanken von dem Mutterboden der eingewurzelten, überlieferten Vorstellung los.

Der Zweck wie die Grenzlinien meinen Buches werden, denke ich, durch den gewählten Titel genau genug bezeichnet. Ich beanspruche nicht, eine »Geschichte der Kriegskunst« schlechtweg und in vollem Umfange geschrieben zu haben: dazu würden auch die Antiquitäten, das Detail des Exerzierens mit seinen Kommandos, die Technik der Waffen, der Pferde-Dressur und -Behandlung, der Befestigung, der Belagerung, endlich auch das ganze Seewesen gehören – Dinge, über die ich entweder nichts Neues zu sagen wüßte oder die ich nicht einmal beherrsche. In diesem Sinne bleibt eine »Geschichte der Kriegskunst« noch zu schreiben, ebenso wie etwa im Sinne einer Belehrung für die Praxis. Daß der Kriegsgeschichte ein solcher Wert innewohne, muß man wohl glauben, da die großen Feldherren öfter dergleichen gesagt haben; namentlich Napoleon hat immer wieder verlangt, daß, wer sich zum Strategen bilden wolle, die großen Taten der Vergangenheit studieren solle, und Clausewitz stellte es als ein Ideal hin, den Krieg zu lehren in lauter historischen Beispielen. Dieses Buch aber verfolgt so hohe Ziele nicht. Was die Geschichte für den praktischen Zweck etwa leisten könnte, das ist Sache des Militärs; mir ist selbst die Richtung des Geistes darauf nicht gegeben. Ich bin nichts als Historiker und wollte ein Werk für Geschichtsfreunde und Hilfsbuch für Historiker im Geiste Leopold Rankes schreiben.

Den 4. Juni 1900.

Hans Delbrück

Ausgangspunkt

Die Geschichte der Kriegskunst ist ein einzelner Faden in dem Zusammenhange der Universal-Geschichte und beginnt mit dieser. Man setzt jedoch mit der Untersuchung am besten nicht da ein, wo aus dem Halbdunkel der Prähistorie die ersten einigermaßen erkennbaren Erscheinungen auftauchen, sondern da, wo das Quellen-Material beginnt, einen vollen, wirklichen Einblick in die Dinge zu gewähren. Das ist die Epoche der Perserkriege, nicht eher; von ihr an aber können wir bis in unsere Tage mit ununterbrochenen Zeugnissen die Entwicklung verfolgen, und jede nachfolgende Periode hilft, die vorausgehende zu erklären. Auch für die Zeit vor den Perserkriegen fehlt es nicht an sehr beredten Zeugnissen, für die Griechen ist namentlich Homer sehr ergiebig, und für die orientalischen Völker wie die Ägypter haben wir noch Jahrhunderte, ja Jahrtausende weiter hinaufreichende Geschichtsquellen, aber diese Zeugnisse reichen doch nicht aus, um ein völlig sicheres Bild unmittelbar ablesen zu lassen. Ein in den Erscheinungen des Kriegswesens sehr geübtes historisches Sachurteil wird imstande sein, die vereinzelten Fingerzeige zu einem einheitlichen Bilde zusammenzugruppieren. Dieses Sachurteil aber ist in vollem Maße erst durch das Studium der Kriegsgeschichte selbst, also der späteren Perioden zu gewinnen. Für die ersten Schritte müssen wir suchen, auf dem festeren Boden zu wandeln, wie ihn die Aussagen von Zeitgenossen bieten. An ihnen und mit ihnen möge die Sach-Kritik sich entwikkeln, um klare Anschauungen zu gewinnen. Vielleicht sind diese so gewonnenen Anschauungen später auch tauglich, um in die frühere Zeit hinaufzuleuchten und das Halbdunkel, in das sie sich selbst hüllt, zu erhellen.

Auch die Perserkriege sind ja noch so unsicher überliefert, von der Legende übersponnen, nicht von einem wirklichen Zeitgenossen, sondern erst aus dem Munde der nächsten Generation aufgeschrieben, daß ein Niebuhr daran verzweifelte, ihren speziellen Verlauf zu erkennen, und wenn trotz seiner Warnung Historiker uns immer wieder alle die Einzelheiten der Herodoteischen Erzählung als Geschichte vortragen, so ist viel Selbsttäuschung dabei. Aber wie skeptisch man sich auch den farbenreichen Erzählungen des Vaters der Geschichtschreibung gegenüber verhalten mag, sie enthalten einen Wirklichkeits-Kern, der für die Zwecke einer Geschichte der Kriegskunst genügt. Wir erkennen die Fechtweise der beiden Heere, wir können das Terrain feststellen, auf dem gekämpft worden ist, und wir können die strategische Situation verstehen. Damit sind die Grundlinien des kriegerischen Ereignisses gegeben, und diese Grundlinien geben wieder einen sehr zuverlässigen kritischen Maßstab für die Einzelheiten der legendarischen Überlieferung. Kein älteres kriegerisches Ereignis liegt so offen vor uns. Die Perserkriege also bilden den natürlichen Ausgangspunkt für eine Geschichte der Kriegskunst.

Die Grundlage für die wissenschaftliche Erkenntnis des griechischen Kriegswesens bildet noch heute die

Geschichte des griechischen Kriegswesens von der ältesten Zeit bis auf Pyrrhos. Nach den Quellen bearbeitet von W. Rüstow, ehemaligem preußischen Genieoffizier, und Dr. H. Köchly, ord. Professor der griechischen und römischen Literatur und Sprache an der Universität Zürich. Mit 134 in den Text eingedruckten Holzschnitten und 6 lithographierten Tafeln. Aarau, Verlags-Comptoir 1852;

daneben:

Griechische Kriegsschriftsteller. Griechisch und deutsch mit kritischen und erklärenden Anmerkungen von H. Köchly und W. Rüstow. Zwei Teile in drei Abteilungen. Leipzig 1853–1855.

Neuere Werke sind:

Heerwesen und Kriegführung der Griechen von Dr. H. DROYSEN, Gymnasiallehrer und Dozent an der Königl. Universität zu Berlin. Mit 1 Tafel und 7 Abbildungen im Text (in K. F. Hermanns Lehrbuch der griechischen Antiquitäten). Freiburg i. B. 1888–89. Akademische Verlagsbuchhandlung von J. C. B. Mohr (Paul Siebeck). (Von mir besprochen im Lit. Centr.-Blatt 1888 Nr. 16.)

Die griechischen Kriegsaltertümer von Dr. ADOLF BAUER, Professor der Geschichte des Altertums an der Universität Graz (im »Handbuch der klasisschen Altertumswissenschaft«). Verlag von C. H. Beck in Nördlingen (jetzt München) 1886. Zweite Auflage 1892. Ein vortreffliches Werk, das die Quellen-Zeugnisse übersichtlich gruppiert zusammenfaßt. Sehr sorgfältig und vollständig ist bei Bauer auch die Bibliographie behandelt, auf die ein für alle Mal hier verwiesen sei.

Das Kriegswesen der Alten mit besonderer Berücksichtigung der Strategie von Dr. phil. HUGO LIERS, Oberlehrer am Gymnasium zu Waldenburg, Breslau 1895, ist ein anregendes und gelehrtes, auf umfassender selbständiger Lektüre der alten Autoren beruhendes Buch, das mich auf manche bedeutsame Stelle aufmerksam gemacht hat. Als Ganzes ist das Werk aber leider doch verfehlt; die einzelnen Stellen sind systematisch gruppiert, aber lange nicht genug auf den Grad ihrer Glaubwürdigkeit geprüft, und namentlich sind die einzelnen Perioden der Entwicklung nicht genügend unterschieden.

In der Histor Zeitschr. Bd. 98 (1907) hab BEN. NIESE einen Aufsatz *»Über Wehrverfassung, Dienstpflicht und Heerwesen Griechenlands«* veröffentlicht, der nichts Neues enthält.

Ich selber habe das kriegsgeschichtliche Problem der Perserkriege behandelt in einer Monographie:

Die Perserkriege und die Burgunderkriege. Zwei kombinierte kriegsgeschichtliche Studien nebst einem Anhang über die römische Manipular-Taktik. Berlin, Walther und Apolant (jetzt Hermann Walther Nachf.) 1887.

Von den allgemeinen Werken über griechische Geschichte kommen für uns wesentlich die von BUSOLT (2. Auflage), BELOCH und DUNKKER, hier und da auch noch die von GROTE in Betracht.

Durch alle Bände dieses Werkes bis in die Neuzeit werden uns begleiten die trotz Fehlerhaftigkeit und Oberflächlichkeit in der Durchführung genial angelegte

Geschichte der Infanterie von W. RÜSTOW. Zwei Bände, Gotha 1857 und 58 (und spätere Neudrucke);

sowie die namentlich in den späteren Bänden wertvolle

Geschichte der Kriegswissenschaften vornehmlich in Deutschland von MAX JÄHNS. (Aus der Geschichte der Wissenschaften in Deutschland. Auf

Veranlassung S. M. des Königs von Bayern herausgegeben von der historischen Kommission bei der Königlichen Akademie der Wissenschaften.) München und Leipzig. 1889–91.

1. BUCH
Die Perserkriege

1. KAPITEL
Heereszahlen. Vorbereitendes

Wo die Quellen es erlauben, beginnt eine kriegsgeschichtliche Untersuchung am besten bei den Heereszahlen; sie sind von entscheidender Wichtigkeit nicht bloß des Stärkeverhältnisses wegen, indem die größere Masse siegt oder durch Tapferkeit und Führung bei der Minderzahl ausgeglichen wird, sondern auch absolut genommen. Eine Bewegung, die eine Schar von 100 Mann ohne weiteres macht, ist für 10 000 Mann schon eine Leistung, für 50 000 ein Kunstwerk, für 100 000 eine Unmöglichkeit. Mit einem größeren Heer wird die Aufgabe der Verpflegung ein immer bedeutsamerer Teil der Strategie. Ohne eine bestimmte Vorstellung von der Größe der Heere ist daher eine kritische Behandlung der historischen Überlieferung wie der Ereignisse unmöglich.

Da gerade über diesen Punkt noch vielfach unrichtige Vorstellungen herrschen und überlieferte Zahlen, ohne Bewußtsein von der Tragweite der Konsequenzen, die sich daraus ergeben müßten, nachgesprochen werden, so scheint es nützlich, um sozusagen den kritischen Blick zu schärfen, gleich hier an einigen Beispielen zu zeigen, wie leicht und bis zu welchem Grade falsche Zahlen sich in der historischen Überlieferung festsetzen.

In den älteren deutschen Werken über die Freiheitskriege, bei Plotho, der Flügeladjutant Friedrich Wilhelms III. war und während des Krieges selbst im großen Hauptquartier seine Nachrichten sammelte, in der Biographie Radetzkys von einem österreichischen Veteranen und noch in den älteren Auflagen des viel gelesenen und verdienstlichen Werkes von BEITZKE »Deutsche Freiheitskriege« findet sich das französische Heer bei Beginn des Herbstfeldzuges von 1813 auf 300 000 bis höchstens 353 000 Mann angegeben. Die Verbündeten verfügten um diese Zeit über 492 000 Mann, hätten also eine erdrückende numerische Überlegenheit gehabt. In Wahrheit hatte Napoleon, außer den Festungsbesatzungen auf dem Kriegsschauplatz, 440 000 Mann, war den Verbündeten also numerisch nahezu gewachsen.[1]

E. M. ARNDT schlug den Gesamtmenschenverlust aller Napoleonischen Kriege zusammen im Jahre 1814 auf 10 080 000 Köpfe an; eine nähere Prüfung bleibt weit unter 2 Millionen, wovon der vierte Teil auf die Franzosen fallen würde[2], und eine genaue Statistik würde jedenfalls noch auf erheblich geringere Zahlen führen.

Noch in neueren wissenschaftlichen Darstellungen der Freiheitskriege findet man, daß in dem Treffen von Hagelsberg die märkischen Landwehren 4000 Franzosen mit dem Kolben die Schädel eingeschlagen haben. In Wirklichkeit waren es etwa 30.

In den 1897 erschienenen Werke des österreichischen Generalstabs-Hauptmanns BERNDT »Die Zahl im Kriege« ist für die Schlacht bei Orleans (3. und 4. Dezember 1870) die Zahl der Franzosen auf 60 700 angegeben, andere Forscher haben sie auf 174 500 und noch höher berechnet.

Bei Aspern sollen nach demselben Buche 75 000 Österreicher gegen 90 000 Franzosen gefochten und die letzteren 44 380

1 BEITZKE, Geschichte der deutschen Freiheitskriege, Band I, Anhang. Bernhardi, Denkwürdigkeiten aus dem Leben Tolls. Band III, Anhang.

2 PERTZ-DELBRÜCK, Leben Gneisenaus, Große Ausg. Bd. IV, Exkurs. Kleine Ausg., 2. Aufl., 2. Bd. S. 19.

Mann verloren haben. In Wahrheit haben am ersten Tage etwa 105 000 Österreicher gegen 35 000 Franzosen, am zweiten (nach abzuziehenden Verlusten) dieselben Österreicher gegen etwa 70 000 Franzosen gefochten und die letzteren vermutlich etwa 16 000 bis höchstens 20 000 Mann verloren.

Das Heer Karls des Kühnen bei Granson wird von den schweizerischen Zeitgenossen auf 100 000 bis 120 000 Mann angegeben; bei Murten soll er dann das Dreifache dieser Macht aufgeboten haben. In Wahrheit hatte er in der ersten Schlacht etwa 14 000 Mann, in der zweiten einige Tausende mehr. Die Schweizer, die gegen eine unermeßliche Überlegenheit gefochten haben wollen, hatten in beiden Schlachten die erhebliche numerische Überlegenheit. Schon bei Granson wollen sie den Burgundern bis zu 7000 Mann getötet haben, in Wahrheit waren es 7 Ritter und einige wenige Gemeine.[1]

Die Hussitenheere, die ganz Deutschland in Schrecken setzten und als unabsehbare Massen geschildert werden, waren etwa 5000 Mann stark.

Es ist nicht etwa bloß die allgemeine Lust an hyperbolischen Vorstellungen, Mangel an Zahlensinn, Prahlsucht, Furcht, Entschuldigung oder dergleichen menschliche Schwächen, aus denen die ungeheuerlichen Übertreibungen entspringen, sondern es ist auch wohl zu beachten, daß es selbst für ein geübtes Auge sehr schwer ist, größere Massen richtig abzuschätzen, auch die eigenen, die man ganz frei ins Auge fassen kann; so gut wie unmöglich aber beim Gegner. Ein schönes Beispiel dafür gibt eine jüngst[2] veröffentlichte Aufzeichnung Friedrich Wilhelms III. über die unter seiner eigenen Führung erlittene Niederlage von Auerstädt. Der König sagt, man habe während des Gefechts sich nicht mehr darüber täuschen können, daß man es mit einer sehr überlegenen Stärke zu tun habe; die Franzosen hätten, wie

1 Delbrück, Perser- und Burgunderkriege, S. 157.

2 P. Bailleu in der »Deutschen Rundschau«, Dezemberheft 1899.

ihnen das bei ihrer größeren Stärke an Infanterie möglich gewesen sei, die fechtenden Bataillone öfter von frischen Truppen ablösen lassen. Da die Preußen 50 000 Mann stark waren, so muß man die Franzosen doch wohl auf 70–80 000 geschätzt haben; in Wirklichkeit waren es 27 000[1], und daß Friedrich Wilhelm sich tatsächlich nur getäuscht, nicht etwa die Niederlage hat beschönigen wollen, geht aus einer Nachschrift hervor, die der König sehr bald darauf hinzugefügt hat und in der er sagt: aus den französischen Bulletins und anderen Nachrichten habe er sich überzeugt, »daß – zu unserer Schande sei es gesagt – der Feind nicht stärker als 30 000 Mann gegen uns war.«

Wohlgemerkt, handelt es sich nicht immer bloß um Überschätzungen und Übertreibungen; auch das Gegenteil kommt vor, und mit gutem Bedacht habe ich auch davon gleich einige Beispiele oben eingeflochten.

* * *

Das Heer, das Xerxes nach Griechenland führte, wird von Herodot ganz genau auf 4 200 000 Mann mit dem Troß angegeben. Ein Armeekorps, das sind 30 000 Mann, nimmt nach der deutschen Marschordnung etwa drei Meilen ein (ohne den Fuhrpark). Die Marschkolonne der Perser wäre also 420 Meilen lang gewesen, und als die Ersten vor Thermopylä ankamen, hätten die Letzten gerade aus Susa jenseits des Tigris ausmarschieren können. Ein deutsches Armeekorps führt Artillerie und Munitionskarren mit sich, die viel Raum einnehmen, und insofern wäre ein antikes Heer auf geringerem Raum unterzubringen. Auf der anderen Seite hatte ein persisches Heer ganz gewiß nur eine sehr geringe Marschdisziplin, die nur bei sehr feiner Gliederung des Heeresorganismus mit unausgesetzter Aufmerksamkeit und Anspannung erreicht werden kann. Ohne Marschdisziplin verlängern sich die Kolonnen sehr schnell auf das Doppelte und

1 v. LETTOW, Der Krieg von 1806 und 1807.

Dreifache der Ausdehnung. Persische Truppen dürfen daher, auch ohne Artillerie, etwa mit modernen Truppen in Marschraumbedürfnis gleichgesetzt werden.

Nach dem Abzug des Xerxes mit dem großen Heer soll Mardonius mit 300 000 Mann zurückgeblieben sein, aber auch diese Zahl hat keinen Anspruch auf Glaubwürdigkeit. Nach Herodots Erzählung ist Mardonius, als er zum zweiten Male Athen zerstört hatte, von dort über Dekelea zurück nach Tanagra und am folgenden Tage weiter marschiert. So kann kein Heer von 300 000 Mann marschieren. Selbst wenn ein Teil des Perserheeres in Böotien zurückgeblieben war und nicht bloß der Paß von Dekelea, sondern alle Pässe über das Gebirge zugleich benutzt wurden, kann das Heer nicht mehr als etwa 75 000 Krieger (eingeschlossen die verbündeten Griechen) gezählt haben.

Aber diese ganze Methode der allmählichen Reduzierung der Zahlen hat nur einen vorbereitenden Wert, führt nicht zum Ziel.

Wir müssen uns klar machen und mit aller Bestimmtheit den Satz festhalten, daß es eine Selbsttäuschung ist, Zahlen wie den Herodoteischen Wert beizumessen. Möge man auf irgend eine Weise eine Zahl da herausdemonstrieren, so ist damit gar nichts gewonnen. Die wahre und einzig zulässige historische Methode ist nicht, daß, wenn man keine zuverlässigen Nachrichten hat, man sich mit den unzuverlässigen begnügt und so tut, als ob sie leidlich vertrauenswürdig wären, sondern daß man scharf und bestimmt scheidet, was als gut überliefert angesehen werden darf und was nicht. Vielleicht finden wir noch irgend einen Anhaltspunkt, der uns erlaubt, eine ungefähre Schätzung für die Größe der Perserheere auszusprechen. Zunächst aber muß festgestellt werden, daß die Zahlenangaben der Griechen gar keinen Glauben verdienen, auch nicht den allergeringsten, daß sie um nichts glaubwürdiger sind als die Angaben der Schweizer über die Heere Karls des Kühnen, daß wir also auch aus ihnen nicht entnehmen können, ob die numerische Überlegenheit auf Seiten der Griechen oder der Perser gewesen ist.

Wenden wir uns hinüber zu den Griechen, so scheinen wir hier auf sicherem Boden zu wandeln. Herodot gibt für die Schlacht von Platää eine spezifizierte Liste der verschiedenen Kontingente, 8000 Athener, 5000 Spartiaten, 5000 Periöken usw., im ganzen 38 700 Hopliten. Da die Griechen ihre eigene Stärke doch wohl gekannt haben werden, so könnte man diesen Zahlen vielleicht trauen, und die meisten Forscher haben sie auch einfach angenommen. Aber das ist ein methodischer Fehler. Wir haben nicht die geringste Bürgschaft, daß nicht irgend einer der Berichterstatter des Herodot die Liste nach ganz willkürlicher Schätzung zusammengestellt hat, und eine Stelle zum wenigsten ist darin, die den Zahlensinn des Urhebers in recht ungünstigem Lichte erscheinen läßt. Jeder griechische Hoplit pflegte von einem Knecht begleitet zu sein; um die volle Stärke des Heeres zu berechnen, verdoppelt also Herodot die Zahl. Jeder Spartiat aber, sagt er, hatte sieben Heloten bei sich; es sind also 35 000 Mann für diese hinzuzuzählen. 35 000 Nicht-Kombattanten auf 5000 Kombattanten ist, sowohl wenn man an Heeresbewegungen wie Verpflegung denkt, eine Absurdität. Sie wird etwa so entstanden sein, daß der Grieche sich unter einem Spartiaten einen vornehmen Mann vorstellte, der stets mit mehreren Dienern ins Feld zog; sieben Diener schien eine ganz passende Zahl und wurde nun ohne weiteres mit der supponierten Zahl der Spartiaten multipliziert. Dergleichen kommt auch bei modernen Historikern vor. In PHILIPPSONS »Geschichte des Preußischen Staatswesens« Bd. II S. 176 kann man lesen, daß das preußische Heer unter Friedrich dem Großen (1776) 32 705 – genau gezählt – Waschfrauen mit ins Feld nahm. Der Autor unterläßt auch nicht, seine Quelle anzugeben, BÜSCHINGS »Zuverlässige Beyträge z. d. Reg.-Gesch. König Friedrichs II. v. Preußen«, und eine Quelle, die meist zuverlässiges Material enthält, und da in der Tat eine Anzahl Marketenderinnen und Soldatenfrauen die friderizianische Armee begleiteten, so sind auf ein Heer von 200 000 Mann 32 705 Waschfrauen immer noch eher möglich, als

35 000 Heloten auf 5000 Spartiaten, und ein moderner, methodisch ausgebildeter Historiker verdient mehr Glauben, als der naive Herodot. Aber zuletzt werden wir doch wohl beide Nachrichten verwerfen, eine wie die andere. Eine kurze Prüfung des allgemeinen Charakters König Friedrichs und seiner Armee überzeugt, daß diese sich gewiß nicht von den Waschfrauen haben ins Feld begleiten lassen, daß also Büsching irgend einem Mißverständnis zum Opfer gefallen und zu seiner Zahl gekommen ist, indem er auf jedes Soldatenzelt eine Waschfrau rechnete, und Philippson ohne kritische Prüfung die interessante Behauptung nachgeschrieben hat. Ganz ähnlich wird es mit den 35 000 Heloten Herodots zugegangen sein. Im ganzen führt die Rechnung Herodots auf eine Stärke des griechischen Heeres von etwa 110 000 Köpfen. Die Historiker, die die Zahl nachgeschrieben haben, haben sich keine genügende Vorstellung davon gemacht, was es heißt, 110 000 Mann auf einem Fleck längere Zeit zu ernähren. Wir werden darüber in den späteren Zeiten, wo wir über sichere, urkundliche Zahlen verfügen, noch viel zu reden haben.[1] Die überlieferte Zahl ist schlechthin unglaubwürdig. Wir müssen uns bescheiden, daß wir eine Angabe über die Stärke der Griechen bei Platää, auf die wir Schlüsse aufbauen dürften, nicht besitzen.[2]

Völlig unbeglaubigt ist auch die Angabe der späteren griechischen Quellen, daß die Athener bei Marathon 10 000 Mann stark gewesen seien; sie kennzeichnet sich schon dadurch als eine willkürliche Schätzung, daß die Stärke der verbündeten Platäaer, entweder eingeschlossen in jene Zahl oder daneben, auf 1000

1 Vergl. Geist und Masse in der Geschichte. Preuß. Jahrb. Bd. 147 (1912), S. 193 ff.

2 R. Adam in seiner Dissertation »De Herodoti ratione historica quaestiones selectae sive de pugna Salaminia atque Plataeensi« (Berlin 1890) weist nach, daß die Heeres- und Schiffs-Zahlen Herodots auf einem Schätzungs-Schema beruhen, wodurch ihnen der letzte Rest von Glaubwürdigkeit geraubt wird.

Mann angegeben wird. Platää war ein ganz kleiner Flecken und kann unmöglich ein Zehntel oder gar ein Neuntel der Athener gestellt haben. Wenn die Historiker bisher jene Zahl, 10 000, meist akzeptiert haben, so ist das geschehen, weil sie sachlich ganz passend erschien; als irgendwie bezeugt aber darf sie nicht gelten.

Um trotz des Mangels an zuverlässigen direkten Quellenzeugnissen zu einer Vorstellung von der Stärke der griechischen Heere in den Perserkriegen zu gelangen, stehen uns zur Verfügung neben dem erst kennen zu lernenden Gang der Ereignisse selbst, Rückschlüsse aus der späteren griechischen Geschichte und aus der vorhandenen Bevölkerungsmasse, die wiederum bis auf einen gewissen Grad aus der Größe und Nährfähigkeit des Landes erschlossen werden kann.

Das Ergebnis für den reichsten Staat, Athen, ist, daß das Ländchen, die Halbinsel Attika, im Jahre 490 etwa 100 000 freie Seelen, und da die Sklaven-Bevölkerung damals noch mäßig gewesen sein wird, im ganzen höchstens 120–140 000 Menschen oder 2500–3000 auf die Quadrat-Meile (ca. 50 auf den Quadrat-Kilometer) gehabt haben wird. Das ist etwa dasselbe wie heute.

Wie viele von diesen Athenern tatsächlich in den Schlachten der Perserkriege die Waffen getragen haben, wissen wir noch nicht und müssen sehen, ob uns der Gang der Ereignisse selbst eine Handhabe für die Schätzung bietet.

Über die Bevölkerung Attikas und der anderen griechischen Staaten

Griechenland hat mehrere Landschaften, von denen wir ganz sicher sein können, daß sie gar keinen oder nur einen geringen Import von Lebensmitteln bezogen, Böotien, Arkadien, Lacedämon, Messenien. Einen bestimmten Maßstab für die Ertragsfähigkeit der Landwirtschaft in diesen Gegenden zur Zeit der Perserkriege haben wir nicht. Aber ein gewisses Maximum der eigenen Nährfähigkeit dieser Landschaften werden wir doch nach Analogie mit bekannten Verhältnissen berechnen können, und wenn das geschehen ist, wird der fernere Schluß zulässig sein, daß dieses Maximum auch so ziemlich erreicht wurde. Theben kann keine so ganz kleine Stadt gewesen sein, und außer Theben zählte Böotien noch eine ganze Reihe anderer Städte. Wiederum Lacedämon kann nicht im Verhältnis so sehr viel dünner bevölkert gewesen sein als die anderen griechischen Landschaften, sonst hätte es nicht so lange eine so bedeutende Stellung einnehmen können.

Nach diesen Grundsätzen mit Zuhilfenahme der überlieferten Zahlen hat Beloch in seiner »Bevölkerung der griechisch-römischen Welt«[1] für Lakonien und Messenien zusammen eine Bevölkerung von 230 000 Seelen oder 27 auf den Quadratkilometer berechnet, für den Peloponnes 8–900 000 Seelen oder 36–40 auf den Quadratkilometer, weil die Handelsstädte Korinth, Sikyon, Trözen, Epidaurus eine relativ stärkere Bevölkerung hatten; so sehr stark kann sie aber auch wieder nicht gewesen sein, da diesen Städten im Peloponnesischen Kriege jahrelang die Getreidezufuhr zur See fast ganz gesperrt war. Sie haben also von dem spärlichen Getreide, welches ihnen zu Lande zugeführt werden konnte, gelebt.

Für Böotien berechnet Beloch in der ersten Hälfte des vierten Jahrhunderts 60 Seelen auf den Quadratkilometer, wovon etwa ein Drittel Unfreie. Dieser Ansatz von Unfreien für eine Gegend mit bloßen Landstädten scheint mir sehr hoch; woher sollte Böotien diese Menge Sklaven bezogen, womit bezahlt haben? Sklavenbevölkerung ergänzt sich immer nur in geringem Maße aus sich selbst und bedarf steter Zufuhr, um erhalten zu werden. Für das fünfte Jahrhundert nimmt auch Beloch an, daß Böotien ein Land freier Arbeit gewesen sei, also mit etwa 40 Seelen auf den Quadratkilometer. Das steht in richtigem Verhältnis zum Peloponnes, da Böotien zwar vielfach fruchtbarer war, in den peloponnesischen Handelsstäd-

1 In der Wochenschrift für klassische Philologie, Bd. 12 S. 877 (1895) hat Beloch seinen Standpunkt gelegentlich einer Rezension gegen einige unbegründete Angriffe gut verteidigt.

ten aber, Korinth, Sikyon usw. viele Sklaven gehalten wurden, was man etwa miteinander kompensieren darf[1].

Beloch nimmt bei seinen Berechnungen an, daß die erwachsenen Männer etwa ein Drittel der Bevölkerung ausmachten; die griechische Bevölkerung sei schon im fünften Jahrhundert ziemlich stabil gewesen[2], so wie etwa das heutige Frankreich. Dieser Meinung vermag ich nicht zuzustimmen.

Athen, Megara, Korinth und viele andere Städte haben doch im 5. Jahrhundert durch Einwanderung von Metöken stark zugenommen, wenn also auch Lakonien, Messenien, Arkadien an Einwohnerzahl nicht gewachsen sind, so geschah das nur infolge der inneren Wanderung. Ich möchte also die Kinderzahl etwas höher ansetzen als Beloch und infolgedessen die erwachsenen Männer auf weniger als ein Drittel der Bevölkerung. In Deutschland machen heute (1898) die Männer über 18 Jahre 28–29% der Bevölkerung aus. Aber der Unterschied ist nicht so groß, daß Belochs Schlußergebnisse davon wesentlich berührt würden.

Das Deutsche Reich hat heute (1898) etwa 97 Seelen auf den Quadratkilometer, ist aber nicht imstande, diese zu ernähren, sondern muß an Getreide über ein Viertel, im Durchschnitt aller land- und forstwirtschaftlichen Produkte ziemlich genau ein Viertel seines Konsums durch Einfuhr decken. Es ernährt also mit Hilfe der Kartoffeln und mit allen technischen Mitteln moderner Agrarkultur etwa 74 Menschen auf den Quadratkilometer oder etwa 4000 auf die Quadratmeile[3].

Über die Bevölkerung von *Attika* läßt sich aus den Bodenverhältnissen nichts schließen, da Athen schon lange vor den Perserkriegen viel Getreide von auswärts bezog. Wir haben jedoch aus der zweiten Hälfte

1 Kromayer hat in einem Aufsatz »Studien über Wehrkraft und Wehrverfassung der griechischen Staaten, vornehmlich im 4. Jahrh.« Klio Bd. III (1903) die Bevölkerung und die Aufgebote erheblich höher berechnen wollen, ist jedoch von Beloch, ebenda Bd. V und VI (1905, 1906) in einer Abhandlung »Griechische Aufgebote« zurückgewiesen worden.

2 In der »Griech. Gesch« Bd. I S. 403 hat Beloch diese Ansicht fallen lassen und nimmt an, daß auch im 5. Jahrhundert noch die Bevölkerung in starkem Steigen begriffen gewesen sei.

3 Nach P. Voigt, Deutschland und der Weltmarkt. Preuß. Jahrb. Bd. 91, S. 260.

Nach einer neueren Berechnung von Max Delbrück, »Die deutsche Landwirtschaft an der Jahrhundertwende«, Preuß. Jahrb. Febr.-Heft 1900, ist dagegen wieder in Rechnung zu setzen, daß unsere Bevölkerung sehr viel Fleischnahrung genießt, die sehr große Produktionskosten macht. Mit vorwiegend vegetabilischer Nahrung kann ein Land mehr ernähren.

des Jahrhunderts eine Reihe von zuverlässig überlieferten Zahlen, die auch auf die Bevölkerung zur Zeit der Perserkriege einen Rückschluß zulassen. Da ich hier nicht unwesentlich von Beloch abweiche, müssen wir in eine Spezialuntersuchung eintreten.

Beim Beginne des Peloponnesischen Krieges, 431, läßt Thucydides (II, 13) Perikles in einer Rede sagen, Athen habe 13 000 Hopliten und außerdem 16 000 Mann Garnisontruppen aus den Ältesten und Jüngsten und den Metöken, die Hoplitendienst taten; ferner 1200 Reiter, 1600 Bogenschützen und 300 Trieren. (ὁπλίτας δὲ τρισχιλίους καὶ μυρίους εἶναι ἄνευ τῶν ἐν τοῖς φρουριοις καὶ τῶν παρ' ἔπαλξιν ἑξακισχιλίων καὶ μυρίων. τοσοῦτοι γὰρ ἐφύλασσον τὸ πρῶτον, ὁπότε οἱ πολέμιοι ἐσβάλοιεν ἀπό τε τῶν πρεσβυτάτων καὶ τῶν νεωτάτων καὶ μετοίκων ὅσοι ὁπλῖται ἦσαν. … ἱππέας δὲ ἀπέφαινε διακοσίους καὶ χιλίους ξὺν ἱπποτοξοταις, ἑξακοσίους δὲ καὶ χιλίους τοξότας καὶ τριήρεις τὰς πλωίμους τριακοσίας.)

Diese Nachricht, so bestimmt sie lautet, ist leider für uns direkt nicht zu verwerten. Die Ältesten und Jüngsten mit den Metöken-Hopliten können nicht 16 000 Mann ausgemacht haben, wenn das Feldheer nur vom 20. bis 45. oder gar 50. Jahr; die Zahl der dienstfähigen Männer unter 20 und über 45 oder 50 muß also sehr viel kleiner gewesen sein, als die Zahl der Felddienstpflichtigen. Überdies fehlt jede Angabe über die Besatzung der 300 Trieren; mit voller Mannschaft beanspruchten diese nicht weniger als 60 000 Mann. Gab es außer dem Feldheer noch solche Menschenmassen in Athen: weshalb wurde denn das Feldheer so klein gemacht? Bestand es nur aus den oberen Schichten der Bürgerschaft? Wo ist die Grenze? Weshalb griff man nicht tiefer herab?

Durch die verschiedensten Hypothesen hat man versucht, Licht in dieses Dunkel zu bringen. Beloch hat sich nicht anders zu helfen gewußt, als daß er die 16 000 Garnison-Hopliten in 6000 verwandelt und dafür

Zum Vergleich setze ich noch folgende Zahl her:

1890	Preußen	86	Einwohner auf den Quadratkilometer
	Meckl.-Strelitz	33	" " " "
1888	Schweiz	71	" " " "
	Graubünden	13	" " " "
	Schwyz	55	" " " "
	Uri	16	" " " "
	Wallis	19	" " " "
1889	Griechenland	34	" " " "
	Lakonien	30	" " " "
	Messenien	55	" " " "
	Euböa	24	" " " "
	Attika und Böotien	41	" " " "

wieder 12 000 Bürger als Schiffsmannschaft zufügt – ein verzweifeltes Mittel und nur zu charakteristisch für den Stand unserer Überlieferung: daß wir die einzige Stelle in der ganzen griechischen Literatur, die einigermaßen vollständig und systematisch über Heeresaufgebote berichten will, erst auf diese Weise umwerfen müssen, um sie verständlich zu machen. Erschwert wird dieses Verfahren noch dadurch, daß bereits Ephorus die Stelle etwa so gelesen hat, wie sie heute in den Handschriften steht; Diodor, der ihn ausgeschrieben hat, gibt das Feldheer auf 12 000, die Garnisontruppen auf 17 000 an – eine Bestätigung und doch auch wieder eine Abweichung (12 000 statt 13 000; 17 000 statt 16 000), die abermals die Unsicherheit unseres Quellenstandes belegt.

Neuerdings, Klio Bd. V (1905) S. 341 hat Beloch die Vermutung ausgesprochen, daß die Zahl »16 000« nicht in »6000« zu ändern, sondern als der Zusatz eines Herausgebers völlig zu streichen sei.

Bei dieser Unsicherheit ihres eigentlichen Inhalts kann die Thucydides-Stelle nur dann für uns brauchbar werden, wenn wir irgend welche andern Angaben finden, die uns einen Schlüssel für die Auslegung und zugleich eine zuverlässige Kontrolle gewähren.

In der Tat finde ich nun bei Thucydides eine Mitteilung, die bisher von Niemand, auch von Beloch nicht verwertet worden ist und die uns, glaube ich, helfen kann.

Zweimal schildert uns Thucydides ein außerordentliches Aufgebot der Athener, das jedes in seiner Weise als das größte erscheint und als ihre Maximalleistung charakterisiert wird. Im Herbst des ersten Kriegsjahres, 431, machten sie einen Einfall in Megaris mit 13 000 Hopliten, während 3000 vor Potidäa standen. Zugleich hatten sie eine Flotte von hundert Schiffen (und auch wohl einige Schiffe bei Potidäa) in See. Hundert Schiffe bedingen eine Besatzung von 20 000 Mann; das gibt also mit den Hopliten 36 000 Mann. Da aber Thucydides hinzufügt, daß auch noch ein nicht geringer Haufe ψιλοί dabei gewesen sei, so ist für die Gesamtzahl der Athener nichts daraus zu schließen.

Anders die zweite Stelle (III, 17), wo Thucydides die Rüstung der Athener nach dem Aufstande in Lesbos im Jahre 428 schildert. Sie haben 70 Schiffe in See (40 bei Lesbos, 30 am Peloponnes) und 1000 Hopliten vor Mytilene; da glauben die Spartaner, sie seien nicht weiter leistungsfähig, und planen einen Angriff auf Athen zu Wasser und zu Lande. Um ihnen zu zeigen, wie sehr sie sich geirrt, bemannen darauf die Athener noch 100 Schiffe aus den beiden unteren Steuerklassen der Bürgerschaft.

Diese Leistung vergleicht Thucydides mit derjenigen des ersten Kriegsjahres; sie sei ähnlich und sogar noch größer gewesen. Denn in diesem Jahr (431) hätten 100 Schiffe Attika und Euböa bewacht, 100 den Peloponnes blockiert und 50 seien außerdem bei Potidäa und an anderen Orten gewesen, so daß es im ganzen 250 waren. Die 100 Schiffe, die die Heimat bewachten, sind natürlich nicht fortwährend auf See gewesen, wozu ja gar kein Grund vorlag, sondern es waren ausgerüstete Reserveschiffe, zu denen die Mannschaften designiert und bereit waren, so daß sie jeden Augenblick auslaufen konnten, und wovon auch wohl die einzelnen Schiffe von Zeit zur Zeit zur Kontrolle eine Probe- und Übungsfahrt machten. Deshalb war in gewisser Beziehung die Leistung vom Jahre 428, wo 170 Schiffe tatsächlich zugleich in Aktion waren, noch größer als die von 431, wo man eine Gesamtzahl von 250 berechnen konnte, aber nur 150 wirklich zugleich Dienst taten. Nach der Rede des Perikles besaßen die Athener 300 Trieren; das werden wir nunmehr so aufzufassen haben, daß die Athener bei Ausbruch des Krieges imstande waren, 250 wirklich zu besetzen, und 50 als Material-Reserve übrig blieben. Die 170 Schiffe im Jahre 428 besetzten sie, wie Thucydides ausdrücklich hinzufügt, indem sie auch die Bürger der dritten Steuerklasse, die sonst Hoplitendienste taten, heranzogen.

Hier haben wir eine Grundlage für Abschätzung der athenischen Bürgerschaft im Jahre 428. 170 Schiffe erforderten 34 000 Mann Besatzung; dazu 1000 Hopliten mit ihren Knechten. Außer diesen 36 000 Mann verblieb noch in Athen eine Besatzung für die Verteidigung der Stadt und einiger Forts, die wir mit etwa 4–60 000 Mann ansetzen dürfen. Hiervon wird in Abzug zu bringen sein, daß wahrscheinlich die Bemannung der plötzlich aufgebotenen 100 Schiffe nicht ganz vollzählig war, daß zum wenigsten die Epibaten mitruderten oder ganz fehlten, die Besatzung also nur etwa 18 000 statt 20 000 Mann betrug. Dann war sicherlich auf der Flotte vor Lesbos und der Kriegerflotte eine sehr große Zahl Söldner[1], und endlich bleibt zweifelhaft, wie viele Sklaven etwa ruderten. Trotz dieser mehrfachen unsicheren Faktoren in der Rechnung gibt sie uns doch eine gewisse Maximal- und Minimalgrenze. Es ist sicher, daß eine erhebliche Anzahl Söldner und wohl auch Sklaven auf der Flotte waren; es ist aber auch sicher, daß der vorwiegende Charakter des Ganzen der eines athenischen Bürgeraufgebots war.[2] Wäre alles vollzählig gewesen, so kämen wir auf

1 Schon bei den Vorbereitungen zum Peleponnesischen Kriege erwähnt Thucydides mit entschiedener Betonung, daß die Athener ihre Kriege zum Teil mit Söldnern führten (I, 121; I, 143); nach der Pest waren die übriggebliebenen Bürger im Geschäft, auf dem Hofe, in der Wirtschaft noch weniger zu entbehren als sonst, die Zahl der leicht Abkömmlichen kleiner, also sicherlich die Zahl der Söldner besonders groß.

2 Daß Flotte und Heer der Athener damals noch, trotz eines gewissen Zusatzes von Söldnern und Sklaven, wesentlich von den athenischen Bürgern selbst getragen wurde, folgt aus dem politischen Zustande des Staates. Die alten Schriftsteller sind darüber einig und namentlich die ältere Ἀθη-

42 000 Mann; wahrscheinlich ist, daß es nur 38 000 waren, und von diesen dürfen wir wenigstens 10 000 als Söldner und Sklaven ansehen; es könnten dies aber auch etwa 18 000 gewesen sein. Die Summe der waffenfähigen athenischen Bürger und Metöken muß also im Jahre 427 zwischen etwa 20 000 und 32 000 zu suchen sein.

Einen größeren Spielraum gibt uns die Notiz des Thucydides nicht. 20 000 ist nach dem ganzen Charakter der athenischen Politik jedenfalls schon erheblich zu wenig, wir dürfen sicherlich als Minimum 24 000 setzen. Hätte auf der andern Seite Athen noch im Jahre 428 erheblich mehr als 32 000 waffenfähige Bürger und Metöken gehabt, so wäre es unverständlich, daß die anderen Hellenen die Stadt wegen der Rüstung gegen Lesbos, die nur 10 000 Mann und davon gewiß die Hälfte Söldner in Anspruch nahm, für beinahe erschöpft hätten halten sollen, und wiederum die nachträgliche Ausrüstung der 100 Schiffe muß den Rest von vorhandenen Waffenfähigen so ziemlich aufgebraucht haben[1]. Die grundlegenden Zahlen 30 + 40 + 100 = 170 Schiffe und 1000 Hopliten dürfen wir dem Thucydides glauben; ein Irrtum seinerseits ist so gut wie ausgeschlossen, und auch die handschriftliche Überlieferung ist sichergestellt durch den Vergleich mit den anderen Zahlen aus dem Jahre 431.

Im Jahre 424 zogen die Athener πανδημεί aus (Schlacht bei Delion) und hatten 300 Reiter, 7000 Hopliten und »viel mehr als 10 000 ψιλοί«; es waren also im ganzen 20 000–25 000 Mann. Außerdem 35–40 000 Mann. Das ist ungefähr dasselbe wie im Jahre 428, als kriegerische Leistung nur

ναίων πολιτεία, die meines Erachtens von keinem Geringeren als von Thucydides selbst herrührt, gibt dafür vollgültiges Zeugnis, daß die Demokratie auf dem Schiffsdienst beruhte: wäre die Flotte bloß oder vorwiegend von den Söldnern und Sklaven bemannt gewesen, so wäre sie vielmehr, wie es in anderen großen Handelsstädten der Fall gewesen ist (Karthago, Venedig, Amsterdam), ein Instrument der reichen Kaufherrn geworden, die die Söldner bezahlten oder Sklaven kaufen konnten. Auch Aristoteles Polit. V, 3, 5 sagt: »Καὶ παλιν ὁ ναυτικός ὄχλος γενόμενος αἴτιος τῆς περὶ Σαλαμῖνα νίκης καὶ διὰ ταύτης τῆς ἡγεμονίας καὶ διὰ τὴν κατὰ θαλασσαν δύναμιν τὴν δημοκρατίαν ἰσχυροτέραν ἐποίησεν.« Die Flotte der Korkyräer bei Sybota war zum größeren Teil mit Sklaven bemannt. Thuc. I, 55. Vgl. unter Buch II, Kap. 2, Excurs.

1 Daß tatsächlich für kurze Expeditionen ein griechischer Kanton einmal so gut wie alle waffenfähigen Männer ausrücken ließ, folgt aus der Erzählung des Thucydides I, 105, wo Myronidas mit »den Ältesten und Jüngsten« gegen die Korinther ausrückt, weil das eigentliche Kriegsheer anderweitig engagiert ist, und V, 56, wo die Argiver (418) glauben, Epidaurus überrumpeln zu können, weil die Männer im Kriege sind.

dadurch viel geringer, daß fast die Hälfte auf ψιλοί fällt, die nicht, um zu fechten, sondern um schleunig eine Verschanzung zu bauen, mitgezogen waren[1].

Wir dürfen also als eine nach allen Seiten gesicherte Zahl ansehen, daß Athen im Jahre 428 zwischen 24 000 und 32 000 waffenfähige Bürger und Metöken hatte. Hiernach läßt sich auch die Zahl bei Ausbruch des Krieges bestimmen. Gefechtsverluste hatte Athen bis dahin sehr wenig gehabt, aber an der Pest waren sehr viele gestorben, »ἐκ τῶν τάξεων« 4400 Hopliten und 300 Reiter. Die 4400 Hopliten geben uns keinen sicheren Maßstab, da wir nicht wissen, auf welche Zahl wir sie beziehen sollen, ob bloß auf die Feld-Hopliten oder auch auf die Metöken und Garnison-Hopliten. Die 300 Reiter aber haben zweifellos ihre Korrespondenz-Zahl in den 1200 Reitern der Rede des Perikles. Aus den niederen Klassen mögen noch etwas mehr gestorben sein von den Stadtbewohnern, dafür aber waren viele von ihnen als bäuerliche Kleruchen auswärts und der Pestgefahr weniger ausgesetzt. Wir werden also auch für diese im Durchschnitt ein Absterben von 25% ansetzen dürfen. Hatte also Athen im Jahre 428 noch 24 000–32 000 dienstfähige Bürger und Metöken, so hatte es im Jahre 431 deren 30 000–40 000, und zählen wir hierzu 25% Greise und Invaliden, so hatte Athen damals im ganzen 37 500–50 000 Bürger und Metöken, wovon wir 30 000–40 000 als Bürger ansetzen dürfen, davon 22 500–30 000 Waffenfähige. Die mögliche Fehlergrenze nach unten kommt wenig in Betracht; wenn wir nach oben noch 1-–2000 Waffenfähige hinzufügen, so geschieht es nur, um auch den stärksten Skeptiker zu befriedigen und jedem Einwand vorzubeugen.

Jetzt haben wir eine Zahl gefunden, nach deren Maßgabe die Stelle in der Perikleischen Rede auszulegen ist (Thuc. II, 13). Perikles berechnet: 13 000 Feldhopliten, 16 000 Garnison-Hopliten, 1200 Reiter, 1600 Bogner, Summa 31 800 Bewaffnete. Dabei sind (nach II, 31) eingeschlossen 3000 Metöken-Hopliten; es bleiben also 28 800 Bürger.

Auf dieser Zahl lag bisher der Schatten, daß man nicht wußte, ob sie die gesamte waffenfähige athenische Bürgerschaft umfasse oder ob, da

1 Der Auszug nach Delion erfolgte πανδημεί. Es könnte also auffallen, daß Athen nur 7000 Hopliten aufbrachte, während die Rede des Perikles 13 000 + 3000 Metöken gleich 16 000 ergibt. Ziehen wir jedoch den Verlust durch die Pest ab, erwägen, daß auf der Flotte nicht bloß die Epibaten, sondern auch sonst wohl eine Anzahl Bürger waren, die zugleich auf der Hoplitenliste standen, und daß schließlich die Zahl 16 000 den Sollbestand des Katalogs angibt von dem in Wirklichkeit als krank, verreist oder sonst unabkömmlich sehr viele abgehen, so stehen die beiden Zahlen ganz gut in Einklang mit einander.

dem Wortlaut nach nur von Landtruppen die Rede ist, noch die gesamte Flotten-Besatzung hinzuzurechnen ist. Neben Metöken, Söldnern und Sklaven waren doch wenigstens 15 000 athenische Bürger für diesen Dienst zu rechnen, vielleicht auch 25 000. Man käme also zu völlig anderen Dimensionen für die waffenfähige athenische Bürgerschaft, alle ihre Leistungen treten in ein anderes Licht, die Kritik gegenüber ihren Feldzügen und Unternehmungen wird eine ganz andere, wenn wir die Möglichkeit haben, statt kaum 30 000, 50 000 oder mehr waffenfähige Bürger anzusetzen. Alle diese Wirrnisse sind jetzt abgeschnitten. Die Zahlen aus dem Jahre 428, die uns auf ein Maximum von etwas über 30 000 Waffenfähige geführt haben, geben uns die völlige Sicherheit, daß Perikles mit der Berechnung von 28 800 Waffenfähigen nicht irgend einen großen Posten, wie die sämtlichen Theten oder die ganze Schiffsmannschaft, d. h. etwa 20 000 Köpfe, außer Ansatz gelassen, sondern die gesamte Bürgerschaft gemeint hat.

Diese Auffassung ist, wohl überlegt, auch die einzig natürliche. Wir haben von Thucydides zu erwarten, daß er uns mitteilt, welche Geldmittel, wie viel Kriegsschiffe und wie viel waffenfähige Bürger der Staat Athen im ganzen hatte, und diese Zahlen, an letzter Stelle noch hinzugezogen die zum Hoplitendienst verpflichteten Metöken, hat er uns in der Rede des Perikles wirklich gegeben.

Wie viele Bürger man, außer denen, die sich selbst bewaffneten, mit einer Hoplitenrüstung ausstatten wollte, war eine bloße Geldfrage, die bei einer rationellen Übersicht über die vorhandenen Streitkräfte nicht mit der persönlichen Leistungskraft des Volkes durcheinander geworfen werden durfte. Aus eben diesem Grunde ist es auch ausgeschlossen, daß Perikles irgend welche fremden Söldner in seine Berechnung eingeschlossen habe.

Mit diesem Aufgebot steht im Einklang das Aufgebot aus dem Herbst 431. Wir haben es oben auf 36 000 Mann berechnet und daneben eine nicht geringe Zahl ψιλοί. Alles in allem mögen also 45 000 bis allerhöchstens 50 000 Mann auf den Beinen gewesen sein. Dazu war Athen sehr wohl imstande, da zu den 28 800 waffenfähigen Bürgern und 3000 Metöken-Hopliten noch etwa 5000 Metöken-Nicht-Hopliten hinzukamen und der Rest auf Söldner und Sklaven gerechnet werden kann.

Nachdem wir nunmehr durch Feststellung der Gesamtzahl der athenischen Bürgerschaft eine feste Grundlage gewonnen haben, können wir versuchen, die weiteren Dunkelheiten, die uns die Zahl der Perikleischen Rede einhüllen, zu zerstreuen.

Wir haben schon gesehen, daß das Referat des Thucydides notwendig irgend einen Fehler enthalten muß, denn es berechnet die Feldarmee auf 15 800, die Garnisontruppen auf 16 000 Mann, sagt aber von den Letzteren ausdrücklich, sie beständen aus den Ältesten, den Jüngsten und den Metöken-Hopliten. Das ist ein unmögliches Verhältnis. Da wir an andrer Stelle erfahren, daß die Metöken-Hopliten 3000 Mann waren, so blieben sie für die Ältesten, d. h. die Männer vom 50. oder 45. bis 60. Jahre und die 18- und 19-Jährigen 13 000. Es ist aber unmöglich, daß diese höchstens 17 Jahrgänge fast ebenso viel Männer zählen, wie die 25 oder gar 30 Jahrgänge der Feldarmee.

Das ist aber nicht das einzig Auffällige. Die 16 000 Mann außer der Feldarmee, sagt Thucydides, hätten die langen Mauern und die Kastelle besetzt, wenn die Feinde einfielen. Gerade in dieser Zeit war aber auch der größte Teil der Feldtruppen zu Hause, und die Feld-Hopliten wurden ja überhaupt sehr selten und für kurze Zeit oder bei den Expeditionen in die Ferne nur in kleiner Zahl aufgeboten – ist es denkbar, daß gerade dieser beste Teil des Heeres gar keinen Dienst tat, wenn der Feind ins Land fiel, daß die 50–60-Jährigen auf die langen Mauern kommandiert wurden und die 20–50-Jährigen zu Hause blieben? Auffällig ist ferner, daß die Worte des Thucydides so lauten, als ob die Besatzung der athenischen Mauern aus lauter Hopliten bestanden habe. Für etwaige Mauerverteidigung war die schwere Schutzrüstung mit dem Schild überflüssig und sogar hinderlich; die Deckung gaben die Mauerzinnen, hinter denen heraus es galt, den Feind durch Schießen mit Pfeilen, Schleudern von Wurfspießen, Werfen von Steinen abzuwehren. Für den etwaigen Nahkampf gegen Eindringende mußten Hopliten in Reserve stehen.

Daß in der Notiz des Thucydides also ein Fehler steckt, ist zweifellos. Die Auskunft, nicht einen Fehler des Thucydides selbst anzunehmen, sondern einen Fehler der Abschreiber in den Zahlen ist, wie wir festgestellt haben, unmöglich. Die Zahlen sind durch die anderweit bei Thucydides vorkommenden Zahlen genügend kontrolliert und sichergestellt. Belochs neuester Ausweg, daß nicht Thucydides selbst den Fehler gemacht, sondern der Herausgeber seines Werkes durch Zufügung der Zahl 16 000 die Verwirrung angerichtet, ist natürlich weder zu widerlegen noch zu beweisen, nach allgemeinen Grundsätzen aber wird man bei offenbaren Fehlern in der Überlieferung immer, so lange es möglich ist, das mildere und weniger eingreifende Mittel der Korrektur vorziehen, und da scheint mir meine Hypothese, daß der Meister hier selbst einmal einen Fehler gemacht, die Autorität des ganzen Werkes, wie es uns vorliegt, immer noch viel weniger anzugreifen, als wenn wir uns vorstellen, daß der Herausgeber pietätlos genug hineinkorrigiert, und nicht einmal mit der rechten Vorsicht und Überlegung hineinkorrigiert habe. Wir werden sofort sehen, wie gering schließlich die Unaufmerksamkeit ist, die wir dem Thucydides zutrauen, und so gern ich mich sonst zu den Thucydides-Theologen rechnen lasse, daß diese Lösung vollkommen ausgeschlossen sei, kann ich nicht zugeben. Daß auch der vorsichtigste kritische Kopf gerade bei Zahlenaufstellungen einmal in einen, sobald er aufgeklärt ist, kaum verständlichen Irrtum verfallen kann, dafür haben wir ein sehr erlauchtes Beispiel aus neuester Zeit. Kein Geringerer als Moltke hat in seiner Geschichte des Krieges von 1870 die Zahl der Deutschen in der Schlacht von Gravelotte-St. Privat um etwa 50 000 Mann zu niedrig berechnet, indem er die gesamten Offiziere, die Kavallerie und Artillerie vergessen hat, die beim Feinde mitgezählt sind. Man erkennt die Genesis des Fehlers sofort, wenn man die betreffende Seite im Generalstabswerk (Bd. II, Anlage S. 234), die ihm beim Schreiben vorgelegen, mit der Stelle in seinem Werke (S. 63) vergleicht, und es handelt sich nicht um eine beiläufig gegebene Zahl, sondern auf diese Zahl wird dann eine höchst gewichtige Schlußfolgerung aufgebaut. Ist das Moltke – freilich in seinem höchsten Alter – passiert, so treten wir Thucydides nicht zu nahe, indem wir, da nun einmal die von ihm gegebenen Daten schlechterdings unmöglich sind, ihm einen ähnlichen Fehler zutrauen.

Der Fehler steckt in der Charakteristik der Garnisontruppen als der »Ältesten und Jüngsten und Metöken-Hopliten«: hier fehlt eine Kategorie, die nach dem Zusammenhang gar nicht entbehrt werden kann, nämlich die nicht zum Hoplitendienst bestimmten waffenfähigen Bürger.

Ziehen wir von den 16 000 Mann Garnisontruppen die 3000 Metöken ab, so bleiben 13 000 Bürger, also genau so viel wie Bürger-Feldhopliten. Das ist schwerlich reiner Zufall. Wir werden vielmehr annehmen dürfen, daß zu irgend einer Zeit bestimmt worden ist, daß die Hälfte der waffenfähigen Bürgerschaft zum Hoplitendienst ausgebildet und ausgerüstet sein solle. Die beiden Rekruten-Jahrgänge (περίπολοι) wurden zur Besatzung der Forts verwendet und dabei zugleich ausgebildet. Man sagte sich also in Athen, und so mag auch Perikles sich in seiner Rede ausgedrückt haben, daß selbst wenn das ganze Feldheer mit 13 000 Hopliten ausgerückt sei, noch ebensoviel Männer zur Verteidigung der langen Mauern und in den Forts zurückblieben; dazu noch 3000 Metöken-Hopliten. Bei der Zusammenziehung dieser Zahlen hat Thucydides nur die Jüngsten und Ältesten und die Metöken genannt, die übrigen aber vergessen zu erwähnen.

Ein moderner Leser muß also, um die Stelle richtig zu verstehen und zu ergänzen, sich folgendes klar machen:

Die 13 000 Feldhopliten sind nicht bloß die Bürger der höheren Klassen, die sich selbst ausrüsten (was auf eine viel zu hohe Zahl für die gesamte Bürgerschaft Athens führen würde), sondern außer diesen auch diejenigen Theten, die vom Staat für den Hoplitendienst ausgerüstet wurden.

Die 16 000 Mann Garnisontruppen sind nicht diejenigen, die tatsächlich die Mauern besetzt hielten, wenn der Feind ins Land kam, sondern diejenigen, die selbst dann noch zur Verfügung gestanden hätten für die Mauerverteidigung, wenn das ganze Feldhoplitenheer anderweitig engagiert gewesen wäre.

Diese 16 000 Mann umfassen 3000 Metöken, die zum Hoplitendienst bestimmt waren, die Rekruten, die älteren Jahrgänge, vom 45. oder 50. bis 60. Jahr, die Halbinvaliden und endlich alle diejenigen Theten, die nicht für den Feldhoplitendienst designiert waren.

Nicht in Berechnung gezogen hat Thucydides überdies die Metöken, die nicht Hopliten waren. Dieser letzte Mangel ist für uns fast der empfindlichste, aber für Thucydides, wie wir noch sehen werden (Buch II, Kap. 3), eine ganz natürliche Omission.

In diese von uns berechnete Zahl von 36 000 athenischen Bürgern sind die Kleruchen einbegriffen. Diese Kolonisten waren und blieben athenische Bürger, wohnten aber zum Teil recht weit, z. B. auf den Inseln Lemnos, Imbros, Skyros, bildeten dort eigene Gemeinden, und Thucydides führt später ihre Kontingente bei den Feldzügen immer gesondert von den Athenern auf, ferner gibt Thucydides für den Feldzug von 431 die Stärke auf 16 000 Hopliten an, also dieselbe Zahl wie Perikles.

Man könnte hieraus schließen, wie es Beloch (p. 82) getan hat, daß auch Perikles sie nicht mitgerechnet habe. Dem steht jedoch folgendes gegenüber. Wir haben gesehen, daß Perikles die Gesamtzahl der waffenfähigen Athener angeben will. Es wäre ganz unverständlich, wenn er dabei einen so großen Teil wie die gesamten Kleruchen-Gemeinden, die Beloch wohl zu hoch auf 10 000 Bürger anschlägt und die zum Teil fern, zum Teil aber auch ganz nah, wie in Salamis und Oreos auf Euböa saßen, ausgelassen hätte. Die Erzählung des Thucydides aus dem Jahre 428 läßt schlechterdings nicht den Spielraum für eine so hohe Veranschlagung der athenischen Streitkräfte. Die Angabe, daß im Jahre 431 13 000 Hopliten in Megara eingefallen seien, während 3000 vor Potidäa standen, ist ohne Schwierigkeit zu erklären. Allerdings waren die ferneren Kleruchen für diesen Feldzug gewiß nicht aufgeboten, aber ein Kontingent war doch sicherlich auf der Flotte, und Thucydides gibt überhaupt nicht eine in diesem besonderen Fall festgestellte Zahl, sondern wiederholt einfach die Zahl der Perikleischen Rede, ohne sich weiter in eine Spezialberechnung, wie viele wohl zufällig, durch irgendwelche Gründe verhindert, gefehlt haben möchten, einzulassen. Höchst wahrscheinlich haben doch nicht bloß entferntere Kleruchen, sondern auch eine größere Anzahl Athener, die immer auf Handelsunternehmungen abwesend waren, gefehlt, ohne daß Thucydides dafür einen Abzug macht.

Ich möchte zum Schluß noch klarstellen, an welchen Punkten und aus welchen Gründen ich die Ergebnisse, zu denen ich in meinen Perser- und Burgunderkriegen gekommen war, jetzt modifiziert habe. In jenem Buche habe ich den Widerspruch in Thucydides II 13, nach einer Idee von Duncker, so zu lösen gesucht, daß alle felddienstfähigen Theten zu den Hopliten und die entfernteren Kleruchen in die Garnisontruppen eingerechnet worden seien. Formell paßt diese Lösung zu dem Wortlaut des Thucydides am besten, da die Unterscheidung von Feldtruppen und Garnisontruppen streng durchgeführt und festgehalten ist.

Aber es ist mir jetzt klar geworden, daß die Charakterisierung der 16 000 Mann als Garnisontruppen ja überhaupt nicht wörtlich gemeint sein kann; dadurch wird es ganz unmöglich, die ohnehin schon sehr gesuchte Auffassung der Kleruchen-Gemeinden als »Garnisonen« aufrecht zu erhalten. Ferner wäre es sehr unnatürlich, daß Perikles, auf die bloße theoretische Möglichkeit hin, alle felddienstfähigen Theten zu Hopliten zu machen, sie als solche aufgeführt, dagegen die Kleruchen, die wirklichen Hoplitendienst taten, ausgelassen hätte.

Ich habe also sozusagen einen Austausch zwischen Kleruchen und Theten vorgenommen, und dadurch ist die Schlußsumme um 2000 Bürger höher geworden. Das rührt daher, daß ich damals konsequenterweise aus der Zahl des Thukydides auch eine Anzahl Metöken-Garnisonhopliten ausscheiden mußte, wofür ich 1500 ansetzte. Das ist jetzt nicht mehr nötig, da dieser ganze Begriff gefallen ist. Die Zahl der waffenfähigen Bürger ist damit um 1500 und mit 25% Zuschlag für Kriegsunfähige, die Gesamtzahl um 2000 erhöht.

Während ich von 34 000 auf 36 000 Bürger heraufgegangen bin, ist Beloch in seiner 1893 erschienenen Griechischen Geschichte, Bd. I, 404 Anmk., von 45 000 auf 40 000 athenische Bürger (30 000 in Attika lebend, 10 000 Kleruchen) heruntergegangen. Wir haben uns also so sehr genähert, daß unsere Differenz nur noch 4000 beträgt.

Meine Liste ist jetzt:

1 200 Reiter,
1 600 Bogner,
13 000 Hopliten, einschl. der Kleruchen,
13 000 athenische waffenfähige Bürger (einschl. Kleruchen) Nicht-Feldhopliten,
7 200 Kriegsunfähige,

Summa 36 000 athenische Bürger.
Dazu etwa 6000–8000 Metöken.

Auf die Gesamtbevölkerung Attikas im Jahre 431 ist hieraus noch kein Schluß zu machen, da wir keinen Anhalt für die Menge der Sklaven haben. Wir dürfen nur sagen, daß sie jedenfalls recht groß war.

Für den fast reinen Landwirtschaftsstaat Sparta hat Beloch mit Recht angenommen, daß er eine ziemlich stabile Bevölkerung gehabt habe; der Zuwachs wanderte aus. Für Athen gilt das nicht. Die Auswanderung, abgesehen von den Kleruchen, war gewiß sehr gering, während umgekehrt bei dem Aufblühen Athens die Metöken im Laufe des 5. Jahrhunderts sehr zunahmen und im Jahre 490 erst in geringerer Zahl vorhanden waren. Wie stark der natürliche Zuwachs war, dafür haben wir leider gar keinen Anhalt. Es handelt sich um einen Zeitraum von 60 Jahren, in dem sich eine Bevölkerung unter günstigen Verhältnissen verdoppeln kann. Das dürfen wir für die Athener, die in der Zwischenzeit auch sehr große Kriegsverluste erlitten (z.B. auf dem Feldzug in Ägypten), nicht annehmen. Der Hauptzuwachs wird auf einwandernde Metöken und Sklaven zu rechnen sein. Immerhin wird auch die Bürgschaft nicht stabil geblieben sein, so daß wir, wenn 431 28 800 waffenfähige Bürger vorhanden waren, für das Jahr 490 etwa 18–26 000 anzunehmen haben werden; dazu vielleicht 2000 Metöken.

* * *

Aus der ersten Auflage des 2. Bandes versetze ich jetzt noch eine Auseinandersetzung mit Ed. Meyer über denselben Gegenstand hierher.

Kurz vor der Drucklegung des ersten Bandes dieses Werkes ist der zweite Band der »Forschungen zur alten Geschichte« von Eduard Meyer erschienen, ging mir aber nicht mehr früh genug zu, um ihn noch zu benutzen. In den grundlegenden Fragen der griechischen Geschichte des 5. Jahrhunderts stimmen wir allenthalben überein. In zwei Punkten jedoch sind wir zu entgegengesetzten Ergebnissen gekommen.

Der erste ist die Auslegung von Thucydides II, 13, die Bevölkerung Attikas beim Ausbruch des peleponnesischen Krieges. Hier hat Meyer (II, 149 e) eine neue Lösung vorgeschlagen, die gerade das Doppelte von meiner Annahme ergibt. Wenn man sich erinnert, welche Bedeutung die Zahlen in meiner Untersuchung haben und wie sehr immer die eine auf der andern aufgebaut ist, so ermißt man die Tragweite der Differenz. Ich möchte nun freilich glauben, daß die neue Lösung, die ich meinerseits aufgestellt habe, so viel Überzeugungskraft in sich hat, daß eine besondere Widerlegung des Meyerschen Versuchs nicht mehr nötig sei; aber da ein so tüchtiger Kenner des Griechentums, wie Ad. Bauer, in der Hist. Zeitschr., Bd. 86, S. 286 ganz umgekehrt Meyers Lösung für die richtige erklärt hat, so darf ich doch eine ausdrückliche Auseinandersetzung nicht umgehen. Nach meiner Auffassung hängt ja an dieser statistischen Frage auch die Würdigung Thucydides' als Historiker und Perikles' als Staatsmann. Denn nicht bloß angedeutet, wie Bauer meint, sondern mit ganz positiven Worten habe ich ausgesprochen und halte es aufrecht: »Die Autorität des größten aller Historiker ist unrettbar zerstört, eine Säule der griechischen Literatur ist umgestürzt, wenn jemand nachweist, daß Athen im Jahre 431 60 000 Bürger hatte. Denn hat Thucydides den Perikles und seine Politik falsch beurteilt, dann dürfen wir seinem Urteil überhaupt nicht mehr trauen.« Da nun ein so anerkannter Forscher wie Meyer, mit mir in den Grundfragen der Methode wie der Auffassung durchaus übereinstimmend, jenen Nachweis tatsächlich unternommen hat, so sieht man, daß etwas auf dem Spiele steht und daß eine Nachprüfung nicht ungerechtfertigt ist.

Auch Meyer geht davon aus, daß die Angabe, wie sie bei Thucydides steht – 13 000 Mann Hopliten Feldarmee, 13 000 Mann Bürgerhopliten Garnisontruppen, bestehend aus den Ältesten und Jüngsten – sachlich unmöglich ist, da die wenigen Jahrgänge der Nicht-Felddienstfähigen aber Garnisondienstfähigen unmöglich ebenso stark gewesen sein können, wie die etwa 30 Jahrgänge der Nicht-Felddienstfähigen. Während ich (eine ältere Hypothese fallen lassend) annehme, daß Thucydides unterlassen hat, hier ausdrücklich die nicht zum Hoplitendienst herangezogenen Theten neben den Ältesten und Jüngsten zu erwähnen, will Meyer, daß aus den felddienstpflichtigen Jahrgängen eine große Zahl (5400) weniger kräftiger Männer dem Landsturm zugeteilt und von Thucydides nicht erwähnt seien. Thucydides hätte also die Zahl der Nichthopliten-Theten ganz außer Acht gelassen und wir müßten sie aus anderen Angaben zu ergänzen suchen. Hierbei kommt Meyer auf 20 000 und für die Metöken auf mindestens 14 000, so daß Athen über etwa 70 000 erwachsene freie Männer ohne die Kleruchen verfügte, während ich, eingeschlossen die Kleruchen, auf einige 40 000 (wovon 36 000 Bürger) also ziemlich genau die Hälfte, gekommen bin.

Folgende Betrachtungen sprechen gegen Meyers Berechnung.

1. Er zählt 33 000 Zeugiten gegen 20 000 Theten. Das ist ein unmögliches Verhältnis. Meyer hat nicht in Betracht gezogen, daß zur Thetenklasse, so weit Hoplitendienst aus eigenen Mitteln in Betracht kam, nicht nur die unterste Schicht der Bevölkerung, sondern notwendig auch sehr viele Söhne mittlerer Besitzer gehörten. Es war schlechterdings unmöglich, wenn ein Vater, der mehrere erwachsene Söhne hatte, als Zeugit eingeschätzt war, auch die Söhne neben ihm mit der Verpflichtung des Hoplitendienstes zu belasten, ja, in den meisten Fällen ist sicherlich immer nur *eine* Hoplitenrüstung in der Familie gewesen. Hätte Athen 33 000 Bürger besessen, die sich eine Rüstung anschaffen konnten, und noch dazu 2500 Ritter, so hätte es wenigstens 40–50 000 Theten haben müssen.

Unrichtig ist auch die Vorstellung von Meyer (S. 158), daß »die Theten durch ihren Beruf gehindert waren, die volle militärische und gymnastische Ausbildung der Hopliten zu gewinnen.« Das gibt ein ganz falsches Bild vom Wesen eines Hopliten, der so wenig wie der römische Legionär einer gymnastischen Ausbildung bedurfte. Die große Masse der Hopliten, die sehr mäßig bemittelte Bauern und Handwerker waren, hatte vermutlich gar keine gymnastische Ausbildung, und ihre militärische Ausbildung erforderte sicher weniger Übung, als die Ausbildung eines Thraniten.

2. Thucyd. III, 17 ist uns erzählt, daß die Spartaner Athen für erschöpft hielten, als es im Jahre 428 70 Schiffe und 1000 Hopliten draußen hatte; die Athener brachten aber doch noch, indem sie ihre Kräfte anspannten, 100 Schiffe in See.

Diese Erzählung wäre sinnlos, wenn die Meyersche Rechnung richtig wäre. Denn von den gegen 14 000 Mann Besatzung der 70 Schiffe waren allerhöchstens (Kleruchen abgezogen) 5000–7000, mit den Hopliten 8000 Athener. Selbst wenn wir annehmen, daß die Pest den Athenern 15 000 Waffenfähige gekostet hatte (Thucydides gibt »4400 Hopliten ἐκ τῶν τάξεων und 300 Ritter), so hätte es immer noch etwa 40 000 gehabt. Wie sollen also die Spartaner haben glauben können, daß Athen durch die Aussendung von etwa 8000 Bürger erschöpft sei? Und ganz ebenso wenig wäre bei solchem Vorrat an Bürgern die Aufstellung der 100 Schiffe eine besondere Leistung gewesen: 18 000 Mann genügten für diese Schiffe, von denen noch dazu die größere Hälfte Sklaven oder fremde, gerade in Athen anwesende Matrosen sein konnten.

Umgekehrt stimmt die Erzählung des Thucydides sehr gut mit der Annahme, daß Athen i. J. 431 nicht mehr als einige 40 000 erwachsene Bürger und Metöken hatte. Dann würde sich folgende Rechnung machen lassen:

a. Bürger und Metöken im Jahre 431	gegen 44 000
b. Verlust durch die Pest	gegen 12 000
	Rest: 32 000
c. Nicht dienstfähig und abwesend	8 000
	Rest: 24 000
d. Auswärts mit 70 Schiffen	7 000
	Rest: 17 000
e. Auf den 100 Schiffen die kleinere Hälfte der Besatzung	8 000
	Rest: 9 000,

die mit Heranziehung der noch einigermaßen Kräftigen aus *c.* genügten, die Forts und die Stadtmauern zu besetzen und zu hüten, obgleich für entferntere Kleruchen noch ein gewisser Abzug zu machen ist.

Die einzelnen Posten in dieser Rechnung mag man um 1000 oder 2000 Mann herauf- oder herunterschieben, die beiden Grenz-Bestimmungen aber, die in der Erzählung des Thucydides liegen, daß nämlich auf der einen Seite Athen durch die Aussendung der 70 Schiffe und 1000 Hopliten für erschöpft gelten, auf der andern noch gerade 100 Schiffe bemannen und die nötige Stadt-Besatzung zurücklassen konnte – diese beiden Grenzbestimmungen dürfen nicht verletzt werden, und deshalb ist Meyers Berechnung mit Thucydides nicht vereinbar.

Für den Schutz der Stadt Athen selbst und der langen Mauern waren einige Tausend Mann genügend. Meyer S. 154 meint, selbst 6000 Mann würden für diesen Zweck nicht ausgereicht haben, da der Mauer-Umfang 26 000 Meter betrug, also, immer $1/6 = 1000$ Mann auf Posten stehend, auf 52 Meter nur ein Doppelposten gekommen wäre. Die Voraussetzung dieser Rechnung aber ist unrichtig. Es ist nicht genügend Beobachtung und Verteidigung unterschieden. Nur ein großes feindliches Heer konnte es wagen, eine Stadt wie Athen anzugreifen, und ein großes feindliches Heer kann sich nicht unbemerkt nähern. So lange also kein nahes feindliches Heer gemeldet war, genügten einige wenige Turmwächter. Rückte aber ein feindliches Heer wirklich gegen die Mauer, so wurde diese nicht gleichmäßig mit Doppelposten besetzt, sondern wiederum vor allem gut beobachtet und eine bereitstehende Truppe an die etwa bedrohte Stelle geführt. Eine Besetzung mit gleichmäßigen Doppelposten ringsum fand sicherlich niemals statt, und was im Besonderen die Verhältnisse im Jahr 428 betrifft, so war die Flotte von 100 Schiffen natürlich längst wieder im Hafen, ehe ein peloponnesisches Heer vor der langen Mauer stehen konnte. Nur zur Abwehr gegen eine etwaige Überrumpelung durch ein fliegendes Korps mußte eine kleine Garnison daheim bleiben. Ja unter Verhältnissen wie 431, wo die athenische Feldarmee gegen Megaris vorging, war selbst das nicht nötig, da sie durch diese Stellung ihre Stadt gegen jeden Landangriff deckte. Auch die Böotier hätten es nicht wagen dürfen, etwas gegen Attika zu unternehmen, da sie abgeschnitten worden wären.

3. Meyer erkennt mit mir an, daß der Kriegsplan des Perikles der richtige war. Hätte Athen aber damals, eingeschlossen die Kleruchen, 80 000 freie Männer gezählt, so wäre dieser Kriegsplan falsch gewesen. Da der Stadt ja die Finanzkräfte und Werbeplätze ihres ganzen großen Seebundes zur Verfügung standen, so hätte sie sich nicht mit Ermattungs-, sondern mit Niederwerfungs-Strategie gegen die Peloponnesier wenden können. Das Invasions-Heer der Peloponnesier kann kaum stärker als 30 000 Mann gewesen sein. Die Athener hätten es also auch im freien Felde mit ihm aufnehmen können und der Isthmus gab die Möglichkeit, die Gegner zu trennen, die Böotier und Peloponnesier einzeln zu besiegen.

Etwa die Einwohner-Zahlen für die anderen Griechen-Staaten, denen Athens korrespondierend, zu erhöhen, ist ausgeschlossen, da sie ja viele Jahre blockiert gewesen sind und fast ohne Zufuhr von außen gelebt haben. Auch Korinth kann deshalb nur eine mäßige Stadt gewesen sein.

Die Wendung Ad. Bauers (H. Z. 86, 288) »mit einer Feldarmee von 13 000 Hopliten konnte sich Athen auf eine große Waffenentscheidung gegen die weit überlegenen Streitkräfte des peloponnesischen Bundes nicht einlassen, und seine sonstigen Mannschaften waren dafür nur sehr bedingt disponibel«, trifft nicht zum Ziel. Weshalb waren nicht mehr als 13 000 Mann disponibel, wenn Athen über 80 000 Bürger, Kleruchen und Metöken hatte und dazu das Geld, noch sehr viele Söldner zu werben? Rom hat ohne Tribute von Bundesgenossen im zweiten punischen Kriege ganz andere Anstrengungen gemacht. Nichts wäre verkehrter gewesen, als gegen mögliche Unbotmäßigkeiten von Bundesgenossen, wie Bauer meint, fortwährend Truppen und Schiffe zur Verfügung zu halten und sie deshalb dem Hauptkrieg zu entziehen. Man lese darüber nach, was Clausewitz über den Fehler einer strategischen Reserve in der Niederwerfungs-Strategie sagt. Das beste Mittel, die Autorität des Vororts zu bewahren, war, Sparta, Korinth und Theben zu besiegen. Da nun Beweise genug vorliegen, daß Athen es an Anspannung nicht hat fehlen lassen, z. B. daß auch die Metöken die Hopliten-Rüstung anzogen und daß Sokrates noch in seinem 47. Jahre als Hoplit ins Feld mußte, und wiederum ausdrücklich berichtet wird, daß, als man 424 πανδημεί auszog, das Heer doch nur 7000 Hopliten stark war, so können in Attika i. J. 431 unmöglich 70 000 freie Männer vorhanden gewesen sein.

4. Bei Ausbruch des peloponnesischen Krieges hatte Athen 300 Trieren; selbst wenn man mit Meyer, aus mir nicht ganz verständlichen Gründen, diese Zahl auf 400 erhöhen will, so hat Athen doch nie mehr als 170 oder höchstens 250 Trieren gleichzeitig im Dienst gehabt, Korinth aber hat im Jahre 433 90 Trieren ausgesandt (Thuc. I, 46). Korinth hatte nach Belochs Berechnung nicht mehr als etwa 10 000 freie erwachsene Männer, und es ist ausgeschlossen, diese Zahl wesentlich zu erhöhen, da man nicht wüßte, wie eine größere Masse während der langen Blockade im peloponnesischen Krieg hätte ernährt werden können. Hätte Athen siebenmal so viel Einwohnerschaft gehabt als Korinth, so erscheint nicht nur seine Flottenrüstung sehr klein, sondern es wird auch unbegreiflich, wie Korinth mit einem so ungeheuer überlegenen Nachbar in eine so ernsthafte und dauernde Rivalität hat eintreten können.

Noch deutlicher wird das, wenn wir auf die Zeit der Perserkriege zurückgehen. Meyer nimmt an, daß Attika damals schon ungefähr dieselbe Einwohnerzahl gehabt habe wie im Jahre 431. Eigentlich nachweisbar ist das nicht; aber wenn wir uns dieser Annahme auch nur nähern, so ergeben sich schon Unmöglichkeiten. Bei Artemision und Salamis soll Korinth 40, Athen 123 resp. 180 Schiffe gehabt haben. Die letztere Zahl ist wahrscheinlich zu hoch. Aber selbst wenn sie richtig wäre, so ist klar, daß Athen nicht annähernd siebenmal so groß gewesen sein kann wie Korinth, da es nach der Überlieferung und nach der Lage der Sache nicht eine relativ kleinere, sondern eine relativ größere Seerüstung aufgestellt hatte als die Nachbarin. Wenige Jahre vorher aber hatte Athen sich noch von Korinth 20 Trieren leihen müssen, war also noch gar keine entwickelte Handelsstadt, die ohne Kriegsschiffe nicht denkbar ist. Wenn es aber noch keine sehr entwickelte Handelsstadt war, also keine sehr wesentliche Zufuhr von außen bezog, so kann es auch noch nicht eine so gewaltige Einwohnerzahl gehabt haben. Die Nachricht, daß Athen schon seit Solon der Getreidezufuhr bedurft habe, hebt unsern Schluß natürlich nicht auf: auf die Größe der Zufuhr kommt es an, ob nicht ein Zehntel oder Zwanzigstel, sondern ein Drittel oder gar die Hälfte der Bewohnerschaft von fremden Getreide lebte. Das kann zu einer Zeit, wo Athen eben erst sich anschickte, eine Seemacht zu werden, noch nicht der Fall gewesen sein.

Man wird auch folgenden Schluß machen dürfen: wäre Athen damals schon eine sehr volkreiche Handelsstadt gewesen, so hätte man in Korinth eine starke Empfindung von zunehmender kommerzieller Rivalität gehabt und der Rivalin nicht auch noch durch die Schiffsleihe Vorschub geleistet. War aber Athen damals als Stadt noch so wenig entwickelt, daß es Korinth keine wesentliche Eifersucht einflößte, so kann es auch 50 Jahre später unmöglich schon das Siebenfache an Bürgerschaft gehabt haben.

Die Größe Korinths setzt also mittelbar für die Größe Athens eine gewisse Grenze, und die Größe Korinths wird wieder kontrolliert durch diejenige Spartas. Vergl. unten Kap. 3, § 3.

5. Wenn ich das Ergebnis der Meyerschen Untersuchung auch ablehne, so hat diese, wie jede ernste wissenschaftliche Arbeit, doch mittelbar ein wesentliches Verdienst. Der Kern der Kontroverse über die Auslegung von Thuc. II, 13 ist eigentlich, ob die Theten einbegriffen sind oder nicht; die bisherigen Vertreter der Ansicht, daß die Theten außerhalb dieser Zahl ständen, haben eine klare und konsequente Berechnung, wie hoch man dann im ganzen für die Bevölkerung Athens kommen würde, nie gemacht und durch Einhaltung einer etwas unklaren Mittellinie die Auslegung sachlich einigermaßen möglich erscheinen lassen. Erst indem Meyer unanfechtbar gezeigt hat, daß diese Auslegung auf etwa 70 000 freie erwachsene Männer in Attika (also ohne die Kleruchen) führen muß (und auch diese Zahl würde noch zu klein sein), hat er wieder den ebenso bündigen Gegenbeweis ermöglicht, daß diese Zahl sachlich schlechterdings unmöglich

ist. Wir müssen also nach einer andern Auslegung von Thuc. II, 13 suchen, und da dürfte die von mir vorgeschlagene auf jeden Fall den Vorzug haben, daß sie weder mit einer der sonst überlieferten Zahlen, noch mit den tatsächlichen Leistungen Athens in Widerspruch steht. Da die Athener einen nicht geringen Teil ihrer Kriege mit Söldnern führten, so waren sie sehr wohl imstande, auch wenn sie nur 36 000 Bürger und 6–8000 Metöken zählten, gleichzeitig auf dem Festland und im aegäischen Meer, auf Cypern und in Ägypten zu fechten.

Den Weg zu der richtigen Auslegung und Ergänzung der Thucydideischen Zahlen hat man sich nur durch die Kombination mit der Klassen-Einteilung der Athener verbaut, von der Thucydides hier garnicht spricht und die mit seiner Berechnung gar nichts zu tun hat. Auch nach andrer Richtung ist es höchst wichtig, diesen falsch hineininterpretierten Zusammenhang zu lösen. Er hat an sehr vielen Stellen Verwirrung angerichtet. Die ganze Auffassung der römischen Verfassungsgeschichte ist durch die falsche Vorstellung von der Bedeutung der Klassen-Einteilung des Volkes mißgeleitet worden. Indem wir in Thuc. II, 13 die Klassen ausschalten und die Zahlen richtig interpretieren, kommen wir zugleich zu einer richtigen Auffassung der athenischen und mittelbar der römischen Verfassung.

2. KAPITEL

Griechische Bewaffnung und Taktik

Die Hauptmasse eines griechischen Heeres zur Zeit der Perserkriege bestand aus gepanzertem Fußvolk mit einer etwa zwei Meter[1] langen Stoßlanze, den Hopliten. Die Schutzwaffen sind Helm, Harnisch,[2] Beinschienen, Schild; ein kurzes Schwert ist Hilfswaffe.

Die Hopliten bilden einen festgeschlossenen taktischen Körper, die Phalanx. Die Phalanx ist eine ununterbrochene, mehrgliedrige Linear-Aufstellung.[3] Die Tiefe wechselt; sehr oft

1 Ad. Bauer, § 40, sagt drei Meter. Vergl. darüber unten die Untersuchung über die Sarissen.

2 Droysen a. a. O. S. 24 führt einige Stellen an, wo der Harnisch nicht als Rüstungsstück der Spartaner genannt wird, und hält für möglich, daß sie im Unterschied von den anderen Griechen keinen getragen hätten. Das wäre ein Unterschied von der größten Tragweite. Die Ansicht ist jedoch sicher unrichtig. Droysen selbst führt eine Stelle aus Tyrtäus an, wo der Panzer ausdrücklich genannt wird, und wenn man aus der Stelle Xenoph. Anab. I, 2, 16 schließen wollte, daß die Söldner des Cyrus keine Panzer getragen, so müßte das für alle darunter vertretenen Griechen gelten.

3 H. Droysen, Heerwesen und Kriegführung der Griechen S. 171 Anm. empfiehlt, das Wort »Phalanx« nur von dem mit der Sarisse bewaffneten Fußvolk zu gebrauchen, dessen eigentümliche Gefechtsstellung in der πυκνότης κατ᾽ ἐπιστατην καὶ καραστάτην bestand. Ich glaube jedoch an dem ziemlich eingebürgerten Sprachgebrauch, den ich mit der oben gegebenen Definition am besten zu fixieren glaube, festhalten zu sollen. Aus dem Fortgang unserer Untersuchung wird sich die Begründung dafür ergeben. Droysen selber weist nach, daß der griechische Sprachgebrauch sehr unbestimmt ist und gewechselt hat.

hören wir von 8 Mann Tiefe, was wie eine Art Normalstellung angesehen worden zu sein scheint; wir hören aber auch von 12, ja von 25 Mann Tiefe.[1]

Zum eigentlichen Fechten können in einer solchen Phalanx höchstens zwei Glieder kommen, indem das zweite Glied im Augenblick des Zusammenstoßes auf die Lücken des ersten tritt. Die weiteren Glieder dienen dazu, die Fallenden und Verwundeten sofort zu ersetzen, vor allem aber einen physischen und moralischen Druck auszuüben. Die tiefere Phalanx wird die flachere niederkämpfen, auch wenn auf beiden nur tatsächlich genau dieselbe Zahl der Kämpfer zum Gebrauch der Waffen gelangt.

Wäre nicht der Vorteil dieses Druckes, so wäre es viel besser, die Linie zu verlängern, dadurch den Feind zu überflügeln und im Moment des Zusammenstoßes auf beiden Flanken zu umklammern. Aber bei gleichen Kräften kann eine solche Umklammerung nur stattfinden auf Kosten der Tiefe der Aufstellung, und obgleich nur wenige Minuten zu vergehen brauchen vom Zusammenprall der Linien an, bis die Umklammerung sich vollzogen hat, so würde doch in dieser Zeit vermutlich schon die tiefere feindliche Phalanx das flache Zentrum überrannt und damit die ganze Aufstellung gesprengt haben.

Es stehen sich also bei der Phalanx zwei Prinzipien mit polarischer Wirksamkeit gegenüber: die Tiefe, die Wucht gibt, und die Länge, die Umfassung ermöglicht. Sache des Feldherrn ist es, nach der Lage der Umstände, der Größe der Heere, der Qualität der beiderseitigen Truppen, der Gestaltung des Geländes die Tiefe und Länge der Phalanx zu bestimmen. Ein sehr großes Heer wird mehr nach der Tiefe als nach der Länge ver-

1 Die Erzählung des Isokrates (Archidamus 99), daß die Spartaner bei Dipäa in *einem* Gliede die Arkadier besiegt hätten, die Duncker, VIII, 134 angenommen hat, haben Droysen p. 45 und Ad. Bauer p. 243 (zweite Auflage S. 305) mit Recht als rhetorische Übertreibung verworfen. Auch die zwei Glieder bei Polyän 2, 1, 24 weist Droysen mit demselben Recht zurück.

stärkt, weil es überaus schwer ist, eine lange Linie einigermaßen gerichtet und geordnet vorwärts zu bewegen, eine tiefe Kolonne hingegen nicht so leicht aus der Ordnung zu bringen ist.

Da die hinteren Glieder der Phalanx fast niemals zum Gebrauch der Waffen gelangen, so könnte es überflüssig erscheinen, etwa über das vierte Glied hinaus alle Krieger mit der vollen Schutzrüstung zu versehen. Doch ist bei den Griechen nicht überliefert, daß jemals ein solcher Unterschied gemacht worden sei. Ein Ungepanzerter ist nicht imstande, gegen einen Gepanzerten wirklich zu fechten. Die Aufstellung von einigen Reihen Ungepanzerter hinter den Gepanzerten würde also nicht viel mehr als eine Art Demonstration gewesen sein. Das Bewußtsein, von diesen Hintermännern doch keine wahre Unterstützung empfangen zu können, würde den Druck, das Vorwärtsschieben der vorderen Glieder, worin ja der Wert der hinteren Glieder besteht, sehr stark abgeschwächt haben. Kam es wirklich an irgend einer Stelle dazu, etwa durch zufälliges Zerreißen der Phalanx, daß der gewappnete Feind in die ungewappneten hinteren Glieder gelangte, so hätten diese sofort zurückweichen müssen, und die Flucht an der einen Stelle riß leicht das ganze Heer mit sich fort.

Am allerwenigsten wäre es deshalb angegangen, etwa unzuverlässige Leute, Sklaven, in die hinteren Glieder der Phalanx zu stellen. Sie nützten dort nichts, konnten aber durch vorzeitige, wohl gar böswillige Flucht leicht auch bei den Hopliten eine Panik hervorrufen.

Diese Darlegung hebt natürlich den umgekehrten Satz, daß, wenn man weniger gut bewaffnete Leute hat, diese in die hinteren Reihen gestellt werden, nicht auf. Solche leicht oder nur stückweise Bewaffneten können sich auch dadurch nützlich machen, daß sie den eigenen Verwundeten helfen, feindliche Verwundete, über die das Gefecht hinweggeht, vollends töten oder gefangen nehmen. Das sind aber nur sekundäre Dienste, und die Phalanx als solche postuliert möglichst vollgerüstete Krieger durch alle Glieder hindurch.

Von höchster Bedeutung ist es bei solcher Fechtweise, was für Leute im ersten Gliede stehen. Immer wieder preist Tyrtäus in seinen Kriegsliedern die Männer des Vordergefechts »ἐν προμάχοισι«. Die späteren Theoretiker empfehlen den Feldherren, in das erste und letzte Glied die zuverlässigsten Leute zu stellen, um die ganze Phalanx zusammenzuhalten. Ein angeklagter athenischer Bürger führte vor Gericht für sich an, daß er sich freiwillig in einer gefährlichen Schlacht habe ins erste Glied stellen lassen.[1]

Wenn in Lacedämon die Spartiaten und Perioken gleichmäßig als Hopliten ins Feld ziehen, die Spartiaten aber als Berufskrieger für viel mehr gelten als die Perioken, die für gewöhnlich ihrem wirtschaftlichen Beruf nachgehen, so erklärt sich das wohl am besten so, daß die Spartiaten vorwiegend die ersten Glieder der Phalanx bildeten.[2]

Fernwaffen sind mit einer Hopliten-Phalanx nur in sehr geringem Maße zu verbinden. Der Bogen war bei den Griechen eine altangesehene Waffe; der Nationalheros Herakles war Bogenschütze. Bei den Athenern wird in dem Feldzuge von Platää ein besonderes Bogner-Korps erwähnt. Aber seit die Spießkämpfer eine Phalanx bildeten, war der Bogen in den Hintergrund gedrängt worden, weil die beiden Waffengattungen sich,

1 Lysias 16, 15. Der Redner, Mantitheos, rühmt sich »εἰς Κόρινθον ἐξόδον γενομενης καὶ πάντων προειδότων ὅτι δεήσει κινδυνεύειν, ἑτέρων ἀναδυομένων ἐγὼ διεπραξάμην ὥστε τῆς πρώτης τεταγμένος μάγεσθαι τοις πολεμίοις· καὶ μάλιστα τῆς ἡμετὲρας φυλῆς δυστυχησάσης καὶ πλείστων ἐνθανόντων ὕστερον ἀνεχώρμσα τοῦ σεμνοῦ Στειριέως τοῦ πᾶσν ἀνθρώποις δειλίαν ὠνειδικότος«. Ich verdanke dies schöne Zitat dem Buche »Das Kriegswesen des Altertums« von Hugo Liers S. 46.

2 Über die Vereinigung der Spartiaten und Perioken in derselben militärischen Organisation Bauer § 18, 19 und 23, und jetzt in lebhafter Kontroverse Kromayer, Klio Bd. III (1903), S. 177 ff. und Beloch, Klio Bd. VI, S. 63. Bei dieser Gelegenheit ist noch der folgende schöne Beleg für die Bedeutung des ersten Gliedes zu Tage gefördert worden. Isokrates, Panathen. 180 (271) schreibt: »ἔν τε γὰρ ταῖς οτρατείαις, αἷς ἡγεῖται, βασιλεύς, κατ' ἄνδρα συμπαρατάττεσθαι (die Perioken) σφισιν αὐτοῖς (den Spartiaten), ἐνίους δέ καὶ τῆς πρώτης τάττειν«.

wenn auch nicht gerade einander ausschließen, doch sehr schlecht miteinander kombinieren lassen. Die Bogner, Schleuderer, Speerwerfer können vor, neben und hinter der Phalanx gedacht werden. Wenn sie vor der Front ausschwärmen, müssen sie vor dem Zusammenstoß der beiden Phalangen verschwunden sein, also sich um die Flügel herumgezogen haben. Wollten sie sich durch die Phalanx selbst durchdrängen, so würde die Unordnung und der Aufenthalt, der dadurch entsteht, viel mehr Schaden anrichten, als die Verluste, die sie etwa dem Feinde beigebracht haben, nützen. Um sicher um die beiden Flügel herumzukommen, müßten die Schützen schon den Rückzug antreten, wenn die Phalangen noch viele hundert Schritt voneinander entfernt sind. Hat der Feind gar keine Schützen und man schickt ihm Schützen entgegen, die ihn auf dem Anmarsch fortwährend beschießen, so könnte ihm das allerdings wesentlichen Abbruch tun. Haben aber beide Teile Schützen, so werden sich wesentlich nur diese untereinander beschießen und das entscheidende Phalangen-Gefecht davon gar nicht beeinflußt werden. Von den beiden Flügeln der Hopliten-Phalanx aus könnten, schräg schießend auf den anrückenden Feind, eine Anzahl Schützen Einfluß auf den Gang der Schlacht gewinnen. Aber wir finden von solchem Tun keine erkennbaren Spuren, auch nicht in den späteren Griechen-Schlachten.

Stellt man endlich Schützen hinter die Phalanx, so können sie von dort aus kurz vor dem Zusammenprall ihr Geschoß entsenden; viel Wirkung aber kann es, ohne eigentliches Zielen, in hohem Bogen geschleudert, nicht haben, besonders wenn, wie es die Regel ist, die eigene Phalanx im Sturmschritt dem Feind entgegengeht. Wir finden daher eine derartige Schützenverwendung wohl öfter theoretisch empfohlen[1], praktisch aber ist sie nur selten in Anwendung gekommen, z.B. in dem Gefecht, das

1 Xenophon. Cyropädie VI, 3, 25. Weiteres darüber unten Buch II, Kap. 5.

Thrasybul den 30 Tyrannen in den Straßen des Piräus lieferte. (Xen. Hell. II, 4.) Hier standen aber die Krieger Thrasybuls nur 10 Mann tief auf einer Höhe und erwarteten den Feind, der 50 Mann tief die Straße heraufkam; die von oben auf die dichte Masse geschleuderten Geschosse konnten also unter diesen besonderen Umständen sehr gute Dienste tun.

In der Regel aber sind die Schützen nur Hilfswaffe. Die eigentliche Schlachttruppe der Griechen in den Perserkriegen besteht bloß aus Hopliten.

Trotzdem rechnet Herodot auf jeden Hopliten einen Ungewappneten (ψιλός) in den Perserkriegen und zählt diese Ungewappneten bei seiner Berechnung der Heeresstärke mit. Die späteren griechischen Historiker erwähnen auch wohl öfter große Massen von Ungewappneten, rechnen sie aber nicht eigentlich als Krieger, und wie wir gesehen haben, mit Recht, da sie für die Schlacht so gut wie nicht in Betracht kamen. Wir haben hier eine Schwierigkeit, die uns noch öfter, namentlich bei den Ritterheeren des Mittelalters, begegnen wird. Die scharfe Scheidung zwischen Kombattanten und Nichtkombattanten, die uns heute als selbstverständlich erscheint, ist nicht so strikte durchführbar. Der griechische Hoplit hat sehr schwer an seiner Rüstung zu tragen und sorgte für die kurze Zeit, die die Feldzüge zu dauern pflegten, selbst für seinen Unterhalt. Die meisten waren Männer von Besitz, nicht mehr in den jüngsten Jahren. Sie konnten daher einen Gehülfen, als Träger, Fouragierer, Koch, im Verwundungsfalle Pfleger, kaum entbehren. Jeder Hoplit mußte einen zweiten Mann, sei es einen Sohn, Bruder, Nachbarn oder auch nur einen zuverlässigen Sklaven bei sich haben. Dieser Gefährte ist nicht völlig unbewaffnet; er hat wenigstens einen Dolch im Gürtel oder ein Handbeil und vielleicht auch noch einen leichten Spieß. Gilt es, das feindliche Land zu verwüsten, da der Feind sich nicht zur Schlacht stellt, so können das die Ungewappneten besser als die schwerfälligen Hopliten. In der Schlacht mag ein Teil auf den Flanken der Phalanx vorgehen, um den Feind durch Schleudern von Steinen und Wurfspießen beim Vorgehen zu belästigen; ein anderer Teil mag der Phalanx folgen, um die hingestürzten Verwundeten sofort aufzunehmen und zu versorgen, feindliche, die in ihre Hände fallen, gefangen zu nehmen oder zu töten. Diese Ungewappneten sind also nicht bloße Troßknechte, sie haben auch gewisse kriegerische Funktionen, aber es gibt doch ein falsches Bild, wenn man sie mit den Hopliten einfach zusammenzählt, um die Heeresstärke zu bestimmen. Das Richtige ist vielmehr, wie die Griechen es meist selber getan haben, nur die Hopliten und etwaige Reiter und Schützen, die als solche besonders genannt werden, zu zählen; dabei aber im Auge zu behalten, daß annähernd dieselbe Zahl der Troßknechte vorhanden waren, die auch gewisse sekundäre kriegerische Funktionen erfüllten.

Kavallerie haben die Griechen gegen die Perser nicht verwandt.

Die Schwäche einer Hopliten-Phalanx liegt in den Flanken. Gelingt es dem Gegner, eine Phalanx in einer Flanke zu packen, während die Front beschäftigt ist, so ist sie verloren. Die wenigen Krieger der äußersten Rotten können einen Angriff kaum aufhalten, und während sie stehen bleiben müssen und die Wendung gegen den Feind machen, zwingen sie entweder die ganze Phalanx, ebenfalls zu halten, so daß die ganzen hinteren Glieder ihre eigentliche Aufgabe, vorwärts zu drücken, nicht mehr erfüllen können, oder die Phalanx reißt auseinander und wird von der Flanke aus aufgerollt.

Sehr anschaulich ist das geschildert[1] in einem Gefecht bei Korkyra im Jahre 373. Die Spartauer belagern die Stadt und treiben einen Ausfall zurück. Da fallen ihnen aus den Toren andere Korkyräer in die Flanken, »acht Mann tief aufgestellt«, erhählt Xenophon weiter, »glaubten die Lacedämonier die Flanke (τὸ ἄκρον, also wörtlich die »Spitze«) zu schwach und versuchten

1 Xenophon, Hellenika VI, 2, 21.

umzuschwenken« (ἀναστρέφειν ἐπειρῶντο). Die letzten Rotten also suchten noch rückwärts einen Haken und eine neue Front zu bilden. Die Feinde sahen das für den Beginn der Flucht an, setzten ihnen um so kräftiger zu, die Schwenkung konnte nicht ausgeführt werden, und eine Rotte nach der anderen ergriff die Flucht.

Ganz besonders gefährlich ist der Phalanx die Kavallerie, indem sie, wenn auch noch so schwach, deren Flanke angreift. Dann ist die Kraft der Phalanx sofort gebrochen, da sie sich nicht mehr vorwärts bewegen kann, ohne in Unordnung zu geraten.

Den Ursprung der Phalanx-Aufstellung als taktischen Körpers, mit anderen Worten, wie sich das Fechten im taktischen Körper aus dem vervielfachten Einzelgefecht entwickelte, haben wir aus dem Rahmen dieses Buches ausgeschlossen und den Beginn unserer Darstellung da gesetzt, wo bei den griechischen Staaten der taktische Körper der Hopliten-Phalanx unzweifelhaft existiert und eine hohe Wirksamkeit zeigt. Einige Andeutungen über das Voraufgehende möchte ich mir jedoch nicht versagen.

Manches deutet darauf hin, daß die Dorier, die sich einen Teil der peloponnesischen Landschaften unterwarfen, zuerst den Wert des festen Zusammenhaltens der Krieger nicht bloß erkannt, sondern auch zu praktischer und wirksamer Ausübung gebracht haben. In der legendarischen Überlieferung über die messenischen Kriege, wie sie uns bei Pausanias erhalten ist, heißt es (IV, 8, 11), die Lacedämonier hätten nicht verfolgt, weil es ihnen wichtiger sei, ihre Ordnung zu bewahren, als noch einen oder den andern Fliehenden zu töten.[1] (»ἦν δὲ αὐτοῖς καὶ ἄλλως πάτριον σχολαιοτέρας τάς διώξεις ποιεῖσθαι, μὴ διαλῦσαί τὴν τά-

1 Daß gerade die Lacedämonier nicht weit zu verfolgen pflegten, berichtet auch Thucydides V, 73.

Helbig, Über die Einführungszeit d. geschlossenen Phalanx (Sitz-Bericht d. Bayer. Akademie 1911) glaubt nach ungenügenden Indizien, die Chalkidier hätten die erste Phalanx gebildet.

ξιν πλείονα ἔχοντες πρόνοιαν ἤ τινα ἀποκτεῖναι φεύγοντα«). Fast gleichlautend ist (Arneth, Maria Theeresia V, 171) eine Aufzeichnung des Kaisers Franz I. für seinen Bruder Karl von Lothringen aus dem Jahre 1757 über die Kriegsweise der Preußen. »Sie verstünden aus einem erfochtenen Sieg nur selten bedeutsame Vorteile zu ziehen. Die Ursache sei, daß sie nichts so sehr fürchteten, als ihre Reihen in Unordnung zu bringen, weshalb sie rasches Nachdrängen meistens vermieden.«

Die älteste Erinnerung an den Ursprung der Phalanx scheint eine Legende aufzubewahren, die wir bei Polyän (I, 10) finden. Als die Herakliden gegen Sparta kriegten, wurden sie von ihren Gegnern beim Opfern überfallen. Sie ließen sich jedoch nicht erschrecken, sondern befahlen ihren Pfeifern voranzuschreiten. Die Pfeifer bliesen und gingen voran, die Hopliten aber, nach der Melodie und dem Rhythmus einherschreitend, bildeten und bewahrten unzerreißbar die Schlachtreihen und siegten (οἱ δὲ ὁπλῖται πρὸς τὸ μέλος καὶ τὸν ῥυθμὸν· ἐμβαίνοντες ἄρρηκτοι τήν τάξιν ἐγένοντο καὶ τοὺς πολεμίους ἐνίκησαν). Diese Erfahrung lehrte die Läcedämonier, die Pfeifer immer als Führer in der Schlacht zu haben, und der Gott verhieß ihnen, sie würden immer siegen, so lange sie mit Pfeifern und nicht gegen Pfeifer kämpften. – Der Pfeifer ist in diesem Zusammenhang nichts anderes, als die taktische Ordnung; ein Haufe von einzeln kämpfenden Helden marschiert nicht nach dem Takt und würde durch das unregelmmäßige Geräusch seines Vorgehens sogar die Pfeifer übertönen.

1. Auch Plutarch, Lycurg c. 22 und Thucydides (V, 70) erzählen, daß die Lacedämonier langsam und nach dem Takt und nach der Weise zahlreicher Pfeifer in die Schlacht zögen.

Mit Unrecht ist jedoch hieraus geschlossen worden (Liers S. 177), daß die Spartaner bis zum tatsächlichen Zusammenstoß in diesem Schritt geblieben seien und keinen Anlauf gemacht hätten wie die Athener. Anmarsch mit Musik und Tritt verträgt sich durchaus damit, daß die eigentliche Attacke zuletzt mit Marsch Marsch gemacht wird, wie die Natur, man kann sagen, die Psychologie der Sache das verlangt.

Auch Polybius IV, 20, 6 berichtet, daß die alten Kreter und Lacedämonier im Kriege statt der Trompete »αὐλὸν καὶ ῥυθμόν«, also ein taktmäßiges Pfeifen- oder Flötenspiel eingeführt hätten.

2. Sieht man näher zu, so findet man in den Fragmenten der Tyrtäus-Lieder, wie schon Ad. Bauer (a. a. O. p. 242, zw. Aufl. 304) richtig bemerkt hat, Spuren, daß dem Sänger geschlossene Reihen vorschweben, namentlich 10, 15 Bergk »μάχεσθε παρ' ἀλλήλοισι μένοντες«. Andere Stellen deuten freilich mehr auf Einzelkampf, wie in der Ilias, z. B. die Anrede an die Gymneten am Schluß von Nr. 11, aber die Existenz taktischer Körper schließt ja Einzelkämpfe und häufige Einzelkämpfe nicht aus.

3. Im Bürgereid der Athener war besonders ausgesprochen: »οὐδ' ἐγκαταλείψω τὸν παραστάτην ᾧ ἄν στοιχῶ.«

Diesen Zitaten hat Olsen, Schlacht bei Platää (Progr., Greifswald 1903) S. 15 noch die folgenden beiden schönen Stellen hinzugefügt: Sophokles Antigone v. 670: »δόρους ἂν ἐν χειμῶνι προστετάγμενον μένειν δίκαιον κἀγαθὸν παραστάτην« und Thucydides II 11, 9 Rede des Archidamos: »ἕπεσθ' ὅπῃ ἄν τις ἡγῆται, κόσμον καὶ φυλακὴν περὶ παντὸς ποιούμενοι .... κἄλλιστον γὰρ τόδε καὶ ἀσφαλέστατον πολλοὺς ὄντας ἑνὶ κόσμῳ χρωμένους φαίνεσθαι«.

4. Auf Grund einer höchst sorgsam durchgeführten Zusammenstellung und Vergleichung der literarischen Quellennachrichten mit den überlieferten Vasenbildern hat in jüngster Zeit Helbig nachzuweisen gesucht[1], daß in Griechenland (mit Ausnahme von Thessalien) bis nach den Perserkriegen überhaupt keine Kavallerie existiert habe, sondern daß die ἱππεῖς, die Frage liegt ja im wesentlichen vor dem Zeitpunkt, wo meine Untersuchung einsetzt, ich will aber doch nicht unterlassen zu bemerken, daß mir Helbigs Beweisführung nicht zwingend erschienen ist, und daß sich manches sehr Gewichtige dagegen einwenden läßt. Vor allem sind prinzipiell die Begriffe Kavallerie und Infanterie viel zu modern, das heißt viel zu scharf gefaßt; wer den dritten Band dieses Werkes liest, wird finden, daß es Krieger zu Fuß und zu Pferde gegeben hat, auf die sich weder das Wort Infanterie noch Kavallerie anwenden läßt. Auch Helbigs Begriff der berittenen Infanterie ist daher von vornherein anfechtbar, und das ist nicht etwa ein bloßer Wortstreit, sondern diese Grundbegriffe beherrschen die gesamte Untersuchung; namentlich die Interpretation der Szenen auf den Vasenbildern wird unausgesetzt bestimmt durch die Vorstellung, daß, wo

1 Les ἱππεῖς Athéniens par M. W. Helbig. Mémoires de l'Académie des Inscript. et Belles-Lettres. P. 37. 1902.

Dazu »Berittene Infanterie im Altertum« von Georg Friederici. Neue Militärische Blätter. Bd. 67. Nr. 11/12. 1905.

Pferde und bewaffnete Männer vorhanden sind, man nur zu wählen habe, ob es sich um Infanteristen oder Kavalleristen handle. Wer sich genügend in die Natur der mittelalterlichen Ritterkämpfe eingelebt hat, wird finden, daß die griechischen Vasenbilder oft eine andere Deutung zulassen, als Helbig sie ihnen gibt, z. B. wenn er die Kampfesszene Figur 37, S. 255 so auslegt, daß zwei berittene Hopliten überfallen würden und nicht mehr Zeit hätten, vom Pferde zu steigen, um zu kämpfen, so möchte ich eher glauben, daß sie überfallen werden, ehe sie Zeit haben, aufs Pferd zu steigen, um, sei es entweder zu Pferde zu kämpfen oder zu fliehen. Auch die Auslegung auf S. 188 scheint mir nicht zulässig, und so noch mehrere andere.

Helbigs Vorstellung ist, daß Bürger zu Pferde, sogar mit zwei Pferden, zum Kriege aufgeboten seien, um im Falle des Gefechts in die Phalanx als Hopliten einzutreten, nach dem Gefecht aber wieder aufzusitzen und zu verfolgen. Das scheint mir unannehmbar. Daß ein wohlhabender Mann, der bestimmt wird, mit auszuziehen, sich, um nicht laufen zu müssen, auf sein Pferd setzt und nachher als Hoplit kämpft, mag vorgekommen sein. Daß die Pferdebesitzer nach der Entscheidung des Phalanxkampfes schleunigst zu ihren Pferden gelaufen, aufgesessen sind und den geschlagenen Feind verfolgt haben, mag auch vorgekommen sein, obgleich der Begriff einer derartigen Verfolgung in der älteren griechischen Geschichte nirgends bezeugt ist und sich mit ihr kaum verträgt. Ganz sicher aber ist nicht das ganze Institut der berittenen Hopliten um dieser Zwecke willen vom Staate organisiert worden. Bei den meisten Gelegenheiten liegt es doch auf der Hand, daß die berittenen Krieger für die Entscheidung viel mehr leisten konnten, wenn sie nicht absaßen, sondern die feindliche Phalanx in der Flanke zu Pferde attackierten.

Aus der Anwendung des modernen Begriffes der Kavallerie ergibt sich für Helbig auch die Forderung (S. 169), daß die Reiter sich zu gemeinschaftlichen Übungen vereinigt hätten, und er bezweifelt die Durchführbarkeit solcher Übungen. Sehr mit Recht. Aber die je zwei Reiter, die jede attische Naukrarie zu stellen hatte, waren eben nicht eine 96 Mann starke Schwadron, sondern es waren 96 einzelne Reiter oder, wenn man will, Ritter, die gemeinschaftliche Übungen so wenig abhielten, wie die mittelalterlichen Ritter sie abgehalten haben.

Daß diese Ritter unter Umständen als Hopliten in die Phalanx eintraten, ist ganz natürlich: auch die mittelalterlichen Ritter kämpften ja häufig zu Fuß, nicht nur wenn die Umstände für einen Kampf zu Pferde nicht geeignet waren, sondern auch um den andern Fußkämpfern einen größeren moralischen Halt zu geben, und ganz ebenso wie einem athenischen Reiter das zum besonderen Ruhme angerechnet wird[1], finden wir es auch von Rittern des 15. Jahrhunderts gerühmt (Bd. 3, S. 468, 549). In den Perserkriegen, wo die wenigen griechischen Reiter gegen die Überzahl der persischen schlechterdings nutzlos gewesen wären, ist es daher selbstverständlich, daß die vornehmen Athener in den Reihen der Hopliten kämpfen, und Helbigs Schluß (S. 160), daß, da die Griechen bei Marathon und Platää keine Kavallerie zeigen, sie keine gehabt hätten, ist nicht zwingend.

Auf die Einzelheiten der Helbigschen Untersuchung einzugehen, erübrigt sich für uns, da sie auch, so weit sie in unsere Periode fallen, mehr in das Gebiet der Antiquitäten gehören. Hier hat eine erneute Untersuchung noch das letzte Wort zu sprechen. Denn wenn ich auch den Grundgedanken und die positive Lösung Helbigs nicht habe akzeptieren können, so hat er doch darin unzweifelhaft recht, daß in der Überlieferung Widersprüche stecken, die bisher unbeachtet und ungehoben geblieben sind. Schon die Fragestellung, die Zusammenbringung des weitzerstreuten Stoffes und die scharfsinnige Kombinierung war ein großes Verdienst. Die definitive Lösung aber steht noch aus und die Rätsel sind geblieben.

Ganz besonders auffallend für unsere Empfindungen ist die Angabe Pausanias' (I, 18; Helbig S. 180), daß in einem athenischen Tempel Standbilder der Dioskuren gewesen seien, die Herren zu Fuß, ihre Diener zu Pferde. Das wäre heute die verkehrte Welt.

1 Lysias, Mantitheos, XVI, 13. Helbig S. 239.

3. KAPITEL

Die griechischen Heereszahlen. Abschluß

Die Feststellung der taktischen Natur der griechischen Heere gibt uns neue Anhaltspunkte für die Abschätzung ihrer Größe. Eine Panoplie ist eine überaus kostbare Ausrüstung; nicht entfernt jeder waffenfähige Bürger ist imstande, sich eine zu halten. Jeder Hoplit hat überdies einen Ungewappneten bei sich. Die Phalanx war also sehr viel kleiner als die Zahl der Bürger.

In Athen gab es von Alters her vier Schätzungsklassen, von denen die beiden oberen zu Pferde, die dritte, die Zeugiten (Anspänner), die ein Einkommen zwischen 200 und 300 Scheffel (Metreten) Getreide, Wein oder Öl hatten, als Hopliten dienten. Ehe Athen eine Flotte besaß, wäre also der sehr bedeutende untere Teil der Bürgerschaft, die Theten, von der Verpflichtung zum Kriegsdienst ganz frei gewesen. Man wird jedoch mit Sicherheit annehmen dürfen, daß der Ungewappnete, der den Hopliten begleitete, damals meist auch ein Bürger war; die meisten Zeugiten werden keine Sklaven besessen haben. Als die Athener sich dann die Flotte anschafften und zugleich der Reichtum an Sklaven stieg, dienten die Theten zu Schiff, und die Hopliten ließen sich von einem zuverlässigen Sklaven begleiten.

Sparta mit Messenien hatte fast doppelt so viel Einwohner, aber da den Kriegsdienst nur die herrschende Kriegerkaste, in dringlichen Fällen unter Zuziehung der Bürger, die Periöken, aber unter Ausschluß der hörigen Bauern, der Heloten, versah, so stellte es nicht mehr Hopliten als Athen, etwa 2000 Spartiaten und 3000 Perioken. Korinth und Theben mögen 1500–2000 haben ins Feld stellen können. Das sind erheblich geringere Zahlen, als man sie früher angenommen hat, aber eine sorgfältige Prüfung der Überlieferung mit Erwägung aller obwaltenden Umstände und Verhältnisse berechtigt uns zu der Annahme, daß jene Zahlen von der Wirklichkeit nicht wesentlich entfernt sein können.

Bei den Zahlen, die wir im 1. Kapitel berechnet haben, scheint es auffällig, daß der Seedienst so sehr viel mehr Menschen gebraucht und aufbringt, als der Landdienst. Heute ist es umgekehrt. Die Athener haben einmal eine Flotte von 170 Schiffen in Dienst gehabt, die eine normale Besatzung von 34 000 Mann erforderten. Ihr größtes Landaufgebot (im Jahre 431) zählte nur 16 000 Hopliten, ja sicherlich noch erheblich weniger, da Thucydides die Zahl der Aufgebotsliste gibt, ohne einen Abzug für Ausfälle oder auch nur für die entfernten Kleruchen zu machen. Wir haben aber nunmehr gefunden, daß ein Aufgebot von 16 000 Hopliten tatsächlich eine Bewegung von etwa 32 000 Männern bedeutet. Beide Aufgebote waren also doch annähernd gleich stark.

Von den 28 800 dienstfähigen athenischen Bürgern im Jahre 431 dienten 1200 als Reiter, 1600 als Bogner, 13 000 als Feldhopliten, 13 000 blieben übrig, darunter zwei Jahrgänge Rekruten.

Beim Ausbruch des Peloponnesischen Krieges bildete also über die Hälfte der erwachsenen waffenfähigen Bürger das Feldheer. Damals war Athen auf der Höhe der Macht und des Wohlstandes. Es ist nicht anzunehmen, daß zur Zeit der Schlacht bei Marathon die Wehrkraft schon so ausgebildet war. Eine Panoplie war ein so kostbarer Gegenstand, daß auch im Jahre 431 nicht etwa die Hälfte der Bürgerschaft sich aus eigenen Mitteln eine solche Rüstung beschaffte, sondern diese war, wie wir noch sehen werden, einem Teil der Hopliten vom Staate geliefert. Daß solches schon in den Perserkriegen geschehen, ist nicht wahrscheinlich. Wir dürfen also annehmen, daß damals nur diejenigen Bürger als Hopliten dienten, die imstande waren, sich selbst eine Panoplie anzuschaffen. Hierfür haben wir einen Anhalt in der Klasseneinteilung der Athener, die Fünfhundertscheffler, die Reiter, die Anspänner (Zeugiten) und die Tagelöhner (Theten). Die Namen deuten an, daß, als diese Klassen geschaffen wurden, die Bewohner Attikas noch wesentlich vom Landbau lebten; im fünften Jahrhundert müssen wir jedoch annehmen, daß es einfach vier Schätzungsklassen waren, in die auch die städtische Bevölkerung nach dem Vermögen eingeteilt war. Politische Bedeutung hatten die Klassen nicht mehr – wenn anders sie sie je gehabt haben – für eine Steuerzahlung sind sie kaum brauchbar, aber in der Kriegsverfassung werden sie ihre Bedeutung gehabt haben. Für die oberste Klasse als solche wird eine bestimmte Verpflichtung in den Quellen nicht genannt, aber es gab gewisse Leistungen, namentlich die Ausrüstungen von Trieren (den Rumpf stellte der Staat), die den Reichsten direkt anbefohlen wurden. Da Jemand, der nicht den Zensus der höchsten Klasse erreichte, solche »Liturgien« gewiß nicht übernehmen konnte, so werden wir diese als das besondere Charakteristikum dieser Klasse ansehen dürfen. Außer den Liturgien hatten die zur ersten Klasse Geschätzten zusammen mit denen der zweiten die Verpflichtung, zu Pferde zu dienen. Die Zeugiten haben die Verpflichtung, sich eine Hoplitenrüstung zu halten und mit ihr zu dienen. Meine Annahme, daß in der älteren Zeit die Theten als Ungewappnete mit ins Feld gingen, beruht darauf, daß ja Athen schon, ehe es eine Flotte besaß, eine Demokratie war, und allgemeines Stimmrecht ohne allgemeine Wehrpflicht nicht denkbar ist. Dem Hopliten, der nicht selbst seinen Begleiter, sei es einen Sohn, Bruder, Nachbarn, Sklaven mitbrachte, wird sein Gemeindebezirk einen Bürger als Begleiter gestellt haben. Die Einschätzung in die Zeugiten-Klasse werden wir so zu verstehen haben, daß die Familie *einen* gerüsteten Mann zu stellen hatte.[1] Es ist unmöglich, daß, wenn in einem Bauernhause mehrere erwachsene Söhne waren, der Vater verpflichtet war, für jeden eine Panoplie anzuschaffen. Stellung eines gerüsteten Mannes bedeutete Stellung nicht von einem, sondern von zwei Männern.

Ist diese Auffassung richtig, so kann ein athenisches Hoplitenheer im Jahre 490 nicht wie im Jahre 431 die Hälfte, sondern kaum ein Drittel, wahrscheinlich nur ein Viertel oder Fünftel der waffenfähigen athenischen Bürgerschaft umfaßt haben. Eingeschlossen die Metöken haben also die Athener bei Marathon allerhöchstens 8000, wahrscheinlich aber nur etwa 5000 Hopliten gehabt, die von ebensoviel Ungewappneten begleitet waren.

Unsicher ist, wie weit die Dienstpflicht der Metöken ging. Für unsere Zwecke macht das nichts aus, da sie im Notfall und zur Landesverteidigung jedenfalls herangezogen wurden und unsere Berechnung ja nur auf die mögliche Maximal-Leistung geht.

Schenkl, De Metoecis Atticis, Wiener Studien I, S. 196 (1879) verwirft ausdrücklich die Ansicht Hermanns, daß Bürger und Metöken dieselbe Kriegsdienst-Verpflichtung gehabt hätten. Auch Thumser, Wiener

1 Das scheint belegt durch Plato Menexenos, wo angedeutet ist, daß die Familie den bestimmt, der in den Krieg ziehen soll.

Studien VII, 62 (1885) will, daß die Metöken-Hopliten vor Demosthenes' Zeit, außerordentliche Fälle ausgenommen, nur zum Schutz des attischen Landes verwendet wurden. Ebenso Busolt III, 53.

2. Die Bevölkerung von Lakonien und Messenien ist von Beloch auf 230 000 Seelen berechnet worden, davon

9 000 Spartiaten,
45 000 Perioken,
176 000 Heloten.

Ich möchte die Seelenzahl etwas höher ansetzen, da ich die Verhältniszahl der erwachsenen Männer etwas geringer annehme als Beloch. Auch sind ja immer ein Teil mehr Männer in kriegsfähigen Alter vorhanden, als tatsächlich ausziehen und ausziehen können. Im übrigen stimme ich jedoch seiner Berechnung völlig zu und kann für die Einzelheiten auf ihn verweisen. Sparta war danach imstande, ein Hoplitenheer von etwa 2000 Spartiaten und 3000 Perioken ins Feld zu schicken;[1] die Ungewappneten dazu stellten die Heloten.

Hierdurch kommt eine quellenmäßig überlieferte Zahl zu Ehren, die bisher immer sehr beiläufig behandelt worden ist. Die Spartaner schickten den Athenern, nach Herodot VI, 120, im Jahre 490 2000 Mann zu Hilfe. Das wäre doch auffallend wenig gewesen, wenn sie wirklich außer der Schiffsbesatzung bei Platää noch 5000 Spartiaten und 5000 Perioken als Hopliten gehabt hätten. Jetzt erkennen wir, daß es tatsächlich das ganze spariatische Aufgebot gewesen ist, das den Athenern zu Hilfe kam, daß also die Spartaner den Krieg sehr ernst genommen haben. Freilich, da Herodots Zahlenangaben an sich keine Glaubwürdigkeit haben, so mag hier ein Zufall obwalten; möglich ist aber auch, daß gerade diese Zahl, die den Athenern amtlich gemeldet sein wird, sich in der Tradition erhalten hat, während die Zahl der Athener und der Platäer, die πανδημεί auszogen, in der Tradition keine Stätte fand und nachher, vielleicht auf eine Frage

1 Ad. Bauer macht keine Gesamtberechnung auf, gibt jedoch, obschon auch er die Zahlen Herodots für zu hoch hält, den Spartiaten allein bei Mantinea im Jahre 418 3584, im ganzen rund 4300 Felddienstfähihge (§ 23; 2. Aufl. S. 312). Ich vermag dem nicht beizustimmen. Allerdings sind die Angaben Thucydides' anfechtbar, namentlich die Pentekostys zu 128 Mann; wenn man sie aber annimmt, so scheint es mir keinem Zweifel zu unterliegen, daß Thucydides die Gesamtstärke der Lacedämonier mitteilen will und nicht bloß die der Spartiaten. Weder deutet er die Beschränkung irgendwie an, noch ist ein Grund denkbar, weshalb die Ephoren in einer solchen Gefahr alle Perioken, außer den Skiriten, zu Hause gelassen haben sollten.

Herodots, von irgend einem Unkundigen so verkehrt abgeschätzt wurde, daß auf den Flecken Platää eine relativ viel höhere Leistung kommt als auf Athen selber.

3. Das Ergebnis für Sparta stützt sich gegenseitig mit unserer Berechnung für Athen. Sparta galt damals bei den Griechen für den zweifellos waffenmächtigsten Staat.[1] Die Spartiaten waren Krieger von Beruf und daher qualitativ den Bürgeraufgeboten der anderen Landschaften sicherlich überlegen. Wäre Athen aber zur Zeit der Perserkriege bereits imstande gewesen, 10 000 Hopliten, gerade das Doppelte des spartanischen Heeres, ins Feld zu schicken, so hätte Sparta nicht einen so unzweifelhaften Vorrang in Anspruch nehmen können. Die Annahme, daß die Zahlen etwa gleich waren und die Überlegenheit der Spartaner in der Vorzüglichkeit der herrschenden Kriegerkaste beruhte, hebt jede Schwierigkeit.

Wenn Athen und Sparta nicht mehr als 5000, höchstens 6000 Hopliten aufstellen konnten, so hatten Korinth oder Theben, die nur sehr kleine Landgebiete beherrschten, sicherlich nicht mehr als 1500, höchstens 2000.

1 Thuc. I, 18 »οἱ Λακεδαιμόνιοι τῶν ξυμπολεμησάντων Ἑλλήνων ἡγήσαντο δυνάμει προὔχοντες«.

4. KAPITEL
Das persische Heer

Das persische Heer hatte einen dem griechischen ganz entgegengesetzten Charakter; es bestand aus Reitern und Bognern. Der einzige Zeitgenosse, dessen Bericht uns über die Perserkriege direkt vorliegt, Äschylos in seinem Drama »Die Perser«, singt und sagt immer wieder von dem Kampf des Spießes gegen den Bogen.[1]

Auch die persischen Reiter führten den Bogen.

1 v. 25 »τοξοδάμαντές τ'ἠδ' ἱπποβάται«.
v. 82 »ἐπάγει δουρικλύτοις ἀνδράσι τοξόδαμνον Ἄρη.«
v. 133 »πότερον τόξου ῥῦμα τὸ νικῶν
ἢ δορυκράνου λόγχης ἰσχὺσ κεκράτηκεν;«
v. 226 »πότερα γὰρ τοξουλκὸς αἰχὺς διὰ χερῶν αὐτοῖς πρέπει;
οὐδαμῶς·εγχη στάδαῖα καὶ φερα›2σ-τιδες σάγαι.«
v. 864 »τοξοδάμαντες.«

Dasselbe sagt Herodot IX, 18 und 49. Auch ein Weihespruch des Simonides (Fragm. 143 Bergk) sagt:

Τόξα τάδε πτολέμοιο πεπαυμένα δακρυοέντος
νηῷ Ἀθηναίης κεῖται ὑπωρόφια
πολλάκι δὴ στονόεντα κατα κλόνον ἐν δαῒ φωτῶν
Περσῶν ἱππομάχων αἵματι λουσάμενα.

Ähnlich Fragm. 97, Bergk S. 454. Oberst Billerbeck in seiner Studie »Susa« macht darauf aufmerksam, daß die Reliefs als Hauptwaffe der Iranier nicht den Bogen, sondern die Lanze zeigen. Nicht nur die ausdrücklichen Aussagen der Griechen, sondern auch, wie wir sehen werden, der Verlauf der Ereignisse bezeugen aber den Bogen unwidersprechlich. Es muß den Spezialkennern überlassen bleiben, die Reliefs zu erklären.

Die Schwerter oder kurzen Spieße, die erwähnt werden, dienten nur als Nebenwaffen.

Da der Bogen die Hauptwaffe bildet, so sind die Schutzwaffen nur leicht, bei den Fußtruppen wohl nur ein Flechtschild, den der Schütze beim Schießen vor sich hinstellen konnte. »Mit Hosen und Hüten gehen sie in den Kampf«, schilderte Aristagoras die persischen Krieger den Spartanern. An anderer Stelle[1] werden Schuppenpanzer erwähnt, sind aber wohl nur von einem Teil der Reiter getragen worden.

Es ist aber nicht bloß die verschiedene Bewaffnung, die Perser und Griechen unterscheidet. Die Kraft der Phalanx beruht neben der Tapferkeit und Ausrüstung des Einzelnen auf dem Zusammenhalt des Ganzen, des taktischen Körpers. Wir haben gesehen, daß sogar die bei weitem größere Zahl der Krieger die Entscheidung nicht durch die Waffen gibt, sondern dadurch, daß sie in den hinteren Gliedern der Phalanx einen physischen und moralischen Druck ausübt. Einen solchen taktischen Körper bilden die Perser nicht; Schützen sind dazu wenig geeignet; sie streben naturgemäß auseinander, nicht zu einer Einheit. Nur eine besonders hochgetriebene Kunst kann dennoch eine innere Einheit aus ihnen bilden. Zunächst aber kommt alles auf die Geschicklichkeit, den Eifer, den Mut des Einzelnen an.

In großen Massen sind Schützen gegen Hopliten nicht zu verwenden; werden sie sehr tief aufgestellt, so haben die hinteren Glieder keinen wirksamen Schuß mehr. Breiten sie sich aus, so können die Pfeile sehr bald den Feind nicht mehr erreichen.

Das persische Reich bestand aus dem nationalpersischen Kern und den zahlreichen unterworfenen Völkerschaften. Aus diesen letzteren entnahmen die Perserkönige keine Krieger. Die Mesopotamier, Syrer, Ägypter, Kleinasiaten waren ihnen die unkriegerische, tributzahlende Masse, mit Ausnahme der phönizischen und griechischen Seeleute, die naturgemäß die Flotte füll-

1 Herodot VII, 61 und IX, 22.

ten. Wenn Herodot die ungeheure Masse von Völkerschaften aufzählt, die im persischen Heere erschienen sind, so müssen wir das als reine Phantasie ansehen. Persien selbst, das heutige Persien, Afghanistan, Beludschistan und große Teile von Turkestan umfassend, war und ist noch heute zum größten Teil Steppen- und Wüstenland mit zahlreichen kleinen, größeren und einigen sehr großen Oasen darin. Perser, Meder und Parther sind Stämme desselben Volkes, wie etwa im mittelalterlichen Deutschland Sachsen, Franken, Schwaben, Bayern. Was sie zusammenhielt, war nicht bloß die Nationalität, sondern auch die gemeinsame Religion, die Offenbarung des Zarathustra. Das eigentlich kriegerische Element sind naturgemäß mehr die nomadisch als die bäuerlich lebenden Stammesgenossen. Von den Nomaden wird die Reichsgründung ausgegangen sein. Indem sich die Perser zu Herren weiter und reicher Kulturländer machten, wandelten sie sich aus kriegerischen Hirten in kriegerische Herrscher, Ritter um. Wir werden uns vorzustellen haben, daß alle die Satrapen vom Schwarzen Meer bis zum Roten von großen Gefolgen kriegerischer, nationalpersischer Leibwachen begleitet waren, mit denen sie sich selbst umgaben und wichtige feste Punkte besetzten. Mit Hilfe der Tribute und Naturallieferungen, die sie einzogen, erhielten sie nicht nur diese Scharen, sondern ergänzten sie auch nach Umständen durch Söldner aus kriegerischen Stämmen, die vielfältig noch halb oder ganz unabhängig in dem großen Reiche sitzen geblieben waren. Aus Persien selbst aber konnten, mehr aus den Nomaden als aus den Bauern, stets Ergänzungen und Verstärkungen aufgeboten, angeworben und herangeführt werden.

Das persische Reich in seiner Begründung wie in seiner Struktur findet seine Parallele 1200 Jahre später in dem aus einem anderen Oasen-Lande erwachsenden Weltreich der arabischen Beduinen, die ebenso, wie einst die Perser, zusammengehalten wurden durch eine neue Religion. So wenig wie später die Araber haben einst die Perser Massenheere gebildet, denn große

Massen sind auf so ungeheure Entfernungen, wie sie Reiche von solcher Ausdehnung mit sich bringen, nicht zu bewegen. Araber wie Perser bilden Qualitätsheere. Sich das Wesen des persischen Heeres zu veranschaulichen, wird man gut tun, die Berichte der griechischen Quellen zu ergänzen durch Heranziehung der Analogie des germanischen und ritterlichen Kriegswesens: die Franken unter den Merowingern, die mit kleinen Scharen die reichen romanischen Landschaften Galliens besetzen, während der Hauptstock des Volkes auf den ererbten Stätten sitzen bleibt, und die deutschen Ritter, mit denen die sächsischen, salischen und staufischen Könige Italien einnahmen und in Gehorsam hielten. Was sonst für Unterschiede waren zwischen dem orientalischen und den occidentalen Staatswesen kommt hier nicht in Betracht: was wir heranzuziehen haben, ist das Wesen des Kriegerstandes, der bei sehr geringer Zahl doch sehr große Herrschaften zu behaupten vermag.[1]

Treffend wird der Wert und der Unterschied der beiderseitigen Heere charakterisiert in der Unterredung, die die Griechen zwischen Xerxes und dem vertriebenen Spartanerkönig Demarat stattfinden lassen. Der Großkönig rühmt, daß in seiner Leibwache Männer seien, die es mit drei Hellenen zugleich aufnehmen würden. Demarat aber erwidert darauf, die einzelnen Spartaner seien so tapfer wie andere Männer, ihre eigentliche Kraft aber beruhe in dem Zusammenhalt, und das Gesetz gebiete ihnen, in Reih und Glied verharrend zu siegen oder zu sterben. Begrifflich drücken wir das aus: die griechischen Hopliten bilden einen geschlossenen taktischen Körper, die persischen Krieger nicht.

Die Überlieferung der Griechen über die Perser enthält einen inneren Widerspruch. Einmal werden diese dargestellt als

1 Das Wesen des Perserreichs als eines Lehnsstaates ist neuerdings noch weiter dargetan und belegt von Georg Hüsing in einem Aufsatz »Porusatis und das achamanidische Lehenswesen«. Berichte d. Forschungs-Instituts f. Osten u. Orient in Wien. II. Band, 1918.

ungeheure, aber sehr unkriegerische Massen, die mit Peitschenhieben in die Schlacht getrieben werden müssen. Dann wieder erscheinen sie als höchst tapfere und tüchtige Krieger.[1] Wäre beides, sowohl die Masse wie die kriegerische Tüchtigkeit richtig, so bliebe der immer wiederholte Sieg der Griechen unerklärlich. Eins von beiden kann nur richtig sein, und da ist es klar, daß die Überlegenheit der Perser nicht in der Zahl, sondern in der Qualität zu suchen ist.

Den Sieg der Bürgerheere über das Berufsheer hat die griechische Legende, die uns allein vorliegt, umgebildet in den Sieg einer kleinen Minderheit über eine ungeheure Mehrheit. Das ist eine volkspsychologische Verschiebung, der man immer wieder begegnet. Die Kategorie der Qualität ist für die Masse zu fein; sie setzt sie um in die Kategorie der Quantität. Das ist Legende, aber nicht Lüge. Für jeden, der Verständnis für den Unterschied eines Berufs- und eines Bürgerheeres hat, ist der Sieg der griechischen Bürger über die persischen Ritter nicht minder ruhmvoll, als es der Sieg der Wenigen über die Vielen in der Tradition ist. Für das kriegsgeschichtliche Verständnis aber kommt alles auf die Unterscheidung von Legende und Geschichte an dieser Stelle an. Die Vorstellung von dem persischen Massenheer ist vollständig auszumerzen. Nichts zwingt uns anzunehmen, daß die Perser überhaupt die numerische Überlegenheit bei Marathon und Platää hatten; es ist auch durchaus möglich, ja sogar wahrscheinlich, in meinen Augen gewiß, daß die Griechen die stärkeren waren.

Die Perser waren Berufskrieger. Auch die etwa für einen so großen Krieg wie diesen griechischen, aus den Hirten und Bauern Persiens zur Ergänzung des eigentlichen Ritterheeres aufgebotenen Mannschaften waren doch kein Volksaufgebot,

1 »λήματι καὶ ῥώμῃ οὐκ ἕσσονες ἦσαν οἱ Πέρσαι, ἄνοπλοι δὲ ἐόντες καὶ πρός ἀνεκιστήμονες ἦσαν καὶ οὐκ ὁμοῖοι τοῖσι ἐναντίοισι σοφίην.« Herodot IX, 62 über den Kampf bei Platää.

sondern aus der ganzen Volksmasse die Kriegerischen. Die Griechen, mit Ausnahme der Spartiaten, Bürgeraufgebote, die nicht einmal eine starke kriegerische Tradition hatten. Das heroische Zeitalter lag schon weit zurück, und die letzten Generationen hatten zwar manche Nachbarfehde gesehen, aber doch die Masse des Volks zu friedlichen Beschäftigungen, zu Bauern, Schiffern, Kaufleuten, Handwerkern erzogen.

Als ich in meinen »Perser- und Burgunderkriegen« diese Ansicht zum erstenmal aufstellte, ist sie von manchen Gelehrten ohne weitere Begründung mit einem einfachen »unmöglich« abgewiesen worden, und es ist ja nur natürlich, daß eine so eingewurzelte Vorstellung, wie die von der Größe des Xerxes-Heeres, nicht leicht aufgegeben wird. Weil ich das voraussah, verband ich die Studie über die Perserkriege mit der über die Burgunderkriege zwischen Karl dem Kühnen und den Schweizern. Hier haben wir genau denselben Vorgang. Das Heer von Bürgern und Bauern besiegte in wiederholten Schlachten das Heer der Berufskrieger (Ritter und Söldner), die populäre Erzählung aber setzte das um in einen Sieg der kleinen Minderheit über die große Mehrheit. Über Granson und Mutter aber sind uns einige Armee-Listen für beide Seiten erhalten und so sind wir imstande, urkundlich nachzuweisen, daß die angeblich vielen Hunderttausende Karls des Kühnen tatsächlich erheblich schwächer waren als die Schweizer. Mit einem »unmöglich« darf man also eine solche Verschiebung auf keinen Fall abtun. Es ist nicht einzusehen, weshalb Herodot und die Griechen glaubwürdiger sein sollten als die biderben Schweizer Chronisten, denen man auch Jahrhunderte lang geglaubt hat. Wer meine Beweisführung anzweifelt, den bitte ich, immerhin kein endgültiges Urteil zu sprechen, bis er die Probe an der Nachprüfung der Schweizer Tradition gemacht hat. Wir haben eine schweizerische Erzählung, Bullinger, die etwa so spät nach den Ereignissen niedergeschrieben ist, wie Herodot nach den Perserkriegen und deshalb ungedruckt geblieben war. Ich habe das betreffende Stück aus der Handschrift in meinen »Perser- und Burgunderkriegen« abgedruckt, damit man daran den Charakter und die Zuverlässigkeit einer derartigen Aufzeichnung studieren kann. Wie ich selber durch diese methodologische Vorarbeit erst zu voller Sicherheit in der Behandlung der griechischen Erzählungen gelangt bin, so rate ich jedem Gelehrten, der weiter auf diesem Felde pflügen will, sich dieses Instrument anzueignen, ehe er dem felsdurchsetzten Boden seine Saat anvertraut. Leider habe ich, wie ich in dieser neuen Auflage hinzufügen will, noch nicht bemerkt, daß irgend ein Gelehrter diesem Rate gefolgt sei.

5. KAPITEL
Die Schlacht bei Marathon

Das persische Heer im Jahre 490 schlagen wir auf Grund der vorher dargelegten Verhältnisse auf etwa ebensoviel an wie die Athener, eher etwas weniger, also auf 4000 bis 6000 Krieger, darunter 500 bis 800 Reiter; daneben noch, ähnlich wie bei den Griechen, eine große Zahl Ungewappneter. Dieser Ansatz mag zunächst willkürlich erscheinen; man muß sich aber klarmachen, daß die Größe des einen Heeres immer auch auf die Größe des anderen einen gewissen Rückschluß zuläßt, sobald man von der Qualität der beiderseitigen Krieger eine Vorstellung hat, und der Gang der Ereignisse wird uns bald noch mehr an die Hand geben. Das persische Heer kam auf einer großen Flotte über das Ägäische Meer, nahm und zerstörte zunächst das Städtchen Eretria auf Euböa und setzte dann nach Attika über. Die Athener hatten noch keine Flotte, die der persischen gewachsen gewesen wäre, sie konnten also dem Angriff nur zu Lande begegnen.

Die Aufgabe der persischen Feldherren Datis und Arthaphernes war, zunächst an irgend einem Punkt der athenischen Küste das Heer ans Land zu bringen und dann die Stadt Athen selber anzugreifen und zu erobern; zeigt sich ein athenisches Heer in freiem Felde, so mußte dieses erst geschlagen und vertrieben werden.

Unter Führung des Hippias, des früheren Herrschers in Athen, der zwanzig Jahre vorher vertrieben worden war, wählten die Perser die Ebene von Marathon als Landungsstelle. Sie ist etwa vier Meilen von Athen entfernt und war unbewacht, da die Athener nicht wissen konnten, wo die Perser landen würden. War das athenische Heer bereits versammelt, so stand es jedenfalls in oder bei Athen. Auch wenn die Athener einen sehr sorgsamen Wachdienst hatten und der Beginn der Ausschiffung sofort nach der Stadt signalisiert wurde, so mußten doch wenigstens acht Stunden vergehen, ehe das Heer bei Marathon angelangt, aufmarschiert und zum Angriff bereit war. In dieser Zeit konnte auch das persische Heer schlachtbereit sein. Überdies war die marathonische Ebene rings von Bergen umgeben und hatte nur wenig Zugänge, die die Perser leicht mit den erst ausgeschifften Bognern besetzen konnten, um dadurch den Eintritt der Athener in die Ebene noch weiter aufzuhalten.

In Athen soll man in Zweifel gewesen sein, ob man dem Feinde draußen eine Schlacht liefern oder es auf die Belagerung ankommen lassen solle. Die größere Ansicht, daß man die Schlacht wagen wolle, siegte. Man schickte nach Sparta und bat um ein Hilfskorps.

Der Oberbefehl wurde dem Miltiades anvertraut, einem Mann aus reichem patrizischen Geschlechte, der, wie die venetianischen Nobili im vierzehnten und fünfzehnten Jahrhundert, als athenischer Bürger ein Fürstentum außerhalb im Barbarenlande, auf dem thracischen Chersonnes inne gehabt und dort die Perser kennen gelernt hatte. Er war sogar Untertan des persischen Königs gewesen und hatte sich vor ihm nach Athen flüchten müssen.

Wir wissen, worin die Überlegenheit der Perser bestand. Kam es zur Schlacht auf freiem Felde, so war kein Zweifel, daß die persischen Reiter, auf die Flügel gestellt, die athenische Phalanx in beiden Flanken angriffen, während die Bogner sie in der Front mit Pfeilen überschütteten. Wegen des Flankenangriffs unfähig, eine geordnete Attacke gegen die Bogner zu machen, hätte die Phalanx, fast ohne zum wirklichen Kampfe zu gelangen, der feindlichen Waffen-Kombination erliegen müssen. Diese taktische Schwäche der einseitigen athenischen Heeresmacht auszugleichen, war die Aufgabe der athenischen Führung. Studiert man das Gelände von Marathon und vergleicht damit die erhaltenen Nachrichten, so kann man mit Sicherheit erkennen, auf welche Weise es dem Miltiades gelungen ist, diese Aufgabe zu erfüllen.

Cornelius Nepos, der aus Ephorus geschöpft hat, erzählt uns in seinem Leben des Miltiades, die Athener hätten sich am Fuße der Berge auf einem engen Platz aufgestellt, wo sie Bäume gefällt hätten, damit sie sowohl durch die Berge wie durch die Bäume vor einer Umgehung durch die feindliche Reiterei gedeckt würden.[1]

Diese Schilderung entspricht so sehr den Verhältnissen, daß wir etwas Ähnliches vermuten müßten, selbst wenn es nicht positiv überliefert wäre. Auch die Stelle in der kleinen marathonischen Ebene, die der Angabe des Nepos-Ephorus am besten entspricht, kann ein kriegsgeschichtlich geübtes Auge ohne Schwierigkeit von einer Spezialkarte ablesen: es ist der Eingang eines kleinen Seitentals, heut Vrana genannt. Dieses Tal ist 150 Meter vom Eingang etwa 1000 Meter breit. Das ist für eine Hoplitenphalanx von etwa 6000 Mann zu breit; der Raum wurde ja aber durch den Verhack weiter eingeengt. Ein für Infanterie gangbarer Pfad führt von Athen über die Berge direkt in dieses Tal. Zu der Hauptstraße, der einzigen, die in die marathonische Ebene führt, bildet das Vranatal eine Flankenstellung, so daß das feindliche Heer nicht gegen Athen marschieren konnte, ohne das athenische vorher aus dem Vranatal vertrieben zu haben.

1 Die Stelle lautet »sub montis radicibus acie regione instructa non apertissima proelium commiserunt, namque arbores multis locis erant rarae, hoc consilio, ut et montium altitudine tegerentur et arborum tractu equitatus hostium impediretur, ne multitudine clauderentur.« Statt »arbores rarae« hat A. Büchner (Corn. Nepotis vitae cum Augusti Buchneri commentario. Francof. a. Lipsiae 1721) vorgeschlagen zu lesen »stratae«, was in der Tat besser paßt, aber nicht mehr durchaus notwendig ist, seit man statt »nova arte, vi summa« »non apertissima« liest.

Herodot erzählt uns, daß die Athener sich mit einem Anlauf von acht Stadien (4800 Fuß = 1500 Meter) auf den Feind gestürzt hätten. Ein solcher Lauf ist eine physische Unmöglichkeit; ein schwer ausgerüsteter Heereshaufe kann allerhöchstens vier- bis fünfhundert Fuß (120–150 Meter) im Laufschritt zurücklegen, ohne die Kräfte völlig zu erschöpfen und in Unordnung zu geraten. Einzelne Kunstläufer und Naturvölker sind allerdings imstande, sehr große Strecken selbst belastet im Lauf zurückzulegen, aber die Athener bei Marathon waren kein Naturvolk mehr, sondern ein bürgerlich-bäuerlicher Landsturm. Nach dem preußischen Reglement darf mit Gepäck nicht länger als zwei Minuten = 330 bis 350 Meter gelaufen werden. Das athenische Heer bestand aber nicht einmal aus Truppen, die im Training stehen, nicht aus den Jünglingen, die in den Gymnasien turnten, sondern aus dem Massenaufgebot der Bürger, Bauern, Köhler, Fischer bis zu 45 oder 50 Jahren, und eine geschlossene Masse läuft viel schwerer, als ein Einzelner. Wenn ein neuerer Historiker den Ausdruck gebraucht, die Athener seien »angeb-

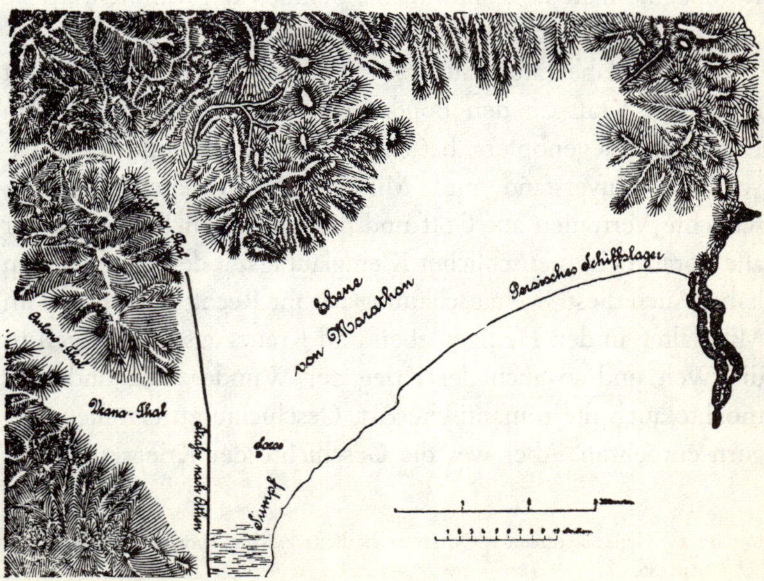

lich« 8 Stadien gelaufen, so ist das soviel, als wenn er einer Quelle nacherzählte, sie seien an einem Tage »angeblich« 60 Meilen marschiert. Wenn ein Anderer meint, die ungeheure Erregung der Schlacht mache ganz andere Anspannung der Nerven und Muskeln möglich als die alltägliche Übung des Exerzierplatzes, so ist das richtig, macht aber immer noch nicht den Lauf einer Phalanx von einer Fünftelmeile möglich.

Ein Gefecht aus der neueren Kriegsgeschichte mag uns das lehren. Im dänischen Kriege 1864 wurde ein weit vorgeschobenes preußisches Detachement unter dem Hauptmann von Schlutterbach bei Lundby in Jütland von überlegener dänischer Infanterie angegriffen (3. Juli). Die Preußen nahmen eine Defensivstellung ein. Auf 400 Schritt Entfernung setzten sich die Dänen unter lautem Hurraruf in Laufschritt. »Aber«, heißt es in der Erzählung[1], »eine Truppe kann nicht 400 Schritt weit in der heftigen Bewegung bleiben, die unwillkürlich zu vollem Rennen sich entwickelt, wo man mit dem Feinde handgemein zu werden denkt. Der Atem geht aus, und nach 100 Schritten muß die Kompagnie halten. Es sind ihr die peinlichsten Minuten, bis sie sich wieder in Bewegung setzen kann.«

»Der fabelhafte Lauf sollte niemand quälen: Artemis hat ihnen die Kraft zu den βοηδρόμια gegeben und erhält zum Danke das Ziegenopfer«, hat ein Philolog erklärt und warnt davor, aus Unverstand und Mißgunst abzustreiten, daß das schlichte Vertrauen auf Gott und die eigene Tüchtigkeit wider alle Voraussicht menschlicher Kleingläubigkeit den Sieg gegeben habe. Auch diese Weltanschauung hat ihr Recht; namentlich im Mittelalter, in den Heiligenleben und Kreuzzugserzählungen ist die Welt und so auch der Krieg der Wunder voll, und man möchte auch die romantische Art, Geschichte zu erzählen, ungern entbehren. Aber wer die Geschichte der Kriegskunst kri-

1 Generalleutnant v. Quistorp, Beihefte z. Milit.-Wochenblatt 1897, p. 186.

tisch erforschen will, der erflehe für sich selber den Beistand des heiligen Georg oder, wenn er will, auch der göttlichen Artemis und des Apollo, aus seiner Untersuchung aber muß er sie verbannen. Dieser Laufschritt ist der entscheidende Punkt für das historische Verständnis der Schlacht, auf der die griechische Freiheit und damit alle moderne Kultur beruht. Durch die »8 Stadien« muß notwendig zunächst der Platz der Schlacht und damit auch der taktische Verlauf und die Ursache von Sieg und Niederlage bestimmt werden. Wir dürfen uns daher glücklich schätzen, hier einen Punkt zu haben, über den eine einfache sachliche Prüfung uns unabhängig von allen zweifelhaften Zeugnissen und unzuverlässigen Erzählern volle Gewißheit zu geben vermag. Die sachliche Prüfung aber ergibt, daß weder eine griechische Phalanx noch eine andere geordnete Schlachtlinie jemals 1½ Kilometer gelaufen ist, noch hat laufen können.[1] Herodots Angabe

1 Selbst eine Phalanx von Berufskriegern, wie die Söldner des Cyrus, ist nicht imstande, sich im Lauf geordnet eine längere Strecke vorwärts zu bewegen. »ἐβόων ἀλλήλοις μὴ θεῖν δρόμῳ, ἀλλ᾽ ἐν τάξει ἕπεσθαι« erzählt uns Xenophon An. I, 8, 19.

Cäsar, Bell. Gall. II, 18 f. erzählt, wie die Nervier seine Soldaten überfallend 200 *passus* einen Hügel herunter, durch die drei Fuß tiefe Sambre hindurch und wieder einen Hügel hinaufgestürmt seien. Das ist eine sehr große Leistung, läßt sich aber für Marathon nicht verwerten, da die Gallier jedenfalls nicht so schwer gewappnet waren wie die athenischen Hopliten, da der Lauf durch das Durchschreiten des Flusses unterbrochen wurde, die ganze Länge überhaupt nicht genannt ist und die Gallier, die Römer beim Schanzen überfallend, ihre eigene taktische Ordnung nicht zu wahren brauchten.

Bell. Gall. III, 19 überfallen die Gallier ein römisches Lager und machen 1000 *passus* = 8 Stadien »magro cursu«. Sie kommen so erschöpft und atemlos an, daß sie es mit den Römern, die einen Ausfall machen, nicht aufzunehmen vermögen und sofort die Flucht ergreifen. Das Ereignis ist aber insofern nicht maßgebend, als der Lauf bergan ging und die Gallier dabei noch Faschinen trugen. Man wird auch wohl zweifeln dürfen, ob die ganzen 1000 *passus* ein ununterbrochener, wirklicher Lauf waren, da es sich ja nicht um eine geordnete Phalanx handelt, in der alle sich in demselben Tempo bewegen müssen, wenn keine Unordnung entstehen soll, sondern um einen regellosen Haufen, wo der, dem der Atem gar zu knapp wird, zwischendurch ein Stück langsam geht.

beruht auf irgend einem Mißverständnis, und dieses Mißverständnis bleibt uns nicht einmal ein Rätsel, sondern wird sehr bald erklärt sein.

Mitten in der marathonischen Ebene erhebt sich ein künstlicher Hügel, der »Soros«, der durch neuerliche Nachgrabungen als das Grab der gefallenen Athener von Marathon sichergestellt ist. Thucydides (II, 34) erzählt uns ausdrücklich, die Athener hätten sonst ihre gefallenen Krieger zu Hause beigesetzt, die Gefallenen von Marathon aber seien um der besonderen Ehre willen auf dem Schlachtfelde bestattet worden. Kein Zweifel, daß Herodot selber an oder auf diesem etwa 12 Meter hohen Grabhügel gestanden und von dort aus das Schlachtfeld besichtigt hat. Genau 8 Stadien von diesem Hügel öffnet sich in dem Kranz der Berge, die die marathonische Ebene einschließen, das Vranatal.

Schwerlich ist es ein bloßer Zufall, daß wir hier gerade die 8 Stadien, die auch in Herodots Erzählung vorkommen, im Gelände tatsächlich finden. Im Vranatal haben die Athener gestanden, 8 Stadien davor liegt der Hügel mit der Asche ihrer Toten, 8 Stadien sollen sie nach Herodots Erzählung vorgestürmt seien: bis hierher also hat die Schlacht sich erstreckt. Die Athener haben nicht ihre Gefallenen zurückgetragen bis zu der Stelle, wo der erste Zusammenstoß stattfand, sondern vorwärts bis dahin, wo der letzte der Gefallenen lag, bis wohin die Verfolgung gegangen, wo der Sieg vollendet war. Hier, mitten in der Ebene, von allen Seiten sichtbar, errichteten sie den hohen Grabhügel. Hier hat auch Herodot Umschau gehalten und sich erzählen lassen: bis hierher, 8 Stadien von jenem Tal, stürmten die Athener vor, wie er verstand, in der Attacke, wie es gemeint war, im Durchkämpfen der Schlacht und in der Verfolgung.

Herodot erzählt uns weiter, daß die Athener und Perser sich drei Tage gegenüber gestanden hätten, ehe es zur Schlacht kam. Die Athener, die ihm das mitgeteilt, hatten einen Grund dafür nicht anzugeben gewußt oder vielmehr, sie hatten ihn nur zu gut gewußt: Miltiades führte nicht den wirklichen Oberbefehl, den führten die zehn Strategen gemeinschaftlich, so daß nach dem Gesetz abwechselnd jeder einen Tag kommandierte. Sie waren aber übereingekommen, freiwillig den Oberbefehl an Miltiades zu überlassen; nichtsdestoweniger wartete dieser, um der Ehre des Sieges ganz teilhaftig zu werden, für die Schlacht den Tag ab, wo ihm auch von Gesetzeswegen der Oberbefehl zukam. Wir haben hier wieder einen psychologischen Zug, dem wir im Fortgang dieser kriegsgeschichtlichen Untersuchungen immer von neuem begegnen werden. Der Legende sind die sachlichen Motive zu fein, zu schwer verständlich, zu uninteressant, sie ersetzt sie durch persönliche. Für uns aber ist der sachliche Zusammenhang nicht schwer zu erkennen. Was wir aus der Legende ohne Bedenken annehmen dürfen, was zu erfinden kein Grund vorlag, ist die Tatsache, daß die feindlichen Heere sich mehrere Tage einander gegenüber gestanden haben, ehe es zur Schlacht kam. Die Athener verloren dabei nichts; sie konnten sich in ihrem eigenen Lande ohne Schwierigkeit verpflegen, sie steigerten den Mut ihrer Leute, wenn sie sahen, daß die Perser sie nicht anzugreifen wagten, und sie erwarteten noch den Zuzug der Spartaner. Völlig unmöglich, daß Miltiades, ohne die Ankunft der Spartaner abzuwarten, aus freien Stücken die Schlacht befohlen. Der Angriff kann also überhaupt nicht von den Athenern, sondern er muß von den Persern ausgegangen sein.

Jetzt, glaube ich, ist das Bild der Schlacht zu erkennen. Sobald die Nachricht eingelaufen war, daß die Perser in der Ebene von Marathon landeten, setzte Miltiades das athenische Heer in Marsch und führte es in das Vranatal, das eine direkte Verbindung über die Berge mit der Hauptstadt hat. Hier im Vranatal, kurz vor dem Ausgang des Tales, so daß die Berge noch die beiden Flanken deckten, welche Deckung durch Verhacke noch verstärkt wurde, stellte er das Heer auf, oder ließ es so lagern, daß es bei der ersten Meldung von dem feindlichen Anmarsch in die Stellung gehen konnte. Da das Tal trotz des Verhacks für das kleine athenische Heer zu breit blieb,[1] so konnte Miltiades der Phalanx nicht durchweg die wünschenswerte Tiefe geben, sondern machte das Zentrum schwächer und die beiden Flügel stärker, so daß sie auch beim Heraustreten aus der Dekkung etwaigen Flankenangriffen der persischen Reiter Widerstand leisten konnten. Die Gewandtesten und Mutigsten der Ungewappneten wurden vermutlich rechts und links auf die Berge geschickt, um diese mit Pfeilen, Steinen und Wurfspießen zu behaupten. Die die linke Flanke deckende Bodenerhebung ist, wie ich mich bei einem Besuch im Jahre 1911 überzeugt habe, nur sehr leicht ansteigend, aber so mit Felstrümmern bedeckt, daß sie für Reiter schlechthin ungangbar ist. Die eigentliche Straße aus der marathonischen Ebene nach Athen geht nach Süden ziemlich nahe am Strande und an einem Sumpf entlang, vor der Front der athenischen Aufstellung in einer geringen Entfernung vorbei. Die Perser konnten aus der marathonischen Ebene nicht heraus, ohne die Athener vorher vertrieben zu haben. Sie konnten nicht auf der eigentlichen Hauptstraße marschieren, wo die Athener aus der Flanke in ihre Marschkolonnen hineingestoßen hätten. Sie konnten auch nicht einen der nach Norden hinausführenden Pfade, auch nicht das Seitental Marathona benutzen, da sie immer riskieren mußten, daß, wenn ein Teil ihres Heeres in den Bergen steckte, der andre in der Marschbewegung von den Athenern angegriffen werden würde.[2] Das Tal Mara-

1 Ein Wasserriß teilt das Vrana-Tal in zwei Teile. Er ist zwar auch heute nicht gerade tief, mußte aber die geordnete und geschlossene Vorbewegung einer Phalanx doch erheblich stören. Vielleicht hat Miltiades das Tal nicht auf beiden Seiten durch den Baum-Verhack einengen lassen, sondern die eine Hälfte, von dem Berge bis zum Bach, völlig abgesperrt.

2 Cyrus spricht in der Cyropädie V, Kap. 4, § 44 »anrücken und vorbeirücken ist nicht einerlei. Denn es rückt ein Jeder an, wenn er in solcher Verfassung ist, worin er aufs beste glaubt fechten zu können – – – vorbeiziehen hingegen muß man mit einer gestreckten Reihe Wagen und mit lang sich hinziehendem Packwesen. Das Alles aber muß vorn mit Gewaffneten gedeckt sein und nirgends den Feinden das Packwesen von Waffen entblößt erscheinen. Notwendig also muß bei solchem Zug der wehrhafte Teil dünn und schwach geordnet werden.«.

thona war überdies vermutlich an einer engen Stelle von den Athenern gesperrt, damit die Perser ihnen nicht auf diesem Wege im Vranatal in den Rücken kommen konnten. Die Perser hatten also nur die Wahl, entweder den Athenern auf dem von diesen gewählten Terrain eine Schlacht zu liefern, oder sich wieder einzuschiffen und die Landung an einer anderen Stelle zu versuchen. Auch dies aber wäre sehr gefährlich gewesen. So nahe wie die Athener waren, konnten sie das persische Heer bei der Einschiffung anfallen, und wenn man vielleicht die Landung noch einmal an einer anderen Stelle glücklich bewerkstelligte, konnten die Athener nicht abermals in ihrer so vielfältig zerschnittenen Landschaft einen Platz finden, der ihnen für die Schlacht ähnliche Vorteile bot wie das Vranatal? Die persischen Feldherren müssen, da es doch wahr zu sein scheint, daß sie sich mehrere Tage besonnen haben, in große Zweifel und vielleicht in Streit miteinander geraten sein, was sie tun sollten. Endlich siegte der Beschluß, die Athener anzugreifen, wo sie standen, wenigstens ehe auch noch die Spartaner angekommen seien.

Dieser Beschluß wäre äußerst verkehrt gewesen, wenn, wie gewöhnlich angenommen wird, die Perser den Griechen numerisch sehr überlegen waren. In diesem Fall hätten sie ihr Heer teilen müssen, um mit der einen Hälfte die Athener im Vranatal festzuhalten, mit der andern, durch jene gedeckt, zu Lande oder mit Hilfe der Flotte zur See, die Athener zu umgehn und aus ihrer Stellung herauszumanöverieren. Dieses Auskunftsmittel einer zu starken Stellung gegenüber liegt so nahe, daß man aus der Nichtanwendung umgekehrt schließen muß, daß die Perser dazu zu schwach waren. Was wir vorher aus den allgemeinen Verhältnissen generell geschlossen haben, daß die Perser unmöglich den Athenern numerisch wesentlich überlegen gewesen sein können, das bestätigt uns hier der positive Verlauf der Ereignisse. Gegen ein überlegenes Heer wäre die Stellung der Athener im Vranathal nutzlos gewesen: Zahl und Stellung stehen immer in Korrespondenz miteinander. Die Perser packten den Stier bei den Hörnern, weil ihnen nichts anderes übrig blieb. Die Griechen hatten bisher noch niemals den persischen Kriegern Stand gehalten. Darauf hin durfte man es wagen. Miltiades ließ den Feind an seine Defensiv-Stellung herankommen, und in dem Augenblick, wo der Pfeilregen wirksam wurde, also auf 100 bis 150 Schritt[1] Distanz, setzte sich die ganze Hopliten-

1 Polyaen II, 2, 3 ist geschildert, wie Klearch die Griechen bei Kunaxa zum Angriff führte: »τὴν δὲ φαλαγγα τῶν Ἑλλήνων κατ' ἀρχὰς μὲν βάδην ἦγε τῇ εὐταξίᾳ τοὺς βαρβᾰρους ἐκπλήττων. ὡς δὲ βέλους ἐντὸς ἤμελλεν εἶναι, δρομῳ χρῆσθαι παρήγγειλεν, ὅπως μηδὲν ὑπὸ τῶν βέλων βλάπτοιντο« Ähnlich Diodor. Daß diese Schilderung mit derjenigen Xenophons, wonach die Phalanx von selbst ins Laufen kam, nicht in Widerspruch steht, ist treffend dargelegt von G. Friedrich, N. Jahrb. f. Philol., Bd. 151 p. 26. Paul Reichard in der Deutsch. Rundschau, Sept. 1890, Heft 12, S. 426, berichtet aus Stanleys Buch, dieser behaupte, mit einem afrikanischen Bogen weit über 200 Meter geschossen zu haben. Das sei eine Übertreibung zum mindesten. Er selbst habe mit Watusi den besten Bogenschützen Ostafrikas, einmal Wettschießen veranstaltet. Dabei habe der Stärkste nur 120 Meter = 160 Schritt weit geschossen, während er, Reichard, noch 7 Schritt weiter geschossen habe. Ganz ebenso hat einmal Leutnant Morgen in einem Vortrag über Kamerun mitgeteilt, der vom Bogen geschleuderte Pfeil reiche unter Umständen 150–180 Schritt weit. Die asiatischen Bogen sind jedoch nach der Untersuchungen von Luschan (»Über den antiken Bogen«, Festschrift für Benndorf 1898 und in d. Verhandlungen d. Berliner anthropol. Gesellschaft, Sitz. v. 18. Febr. 1899) sehr viel besser gewesen als die afrikanischen, und die allerbesten, zu deren Herstellung viele Jahre gehörten, schossen unglaublich weit. Strabo XIV, 1, 23 berichtet: Mithridat schoß von dem Dach des Tempels von Ephesus einen Pfeil ab und bestimmte, daß der Freibezirk des Tempels, der bisher ein Stadium umfaßte, sich nunmehr auf diese Pfeilschußweite, die ein wenig weiter ging, wie Strabo sagt, erstrecken solle. Mithridat hatte jedenfalls den besten Bogen und war ein guter Schütze, wenn er im Weit-, d. h. hohen Bogenschuß nicht sehr erheblich über ein Stadium hinauskam, so wird der Kernschuß äußerstenfalls auf 200–240 Schritt gegangen sein. Ein jüngst veröffentlichtes Epigramm aus Olbin rühmt den Schützen Anaxagoras gar, daß er 280 Klafter = 521,6 Meter weit habe schießen können (Lit. Centr. Bl. 1901, Sp. 887). Für ein großes Heer kommt natürlich nur die Leistung einer minderen Qualität in Betracht. Vegez gibt 600 Fuß an, Jähns »Entwicklungsgeschichte der alten Trutzwaffen« S. 281 »bis zu 250 Schritt beim Kernschuß, 400 beim Bogenschuß«. Neuere Untersuchung von Paul Reimer, Der Pfeilbogen. Prometheus Nr. 944. 20. XI. 1907.

Phalanx in Bewegung und stürzte sich im Laufschrift auf den Feind. Der Lauf hatte den doppelten Zweck, die Wucht des Anpralls moralisch und physisch zu verstärken und den Pfeilschuß zu unterrennen. Das schwache Zentrum freilich, wo die hinteren Glieder nicht den genügenden Druck ausübten, stutzte vor dem persischen Pfeilhagel und wich zurück, die beiden tieferen Flügel-Kolonnen aber blieben im Laufe und waren vorm Feind, noch ehe die persische Reiterei sie durch eine Flanken-Attacke aufhalten konnte. Vermutlich erstreckten sich die schützenden Terrainhindernisse rechts und links von den Athenern so weit, daß nur ein ganz kurzer Raum in der freien Ebene zu durchschreiten blieb. Die Schnelligkeit des Anlaufs und die Tiefe der Aufstellung ergänzten, was an natürlichem Flanken-Schutz etwa fehlte, und sobald die althenischen Hopliten den persischen Bognern erst an den Leib waren, waren diese mit ihren viel unbedeutenderen Schutzrüstungen verloren. Sie mögen sich als tapfere Männer immerhin noch einige Zeit gewehrt haben, aber lange konnten sie der Wucht dieses Angriffs nicht widerstehen; auch die anfänglich siegreichen Bogner im Zentrum, von beiden Seiten gepackt, konnten nichts mehr machen, und als sie einmal den Rücken gewandt, als der Strom der allgemeinen Flucht sich in die Ebene ergoß, da hatte auch im freien Felde die Reiterei nicht mehr die Möglichkeit, die Schlacht herzustellen. Von festgeschlossenen, gut disziplinierten Schwadronen unter tüchtigen Führern könnte man sich vielleicht vorstellen, daß sie auch jetzt noch durch entschlossenes Einreiten die Schlacht wieder zum Stehen gebracht hätten, aber der Fortgang dieses Werkes wird zeigen, namentlich die Schlachten Karls des Kühnen gegen die Schweizer sind darin lehrreich, daß rittermäßige Reiter, wie die Perser waren, dazu nicht imstande sind. Wer sich zu lange aufhielt, war sicherlich verloren. Alles eilte zu den Schiffen. Da der nördliche Winkel der Bucht, wo die persischen Schiffe unzweifelhaft lagen, eine kleine halbe Meile vom Schlachtfeld entfernt ist, so gelang es in der Tat der Masse der Perser, sich wieder einzuschiffen. Die Verfolgung hat, wie wir Herodot auslegen dürfen, sich vom Vranatal aus 8 Stadien, eine Fünftel-Meile weit, bis zum Soros erstreckt. Dann hat Miltiades das Heer von neuem gesammelt und gegen die Schiffe vorgeführt. Wir hören von einem Kampf an den Schiffen. Zwischen den beiden Kampf-Akten muß eine ziemliche Pause gelegen haben, in der die Perser ihre Schiffe flott machten und bestiegen, denn nur sieben Trieren haben die Griechen noch festhalten und erbeuten können. Von zahlreichen Gefangenen oder von Pferden, die ihnen in die Hände gefallen wären, hören wir nichts. Wären die Athener den Persern ohne Aufenthalt nachgesetzt bis zu den Schiffen, so hätte die Beute viel größer werden müssen. Aber Truppen zu solcher unmittelbaren Verfolgung nach dem Siege wieder zusammenzubringen und fortzureißen ist überaus schwer. Es ist ein glänzendes Zeugnis für die persönliche Kraft und Einwirkung des Miltiades, daß es noch zu dem zweiten Kampf an den Schiffen gekommen ist. Der Verlust der Athener betrug 192 Tote, denen wir viele Hundert Verwundete zuzufügen haben werden, da die persischen Pfeile so gut gewappnete Männer wie die athenischen Hopliten wohl selten gleich zum Tode trafen. Der Verlust der Athener an Toten und Verwundeten, wie wir heute zählen, mag also immerhin gegen 1000 Mann betragen haben, ein Zeichen, daß Marathon kein bloßes Gefecht, sondern eine sehr energisch durchgeführte Schlacht gewesen ist.

Über den Verlust der Perser wissen wir nichts Zuverlässiges.

Riesenhaft steht die Gestalt des Feldherrn Miltiades am Eingange der Welt-Kriegsgeschichte; die vollendetste und seltenste Form der Schlachtenführung, die alle Kriegskunst bis auf den heutigen Tag hervorgebracht, die defensiv-offensive, tritt uns hier in den einfachen Linien des klassischen Kunstwerks mit dem ersten großen Kriegsereignis, das wir zu behandeln haben, entgegen. Welch ein Blick in der Wahl des Schlachtfeldes, welche Selbstbeherrschung in dem Abwarten des feindlichen Angriffs, welche Autorität über die Massen, über ein selbstbewußtes, demokratisches Bürgeraufgebot, es in der gewählten Stellung fest zu halten und dann in dem entscheidenden Augenblick im Sturmschritt zur Attacke vorzuführen! Es wird nicht zu kühn sein, wenn wir uns vorstellen, wie Miltiades vorher eine Ansprache an seine Mitbürger gehalten, ihnen gezeigt hat, daß sie durch die Berge gegen die feindliche Reiterei gedeckt seien, ihnen anbefohlen, auszuhalten unter den persischen Pfeilen, bis er das Zeichen gebe, wie er dann zu Pferde in der Mitte der Phalanx gehalten, alle Blicke auf ihn gerichtet, um den Augenblick zu wählen, den Arm mit dem Speer in der Hand zu heben und das Kommandowort zu rufen, welches das Trompetensignal laut hallend weiter gibt. Alles ist auf diesen Augenblick gestellt – keine Minute zu früh: sonst kommen die Athener ohne Atem und Ordnung an den Feind; keine Minute zu spät: sonst sind bereits zu viele von den feindlichen Pfeilen getroffen und die Menge der Stürzenden und Weichenden hemmt und bricht endlich die Kraft des Ansturmes, der wie ein Bergsturz auf den Feind fallen muß, wenn er den Sieg geben soll.

Wir werden noch manches Ähnliche, nichts Größeres zu berichten haben.

1. Die detaillierte Begründung meiner Auffassung von Marathon steht in meinen »Perser- und Burgunderkriegen«. Seit dem Erscheinen dieses Buches ist jedoch unsere Information an zwei wichtigen Punkten korrigiert oder erweitert worden. Erst jetzt ist festgestellt[1], daß der Soros wirklich das Grab der Athener ist, was damals noch so zweifelhaft war, daß ich nicht wagte, auf ihn Bezug zu nehmen. Ferner hat eine neuere topographische Aufnahme[2] gezeigt, daß die Karten, die ich benutzte, ungenau waren. Auf diesen Karten war nämlich der Ausgang des Tales von Vrana so breit gezeichnet, daß es für ein kleines Heer nicht die postulierte Flankenanlehnung zu bieten schien, und ich hatte daher die Aufstellung der Athener weiter rückwärts in dies Tal, wo sich wieder ein Seitental (Aulona) abzweigt, verlegen müssen. Nun, da feststeht, daß das Vranatal

1 Mitteil. d. archäol. Inst. in Athen 1890.

2 Karten von Attika. Aufgen. d. Offiziere und Beamte d. K. preuß. Gr. Gen.-Stabes. Mit erl. Text v. E. Curtius u. J. A. Kaupert. 1889.

150 Meter vom Ausgang nur etwa 1000 Meter breit ist, erscheint es sehr geeignet für die Aufstellung der Athener und erhält seine quellenmäßige Beglaubigung dadurch, daß der Ausgang des Tales von dem Soros gerade acht Stadien entfernt ist. Ich habe diese Korrektur in der Hist. Zeitschr. Bd. 65 (1890) ausgeführt. In einigen Einzelheiten hat sich mir seitdem das Schlachtbild noch sicherer gestaltet. Die Grundzüge jedoch sind dieselben geblieben.

2. Herodot sagt ausdrücklich, daß die Perser für die Expedition eigene Pferdeschiffe gebaut hätten und an der Ebene von Marathon gelandet seien, weil sie glaubten, dort ihre Reiterei gut verwenden zu können. Das kann schwerlich rein erfunden sein; die Perser hatten also Reiter. Auf der anderen Seite erwähnt Herodot in der Schlacht selbst die Reiter gar nicht, und wir hören weder bei ihm noch bei Späteren irgend etwas von erbeuteten Pferden, die doch als ein kostbares Gut wohl erwähnenswert gewesen wären und durch ihre Nachzucht sich auch lange im Gedächtnis des athenischen Volkes erhalten mußten.

Da es aber sehr umständlich ist, Pferde an Bord von Schiffen zu bringen, so erscheint es nicht recht glaublich, daß die Perser damit völlig fertig gewesen sein sollten, ehe die Athener bei den Schiffen anlangten. Man könnte deshalb auf den Gedanken kommen, daß die Perser in der Erkenntnis, daß sie gegen die Stellung der Athener ihre Reiter doch nicht gebrauchen könnten, diese bei den Schiffen zurückgelassen, vielleicht für den Fall eines ungünstigen Ausgangs des Gefechts die Pferde vorher an Bord gebracht hätten. Dem steht aber gegenüber, daß die persischen Feldherren doch einen Vorstoß der Athener aus ihrer Stellung nicht für so ganz unmöglich gehalten haben können und rechnen durften, daß die gefürchteten Reiter, selbst wenn sie nur rückwärts in der Ebene hinter den Bognern hielten, doch einen gewissen moralischen Eindruck auf die Athener machen und einen Rückhalt gewähren würden. Die überraschende und überwältigende Wucht des athenischen Stoßes machte diese Rechnung zuschanden, so daß die Reiter tatsächlich keine Einwirkung auf die Schlacht gehabt haben. Daß die Athener keine Pferde erbeuteten, ist trotzdem nicht unerklärlich. Mehrere Stunden mögen vergangen sein, bis sie sich wieder geordnet hatten und zum Angriff auf die Schiffe anrückten, und die Perser mögen die Pferde, die sie nicht mehr fortbringen konnten, selber niedergestoßen haben.

3. Pausanias I, XXXII, 3 berichtet, bei Marathon seien auch Grabhügel der Platäer und Sklaven: »ἐμαχέσαντο γὰρ καὶ δοῦλοι τότε πρῶτον«

Sehr zuverlässig ist diese Nachricht wohl nicht. Immerhin ist möglich, daß die Hopliten vielfach nicht einen anderen Bürger, sondern einen getreuen und tüchtigen Haussklaven als Begleiter mit ins Feld genommen hatten, daß von diesen auch manche mit auf die Berge postiert waren und hier durch persische Pfeile getötet worden sind.

4. Sehr wesentlich für die Rekonstruktion der Schlacht ist die längere Pause zwischen dem Treffen im Vranatal und dem Kampf an den Schiffen, da nur dadurch das Entkommen des Restes der Perser und der meisten Schiffe erklärt wird. Man könnte vielleicht einwerfen, daß zum Sammeln, dem Wiedervorführen der Phalanx und dem Marsch von drei Kilometern nur eine kurze Zeit nötig gewesen sei. Nur nötig – gewiß: aber nicht so schnell durchzuführen. Nach der Entscheidung des Treffens, der völligen Flucht der Perser über die Ebene, unter dem ersten Verschnaufen wird der Zustand und die Stimmung der Athener etwa so gewesen sein, wie Friedrich seine Soldaten schildert, als er nach dem Siege von Soor zum erstenmal eine unmittelbare Verfolgung in Gang zu setzen versuchte. »Meine Kavallerie«, hat er später dem Landgrafen Karl von Hessen erzählt, »machte nicht weit von der feindlichen Nachhut Halt; ich eilte hin und rief: ›Marsch, vorwärts, drauf!‹ Ich wurde mit Vivat Viktoria und unaufhörlichen Rufen empfangen. Ich rief immer Marsch, und niemand wollte marschieren. Ich ärgerte mich, ich prügelte, ich schlug, ich schalt, und ich denke, ich verstehe zu schelten, wenn ich ärgerlich bin; aber ich konnte diese Kavallerie keinen Schritt vorwärts bringen. Sie waren trunken vor Freude und hörten mich nicht.« Auch Miltiades wird seine liebe Not gehabt haben, die athenischen Bürger, die zunächst, sei es nach ihren Toten und Verwundeten, sei es nach der Beute von den gefallenen Persern sahen, oder sich dem bloßen Jubel hingaben, wieder in Reih und Glied zu bringen; und ohne die Hoffnung, an den Schiffen noch Beute zu machen, wäre es wohl zu dem zweiten Gefecht überhaupt nicht mehr gekommen; jedenfalls ist es nur natürlich, wenn eine längere Kampfpause zwischen beiden angenommen wird.

5. Eine neue Marathon-Hypothese hat jüngst W. SCHILLING Bd. 54 S. 253 des Philologus (1895) veröffentlicht. Schilling geht aus von der überlieferten ungeheuren Überlegenheit der Perser an der Zahl. Diese habe ihnen gestattet, da sie die Athener trotzdem nicht anzugreifen wagten, sich wieder einzuschiffen, indem sie ein Korps, das immer noch doppelt so stark als die Griechen war, nämlich 20 000 Mann, aber ohne Reiter, mitten in der Ebene zur Deckung der Einschiffung aufstellten; dieses Deckungskorps war es, das die Athener, da wo nachher der Soros errichtet wurde, angriffen, schlugen und wovon sie 6400 Mann töteten.

Wäre diese Annahme richtig, so bliebe es völlig unerklärt, weshalb die Perser ihr Deckungskorps in der Ebene ohne Reiterei ließen. Wenn man Reiterei hat, stellt man sie doch dahin, wo sie zu gebrauchen ist, und nirgends konnte sie den Persern so viel Nutzen bringen wie gerade hier.

Der sachlich einzig zulässige Schluß ist der umgekehrte: da ausdrücklich berichtet wird, daß die Perser um ihrer Reiter willen die marathonische Ebene als Landungsplatz wählten und diese Nachricht bei der sonst bekannten Kriegsart der Perser glaublich erscheint, so muß die Anwesenheit eines Reiterkorps eine der Voraussetzungen für die Rekonstruktion der Schlacht bilden. Hatten die Perser aber Reiter, so kann die Schlacht nicht in der Ebene stattgefunden haben, da die athenische Phalanx sie dann schwerlich gewonnen hätte und das Reitergefecht irgendwie erwähnt sein müßte. Folglich hat die Schlacht auf einem für die Reiter nicht zugänglichen Terrain stattgefunden.

Nicht weniger scheitert die Schillingsche Hypothese daran, daß man nicht einsieht, weshalb die Perser einen Teil ihres Heeres wieder einschifften. Wenn sie ein Deckungskorps am Soros aufstellten, so war ja nichts einfacher, als das zu detachierende Korps direkt auf der großen Straße durch die Mesogaia gegen Athen vorrücken zu lassen. Dann mußten sofort die Athener aus ihrer Flankenstellung im Vranatal heraus.

6. Eine gewisse Verwandtschaft mit der Schillingschen Hypothese hat eine andere, die N. W. Macan in seinem »Herodotus« gleichzeitig vorgetragen (London 1895) und der E. B. Bury in der Classical Review (1896 X) zugestimmt hat. Macan schließt sich an die Ansichten Dunckers und Busolts an (letzterer hat aber mittlerweile in der 1895 erschienenen zweiten Auflage seiner Griech. Gesch. seine Auffassung geändert und die meinige aufgenommen), modifiziert sie aber in einem wesentlichen Punkt.

Er will, daß die Perser in der Erkenntnis, daß die Athener im Aulonathal nicht angreifbar seien, durch den südlichen Paß auf Athen abmarschieren wollten und bei dieser Bewegung in der Ebene von den Athenern angegriffen wurden. Der Soros würde ungefähr auf der Stelle errichtet sein, wo das athenische Zentrum wich. Die Perser seien aber nicht in der Flanke angegriffen, auch nicht eigentlich überfallen worden, sondern hätten sich auf die Möglichkeit des Angriffs vorbereitet und auch Zeit genug gehabt, eine Schlachtordnung herzustellen. Dieser südliche Teil der Ebene sei aber für Reiterei nicht geeignet, und die Perser hätten auch vielleicht die meisten ihrer Reiter wieder eingeschifft, da sie ihnen auf dem Landmarsch nichts nützen konnten. Deshalb spiele die Reiterei in der Schlacht keine Rolle.

Hiergegen ist folgendes einzuwenden:

1) Wenn die Perser auf die Möglichkeit einer Schlacht vorbereitet waren, weshalb setzten sie den einen Teil ihrer Soldaten wieder auf die Schiffe? Hielten sie sie zum Siege für überflüssig, weshalb hatten sie sie denn mitgebracht?

2) Doppelt unverständlich wäre es, daß die Perser gerade ihre Reiter eingeschifft haben sollten. In der Reiterei lag ihre Stärke; sie mußten

über eine freie Ebene hinweg einen Flankenmarsch am Feinde vorbei machen. Wenn irgend wo, so waren gerade hier die Reiter nötig.

3) Weshalb das Terrain hier für die Reiterei ungünstig gewesen sein soll, ist völlig unerfindlich und von dem Autor auch mit keinem Worte begründet oder ausgeführt. Daß in der rechten Flanke ein Bach, in der linken ein Sumpf ist, kommt nicht in Betracht, da zwischen beiden Hindernissen der Raum immer noch über drei Kilometer beträgt.

4) Hätten die Perser den Flankenmarsch am athenischen Lager vorbei gewagt, so hätten die Athener sie sicherlich angegriffen und sie wahrscheinlich, selbst wenn sie sich durch ihre Reiter zu decken suchten, besiegt. Die Athener hätten den Angriff natürlich erst gemacht, wenn das Gros der Perser bereits im Paß steckte, da dieses ihnen ja eine sichere Beute war, nachdem sie zunächst das letzte Drittel mit der Reiterei überwältigt und aufgerieben hatten. Eben deshalb ist es ein völliger Ungedanke, daß die Perser eine derartige Bewegung gemacht und noch dazu ihre Reiterei vorher entfernt haben sollen. Sie konnten sich schon ohne Gefahr nicht mehr einschiffen, seitdem die Athener so nahe waren, und auf keinen Fall die Ebene zu Lande verlassen, ohne vorher die Athener aus ihrer Stellung vertrieben zu haben. Deshalb entschlossen sie sich nach einigem Zögern zu dem direkten Angriff.

7. Nachträglich ist mir das Buch Hérodote, Historien des guerres médiques par Amédée Hauvette (Paris 1894) bekannt geworden, das eine erneute Untersuchung des Laufes von 8 Stadien notwendig macht. Meine Darstellung beruht auf der Behauptung, daß ein solcher Lauf eine physische Unmöglichkeit sei, und dafür habe ich mich berufen auf die Vorschriften des preußischen Reglements. Hauvette wendet dagegen (S. 261) ein:

»Ces prescriptions, fort utiles sans doute quand il s'agit d'exercer de jeunes soldats, existent aussi chez nous; mais elles sont loin de répondre à ce qu'on peut demander à des hommes vigoureux et bien entraînés, comme étaient les Athéniens. La preuve en est, que le capitaine d'artillerie de Raoul, en adoptant, il est vrai, un mode nouveau de marche et de pas gymnastique, a obtenu récemment des résultats extraordinaires: le peloton qu'il commandait aux grandes manoeuvres du XI_e corps d'armée en 1890, est arrivé à faire jusqu' à 15 kilomètres au pas de course, avec armes et bagages. Cf. un article du Dr. Felix Regnault dans le journal La Nature, No. 1052, 29 juillet 1893.«

Hält man diese beiden Darlegungen nebeneinander, so scheint der Widerspruch unausgleichbar. Ich behaupte: »eine so große geschlossene Hoplitenmasse, wie sie bei Marathon gefochten, kann nicht mehr als 100 bis 150 Schritt (Lauf-Schritte = 150 bis 200 Geh-Schritten) laufen, ohne in Erschöpfung und Unordnung zu geraten. Hauvette erwidert: Hauptmann Raoul hat mit seinem Peloton 15 Kilometer (das sind 24 000 Geh-Schritte) mit Waffen und Gepäck im Lauf zurückgelegt. Das ist aber nicht das Einzige, was uns trennt. Hauvette verwirft die Sach-Kritik, mit deren Hilfe ich die überlieferte Anschauung in den Perserkriegen zu revidieren unternommen habe, grundsätzlich. Ein nicht geringer Teil seines Buches ist gegen meine »Perser- und Burgunder-Kriege« gerichtet. Den Nachweis, den ich aus der Analogie der schweizerischen Volks Überlieferung, namentlich der Bullingerschen Erzählung über Granson und Murten habe führen wollen, daß eine Erzählung wie die Herodoteische nur sehr geringen Glauben verdient, erkennt er nicht an. Im Gegenteil, er hält Herodot wie subjektiv so auch objektiv für generell glaubwürdig und sieht die Aufgabe der Wissenschaft nur darin, etwaige einzelne Fehler, Irrtümer und Widersprüche, die sich eingeschlichen haben, zu beseitigen. Mit vollendeter Gelehrsamkeit und großem Scharfsinn führt er diese Grundsätze durch, und obgleich er sich sachlichen Erwägungen keineswegs völlig verschließt, so vertraut er ihnen doch weniger als dem geschriebenen Wort der Überlieferung.

Richtig hieran ist, daß die Sach-Kritik leicht in die Irre führt. Sie ist auch bei einfachen Dingen sehr schwierig, da auch der Fachmann selten alle die Umstände erkennt, die in anderen Zeiten und Völkern auf die Dinge eingewirkt haben oder einwirken konnten, und auch abgesehen davon die Fachmänner sehr oft von irgendwelchen Theorien voreingenommen sind und verschiedene, ja entgegengesetzte Auskunft geben. Die Grundlage aller historischen Erkenntnis bleibt stets die positive Aussage der Zeitgenossen oder der den Zeitgenossen nächststehenden Quellen. Aber je weiter die historische Kritik fortgeschritten ist, desto mehr hat sie sich überzeugt, daß auch zeitgenössische Berichte häufig durch Phantasien aller Art getrübt und verdunkelt sind und daß, wo das Material nicht genügt, die Quellen eine durch die andere zu kontrollieren, die Sach-Kritik die letzte Zuflucht bleibt. Es kommt nur darauf an, sie wirklich durchzuführen und so viel Sachkenntnis heranzuschaffen, daß man sicher sein darf, nicht durch eine bloße, falsche Analogie auf einen Irrweg gelockt zu werden. Auch Hauvette übt ja Sach-Kritik aus, indem er Raoul-Regnault gegen das preußische Reglement ins Feld führt, aber er verfällt damit in einen inneren Widerspruch. Er verwirft die prinzipiell durchgeführte Sach-Kritik, übt sie aber selber nach den Kenntnissen, die er sich so beiläufig und zufällig angeeignet hat. Derartige halbe Sach-Kritik nützt natürlich nichts, sondern führt in die Irre. Da ist es besser, in naiver Weise die Quellen einfach nachzuerzählen. Gerade an Hauvette ist das deutlich zu erkennen; ich werde deshalb unten noch auf mehrere seiner Behauptungen eingehen. Hier zunächst die Frage des Acht-Stadien-Laufs.

Hauvette beruft sich auf eine Veröffentlichung von Regnault in der populären Zeitschrift »La Nature« vom 29. Juli 1893. Seitdem ist ein eigenes

Buch »Comment on marche« von Fl. Regnault und De Raoul mit einer Einleitung von M. Marey (Paris, Henri Charles-Lavauzelle) 188 S. erschienen, das das ganze Problem eingehend behandelt.

In diesem Buche behauptet Major Raoul, er habe im Winter 1889/90 ein Peloton des 16. Infanterie-Regiments in drei Monaten so ausgebildet, daß es 20½ Kilometer in einer Stunde 46 Minuten und nach einer Rast von zwei Stunden denselben Weg zurück in drei Stunden 5 Minuten machte. Jeder Mann trug sein Gewehr, seinen Säbel, 100 Patronen und Verpflegung. Der Weg war uneben. General Fay inspizierte das Peloton; es zeigte keine Ermüdung.

Zwei Tage darauf machte dasselbe Peloton unter den Augen des Generals Colonieu elf Kilometer querfeldein mit feldmarschmäßigem Gepäck in achtzig Minuten. Gleich nach der Ankunft schossen die Soldaten nach der Scheibe und schlugen alle Rivalen.

In anderen Truppenteilen hat man die Ausbildung nachgeahmt und ein Hauptmann Fay hat an Raoul geschrieben, er habe schon am neunten Tage mit seiner Kompagnie sieben Kilometer in fünfundvierzig Minuten gemacht.

Raoul ist der Ansicht, eine Armee, welche seinen Lauf *»en flexion«* annehme, könne auf einer guten Straße die Schnelligkeit von fünf Minuten auf den Kilometer erreichen, vom dritten Kilometer ab, und diese Schnelligkeit mehrere Stunden beibehalten.

Der preußische Laufschritt, von dem ich ausgegangen bin, rechnet einhundertfünfundsechzig bis einhundertfünfundsiebzig Meter auf die Minute, auf den Kilometer übertragen also etwa sechs Minuten. Der Raoulsche Laufschritt ist noch um ein Sechstel schneller und kommt der Geschwindigkeit eines flott trabenden Pferdes gleich.

Wenn es modernen Soldaten möglich ist, in dieser Geschwindigkeit mehrere Stunden zu laufen, warum sollen die Athener nicht neun Minuten so haben laufen können?

Warum schreibt denn aber das preußische Turn-Reglement vor, daß mit vollem Gepäck nicht mehr als zwei Minuten gelaufen werden darf?

Zunächst sind die Resultate des Kapitäns Raoul mit einer gewissen Skepsis aufzunehmen.

Er selber setzt auseinander, von welcher unermeßlichen Wichtigkeit für zukünftige Kriegführung es sein würde, wenn Truppen mit der von ihm versprochenen Lauf- und Marsch-Fähigkeit ausgestattet wären. Mit den Beinen werden die Kriege gewonnen, ist oft gesagt worden und nicht mit Unrecht. Die Erfindung der modernen Gewehre würde für die Umwandlung der Kriegskunst weniger bedeuten, als Soldaten, die die

Meile in dreiviertel Stunden machen und viele Stunden und Tage lang so fortarbeiten könnten. Alle heute herrschenden Vorstellungen über strategische Operationen müßten von Grund aus reformiert werden, wenn Raouls Idee richtig ist. Weshalb führt denn aber die französische Armee die Raoulsche Marsch-Methode nicht ein? Sie wäre der sichere Sieg über jeden Rivalen. Die Versuche sind ja schon im Jahre 1890 gemacht worden und sollen vor den Augen von Generalen die Probe bestanden haben. Der Verdacht liegt nahe, daß bei Major Raoul doch gewisse Selbsttäuschungen mitspielen, die bei Erfindern so häufig beobachtet werden. Seine Resultate werden uns nicht von unbefangenen Dritten, sondern nur von ihm selbst und seinen Mitarbeitern bezeugt.

Die Truppe des Kapitän Raoul war kein Regiment, auch keine Kompagnie, sondern ein einzelnes Peloton von vierunddreißig Mann, vermutlich ausgewählte Leute aus dem ganzen Regiment. Die Ausbildungszeit war drei Monate.

Die mögliche Leistung einer derartigen Virtuosen-Truppe gibt schlechterdings keinen Maßstab für die Fähigkeit der großen Masse. Es handelt sich aber auch nicht bloß ums Laufen, sondern darum, daß die Phalanx in voller Ordnung und die Mannschaft mit ungeminderter Gefechtskraft, also nicht außer Atem an den Feind kommt. Die Leistung des Ganzen richtet sich nicht nach den besten, sondern nach den schlechtesten Läufern. Würde der Lauf soweit getrieben, daß auch nur Einzelnen die Kräfte versagten und sie zurückblieben, so würde das nicht nur Unordnung hervorrufen, sondern auch moralisch höchst gefährlich sein.

Aristophanes erzählt sehr drastisch im Friedensfest (v. 1, 78 u. 1171 ff.) von dem Krieger, der zum Kampf auszog und den man ohne Waffen im nächsten Busch fand, oder von dem Feldherrn, der sein Purpurkleid für feine Sardesfärberei ausgab, der es aber selbst gefärbt hatte, als er hineinpißte und Reißaus nahm, der Schildwegwerfer. In jedem Heere gibt es solche weniger Mutigen, und wenn die Atemlosigkeit erst einen Vorwand gibt, zurückzubleiben und einige damit anfangen, so hat das sofort eine ansteckende Wirkung. Die Athener waren darin nicht anders als andere Menschen, und wenn Hauvette meint; sie seien besser im Training gewesen, als moderne Soldaten, so ist leicht zu zeigen, daß das Umgekehrte der Fall war. Das athenische Heer bei Marathon bestand aus dem Volksaufgebot, Männern vom zwanzigsten bis etwa fünfundvierzigsten Jahre, von denen sicher nur ein sehr geringer Teil jemals auf einem Turnplatze geübt hatte. Die meisten wohnten nicht in der Stadt Athen, sondern ein bis zwei Tagemärsche entfernt, und außerhalb der Stadt wird schwerlich viel geturnt worden sein. Männer, die den Tag über durch Arbeit ihr Brot zu verdienen haben, wie die attischen Bauern, Fischer, Köhler, Töpfer,

Bildhauer, haben meist weder die Zeit noch die Kraft übrig, sich im Lauf-Training zu erhalten, und am wenigsten bis in die höheren Lebensjahre hinein. Kaum die vornehmen Jünglinge, die in den Gymnasien der Sportausbildung oblagen, werden an Energie der Durchbildung mit modernen Soldaten zu vergleichen sein, die durch eine strenge Disziplin einige Jahre angehalten werden, ausschließlich der körperlich-militärischen Ausbildung zu leben und ihren ganzen Lebenswandel danach einrichten müssen, nachts nicht ausschwärmen und sich keinerlei Vernachlässigung zu schulden kommen lassen dürfen. Mag man sich aber die körperliche Ausbildung in den hellenischen Gymnasien noch so hoch vorstellen, für das massenaufgebot des Landsturmes hatte das wenig zu bedeuten; um dessen Leistungsfähigkeit zu beurteilen, darf man keinerlei besonderes Training in Anschlag bringen.

Die wahre Sach-Kritik über den Lauf von Marathon kann daher nicht anders lauten, als ich sie schon in meinen Perser- und Burgunder-Kriegen (p. 56) angegeben habe. »Das preußische Reglement »Vorschriften über das Turnen der Infanterie« schreibt vor (S. 21).

»Folgende Laufzeiten dürfen bei Einübung des Laufschrittes nicht überschritten werden.

Ohne Gepäck:	4	Minuten	Lauf
	5	„	Schritt
	4	„	Lauf.
Mit feldmarschmäßigem Gepäck:			
	2	Minuten	Lauf
	5	„	Schritt
	2	„	Lauf.«

»Die Geschwindigkeit beträgt 165–175 Schritt[1] in der Minute. Das ergibt als Maximum des Raumes, der im Lauf mit Belastung zurückgelegt werden darf, 350 Schritt, und der Direktor der militärischen Zentral-Turnanstalt hatte die Güte, mir persönlich zu bestätigen, daß er zwei Minuten, gleich 300–350 Schritt, für das Äußerste halte, was eine feldmarschmäßig ausgerüstete Kolonne laufen dürfe, um noch mit ungeminderter Gefechtskraft an den Feind zu kommen. Dabei war die Gesamtbelastung eines griechischen Hopliten noch sehr erheblich schwerer als die eines preußischen Infanteristen (bei diesem 58, bei jenem 72 Pfd.)[2], und in einem einzi-

1 Gemeint sind Lauf-Schritte = 1 Meter; der französische Laufschritt ist nur 80 cm lang.

2 Droysen, Heerwesen p. 3 Anm. verwirft jetzt die von mir hier angenommenen speziellen Berechnungen von Rüstow-Köchly wohl mit Recht als willkürlich; die Tatsache der schwereren Belastung kann aber im allgemeinen keinem Zweifel unterliegen.

gen Haufen von vielleicht 10 000 Mann läuft es sich noch sehr viel schlechter als in einer kleineren Abteilung.«

Als positives Zeugnis, das auch die besttrainierten Soldaten im Altertum nicht mehr zu leisten vermochten, sei noch die Erzählung Cäsars über Pharsalus angeführt (bell. civ. III, 92–93). Pompejus hatte seinen Leuten befohlen, den Angriff der Cäsarianer stehenden Fußes zu empfangen, damit diese durch den verdoppelten Anlauf, d.h. 6–700 Fuß nach b. c. I, 82, atemlos und ermüdet würden. Die kriegsgeübten Soldaten Cäsars aber merkten die Absicht, machten halbwegs einen kurzen Halt, um wieder Atem zu schöpfen, und nahmen dann erst die Attacke wieder auf. Vgl. Hist. de Julés César, guerre civile par le colonel Stoffel II, 339.

8. Die tiefere Aufstellung der beiden Flügel, die flachere des Zentrums, die nach Herodot Miltiades anordnete, ist natürlich nicht als ein besonderer Kunstgriff, sondern als ein Notbehelf anzusehen, erzwungen durch die für die Stärke der Athener etwas zu große Breite des Vrana-Tales. An sich wäre es natürlich besser gewesen, das Zentrum ebenso stark zu machen wie die Flügel. Vielleicht ist auch noch besonders darauf aufmerksam zu machen, daß die tiefere Aufstellung der Flügel nicht etwa genügt hätte für die Abwehr der persischen Reiter bei einer Schlacht in der freien Ebene. Zwar kann eine tiefere Kolonne durch einen Flanken-Angriff nicht ohne weiteres aufgerollt werden, wie eine flache Phalanx, aber sie wird zum Stehen gebracht und das genügt, sie zu verderben, wenn ihr in der Front wie bei Marathon Schützen gegenüberstehen. Denn gegen deren Feuer ist sie wehrlos, wenn sie ihnen nicht auf den Leib geht. Die tiefere Stellung der Flügel ist also nur als eine Ergänzung der eigentlichen, im Terrain zu suchenden Flanken-Deckung aufzufassen, und ob sie bei Marathon, so vortrefflich sie gedacht ist, den Athenern praktisch mehr zum Vorteil oder zum Nachteil gereicht hat, muß dahingestellt bleiben, da wir nicht wissen, ob sie tatsächlich zur Abwehr der persischen Reiter beigetragen hat, sicher aber auf der anderen Seite die höchst gefährliche Schwächung und Durchbrechung des Zentrums die Folge davon war.

9. Eduard Meyer im dritten Bande seiner »Geschichte des Altertums«, der so kurz nach dem Erscheinen der ersten Auflage dieses Bandes abgeschlossen wurde, daß er nur noch in der Vorrede erwähnt werden konnte, hat sich bezüglich der Perserkriege im allgemeinen auf den Boden der Anschauungen gestellt, die in meinen 1887 erschienenen »Perser- und Burgunderkriegen« niedergelegt sind. Im einzelnen sind jedoch wesentliche Differenz-Punkte, die von Fall zu Fall zu erörtern sind. Zu Meyers Darstellung von Marathon bemerke ich folgendes (aus dem zweiten Bande der ersten Auflage hierher versetzt):

Meyer sagt, »eine nationale Armee, die den Persern die Landung in Attika hätte streitig machen können, war nicht vorhanden«. Die Landung kann eine Armee überhaupt nicht streitig machen, sondern nur eine Flotte. Die Küste von Attika ist so lang, daß eine feindliche Flotte stets an einem Punkt überraschend erscheinen und bei den einfachen Verhältnissen antiker Schiffe ihre Soldaten ausschiffen kann, ehe der Verteidiger zur Stelle ist. Miltiades hat deshalb mit Recht eine solche Operation gar nicht ins Auge gefaßt, sondern nur eine Schlacht mit dem bereits gelandeten Feind unter günstigen Bedingungen.

Daß die Athener vor der Schlacht eine Stellung eingenommen, von wo sie den Feind nicht sehen konnten, erscheint Meyer »ganz undenkbar« Es ist durchaus nicht undenkbar. Nicht, daß das lagernde Heer den Feind sehe, ist nötig, sondern nur, daß zuverlässige Beobachter ihn sehen, die mit der Heerführung in schneller und sicherer Verbindung stehen.

Der Hauptunterschied zwischen Meyer und mir in der Schlacht selber betrifft das Gelände. Ich nehme an, daß die Athener eine Stellung am Ausgang eines Tales hatten, wo die Berge ihre beiden Flanken deckten. Meyer läßt sie auf dem Abhang des südlichen Berges (Agrieliki) lagern und von da zum Gegenstoß gegen die anrückenden Perser in die freie Ebene vorgehen. Weshalb die Perser die athenische Phalanx dabei nicht aus einer oder beiden Flanken mit ihrer Kavallerie attackierten, wird nicht untersucht. Es heißt nur, die Perser, die ihrerseits die Schlacht herausforderten und aufmarschiert gegen die Athener vorrückten, hätten zwar mit ihrem Fußvolk tapfer gekämpft, die Reiterei aber habe »überrascht und unsicher nicht in den Kampf eingreifen können.« Weshalb sie überrascht, weshalb sie unsicher war, weshalb sie nicht in den Kmapf eingreifen konnte, wird nicht gesagt.

Ob diese Darstellung falsch ist, können wir dahingestellt sein lassen, denn sie leidet an einem viel schwereren Fehler: sie erweckt den Schein eines vernünftigen Zusammenhanges, wo keiner vorhanden ist. Wenn eine Phalanx mit blanken Waffen in einer Ebene gegen ein Heer von Bognern und Reitern kämpft, so hängt die Entscheidung davon ab, ob die Reiter der Phalanx in die Flanke kommen. Die Frage, ob oder weshalb das nicht geschehe, muß notwendig den Kernpunkt jeder historisch und militärisch richtig gedachten Schilderung dieser Schlacht bilden. Es ist möglich, daß die Frage unbeantwortet bleibt, daß unsere Quellen dafür nicht ausreichen oder daß dem Autor die Erklärungen, die gegeben werden, nicht einleuchten. Wenn Meyer also seiner Erzählung von Marathon den Satz eingefügt hätte, »der taktische Verlauf und Zusammenhang der Schlacht ist uns nicht überliefert und nicht zu erraten«, so wäre das eine Auffassung, die man gelten lassen müßte. Aber das tut Meyer keineswegs, sondern er wirft die Frage, weshalb die persischen Reiter nichts ausgerichtet, gar nicht auf, erklärt sogar (S. 333), die Schlacht biete gar keine Schwierigkeiten, sei bei der persischen Kampfweise völlig verständlich, das heißt, das Problem, das die Schlacht bietet, ist also nicht nur nicht gelöst, sei es nun richtig oder falsch, sondern es ist gar nicht erkannt und gar nicht gestellt.

Noch schlimmer, ein wirklicher Hohn auf die Gesetze der Strategie ist es, daß Meyer das Markt-Geschwätz der Athener, die Perser hätten noch nach ihrer Niederlage, um Sunium herumsegelnd, die Hauptstadt nehmen wollen, nacherzählt.

10. J. A. MUNRO, Some observations on the Persian wars. Journ. of Hell. Studies 1899 p. 185, hat eine neue, der Schillingschen verwandte (oben Nr. 5) Marathon-Hypothese aufgestellt, die darauf beruht, das erstens die Perser eine erhebliche Überlegenheit, zweitens eine starke Partei in Athen selbst gehabt hätten. Beide Voraussetzungen stehen zwar in dem Bericht Herodots, können aber darum nicht als beglaubigt gelten, und die Folgerungen, die Munro daraus zieht, sind so überaus künstlich und gesucht, daß ich glaube, mich einer Widerlegung im Einzelnen entschlagen zu können.

6. KAPITEL
Thermopylä

Die Schlacht bei Marathon hatte die Perser gelehrt, daß sie stärkere Kräfte aufbieten müßten, um die Hellenen zu überwältigen.

Für den neuen Feldzug wurde also ein viel größeres Heer ausgerüstet, so groß, daß es auf einer Flotte kaum zu transportieren war, und da ohnedies der Feldzug auf die Unterwerfung von ganz Griechenland angelegt werden sollte, so empfahl es sich, den Landweg zu wählen und gleich auf dem Hinmarsch alle noch unabhängigen dazwischen liegenden Völkerschaften zur Anerkennung der persischen Oberherrschaft zu zwingen. Eine große Flotte begleitete das Landheer, um die Verpflegung mitzuführen, die Griechen auch zur See niederzukämpfen und dem Landheer Umgehungen, die sich etwa zu Lande nicht bewerkstelligen ließen, zu Wasser zu ermöglichen.

Von dem Verlauf dieses Krieges können wir uns ein viel weniger sicheres Bild machen als von dem des ersten Feldzuges. Bei Marathon sind die Ereignisse so einfach, daß, wenn nur erst die legendarischen Überwachsungen, wie die ungeheure Heeresmasse der Perser und der Fünftelmeilen-Laufschritt der Griechen entfernt sind, die Fingerzeige der Überlieferung genügen, um den Zusammenhang des Ganzen zu erkennen. Der zweite Krieg ist komplizierter. Die politischen Erwägungen und Beziehungen nicht bloß Athens und Spartas, sondern auch der Mittelstaaten treten in Wechselwirkung mit der Strategie, und die Führung des Landheeres tritt in Wechselwirkung mit der der Flotte. Diese verschiedenen Kräfte und Gegensätze kreuzen sich naturgemäß fortwährend untereinander. Unter solchen Umständen ist es unmöglich, aus einer bloß legendarischen Überlieferung die wirkliche historische Grundlage allenthalben wieder herauszuarbeiten. Das für uns Wesentliche, den Stand der Kriegskunst in dieser weltgeschichtlichen Entscheidung zu erkennen, wird aber doch möglich sein, auch wenn die Motive für die einzelnen strategischen Bewegungen meist nur vermutet werden können.

Der natürliche Gedanke der Griechen war zunächst, dem anmarschierenden feindlichen Landheer die Pässe zu versperren, die in geringer Zahl von Norden her über die Gebirge in das eigentliche Hellas führen. Der erste, nördlichere, der Trempepaß, wurde aber aufgegeben, da man sich klar machte, daß weiter landeinwärts andere Pässe existieren, da ferner auch einige Völkerschaften diesseits des Passes sich den Persern anschlossen. Der zweite ist der Paß von Thermopylä, zwischen dem Öta und der See, den ein Heer unter Führung des Leonidas besetzte.

Hier erhebt sich die allgemeine Frage, ob dies in der Tat die beste Art ist, ein Gebirge zur Verteidigung des Landes zu verwerten, und ob die Griechen schon die Einsicht in gewisse aus der Natur des Krieges sich ergebende Gesetze der strategischen Benutzung der Gebirge besessen haben.

Die moderne durchdachte Strategie verwendet die Gebirge nicht in der Weise des Leonidas zur Deckung eines Landes. Über ein Gebirge, auch über den Öta, führt immer, weiter oder näher, bequemer oder beschwerlicher, mehr als ein Weg. Sie alle zu besetzen ist schwer, sie alle zu verteidigen gelingt nie.[1] Immer wird der Feind eine Stelle finden, wo er entweder

1 Durch die jüngste Vergrößerung der Heere erleidet dieser Satz eine Modifikation. Mit den ungeheuren Massen der jetzt zur Verfügung stehenden Truppen kann man auch lange Gebirgszüge so eng besetzen, daß sie nicht leicht durchbrochen werden können. So gelang es, die Karpathen im Winter 1914/15 lange Zeit gegen die Russen zu halten.

vermöge großer Übermacht durchbricht, oder wo er auf eine Unaufmerksamkeit stößt, wo er durch irgend eine, wenn auch pfadlose Schlucht einem der Verteidigungsposten in den Rücken kommt. Ist die Linie nun erst an einer Stelle durchbrochen, so sind die Besatzungen aller anderen Übergänge aufs äußerste gefährdet. Wenn sie nicht bald benachrichtigt werden und aufs schleunigste abziehen, so können sie ihren Rückzug verlieren, und selbst wenn es ihnen gelingt, ohne Verlust davonzukommen, so sind sie zunächst von einander getrennt und können vielleicht nur schwer wieder den Anschluß an einander erreichen.

Es bedurfte also nicht der alle Voraussicht täuschenden Verruchtheit eines Verräters Ephialtes, den Persern den Paß von Thermopylä zu öffnen. Ein Wegweiser ist auch im feindlichen Lande immer zu haben, sei es nun durch Güte oder Gewalt, durch Gold oder Prügel, und der Gedanke der Umgehung ist keineswegs erst ein Produkt der modernen Kriegstheorie, sondern von den ältesten Zeiten her den Kriegführenden geläufig. Schon in ihrer Sage von den Kämpfen des Astyages und Cyrus haben die Perser die Überwältigung eines tapfer verteidigten Passes durch Umgehung. In unmittelbarer Nähe der Thermopylen führt jener Fußpfad über das Gebirge, auf welchem die Perser nach Herodot 480, die Gallier 278, die Römer 191 die Verteidiger des Passes umgingen. Von Trachis aus, wo dieser Fußpfad beginnt, geht auch noch ein anderer Weg direkt über das Gebirge nach Doris und ist sogar von einer persischen Heeresabteilung benutzt worden. Einige Meilen weiter zog im Jahre 191 der Konsul M'. Acilius Glabrio mit seinem Heere über das Gebirge, am Berge Korys entlang; der Marsch war zwar sehr mühselig und verlustvoll, aber er gelang.[1] Xerxes war stark genug, alle diese Übergänge zugleich versuchen zu lassen, sein Heer war ohnehin bisher in drei Abteilungen nebeneinander auf Parallel-

1 Livius XXXVI, 30.

straßen marschiert, nahm also die Verteidiger von Thermopylä früher oder später auf jeden Fall im Rücken, wenn es sie nicht in der Front zu überwältigen vermochte.

Verteidigung der Gebirgspässe hat nur dann einen Zweck, wenn man den Feind nicht absolut aufhalten, sondern ihn nur Zeit verlieren machen und ihn zu verlustvollen Gefechten zwingen will. Will man das Gebirge benutzen, eine überlegene Invasion wirklich abzuwehren, so verlangt die Theorie der Taktik, daß man sich mit gesamten Kräften gegenüber dem oder einem der Defilees aufstellt, aus welchem der Feind im Begriff ist zu debouchieren. Dann greift man ihn an, in einem Augenblick, wo er erst mit einem Teil seiner Truppen das Defilee überwunden hat. Gelingt es nun, diese, numerisch noch relativ schwach und unentwickelt, wie sie sind, zu schlagen, so müssen sie große Verluste erleiden. Sie müssen in den Engpaß zurück, Abteilungen werden vielleicht abgedrängt und gehen ganz verloren. Hat der Feind den Übergang an mehreren Stellen zugleich unternommen, so kann man sich nunmehr mit gesamten Kräften auf einen anderen Teil werfen und schlägt so immer mit versammelter Kraft den Gegner im Detail. Dies Strategem ist so einfach, daß wir es ebenfalls schon in der urältesten sagenhaften Kriegserzählung angewandt finden. Das erste große Erobervolk in der legendarisch überlieferten Geschichte sind die Assyrer unter König Ninus, und als dieser, so erzählt die Sage, gegen die Baktrer auszog, da ließ der König der Baktrer einen Teil der Assyrer durch die Pässe in sein Land herabsteigen, griff sie dann an und schlug sie. Ninus war aber so stark, daß die durch andere Pässe vorgegangenen Truppen genügten, die Baktrer zuletzt doch zu besiegen.[1]

Wir dürfen also sagen, die theoretische Einsicht in das Wesen der strategischen Verwertung eines Gebirges ist schon den ältesten Zeiten aufgegangen, aber die Griechen waren im

1 Diodor II, 6 aus Ktesias.

Jahre 480 nicht in der Lage, davon Gebrauch zu machen. Sie hätten alle ihre Kräfte am Öta vereinigen und hier eine Offensivschlacht liefern müssen. Das war zunächst politisch unmöglich; es ist von einem Konglomerat kleiner Republiken nicht zu erwarten, daß sie ihre gesamten Kräfte so weit von Hause wegschicken und der Gefahr einer Offensivschlacht aussetzen, ehe ihr eigenes Gebiet unmittelbar bedroht ist, und ein großer Teil, namentlich die Athener, war durch die Flotte in Anspruch genommen. Vor allem aber, man war ja taktisch nicht in der Lage, eine Offensivschlacht zu liefern, in Anbetracht der persischen Reiterei. Nur durch die künstliche Defensivstellung mit Flügelanlehnung hatte man bei Marathon gesiegt. Suchte man abermals eine solche Stellung, so liefen die Perser sicherlich nicht wieder dagegen an, sondern umgingen sie, gegebenenfalls mit Hilfe ihrer Flotte, und suchten die Schlacht auf freiem Felde.

Eine spätere Überlieferung[1] will, Themistokles, den die Athener zum Feldherrn wählten, habe von Anfang an auf jede Verteidigung zu Lande verzichten und den Persern mit der Flotte so weit als möglich entgegengehen wollen. Das wäre in der Tat damals der beste Plan gewesen. Auf eine Seeschlacht mußte man es auf jeden Fall früher oder später ankommen lassen; gelang es, die persische Flotte zu besiegen, so hatte man damit auch für die Entscheidung zu Lande günstigere Chancen geschaffen: ein großer Teil der Flottenmannschaft konnte ans Land steigen, die Hoplitenrüstung anziehen und das Landheer verstärken, und die Perser hatten bei ihren strategischen Manövern nicht mehr das Hilfsmittel der Umgehung zu Wasser.

Einem solchen Plan mögen sich aber mancherlei Hindernisse in den Weg gestellt haben. Die verschiedenen Kontingente der griechischen Flotte waren schwerlich so früh alle fertig und versammelt, um die weite Fahrt bis in die Nähe des Hellesponts zu machen; das Wagnis war sehr groß, und die persischen Schiffe

1 Plutarch, Themist. Kap. 7.

hielten sich vorsichtig zurück, bis das Landheer an den Grenzen Griechenlands angelangt war.

So wird es zu erklären sein, daß die Griechen endlich einen Mittelweg wählten: sie versuchten es mit der Paßsperre bei Thermopylä, während die Flotte in der Nähe, an der Nordspitze Euböas beim Vorgebirge Artemision, die feindliche erwartete. Die Athener, die sich noch an der Besetzung des Tempepasses stark beteiligt hatten, hatten jetzt ihren Sinn geändert, ihre Kraft ausschließlich auf die Flotte verwandt und zu dem Heer des Leonidas kein Kontingent gestellt. Die Besetzung von Thermopylä ist also nur eine Neben- und Hilfslinie für den eigentlichen strategischen Plan, das ist, in dem offenen Wasser nördlich von Euböa eine Seeschlacht zu liefern. Noch weiter nördlich waren die verschiedenen Flottenkontingente nicht zusammenzubringen – nicht einmal bei Artemision waren sie vollzählig versammelt –, weiter südlich gab man Mittelgriechenland dem persischen Landheer preis, da Thermopylä der einzige Punkt war, wo man hoffen konnte, es aufzuhalten, wenn und so lange die Flotte die Seeflanke schützte.

Man hat sich oft gewundert, weshalb die Griechen das Heer des Leonidas nicht stärker machten; dürfen wir uns auf die überlieferten Zahlen auch nicht verlassen, so ist doch das Eine sicher, daß, obgleich der gesamte Auszug der Spartiaten etwa 2000 Mann betrug, Leonidas von ihnen doch nur 300 bei sich hatte. Daraus folgt dann, daß auch die anderen Staaten meist nur wenig oder auch gar keine Truppen geschickt haben werden. Es läßt sich das aber doch wohl ganz gut erklären. Den Griechen war die Gefahr einer Gebirgsverteidigung nicht unbekannt. Mißlang die Sperre, so war nicht bloß die Stellung, sondern ein großer Teil des Heeres verloren und ein um so größerer, je größer das Heer war und sich selbst im Rückzug hemmte. Die persischen Reiter und Bogner waren für ein zurückgehendes Heer ganz besonders gefährliche Verfolger. Auch ein kleines Heer genügte für die eigentliche Paßsperre; nicht durch zu schwache

Besetzung, sondern durch eine Unaufmerksamkeit haben tatsächlich die Griechen den Kampf endlich verloren. Thermopylä ist aber, wenn ich es hier auch zuerst behandelt habe, in der strategischen Idee der griechischen Verteidigung nur die Neben-Aktion, die Hilfslinie. Die positive Hoffnung, die man bei der Stellungnahme hatte, war die, daß es der griechischen Flotte bei Artemision gelingen möchte, die persische zu schlagen, und das Landheer darauf das Unternehmen aufgeben und zurückgehn würde. In sich selber hatte die Verteidigung von Thermopylä so gut wie keine Aussichten; sie war, isoliert betrachtet, ein heroischer Versuch, ohne daß man gleich das Ganze aufs Spiel setzen wollte. Formal, man könnte auch sagen, materialistisch-militärisch war es ein Fehler, aber es war ein moralisches Postulat und in seiner Erfüllung von unermeßlichem Wert, daß den Barbaren der Eintritt in das eigentliche Hellas nicht kampflos preisgegeben wurde.

Leonidas war ein Mann, diese Natur seiner Aufgabe zu begreifen und zu erfüllen. Als die Umgehung der Perser gemeldet wurde, ließ er das Gros seines Heeres den Rückzug antreten; er selbst aber mit den Spartiaten blieb stehen, um diesen Rückzug zugleich zu decken und die Idee des Kampfes, der ihm aufgetragen war, zum vollkommenen Ausdruck zu bringen. Der Untergang der Spartaner ist nicht bloß Opfertod und ist auch nicht bloß Rückzugsgefecht, sondern beides zugleich.

Die Kritiker sagen, Leonidas hätte sich zurückziehen sollen; so viel ist gewiß, die Kritiker hätten sich zurückgezogen. Dieses Wort Heinrich Leos möge auch in dieser kriegsgeschichtlichen Betrachtung als die beste Charakteristik des Treffens von Thermopylä wiederholt werden.

Wie Miltiades uns in seiner Defensiv-Offensive bei Marathon gezeigt hat, daß das Hellenentum bereits die Grundbegriffe aller Heerführung sich zu eigen gemacht hatte, so verkörpert uns Leonidas das moralische Element im Kriege, seine Bedeutung, seinen Wert; nicht bloß die ritterliche, persönliche Tapferkeit, den Heldentod, sondern das Heldentum in dem organischen Zusammenhang des Krieges als bewußter militärischer Handlung.

Zeugnis, daß sich die Griechen der Idee bewußt waren, gibt uns der Dichter, der in Worten, klassisch wie das Ereignis selber, seinen Sinn für alle Zeiten deutete:

Ὦ ξεῖν', ἀγγέλλειν Λακεδαιμονίοις, ὅτι τῇδε
Κείμεθα τοῖς κείνων ῥήμασι πειθόμενοι.

Wanderer, kommst du nach Sparta, verkündige dorten, du habest
Uns hier liegen gesehn, wie das Gesetz es befahl.

1. Je klarer man sich macht, daß die Griechen den Kampf mit den Persern zu Lande nicht aufnehmen konnten, bevor sie die persische Flotte geschlagen, desto auffälliger ist, daß die Athener zuerst ein großes Landheer an den Tempepaß und sogar unter Führung des Themistokles geschickt haben, dem man am meisten von allen Griechen die volle Einsicht in die strategische Lage zutraut.

Möglich erscheint folgende Erklärung. Als die Griechen nach Tempe zogen, hatten sie nicht bloß die Böotier, sondern auch die Thessalier noch auf ihrer Seite, die beide, namentlich die Thessalier, über eine tüchtige Reiterei verfügten. Themistokles hat also vielleicht den Plan gehabt – nicht Tempe zu sperren, was ganz hoffnungslos war, da die Perser es nicht nur zu Lande, sondern auch zur See umgehen konnten –, sondern mit Hilfe der thessalischen Reiter den aus Tempe debouchierenden Persern eine Schlacht zu liefern. Das zeigte sich unausführbar, besonders da auf die Thessalier kein Verlaß war und die übrigen Griechen nicht zahlreich genug erschienen – und jetzt erst führte Themistokles die Athener auf den andern Weg hinüber, zuerst mit der persischen Flotte zu kämpfen, und ließ nach Thermopylä keine Truppen mehr schicken.

So war Thermopylä von vornherein (wenn nicht etwa die Perser *zuerst* eine Seeschlacht verloren und darauf hin umkehrten) ein so gut wie verlorener Posten und dem Leonidas die Aufgabe gestellt, mit Ehren zu sterben, um den Griechen ein Beispiel zu sein.

2. Bei Diodor (XI, 4) findet sich (nach Ephorus) eine Erzählung, der bisher niemand hat recht Glauben schenken wollen, die aber nach dem Obigen doch der Wahrheit recht nahe kommen dürfte. Leonidas soll hiernach nur 1000 Mann aus Lacedämon haben mitnehmen wollen, und

als die Ephoren ihm mehr anboten, gesagt haben, um die Pässe zu sperren seien es wenige, aber in Wahrheit sperre er nicht mit ihnen die Pässe, sondern führe sie in den Tod. Ziehe er mit dem gesamte Volke dahin, so würde Lacedämonien völlig untergehen. Die Zahl »1000« möge in dieser Erzählung auf sich beruhen; auch daß die Ephoren dem König eine größere Zahl angeboten. Sie werden ebenso gut wie Leonidas selbst gewußt haben, um was es sich handelte. Das Wesentliche ist, daß uns hier in populärer Form der richtige strategische Gedanke tatsächlich erhalten ist. Auch für Marathon haben wir ja die Tradition der richtigen militärischen Auffassung bei Ephorus gefunden.

3. Nach der Erzählung Herodots hat Leonidas auch 700 Thespier, die sich dazu anboten, und die Thebaner bei sich behalten; die Thebaner ergaben sich den Persern, die Thespier fielen mit den Spartiaten.

Ist schon die Aufopferung der Spartiaten, die einen Kriegerstand bilden, eine Tat von ewig denkwürdigem Heroismus, so scheint die freiwillige Teilnahme der Bürgermiliz einer kleinen Stadt über menschliches Vermögen hinauszugehen. Daß eine ganze Stadt von solchen Helden bewohnt wird – mehr als 700 Hopliten kann ein Städtchen wie Thespiä gar nicht gehabt haben –, kann man auf das Zeugnis einer legendarischen Überlieferung hin nicht annehmen. Der Zusammenhang könnte der sein, daß die Perser die Thespier auf dem Rückzug noch eingeholt und sie hier, da sie sich wehrten, niedergemacht haben, während die Thebaner Ergebung anboten, die angenommen wurde.

4. Gegen meine Auffassung der Tat des Leonidas ist eingewendet worden (Busolt p. 686 Anm.), Leonidas habe, wenn er den Rückzug der andern decken wollte, zunächst immer so weit zurückgehen können, bis er die persische Umgehungskolonne wieder vor sich hatte, da auch noch später enge Stellen im Wege vorkommen, die gut zu verteidigen waren. Dieser Einwand ist nicht stichhaltig. Die Perser hatten doch Posten ausgestellt und hätten sofort begonnen nachzudrängen, sobald sie die Räumung des Passes bemerkten. Dann hätten die Griechen zunächst durch die Pfeile der Verfolger erhebliche Verluste erlitten, um an der nächsten Stelle aufs neue umgangen zu werden, vielleicht eine kleine Anzahl der Spartiaten zuletzt noch gerettet, den ganzen moralischen Wert des Kampfes aber eingebüßt. Beides gehört aufs engste zusammen und darf nicht getrennt werden: der Opfertod in seiner moralischen Bedeutung und der militärische Zweck.

5. (2. Aufl.) Ich habe an meiner Darstellung von Thermopylä in der 1. Auflage nichts Wesentliches geändert, obgleich GRUNDY in seinen vortrefflichen topographischen Untersuchungen (The great Persian war and its preliminaries; a study of the evidence, literary and topographical,

London, 1901) die Gangbarkeit des Gebirges neben dem Thermopylenpaß bestreitet und namentlich die Existenz der Straße von Trachis nach Doris im Altertum ableugnet. War es aber auch keine Straße, so war es doch ein Pfad, nach Munro »The journal of Hellenic studies«, Bd. 22, S. 314 (1902), der überhaupt die Aufstellungen Grundys so weit eingeschränkt und korrigiert hat, daß meine prinzipielle Auffassung dabei bestehen bleiben kann. Welchen Pfad die umgehenden Perser schließlich genommen haben, ist eine bloße topographische Frage, die für uns außer Betracht bleiben kann.

7. KAPITEL
Artemision

Etwa gleichzeitig mit den Gefechten in Thermopylä kämpften die beiden Flotten an drei Tagen hintereinander bei Artemision.[1] In der späteren Tradition wird Artemision als Sieg behandelt. Nach der Erzählung Herodots haben die Kräfte sich etwa die Wage gehalten, die Griechen aber doch wegen der Beschädigung so sehr vieler Schiffe beschlossen, den Rückzug anzutreten und ihn sofort begonnen, als nun auch die Nachricht von der Katastrophe des Leonidas ankam.

Diese Erzählung scheint zunächst als das Eingeständnis einer Niederlage aufgefaßt werden zu müssen. Denn der Rückzug der Flotte von der Nordspitze von Euböa bedeutete die Preisgebung von Thermopylä, und diese bedeutete die Räumung von ganz Mittelgriechenland und Attika. Das Volk mag, wie Herodot erzählt, sich eingebildet haben, daß man nur bis zum Euripus zurückgehe und daß ein griechisches Landheer dem Xerxes weiter südwärts noch einmal entgegentreten werde. Die Führer aber müssen gewußt haben, daß, wenn man nicht einmal Thermopylä hatte halten können, weiter südwärts keine Stellung war, die die Perser nicht hätten umgehen können, daß also die Spartaner erst auf dem Isthmus die Verteidigung aufnehmen würden. Es war

1 Plato, Menexenos XI. Aristoph. Lysistrata v. 1250. Man setzte auch später auf dem Vorgebirge ein Siegesdenkmal, dessen Inschrift aus Plutarch überliefert hat.

kein kleiner Entschluß, namentlich für die Athener, von Artemision abzuziehen; ihr Land und ihre Stadt waren damit verloren. Nur die unbedingte Notwendigkeit, also eine Niederlage, scheint einen solchen Entschluß zu erklären.

Auf der anderen Seite ist es sehr auffällig, daß die Perser sie unverfolgt abziehen ließen. Die persischen Admirale wußten, daß ihr Landheer vor einem Engpaß kämpfte; sie wußten, welches große Verdienst sie sich erwerben würden, wenn sie die griechischen Schiffe vertrieben und dadurch die Umgehung von Thermopylä zu Wasser ermöglichten. Trotzdem sollen sie nach dreitägigem Gefecht nicht am vierten Tage von neuem zur Schlacht angerudert, sondern erst auf die Meldung, daß die Griechen abgefahren, von ihrem Ankerplatze am Eingang des pagasäischen Meerbusens aufgebrochen sein. So zurückhaltend wären die Perser nach einem vollständigen Siege ganz gewiß nicht gewesen.

Es scheint also doch, daß die Griechen sich in dem dreitägigen Fechten ganz gut behauptet haben. Vielleicht ist die Nachricht falsch, daß der Rückzug schon vor dem Eintreffen der Nachricht von Thermopylä beschlossen gewesen sei. Wenigstens würde der Zusammenhang viel verständlicher erscheinen, wenn man annimmt, daß erst diese Meldung den Ausschlag gegeben (so hat es schon Plutarch aufgefaßt), und nachdem vielleicht schon vorher einige Stimmen ihn gefordert, definitiv den Rückzug entschieden habe.

Wie dem auch sei, es erscheint als sicher, daß die griechische Flotte sich der persischen in offenem Wasser gewachsen gezeigt hat und in dreitägigem Ringen nicht hat überwunden werden können.

Hieraus dürfen wir schließen, daß die beiden Flotten ziemlich gleich stark gewesen sind. Wenn die Griechen den Widerspruch, daß auf der einen Seite die Perser dreimal mehr gewesen seien und doch nicht siegen konnten, dadurch beseitigen wollen, daß die feindlichen Schiffe durch ihre Größe und Menge sich selber verwirrt und geschadet hätten, so ist das offenbare Fabel. Die Hauptmasse der persischen Marine bestand aus Phöniciern und ionischen Griechen, beides vortreffliche Seeleute, die die Schiffe, die sie bauten, auch zu regieren wußten. Die Besatzung bestand vermutlich aus lauter Berufs-Seeleuten, während die griechischen Schiffe zum Teil zwar mit vortrefflichen Seeleuten, zum Teil aber auch mit nautisch nur wenig erfahrenen Bürgern besetzt gewesen sein müssen. Herodot selber bezeugt mehrfach die technische Überlegenheit der Gegner (VII, 179, VIII, 10) und läßt auch den Themistokles ausdrücklich sagen (VIII, 60), daß die Schiffe der Griechen schwerfälliger seien (βαρυτέρας). Die spätere Seekriegsgeschichte, z.B. die Überlegenheit der Athener im Peloponnesischen Kriege lehrt, wie viel es für eine Flotte ausmacht, wenn ihre Mannschaft berufsmäßig durchgebildet ist. Die Besetzung der athenischen Flotte im Jahre 480 bestand aber zum sehr großen Teil aus den attischen Bauern, Köhlern und Handwerkern, die auf der erst seit zwei Jahren ausgebauten Flotte nur notdürftig eingeübt sein konnten.[1] Die Griechen hätten also die dreitägige Schlacht in offener See unmöglich so durchhalten können, wenn der seemännisch tüchtigere und energisch geführte Feind auch noch eine große Überlegenheit gehabt hätte. Die Griechen wollen selber am ersten Schlachttage 271 Trieren gehabt haben, die Perser hatten also gewiß nicht mehr als 200–300. Angeblich haben sie in einem großen Sturm einige Tage vorher sehr viele Schiffe verloren. Selbst wenn dieser Verlust übertrieben wäre und sie von Anfang an nicht mehr als 200–300 Trieren gehabt haben, so ist es immerhin wahrscheinlich, daß Xerxes geglaubt hat, mit einer solchen Flotte alle Griechen vom Meer wegfegen zu können. Von den

1 Über den Bau der Trieren HAUCK (ehemaliger Direktor der Schiffsbaugesellschaft Vulkan) in der Zeitschrift des Vereins deutscher Ingenieure 1895; A. TENNE (Ingenieur), Kriegsschiffe zu den Zeiten der alten Griechen u. Römer. 1916. Besprochen von CHR. VOIGT, Die Liter. Zeit. 1917. Nr. 29, Sp. 932.

griechischen Schiffen waren 127 athenisch. Noch wenige Jahre vorher hatten die Athener sich 20 Schiffe von den Korinthern geborgt, um einen Krieg gegen Ägina zu führen. Dann erst war auf das Themistokles Antrag die große Flotte 483/82 gebaut worden, und am persischen Hof hat man gewiß keine Vorstellung davon gehabt, welche außerordentliche Anstrengung der kleine Staat noch im letzten Augenblick gemacht hatte. Es liegt also nicht nur kein innerer Grund vor, anzunehmen, daß die persische Flotte zahlreicher gewesen ist, als die griechische, sondern der Verlauf der Schlacht von Artemision schließt es, zum wenigsten nach dem Verlust durch den Schiffbruch, geradezu aus.[1] Daß die Perser etwa zum Angriff geschritten sind, ehe ihre Flotte vollständig zur Stelle war, ist natürlich auch ausgeschlossen.

Ist das alles richtig, so wird auch der Rückzug der Griechen ganz verständlich. Nach Herodot sind die Athener noch bei Artemision durch 53 weitere athenische Trieren verstärkt worden; diese Verstärkung ist mit Recht von Beloch angezweifelt worden; Athen hatte gar nicht Männer genug, um 200 Trieren zu bemannen. Keinem Zweifel aber kann es unterliegen, daß von den kleineren Kontingenten ein erheblicher Teil erst bei Salamis sich eingefunden hat. Herodot bemüht sich, ausdrücklich zu beweisen, daß der Verstärkung der Griechen auch Verstärkungen der Perser gegenübergestanden hätten. Für die Perser bestanden sie aber in den wenigen Schiffen der Inselgriechen, für die Griechen gibt Herodot 55 Trieren an (außer den 53 athe-

1 Es ist vielleicht gut, daran zu erinnern, daß nicht bloß große Landheere, sondern auch große Flotten schwer zu bewegen sind. Die vollständige Flotte, mit der die Athener 415 nach Sizilien gingen, war 134 Trieren und zwei Pentekonteren stark, dazu 131 Lastschiffe und eine Anzahl freiwillige Handelsschiffe. Diese Flotte fuhr nicht zu einem Geschwader vereinigt, sondern wurde in drei Divisionen geteilt »ἵνα μήτε ἅμα πλέοντες ἀπορῶσιν ὕδατος καὶ λιμένων καὶ τῶν ἐπιτηδείων ἐν ταῖς καταγωγαῖς, πρός τε τᾶλλα εὐκοσμότεροι καὶ ῥᾴους ἄρχειν ὦσι, κατὰ τέλη στρατηγῷ προστεταγμένοι«. Thucyd. VI, 42.

nischen). Indem man also von Artemision zurückging, ging man auf Verstärkungen zurück und konnte auch in den heimischen Häfen die vielen beschädigten Schiffe sehr schnell wieder ausbessern, was für die Perser viel schwieriger war. Hatte man sich bei Artemision schon mit Ehren behauptet, so durfte man einer zweiten Schlacht im saronischen Meerbusen mit guter Zuversicht entgegensehen. Der Preis, den man zahlte, war freilich sehr hoch, die Athener mußten ihr Land und ihre Stadt dem Feinde überlassen, aber da es einmal nicht gelungen war, die feindliche Flotte bei Artemision zu besiegen, so blieb kein anderes Mittel.

1. Herodot erzählt, die Griechen seien aus ihrer Stellung bei Artemision vor der Schlacht schon einmal bis zum Euripus zurückgewichen und erst auf die Nachricht von den großen Verlusten der Perser im Schiffbruch wieder nach Artemision vorgegangen. Die Nachricht verdient keinen Glauben, da in diesem Falle Leonidas auch Thermopylä hätte räumen müssen. Sie gehört zur Ausmalung der Angst, in der die Griechen vor der Ankunft der Perser gelebt haben und der Hilfe, die ihnen die Götter in Wind und Wetter gesandt. Je größer der Verlust der Perser im Schiffbruch, je größer war ursprünglich die Flotte gewesen.

2. Mit der Feststellung des Stärkeverhältnisses der Flotte schwindet definitiv die Fabel, die Perser hätten 200 Schiffe um Euböa herumgeschickt, um den Griechen den Rückzug abzuschneiden, und diese seien allesamt in einem Sturm gescheitert. Um die griechische Flotte abzuschneiden – wenn die Perser in der Schlacht die Schiffe entbehren konnten –, brauchten sie diese nicht um Euböa herumzuschicken, sondern einfach, während die Hauptflotte zur Schlacht anruderte, gerade übers Wasser in die linke Flanke der Griechen. Die Erzählung gehört ebenfalls zu den Hilfslinien der Legende, um den Widerspruch zwischen der ungeheuren eigentlichen Größe der persischen Flotte und ihrem wirklichen Erscheinen in der Schlacht auszugleichen.

3. Den Widerspruch, daß die persische Flotte der griechischen um das Vielfache überlegen gewesen sein und diese sich doch in dreitägiger Schlacht im offenen Wasser behauptet haben soll, habe ich früher auf die Weise zu lösen gesucht, daß bei Artemision überhaupt keine wirkliche Schlacht stattgefunden habe. Diese Lösung ist jedoch unstatthaft, nicht sowohl wegen der Erzählung der Griechen – die Legende hat oft ganze Schlachten erfunden – sondern wegen der Kämpfe um Thermopylä. Die persische Flotte kann unmöglich stillgelegen haben, während der König hier kämpfte, sondern muß mit aller Kraft angesetzt haben, um die griechi-

sche Flotte fortzuschlagen und die Stellung des Leonidas im Rücken zu nehmen. Da die Entscheidung in Thermopylä erst am siebenten Tage nach der Ankunft des Königs vor dem Paß erfolgte, so ist es klar, daß das Landheer auf die Aktion der Flotte geradezu gewartet hat. Drei Tage soll sie durch Unwetter aufgehalten worden sein. Diese Angaben Herodots werden als richtig angesehen werden dürfen, wennschon die Einzelheiten in chronologischen Angaben bei einer Aufzeichnung nach so langer Zeit immer starken Bedenken unterliegen und Herodot sich auch selber widerspricht.

8. KAPITEL
Schlacht bei Salamis

Als die Botschaft nach Athen kam, daß die Bürgerschaft die Stadt verlassen und dem Feinde preisgeben solle, verweigerte sie in dumpfer Verzweiflung, diesem Rate nachzukommen, und auch die Auslegung des Götterspruches von den hölzernen Mauern wollte nicht verfangen. Endlich fand sich's, daß die heilige Burgschlange ihren monatlichen Opferkuchen nicht verzehrt hatte; man mußte also annehmen, daß auch sie ausgewandert war. Solch göttlichem Beispiel zu folgen scheuten sich nunmehr auch die athenischen Bürger nicht mehr.

Die Bevölkerung wurde zum Teil nach dem Peloponnes, zum Teil aber auch bloß nach Salamis hinübergeschafft. Die Mittel werden nicht ausgereicht haben, die großen Menschenmassen mit ihrer beweglichen Habe insgesamt bis in den Peloponnes zu tranportieren. Die bäuerliche Bevölkerung wird sich in die Berge geflüchtet haben. Indem die Insel Salamis den Stadtbürgern eine Zufluchtsstätte bot, fesselte sie die Flotte an diese Stelle. Trotzdem soll nach der Tradition ein großer Streit unter den Feldherren geherrscht haben, ob man die Schlacht gegen die Perserflotte nunmehr bei Salamis annehmen wolle. Wir sind nicht in der Lage, die Natur dieses Streites mit Sicherheit zu erkennen, und es ist völlig unmethodisch, eine Erzählung, wie diejenige Herodots, auch wenn es gelingt, sie von offenbaren Unmöglichkeiten und Widersprüchen zu reinigen, als Geschichte wiederzugeben.

Vielleicht ist dieser ganze Feldherrenstreit eine Fabel, in der nur das Körnchen Wahrheit steckt, daß die Gründe, ob man bei Salamis, ob anderwärts schlagen solle, nach allen Seiten im Kriegsrat erwogen wurden; gerade diese Verzerrung, so stark sie scheint, findet sich ziemlich häufig in der Kriegsgeschichte, auch in der neueren: ich verweise hier nur auf die Bullingersche Chronik über die Schlacht bei Murten und auf den analogen angeblichen Zwist zwischen Friedrich und Schwerin vor der Schlacht bei Prag. Gewisse Stücke der Herodoteischen Erzählung entsprechen freilich so sehr der Natur der Sache, daß wir sie wohl annehmen können; aber ob nicht noch andere uns unbekannte Motive, vielleicht viel stärkerer Natur, mitgespielt haben, wissen wir nicht.

Zunächst ist festzuhalten, daß es sich nur darum handelte, wo, nicht ob die Seeschlacht geschlagen werden solle. Hatte man nicht den Mut, die Seeschlacht zu wagen, so mußte Griechenland sich den Persern unterwerfen; ohne den Widerstand der Flotte hätten die Perser den durch eine Mauer abgeschlossenen Isthmus umgangen, und daß die Landarmee sich nicht getraute, den Persern im freien Felde eine Schlacht zu liefern, wissen wir bereits. Wurde nun die Schlacht zwischen Salamis und dem Festlande geschlagen und ging verloren, so waren die Geschlagenen so gut wie abgeschnitten und nur wenige Schiffe hätten sich durch den Sund von Megara, falls die Perser nicht auch diesen sperrten, retten können. Eine Schlacht im freien Wasser hatte also den Vorteil, die Gefahr nicht aufs äußerste zu steigern. Für den Ausgang des Krieges aber kam das nicht in Betracht; eine Niederlage der Flotte, auch eine etwas weniger vollständige, entschied ihn auf alle Fälle, da ja ohne die Flotte auch das Landheer nicht widerstandsfähig war. Überdies gab man durch den Rückzug nach dem Isthmus nicht nur Salamis mit den dorthin geretteten Athenern, sondern auch Ägina und Megara dem Feinde preis. Das scheint völlig durchschlagend, und man ist zunächst ratlos wegen eines leidlich rationellen Motivs, das die Verteidiger des weiteren Rückzuges doch vorgebracht haben müssen. Die

Legende begnügt sich ja mit der einfachen Torheit und Feigheit; in Wirklichkeit gehen die Dinge nicht so zu, und es ist völlig sicher, daß der Spartanerkönig Eurybiades und der Führer der Korinther, Adeimantos, den seine Landsleute als einen Helden gefeiert und für den eigentlichen Sieger von Salamis gehalten haben, noch andere Gründe für ihren Plan vorgebracht haben, als Herodot sie aufbewahrt hat. In der Tat finden wir nun auch in Herodots Erzählung noch eine Tatsache, die bisher ganz unbeachtet geblieben ist, uns aber den gesuchten Schlüssel geben könnte, falls der Erzählung überhaupt etwas Reelles zugrunde liegt.

Wir hören, daß eine Flotte von 60 korkyräischen Trieren schon an der Südspitze des Peloponnes angelangt war. Die Griechen haben später den Argwohn geäußert, die Korkyräer, die angeblich durch widrige Winde aufgehalten wurden, seien absichtlich zurückgeblieben, um die Entscheidung abzuwarten und sich dem Sieger anzuschließen. Es scheint aber nicht unmöglich, daß man im Rate der griechischen Feldherren jeden Augenblick ihr Eintreffen erwartete und deshalb auch unter den schwersten Opfern lieber noch einen Schritt weiter zurückgehen und durch ihre Hilfe den Sieg noch sicherer machen wollte.

Die Entscheidung soll mit der ganzen Verwogenheit seiner Natur Themistokles gebracht haben, indem er Verrat heuchelnd König Xerxes selbst von dem Zwiespalt unter den Griechen benachrichtigte und ihn dadurch zum sofortigen Angriff verleitete. Über den Inhalt dessen, was Themistokles dem König hat sagen lassen, waren sich die Griechen nicht ganz einig. Bei Äschylus (Perser v. 336) heißt es, ein Mann habe dem Xerxes gemeldet, die Griechen würden in der Nacht entfliehen und sich zerstreuen, um ihr Leben zu retten. Herodot fügt hinzu, die Griechen würden, wenn die Perser ansegelten, sich untereinander bekämpfen. Diodor (wohl nach Ephorus) läßt den Boten sagen, die Griechen wollten nach dem Isthmus segeln, um sich dort mit dem Landheer zu vereinigen. Ähnlich und wohl aus derselben Quelle Plutarch. Der Grund der Umbildung ist klar:

es gab Leute, denen es nicht einleuchtete, daß der König ein Interesse daran gehabt haben sollte, die Griechen an der Auflösung zu hindern. Denn wäre es dazu gekommen, so hätte die persische Flotte nicht nur jedes griechische Flotten-Kontingent, sofern es überhaupt noch die See zu halten wagte, mit Leichtigkeit überwältigt, sondern auch den Landsieg entschieden, indem sie einen Teil des persischen Heeres irgendwo auf dem Peloponnes gelandet und dadurch die Griechen aus ihrer letzten unumgehbaren Stellung hinter der Isthmus-Mauer herausmanöveriert hätte. Daher bei Herodot schon der Zusatz, die Griechen würden sich untereinander bekämpfen, ein Teil also zu den Persern übergehen – was deren Angriff wenigstens einigermaßen verständlich macht. Ephorus aber hat erkannt, daß auch dies nicht genüge, und da eine andre positive Überlieferung nicht vorlag, statt der Auflösung der Flotte einen bloßen Rückzug an den Isthmus und Verbindung mit dem Landheere eingesetzt. Spätere, wie Nepos, Justin, Frontin, sind zu der ursprünglichen Legende zurückgekehrt und lassen dem König bestellen: die Griechen seien im Begriff, sich zu zerstreuen, er möge schnell zugreifen, damit er sie alle miteinander fange. Kein Märchen kann einen übermütigen König prächtiger übertölpeln lassen. Ein wirklicher Soldat wie Themistokles aber hätte sich vermutlich gesagt, Xerxes würde ihm antworten: das ist eine sehr erfreuliche Nachricht; dann kann ich sie ja einen nach dem andern ohne Gefahr abtun. Am glaubhaftesten würde die Botschaft wohl erscheinen, wenn sie etwa gelautet hätte: es seien noch 60 korkyräische Trieren im Anzuge, die Perser sollten daher vor ihrem Eintreffen die Schlacht suchen.

Bis hierher habe ich die Darstellung der beiden ersten Auflagen stehen lassen können. Was jetzt folgt, ist neu. Erstaunlich genug ist es der sorgsamen philologischen Forschung gelungen, eine ganz neue Tatsache aufzufinden, die sowohnl taktisch wie strategisch das Ereignis von Salamis auf eine ganz andere Grundlage stellt, als man bisher angenommen hat. Alle Untersuchungen über Salamis gingen von der Voraussetzung aus, daß die Insel Psyttaleia, die während der Schlacht von persischen Kriegern besetzt, welche nach dem Siege abgeschnitten und vernichtet wurden, identisch sei mit der heutigen Insel Leipsokutali, die noch vor dem Eingang in den Sund liegt. Unendliche Mühe ist aufgewandt worden, um die Schlachtberichte des Äschylos und des Herodot mit sich selbst untereinander und mit dieser Topographie in Einklang zu bringen. Nunmehr hat Julius Beloch festgestellt, daß man sich durch den äußerlichen Anklang von Psyttaleia und Leipsokutali hat täuschen lassen; daß die beiden Namen gar nichts miteinander zu tun haben und die Insel Psyttaleia, in deren Nähe die Schlacht stattgefunden haben muß, vielmehr die erheblich weiter nördlich im Sunde liegende Insel Hagios Georgios ist. Es ist ein Vorgang, ähnlich wie bei der Schlacht von Murten, wo die Topographie und infolgedessen auch der taktisch-strategische Zusammenhang der Schlacht verwirrt wurde durch eine unbegründete Tradition, die eine von dem wahren Schlachtfeld ziemlich entfernte Kapelle als Schlachtkapelle bezeichnete. Mit der Abhandlung von Beloch in der Hand, bin ich im Jahre 1911 am Strande des Sundes entlang gegangen und nun fiel es mir wie Schuppen von den Augen, daß die Schlacht überhaupt nicht in diesem Sunde stattgefunden haben kann, weil viel zu wenig Raum darin ist. Die Schlacht kann nur stattgefunden haben jenseits der Enge, in der Bucht von Eleusis.

Auf dieser Grundlage ist nunmehr die quellenmäßige Überlieferung noch einmal von einem meiner Schüler, Gottfried Zinn, durchgearbeitet worden und hat ein taktisch wie strategisch einwandfreies Bild der Schlacht ergeben.[1] Sämtliche Nachrichten der Quellen, die in solcher Verwirrung zu sein schienen, daß man sich nicht anders als mit Textesänderungen, sei es an dieser, sei es an jener Stelle, glaubte helfen zu können, stehen in schönster Harmonie.

1 Berliner Dissertation 1914. Verlag R. Trenkel.

Gut 14 Tage ließen die Perser vergehn, nachdem sie Athen besetzt hatten, ehe sie die Entscheidung herausforderten (Besetzung der Stadt etwa 10. September; Schlacht 28. September). Trotz aller bisherigen Erfolge war die Lage für sie schwierig und nicht leicht zu entscheiden, wie man am besten operiere. Die griechische Flotte lag auf dem nördlichen Ufer der Insel Salamis, wo der genügende Sandstrand vorhanden ist (fast der ganze Osten ist Steilküste). Da die Insel zu wenig Wasser hat, um die ganze Flotte zu versorgen (etwa 300 Schiffe mit 50 000 bis 60 000 Mann Besatzung), so wird ein Teil der Schiffe an der megarischen Küste gelegen haben. Man könnte sich vorstellen, daß Xerxes erwogen hat, ob er etwa gleichzeitig mit dem Angriffe der Flotte auch zu Lande auf der Straße, die von Athen nach Megara führte, vorgehen solle. Da aber gar nichts hierüber überliefert ist, so wollen wir nur feststellen, daß die Perser jedenfalls nicht bis Megara gekommen sind,[1] sich also wohl dazu nicht stark genug gefühlt haben, und sich auf einen Flotten-Angriff beschränkten, der eine sorgsame, längere Neuregnoszierung voraussetzte. Um an die Griechen heranzukommen, mußte die persische Flotte entweder durch den ziemlich gewundenen, von Inseln und Klippen durchsetzten Sund von Salamis oder durch die noch engere Zufahrt auf der anderen, der megarischen Seite der Insel, die

1 Unmöglich ist es bei der Natur der Herodoteischen Erzählung natürlich nicht, daß aus dem Zusammenhang der Dinge ein großes Stück verloren gegangen ist, ohne eine Spur zu hinterlassen. Es ist doch sehr auffällig, daß wir garnichts darüber hören, weshalb das große persische Heer in den 14 Tagen, während es vor der Schlacht in Attika lagerte, nicht auch Megara besetzt hat, das doch noch vor dem Isthmus und seiner Mauer liegt. Eine natürliche Erklärung wäre, daß die Spartiaten mit dem Landheer der Peloponnesier, soweit es nicht am Isthmus schanzte, die Engpässe, die von Attika nach Megara führen, besetzt hielt, daß Xerxes sie aber, wie bei Thermopylä und erst recht nach der Erfahrung vor Thermopylä, nicht angriff, weil er erst die Flotte erledigen wollte. Um so eher konnte dann ein Teil der griechischen Flotte auf dem Strande von Megara liegen. Daß diese Konstruktion mit der Überlieferung in direktem Widerspruch steht, ist freilich klar.

Trupica-Bucht. Man beschloß endlich, die Griechen von beiden Seiten zugleich anzugreifen; siegte man, so war die griechische Flotte verloren und vollständig vernichtet. Beide Teile der Flotte brachen schon in der Nacht auf, um am nächsten Morgen gleichzeitig auf beiden Straßen in die eleusinische Bucht einzudringen.

Sobald das Anfahren gemeldet war, machten auch die Griechen sich bereit, teilten sich ebenfalls und fuhren dem Feinde entgegen. Themistokles ließ sich Zeit, vorher noch eine anfeuernde Ansprache zu halten. Seine Absicht war nicht, den Feind am Einlaufen in die freiere Bucht zu verhindern, sondern ihn anzugreifen, während er noch in der Entwicklung aus dem Engpaß begriffen war. Die vordersten Schiffe der Griechen, wohl diejenigen, die den Eingang beobachtet und gehütet hatten, ruderten zunächst ein Stück rückwärts. Dann setzte der Angriff ein, indem man den rechten Flügel der Perser, der sich also in der Richtung auf Eleusis bewegte, wie Herodot ganz richtig bemerkt, zu umfassen suchte. Die Perser wehrten sich aufs tapferste, aber die Enge ließ ihre Schiffe nur langsam heraus, während die Griechen sofort ihre ohnehin überlegene Macht ganz ins Spiel bringen konnten. So mußten die phönizisch-ionischen Schiffe trotz ihrer überlegenen Manövriertüchtigkeit erliegen und wurden wieder in den Sund hineingetrieben. Da die zurückgehenden Schiffe sich mit den noch vorwärts strebenden begegneten, kamen sie in die größte Verwirrung und erlitten schwere Verluste.

Von dem Gefecht an dem entgegengesetzten Wasserpaß bei Megara wird uns nichts berichtet. Wir dürfen jedoch mit Sicherheit annehmen, daß es sich ganz ähnlich abgespielt hat, da die Athener dem Herodot berichteten, daß die korinthischen Schiffe nach dieser Seite abgefahren seien (wie sie meinten, zur Flucht) und die Korinther ihren Feldherrn, Adeimantos, als Sieger gefeiert haben.

Alle Verzerrungen, die die Tradition bisher so unverständlich machten, sind nunmehr geschwunden.

Während man es bisher nicht verstehen konnte, weshalb die Enge des Fahrwassers gerade den Persern verderblich geworden sein sollte, wie namentlich Äschylos betont, da doch die Phönizier und Ionier unzweifelhaft bessere Seeleute waren, als der athenische Landsturm, so sieht man jetzt, wie der strategische Genius des Themistokles die Schlacht wirklich so anzulegen gewußt hat, daß die Enge den Hellenen half und die Gegner mit all ihrer nautischen Kunst nichts ausrichten konnten. Denn die Enge bezieht sich nicht auf das Gefecht selbst, sondern auf die Anfahrt zum Gefecht.

Der Widerspruch, daß die Griechen bei Artemision im offenen Wasser erfolgreich gekämpft und nun mit vermehrter Schiffszahl absichtlich einen engen Kampfplatz aufgesucht haben sollen, ist gehoben, da nicht der Kampfplatz, sondern nur der Zugang zum Kampfplatz die Enge bildete.

Neben der Tradition, daß Xerxes von einer Höhe am Salaminischen Sunde die Schlacht beobachtet habe, ist eine zweite erhalten, bei Plutarch, daß er seinen Thron auf einer Höhe an der Grenze von Megaris errichtet habe. Wie konnte eine solche Tradition sich bilden, wenn die Schlacht am südlichen Eingang des salaminischen Sundes, 10 bis 12 Kilometer von jenem Punkte entfernt stattfand? Jetzt ist sie zwar vermutlich nicht richtig, aber ganz rationell.

Endlich ist auch der nötige Raum für die Schlacht gefunden; die von Herodot berichtete Orientierung des rechten persischen Flügels auf Eleusis und das Verhalten der Korinther sind erklärt.

Umgekehrt, irgend ein Moment, das gegen die Zinnsche Rekonstruktion der Schlacht spräche, ist in der gesamten Quellen-Überlieferung nicht vorhanden.

Die Griechen hatten gesiegt, aber so groß war ihr Sieg nicht, daß sie sie weit ins Meer hinaus verfolgt hätten. Sie erwarteten sogar eine Erneuerung des Angriffs. Aber Xerxes hatte sich überzeugt, daß er, namentlich wenn nun noch die Korkyräer kamen, nicht imstande sei, die Griechen zur See zu überwinden. Er schickte also die Flotte, die, wenn sie die Griechen nicht mehr besiegen, auch nichts mehr nützen konnte, nach Hause.

Der Krieg war darum noch keineswegs verloren. Zwar gegen die Isthmus-Stellung war jetzt nichts mehr auszurichten, aber die Perser hatten doch Mittel-Griechenland und Attika inne, und die Griechen wagten ihnen zu Lande nicht die Stirn zu bieten. Wenn also das Landheer in Griechenland blieb und sich von den unterworfenen Landschaften verpflegen ließ, so war anzunehmen, daß die Griechen, namentlich die Athener, nicht imstande, ihr Land gegen wiederholte Einfälle zu schützen, mit der Zeit mürbe werden würden. Sie konnten doch nicht jedes Jahr ihre Stadt räumen und über das Wasser fliehen.

Der Krieg mußte also jetzt auf längere Dauer angelegt werden. Da war für den Großkönig selber in Hellas nichts mehr zu tun; seine Gegenwart hätte große, glänzende Taten verlangt, die vorläufig nicht mehr zu erwarten waren. Im Gegenteil, es war auch politisch-militärisch richtig, daß Xerxes persönlich nach Asien zurückkehrte. Der schwache Punkt der persischen Position war die geringe Zuverlässigkeit der ionischen Griechen. Wenn diese etwa abfielen, so war das persische Heer in Hellas in gefährlicher Art vom Mutterlande getrennt. Die persönliche königliche Autorität war, da man über viele weitere Truppen nicht verfügte, das beste Mittel, die ionischen Griechen in Gehorsam zu erhalten. Xerxes also übergab den Oberbefehl an Mardonius und kehrte nach Sardes zurück, wo er zunächst blieb.[1] Mardonius ging nach Nord-Griechenland zurück, wo er keinem plötzlichen Überfall ausgesetzt war und sein Heer in den unterworfenen Landschaften verpflegen lassen konnte. Von hier konnte er in jedem gelegenen Moment die Offensive wieder aufnehmen.

1 Man hat daraus, daß Xerxes den Landweg nahm, während er seine Kinder mit der Flotte nach Hause schickte, allerhand Schlüsse ziehen wollen. Aber für solche Einzelheiten sind so viele verschiedenartige Motive denkbar, daß es wenig Zweck hat, sich da hinein zu vertiefen.

9. KAPITEL
Schlacht bei Platää

Die Führer der Hellenen verkannten nicht, wo und wie sie ihren Gegenstoß gegen die nur einen Schritt zurückgewichene und immer von neuem drohende persische Offensive zu führen hatten. Schon gleich nach der Schlacht von Salamis soll Themistokles vorgeschlagen haben, daß die Flotte nach dem Hellespont fahre und die persischen Brücken zerstöre; das ist die dem Verständnis der Menge angepaßte Form für einen Zug nach Thracien und Kleinasien, um die dortigen Griechen zum Abfall von den Barbaren zu ermutigen. Bloß um die Hellespont-Brücke zu zerstören, hätte Themistokles sich nicht zu bemühen brauchen; das besorgten Wind und Wetter auch ohne die Griechen.

Der Plan des Themistokles fand bei seinen Landsleuten keinen Beifall; sie sollten in die Ferne ziehen, während das große persische Heer ihre Heimat verwüstete? Auch im nächsten Frühjahr vermochte Themistokles mit seiner Idee so wenig durchzudringen, daß die Athener statt seiner, des Siegers von Salamis, seine politischen Gegner Aristides und Xanthippus zu Feldherren wählten.

Besseres Verständnis fand Themistokles bei den Spartanern – ganz natürlich: gelang der Plan, so mußte Mardonius den hellenischen Boden verlassen, und die Landschlacht, die die Spartaner so sehr fürchteten, war überflüssig geworden.

In dem Zwiespalt zwischen beiden führenden Staaten geschah zunächst gar nichts. Die Athener verlangten, daß die Peloponnesier mit ganzer Macht vorrückten und Attika gegen eine Invasion der Perser decken halfen. Die Spartaner bestanden auf der See-Expedition. Jeder suchte den andern zu seinem Plan zu zwingen. Die Spartaner rückten nicht aus, und die Athener mußten, als Mardonius nahte, zum zweitenmal Land und Stadt preisgeben und über das Wasser flüchten. Nun drohten sie den Spartanern, sie würden sich mit den Persern vertragen, Frieden und sogar Bündnis schließen, wenn sie vom Peloponnes keine Hilfe erhielten.

Endlich fand man einen Kompromiß. Von den Joniern kam eine Botschaft über die andere, sie seien bereit zum Abfall; es bedurfte also nicht mehr der ganzen Flotte, sondern nur eines Teiles, um die Expedition zu wagen. Dadurch wurde das Gros der athenischen Hopliten für den Landkrieg disponibel. Während bei Salamis nach der geringsten Angabe 310 griechische Trieren gefochten haben sollen, die eine Besatzung von 50–60 000 Mann verlangten, gingen jetzt nur 110 Trieren mit vielleicht 20 000 Mann unter Führung des spartanischen Königs Leotychides und des Atheners Xanthippus übers Meer. Das peloponnesische Hoplitenheer aber unter Pausanias sammelte sich auf dem Isthmus und nahm, als nunmehr Mardonius, um nicht mit verkehrter Front zu schlagen, Attika verließ, eine Stellung am Kithäron bei Platää, die Attika deckte. Hier aber blieb er stehen, und die Perser lagerten sich ihnen gegenüber in der Ebene. Keiner griff den andern an.

Bis zu dieser Stelle haben wir die Darstellung führen können, ohne in eine besondere Untersuchung über die Größe der beiden Heere einzutreten. Das Eine ist deutlich, daß die Perser sich den Griechen taktisch überlegen fühlten und daß diese eine Schlacht im freien Felde nicht zu liefern wagten. Seit dem vorigen Jahr hatten sich die Verhältnisse für die Griechen insofern viel günstiger gestaltet, als ein Teil der Flottenmannschaft, die bei Salamis gekämpft hatte, jetzt zu Lande diente, namentlich von den Athenern, Megarern, Ägineten und Korinthern. Deshalb konnte man jetzt die Attika deckende Stellung bei Platää einnehmen, was man sich ein Jahr vorher noch nicht getraut hatte. In Anbetracht, daß immer noch ein Teil der Mannschaft von den Schiffen in Anspruch genommen war, zugleich aber die höchsten Anstrengungen gemacht wurden, dürfen wir annehmen, daß die Spartaner und Athener je etwa 5000 Hopliten, alle anderen zusammen etwa ebensoviele dort hatten, das gesamte Heer also ungefähr 20 000 Hopliten stark war und mit ebensoviel Ungewappneten eine Masse von 40 000 Mann bildete. Die Perser mit den ihnen unterworfenen Griechen werden annähernd ebenso stark gewesen sein. Hätte Mardonius eine bedeutende oder gar doppelte Überlegenheit gehabt, so hätte er nicht still gelegen am Asopus, sondern mit der einen Hälfte seines Heeres die Griechen durch einen der östlichen Pässe des Kithäron umgangen und ihnen die Zufuhr abgeschnitten oder sie im Rücken angegriffen, während er sie mit der anderen in der Front festhielt.

Selbst bei nur mäßiger numerischer Überlegenheit hätte Mardonius das Umgehungs-Manöver wohl noch machen können und gemacht, ohne Sorge, daß die getrennten Armee-Teile isoliert angefallen und geschlagen werden könnten. Denn an militärischer Qualität den hellenischen Landwehren wenigstens gleich, war das persische Heer dem Gegner durch die Zusammensetzung aus den verschiedenen Waffengattungen an Manövrierfähigkeit so sehr überlegen, daß auch ein isoliertes Korps nicht so leicht gegen seinen Willen zur Schlacht gezwungen werden konnte. Durch den Hinzutritt der griechischen Gemeinden hatten die Perser neben ihren Reitern und Bognern jetzt auch Hopliten. Das Stillsitzen am Asopus findet daher nur dann seine genügende Erklärung, wenn wir annehmen, daß Mardonius den Griechen an Zahl nur knapp gewachsen, wohl eher um einige, vielleicht sogar um ziemlich viele Tausend Mann schwächer war.

Aus der Stärke des Mardonius dürfen wir jetzt nachträglich schließen, daß auch Xerxes ein Jahr vorher etwa ebenso viel

Krieger gehabt hat. Die Verluste und die Truppen, die ihn zurückgeleiteten und bei ihm blieben, werden durch die Kontingente der unterworfenen Griechen sowie einige ausgeschiffte Seesoldaten[1] reichlich ausgeglichen worden sein. Der Troß seines Heeres wird vermutlich, bei den vielen vornehmen Elementen darin, relativ stärker gewesen sein, als bei den Griechen und kann leicht einige 40 000–50 000 Menschen betragen haben, so daß das Ganze eine Menschenmassen von 50 000–70 000 Köpfen bildete, eine Menge, die den Griechen unermeßbar erschien, so daß sie in den beliebigsten Zahl-Phantasien sich darüber ergingen.

Die Tradition über Platää, wie sie bei Herodot vorliegt, ist ausführlich und reich an Einzelheiten, aber voller Widersprüche, die sich bisher nicht haben entwirren lassen. Wer die rechte Vorstellung gewinnen will, wie weit sich schon nach einem Menschenalter die Legende von der realen Wahrheit entfernt, den verweise ich noch einmal auf die Geschichte der Burgunderkriege von Bullinger. Auch volks-psychologisch ist es höchst interessant, zu sehen, wie ähnlich die Volksphantasie bei doch so verschiedenen Völkern wie Hellenen und Schweizern gearbeitet, wie sie, ohne daß doch an Nachahmung zu denken wäre, fast identische Bilder und Typen geschaffen hat.

Aber so sehr jeder einzelne Zug, jede einzelne Erzählung als nicht wirklich bezeugt gelten muß und angezweifelt werden darf, so ganz hoffnungslos ist ein Rekonstruktions-Versuch doch nicht. So unzuverlässig die Legende in allen ihren Einzelheiten sein mag, einige Tatsachen erscheinen doch darin, die nicht wohl erfunden sein können und uns die Möglichkeit geben, das eigentlich Wichtige, das Typische, das Prinzipielle der Schlacht-Entscheidung mit Sicherheit festzustellen. Noch weiter aber mag uns die Topographie führen. Grundy in seinem schon angeführten Werke hat eine überaus sorgsame Untersuchung und Fest-

1 Herodot IX, 32.

stellung des Geländes von Plataä gebracht, die mir bei der Ausarbeitung der ersten Auflage dieses Werkes noch nicht bekannt war, aber einem meiner Schüler, LUDWIG WINTER[1], die Grundlage für eine, wie mir scheint, wohlgelungene Rekonstruktion geboten hat.

Durch Kombination mit den freilich sehr wenigen festen Punkten galt es, alle die Namen von Pässen, Buchten, Höhen, Tempeln, die Herodot in reicher Menge überliefert, im Gelände zu fixieren und zu sehen, ob die Bewegungen der beiden Heere sich dahineinpassen lassen. Es ist ganz ebenso wie mit Marathon und Salamis. Das Gelände, auf dem eine Schlacht geliefert wird, ist ein so wichtiges Element des Vorganges, daß, sobald dieses gewonnen ist, auch das kriegsgeschichtliche Bild sich entschleiert.

Sofort, als die Griechen aus dem Kithäron-Paß auf die nördliche Seite des Gebirges heraustraten, wurden sie von den persischen Bogen-Reitern angefallen. Die Megarer, die die Spitze hatten, gerieten in Bedrängnis, bis ihnen die Athener mit ihren Bognern zu Hilfe kamen. Allmählich quollen immer mehr Griechen aus dem Paß heraus, und da sie nicht tiefer herabstiegen, sondern sich auf den Abhang hielten, so brachen die Perser, ohne ihr Fußvolk einzusetzen, das Gefecht ab.

Pausanias zeigt, daß er die Lehre von Marathon verstanden hat und sie befolgen will. Das war aber nicht so einfach. Sein Heer bestand aus den Milizen von etwa 20 unabhängigen Gemeinwesen, Leuten, die bald wieder heim wollten, um ihr Hauswesen zu besorgen und den Grund der Zauder-Strategie ihres Feldherrn nicht begriffen. Pausanias wußte Rat. Er ließ sich einen Propheten kommen, dem so viel taktische Einsicht beizubringen war, daß er aus den Opfern erkannte, die Hellenen würden siegen, wenn sie sich auf der Verteidigung hielten und den Asopus, das Flüßchen vor ihrer Front, nicht überschritten. Ob-

1 Berliner Dissertation. 1907.

gleich endlich große Not an Lebensmitteln bei den Griechen entstand, hielten sie nunmehr in ihrer Stellung aus.

Nach einigen Tagen verlegte Pausanias seine Stellung weiter nach vorn, auf den letzten Hügel am Rande der Tiefebene, an dessen Fluß unmittelbar der Asopus fließt. Die Absicht dieses Manövers war offenbar, den Feind zum Angriff zu verlocken: man setzte sich so weit aus, wie irgend möglich, ohne doch den Vorteil der rechts und links angelegten Defensiv-Stellung ganz aufzugeben.

Mardonius aber wußte nicht weniger als Pausanias, was die Taktik von ihm verlangte und was ein guter Prophet wert ist. Er ließ sich ebenfalls einen so hellsehenden Mann kommen, der aus den Opfern erkannte, daß die Perser den Asopus nicht überschreiten dürften.

Statt die Griechen auf ihrem Hügel anzugreifen, verhinderte Mardonius sie mit seinen Bognern, aus dem Asopus Wasser zu schöpfen und seine Reiter umritten sogar den Hügel und verstopften die Quelle (Gargaphia) auf der Rückseite und fingen die Zufuhr ab.

Auf diese Weise brachte er die Griechen in solche Bedrängnis, daß Pausanias schließlich nichts anderes übrig blieb, als abzuziehen. Er wollte eine Stellung etwas weiter rückwärts nehmen, dicht neben der Stadt Plataä, wo dem Heer weder das Wasser noch die Zufuhr abgeschnitten werden konnte. Der Abzug war nicht so einfach, da man bei der unmittelbaren Nähe des persischen Heeres leicht im Marsch angegriffen werden konnte. Man beschloß deshalb, in der Nacht abzumarschieren und das Heer in drei Kolonnen zu teilen. Die Spartaner blieben bis zuletzt. Herodot erzählt von dem Anführer eines Lochos, Amompharetos, der sich geweigert habe, zurückzugehn, sich darüber mit dem König gezankt und schließlich ihm mit beiden Händen einen Stein vor die Füße gelegt habe. Da Amompharetos aber endlich doch den andern gefolgt ist, so wird die Erzählung so auszulegen sein, daß der Hauptmann sich keineswegs dem König widersetzt, sondern im Gegenteil ihm geschworen hat, wie jener Stein auf dem Hügel auszuharren und den Rückzug zu decken.

Als die Perser am Morgen entdeckten, daß die Griechen abgezogen seien, brachen sie sofort auf und setzten ihnen nach. Sie holten sie ein, ehe die Griechen sich wieder vereinigt hatten und diese Zersplitterung der Griechen wird es gewesen sein, die Mardonius bewog, sein Orakel zu verachten und den Angriff zu befehlen.

An einer Stelle, bei den Megarern und Phliasiern, waren die Perser siegreich; sei es nun, daß jene, als die Schlacht schon entschieden war, sich unvorsichtig und ohne Ordnung in die Ebene wagten, wie Herodot erzählt, sei es, da wir uns auf die Erzählung als solche ja nicht verlassen dürfen, daß sonstwie günstige Umstände dem Reiterangriff zum Erfolge verhalfen. Die Athener ihrerseits gerieten an die griechischen Bundesgenossen der Perser und schlugen diese in einer regulären, aber wohl wenig hartnäckigen Hoplitenschlacht. Das eigentliche und charakteristische Gefecht aber lieferten die Spartaner und die ihnen angeschlossenen Tegeaten.

Als die Perser gegen die Spartaner zum Angriff vorgingen, erzählt und Herodot, überschütteten sie sie mit Pfeilen. Viele von ihnen wurden getötet und verwundet, aber sie hielten den Verlust aus und blieben stehen, weil die Opfer noch nicht günstig waren. Endlich, als Pausanias die Hilfe der Hera von Platää anrief, deren Tempel von der Stellung der Spartaner sichtbar war, wurden die Opfer günstig, die Spartaner stürzten sich auf den Feind, und die Perser, ohne genügende Schutzwaffen, konnten dem geschlossenen Ansturm der eisengepanzerten Männer nicht widerstehen.

Pausanias wußte Propheten und Priester zu gebrauchen. So lange nur die Vortruppen der Perser aus der Entfernung die Phalanx beschossen, wohl um die Griechen zum verfrühten Angriff zu verlocken, hielt er seine Leute fest. Erst als die Masse der Perser näher herangekommen war, auf den Fleck, den er sich gewählt hatte, da erhob Pausanias die Hände betend zur Göttin, und sofort sah und verkündete der verständige Priester, daß das Opfer günstig geworden, und Pausanias gab das Signal zur Attacke.

Obgleich unmittelbar vorher fortwährend von den persischen Reitern die Rede ist, die die Griechen bedrängen, hören wir nichts davon, daß sie ihnen bei diesem Angriff in die Flanke gekommen wären; sie decken nur den Rückzug. Pausanias hat es also durchgesetzt, die Schlacht auf einem Gelände zu liefern, wo die persische Reiterei der Phalanx in die Flanke nicht beikommen konnte und Winter dürfte auch diese Stelle jetzt richtig bestimmt haben. Die Analogie zu Marathon ist vollständig. Alle Einzelheiten mag man bezweifeln, so viel läßt sich jedoch mit Sicherheit annehmen, daß die Perser endlich den Angriff gewagt haben und die Schlacht so wie sie von Anfang an von Pausanias angelegt war, analog derjenigen von Marathon verlaufen ist. Ohne Marathon würde man nicht imstande sein, aus der Tradition irgend einen historischen Kern herauszufinden, aber Marathon gibt den Schlüssel zum Verständnis, und von hier aus habe ich kein Bedenken, auch noch einen Schritt weiter zu gehen und die Erzählung von dem Aushalten der Spartaner in dem persischen Pfeilhagel, dem ungünstigen Opfer und dem Gebet des Pausanias für gesicherte historische Tatsachen zu erklären. Es wird wenig Beispiele in der Geschichte geben, wo wir in dem wundervollen Schmelz der volkstümlichen Legende so deutlich den Kern des geschichtlichen Ereignisses erkennen können.

Nicht unmöglich scheint mir, daß bei dem Entschluß des Mardonius, die Schlachtentscheidung herauszufordern, eine strategische Erwägung mitgespielt hat, von der sich in der Überlieferung keine Spur findet, die aber durch die Natur der Dinge nahegelegt wird.

Betrachten wir den böotischen Kriegsschauplatz isoliert, so scheint es, daß es die Griechen waren, die zu einer Entscheidung drängen mußten. Mardonius hatte ja den Krieg jetzt auf Mürbemachen angelegt; er ließ sich von den unterworfenen Griechen verpflegen und bedrohte Attika mit stets neuer Verwüstung. Aber Böotien ist nur ein Teil des Kriegsschauplatzes. Es kann Mardonius nicht unbekannt geblieben sein, die Griechen selbst werden dafür gesorgt haben, daß er es erfuhr, daß ihre Flotte nach Jonien abgesegelt war und daß sie hofften, dort den Aufstand zu entzünden. Die Vermutung ist wohl nicht zu gewagt, daß Xerxes selbst in Sardes die Gefahr erkannt und dem Mardonius eine Botschaft hat zukommen lassen, er möge sich beeilen, in Hellas eine Entscheidung herbeizuführen und einen Teil seiner Truppen zurückschicken, um Jonien zu decken und im Gehorsam zu erhalten. Mardonius also hatte jetzt das stärkere Motiv, die Entscheidung zu suchen, und so würde sich erklären, daß er trotz seiner richtigen Erkenntnis, daß es taktisch für ihn günstiger sei, wenn er in der Defensive bliebe und in der Ebene den Angriff der Griechen abwartete, schließlich doch seinerseits zum Angriff schritt.

Unerklärt bleibt, weshalb ein Korps der Perser unter dem Kommando des Artabazus nach Herodots Erzählung an der Schlacht nicht teilgenommen hat; vermutlich ist es einfach zu spät gekommen.

Daß die Griechen ihre Kräfte teilten und, während sie dem Mardonius entgegengingen, gleichzeitig eine große Flotte abschickten, erscheint formell als ein großer Fehler. Warum schlugen sie nicht erst mit versammelten Kräften den Mardonius und zogen dann übers Meer? Die Strategie zeigt sich hier, wie wir das noch oft sehen werden, abhängig von der Taktik. Auch 10 000 Hopliten mehr hätten die Griechen nicht befähigt, in die böotische Ebene hinabzusteigen und den Perser an beliebiger Stelle auf freiem Felde anzugreifen. Sie konnten nichts anderes tun, als ihm eine Defensivschlacht auf einem gegen seine Reiterei gedeckten Terrain anbieten und ihn zum Angriff zu verlokken suchen. Das geschah durch die See-Expedition, vielleicht auch durch den wiederholten Stellungswechsel, den Pausanias vornehmen ließ. Will man in all' diesem Zusammengreifen nur Zufall, in den Prophetensprüchen und Opferzeichen nur Einwirkungen blinden Aberglaubens sehen? Zu widerlegen wäre eine solche Ansicht nicht, aber ich traue dem Themistokles und Pausanias zu, wie die Griechen sie uns schildern, daß sie wußten, was sie taten. Neben dem Miltiades und Leonidas was für Männer, die den strategischen Blick und das Heldentum mit der Verschlagenheit und Feinheit des überlegenen Geistes zu verbinden wissen, von fern her die Dinge überschauen und zu den äußersten Mitteln, dem Schein des Verrats, der Ausnützung des Aberglaubens der Menge greifen, um zu ihrem hohen Ziel zu gelangen!

1. Gleichzeitig mit der Schlacht von Platää siegten die Griechen auch in Kleinasien bei Mykale. Hier, wo persische Reiterei nicht erwähnt wird, sollen die Griechen die Angreifer gewesen sein. Die Jonier gingen während der Schlacht zu ihnen über. Da die Hoplitenbesatzung der griechischen Flotte jedenfalls nur sehr klein war, so muß auch das persische Heer, wenigstens nach Abzug der Jonier, sehr klein gewesen sein; ein neuer Beweis, daß Xerxes über große Kriegermassen nicht verfügte, sonst hätte es ihm in der Zwischenzeit von fast einem Jahr seit Salamis nicht schwer sein können, ein neues Heer aufzustellen. Die kriegerische Tüchtigkeit der Perser war noch nicht gebrochen; noch etwa 25 Jahre später brachten sie einem bedeutenden athenischen Heer in Ägypten eine Niederlage bei und vernichteten es vollständig.

2. Derselbe sinnreiche Seher, der die Spartaner bei Platää so gut führte, war auch bei ihnen, als sie etwa im Jahre 467 in schwerer Schlacht die Arkadier bei Dipäa besiegten. In der Nacht vor dieser Schlacht hatte sich im spartanischen Lager ein Altar mit glänzendem Rüstzeug geschmückt selber aufgebaut und um ihn herum sah man die Spuren zweier Rosse. Daraus erkannten die Krieger, daß die göttlichen Dioskuren ihnen zu Hilfe gekommen seien und wurden von solchem Mut und solcher Begeisterung ergriffen, daß sie die an Zahl weit überlegenen Feinde besiegten. Der aufgeklärte Grieche aber, der uns diese Geschichte überliefert, erzählt, König Archidamus habe die Altäre aufrichten und die Pferde herumführen lassen, um den Mut seiner Krieger zu erhöhen. Herodot IX, 35, Polyän, Strateg. I, 41.

3. Ich komme hier noch einmal auf das Buch von Hauvette zurück.

Hauvette glaubt an die 2100000 Krieger des persischen Landheeres; um einige 100000 Mann möge die Zahl vielleicht übertrieben sein, aber speziell die 80000 Reiter scheinen ihm eine ganz glaubliche Zahl (p. 311, p. 312). Mein Einwand, daß die persische Armee nach modernen Verhältnissen von Berlin bis Damaskus gereicht haben würde und, selbst auf den dritten Teil der Ausdehnung reduziert, den ein modernes Heer beansprucht, so lang gewesen sein würde, daß, als die ersten vor Thermopylä ankamen, die letzten gerade aus Sardes ausmarschieren konnten – dieser Einwand macht auf Hauvette keinen Eindruck, da ja die Verhältnisse antiker Heere ganz anders waren als die der modernen. Die modernen Heere marschieren nur vier Mann breit, damit die eine Hälfte der Straße frei bleibt, und überdies bleibt zwischen den Kompagnien, Bataillonen, Regimentern, Divisionen stets ein erhebliches Intervall. Dergleichen kannten nach Hauvette die Perser nicht. Xenophon läßt in der Cyropädie einmal 10000 Mann Kavallerie eine Karree von 100 Mann Breite und 100 Mann Tiefe formieren; ähnlich können die Perser des Xerxes marschiert sein.

Die Breite, in der ein Truppenteil marschiert, hängt ab von der Breite der Straße. Ist die Straße auch nur an einigen wenigen Stellen zu schmal für die Marschkolonne, so gibt das eine Marschstockung, die sich progressiv nach hinten fortpflanzt und zuletzt ganz unerträglich wird. Die weiter hinten Marschierenden müssen Stunden lang warten und verbrauchen ihre Kräfte dabei oder laufen, wenn sie nicht sehr gut diszipliniert sind, auseinander. Die Vordersten kommen ebensoviel voraus, und die Kolonne reißt völlig auseinander. Jede gute Führung legt daher den höchsten Wert darauf, Marschstockungen zu vermeiden oder, da das bei größeren Massen kaum je erreicht wird, sie auf ein Minimum zu reduzieren. Deshalb sind die Intervalle zwischen die verschiedenen Truppenteile eingelegt, damit die kleineren Stockungen sofort ausgeglichen werden können, und die höheren Vorgesetzten sind fortwährend damit beschäftigt, die Intervalle aufrecht zu erhalten. Haben, wie Hauvette meint und wohl möglich ist, die Perser diesen Kunstgriff nicht angewandt, so müssen ihre Marschkolonnen relativ sich noch länger ausgedehnt haben, als die modernen. Mit gutem Bedacht sehen auch moderne Truppen darauf, daß die eine Hälfte des Weges möglichst frei bleibt. Bei jeder marschierenden Truppe ist es durchaus nötig, namentlich in Feindesland, daß neben den Truppen her eine Kommunikation für die höheren Offiziere, Befehlsüberbringer, Meldungen, unter Umständen auch für schnelles Vorziehen einer bestimmten Truppe, etwa der Kavallerie, möglich ist. Das kann bei den Persern nicht anders gewesen sein. Auf dem langen Wege von Sardes zum Hellespont und vom Hellespont bis Attika sind zahlreiche Flüsse zu überschreiten, gebirgiges Land zu durchqueren, Pässe zu überwinden. An vielen Stellen werden die Brücken, Furten und Bergwege nicht breiter, sondern schmäler gewesen sein, als die, mit denen moderne Heere rechnen. Nicht 100, oft gewiß nicht einmal vier, sondern nur zwei Mann breit werden die Perser marschiert sein, indem sie dabei natürlich möglichst viel Parallel-Straßen benutzten.

In den handschriftlichen Aufzeichnungen eines Generals vom preußischen Garde-Korps vom 18. August 1870, das an diesem Tage auf besonderen Befehl mit breiteren Fronten vormarschierte, habe ich eine längere Ausführung darüber gefunden, daß ein solches Marschieren mit breiter Front auf Chausseen, nach den Erfahrungen des Schreibers, seinen Zweck nicht erreiche, »vielmehr nur durch häufiges Stutzen, Abbrechen und Wiederaufmarschieren sehr ermüdete und ganz natürlich bei einem so langen Marsch Lücken entstehen ließ, die als Unordnung erschienen«.

Der Unterschied zwischen Hauvettes Annahme – gegen 1 700 000 Krieger – und der meinigen – höchstens 25 000, eher wohl 15 000 bis 20 000 Krieger – ist groß, aber ein ganz passender Ausdruck für die methodische Verschiedenheit unserer Forschung. Diese ist so groß, daß irgend eine Verständigung unmöglich erscheint. Jedes einzelne Faktum in den Perserkriegen, jeder Versuch einer kausalen Erklärung des Zusammenhanges muß anders erscheinen, je nachdem man diese oder jene Heereszahl annimmt, oder sich ihr auch nur nähert. Ich glaube daher auf Einzelheiten nicht weiter eingehen zu sollen und verzichte auf Widerlegung anderer falscher Vorstellungen in diesem Buche, indem ich noch einmal hervorhebe, daß es Hauvette keineswegs weder an Gelehrsamkeit noch an Scharfsinn fehlt, daß unsere Methode aber eine verschiedene ist – natürlich nur eine praktisch verschiedene: prinzipiell verwirft auch Hauvette die Sachkritik nicht. Auch er hat ja z. B. in der Frage des Laufschritts von Marathon, in dem Hinweis auf die Marsch-Intervalle u. s. f. sachliche Erwägungen herangezogen. Aber er führt sie nicht durch und gibt sich der Selbsttäuschung hin, daß, wo ein bloß philologisch gebildetes Auge keine Unmöglichkeiten sieht, auch keine vorhanden seien.

4. Welche Masse das Heer des Xerxes ausmachte und nach meiner Zahlen-Berechnung, macht man sich am besten klar, wenn man es sich marschierend vorstellt. 20 000 Krieger oder mit dem großen Troß im Ganzen wohl 70 000 Köpfe stark, mit viel Pferden, geringer Marsch-Disziplin, oft auch beengten, unebenen, durch Steigungen, Wasserrisse und andere natürliche Hemmungen beeinträchtigten Straßen müssen wir es uns (wo es nicht Parallelstraßen benutzen konnte) als eine Kolonne von wenigstens 10 Meilen Tiefe vorstellen. Liegt nicht Besonderes vor, so wird die Spitze nicht vor 5 Uhr morgens aufbrechen, die Queue nicht nach 6 Uhr abends

ins Lager kommen sollen. Will man zwei Meilen, gleich vier Stunden, marschieren, so müssen die Letzten um 2 Uhr nachmittags abmarschieren, d. h. noch nicht die Hälfte des Heeres erreicht am ersten Tage des Marschziel, oder mit anderen Worten: mehr als zwei Tage lang sehen die Anwohner unausgesetzt neue Truppen heranziehen und auch am dritten Tage kommen noch welche und vermutlich auch in den nächsten Tagen noch viele Nachzügler. Kein Wunder, daß hier alles Zählen aufhört.

2. BUCH

Die Griechen auf der Höhe

1. KAPITEL

Die griechische Taktik bis zum Peloponnesischen Kriege

Im ganzen fünften Jahrhundert blieb die Hopliten-Phalanx, die die Perser besiegt hatte, die Grundform der griechischen Taktik.

Die Hopliten-Phalanx ist die natürliche taktische Form für ein kriegerisches Bürger-Aufgebot. Was von dem Einzelnen verlangt wird, ist alles sehr einfach und bedarf nur geringer Übung. Der Mann lernt sich in der schweren Rüstung zu bewegen, den Spieß zu führen, Vordermann und Richtung zu halten. Irgendwelche künstliche Exerzitien sind nicht nötig. Das Ganze bildet einen einzigen geschlossenen Körper, der geradeaus marschiert und kurz vor dem Feinde den Anlauf zur Attacke macht; dieser Anlauf soll nach Herodot bei Marathon zum erstenmal gemacht worden sein.

Bei einer normalen Hoplitenschlacht pflegte es zu geschehen, daß beide Teile sich etwas rechts zogen und der linke Flügel hing, weil jeder einzelne Mann die rechte, unbeschilderte Seite als die weniger gedeckte empfand und deshalb von rechts an den Feind zu kommen suchte. Leicht überflügelte daher jeder Teil den andern von rechts, gewann ihm diese Flanke ab und siegte infolgedessen an dieser Stelle. Dann hatten die beiden siegreichen rechten Flügel zum zweitenmal, oft mit verkehrter Front, gegeneinander zu schlagen, und erst dieser zweite Akt des Treffens entschied die Schlacht.

Irgendwelche taktischen Folgerungen werden jedoch aus dieser Eigentümlichkeit noch nicht gezogen; der Grundcharakter des Gefechts bleibt der einer Parallelschlacht ohne Gliederung.

Man blieb bei dieser Taktik stehen, obgleich man ihre Schwächen kannte und schon vor den Perserkriegen gekannt hatte. Die Spartaner haben schon 511 nicht weit von Athen in der Ebene eine Niederlage durch thessalische Reiter erlitten (Her. V, 63), und der ganze Verlauf der Perserkriege war durch die Furcht der Griechen vor den persischen Reitern bestimmt. In der Schlacht bei Platää selbst erlitten einige griechische Kontingente sehr schwere Verluste dadurch, daß sie von der thebanischen Reiterei gefaßt wurden.

Von Versuchen, sich durch neue taktische Formen und Kampfarten hiergegen prinzipiell zu verwahren, hören wir jedoch nicht. Die Reiter, Bogner und sonstigen Leichtbewaffneten neben der Hopliten-Phalanx blieben bloße Hilfswaffen, die wohl unter Umständen einmal eine starke Einwirkung üben, aber zu einem wesentlichen, organischen Bestandteil des Heeres noch nicht erwachsen. In den Perserkriegen war es ja im Grunde auch schon so. Wenn in diesen von Reiterei auf Seite der Hellenen gar nicht die Rede ist, so liegt das nicht daran, daß sie vorher überhaupt gar keine gehabt hätten, sondern nur daran, daß ihre wenigen Reiter sich gegen die Perser doch nicht hinauswagen durften und deshalb vermutlich die meisten Reiter die Pferde zu Hause ließen und die Hoplitenrüstung anzogen.

Eine wirklich starke Reiterei zu bilden, waren die Verhältnisse weder in Sparta[1] noch in Athen angetan, wenn auch z.B. in dem Feldzug der Athener auf Sicilien die Reiter eine recht wesentliche Rolle spielen.[2]

1 Die Spartner schafften sich erst während des Peloponnesischen Krieges, um ihr Land vor den von der See bald hier, bald da einfallenden Athenern zu schützen, Reiter und Bogner an (Thuc. IV, 55).

2 Vgl. Bauer § 52.

Wie die Reiter, so werden, glaube ich, auch die Bogner in Athen als Elitekorps angesehen werden müssen.[1] War auch die materielle Ausrüstung billiger, als die der Hopliten, so bedarf ein Bogenschütze einer viel intensiveren Ausbildung, um wirklich brauchbar zu sein. Ein Hoplit ist sehr bald so weit einexerziert, um in die Masse eingestellt werden zu können, und wird von ihr getragen und mitgenommen. Der Bogner muß nicht nur ein geschickter Schütze sein, sondern auch sehr schnell und gewandt, um nah an den Feind herangehen und sich doch schnell, wenn er selbst angegriffen wird, wieder zurückziehen zu können. Er muß also Selbständigkeit, Blick, Urteil und Geistesgegenwart haben. Solche Eigenschaften werden in Völkern mit kriegerischer Tradition durch die Jugenderziehung von früh auf überliefert; in Kulturstaaten, wie dem damaligen Athen, werden sie in den höheren Ständen erzeugt, die Zeit und Muße genug haben, sich den Übungen zu widmen. Ich suche die Bogner also in der Klasse der athenischen Bürgerschaft, deren Söhne nicht reich genug waren, sich ein Pferd zu halten, aber doch auf ihre militärische Ausbildung etwas mehr Zeit und Kraft als die große Masse verwenden konnten. Übrigens ist auch ein wirklich guter Bogen eine kostbare Waffe.

Außer den Bognern gibt es als Schützen auch noch die Schleuderer und Speerwerfer. Zum Schleudern gehört eine große Kunstfertigkeit, die nur erworben wird, wo die Jugend sich nach einer lokalen Tradition von früh auf darin übt. Auf Rhodos z.B. gab es eine solche Tradition, und rhodische Schleuderer wurden daher als Söldner angeworben.

Der Speerwerfer kann es weder mit dem Bogen noch mit dem Schleuderer aufnehmen, wenn er wie diese keine Schutzwaffen hat. Aber seine Waffe schließt eine leichte Schutzrüstung

1 Wernicke in Hermes XXVI p. 51 (1891) meint, daß die athenischen Bürger, die als τοξόται dienten, aus den ärmeren Schichten hervorgegangen seien.

nicht aus. So bilden sich zunächst bei den nördlichen, halbgriechischen Stämmen, wo man die Mittel für die Beschaffung von vielen Panoplien nicht hatte, die Speerwerfer zu einer besonderen Truppengattung, den Peltasten, aus. Sie tragen einen leichten runden Schild, einen Hut, meist wohl auch einen festen Koller, von Leder oder gesteppter Leinwand, mehrere Wurfspieße und ein Schwert. Die heutigen Bantu- und Sudan-Neger werfen den Speer bis zu 40 Schritt weit.

Einen direkten Zusammenstoß mit Hopliten in gleicher Zahl dürfen die Peltasten natürlich nicht wagen, aber man kann leicht eine größere Zahl von ihnen aufstellen,[1] und in schwierigen Terrainverhältnissen können sie sich leichter bewegen und gegen Flanke oder Rücken einer Hopliten-Phalanx sehr wirksam operieren. Der Bogner und Schleuderer ist den Hopliten unter solchen Umständen noch gefährlicher, aber der Peltast hat den Vorzug, es äußerstenfalls doch auch auf einen Nahkampf ankommen lassen zu können. Der Hoplit und der Bogner sind beide in hohem Grade einseitig in ihrer Leistung; der Peltast ist für alles zu verwenden. Er wirft aus der Entfernung seinen Spieß, bewegt sich leicht vorwärts und zurück und hat durch seinen Schild gerade Deckung genug, um auch als Nahkämpfer aufzutreten.

Die Ungewappneten, die als Diener oder Troßknechte das Heer begleiten, behalten ebenfalls den Charakter, den sie schon in den Perserkriegen haben. Ganz ähnlich, wie nach der Schilderung in Äschylus' Persern (v. 441) die Athener, die nach der Entscheidung von Salamis auf die Insel Psyttaleia übergehen, die abgeschnittenen Perser erst mit Steinen bombardieren, bis sie sich mit der blanken Waffe auf sie stürzen, so sperren Thucyd. I, 106, die athenischen Hopliten einer abgeschnittenen Schar Korinther den Weg, und die ψιλοί töten sie mit Steinwürfen. Nur

1 Xenoph. Hell. I, 2, 1. Thrasylos wird mit einer Flotte ausgesandt und rüstet fünftausend seiner Schiffer als Peltasten aus.

insofern mag sich hier eine Abwandlung vollzogen haben, als, in Athen wenigstens, mehr und mehr Sklaven als Burschen mit ins Feld genommen wurden. Was dadurch militärisch verloren ging, wurde durch die erweiterte Beigabe spezifisch ausgebildeter Leichtbewaffneter ersetzt.

In der Schlachtordnung werden Reiter und Ungewappnete, ebenso die Peltasten, auf die Flügel der Hopliten-Phalanx gestellt.

Unter günstigen Umständen gelingt es, das eine oder andere Mal die Reiter oder die leichten Waffen so zu verwenden, daß sie den Hopliten im Gefecht sehr wirksam sekundieren und die Entscheidung geben oder gar ganz allein ein Hoplitenkorps überwinden.

So einfach die taktischen Formen des Gefechts im Peloponnesischen Kriege erscheinen, noch primitiver sind die Formen der Befestigung und Belagerung. Man errichtet einfache Mauern, und wenn sie nur genügend bewacht werden, so erscheinen sie unüberwindlich. Selbst mit unermeßlicher Überlegenheit weiß man und wagt man einen gewaltsamen Angriff nicht zu unternehmen, sondern sucht den ein geschlossenen Ort auszuhungern.

1. Ψιλοί heißen ganz allgemein die, welche keine Schutzrüstung haben, also sowohl die Troßknechte, die nur gelegentlich einmal eine kriegerische Funktion ausüben, als auch die wirklichen Krieger, Bogner, Schleuderer, Speerwerfer. Ich habe es deshalb »Ungewappnete« übersetzt.

Thuc. I, 60 schicken die Korinther 1600 Hopliten und 400 ψιλούς nach Potidäa. Offenbar sind mit den 400 nicht Troßknechte, sondern wirkliche Krieger gemeint.

II, 79 rechnet Thucydides offenbar auch die Peltasten zu den ψιλοί.

IV, 93 wiederum, bei Delion unterscheidet er und nennt erst 10 000 ψιλοί und dann noch besonders 500 Peltasten.

IV, 94 heißt es »ψιλοί δὲ ἐκ παρασκευῆς μὲν ὡπλισμένοι οὔτε τότε παρῆσαν οὔτε ἐγένοντο τῇ πόλει«. Dieser Satz ist nicht ganz leicht zu verstehen. Thucydides unterscheided »ψιλοὶ« in dem Sinne des bewaffneten Trosses, welcher in großer Masse dieses Heer begleitet hatte, aber schon auf dem Rückzug voraus war, von »ψιλοὶ ἐκ παρασκευῆς, ὡπλισμένοι« d. h.

Kriegern, die als solche ausgerüstet, aber ohne Schutzwaffen waren, also Bognern, Schleuderern und vielleicht Peltasten. Wenn er nun aber sagt, derartige Ungewappnete habe die Stadt nicht besessen, so steht das im Widerspruch mit der Rede des Perikles II, 13, wo ausdrücklich gesagt ist, daß die Stadt 1600 Bogner habe. Die Erklärung wird sein, daß Thucydides hier an Bogner, als eine Spezialwaffe, nicht gedacht, sondern sich unter den »ψιλοὶ ἐκ παρασκευῆς ὡπλισμένοι« Leichtbewaffnete in der Art der Peltasten gedacht hat. Jedenfalls zeigt die Stelle, daß sich Thucydides unter »ψιλοὶ schlechthin« keine eigentlichen Krieger vorstellt, da sie nicht »ἐκ παρασκευῆς« = mit Vorbedacht, planmäßig, spezifisch mit Waffen ausgerüstet sind.

Charakteristische Gefechte aus dieser Epoche

2. *Potidäa* 432 (Thucyd. I, 1, 2f.) hatten beide Teile, die Athener und ihre verbündeten Gegner, Chalkidier und Korinther, neben den Hopliten mehrere Hundert Reiter. Diese waren jedoch detachiert und hielten sich gegenseitig vom Kampfplatz fern, so daß allein die Hopliten gegeneinander schlugen. Jede Partei siegte auf einem Flügel; die Verbündeten gaben dann den Kampf auf und zogen sich eng zusammengeschlossen eilig an den siegreichen Athenern wieder vorbei in die Stadt Potidäa zurück.

3. Im Gefecht von *Spartalos* 429 (Thuc. II, 79) wurden die chalkidischen Hopliten von den athenischen Hopliten 2000 Mann besiegt. Die chalkidischen Reiter jedoch und Ungewappnete, darunter Peltasten, siegten über die athenischen Reiter und Ungewappneten. Ermutigt durch diesen Erfolg griffen nun die chalkidischen Reiter, Peltasten und anderen Ungewappneten (offenbar in großer Überzahl) die athenischen Hopliten an, indem sie immer auswichen, sobald diese eine Attacke machten, dann wieder vorgingen, sobald diese stillstanden oder sich abwandten, und sie von fern beschossen. Auf diese Weise jagten sie sie endlich in die Flucht, verfolgten sie und töteten 430 Hopliten, darunter sämtliche Führer, von den 2000.

4. Eine ganz ähnliche Niederlage wie bei Spartolos erlitten die Athener unter Führung eines ihrer besten Generale, des Demosthenes, im Jahre 426 in Ätolien. So lange ihre Bogenschützen noch Pfeile hatten, hielten sie sich die feindlichen Speerwerfer vom Leibe; als aber die Pfeile verschossen waren, drangen die leichtbewaffneten Feinde stets vorstürmend und zurückweichend von allen Seiten auf die Hopliten ein, ermüdeten sie und rieben sie zuletzt zum großen Teil auf. Hier in waldiger, hügeliger Gegend waren Reiter nicht beteiligt.

5. Nicht anders überwinden die Athener die 420 auf der Insel *Sphakteria* eingeschlossenen Spartaner im Jahre 424 (Thuc. IV, 27–29). So

klein die Schaar der spartanischen Hopliten ist, so wollen die Athener sie doch nicht direkt angreifen, um nicht selbst den großen Verlust, der mit einem hartnäckig durchgeführten Nahgefecht gegen tüchtige und verzweifelte Krieger verbunden ist, auf sich zu nehmen. Sie halten also ihre Hopliten zurück und lassen eine ungeheure Masse von Ungewappneten, von Bogenschützen herunter bis zu den Ruderern der Trieren, die mit Steinen werfen, auf die Spartaner los. Dieser Überzahl, die sie von allen Seiten umschwärmt, erliegen die Spartaner endlich, ohne daß die Athener wesentlichen Verlust dabei haben. Besonders hervorgehoben wird noch, daß der Lärm der Menge die Spartaner verhinderte, die Kommandorufe ihrer Führer zu verstehen.

Dem vorstehenden Passus habe ich im zweiten Bande der ersten Auflage dieses Werkes noch einen Nachtrag zugefügt, der nunmehr hierher versetzt werden mag.

Ich habe die Gefangennahme der Spartaner auf Sphakteria i. J. 425 nicht in die Darstellung dieses Werkes einbezogen, da, so interessant das Ereignis in sich ist, es doch in eine Geschichte der Kriegskunst nicht gehört. Eine Geschichte der Kriegskunst ist keine allgemeine Kriegsgeschichte; dies möchte ich, beiläufig gesagt, auch Ad. Bauer zu bedenken geben, der sich wundert (H. Z. 86, 285), daß ich die Geschichte der Diadochen so kurz behandelt habe. Als Fehler werde ich das erst dann anerkennen, wenn jemand nachgewiesen hat, daß in dieser Epoche eine Abwandlung in der Kunst der Kriegführung sich vollzogen hat, die mir entgangen ist.

Unter dem Vorbehalt aber, daß es eigentlich nicht hierher gehöre, will ich doch über Sphakteria einige Worte einfügen, weil Ed. Meyer (a. a. O. II, 333) sich mit einer früher darüber von mir veröffentlichten Untersuchung (Die Strategie des Perikles erläutert durch die Strategie Friedrichs des Großen, Anhang) nicht einverstanden erklärt hat, seine Polemik aber auf lauter Mißverständnissen beruht und ich weitere Leser vor diesen Irrungen bewahren möchte. Ich will aber nicht unterlassen, vorauszuschikken, daß ich die vorliegende Frage, die Darstellung des Thucydides und seine Beurteilung Kleons in dieser Sache für das schwierigste Thema und das feinste psychologische Problem in der ganzen Welt-Kriegsgeschichte halte. Thucydides hat unbedingt, ausschließlich und vollkommen Recht; wer sich aber nicht begnügen will und mag, ihm einfach nachzuempfinden, sondern in selbständiger Analyse sein Urteil bilden will, der wage sich nicht eher daran, ehe er nicht Clausewitz durch und durch studiert und sich seine Psychologie der Strategie so zu eigen gemacht hat, daß er sie mit ganz selbständiger Sicherheit anzuwenden vermag.

Hier stelle ich nur die Mißverständnisse und Irrtümer der Meyerschen Untersuchung zusammen.

Ich habe dargelegt, daß die Landung der Athener auf der Insel wesentlich deshalb glückte, weil die Spartaner nicht aufpaßten. Die Insel sei noch nicht eine halbe Meile lang; hätten die Spartaner rings herum Posten ausgestellt und ein Signal-System eingerichtet, so konnte eine halbe Stunde, nachdem die Annäherung der Athener bemerkt wurde, also ehe die Landung wirklich vollzogen war und das Landungskorps sich geordnet aufgestellt hatte, das spartanische Gros zur Stelle sein und die Gelandeten wieder ins Meer werfen. Meyer findet es »begreiflich«, daß die Eingeschlossenen nicht so verfahren sind. Niemals in den zwei Monaten seit dem Ende des Waffenstillstandes hatten die Athener einen Angriffs-Versuch gemacht. »Da ist es nicht wunderbar, daß die Spartaner einen Angriff nicht erwarteten und ihre Kräfte nicht durch anstrengenden Postendienst erschöpften.« Diese Entschuldigung der Spartaner darf doch wohl um so weniger als genügend gelten, als von »anstrengendem Postendienst« gar nicht die Rede sein kann. Was hat denn eine eingeschlossene Besatzung anders zu tun, als Ausschau zu halten?

Durch eine vortreffliche topographische Untersuchung des Engländers GRUNDY (Journ. of Hellenic studies, Bd. 16; 1896) sind wir neuerdings instand gesetzt, die taktische Frage noch konkreter zu erörtern, und meine früher mehr prinzipiell ausgeführten Erwägungen haben dadurch noch eine wesentliche Verstärkung erhalten.

Die Insel Sphakteria erhebt sich ringsum mit steilen, bis zu mehreren hundert Fuß hohen Klippen und Abhängen aus dem Meer. Sie ist ganz schmal (500–750 Meter) und eine halbe deutsche Meile lang. Nur an sieben Stellen ist eine Landung möglich, und von diesen sieben Stellen liegt eine an der Nordspitze, die anderen alle in der Mitte oder im Süden. Der Nord-Zugang aber führt sofort steil hinauf, war also für die Landung und Entwicklung einer größeren Truppe nicht zu gebrauchen; die für die Athener etwa brauchbaren Landungsplätze sind die mittleren und südlichen, wo sich nicht unmittelbar am Strand steile Höhen erheben, sondern ein allmählicher breiterer Abfall zwischen den Klippen sich auftut. Die Aufgabe des spartanischen Kommandanten Epitadas wäre gewesen, alle diese Landungsplätze bewachen zu lassen.

An den sieben Stellen je ein Posten von zwei Spartiaten und einem Dutzend Heloten, täglich abgelöst, wäre kaum eine Leistung zu nennen. Aber selbst wenn die Spartaner das getan hätten, meint Meyer, so wäre dadurch auch nicht viel geändert worden. Die Athener hätten die schwachen Posten immer bewältigt und sich, bis Sukkurs herankam, festgesetzt. Das ist eine in jeder Beziehung falsche Auffassung der militärischen Lage. Von einem »Überwältigen« der Posten kann keine Rede sein, da diese selbstverständlich sich gar nicht auf Fechten eingelassen hätten. Ihre einzige Aufgabe war, rechtzeitig zu signalisieren und einen Läufer abzusenden. Auf nichts als auf das richtige Funktionieren dieses Wach-Apparates kam es an. Eine Landung von ein paar Tausend Mann (Hopliten und Leichten) auf engem Raum vollzieht sich nicht so schnell. Kein Punkt der Insel aber war auch nur eine Viertelmeile vom spartanischen Lager in der Mitte der Insel entfernt. Ja, da die wirklich in Betracht kommenden Landungsstellen alle in der einen Richtung lagen, so hätten die Spartaner nicht ganz in der Mitte, sondern, noch etwas weiter südlich lagernd, noch schneller zur Hand sein können. Landeten die Athener an der Nordspitze, so brauchten die Spartaner etwas länger, um dahin zu kommen, aber kamen sicherlich immer noch an, ehe die Athener die Klippe heraufgestiegen waren. Der Platz, wo nach Grundy die Athener tatsächlich gelandet sind, ist von der Stelle, wo die Spartaner gelagert haben, bei der Quelle in der Mitte der Insel, nicht mehr als 1200 Meter entfernt. Da darf es doch wenigstens als sehr fraglich bezeichnet werden, ob die Athener eher in Schlachtordnung oder die Spartaner, wenn sie nur sofort alamiert wurden, in der Attacke waren, und bei dem heillosen Respekt, den die spartanische Phalanx noch immer genoß, wäre auch eine große, schon gelandete, aber noch nicht geordnete Mehrzahl schwerlich geneigt gewesen, die Attacke auch nur anzunehmen. Nicht mit Unrecht sagt Grundy, die Erzählung des Thucydides von dem Gefecht der ungeheuren Übermacht der Athener gegen die kleine spartanische Phalanx macht den Eindruck, wie wenn eine Meute zähnefletschender Hunde einen sterbenden Löwen umheult, aber sich nicht an ihn herantraut.

Wäre es wirklich wahr, daß, wie Meyer sagt, »eine so ausgedehnte Position, wie die von Sphakteria, gegen eine Überrumpelung nicht zu schützen« ist, wäre also, mit anderen Worten, bei der großen numerischen Überlegenheit der Athener, ein Mißlingen so gut wie ausgeschlossen gewesen, so ist doch wohl klar, daß die sämtlichen athenischen Feldherren, die an die Sache nicht heranwollten, zu einer Art von Trotteln gestempelt sind. Aber auch Meyer kann nachträglich nicht umhin, zuzugeben, daß »der Angriff auf die Insel trotz alledem ein gewagtes Unternehmen« war, da die Gegner zufällig gewarnt oder zufällig sehr wachsam sein konnten. Setzen wir statt der zufälligen Wachsamkeit eine stete und dauernde, so sind wir einig. Durchaus falsch aber ist es, aus derr Klarstellung der Gefährlichkeit des Unternehmens auf die Unrätlichkeit zu schließen.

Wenn Meyer mir unterlegt, ich sei »geneigt, dem Urteil zuzustimmen«, wie es etwa Nikias gehabt haben dürfte, »daß die Landung der reinste Dilettantismus sei und den ersten Regeln der richtigen methodischen Kriegsführung ins Gesicht schlage«, so ist das nur ein Beweis, wie gänzlich er mich mißverstanden hat. Aus demselben Mißverständnis entspringt auch der Vorwurf, ich hätte außer Acht gelassen, daß die attische Position unhaltbar wurde, wenn die Blockade sich bis in den Winter hinzog. Ich habe diese Betrachtung nicht angestellt, weil nichts in der Welt selbstverständlicher ist, als daß die Athener das höchste Interesse daran hatten, die Eingeschlossenen vor dem Winter zu bezwingen.

Da Meyer die Landung auf Sphakteria für eine ziemlich leicht ausführbare Sache erklärt, so lehnt er konsequenterweise auch den Hinweis auf die nicht ausgeführte Landung auf Alsen, die ich zur Erläuterung herangezogen habe, als unpassend ab; bei Alsen hätten die Dänen die See beherrscht und die Preußen wären unter dem Feuer der dänischen Kartätschen gelandet. Hier war also das Unternehmen in der Tat höchst schwierig und gefährlich. Der Unterschied ist einleuchtend, aber er wird kompensiert durch andere Umstände. Alsen ist eine zwei Meilen lange, durch tief eingeschnittene Buchten zerrissene Insel, so daß es viele Stunden dauern konnte, ehe die dänische Hauptmacht an einem überraschend angegriffenen Küstenpunkt erschien. Sphakteria ist eine ganz kleine Insel, auf der die Besatzung allenthalben, wenn sie nur die richtigen Vorbereitungen traf und guten Ausguck hielt, fast im Moment zur Stelle sein konnte. Das *tertium comparationis* liegt also darin, daß hier wie dort das Gelingen ausschließlich an der Überraschung hing. Ich bemerke schließlich noch, daß Meyer die Übergangsversuche bei Alsen verwechselt. Der, von dem ich gesprochen habe, hat nicht an derselben Stelle stattfinden sollen, wie der nachher unter dem Feuer der dänischen Geschütze tatsächlich ausgeführte, von dem Meyer spricht. Bei Ballegaard, wo der erste stattfinden sollte, ist der Meeresarm so breit, daß von der einen Staffel bis zur Ankunft der andern 2 Stunden vergehen mußten; dafür ist die Stelle aber auch von Sonderburg sehr weit entfernt. Satrup, wo der Übergang ein Vierteljahr später wirklich ausgeführt worden ist, liegt ziemlich nahe bei Sonderburg, dafür ist der Meeresarm aber auch nur sehr schmal.

Indem Meyer die Landung auf Sphakteria als ein Unternehmen hinstellt, das kaum mißglücken konnte, fällt nach seiner Ansicht das wesentliche Verdienst als ein rein technisches dem Demosthenes als dem ausführenden General zu.

»Kleons Anteil besteht nur darin, daß er ihm das Unternehmen möglich gemacht und die moralische Verantwortung dafür auf sich genommen hat.« Man kann das Wesen der Strategie nicht stärker verkennen. So groß das Verdienst des Demosthenes bei der Ausführung war, die eigentliche Tat bleibt doch immer die des Mannes, der den großen Entschluß faßte und die Verantwortung dafür trug und noch dazu Verstand und Menschenkenntnis genug besaß, sich den vorzüglichsten militärischen Techniker heranzuholen und ihm die praktische Gestaltung zu überlassen. Erst indem man sich die ganze Bedeutung der Tat Kleons klarmacht, erkennt man nun auch die ganze Schwierigkeit des Problems: daß dieser selbe Mann dennoch nichts als ein frecher, brutaler Demagoge gewesen sein soll. Von Grote bis Lange hat man die Lösung darin gesucht, daß man die Persönlichkeit Kleons gehoben, das Urteil des Thucydides für ungerecht erklärt hat. Meyer, der mir darin beistimmt, daß Amphipolis die völlige Nichtigkeit Kleons dartue, sucht die Einheit der Persönlichkeit auf dem Wege, daß er seine Leistung bei Sphakteria reduziert. Das eine ist so falsch wie das andere. Kleon hat in Sphakteria wirklich eine große Tat getan, und es ist keineswegs meine Meinung, wie Meyer sie wiedergibt (S. 333), nur durch die Gunst der Umstände sei es ihm geglückt.

Wenn die Sache so einfach läge, warum hätte sie uns Thucydides dann nicht so erzählt? Weshalb spricht er nicht einfach dem Demosthenes das Verdienst zu, wie es Aristophanes getan hat? Warum setzt er uns in Verlegenheit, indem er Kleons Forderung erst für »toll« erklärt und unmittelbar darauf ihre glänzende Erfüllung erzählt? Ehe man Thucydides kritisiert, soll man ihn zu verstehen suchen, und ich freue mich, daß auch Meyer all die Verirrungen falscher moderner Gelehrsamkeit, die über den Kriegsplan des Perikles oder über die Ereignisse bei Amphipolis klüger urteilen wollte als der Meister, mit Entschiedenheit abweist. Auch der Punkt Kleon-Sphakteria aber muß festgehalten werden. Thucydides wußte sehr wohl, was er tat, wenn er dem Demagogen die objektive Tat nicht im geringsten schmälerte und uns den Mann selbst zugleich als einen nichtsnutzigen Poltron schilderte.

Gerade dieser Gegensatz macht erst aus Kleon den politischen Typus, als welcher er in der Geschichte fortlebt und fortzuleben verdient. Thucydides hätte es schwerlich der Mühe wert gehalten, uns den widerwärtigen Menschen so sorgfältig zu porträtieren, wenn sein Eingreifen so wenig bedeutsam, die Frucht von Sphakteria so leicht zu pflücken gewesen wäre. Ja, man darf noch einen Schritt weiter gehen und sagen, nicht nur Kleon, ganz Athen in der Zwischenzeit zwischen dem Tode des Perikles und dem Auftreten des Alcibiades verliert, was es uns politisch so interessant macht, wenn die Stadt damals so arm an politischer Tüchtigkeit, Charakter und Intelligenz war, wie wir nach Meyer annehmen müßten. Aber so war es durchaus nicht. Die Aufgabe, die Athen gestellt war, war vielmehr so groß und schwierig, daß nur ein ganz großer Mann ihr nach allen Seiten hätte gerecht werden können. Ein solcher Mann war nicht da, und so kam es, daß Kleon nicht nur eine Stellung gewinnen, sondern auch einmal eine wirklich große Tat tun konnte. Nicht anders darf Thucydides verstanden werden, und wer noch Zweifel in der Seele behält und sich auch durch meinen Kommentar in dem oben genannten Büchlein nicht befriedigt fühlt, dem kann ich nur den einen Rat geben: Clausewitz und immer wieder Clausewitz zu studieren, so lange, bis er den Thucydides verstanden haben wird. (Vgl. noch das folgende Kapitel, Exc. 6.)

6. Bei *Olpä* 426 besiegt Demosthenes ein ambrakiotisch-peloponnesisches Heer, obgleich geringer an Zahl, indem er einen Hinterhalt legt, der den andern, als die Schlacht beginnt, in den Rücken fällt. Sehr selten begegnen wir solchen Mannövern.

7. Wie ein Vorspiel späterer Zeit erscheint die Schilderung, die Thucydides[1] (IV, 93–96) von der Schlacht bei *Delion* (424) gibt. Beide Teile, Athener und Böotier, sind an Hopliten gleich stark, 7000 Mann; die Böotier haben überdies 10 000 Ungewappnete, die Athener nur wenige, da die Masse, die sie ebenfalls bei sich hatten, schon vorweg abmarschiert ist. Die Böotier haben ferner 1000 Reiter, die Zahl der athenischen Reiter ist nicht genannt, jedenfalls waren es erheblich weniger als die Böotier; Athen besaß damals schwerlich mehr als 900 Reiter überhaupt, und von diesen waren natürlich nicht wenige nicht an dem Feldzug beteiligt, und 300 Reiter waren bei Delion zurückgelassen, um von da aus gegen den Rücken der Böotier zu operieren, wurden jedoch durch böotische Reiter in Schach gehalten.

Die ganze Masse der böotischen Ungewappneten hatte in der Schlacht gar keine Wirkung, da Waldbäche sie verhinderten, an den Feind zu kommen – doch wohl ein Zeichen, daß in den Ungewappneten die kriegerische Energie sehr gering war. Die Schlacht wird wie gewöhnlich geschlagen von den Hopliten. Die athenischen Hopliten standen gleichmäßig 8 Mann tief, hatten also eine Front von etwa 880 Mann. Die Böotier standen in den verschiedenen Kontingenten verschieden, und zwar das Hauptkorps, die Thebaner, nicht weniger als 25 Mann tief. Die böotische Schlachtlinie muß also erheblich kürzer gewesen sein, als die athenische. Das wurde aber ausgeglichen durch die Überlegenheit der böotischen Reiterei.

Von einem eigentlichen Reitergefecht hören wir nichts. Die Athener siegten auf ihrem rechten Flügel und umfaßten dann herumschwenkend die weiter nach der Mitte stehenden Böotier, die schwere Verluste erlitten. Mittlerweile aber hatte der tiefe thebanische Schlachthaufen, in seiner Flanke gedeckt durch die Reiter, vielleicht auch durch das Terrain,

1 Diodors abweichende Darstellung kommt, wie schon Grote richtig gesagt hat, neben der des Thucydides nicht in Betracht.

den gegenüberstehenden linken athenischen Flügel zurückgedrückt, und als das Gefecht hier glücklich für die Böotier vorwärts ging, schickte der thebanische Feldherr Pagondas zwei Reiterabteilungen dem andern Flügel zu Hilfe, die durch ihr plötzliches Erscheinen die Athener in Schrecken setzten und auch hier die Schlacht zugunsten der Böotier entschieden. Bei der Verfolgung der fliehenden athenischen Hopliten kamen nun auch neben den Reitern die zahlreichen böotischen Ungewappneten zur Geltung und töteten sehr viele.

8. Über die Schlacht bei *Amphipolis* (422) habe ich eingehend in dem Anhang zu meinem Buche »Die Strategie des Perikles« gehandelt. Die Athener verloren das Gefecht durch die Unfähigkeit Kleons, der in seiner patzigen Gedankenlosigkeit das Heer einem Angriff aussetzte, als es eben aus der Schlachtformation in die Marschformation übergegangen war. Die lacedämonischen Hopliten des Brasidas wurden durch Leichtbewaffnete und Reiter unterstützt.

9. In der Schlacht bei *Mantinea* (418) war das spartanische Heer wohl im ganzen 7–8000 Mann stark[1] und den gegnerischen Mantineern, Argivern und Athenern um einiges überlegen. Von dieser Schlacht im besonderen berichtet uns Thucydides das eigentümliche Rechtsziehen. König Agis von Sparta wollte die Umklammerung seines linken Flügels verhindern und befahl diesem, sich von dem Zentrum loszulösen und nach links zu ziehen; in die Lücke sollten zwei überschießende Lochen vom rechten Flügel einrücken. Aber die Befehlhaber der beiden Lochen wollten ihren schönen Platz nicht verlassen und versagten den Gehorsam. So blieb der linke Flügel vom Gros getrennt, wurde von beiden Seiten umfaßt und geschlagen. Der rechte Flügel aber siegte in derselben Weise, und da dieser Sieg über einen viel größeren Teil des feindlichen Heeres erfochten wurde, gab er die Entscheidung; der rechte Flügel der Mantineer und Argiver wagte den Kampf nicht wieder aufzunehmen, als sich Agis gegen ihn wandte, und verließ das Schlachtfeld[2].

1 Beloch, Bevölkerung, p. 140 berechnet 4234 Lacedämonier; dazu die Neodamoden, Brasideer und Bundesgenossen. Daß es auch hier gerade 400 Reiter gewesen seien, ist aus Thuc. IV, 55 doch wohl kaum zu schließen. Vgl. oben S. 45, Anmk.

2 In der Erzählung des Thucydides (V, 67 ff) ist insofern ein Widerspruch, als er erst angibt, die Lacedämonier hätten ihre Lochen hintereinander (ἑξῆς) im Zentrum aufgestellt und auf dem äußersten rechten Flügel hätten mit den Tegeaten »wenige Lacedämonier« gestanden und dann doch zwei ganze Lochen, offenbar Lacedämonier, von diesem Flügel abberufen werden läßt. Busolt, Hermes Bd. 40 (1895) S. 399 sucht den Widerspruch auf die Weise zu lösen, daß die beiden Lochen nicht den äußersten rechten Flügel gebildet hätten, sondern vom rechten Flügel des Zentrums

Thucydides hebt hervor, daß der Verlust des zuerst geschlagenen Flügels der Argiver und Athener viel größer geworden wäre, wenn nicht die athenische Reiterei ihm geholfen hätte. Auch die Spartaner hatten Reiter; wir hören aber nichts von einem Reitergefecht. Auch von Leichtbewaffnet ist nicht die Rede.

10. Thuc. VI, 64. Nikias will nicht zu Lande von Katana nach *Syrakus* marschieren, denn die Syrakusischen Reiter würden den »ιλοί und dem ὄχλος« unterwegs viel Schaden getan haben. Die Athener sind ohne Reiterei.

Sie nehmen bei Syrakus eine Stellung, wo ihnen die Reiter nicht viel schaden können. »Mauern, Häuser, Bäume, Sümpfe und Abhänge«, sagt Thucydides, »schützten sie.«

11. Sehr dunkel ist der Bericht des Thucydides (VI, 67) über die erste *Schlacht bei Syrakus*. Die Athener sollen nur die Hälfte ihres Heeres in die eigentliche Schlachtlinie gestellt, die anderen weiter rückwärts in einem Viereck aufgestellt haben, in dessen Mitte das Gepäck gebracht wurde; diese zweite Hälfte erhielt zugleich den Befehl, der ersten, wo es not tue, zu Hilfe zu kommen. Beide Phalangen waren 8 Mann tief. Wie sollen wir uns das Viereck mit dem Gepäck in der Mitte vorstellen? Wes-

hätten weggenommen werden sollen; die Lücke, die dabei entstand, habe man durch Rechtsziehen der anderen lacedämonischen Lochen wieder schließen können. Unmöglich mag das nicht sein, aber eine positive Behauptung möchte ich doch nicht wagen. Das Wort »ὄλιγον« kann bei Thucydides immer noch einen ziemlich weiten Kreis umfassen, z. B. wenn er kurz vorher (Kapp. 66, 4) sagt, daß πᾶν πλὴν ὀλίγου τὸ στρατόπεδον der Lacedämonier als Befehlshabern bestehe. Es mag also nur eine gewisse Sorglosigkeit des Ausdrucks vorliegen, indem erst gesagt ist, daß die Lacedämonier ihre Lochen »ἑξῆς« aufgestellt hätten, und wir nachher hören, daß die »wenigen«, die von den anderen durch fremde Kontigente getrennt, auf dem rechten Flügel gestanden hätten, zwei ganze Lochen (von sieben) gewesen seien. Vereinzelte Krieger können mit den »wenigen« doch auf keinen Fall gemeint sein, sondern taktische Einheiten müssen es gewesen seien, d. h. also zum wenigsten *ein* Lochos, vielleicht also auch zwei.

Auch daß die ungehorsamen Polemarchen in dieser Schlacht nicht die Befehlshaber der Lochen, sondern, wie Busolt S. 418 meint, Offiziere vom Stabe des Königs gewesen seien will mir nicht einleuchten. Zur Überbringung des Befehls wäre nur Einer nötig gewesen und die Widersetzlichkeit eines solchen Flügel-Adjutanten einerseits kaum zu verstehen, andererseits durch Absendung eines anderen zu leicht zu reparieren. Die Geschichte ist daher nur zu verstehen, wenn die Polemarchen Kommandeure der Lochen waren.

halb überließ man nicht die Verteidigung des Gepäcks den massenhaften Leichtbewaffneten, über die man in der Schiffsmannschaft verfügte? An Hopliten war das Heer dem Gesamtaufgebot der Syrakusaner gegenüber ohnehin schwach.

Die Syrakusaner hatten eine doppelt so tiefe Phalanx als die Athener, 16 Mann und außerdem 1200 Reiter. Trotzdem siegten die Athener; die feindlichen Reiter leisteten nichts weiter, als daß sie die Verfolgung hemmten.

Die Historiker, GROTE, HOLM (Geschichte Siziliens im Altertum II, 26), haben, so viel ich sehe, die Thucydideische Erzählung immer einfach wiederholt, ohne auf die Fragen, die sie übrig läßt, einzugehen.

Trotz seines Sieges kehrte Nikias nach Katana zurück, da er ohne Reiterei nichts machen könne.

Daß die syrakusanische Reiterei, wenn sie auch in der Schlacht nichts leistete, doch die Verfolgung verhinderte, scheint sie über die persische zu stellen, die das bei Marathon nicht fertig brachte. Der Grund wird sein, daß die Syrakusaner sich eines unbedingt sicheren Rückzuges bewußt waren, während die persischen Reiter bei Marathon, als das Fußvolk die Flucht ergriff, von dem Gefühl beherrscht wurden, daß, wer jetzt nicht schnell in das Schiff gelange, verloren sei. Bei Platää kommt, falls ein Teil des persischen Heeres detachiert war, die große Überzahl der Griechen in Betracht, und ob nicht trotzdem die persische Reiterei die Verfolgung etwas gehemmt hat, wissen wir nicht.

12. Als Gylippos kam, fand er bald heraus, wie die Syrakusaner ihre Überlegenheit an Reiterei zu verwenden hätten. Er schickte sie mitsamt seinen Speerschützen (Thucyd. VII, 6) den Athenern in die Flanke, während er sie in der Front mit Hopliten angriff, und die Athener wurden geschlagen.

13. Die Erzählung Diodors XIII, 72 von dem Zuge des Königs Agis gegen Athen im Jahre 408 enthält so viel Unverständliches oder Unglaubliches, daß sie geschichtlich kaum verwendet werden darf. Das Heer des Agis soll 14 000 Hopliten, 14 000 ψιλοὶ und 1200 Reiter stark gewesen sein. Die Phalanx war 4 Mann tief und 8 Stadien = 1500 Meter lang. Danach wäre also auf den Mann nur 43 Zentimeter Frontraum gekommen. Gleichzeitig aber soll das Heer zwei Drittel der athenischen Mauer umschlossen haben; dann müßte es sich also ganz im Gegensatz zu der gedrängtesten Aufstellung der Phalanx auf etwa 30 Stadien (3/4 Meilen) ausgedehnt haben, durch die ganze Ebene nördlich der Stadt bis über die Vorberge des Lykabettos hinüber. Die Athener sollen ihre Reiter zum Gefecht hinausgeschickt haben, die den Gegnern an Zahl gewachsen waren und sie besiegten – ist es denkbar, daß Athen noch im Jahre 408 plötzlich 1200 kampf-

tüchtige Reiter vors Tor schicken konnte? Am anderen Tage soll sich das athenische Heer so dicht unter der Mauer zum Kampf aufgestellt haben, daß es durch die von oben entsendeten Geschosse gedeckt wurde. Wieviel Hopliten konnte denn Athen damals noch aufstellen, während eine große Flotte mit Alcibiades auswärts war? Sollten die Spartaner, die doch numerisch weit überlegen sein mußten, sich wirklich gescheut haben, die kurze Strecke des Pfeil- und Spießhagels vor der Mauer zu durcheilen, um dann den sicheren Sieg, der den an die Mauer gepreßten athenischen Hopliten den Untergang bringen mußte, zu erlangen? Sobald sie handgemein wurden, tat ihnen ja das Werfen und Schießen von oben nicht viel mehr Schaden als den Athenern, wenn die Mauerbesatzung es nicht überhaupt einstellte, um nicht die eigenen Leute zu treffen.

14. Die ausführliche Erzählung, die uns Thucydides von der Einschließung und Aushungerung Platääs im Peloponnesischen Kriege gibt, ist von Müller-Strübing, Jahrb. f. Phil. Bd. 131 auf Grund der topographischen Verhältnisse angefochten, von Herm. Wagner jedoch in dem Progr. d. Gymn. v. Dobberan 1892 und 1893 völlig retabliert worden.

2. KAPITEL

Strategie. Perikles

Die taktischen Verhältnisse haben sich, wie wir gesehen haben, in der Zeit von den Perserkriegen bis zum Peloponnesischen wenig verändert. Dennoch bietet dieser Krieg einen ganz anderen Anblick als jener. Der Perserkrieg wird wesentlich beherrscht durch die Ungleichheit der beiden Streitenden in Bewaffnung und Taktik. Im Peloponnesischen Krieg kämpfen Griechen gegen Griechen; ihre Bewaffnung und Taktik ist dieselbe, aber das Eigentümliche ist, daß die eine Partei zu Wasser ein ebenso großes Übergewicht hat, wie die andere zu Lande. Dadurch wird eine ganz neue Aufgabe strategischer Natur gestellt. Der Perserkrieg ist angelegt auf große Entscheidungen: er kann nicht anders enden, als daß der Großkönig binnen kurzem entweder die Griechen besiegt und unterjocht oder eine ungeheure Niederlage erleidet. Der Peloponnesische Krieg zieht sich siebenundzwanzig Jahre lang hin, bringt zu Lande wohl einige Schlachten, aber keine wirkliche Entscheidung und kommt erst zum Schluß, als besondere Verhältnisse auch der spartanischen Partei gestattet haben, sich zu einer der athenischen ebenbürtigen Seemacht zu entwickeln.

Als der Krieg ausbrach, konnte man sich auf keiner von beiden Seiten von dieser Entwicklung eine Vorstellung machen. Man lebte ausschließlich in dem Gedanken, daß das Übergewicht zu Lande hier, zur See dort so groß sei, daß der Schwächere es auf eine große taktische Entscheidung, auf eine Schlacht wie Salamis oder Plataä, nicht ankommen lassen könne. Die Strategie war daher vor die neue eigenartige Aufgabe gestellt: den Krieg ohne Entscheidung, durch bloße Ermattung.

Es ist eine der kompliziertesten, aber der häufigsten Erscheinungen der Weltgeschichte, die uns hiermit entgegentritt. In der Natur, im Begriff des Krieges liegt es, daß ein Gegner den andern zu packen und niederzuwerfen sucht, damit er ihn unter seinen Willen beuge. Alle Kräfte werden zu einem großen Schlage, einer Schlacht zusammengefaßt, die die Entscheidung bringen soll oder der weitere folgen, bis die Entscheidung erlangt ist. Die Aufgabe der Strategie ist, diese Entscheidung vorzubereiten und unter möglichst günstigen Verhältnissen herbeizuführen. Jetzt haben wir einen Krieg, und immer wieder werden wir solchen begegnen, die aus den verschiedensten Ursachen derartige Entscheidungen ausschließen. Dennoch sollen Mittel gefunden werden, den Willen des Gegners zu beugen und den politischen Zweck des Krieges zu erreichen.

Ganz ebenso wie bei Marathon, Thermopylä, Salamis Plataä finden wir, daß das Hellenenvolk einen Mann hervorgebracht hat, der die neue Aufgabe in ihrer Tiefe begriff und mit klassischer Sicherheit löste.

Perikles, der Athener, erkannte, daß seine Stadt dem peloponnesisch-böotischen Bunde zu Lande nicht gewachsen sei, und zog daraus mit unerbittlicher Logik die Konsequenz, daß die ganze Landschaft Attika geräumt und dem feindlichen Heere überlassen werden müsse. »Wenn ich glaubte, euch überreden zu können, würde ich euch auffordern, selber euer Land zu verwüsten«, sagte er den Athenern. Die Landbevölkerung mußte sich in die Stadt und zwischen die langen Mauern, die die Stadt mit ihren Häfen Piräus und Phaleron verband, zurückziehen. Der Schaden aber, den nun die Feinde dem attischen Lande antaten, wurde ihnen vergolten, indem die athenische Flotte die feindlichen Küsten blockierte, den Handel aller gegnerischen

Städte vernichtete und selber bald hier, bald dort landend und unvermutet auftretend, den feindlichen Landschaften denselben oder noch größeren Schaden zufügte, als sie selbst in Attika anrichteten. Was konnte bei solcher Kriegführung, die beinahe eine »Nicht-Krieg-Führung« zu nennen wäre, herauskommen? Eine niederschmetternde Entscheidung niemals – es kam darauf an, wer zuerst den Schmerz nicht länger ertragen konnte, wer zuerst ermattete. Man hätte eine Kriegführung ohne Blutvergießen konstruieren können; aber so ganz war es denn doch nicht ausgeschlossen, daß auch scharfe Schläge einmal fielen, die viel dazu beitragen konnten, den Gegner zur Nachgiebigkeit zu stimmen. Wohl bedacht und mit weiser Erkenntnis fügte Perikles, als er den Athenern seinen Kriegsplan auseinandersetzte, dem Vorgesagten hinzu, daß man »die Gelegenheit, die nicht warte«, ergreifen müsse. Die Ermattungs-Strategie, die auf die absolute Entscheidung grundsätzlich verzichtet, bringt die Gefahr mit sich, daß die Feldherren gar zu vorsichtig werden. Jeder Krieg führt Zufälle herauf, die mit kühnem Mute ausgenutzt werden müssen. Aber ob es gelingt, ist immer eine Frage an das Schicksal. Der Feldherr weiß nie so genau, wie stark der Feind eigentlich ist, ob nicht Umstände mitspielen, die er nicht zu durchschauen vermag. Während man zaudert, erwägt, weiter untersucht – ist die Gelegenheit schon wieder entschlüpft und doppelt, zehnfach schwer findet der Feldherr den Entschluß zur Tat, wenn als das Grundprinzip des Krieges ihm verschwebt, daß nicht große Entscheidungen mit ihrem Wagnis, sondern die allmähliche Ermattung den Ausschlag geben soll. Erst der Fortgang unserer Darstellung bis in die neuere Zeit, der immer wieder zeigen wird, wie oft die Feldherren dieser Versuchung der Ermattungs-Strategie, sich gewagten Entscheidungen zu entziehen, erlegen sind, wird uns ganz verstehen lehren, wie bedeutsam jenes Wort des Perikles ist, daß trotz des allgemeinen Grundsatzes einer bloß ermattenden Kriegführung »die Gelegenheit, die nicht wartet«, wahrgenommen werden müsse.

Die Athener rechneten, daß Perikles als Feldherr neun Siege erfochten habe. Wir wissen von diesen Siegen zu wenig, um daraus auf Perikles strategische Begabung etwas schließen zu können, aber die Anlage des Peloponnesischen Krieges, verbunden mit der Nachricht von mehrfachen Schlacht-Siegen, nötigt uns, ihm nicht bloß unter den großen Staatsmännern, sondern auch unter den großen Feldherren der Weltgeschichte einen Platz anzuweisen. Nicht der Kriegsplan als solcher ist es, der ihm dieses Recht verleiht (denn den Ruhm des Feldherrn verleiht nicht der Rat, sondern die Tat), vielmehr die ungeheure Entschlußkraft, die dazu gehörte, nicht bei einer halben Maßregel stehen zu bleiben, sondern von vornherein, was geopfert werden mußte, das ganze attische Land völlig preiszugeben, und dazu die Kraft der persönlichen Autorität, die es vermochte, einen solchen Entschluß einer demokratischen Volksversammlung begreiflich zu machen und bei ihr durchzusetzen. Die Durchführung dieses Entschlusses ist eine strategische Tat, die mit jedem Siege auf eine Stufe gestellt werden kann. 480 und 479 hatten die Athener vor den Persern ja nicht bloß das Land, sondern auch die Stadt geräumt: ein in sich noch großartigerer Entschluß, aber ganz anderer Natur. Es war eine Tat der Verzweiflung, als kein anderer Ausweg mehr übrig blieb, wenn man sich nicht unterwerfen wollte. Die Schlacht, in der man die Heimat wiedergewinnen wollte, sollte unmittelbar folgen. Im Peloponnesischen Kriege handelte es sich ebenfalls um eine unausweichliche Notwendigkeit, aber nicht eine, die der unmittelbare Augenschein, sondern die nur die überlegende strategische Erkenntnis offenbarte, und es handelte sich nicht um eine bloß augenblickliche Räumung, sondern um eine voraussichtlich jahraus jahrein auf lange Zeit zu wiederholende Aktion. Noch heute tauchen immer wieder gelehrte Klüglinge auf, die die Notwendigkeit jener Tat bestreiten und dadurch neues Zeugnis für die Geisteskraft des Perikles ablegen, der ein so schwer zu begreifendes Strategem dem souveränen athenischen Volke aufzuerlegen vermochte.

Der Kriegsplan des Perikles ist von Athen lange Zeit durchgeführt worden, die ersten anderthalb Jahre, so lange Perikles die Stadt leitete, unter kluger und energischer Disponierung des Einzelnen, so daß die verschiedenen Unternehmungen gut ineinandergriffen; auch nach des Perikles Sturz und Tod mit nicht geringerer Kraft, aber ohne Zusammenhang im einzelnen, stoßweise, unter dem zufälligen Antriebe des Augenblicks, nach den Einfällen dieses oder jenes Redners. Trotzdem behauptete Athen die offenbare Überlegenheit über seine Gegner. Selbst die furchtbaren Verwüstungen der Pest, die ihm ein Viertel seiner Bürgerschaft raubte, brachen seine Kraft nicht, und endlich gab auch der fortgesetzte Kleinkrieg die »Gelegenheit« zu einem großen Schlage. 420 Lacedämonier wurden auf der Insel Sphakteria eingeschlossen, ein Teil getötet und der Rest, 292 Mann, darunter 120 Spartiaten, gefangen genommen.

Mit diesem Erfolg, fünf Jahre nach dem Tode des Perikles, war sein Kriegsplan erfüllt. Man darf natürlich nicht als Zweck des Krieges setzen, daß Athen sich hätte ganz Griechenland unterwerfen sollen, in der Art, wie später Rom Italien. Daran hat weder Perikles noch ein anderer athenischer Staatsmann gedacht; dazu war Athen viel zu schwach; dazu hätte es nicht bloß große Landsiege erfechten, sondern zuletzt auch die feindlichen Städte Theben, Megara, Korinth belagern und einnehmen müssen. Es handelte sich in diesem Kriege für Athen nur, wie in modernen europäischen Kriegen, um Selbstbehauptung, Erhaltung des Gleichgewichts und größere oder geringere Ausdehnung der Machtsphäre.

Der Mangel eines fähigen, leitenden Staatsmannes nach Perikles Tode ließ Athen den Augenblick und die günstige Lage für einen vorteilhaften Friedensschluß versäumen. Aber selbst nachdem nun Athen durch den genialen spartanischen Feldherrn Brasidas bei Amphipolis eine Niederlage erlitten, konnte es noch einen Frieden schließen, in dem es seine Stellung voll behauptete, und mehr war ja im Grunde gar nicht notwendig.

Nach acht Jahren brach der Krieg von neuem aus, und jetzt verloren ihn die Athener, weil sie den Rat des Perikles in einem wesentlichen Punkt in den Wind geschlagen hatten. Perikles hatte gewarnt, »während des Krieges nicht neue Eroberungen zu machen.«

Schon im Jahre 424, geschwellt durch den Erfolg von Sphakteria, hatten sie einmal eine große Operation zu Lande geplant und dabei eine sehr schwere Niederlage (Delion) erlitten; sie verloren nicht weniger als 1000 Hopliten. Nach dem Friedensschluß aber, der doch immer nur ein Waffenstillstand war, unternahmen sie die Unterwerfung Siziliens und verloren dabei etwa 6000 Bürger[1] mit einer großen Flotte und Ausrüstung. Das brachte den Umschwung. Jetzt wagten die Jonier, sich von Athen loszulösen, die Peloponnesier erschienen auf dem Meere und traten in Verbindung mit dem Perserkönig. Dieser Kombination war Athen nicht gewachsen, wurde endlich zur See besiegt und mußte sich unterwerfen.

1. Die Grundfrage bei der Beurteilung des Peloponnesischen Krieges ist natürlich, ob der Plan des Perikles richtig war, und die Antwort hängt nicht zum wenigsten von der Statistik ab. Wenn es wahr wäre, daß Athen damals 60 000 Bürger hatte, während es bestehen bleibt, daß Lacedämon nicht mehr als 2–3000 Spartiaten und 9000 Perioken-Bürger zählte, so hätte Athen wohl eine Politik und Kriegführung nach der Weise Roms wagen können. Man sieht die fundamentale Bedeutung der richtigen Feststellung dieser trockenen Daten. An ihnen hängt die Beurteilung des Perikles und hieran wieder die des Thucydides. Die Autorität des größten aller Historiker ist unrettbar zerstört, eine Säule der griechischen Literatur ist umgestürzt – wenn jemand nachweist, daß Athen im Jahre 431 60 000 Bürger gehabt hatte. Denn hat Thucydides den Perikles und seine Politik falsch beurteilt, dann dürfen wir seinem Urteil überhaupt nicht mehr trauen.

Glücklicherweise kann nun von alledem garnicht die Rede sein. Daß die Athener bei Delion πανδημεί auszogen und doch nur 7000 Hopliten stark waren, ist in Verbindung mit allen anderen überlieferten Zahlen

1 4450 Hopliten und Reiter-Bürger; dazu auf jeder Triere doch wenigstens einige athenische Bürger als Offiziere. Die ganze Expedition mit allem Nachschub kann auf 60 000 Männer berechnet werden.

ein unwiderleglicher Beweis, daß Athen niemals 60 000 Bürger gehabt haben kann.

Man darf annehmen, daß Athen außer den in der Rede des Perikles genannten 15 800 Mann aus den Theten und Metöken noch vielleicht 8000 Mann hätte herausziehen und mit Hoplitenrüstung versehen können. Dazu hätte man noch einige Bündner einberufen und eine große Masse Söldner als Hopliten aufstellen können. Rechnet man ab, was an Besatzungen notwendig zurückbleiben und daß doch immer eine gewisse Zahl Trieren im Dienst bleiben mußte, so hätte Athen mit höchster Anstrengung wohl einmal ein Heer von 25 000 Hopliten ins Feld führen können. Das Heer, mit dem die Peloponnesier in Attika einfielen, hat Beloch (p. 152) auf 30 000, neuerdings[1] auf 27 000 Hopliten, berechnet. Ein Sieg in offener Feldschlacht scheint also für die Athener nicht ganz ausgeschlossen. Aber was hätte er genützt? »Wenn wir auch siegen,« sagte Perikles den Athenern (Thuc. I, 143), »so hätten wir doch bald wieder gegen einen eben so zahlreichen Feind zu kämpfen.« Das große athenische Heer konnte nur wenige Tage, allerhöchstens Wochen im Felde bleiben, da die Bürger zu ihrer Berufsarbeit zurückkehren mußten. Von einer Verfolgung des Feindes in sein eigenes Land, einer Belagerung von Theben oder Korinth konnte gar keine Rede sein. Auch von den späteren Volksführern auf der Höhe des Erfolges von Sphakteria hat nie jemand solche Gedanken gehabt. Ein Sieg hätte also den Athenern nichts gebracht als eine augenblickliche Erleichterung; eine Niederlage hätte ihnen die halbe Bürgerschaft kosten können, und auf jeden Fall hätte ein derartiger Feldzug die finanziellen Mittel so angegriffen, daß sie für die weiteren Feldzüge ganz leistungsunfähig wurden. Wir werden auf das sich hier geltend machende Gesetz der Ökonomie der Kräfte noch sehr häufig zurückzukommen haben. In dem jetzt (1920) erschienenen vierten Bande dieses Werkes ist dieses Grundprinzip der Strategie ausführlich behandelt.

2. In allen Einzelheiten habe ich das Problem der Perikleischen Strategie untersucht in meinem Buche »Die Strategie des Perikles, erläutert durch die Strategie Friedrichs des Großen« (1890). Ziemlich gleichzeitig mit diesem Buch erschien die Untersuchung von Nissen »Der Ausbruch des Peloponnesischen Krieges« im 63. Bande der Hist. Zeitschrift. Die Einwände, die von ihm gegen die Darstellung des Thucydides erhoben werden, vermag ich als berechtigt nicht anzuerkennen, in einem wesentlichen Punkt sind wir jedoch zu demselben Ergebnis gekommen, nämlich, daß, wenn Athen auf ein positives Erwerbs-Objekt in diesem Kriege ausgehen wollte, es die Inkorporation von Megaris sein mußte.

1 Klio Bd. VI (1906) S. 77.

3. Seitdem ist noch »ein chronologischer Beitrag zur Vorgeschichte des Peloponnesischen Krieges« erschienen von W. Kolbe (Hermes, Bd. 34, 1899). Kolbe setzt die Schlacht bei Sybota schon in den Herbst 433 (ich habe Mai 432 angenommen); Folgerungen für meine Auffassung der Politik des Perikles ergeben sich daraus nicht.

4. Busolt in einer Untersuchung »zum Kriegsplan des Perikles« (Festschrift, Ludwig Friedländer dargebracht von seinen Schülern 1895) hat sich denen angeschlossen, wie diesen Kriegsplan prinzipiell für richtig erklären, »aber es mangelte bei seiner Durchführung an tatkräftigem Vorgehen und Unternehmungsgeist«. Er vermißt namentlich in den ersten Jahren des Krieges die Besetzung feindlicher Küstenplätze wie Pylos und die Insel Kythera. »Ein energisches Einsetzen der Kräfte im Rahmen des Kriegsplanes konnte unzweifelhaft die Dauer des Krieges verkürzen und rascher zur Ermattung des Gegners führen«. Diese Behauptung kann man doch nicht so gnaz als »unzweifelhaft« hinstellen. Busolt selbst hat in eben dieser Abhandlung sehr mit Recht mehr, als es früher geschehen ist, betont, wie wichtig die Blockade des Peloponnes war. Konnte sie auch nicht bis zur hermetischen Absperrung durchgeführt werden, so unterband sie doch den Handel und die fast unentbehrliche Getreidezufuhr für die größeren Seestädte in höchst empfindlicher Weise. Je länger je härter mußte dieser Druck wirken. Es ist durchaus nicht gesagt, daß die Athener, wenn sie allen Schaden, den sie ihrem Gegner zufügen konnten, gleich im ersten Jahre anrichteten, damit den Frieden erreicht hätten. Die Länge des Schmerzes, das psychologische Moment der Zeit mußte hinzukommen. Wir stehen hier vor einem Problem, das immer wieder in der Kriegsgeschichte auftaucht. Wenn ein Staatsmann-Feldherr wie Perikles einen Kriegsplan entwirft, der den Gegner nicht niederwerfen, sondern ihn allmählich ermatten soll, so gibt es keinen bestimmten Anhalt dafür, wieviel in jedem Jahr zu unternehmen, wie weit auf Schonung der eigenen Kräfte Rücksicht zu nehmen ist. In der Niederwerfungs-Strategie gibt es einen solchen Maßstab, nämlich die Streitkräfte des Gegners. Man muß entweder *alle* Kräfte aufbieten, die überhaupt möglich sind, oder wenigstens so viel, daß man mit Sicherheit auf den Sieg rechnen kann. Geschieht das nicht, so ist ein Fehler gemacht worden. Bei der Ermattungs-Strategie ist der Maßstab mehr subjektiv. Alle Kräfte zugleich anzuspannen, wäre falsch und würde dem eigenen Plane widersprechen. Was nun auch geschieht, immer ist es möglich, daß ein Kritiker kommt und sagt, dies oder das hätte außerdem auch noch geschehen sollen. Die Gründe, weshalb in den ersten anderthalb Jahren, so lange Perikles regierte, nicht mehr geschah, habe ich in meinem Buche S.116 dargelegt. Im zweiten Jahre hat er an Stelle der Okkupation von Kythera, die Busolt verlangt, etwas viel Großartigeres unternommen,

nämlich Epidaurus zu erobern, was ihm freilich mißlang. Daß nach diesem Fehlschlag nunmehr nicht der Zug nach Kythera unternommen wurde, fällt jedenfalls nicht dem Perikles zur Last, da er ja abgesetzt wurde. Es ist aber aus den von mir a. a. O. p. 130 angeführten Gründen durchaus verständlich.

5. Das Wort des Perikles von den »Gelegenheiten im Kriege, die nicht warten« (Thuc. I, 142) ist zunächst von den Gegnern gesagt, die wegen Mangels an bereiten Mitteln und wegen der lockeren Bundesverfassung die Gelegenheiten nicht benutzen können. Implicite liegt darin aber naturgemäß auch das Entgegengesetzte, daß nämlich die Athener dazu in der Lage sind und die Gelegenheiten ergreifen sollen.

6. In einem Anhange zu meinem oben genannten Buche habe ich die Frage nach der Bedeutung Kleons behandelt. Immer wieder tauchen Gelehrte auf, die es nicht begreifen können, daß jemand einen so glänzenden militärischen Erfolg wie Kleon auf Sphakteria davongetragen hat und doch eine in jeder Beziehung nichtige Persönlichkeit gewesen sein soll. Nirgends als auf militärischem Gebiet ist die Versuchung größer, sich vom Erfolg hinreißen zu lassen und den, der einen Sieg erfochten, auch für einen Feldherrn zu erklären; nirgends ist es aber auch wichtiger, sich von der Erfolgs-Verehrung frei zu machen und unbefangen zu prüfen, ob ein Ruhm verdient ist und wem er zufällt. Der Fall Kleon ist ganz besonders geeignet, die Urteilskraft zu bilden und sich in der Kritik zu üben. Eine sehr interessante und in mancher Beziehung geradezu frappante Analogie zu Kleons Feldherrntum bildet der große Sieg, den der Demagogen-General L'Echelle über die Vendeeer erfocht, was ich an dem ausgezeichneten Buche des Generals von Boguslawski: »Der Krieg der Vendee gegen die französische Republik« (1894) nachzulesen bitte.

7. Nachdem man sich überzeugt hat, daß in den Kardinal-Punkten, der Beurteilung des Perikles und seines Kriegsplanes, sowie des Kleon die Auffassung des Thucydides die allein und vollständig richtige ist, ist man berechtigt und verpflichtet, diesem Autor auch in den Punkten Vertrauen zu schenken, wo eine strikte Nachprüfung bei unserer mangelhaften Kenntnis der Tatsachen nicht möglich ist. Nach diesem Grundsatz ist die Darstellung dieser Epoche aufgebaut.

Die Anklagen, welche man gegen Thucydides als Feldherrn aus seiner eigenen Erzählung hat konstruieren wollen, entbehren jeder Begründung und entspringen allein den unrichtigen taktischen Vorstellungen der Kritiker.

8. Herodot VII, 9 läßt den Mardonius zu Xerxes sagen:

»ἐώθασι Ἕλλμνες, ὡς πυνθάνομαι, ἀβουλότατα πολέμους ἵστασθαι ὑπό τε ἀγνωμοσύνης καὶ σκαιότητος. ἐπεὰν γὰρ ἀλλήλοισι πόλεμον προείπωσι ἐξευρόντες τὸ κάλλιστον χωρίον καὶ λειότατον, ἐς τοῦτο κατιόντες μάχονται, ὥστε. σὺν κακῷ μεγάλῳ οἱ νικέοντες ἀπαλλάσσονται. περὶ δὲ τῶν ἑσσωμένων οὐδὲ λέγω ἀρχήν, ἐξώλεες γὰρ δὴ γίνονται.«

Sie sollten lieber »ἔντας ὁμογλώσσους« sich friedlich verständigen und vertragen, »εἰ δὲ πάντως ἔδεε πολεμέειν πρὸς ἀλλήλους, ἐξευρίσκειν χρῆν, τῇ ἑκάτεροί εἰσι δυσχειρωτότατοι, καὶ ταύτῃ πειρᾶν« »wo für beide Teile der Sieg am schwersten ist« sagt die Übersetzung. Vater Herodot hat nicht ausdrücken können, was er meint oder ihm gesagt ist: der Sinn ist offenbar, *jeder* soll suchen, das Terrain zu seinen Gunsten zu verwenden.

Man erkennt, daß solche Betrachtungen in dem Perikleischen Athen gemacht wurden.

---

9. Bei den Bevölkerungs-Berechnungen für Attika habe ich angenommen, daß die Athener für den Flottendienst auch Sklaven herangezogen hätten. Niese hat diese Annahme für »ganz unhaltbar« erklärt und seine entgegengesetzte Ansicht ausführlich in einem Anhang zu seinem Aufsatz in der Hist. Zeitschr. Bd. 98 (s. oben S. 3) begründet. Die Frage hat für unsere statistische Berechnung keine Bedeutung, da auf der einen Seite feststeht, daß das Gros der Flotten-Besetzung aus athenischen Bürgern bestand, auf der anderen, daß die Nicht-Bürger wesentlich Söldner waren, so daß auf jeden Fall für die etwaigen Sklaven kein großer Raum bleibt. Ob man das ohnehin nur so ungefähr abzuschätzende Kontingent von Nicht-Bürgern als »Söldner« oder als »Söldner und Sklaven« bezeichnet, macht für das Ergebnis also keinen Unterschied. Wenn Böckh (Staatshaush. I, 329, 3. Aufl.) meint, daß »ein *großer* Teil der Ruderer Sklaven waren, so ist er wohl etwas zu weit gegangen; ich habe mich vorsichtiger ausgedrückt, indem ich schrieb: »Wenn in Athen ausgehoben werden sollte für einen Feldzug – so werden wir annehmen dürfen – meldeten sich für den Flottendienst stets genügend Freiwillige, Athener oder Fremde, oder es wurden Sklaven genommen. Der Flottendienst ist also in Athen, abgesehen von den Auszügen πανδημεί, schon bald nach den Perserkriegen ein reiner Söldnerdienst geworden.« Diese Worte scheinen mir deutlich genug zu sagen, daß ich den Zusatz von Sklaven auf der athenischen Flotte nicht als etwas Wesentliches ansehe, sondern als einen Behelf, wenn die Bürger und Söldner nicht ausreichten, also auch wohl bei den außerordentlichen Aufgeboten, die ich meinen statistischen Berechnungen zugrunde lege. Niese formuliert also meine Ansicht zu scharf, wenn er sie wiedergibt mit den Worten: »H. Delbrück hat in seiner Geschichte der Kriegskunst S. 110 gesagt, die Athener hätten zur Bemannung der Kriegsschiffe *regelmäßig* Sklaven herangezogen.«

Niese führt für seine Auffassung zunächst einige *argumenta ex silentio* ins Feld, denen wohl ein gewisses Gewicht zuzuerkennen ist, so weit sie gegen Böckhs Meinung, daß »ein *großer* Teil der Ruderer Sklaven waren«, aufgeführt werden, nicht aber gegen mich, da die Sklaven bei mir eine so beiläufige Rolle spielen, daß sie bei Aufzählungen leicht übergangen werden konnten.

Daß die Sklaven in andern griechischen Staaten zum Ruderdienst verwandt wurden, ist mehrfach bezeugt. Wenn Niese behauptet (S. 496, S. 501, S. 505), »es gäbe ausreichende Beweise dafür, daß die Sklaven in Athen … nur als Bedienung ihrer der Flotte dienenden Herren Zutritt hatten,« so hat er leider unterlassen, diese Beweise in seiner sonst von gelehrten Zitaten strotzenden Abhandlung anzuführen, sich selbst aber in den Verdacht gebracht, von den Verhältnissen einer antiken Triere sehr unklare Vorstellungen zu haben: wir haben Not, es zu begreifen, daß auf einem solchen Schiff überhaupt für 200 Mann Raum war – nun auch noch Sklaven als Bedienung? Außer vielleicht für den Kapitän und Steuermann? Und die Herren hätten gerudert, die Sklaven zugesehen?

Die positiven Zeugnisse, daß auch auf der athenischen Flotte Sklaven als Schiffsmannschaft vorkamen, sind folgende: Thucyd. VII, 13, 2 schreibt Nikias aus Sizilien nach Hause, es gäbe Leute, die, die Kapitäne bestechend, an ihre Stelle Hykkarische Sklaven setzten und dadurch die Ordnung des Schiffswesens aufhöben (εἰσὶ δ' οἳ καί, αὐτοὶ ἐμπορευόμενοι, ἀδράποδα Ὑκκαρικὰ ἀντεμβιβάσαι ὑπὲρ σφῶν πείσαντες τοὺς τριεράρχους τὴν ἀκρίβειαν τοῦ ναυτικοῦ ἀφῄρηνται). Hykkara ist eine sicilische Stadt, die die Athener gleich nach ihrer Ankunft eingenommen und deren Bewohner sie zu Sklaven gemacht hatten. Nikias findet also den Fehler nicht darin, daß überhaupt Sklaven in die Rudermannschaft eingestellt wurden, sondern darin, daß Sklaven solcher Provenienz, von innerer Feindseligkeit, ohne Übung und Erziehung für den Ruderer-Dienst eingeschmuggelt wurden. Hätte er es als unerhört bezeichnen wollen, daß überhaupt Sklaven unter die Ruderer gemischt wurden, so hätte er nicht den Zusatz »Hykkarische« gemacht.

Thucyd. VIII, 73, 5 ist von der Paralos, dem Staatsschiff, gesagt, sie sei mit lauter Freien besetzt; bei anderen Schiffen war es dies also nicht der Fall. Niese (S. 501 Anm.) will diese bisher allgemein angenommene Auslegung für ein Mißverständnis erklären; er scheint das Wort ἐλεύθεροι als »freiheitlich gesinnt« auffassen zu wollen – wozu ich keinen Grund sehe.

Xenophon, Hellenika I, 6, 24 berichtet, wie im Jahre 406 die Athener, um ihre Flotte zu bemannen, Freie und Sklaven einstellten. Derselbe Vorgang wird auch bei Aristophanes erwähnt und in den Scholien, zitiert bei Böckh I, 329.

Isokrates in seiner Friedensrede (8, 48) erwähnt, daß die Athener ehedem Fremde und Sklaven als Matrosen, die Bürger als Hopliten auf die Schiffe steigen ließen; zit. Niese, S. 501, Anm. 3.

Alle diese Zeugnisse scheinen mir keinen Zweifel zu lassen, daß meine Darstellung richtig ist – die sich ja übrigens von derjenigen Nieses, um es zu wiederholen, nicht so fundamental unterscheidet, wie die Energie seiner Polemik vermuten läßt. Denn auch Niese gibt wenigstens ausnahmsweise (in dem Fall von 406) das Einstellen von Sklaven in die Flottenmannschaft zu, und bei mir spielen sie eine so beiläufige Rolle, daß ich ebenfalls das Wort »ausnahmsweise« hätte gebrauchen können, ohne in den Berechnungen etwas zu ändern.

3. KAPITEL
Söldner

Im Perserkriege bestehen die hellenischen Heere aus Bürgeraufgeboten; als der Peloponnesische Krieg zu Ende geht, ist dem nicht mehr so.

Das allgemeine Bürgeraufgebot, der Auszug »πανδημεί«, war immer nur sehr selten gewesen. Für gewöhnlich wurde beschlossen, ein Heer oder eine Flotte von bestimmter Stärke auszuschicken, und die Aushebung für diesen Zweck werden wir uns in Athen etwa folgendermaßen vorzustellen haben. Die Bürgerschaft war eingeteilt in zehn Phylen, und jede von diesen zerfiel in drei Trittyen, eine städtische, eine an der Küste, eine im Binnenland, die wiederum mehr oder weniger Demen umfaßten. Auf diese wurde die zu stellende Mannschaft repartiert und hätte nun der Regel nach abwechselnd von den Verpflichteten gestellt werden müssen. Ein solcher regelmäßiger Wechsel hätte aber zu schweren Ungleichmäßigkeiten geführt. Die einzelnen Expeditionen waren von sehr verschiedener Länge und Beschwerlichkeit; der Hoplitendienst, den die Wohlhabenderen zu leisten hatten, sehr viel seltener als der Flottendienst. Die kurzen Feldzüge der älteren Zeit hatten die Bürger aus eigenen Mitteln bestritten und waren dadurch nicht gar zu sehr in ihrem Berufs- und Erwerbsleben gestört worden. Die langen, oft überseeischen Kriege hatten ganz andere Verhältnisse geschaffen. Um längere Feldzüge zu ermöglichen, hatte man angefangen, Sold, und zwar einen sehr reichlichen, zu zahlen.[1] Die Mittel brachten die athenischen Bundesgenossen auf, die dafür vom Kriegsdienst frei oder wenigstens viel geringer belastet[2] waren. Die athenischen Bürger taten den Kriegsdienst für sie, und eben dadurch hatten sie eine so sehr große Kriegstüchtigkeit erlangt. Obgleich Sie Bürger blieben, hatten sie doch bis auf einen gewissen Grad die Eigenschaften von Berufssoldaten angenommen und waren sich dessen auch voll bewußt. Vor der ersten Schlacht vor Syrakus erinnert ihr Feldherr Nikias sie daran, daß sie ganz andere Krieger seien, als das Bürgeraufgebot ihrer Gegner.[3] Wenn daher in Athen ausgehoben werden sollte für einen Feldzug, so werden wir annehmen dürfen, meldeten sich für den Flottendienst stets genügend Freiwillige, Athener oder Fremde, oder es wurden Sklaven genommen. Eine besondere Liste der zum Seedienst Verpflichteten ist allem Anschein nach gar nicht geführt worden. In Notfällen wurden alle eingestellt, die gerade abkömmlich waren.[4] Mit dem Hoplitendienst war es etwas anderes; dieser war ja nicht bloß eine persönliche, sondern auch eine Steuerleistung,

1 BÖCKH, Staatshaushalt I, 152 und 340 (3. Aufl.). Der Sold schwankt zwischen 4 Obolen und 1 Drachme (6 Obolen) für den Mann; für den Hopliten also 2 Drachmen, eine für den Krieger und eine für seinen Burschen, eingeschlossen das Verpflegungsgeld. Wenn der Komiker Theopomp sagt, mit zwei Obolen ernähre der Mann eine Frau, mit vier sei er vollends glücklich, so meint er vermutlich den baren Sold außer der Verpflegung, die eventuell noch durch zwei Obolen abgelöst wurde. – Zu Aristoteles' Zeit erhielten die athenischen Epheben 4 Obolen täglich, ihre Instruktoren 1 Drachme. Staat d. Alth. cap. 42.

2 NÖTHE, Bundesrat, Bundessteuer und Kriegsdienst der delischen Bündner, Progr. v. Magdeburg 1880. GÜLDE, Kriegsverf. d. ersten athen. Bundes. Progr. Neuhaldensleben 1888.

3 Nikias Rede. Thuc. VI, 68.

»πρὸς ἄνδρας πανδημεί τε ἀμυνομένους καὶ οὐκ ἀπολέκτους ὥσπερ καὶ ἡμᾶς, καὶ προσέτι Σικελώτας, ὁὶ ὑπερψρονοῦσι μὲν ἡμᾶς, ὑπομενοῦσι δὲ οὔ, διὸ τὸ τὴν ἐπιστήμην τῆς τόλμης ἧσσω ἔχειν.«

4 Xenoph. Hell. I, 6, 24. Die Athener beschließen auszuziehen mit 110 Schiffen »εἰσβιβάζοντες τοὺς ἐν τῇ ἡλικίᾳ ὄντας ἅπαντας καὶ δούλους καὶ ἐλευθέρους . . . . . εἰσέβεσαν δὲ καὶ ἱππέων πολλοί«

da der Hoplit seine kostbare Rüstung selbst zu beschaffen hatte. Zum Hoplitendienst wurde deshalb eingeschätzt und über die Leistungsfähigen eine Musterrolle, der »Katalog« geführt, neben der allgemeinen Bürgerliste. Trotzdem werden wir annehmen dürfen, daß es nicht so gar schwer war, wenn man nicht selbst ausziehen wollte, einen Ersatzmann zu finden[1], und der Staat konnte gegen eine geeignete Stellvertretung nichts einzuwenden haben. Er schonte dadurch die Bürger in ihrer regelmäßigen Erwerbstätigkeit, und die militärische Tüchtigkeit brauchte unter dem Austausch nicht zu leiden, sondern konnte noch gewinnen. Ohnehin war der Hoplitendienst ja selbst seinem Begriff nach kein streng persönlicher, sondern das Haus stellte einen Mann mit seinem Burschen. Von je wird es da für eine interne Sache der Familie gegolten haben, ob der Vater oder der Sohn, der eine Bruder oder der andere oder statt dessen auch einmal ein entfernterer Verwandter oder ein Nachbar die Hoplitenrüstung anzog und den Dienst übernahm. Um das Hoplitenaufgebot noch verstärken zu können, hielt auch der Staat bei Ausbruch des Peloponnesischen Krieges Rüstungen und stattete eine Anzahl Theten damit aus.[2] Wenn für die sizilische Expedition 1500

1 Nach einer bei Polyän (III, 3) erhaltenen Notiz schlossen sich dem Tolmidas, als er einmal mit 1000 Hopliten ausziehen sollte, 3000 Freiwillige an. Im Widerspruch damit scheinen zwei Stellen bei Aristophanes zu stehen. »Ritter« v. 1369 wünscht der Demos, daß nicht mehr nach Gunst Leute vom Hoplitendienst befreit werden und im »Frieden« v. 1179 ist Einer kreuzunglücklich, weil er findet, daß er plötzlich schon wieder zum Dienst aufgeboten wird, und klagt, daß damit hauptsächlich das Landvolk gedrückt, der Städter bevorzugt werde. Zum reinen freiwilligen Solddienst war also das Heeresaufgebot damals (424 und 421) noch nicht geworden.

2 Aristoteles, Vom Staate der Athener cap. 24, wo er ausführt, daß die Masse der Athener vom Staate lebte (durch die Steuern der Bundesgenossen), gibt auch an, daß die Stadt 2500 Hopliten unterhalten habe. Wie das zu verstehen ist, ist nicht leicht zu sagen. An ein stehendes Heer ist nicht zu denken. Die περίπολοι, die etwa 2000 Köpfe stark waren, sind schwerlich gemeint. Vielleicht existierte eine Einrichtung, wonach 2500 Mann sich in besonderem Maße in jedem Augenblick bereit zu halten hatten, zuweilen gemustert wurden, exerzieren mußten und dafür eine kleine Vergütung erhielten. Anders kann es wenigstens mit den 1200 Reitern und 1600

Hopliten aus dem Katalog und 700 Theten-Hopliten eingeschifft wurden, so haben sich entweder nicht mehr als 1500 aus den oberen Klassen für den Feldzug gemeldet, oder, noch wahrscheinlicher, man wollte nicht so viele bemittelte Bürger so weit fortschicken, nahm nicht mehr als 150 aus jeder Phyle an und bewaffnete außer ihnen noch 700 Theten, die sich ebenfalls freiwillig meldeten, auf Staatskosten.

Der Flottendienst ist also in Athen, abgesehen von den Auszügen πανδημεί, schon bald nach den Perserkriegen ein reiner Söldnerdienst geworden, und allmählich wandelte sich auch der Hoplitendienst im Laufe des Peloponnesischen Krieges mehr und mehr in einen solchen um.

Die analoge Entwicklung vollzog sich bei den andern Staaten. In den ersten Jahren des Peloponnesischen Krieges taten die Verbündeten in der Hauptsache nichts anderes, als daß sie mit Zweidrittel ihrer Bürger-Hopliten in Attika einfielen, das Land einige Wochen plünderten und verwüsteten und wieder heimzogen. Bald stellte sich heraus, daß man auf diese Weise Athen nicht mürbe mache, und endlich zog der Spartaner Brasidas mit einem Heer nach Thracien, um Athen in seinen Kolonien und Bundesstädten zu bekämpfen. Dieses Heer konnte nicht mehr aus Bürgern bestehen, die sich für einige Zeit ihrem Erwerb entzogen und selbst verpflegten. Es bestand aber nicht etwa aus Spartiaten, deren Stolz von je gewesen war, daß sie keinen bürgerlichen Beruf hatten, sondern ausschließlich Krieger waren. Ein solcher Feldzug in die Ferne mit der Hälfte oder auch nur einem Viertel der spartiatischen Waffenfähigen (und das wären ja nicht mehr als 500–600 Mann gewesen) widersprach durchaus dem Charakter des Staatswesens und der Sinnesweise der Spartaner. Man hob vielmehr robuste leibeigene

Bogenschützen, die Aristoteles in derselben Linie nennt, nicht wohl gewesen sein. BELOCH, Klio V, 357 hat die Vermutung ausgesprochen, daß es einfach statt 2500–12 500 heißen müsse, und das leuchtet mir schließlich am meisten ein.

Bauernsöhne, Heloten aus und exerzierte sie als Hopliten ein. Natürlich mußte man ihnen Verpflegung und auch einen gewissen Sold geben, um sie an die Fahne zu fesseln. So gelangt Sparta durch die inneren Notwendigkeiten der Kriegführung ganz auf dieselben Bahnen wie Athen.

1. Von den Argivern berichtet Thucydides V, 67, daß sie neben dem allgemeinen Aufgebot eine Elite-Schar von 1000 Mann hatten, die auf Staatskosten besonders ausgebildet waren (Ἀργείων οἱ χίλιοι λογᾶδες, οἷς ἡ πολις ἐκ πολλοῦ ἄσκησιν τῶν ἐς τὸν πόλειμον δημοσίᾳ παρεῖχε). Vermutlich waren diese 1000 nicht bloß besonders ausgebildet, sondern mußten auch bereit sein, die weiteren Expeditionen zu übernehmen, die von Zeit zu Zeit erforderlich waren und den gemeinen Bürger zu sehr aus seiner Beschäftigung gerissen und wirtschaftlich geschädigt hätten. Dafür erhielten sie einen regelmäßigen Sold.

2. Als Agesilaus in Asien 391 Reiterei gebraucht, hebt er dazu die reichen kleinasiatischen Griechen aus und erlaubte ihnen, Ersatzmänner zu stellen. Xen. Hell. III, 4, 15.

3. Der Übergang zum Söldnertum verwischte in Athen natürlich auch die alte Klassen-Einteilung. Schon Perikles in seiner Rede v. J. 431 nimmt auf diese Einteilung keine Rücksicht mehr, da ja der Staat die Theten, die dazu selber nicht vermögend waren, ausrüstete. *A potiori* aber galt im Volksmunde noch der Satz, daß die Bürger der untersten Klasse »οὐκ ἐστρατεύοντο«. Usener in den »Jahrb. f. klass. Philol.« 1873 p. 162 meint, daß im Jahre 412 die Schranke definitiv gefallen sei; die Rede des Lysias über die Wiederherstellung der Demokratie zeige, daß damals der Hoplitendienst der Theten natürlich war, während bei der Aufführung von Aristophanes' »Schmausern« i. J. 427 das noch nicht so aufgefaßt wurde.

4. Buch I, Kap. 2 haben wir festgestellt, daß uns Thucydides in der Rede des Perikles die Zahl der athenischen Bürger und der Metöken-Hopliten, aber nicht die der Metöken-Nichthopliten mitteilt. Wir sehen jetzt, daß für Thucydides dazu in der Tat kein Grund vorlag. Die Metöken-Nichthopliten kamen für das athenische Kriegswesen nur in Betracht als Rudermannschaft, die man auch aus Sklaven ergänzen konnte. Wenn auch über alle Metöken eine Liste geführt wurde, so waren die Ärmeren unter ihnen doch eine zu flottierende Masse, um zur Substanz des Staates gerechnet zu werden. Diejenigen, die wohlhabend genug waren, zum Hoplitendienst eingeschätzt zu werden, waren aber durch ihren Wohlstand auch enger mit dem Staat Athen verknüpft und werden deshalb mitgezählt.

4. KAPITEL
Feinere Ausbildung des bestehenden taktischen Systems im vierten Jahrhundert

So lang und wechselvoll der Peloponnesische Krieg war, so hat er neue Formen der Kriegskunst doch nicht erzeugt. Das Neue, was er für Hellas hervorbrachte, war das Berufssoldatentum. Schon viel früher hat Griechenland Berufskrieger als Söldner gekannt; die Tyrannen, wie Polykrates von Samos und Pisistratus von Athen[1], hatten Leibwachen, auf die sich ihre Herrschaft stützte; Polykrates soll sogar ein kleines Heer von 1000 Mann Bogenschützen gehabt haben.[2] Die Könige von Ägypten und Lydien hatten eine Heeresmacht von griechischen Söldnern. Aber das sind zuletzt doch keine maßgebenden Größen, und das eigentliche Söldnertum, das zu einem wesentlichen Moment des griechischen Volkslebens und der griechischen Geschichte wird, ist erst ein Produkt des Peloponnesischen Krieges. Es ist aber nicht bloß die Menge der gemeinen Soldaten, die in Betracht kommt, sondern namentlich der ganz neue Stand der Söldnerführer, der Berufsoffiziere, die jetzt auftreten.

1 Herod. I, 61. Die Söldner des Pisistratus scheinen übrigens nicht Griechen, sondern Scythen gewesen zu sein. HELBIG, Sitz-Ber. d. Münch. Akad. 1897, 2. Bd. S. 259. Eine Heerschau des Pisistratus oder Hippias auf einer schwarzfigurigen Schale.

2 Herod. III, 39.

Den Übergang bilden die Athener Demosthenes und Lamachos, die Spartaner Brasidas, Gylippos, Lysander. Als bald nach dem Abschluß des Peloponnesischen Krieges der persische Prinz Cyrus, Statthalter von Kleinasien, sich gegen seinen Bruder, den König Artaxerxes, empörte, konnte er ein Heer von nicht weniger als 13 000 griechischen Soldaten unter lauter erfahrenen Kriegshauptleuten höheren und niederen Ranges in Sold nehmen.

Der allmähliche Übergang vom Bürgerkriegertum zum Soldkriegertum hat sicherlich eine Verfeinerung und intensiver Anwendung des Exerzitiums zur Folge gehabt, oder, wie man es vielleicht auch ausdrücken darf, die Exerzierdisziplin der Spartaner wurde auf die anderen griechischen Heere ausgedehnt. Das Heer der Spartaner, sagt Thucydides (VI, 66) bestehe fast ganz aus Befehlshabern (ἄρχοντες ἀρχόντων), und der Verfasser des »Staats der Lacedämonier« berichtet, das spartanische Exerzieren beruhe darauf, daß jeder seinem Zugführer (Enomotarchen) folge; dadurch seien die verwickeltsten Evolutionen leicht. Die einzelnen Stadien der Entwicklung dieses Exerzitiums sind für uns nicht erkennbar, aber die Entwicklung liegt in der Natur der Dinge, und einige Einzelerscheinungen auf dem Rückzug der Zehntausend zeigen uns deutlich, daß ein Fortschritt stattgefunden hat. Die administrativen Unterabteilungen des Heeres sind imstande, sich unter Umständen als kleine selbständige taktische Körper zu bewegen, und der Zusammenhalt – der nur durch Exerzieren gewonnen werden kann – ist so stark, daß die Hopliten sich einmal in einem Gefecht mit Pharnabazus getrauen, gegen persische Reiterei offensiv vorzugehen, obgleich sie selber nur ganz wenige Reiter bei sich haben, um ihre Flanken zu decken. (Anab. VI, 3, 30.) Als Ersatz dafür sind einige Abteilungen von je 200 Hopliten 30 Meter hinter der Phalanx aufgestellt. (VI, 3, 9). Der Zunahme der Reiterei, die die wir beobachtet haben, wird also durch Verbesserung der militärischen Qualität des Fußvolks die Wage gehalten.

Einmal finden wir auch eine ganz neue Kampfesform angewandt. Die Kolchier versperrten den Zehntausend den Weg, indem sie vor ihnen einen breiten Berg besetzten. Ein Angriff in der gewöhnlichen geschlossenen Phalanx war nicht tunlich, da diese auf dem sehr unregelmäßigen Terrain beim Vorrücken hätte zerreißen und sich auflösen müssen. Man bildete nun auf den Rat Xenophons 80 kleinere Kolonnen von je etwa 100 Mann, die sehr tief, also wohl 20 Mann tief und 5 Mann breit aufgestellt wurden und ziemliche Intervalle zwischen sich ließen. So konnte jede Kolonne sich ihren Weg suchen, und die äußersten überflügelten den Feind. Die Peltasten rückten in drei Gruppen, auf die beiden Flügel und die Mitte verteilt, mit den Hopliten vor. Gegen eine griechische Phalanx hätte man so nicht vorgehen dürfen; ganz abgesehen von den Peltasten mitten unter den Hopliten, hätten auch die vereinzelten Hoplitenkolonnen dem Anlauf einer geschlossenen Hoplitenphalanx nicht widerstehen können: die Spitzen jeder einzelnen Kolonne wären mit dem Frontzusammenstoß zugleich von rechts und links gepackt und zerquetscht und so alle die Kolonnen des Zentrums geschlagen worden, ehe etwa die Überflügelnden auf die Flanken der feindlichen Phalanx hätten eine Wirkung üben können. Eine massive geschlossene Front ist natürlich stärker als eine unterbrochene. Barbaren gegenüber aber, die sich mehr auf den Schutz ihrer Berge als auf der eigenen Waffen verließen und nicht Führung genug hatten, im richtigen Augenblick einen geschlossenen Offensivstoß zu machen, einem solchen Feinde gegenüber, auf solchem Terrain waren die kleinen, tiefen Kolonnen mit Intervallen die geeignete taktische Form. Die Kolchier getrauten sich nicht, in die Intervalle einzudringen, weil sie fürchteten, dann durch die Nachbarkolonnen im Rücken angegriffen und abgeschnitten zu werden. So erfüllte die geniale Improvisation ihren Zweck, ist aber nicht, wie man gemeint hat, ein Ansatz zu einer prinzipiellen Fortbildung der griechischen Taktik weder gewesen noch geworden.

Zu besonderem Vorteil gereichte das Söldnerwesen der Peltastenwaffe. Zu einem tüchtigen Peltasten gehörte mehr als zu einem Hopliten. Der feste Rahmen der Phalanx nimmt auch den mäßig ausgebildeten und mäßig tapferen Mann mit, hält ihn und verwertet ihn. Der Peltast aber, der nicht ein durchaus tüchtiger Krieger ist, hat überhaupt keinen Wert. Der Peltast muß, wenn er der besseren Bewaffnung des Hopliten hat weichen müssen, im richtigen Augenblick, darauf kommt alles an, wieder vorgehen. Um das zu tun, muß in jedem Einzelnen ein sehr starker Antrieb sein, und die Führung muß das höchste Vertrauen bei der Mannschaft genießen und sie ganz sicher in der Hand haben. Der Führer, der das erreicht, kann sehr viel mit ihm machen, und solche Führer, durch die Übung gebildet und ihre Mannschaft bildend, treten jetzt auf.

Besonders der athenische Söldnerführer Iphikrates wird gerühmt, wie viel er mit seinen Peltasten ausgerichtet habe. Er übertrug diese Waffengattung, die bisher für eine halbbarbarische gegolten hatte, auf das eigentlich griechische Söldnerwesen, indem er zugleich Bewaffnung und Ausrüstung verbesserte. Der lange Degen, statt des kurzen Schwertes, und ein langer Spieß, neben den kürzeren Wurfspießen, die beide den Peltasten fähiger machen, es mit dem Hopliten im Nahgefecht aufzunehmen, sind vermutlich von Iphikrates eingeführt. Der Akzent ist jedoch nicht auf diese Erfindungen zu legen, die ja streng genommen gar keine sind, sondern auf die ausgezeichnete Disziplinierung, die nach Nepos Iphikrates bei seinen Truppen einführte. Diese ist es, die es ihm ermöglichte, die bisher geringgeschätzte leichte Infanterie so erfolgreich zu verwenden. Aus Furcht vor den Peltasten des Iphikrates, erzählt uns Xenophon (Hell. IV, 4, 16), hätten sich die arkadischen Hopliten nicht aus den Stadtmauern herausgewagt. Vor den lacedämonischen Hopliten aber, die ihre jüngeren Altersklassen gegen sie ausschwärmen ließen, fürchteten sich wieder die Peltasten und trauten sich nicht auf Speerwurfweite heran. Die jüngeren lacedämonischen Hopliten waren also so gut im Lauf-Training, daß sie trotz ihrer schweren Rüstung Peltasten einholen konnten.

Als aber eine lacedämonische Mora gar zu selbstvertrauend einmal nahe am Korinth vorüberzog, wurde sie bei *Lechäon* mit großer Übermacht von Iphikrates angefallen und aufgerieben, indem die Peltasten die Marschierenden fortwährend beschossen und bei einem Angriff dieser auf ihre nachrückenden Hopliten zurückwichen. Eine Reiterschar, die den Lacedämoniern noch zu Hilfe kam, war wohl zu schwach und richtete nichts aus. Xenophon macht ihr den Vorwurf, matt gewesen zu sein. (Hell. IV, 5.)

Einen ähnlichen Sieg wie bei Lechäon erfocht Iphikrates mit seinen Peltasten bei Abydos, indem er die lacedämonischen Hopliten unvermutet überfiel, als sie in eine lange Linie aufgelöst einen Bergabhang hinabstiegen. (Xenoph. Hel. IV, 8, 37.)

Als Agesilaus bald darauf in Akarnanien in ähnlicher Weise angegriffen wurde, gelang es ihm, in einem durchgeführten Angriff, mit Unterstützung seiner Reiter, den feindlichen Peltasten große Verluste beizubringen und ihren Rückhalt von Hopliten in die Flucht zu treiben, so daß man ihm den Weitermarsch freigab. (Hell. V, 6.)

Die thracischen oder nordgriechischen Peltasten, die in der älteren Zeit als Söldner auftreten, waren vermutlich nicht durchaus gleichmäßig bewaffnet und ausgerüstet; man überließ es dem Einzelnen, ob er sich ein kürzeres oder längeres Schwert anschaffte, Beinschienen oder Stiefel oder bloße Sandalen anlegte. Erst der regelmäßige Söldnerdienst unter griechischen Führern wie Iphikrates wird die militärisch-gleichmäßige Bewaffnung erzeugt haben.

Ob auch die Reiterei in dieser Zeit Fortschritte gemacht hat, ist nicht zu erkennen. Hauptsächlich wurde sie von den Böotiern gepflegt, die auch den Mischkampf ausbildeten, indem sie den Reitern schnellfüßige Leichte, die Hamippen, beigaben.[1]

1 Thucyd. V, 57, 2. Xenoph. Hell. III, 5, 24.

Agesilaus erkannte, erzählt uns Xenophon, in seinem Kriege in Asien, daß er ohne Reiterei im freien Felde nichts machen könne, und bildete eine.[1] Xenophon selbst hat ihr zwei Schriften gewidmet; was darüber zu sagen ist, werden wir am besten mit der Behandlung der Macedonier im nächsten Buch verbinden.

Sehr wesentlich sind die Fortschritte, die die Griechen in dieser Zeit in der Belagerungskunst machen. Schon auf den uralten Wandbildern und Reliefs der Ägypter und Assyrer kann man Belagerungsmaschinen erkennen; die Griechen sind jedoch selbst im Peloponnesischen Kriege noch ganz ungeschickt darin. Wohl hatte Perikles schon bei der Belagerung von Samos Kriegsmaschinen bauen lassen, und die Peloponnesier machten bei der Belagerung Platääs einige Ansätze, das Städtchen durch einen herangeführten Damm, einen Widder, oder Feuer zu bezwingen, begnügten sich aber endlich, da sie mit alledem nicht zum Ziel kamen, es mit einer Circumvallation einzuschließen und auszuhungern. Die wirkliche Kunst der Belagerung scheinen zuerst die Griechen auf Sizilien von den Karthagern gelernt zu haben, die Selinus, Himera, Akragas und Gela mit Minen, Türmen und Widdern angegriffen und nahmen.[2] (409–405 v. Chr.). Dionys der Ältere, der Tyrann von Syrakus, war ein großer Maschinenbauer, und von Sizilien aus verbreitete sich die Kunst nach Altgriechenland.

Um diese Zeit wurde auch in Syrakus der Bau der *Geschütze*, der Katapulten und Petrobolen erfunden, und die Trieren wurden zu *Penteren* vergrößert. Wie Diodor[3] erzählt, sammelte Dionys die geschicktesten Techniker aus aller Welt in Syrakus, bekümmerte sich selber um die Arbeiter, spornte sie an, belohnte die Fleißigen und Tüchtigen und zog sie an seine Tafel.

1 Hell. III, 4, 15. »εἰ μὴ ἱππικὸν ἱκανὸν κτήσαιτο, οὐ δυνήσοιτο κατὰ τὰ πεδία στρατεύεσθαι, ἔγνω τοῦτο κατασκευαστέον εἶναι, ὡσ μὴ δραπετεύνοτα πολεμεῖν δέοι«.

2 Ad. Bauer § 47.

3 Diodor, Buch 10.

Da boten sie denn alle ihre Kräfte auf und erdachten neue Arten von Geschossen und Maschinen.[1]

1. Bei den Spartanern finden wir eine sehr weitgehende, feine Gliederung, die aber öfter reformiert und deshalb in den Einzelheiten nicht sicher zu erkennen ist. Die Lochen zerfallen in Pentakostyen, die Pentakostyen in Enomotien, die 32–36 Mann zählen[2]. Unzweifelhaft ist auch in diesen kleinsten Abteilungen exerziert worden.

2. Nepos erzählt das Werk des Iphikrates so, als ob dieser Hopliten zu Peltasten umgeschaffen und diese Waffengattung überhaupt zuerst erfunden habe. Das mag richtig sein für Athen, das bisher keine Peltasten, die für eine Barbaren-Waffe galten, gehabt hatte. Durch die systematische Ausbildung wurde die Waffe so sehr gehoben, daß sich auch athenische Bürger dafür fanden. Die Schilderung jedoch, die Nepos von den Peltasten des Iphikrates entwirft, ist sehr ungenügend. Er erwähnt die Wurfgeschosse gar nicht, sondern nur den langen Spieß und das lange Schwert. Demnach müßte man glauben, es mit einem Nahkämpfer zu tun zu haben, und Rüstow und Köchly haben in der Tat geglaubt, die Reform des Iphikrates so auffassen zu müssen, daß er eine neue Art Mittel-Infanterie geschaffen habe. Mit Recht ist jedoch diese Vorstellung schon von Bergk und ebenso von H. Droysen (p. 26) und Ad. Bauer (§ 42) zurückgewiesen worden. Nirgends tritt in der Praxis der Kriegsereignisse eine solche Infanterie auf; die entscheidenden Waffen bleiben nach wie vor die Hopliten. Zweifelhaft ist nur, wie weit der verlängerte Spieß und das verlängerte Schwert, verbunden mit der leichten Schutzrüstung (Linnen-Panzer; Stiefel statt der Beinschienen »Iphikratiden«), Erfindungen des Iphikrates oder die schon vor ihm regelmäßige Ausstattung des Peltasten sind.

Bemerkenswerte Gefechte dieser Periode

3. Bei *Kunaxa* ist zunächst wie bei allen Perserschlachten die Zahlen-Amputation vorzunehmen. Die Griechen hatten sich so sehr in die Vorstellung, daß Perserheere entsprechend der Größe des Reiches riesenhaft sein müßten, hineingelebt, daß selbst ein nüchterner, klarer Kopf und praktischer Soldat wie Xenophon wie hypnotisiert die üblichen Fabeln nachspricht. Artaxerxes soll bei Kunaxa vier Armeekorps von je 300 000 Mann

1 Über die Konstruktionen und Namen, Bauer § 58.

2 Das Einzelne ist streitig und wird verschieden ausgelegt. Vgl. Bauer § 23; Droysen S. 68; Beloch, Bevölkerung S. 131. Busolt, Herines Bd. 40 (1905) S. 387 sucht die Widersprüche in der Überlieferung durch den, wie mir scheint gelungenen Nachweis mehrfacher Änderungen zu beseitigen.

gehabt haben, von denen drei zur Stelle waren[1]. Selbst die 100 000 Mann, die Cyrus außer den 13 000 Griechen bei sich gehabt haben soll, unterliegen, wie schon L. Hollaender (Beilage z. Jahresber. d. Domgymnasiums zu Naumburg 1793) nachgewiesen hat, begründeten Zweifeln. Vermutlich war es nur ein ziemlich unbedeutendes Korps.

In der Schlacht warfen sich die Persischen Reiter unter Tissaphernes auf die griechischen Peltasten, die neben der Hopliten-Phalanx standen. Die Peltasten wichen der Attacke aus, ließen die persischen Reiter durch und beschossen sie bei ihrem Durchjagen von beiden Seiten. An die Phalanx selbst wagten sich die Reiter nicht, obgleich sie sie jetzt von hinten, und nachdem die Perser des Cyrus die Flucht ergriffen, auch aus der Flanke, wo diese gestanden, hätten angreifen können. Die Griechen besorgen einen solchen Angriff und wollen deshalb ein Manöver machen, das ihnen Rücken und Flanke gedeckt hätte, nämlich sich mit dem Rücken gegen den Euphrat aufstellen, der bisher in ihrer rechten Flanke gewesen war. Sie hätten also eine volle Viertelschwenkung machen müssen, eine Bewegung, die für eine aufmarschierte lange Linie überaus schwierig auszuführen ist. Die Ausführung, deren Modalität für uns nicht erkennbar ist[2], scheint jedoch unterblieben zu sein.

1 Reuss in den »N. Jahrb. f. Philol.« Bd. 145 S. 550 hat übrigens wahrscheinlich gemacht, daß Xenophon an diesen Zahlen unschuldig ist; es scheint, daß die Paragraphen 10–13 des 7. Kap., I. Buches, ein nachträgliches Einschiebsel sind. Damit sind vielleicht die Philologen abzuwehren, die meine Untersuchungen mit folgendem Schluß angreifen möchten: Xenophon, ein Augenzeuge, wahrheitsliebender Mann und praktischer Soldat, läßt das Heer des Artaxerxes mit 900 000 Mann aufmarschieren. Wie das geschehen ist können wir uns freilich nicht vorstellen, aber einem Zeugnis von solchem Gewicht müssen wir glauben; was bei Kunaxa möglich war, war auch anderswo möglich – folglich kann auch das Heer des Xerxes einige Millionen Mann stark gewesen sein: die sogenannte sachkritische Methode paßt also nicht auf das Altertum; es bleibt uns nichts übrig, als die beste Überlieferung herauszusuchen und diese nachzuerzählen.

2 Wie die Worte Xenophons auszulegen seien, ist sehr viel untersucht worden, noch jüngst von F. Reuss, N. Jahrb. f. Philol. 1883 S. 817; Bunger ebenda Bd. 131, 262 u. G. Friedrich ebenda 151 S. 19. Die Gelehrten stellen sich die Bewegung großer Heeresmassen immer viel zu leicht vor. Selbst wenn die überlieferten Zahlen des persischen Heeres um 95–97% reduziert werden, bleiben immer noch Mengen, die sehr schwer taktisch zu leiten sind und künstliche Evolutionen schlechterdings nicht machen können. Schon die Rückwärtsschwenkung der griechischen Phalanx, auch wenn wir sie uns, nachdem Kehrt gemacht ist, als eine Vorwärtsschwenkung vorstellen, die sie, wie Reuß will, nur von einem Flügel ausführen

Die Perser sammelten sich in ihrer alten Stellung, und die Griechen gingen – sei es nun, daß die Perser mit einem Angriff drohten oder nicht[1] – noch einmal auf sie los und warfen sie. Vermutlich haben die Perser dieses zweite Gefecht nicht mehr ernsthaft durchgeführt, weil ihre Infanterie bereits das Schlachtfeld verlassen hatte. Andernfalls wäre es nicht zu erklären, weshalb die Reiterei den Griechen nicht in die Flanke fiel.

Man erkennt, wie sehr sich die Verhältnisse gegen Marathon und Platää geändert haben. Die griechische Phalanx, aus Söldnern mit Berufsoffizieren bestehend, hat einen sehr viel festeren Zusammenhalt, als die athenische Bürgermiliz; entsprechend diesem Bewußtsein und der moralischen Überlegenheit, welche die Ereignisse des Jahrhunderts den Griechen gegeben hatten, geht diese mit viel größerem, die Perser mit ebensoviel geringerem Selbstvertrauen in den Kampf; endlich wird die Phalanx durch eine vortreffliche Hilfstruppe mit Fernwaffen unterstützt. So ist das griechische Fußvolk jetzt imstande, mit den Persern im freien Felde zu schlagen.

Alles das erklärt auch die Möglichkeit des Rückzuges. Die Perser hätten die Griechen wohl überwältigen können, aber sie werden gewünscht haben, ihr Blut zu sparen, und hofften, daß die Griechen ohne ihr Zutun in den Karduchischen Bergen zugrunde gehen würden. Eine positive Überlegenheit der griechischen Infanterie über die persischen Reiter folgt daraus nicht. Auch die 50 Mann, die die Griechen beritten machten, können die Perser nicht so zurückgeschreckt haben. Xenophon selbst erzählt, Hell. III, 4, 15, wie schon oben angeführt, daß Agesilaus in dem Kriege gegen Tissaphernes Reiterei als unentbehrlich erkannte, wenn er sich gegen die Perser im freien Felde behaupten wollte.

Dr. Marie Pancritius, Studien über die Schlacht bei Kunaxa (Berlin, Alex. Dunker 1906) widerlegt mit Glück manches Verkehrte, was von Gelehrten neuerdings über Xenophon und die 10 000 gesagt worden ist, fördert jedoch nicht die Einnsicht in die strategischen und taktischen Zusammenhänge, da sie von falschen Voraussetzungen ausgeht.

4. Xenophon, Hell. III, 4, 23, erzählt von einem Gefecht des Agesilaus gegen persische Reiterei. Er wollte seine eigene, offenbar schwächere Reiterei mit seinem Fußvolk unterstützen. Zu dem Zweck schickte er die zehn jüngsten Jahrgänge der Hopliten vorauf, dann die Peltasten und dann das Gros der Phalanx. Der Sinn dieser Trennung ist, daß nicht bloß Pelta-

lassen, ist ein überaus schwieriges Manöver. Vgl. darüber unten die spezielle Untersuchung bei Gaugamela.

1 Diodor, dessen Erzählung wohl auf Ktesias, den Arzt des Artaxerxes, zurückgeht, erzählt noch von einem Angriff der Perser; Xenophon, wohl richtiger, nicht.

sten, sondern gleich Hopliten an die feindlichen Reiter heran sollen, und da das Gros der Phalanx mit vielen älteren Leuten dazu zu schwerfällig ist, werden die Jüngeren, die das Laufen länger aushalten können, voraufgeschickt.

5. Über die Schlacht bei Korinth, 394, haben wir zwar eine Darstellung Xenophons (Hell. IV, 2) und einige andere Nachrichten, sie genügen aber nicht für ein wirkliches Verständnis. Auf beiden Seiten siegt der rechte Flügel, indem er den feindlichen linken vermöge des Rechtsziehens überragt und in der Flanke faßt. Die Lacedämonier schwenken darauf mit ihrem siegreichen Korps nach links und schlagen die feindlichen Kontingente, die von der Verfolgung zurückkommen, eins nach dem anderen.

Hiernach müßte man also annehmen, daß die treffliche Disziplin und Ordnung der Spartaner, die sich nach dem Siege nicht auflöste, und das schwierige Manöver einer Viertelschwenkung (mit 6000 Mann) ermöglichte, den Ausschlag gegeben habe. Es bleibt aber noch vieles dunkel.

Nach Xenophon hätten die verbündeten Korinther, Böotier, Athener 1550 Mann Reiterei, die Lacedämonier nur 600, jene überdies eine Überlegenheit an Leichtbewaffneten gehabt. Wie war es möglich, daß die lacedämonischen Hopliten den Athenern in die Flanke schwenkten, wenn hier eine überlegene Reiterei mit überlegenen Leichtbewaffneten stand? Nach einer Bemerkung in Platos Menexenos (zitiert bei Grote) sollen die Athener ihre Niederlage dem schlechten Terrain (χρησαμένων δυσχωρίᾳ) zugeschrieben haben. Vielleicht erklärt dies das Nichteingreifen der Reiter – aber weshalb schlug man auf einem Terrain, wo man die Überlegenheit der Reiterei nicht ausnutzen konnte?

Nach Xenophon sollen die Verbündeten ferner 24 000, die Spartaner nur 13 500 Hopliten gehabt haben. Ihren ersten Teilsieg erfochten die letzteren mit 6000 Mann über 3600 (6 Phylen) Athener, während ihr übriges Heer, mit Ausnahme eines kleinen Kontingents, geschlagen wurde. Es standen also nun den 6000 siegreichen Lacedämoniern 20 400 siegreiche Gegner gegenüber – und diese sollen alle nacheinander besiegt worden sein. Das klingt doch, besonders wenn wir uns auch noch der Reiterei erinnern, von der wir nicht wissen, wo sie geblieben ist, recht unwahrscheinlich. Ersehen wir nun gar aus Diodor (XIV, 82, 83), daß eine andere Überlieferung beiden Parteien gleichmäßig 500 Reiter, den Spartanern aber 23 000 Mann zu Fuß gegen 15 000 gab, so ist es am besten, sich zu bescheiden, daß wir von dem Verlauf dieser Schlacht zu wenig Sicheres wissen, um ihre Einzelheiten zu analysieren.

6. Einige Wochen nach der Schlacht bei Korinth mußte das dort geschlagene Heer von neuem ins Feld, um dem aus Asien heranziehenden Agesilaus den Weg bei *Koronea* zu verlegen. Diesmal waren, auch nach

Xenophon, die Kräfte ziemlich gleich; von der Tätigkeit der Reiter und Leichtbewaffneten erfahren wir wiederum nichts, und wieder siegt auf beiden Seiten der rechte Flügel. Im Unterschied aber von der voraufgehenden Schlacht nehmen jetzt die beiden siegreichen Flügel, sich gegeneinander wendend, das Gefecht regelrecht auf und fechten es mit der größten Hartnäckigkeit durch. Die Thebaner drängten schließlich die Soldaten des Agesilaus bei Seite und erkämpften sich auf diese Weise den Rückzug, hatten aber sehr großen Verlust erlitten. Xenophon sagt, die Schlacht sei »οἵα οὐκ ἄλλη τῶν γ'ἐφ' ἡμῶν« gewesen. Das wird auf die ungewöhnliche Kraft der Durchführung des zweiten Gefechtes zu beziehen sein, da sonst bei dem Zusammenprall der Phalangen meist der eine Teil sofort nachzugeben pflegte. Im »Agesilaus« ist geschildert, wie man am anderen Tage die Erde mit Blut getränkt, die Toten, Freund und Feind beieinander, zertrümmerte Schilde, zerbrochene Spieße, die entblößten Schwerter auf der Erde, in den Körpern, noch in den Händen gesehen habe.

7. Hellenika IV, 2, 5, setzt Agesilaus einen Preis aus für »ὅστις εὐοπλότατον λόχον ἔχων συστρατεύετο καὶ ὁπλιτῶν καὶ τοξοτῶν καὶ πεγταστῶν«.

K. Hartmann, Über die Taktik des Arrian (Progr. Bamberg 1895) S. 16 faßt das als einen aus den drei Waffengattungen kombinierten Lochos auf. Das ist schwerlich richtig. Es wird sich um je einen Lochos jeder Waffe handeln.

5. KAPITEL
Theorie. Xenophon

Die fortschreitende Technik des Kriegswesens brachte auch die Theorie hervor. Sie ging wohl aus von der Betrachtung über die Vorzüge der verschiedenen Waffen. Eine eigentümliche Spur, wie die lebhaften Athener darüber debattierten, findet sich in der Tragödie »Herakles« des Euripides, wo der Dichter, ohne daß der Stoff gerade dazu nötigte, offenbar nur, um den öffentlichen Geist durch das poetische Echo seiner eigenen Reden zu erfreuen, den Lykos, der den Herkules als einen bloßen Bogenschützen schlecht macht, mit Amphitryon streiten läßt.

Lykos sagt (nach Wilamowitz' Übersetzung):

»Was ist denn Herakles? Den Ruf des Mutes
Hat er im Kriege wider wilde Tiere
Gewonnen. Darin mag er tapfer sein.
Sonst nirgend. Kam doch nie an seine Seite
Ein Schild, noch kam er jemals in Berührung
Mit einem Speere. Seine Waffen sind
Die feigen Pfeile, seine Kunst ist Flucht.
Doch Mannesmut hat Keiner noch bewiesen
Als Bogenschütze. Dazu heißt es, stehn
Auf festen Füßen und mit festem Auge
Den Speer gefällt – nicht weicht er aus der Richtung:
Den Blick gerichtet auf den Wald von Speeren,
Der drüben starrt – und keine Wimper zuckt.«

Amphitryon antwortet ihm darauf:

Die höchst sinnreiche Erfindung, Pfeil und Bogen,
Verwirfst du auch. So höre denn und lerne.

Der Lanzenkämpfer ist der Waffe Sklave,
Wenn ihm die Spitze bricht, so ist er wehrlos,
Denn *eine* Waffe nur verteidigt ihn;
Und ficht mit Schlechten er in einem Gliede,
So fällt er durch des Nebenmanns Feigheit.
Dagegen, wessen Hand den Bogen führt,
Der hat den Vorzug (und das ist der größte),
Auch wenn er tausend Schüsse schon getan,
So fehlt ihm nicht die Waffe, sich zu wehren.
Auch trifft von ferne sein Geschoß, der Feind
Sieht sich getroffen, sieht doch nicht, von wem.
Er aber steht gedeckt und bietet nicht
Dem Gegner seinen Leib. Das ist im Kriege
Die höchste Kunst, vom Zufall unabhängig
Dem Feind zu schaden, selbst sich wohl zu wahren.«

Um eben diese Zeit, während des Peloponnesischen Krieges, begannen einige Sophisten über die Kriegskunst Lehrvorträge zu halten. Als der Erste aber, der es unternahm, systematisch das Wesen der Kriegführung zu durchdringen und zur Darstellung zu bringen, ist Xenophon anzusehen. Er erkannte bereits und betonte es immer wieder von neuem, daß das Kriegführen nicht eine Wissenschaft sei, sondern den ganzen Menschen mit allen seinen Fähigkeiten in Anspruch nehme. Die Taktik sei nur ein sehr kleiner Teil der Kunst der Kriegführung, läßt er den Sokrates sagen (Mem. III, Kap. 1). Der Feldherr muß sich auch auf alles, was zur Rüstung gehört und auf die Beschaffung der Lebensbedürfnisse für die Soldaten verstehen. »Er muß erfinderisch, tatkräftig, sorgsam, ausdauernd und von Geistesgegenwart, liebevoll und rauh, aufrichtig und hinterlistig, wachsam und täuschend, alles aufs Spiel setzend und alles haben wollend, freigebig und gewinnsüchtig, zuversichtlich und auflauernd sein.« Natur und Bildung müssen sich in ihm vereinigen. Es kommt dem Feldherrn zustatten, wenn er ruhmgierig ist, heißt es an einer anderen Stelle (III Kap. IV, 3). Der Cyropädie ist ein Lehrbuch der Politik und der Kriegskunst in der Form eines historischen Romans. So bedeutend dieses Buch auch als literarische Erscheinung ist und so viel es auch von praktischen Kriegsmännern gelesen worden ist, so läßt sich doch für unsern Zweck, die Erforschung der Geschichte der Kriegskunst, wenig daraus entnehmen. Die ewigen und unveränderlichen Elemente der Kriegführung, die psychologischen und moralischen, hat Xenophon vortrefflich behandelt, aber die wandlungsfähigen historischen Formen werden von ihm nur beiläufig oder gar phantastisch behandelt, so daß man sich vorsehen muß, den Roman für Wirklichkeit zu nehmen. Die Formen, in denen sich zu Xenophons Zeit das Kriegswesen bewegte, sind so einfach, daß davon nicht viel zu reden war; ein schöpferischer Geist, der aus dem Vorhandenen neue Probleme entwickelt und gelöst hätte, war Xenophon nicht. Wo er den Ansatz dazu macht, mißglückt es ihm offenbar, und er, der praktische Soldat, verfällt sogar in antireales Theoretisieren.

Zu den Problemen, die jeden griechischen Heerführer beschäftigen mußten, gehört das Verhältnis der Breite zu der Tiefe der Phalanx. Stellt man – sagen wir 10 000 Hopliten besser 1000 Mann breit und 10 Mann tief, oder 500 Mann breit und 20 Mann tief auf? Im einen Fall konnte man den Feind überflügeln, in dem anderen hatte man eine viel größere Wucht des Stoßes.[1] Es ist erstaunlich, daß wir in der ganzen antiken Literatur über diese Frage keine eigentliche Betrachtung finden. Ja, wir haben nicht einmal eine bestimmte Überlieferung, wie tief die Phalangen tatsächlich meist gestellt worden sind. Von 8 Mann Tiefe ist so oft die Rede, daß man diesen Satz hat als eine Art Normalstellung ansehen wollen, und das dürfte richtig sein. Aber im einzelnen Fall wurde davon nicht nur nach Bedürfnis, sondern auch

1 Xenoph. Hell. IV, 2, 13 beratschlagen die gegen Sparta i. J. 395 ausrückenden Verbündeten »εἰς ὁπόσους δέοι τάττεσθαι πᾶν τὸ στρατευμα, ὅπως μὴ λίαν βαδείας τὰς φάλαγγας ποιούμεναι αἱ πόλεις κύκλωσιν τοῖς πολεμίοις παρέχοιεν« Danach scheint es, als ob die einzelnen Kontingente die Neigung hatten, sich möglichst tief aufzustellen, um in sich möglichste Kraft zu konzentrieren, ohne zu bedenken, daß die Schlachtlinie im ganzen dadurch zu kurz werden könne, resp. in der Hoffnung, daß die anderen so freundlich sein würden, sich flacher aufzustellen.

nach Willkür abgewichen. Kaum zu verstehen ist es, daß Thucydides von der Schlacht von Mantinea berichtet, daß die verschiedenen Hauptleute ihre Scharen nach eigenem Gutdünken verschieden tief aufgestellt hätten. In der Schlacht bei Delion stellten sich die Thebaner 25 Mann tief auf, die anderen Kontingente verschieden, jedenfalls sehr viel flacher. Xenophon kommt auf die Frage in der fingierten Schlacht des Cyrus gegen den Crösus. Dem Cyrus wird gemeldet, daß die Ägypter 100 Mann tief aufgestellt seien, während sein eigenes Heer 12 Mann tief stand. Einer seiner Obersten hat Bedenken, ob man einer so tiefen Phalanx gegenüber stark genug sein werde; Cyrus erwidert, wenn die Phalanx tiefer ist, als die Waffen reichen, so können diese doch nicht mehr schaden – ein Einwand, der in jeder Beziehung unbefriedigend genannt werden muß: auch bei 12 oder 8 Gliedern kann bereits die größere Hälfte die Waffen nicht mehr direkt anwenden. Daß der Vorteil tiefer Aufstellung der Stoßkraft sei, kann einem Mann wie Xenophon am wenigsten unbekannt gewesen sein, und er sollte es noch erleben und selbst zu erzählen haben, wie diese Kraft sich verwerten und ausbilden ließ.

Ein anderes Problem, das griechische Militärs beschäftigen mußte, ist die Verbindung der Fernwaffen mit den Hopliten. Eigentlich führte bis dahin jede Waffe ihren Kampf für sich; eine Taktik der verbundenen Waffen existierte nicht. Nur in seltenen Fällen gelang es einmal, die Fernwaffen zu erfolgreicher Wirksamkeit gegen Hopliten zu bringen und eine Waffe durch die andere zu unterstützen. Xenophon läßt den Cyrus die Speerschützen hinter die Hopliten und die Bogner hinter die Speerschützen stellen und sie über ihre Vordermänner hinwegschießen. (Buch IV, cap. 2.) Denn die Schützen, so werden wir belehrt, könnten im Handgemenge nicht standhalten; von den Hopliten gedeckt, könnten sie über diese schleudern und schießen.

Wäre eine solche Verteilung der Waffen praktisch möglich, so wäre sie natürlich äußerst wirksam, und wir würden ihr irgendwo einmal in der Wirklichkeit begegnen. Aber es ist graue Theorie. Die Speere und Pfeile, in hohem Bogen über die Hopliten hinweggeschleudert, können nur eine minimale Wirkung haben;[1] und sie sind fast ganz unanwendbar, wenn die Hopliten-Phalanx in der schnellen Bewegung des letzten Anlaufs ist. Sollen die Fernwaffen die feindliche Phalanx vor dem Zusammenstoß der blanken Waffen ernstlich schädigen und schwächen, so müssen sie von weit her mit ihrem Wurfhagel einsetzen, oder die Hopliten-Phalanx selbst muß irgendwelche Geschosse haben. Man würde es kaum verstehen, wie ein so klarer praktischer Kopf wie Xenophon eine solche Phantasmagorie wie die Postierung der Schützen in die hinteren Glieder der Phalanx ausmalen konnte, wenn nicht noch andere Beispiele der Geschichte zeigten, wie leicht die Theorie den festen Boden der Wirklichkeit unter den Füßen verliert. Der eminente Praktiker Napoleon I. hat in seinen Bemerkungen über den »Siebenjährigen Krieg« (Bem. 2 zum 11. und 12. Kap.) den Vorschlag gemacht, den Leuten im dritten Gliede der Infanterie Korksohlen von 3–5 Zoll Dicke zu geben, damit sie über die anderen Glieder hinwegschießen könnten. Sollen sie vor dem Feuern erst ihre Kork-Sandalen unterschnallen oder sollen sie mit den Korksohlen marschieren? Es ist das genaue Gegenstück zu dem Vorschlag Xenophons. Nicht bloß der gute Homer, sondern auch die größten Generale schlafen zuweilen.

Realistischer gedacht scheint die Vorschrift, daß ganz zuhinterst Armee-Gendarmen aufgestellt werden sollen, die dafür sorgen, daß keiner ausreißt, und im äußersten Falle solche Ausreißer niederhauen. Überlegt man es näher, so ist aber auch dieser Rat ideologisch und noch von keinem Kriegsherrn in die Praxis übergeführt worden: denn wer verbürgt die Tapferkeit der Armee-Gendarmen? Sind es wirklich Leute, auf deren Hel-

1 Über einen Ausnahmefall vgl. oben S. 35.

denmut man mit unbedingter Sicherheit rechnen kann, so verwendet man sie doch wohl besser in als hinter der Front.

Ein drittes Problem, das Xenophon berührt, ist die Aufstellung einer Reserve. Die griechische Hopliten-Phalanx greift in einem einzigen geschlossenen Körper an. Läßt man davon einen Teil zurück, so hat man diesen noch für besondere Fälle zur Verfügung, schwächt aber in demselben Verhältnis die Kraft des ersten Stoßes. Mit seinem genialen Blick den praktischen Bedürfnissen gegenüber hatte Xenophon in dem oben beschriebenen Gefecht gegen Pharnabazus eine kleine Reserve von der Hopliten-Phalanx abgetrennt, um etwaigen Flanken-Angriffen der persischen Reiter begegnen zu können. Ein Gedanke von der allergrößten Tragweite – aber in der Cyropädie finden wir ihn nicht behandelt; höchstens könnte man in der Aufstellung der Kavallerie in der großen Phantasieschlacht (1. Kap. d. 7. Buches) einen Ansatz dazu finden. Hier benutzt Cyrus die zurückgehaltene Kavallerie, um die überflügelnde und umschließende feindliche Kavallerie seinerseits aus der Flanke zu fassen.

Viel ausführlicher aber ergeht sich der Verfasser in einer Anpreisung der Sichelwagen und schlägt vor (VI, 1, 30), der Phalanx mit 20 Mann besetzte hohe hölzerne Türme folgen zu lassen, die an 8 Deichseln von 16 Ochsen in die Schlacht gefahren werden sollen, und er erzählt, wie eine Probe gezeigt habe, daß sie sehr gut fahrbar seien. Bei einem Packwagen habe jedes Paar Ochsen 25 Talente zu ziehen und bringe es fertig; bei diesen Türmen kämen aber auf jedes Paar nur 15 Talente Gewicht, also müsse die Sache gehen.

Vollauf entschädigt werden wir für diese Spielereien, die man der Romanform zugute hält, durch ein Geschichtchen (II, 3, 17), das uns demonstrieren soll, welche Überlegenheit die blanke Waffe über die Fernwaffe hat. Ein Taxiarch teilte seine Leute und gab der einen Hälfte Stöcke, die andere ließ er Erdklöße nehmen. Dann ließ er sie miteinander kämpfen und den Kampf mit vertauschten Waffen am andern Tage wiederholen. Cyrus lud die Taxis zum Essen und fragte die Leute, wo sie ihre Beulen her hätten und wie es gegangen sei. Alle waren einig, daß man von den Erdklößen wohl einige Püffe bekommen, dafür nachher aber ein desto größeres Vergnügen daran gehabt habe, die Werfer mit dem Stock auszuprügeln. Cyrus führte deshalb, sagt Xenophon, den Kampf mit der blanken Waffe ein, mit der man dem Feind auf den Leib geht. (II, 1, 7–9. II, 1, 21. II, 3, 17.) Zu seiner Zeit aber, heißt es am Schlusse des Werkes, hätten die Perser wieder andere Gewohnheiten angenommen; sie seien wieder Fernkämpfer geworden und mieden, obgleich sie mit Säbeln bewaffnet seien, das Handgemenge.

Die Entschiedenheit, mit der Xenophon die Überlegenheit des Nahkämpfers, der dem Feind auf den Leib geht, betont, ist ihm um so höher anzurechnen, als ja in Griechenland damals gerade die leichten Waffengattungen, besonders die Peltasten, ausgebildet und vervollkommnet wurden und so weit gebracht waren, hier und da den Hopliten Niederlagen beizubringen. Man darf wohl annehmen, daß bei den grübelnden und reflektierenden Hellenen auch vielfach der Gedanke verfochten wurde, daß die schwerfällige Hopliten-Phalanx auf diesem Wege völlig überwunden und abgetan werden könne.

Aber die griechische Tradition vergaß nicht, daß in den Perserkriegen der Spieß über den Bogen gesiegt hatte, und Xenophon so wenig wie die griechische Praxis hat sich beirren lassen. Die Phalanx ist immer das Rückgrat der griechischen Heere geblieben, und alle anderen Waffengattungen, so große Fortschritte sie auch machten, blieben Hilfswaffen.

Außer der Cyropädie hat uns Xenophon noch in seiner Schrift über den Staat der Lacedämonier, wie in zwei kavalleristischen Schriften über die Reitkunst und den Reiterführer militärische Monographien mit mancher interessanten Einzelheit hinterlassen.

Das erste, von jeder poetischen Einkleidung absehende, direkt auf die Praxis gerichtete, umfassende militär-theoretische

Werk kam aus der Feder eines Arkadiers, des Stymphaliers Aeneas, der unter Benutzung Xenophons etwa 357 schrieb. Nur eines von den verschiedenen Büchern seines Werkes, das über Stadt-Verteidigung handelt, ist uns erhalten, bietet jedoch nicht gerade viel. Vorsichtsmaßregeln gegen Verrat, Kriegslisten, Geheimschrift, Telegraphie und allgemeine Betrachtungen nehmen den größten Raum ein. Über die Belagerungsmaschinen jedoch und die Gegenmittel der Verteidigung enthält das Buch nur sehr wenig, und das Wenige ist möglicherweise noch eine spätere Interpolation.

1. BALDES, Xenophons Cyropädie als Lehrbuch der Taktik (Progr. v. Birkenfeld 1887) will, daß Xenophon schon theoretisch gefunden habe, was die Macedonier nachher ausführten: Taktik der verbundenen Waffen, Schlachten-Kavallerie, Verfolgung. Die Schilderung III, 2, 5 faßt er als Treffen-Bildung. Ich vermag dem nicht zuzustimmen. Die Aufstellung der Armenier vor den Persern erscheint mir als eine bloße Ausmalung des Schlachtbildes, nicht als die Verkörperung eines eigenen taktischen Gedankens. Bei den erstgenannten Erscheinungen aber ist es anders; sie sind wirklich beschrieben, wie Baldes das ausführt, aber es hat nicht gerade viel zu besagen, denn der Gedanke ist ebenso leicht, wie die Tat schwer. Erst in dieser liegt das Verdienst.

2. AENEAS ist von Köchly und Rüstow und von Neuem von Hug herausgegeben. Ferner handelt über ihn Hug in der »Gratulationsschrift der Universität Zürich an die Universität Tübingen 1897«. Vgl. Jähns, Geschichte der Kriegswissenschaft Bd. I, § 8, und Ad. Bauer, Kriegsaltert. § 2 und § 47.

6. KAPITEL
Epaminondas

Alle die Erweiterungen und Verfeinerungen des griechischen Kriegswesens seit den Perserkriegen, die wir kennen gelernt haben, bedeuten keine prinzipielle Reform oder Abwandlung. Eine prinzipielle Neuerung aber ist die Tat des Thebaners Epaminondas.

Sie knüpft an an eine rein äußerliche, zufällige Erscheinung der alten Phalangen-Taktik, das eigentümliche Rechtsziehen, das keinerlei tiefere Bedeutung hatte, sondern nur eine Folge davon war, daß man auf dem linken Arm den Schild trägt, aber des weiteren die Folge hatte, daß der rechte Flügel, zuweilen auf beiden Seiten, zu siegen pflegte.

Epaminondas verstärkte nun seinen linken Flügel, so daß er eine tiefere Kolonne bildete, bei Leuktra 50 Mann tief, und hielt den rechten, der sonst voraus zu sein pflegte, zurück. Der feindliche rechte Flügel also, der es gewohnt war, zu siegen, stieß jetzt auf einen künstlich verstärkten Widerstand, der linke Flügel aber richtete auch nichts aus, da er ja ohnehin etwas zögernd an den Feind zugehen pflegte und vermöge der Zurückhaltung des feindlichen rechten das Gefecht hier überhaupt nicht recht oder erst spät in Gang kam.

Verstärkung nach der Tiefe bedingt Verkürzung der Front; bei gleichen Kräften hätte der feindliche rechte den thebanischen linken Flügel überflügeln, ihn umklammern und in der Front und Flanke zugleich packen können. Ob, wenn das Treffen dieser Art verläuft, die tiefere Aufstellung die bessere ist, ist sehr die Frage: hält die feindliche Front stand, bis ihr überschießender Teil die Umfassung ausgeführt hat und die tiefere Kolonne nun von zwei Seiten angegriffen wird, so wird diese sich schwerlich behaupten. Die notwendige Ergänzung der tieferen Aufstellung auf dem einen Flügel ist daher die Deckung der verkürzten Flanke durch Kavallerie. Von je hatte sich Böotien durch seine Reiter ausgezeichnet. Epaminondas aber brachte die beiden Waffen der Infanterie und Kavallerie in eine fruchtbare organische Verbindung. Denn jetzt, da der linke Flügel trotz seiner Verkürzung nicht flankiert werden konnte, konnte er mit dem ganzen Gewicht seiner Tiefe dem feindlichen rechten nicht nur widerstehen, sondern auf ihn fallen. Wie eine Triere, die ihren Gegner rammt, sagt Xenophon von der Schlacht bei Mantinea, so durchbrach die tiefe Kolonne der Thebaner mit ihrem Gewaltstoß die spartanische Phalanx.

Die Aufstellung des Epaminondas wird die schräge Schlachtordnung genannt; auch vorher waren die Phalangen, wie wir sahen, schräg gegeneinander vorgegangen, aber eine taktische Idee wurde die Schrägstellung erst dadurch, daß Epaminondas sie umkehrte, den rechten Flügel, der sonst verdrängte, künstlich zurückhielt und den linken vorschob, indem er ihn zugleich verstärkte. Früher hatten die beiden feindlichen Phalangen gleichmäßig den rechten Flügel vorgeschoben, so daß sie trotz der Schrägstellung doch Parallel-Treffen schlugen. Vermöge der Anordnung des Epaminondas trafen sie schräg, in spitzem Winkel aufeinander, so daß aus der Parallelschlacht eine Flügelschlacht wurde: nur der eine Flügel hat den Offensivstoß zu führen; der andere wird versagt, sucht sich möglichst lange dem Gefecht ganz zu entziehen, durch sein bloßes Dasein, bloßes Demonstrieren einen Teil der feindlichen Streitkraft zu beschäftigen und festzuhalten. Dazu gehören geringere Kräfte, und der andere, der Offensivflügel, kann mit dem Überschuß verstärkt werden, so daß hier eine künstliche Überlegenheit organisiert wird. Hatte er nun mit seiner Masse erst den rechten Flügel geworfen, so wich der linke, der sich ohnehin als der schwächere empfand, von selbst.

Die einzelnen Elemente dieser Taktik haben wir bereits früher beobachtet, namentlich die tiefe Kolonne und das Mitwirken der Kavallerie auf beiden Seiten der Thebaner in der Schlacht bei Delion (Kap. 1, § 7). Daß in der Schlachtordnung des Epaminondas eine neue Idee verkörpert ist, erkennt man an der Flügel-Anordnung. Hätte der thebanische Feldherr die Verkürzung und Vertiefung des Flügels rechts vorgenommen, so wäre damit nichts Wesentliches erreicht worden: daß zunächst der beiden rechten Flügel siegten, hatte man ja schon oft erlebt und dazu keiner künstlichen Anordnung bedurft. Wertvoll wird alles erst dadurch, daß es dem eigenen linken Flügel den Sieg über den feindlichen rechten verbürgt.

Eine neue Idee pflegt ihre Kraft aber sofort nach mehreren Seiten zu entfalten. Bei Leuktra hatte das bötische Heer auf der linken Seite wahrscheinlich eine Flanken-Anlehnung, die wohlbedacht gesucht die Umklammerung erschwerte, und bei Mantinea war die schützende Kavallerie noch durch eigens darauf eingeübte Leichtbewaffnete, die Hamippen, unterstützt.

Als Zeichen der militärischen Einsicht Xenophons verdient noch hervorgehoben zu werden, daß er die Bedeutung des Epaminondas keineswegs allein in der neuen, von ihm erfundenen Taktik findet, sondern als besonders bewundernswert hervorhebt, »daß er das Heer gewöhnt hatte, keine Anstrengung zu scheuen weder bei Nacht noch bei Tage, keiner Gefahr sich zu entziehen und auch bei spärlichster Verpflegung die Disziplin zu bewahren.«

1. Die Grundlinien der Epaminondeischen Reform sind von Rüstow und Köchly richtig erkannt und dargestellt. Im einzelnen ist einiges und nicht ganz unerhebliches zu verbessern. Generell ist namentlich zu beachten, daß nicht erst die Macedonier, sondern daß schon Epaminondas die Taktik der verbundenen Waffen konzipiert hat.

2. Im einzelnen ist es unrichtig, die Angabe Diodors, Epaminondas habe bei *Leuktra* 6000 Mann gehabt, zu kombinieren mit derjenigen Plutarchs, der den Spartanern 10 000 Hopliten und 1000 Reiter gibt, und hieraus zu schließen, die Böotier hätten die doppelte Überlegenheit besiegt. Auch Diodor behauptet freilich, die Böotier hätten einen viermal stärkeren Feind überwunden, aber da derselbe Autor uns versichert, die Spartaner hätten 4000, die Böotier nur 300 Mann verloren, so sind seine Zahlenangaben als wertlos zu betrachten. Nach dem Verlauf der Schlacht ist nicht anzunehmen, daß ein Teil sehr wesentlich stärker gewesen sei, als der andere. Schon AD. BAUER hat mit Recht bemerkt, daß die Zahlen unzuverlässig seien; auch GROTE verwirft sie, nimmt aber trotzdem an, daß die Lacedämonier an Zahl überlegen gewesen seien. Ich sehe dazu keinen Grund. Die 6000 Böotier sind vermutlich mit dem »Zwölftel der 70 000 Mann« im 24. Kapitel des Plutarch, Pelopidas, identisch.

RÜSTOW und KÖCHLY lassen ferner die gefährdete linke Flanke der Böotier nicht sowohl durch die Kavallerie gedeckt werden, als durch ein sehr kompliziertes Manöver der Infanterie: während die Spartaner mit dem äußersten rechten Flügel schwenkten, um den Thebanern in die Flanke zu fallen, sei aus der Queue der thebanischen Kolonne Pelopidas mit der 300 Mann starken heiligen Schar herausgebrochen und habe seinerseits die Flanke und den Rücken der Lacedämonier bedroht. Diese Darstellung beruht auf einer Kombination der Erzählung bei Plutarch (Pelopidas cap. 19, cap. 23) mit derjenigen bei Xenophon, Hell. VI, 4. Auch AD. BAUER und H. DROYSEN haben diese Darstellung angenommen, letzterer mit dem Vorbehalt, daß man nicht wisse, wo Pelopidas vor seinem Eingreifen gestanden habe.

Hiergegen ist einzuwenden, daß von einem Herausbrechen des Pelopidas aus der Kolonne, noch weniger von einem Herausbrechen nach der Seite oder von einem Angriff auf die Flanke der Spartaner, bei Plutarch durchaus nichts steht. Es ist nur gesagt, daß der thebanische Angriff erfolgte, während die Lacedämonier schwenken wollten und infolgedessen nicht in Ordnung waren. Unmöglich hätte auch eine kleine Schar von 300 Mann, die sich von dem großen Haufen loslöste, eine solche Wirkung hervorbringen können. Den Spartanern wird das Zeugnis der größten Tapferkeit auch in dieser Schlacht nicht versagt; »alle Gefallenen seien auf der Vorderseite getroffen gewesen.« 300 Mann hätten das Schwenkungsmanöver einer großen Überzahl solcher Männer nicht aufheben können. Man kann auch weder annehmen, daß eine Improvisation des Pelopidas vorliegt – denn Epaminondas hat bei der Kürze seiner Front irgendwelche Vorsorge gegen die Umgehung treffen müssen; noch auch ein vorbereitetes Manöver, denn in diesem Falle hätte die Schar des Pelopidas nicht in der

Queue der Kolonne, sondern als zurückgehaltene Staffel seitwärts der Kolonne gestanden, um deren Flanke zu decken. In diesem Falle wiederum müßte uns die Aufstellung ausdrücklich berichtet werden. Mir scheint es keinem Zweifel zu unterliegen, daß Pelopidas mit der heiligen Schar an der Spitze der großen Kolonne gefochten hat und daß es nichts als rhetorische Ausmalung bei Plutarch ist, die anscheinend seinem Helden mit der heiligen Schar eine besondere Stellung gibt. Rüstow und Köchly aber haben geglaubt, in diesem Gefecht die Flankendeckung der großen Kolonne erblicken zu müssen, weil sie ganz richtig postulierten, daß eine solche vorhanden gewesen sein müsse, und eine direkte Nachricht darüber vermißten.

Ich denke jedoch, sie ist ohne Schwierigkeit aus Xenophon herauszulesen. Dieser, der ohnehin eine viel größere Autorität für uns hat als die vielleicht mehrfach vermittelte und speziell auf Pelopidas zugespitzte Schilderung bei Plutarch, Xenophon also legt alles Gewicht auf das vorhergehende Reitergefecht und die Tatsache, daß die Lacedämonier in diesem Gefecht geschlagen wurden. In seiner gekränkten Liebe zu den Spartanern begründet er es eingehend, daß und weshalb ihre Kavallerie nichts getaugt hätte. Daß nun, nachdem die lakonische Kavallerie geschlagen war, die Hopliten-Phalanx eine Schwenkung in die Flanke des Gegners angesichts der siegreichen feindlichen Reiter nicht durchführen konnte, war ihm so selbstverständlich, daß er es gar nicht ausdrücklich erwähnte. Wir aber dürfen ohne Bedenken diesen Zug, der für unser Verständnis nicht fehlen darf, hinzufügen, statt in die wortreiche aber unklare Schilderung Plutarchs das künstliche und doch unzulängliche Manöver des Pelopidas hineinzukonstruieren.

Nach Xenophon war die lacedämonische Reiterei vor der Phalanx des Fußvolkes statt auf dem Flügel aufgestellt. Warum? Rüstow und Köchly sagen, »Xenophons Antwort auf diese Frage, ›weil das Terrain zwischen beiden Heeren eben war‹ – ist keine Antwort«, und erklären es ihrerseits so daß beim Vormarsch der Lacedämonier die Reiterei unabsichtlich vor das Fußvolk geraten sei. Mit Recht hat H. Droysen a. a. O. p. 99 dagegen eingewandt, daß der bestimmte Ausdruck Xenophons »προετάξαντο« diese Auslegung verbiete, und fragt: »hat Kleombrotas etwa hinter seiner Reiterei sein Fußvolk nach rechts ziehen wollen, um den bötischen Schlachthaufen in die Flanke und im Rücken zu fassen; hat dieselbe etwa warten sollen, bis das Fußvolk heraus war, um sich dann links (rechts?) an dasselbe anzuhängen, anstatt darauf loszugehen, ehe das ganze Heer antrat?«

Mit der bloßen Bemerkung, daß das Terrain zwischen den Heeren eben war, ist in der Tat nichts anzufangen; sie erscheint überflüssig, da die griechischen Hoplitenschlachten fast immer auf ebenem Boden ausgefochten wurden. Xenophon gibt aber auch, wenn man näher zusieht, keine absolute Kausalität. Die Stelle lautet:

»ἅτε καὶ πεδίου ὄντος τοῦ μεταξὺ προετάξαντο μὲν τῆς ἑαυτῶν φάλαγγος οἱ Λακεδαιμόνιοι τοὺς ἱππέας ἀντετάξαντο δ' αὐτοῖς καὶ οἱ Θηβαῖοι τοὺς ἑαυτῶν.«

Das auf »ἅτε« folgende »καὶ« zeigt, daß die »Ebene zwischen den Heeren nur ein unterstützendes, nicht das alleinige Motiv der Aufstellung war. Lockte aber die Ebene zwischen den Phalangen die Reiterei an, so ist anzunehmen, daß auf dem Flügel das Terrain weniger oder vielleicht gar nicht praktikabel war.

Epaminondas hat also das Heer so aufgestellt, daß seine linke Flanke durch ein Terrain-Hindernis gedeckt war. Die spartanische Linie überragte die böotische, konnte sie aber des Terrains wegen nicht umklammern. Die spartanische Reiterei versuchte nun zunächst, die böotische zu vertreiben und setzte sich zu diesem Zweck vor ihre Hopliten, um diesen den Weg in die Flanke der böotischen Hopliten frei zu machen. Hätte das Terrain einen Angriff der überragenden Reiterei aus der Flanke gleichzeitig mit dem Vorgehen der Hopliten gestattet, so wäre der Fehler ganz unbegreiflich. War aber in der linken Flanke der Böotier ein Terrain-Hindernis, so ist alles erklärt. Die auffällige und ungenügende Begründung für die Aufstellung der spartanischen Reiterei, »weil das Feld zwischen dem Fußvolk eben war«, erscheint als der psychologische Rest der Gegenvorstellung, die der Autor im Sinn gehabt, aber vergessen hat zum Ausdruck zu bringen, daß nämlich links von den Thebanern das Terrain unpraktikabel war. Immerhin ist diese Unterlassung so auffällig, daß eine Text-Verderbnis, das Ausfallen einiger Worte zwischen »ἅτε« und »καὶ« nicht unmöglich erscheint.

Die Darstellung bei Plutarch, Pelop. cap. 23, daß Epaminondas zuerst seinerseits die Spartaner zu umgehen und in der Flanke zu fassen versucht habe, ist als durchaus sachwidrig völlig zu verwerfen. Durch eine solche Bewegung hätte ja Epaminondas seine ohnehin kürzere Front völlig auseinandergerissen. Eine tiefe Kolonne, wie er sie gebildet hatte, kann nur zum Durchbrechen, nicht zu einer Flankenbewegung bestimmt sein. Dieser Passus zeigt am besten, daß die ganze Plutarchische Schilderung dieser Schlacht unbrauchbar ist.

Busolt, Hermes Bd. 40 S. 455 berechnet das Heer des Epaminondas auf etwa 6500 Hopliten, 6–800 Reiter und eine unbestimmte Anzahl Leichtbewaffnete; das lacedämonische Heer auf etwa 9260 Hopliten, mindestens 600 Reiter und einige hundert Peltasten. Auf beiden Seiten seien jedoch die Bundesgenossen unzuverlässig und widerwillig gewesen; die eigentliche Schlacht habe daher auf dem Kampf zwischen den etwa gleich starken Thebanern und Lacedämoniern beruht und hierbei sei die Überlegenheit auf Seite der Thebaner gewesen, da ihre Reiterei an Qualität die der Gegenseite weit übertraf.

Ich glaube nicht, daß hiermit die Elemente der Entscheidung von Leuktra richtig charakterisiert sind. Die gewaltige numerische Überlegenheit der Spartaner soll ausgeglichen sein durch den schlechten Willen vieler ihrer Kontingente. Die Erfahrung der Kriegsgeschichte aber lehrt, daß auch politisch recht unzuverlässige Kontingente, einmal in einen größeren militärischen Organismus eingefügt, sehr häufig (Rheinbund-Truppen) ihre militärische Pflicht voll erfüllt haben. Es muß schon geradezu der Abfall in Anzug sein; sonst ist die kriegerische Aktion selbst, die Gefahr und die Leidenschaft des Kampfes, der Ehrbegriff psychologisch stark genug, etwaige politische Antipathien zu überwinden und sogar gezwungene Bundesgenossen sehr wacker fechten zu lassen. Deshalb haben die großen Feldherren es so oft wagen können, auch widerwillige Bundesgenossen in einen Krieg mitzunehmen und sich durch sie zu verstärken. Die Erklärung des Sieges der Minderzahl über die Mehrzahl bei Leuktra ist daher in diesen Umständen nicht zu finden und auch nicht nötig, auf sie zurückzugreifen, da die Grundlagen der Berechnung nicht sicher genug sind, um die numerische Überlegenheit der Spartaner positiv zu behaupten.

Auch die sonstigen militärischen Betrachtungen Busolts in diesem Aufsatz sind nicht alle zutreffend, vortrefflich aber die Widerlegung der statistischen Berechnungen Kromayers, die mit derselben Schärfe zurückgewiesen werden, wie es gleichzeitig durch Beloch geschehen ist. (Vgl. oben S. 14 Anmkg. 2).

3. Auch die Darstellung der Schlacht von *Mantinea* ist bei Rüstow und Köchly auf die Kombinierung der Xenophonteischen und Diodorischen Nachrichten aufgebaut. Aus Diodor wird die Nachricht entnommen, daß das Heer des Epaminondas 30 000 Mann zu Fuß und 3000 Reiter, das spartanische 20 000 Mann zu Fuß und 2000 Reiter stark gewesen sei. Wäre das richtig, so wäre der Sieg der Böotier weiter kein Kunststück gewesen, aber es liegt nicht der geringste Grund vor, einem so unzuverlässigen Mann wie Diodor diese Aussage zu glauben; der Verlauf der Schlacht zeigt nichts von der großen Überlegenheit der Böotier, und daß Xenophon von dieser Entschuldigung für die Niederlage der Spartaner nichts sagt, spricht direkt dagegen.

Über den Verlauf der Schlacht selbst sagen Rüstow und Köchly: »Xenophon beschäftigt sich eigentlich nur mit den Vorgängen auf dem linken Flügel des Epaminondas, erzählt übrigens trotz aller Weitschweifigkeit ungenau genug. Diodor hält sich wiederum vornehmlich an die Gefechte auf den Flügeln, an Reiterei und leichtes Fußvolk. So geben beide zusammen ein erträglich klares Bild der Schlacht.« Schon methodisch scheint mir diese Grundlegung unrichtig. Wenn, wie wir dem Xenophon unbedingt glauben dürfen, das Gefecht auf dem linken Flügel der Böotier mit der großen Kolonne »wie eine Triere« und der Reiterei den Ausschlag gab, wie können wir einem Schriftsteller trauen, der, wie Diodor es tut, hiervon so gut wie nichts erzählt, dahingegen den Epaminondas nach Art der trojanischen Helden (wie schon Grote sehr richtig bemerkt hat) kämpfen und fallen läßt? Sachlich wird das Schlachtbild dadurch verdorben, daß Diodor auf dem rechten Flügel der Böotier ein großes hin- und herwogendes Reitergefecht ausmalt. Die »schräge Schlachtordnung« kommt dadurch nicht zu ihrem Recht. Meines Erachtens darf von Diodor kein Zug angenommen werden; vermutlich ist (nach Grote) gerade diese Schlachtschilderung es gewesen, die das wegwerfende Urteil des Polybius über Ephorus begründete. Die Schlacht von Mantinea darf allein nach Xenophon erzählt werden, der ja aus seiner Vorliebe für die Spartaner kein Hehl macht und wie bei Leuktra die entschuldigenden Momente (Überfall) förmlich aufdrängt, aber ein viel zu gewissenhafter Schriftsteller und einsichtiger Soldat ist, um nicht doch ein sachlich richtiges Bild zu geben. Danach ist das Entscheidende bei Mantinea ganz wie bei Leuktra die Kombination der tiefen Infanterie Kolonne auf dem linken Flügel mit einer überlegenen Kavallerie durch eigene Leichtbewaffnete (Hamippen) und die Unterstützung des zurückgehaltenen rechten Flügels durch detachierte Abteilungen, die den feindlichen linken Flügel mit Flanken- und Rücken-Angriffen bedrohen und durch diese Demonstrationen so lange vom Angriff abhalten, bis die Entscheidung auf dem andern Flügel gefallen ist.

4. Daß Epaminondas den linken Flügel verstärkte und zum Angriffsflügel machte, hat, wie schon Rüstow erkannt und ich von ihm übernommen habe, seinen Grund in dem zufälligen, äußerlichen Umstand, daß in der alten Phalangenschlacht, obgleich sie in der Idee eine Parallelschlacht war, beide rechte Flügel vorzudrängen pflegten. KROMAYER, Antike Schlachtfelder in Griechenland, I, 79 meint, das sei eine Verwechslung von »Rechtsziehen« und »Vordrängen des rechten Flügels« und nur das erstere sei in den Quellen überliefert. Diese angebliche Verwechslung entspringt nur dem ungenügenden Studium Kromayers sowohl in der Elementar-Taktik wie in den Quellen. Eine Phalanx, die sich nach rechts zieht, wird auch beim einfachen Vormarsch ganz von selbst mit dem linken Flügel »hängen«, d. h. zurückbleiben, um so mehr aber, wenn nun der beiderseitige linke Flügel sich vermöge des Rechtsziehens überflügelt und bedroht sieht, während umgekehrt der rechte, encouragiert durch sein in Aussicht stehendes Umklammern, eifrig draufgeht. Überdies standen bei

den Griechen häufig die besten Truppen auf dem rechten Flügel. Auch quellenmäßig ist das Zurückbleiben des linken Flügels bezeugt in der Schlacht bei Koronea, Hellenika IV, 3, 15 ff., wo die Orchomenier auf dem äußersten linken Flügel des Agesilaus den Angriff der Thebaner erwarten, während die anderen Kontingente ihnen entgegengehen.

Mit der falschen Voraussetzung Kromayers fallen auch alle seine Folgerungen und es ist nicht der Mühe wert, weiter darauf einzugehen, um so weniger, als bei ihm eine klare Vorstellung wodurch denn nun eigentlich Epaminondas seinen schwächeren Flügel schützte, gar nicht zutage tritt. Bei der Rüstowschen Auffassung ist das Verhältnis einfach und deutlich: da der feindliche linke Flügel ohnehin etwas langsam und vorsichtig heranzugehen pflegte, brauchte Epaminondas bloß seinem rechten zu befehlen, sich ebenfalls zurückzuhalten, und dann gewann er für seinen linken Flügel den nötigen Vorsprung. Kromayer setzt an die Stelle dieser klaren Vorstellung unbestimmte allgemeine Betrachtungen über Gelände und pseudogelehrte falsche Vergleiche mit der Taktik Friedrichs des Großen. Hierauf werde ich zurückzukommen haben, wenn dies Werk bis zu Friedrich vorgeschritten ist. Vgl. Roloff, Probleme a. d. griechischen Kriegsgeschichte S. 42 ff., wo Kromayer eingehend widerlegt ist.

Eben dort (S. 12 ff.) sind auch die Reflexionen Kromayers über Epaminondas als »Niederwerfungs-Strategen« widerlegt, die wieder ebensowohl dem mangelnden sachlichen Verständnis Kromayers für den Unterschied zwischen Niederwerfungs- und Ermattungs-Strategie, wie mangelhaftem Quellen-Studium entspringen. E. v. Stern (Lit. Zentr.Bl. 1903, Nr. 24, Sp. 777), der sonst vielfach Roloff zustimmt, glaubt in diesem Punkt, sich auf Kromayers Seite stellen zu müssen. Seine Gründe sind jedoch nicht stichhaltig.

Er vermißt das ausdrückliche Zeugnis dafür, daß Epaminondas so lange auf den Zuzug der Peloponnesier habe warten müssen, und meint, es sei ganz ausgeschlossen, daß so nahe Gemeinden wie Argos, Megalopolis usw. nicht zur Stelle gewesen seien.

Aber abgesehen davon, daß die von Roloff angeführte Stelle (Hell. VII, 5, 9) doch wahrscheinlich diesen Sinn hat: weshalb hat denn Epaminondas es so lange verschoben, die Entscheidung zu erzwingen? Wenn alle seine Truppen oder auch nur die meisten zur Stelle waren, so hätte er ja eine erdrückende Überlegenheit gehabt, mit der er jede noch so starke Stellung umgehen konnte?

Stern findet es weiter sehr unwahrscheinlich, daß die vermißten Kontingente alle »wie auf Verabredung« innerhalb einiger Tage eingetroffen sein sollen. Warum denn nicht? Warum auch nicht auf Verabredung?

Stern findet weiter, daß Epaminondas, als er, statt eine Schlacht zu schlagen, den Zug gegen Sparta machte, mit Bestimmtheit hätte darauf rechnen können. Sparta zum Frieden zu bewegen, wenn es ihm nämlich gelang, die Stadt durch einen Handstreich zu nehmen, den Frauen den jungen Nachwuchs, die zurückgebliebenen Männer fortzuführen. Darauf ist zu erwidern, das Epaminondas ein recht elender Feldherr hätte sein müssen, wenn er so gedacht hätte: große Kriege werden nicht durch Handstreiche gegen unbefestigte Orte entschieden. Ob wirklich Epaminondas so viel Gefangene gemacht hätte, sei dahingestellt; denn die spartanischen Frauen usw. würden wohl rechtzeitig die Flucht ergriffen haben. Selbst wenn der Thebaner aber eine so große Beute gemacht – weshalb sollten die Spartaner mit ihren Bundesgenossen nachher die Schlacht gescheut haben, die doch erst endgültig über die Beute entschied? Ganz verkehrt erinnert Stern daran, daß die Spartaner nach der Gefangennahme der Ihrigen auf Sphakteria den Frieden angeboten. Da lagen die Verhältnisse ganz anders, denn sie sahen keine Möglichkeit, die Gefangenen zu befreien oder sonst den Athenern einen schweren Schlag zu versetzen. Das Heer des Epaminondas, durch seine Beute in seinen Bewegungen beschwert, konnte sich aber der Schlacht mit den rachedürstenden Spartanern nicht entziehen. Kein Zweifel also, daß Roloff recht hat, wenn er in diesem Zuge nicht einen ernsthaften Plan zur Besitznahme, sondern nur eine Demonstration zum Zweck des Zeitgewinns sucht, um seine Verstärkungen herankommen zu lassen.

Die ausführliche Schilderung der Schlacht von Mantinea bei Kromayer ist völlig wertlos, strotzt von sachlichen Verkehrtheiten und steht in Widerspruch mit den Quellen. Hier kann auch Stern nicht umhin, Roloffs Kritik zuzustimmen. Nicht einmal die Topographie des Schlachtfeldes hat Kromayer bei seinem Besuch mit Sicherheit bestimmt, da ihm erst nach seiner Rückkehr eingefallen ist, was festzustellen eigentlich nötig sei.

Auch die Entdeckung, die Kromayer gemacht zu haben meint, daß Epaminondas in besonderem Maße das Gelände berücksichtigt und verwertet habe, ist abzulehnen. Die Benutzung des Geländes haben schon Miltiades und Pausanias verstanden, und daß auch Epaminondas es benutzte, ist keine neue Entdeckung, sondern etwas Selbstverständliches und, so weit zu erkennen, auch in der obigen Darstellung herangezogen.

3. BUCH

Die Macedonier

1. KAPITEL

Das macedonische Heerwesen

Der taktische Gedanke des Epaminondas wurde aufgenommen und fortgebildet von König Philipp II. von Macedonien. Macedonien war ein wesentlich agrarischer Flächenstaat mit sehr geringer städtischer Bevölkerung. Die Masse der Bauern und Hirten war nicht wohlhabend genug, sich eine Hoplitenrüstung zu halten, und konnte sich auch nicht so leicht an einem Ort zu größeren Massen zusammenballen; um nach der etwa in der Mitte gelegenen Hauptstadt Pella zu gelangen, brauchte man von den entfernteren Grenzstrichen vier bis fünf Tagemärsche. Es hatte sich daher ein besonderer Kriegerstand, ein Adel ausgebildet, der zu Pferde kämpfte, während das Volk nur Peltasten stellte, die, ohne taktische Ordnung kämpfend, als eine bloße Hilfswaffe angesehen wurden und es mit griechischen Hopliten nicht aufzunehmen vermochten.

Trefflich läßt einmal Thucydides (IV, 126) den Brasidas seinen Leuten den Unterschied zwischen griechischer und barbarischer Kampfesweise auseinandersetzen. Der spartanische Feldherr muß vor einer sehr überlegenen Schar kriegerischer Illyrier den Rückzug antreten, und seine Soldaten sind von Furcht erfüllt, aber er sagt ihnen: nur die Erscheinung der Barbaren, ihre Zahl, ihr Kriegsgeschrei, das Schwenken ihrer Waffen sei furchtbar. Aber im Handgemenge leisteten sie nichts, denn sie blieben nicht in Reih und Glied und sähen keine Schande darin, von ihrem Platz zu weichen. Wenn es aber in das Belieben eines jeden gestellt sei, ob er kämpfen oder weichen wolle, so fehle es nie an Gründen, sich zurückzuziehen; deshalb zögen die Barbaren es vor, aus der Ferne zu drohen, statt handgemein zu werden.[1]

Da der eigentliche macedonische Kriegerstand, der Adel, wiederum nicht sehr groß sein konnte, so bildete das ältere Macedonien nur einen schwachen Kriegsstaat.

Erst die feste monarchische Autorität, die König Philipp II. aufrichtete, schuf aus diesen Elementen ein Kriegswesen, das bald allen Nachbarn überlegen wurde. Der König brachte die Mittel auf, um neben den griechischen Söldnern, die er in seinen Dienst nahm, ein stehendes Heer aus seinen Untertanen zu unterhalten, gab ihnen eine militärische Erziehung, fand für dieses Heer neue und eigentümliche Kampfesformen und entlockte der Kunst der Taktik Kräfte, die über das Griechentum hinaus eine neue Stufe der Kriegskunst darstellen.

Wir beginnen mit der

Kavallerie

Die griechische Reiterei haben wir uns vorzustellen als ziemlich lose Scharen, die, mit Schutzrüstungen versehen, wohl auf den Kampf mit der blanken Waffe ausgingen, den Spieß aber noch mehr zum Werfen als zum Stoßen gebrauchten.

Xenophon, von dem wir zwei Schriften über die Reiterei besitzen, »über die Reitkunst« und den »Reiterführer«, sagt, er ziehe die Ausrüstung mit zwei kürzeren Spießen der mit einem

1 Die bessere Schutzrüstung der Griechen erwähnt Thucydides hier nicht, und vielleicht waren die Illyrier damit besser versehen, als die dem Kultur-Wirtschaftsleben näheren und deshalb in ihrer Masse weniger kriegerischen Macedonier, obgleich Arrian I, 1, 12 auch gerade wieder die illyrischen und thracischen Barbaren als »ἀνθρώπους ψιλοὺς καὶ κακῶς ὡπλισμένους« bezeichnet. Im übrigen aber stellt Brasidas in seiner Rede die Illyrier ausdrücklich den Macedoniern gleich, und wir dürfen die Schilderung auch auf diese beziehen.

Langspieß[1] vor. Dieser sei unbequem zu tragen und zerbrechlich; von den Kurzspießen, die besser zu tragen und stärker seien, könne man den einen schleudern und mit dem anderen nach allen Seiten stoßen.[2] Außer den Spießen führten die Reiter auch ein Schwert oder einen krummen Säbel; letzterer, sagt Xenophon, sei besser, da der Reiter von oben haue. Xenophon empfiehlt, nicht nur den Reiter, sondern auch das Pferd zu panzern; einen Schild gibt er dem Reiter nicht.

Die Steigbügel waren noch nicht erfunden; die Reiter ritten auf festgeschnallten Decken oder Kissen. Der Stoß mit der Lanze mußte also viel mehr mit der Kraft des Armes geführt werden, als heute, wo der Reiter sein ganzes Körpergewicht und die Anlaufskraft des Rosses in den Stoß legen kann. Auf den zahlreichen Vasenbildern, die Gefechtsszenen darstellen und uns erhalten sind, habe ich die Führung der Lanze, wie sie heute bei unserer Kavallerie vorgeschrieben ist (eingepreßt zwischen Oberarm und Rumpf) niemals gefunden. Auf dem Mosaik, das vermutlich die Schlacht bei Issus darstellt, führt Alexander die sehr lange Lanze frei in der Hand.

Die macedonische Kavallerie war nach Bewaffnung und Ausrüstung der griechischen ähnlich. Das aus dem macedonischen Adel hervorgehende Reiterkorps hieß die »Gefolgsleute«,

1 Περὶ ἱππικῆς XII, 12 »ἀντί γε μὴν δόρατος καμακίνου«. Der Sinn des Wortes »καμάκινον« und nicht einmal die Lesart ist völlig gesichert, aber nach dem ganzen Zusammenhang kann kaum etwas anderes als Langspieß gemeint sein.

2 Die Bemerkung Xenophons dürfte mit dem Reitergefecht Hellenika III, 4, 13 in Zusammenhang zu bringen sein. Die Erzählung zeigt aber, daß damals die hellenischen Reiter eben nicht die kurzen, sondern lange Spieße führten.

Nicht ohne weiteres verständlich ist überdies in dieser Erzählung, weshalb die Perser sich so tief aufstellen. Von den hinteren Gliedern aus konnten sie ihre Spieße nicht werfen. Vielleicht ist es so zu erklären, daß die Perser darauf rechneten, die griechische Linie mit ihrer tiefen Kolonne zu durchbrechen und dabei nach rechts und links ihre Spieße zu schleudern.

»Hetären« des Königs. Sie kämpfen mit dem Spieß, den sie sowohl zum Schleudern[1] wie zum Stoßen gebrauchen, und mit dem Schwert. Die Panzerung des Pferdes, von der Xenophon spricht, scheint nicht üblich geworden zu sein. Dagegen trugen die Hetären Schilde.[2]

Was die macedonische Reiterei hauptsächlich von der griechischen voraus gehabt haben wird, war, daß sie diszipliniert war: wir dürfen ihren »Ilen« so viel Zusammenhalt zuschreiben, daß sie als »taktische Körper« zu bezeichnen sind. Man darf »Reiterei« und »Kavallerie« so unterscheiden, daß jenes Wort Schwärme einzelner Reiter, dieses Reiter in disziplinierten Körpern bezeichnet.

Dann hätten also die Macedonier die erste wirkliche Kavallerie gebildet. Taktische Körper aus Reitern zu bilden, ist aus mancherlei Gründen, über die noch zu reden sein wird, viel schwerer, als Infanterie-Körper zu formieren. Es ist daher nur natürlich, daß die griechischen Kanton-Republiken über die Hopliten-Phalanx nicht hinausgelangt sind; die monarchische Autorität der macedonischen Könige aber zwang auch die auseinanderstrebenden Reiter in den festen Rahmen der der Führung *eines* Willens folgenden Körperschaft.

Die Mischtruppe der »Hamippen« finden wir bei den Macedoniern nicht, was ebenfalls darauf schließen läßt, daß sie fester geschlossene taktische Körper hatten als die Böotier.

Neben der Hetären-Kavallerie hatten die Macedonier die Sarissophoren, Lanzenträger, die man geglaubt hat als die leichte

1 Diodor XVII, 60. Arrian I, 15.

2 Ad. Bauer p. 313, 2. Auflage, p. 433 schließt aus Arrian I, 6, 5, daß die Hetären für gewöhnlich keinen Schild getragen hätten. Ich kann nicht finden, daß die Stelle diesen Schluß nötig macht, ja sie läßt ihn kaum zu. Die Reiterschilde waren natürlich viel kleiner als die des Fußvolkes. Da nun Plut. Alex. 16 ausdrücklich von dem Schilde die Rede ist, den der König in der Schlacht trägt, und später nach Polybius VI, 25, 7 die macedonischen Reiter zweifellos Schilde hatten, so scheint mir sicher, daß dem auch schon in älteren Zeiten so war.

Kavallerie auffassen zu sollen. Ich vermag jedoch in den Quellen eine Begründung für diese Auffassung nicht zu finden. Die Bewaffnung mit der langen Sarisse würde sogar eher auf eine schwere Kavallerie schließen lassen. Die Hetären führten zwar das Gefecht wesentlich als Nahkampf; unter Umständen bedienten sie sich aber ihrer Lanze auch noch nach der älteren Art zum Werfen. Die Sarisse war zu lang, um noch geworfen zu werden, ihre Träger also noch unbedingter als die Hetären auf den Nahkampf angewiesen, der wieder auf eine Schutzrüstung, also auf schwere Kavallerie schließen läßt. In der Schlacht erscheinen die Sarissophoren ganz ebenso verwandt wie die Hetären, und diese wiederum werden auch zur Rekognoszierung und zur Verfolgung gebraucht. Es scheint also, daß zwischen den beiden Truppenkorps der Unterschied in der Bewaffnung und Ausrüstung nur gering war. Vielleicht bestand er nur in der verschiedenen Herkunft der Mannschaft.

Während des Krieges gegen Darius bildete Alexander sich noch aus Asiaten ein Korps berittener Bogenschützen.

Die Phalanx

Die macedonischen Reiter hießen wohl von je her die »Hetären« des Königs; dem neugebildeten Fußvolk gab Philipp den Ehrennamen der »Pezetären«, »Gefolgsmänner zu Fuß«. Sie wurden gelehrt, in der Phalanx, der geschlossenen taktischen Ordnung, nach Art der Griechen zu fechten. Ein gewisser Unterschied war jedoch vorhanden: die macedonische Phalanx wurde dichter rangiert, als es bei den Griechen üblich war, und mit längeren Spießen, den Sarissen, ausgerüstet, die es gestatteten, die Spieße mehrerer Glieder gleichzeitig in Wirksamkeit zu setzen. So hat Friedrich der Große seine Infanterie enger rangieren lassen als bis dahin üblich – vier Mann auf drei Schritt statt auf vier Schritt – um mehr Gewehre gleichzeitig im Feuer zu haben.[1]

1 Vgl. unten Bd. IV, S. 307.

Wie im einzelnen die Sarissen-Phalanx der klassischen macedonischen Zeit organisiert war, wissen wir nicht, im besonderen auch nicht, wie lang die Sarisse damals gemacht wurde. Ich vermute, daß das vorderste oder die beiden vorderen Glieder der Phalanx nach wie vor den handlichen Hoplitenspieß und nur die hinteren den Langspieß getragen haben, der aber doch wohl nicht länger war, als daß er noch mit einer Hand regiert werden konnte.

Die Gründe für diese Abweichung von der alten dorischen Ordnung sind nicht überliefert, aber aus der Natur der Sache zu erschließen.

Wir werden annehmen dürfen, daß die jahrhundertelange Erfahrung die Griechen gelehrt hatte, ihre Hauptwaffe, den Spieß, so zu konstruieren, also Länge, Dicke, Schwere so abzumessen, wie es für das Gefecht am praktischsten war: möglichst lang, um den Feind zu erreichen, aber nicht länger, als daß er mit einer Hand sicher regiert und der Stoß nicht zu leicht von dem Gegner pariert werden konnte. Nach den Vasenbildern zu schließen, war der Spieß etwas über Mannesgröße, also etwa zwei Meter lang.[1] Jedoch mögen vielfache Verschiedenheiten vorgekommen sein. Was die beste Länge ist, darüber sind sich selbst heute die Kriegsmänner noch nicht einig: die Lanze der deutschen Kavallerie hat 3,52 Meter; der russischen 3,16; der französischen 3,29; der österreichischen 2,63 Meter.[2] Wenn nun die Macedonier über das längste bei den Griechen erfahrungsmäßig eingebürgerte Maß noch hinausgingen, so war das für das Gefecht Mann gegen Mann ein Nachteil, und die gedrängte Aufstellung vergrößerte den Nachteil noch, indem sie den Einzelnen in der freien Bewegung verhinderte. Die Sarissen-Phalanx aber soll weniger durch den Kampf Mann gegen Mann, als durch den

1 Ad. Bauer p. 272 gibt drei Meter an; unter all den Vasenbildern, die ich durchgesehen habe, habe ich jedoch, auch wo keine Raumbeschränkung vorliegt, so lange Hoplitenspieße nicht gefunden.

2 R. Wille, Waffenlehre S. 79.

geschlossenen Andrang des ganzen Haufens wirken; hält sie sich defensiv, so ist in die stachelige Masse gar nicht einzudringen.

Philipp wird sich zu dieser Kampfesform entschlossen haben, weil er sich bewußt war, daß seine neugebildete Truppe es unter gleichen Bedingungen mit den griechischen Hopliten, die von dem Selbstvertrauen alter geübter Krieger erfüllt waren, nicht werde aufnehmen können. Auch ist möglich, daß er anfangs nicht die Mittel hatte, allen seinen Phalangiten die kostbare volle Hoplitenrüstung anzuschaffen. In der gedrängten Aufstellung, die es zu dem eigentlichen Einzelkampf weniger kommen ließ, konnten die hinteren Glieder der vollen Schutzrüstung zur Not entbehren. Das ist jedoch nur eine Vermutung, die dahingestellt bleiben mag. Wesentlich ist, daß die macedonische Phalanx als solche nicht als die Erfindung einer neuen , höheren Kampfesform aufzufassen ist, sondern als eine Reduktion der bisherigen Leistung der Infanterie. Die neue Phalanx war schwerfälliger als die alte, geriet leichter in Unordnung, war noch empfindlicher in den Flanken; für den Einzelkampf, den der Krieger auch bei den vielfachen Aufgaben außerhalb der Schlacht bestehen können soll, ist der Sarissenträger sehr ungeschickt. Die alte dorische Hopliten-Phalanx, die die Geschlossenheit eines taktischen Körpers mit der Kampftüchtigkeit jedes Einzelnen verbindet, ist für sich betrachtet die höhere taktische Form. Sehr wesentlich war jedoch der Unterschied zu Philipps und Alexanders Zeit noch nicht. In allen Schlachten dieser Epoche, von denen wir Erzählungen haben, bewegt sich die Phalanx mit solcher Leichtigkeit und ist von einem Unterschied gegen die alte Hopliten-Phalanx so wenig zu bemerken, daß wir davon nahezu absehen könnten, wenn nicht einige Nachrichten doch mit Bestimmtheit darauf hinwiesen, daß die Abwandlung, die später sehr bedeutend wurde, nämlich der längere Spieß und die engere Stellung, schon zu Philipps Zeit wenigstens eingesetzt hat.

Ein Elite-Korps, die Hypaspisten, war ganz nach Art der alten Hopliten bewaffnet, vielleicht etwas leichter, in der Gewißheit, die leichtere Schutzwaffe im Nahkampf durch erhöhte Gewandtheit zu ersetzen. Die Hypaspisten bilden in der Schlacht das Verbindungsglied zwischen dem Offensivflügel der Kavallerie und der großen Masse der Sarissen-Phalanx, die sich langsamer heranbewegt.

Auch an leichtem Fußvolk, Peltasten, Bogenschützen und Schleuderern[1] war das macedonische Heer stark.

Taktik der verbundenen Waffen

Der Fortschritt, den die Macedonier machen, liegt in der organischen Verbindung aller Waffengattungen zu einer einheitlichen Gesamtwirkung. Epaminondas hatte den Grund dazu gelegt, aber so, daß die Infanterie doch die Hauptwaffe blieb, die Kavallerie ihr nur sekundierte.

Philipp war von Anfang an und noch mehr, seit er auch Thessalien unter seine Herrschaft gebracht hatte, an Kavallerie viel stärker, als Böotien je gewesen war. Er konnte daher mit seiner Kavallerie nicht bloß die feindliche schlagen, sondern auch seinerseits die feindliche Infanterie in der Flanke angreifen. Wir wissen noch von Marathon her, wie empfindlich die griechische Hopliten-Phalanx an diesem Punkt war.

Die Kavallerie sekundiert also von jetzt an nicht mehr, sondern sie ist gleichwertig und führt sogar den Hauptstoß; es kann sein, daß die Phalanx erst an den Feind kommt, wenn dessen einer Flügel bereits geschlagen ist und die macedonische Kavallerie des Offensiv-Flügels das Gros bereits aus der Flanke angreift. Es geschieht auch, daß unter dem Eindruck dieses Stoßes die gesamte feindliche Armee den Kampf aufgibt und die Flucht ergreift, so daß die Phalanx zum Schlagen gar nicht mehr kommt.

1 A. Krause, Hermes 1890 p. 66 hat ziemlich sicher nachgewiesen, daß Alexander auch Schleuderer in seinem Heer gehabt hatte und daß Arrian sie unter »τοξόται« mitversteht.

RÜSTOW und KÖCHLY sind so weit gegangen, zu meinen, daß die Kavallerie jetzt die Hauptwaffe geworden sei, die Phalanx der Schatten, nicht mehr das Licht; die Masse, nicht der Kern des Heeres. Die Aufgabe der Phalanx sei nur noch gewesen, das Gefecht hinzuhalten, eine unzerbrechliche Defensive zu bilden, bis die Kavallerie die Entscheidung gegeben hatte. Eine sorgfältige Analyse der Alexander-Schlachten zeigt, daß das zu viel gesagt ist. Auch die schwere Infanterie, die Hypaspisten wie die Phalanx tragen ihren positiven, aktiven Teil zum Siege bei. Die Kavallerie ihrerseits wird unterstützt durch die behenden Leichtbewaffneten, die mit Wurfspeer, Pfeil und Schleuderstein vorarbeiten und nachhelfen.

Das Ineinandergreifen aller einzelnen Teile ist die Stärke des macedonischen Heeres-Organismus. Der einheitliche Gedanke des Heerführers, der zugleich Heerschöpfer und Kriegsherr ist, beherrscht das Ganze. Die macedonische Kriegskunst ist eine königliche Frucht.

Die Eigentümlichkeit der griechischen Phalanx hatte es mit sich gebracht, daß Epaminondas, als er die Flügelschlacht erfand und an die Stelle der Parallelschlacht setzte, dem linken Flügel die Offensive zuteilen, den rechten zurückhalten mußte. Philipp brauchte sich an dies Schema nicht mehr zu halten. Er konnte seine Kavallerie auf den Flügel stellen, der nach den Gelände-Verhältnissen der geeignetste war; daß in den Schlachtschilderungen, die uns überliefert sind, fast immer die Kavallerie des rechten Flügels den entscheidenden Offensivstoß führt, ist nicht in der Natur der Sache begründet, sondern als ein Fortwirken der älteren griechischen Tradition oder als bloßer Zufall anzusehen.

Als Ergebnis des in einer Hand und in einem Kopf zentralisierten Kriegswesens ist auch anzusehen, daß die Macedonier die Mittel der fortgeschrittenen Belagerungskunst aufnehmen und weiterbilden. Noch um die Mitte des Jahrhunderts hatte man von Erfindungen des Dionys von Syrakus in Griechenland wenig gewußt; Philipp führte zwei große Belagerungen, von Perinth und Byzanz unter Aufgebot aller Mittel der Technik durch.

In die Einzelheiten, die technischer Natur sind, treten wir nicht ein. Die Tatsache selber jedoch ist in dem Zusammenhange der Kriegsgeschichte von größter Wichtigkeit. Alexanders Strategie wäre nicht durchführbar gewesen, wenn er Halikarnaß, Tyrus und Gaza statt durch den Kunst gegen Kunst ausspielenden gewaltsamen Angriff nur durch eine unabsehbare Aushungerung hätte bezwingen können.

1. Die militärischen Reformen König Philipps müssen wesentlich erschlossen werden aus der Krieg- und Schlachtführung Alexanders, die mit den wenigen Nachrichten, die wir über Philipp selbst haben, übereinstimmt. Die erste Schlacht Philipps 359 gegen die Illyrier erzählt Diodor (XVI, 4) so: Philipp hatte auf dem rechten Flügel seine Reiter; mit ihnen ließ er die Barbaren aus der Flanke angreifen, und dem doppelten Angriff von vorn und aus der Flanke und endlich auch vom Rücken unterlagen sie endlich nach dem tapfersten Widerstand.

»ὁ μὲν Φίλιππος ἔχων τὸ δεξιὸν κέρας καὶ τοὺς ἀρίστους Μακεδόνων συναγωνιζομένους, τοῖς μὲν ἱππεῦσι παρήγγειλε παριππεῦσαι καὶ πλαγίους ἐμβαλεῖν τοῖς βαρβάροις, αὐτὸς δὲ κατὰ στόμα τοῖς πολεμίοις ἐπιπεσὼν καρτερὰν συνεστήσατο μάχην .... τῶν ἱππέων ἐκ πλαγίου καὶ κατὰ νῶτον βιαζομένων κτλ.«

Auch von der Schlacht in Thessalien i. J. 353 hebt Diodor ausdrücklich hervor (XII, 35), daß sie durch die Reiterei zugunsten Philipps entschieden wurde.

2. Über die Schlacht bei *Chäronea* haben wir nur sehr ungenügende Berichte. Soviel aber geht sowohl aus Diodor (XVI, 86) wie Polyän (VI, 2, 2 u. 7) hervor, daß es ebenfalls eine Flügelschlacht war. Der König kommandierte den Flügel den Athenern gegenüber, den er versagte, sein Sohn Alexander kommandierte den Offensivflügel gegen die Böotier, der den Sieg entschied. Wenn Diodor den König erst zum Angriff schreiten läßt, als er den Sieg seines Sohnes sieht, weil er ihm nicht allein den Ruhm lassen will, oder wenn Polyän, ohne des Zusammenwirkens der beiden macedonischen Flügel zu gedenken, Philipp, nachdem er erst gewichen, plötzlich aus eigener Kraft die allzu hitzigen Athener überwinden läßt, so sind das populäre Erzählungen, deren Blick bis zu den eigentlichen Motiven der Entscheidung nicht gereicht hat.

Seit die vorstehenden Worte geschrieben wurden, hat KROMAYER das Schlachtfeld topographisch untersucht und daraufhin *l. c.* die Schlacht genauer zu rekonstruieren versucht. Der Versuch der Rekonstruktion ist ihm aber, wie Roloff l. c. nachgewiesen und auch E. v. Stern anerkannt hat, völlig mißlungen, denn sie ist aufgebaut nicht nur auf ganz ungenügende und unzuverlässige Quellengrundlagen, sondern auch auf die ungeheuerliche Vorstellung, daß die Phalanx Philipps 600 Meter »ohne Kehrt zu machen« (S. 167 Anmk.) zurückgegangen sei. 600 Meter rückwärts gehen kann kaum ein einzelner Mann auf guter Straße, ohne zu stolpern; eine Phalanx, die das im Gelände unternehmen wollte, würde binnen kurzem einer über dem andern auf der Erde liegen. Geht eine Truppe auf dem Exerzierplatz rückwärts, so kann sie das nur wenige Fuß in der strengsten Exerzierform des Rückwärtsrichtens. Besonders charakteristisch ist, daß es sich bei Kromayers Vorstellung von geordnetem Rückwärtsgehen einer geschlossenen Masse von 15 000 Mann nicht etwa um einen zufälligen Lapsus handelt, sondern daß der Autor seine groteske Vorstellung in der Histor. Zeitschr. Bd. 95, S. 20 eingehend zu rechtfertigen versucht hat. Wer die Widerlegung nicht selber zu finden vermag, sei verwiesen auf Preuß. Jahrb. Bd. 121, S. 164.

Roloff und Stern haben wenigstens Kromayers Verdienst um die Feststellung des Schlachtfeldes noch anerkennen zu können geglaubt. Aber selbst dieses Verdienst hat vor der Nachprüfung nicht standgehalten. G. Sotiriades hat in den Mitteil. d. K. deutschen Arch. Inst. in Athen Bd. XXVIII S. 301 (1903) und Bd. XXX S. 113 (1905) eingehende topographische Studien über das Schlachtfeld veröffentlicht, die eine Reihe von Fehlern in Kromayers Beobachtungen feststellen und die Grundlagen umstürzen. Den entscheidenden Punkt, die Lage des macedonischen Grabhügels, hat Kromayer, Hist. Zeitschr. 95, 27, zugegeben. Von den anderen Einwürfen hat er sich in *einem* Punkt gerechtfertigt: er hat tatsächlich die Mauerreste des türkischen Chans nicht für antik ausgegeben, wie ihm Sotiriades S. 326 vorgeworfen und ich darnach Preuß. Jahrb. 116, 211 referiert, sondern er hat nur die Frage aufgeworfen und es dahingestellt sein lassen, ob es der Rest eines antiken Gebäudes sei. Die anderen Fehler aber bleiben bestehen, im besonderen das Verschweigen der Schlucht von Bramaga, durch die nach Sotiriades S. 328 ein Pfad führt, der nicht schlechter ist als der durch den Keratapaß führende, was für einen Rückzug nach dieser Seite sehr wesentlich war.

3. Die herrschende Anschauung ist, daß die *Sarissen-Phalanx* wie sie uns später in den Kämpfen der Macedonier mit den Römern entgegentritt und von Polybius beschrieben worden ist, mit derjenigen identisch sei, die schon zu Philipps und Alexanders Zeit bestand. Aber schon H. Droysen (Untersuchung p. 64) ist es aufgefallen, mit welcher Leichtigkeit sich die Phalangiten Alexanders bewegen, und ich bin allmählich zu der Überzeu-

gung gekommen, daß eine spätere Fortentwicklung angenommen werden muß. Die quellenmäßige und sachliche Begründung dieser Ansicht weiter unten, Buch VI, Kap. 1.

4. Rüstow und Köchly (Gr. Kr. p. 240) stellen sich die Hypaspisten vor bewaffnet mit Linnenpanzer, dem kleinen Schilde der Pezetären, leichter Fußbekleidung, dem macedonischen Hut, Stoßlanze und vielleicht langem Schwert. Das scheint mir für Krieger, die nicht etwa nur im Notfall, sondern prinzipiell für den Nahkampf bestimmt sind und gar keine Fernwaffe besitzen, doch eine gar zu leichte Schutzrüstung, und die genannten Autoren fügen auch (S. 241) selber die Einschränkung hinzu, daß die Rüstung der Hypaspisten vielleicht nicht so bedeutend leichter war, als die der Hopliten.

Umgekehrt hat H. Droysen ihnen auch den Panzer noch abgesprochen (Heerwesen S. 110). Er beruft sich dafür auf die Münzen des Päonenkönigs Patraos, der zur Zeit Alexanders lebte. Hier ist ein Päonischer Reiter abgebildet, der einen niedergeworfenen Krieger zu durchbohren im Begriff ist; letzterer trägt Chiton und Kausia, seine Waffen sind Schild und Lanze. Der Schild ist der durch seine eigentümliche Art der Verzierung bekannte macedonische, wie ihn die Münzen der späteren macedonischen Könige zeigen, der Dargestellte also ein Macedonier, und zwar kein Pezetäre, denn vor allen Dingen fehlt die Sarisse, sondern ein Hypaspist (Untersuch. S. 41–42).

Dieser Ansicht Droysens hat sich auch Ad. Bauer angeschlossen, der auch eine Abbildung der Münze gibt, ich denke aber, sie unterliegt erheblichen Bedenken. Die Päonier sind im Jahre 359 von Philipp von Macedonien gezwungen worden, seine Oberhoheit anzuerkennen, und wurden, als sie sich zu befreien suchten, 358 von ihm, 335 von Alexander von neuem unterworfen. Patraos war ihr Fürst etwa von 340 bis 315. Sollte ein solcher Vasallenfürst es wagen, auf seine Münzen ein Bild zu setzen, auf dem jedermann erkenntlich ein Krieger von der Leibwache seines Oberherrn von einem Päonier überwunden wird? Und wenn wirklich das Schildabzeichen keine andere Deutung zuläßt, wer sagt uns, daß hier gerade ein Mann der neugebildeten Waffe der Hypaspisten porträtiert ist? Es mag ein Phantasiegebilde, es mag ein Peltast sein, den wir hier abgebildet sehen. Aus dieser Münze ist daher nichts zu schließen, und die Verwendung der Hypaspisten läßt keinen Zweifel, daß sie nicht eine leichte, sondern eine schwere Infanterie mit vollkommener Schutzrüstung bildeten.

2. KAPITEL
Alexander und Persien. Schlacht am Granikus

Das Heer, mit dem Alexander zur Eroberung Asiens auszog, wird von den Zeitgenossen etwas verschieden beziffert; wir können aber als gut beglaubigt 32 000 Mann zu Fuß und 5100 Reiter annehmen[1]. Am Granikus und bei Issos werden einige 30 000 Mann gefochten haben; bei Gaugamela gibt Arrian 40 000 Mann zu Fuß und 7000 Reiter an, während sehr bedeutende Garnison- und Etappentruppen in den eroberten Landschaften zurückgeblieben waren. Das Heer Alexanders war auf jeden Fall erheblich größer, wohl etwa doppelt so groß als dasjenige, mit dem einst Xerxes zur Eroberung Griechenlands ausgezogen war.

Über die Heere, die Darius den Macedoniern entgegenstellte, haben sich die griechischen Schriftsteller in ganz derselben Zahlen-Phantasie ergangen, wie einst über die Scharen des Xerxes. In wohlabgetönter Steigerung lassen die Quellen die Perser am Granikus mit 100 000 Mann, bei Issos mit 600 000, bei Gaugamela mit 1 000 000 Mann zu Fuß und 40 000 Reitern aufmarschieren.

Von diesen Zahlen ist gänzlich abzusehen; wir wissen nicht, wie stark die persischen Heere gewesen sind, die Alexan-

1 Das ist das Ergebnis der sorgsamen Prüfung der Quellen bei W. DITTBERNER, Issos, Berlin, bei Georg Nauck, 1908.

der besiegt hat, und in der ersten Auflage dieses Werkes ließ ich es noch dahin gestellt, ob die numerische Überlegenheit auf seiner oder auf Seite der Perser war.

Die Ergebnisse des dritten Bandes, des mittelalterlichen Kriegswesens, haben mich jedoch zu Rückschlüssen auf das Perserreich geführt, die die Grundlagen für die Vorstellung von den persischen Massenheeren, an die man früher glaubte, völlig zerstört haben. Wie riesenhaft ist die Ausdehnung des persischen Reiches vom Hindukusch bis zum Bosporus, vom Kaukasus bis zur Sahara! Also, schloß man, konnte das Reich auch riesenhafte Heere aufstellen. Aber welche Heere hätte das deutsche Reich unter den Ottonen, Saliern und Staufen aufstellen müssen, wenn Heere immer den beherrschten Volksmengen entsprächen – und wie klein haben sich tatsächlich die Heere dieser Kaiser erfunden! Nicht von der Volksmenge, sondern von der Kriegsverfassung hängt die Größe der Heere ab, und ritterliche Heere sind, wie uns die Geschichte des Mittelalters gelehrt hat, ganz überaus klein. Das persische Heer haben wir bereits unter Xerxes als ein seinem Wesen nach rittermäßiges kennen gelernt. Die ungeheure Masse der Untertanen des Achämeniden-Königs war durchaus unkriegerisch. Die Kriege wurden geführt und die Herrschaft wurde geübt durch den national-persischen Kriegerstand, dessen Tapferkeit auch in den Zeiten des Darius Codomannus noch die Griechen anerkennen, dessen Zahl aber ganz gering war – so gering, daß der Perserkönig ihn durch fremde Söldner zu ergänzen suchte, in erster Linie durch Griechen. Die relativ so kleinen Landschaften Macedonien und Hellas stellten sehr viel mehr Krieger als das ganze Perserreich bis nach Indien.

Man macht sich das am besten klar durch ein Studium der Kriegsläufe Europas am Ausgang des 15. Jahrhunderts. Unter Verhältnissen, die zu den griechischen manche Analogie bieten, hatten die Bewohner der deutschen Hochalpen ein Kriegertum ausgebildet, das auf der Wehrhaftigkeit des ganzen Volkes beruhte. So kam es, daß die Bewohner dieser wenigen Täler Heere aussenden konnten, vor denen die großen Nationen ringsum erzitterten. Stellen wir uns vor, daß damals ein einzelner König, selbst Herr eines tüchtigen Ritter- und Landsknecht-Heeres, die Schweizer so hätte an sich fesseln können, wie Alexander die Griechen, so hätte er Europa unterwerfen können, wie die Macedonier Asien. Alexander steht an der Spitze eines Reiches und eines Bundes von durch und durch kriegerischem Charakter; der Perserkönig herrscht zwar über ein geographisch unendlich viel größeres Reich, aber nur mit einer ganz dünnen kriegerischen Oberschicht. Schon der Zug des jüngeren Cyrus mit seinen 13 000 Griechen und wieder die Feldzüge des Spartaners Agesilaus in Kleinasien hatten gezeigt, wie gering die Widerstandskraft des Kolosses war. Die letzte Schlacht Alexanders gegen Darius wird zeigen, daß nicht einmal an der Grenze des Kernlandes und aus der bodenständig gebliebenen persischen Bevölkerung ein wirkliches Massenheer zusammenzubringen gewesen ist.

Vermöge der Zuziehung der griechischen Söldner bestanden die persischen Heere ganz wie das macedonische aus Hopliten, Bognern und Reitern. Von den Reitern sagt Arrian am Granikus, sie seien gegen die Macedonier im Nachteil gewesen, da sie mit Wurfspießen gegen Stoßlanzen fochten. Er selbst aber erzählt im einzelnen, wie auch Macedonier die Lanze warfen und Perser mit dem Schwert einhieben. Ein wesentlicher Unterschied dürfte in der Ausrüstung und Kampfesart also nicht stattgefunden haben. Die Kombination der persischen ritterlichen Kavallerie und der persischen Bogner mit griechischen Hopliten hatte ein ganz ähnliches Heer gebildet, wie auf der anderen Seite das macedonische war, nur daß vermutlich die Anteile der verschiedenen Waffengattungen in den beiden Heeren verschieden groß waren.

Eine wesentliche Voraussetzung für den Kriegszug war, daß Alexanders Vater die Griechen unter die macedonische Hegemonie gebeugt hatte. Der korinthische Bund erklärte in feierlichen Formen den Krieg für einen hellenischen Nationalkrieg, und griechische wie andere Kontingente machten die größere Hälfte oder noch mehr von dem Heer Alexanders aus.[1] Diese positive Mitwirkung ist aber noch nicht einmal das Wichtigste; die Hauptsache ist die Sicherung des Rückens, die durch die Pazifizierung Griechenlands erlangt wurde. Durch die Erregung eines Krieges in Griechenland selbst hatten einst die Perser den Spartaner Agesilaus gezwungen, von ihnen abzulassen. Alexander aber hatte nicht nur Griechenland hinter sich, sondern war auch stark genug, in Macedonien ein Heer von 12 000 Mann zu Fuß und 1500 Reitern unter Antipater zurückzulassen, das ihn jeder Sorge um die Heimat enthob.

Schlacht am Granikus

Ein Beweis der völligen Willkür, mit der die Griechen die Heereszahlen der Perser abschätzten, sind die Widersprüche in den Berichten über die Schlacht am Granikus. Die Quelle, der Diodor folgte, gibt 100 000 Mann Infanterie und 10 000 Mann Kavallerie. Arrian sagt hingegen ausdrücklich, daß die Macedonier den Persern an Fußvolk weit überlegen gewesen seien, nennt überhaupt keine Gesamtzahl der Perser, sondern erwähnt nur, daß sie 20 000 griechische Söldner und 20 000 Reiter gehabt hätten. Nach den gewöhnlichen Grundsätzen der Kritik würde man annehmen müssen, daß die niedrigste Angabe, aus dem Lager des

1 Bauer p. 314 (2. Aufl. 434) will sogar die Macedonier auf nicht viel mehr als ein Sechstel des ganzen Heeres veranschlagen. Das ist jedenfalls zu gering. A. Krause l. c. Hermes 1890 will unterscheiden 1) ein Feldheer, 2) ein Besatzungsheer. 3) ein Satrapenheer, welches in den eroberten Landschaften von den eingesetzten Satrapen formiert wurde.

Das ist in der Sache richtig, aber viel zu scharf unterschieden. Ganz selbstverständlich gab es Truppen, die vorwiegend für die Operationen und Gefechte, andere, die mehr für Garnisonen verwandt wurden, und endlich bildeten die eingesetzten Gouverneure sich neue Formationen. Aber je nach den Umständen werden natürlich alle diese verschiedenen Formationen für die verschiedenen Zwecke der Kriegführung verwendet, bald zum Gefecht, bald als Besatzung.

Gegners stammend, jedesmal die glaubwürdigste ist. Aber die Angaben Arrians leiden an einem inneren Widerspruch: außer den griechischen Söldnern und persischen Reitern muß doch auch noch persisches Fußvolk vorhanden gewesen sein; wenn also das Fußvolk insgesamt erheblich schwächer gewesen sein soll als das macedonische, das schwerlich über 25 000 Mann stark war, so können die Perser nicht allein von griechischen Söldnern 20 000 Mann auf dem Fleck gehabt haben. Als sicher dürfen wir nur annehmen, daß das persische Fußvolk tatsächlich schwächer war als das macedonische; wer an Kavallerie überlegen war, wissen wir nicht, wahrscheinlich ebenfalls die Macedonier, da das Verhalten der Perser nicht das Bewußtsein der Überlegenheit zeigt, am wenigsten der kavalleristischen. Sie suchen nicht ein weites freies Blachfeld für die Schlacht, sondern nehmen eine Stellung mit einem schweren Hindernis vor der Front, dem Fluß Granikus, um hier den Angriff der Macedonier zu erwarten. Der Granikus war wohl, wie es scheint, ziemlich allenthalben zu durchwaten, das rechte Ufer aber, auf dem die Perser standen, war hoch und steil.

Man könnte vermuten, daß die Perser hier überhaupt keine Schlacht liefern wollten, sondern die Stellung genommen hatten in der Erwartung, daß Alexander den Angriff auf so ungünstigem Terrain nicht wagen, sondern sich zu zeitraubenden Manövern gezwungen sehen würde. Mittlerweile hätten die Perser eine Diversion nach Europa unternehmen können. Aber das ganze Verhalten der Perser in Übereinstimmung mit der positiven Aussage aller Quellen läßt keinen Zweifel, daß in der Tat nur taktische Gesichtspunkte die Wahl des Schlachtfeldes bestimmt haben. Wir haben eine neue Erscheinung der Kriegsgeschichte: indem die Perser in dem Bewußtsein ihrer Schwäche eine Hilfe im Terrain suchen, wählen sie ein Front-Hindernis, um dem Gegner den Angriff zu erschweren.

Das macedonische Heer war so aufgestellt, daß das schwere Fußvolk das Zentrum, die Kavallerie und Schützen die

Flügel bildeten. Alexander selbst mit der Hetären-Kavallerie stand auf dem rechten Flügel, ihm zunächst nach der Mitte zu die Hypaspisten. Dieser Flügel, Reiter und Schützen, vielleicht unterstützt durch eine Abteilung Hypaspisten, ging zuerst über den Fluß und schlug die persische Reiterei ohne Schwierigkeit in die Flucht. Obgleich die Erzählungen von dem Gefecht bei dem Ersteigen des Uferrandes ziemlich ausführlich sind, so können wir uns doch von dem taktischen Hergang kein Bild machen, da uns ja einerseits die Kenntnis des Zahlverhältnisses fehlt, andrerseits keine der Quellen etwas von der Tätigkeit der persischen Fuß-Bogner berichtet. Daß gar keine vorhanden gewesen seien, ist kaum glaublich; daß unter den obwaltenden Verhältnissen gerade diese Waffe die größte Wirksamkeit hätte entfalten müssen, ist einleuchtend.

Nach den griechischen Quellen hat aber gerade die für die Verteidigung einer steilen Böschung allerungeeignetste Waffe, die persische Reiterei, ganz allein den Kampf geführt. Daß sie der Kombination der macedonischen Schützen und Reiter erlag, wäre nur natürlich, selbst wenn auf dieser Seite nicht auch noch das numerische Übergewicht war.

Die wesentlichen Momente für das Verständnis der Schlacht sind uns also verloren gegangen. Wir erkennen nur, daß das Fronthindernis den Persern nichts genützt hat – eine Erscheinung, von der noch öfter zu sprechen sein wird – und daß die Schlacht durch das Reiter- und Schützengefecht des rechten Flügels entschieden wurde. Sobald die persische Reiterei das Feld geräumt hatte, wurde die Phalanx der griechischen Söldner, die so lange, durch den Fluß von dem Gegner getrennt, untätig gestanden hatte, von der macedonischen Phalanx in der Front, von der Kavallerie und den Schützen in den Flanken angegriffen und ohne wesentlichen Widerstand zusammengehauen oder gefangen genommen.

Der Verlust der Macedonier soll nach der besten Quelle, Arrian, 85 Reiter und 30 Infanteristen an Toten betragen haben.

Die Angabe wäre unglaublich, wenn wirklich die griechischen Söldner fast vollständig, wie die Quellen wollen, niedergehauen worden sind: diese Söldner waren die Leute, ihr Leben teuer zu verkaufen. Wahrscheinlich ist aber weder ihre Zahl, noch das Gemetzel so sehr groß gewesen; die Mehrzahl wird verschont und gefangen genommen worden sein. Wenn dem aber so war, so erscheint die Verlustziffer der Macedonier ganz wohl glaublich. Die Masse der Infanterie hat gar nicht gefochten; dem entspricht, daß Dreiviertel des Verlustes auf die Kavallerie entfällt, und dieses Verhältnis in der Verlustziffer bestätigt die Erzählungen von dem Gang des Gefechtes. 115 Tote im ganzen lassen auf 500–1000 Verwundete schließen. Ein solcher Verlust ist zwar nicht groß und beweist, daß der Widerstand der Perser nicht gerade hartnäckig war, aber wenn, wie es scheint, das eigentliche Gefecht von nicht mehr als etwa 6000 Mann durchgeführt worden ist, so läßt sich die Verlustziffer ganz wohl mit der Erzählung von dem tapferen Streiten der persischen Ritter, die Alexander persönlich in die größte Gefahr brachten, vereinigen. Freilich, über Wahrscheinlichkeiten kommt man hier nicht hinaus und darf sich hierüber nicht täuschen. Will jemand an der Niedermetzelung der griechischen Söldner und dazu gar an der überlieferten Zahl, daß ihrer 20 000 gewesen seien, festhalten, so kann er sich dafür auf dieselben Quellen berufen, die den Verlust der Macedonier an Infanterie auf 30 Mann beziffern. Ein positiver Beweis, daß die erstere Nachricht zu verwerfen, die zweite anzunehmen ist, läßt sich nicht führen. Nur das darf man mit voller Bestimmtheit aussprechen, daß die beiden Nachrichten unter sich in einem inneren Widerspruch stehen und eine von beiden notwendig aufgegeben werden muß.

Zur 2. u. 3. Auflage. Ich bin auf eine eigentliche Untersuchung der Schlacht am Granikus nicht eingegangen, da sie mir bei dem Stande der Quellen zu wenig Aussicht auf ein fruchtbares Ergebnis zu bieten und für die Zwecke dieses Werkes entbehrlich schien. Das Wesentliche der Kriegskunst der Epoche wird in den späteren Schlachten genügend heraustreten.

Mittlerweile ist nun das Material für die Granikusschlacht sehr verbessert durch eine neue topographische Aufnahme und Beschreibung der Gegend in dem Werke: »Auf Alexanders des Großen Pfaden«. Eine Reise durch Kleinasien von A. Janke, Oberst z. D. (Berlin, Weidmann 1904). Durch dieses Werk, das am Granikus einen fundamentalen Fehler in den bisherigen Geländevoraussetzungen aufdeckt und beseitigt, ist in Wahrheit erst die Möglichkeit einer kritisch-kriegsgeschichtlichen Behandlung der Schlacht geschaffen worden. Da ich der Darstellung Jankes selber nicht zuzustimmen vermag, so scheint mir, daß hier noch der Stoff für eine Spezialuntersuchung gegeben sei; dabei werden dann auch die Fragen der Differenzen in den Quellen (Plutarch und Diodor gegen Arrian), das eigentümliche Problem der Nichterscheinung des persischen Fußvolks usw. zur Erörterung kommen müssen. Der Schwerpunkt der Untersuchung aber wird zu suchen sein in der Frage, ob die Perser wirklich haben schlagen und das Front-Hindernis nur taktisch haben auswerten, oder ob sie haben manövrieren wollen, um Zeit zu gewinnen.

Oben habe ich zunächst die Betrachtungen der ersten Auflage mit ihrer im wesentlichen skeptischen Spitze unverändert neudrucken lassen.

3. KAPITEL
Schlacht bei Issus[1]

Die Schlacht bei Issus wird in der strategisch merkwürdigen Situation geliefert, daß die beiden feindlichen Heere durch verschiedene Pässe desselben Gebirges erst aneinander vorbeimarschiert sind, dann beide umkehren und nun die Schlacht mit verkehrter Front schlagen. Alexander war um den innersten Winkel des Mittelmeeres, die Bai von Iskanderun (Alexandrette), da wo man von Kleinasien nach Syrien umbiegt, herummarschiert, etwa einen Tagemarsch nach Süden vorgerückt und nahm nun umkehrend die Front nach Norden. Darius hatte hinter ihm, von Osten kommend, das Amanus-Gebirge überschritten, stand in der Strandebene von Issus und nahm die Front nach

1 Nachdem ich die Darstellung dieser Schlacht schon in der zweiten Auflage habe umarbeiten müssen, habe ich jetzt abermals einige nicht unwesentliche Änderungen vornehmen müssen. Der Grund ist beide Male derselbe gewesen, nämlich richtigere und genauere Erfassung der Struktur des Geländes. An der Fundamental-Tatsache jedoch nämlich, daß die Schlacht nicht am Deli-Tschai, sondern am Pajas stattgefunden hat, habe ich auch jetzt geglaubt festhalten zu müssen. Demgemäß sehe ich auch nach wie vor die Dissertation von W. Dittberner (Berlin 1908) als die maßgebende Monographie an und kann nicht finden, daß er von Oberst Janke, dem wir im übrigen die Topographie verdanken (Klio X, 137, Beilage von Petermanns Mitteilungen 1911, Maiheft) widerlegt sei. Vgl. im übrigen die Besprechung der Untersuchung von Dieulefoy durch Dittberner in der Deutsch. Lit. Zeit. 1912, Nr. 24, Sp. 1525 und den Artikel von Kromayer in der Hist. Zeitschr. Bd. 112, S. 348.

Süden. Alexanders Heer war wohl annähernd ebenso stark wie am Granikus, da erheblicher Nachschub die Verluste ersetzt und die vielfältigen Garnisonen, die man hatte in Kleinasien zurücklassen müssen, ausgeglichen hatte.

Das persische Heer kann nicht so sehr zahlreich gewesen sein, da es, noch dazu mit dem großen Troß des persischen Hofes, sich in Raum und Zeit ganz analog dem macedonischen Heere durch die Gebirgspässe hindurchgezogen hatte. Wenn unsere Quellen von 30 000 griechischen Söldnern sprechen, die in dieser Schlacht für den persischen König gefochten hätten, so ist diese Zahl nicht nur gänzlich unverbürgt, sondern auch unglaubwürdig. Von den Söldnern am Granikus hatten sich nur wenige gerettet, und wenn auch die persische Flotte noch im ägäischen Meere war und die Griechen gegen die macedonnische Herrschaft aufzuwiegeln suchte, auch die Statthalter ihre griechischen Söldner dem Darius zuschickten,[1] so ist doch nicht abzusehen, wo ihrer 30 000 Mann hätten herkommen sollen. Daß alle griechischen Staaten außer Sparta im Bunde mit Alexander standen und in feierlichster Form der Nationalkrieg gegen die Perser proklamiert war und die Bundesversammlung jeden Hellenen, der gegen den Bund und den König von Macedonien die Waffen tragen würde, für einen Verräter erklärt hatte, das alles war für die Anwerbung doch jedenfalls eine Erschwerung, selbst in den Staaten, die bereits wieder mit den Persern verhandelten, und ganze Flotten hätten endlich bereit stehen müssen, um die Angeworbenen nach Syrien zu bringen, was weder überliefert noch anzunehmen ist.

Die griechische Infanterie des Darius kann also unmöglich so sehr zahlreich gewesen sein. Dagegen darf man vermuten, daß hier, so viel näher dem Mutterlande, die Nationalperser, Reiter wie Fußbogner, und etwaige Kontingente der innerasiatischen Völker viel stärker waren als am Granikus. An Reiterei

1 Arrian II, 2, 1. Curtius III, 8, 1.

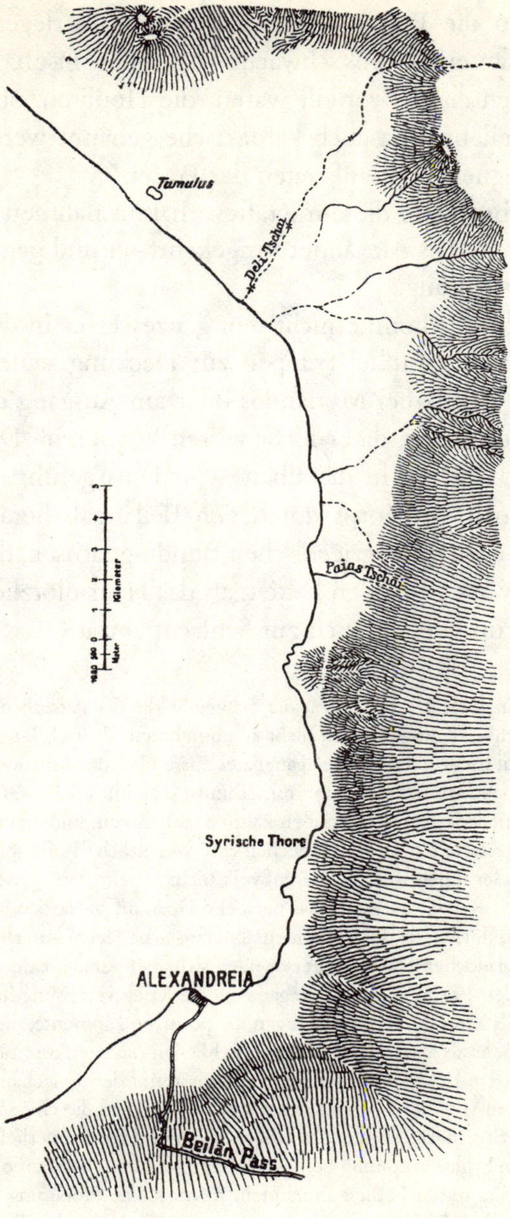
Tumulus
Deli Tschai
Kilometer
Meter
Paias Tschai
Syrische Thore
ALEXANDREIA
Beilân Pass

mögen also die Perser den Macedoniern überlegen gewesen sein; an Infanterie gewiß schwächer, besonders insofern die Waffengattungen anders verteilt waren; die Hopliten, obgleich neben den hellenischen auch kardakische genannt werden, weniger, der Bogner mehr auf seiten der Perser.[1]

Entsprechend diesem Kräfteverhältnis nahmen die Perser, als sie hörten, daß Alexander umgekehrt sei und gegen sie vorrücke, ihre Stellung.

Alexander konnte nicht sein ganzes Heer in die Schlacht führen, sondern mußte Truppen zur Deckung seines Rückens und seines Lagers bei Myriandos oder am Ausgang des Beilanpasses stehen lassen, da er nicht wissen konnte, ob Darius seine ganze Macht schon in die Ebene von Issus geführt habe oder ob etwa noch ein Korps durch den Beilanpaß heranziehe. Er bestimmte dazu seine griechischen Bundesgenossen, die am weitesten vorwärts gestanden hatten, als das Heer plötzlich umkehren mußte und den Marsch zur Schlacht antrat.[2]

1 Ein absoluter Beweis für die mäßige Stärke des Perserheeres ist aus der Marschbewegung insofern nicht zu entnehmen, als nach Janke eine ganze Anzahl mehr oder weniger gangbarer Pässe über das Amanosgebirge in die Ebene von Issus führen. Immerhin ist eine künstliche Verteilung auf verschiedene Anmarschstraßen kaum anzunehmen, und da in der Schlacht an Infanterie fast nur die Griechen eine wesentliche Rolle spielen, so kann das außer ihnen vorhandene Fußvolk nicht so sehr stark gewesen sein.

Kromayer glaubt das persische Heer auf 50–60 000 Mann schätzen zu dürfen, da die Saleuciden ähnlich starke Heere aufgebracht hätten. Die Diadochen-Staaten unterscheiden sich aber gerade dadurch vom Achämeniden-Reiche daß sie eine ganz andere Kriegsverfassung haben, und jedenfalls kann der Vergleich gegen die positiven Momente, die ein Heer von mehr als etwa 25 000 Mann ausschließen nicht aufkommen.

2 Arrian II, 5, 1 berichtet, daß Parmenion mit den Griechen und anderen Truppen von Tarsus vorausgesandt worden sei, um die cilicisch-syrischen Pässe zu sichern. Da nun die Griechen in der doppelt überlieferten, spezifizierten Schlachtordnung bei Issus fehlen, so dürfen wir den obigen Zusammenhang mit Sicherheit annehmen. Köhler, Die Eroberung Asiens in der Abhandl. d. Berl. Akad. 1898, S. 130, meint daß Alexander Truppen zur Rückendeckung nicht habe aufstellen brauchen, da ja das persische Heer vor ihm gewesen sei. Die Unzulänglichkeit dieses Schlusses leuchtet ein.

Die Perser kamen den Macedoniern noch einen kleinen Marsch entgegen. Sie blieben nicht in der Mitte der Ebene, wo sie eine Meile breit ist, bei Issus, am Flusse Deli-Tschai, sondern nahmen weiter südlich Stellung, am Flusse Pinarus, heute Pajas. In der Ebene hinter dem Deli-Tschai hätte die persische Reiterei sich zwar frei bewegen können, und da das macedonische Heer mit seinen auf dem Fleck nicht 30 000 Mann auf keine Weise zu einer Meile Breite auszurecken war, so hätte es bei seinem Angriff entweder den rechten oder linken Flügel einer Überflügelung und Umgehung durch die persischen Reiter preisgegeben. Aber der Deli-Tschai ist an den meisten Stellen ohne wesentliche Schwierigkeit zu überschreiten; auch wo die Ufer steil abfallen, sind sie weich. Das persische Fußvolk hätte an ihm also gegen den Ansturm der überlegenen macedonischen Phalanx keinen Schutz gefunden. Wäre die Überlegenheit der persischen Reiter sehr groß gewesen und ihr Sieg sicher und schnell in Aussicht zu nehmen, so hätte das nichts ausgemacht: der Flankenangriff dieser Reiter hätte dann auch die macedonische Phalanx zum Stehen gebracht, ehe sie dem persischen Fußvolk gefährlich werden konnte. Da die Überlegenheit der persischen Reiter aber, wenn überhaupt, nur mäßig war, so wählte der Perserkönig, dem wir ja, gemäß der Tradition seines Volkes und überdies von Griechen beraten, wie er war, das Beste und Einsichtigste zutrauen dürfen, die Stellung am Pajas, die den Bedürfnissen seines Heeres noch besser entsprach, als es die Stellung inmitten der Ebene getan hätte. Da die Beschreibung, die Janke von der Örtlichkeit gibt, noch einige Zweifel übrig ließ, so habe ich mich um eine Nachprüfung bemüht, die mir der am Bahnbau beschäftigte Oberingenieur Haßbach zu liefern die Freundlichkeit hatte. Ich drucke sie unten ab.

Das Ergebnis ist, daß der Oberlauf des Flusses von steilen Felswänden begleitet ist, die ihn fast unpassierbar machen. Auch der Mittellauf des Flusses ist für Kavallerie gar nicht und für Infanterie nur schwer passierbar. Erst die letzten 1600 Meter sind für Infanterie und die letzten 500 Meter auch für Kavallerie, wenn schon immer noch beschwerlich, doch möglich.

Da ausdrücklich berichtet wird, daß der linke Flügel der Macedonier das Meer berührt habe, so werden wir diese 1600 Meter als die eigentliche Schlachtfront anzusehen haben. Die Perser hatten dem Gelände entsprechend das Gros ihrer Kavallerie auf dem rechten Flügel vom Meer; an sie angeschlossen die griechischen Hopliten, links von ihnen die Kardaken, deren Nationalität nicht sicher ist (vielleicht Kurden oder auch Perser), die auch Hopliten waren. Die Aufstellung der persischen Bogner wird von den Quellen direkt nicht berichtet; der Natur der Sache nach waren sie das ganze Ufer des Flusses entlang verteilt, um die Angreifer beim Übergang unter Feuer zu nehmen.[1] Auch weiter das Ufer hinauf bis zum Gebirge werden die Stellen, wo noch etwa ein Überschreiten möglich schien, mit Bogner gedeckt gewesen sein, so daß die Breite der persischen Front ein relativer Begriff wurde: die Front der zusammenhängenden, geschlossenen Linie, Infanterie oder Kavallerie war nur etwas über 1600 Meter breit; die daran anschließende Schützenlinie mag sich noch drei Kilometer weit hingezogen haben.[2]

1 Arrians Darstellung, daß hinter der persischen Schlachtlinie, die er uns beschreibt, noch in nutzloser Tiefe massenhafte barbarische Völker gestanden hätten, ist von Neueren als eine Treffenstellung aufgefaßt worden. Abgesehen davon, daß die Aufstellung in Treffen, wie wir sehen werden, eine Verfeinerung der Taktik bedeutet, die erst einer späteren Epoche angehört, ist die Meldung Arrians natürlich nur das Komplement für seine Abschätzung des Perserheeres auf 600 000 Mann. Was die Griechen vor sich sahen, war nur ein mäßiges Heer; die Barbaren waren aber ein- für allemal Massen – also standen diese Massen irgendwo dahinten »in nutzloser Tiefe« aufmarschiert.

2 Polybius XII, 17, 7 »τοὺς δὲ πελταστὰς συνάπτοντας τοῖς ὄρησι« nach Kallisthenes. Diese Leichtbewaffneten, die sich bis an die Berge erstreckten, werden wesentlich persische Bogner gewesen sein. Arrian II, 10, 6 berichtet ausdrücklich, daß die Macedonier, nachdem sie zuerst langsam vorgerückt waren, damit die Schlachtlinie nicht ins Wogen gerate, schließlich im Laufschritt angriffen, um nicht zu sehr von den feindlichen Bognern zu leiden.

Daß die Front der Perser nicht dem Flußlauf gleich war, ist ausdrücklich bezeugt durch Arrian II, 9, 4, wo gesagt ist, daß die Macedonier,

Eine kleinere Abteilung der Perser war vorgeschoben auf einen Gebirgsvorsprung, der in die kleine Ebene hineinragt, so daß sie die gegen die persische Hauptstellung anrückenden Macedonier in der rechten Flanke und schließlich im Rücken bedrohte.

So schien die Stellung der Perser von einer unüberwindlichen Stärke: die Infanterie, ihr schwächerer Teil, war gedeckt durch den Abgrund vor ihrer Front, die Kavallerie aber war bereit, den Feind zu empfangen, wenn er am Meer durchbrechen wollte und war auch ihrerseits in der Lage, vorzugehen.

In dieser Stellung, die man hier und da noch künstlich verstärkte, erwartete Darius den Angriff. Jeder Punkt der Stellung schien so gut geschützt, daß der macedonische Angriff nirgends Aussicht hatte, durchzudringen. Wurde er aber abgeschlagen, so war Alexander, abgeschnitten von der Heimat, mit seinem ganzen Heer verloren. Durch die phönizischen Schiffe beherrschten die Perser die See. Alexander hatte alle seine Kraft auf das Landheer verwandt und seine Flotte, da sie doch gegen die persische auf alle Fälle zu schwach sei, schließlich aufgelöst. Einen einmal abgeschlagenen Angriff hätten die Macedonier schwerlich zu erneuern gewagt. Die Perser brauchten also gar nicht positiv zu siegen und die Macedonier in die Flucht zu schlagen; sie brauchten sie nur zu zwingen, von ihrem Angriff abzustehen und selber ihre Stellung zu behaupten, dann war ihnen der vollständige Erfolg sicher.

Unsere Quellen sind voll davon, wie unbegreiflich der Fehler des Darius gewesen sei, sich auf ein so enges Gelände zu begeben, daß er seine ungeheure Überlegenheit nicht in Anwen-

nachdem Alexander die Truppen aus dem Haken an sich gezogen, die persische Aufstellung überragte. Der Satz II, 8, 6 »τοσούτους γὰρ ἐπὶ φάλαγγος ἁπλῆς ἐδέχετο τὸ χωρίον ἵνα ἐτάσσοντο« könnte so aufgefaßt werden, als ob die Breite der Ebene nicht mehr gefaßt hätte, als aufgestellt würden, also die Phalanx vom Meer bis zum Gebirge sich erstreckt habe. Diese Auslegung wird aber durch die obige Stelle ausgeschlossen.

dung bringen konnte; er hätte, meinen sie, den Angriff Alexanders in der syrischen Ebene irgendwo abwarten sollen, um ihn dann mit seinen Reitern zu umfassen. Ob dieser Rat dem Darius wirklich geholfen hätte, wird die Schlacht bei Gaugamela lehren. Unzweifelhaft ist, vom Hauptquartier ausgehend, im macedonischen Heer damals von jeder Zeltgenossenschaft die Lage in dieser Art besprochen worden; es konnte ja kein einleuchtenderes Argument geben, um die Soldaten für den bevorstehenden Kampf mit Siegeszuversicht zu erfüllen.

In Wahrheit stand die Sache ganz anders. Wenn die Perser wirklich eine große numerische Überlegenheit gehabt hätten, so wären sie auch jetzt noch, wie wir gesehen haben, durchaus in der Lage gewesen, ein dafür geeignetes Schlachtfeld zu wählen. Die Ebene von Issus verbreitert sich bis zu einer Meile, also Platz genug für ein dreifach und fünffach so großes Heer als das macedonische. Aber alle diese Betrachtungen scheiden für uns aus, da ja, selbst wenn der Perserkönig über die Massenheere verfügt hätte, die der griechische Volksglaube ihm zuschrieb, sie auf keinen Fall das Amanos-Gebirge so schnell überschritten und in der Ebene vor Issus Stellung genommen haben konnten. Wie weit Alexander selber in dem Glauben an die persischen Massenheere befangen gewesen ist, wissen wir nicht. Jedenfalls kann er, als ihm in Myriandos (bei Alexandrette) die plötzliche Ankunft der Perser in seinem Rücken gemeldet wurde, höchstens darüber, daß nur wenige zur Stelle seien, nicht aber, daß die Vielen keinen Platz zum Fechten finden könnten, Freude empfunden haben. Wie es aber auch hiermit stehe, auf keinen Fall kann der macedonische König den ungeheuren strategischen Nachteil verkannt haben, in den er plötzlich versetzt war. Die Macedonier waren von ihrer Basis abgeschnitten, die Perser nicht. Die Perser konnten, wenn sie geschlagen wurden, durch die Amanos-Pässe, wo sie gekommen waren, wieder zurück, die Macedonier waren, wenn sie geschlagen wurden, ja wenn die Schlacht auch nur unentschieden blieb, verloren.

Die Quellen erzählen uns, wie Alexander seine Offiziere zusammenrufen ließ und ihnen Mut zusprach und noch unmittelbar vor dem Beginn der Schlacht an die einzelnen Truppenteile heranritt, sie anfeuerte und ihnen die Herrschaft über ganz Asien als Preis des Sieges über den Großkönig vor Augen stellte.

Nicht planmäßig, sondern rein zufällig, wie unsere Quellen gewiß mit Recht berichten, hatten die Perser strategisch die Oberhand gewonnen. Sie hatten geglaubt, daß Alexander, der durch Krankheit und andere Umstände zurückgehalten, ziemlich lange in Cilicien blieb, vorläufig nicht nach Syrien vorrücken würde, und da der Perserkönig unmöglich mit seinem gesammelten Heer unbestimmte Zeit in Syrien stehenbleiben und zuschauen konnte, wie die Macedonier sich in dem eroberten Kleinasien häuslich einrichteten, so hatte er sich endlich zum Vorgehen über das Gebirge entschlossen. Der Zufall aber hatte gewollt, daß gerade in denselben Tagen auch Alexander vorrückte und beide Heere durch verschiedene Pässe aneinander vorbei marschierten, was dann nach der Lage der Dinge zum Vorteil der Perser ausschlug.

Man hat gefragt, weshalb die Perser nicht einfach die Pässe besetzt und Alexander von der Heimat abgeschnitten hätten. Die Antwort ist nicht schwer zu finden. Wir wissen von den Thermopylen her, daß die Sperrung eines Passes immer ein sehr mißliches Unternehmen ist und besonders hier, wo die Stärke des Angreifers in der Infanterie, des Verteidigers in der Kavallerie lag. Schlimmstenfalles hätte Alexander die Perser stehen lassen und nach Syrien hinein weitermarschieren können. Wenn er tatsächlich die Besorgnis gehabt hat, daß die Perser die »syrischen Tore« hinter ihm schließen könnten, so war das nicht, weil er damit verloren gewesen wäre, sondern weil die große Entscheidung, die er herbeisehnte, dann ins Unbestimmte verzögert worden wäre. Die Perser handelten also keineswegs bloß lässig, indem sie den Macedoniern den Paß freigaben und sich ihnen an einem vorteilhaften Platz zur rangierten Schlacht stellten, sondern mit guter Überlegung. Einmal, früher oder später, mußte die große taktische Entscheidung ausgefochten werden, und die Perser konnten niemals unter günstigeren Bedingungen schlagen, als wenn sie jetzt hinter dem Pajas die Schlacht boten und Alexander sie annahm.

Aber gerade das mechanische Präzipuum, das die Götter den Persern in den Schoß geworfen hatten und das sie klüglichst für sich auszunützen suchten, wurde ihnen moralisch zum Verderben.

Vorsichtig entwickelte Alexander sein Heer aus dem syrischen Paß und ließ es allmählich, wie das Feld breiter wurde, aus der Marsch-Kolonne in die Linear-Aufstellung übergehen, rechts und links Reiter und Schützen, im Zentrum die Hopliten. Langsam, mit Pausen, um nicht in Unordnung zu geraten, bewegte sich die 1 bis 1½ Kilometer breite Front vorwärts.[1] Das Gros der Kavallerie unter Alexanders persönlicher Führung war auf dem rechten Flügel, aber als der König bemerkte, daß die Masse der persischen Kavallerie auf dem dortigen rechten Flügel, am Meere stand, sandte er die thessalischen Reiter, die er bisher bei sich gehabt hatte, hinter der Phalanx fort, zur Verstärkung auf seinen linken Flügel, so daß dieser jetzt an Kavallerie der stärkere war.

Gegen das persische Detachement auf den Bergen zur Bedrohung der rechten Flanke der Macedonier, wurde eine eigene Abteilung im Haken aufgestellt, die den Feind höher auf die

1 Kallisthenes gibt nach dem Referat des Polybius an, daß die Ebene von Pajas noch nicht 14 Stadien (2½ Kilometer) breit gewesen sei und daß die macedonische Phalanx von den Bergen ein beträchtliches Stück entfernt geblieben sei. Arrian berichtet, daß der linke Flügel das Meer berührt habe. Nun ist die Ebene nicht 2½, sondern nach Janke 4, nach Haßbach 5 Kilometer breit – ein Schätzungsfehler, der weiter nicht unnatürlich ist (vgl. Dittberner S. 122); trotzdem werden wir Kallisthenes glauben dürfen, daß die macedonische Front erheblich weniger als 2½ Kilometer breit war; sie reichte also vom Meer ungefähr oder nicht ganz so weit, wie der Fluß für Infanterie einigermaßen überschreitbar war.

Berge hinauftrieb. Dann ließ Alexander nur 300 Reiter und eine Anzahl Bogenschützen hier als Deckung stehen und zog den Rest in die eigentliche Schlachtlinie hinein, die nunmehr hier die Perser überragte. Aber da der Fluß hier so gut wie unüberschreitbar ist, konnte das den Persern nichts schaden.

Ein Stück weiter aufwärts aber, nach Janke 2½, nach Hoßbach 3½ Kilometer von der Mündung, findet sich eine Übergangsstelle. Hier muß Alexander mit seinen Reitern den Fluß überschritten haben. Zwar daß er, wie die macedonischen Quellen berichten, im Kavallerie-Chok den Feind geworfen habe, ist durch die Schmalheit des Zuganges, die steile Böschung und den steinigen Boden des Flusses ausgeschlossen und muß als die Ausartung höfischer Beflissenheit abgelehnt werden. Wohl aber ist es möglich und muß deshalb nach dem ganzen Zusammenhang angenommen werden, daß die macedonischen Schützen und Leichten die persische Besatzung der Übergangsstelle vertrieben, nunmehr auch die Reiter schnell die Furt durchmaßen und die nicht sehr zahlreichen Reiter der Perser auf diesem Flügel warfen und verfolgten.

Mittlerweile hatte das Gros der Phalanx schwer zu ringen. Während die Phalangiten in die Schlucht des Pajas herabkletterten, waren sie den Pfeilen der Perser ausgesetzt und als sie auf dem jenseitigen Ufer, durch die Vorwärtsbewegung und die vielfältig unpassierbaren Stellen der Felswände zerrissen, auftauchten, wurden sie von den griechischen Hopliten im persischen Solde angegriffen und wieder heruntergeworfen. Die Quellen betonen wiederholt die Zerrissenheit der macedonischen Schlachtordnung und man hat das bisher allein auf die natürliche Unordnung der Phalanx infolge des Durchganges durch den von ungleichmäßigen Felswänden eingefaßten Fluß bezogen. Nachdem wir uns aber klargemacht haben, daß die Kavallerie des rechten Flügels im Mittellauf des Pajas überhaupt nicht hat hinüberkommen können, sondern zu diesem Zweck sich vom Zentrum lösen und eine Umgehung machen mußte, da werden wir diese Entblößung der linken Flanke der Phalanx ebenfalls zu der so sehr betonten Zerreißung zu rechnen haben. Es ist nicht schwer, sich auszumalen, wie die Phalangiten das jenseitige Ufer heraufgeklettert sind, um dann von dem Gegenstoß der Griechen und ihrem Angriff in der Flanke getroffen und in den Fluß zurückgedrängt zu werden.

Auf dem linken Flügel hinwiederum, wo die persische Reiterei massiert war, wurde nicht nur der Angriff der macedonischen Kavallerie (wenn es überhaupt dazu kam) abgewiesen, sondern die Perser gingen ihrerseits zum Angriff auf das linke Ufer des Flusses vor und brachten die Thessalier in schwere Bedrängnis.

Die Peripetie der Schlacht wird dadurch bestimmt, daß die feindliche Schlachtlinie umfassende, rechte macedonische Flügel seinem schwer ringenden Zentrum zu Hilfe kam. Der König ließ den Truppen, mit denen er selbst den Übergang erzwungen, noch zwei Taxen der Phalanx durch eben diese Bresche folgen, und während er selbst mit seinen Reitern und den Hypaspisten die Truppen verfolgte, die die Übergangsstelle verteidigt hatten oder ihnen zunächst stehend ebenfalls die Flucht ergriffen hatten (Kardaken), wandten sich jene beiden Taxen gegen die linke Flanke der griechischen Phalanx. König Darius selbst, der wahrscheinlich mit seinem Gefolge hinter den Griechen, oder da, wo die Griechen und Kardaken sich berührten, hielt, hatte, als er seinen linken Flügel geschlagen sah, die Schlacht verloren gegeben und die Flucht ergriffen. Unter dem Eindruck dieser Flucht und des Flanken-Angriffs der Phalangiten gaben die Griechen das Flußufer auf und traten den Rückzug an.

Fast bis zu diesem Augenblick stand eigentlich die Wage noch gleich, insofern die persische Kavallerie des rechten Flügels ihrem Gegenpart ebenso und vielleicht noch mehr überlegen war, als der rechte mazedonische Flügel dem linken persischen. Man könnte sich vorstellen, daß die siegreiche persische Kavallerie von der Meerseite her die mazedonischen Phalanx ebenso in die Flanke gefallen wäre, wie von der Gebirgsseite her die Mazedonier den Griechen in die Flanke fielen. Aber es geschah nicht.

Der Grund wird nicht sowohl in der persönlichen und taktischen Überlegenheit der Mazedonier, in dem stärkeren kriegerischen Geist der Soldaten Alexanders, wie in dem beiderseitigen Schlachtgedanken zu suchen sein. Die Mazedonier lieferten eine Offensiv-, die Perser eine Defensivschlacht. Wir haben erfahren, wie auch die Griechen unter der Führung des Miltiades bei Marathon durch die besonderen Verhältnisse veranlaßt waren, eine Defensivschlacht zu liefern, aber in dem gegebenen Augenblick ging Miltiades aus der Defensive in die Offensive über, und diese Offensive war der Sieg. Die Perser hatten es bei Issus auf eine reine Defensivschlacht angelegt. Sie hatten sich hinter ein so schweres Fronthindernis gestellt, daß die eigene Offensive dadurch von vornherein ausgeschlossen war. Unsere Quellen berichten nicht ausdrücklich, weshalb denn die persische Reiterei des rechten Flügels, der ein tapferes Kämpfen nachgerühmt wird, die unzweifelhaft in der Überzahl war und auch über den Fluß vorging, keinen wirklichen Sieg erfocht. Wir werden unbedenklich aus der ganzen Situation heraus ergänzen dürfen, daß es nicht geschah, weil es nicht in der Absicht der obersten Führung lag. Zunächst zeigt die Erzählung, daß das Gefecht auf diesem Flügel erheblich später begann, als auf dem andern. Wohlberechnet hatte Alexander den Stoß mit seinem rechten Flügel gemacht, wo er, sobald er nur über den Fluß kam, der Überlegenheit sicher war, und den linken verhalten. Überdies ist, wie wir jetzt wissen, daß Flußbett so steinig, daß die Vorwärts- oder Rückwärts-Bewegungen der Kavallerie sehr erschwert waren. Als das Gefecht auf diesem Flügel begann, wird es auf dem andern schon entschieden gewesen sein. Wären die Perser mit demselben frischen Offensivgeist den Mazedoniern zur Schlacht entgegengegangen, wie diese ihnen, so ist nicht abzusehen, weshalb sie nicht auf ihrem rechten Flügel mit ihrer Übermacht ebenso gut hätten siegen sollen, wie Alexander auf dem seinen.

Eine Quelle (Curtius) erzählt von der verstellten Flucht, durch die die thessalischen Reiter ihre Gegner hingehalten: das ist die Auslegung der Reiter selbst, die den Erfolg ihrem eigenen Verdienst zuschrieben: aus der »verstellten« Flucht wäre aber sehr schnell eine wirkliche geworden, wenn der Feind seinerseits mit dem Nachsetzen nicht innegehalten, sondern fort und fort nachgehauen hätte. Aber das Perserheer hatte sich ja hinter einem Fluß und seinen Felswänden aufgestellt und die hohen Ufer noch verschanzt: diesen Vorteil auszunutzen, war die Schlacht angelegt. Kein Wunder, daß auch die Kavallerie, selbst wenn sie erfolgreich war, nicht weit über diese Linie hinausging: ein Zusammenwirken mit den andern Truppenteilen hatte sie ja jenseits des Flusses nicht zu erwarten. Sie begnügte sich also bestenfalls, nach gelungener Attacke wieder in ihre Stellung zurückzugehen.

Ganz aus demselben Grunde wird auch die Flankenstellung des persischen Detachements auf den Bergen unwirksam geblieben sein. Vor dem Angriff mazedonischer Truppen war es sofort auf die Höhen der Berge zurückgewichen und konnte gar nichts anderes tun. Es wäre ja, wenn es das Gefecht angenommen, während das persische Hauptheer unbeweglich in seiner festen Stellung hielt, isoliert geschlagen worden. Wieder vorzugehen und das mazedonische Heer gerade in dem Augenblick im Rücken anzugreifen, wo es sich mit dem persischen Hauptheer engagierte, verhinderten die Truppen, die Alexander im Haken zurückgelassen hatte. So wartete das persische Flankendetachement vermutlich darauf, daß die Mazedonier, zurückgeschlagen und verfolgt, von neuem an ihnen vorbei mußten oder daß wenigstens der Stand der Hauptschlacht sie zum Vorgehen einlade, und da das nicht geschah, trat es überhaupt nicht in Tätigkeit, und die ganze Postierung erwies sich, da Alexander sich nicht dadurch einschüchtern ließ, als eine nutzlose Demonstration. Ein isoliertes Korps in eine Schlacht eingreifen zu lassen, ist ein Unternehmen, welches immer nur sehr selten gelingt, ohne daß man deshalb den Vorwurf der Feigheit erheben darf.

Indem die griechische Phalanx den Rückzug antrat, erkannte auch die persische Kavallerie des rechten Flügels, daß die Schlacht verloren sei, und eilte davon. Die Griechen schienen jetzt in einer verzweifelten Lage. Von den persischen Reitern verlassen, mußten sie, von Fußvolk und Reitern angegriffen, wenigstens anderthalb Meilen zurück über eine Ebene, die dem Rückzug keinerlei Stützpunkt bot, sondern von mehreren tiefen Wasserrissen durchzogen, ihnen noch Hindernisse bereitete. Wenn die mazedonische Reiterei sie stellte und die Phalanx sie angriff, waren sie alle verloren. Sie erlitten auch sehr schwere Verluste; dennoch hat ein großer Teil einen der Gebirgspässe erreicht und ist entkommen. Es waren alte, versuchte Kriegsgesellen, die wußten, was sie zu tun hatten, nicht auseinanderliefen, sondern fest geschlossen noch immer Angriffe abwehren konnten.[1] Es wird lange genug gedauert haben, bis das Gros der mazedonischen Phalanx die steilen Felswände des Pinarus überwunden hatte, so daß die Griechen einen Vorsprung gewannen. Alexander selbst, als er sah, daß die Schlacht entschieden war, machte sich auf zur Verfolgung des Perserkönigs selbst. Mit den Griechen zusammen wird der Teil der persischen Bogner, der vor ihnen das Flußufer verteidigt hatte, abgezogen sein und wehrte nun auf dem Rückzug die thessalischen und sonstigen Reiter ab, die etwa mit Geschossen und Wurfspießen der Marschkolonne zusetzten. Noch bei Gaugamela waren Griechen im Heere des Perserkönigs; das Gros aber, nach der einen Quelle (Curtius) 8000, nach der andern (Arrian) 4000 Mann, gaben ihre Sache auf, marschierten nach Phönizien und fanden in der Stadt Tripolis Schiffe, auf denen sie abfuhren.

1 Curtius III, 11, 18 Graeci ...... abrupti a ceteris haud sane fugientibus similes evaserunt.

Der griechische Bericht, wonach die Mazedonier in dieser Schlacht 150 Reiter und 300 Fußgänger an Toten verloren, darf zwar nicht als verbürgt angesehen werden, widerspricht aber nicht der Natur der Dinge und dem Verlauf des Gefechts. Abermals ist das Charakteristische, daß der Verlust der Kavallerie relativ viel größer ist als der der Infanterie. 450 Tote im ganzen lassen auf 2000 bis 4000 Verwundete schließen.

Die mäßige Verlustzahl der Mazedonier führt uns noch einmal zurück zu der wichtigen Frage nach der Stärke des Perserheeres. Wir haben gesehen, daß die Quellen schlechthin nur den Pajas als Schlachtfeld zulassen und dieser wiederum nur annehmbar ist bei der Voraussetzung einer Überlegenheit der Mazedonier in der Infanterie. Die Beweiskette, daß in der Tat die Perser, denen das Zeugnis der Tapferkeit auch von den Gegnern nicht versagt wird, in der Schlacht nicht die numerisch Stärkeren waren, enthält ein letztes abschließendes Glied durch die Verlustziffer des Siegers, die zeigt, daß ihm der Sieg in dem eigentlichen Kampf nicht gar zu schwer gemacht worden ist.

So lange man das Gelände nicht so genau kannte, wie jetzt, durfte und mußte man die Schlacht bei Issus wie die anderen Mazedonierschlachten dem einfachen Typus der schrägen Schlachtordnung mit vorgezogenem rechten Flügel zuzählen. Wir haben gesehen, daß dieses Schema wesentlich modifiziert ist dadurch, daß der rechte mazedonische Flügel eine ziemlich weit ausholende Umgehung machen mußte. Diese Umgehung und die Ablösung des rechten Flügels vom Zentrum kommt in unseren Quellen nicht positiv zum Ausdruck. Das ist aber sehr erklärlich. Wir haben die Quellen nur aus zweiter Hand, und die Autoren, besonders Arrian, haben das Gelände schwerlich aus eigener Anschauung gekannt. Die Urquellen aber verschleierten den wahren Zusammenhang durch ihre emphatische Schilderung, wie der König an der Spitze seiner Ritterschaft durch den Pfeilhagel hindurch auf den feindlichen linken Flügel einsprengt und ihn in die Flucht schlägt. Für die moderne Forschung ist die Folge gewesen, daß, als man über die Schwierigkeiten des Geländes unterrichtet wurde, man die Schlacht an dieser Stelle überhaupt für unmöglich erklärte und sie an einen anderen Fluß, dem Deli-Tschai, verlegen wollte. Dadurch aber setzte man sich, wie Dittberner schlagend nachgewiesen hat, in schlechthin unlösbare Widersprüche sowohl mit den Angaben der Quellen über die Beschaffenheit des Geländes, mit ihren sehr genauen Angaben über die beiderseitigen Märsche und mit der strategischen Situation. Es muß dabei bleiben, daß der Pinarus der Pajas ist und wenn wir die glänzende Reiter-Attacke unter der persönlichen Führung des Königs als das entscheidende Moment des Tages zu streichen haben, so gewinnen wir dafür die Tat des Schlachtenleiters, der, als er die Unübersteiglichkeit des Geländes vor seiner Front erkannte, freien Geistes den rechten Flügel von der Mitte losriß, um auf dem Umwege zum Ziel zu gelangen, und wie er vorher einen Teil seiner Kavallerie vom rechten auf dem linken Flügel gesandt hatte, weil er dort nötiger war, so jetzt einen Teil der schweren Infanterie an den Umgehungs-Flügel zog, um die griechische Phalanx durch den Flankenangriff aus ihrer in der Front unbezwinglichen Position herauszuwerfen.

Alexander paßte, darf man sagen, die Methode der Flügelschlacht den tatsächlichen Verhältnissen an, ohne ihrem Geist untreu zu werden. Er siegte ebensowohl durch die Tapferkeit und die Zahl seiner Krieger, wie durch die Tüchtigkeit des Heeresorganismus, der die einzelnen Truppenteile so in die Hand des Führers gab, daß er in jedem Augenblick sicher über sie verfügen und sie nach seinem Willen und seiner Einsicht dirigieren konnte, wie endlich durch die geniale Führung, die mit Umsicht den Aufmarsch leitete, selbstvertrauend die Flankenstellung der Perser und die unüberwindlich scheinenden Schwierigkeiten des Geländes verachtete, weise sich vom Schema emanzipierend den zu verhaltenden Flügel noch nachträglich verstärkte und das ganze Heer mit dem Geiste kühner Offensive erfüllte.

1. Diodor, Curtius und Justin geben als Verlust übereinstimmend 150 Reiter an, Diodor aber 300, Curtius 32 und Justin 130 Infanteristen. Es muß dahingestellt bleiben, ob hier Verderbnis der ursprünglich gleichen Zahl vorliegt (etwa 332?), was bei der Differenz bis zu einem halben Jahrtausend zwischen diesen Autoren und ihren Urquellen möglich und bei der Identität der Angabe über die Kavallerie wahrscheinlich sein möchte. Die höchste Zahl kommt jedenfalls der Wahrheit am nächsten, da Arrian als Verlust der Phalanx im Kampf mit den griechischen Hopliten allein 120 Mann angibt.

Wenn Curtius ferner 504 Verwundete angibt, so ist dieselbe Zahl entweder falsch oder es sind nur die Schwerverwundeten gezählt. Bei modernen Berechnungen wird jede, auch die kleinste Verletzung oder Kontusion mitgezählt.

2. Die eigentliche Quellenuntersuchung, die ich in der ersten Auflage der Darstellung der Schlacht hinzugefügt hatte, lasse ich jetzt fort, da sie durch die genaueren topographischen Feststellungen in dem Jankeschen Buch und die erschöpfende Monographie von Dittberner überholt ist. Um einige immer noch bleibende Zweifel in der Topographie zu lösen, wandte ich mich an Herrn Konsul Walter Rößler in Aleppo. Er verschaffte mir einen Bericht von Herrn Oberingenieur Hoßbach, den ich unten abdrucke. Für alle Einzelheiten verweise ich auf Dittberner. Nur das Folgende sei noch hier wiedergegeben.

Der Bericht des Kallisthenes ist uns dadurch erhalten, daß Polybius an ihm demonstriert, wie wenig der Verfasser vom Kriegswesen verstanden habe. Merkwürdigerweise haben nun trotzdem die neueren Gelehrten durchweg die Partei des Kallisthenes ergriffen und aus dem eigenen Bericht des Polybius herauslesen wollen, daß er dem Kallisthenes Unrecht getan, ihn mißverstanden, selbst aber recht arge Versehen begangen habe. Ich glaube ebenfalls, daß man sich der Autorität des Polybius, so hoch ich sie schätze, doch nicht so unbedingt anvertrauen darf, wie noch vielfach geschieht, daß seine Zahlberechnungen oft flüchtig, und daß er selbst von seinen Quellen abhängiger ist, als es so scheint – aber von dem, was er über Issus und Kallisthenes sagt, davon läßt sich doch nur wenig abdingen.

Wir ziehen nur diejenigen Punkte heran, aus denen sich für die Schlacht selber etwas gewinnen läßt.

Nach Polybius hat Kallisthenes gesagt, das Alexander sein Heer, als es aus dem Engpaß herauskam, allmählich aufmarschieren ließ und ihm endlich 8 Mann Tiefe gab; in dieser Formation sei es 40 Stadien (eine deutsche Meile) vorgerückt.

Polybius berechnet das Heer auf 42 000 Mann zu Fuß und 5000 Reiter und weist darauf nach, daß eine so große Phalanx in der beschriebenen Formation eine Breite von 40 Stadien haben mußte, während Kallisthenes gleichzeitig behauptet, daß die Ebene nur 14 Stadien breit gewesen, drei davon auf die Reiterei gekommen und noch Raum übrig geblieben sei.

Wie Polybius die 40 Stadien Breite berechnet hat, ist nicht klar[1]. Drei Fuß auf den Mann ergibt bei 42 000 Mann und 8 Mann Tiefe gegen 16 000 Fuß = 27 Stadien. Man mag das auf sich beruhen lassen; man mag auch in Abzug bringen, daß Polybius, im Eifer, die Verkehrtheit des Kallisthenes zu beweisen, die Stärke der Infanterie erheblich zu hoch angesetzt hat – in der Hauptsache behält er doch recht, daß nämlich unmöglich die Phalanx nur 8 Mann tief gestanden haben kann.

Bauer hat in der umgekehrten Richtung korrigiert und nachweisen wollen, daß die Phalanx von bloß 8 Mann Tiefe ganz gut in das Gelände passe und daß Kallisthenes nur den Fehler gemacht habe, die Breite der Ebene mit 14 Stadien (2½ Kilometer) viel zu gering anzugeben. Darin nun hat Bauer recht behalten; seine Auffassung aber ist unmöglich, weil eine Phalanx von 8 Mann Tiefe und fast einer Meile Breite ein Unding ist. Sie könnte sich keine zehn Schritt vorwärts bewegen, ohne auseinanderzureißen, und nach hundert Schritten wäre sie in völliger Unordnung. Es wäre schon schlechterdings unmöglich, sie auch nur annähernd gleichmäßig antreten oder Halt machen zu lassen.

Das Richtige hat bereits K. Neumann »Zur Landeskunde und Geschichte Kilikiens« Jahrb. f. klass. Philol. Bd. 127 (1883) S. 544 ausgesprochen, indem er darauf hinweist, daß bei Curtius (auf Ptolemäus zurückgehend) steht, die Phalanx bei Issus habe 32 Mann Tiefe gehabt. Nehmen wir an, daß die Pezetären und Hypaspisten zusammen einige 20 000 Mann stark waren, so war die Phalanx (mit den Intervallen) weniger als einen Kilometer, 4–5 Stadien breit. Dazu die Reiterei und die Leichten[2]. Kallisthenes, der im Gefolge Alexanders einige Tage vor der Schlacht über das Feld gekommen war, hat mit seiner topographischen Angabe zwar nicht

1 Allem Anschein nach hat er im Anschluß an eine Berechnung des Kallistehens zunächst nur 32 000 Phalangiten gerechnet, für den Mann aber nicht die Gefechts-, sondern die Marschrottenbreite = 6 Fuß angenommen.

2 Polybius XII, 18 rechnet auf 800 Reiter bei der tiefsten üblichen Aufstellung von 8 Pferden ein Stadion, also auf das Pferd 6 Fuß mit den Intervallen. Es ist aber auch sehr wohl möglich, daß sie zuweilen tiefer gestanden haben und sie können auch sehr viel dichter gestanden haben. 5000 Reiter, 8 Pferde tief und 6 Fuß auf das Pferd würde ohne Intervalle schon über einen Kilometer geben.

ganz, aber doch einigermaßen Recht und deshalb, ganz wie Polybius es darlegt, mit seiner militärischen Schilderung Unrecht. Die Schlacht selber wird er nicht mit angesehen, sondern mit dem bürgerlichen Teil des Hauptquartiers in Myriandos zurückgeblieben sein. Am anderen Tage ließ er sich erzählen, wie das Heer sich allmählich aus dem gefährlichen Engpaß entwickelt habe, zur Phalanx aufmarschiert und gegen den Feind gerückt sei. Da er wußte, daß die Normal-Stellung von Hopliten 8 Mann tief sei, so ließ er in rhetorischer Ausmalung die ganze mächtige Phalanx zu dieser Formation aufmarschieren, und da er sich erinnerte, daß der Paß von dem Fluß etwa 40 Stadien entfernt sei, so ließ er die Phalanx so weit vorrücken. Seine militärischen Kenntnisse gingen nicht so weit, um zu wissen, daß ein solcher Vormarsch unmöglich ist, daß die Phalanx eines großen Heeres tiefer aufgestellt wird als die einer einzelnen Abteilung und daß bei der von ihm selbst angegebenen Breite der Ebene von bloß 14 Stadien die flache Phalanx nicht einmal räumlich hätte Platz finden können.

3. Kromayer hat in seiner Besprechung von Dittberner (Hist. Zeitschr. 112, S. 348) uns insofern zugestimmt, als auch er feststellt, daß die nächstliegende Auslegung der Quellen auf den Paias als den Fluß führe, an dem die Schlacht geschlagen worden ist. Trotzdem hält er die Annahme für unmöglich, da der Ober- und Mittellauf des Paias für geschlossene Truppenteile schlechterdings ungangbar sei, und die Lücke im oberen Flußrand, die Dittberner auf 300 Meter breit angebe, tatsächlich nur aus zwei kleinen Lücken von 50 und 30 Meter Breite bestehe. Ich erwidere, daß solche Lücken für eine Operation, wie Dittberner und ich es uns vorstellen, durchaus genügend sind. Die Differenz ist im letzten Grunde wieder die Differenz in der Zahl. Wäre das persische Heer so groß gewesen, daß es bis über jene Lücken hinaus eine geschlossene volle Schlachtordnung bildete, so hätte allerdings Alexander unmöglich durchdringen können. Für eine geschlossene Attacke schwerer Kavallerie sind die Lükken zu klein und zu wenig gangbar. Da die Reisenden, die das Schlachtfeld besichtigt haben, immer mit der Vorstellung eines persischen Massenheeres, das den ganzen Flußrand bis ans Gebirge dicht besetzt hielt, an die Untersuchung herangetreten sind, so haben sie naturgemäß die Möglichkeit eines Überganges an dieser Stelle abgelehnt und von vornherein gar nicht ernstlich geprüft. Was nützte denn selbst eine Lücke von 300 Metern Breite für Alexanders Reiterei, sagt Kromayer, wenn die Phalanx nicht gleichzeitig übergehen konnte? Die Antwort lautet: der Übergang war so schwach verteidigt, daß die Reiterei mit den Leichtbewaffneten ihn unter einer so entschlossenen Führung wie der Alexanders, auch ohne die Unterstützung der Phalanx forcieren konnte. Die ungenügende Verteidigung

des Übergangs aber war wiederum die einfache Folge der Schwäche des persischen Heeres, das man hinter dem Mittellauf und Unterlauf des Flusses zusammenhielt.

4. Gegenüber der wunderlichen Idee Belochs, nicht Alexander selbst, sondern sein Generalstabschef Parmenion sei der eigentliche große Feldherr der Macedonier gewesen, sei an dieser Stelle bemerkt, daß sie nicht nur durch nichts zu beweisen, sondern auch durch den Verlauf der Schlacht bei Issos direkt zu widerlegen ist. Denn die entscheidenden Züge in dieser Schlacht, die Verstärkung der Kavallerie des linken Flügels noch während des Aufmarsches, der Rechtsabmarsch des rechten Flügels, seine Verstärkung erst durch die Truppen in der Hakenstellung, dann durch die zwei Taxen der Phalanx, das alles kann nur Alexanders persönlicher Befehl gewesen sein.

5. Beloch in seiner Griechischen Geschichte, Bd. 2 S. 634, hat die Ansicht aufgestellt, daß Darius nicht zufällig, sondern planmäßig das macedonische Heer umgangen und die Schlacht mit verkehrter Front geschlagen habe, und in der Tat dürfen wir unsern Quellen, so einstimmig sie sind, in diesem Punkt nicht von vornherein unbedingt trauen. Nach der ganzen Art, wie sie die Perser darstellen und charakterisieren, würde ein so kühnes, ja großartiges Stratagem zu schlecht in ihr Bild gepaßt haben, um aufgenommen zu werden, selbst wenn man im macedonischen Lager darüber eine sichere Nachricht gehabt hätte.

Aber ich denke, die Situation selbst und der Zusammenhang im einzelnen schließt doch Belochs Annahme aus.

Darius hätte den Beschluß, die Macedonier zu umgehen, erst fassen können, als diese wirklich in Myriandos angekommen waren. Hätten die Perser den Marsch erst angetreten, während die Macedonier selbst noch auf dem Marsche zwischen Mallos und Issus waren, so hätten sie riskiert, unmittelbar beim Austritt aus den Pässen auf das feindliche Heer zu stoßen und wären damit in eine sehr üble strategische Lage geraten. Auf ein oder zwei Tage konnten sie es im voraus nicht wissen, wie lange sich die Macedonier auf ihrem Marsche aufhalten würden. Die notwendige Ergänzung zu Belochs Hypothese ist also, daß Alexander einen Aufenthalt von mehreren Tagen in Myriandos machte, während dessen die Perser ihren Umgehungsmarsch durch die Amanos-Pässe ausführten. In der Tat drückt sich Arrian nun auch nicht mit unbedingter Bestimmtheit darüber aus, wie lange die Macedonier schon in Myriandos gewesen sind, als sie die Nachricht von der Ankunft der Perser in Issus erhielten. Nach dem ganzen Ton der Erzählung ist es aber sofort am zweiten Tage gewesen, und die Nachricht bei Curtius, daß in *einer* Nacht die beiden Heere aneinander vorbeimarschiert seien, fällt doch auch trotz ihrer rhetorischen Übertreibung dafür ins Gewicht, daß sich die Dinge Schlag auf Schlag gefolgt sind.

Alle Betrachtungen der Griechen über die unbegreifliche Torheit des persischen Manövers, mit den ungeheuren Massen in die Engpässe zu gehen, haben wir vollständig gestrichen, da weder die Massen der Perser so groß, noch die Ebene am Deli-Tschai so klein war, um irgendwelche wünschenswerten Manöver zu verhindern. Aber aus anderen Gründen wäre doch das Verfahren der Perser schwer zu verstehen, unter der Voraussetzung, daß sie die Ankunft der Macedonier in Myriandos bereits kannten. Wir haben angenommen, daß Darius den Marsch über das Amanos-Gebirge antrat, in der Meinung, daß Alexander mit seiner Offensive nicht über Cilicien hinausgehen werde. War er aber bereits in Myriandos, so war es auch ganz sicher, daß er weiter gehen werde und zwar nicht an der syrischen Küste entlang, wobei er ja seine Operationslinie und sein Lazarett in Issus freiwillig den Persern preisgegeben hätte, sondern über den Bailan-Paß in das Innere, um das persische Heer aufzusuchen. Darius stand bei Sochoi, dessen Lage wir nicht kennen; jedenfalls war es nicht weit vom Ausgang des Bailan-Passes. Der einzig natürliche Entschluß für Darius in dem Augenblick, als er die Nachricht erhielt, daß Alexander in Myriandos sei, wäre gewesen, am Ausgang des Bailan-Passes Stellung zu nehmen und die Macedonier beim Austritt aus dem Paß mit versammelter Kraft anzufallen. Die Idee, jetzt noch die Macedonier zu umgehen, hätte diesen entscheidenden taktischen Vorteil preisgegeben, um den strategischen Gewinn dafür einzutauschen, daß den Macedoniern der Rückzug abgeschnitten wurde. Dieser Gewinn war aber nicht wesentlich, da, wenn die Mazedonier so weit von der Heimat überhaupt eine Niederlage erlitten, sie auf jeden Fall verloren waren, mochte ihnen von vornherein der Rückzug abgeschnitten sein oder nicht.

Unser Gedankengang ist also dieser: Als Alexander in Myriandos angekommen war, können die Perser rationellerweise die Umgehung nicht mehr beschlossen haben, und es liegt deshalb kein Grund vor, die Aussage der Quellen, daß die Märsche der beiden Heere gleichzeitig stattgefunden, zu verwerfen.

Die Perser müssen also den Marsch beschlossen haben, während die Macedonier noch in Mallos waren; dann aber haben sie darauf gerechnet, daß die Macedonier überhaupt nicht weiter vorgehen würden, denn sonst hätten sie riskiert, schon beim Austritt aus den Amanos-Pässen in die Ebene des Deli-Tschai auf die Macedonier zu stoßen. Der Marsch war also kein Umgehungs-, sondern ein einfacher Vormarsch, und es war ein reiner Zufall, daß er zum Umgehungsmarsch wurde, weil gerade an demselben Tage auch die Macedonier den Vormarsch antraten – ganz so, wie unsere Quellen es berichten.

6. Die Erzählung, daß die geretteten griechischen Söldner sich in Tripolis eingeschifft, hat Dittberner (S. 156) auf den Gedanken gebracht,

daß sie vielleicht gar die macedonische Phalanx durchbrochen und sich auf dem direkten Weg nach Süden gerettet hätten. Dieser Schluß ist aber nicht nur nicht zwingend, sondern durch die sonstigen Umstände sogar völlig ausgeschlossen. Allerdings führt der Weg aus der Issus-Ebene über das Amanosgebirge nach Phönizien im Halbkreis um die Macedonier herum, aber eine solche Flucht um den Rücken des Feindes herum kommt öfter in der Kriegsgeschichte vor, z. B. entkam auf diesem Wege ein Teil des Burgunderheeres bei Murten, 1476, und ein Teil der Franzosen aus der Schlacht bei Novara, 1513.

Die Macedonier haben selbstverständlich, wie es auch die Erzählung bei Arrian zeigt, den Vormarsch nicht sofort am Tage nach der Schlacht wieder aufgenommen. Wären die Griechen durch die Macedonier durchgebrochen, so wären sie ja auf der Straße abgezogen, auf der Alexander anmarschiert war, wären also durch seine Bagage hindurchgegangen und hätten diese nicht unberührt gelassen. Überdies standen ja bei Myriandos oder am Eingang des Bailan-Passes die griechischen Bundesgenossen Alexanders. Es ist völlig ausgeschlossen, daß sowohl von einem so ungeheuren Ereignis, wie dem Durchbruch selbst, der Überschreitung des Pajas und all' den Vorgängen, die sich auf jener Abzugs-Straße abspielen mußten, nicht die geringste Spur in unseren Quellen sich erhalten hätte.

7. Koepp, Alexander der Große, S. 31, glaubt, daß die persische Umgehung den Aufklärungsdienst der Macedonier in schlechtem Licht erscheinen lasse. Da ist die Schwierigkeit einer Rekognoszierung zwei Tagemärsche weit über Gebirgspässe im feindlichen Lande unterschätzt. Selbst wenn Alexander in dieser Richtung Patrouillen vorgetrieben hat und diese auf feindliche Gruppen stießen, die ihnen entgegen kamen, so konnten sie doch nicht übersehen, ob es nur ein persisches Streifkorps oder wirklich die ganze Armee sei, die sich nähere. Selbst als Darius schon in Issus war, war Alexander noch im Zweifel und schickte, ehe er umkehrte, erst ein Schiff ab, um näher zuzusehen. Derartige Unsicherheiten und Überraschungen sind im Kriege unvermeidlich und sehr häufig und bedingen nicht notwendig einen Vorwurf.

8. Schilderung des Geländes von Oberingenieur Hossbach in einem Brief an den Konsul Rössler vom 21. November 1913.

»Nachdem ich inzwischen den Peyaß-Tschai zweimal von seiner Mündung bis zum Ausbruch aus dem Gebirge besichtigt habe, will ich Ihnen heute eingehend über das Ergebnis berichten:

1. Von der Mündung an flußaufwärts, etwa 500 m lang, ist das Flußbett nur stellenweise von ca. 1 bis 2 m hohen aber steilen Ufern eingefaßt. – Ein Übergang von Reiterei ist auf dieser Strecke, zwar möglich, aber wegen der Strecken mit steilen Rändern und des sehr steinigen Flußbettes beschwerlich.

2. Von km 0,500 bis zur westlichen (neueren) Straßenbrücke (etwa 1,600 km von de Mündung) ist das Flußbett nur ca. 5 bis 15 m breit und stark eingeschnitten. – Ein Übergang von Reiterei in größerer Zahl ist auf dieser Strecke ausgeschlossen, ein Übergang von Fußvolk möglich.

3. Von km 1,60 bis zu der östlichen (älteren) Straßenbrücke (etwa km 3,5 von der Mündung) ist das Flußbett bald schmäler bald breiter. Die Ränder sind hier vielfach durch die späteren Bauten der Stadt Bajä verändert. Der Charakter ist jedoch durchweg steil und auch für Fußvolk schon schwer zu nehmen. Auf eine Länge von ca. 300 m bestehen die Wände bereits aus senkrecht abfallenden ca. 2 bis 4 m hohen Konglomerat-Felsen, die einen Übergang auch für Fußvolk fast unmöglich machen.

4. Vom km 3,5 ab (d. h. unmittelbar hinter der zweiten Brücke) ist eine Stelle von ca. 30 m (nicht 300 m) Länge, auf der ein schmaler Weg durch das Flußbett führt, der vermutlich früher, d. h. vor Erbauung der Brücken (es sind hier neben der jetzigen noch die Überreste von zwei anscheinend sehr alten Brücken vorhanden) als Furt benutzt wurden. Der Weg führt auf der Südseite steil in das Flußbett hinab und auf der Nordseite etwas bequemer an dem abgeflachten Uferrand in die Höhe. Die anliegende Photographie Nr. 1 zeigt diese Nordseite mit dem deutlich erkennbaren Fußpfad, außerdem links unten den Rand der Brücke, von der aus die Aufnahme gemacht wurde und ferner von der Mitte (hinter der weißen Figur) ab nach rechts die hier beginnenden fortlaufenden steilen Felswände (vergl. unter 5). Auch das außerordentlich steinige Flußbett ist deutlich zu erkennen.

5. Von km 3,53 ca. ab ist das Flußbett etwa 15 bis 40 m breit, aber beiderseits fortlaufend bis zum Fuß des Gebirges hin, (d. h. also auf etwa 1,5 km Länge) mit senkrecht abfallenden Felswänden eingefaßt, deren Höhe 3 bis 20 m beträgt und die auch für Fußvolk völlig unpassierbar sind, es sei denn, das dasselbe mit den bei unseren modernen Festungsmanövern gebräuchlichen Sturmleitern usw. ausgerüstet gewesen ist. Abbildung 2 zeigt diese Partie im Anfang, d. h. also ca. 100 m von der Brücke entfernt, wo die durchlaufenden Felsränder mit ca. 3 m Höhe beginnen. Das Wasser bildet hier einen kleinen See, daher die Spiegelung der Büsche.

Ich hoffe, daß die vorstehende Schilderung Herrn Professor Delbrück einen Anhalt für die Beurteilung der Frage über das Schlachtfeld bei Issus gibt. An meiner Besichtigung haben noch zwei Ingenieure, die gute Reiter sind, teilgenommen, und wir waren sämtlich darüber einig, daß ein Übergang von Reiterei in Schlachtordnung an der unter 4. bezeichneten Stelle ausgeschlossen ist.«

4. KAPITEL
Schlacht bei Gaugamela

Nach dem Siege bei Issus unterwarf Alexander zunächst Phönizien und Syrien und mußte zwei sehr harte Belagerungen, von Tyrus und Gaza, durchführen. Dann zog er weiter, um auch die Herrschaft über Ägypten zu ergreifen. Man hat diesen letzteren Zug tadeln und sogar finden wollen, die Expedition sei nur erklärbar, wenn man bedenke, daß den Alten die gegenseitige Lage der Länder nicht klar gewesen sei und Alexander daher nicht habe übersehen können, wie sehr er durch das Einschlagen dieser Richtung seine rückwärtigen Verbindungen gegen Babylon preisgab.[1]

Aber ich denke, Alexander übersah sehr wohl, was er tat. Daß die Perser im nächsten Jahr (332) noch nicht wieder mit einem großen Heer in Syrien erscheinen würden, war anzunehmen, und wenn sie es taten, so war es seine sichere Beute. Um für den bevorstehenden Feldzug in das innere Persien sicher basiert zu sein, bedurfte Alexander nicht nur der Herrschaft über Syrien, sondern auch über Ägypten. Gewiß hätte es genügt, einen General mit einem kleinen Korps dahin zu detachieren, aber es ist keineswegs gesagt, daß es bloß die Eroberung Ägyptens war, um deretwillen Alexander sich aufgehalten und seinem Gegner Zeit gelassen hat zu neuen Rüstungen. Zwar je schneller

1 GRAF YORK, Kurze Übersicht d. Feldzüge Alexand. d. Großen p. 32.

die Mazedonier in Persien erschienen, desto weniger Zeit blieb Darius, ein neues Heer aufzustellen. Aber auch Alexander verstärkte sich in der Zwischenzeit. Bei Issus hatte er wohl etwas über 30 000 Mann um sich; davon gingen ab die Verluste der Schlacht und der Belagerungen und die in Syrien notwendigen Garnisonen. Hätte er also nach Ägypten noch detachiert, so hätte er schwerlich mit mehr als 20 000, oder rechnen wir, daß ihn noch Verstärkungen erreichten, 25–30 000 Mann den Tigris überschritten. Bei Gaugamela hatte er aber 47 000 Mann, und es scheint nicht, daß das zu viel gewesen wäre. Wir müssen also ganz wie bisher die Vereinigung von Kühnheit und Besonnenheit loben, die den jungen König nicht blind hinter dem geschlagenen Gegner herstürmen ließ, sondern vor allem die für das ins Unendliche ausgreifende Unternehmen nötigen Kräfte sammelte und die Zwischenzeit mit der Einrichtung der mazedonischen Herrschaft in Ägypten und der Gewinnung der Bundesgenossenschaft der ägyptischen Götter vorteilhaft ausfüllte.

Darius machte seinem furchtbaren Gegner den Übergang über die Ströme Euphrat und Tigris nicht streitig, sondern erwartete ihn in der großen Ebene jenseits des Zweistromlandes, nicht weit von den Ruinen von Ninive. Noch jetzt sollen griechische Söldner bei ihm gewesen sein, aber so wenige, daß sie in der Schlacht keine Rolle mehr spielen. Es wird auch berichtet (Diodor XVII, 55), der Perserkönig habe seinen Kriegern längere Spieße und Schwerter machen lassen, als sie früher trugen, weil die Mazedonier solche Waffen hatten. Da die Perser früher hauptsächlich mit dem Bogen und Wurfspießen kämpften (auch Herodot erwähnt ja die längeren Spieße der Griechen), so wäre diese Reform wohl so auszulegen, daß Darius aus seinen Asiaten, mit Hilfe seiner griechischen Gefolgsleute, eine Phalanx bilden wollte, denn der lange Spieß ist keine Wurfwaffe mehr, sondern nur Nahwaffe, und daß diese am besten in der strengen Ordnung der Phalanx wirksam sei, wird den Persern nicht verborgen geblieben sein. Aber mag die Nachricht nun authentisch sein oder nicht: ein taktischer Körper wie die Phalanx läßt sich nicht improvisieren; er bedarf der Übung und der militärischen Erziehung.

Es ist, wie Melchior Ruß von Luzern, Gesandter bei König Louis XI. von Frankreich, im Jahre 1480 nach Hause meldete: der König sei dabei, seine Armee zu reformieren und lasse eine große Masse langer Spieße und Hellebarden nach deutscher Weise fabrizieren; wenn er auch Menschen fabrizieren könnte, die sie handhabten, würde er niemandes Dienste weiter gebrauchen.[1] Die Kriegskunst bedarf der Waffen, aber sie besteht nicht in den Waffen, und so hören wir denn in der Schlacht von Gaugamela nichts von den Taten einer persischen Phalanx.

Die neue Waffe, durch die Darius, nachdem das Terrainhindernis vor der Front sich bei Issus als unpraktisch erwiesen, den furchtbaren Anprall der Phalanx tatsächlich zu brechen sucht, sind die Sichelwagen und neben ihnen eine kleine Anzahl Elefanten.

Im übrigen besteht die eigentliche Stärke des persischen Heeres, wie das in der Natur der Sache liegt, ganz wie bei Issus, aus der Reiterei, und sicherlich hat aus diesem Grunde Darius Alexander den Übergang über die Ströme freigegeben, um ihn auf einem selbstgewählten Schlachtfelde erwarten zu können, nämlich auf einer weiten Ebene, wo die persische Reiterei sich ungehindert entfalten und ihre Übermacht geltend machen konnte. Wenn Alexander, wie Arrian berichtet, bei Gaugamela 7000 Reiter hatte, so ist anzunehmen, daß Darius vielleicht 12 000 zusammengebracht hatte; mehr gewiß nicht: 12 000 Reiter auf einem Fleck ist eine so große Masse, daß kaum eine bis zur Virtuosität ausgebildete Kunst der Organisation, der Verpflegung und der Führung sie zu bewältigen und zu dirigieren vermag.[2]

1 Mitgeteilt von Mandrot, Jahrbuch f. Schweiz. Gesch. Bd. VI 1881 p. 263.

2 General von Verdy sagt: »24 Eskadronen (3600 Pferde) muß man als Maximalstärke einer Reiterdivision bezeichnen, indem über diese Stärke hinaus die Leitung des Gefechts nur ganz eminenten Talenten und auch

Von dem Fußvolk des Darius kann man sich schwer eine Vorstellung machen. Bogner, die alte Waffe der Perser, können immer nur wenige Glieder tief aufgestellt sein, um Wirkung zu haben. Lose Scharen unkriegerischen Volkes gegen eine Hopliten-Phalanx aufzustellen, war nutzlos, und die Perser verstanden genug von der Kriegskunst, um das zu wissen und nicht lieber alle Kraft auf die Verstärkung der Reiterei zu verwenden, statt sich durch wertlose Massenaufgebote in unüberwindliche Verpflegungsschwierigkeiten zu stürzen. Haben Versuche zur Bildung einer Hopliten-Phalanx stattgefunden, so zeigt die Schlacht nichts von irgend einem Erfolg. Es ist daher wohl möglich, daß das persische Heer außer den Reitern, Elefanten und Sichelwagen nur eine relativ geringe Zahl Fußsoldaten gehabt hat, das heißt gewiß nicht mehr, eher weniger als die Mazedonier. Die eingeborene persische Reiterei aber war noch durch scythische und angeblich auch indische Söldner verstärkt.

Unsere Quellen, auch die Hauptquelle, Arrian, sind ein Gemisch von sehr genauen aktenmäßigen Nachrichten, namentlich über die Aufstellung, und Wachtfeuermärchen, die aber mit ziemlicher Sicherheit kritisch voneinander gesondert werden können.

Die extremste Form der Lagerlegende ist, daß die Perser bei Gaugamela, ganz wie bei Issus und am Granikus, nach einem Fronthindernis gesucht und diesmal ein solches künstlich aus Wolfsgruben und Fußangeln hergestellt hätten. Schon Arrian aber hat diese Erzählung beiseite gesetzt, er berichtet davon nur als einem Verdacht der Mazedonier und will ganz umgekehrt, daß die Perser das Feld vor ihrer Front künstlich geebnet und Hindernisse weggeräumt hätten, um ihren Sichelwagen freie Bahn zu schaffen.

Da wir nicht hören, daß in der Schlacht irgend ein mazedonischer Soldat in die Wolfsgruben gefallen oder in die Fußan-

diesen nur bei gründlicher Einschulung der Unterführer und der Truppen gelingt.«

geln getreten ist, so werden wir diese Manipulationen aus der Geschichte streichen; aber auch die künstliche Planierung des Feldes für die Sichelwagen wird man in Anbetracht, daß die Perser doch nicht vorher wissen konnten, wo die Mazedonier angreifen würden und Planierungen sich nicht in ein paar Tagen ausführen lassen, beiseite lassen dürfen. Genug, daß die Perser eine allenthalben freie Ebene mit geringen Bodenwellungen für die Schlacht ausgesucht hatten, wo ihre beiden Hauptwaffen, die Reiterei und die Sichelwagen, ungehindert agieren konnten. Gelang es den Sichelwagen, die mazedonische Phalanx in Unordnung zu bringen und in ihrem Vorgehen aufzuhalten, während die überlegene persische Reiterei die mazedonische umfassend angriff und vertrieb, so war der Sieg für die Perser entschieden. So hatte früher einmal (Xenophon Hell. IV, 1, 19) der Satrap Pharnabazus einen Haufen von 700 Griechen durch zwei Sichelwagen auseinandergesprengt, um sie dann mit seinen Reitern anzufallen und niederzuhauen.[1]

Des gemeinsamen Angriffs der persischen Reiter und Bogner hätte sich die ihrer Reiterei beraubte Phalanx nicht erwehren können, sondern allmählich dabei verbluten und zu Grunde gehen müssen.

Nach der Erzählung der Griechen hat man die Schlachtordnung der Perser später bei der Beute gefunden, und sie wird uns eingehend überliefert, ergibt jedoch nichts für uns Wesentliches. Bemerkenswert erscheint daraus nur, daß nicht nur die Flügel allem Anschein nach aus Reiterei bestanden, sondern auch im Zentrum Reiter und Fußvolk gemischt waren, was wieder dafür spricht, daß das Fußvolk nicht so sehr zahlreich gewesen ist.

Alexander wußte das übliche Schema seiner Aufstellung wieder mit offenem Blick den Verhältnissen anzupassen. Die große Masse seiner Infanterie benutzte er nicht, die Schlachtlinie zu verlängern, was ihre geordnete Bewegung gar zu sehr er-

1 Vgl. Cyropädie VII, cap. 1, ferner VI, 2 und VIII, Schluß.

schwert hätte, sondern verdoppelte die Tiefe und gab den hinten stehenden Abteilungen den Befehl, im Falle eines Rückenangriffs Kehrt zu machen. Hauptsächlich aber schützte er sich gegen die Gefahr einer Umfassung seitens der überlegenen feindlichen Reiterei in der freien Ebene durch Abteilungen von Reitern und Leichtbewaffneten, die an beiden Flügeln im Haken angesetzt wurden, also der vorrückenden Linie in einer tiefen Kolonne folgten, von wo aus sie sowohl aufmarschieren konnten, um die Schlachtlinie zu verlängern (die Kolonne hinter dem rechten Flügel war also links abmarschiert), als auch nach der Flanke einschwenkend, einen Haken bilden, um einen Angriff aus der Flanke zu begegnen, als auch schließlich etwaige Lücken in die Phalanx, die beim Vormarsch entstehen konnten, von hinten her schließen.

In dieser Form rückte das mazedonische Heer über die Ebene gegen die Perser vor. Nehmen wir an, daß von den 47 000 Mann, die als seine Stärke überliefert sind, noch einige Tausend Mann für Lager-Wachen und Kranke abgehen, so bleibt es immer eine gewaltige Masse, die, einmal aufmarschiert, nur schwer und langsam vorwärts zu bewegen ist, ohne in Unordnung zu kommen.

Der persische Schlachtplan versagte bei den Sichelwagen. Von den Elefanten hören wir im Gefecht nichts. Den Sichelwagen sandte Alexander Schützen entgegen, die vor der Phalanx ausschwärmend, die Lenker der Wagen beim Anfahren herunterschossen oder sie, um die Wagen herumlaufend, herunterrissen. Die führerlosen Pferde ließen sich dann zum Teil zurückscheuchen, und wo sie auf die Phalanx einstürmten, machte man ihnen Platz, so daß nur wenige von den Sicheln ergriffen und verletzt wurden.[1] Die Reiterei beider Teile hatte sich mittlerweile, indem die Perser die Mazedonier überflügelten und diese

1 Diodor malt aus, wie schrecklich die Verwundungen durch diese Sicheln gewesen seien, läßt aber doch auch erkennen, daß die Zahl der Verletzten oder Getöteten nur gering gewesen sei, was Arrian ausdrücklich hervorhebt.

ihnen die Truppen aus dem Haken entgegenschickten, gegenseitig die Flanke abzugewinnen gesucht und war in ein hin- und herwogendes Gefecht geraten. Der Ausgang war noch zweifelhaft, als die Phalanx nach Abschüttelung der Sichelwagen, den Vormarsch wieder aufnahm; der rechte Flügel, von dem linken losgerissen, war voraus, und als er nun der Kavallerie sekundierte und auf die Perser eindrang, ergriffen diese die Flucht.

Wohl brach, als die Phalanx beim Vormarsch durchgerissen war, persische und indische Reiterei durch die Lücke, aber die disziplinlosen Scharen stürzten sich auf das macedonische Lager, statt das mazedonische Heer im Rücken anzugreifen, so daß dieser Zwischenfall auf den Ausgang der Schlacht keinen Einfluß übte.

In Bedrängnis geriet eine Zeitlang der von Parmenion geführte linke Flügel der Macedonier, wurde aber von dem siegreichen rechten Flügel degagiert.

Ganz wie die beiden vorhergehenden Schlachten verlief also auch Gaugamela als Flügelschlacht mit offensiv-siegreichem rechten Flügel. Weshalb bei Gaugamela gerade der rechte Flügel siegte, ist aus der Überlieferung nicht ersichtlich. Aus der Truppenverteilung ist nicht erkennbar, daß der rechte Flügel an Kavallerie stärker gewesen sei als der linke (Rüstow und Köchly haben sogar das Gegenteil berechnet), und es erhellt auch nicht, daß der entgegenstehende persische linke Flügel der schwächere gewesen sei.

Die Angabe Diodors, daß die Mazedonier in der Schlacht etwa 500 Mann an Toten neben sehr vielen Verwundeten verloren hätten, erscheint nicht unglaubwürdig.[1]

1 Arrian sagt »των ἀμφ' Αλέξανδρον« seien höchstens 100 Mann gefallen: der Ausdruck ist sehr unbestimmt; bezieht man ihn auf den Gesamtverlust des macedonischen Heeres, wie es gewöhnlich geschieht, so würde die geringe Zahl mit der eigenen Schlachtschilderung Arrians in Widerspruch stehen. Niese will ihn nur auf die eigentlichen Macedonier beziehen. Es sind auch noch andere Auslegungen denkbar, aber es hat keinen Wert, darüber Vermutungen zu häufen.

1. RÜSTOW und KÖCHLY und mit ihnen die meisten Erzähler fassen die macedonische Schlachtordnung anders auf, als es oben geschehen ist. Sie sehen in den »ἐσ' ἐπικάμπην« aufgestellten Truppen ein zweites Treffen, das beiden Flügeln folgte. Sachlich wäre das nicht undenkbar; ich glaube jedoch, mit H. DROYSEN, Heerwesen S. 119, daß »ἐσ ἐπικάμπην« nicht anders als mit »hakenförmig« übersetzt werden kann, und das Folgende läßt diese Auslegung als die allein mögliche zu. Arrian sagt zunächst, wie am äußersten rechten Flügel, bei der Leibschwadron ansetzend, »ἐσ ἐπικάμπην« die Truppen des Attalus (Agrianer, Peltasten), mit diesen (μετὰ τούτων) die des Brison (Bogner), an diese anschließend (ἐχόμενοι δὲ τῶν τοξοτῶν) die des Kleander (Truppengattung unbekannt), aufgestellt wurden. Das ließe sich zur Not noch als ein Nebeneinanderstehen im zweiten Treffen deuten. Nun fährt Arrian aber fort »προετάχθησαν δὲ τῶν Αγριάνων καὶ τῶν τοξοτῶν οἵ τε πρόδρομοι ἱππεῖς καὶ οἱ Παίονες, ὧν Ἀρέτης καὶ Ἀρίστων ἡγοῦντο«. »ξυμπάντων δὲ προτεταγμένοι ἦσαν οἱ μισθοφόροι ἱππεῖς, ὧν Μενίδας ἦρχε« Unmöglich konnten diese Truppen alle zwischen dem ersten und zweiten Treffen stehen, und Rüstow und Köchly geben ihnen daher mit richtiger Empfindung den Platz *neben* den Truppen des Attalus und den Bognern und sehen sie als einen debordierenden Teil des zweiten Treffens an. Hätte Arrian das sagen wollen, so hätte er sich zum wenigsten sehr umständlich ausgedrückt. Die Sache ist aber völlig klar, wenn wir uns die Truppen des Attalus, Brison und Kleander als eine tiefe (Marsch-)Kolonne vorstellen, am äußersten rechten Flügel der Hauptfront, bei der Leibschwadron der Hetären im rechten Winkel ansetzend; neben ihnen rechts, in einigem Abstand die beiden andern Kolonnen, erst die des Aretes und Ariston, dann die des Menidas. Dieses »neben« drücken Arrian und seine Quelle mit »πρό« aus, da diese Truppen ja im Haken aufgestellt sind, also ihre eigentliche Front nach der Flanke haben. (Vgl. DITTBERNER, Schlacht bei Jossos S. 10.) Der Unterschied zwischen meiner Auffassung und Rüstow-Köchlys ist also der, daß ich mir die fraglichen Truppen als drei parallele tiefe (Marsch-)Kolonnen, Rüstow-Köchly sie sich schon als nebeneinander aufmarschiert vorstellen.

Die drei parallelen Kolonnen auf dem rechten Flügel hatten den Befehl »εἴ που ἀνάγκη καταλαμβάνοι ἢ ἀναπτύξαι ἣ ξυγκλεῖσαι τὴν φάλαγγα«. Der Ausdruck »ἀναπτύσσειν« ist verschieden übersetzt worden, sowohl mit »explicare« »entfalten«, »entwickeln«, »aufmarschieren«, »deployieren«, wie »replicare«, »umbiegen«. Der Wortbedeutung nach ist beides denkbar. Hat Arrian hier das Zweite gemeint, so bedeutet der Befehl: die Truppen sollen nötigenfalls die Phalanx umbiegen, d. h. einen Haken bilden; sie sind zwar schon in der Stellung »ἐς ἐπικάμπην« zur Hauptfront, aber noch nicht aufmarschiert; erfolgt nun ein Angriff des Feindes in der

Flanke, so sollen sie nach dieser Seite eine Front bilden, indem sie einschwenken. Sie sind daher vermutlich links abmarschiert. Andernfalls sind sie da, die Phalanx zu »schließen« »ξυγκλεῖσαι«, d. h. wenn beim Vormarsch Lücken entstehen, in diese einzurücken, resp. auch wohl (was in dem Ausdruck direkt allerdings nicht liegt) die Front nach rechts hin zu verlängern.

Will man festhalten, daß ἀναπτύσσειν »entfalten« heiße, so ist der Befehl so aufzufassen: die Truppen sollen entweder zur Phalanx aufmarschieren, d. h. die Front verlängern, oder aber die Phalanx schließen, d. h. in der Flanke decken. Die Bedeutung der beiden Ausdrücke »ἀναπύσσειν« und »ξυγκλεῖσαι« würde sich also nahezu umkehren, der Sinn des Ganzen aber so ziemlich derselbe bleiben.

Die Stellen, wo sonst in der griechischen Literatur ἀναπτύσσειν« in militärischem Sinne gebraucht wird, lassen teils beide, teils nur die eine oder die andere Auslegung zu.

In Arrians eigener Schilderung der Schlacht bei Issus (II, 8, 2) läßt Alexander die Armee aus den Pässen debouchieren, und wie sie in die Ebene gelangen, »ἀνέπτυσσεν ἀεὶ τὸ κέρας ἐς φάλαγγα, ἄλλην καὶ ἄλλην τῶν ὁπλιτῶν τάξιν παράγων«. Das kann übersetzt werden: er ließ die Marschkolonnen sich zur Phalanx entwickeln und eine Taxis nach der andern aufmarschieren. Man kann aber auch sagen: er ließ die Marschkolonnen zur Phalanx umbiegen, indem eine Taxis nach der andern aufmarschierte.

Bei Kunaxa wird die griechische Hopliten-Phalanx in der linken Flanke (der ursprünglichen Front) durch die persische Reiterei bedroht, während die rechte durch den Fluß gedeckt ist. Da beschließen die Griechen »ἀναππύσσειν τὸ κέρας καὶ ποιήσασθαι ὄπισθεν τὸν ποταμόν«. Das kann heißen: die Phalanx hat erst die Wendung nach der bedrohten Flanke gemacht und marschiert nun nach dieser Seite auf oder vielmehr deployiert nach dieser Seite, da eine so tiefe Kolonne bei einem einfachen Aufmarsch in völlige Unordnung geraten würde; es bedarf, um ein solches Manöver in Ordnung zu vollziehen, der kunstvollen Form des Deployements, d. h. rechtwinkliger kommandierter Bewegungen der einzelnen Abteilungen. Gegen diese Auslegung spricht, daß die Griechen damit eine Stellung 1½ bis 2 Kilometer vom Fluß entfernt genommen, also durch diesen eigentlich keine Deckung mehr gehabt hätten. Man hat deshalb auch wohl die Bewegung nach dem andern Flügel zu machen lassen wollen, so daß die Griechen während der Bewegung dem Feind den Rücken gewandt hätten. Xenophon könnte aber auch sagen wollen, daß die Griechen ihren bedrohten Flügel umbiegen, d. h. einen Haken bilden ließen. Auch dies Manöver wäre freilich schwierig auszuführen und die neue Stellung taktisch sehr ungünstig gewesen, da, wenn nun die eine der beiden Fronten einen Offensivstoß machte, die Phalanx zerrissen wurde.

Ein drittes und viertes Mal finden wir den Ausdruck ἀναπτύσσειν bei Xenophon in der Cyropädie VII, 5, 3 und 5. Cyrus will eine sehr lange aber flache Phalanx auf die Hälfte verkürzen und dadurch in der Tiefe verdoppeln. Er befiehlt zu diesem Zweck den auf den Flügeln stehenden Hopliten, sich hinter das stehenbleibende Zentrum zu setzen. Das ist so ausgedrückt: »παρήγγειλεν ἀπὸ τοῦ ἄκρου ἑκατέρωθεν τοὺς ὁπλίτας ἀναπτύσσοντας τὴν φάλαγγα ἄπιέναι παρὰ τὸ ἑστηκὸς τοῦ στρατεύματσς ἕως γένοιτο ἑκατέρωθεν τὸ ἄκρον κατ' αὐτὸν καὶ κατὰ τὸ μέσον«. Will man hier das »ἀναπτύσσοντας τὴν φαλαγγα« auf die schon stehende Phalanx beziehen, so kann man es nicht anders als mit »umbiegen« übersetzen, und das gibt einen klaren natürlichen Sinn. Anders wäre die »Phalanx«, von der hier gesprochen wird, nicht die, in der die Hopliten stehen, sondern die, zu der sie jetzt aufmarschieren sollen. Es wäre also zu übersetzen: »er befahl den Hopliten, von beiden Flügeln zur Phalanx aufzumarschieren und abzuziehen hinter das stehenbleibende Zentrum, bis die beiden Spitzen in der Mitte zusammenträfen.« Eine solche Ausdrucksweise wäre aber doch wohl unerträglich hart. Weiter heißt es »ἀναπτυχθείσης δ' οὕτω τῆς φάλαγγος ἀνάγκη τοὺς πρώτους ἀρίστους εἶναι καὶ τοὺς τελευταίους«. »Ανακτυχθείσης οὕτω τῆς φάλαγγος« kann ebensowohl »bei einer derartig aufmarschierenden Phalanx«, wie »bei einer derartig umgebogenen Phalanx« übersetzt werden.

Plutarch, Pelopidas cap. 23 in der Schilderung der Schlacht bei Leuktra wollen die Spartaner die Thebaner umfassen »τὸ δεξιὸν ἀνέπτυσσον καὶ περιῆγον ὡς κυκλωσόμενοι«. Man kann wohl nur übersetzen »sie bogen ihre Rechte und führten sie herum (oder, sie schwenkten ihre Rechte herum), um ihre Gegner einzukreisen«.

Umgekehrt Dio Cassisu IL cap. 29 haben die Römer unter Antonius im Kampf mit den Parthern eine dichte Verschildung gebildet und brechen plötzlich aus dieser hervor »πᾶσαν τὴν φάλαγγα ἅμα ἀνέπτυξαν«. Hier kann kaum anders als »entwickelten die Phalanx« oder »ließen die ganze Phalanx aufmarschieren (deployieren)« übersetzt werden.

In der Arrianischen Taktik VIII, 3 (Köchly und Rüstow, Griech. Kriegsschriftsteller II, 1, 286) wird dargelegt, daß bei einem Heer, dessen Abteilungen sich stets durch zwei teilen lassen, alle Bewegungen am leichtesten auszuführen sind. Dabei ist auch »ἐκτείνειν ἀναπτύσσοντα« genannt. Auch hier kann auf keine Weise eine Bedeutung wie »umbiegen« gebraucht werden; die Zusammenstellung mit ἐκτείνειν verlangt den Sinn »aufmarschieren« oder »deployieren«.

Vgl. hierzu Köchly und Rüstow, Griech. Kriegsschriftsteller II, 2, 267 und die Anmerkungen zu Xenophons Anabasis I, 10, 9 in den Ausgaben von Schneider, Volbrecht und Krüger, sowie die Anmerkungen von Dindorf zu Xenoph. Cyrop. VII, 5, 3. Ferner Reuß N. Jahrb. f. Philol. Bd. 127, S. 817, Bünger, ebenda 131, 262.

3. Wie die Aufstellung der Truppen hinter den beiden Flügeln als ein zweites Treffen aufgefaßt worden ist, so ist auch die »doppelte Phalanx« im Zentrum als eine Aufstellung in zwei Treffen gedeutet worden. Schon H. Droysen, Heerwesen p. 120, hat Bedenken gegen diese Auffassung geäußert, und gewiß mit Recht. Vor allem fragt man, was für Truppen denn hier gestanden haben; es wäre doch höchst merkwürdig, daß sie gar nicht erwähnt werden, während uns sonst jede kleine Abteilung genannt wird, um so merkwürdiger, da ja diese Truppen eine selbständige Bewegung machen, nämlich die in das Lager eingedrungenen Feinde wieder vertreiben. Niese hat die Vermutung ausgesprochen, die sonst nicht genannten griechischen Bundesgenossen möchten hier gestanden haben, aber wahrscheinlich (Köhler, Sitz-Ber. d. Berl. Akademie 1898) haben diese gar nicht an der Schlacht teilgenommen, und der ganze Gedanke eines zweiten Treffens muß aufgegeben werden. Über die Bedeutung und den Charakter der Aufstellung in mehreren Treffen werden wir noch zu handeln haben; bei Gaugamela ist sie nicht nur nicht genügend bezeugt, sondern wird geradezu ausgeschlossen durch die Erzählung von dem Durchreißen der Phalanx und dem Durchbrechen der feindlichen Reiter durch diese Lücke. Ein Treffenabstand kann nicht wohl unter 100 Schritt betragen; beide Treffen bewegen sich selbstständig. Wenn das erste Treffen zerreißt, was ja sehr leicht geschehen kann, so ist das zweite, das doch nicht zufällig auch ganz an derselben Stelle zerreißen wird, dazu da, die Lücke zu füllen, oder etwa durchbrechende Feinde aufzufangen. Eine ähnliche Funktion sollten ja auch die Reservetruppen hinter den Flügeln eventuell ausüben, denen zu einem zweiten Treffen nur fehlt, daß sie nicht aufmarschiert sind. Im Zentrum, hinter der Phalanx, hat es aber ein zweites Treffen noch weniger gegeben, sonst wären die feindlichen Reiter nicht so glatt durchgekommen. Die doppelte Phalanx ist also nur als eine in der Tiefe verdoppelte aufzufassen, deren hintere Abteilungen instruiert sind, eventuell Kehrt zu machen.

4. Nach Arrians Erzählung hat, als die beiden Heere einander schon so nahe waren, daß die Macedonier drüben den König Darius mit seiner Umgebung erkennen konnten, Alexander sein Heer eine längere Bewegung nach rechts machen lassen. Rüstow und Köchly geben das wieder: »Alexander zog sich in Echelons halb rechts« … »die Bewegung, welche darauf berechnet ist, die ganze macedonische Armee auf die linke Flanke der Perser zu werfen«. Einen solchen Flankenmarsch mit einer großen Armee zu machen, setzt eine Exerzierkunst voraus, die ich denn

doch den Macedoniern nicht zutrauen möchte. Überdies wäre die Bewegung so gefährlich, daß man sie als undenkbar bezeichnen kann: der Gegner brauchte ja nur zuzufahren, um die macedonische Armee in einem Zustand anzugreifen, in dem sie kaum verteidigungsfähig war. Der Flankenmarsch so nah an der feindlichen Front entlang ist nur anwendbar, wenn man sicher sein kann, daß der Gegner in seiner Defensivstellung verharrt. Die Perser aber, deren Kraft in den Reitern und Sichelwagen bestand, warteten nur auf den Augenblick, wo sie vorbrechen konnten. Es möchte jemand an den Flankenmarsch Friedrichs des Großen bei Leuthen denken – aber dieser wurde gemacht gedeckt durch eine Hügelkette, so daß die Gegner ihn nicht rechtzeitig bemerkten, nicht genügend beobachten konnten und die Bewegung, die sie wahrnahmen, sogar für einen Rückzug hielten. Die Perser aber sollen den angeblichen macedonischen Flankenmarsch unmittelbar vor Augen gehabt und, um ihm zu begegnen, eine der macedonischen parallele Flankenbewegung gemacht haben. Nicht nur kann man den Persern eine solche Exerzierkunst noch weniger zutrauen als den Macedoniern, sondern die Bewegung ist auch ganz unverständlich: zogen sich die Macedonier nach rechts, so gaben sie damit ja ihre linke Flanke den Persern preis: diese also brauchten bloß geradeaus (auf ihrem angeblich vorher geebneten Boden) zu gehen, die um Macedonier zugleich in der Marschbewegung, in der Flanke und im Rücken zu packen.

Erst als die beiderseitige Flankenbewegung eine Weile gedauert hatte, soll endlich Darius die Einsicht gekommen sein, daß es am besten sei, zum Angriff zu schreiten, aber nicht etwa wegen der ungünstigen Verfassung, in der sich die Macedonier gerade befanden, sondern damit die Heere sich nicht von dem künstlich geebneten Terrain auf ein unebeneres zögen, wo die Wagen unbrauchbar wurden.

Es ist einleuchtend, daß der Vorgang so, wie ihn Arrian schildert und Rüstow-Köchly ihn militärisch analysiert haben, unmöglich sich abgespielt haben kann. Vielleicht sind in der Überlieferung Manöver, die sich beim Anmarsch abspielten, ehe die Heere so nah waren, mit den Bewegungen auf dem Schlachtfeld selbst kontaminiert worden. Eine vorsichtige Kritik darf davon nicht mehr aufnehmen, als oben geschehen ist, daß nämlich die Reiter und Leichtbewaffneten des rechten Flügels sich gegenseitig die Flanke abzugewinnen suchten.

Daß die Phalanx beim Vormarsch durchriß, hing nach Arrian mit dem Flankenmarsch zusammen. Das Zerreißen ist aber selbst dann nicht unnatürlich, wenn gar kein absichtliches Ziehen nach rechts stattgefunden hat, da es überaus schwer, ja fast unmöglich ist, eine breit aufmarschierte Linie ganz gerade vorwärts zu bewegen, und bei längerem Vormarsch das

Zerreißen fast unvermeidlich ist. Hat sich die macedonische Armee beim Vormarsch nach rechts gezogen, so lag das ganz gewiß nicht in der Absicht Alexanders, da jede Abweichung von der geraden Linie die Gefahr der Unordnung mit sich bringt, sondern war ein zufälliger Fehler, den die Lagerlegende nachher zu einem taktischen Manöver stempelte.

5. v. Schweiger-Lerchenfeld in seiner Bearbeitung der Studienexpedition des Ingenieurs Cernik (Ergänz.-Heft Nr. 45 zu Petermanns Geogr. Mitteil. 1876 S. 3) sucht den Ort der Schlacht näher zu bestimmen und findet ihn in einer reichen Fruchtebene bei dem Orte Kermelis. Militärisch ergibt sich nichts weiter daraus.

6. Die Schlacht bei Gaugamela scheint die einzige große Schlacht in der Weltgeschichte zu sein, in der die *Sichelwagen* eine wirkliche, freilich verfehlte Rolle gespielt haben. Xenophon beschäftigt sich in der Europädie (VI, 1, 30. VI, 2, 17, 18. VIII, 1. VIII, 8, 24) wiederholt und ausführlich mit ihnen, wohl nicht bloß, weil sie zu dem Bilde einer persischen Heeresmacht gehörten, sondern weil die abenteuerliche Furchtbarkeit der Waffe seine Phantasie reizte. So ist es auch anderen nach ihm ergangen; Leonardo da Vinci hat sich mit der Konstruktion solcher Wagen abgegeben und gezeichnet, wie sie in die feindliche Masse hineinfahren und die Arme und Beine herumfliegen.

So ausführlich Xenophon die Sichelwagen behandelt, so deutet doch auch er schon an, wo ihre Schwäche liegt. Er läßt die Pferde gepanzert sein, und in der Schlacht (VII, 1) erleiden die Wagenlenker große Verluste, und im Schlußkapitel heißt es, die Perser verständen heutzutage die Sichelwagen nicht mehr zu lenken; sie führen zwar los, aber die Führer sprängen oder stürzten bald heraus, und die führerlosen Gespanne täten oft mehr Schaden bei den Freunden als bei den Feinden.

7. Friedr. Hackmann, Die Schlacht bei Gaugamela, Dissert. (Halle 1902) hat die Schlacht wesentlich anders zu rekonstruieren versucht. Ich habe der Untersuchung jedoch nur einige Verbesserungen im einzelnen entnehmen können, als Ganzes ist sie verunglückt, da dem Verf. die nötigen Kenntnisse von der Elementartaktik und ihren Möglichkeiten gefehlt haben. Vgl. meine Rezension in der Deutsch. Liter. Zeit. 1902 Nr. 51, Sp. 3229.

5. KAPITEL
Die Schlacht am Hydaspes

Alexander soll den Feldzug nach Indien nach der gewöhnlichen Annahme mit einem Heer von 100 000 bis 120 000 Mann, also mit einem dreimal so großen Heer als gegen Darius, unternommen haben. Zuverlässig überliefert ist die Zahl jedoch nicht,[1] und sie ist in sich unglaubwürdig, sogar unmöglich. Das entscheidende Treffen am Hydaspes gegen Porus ist nach der bestimmten und keinem Zweifel unterliegenden Angabe Arrians

1 Curtius' Zahl ist wertlos. Arrian gibt in der Anabasis nirgends eine Gesamtzahl, sondern erwähnt nur in den Indika (cap. 19), daß dem König, als er den Rückmarsch antrat, 120 000 Streitbare (μάχιμοι) gefolgt seien, darunter vielerei Barbaren. Dabei mögen massenhafte Aufgebote indischer Fürsten mitgezählt sein, die mehr oder weniger fiktiv waren. Auch davon abgesehen, weiß man nicht, wo die Zahl herstammt und ob sie zuverlässig ist. Den Zahlen über das macedonische Heer, die Arrian in der Anabasis gibt, darf man trauen, da er sich hier wesentlich auf Ptolemäus stützt, aber was wir in den Indika finden, mag irgend einer trüben Quelle entnommen sein. Plutarch (cap. 66) läßt gar das Heer, das den Marsch durch Gedrosien macht, 120 000 Mann zu Fuß und 150 000 Reiter stark sein.

Die Berechnung von Rüstow und Köchly p. 298 ist nicht genügend fundiert; sie wollen die Masse der am Hydaspes konzentrierten Armee auf 69 000 Mann und 10 000 Pferde veranschlagen. Die Verfasser charakterisieren selber das Avantgardekorps als das, »welches jetzt eigentlich die Schlachten schlägt«. So ist es in der Tat, und da frage ich, weshalb ein Feldherr wie Alexander sich die Kriegführung erschwert haben soll durch Mitschleppen weiterer großer Massen von Truppen, für die im Verlauf des Krieges nie eine Verwendung erscheint.

von 11000 Mann (darunter 5000 Reiter) geschlagen worden.[1] Es ist nicht anzunehmen, daß gegen Gegner von so geringer Widerstandskraft Alexander ein mehrfach größeres Heer aufgeboten haben sollte, als das, womit er das Riesenreich des Darius bezwang. Das Heer war überdies von einem sehr großen Troß, auch von Weibern und Kindern begleitet,[2] hätte also bei 120000 Kombattanten mehrere Hunderttausend Köpfe gezählt. Eine solche Masse bewegt sich nicht so leicht und schnell, wie Alexander es tat, und vollends der Übergang über den Hindukusch, über einen Paß von 4000 Meter Höhe, ist für solche Massen in einem Zuge schlechthin ausgeschlossen. Gehen wir von der Tatsache aus, daß am Hydaspes 11000 Mann ins Gefecht kamen und daß am andern Flußufer bedeutende Teile des Heeres zurückgeblieben waren, daß aber Alexander wieder eine entscheidende Schlacht nicht wohl angenommen haben kann, ohne wenigstens ein Drittel seines Heeres auf dem Platz zu haben, so mögen wir das ganze Heer auf 20 bis 30000 Mann schätzen.

Über die Stärke des Porus überliefern uns die griechischen Quellen die verschiedensten, offenbar auf ganz willkürlicher Abschätzung beruhenden Zahlen. Diodor (XVII, 87) gibt ihm mehr als 50000 Mann zu Fuß, gegen 3000 Reiter, über 1000 Wagen und 130 Elefanten. Arrian gibt ihm 4000 Reiter, 300 Wagen und 200 Elefanten; Plutarch 20000 Mann zu Fuß und 2000 Reiter; Curtius nur 85 Elefanten. Wesentlich ist, daß die Quellen übereinstimmend den Macedoniern die Überlegenheit an Kavallerie geben, 5000 Mann gegen 4000 (nach Arrian), 3000 (nach Diodor), 2000 Plutarch). Die Kraft der Inder lag in den Elefanten, für die wir wohl die niedrigste Zahl, 85, anzunehmen haben.

1 Der Rest des Heeres ist nach der positiven Angabe Arrians, die wir keinen Grund haben, anzuzweifeln, erst über den Hydaspes gegangen, als die Schlacht entschieden war, darf also für das Gefecht selbst nicht mitgezählt werden.

2 Crämer, Beitr. z. Gesch. Alexanders d. Großen Marburger Dissert. 1893.

Porus wagte es nicht, die Entscheidung einer Feldschlacht herauszufordern, und glaubte sich dadurch verteidigen zu können, daß er den Macedoniern den Übergang über den wasserreichen Hydaspes wehrte. Das konnte unmöglich gelingen, da ein einigermaßen geschickter und tatkräftiger Gegner etwas früher oder später Mittel finden mußte, oberhalb oder unterhalb überraschend eine Heeresabteilung hinüberzuwerfen. Da wir hören, daß noch ein anderer indischer Fürst dem Porus Hilfe zu leisten im Begriffe stand, so ist immerhin möglich, daß Porus in dem Irrtum, der Fluß könne als absolutes Hindernis dienen, nicht befangen war, sondern nur einige Tage Zeit zu gewinnen trachtete, um die Hilfstruppen herankommen zu lassen.[1]

Es kam zur Entscheidung, indem Alexander vier Meilen aufwärts von der Stelle, wo die beiden Heere einander gegenüber lagerten, unvermutet mit 11 000 Mann übersetzte und Porus ihm, nachdem ein detachiertes Korps geschlagen war, entgegenging.

Porus verteilte, wie die Macedonier, seine Kavallerie auf beide Flügel; sie wurde unterstützt durch die Streitwagen, unter denen wir uns nicht wohl Sichelwagen, sondern leichte, mit Bogenschützen besetzte Gefährte vorzustellen haben.

Die Reiterei war jedoch, wie wir wissen, nicht stark; die Kraft des indischen Heeres beruhte in den Elefanten. Diese waren im Zentrum der Schlachtlinie mit dem Fußvolk in einer eigentümlichen Ordnung kombiniert. Die Tiere, jedes außer dem Kornak mit einigen Schützen in einem kleinen Turm besetzt, standen in ziemlichen Zwischenräumen voneinander; das Fußvolk unmittelbar hinter ihnen, so daß es noch etwas in die Zwi-

1 Jedenfalls unrichtig ist die Vorstellung von Rüstow und Köchly, dieser indische Fürst, Abisares, sei dem Porus auf dem rechten Ufer des Hydaspes zugezogen. Da wäre er ja den Macedoniern geradezu in die Hände gelaufen und abgefangen worden, ohne daß Porus ihm oder er dem Porus helfen konnte. Curtius VIII, 47 ist auch ausdrücklich gesagt, daß Porus den Zuzug auf dem linken Ufer erwartete.

schenräume zwischen den Elefanten hineinragte. Da Arrian ausdrücklich sagt, daß das Fußvolk eine zweite Front gebildet habe, so darf man wohl ebenso wenig sagen, daß es in kleine Haufen aufgelöst gewesen sei, wie daß es hinter den Elefanten in einem kleinen Abstand gestanden habe; vielmehr muß die Phalanx immer hinter den Elefanten flacher, zwischen den Elefanten tiefer aufgestellt gewesen sein. Das Ganze sah nach dem Bericht der Griechen aus wie eine Stadtmauer mit ihren Türmen. Porus soll erwartet haben, daß die Griechen sich in die Zwischenräume zwischen die Elefanten nicht hineinwagen würden. Die Pferde würden vor den Elefanten scheuen, und das Fußvolk würde es sich auch nicht getrauen; denn gingen sie vor, um die Elefanten von der Seite anzugreifen, so hatten sie das indische Fußvolk zu fürchten, gingen sie gegen dieses vor, so mußten sie besorgen, daß die Elefanten sich gegen sie wenden und sie niedertreten würden.

Wie das indische Fußvolk bewaffnet war, ist nicht direkt berichtet. Die Griechen nennen es Hopliten; aber daß wir es mit einer fest geschlossenen, auf den Nahkampf ausgehenden Waffe, wie die griechisch-macedonische Phalanx, zu tun haben, ist nicht anzunehmen. Die Aufstellung der Elefanten vor diesem Fußvolk scheint darauf hinzuweisen, daß von jenen die eigentliche Entscheidung erwartet wurde; das Fußvolk war in diesem Heer noch mehr als in dem persischen eine bloße Hilfswaffe. Es sollte, wie die Griechen berichten, eine Art Deckung für die Elefanten bilden.[1] An Zahl mag das indische Fußvolk die 6000 Mann, die Alexander heranführte, immerhin erheblich übertroffen haben.

1 Major Ohlendorf in einem Aufsatz »Die Verwendung des Elefanten zu kriegerischen Zwecken im Altertum« (Jahrb. f. d. d. Armee u. Marine, Bd. 49, Dez. 1883) meint, daß Fußvolk habe die Aufgabe gehabt, nicht zuzulassen, daß die Elefanten Kehrt machten«. Man weiß nicht recht, wie die Fußgänger das anfangen sollten. Die Auffassung beruht anscheinend auf einem Übersetzungsfehler.

Die Macedonier hatten ihre gewöhnliche Aufstellung, die Phalanx im Zentrum, die Kavallerie auf den Flügeln;[1] den rechten, der am Flusse entlang vorging und den sonst immer der König selbst geführt hatte, kommandierte Koinos; den linken, der keine Anlehnung hatte, deshalb der gefährdetere war und seinerseits am besten die Flankierung und Umgehung ausführen konnte, führte Alexander selbst. Der Phalanx aber befahl er, sich zurückzuhalten, bis er mit der Kavallerie den Feind in Verwirrung gebracht haben würde, zu welchem Zweck er dieser befahl, den Feind nicht bloß in der Front, sondern weiter ausholend auch sofort in der Flanke anzugreifen.

Da die Macedonier, wie wir als sicher annehmen dürfen, an taktischer Ausbildung der indischen Kavallerie noch mehr als in der Zahl überlegen waren, so gelang das Manöver auf beiden Flügeln. Die indischen Streitwagen konnten dem Ansturm der geschlossenen macedonischen Schwadronen noch weniger Widerstand leisten als die Reiter, und die Geschlagenen flüchteten sich hinter die Elefanten, die Mazedonier folgten ihnen. An den Elefanten, die wohl zum Teil Kehrt machten und durch die Infanterie hindurchgingen, um den Macedoniern zu begegnen, kam deren Angriff zum Stehen: die Pferde scheuten und waren an die Untiere nicht heranzubringen. Da Alexander bereits seit länger als einem Jahr im indischen Grenzgebiet und seit einer

1 Alexander hatte an die Übergangsstelle auch zwei Taxen Pezetären mitgenommen. Bei der Schlachtordnung erscheinen sie jedoch nicht; es ist nur von Hypasposten und Leichten die Rede. Auch die Zahl, 6000 Mann zu Fuß im ganzen, schließt sie aus. RÜSTOW und KÖCHLY, p. 229 haben angenommen, daß sie an der Übergangsstelle zurückgelassen seien, um eventuell dem Abisares entgegenzutreten. Das wäre, selbst wenn Abisares hier erwartet wurde, ein Fehler gewesen: zunächst kam es darauf an, mit Aufgebot aller kräfte den Porus zu schlagen und ein Gefecht mit Abisares so lange zu vermeiden. Ein isoliertes Korps von leichter Infanterie hätte ihm leicht erliegen können. Der Grund, weshalb die Pezetären nicht in der Schlacht waren, wird einfach sein, daß sie den Übergang noch nicht vollendet hatten. Über einen breiten Strom mit aufgeblasenen Schläuchen und einigen wenigen Schiffen zu gehen, nimmt sehr viel Zeit in Anspruch.

Reihe von Monaten auf indischem Boden stand und mit indischen Fürsten verbunden war, die ihm Elefanten zugeführt hatten, so war dieser Kampf für die Macedonier keineswegs eine Überraschung. Weil die Pferde vor den Elefanten scheuen würden, hatte Alexander den Übergang über den Hydaspes im Angesicht des feindlichen Heeres nicht gewagt, sondern die Umgehung gemacht. Man könnte sich wundern, daß nichts darüber berichtet wird, ob die Macedonier nicht versucht haben, ihre Pferde an den Anblick und das Geschrei der Riesentiere zu gewöhnen. Jedenfalls mußten sie jetzt zunächst zurück, und Porus ging zum Angriff gegen die macedonische Kavallerie und die Phalanx gegen ihn vor, so daß der Kampf allgemein wurde.

Die griechischen Quellen überbieten sich, die Schrecklichkeit dieses Kampfes auszumalen: die Elefanten bringen ein in die feindlichen Reihen, mögen sie auch noch so gedrängt stehen, zertreten die Gegner oder packen sie mit dem Rüssel und werfen sie in die Luft oder stoßen ihnen die Zähne in den Leib, und die Schützen auf ihren Rücken, voran der gewaltige König Porus selbst, schleudern ihre Geschosse.

Dennoch siegen endlich die Macedonier. Sie holen mit Pfeilen und Wurfspießen die Kornaks von den Elefanten herunter, machen diese führerlos und bringen vor allem den Elefanten selbst so viele schmerzhafte Wunden bei, daß sie endlich nicht weiter vorwärts wollen oder direkt Kehrt machen.

Sobald die Elefanten erlahmen, sind die Inder verloren. Ihr Fußvolk, wenn auch vermutlich zahlreicher als das macedonische, war nicht von der Art, um etwa die Verwirrung, die die Elefanten anfänglich angerichtet hatten, zu benutzen und die macedonische Phalanx im Nahgefecht vollends niederzukämpfen. Überdies ist der ganze indische Angriff sicherlich von Anfang an dadurch gelähmt gewesen, daß die macedonische Kavallerie in Verfolgung ihres anfänglichen Sieges bis in den Rücken der feindlichen Schlachtlinie gekommen und, wenn auch an den Elefanten zunächst abgeprallt, doch nicht bloß auf dem Schlachtfeld, sondern auch im Rücken der Elefanten und der feindlichen Infanterie geblieben war.

Mit ihrer großen Überlegenheit jagte sie die indischen Reiter, die sich von neuem herauswagten, wieder auf die Elefanten zurück. Mit gutem Vorbedacht hatte Alexander angeordnet, daß seine Phalanx, dünn wie sie war, sich zunächst zurückhalten solle: einem Ansturm der Elefanten im Verein mit dem indischen Fußvolk ohne jede Hemmung hätte sie vielleicht nicht standhalten können. Das fortgehende Reitergefecht im Rücken aber wird auf die Zuversicht und die Energie des Vorwärtsgehens der Inder von Anfang an gedrückt haben, und sobald sie erst standen, waren sie so gut wie eingeschlossen und wurden nun allmählich mehr und mehr zusammengedrängt. Sie wurden von ihren eigenen Elefanten, die Kehrt machten und denen sie nicht mehr ausweichen konnten, niedergetreten, während das macedonische Fußvolk auf dem äußeren Umkreis den Elefanten, die noch vorgingen, wich, um sie mit Geschossen zurückzutreiben, ihnen dann geschlossen folgte und so das feindliche Heer den macedonischen Reitern entgegentrieb.

Ein sehr großer Teil des indischen Heeres ging auf diese Weise zugrunde, die meisten Elefanten und König Porus selbst wurden gefangen.

Nach Arrian haben die Macedonier in dieser Schlacht nur 310 Tote verloren, davon 230 Reiter. Diese geringe Zahl könnte uns stutzig machen, ob der Kampf wirklich so furchtbar und hartnäckig gewesen ist, wie ihn unsere Quellen schildern. Ziehen wir aber in Betracht, daß in der Folgezeit die macedonischen Generale, die an der Schlacht teilgenommen haben und später als Nachfolger Alexanders sein Reich teilten und darüber kämpften, Elefanten in immer steigender Zahl in ihre Heere einstellten, so dürfen wir daraus einen Rückschluß auf den Gang dieser Schlacht machen. Die Macedonier müssen den Eindruck einer großen Leistung und militärischer Brauchbarkeit der Elefanten gehabt haben, und der Sieg kann ihnen nicht so ganz leicht geworden sein. Wenn wir daher bei Diodor lesen, daß die Macedonier 280 Reiter und mehr als 700 Fußgänger verloren hätten, so werden wir dieser Zahl vor der Arrians den Vorzug geben. Fast 1000 Tote und gewiß mehrere Tausend Verwundete auf ein Heer von 11 000 Mann weisen auf eine überaus zäh durchgefochtene Schlacht hin. Einen gewissen Einfluß mögen zuletzt die im Rücken der Inder noch über den Hydaspes setzenden Macedonier geübt haben, selbst ehe sie tatsächlich eingriffen; auch mag ein Teil des Verlustes, da sie noch an der Verfolgung teilnahmen, auf diese Truppen gefallen und beim Hauptheer in Abzug zu bringen sein.

1. Plutarchs Schlachtbericht stützt sich auf einen Brief Alexanders selber, den sein Biograph in indirekter Rede wiedergibt. Man hat aber die Authentizität dieses Briefes bezweifelt, und namentlich Ad. Bauer hat in einer sehr feinen Untersuchung (Festgaben für Büdinger; Innsbruck 1898) den Nachweis geführt, daß, wo dieser Brief von Arrian abweicht (der wieder die im wesentlichen übereinstimmenden Berichte des Ptolemäus und Aristobul wiedergibt), es in dem Sinne geschieht, daß alles so erfolgt sein soll, wie es der König vorhergesehen hat; namentlich betrifft das den Übergang über den Hydaspes mit seinen mancherlei Zwischenfällen, was wir in unserer Darstellung übergangen haben. Nun besteht aber, fährt Bauer sehr richtig fort, die Größe eines Feldherrn keineswegs darin, alle möglichen Zufälligkeiten vorher zu sehen, sondern, und gerade das hat Alexander hier glänzend bewährt, darin, den vielen Unberechenbarkeiten des Zufalls mit schnellem Entschluß gewachsen zu sein. Der Brief, der Alexander schmeicheln will, rührt also von einem militärisch verständnislosen Menschen her. Er kann unmöglich von Alexander selber sein, sondern ist von irgend einem Höfling komponiert, dem die Berichte des Ptolemäus und Aristobul bekannt waren, aber nicht genügten.

Handelte es sich wirklich um ein persönliches Schreiben Alexanders, so würde es in der Tat entweder als unecht verworfen werden müssen oder dem königlichen Autor ein recht dürftiges Zeugnis ausstellen. Eine Fälschung aber scheint mir nicht glaublich, da auf der einen Seite der Zusammenhang mit dem Bericht, den wir bei Arrian (aus Ptolemäus) finden, unverkennbar, auf der anderen originale Wendungen darin enthalten sind, die auf einen wirklichen Kenner schließen lassen. Wann und von wem und zu welchem Zweck soll die Fälschung gemacht sein? Hat Ptolemäus die Erzählung, die er nachher in seine Geschichte aufnahm, etwa schon bei Alexanders Lebzeiten veröffentlicht oder hat noch ein ganzes Menschenalter später jemand dem toten König durch die Brief-Fälschung schmeicheln wollen?

Wir entgehen all' diesen Schwierigkeiten, wenn wir den Brief zwar für echt, aber nicht als eine persönliche Äußerung Alexanders, sondern als ein Bulletin ansehen, das irgend einen Sekretär aus der Umgebung des Königs zum Verfasser hatte. Was Bauer so scharfsichtig an dem Schreiben als charakteristisch herausgefunden, daß es nämlich den König alles voraussehen lasse, das gerade ist der Stil offizieller Kriegsgeschichts-Schreibung. Man prüfe nur daraufhin moderne Generalstabs-Werke, obgleich sie von Offizieren geschrieben werden, und auch in den Memoiren von St. Helena z.B. über 1796 und namentlich in den amtlichen französischen Darstellungen des Feldzuges von 1800 findet man manches Gegenstück dazu.

Daß die Kriegskunst gerade deshalb so schwer ist, weil sie im Dunkel des Nichtwissens oder Halbwissens operieren muß und der Scharfblick auch des größten Feldherrn das Dunkel nie völlig zu durchdringen vermag, das ist ein Satz, mit dem man bei der öffentlichen Meinung nie Größe dartun, sondern höchstens Fehler entschuldigen kann. Die bequemste Art, dem Publikum das Genie des Feldherrn einleuchten zu machen, ist immer, ihm zu zeigen, wie er alles vorausgesehen und vorausberechnet hat. Wir treten Alexander daher nicht zu nah, wenn wir dabei bleiben, daß er das Bulletin unter seinem Namen abgehen ließ, obgleich es in dem beschriebenen Sinne die Erzählung färbt.

2. Arrian will, daß die Elefanten des Porus in einer Distanz von einem Plethron (100 Fuß) gestanden hätten, und daraufhin haben Rüstow und Köchly die Länge seiner ganzen Schlachtlinie auf 1¼ Meile berechnet. Alexander hingegen habe nur eine ganz kurze Front gehabt, bis zum zwanzigsten Elefanten reichend; sein Schlachtplan habe also darin bestanden, zunächst den einen, den linken Flügel der Inder zu schlagen. In unseren Quellen ist von einer solchen Flügel-Schlacht nichts zu finden; man sieht nicht, weshalb die 180 überragenden Elefanten den Macedoniern nicht in die Flanke gefallen sind, und in der eigenen Erzählung Rüstows und Köchlys ist von der Flügel-Schlacht auch nichts enthalten. Wie aber soll das 11000 Mann zählende macedonische Heer zu einer Länge von 1⅙ Meilen ausgereckt worden sein?

Die Lösung kann nur darin liegen, daß bei Arrian sowohl die Zahl der Elefanten sehr übertrieben, als der Zwischenraum zwischen den einzelnen viel zu groß angegeben ist. Auch einem Ptolemäus kann es wohl geschehen sein, daß er nach einem persönlichen Eindruck (er war in der Schlacht anwesend) das Intervall auf ein Plethron geschätzt hat, ohne sich klar zu machen, welche Länge dabei für die ganze Schlachtlinie herauskommen würde. Polyän IV, 3, 22, in einer Schlachtschilderung, die im übrigen als Beispiel und Warnung vor unzuverlässigen Quellen dienen kann, gibt die Distanz der Elefanten voneinander auf 50 Fuß an.

Die Darstellung, die ich von dem Verlauf der Schlacht gegeben habe, weicht von den bisher üblichen wesentlich ab in der Auffassung des Kavallerie-Gefechts auf den beiden Flügeln und in Zusammenhang damit des rückenangriffs. Es handelt sich um die Lösung einer Schwierigkeit in der Erzählung Arrians.

Alexander, sagt er, habe sich mit dem Gros seiner Kavallerie gegen den linken Flügel des Feindes gewandt. Den Koinos aber habe er mit zwei Hipparchien gegen den rechten (ὡς ἐπὶ τὸ δεξιόν) gesandt, mit dem Befehl, wenn die Barbaren gegen ihn, den König, vorgingen, ihnen in den Rücken zu fallen. Man fragt: wie konnte Koinos das, wenn er auf dem anderen Flügel stand? Er konnte doch nicht um die ganze feindliche Schlachtlinie herumreiten? Rüstow und Köchly haben deshalb angenommen, er sei nicht gegen den feindlichen rechten Flügel, sondern auf den macedonischen äußersten rechten Flügel gesandt worden, und Bauer hat das (a. a. O.) so mit dem Wortlaut zu vereinigen gesucht, daß er das »δεξιόν« zwar auf die Inder bezieht, das Ganze jedoch für ein Schein-Manöver erklärt: Koinos habe sich nach jener Richtung in Bewegung gesetzt, sei aber dann umgekehrt und habe Alexander sekundiert.

Mir scheint diese Auslegung, die eine wie die andere, schlechterdings sachlich wie sprachlich unmöglich. Der klare Wortlaut sagt[1], daß, wie Alexander gegen den linken, Koinos gegen den rechten feindlichen Flügel vorging. Wenn Koinos aber den indischen Reitern, die Alexander entgegen gingen, in den Rücken fallen sollte, so mußte er sich beeilen und konnte nicht erst eine Schein-Bewegung machen, die auch gar keinen Zweck gehabt hätte, und Arrian hätte nicht auslassen können, daß er von der Schein-Bewegung gegen den feindlichen rechten Flügel zu der wahren gegen den linken zurückgekehrt sei. Überdies muß die macedonische Phalanx auch auf ihrem linken Flügel notwendig Kavallerie gehabt haben.

Es bleibt nichts übrig, als festzustellen, daß Arrians Erzählung einen unlöslichen Widerspruch enthält: es kann zu nichts führen, durch irgend eine gekünstelte Interpretation ihn halbwegs zu verdecken, sondern man muß den Fehler feststellen und suchen, ihn zu eliminieren. Das ist aber nicht so sehr schwer, selbst ohne Zuhilfenahme der anderen Quellen.

Notwendig hat Alexander auf beiden Flügeln seines Heeres Kavallerie gehabt. Die des einen kommandierte der König selbst, die des anderen Koinos. Auf beiden Flügeln waren die Macedonier an Kavallerie überlegen. Von dem rechten Flügel erzählt Arrian weiter: der König sandte

1 Das ist auch Kaersts Ansicht. Philologus Bd. 56, S. 412.

seine berittenen Bogenschützen gegen den Feind »αὐτὸς δὲ τοὺς ἑταίρους ἔχων τοὺς ἱππέας παρήλαυνεν ὀξέως ἐπὶ τὸ εὐώνυμον τῶν βαρβάρων, κατὰ κέρας ἔτι τεταραγμένοις ἐμβαλεῖν σπουδὴν ποιούμενους, πρὶν ἐπὶ φάλαγγος ἐκταθῆναι αὐτοῖς τὴν ἵππον.«

Der König griff also die indischen Reiter, während sie in der Front von seinen berittenen Bogenschützen attackiert wurden, mit seiner Ritterschaft in der Flanke an.

So weit ist alles ganz klar – jetzt aber, fährt Arrian fort, erschien auch Koinos im Rücken der Inder, und sie mußten eine doppelte Front gegen ihn und gegen Alexander machen. Hier steckt die Konfusion. Koinos ist ja auf dem anderen Flügel und die doppelte Front mußten die Inder schon vorher machen, nämlich gegen die berittenen Bogner und gegen die Hetären: wäre Koinos auch noch gekommen, von hinten, so hütten sie eine dreifache machen müssen.

Es kann nicht anders sein, als daß Arrian hier unaufmerksam gewesen ist und seine Vorlagen mißverstanden hat. Koinos hat mit dem Gefecht auf diesem Flügel nichts zu tun. In der Vorlage muß etwa gestanden haben, daß ebenso wie auf dem Flügel Alexanders auch Koinos seinen Gegner umging und gleichzeitig in der Front und aus der Flanke (was, wenn der Gegner nicht rechtzeitig eine Gegenbewegung gemacht hat, immer auch einen Angriff von hinten bedeutet) packte. Die Umgehung also, die Koinos auf seinem Flügel vollzog, hat Arrian auf den Flügel Alexanders bezogen.

Korrigieren wir in dieserr Art die Erzählung Arrians, so wird sie nicht nur in sich klar, sondern kommt auch in Übereinstimmung mit dem Bulletin. Hier ist ausdrücklich gesagt, daß Alexander auf dem einen, Koinos auf dem anderen Flügel angriff und daß der Feind auf beiden Flügeln geschlagen wurde und sich auf die Elefanten zurückzog.

Dies Zeugnis ist schlechthin ausschlaggebend – man müßte denn, wozu aber gar kein Grund vorliegt, das Bulletin für eine Fälschung erklären.

Die Verwirrung, die Arrian durch die Konfundierung des rechten und linken Flügels angerichtet hat, läßt sich aber nicht bloß konstatieren, sondern ich glaube, man kann noch einen Schritt weiter gehen und den Punkt aufzeigen, an dem sie entstanden ist. Das Bulletin (in der indirekten Rede Plutarchs) gibt den Befehl Alexanders folgendermaßen wieder »αὐτος μὲν ἐνσεῖσαι κατα θάτερον κέρας, Κοῖοον δὲ τῷ δεξιῷ προσβαλεῖν κελεῦσαι.« Hätte man diese Worte allein, so würde kein Zweifel über ihre Bedeutung sein; man würde übersetzen: »Der König habe den einen Flügel attackiert, Koinos aber befohlen, sich auf den rechten zu werfen.« Danach führte also Alexander selbst den rechten, Koinos den linken Flügel. Nun heißt aber der ganze Satz so: »φοβηδὲις δὲ τὰ θηρία καὶ τὸ πλῆθος τῶν πολεμίων αὑτὸς μὲν ἐνσεῖσαι κατὰ θάτερον κέρας, Κοῖνον δὲ τῷ δεξιῷ προσβαλε ῖν κελεῦσαι.« Es wird also die Anordnung der Flügel besonders motiviert; sie war nicht die gewöhnliche, »Aus Besorgnis vor den Elefanten und der Menge der Feinde« – übernimmt der König den einen und Koinos den anderen Flügel: das hat keinen Sinn, wenn nicht in der Anordnung der Flügel irgend etwas Außerordentliches geschah. Nach der Auffassung jedes Griechen kommandiert aber der König den rechten Flügel und greift den feindlichen linken an. Will er statt dessen den feindlichen rechten angreifen, so ist das »der andere«, und die Worte, die von Koinos gebraucht werden, können sehr gut auch in dieser Weise gedeutet werden, nämlich nicht, daß er sich auf den (feindlichen) rechten Flügel werfen, sondern mit dem (eigenen) rechten Flügel angreifen solle. Die meisten Ausleger haben um des Wortlautes und der Übereinstimmung mit Arrian willen die Stelle in dem ersten, einige aber auch in dem zweiten Sinn übersetzt, und es läßt sich ein ganz guter sachlicher Grund für diese letztere Anordnung denken. Die Inder lehnten sich mit ihrem linken Flügel an den Fluß, wurden sie hier besiegt, so hatten sie den Rückzug in das Land. Wurden sie aber auf ihrem rechten Flügel umgangen und geschlagen, so konnte das Gros des Heeres gegen den Fluß gedrängt und abgeschnitten werden. Jeder Erfolg an dieser Stelle mußte sofort die stärkste Wirkung auf den moralischen Halt des ganzen indischen Heeres ausüben. Indem Alexander also selbst diesmal den linken Flügel übernahm, wählte er für sich den Posten, der zugleich der gefährlichste war und an dem er die größte Wirkung ausüben konnte, und legte die Schlacht von vornherein auf eine Vernichtungsschlacht an, wie es ihm ja denn auch gelungen ist, den Porus selbst und den wertvollsten Teil seines Heeres, nämlich die Elefanten, fast sämtlich gefangen zu nehmen. Porus selber soll, wohl in der Erwartung, daß der König der Macedonier wie gewöhnlich den rechten Flügel führen werde, auf seinem linken gestanden haben.

Daß Alexander tatsächlich in dieser Schlacht seinen linken Flügel kommandierte, dafür gibt es noch eine andere Spur.

Nach Curtius gibt Alexander Koinos den Befehl: »Quum ego Ptolemaeo, Perdiccaque et Hephaestione comitatus in laevum hostium cornu impetum fecero .... ipse dextrum move et turbatis signa infer.« Nachher aber heißt es: »Coenus ingenti vi in laevum cornu invehitur.«

Curtius widerspricht sich also selber. Aber nicht die erste, sondern die zweite Stelle scheint das Richtige zu enthalten. Denn es ist ausdrücklich gesagt, daß zu den Regimentern, die der König führen wollte, auch das des Perdikkas gehörte. In dem Gefecht aber, das vor der eigentlichen Schlacht Alexander einem detachierten Korps des Porus liefert, schickt Alexander den Perdikkas mit seinen Reitern gegen den rechten Flügel des Feindes (VIII, 47 »Perdiccam cum equitibus in dextrum cornu hostium emisit«). Es ist nicht wahrscheinlich, daß gerade die Reiter, die schon auf dem linken Flügel gekämpft hatten, nachher zu der Umgehung auf den äußersten rechten herangezogen wurden.

Gegen unsere Auslegung spricht, daß das Bulletin ja keineswegs den von uns supponierten Grund für die Kommandovertauschung angibt, sondern ganz allgemein die Elefanten und die Zahl der Feinde. Mit diesen Gründen direkt ist überhaupt nichts anzufangen: inwiefern ist es ein Mittel gegen Elefanten und große Feindeszahl, daß der eine General den einen, der andere den andern Flügel kommandiert? Man könnte vermuten, daß Plutarch ungenau referiert und das Außerordentliche der Anordnung Alexanders darin bestand, daß, wie Arrian berichtet, die beiden Kavallerieflügel vorauseilten und die Phalanx sich zunächst zurückhielt. Rechnen wir aber mit den Vorstellungen der Griechen, in denen auch der Verfasser des Bulletins lebte, so erscheint doch nicht ausgeschlossen, daß Plutarch den Inhalt ganz richtig wiedergibt. Der eigentliche strategische Grund, weshalb Alexander diesmal das Kommando des linken Flügels führt, ist für ein Bulletin zu kompliziert und zu fein. Die Hauptsache, auf die es dem Autor ankommt, ist, den Eindruck der höchsten Gefahr und außerordentlicher Leistung zu erwecken. In einer gewöhnlichen Schlacht kommandiert der König den rechten Flügel, der, mit den besten Truppen besetzt, in der Regel den Sieg erringt. Bei der Zahl der Feinde aber und der Gefährlichkeit der Elefanten hätte es geschehen können, daß auch der Feind auf seinem rechten Flügel siegte, und deshalb mußte es der König selbst übernehmen, ihm an dieser, der gefährdetsten Stelle entgegenzutreten.

Vielleicht, mit Bestimmtheit läßt sich darüber nichts sagen, war dies der ursprüngliche Sinn. Dadurch, daß die Worte des Bulletins so unbestimmt und mehrdeutig waren, sind die Schriftsteller vielleicht schon früh unsicher geworden und sowohl Curtius als Arrian in Verwirrung geraten: Curtius widerspricht sich direkt, indem er einmal den König, einmal Koinos mit dem rechten Flügel angreifen läßt; Arrian kombiniert die Angriffe der beiden Flügel zu einem einzigen – und hat darüber den linken Flügel ganz ausfallen lassen.

6. KAPITEL
Alexander als Feldherr

Zahllose Schlachten und Treffen zu Wasser und zu Lande haben sich die griechischen Staaten untereinander geliefert: sie haben allesamt, sozusagen, nur negative, zerstörende oder verhindernde Wirkungen gehabt; eine große Herrschaft ist auf diesem Wege nicht begründet worden. Die Niederlage der Athener auf Sizilien, die Seeschlacht von Aigospotamoi lösten die Herrschaft Athens auf, gaben aber Sparta nur eine führende, keine herrschende Stellung. Spartas eigene innere Kraft reichte dazu noch weniger aus, als vorher die Athens. Selbst ein Sieg, wie ihn Agesilaus bei Koronea erfocht, hatte keine wesentlichen positiven Folgen, so wenig wie die Siege des Epaminondas bei Leuktra und Mantinea, weil es den Heeren wie den Staaten an der nachhaltigen Kraft gebrach, die Siege auf dem Schlachtfelde bis zu einer bleibenden Neugestaltung der Dinge zu verfolgen. Immer wieder bewundert man die Weisheit des Perikles, der sich durch alle strotzende Kraft seines Athen nicht zu einer Niederwerfungs- und Eroberungsstrategie verleiten ließ und keine nutzlosen Siege erfechten wollte. Die ungeheuren Erfolge der beiden macedonischen Könige wurden erst möglich, als die Mittel dazu bereitgestellt worden waren. Nicht bloß mit einer Hopliten-Phalanx, sagte Demosthenes den Athenern,[1] führe König Philipp

1 Κατὰ Φιλίππον III, 123, § 49.

seine Kriege, sondern zugleich mit Leichtbewaffneten, Bognern und Reitern. Nicht mehr wie zu den Zeiten der Väter sei es, wo die Spartaner im Sommer vier oder fünf Monate zu Felde lagen, ins Land fielen und im Winter wieder nach Hause gingen. Finde der macedonische König den Gegner nicht in freiem Felde, so schreite er zur Belagerung mit seinen Maschinen. Er gehe, wohin er wolle, und Sommer und Winter seien ihm gleich. Das Berufsheer hatte, das ist die Summe des Ganzen, das Bürgerheer abgelöst. In der stetigen Arbeit eines Menschenalters, Schritt für Schritt vordringend, hatte König Philipp seinem Sohn eine Herrschaft erworben und hinterlassen, die das Größte ins Auge zu fassen erlaubte, und mit der Größe der Mittel, der extensiven wie intensiven Steigerung der kriegerischen Kraft hatte die Kriegführung selber ihr Antlitz verwandelt und andere Formen angenommen. Alexander siegte nicht bloß auf dem Schlachtfeld, sondern er nutzte den Sieg auch aus. Die unmittelbare Verfolgung zerstörte die feindliche Streitmacht; die strategisch-politische Kombination brachte die Länder in seine Gewalt, die als Basis für neue Feldzüge dienten. Die Verfolgungsritte der macedonischen Kavallerie, die Märsche durch Gebirge und Wüsten[1]

1 H. Droysen, Untersuchungen p. 66 hat die Gewaltmärsche Alexanders zusammengestellt. Die einzelnen Angaben über Raum und Zeit möchte ich jedoch nicht wiederholen. Die Schätzung der Entfernungen ist sehr willkürlich, und ob die Zeit immer wirklich richtig angegeben ist, doch recht zweifelhaft. Schwarz in seiner sehr beachtenswerten auf eigener Kenntnis von Land und Leuten beruhenden Studie »Alexanders Feldzüge in Turkestan« (1893) hat wohl mit Recht festgestellt, daß der Marsch, den Alexander nach Arrian IV, 6 binnen drei Tagen machte, von Chodschent nach Samarkand ging. Arrian gibt die Entfernung auf 1500 Stadien an, das sind 275 Kilometer oder 37½ Meilen, und wirklich ergeben die neuesten Messungen 278 Kilometer. Ein solcher Marsch in drei Tagen geht aber über die Leistungsfähihgkeit auch der besten Truppe hinaus.

III, 15 erzählt Arrian, daß Alexander noch am Abend der Schlacht von Gaugamela den Lykos (Zab) und am Tage darauf Arbela erreicht habe, das 600 Stadien = 15 Meilen vom Schlachtfelde entfernt liege. Mit ziemlicher Sicherheit dürfen wir sagen, daß die Entfernung etwa halb so groß war, aber auch das ist noch immer eine ungeheure Leistung.

waren nicht geringere militärische Leistungen als die Schlachten selber und die Niederwerfung der Festungsmauern. Auf der Verfolgung nach Gaugamela fielen eine Menge Pferde vor Ermattung.

Alexander war nicht nur ein großer Feldherr, sondern auch ein Feldherr in großem Stil. Aber er war noch mehr.

Er nimmt dadurch eine einzigartige Stellung ein, daß er den welterobernden Strategen und den unübertroffenen tapferen ritterlichen Vorkämpfer in einer Person vereinigt. Kunstvoll führt er das Heer an den Feind heran, überwindet Gelände-Hindernisse, läßt es aus Engpässen aufmarschieren, kombiniert die verschiedenen Waffen je nach den verschiedenen Umständen verschieden zu stärkster Gesamtwirkung, sichert strategisch seine Basis und seine Verbindungen, sorgt für die Verpflegung, wartet ab, bis die Vorbereitungen und Rüstungen vollendet sind, stürmt vorwärts, verfolgt nach dem Siege bis zur äußersten Erschöpfung der Kräfte – und derselbe Mann kämpft in jedem Gefecht an der Spitze seiner Ritterschaft mit Speer und Schwert, dringt an der Spitze der Sturmkolonne in die Bresche oder überspringt als erster die feindliche Mauer. Es ist der einzige Moment in der Entwicklung des Kriegswesens, in dem die Elemente der Kriegführung noch so nah bei einander, daß der Feldherr seiner Natur nach zugleich Krieger ist; die strategische und taktische Handlung ist so einfach, daß von Miltiades und Leonidas bis zur Epaminondas die Einheit nicht besonders hervorgehoben zu werden braucht. Mit Philipp und vollends mit Alexander wächst die Heerführung zu einer organischen Funktion von solcher Größe und Vielseitigkeit, daß sie sich von dem persönlichen Kriegertum loslöst. Die höchste Bewunderung muß es erwekken, daß Alexander in der unerschöpflichen Kraft und Sicherheit seiner Persönlichkeit die Einheit noch aufrecht erhält. Sein Genius erkennt mit untrüglichem Scharfblick alle die neuen Bedürfnisse und Möglichkeiten, die die neuen Verhältnisse, die Zusammensetzung und die Größe der Heere, wie die Ausdehnung und Natur der eroberten Länder fordern und bieten. Mit Recht ist stets betont worden, wie er die Vorteile der Verfolgung nach dem Siege, die den griechischen Bürger-Feldherren noch unerreichbar waren,[1] erkannt und ausgenutzt hat. Die Spartaner hatten im Peloponnesischen Krieg nicht daran denken können, Athen zu belagern: Alexander vollendet den Erfolg des Sieges von Issus durch die siebenmonatliche, kunstvolle Belagerung und endliche Erstürmung von Tyrus. In Indien tritt die Aufgabe, die neue Waffe der Elefanten zu bekämpfen und angesichts dieser Waffe einen Strom zu überschreiten, an ihn heran: er weiß sie zu lösen, und immer setzt er dabei die eigene Person ein, unbekümmert, daß, wenn das Soldatenlos ihn treffen sollte im Gewühle des Kampfes, sein ganzes Werk mit ihm zusammenzustürzen droht.

Gleich hier will ich andeuten, an welchem Punkt die von Alexander noch festgehaltene Einheit des Feldherrn- und Kriegertums sich endlich notwendig auflösen muß: sobald das Prinzip der taktischen Reserven aufkommt. Alexander darf sich noch persönlich in das Kampfesgewühl stürzen, weil mit dem Angriffssignal die Tätigkeit des Feldherrn erschöpft ist; über Truppen, die einmal im Kampf sind, hat der Feldherr nur noch eine geringe Gewalt. Auch bei Alexander finden wir ja eine gewisse Führung innerhalb der Schlacht; der siegreiche Flügel soll nicht blind hinter dem geschlagenen Gegner herstürmen, sondern sich

1 Ein völlig neuer Gedanke ist es natürlich nicht, daß eine Verfolgung den Sieg vergrößere und vervollständige. Nach Platää wollen die Mantineer die Perser bis nach Thessalien verfolgen, Herodot IX, 77. Nach dem Siege von Delion verfolgen die böotischen Reiter und Leichtbewaffneten die Athener bis die Nacht sie schützt. Thucyd. IV, 96. Ebenso Alcibiades mit Reitern und Hopliten die geschlagenen Perser. Hell. I, 2, 16. Derdas verfolgt die geschlagenen Olynthier 90 Stadien weit. Hell. V, 3, 2. Noch mehr Stellen bei Liers, S. 184. Es sind aber doch nur Ausnahmefälle und mit den Verfolgungen Alexanders nicht zu vergleichen. Theoretisch hat auch schon Xenophon in der Cyropädie V, 3, Schluß. Die Verfolgung empfohlen mit dem Zusatz, nicht dabei alle Truppen aufzulösen, sondern stets einige geordnet in der Hand zu behalten.

wieder sammeln und den verhaltenen Flügel, falls dieser noch kämpft, degagieren. Das ist aber schon keine Tätigkeit des Oberkommandos mehr, sondern fällt in die Sphäre der Führung der einzelnen Truppenteile und läßt sich mit Mitstreiten verbinden. Erst das Prinzip zurückgehaltener Truppenteile, deren Eingreifen nach Ort und Zeit der Feldherr selbst bestimmt, schließt dessen regelmäßiges Mitkämpfen aus.

1. Kurz vor seinem Ende soll Alexander nach Arrian VII, 23 eine völlige Neuorganisation seines Heeres vorgenommen haben. Er schuf eine neue Phalanx, 16 Mann tief, in der die drei ersten und das letzte Glied aus Macedoneirn in ihrer heimischen Bewaffnung, die zwölf mittleren aus Persern mit Bogen und Wurfspießen bestanden. Es ist ein erstaunlicher Beweis von der Macht des Buchstabens, daß moderne Gelehrte eine solche Absurdität immer wieder nachschreiben und geistreiche Hypothesen darüber haben aufstellen können, was Alexander bei dieser Formation wohl habe im Sinne haben können und wie die Ausführung vorzustellen sei. Als Entschuldigung mag man anführen, daß ja auch Xenophon in seiner Cyropädie, wie wir oben gesehen haben, ein solches Schema von kombinierten Nah- und Fernwaffen ausführt. Welchen Schriftstellern auch Arrian seine Notiz entnommen haben mag, es ist klar, daß es sich hier wieder um eine jener doktrinären Konstruktionen handelt, denen wir so häufig in der Kriegsgeschichte, selbst bei Praktikern, begegnen, obgleich sie, in die Wirklichkeit versetzt, sich sofort in ihrer Nichtigkeit erkennen lassen und nie auch nur der Versuch einer Verwirklichung in einer historischen Schlacht erscheint.

Auch in Arrians-Älians Taktik III, 4, 3 (Köchly und Rüstow, Griechische Kriegsschriftsteller, II. Teil, 1. Abt., S. 270) wird behauptet, daß die Leichtbewaffneten über eine Phalanx von 16 Mann Tiefe mit Wurfspeeren, Schleudern und Bogen hinwegschießen könnten.

7. KAPITEL

Die Diadochen

Aus dem Weltreich Alexanders gehen eine Anzahl von Teilreichen hervor, die gegründet von seinen Generalen, recht eigentlich das sind, was wir Militär-Monarchie nennen, ein Ausdruck, den man von Alexanders Herrschaft noch nicht gebrauchen darf. Das größte dieser Teilreiche, Syrien, entbehrt jeder natürlichen, nationalen oder geographischen Grundlage; Ägypten hat, wenn auch keine einheitliche nationale, doch eine geographische Basis; Mazedonien bewahrt einigermaßen den Charakter eines Nationalstaats.

Die Heere, die diese Staaten zusammenhalten, sind wesentlich Söldnerheere; die in großer Menge einströmenden Barbaren werden dabei dem macedonisch-griechischen Wesen mehr oder weniger assimiliert. Die Qualität der Truppen mag insofern zurückgegangen sein, als der romantisch-idealistische Schimmer, der die Welteroberung und die Person Alexanders umschwebte, auch einen Abglanz auf sein ganzes Heer geworfen haben wird und dieser Hauch verloren ging, da nun in den ideenlosen Kämpfen der Teilkönige untereinander das Kriegführen zum bloßen Geschäft herabsank. Aber Söldnerheere haben als Berufs-Kriegertum immer die virtuose Tüchtigkeit jedes fachmäßig geübten Tuns, und es liegt kein Grund vor, diese den hellenistischen Heeren der nächsten anderthalb Jahrhunderte abzusprechen. Drillmeister und fleißiges Exerzieren werden uns ausdrücklich bezeugt.[1] Der ursprüngliche kriegerische Schwung, den die Macedonier noch aus ihrer Halbbarbarei mitgebracht oder unter dem Impuls der beiden großen Könige empfangen hatten, wurde ersetzt durch die militärische Kunstfertigkeit. Ein Teil dieser Söldner bildet ein stehendes Heer.[2]

Nach drei Seiten bietet uns diese Zeit kriegsgeschichtliche Fragen. Da sind zuerst die Elefanten.

Diese neue Waffe bildet das eigentliche Problem der Epoche. Wie wurde sie in den überlieferten Organismus eingefügt? Wie wurde sie, sei es mit der Infanterie, sei es mit der Kavallerie, kombiniert? Wie weit erstreckte sich die Rückwirkung des neuen Elements auf die Funktionen der älteren? Wie gestaltete sich das Gefecht, wenn auf beiden Seiten Elefanten waren?

1 H. Droysen p. 155. Mit Unrecht schließt Droysen gerade aus dem fleißigen Exerzieren auf Verschlechterung des Soldaten-Materials. Eher darf man umgekehrt aus der Energie der militärischen Durchbildung auf einen starken militärischen Geist schließen. Auch der Schluß p. 132, daß mit der wachsenden Größe der Heere sich das Material habe immer mehr verschlechtern müssen, ist unzulässig. In dem ungeheuren Gebiet der gesamten Diadochenreiche war das militärisch brauchbare Material auch mit einigen 100 000 Mann schwerlich erschöpft, und »Piraten« können sehr tüchtige Soldaten abgeben.

2 Athenäus V, 35 (202 f.) berichtet von einem Aufzug in Alexandria etwa 275/4, wobei 57 600 Mann zu Fuß und 23 210 Mann zu Pferde den Beschluß gemacht hätten.

Appian im Prooemium cap. 10 berichtet, daß Ptolemäus II. gegen Ende seiner Regierung ein Heer von 200 000 Mann zu Fuß, 40 000 Reitern, 300 Elefanten, 2000 Streitwagen, 1500 Kriegs- und 2000 Transportschiffen besessen habe.

Paul M. Meyer, »Das Heerwesen der Ptolemäer und Römer in Ägypten« p. 8, akzeptiert diese Zahlen. Es ist jedoch nicht schwer zu erkennen, daß sie sehr übertrieben sind. Man muß sich nur einmal klar machen, was ein Zug von 57 600 Mann zu Fuß und 23 210 zu Pferde durch die Straßen einer Stadt bedeutet. Mag Ägypten damals 3–4 Millionen Einwohner gehabt haben (Beloch, Bevölkerung S. 258); oder 7 Millionen, wie berichtet wird, und Ulr. Wilcken, Griech. Ostraka aus Ägypten und Nubien S. 490, nicht unglaublich erscheint, so würde ein stehendes Heer von 240 000 Mann 3½ bis 7% der Bevölkerung ausgemacht haben. Ein Fünftel der angegebenen Zahlen würde schon etwas recht Großes sein.

Ein zweites Problem bietet die innere Entwicklung der Phalanx, die allmähliche Verlängerung der Sarisse.

Eine dritte Frage ist die Fortbildung des Verhältnisses der Waffen untereinander. Köchly und Rüstow haben die Ansicht aufgestellt, daß allmählich die Kavallerie die allein ausschlaggebende Waffe geworden sei; sie sei fortwährend gewachsen; die Phalanx habe eigentlich nicht mehr gefochten, sondern den Ausgang der Reiterschlacht abgewartet und sich ihm ihrerseits unterworfen.

Unmittelbar aus der Kriegsgeschichte dieser Zeit kann man wenig entnehmen. Wir haben zwar Erzählungen genug (Diodor und Plutarch), aber sie sind im höchsten Grade unzuverlässig. Wohl mag manches Richtige darunter sein, aber es ist nicht mit Sicherheit von dem Falschen zu unterscheiden. Vieles mag immerhin glaubhaft genug erscheinen, um es einfach nachzuerzählen, aber es ist nicht glaubhaft genug, um, wie unser Zweck es verlangt, Schlüsse darauf aufzubauen.

Die Elefantenfrage wollen wir behandeln, nachdem wir die weiteren Schlachten, in denen die Tiere vorkommen, an uns haben vorüberziehen lassen, bis zur letzten, der Schlacht von Thapsus.

Die Sarissenfrage wollen wir ebenfalls erst behandeln, wo sie uns praktisch entgegentritt, bei den letzten Schlachten der Macedonier mit den Römern. Auch König Pyrrhus von Epirus, der militärisch dem Kreise der Nachfolger Alexanders angehört, wird am besten im Zusammenhang der römischen Kriegsgeschichte seine Stelle finden.

Die dritte Frage, nach dem Verhältnis von Infanterie und Kavallerie, können wir sofort erledigen, indem wir sie aufheben. Prüft man die Quellen näher, so zeigt sich nämlich, daß die tatsächliche Voraussetzung Rüstow-Köchlys nicht zutrifft; das Zahlenverhältnis hat sich nach Alexander nicht wesentlich verändert.

Abgesehen von den Elefanten und der Verlängerung der Sarissen hat also das macedonische Kriegswesen nach Alexander eine Veränderung nicht mehr erfahren, und wir können daran gleich anschließen, daß auch die griechischen Staaten, die sich in einer unsicheren Selbständigkeit behaupteten, die vervollkommnete Kriegskunst der Macedonier, endlich auch die Sarisse nachahmten.

Erstaunlich ist, daß, als die Gallier ins Land fielen, die Nachfolger Alexanders sich ihnen nicht gewachsen zeigten. An den Persönlichkeiten lag es nicht; vielmehr scheint unverkennbar, daß alle Kunst der Kriegführung noch nicht ausreichte, der natürlichen Gewalt des kriegerischen Mutes der Barbaren zu widerstehen. Erst die große Macht des syrischen Königs Antiochus I. mit seinen Elefanten soll den Galliern Halt geboten haben, die Überlieferung hat von ihm das Wort aufbewahrt: »Ich schäme mich, daß wir diesen sechzehn Tieren unsere Rettung verdanken.« Über die Einzelheiten dieser Vorgänge sind wir jedoch nicht genügend unterrichtet.

1. Die Ansicht Rüstows und Köchlys, daß die Reiterei an Zahl und Bedeutung in dieser Zeit noch gewachsen sei, hat schon Ad. Bauer nicht mehr in seine Darstellung aufgenommen. Die überlieferten Zahlen (Droysen p. 134) haben im großen und ganzen dasselbe Verhältnis an Infanterie und Kavallerie, wie es schon im Heere Alexanders war, etwa 5–7 : 1. Die Abweichungen nach oben und unten mögen durch besondere Umstände bedingt sein, über die wir auch mit einer gewissen Wahrscheinlichkeit Vermutungen aufstellen können. Hierbei entfällt die Frage, die Droysen p. 154 aufwirft und nicht zu beantworten weiß, weshalb in der späteren hellenistischen Zeit plötzlich die Phalanx wieder eine so große Bedeutung gewonnen und die Reiterei sie verloren habe.

Ich stelle der besseren Übersicht halber die überlieferten Zahlen, die ich freilich damit keineswegs als durchweg glaubwürdig hinstellen will, tabellarisch zusammen.

anno		Fußvolk	Reiter	Elefanten
322 Krannon	Macedonier	43 000	5 000	
	Griechen	25 000	3 500	
321 Eumenes gegen Kraterus	Eumenes	20 000	5 000	
	Kraterus	20 000	2 000	
321 Bei Orkynia	Antigonus	10 000	2 000	30
	Eumenes	20 000	5 000	
319 Antigonus		60 000	10 000	30

319	Kretopolis	Antigonus	40 000	7 000	
		Alketas	16 000	900	
317	Parätakene	Antigonus	28 000	8 500	65
		od. einige Tausend mehr		(10 300)	
		Eumenes	35 000	6 100	114
				(6 200)	(125)
316	Gabiene	Antigonus	22 000	9 000	65
		Eumenes	36 700	6 050	114
314	Demetrius		13 000	5 000	40
312	Gaza	Ptolemäus	18 000	4 000	
			und Leichte		
		Demetrius	12 800	5 000	40
312	Demetrius		15 000	4 000	
306	Antigonus		80 000	8 000	83
302		Demetrius	56 000	1 500	
		Kassander	29 000	2 000	
301	Ipsus	Verbündete	64 000	10 500	400
				(12 000)	(480)
		Antigonus	70 000	10 000	75
288	Demetrius		98 000	12 000	
222	Sellafia	Antigonus	28 000 im ganzen		
		Kleomenes	20 000		
217	Raphia	Ptolemäus	70 000	5 000	73
		Antiochus	62 000	6 000	102
197	Kynoskephalä	Philipp	23 500	2 000	
171	Perseus		39 000	4 000	

2. In der *Schlacht bei Krannon* (Diodor XVIII., 17) siegte die griechische Kavallerie über die macedonische, obgleich jene nur 3500, diese 5000 Pferde zählte. Das griechische Fußvolk aber, nur 25 000, wurde von dem macedonischen, über 43 000 Mann stark, geworfen. Die Griechen sollen im Vertrauen auf die Tüchtigkeit ihrer Reiter diese vor die Phalanx (πρὸ τῆς τῶν πεζῶν φάλαγγος) gestellt haben. Die griechische Phalanx zog sich auf ein höher gelegenes Gelände zurück und wehrte dadurch den Andrang der feindlichen Phalanx ab. Die siegreichen griechischen Reiter kehrten um, als sie den Rückzug ihrer Phalanx bemerkten, ohne aber weiter in die Schlacht einzugreifen.

Der Vorgang ist unklar.

3. Von *Eumenes* erzählen Diodor und Plutarch, daß er in kluger Voraussicht sich mit einer zahlreichen und tüchtigen Reiterei versehen habe; durch sie besiegte er erst den Neoptolemos und überwindet auch dessen Phalanx, als diese, schon siegreich gegen seine Infanterie, ihre Ord-

nung aufgelöst hat. In dem zweiten Gefecht kommt es nicht zu einem Kampf mit der Infanterie, da Eumenes, nachdem er die feindliche Kavallerie durch seine Übermacht (5000 gegen 2000) geschlagen, mit der feindlichen Phalanx Verhandlungen anknüpft, um sie zum Übertritt zu bewegen.

4. Das *Treffen bei Orkynia* ist kriegsgeschichtlich nicht zu verwerten, da es durch Verrat entschieden wurde.

5. Bei *Kretopolis* hatte Antigonus eine so große Übermacht, und der Bericht Diodors ist überdies so wenig anschaulich, daß kriegsgeschichtlich aus dem Treffen nichts zu gewinnen ist.

6. Von der Schlacht in *Parätakene* zwischen Antigonus und Eumenes (317) gibt uns Diodor (XIX, 27–31) eine eingehende Schilderung; ich habe jedoch Bedenken, ob man viel davon als historisch betrachten darf. Ohne auf die vielen Einzelheiten einzugehen, will ich hier nur die Punkte hervorheben, die mir, ganz abgesehen von der generellen Unzuverlässigkeit der Quelle, das Ganze verdächtig machen.

Diodor gibt die Stärke im ganzen und im einzelnen sehr genau an: die Zahlen aber stimmen, wie schon Rüstow und Köchly bemerkt haben (S. 371 Anmk.), untereinander nicht.

Eumenes soll vor seinem linken Flügel im Haken 45 Elefanten mit Bogenschützen und Schleuderern in den Intervallen aufgestellt haben, (πρὸ δὲ τούτων ἁπάντων ἔταξεν ἐλέφαντας μὲν ἐν ἐπικαμπίῳ τετταρακοντα πέντε, τοξότας δὲ καὶ σφενδονήτας ἐν τοῖς τῶν θηρίων διαστήμασι τοὺς ἱκανούς). Rüstow und Köchly fassen diesen Haken als einen vorgeborgenen auf. Unmöglich ist das nicht, aber man sieht den Grund nicht ein: ein vorgebogener Haken, wenn er nicht eine unbedingt sichernde Anlehnung im Terrain hat, setzt sich immer selbst der Überflügelung aus.

Im Zentrum stand das Fußvolk, auf dem rechten Flügel wieder Kavallerie und davor 80 Elefanten mit Leichtbewaffneten. Wir fragen: weshalb standen die Elefanten auf dem einen Flügel im Haken, im Zentrum und auf dem anderen Flügel vor den anderen Truppen? Wie sollte die Phalanx hinter den 40 Elefanten, die ihr zugeteilt waren, agieren? Soll sie, ihnen nachrückend, auf die feindliche Phalanx losstürmen, nachdem diese durch die Elefanten in Unordnung gebracht ist? Auch Antigonus soll Elefanten vor seine Phalanx gestellt haben. In der Darstellung aber hören wir nachher von diesen beiderseitigen Elefanten kein Wort; die Phalangen gehen aufeinander los, wie gewöhnlich.

Antigonus soll beobachtet haben, daß der rechte Flügel des Feindes durch Elefanten und die besten (κρατίστοι) Reiter besonders stark war. Nach Diodors eigener Erzählung aber war eine größere Zahl von Elefanten und die erhebliche Überzahl an Reitern gerade auf dem andern Flügel.

Auch Antigonus soll, wie seine Gegner, die Elefanten seines linken Flügels im Haken (παρὰ δὲ τὸ κέρας .... ποιήσας ἐτικάμπιον) aufgestellt haben. Rüstow und Köchly fassen diesen Haken als einen zurückgebogenen auf.

Antigonus schritt in schräger Schlachtordnung, den rechten Flügel voran, zum Angriff. Trotzdem soll nicht dieser, sondern gerade sein zurückgehaltener, linker Flügel den Angriff eröffnet haben. Er bestand wesentlich aus leichten Reitern, die sich scheuend, gerade auf die Elefanten loszugehen, die Gegner aus der Flanke zu packen suchten. Da Eumenes mit seinen schweren Reitern sich ihnen nicht gewachsen fühlte, so holte er Verstärkung an leichten Reitern von dem andern Flügel.

Man fragt, weshalb er nicht seine Elefanten, die er ja unmittelbar bei der Hand hat, gegen die feindlichen Reiter einschwenken läßt und ganz besonders, wie er es wagen kann, seinen linken Flügel, der von dem feindlichen Offensiv-Flügel ja aufs stärkste bedroht ist, so zu schwächen.

Mit Hilfe der Verstärkung, indem nun auch die Elefanten mitwirken, aber bloß »folgen« (ἐπακολουθούντων), besiegt Eumenes den feindlichen linken Flügel; ebenso besiegt seine Phalanx, an Zahl überlegen (35 000 gegen 28 000), die feindliche.

Während dieses Gefechts hat sich der angeblich vorgeschobene Offensiv-Flügel des Antigonus völlig passiv verhalten. Man sollte meinen, das siegreiche Heer des Eumenes unter seiner vortrefflichen Führung detachiert nunmehr einige Abteilungen in die Flanke und den Rücken des noch stehenden feindlichen Flügels, um den Sieg zu vollenden. Statt dessen erzählt uns Diodor, wie die siegreichen Truppen des Eumenes sich sämtlich mit nichts anderem beschäftigten, als die Geschlagenen zu verfolgen; der linke Flügel aber bleibt stehen, so daß die Schlachtordnung auseinanderreißt. In diese Lücke wirft sich Antigonus mit seinen Reitern und schlägt den bisher passiven, durch die Detachierung geschwächten Flügel des Gegners, und auf diese Nachricht hin machen seine geschlagenen Truppen wieder Halt und Eumenes ruft die Seinigen von der Verfolgung zurück. Wie es möglich sein soll, daß, wenn acht Neuntel eines Heeres in voller Flucht sind, ein Teilsieg des letzten Neuntels eine Schlacht wieder herstellt, ist schwer einzusehen. Bei seinen wohldisziplinierten Truppen hätte es Eumenes wohl möglich sein müssen, einige Abteilungen noch aus der Verfolgung herauszurufen und damit dem Antigonus den Rest zu geben.

Völlig unverständlich und abenteuerlich ist vollends die nunmehr folgende Erzählung Diodors, wie die beiden Heere die halbe Nacht durch auf 400 Fuß Entfernung nebeneinander herziehen.

7. In der Schlacht in *Gabiene* (316) soll wiederum (Diodor XIX, 40–43) Eumenes 60 seiner besten Elefanten im Haken (ἐν ἐπικαμπίῳ) vor seinen linken Flügel (πρὸ τοῦ κέρατος παντός) gestellt haben, den Rest ebenso wie Antigonus vor die Front.

In dem Reitergefecht des linken Flügels wird Eumenes, ohnehin an Kavallerie schwächer und von einem Korps verräterisch im Stich gelassen, geschlagen. Von seiner großen Überzahl an Elefanten wird nicht berichtet, daß sie ihm etwas genützt habe. Wir hören nur, daß die Elefanten gegeneinander gekämpft und daß das führende Tier dieser Seite im Kampf mit einem Gegner fiel.

Im Kampf der Infanterie siegt die an Zahl wie an Qualität überlegene Phalanx des Eumenes vollständig; sie tötet dem Gegner 5000 Mann, ohne selbst einen einzigen zu verlieren. Von den Elefanten und Leichtbewaffneten, die vor der Front gestanden haben sollen, ist nicht die Rede.

Auch von dem Kampf auf dem anderen Kavallerie-Flügel, den beide Parteien zurückhalten, hören wir nichts.

Jetzt hätte sich eine sehr eigentümliche Schlacht entwickeln müssen, da auf der einen Seite eine sehr starke und tüchtige Infanterie (36 700 Mann) mit vielen Elefanten gegen Kavallerie (9000) mit nur halb so viel Elefanten stand. Die Überlegenheit scheint unbedingt auf der ersten Seite, der des Eumenes, sein zu müssen, um so mehr, da dieser auch noch einen Teil seiner Kavallerie zur Verfügung hat. Die Phalanx weist auch, Karree formierend, einen Angriff der Kavallerie des Antigonus ab, dann aber wird das kriegerische Ereignis plötzlich abgebrochen, da die Truppen des Eumenes ihren Feldherrn verraten und ihn dem Feinde ausliefern. Antigonus hatte während der Schlacht durch seine überlegenen Reiter das Lager des Eumenes, wo auch die Weiber und Kinder der Soldaten waren, einnehmen lassen, und das soll die Stimmung der Soldaten so beeinflußt haben, obgleich man nicht sieht, weshalb man sich nicht schleunigst in Bewegung setzte, um die Eingedrungenen wieder zu verjagen. Das Lager lag nur 1500 Schritt hinter dem Schlachtfeld.

8. *Gaza* (312) würde eine kriegsgeschichtlich sehr interessante Schlacht sein, wenn wir nur irgend einen zuverlässigen Bericht hätten. Nach dem einzigen, der uns vorliegt (Diodor XIX, 80–84) war Demetrius an Kavallerie (5000[1] gegen 4000) und Elefanten (40), die dem Gegner, (Ptolemäus) ganz fehlten, überlegen, während dieser an Infanterie (18 000 gegen 11 000 schwere, »sehr viele« gegen 18 000 leichte) bei weitem stärker war. Wir müßten daher etwas Ähnliches wie in der Schlacht in Gabiene erwarten. Von einem Kampf der Phalangen hören wir aber überhaupt nichts. Der Kampf spielt sich ausschließlich zwischen dem linken Flügel des Demetrius, bestehend aus Reitern, 30 Elefanten und Schützen, und

1 5000 Reiter hat Demetrius nach cap. 69; addiert man die in der Schlachtordnung aufgezählten einzelnen Truppenteile zusammen, so erscheinen nur 4400.

dem rechten des Ptolemäus, ebenso zusammengesetzt, ausschließlich der Elefanten, ab. Hierbei müßte Demetrius die Überlegenheit gehabt haben. Aber Ptolemäus hat gegen die Elefanten ein eigentümliches Hilfsmittel gefunden. Er läßt vor seinem rechten Flügel mit Ketten verbundene eisenbeschlagene Palissaden aufstellen. Wodurch dieses Pfahlwerk die Tiere aufhalten sollte, ist nicht deutlich gesagt. Man kann nicht in der Schleunigkeit Pfähle so einrammen, daß sie Elefanten Widerstand leisten. Später bei der Beschreibung des Gefechts wird auf die weichen Füße der Tiere hingewiesen und daß sie sich an dem Pfahlwerk aufgespießt hätten: danach würde man eine Art Fußangeln oder, wie H. Droysen gemeint hat, umgekehrte Eggen vermuten müssen, die mit Ketten verbunden wurden, damit sie nicht weggenommen werden konnten. Aber weder hat χάραξ diese Bedeutung, noch würde sie uns sachlich viel weiter helfen. Das Hinlegen und Aneinanderketten der »Eggen« vollzieht sich doch vor den Augen des Feindes. Die Reiter, scheint's, haben es auch gesehen und konsequenterweise, da jedes derartige Hindernis das eigene Vorgehen ebenso aufhebt, wie das feindliche, entspinnt sich das Reitergefecht auf dem äußersten Flügel und zieht sich durch eine Umgehung der Ptolemäer noch weiter nach dieser Seite, vermeidet also das »Pfahlwerk«. Bloß die, für die es bestimmt ist, nämlich die Elefanten bleiben dabei, statt ihre bekannte Einwirkung auf die feindlichen Reiter auszuüben, geradeaus dahin zu gehen, wo sie erwartet werden. Hier empfangen sie die Leichtbewaffneten mit Wurfgeschossen, das Pfahl- oder Eggen-Werk hält sie auf und verletzt sie; sie werden gefangen genommen; darüber erfaßt die tapferen und anfänglich siegreichen Reiter des Demetrius der Schrecken, sie entfliehen, und die Schlacht ist verloren.

Die ganze Schilderung ist eine Wachtstuben-Geschichte, von der man kein Wort in eine historische Darstellung aufnehmen darf.

Bei dem künstlichen Hindernis gegen die Elefanten könnte man an das denken, was Diodor XVIII, 71 erzählt ist. Es ist aber etwas ganz Anderes. Damis, um bei der Belagerung von Megalopolis eine Bresche für die Elefanten ungangbar zumachen, läßt Bretter legen, durch die starke Nägel geschlagen sind, und diese leicht mit Erde bedecken. Darüber können die Elefanten natürlich nicht hinweg, aber es handelt sich hier um eine schmale bestimmte Strecke in einer reinen Defensive, man hat genügende Zeit für die Arbeit und kann sie vor dem Feinde verbergen.

9. Über die Schlacht bei *Ipsus* (301) haben wir neben einigen Trümmern Diodors (XXI, 1) nur einen ganz kurzen Bericht in Plutarchs Demetrius (cap. 29). Die Verbündeten hatten bei etwa gleich starker Infanterie und Kavallerie eine sehr große Überlegenheit an Elefanten 400 (oder 480) gegen 75. Demetrius schlug zunächst die feindliche Kavallerie und ver-

folgte sie; als er umkehrte, stellten sich ihm die feindlichen Elefanten in den Weg, so daß er weder die feindliche Phalanx angreifen, noch die Flanke der eigenen schützen konnte. Bedroht durch den Rest der feindlichen Reiter, ging darauf die Phalanx des Antiochus zum Teil zu seinen Gegnern über.

Könnten wir diesem Bericht unbedingt trauen, so wäre Ipsus die erste Schlacht, die die Elefanten entschieden haben. Am Hydaspes, in Parätakene, in Gabiene, bei Gaza ist es immer die an Elefanten starke Partei, die unterlegen ist, und auch bei Ipsus führen sie eine eigentliche taktische Entscheidung nicht herbei.

10. Der Sieg des *Antiochus* über die *Gallier* ist erzählt bei Lucian im »Zeuxis oder Antiochus« (ed. Jacobitz I, S. 398). Die Erzählung ist ziemlich ausführlich, aber wenig glaubwürdig. Die Gallier sollen Sichelwagen gehabt haben; das syrische Heer soll in der Mehrzahl aus Leichtbewaffneten bestanden haben. Der Sieg wird ausschließlich durch die 16 Elefanten entschieden, deren Anblick den Galliern völlig neu ist. Die Pferde machen sofort Kehrt und fahren mit den Sichelwagen durch die Reihen der eigenen Leute; eine allgemeine Panik ergreift die Barbaren und fast das ganze Heer kommt um oder wird gefangen genommen.

Schlacht bei Sellasia. (221)

Über diese Schlacht zwischen dem spartanischen König Kleomenes und dem macedonischen König Antigonus haben wir einen eingehenden, raisonnierenden Bericht bei Polybius (II, 65) und außerdem Nachrichten in Plutarchs Kleomenes und Philopömen. Die Schlacht könnte kriegsgeschichtlich sehr interessant sein, da in ihr die verschiedenen Waffengattungen, schwere, leichte Infanterie und Kavallerie, mit einem sehr wechselreichen Terrain und Feldbefestigungen in eine Weise und in einem Grade kunstvoll kombiniert erscheinen, wie sonst in keiner antiken Schlacht. Dennoch habe ich in der ersten Auflage dieses Werkes die Schlacht nur nebensächlich behandelt, da mir die Analyse der Berichte kein genügend zuverlässiges und klares Bild der Vorgänge zeigen wollte. Polybius schien mir im Kausal-Zusammenhang Lücken zu bieten, die sich nur durch Hypothesen unsicherer Art ergänzen ließen; manche Einzelheiten in seinem Bericht scheinen sogar im Widerspruch zueinander zu stehen.

Die Lage ist nun seitdem wesentlich verbessert, da Kromayer eine genaue Topographie des Schlachtfeldes geliefert hat, wobei ein erheblicher Fehler in den Beschreibungen, auf die ich mich damals noch zu stützen hatte, zutage gekommen ist, und ferner wiederholte Spezial-Untersuchungen auch an mehreren Stellen zu anderer Interpretation des Polybianischen Berichtes geführt haben.

KROMAYERS eigene Untersuchungen (Archäol. Anzeig. 1900, S. 204, und Antike Schlachtfelder I, 199) sind allerdings mit so viel falschen militärischen Vorstellungen und Raisonnements durchsetzt, daß sie mehr verwirren und verdunkeln als aufklären, und nur in einigen Einzelheiten Wert haben; auch LAMMERTS scharfsinniger Rekonstruktion der Schlacht (Neue Jahrb. f. d. klass. Altertum 1904, Abteil. I, Bd. XIII, Heft 2–4) vermag ich nicht zuzustimmen, dagegen hat ROLOFF in den »Problemen a. d. griech. Kriegsgesch.«, wenn man ihn noch in *einem* wichtigen Punkt ergänzt, wohl alles Positive, was über die Schlacht zu sagen ist, richtig herausgearbeitet und namentlich auch die Verkehrtheiten Kromayers kritisch aufgelöst und zurückgewiesen[1]. In der Hauptsache hat sich freilich schließlich doch nichts geändert, daß nämlich die Schlacht kriegsgeschichtlich keine Rolle spielt und daß Polybius' Bericht zu unvollständig ist, um den Zusammenhang mit Sicherheit erkennen zu lassen. Immerhin ist ein wesentlicher Fortschritt erzielt. Auf die Einzelheiten und Kontroversen ist es nicht nötig, hier zurückzukommen; ich kann dieserhalb auf die Roloffsche Schrift verweisen. Ich gebe hier nur einen allgemeinen Überblick und flechte dabei diejenigen Einzelheiten ein, bei denen ich etwas in der ersten Auflage, Bd. I, S. 208 und Bd. II, S. 11, Gesagtes zu berichtigen oder zu Roloff noch etwas Positives zu ergänzen habe.

Kleomenes schützte, erzählt uns Polybius (II, 65), die anderen Zugänge in das Land durch Wachen, Gräben und Verhaue; er selber aber lagerte mit seinem Heer bei Sellasia, wo er den feindlichen Einfall erwartete.

Diese Worte klingen so, als ob alle anderen Zugänge zu Lacedämon wirklich gesperrt und Antigonus auf die Straße von Sellasia beschränkt gewesen wäre. In Wirklichkeit kann ein Land wie Lacedämon nicht in dieser Weise abgesperrt werden.

Die Stelle wird also so zu verstehen sein, daß Kleomenes auf den verschiedenen Anmarschstraßen, die in Betracht kommen konnten, namentlich im Eurotas-Tal defensive Stellungen vorbereiten ließ und in die Stellung bei Sellasia, 12 Kilometer nördlich von Sparta, einrückte, als das Nahen des Antigonus auf diesem Wege gemeldet wurde.

Die Straße nach Sparta führt hier von Norden durch ein schmales Tal; die Hügel auf beiden Seiten sind nicht so leicht zu umgehen; der

1 In einer Besprechung des Roloffschen Buches in der Berl. Philol. Wochenschrift v. 6. Aug. 1904, Sp. 992 meint Kromayer, die Differenzen zwischen ihm und Roloff seien nicht sehr wesentlich. Das ist eine Selbsttäuschung, wie Roloff selbst in seiner Erwiderung auf die Rezension in derselben Wochenschrift dargelegt hat.

Hügel rechts (östlich), der Olymp, hat einen sanften Anstieg, ihn besetzte Kleomenes mit seiner Phalanx; den Hügel links, den Euas, der in der Front und links einen steilen Abfall hat, übergab er leichten Truppen, namentlich lacedämonischem Landsturm unter dem Kommando seines Bruders Eukleides. Ins Tal stellte er seine geringe Reitermacht wieder mit Leichtbewaffneten. Über beide Hügel war eine Feldbefestigung mit Graben, Wall und Palisaden gezogen. Kleomenes hatte gegen 20 000 Mann, Antigonus 29 800, darunter 1200 Reiter, war ihm also um die Hälfte überlegen.

Der dunkle Punkt in dieser Aufstellung war mir das Tal. Die Anlage der Befestigungen schien sich nur auf die beiden Hügel zu beziehen; so hat es auch noch Roloff aufgefaßt. Das Tal aber erschien in den Reiseschilderungen und vorhandenen Karten, wenn sie auch unter sich recht differierten, ziemlich breit. Was also sollte den König Antigonus hindern, die wenigen Reiter und die Leichtbewaffneten im Tal über den Haufen zu rennen, die feindliche Stellung also im Zentrum zu durchstoßen und dann die beiden Flügel aufzurollen? Die erste Publikation Kromayers schien mir diesen Punkt zu klären durch die Feststellung, daß das Tal nur ganz eng, fast schluchtartig sei, also rechts und links von den Hügeln aus beherrscht wurde. Das hat sich jedoch als ein Mißverständnis meinerseits herausgestellt; wenn das eigentliche Tal auch nur hundert Meter breit ist, so steigen die Hügel rechts und links doch so langsam an, daß von einer Beherrschung von oben nicht die Rede sein kann, und ich kann deshalb Roloff darin nicht beistimmen, wenn er das Durchstoßen des Geländes an dieser Stelle für unausführbar erklärt. Die rechte Lösung kann vielmehr nur die sein, daß auch das Tal durch eine Befestigung gesperrt gewesen ist. Der Wortlaut bei Polybius steht dem nicht entgegen; auch Kromayer hat diese Interpretation bereits für möglich erklärt und nur nicht die rechten Konsequenzen daraus gezogen.

Unter dieser Voraussetzung war die Aufstellung des Kleomenes eine überaus starke Defensiv-Position, und wenn Polybius von ihr rühmt, daß die Waffengattungen darin richtig verteilt und wie bei einem geschickten Fechter weder für die Verteidigung noch für den Angriff etwas außer Acht gelassen gewesen, so ist das dahin zu verstehen, daß der Euas mit seinen steilen Abhängen mit leichten Truppen, der Olymp aber mit seinem sanften Zugang mit der Phalanx besetzt war; zu untersuchen bleibt, inwieweit die Stellung die Möglichkeit offensiven Gegenstoßes gewährte.

Die Schlacht verläuft nach Polybius so, daß Antigonus, da er erkennt, daß sie mit einfachem, direktem Angriff nicht zu bewältigen ist, mehrere Tage unmittelbar vor der spartanischen Stellung lagert und sie genau rekognosziert. Dann beschließt er, den linken Flügel auf dem Euas anzugreifen, während er selbst auf seinem linken Flügel mit der Phalanx dicht vor Kleomenes aufmarschiert und ihn dadurch, ohne anzugreifen, festhält; auch das Zentrum im Tal, wo mit etwas schwerer Infanterie naturgemäß seine Kavallerie steht, soll sich zurückhalten, bis es das Signal zum Angriff erhält, das heißt, bis der Euas genommen ist, wodurch die Stellung der Spartaner im Tal, die wir uns also als durch Befestigung gesichert vorstellen, flankiert war.

Der Euas mit seinen steilen Abhängen und der Befestigung auf dem Gipfel war so leicht nicht zu nehmen. Als Grund, daß er nach ganz kurzem Gefecht fiel, gibt Polybius an, daß Eukleides, statt dem Angriff entgegenzugehen, wie es taktisch richtig sei, den Angriff abgewartet habe. Diese Erklärung kann uns nicht genügen, da dabei mit keinem Wort der Befestigung gedacht ist. Eine Befestigung von Wall, Graben und Palissaden (wenigstens drüben auf dem andern Hügel werden auch diese letzteren erwähnt) ist doch, auch wenn wir nicht näher wissen, wie hoch, tief und stark sie war, nicht so ohne weiteres zu erstürmen.[1] Auch ist es ganz gewiß nicht richtig, die Besatzung dem Feinde auf dem Abhang entgegenzuführen, da sie, zurückgedrängt, an ihrer eigenen Befestigung das schwerste Hindernis finden würde. Es kann sich höchstens darum handeln, eine mehr oder weniger große Zahl von Schützen und besonders gewandten Leichten zum Kampf im Vorgelände vorzuschicken. Liest man die Erzählung bei Polybius, so kann man sich des Verdachts schwer erwehren, daß der etwas lehrhaft angelegte Autor die taktische Regel des Gegenstoßes im Auge (die nur gilt, wo keine eigentlichen Befestigungen vorhanden sind), momentan die Befestigung vergessen hat. Jedenfalls kann seine Erklärung der Niederlage des Eukleides nicht genügen. Wenn wir daher bei Plutarch erwähnt finden, daß der Euas durch Umgehung genommen worden sei, so ist das eine Ergänzung, die wir kaum ablehnen können, wennschon ihr quellenmäßiger Wert nicht groß ist.[2]

1 Kromayer, S. 237, Anmerkg. 3, meint, daß Polybius die Verschanzungen auf der Höhe nicht noch einmal erwähne, sei sehr begreiflich, da sie nichts geleistet hatten. Ganz recht – aber weshalb leisteten sie nichts? Das ist es ja gerade, was wir wissen müßten, um die Schlacht zu verstehen.

2 Kromayers Meinung S. 234 Anmerkg., daß zwischen Polybius' Erzählung und Plutarch kein sachlicher Unterschied sei, ist unzutreffend. Nach Plutarch müssen wir annehmen, daß die Illyrier tatsächlich um den Euas herumgegangen und den Berg hinaufgeklettert sind, wo keine Befestigung mehr war. Das kann der moderne Leser, der die Karte vor sich hat, auch an Polybius ankonstruieren, aber aus seinem Text ist nichts herauszulesen, als ein Frontal-Angriff. Dieser Unterschied zwischen den beiden Quellen ist sehr wesentlich und keineswegs bloß der Gebrauch eines *terminus techni-*

Kromayer S. 259 gibt zur Erläuterung seiner Ansicht »mit Widerwillen«, wie er sagt, da es sich um Selbstverständliches handle, längere Betrachtungen aus modernen Militär-Schriftstellern, die so recht ein Beispiel sind, wie gefährlich historische Analogien werden in der Hand von Unkundigen. Kromayer hat nämlich garnicht gesehen, daß für Truppen mit Geschützen, Feuerwaffen und Feldschanzen des 19. Jahrhunderts die Verhältnisse anders liegen, als für antike Truppen ohne weittragende Fernwaffen. Für diese wäre eine moderne, kurze Feldschanze nicht nur wertlos, sondern gefährlich, da diese Schanze bei der geringen Wirkung der Fernwaffen sofort umgangen und von hinten genommen werden würde. Antike Truppen können deshalb nur entweder sehr lange Linien oder rings geschlossene Lager mit wenigen schmalen Öffnungen gebrauchen. Das gibt auch für das Vorgehen aus der Befestigung ganz andere Bedingungen.

In eine moderne Schanze kommen flüchtende Truppen aus dem Vorterrain durch die Kehle wieder herein, während das Feuer der Besatzung den Feind trifft und aufhält. In die langgestreckte oder geschlossene Verschanzung der Antike aber können die zurückgetriebenen Truppen aus dem Vorterrain nicht wieder hinein – es seien denn bloß einzelne Leute –, da ihnen der Feind viel zu schnell auf dem Fuße folgt. Wenn Kromayer also seinen Lesefrüchten aus den modernen Militär-Schriftstellern den Rat zufügt, diese Regeln »sinngemäß« auf die antiken Verhältnisse zu übertragen, so hat ihm sein »Widerwille« gegen diese ganze Untersuchung den Streich gespielt, daß er selber die »sinngemäße« Übertragung nicht vollzogen hat, und so ist trotz seiner Untersuchung das Problem geblieben, wie es war, daß nämlich die Erzählung des Polybius sowohl wie seine Kritik bezüglich der Vorgänge auf dem Euas Dunkelheiten läßt, die wir zu lichten außerstande sind.

Die falschen modernen Analogien, mit denen Kromayer taktisch arbeitet, werden übrigens fast noch übertroffen durch seine strategische Vergleichung der Stellung des Kleomenes mit dem Verhalten Benedeks in Böhmen 1866. Auch nicht die leiseste Ähnlichkeit ist vorhanden, sondern so ziemlich in allem und jedem das direkte Gegenteil.

Als die Truppen des Antigonus den Aufstieg zum Euas begonnen hatten, machten die spartanischen Truppen im Zentrum einen Ausfall und kamen den Stürmenden in die Flanke und den Rücken. Das macedonische Zentrum, den Befehl des Königs abwartend, verhielt sich passiv, so daß die Angreifer des Euas leicht hätten geschlagen werden können. Die entschlossene Initiative des jungen Megalopoliten Philopömen aber setzte die mace-

cus, den man auch je nach Geschmack unterlassen könnte, wie Kromayer meint.

donische Kavallerie in Bewegung; ihr Gegenstoß trieb das spartanische Zentrum, dem seine eigenen Reiter als Deckung nachgerückt waren[1], zurück und das ermöglichte die Erstürmung des Euas.

Die Darstellung des Polybius in dieser Episode ist völlig einwandfrei. Merkwürdig genug, daß Kromayer (S. 238) gerade hier mit voller Schroffheit erklärt, »es kann keine Rede davon sein, daß, wie Polybius behauptet, Philopömen das Verdienst zu dem Gelingen des Sturmes auf den Euas zukomme«. Ganz ebenso hat übrigens Roloff S. 72 ff. dargetan, daß auch in dem vorhergehenden Feldzug der beiden Könige Kromayer gerade diejenigen Urteile Polybius' verwirft, deren Richtigkeit gar keinem Zweifel unterliegen kann.

In seiner ersten Darstellung der Schlacht hatte Kromayer behauptet, 4000 Mann, die Antigonus den Stürmenden als Reserve folgen ließ, hätten diesen Angriff »maskieren« sollen. Ich habe dazu bemerkt (II, 14), dabei könne ich mir nichts denken: inwiefern denn die 4000 Mann hätten verdecken können, daß andere Abteilungen des großen Heeres anderes unternähmen? Kromayer sagt darauf jetzt (S. 261), er hätte sogar von dem ganzen Aufmarsch des macedonischen Heeres sagen können, er sei eine Maskierung des Handstreichs auf den Euas gewesen. Dagegen habe ich nichts einzuwenden, so wenig wie wenn Kromayer jetzt geschrieben hätte, er hätte an Stelle einer militärischen Absurdität *sogar* etwas Richtiges sagen können. Hierzu hätte er sogar noch häufig Gelegenheit gehabt.

Während die Macedonier den Euas und die Talstellung nahmen, wobei auf beiden Seiten außer den Reitern hauptsächlich leichte Truppen fochten, standen die beiden Phalangen auf dem Olymp aufmarschiert einander gegenüber und nur die ihnen zugeteilten, allerdings auch noch sehr zahlreichen Leichten plänkelten vor der Front. Antigonus wußte sehr wohl, wie gefährlich es für ihn gewesen wäre, gegen die spartanische Befestigung, hinter der die Phalanx stand, anzustürmen. Erst wenn sein anderer Flügel gesiegt hatte und vom Tal aus die Flanke und im Rücken die Pha-

1 Da wir notwendig annehmen müssen, daß auch das Tal durch eine Befestigung gesperrt war, so kann der Zusammenhang nicht anders aufgefaßt werden, als er oben dargestellt ist. Polybius läßt die spartanischen Leichten vorgehen zum Flanken-Angriff auf die Euas-Stürmer und wieder zurück, als ihre Reiter von den feindlichen angegriffen werden. Auch die Reiter müssen also (vermutlich hatte die Tal-Befestigung eine Art Tor) vorgegangen sein. Kromayer übersetzt hier, wie Roloff S. 108 ff. nachweist, mehrfach unrichtig und kommt dadurch zu der oben wiedergegebenen falschen Beurteilung der Tat des Philopömen und der ungerechtfertigten Abweisung des Polybius.

lanx des Kleomenes bedrohte, war der Moment des Handelns auch für ihn gekommen. Kleomenes aber, als er die Niederlage jener Hälfte seines Heeres erkannte, wartete den Angriff des Antigonus nicht ab, sondern befahl, die Palissade niederzureißen und ging über seine eigenen Befestigungen hinweg zum Angriff auf die Macedonier vor. Trotz anfänglichen Erfolges mußte er dennoch hierbei schließlich scheitern, da seine eigene Phalanx nur 6000, die des Gegners 10 000 Mann stark war.

Hier liegt das eigentliche Problem der Schlucht: Polybius sagt, Kleomenes sei gezwungen gewesen, zum Angriff zu schreiten (ἠναγκάζετο), gibt aber nicht an, wodurch und inwiefern er gezwungen wurde. Es ist doch so verschiedenes denkbar. Hatte er keinerlei Rückzug über die Berge? Das behauptet Kromayer nach seiner Kenntnis des Geländes. Es wäre das doch aber ein so schwerer Fehler in der Aufstellung gewesen, daß Polybius das nicht hätte verschweigen dürfen. Wieviele von seinen Lesern konnten denn das wissen? Ferner war es unmöglich, die Verteidigung der Palissade den Leichten zu überlassen, mittlerweile die Phalanx schleunigst ins Tal zu führen und hier wenn nicht eine Wendung der Schlacht, doch den Rückzug zu erkämpfen? Was wollte Kleomenes überhaupt mit seinem Angriff? Noch siegen? Oder ehrenvollen Untergang? Er selbst hat sich schließlich noch gerettet, seine Phalangiten sind zum größten Teil gefallen.

Auf alle diese Fragen läßt uns Polybius ohne Antwort. Roloff hat aus dem ganzen Zusammenhang wahrscheinlich gemacht, daß Kleomenes, als er sah, daß die Talstraße, sein Rückzugsweg, verloren sei, in dem plötzlichen Vorstoß gegen die feindliche Phalanx die einzige, wenn auch noch so schwache Chance eines Sieges, auf alle Fälle aber den ehrenvollsten Untergang gesehen habe. Hätte er weiter hinter seiner Verschanzung gewartet, so wäre er bald von allen Seiten eingeschlossen gewesen. Hätte er sich sofort hinunter ins Tal gewandt, so wäre daraus nur eine regellose Flucht geworden und im besten Fall ein Rückzug ohne weitere Hoffnung.

Es ist wohl recht wahrscheinlich, daß es so gewesen, aber doch, wie Roloff selbst aufs stärkste betont, nicht mehr als eine Hypothese. Indem uns Polybius das Motiv vorenthält, entgeht uns auch die Antwort auf die prinzipielle Frage: wie verhält sich eine griechisch-macedonische Phalanx bei der Verteidigung einer Feldbefestigung? Bei der Verteidigung des Euas hat Polybius verlangt, daß der Verteidiger dem Angreifer vor seiner Befestigung entgegengehe. Hier handelt es sich um Leichtbewaffnete, die relativ schnell wieder in die Befestigung hinein können. Trotzdem ist uns die Sache recht zweifelhaft erschienen, da bei größerer Zahl ein solcher Rückzug doch immerhin schwierig ist, große Verluste bringen kann und Polybius selbst diese Schwierigkeit weiß und nicht aufklärt, sondern die Befestigung gar nicht mehr erwähnt, so daß der Verdacht nahe liegt, er habe eine Regel, die sich auf den Kampf ohne Befestigung bezieht, ausgesprochen an einer Stelle, wo sie wegen der vorhandenen Befestigung nicht hinpaßte. Nun auf dem Olymp, wo die schweren Phalangiten hinter der Befestigung stehen, gibt Polybius an, sie hätten sie niedergerissen, um herauszukommen. Es leuchtet ohne weiteres ein, daß es eine andere Möglichkeit nicht gab, wenn man angreifen wollte. Schon daß nicht weniger als 5000 Leichte vor den Palissaden gekämpft haben sollen, ist schwer zu verstehen; um die Phalangiten aber herauszulassen, mußte die Palissade fallen. Aber wenn man nun, wie es doch die eigentliche Natur einer Befestigung ist, sie verteidigen wollte, statt sie zu zerstören? Es wäre sehr interessant, darüber eine quellenmäßige Nachricht zu haben. Erst dann würden wir den Schlachtplan des Kleomenes völlig verstehen und würdigen können. Leider läßt uns Polybius auch hierüber wieder im Dunkeln. Ich würde glauben, wenn die Phalangiten nicht einfach den Wall und die Palissaden verteidigen, wie die Legionäre Cäsars die Circumvallation von Alesia, so wäre es wohl das Gegebene, daß die Leichtbewaffneten die Verschanzung verteidigen und die Phalanx einige Dutzend Schritt dahinter in Reserve steht. Wenn dann der Feind die Leichten vertreibt, die Verschanzung erstürmt und beim Überschreiten seine taktische Ordnung auflöst, dann wird die Phalanx vorgehen und ihn mit einem Offensivstoß zurückwerfen. Tatsächlich aber schwärmen bei Sellasia die leichten Waffen vor der Verschanzung aus, und die Phalanx, als sie zum Angriff vorgehen will, reißt ihre eigenen Palissaden wieder fort, um sich dazu Raum zu schaffen. Die Befestigung kommt also taktisch überhaupt nicht zur Geltung.

Unsicher bleibt unter diesen Umständen auch, ob Polybius, wenn er der Stellung des Kleomenes nachrühmt, daß sie auch zum Angriff geeignet gewesen sei, bloß die Möglichkeit eines Ausfalles im Tal, oder auch diesen Vorstoß der Phalanx über die eigenen zerstörten Befestigungen hinweg im Auge gehabt hat. Denn man kann sich kaum denken, daß Kleomenes das von Anfang an im Auge gehabt hat. Immerhin, da die Möglichkeit gegeben war, mag sie auch bei jenem Ausspruch mit in Betracht gezogen sein. Endlich aber mag Polybius auch an einen Offensivstoß der Phalanx hinter der Befestigung, nachdem der Feind sie überschritten und noch in Unordnung war, gedacht haben. Auch hier kommen wir über Vermutungen und Möglichkeiten nicht hinaus.

Sowohl Polybius wie Plutarch sagt, daß die macedonische Phalanx durch ihre taktische Eigentümlichkeit über die Tapferkeit der Lacedämonier gesiegt habe. Polybius, der vorher berichtet hat, daß wegen der Engigkeit des Terrains die Tiefe der Phalanx verdoppelt worden, spricht von dem »Gewicht« (ὑπὸ τοῦ βάρους) der macedonischen Ordnung; Plutarch spricht nicht bloß von der Masse, sondern auch von der Art der Bewaffnung »τῷ τρόπῳ τής ὁπλίσεως καὶ τῳ βάρει τῆς ὁπλιτικῆς φάλαγγος«, die den Macedoniern das Übergewicht gegeben habe. Diese Bemerkung wäre sehr interessant, wenn sie nicht quellenkritischen Bedenken unterläge. An anderer Stelle (cap. 11; vgl. auch cap. 23) hat uns nämlich Plutarch erzählt, daß Kleomenes die spartanischen Hopliten mit der Sarisse bewaffnet und ausgebildet, also die macedonische Fechtweise eingeführt habe. Wenn sie sie selber bereits angenommen hatten, wie konnten die Lacedämonier gerade der Eigentümlichkeit der macedonischen Kriegskunst erliegen? Die Quellen sagen keineswegs, daß sie es nicht gut genug verstanden, daß sie noch nicht genügend darin geübt gewesen seien, sondern suchen den Grund der Niederlage in dem Art-Unterschied.

Der Ertrag dieser Schlacht für die Geschichte der Kriegskunst ist also gering. Nur ganz im allgemeinen können wir aus ihr schließen, wie die Kunst der Führung, der Kombination der Waffen, der Benutzung des Geländes sich gesteigert und verfeinert hat. Auf beiden Seiten ist die Zahl der Leichtbewaffneten, die sich leichter dem Gelände anpassen, sehr groß. Eine konstante Fortentwicklung in dieser Richtung liegt jedoch keineswegs vor. Das wird sich bei dem späteren Zusammenstoß der Macedonier mit den Römern zeigen.

12. *Schlacht bei Raphia. (217)*

Bei Raphia kämpften Ptolemäus IV. von Ägypten und Antiochus von Syrien miteinander. An Infanterie hat Ptolemäus eine geringe Überlegenheit (70 000 gegen 62 000), Antiochus aber eine erheblichere an Kavallerie (6000 gegen 5000) und Elefanten (102 gegen 73). Der Bericht des Polybius (V, 86) ist sehr einfach, aber doch nicht ganz einwandfrei.

Antiochus siegt zunächst auf seinem rechten Flügel mit seiner überlegenen Kavallerie und seinen überlegenen Elefanten über die feindlichen; auch die zunächst stehenden Peltasten des Ptolemäus werden in diese Niederlage verwickelt. Als Ursache der Niederlage der ägyptischen Elefanten gibt Polybius an, daß die afrikanische Rasse dieser Tiere der indischen nicht gewachsen sei; sie fürchten sich vor ihrer Größe und Stärke und scheuten den Geruch und die Stimme. Die modernen Naturkundigen verwerfen diese Gegenüberstellung[1]: der afrikanische Elefant sei nicht nur nicht kleiner, sondern eher größer als der indische, und beide Rassen scheuen durchaus nicht vor einander, sondern vertragen sich sehr gut. Die

1 Bolau, Direktor des Zoologischen Gartens in Hamburg, »Der Elefant in Krieg und Frieden« (1887) S. 8, S. 13.

Vermutung wird daher viel für sich haben[1], daß nicht sowohl der Vorzug der Rasse, als die größere Kunst der indischen Kornaks, die eine alte Tradition hatten, während die Ägypter die Sache nur nachahmten und keine Übung in der Dressur hatten, es war, die die indischen Elefanten hier zum Siege führte.

Während so Antiochus auf dem von ihm selbst geführten Flügel siegte, siegte ebenso auf dem entgegengesetzten, trotz der Elefanten, die hier wie dort den Kavallerieflügeln zugeteilt waren, die ägyptische Kavallerie.

Nun macht Polybius dem Antiochus den Vorwurf, daß er in der Verfolgung seines Sieges fortgestürmt sei. Denselben Fehler soll Demetrius bei Ipsus gemacht haben, und er wird uns noch öfter, z. B. bei Naraggara (Zama) 202 und Mollwitz 1741, begegnen. Wir würden ohne weiteres die endliche Entscheidung bei Raphia hierauf zurückführen, wenn wir hörten, daß der ägyptische siegreiche Kavallerieflügel auf der anderen Seite, statt in diesen Fehler zu verfallen, die feindliche Phalanx in der Flanke angegriffen hätte. Davon hören wir jedoch nichts; vielmehr sollen nur die beiden Phalangen ganz isoliert gegeneinander gekämpft und hierbei die ägyptische die syrische überwunden haben.

Das wesentliche, das wir aus dieser Schlacht lernen, dürfte sein, daß die Elefanten nicht in Verbindung mit der Phalanx, sondern in Verbindung mit der Kavallerie aufgestellt werden, daß ihre Wirkung aber doch keine entscheidende ist.

Schlacht bei Mantinea. (207)

Die genaue topographische Feststellung des Schlachtfeldes durch Kromayer hat an der überlieferten Vorstellung nichts geändert. Seine an der Topographie anschließende kriegsgeschichtliche Untersuchung hat aber an zwei Stellen Erfolg gehabt und Punkte, die ich in der ersten Auflage dieses Werkes verkannt hatte, klargestellt, zugleich aber wieder nicht bloß durch falsches militärisches Räsonnement, sondern auch durch wiederholte Übersetzungs-Fehler das Ganze in ein falsches Licht gebracht. Das ist mit ausgezeichneter Klarheit und Treffsicherheit dargetan von Roloff in den »Problemen aus der griechischen Kriegsgeschichte«. Ich kann mir also das Eingehen auf die Kontroversen hier ersparen und wiederhole nur, was ich schon in der ersten Auflage gesagt habe, indem ich fortlasse oder korrigiere, was durch die beiden Vorgenannten erledigt oder richtiggestellt ist.

1 SCHARFF, De natura et usu elephantorum Africanorum apud veteres (Weimar, Progr. 1855).

Wir haben wieder den Bericht des Polybius, der aber nicht vollständig auf uns gekommen ist, und daneben Plutarch, der aus dem verlorenen anderen Werk des Polybius über Philopömen geschöpft hat.

Nach Polybius stellte Philopömen die Achäer hinter einem Graben auf, beide Flanken an Hügel angelehnt. Trotzdem rückten die Spartaner unter dem Tyrannen Machanidas gegen sie an. Ein neues Kriegsmittel sollte hier zum erstenmal in einer Feldschlacht zur Anwendung kommen: Machanidas ließ vor seiner Phalanx eine Anzahl Katapalten auffahren, um die feindliche Phalanx zu beschießen. Das zu verhindern, begann Philopömen das Gefecht, indem er die auf seinem linken Flügel aufgestellten leichten Reiter (Tarantiner) und sonstigen leichtbewaffneten Söldner vorgehen ließ.

Ganz einleuchtend ist dieser Zusammenhang nicht. Philopömen hat eine Defensiv-Stellung mit einem Front-Hindernis eingenommen und soll nun selber seinen einen Flügel über dies Hindernis haben vorgehen lassen[1]. Was sollte dabei herauskommen? Siegten die achäischen Leichten, so fragte es sich, ob die Phalanx folgen sollte oder nicht. Folgte sie, so mußte sie angesichts des Feindes das selbstgewählte Fronthindernis überschreiten; folgte sie nicht, so war der Sieg der Leichten nutzlos, sie mußten vor der feindlichen Phalanx wieder zurück. Auch sieht man nicht recht ein, wie der Kampf der Leichten auf dem einen Flügel die Arbeit der Katapalten im Zentrum verhindert haben soll, am wenigsten da in jenem Kampf die Flucht jagten[2].

Jetzt hätte der Sieg dem Machanidas gehört, wenn er mit seinem siegreichen rechten Flügel der achäischen Phalanx in die Flanke gefallen wäre, während seine eigene Phalanx sie gleichzeitig in der Front angriff. Der Graben würde die Achäer dann so wenig gerettet haben, wie der Granikus oder der Pinarus bei Issus die Perser und die griechischen Hopli-

1 Kromayer glaubt der Graben sei nicht über die ganze Ebene hinweggegangen, sondern habe vor dem linken Flügel der Achäer sein Ende gefunden. Der Text des Polybius aber spricht, wie Roloff dargetan hat, gegen diese Auffassung. Man kann sich aber z. B. vorstellen, daß er auf dem Ostende leichter zu überschreiten war als in der Mitte und auf dem Westende. An meinem oben erhobenen Einwand wird auf keinen Fall etwas geändert: auch wenn der Graben sich nicht bis vor den linken Flügel der Achäer erstreckte, versteht man nicht, was die partielle Offensive bezwecken sollte.

2 Fougères (Bulletin de Correspondance hellénique Bd. 14, S. 82) sucht die Lücke zu füllen durch die gewaltsame Korrektur, daß die Katapalten nicht die Phalanx, wie Polybius berichtet, sondern den linken Flügel der Achäer beschossen hätten.

ten. Machanidas aber, statt diese selbstverständliche Bewegung zu machen, hatte seine Leute entweder nicht genügend in der Hand oder war, wie Polybius sagt, leidenschaftlich und kindisch genug, blind hinter den Fliehenden herzustürmen. Philopömen hingegen sammelte so viel wie möglich von den Geschlagenen hinter seiner Phalanx und schob einen Teil von dieser nach links auf die Stelle, die die Flüchtlinge leergelassen hatten, und als nun die lacedämonische Phalanx siegesgewiß auf die seinige losging, führte Philopömen sie ihr in dem Augenblick, als sie den Graben überschritt und in Unordnung geraten war, entgegen und schlug sie.

Gegen diese Erzählung erheben sich eine Reihe von Fragen und Bedenken.

Woher nahm Philopömen die Phalangiten, die die Front verlängerten? Nach dem Wortlaut waren es die nächststehenden Abteilungen der Phalanx die Philopömen ohnehin mit größeren Zwischenräumen als gewöhnlich aufgestellt hatte. In der Aufstellung der Achäer war also nunmehr eine breite Lücke. Das würde bei gleichen Kräften für einen absoluten Fehler gelten. Weshalb Philopömen ein derartiges Manöver wagen konnte, gibt Polybius nicht an, überhaupt keinen eigentlichen Grund für das ganze Manöver dieser freiwilligen Zerreißung der eigenen Schlachtlinie. Ferner vermissen wir eine Mitteilung, was denn Philopömen getan hätte oder tun wollte, wenn die lacedämonische Phalanx erst angriff in dem Augenblick, wo Machanidas von der Verfolgung zurückkam und ihn von hinten attackierte.

Die rationellste Erklärung wäre, daß wir uns die Achäer als die erheblich stärkeren vorstellen. Leider läßt uns auch in diesem entscheidenden Punkt Polybius im Stich. Ausdrücklich aber gibt er an, daß Machanidas auf dem Flügel, wo er anfänglich siegte, nicht in der Qualität der Truppen, sondern auch der Zahl nach der überlegene gewesen sei. Da nun diese Truppen für den Augenblick vom Schlachtfelde entfernt waren, so können wir uns vorstellen, daß Philopömen in dieser kurzen Spanne eine sehr erhebliche Überlegenheit hatte, die ihm sowohl erlaubte, seine Phalanx in zwei Teile zu zerlegen, als die Offensive ins Auge zu fassen. Dies scheint jetzt für ihn das gegebene Manöver.

Wir müßten erwarten, daß Philopömen nun mit seiner freilich unterbrochenen, aber verlängerten Schlachtlinie die Offensive ergreift und mit dem überragenden Flügel die Lacedämonier in der entblößten Flanke packt. Das erscheint um so nötiger, als ja jeden Augenblick die Rückkehr des siegreichen Machanidas zu erwarten steht; nur etwa 2000 Schritt hinter dem Schlachtfeld liegt die Stadt Mantinea, weiter konnte die Verfolgung nicht gehen, und Machanidas konnte auch schon vorher einfallen, daß es in der Schlacht noch etwas zu tun gebe. Dann fiel er die Phalanx im Rükken an; die gesammelten Flüchtigen hätten ihn schwerlich sehr aufgehalten.

Nach Polybius' Erzählung aber ist es nicht Philopömen, der zum Angriff schreitet, sondern die Lacedämonier, und nicht der künstlich verlängerte Flügel gibt die Entscheidung, sondern ausschließlich auf das Fronthindernis, den Graben, wird alles zurückgeführt.

Unser Verdacht gegen die unbedingte Zuverlässigkeit der uns vorliegenden Polybianischen Darstellung muß nun aber noch verstärkt werden, wenn wir die völlig abweichende Erzählung in Plutarchs Philopömen lesen. Hier finden wir nämlich gerade das, was wir bei Polybius vermißt haben: daß die achäische Phalanx es gewesen sei, die die Offensive ergriffen habe, und daß sie der feindlichen, die einen Angriff nicht erwartete, in die Flanke gefallen sei:

»εὐθὺς ἦγε τῶν Λακεδαιμονίων ὁρῶν τὴν φάλαγγα γυμνὴν ἀπολελειμμένην καὶ κατὰ κέρας παραδραμὼν ἐνέβαλε, μήτε ἄρχοντος αὐτοῖς παρόντος μήτε μάχεσθαι προσδεχομένοις· νικᾶν γὰρ ἡγοῦντο καὶ κρατεῖν παντάπασιν διώκοντα τὸν Μαχανίδαν ὁρῶντες«.

Auf verschiedene Weise hat man versucht, die Schlacht zu rekonstruieren. H. Droysen nimmt an, das Machanidas von der Existenz des Grabens nichts gewußt und ihn beim Anmarsch nicht habe sehen können. Das hebt nur einen Teil der Schwierigkeiten und ist auch bei der Nachbarschaft von Mantinea und Lacedämon kaum glaublich. Umgekehrt hat C. Guischardt (Mémoires militaires, cap. X, S. 159) vermutet, Machanidas habe von vornherein angenommen, die Achäer würden sich hinter dem Graben aufstellen, und deshalb seine Katapalten mitgebracht und spielen lassen. Er nimmt weiter an, daß der Bericht des Polybius lückenhaft auf uns gekommen sei, und ergänzt diese Lücke teils aus seiner Phantasie, teils aus Plutarch, z.B. den Widerspruch zwischen der Verlängerung des achäischen Flügels zum Zwecke der Umklammerung und dem Verharren in der Defensive löst er so, daß Philopömen in dem Augenblick, wo er selbst habe zum Angriff schreiten wollen, gesehen habe, wie sich die Lacedämonier bereits in Bewegung setzten, und nun natürlich erst den Vorteil seiner Defensiv-Stellung wahrnahm und (nach Plutarch) den überragenden linken Flügel einschwenken und den Graben überschreiten ließ in dem Augenblick, als die Spartaner den Graben zu überschreiten suchten.

Dies wird wohl im wesentlichen das Richtige treffen, setzt aber, wie gesagt, eine erhebliche Überlegenheit der Achäer voraus, denn ohne solche hätte der Feldherr den Angriff in zwei getrennten Massen, von denen wenigstens die eine den schwierigen Graben-Übergang hatte, nicht ins Auge fassen können.

Auch über den anderen Flügel der Achäer informiert uns Polybius nicht genügend. Auf diesem Flügel stand ihre gesamte eigene, also schwere

Reiterei. Sollte diese gegen die feindliche Phalanx gar nicht mitgewirkt haben, oder wodurch wurde sie daran verhindert? Die Nicht-Erwähnung ist um so auffälliger, als Polybius vorher (X, 22–24) eingehend geschildert hat, welche Verdienste sich Philopömen gerade um die Reorganisation der achäischen Reiterei erworben habe. H. Droysen (p. 182) hat die Vermutung ausgesprochen, die Reiterei, die hinter dem Graben nicht verwendet werden konnte, sei wohl zur Verfolgung aufgespart worden. Aber einerseits hören wir, daß der Graben ohne wesentliche Schwierigkeit zu überschreiten war, andererseits wäre es doch ein gar zu grober Fehler gewesen, die Reiter hier nutzlos hinzustellen und stehen lassen, während sie auf dem andern Flügel die Niederlage vielleicht hätten verhindern können.

Für unsern Zweck kommt nicht so viel darauf an, die Widersprüche und Lücken zu beseitigen, als sie festzustellen, um daraus den Schluß zu ziehen, daß man die Erzählung für eine Geschichte der Kriegskunst nicht wohl verwerten darf.

Kromayers Darstellung leidet an den Fehlern, daß er die Lücken in dem Polybianischen Bericht, so wie er uns vorliegt, entweder nicht erkennt oder ungenügend ergänzt, daß er die Fehlerhaftigkeit einer Teilung der Phalanx bei gleichen Kräften übersieht, und daß er schließlich Polybius an einer falschen Stelle zu verbessern sucht. Wir haben gesehen, daß Polybius ausdrücklich den rechten, siegenden Flügl des Machanidas als numerisch überlegen bezeichnet. Kromayer sieht darin eine bewußte Unwahrheit; Polybius in seiner ausgesprochenen Parteilichkeit für die Achäer habe ihre wenig rühmliche Niederlage verschleiern wollen[1]. Nicht nur liegt zu solcher Verdächtigung Polybius' gar kein Grund vor, sondern die falsche Korrektur schneidet auch, wie wir gesehen, die rationellste (freilich auch nur hypothetische) Erklärung der Schlacht ab, denn wenn tatsächlich hier ein erheblicher Teil der Achäer von einer Minderheit geschlagen wurde, so bleibt ihnen für den Entscheidungskampf umsoweniger die Überlegenheit, ohne die das Manövrieren des Philopömen unverständlich ist.

Man nenne nicht die Vorsicht, mit der ich derart unsicher überlieferte militärische Vorgänge für die Geschichte der Kriegskunst zu verwerten ablehne, übertrieben. Für die bloße historische Erzählung mögen mit einer gewissen Wahrscheinlichkeit zu rekonstruierende Zusammenhänge genügen, aber für eine Geschichte der Kriegskunst darf man nur die quellenmäßig durchaus gesicherten Ereignisse zugrunde legen. Freilich wissen

1 Diesen Vorwurf hat Kromayer in seiner Besprechung der Roloff'schen »Probleme«, Berl. Philol. Wochenschr. v. 6. August 1914 Sp. 995 Anmk. 4 zurückgenommen, aber nicht die notwendigen Konsequenzen daraus gezogen.

wir über die Schlachten der Perserkriege noch sehr viel weniger als über Sellasia und Mantinea und haben jene Schlachten doch zu Ausgangspunkten der ganzen Entwicklungsreihe genommen. Aber es ist nur das Prinzipielle, was wir diesen Schlachten entnommen haben und bei der Einfachheit der Strukturen jener Zeit entnehmen konnten; das Positive, Einzelne, haben wir auch dort vielfach dahingestellt sein lassen müssen und können. In der Polybianischen Zeit sind die Vorgänge so viel komplizierter, daß nur sehr exakte Berichte den Ansprüchen, die wir machen müssen, genügen können.

4. BUCH
Altrom

1. KAPITEL
Ritterschaft und Phalanx

Wenn wir die Geschichte des römischen Kriegswesens nach denselben Grundsätzen beginnen wollten, die wir bei der des griechischen angewandt haben, so müßten wir beim zweiten punischen Kriege einsetzen. Denn erst aus dieser Zeit haben wir Berichte, die uns ein wirklich zuverlässiges und anschauliches Bild von dem Verlauf einer Schlacht und dem eigentümlichen Charakter der römischen Fechtweise geben. Aber wie die römische Geschichte, so ist auch die römische Historiographie ganz anderer Art als die griechische; wir können die Entwicklung des römischen Staatswesens viel höher hinauf mit Zuverlässigkeit verfolgen als die jener, und daraus ergibt sich auch für unsern Zweck ein anderes Verfahren. Die griechischen Kleinstaaten haben entweder in ihrer Verfassung etwas Stagnierendes wie Sparta, das uns überdies recht unsicher bekannt ist, oder sie sind aus einer radikalen Umwälzung in die andere gestürzt, so daß Aristoteles für Athen elf verschiedene Verfassungen zählen konnte, die einander abgelöst hätten. Rom in allen Erschütterungen, die es durchgemacht hat, hat doch eine kontinuierliche Entwicklung.[1] Selbst der Übergang vom Königtum zur Republik

1 Trotz des Widerspruchs, den Ed. Meyer, Gesch. d. Altert. II, § 499 erhoben hat, glaube ich doch, diese Vorstellung von der »Kontinuität der verfassungsgeschichtlichen Entwicklung Roms« festhalten zu dürfen und zu müssen. Denn es ist völlig klar, daß der Grundbegriff des römischen Verfassungsrechts, die Amtsgewalt der Magistratur in eine sehr frühe Zeit zurück-

war wohl eine Revolution, setzte aber doch in wesentlichen Grundbegriffen das alte Staatswesen fort. So lassen auch die Institutionen noch in sehr später Zeit in ihren Formen die früheren Stadien der Entwicklung erkennen und führen uns hoch hinauf in Perioden, über die wir eine unmittelbare historische Überlieferung nicht mehr besitzen. In der Stimmordnung späterer Zeit sind Elemente der Heeresordnung uralter Zeit aufbewahrt. Die eigentliche Erzählung von der älteren römischen Geschichte ist durchaus legendarisch; fast nur die ganz äußerlichen Daten von Kriegen und Schlachten oder die Namen der Heerführer sind mit selbständiger Sicherheit überliefert. Aber über die Entwicklung des römischen Staatsrechts und der Kriegsverfassung lebte bei den römischen Antiquaren eine Tradition, die sich an der Gegenwart selber kontrollierte, sich deshalb nie ganz ins Phantastische verlor und auch die Legende sozusagen historisch disziplinierte.

Die historische Forschung würde noch leichter zu gesicherten Ergebnissen gelangt sein, wenn nicht diese eigentümliche, staatsrechtliche Tradition von der politischen Tendenz sehr stark übermalt, und an wichtigen Stellen rundweg gefälscht worden wäre. Aber mit der Zeit hat die historische Methode Mittel

führt und allmählich geteilt und abgeschwächt worden ist. Es ist völlig ausgeschlossen, daß ein so starker Begriff von der Gewalt des Amtes sich erst gebildet hat, als die formal-souveräne Gewalt bereits in den Händen der allgemeinen Volksversammlung war; es ist erstaunlich genug, daß jener strenge Begriff sich innerhalb der Vorstellung von der Volkssouveränität so lange auch nur hat behaupten können.

Es ist ferner völlig klar, daß die Abstimmungs-Organisation der historischen Zeit ursprünglich eine rein militärische, keine politische Basis gehabt hat; folglich führt auch dieses Institut in die Zeit einer sehr starken Monarchie zurück.

Da darf man doch wahrlich von der »Kontinuität der verfassungsgeschichtlichen Entwicklung Roms« sprechen, ohne freilich die historische Umkleidung – gegen die denn auch wohl eigentlich nur Meyers Wort gemünzt sein soll – für mehr zu nehmen, als sie ist.

Alle die Zweifel über die Authentizität der Chronologie und der Überlieferung im einzelnen kann ich hier beiseite lassen. Das, worauf es mir für dieses Werk ankommt, wird dadurch nicht berührt.

und Wege gefunden, diese Fälschungen zu erkennen und auszumerzen. Während es früher auch kritische Historiker ohne Arg nachsprachen, daß der Census, den König Servius Tullius veranstaltet, 80 000 Bürger ergeben habe, wissen wir heute, daß man solche Zahlen an der Größe des Staatsgebiets und der Stadt selber kontrollieren kann, und scheiden sie mit allen Konsequenzen, die sich daraus für das Verfassungsleben ergeben, aus.

Mit diesen und ähnlichen Vorbehalten dürfen wir den Nachrichten, die auf uns gekommen sind, ein gewisses Vertrauen entgegenbringen. Unsere Hilfsmittel, aus dem Legendarischen Falschen, Mißverstandenen, was sich naturgemäß auch eingeschlichen hat, das Wahre herauszuschälen, ist der Zustand derjenigen Zeit, die wir im hellen Licht der Geschichte deutlich und sicher zu erkennen vermögen. Diejenigen Nachrichten, die sich als Vorstufen der historisch deutlichen Periode ohne Widerspruch aneinander reihen, müssen die richtigen sein, diejenigen, die sich auf keine Weise, auch nicht als Ausnahmen, Versuche, vorübergehende Abirrungen oder dergleichen begreifen lassen, sind zu verwerfen.

Mancherlei Spuren weisen darauf hin, daß in Italien der Reiterkampf in alten Zeiten eine größere Bedeutung gehabt hat als in Griechenland. In der ersten Auflage dieses Werkes habe ich mich an dieser Stelle mit diesem Hinweis begnügt und auf den Fortgang der Darstellung verwiesen, wo ich wieder darauf zurückkommen würde. Ich mußte, um die soziale Bedeutung der Reiterwaffe unter den wirtschaftlichen Verhältnissen des latinischen Stammes voll ans Licht stellen und zum Verständnis bringen zu können, den Lesern erst das mittelalterliche Rittertum in seiner ganzen Breite vorgeführt und genetisch entwickelt haben. Mit einigen abstrakten Sätzen ist die wirkliche Einsicht in die Werte dieser militärisch-sozialen Formen nicht zu ermitteln. Nachdem nun der dritte Band dieses Werkes vorliegt, darf ich auf diesen verweisen und die Rückschlüsse, die uns die mittelalterlichen Erscheinungen zu ziehen gestatten, auf die römische

Urzeit anwenden.[1] Es handelt sich um die Heranziehung der Tatsache des ausgebildeten Reiterkampfes in Italien für die Frage der Entstehung des Patrizierstandes in Rom.

Daß in dem ebenen Mittelitalien der Reiterkampf tatsächlich in alten Zeiten viel höher ausgebildet gewesen ist, als in Mittel-Griechenland und im Peloponnes, liegt in der Natur der Dinge und hat sich in der Überlieferung erhalten. Zwar sind alle die einzelnen Gefechte und Kämpfe in den ersten Büchern des Livius als schlechthin sagenhaft anzusehen, aber das generelle Überwiegen des Reiterkampfes tritt so stark hervor, daß man in dieser Tatsache einen Reflex der Wirklichkeit erblicken darf. Will man das nicht gelten lassen, und in diesen Erzählungen nichts als Dichtung zum Preise der vornehmen Häuser in Rom sehen, so haben wir doch ein zwar nur indirektes, aber doch sehr gewichtiges Zeugnis an der Geschichte von Capua. Von dieser nächst Rom bedeutendsten Stadt dieses ganzen Gebiets berichtet uns Livius noch aus dem Beginn des zweiten punischen Krieges, daß das Fußvolk unkriegerisch, die Reiterei aber tüchtig gewesen sei.[2] Er beschreibt uns einen Zweikampf von zwei Reitern mit der Lanze, ganz wie wir solche von mittelalterlichen Rittern lesen. Die Verschiedenheit in der Entwicklung der beiden Städte wird nun gewesen sein, daß Capua auf jener Stufe einer tüchtigen Ritterschaft, aber eines unbrauchbaren Fußvolkes stehen blieb, Rom durch Organisation, strenge militärische Ausbildung und Disziplin auch die Masse der Bürger zu brauchbaren und tüchtigen Soldaten erzog. Die vorwiegende und fast ausschließliche Geltung der Ritterschaft hat aber lange genug gedauert, um den Stand, der die Waffen in dieser Art trug und pflegte, scharf von der Masse der Kleinbürger und Bauern zu scheiden. Die Vorstellung, daß die Patrizier die Urgemeinde gebildet und die

1 Vgl. namentlich Bd. III, drittes Buch 1. und 2. Kapitel, besonders S. 251.

2 Livius 23, 46 (a 215 a. C.) von den Capuanern »sex milia armatorum habebant, peditem imbellem; equitatu plus poterant, itaque equestribus proeliis lacessebant hostem.«

Plebejer die Zuzügler, daß also der Unterschied der Stände in der Herkunft liege, wird zwar von keinem Geringeren als von Mommsen vertreten, widerspricht aber, wie von diesem selbst zugegeben, durchaus den Quellen und war wohl nur ein Notbehelf, weil eine andere Erklärung sich nicht finden ließ. Den Schlüssel zur richtigen Lösung des Rätsels gibt uns die jetzt aus der mittelalterlichen Geschichte zu entnehmende Tatsache von der ungemeinen Überlegenheit der Ritter über bürgerliches und bäuerliches Fußvolk, ehe dieses gelehrt und gewöhnt ist, im taktischen Körper zusammengefaßt zu werden. Es gab in Rom eine Zeit, wo die Legionar-Phalanx noch nicht existierte. Daß schon Romulus eine Legion gehabt, kann als Fabel ohne jeden Quellenwert gestrichen werden. In dieser Zeit war die ausschlaggebende Macht der römische Ritter. Als ihren Kern werden wir die alten Häuptlingsfamilien anzusehen haben, die ihren Sitz allmählich alle oder meistens nach der Stadt verlegt hatten, vielleicht durch eine Art von συνοικισμός wie er in Griechenland berichtet wird. Von der Stadt aus beherrschten diese zugleich reichen und kriegerischen Familien auch das Land. In der Stadt, die ein Handelsplatz war, der Umschlag für den Seeverkehr und das große Stromgebiet des Tiber, entwickelte sich der Wohlstand jener Familien kapitalistisch. Sie beherrschten den ganzen Kanton, die kleinbäuerlichen Bewohner des platten Landes ebensowohl durch ihre Waffentüchtigkeit wie durch ihre Darlehen. Die älteste römische Geschichte ist voll von dem Wucherbetriebe, durch den die Patrizier die Plebs bedrücken.

So scharf und unüberschreitbar später die Grenze zwischen Patriziern und Plebejern in Rom ist, so läßt die Überlieferung doch erkennen, daß das Patriziat seinem Ursprunge nach nicht ganz gleichartig war. Man unterschied ältere und jüngere Geschlechter. Erfolgreiche Kaufleute, die auch der Kriegspflicht gewachsen waren und sie auf sich nahmen, werden den älteren Geschlechtern beigestellt worden sein, ganz wie wir in den mittelalterlichen Städten die ursprünglich ritterlichen Familien mit emporsteigenden Gewerbetreibenden zu einem Stande verschmelzen sehen. In Rom aber wird das Element der alten kriegerischen Häuptlings-Familien stärker, das kaufmännische schwächer gewesen sein, als in den Städten des Mittelalters, und auf jeden Fall ist das kriegerische Element unentbehrlich bei der Bildung des Patriziats: es ist nicht etwa eine bloß wirtschaftliche Entwicklung; eine bloß ökonomisch fundierte Herrschaft hätte sich die Masse des latinischen Volkes von den wenigen vom Glücke begünstigsten Stammesgenossen nicht gefallen lassen.[1] Aber in der Vereinigung von kriegerischer Überlegenheit und rücksichtslos ausgenutzter Kapitalmacht schichtete sich aus der Stammeseinheit die Aristokratie heraus, die schließlich auch die Ehegemeinschaft mit den Volksgenossen, der Plebs verschmähte und als eine von den Göttern besonders begnadete Genossenschaft die Herrschaft beanspruchte und führte.

Die Zahl der kriegerisch-ökonomisch fundierten aristokratischen Familien, die im ältesten Rom das Patriziat bilden, haben wir uns als sehr klein vorzustellen. Die kriegerische Kraft nach außen war also, ganz wie bei den mittelalterlichen Städten, nur gering. So geschah es, daß Rom nach einer Überlieferung, der wir trauen dürfen, unter die Herrschaft benachbarter etruskischer Fürsten kam.

Von dieser Fremdherrschaft hat die latinische Stadt sich wieder befreit und es ist wohl möglich, daß dieser Kampf in seinem Fortgang den Anlaß gegeben hat zu der Erweiterung und Umwandlung der bisher rein ritterlichen Kriegsverfassung. An die Seite der Ritterschaft trat das Aufgebot der gesamten Bürger-

1 Gegen die Theorie, daß die Urbewohner durch die Grundrente die *Patricier* geworden seien, wendet sich auch SCHMOLLER, Grundriß Bd. 1, 2. Aufl., S. 497: »Wenn man sich einbildet, das Kapital an sich und seine ungleiche Verteilung erzeuge die Großbetriebe; wenn man sich vorstellt, weil die Erben glücklichier Unternehmer in der zweiten und dritten Generation vor allem als Kapitalbesitzer erscheinen, der Kapitalbesitz habe die Unternehmungen geschaffen, so ist das ganz falsch. Was sie schafft und erhält, bleiben immer die persönlichen Eigenschaften.«

und Bauerschaft in kompakter Masse, in der Phalanx. Die Organisation wurde durchgeführt durch einen mit absoluter Gewalt ausgestatteten König. Diese römischen Könige sind nicht eine erbliche Dynastie, sie sind auch nicht Tyrannen im griechischen Sinne, sondern sie sind für Lebenszeit eingesetzte höchste Beamte. Griechisch würde man sie wohl am besten Archonten nennen; am meisten Anschauung wird uns der Ausdruck Doge geben. Wie den ältesten venetianischen Dogen steht auch den römischen Königen ein Rat zur Seite, der Senat, aber er beschränkt sie kaum, und der Wunsch, die königliche Würde erblich zu machen, mag auch in dieser Epoche der römischen Geschichte innere Konflikte erzeugt haben, wie im alten Venedig. Das Prinzip des Amtes aber behauptete sich und entwickelte sich zur allerhöchsten Kraft und Strenge, da die patriarchalische Milde, die oft mit dem Erbkönigtum verbunden ist, fehlte, und die gefährdete Lage des Staates nur die kräftigsten Persönlichkeiten mit dem Amte zu betrauen gestattete. Ein derartiger Herrscher organisierte das Waffenaufgebot des Volkes, die Phalanx des Fußvolks.

Er teilte den römischen Kanton in zwanzig Tribus, von denen vier auf die Stadt, 16 aufs Land kamen; jede Tribus teilte er wieder in vier Centurien, von denen dreien die Verpflichtung auferlegt wurde, mit Schutzwaffen zu erscheinen, wobei wir freilich in der älteren Zeit schwerlich volle Hoplitenrüstung voraussetzen dürfen, sondern für die meisten nur gerade das Notwendigste an Schild und Kopfbedeckung. Die vierte Centurie bildeten die Leichten, die griechischen φιλοί die gleichzeitig als Burschen, Trainsoldaten und zu militärischen Nebenzwecken gebraucht wurden. Da die Soldaten sich die Waffen selber beschafften, so gehörte ein gewisser Wohlstand dazu, um unter die Hopliten zu kommen. Wurden Proletarier unter sie eingestellt, so mußte der Staat ihnen die Waffen geben.[1]

1 Bei Gellius 16, 10, 1 ist ein Vers des Ennius enthalten »proletarius publicitus scutisque feroque ornatus ferro«. Zit. MOMMSEN, Staatsr. III, 1, 29 S.

Während in Athen auf jeden Hopliten ein Leichter kam, war in Rom der Dienst noch ein so viel strengerer, daß drei Hopliten sich mit den Hilfsdiensten *eines* Leichten begnügen mußten, und während der Begleiter in Athen häufig gewiß ein bloßer Sklave war, war er in Rom auch ein Bürger, an den kriegerische Anforderungen gestellt werden konnten.

Bis zur Vertreibung der Könige wurde das Gebiet noch etwas vergrößert und eine neue, die 21. Tribus, die clustuminische, errichtet, deren Centurien jedoch alle vier nur für den leichten Dienst herangezogen wurden, so daß nun auf fünf Hopliten zwei Leichte kamen, Rom jetzt im ganzen 84 Centurien Fußvolk hatte. Dazu kamen noch außer sechs Centurien Reitern, zwei Centurien der Schmiede und Zimmerleute, zwei der Trompeter und Hornisten, eine der Intendanturbeamten und Schreiber *(accensi)*.

Die Größe des römischen Staatsgebietes zur Zeit der Vertreibung der Könige umfaßt nicht mehr als knapp 18 Quadratmeilen (983 Quadratkilometer), weit weniger als die Hälfte von Attika. Als die Phalanx errichtet wurde, war es noch um etwas kleiner. Zu einer Zeit, wo das Gebiet noch so klein war, kann auch die Stadt noch nicht groß gewesen sein, sonst hätte sie die umliegenden kleinen Orte früher und schneller überwältigt. Die Landstadt Veji, die nur zwei Meilen vor den Toren Roms lag, wurde erst mehr als hundert Jahre später unterworfen und eingezogen. Das Gebiet und die Größe einer Stadt stehen immer in einem gewissen Verhältnis. Das Maximum, das man für den damaligen römischen Staat annehmen darf, werden etwas über 3000 Seelen auf die Quadratmeile, also im ganzen etwa 60 000 Seelen sein, wovon einige Tausend als Sklaven abzuziehen sind.[1]

Polybius VI, 21, 7 »διαλέγουσι τῶν ἀνδρῶν τοὺς μὲν νεωτάτους καὶ πενιχροτάτους εἰς τοὺς γροσφομάχους«.

1 Für Attika haben wir im Jahre 490 2500–3000 Einwohner auf die Quadratmeile berechnet, für Böotien im 5. Jahrhundert 2200, für Lacedämonien und Messenien 1500, für den Peloponnes 2000 bis 2200. Bei der primitiven Bestellung, gestört durch die unausgesetzten Nachbarfehden, wie wir

Bei einer Seelenzahl von nicht 60 000 freien Einwohnern ist die Zahl der wehrfähigen Männer vom 17. bis 46. Lebensjahr auf 9–10 000, die der Älteren und Invaliden auf etwa 5 bis 6000, die Gesamtzahl der erwachsenen männlichen Bürger auf 16 000 zu veranschlagen.

Aus diesen Zahlen ergibt sich, daß die Tribus und Centurien nicht Aushebungsbezirke, sondern eine Aufgebotseinteilung waren; sie umfaßten die gesamten waffenfähigen Männer und entsprachen dem Namen Hundertschaft nur dann, wenn wirklich alle Männer zusammengekommen waren. Denn die 9000–10 000 Felddienstfähigen verteilen sich, wie wir sahen, auf 95 Centurien (84 Centurien Fußvolk, 5 Zusatzcenturien, 6 Centurien Reiter).

Als der letzte König, den die Überlieferung Tarquinius Superbus nennt, abgesetzt und vertrieben wurde, änderte man die Verfassung in der Art, daß an die Stelle des einen lebenslänglichen Oberbeamten zwei jährlich neu zu wählende, ursprünglich Prätoren, später Konsuln genannt, treten sollten. Diese Wahl vollzog das als Heer organisierte Volk, die Centurien. Die Centurien sind also von jetzt an nicht mehr bloß Aufgebotsorganisationen, sondern politische Stimmkörper. Als solche haben sie sich erhalten durch alle Wandlungen der römischen Verfassung hindurch, und dadurch ist uns die Ur-Kriegsverfassung des römischen Volkes bekannt.

Um die Aufgebotsorganisation für den politischen Zweck, die Wahl der Konsuln (Prätoren) zu benutzen, mußte man auch

sie uns in Italien vor 2½ Jahrtausenden vorstellen müssen, ist gewiß selbst für den fruchtbarsten Boden 2500 bis 3000 das Maximum gewesen, das ernährt werden konnte. Rom mag als alte Handelsstadt schon um 510 einige Getreidezufuhren zur See bezogen haben, aber gewiß noch nicht viel, da wenn die Stadt schon groß war, sie schon politisch eine größere Stellung gehabt haben würde. Daß die Stadt im Verhältnis zum Landgebiet noch klein war, wird auch dadurch bezeugt, daß von den 20 Tribus nur 4 städtische waren. Die sog. Servianische Mauer, die ein sehr großes Areal einschließt, ist erst aus der Zeit der Samniterkriege.

die Alten, die nicht mehr Kriegsfähigen organisieren; neben den 84 Centurien der *juniores* schuf man also jetzt auch 84 Centurien der *seniores* und gab dadurch, sei es mit Absicht, sei es durch den Zufall des Schematismus, den älteren Bürgern ein erheblich größeres Stimmrecht als den jüngeren. Die Reiter und die Zusatz-Centurien waren nicht in seniores und juniores geteilt, woraus wir schließen dürfen, daß sie ihrer Natur nach etwas anderes waren, als die Fußvolks-Centurien. Diese waren nichts als die Aufgebots-Organisation und deshalb hatten die Alten, so lange das Kriegs-Aufgebot der einzige Zweck war, nicht dazu gehört. Die Reiter-Centurien aber werden wir als Reitgesellschaften zu denken haben, zu denen auch die alten Herren immer gehört hatten, die ihrem Ritter-Charakter entsprechend, auch immer noch mit in den Krieg gezogen waren. Ebenso waren die Schmiede, Zimmerleute, Musiker, Schreiber Berufsgenossenschaften, Zünfte, wenn man will, die ihrer Natur nach die Alten einschlossen.

Die Einsicht in den Zusammenhang der späteren römischen Stimm- und Wahlordnung mit der ursprünglichen Kriegsverfassung ist längst gewonnen und wird uns verbürgt nicht nur durch das so offensichtlich militärische Einteilungs-Prinzip, sondern auch besonders aufgehellt durch die Zahlen-Konkordanz. In der ersten Zeit der römischen Republik zerfiel der Staat in 21 Tribus, die Normalzahl der Legion aber, d. h. der Hälfte des Gesamt-Aufgebots, die jeder Konsul kommandierte, war noch im zweiten Jahrhundert 4200 Mann zu Fuß. Diese beiden Zahlen sind durchaus sicher überliefert und können unmöglich durch bloßen Zufall ineinander aufgehen. Sie erklären sich vielmehr so, daß bei Begründung der Republik die Hälfte des Aufgebots der Infanterie tatsächlich 4200 Mann stark war, neben 300 Reitern, und diese an sich zufällige Zahl dann dauernd als Normal-Zahl beibehalten worden ist. Nicht ganz genau stimmt damit die dritte überlieferte Zahl, daß nämlich die Zahl der Centurien der juniores 85, statt, wie man erwarten müßte, 84 betragen habe.

Für diese kleine Abweichung aber ist jetzt eine sehr einfache Erklärung gefunden (vgl. unten Excurs 1), so daß auch diese Zahl, trotz des Fehlers darin, als eine Bestätigung jener beiden anderen und damit des ganzen Aufbaues angesehen werden kann.

Daß die Senioren-Centurien erst nachträglich, als die Heeresabteilungen als Stimmkörper dienten, hinzugefügt wurden, kann keinem Zweifel unterliegen. Ein wirkliches Aufgebot der Männer über 46 Jahre war etwas so Seltenes, daß dafür eine dauernde Organisation mit der mühseligen Listenführung[1] sicherlich nicht existiert hat. Die Ausmalungen, mit denen Schriftsteller, die 200 bis 300 Jahre später lebten, die Kriege des Camillus erzählten und vom Aufgebot der Senioren zu reden wußten, haben für uns schlechterdings keinen Quellenwert.

Als das Grundprinzip der römischen Kriegsverfassung, wie sie schon unter den Königen geschaffen wurde und in der Republik fortbestand, haben wir also die allgemeine Wehrpflicht erkannt, die allgemeine Wehrpflicht in der denkbar schärfsten Anspannung und Ausdehnung.

Die römische Kriegsverfassung greift viel schärfer zu als die athenische, auch wenn wir deren Leistung zur See, die bei den Römern wegfiel, in Betracht ziehen; denn diese Leistung wurde ja in Athen, von einzelnen Momenten abgesehen, zum großen Teil von Söldnern oder gar Sklaven bestritten.

Die römische Kriegsverfassung greift auch viel tiefer ein als die spartanische. Denn hier ist die große Masse der Bauern

1 Eine regelmäßige standesamtliche Listenführung scheint auf den ersten Anblick etwas ganz Einfaches, ist aber, wenn sie zuverlässig sein soll, überaus schwierig und verlangt eine höchst sorgsame und energische Kontrolle. Die Vorteile und Nachteile, die auf dem Spiel stehen, sind sehr groß und die Arbeit ihrer Natur nach in der Hand von Schreibern, die ganz abgesehen von Nachlässigkeit auch der Bestechung zugänglich sein können. Im Jahre 214, wo jeder jüngere Mann, der nicht im Felde stand, auf der Straße auffallen mußte, fand eine Revision 2000 juniores, die sich der Dienstpflicht entzogen hatten. Livius XXIV, 18, 7.

unfrei und weder wehrfähig noch wehrpflichtig, bis die Not des peloponnesischen Krieges diesen Grundsatz durchbricht.

Die militärische Anspannung Roms ist um so größer, da auch der Sold, der den im Felde Stehenden gezahlt wurde und gezahlt werden mußte, nicht etwa aus den Tributen irgendwelcher Untertanen, wie in Athen, bestritten wurde, sondern durch Steuern aufgebracht werden mußte. Die Überlieferung knüpft die Einführung des Soldes an die Belagerung von Veji; Mommsen glaubt, wohl mit Recht, daß sie noch weiter hinauf gerückt werden müsse. Noch in der Zeit, als Rom schon die Herrscherin von ganz Italien war, rühmten sich die führenden Familien der altväterischen Einfachheit ihrer Lebensweise. Dem alten Emporium am Tiberstrom inmitten einer fruchtbaren Landschaft kann es von je an Mitteln, Wohlstand zu erwerben, nicht gefehlt haben; aber nicht dem Wohlleben, sondern dem Staatszweck diente der Erwerb, und diese Gesinnung blieb im römischen Bürgertum lebendig noch lange, nachdem die Lebensbedingungen ganz andere geworden waren. Auch die historische Legende der Griechen wußte von der luxusfeindlichen Gesetzgebung des Lykurg in Sparta und dem armen, aber unbestechlichen Aristides in Athen zu erzählen, aber diese Gestalten bezeichnen doch nur Episoden des hellenischen Daseins. Die Cincinnatus, Curius Dentatus, Fabricius sind für den nationalen Typus des alten Rom noch charakteristischer.

Die beiden Zwecke, die die Centurien-Ordnung seit dem Jahr 510 in sich vereinigte, Heeres-Aufgebot und Abstimmungs-Schema gingen naturgemäß mit der Zeit auseinander. Es gab Kriege, bei denen man nicht die gesamte Mannschaft in die Waffen rief, sondern nur eine Auswahl, und je größer der Staat wurde, je weiter die Märsche, je länger die Feldzüge, desto weniger konnte man die Männer allesamt von Hause wegnehmen. An die Stelle des Aufgebots also trat die Aushebung, und die Distrikte für die Aushebung waren naturgemäß nicht die kleinen Körperschaften der Centurien, sondern die regionalen Bezirke, die Tribus. Die Bedeutung des Wortes »Centurie« spaltete sich damit in zwei Begriffe, die beide miteinander und mit der Urbedeutung »Hundertschaft« nichts mehr zu tun haben: auf der einen Seite sind es die politischen Stimmkörper, auf der anderen Unterabteilungen der Legion. Bei Erweiterung des römischen Staatsgebietes wurden neue Tribus errichtet – bis zu 35 –, und mit ihnen auch neue Centurien als Stimmkörper. Die sechs ursprünglichen Reiter-Centurien wurden zu unbekannter Zeit (vielleicht im Jahre 304) auf 18 vermehrt.

Die Gefechtsform des alten römischen Heeresaufgebots haben wir uns genau so vorzustellen, wie die der alten griechischen Hopliten-Phalanx. Wir dürfen daher auch diesen griechischen Namen auf die Römer übertragen. Zwar existiert eine positive Überlieferung darüber nicht; aber da sowohl innere Gründe wie die nachfolgende Entwicklung es ausschließen, daß die Römer etwa in der ältesten Zeit mit dem bloßen Schwert bewaffnete Schlachthaufen gehabt hätten, so ist die mit dem Spiel in schwerer Schutzrüstung fechtende Linear-Aufstellung, also die Phalanx, als die einzig mögliche gegeben.

Die Legion ist eine militärisch-administrative Einrichtung, kein taktischer Körper. Sie verdankt ihr Dasein dem Zufall, daß bei der Einführung des Instituts der beiden Konsuln, von denen jeder die Hälfte des Aufgebots befehligen sollte, diese Hälfte grade 4200 Mann zu Fuß und 300 Reiter betrug.[1] Das wurde als Normalzahl auch später beibehalten, als die Grundlagen in Masse wie Art völlig andere geworden waren. Man hielt sich nicht unbedingt an die Normalzahlen; oft sank der Bestand weit darunter, zuweilen wurde die Infanterie auf 5000, schließlich

1 Wenn unsere Voraussetzung richtig ist, daß Rom bei Errichtung des Konsulats 21 Tribus und rund 8400 felddienstfähige Fußkrieger hatte, so ist die Entstehung der Normalzahl 4200 für die Legion nicht wohl anders zu erklären, als daß jedem Konsul die Hälfte zugeteilt wurde. War das ganze Heer beisammen und beide Konsuln zugegen, so führten sie täglich abwechselnd den Oberbefehl.

wohl von Marius auf 6000 Mann verstärkt, aber der Grundbegriff erhielt sich, also daß man bei großen Heeren nicht die Legionen unbestimmt vergrößerte, sondern die Zahl der Legionen vermehrte.

Auch die Unterabteilungen der Legion der älteren Zeit, die Centurien, haben, wie diese, keinerlei taktische, sondern nur administrative Bedeutung.

Als Rom Hauptstadt und Vorort eines größeren Bundes wurde und seine Bundesgenossen verpflichtete, Kontingente zu stellen, wurden diese Kontingente nicht zu Legionen zusammengefaßt; das hätte keinen Zweck gehabt, da die Legionen ja nur Administrativ-Körper sind und jedes Kontingent eine gewisse eigene Verwaltung behalten mußte. Man hatte den Grundsatz, daß stets die Hälfte eines Heeres aus römischen Truppen, die Hälfte aus Bundesgenossen zu bestehen habe. Man darf also, um die Stärke eines römischen Heeres zu bestimmen, die Zahl der Legionen im allgemeinen verdoppeln, obgleich freilich in der Praxis oft sehr starke Abweichungen von dem allgemeinen Grundsatz vorkommen.[1]

An Kavallerie hatten die Bundesgenossen das Doppelte zu stellen von dem, was die Römer selber leisteten.

Die sehr freigebige Erteilung des römischen Bürgerrechts an ganze Gemeinden ermöglichte die Festhaltung dieses Verhältnisses, führt uns jedoch schon in weit spätere Zeiten, als wir sie jetzt betrachten.

1. Die Feststellung der altrömischen Kriegsverfassung hat zum Umsturz und Neuaufbau der Vorstellungen von der altrömischen Verfassung in ihrer Ganzheit geführt. Als fundamental für diese Verfassung galt bisher die servianische Klasseneinteilung. Schon in der ersten Auflage dieses Werkes wurde dieses Klassenprinzip seines eigentlichen Inhalts entleert, da sich aus der Bevölkerungsberechnung ergab, daß die Centurien der verschiedenen Klassen unmöglich sehr verschieden stark gewesen sein können, daß also

1 Sehr lehrreich hierüber STEINWENDER, Progr. d. Gymn. z. Marienburg 1879.

die Vorstellung, in Rom habe nicht die strenge, allgemeine Wehrpflicht, sondern nur eine abgestufte, beschränkte Wehrpflicht und demgemäß ein nach dem Vermögen abgestuftes Stimmrecht bestanden, verkehrt sein mußte. Wozu also überhaupt die Klassen? »Die einzige Auslegung, die übrig bleibt, schrieb ich damals, um das Klassenprinzip innerhalb des allgemeinen gleichen Stimmrechts zu erklären, ist das starre römische Standesbewußtsein.« Man empfindet, daß diese Auslegung im Grunde nur ein letztes verzweifeltes Hilfsmittel war, um die überlieferte Vorstellung nicht völlig preisgeben zu müssen. Einer meiner Schüler hat ihr seitdem den Rest gegeben: die ganze servianische Klassenordnung ist aus der altrömischen Geschichte zu streichen. Francis Smith[1] in dem Buche »Die römische Timokratie« hat schlagend nachgewiesen, daß die sogenannte servianische Verfassung nicht dem sechsten, sondern dem zweiten Jahrhundert entstammt. Sie stellt dar den mißglückten Versuch einer Verfassungsreform im Sinne der catonischen Mittelstandspolitik, um den Staat vor der heraufziehenden Gefahr der Ochlokratie im Dienste der aristokratischen Korruption zu retten. Alle Wahrscheinlichkeit spricht dafür, daß dieser Versuch im Jahre 179 von den Censoren Marcus Ämilius Lepidus und Marcus Fulvius Nobilior gemacht wurde. (Mutarunt suffragia, regionatimque generibus hominum causisque et quaestibus tribus descripserunt. Livius Buch 41, Kap. 51.) Wahrscheinlich sind auch damals die Tribus statt wie bisher in je acht, in je zehn Centurien eingeteilt worden. Daß es ursprünglich acht gewesen sein müssen, ergibt sich aus der Konkordanz der Zahlen: 21 Tribus zu je 4 Centurien juniores gleich 8400 Mann oder 2 Legionen Fußvolk.

Um im Jahre 179 dem Volke die Einteilung nach den neuen Prinzipien genehm zu machen, wurde sie als das überlieferte wahrhaft alte römische Staatsrecht hingestellt, und wie die Schriften des Königs Numa Pompilius, so werden damals auch die Kommentare des Königs Servius Tullius gefunden worden sein, aus deren etwas abrupten Notizen dann die römischen Antiquare die unter sich so widerspruchsvollen Bilder der serviani-

1 Berlin, Georg Nauck, 1906. Vgl. Preuß. Jahrb. Bd. 131. (Januar-Heft 1908.)

Zur 3. Aufl. Auch A. Rosenberg, Untersuchungen zur römischen Zenturienverfassung (1911) erkennt die Unhaltbarkeit der Mommsenschen Verfassungs-Konstruktion an und sucht einen Mittelweg zwischen Mommsen und mir. Auf die Einzelheiten dieses Gegenentwurfes einzugehen, würde hier zu weit führen. Rosenbergs Grundfehler ist, daß er sich nicht genügend mit der Bevölkerungsstatistik des Kantons Rom auseinandergesetzt hat.

schen Verfassung konstruiert haben. Der Vorgang hat seine Analogie im Deuteronomion, im Priester Codex, in der drakontischen und in der lykurgischen Verfassung. Die Fälscher haben noch gewußt, daß Rom zur Zeit der Vertreibung der Könige 21 Tribus hatte, und dementsprechend 168 Centurien Fußvolk. Bei der Verteilung auf die Klassen rundeten sie die Zahl (so dürfen wir wenigstens annehmen) auf 170 ab (80; 20; 20; 20; 30) und brachten dadurch den Fehler hinein, der den modernen Gelehrten so sehr viel Kopfzerbrechen gekostet hat, daß nun das Heer von 8400 Mann (zwei Legionen) 85 Centurien gehabt haben sollte, also eine zu viel.

An der anderen Irregularität, daß bei 21 Tribus, in denen jede 3 Centurien Hopliten und eine Centurie Leichte stellten, die Legion nicht 3000 Hopliten und 1200 Leichte, sondern 3150 Hopliten und 1050 Leichte hätten zählen müssen, sind die Antiquare offenbar unschuldig. Hier muß eine Irregularität in der historischen Entwicklung vorliegen, und man kann diese auch mit einem ziemlichen Grad der Wahrscheinlichkeit aufzeigen. Es darf als sicher angenommen werden, daß Rom ursprünglich nur 20 Tribus zählte; die Irregulorität muß also durch den Hinzutritt der 21 sten Tribus, der clustuminischen entstanden sein. Die neuen Tribulen werden im Anfang nicht als völlig gleichwertig angesehen worden sein, und da ohnehin das Verhältnis von drei Hopliten zu einem Leichten sehr knapp war, so bestimmte man die Clustuminier sämtlich für den Nebendienst, ein Verhältnis, das mit der Zeit, als der Charakter des Aufgebots sich überhaupt änderte, von selbst verschwand. Das alles ist zwar nicht direkt beweisbar, darf aber doch wohl als plausibel gelten. Im Anschluß an das Buch von Smith habe ich diese ganze Auffassung eingehend in einem Aufsatz in den »Preußischen Jahrbüchern«, Band 131, S. 87 (1908) entwickelt, auf den ich für das Spezielle hiermit verweise. Eine Reihe von Abschnitten der ersten Auflage sind dadurch antiquiert. Nur folgendes sei hier noch wieder angefügt:

2. Die alte römische Phalanx soll die Eigentümlichkeit gehabt haben, daß die Glieder nicht gleichmäßig bewaffnet waren; nur die vordersten Glieder trugen die volle Hoplitenrüstung, dann kam ein Glied, dem die Panzer, dann eines, dem auch die Beinschienen fehlten, und die allerletzten hatten nur Spieße und endlich bloße Schleudersteine. Wenn schon nicht beglaubigt, wäre es doch nicht unmöglich, daß hieran etwas Wahres ist. Wir haben oben (B. I, Kap. 3) dargelegt, daß es der Phalanx keinen Nutzen bringt, wenn als hintere Glieder Ungerüstete folgen, aber diese römischen Ungerüsteten sind nicht als Glieder der Phalanx aufzufassen, sondern entsprechen den griechischen Ψιλοί, Trainsoldaten, Burschen, die auch einigen sekundären Kombattantendienst als Leichtbewaffnete tun. Bei den Römern sind sie um ein Grad kriegerischer als bei den Griechen,

da sie aus lauter Bürgern bestehen, während in den wohlhabenderen griechischen Städten, namentlich Athen, die Herren vielfältig Sklaven und die Spartaner Heloten mit ins Feld nahmen. Die Leute ohne Panzer und ohne Beinschienen, also mit Schild und Helm, können dagegen noch als Schwergerüstete angesehen werden und in der Phalanx fechten. Naturgemäß gab es in der ältesten Zeit sehr viele, die nicht in der Lage waren, sich den kostbaren Panzer und die Beinschienen anzuschaffen. Man mußte sie in die hinteren Glieder stellen, aber es lag zu sehr ebensowohl im Interesse des Staates als jedes dieser Männer selber, mit vollständiger Rüstung versehen zu werden, als daß die abgestufte Bewaffnung mehr als ein Übergang gewesen sein kann. So viel in irgend einem öffentlichen Arsenal oder in einem Privathause an Panzern aufzutreiben war, müssen die ausrückenden Hopliten auch damit ausgerüstet worden sein. Die Vermutung, daß es sich überhaupt nie um verschiedene Bewaffnung, sondern nur darum gehandelt habe, was der Einzelne sich selbst zu beschaffen, was der Staat ihm zu liefern habe, hat einiges für sich[1]. Die Einzelheiten der Überlieferung, daß die erste Klasse runde Erzschilde (clipei), die zweite (wegen des fehlenden Panzers) lange, viereckige Schilde (scuta) gehabt habe und der dritten Klasse die Beinschienen gefehlt hätten, ist deutlich als antiquarische Konstruktion zu erkennen: zu einer Zeit, wo der Staat nicht einmal imstande war, allen seinen Phalangiten eine volle Schutzrüstung zu geben, können unmöglich so seine Unterschiede durchgeführt oder auch nur vorgeschrieben gewesen sein. Ob der Schild ehern und rund oder viereckig, hölzern, lederüberzogen, mit Eisenbeschlag war, das wird den Konsuln wenig ausgemacht haben, und die Beinschienen wieder sind ein so unbedeutendes Stück der Rüstung (die späteren römischen Legionare haben sie überhaupt nicht mehr getragen), daß sie offenbar nur herangezogen sind, um einen Klassenunterschied konstruieren zu können. Das Holz des Spießes, die Schärfe der Spitze, die Stählung des Schwertes waren für die Kampftüchtigkeit des Einzelnen viel wichtigere Unterschiede, als wenn ein Soldat statt metallner Beinschienen etwa starke lederne Gamaschen um die Schienbeine getan hatte.

3. Die Ritter-Centurien haben offenbar eine eigene, von der des Fußvolkes abweichende Geschichte, gehabt, wie sie ursprünglich auch nicht Centurien, sondern Tribus hießen. Sie sind nicht eingeteilt in juniores und seniores und ihre Zahl ist für die älteste Zeit der Republik relativ zu groß. Es ist unmöglich, daß zu der Zeit, wo Rom überhaupt nicht mehr als höchstens 9–10 000 felddienstfähige Bürger hatte, darunter 1800 Reiter gewesen sein sollen. Als die normale Beigabe zu 8–9000 Mann Fußvolk

1 Bruncke, Philologus 1881, S. 368.

(zwei Legionen) galten 600 Reiter; diese nehme ich daher als die damals vorhandene Reiterzahl.

Zieht man nun in Betracht, daß die drei ältesten und vornehmsten Reiter-Centurien eigene Namen hatten, die Ramnes, Tities und Luceres, denen sich die Ramnes, Tities und Lucerus *secundi* und dann die weiteren 12 namenlosen Centurien anschlossen, so ergibt sich die Vermutung, daß die erstgenannten Centurien alte Adelsgesellschaften waren, die existierten, ehe die Masse des Volkes in Centurien organisiert wurde. Diese Adelsgesellschaften zogen als Reiter mit etwaigem Gefolge zu Fuß in Feld; da sie aber mehr als bloße Kriegsaufgebote, nämlich Bruderschaften, Klubs waren, so gehörten ihnen auch die Alten und Invaliden an. Als nun nach der Vertreibung der Könige die Heereskörper als politische Stimmkörper zu fungieren anfingen und man deshalb die Centurien der Senioren schuf, da war das bei den Reiter-Centurien nicht nötig und nicht angängig, weil die Alten diesen bereits angehörten, wenn sie auch nicht mehr regelmäßig mit ins Feld zogen. Auf ihr Stimmrecht in den Centurien haben die Vornehmen in Rom ihre Macht ohnehin nie zu gründen gesucht, sondern auf die Beeinflussung der Volksabstimmung durch Beamtentum und Priestertum.

4. Einen Hauptbeweis dafür, daß das Heer die Grundlage der Centurieneinteilung war, sind die Centurien der Musiker und Handwerker. Die Schmiede sind wohl wesentlich als Waffenschmiede aufzufassen, die mitgenommen wurden, um die fortwährend nötigen Reparaturen im Felde vornehmen zu können.

Außer dieser gab es noch eine Centurie der *accensi velati*. Die römischen Antiquare waren selber sehr unsicher, was darunter zu verstehen sei (vgl. die Stellen bei Marquardt. Röm. Staatsverw. II, 329 Anmkg. 2). Bald identifizierte man sie mit den Plänklern, bald erklärte man sie für Ersatzmänner, die für Gefallene und Verwundete mit deren Waffen eintreten. Das ist die heute vorherrschende Meinung. Ich kann mir von solchen Leuten keine Vorstellung machen. Haben sie, bis eine Lücke eintritt, keinerlei Funktion und auch keinerlei Waffe? Das wäre, da sie doch verpflegt werden müssen wie andere, eine Kraftverschwendung. Wird ein Hoplit kampfunfähig, so ist es natürlich sehr wichtig, seine kostbaren Waffen zu retten. Am besten rüstet man sofort einen anderen damit aus. Die 100 accensi aber auf ein Heer von 8400 Mann würden schon nach dem ersten Gefecht nicht mehr ausreichen. Hat man dafür gesorgt, daß die Hopliten möglichst vollzählig blieben, so waren doch die Leichten dafür da, in die Lücken einzutreten. Wenn dem aber so war, so verliert das Häuflein der spezifischen »Ersatz-Centurie« die Existenzberechtigung. Sie wären eine Centurie Leichtbewaffneter, wie die anderen auch. Ihre Bestimmung, da sie doch als eine Besonderheit erwähnt werden, muß eine andere gewesen sein.

Ich glaube, die von MOMMSEN, Staatsv. III, 1, 289 beigebrachten Inschriften und Stellen leiten auf die richtige Spur. Hier erscheint die *centuria accensorum velatorum* als privilegiert und der einzelne accensus velatus als ein angesehener Mann, der sich dessen rühmt. Das scheint mir auf keine Weise zu vereinen mit der Tradition, die die accensi velati als die allerunterste, völlig vermögenslose Bürgerklasse auffaßt. Wie soll aus der Centurie der Proletarier eine Genossenschaft geworden sein, der anzugehören eine begehrte Ehre war und in der wir tatsächlich Personen von Ritterrang finden? Mommsen hat ganz richtig geschlossen, daß sie »einmal in öffentlichen Geschäften tätig gewesen sein müssen.« Was können das für Geschäfte gewesen sein? Mit der Armee hingen sie zusammen, für ihren Dienst wurden sie ausgehoben. Es waren also die Leute der Armee-Verwaltung, der Stab der Schreiber, Rechner, Intendantur-Beamten und Ordonnanzen, dessen die höheren und auch die niederen Führer bedurften. Varro (cit. bei Marquardt a. a. O.) berichtet das an verschiedenen Stellen ausdrücklich. Stellte sich das Heer zur Musterung auf, so mußten auch sie, als Unbewaffnete (velati) mit antreten, und als das Heer im Stimm-Centurien geteilt wurde, wurden sie zusammen als eine Centurie betrachtet und organisiert, gerade wie die Trompeter, Hornisten, Schmiede und Zimmerleute je eine bildeten. Die Vorstellung, daß die accensi velati die Proletarier seien, hat sich erst gebildet, als in den Klassen eine Vermögenseinteilung des Volkes geschaffen war, zum Zweck eines timokratischen Stimm-Organismus. Hier paßten die accensi schlechterdings nicht hinein; deshalb stellte man sie einfach unten an. Ist es richtig, daß sie auch *ferentarii* genannt worden sind (nach Festus und Varro) und daß das Wort von *ferre* abzuleiten ist, also »Träger«, so waren es ursprünglich bloße Diener, aus denen sich allmählich höhere Gehilfen entwickelten.

5. Solche Notizen, wie aus Athenäus VI, 106: »ἔλαβον δέ καὶ παρὰ Τυῤῥηνῶν τὴν σταδίαν μάχην φαλαγγηδὸν ἐπιόντων« sollte man nicht wiederholen. Es ist schon viel, wenn Cato noch von einer wirklichen Tradition gewußt, daß die Römer ursprünglich in der Phalanx gefochten, und sich das nicht bloß aus der Natur der Sache konstruiert hat. Daß die Römer aber diese Kampfesweise von irgend einem Volke übernommen, kann keinerlei wirkliche historische Überlieferung mehr berichtet haben.

Ebenso wenig hat es Zweck, zu wiederholen, daß das *scutum* nach Athenäus ursprünglich eine samnitische oder nach Plutarch, Romulus, eine sabinische Waffe gewesen oder nach Plutarch, Camillus, seit dieses Feldherrn Zeit mit Eisen beschlagen gewesen sei. Das sind alles ganz willkürliche Phantasien und Konstruktionen späterer Antiquare, unter sich voller

Widersprüche; nach Liv. VIII, 8 z.B. führten die Römer ursprünglich *clipei* und erst, seit sie *stipendiarii* wurden, also seit Camillus, *scuta*.

6. W. Helbig, Die Castores als Schutzgütter des römischen Equitatus (Hermes, Bd. 40, 1905) und Zur Geschichte des römischen Equitatus, (Abhandl. d. Kgl. Bayr. Akad. d. W. I. Kl. XXIII. 2. Abt. 1905) sucht wie für die Griechen (vgl. oben S. 39), so auch für die Römer nachzuweisen, daß in der älteren Zeit die *equites* nicht als Kavallerie, sondern als berittene Hopliten aufzufassen seien. Die römische Untersuchung ist jedoch viel ertragreicher, als die griechische, weil sie nicht so sehr auf die Interpretation von Bildern, sondern auf direkte Quellen und Aussagen gestützt ist. Helbig konstatiert, zunächst durch Vorführung aller der zahlreichen Quellenstellen, wie stark die Tradition war, daß in der ältesten Zeit die Römer Reiterkämpfe geführt und zu Pferde in den Krieg gezogen seien. Mit dieser Tradition steht im Widerspruch die Erzählung im ineditum Vaticanum (Hermes, XXVII, 1892) p. 118, die wahrscheinlich auf Fabius Pictor zurückgeht, wonach sich erst im Samniterkrieg die Römer eine tüchtige Reiterei angeschafft hätten. Helbig vereinigt das so, daß damals die berittenen Hopliten unter hellenistischer Anregung in wirkliche Kavallerie verwandelt worden seien und bringt das zusammen mit dem nach der Tradition von Fabius Maximus als Censor im Jahre 304 eingerichteten Aufzug der Ritter durch die Stadt (Mommsen, Staatsrecht III. 1, 493 Anmkg. 1).

Der Fehler der Untersuchung liegt wie bei der entsprechenden griechischen desselben Autors in der zu scharfen Scheidung zwischen Infanterie und Kavallerie. Helbig zieht das Beispiel der Dragoner des 17. Jahrhunderts heran, die berittene Infanterie darstellten. Diese Dragoner waren in der Tat berittene Infanterie, der nur minderwertige Pferde gegeben wurden, damit sie den Verlust leicht verschmerzen könnten. Das paßt ganz gewiß nicht auf die ἱππεῖς und equites. Die wirkliche Analogie zu den römischen equites sind die mittelalterlichen Ritter, die sowohl zu Fuß wie zu Pferde kämpften, denen das Pferd keineswegs bloß Transportmittel war. Helbigs Argument, die equites könnten nicht zu Pferde gekämpft haben, weil der Schild, den sie auf den Abbildungen führen, dazu zu groß sei, schlägt nicht durch: sie mögen ja, wenn sie zu Pferde kämpfen wollten, den Schild abgegeben und ohne diesen Schutz gekämpft haben. Auch ein kleiner Schild ist ja für den Reiter, der die linke Hand zur Zügelführung braucht, eine sehr unbequeme und oft gefährliche Hilfe. Inwiefern aus der Größe und Form des Schildes auf die Kampfesart etwas zu erschließen ist, könnte wohl nur eine genaue Vergleichung mit der Fecht-Methode der mittelalterlichen Ritter lehren. Die römischen Ritter der ältesten Zeit mögen oft genug zu Fuß gekämpft haben, auch noch als die Legions-Phalanx eingerichtet wurde, aber ganz gewiß nie, wie Helbig S. 312 meint, als Reserve, sondern dann als das erste Glied der Phalanx, wie so oft die Ritter des 14. und 15. Jahrhunderts. »Reserve« ist ein Begriff, der zu der älteren Phalangen-Taktik überhaupt nicht paßt.

Der Widerspruch zwischen der gewiß richtigen Tradition, daß das älteste Rom über eine reisige Ritterschaft gebot, und dem ineditum Vaticanum ist daher anders zu eliminieren. Die Stelle lautet: »οὐδ' ἱππεύειν ἰσχύομεν, τὸ δε πᾶν ἢ τὸ πλεῖστον τῆς Ρωμαικῆς δυναμεως πεζὸν ην . . . ἱππεύευν δὲ αὐτοὺς ἀναγκάσαντες« Nichts zwingt uns, in die Stelle mehr hineinzutragen, als ihr Wortlaut besagt, nämlich, daß in den Samniterkriegen die Römer ihre Reiterei wesentlich verstärkten, nämlich 12 neue Centurien errichtete, so daß sie jetzt 18 hatten. Daß es erst und gerade im Jahre 304 geschehen sei, kann nicht gerade als bezeugt gelten; immerhin ist nicht ausgeschlossen, daß der feierliche Aufzug durch die Stadt an die Reform anknüpfte.

Sehr interessant ist eine von Helbig angeführte und abgebildete Steinplatte aus dem 6. Jahrhundert, die römische Ritter zeigt, von denen einer ein Schwert, ein anderer eine Streitaxt führt; die Waffe des dritten ist nicht zu erkennen. Diese Mischung der Waffen ist ganz unkavalleristisch, aber echt ritterlich.

Ob auf die Verehrung der Dioskuren als Patrone der Ritterschaft wirklich so viel aufzubauen ist, wie Helbig unternimmt, entzieht sich meiner Beurteilung.

7. Das gesamte Quellenmaterial wie Literaturverzeichnis für das römische Kriegswesen ist enthalten im 2. Bande der »Römischen Staatsverwaltung« von Joachim Marquardt; zweite Auflage besorgt von A. v. Domaszewski 1884 (Fünfter Band des Handbuchs der Römischen Altertümer von Joachim Marquardt und Theodor Mommsen). Die zweite Auflage ist in der Substanz nur ein Neudruck der ersten unter Zufügung von Ergänzungen, namentlich Angabe der neueren Literatur. Hier wird deshalb auch noch die jetzt wohl allgemein aufgegebene Auffassung von der schachbrettförmigen Stellung der Manipeln im Kampf vorgetragen.

Ich selber habe das Problem der römischen Manipel-Phalanx zuerst behandelt Histor. Zeitschrift Bd. 51 (1883), ferner Hermes Bd. 21 (1886) und Histor. Zeitschrift Bd. 56, S. 504 (1886) und Bd. 60 S. 239 (1888). Die beiden ersten Aufsätze sind zusammengefaßt in dem Anhang zu den »Perser- und Burgunderkriegen«. Andere Auffassungen haben entwickelt: Fröhlich, Beitr. z. Kriegführung u. Kriegskunst d. Römer zur Zeit d. Republik, 1886. Soltau, Hermes Bd. 20. Bruncke, Neue philologische Rundschau, Jahrg. 1888, S. 40. Kuthe in einer dem Direktor Nölting gewidmeten Festschrift 1888. Steinwender, Programm d. Marienburger Gymnas. 1877. Zeitschr. f. Gymn.-Wesen 1878. Giesing, Progr. d. Vitzthumschen Gymn. 1891. Alle diese Arbeiten haben den gemeinschaftlichen Fehler, daß sie sich die taktischen Vorgänge, deren höchstes Gesetz die Einfachheit ist, viel zu kompliziert vorstellen.

Hinzugekommen ist jetzt noch LAMMERT, Die Entwicklung der römischen Taktik (Neue Jahrb. f. d. kl. Altertum, 1902), worin sehr gut S. 102 das altrömische Rittertum nach den fragmentarischen Zeugnissen und Analogien dargestellt wird. Des übrigen aber sind die Konstruktionen des Verfassers zu künstlich und jetzt durch das Buch von Smith überholt.

Sehr wertvoll ist der Artikel »exercitus« von LIEBENAM in Paulys Real-Encyklopädie; er enthält eine sorgsam gearbeitete Übersicht sowohl über das ganze Quellen-Material, wie über die neuere Literatur ihre Kontroversen.

1913 ist hinzugekommen STEINWENDER, die röm. Taktik z. Zeit d. Manipularstellung. Danzig, H. Bruning. Wertvolle Besprechung dieser in den meisten Einzelheiten verfehlten Untersuchung von ROB. GROSSE, D. Liter. Zeit. 1914, Nr. 11, S. 685.

9. Über die Bedeutung der Ausdrücke *classis, infra classem, classes* hat Soltau im Philologus 72, 358 (1914) eine Untersuchung veröffentlicht, die auf dem richtigen Wege, ihn aber nicht ganz bis zu Ende gegangen ist. Ich fasse es so auf: »classis« heißt ursprünglich das Aufgebot; dem Aufgebot folgten von Anfang an eine Anzahl Burschen, Leichte usw., die φιλοί, die »infra classem« genannt wurden; als diese »Leichten« reguliert und der Legion je 1200 zugeteilt wurden, war dies eine zweite »classis«. So erhielt das Wort die Bedeutung »Abteilung« und man konnte jetzt von »classes« sprechen.

8. Von entscheidender Bedeutung für die Bildung der römischen Infanterie ist natürlich die Soldzahlung, die, wenn nicht von Anfang an, doch jedenfalls sehr bald eingeführt worden ist. Da ist es interessant, daß SCHLOSSMANN (Archiv f. latein. Lexikographie, Bd. 14, 1905) festgestellt hat, daß *stipendium*, das später sowohl »Sold« wie »Steuer« (Tribut) bedeutet, ursprünglich »Soldsteuer« heißt, d. h. die speziell für den Zweck der Soldatenlöhnung erhobene Steuer.

2. KAPITEL
Die Manipular-Phalanx

Die ursprüngliche, einfache Phalanx erfuhr etwa in der Periode der Samniterkriege eine Abwandlung, deren letztes Ergebnis die Manipular-Phalanx ist.

Die einzelnen Stadien, die die Entwicklung vermutlich durchgelaufen hat, sind nicht mehr zu erkennen, aber der Schluß, die Ordnung, in der die Römer noch in den Kampf mit Hannibal eingetreten sind, liegt klar vor Augen.

Die Hopliten werden jetzt nach Jahrgängen in drei Schichten eingeteilt, die Hastaten, Principes und Triarier. Die jüngsten Mannschaften bilden die Hastaten, 1200 Mann, die mittleren die Principes, ebenfalls 1200, die ältesten der Triarier, 600 Mann. Damit sind die alten Centurien, die Aufgebote nach Hundertschaften, aufgelöst. Der Name aber lebt fort als Bezeichnung für die kleinste Unterabteilung der Legion, die bei den Hastaten und Principes jetzt auf 60 Mann fixiert wird. Zwei solche Centurien zusammen bilden einen Manipel; jede Schicht hat 10, die ganze Legion also 30 Manipel; die Triarier-Manipel sind aber nur halb so stark, als die der beiden jüngeren Schichten.

Jedem Manipel sind gleichmäßig 40 Ungewappnete zugeteilt. Das alte Verhältnis von 3000 Hopliten und 1200 Ungewappneten auf die Legion ist also geblieben. Daß den nur 60 Mann starken Manipeln der Triarier ebensoviel Ungewappnete zugeteilt sind wie den 120 Mann starken Manipeln der Hastaten und

Principes, hängt natürlich mit der Burscheneigenschft dieser Ungewappneten zusammen: man gönnte den älteren Männern der Tairarierabteilung mehr Bedienung als den jüngeren Hastaten und Principes.

Der Sinn der neuen Einteilung ist ein taktischer.

So einfach die Phalangen-Aufstellung ist, so gerät sie doch leicht in Unordnung. Es ist überaus schwer, mit einer längeren Linie auch nur ganz geradeaus zu marschieren; plötzlich ist sie an der einen Stelle zerrissen, an der anderen entsteht ein Gedränge. Das geschieht selbst auf dem ganz glatten Exerzierplatz, und sind nun im Terrain erst irgendwelche Unebenheiten oder Hindernisse, oder soll sich der Vormarsch rechts oder links etwas schräg ziehen, so ist ein korrekter Vormarsch überhaupt nicht ausführbar. Wiederum ist es höchst wichtig, mit leidlicher Ordnung an den Feind zu kommen;[1] denn die gedrängten Soldaten können ihre Waffen nicht ordentlich gebrauchen, und in die Lücken kann der Feind eindringen, und schon die Besorgnis davor erzeugt, wie es Xenophon einmal schildert (Anab. IV, 8, 10), Mutlosigkeit. Diesem Mangel soll die Manipular-Ordnung abhelfen.

Schon von der griechischen und mazedonischen Phalanx können wir mit Sicherheit annehmen, daß sie keine ganz ununterbrochene Linie bildeten, sondern von Abteilung zu Abteilung kleine Intervalle ließen, die den geordneten Vormarsch erleichterten und beim Zusammenstoße mit dem Feinde durch das Vorquellen der hinteren Glieder von selber zugingen. Die Römer brachten diese Intervallierung jetzt in System.

Die 10 Manipel der Hastaten, in der Normal-Stellung je 20 Mann breit und 6 Mann tief, stehen nebeneinander mit kleinen Intervallen. Die Intervalle sind also, bei der Kleinheit der

1 Thucydides (VI, 98) erzählt uns, wie die Syrakusaner den Athenern eine Schlacht liefern wollten und schon aufgestellt waren, als die Feldherren bemerkten »τὸ στράτευμα διεσπασμένον τε καὶ οὐ ῥᾳδίως ξυντασσομενον«. Sie führten deshalb die Truppen in die Stadt zurück.

Manipel, sehr häufig. Hinter ihnen steht als zweite Schicht die Klasse der Principes, aber so, daß die Manipel jedesmal das Intervall zwischen den Hastaten-Manipeln decken. Hinter diesen die Manipel der Triarier.

Die zwei Centurien, in die jeder Manipel zerfällt, stehen nebeneinander, haben also die halbe Breite.

Jeder Manipel hält in sich zusammen. Entsteht an einer Stelle eine Schiebung, so pflanzt sie sich nicht durch die ganze Phalanx fort, sondern erstirbt in dem nächsten Intervall oder spätestens dem übernächsten, indem diese sich schließen. Die Lücke aber, die auf der andern Seite sich auftut, wird, sobald sie groß genug ist, geschlossen, indem auf das Kommando des Centurios die Centurie oder der ganze Manipel der Principes in die Linie der Hastaten einspringt. Im äußersten Fall kann das sogar noch einmal wiederholt werden, indem der Triarier-Manipel, der ja noch dahinter ist, ebenfalls in die Front rückt.

Die kleinen Intervalle, die etwa bleiben, gehen beim Zusammenstoß von selber zu.

Beides, das Drängen wie das Zerreißen einer Phalanx, steht in natürlicher Wechselwirkung. Häufen sich die Soldaten an einer Stelle, so wird wahrscheinlich an einer andern eine Lücke entstehen. Darum mußte für beide Übel gleichzeitig ein Heilmittel geschaffen werden. Wenn man die alte Phalanx durchteilte und Intervalle zwischen die Abteilungen legte, um das Drängen und die daraus entstehende Unordnung zu vermeiden, so entstanden sehr leicht Lücken. Die Intervalle verführten ja geradezu dazu. Man mußte sich daher mit Intervallen die größte Beschränkung auferlegen. Die Einführung reichlicher Intervalle konnte nur geschehen, indem man gleichzeitig Fürsorge traf, entstandene Lücken wieder zu schließen, und das geschah durch die Zerlegung der Legion in die drei Schichten der Hastaten, Principes und Triarier und die Ausrichtung der Manipel auf die Intervalle. Gliederte man die Phalanx, so mußte es gleichzeitig nach Querschnitten und Längsschnitten geschehen.

Das Verfahren ist sehr einfach und doch zugleich künstlich. Die Griechen sind nicht imstande gewesen, es hervorzubringen. Es fehlte ihnen dafür die Voraussetzung, die römische Disziplin. Es scheint so einfach, daß jeder Soldat belehrt wird: der Einzelne, die Centurie oder der Manipel rückt in die Front, sobald eine Lücke vor ihnen entsteht. Aber dies Einfache ist im Ernstfalle außerordentlich schwer. Bei dem Lärm und der Erregung des Gefechts und unter dem Druck der imminenten Todesgefahr werden solche Regeln nicht immer befolgt. Der Mann in der Front aber, der sieht, daß neben ihm eine Lücke entsteht, gerät in Zweifel und Unruhe, wohin er sich anschließen soll. Kommt man an den Feind, ohne daß die Lücke geschlossen ist, so ist der Letzte so gut wie verloren, denn gerade hier wird der Gegner eindringen und ihn von der Seite treffen.

Der Hoplit in der Phalanx, wie wir das oben von Euripides gehört haben (Buch II, Kap. 5), ist nicht bloß auf sich und seine eigene Tapferkeit gestellt, sondern auch von seinem Nebenmann und Hintermann abhängig. Die Lücke muß deshalb nicht nur geschlossen, sondern es muß den Mannschaften der ersten Glieder die sichere Zuversicht anerzogen werden, daß es so geschehe, um ihren Mut zu voller Wirkung kommen zu lassen.

Das Einspringen der Manipel der zweiten und dritten Schicht kann sich aber nicht nach der Einsicht und dem guten Willen des Einzelnen vollziehen. Man darf nicht zu früh vorgehen, ein kleiner Zwischenraum soll bleiben, und die Vergrößerung ist vielleicht nur eine momentane, die schnell vorübergeht. In dem Augenblick, wo die Lücke groß genug geworden ist, muß aber auch das Einrücken mit unbedingter Zuverlässigkeit geschehen, denn wenn es unterbleibt, kann es zum Verlust der Schlacht führen. Die Manipelordnung verlangt also eine höchst sichere und feste Führung der Manipel. Die Hastaten müssen sich darauf verlassen können, daß der Centurio des nächsten Principesmanipels in dem richtigen Augenblick das Kommando gibt und seinem Manipel an die bedrohte Stelle führt. Auf dem festen Glauben der Hastaten an dieses Einrücken der Principes beruht der moralische Wert der Legion.

Die Formation und Zweckbestimmung des Manipels hat die Römer auch auf die Erfindung der Feldzeichen geführt, die den Griechen fremd geblieben sind. Der Soldat soll unter keinen Umständen von seinem Manipel abkommen; deshalb wird jedem Manipel ein sichtbarer, symbolischer Mittelpunkt, ein Fähnlein verliehen. In der Schlacht selber sind die Feldzeichen nicht gerade von direkter wesentlicher Bedeutung. Nur beim Aufmarsch zur Linie können sie als Hilfsmittel für die Ausrichtung dienen, beim unmittelbaren Anmarsch kann von einem Ausrichten nach der Fahne nicht mehr wohl die Rede sein, die ganze Aufmerksamkeit ist notwendig nach vorn gerichtet; in dem gefährlichen Handgemenge aber sieht der Soldat ausschließlich auf den Feind und wirft höchstens einen Blick rechts und links auf seine Nebenmänner, daß er sie nicht verliere.

Die wesentliche Bedeutung der Manipel-Zeichen wird in der Friedens-Erziehung zu suchen sein, der Gewöhnung des Einzelnen, unbedingt bei seinem Manipel zu bleiben. Bei der Einübung dieses Zusammenhalts, im Exerzieren waren die Fahnen auch nicht bloß symbolisch, sondern praktisch für das Ausrichten von Nutzen.

Die Manipular-Ordnung hält das Wesen der Phalanx völlig aufrecht, gibt ihr aber die Möglichkeit, sich mit viel größerer Leichtigkeit auch durch ungünstiges Gelände zu bewegen. Was auch dazwischen komme, sie gerät nicht in Unordnung, sie wird immer mit geschlossener, lückenloser Front an den Feind gelangen. An die Stelle einer fast starren Einheit ist eine gegliederte Einheit getreten. Die Phalanx hat Gelenke bekommen.

Die Intervallierung der Phalanx bot außer der Geschwindigkeit und Ordnung im Vormarsch noch einen anderen Vorteil. Wir haben gesehen, daß mit der Phalanx die Leichtbewaffneten nur in sehr geringem Maße zu verbinden waren. Die Intervalle geben jetzt die Möglichkeit, eine gewisse Anzahl von Schützen vor der Front ausschwärmen zu lassen, da sie sich, auch wenn die Hopliten schon ziemlich nah aneinander waren, durch die Intervalle zurückziehen konnten,[1] ohne Unordnung zu verursachen. Man darf aber nicht glauben, daß die ganzen 1200 Mann der Legion in dieser Weise verwandt wurden. Das hätte ja, wenn die Hopliten 15 Mann tief, also 200 Mann breit standen, eine Plänklerkette von 6 Mann Tiefe gegeben, während doch höchstens zwei Glieder hintereinander ihre Wurfwaffen wirklich in Anwendung bringen können.[2]

Nach einer bei Livius erhaltenen Notiz[3] wurden nur 20 Mann von jedem Hastaten-Manipel, also im ganzen 200 Mann von der Legion für diesen Dienst verwendet; vermutlich außerdem noch eine Anzahl auf den Flügeln; ein anderer Teil folgte den Hopliten, um die Verwundeten zu besorgen: der Rest blieb zurück als Besatzung des verschanzten Lagers.

Mit der Manipular-Phalanx hängt zweifellos auch eine Änderung in der römischen Bewaffnung und Kampfesweise zusammen. Die älteren römischen Hopliten fochten wie die griechischen mit dem Spieß und hatten das kurze Schwert, einen Dolch oder ein Messer als Hilfswaffe. Nunmehr schleuderten die römischen Soldaten den Spieß voraus und stürzten dann im Sturmschritt nach, um den Kampf mit dem Schwert zu vollenden. Der Spieß hat zwar den Vorzug der größeren Länge, ist aber für den Kampf gegen einen gerüsteten Mann eine ungeschickte Waffe.[4] Wie man ihn gewöhnlich anfaßt, mit dem »Untergriff«

1 Polyb. XI, 22, 10.

2 Auch Vegez I, 20 bezeugt ausdrücklich, daß die Zahl der vor der Front ausschwärmenden Leichten gering gewesen sei und daß sie wesentlich von den Flügeln aus vorgingen.

3 In dem unten noch eingehender zu besprechenden Kap. 8 des 8. Buches.

4 Jede Waffe hat gewisse Vorteile und Nachteile, und die Einschätzung bleibt subjektiv. Grupp, Kulturgesch. d. Mittelalters I, 109 heißt es z. B.: »Der norwegische Königsspiegel warnt, den Speer nicht zu bald loszulassen; bei dem Landgefecht sei ein Speer besser als zwei Schwerter«.

nach der Terminologie der deutschen Armee,[1] ist der Stoß sehr unsicher und nicht sehr stark, da der Unterarm und die Hand dabei die unnatürliche, fast senkrechte Stellung einnehmen müssen; vollkräftig ist dieser Stoß eigentlich nur von oben nach unten. Der Lanzenstich, wie ihn heute die Kavallerie hauptsächlich übt, mit »Aufgriff« und bohrend eingeklemmt zwischen Rumpf und Oberarm, ist für den Hoplitenkampf nicht brauchbar. Es ist der Stich des attackierenden Reiters, der nur ganz im allgemeinen den Gegner treffen soll und auch dann seinen Zweck erfüllt, wenn er auf Schild oder Panzer trifft und den Mann, ohne ihn zu verwunden, vom Pferde wirft. Der Hoplit aber muß bei dem gerüsteten Gegner nach einer Blöße spähen, um sie zustechend zu treffen.

Hierfür ist das spitze Schwert oder der kurze Degen viel geeigneter[2] als der Spieß, und doppelt wirksam ist natürlich die Verwendung beider Waffen hintereinander, wie sie die Römer möglich machten, indem sie den Spieß voraus schleuderten, der dazu als »Pilum«[3] passend konstruiert wurde, und dann in die

1 Vorschrift für die Waffenübungen der Kavallerie. Berlin 1891.

2 Wie das ursprüngliche römische Schwert konstruiert war, ist unbekannt, vermutlich war es nur ein langes, starkes Messer, »Bowie-Messer«, »Enter-Messer«, oder auch nur dasselbe Messer, das der Mann zum Fleisch- und Holzschneiden gebrauchte. Im zweiten punischen Kriege wurde der *gladius Hispanus* eingeführt, ein grades, zweischneidiges, zugespitztes, mehr zum Stoß als zum Hieb bestimmtes Schwert, kurz und oben sehr breit.

A. Müller, Philologus Bd. 47, S. 541. Aus Villenoisy »Du mode d'employ des épées antiques«, Revue archéol. 1894. S. 230 ist nichts Wesentliches zu entnehmen.

3 Das Pilum, ursprünglich jedenfalls ein einfacher Wurfspieß mit sehr langer dünner Spitze, hat seine eigene Geschichte. Am besten darüber jetzt Dahm, Jahrb. d. Ver. v. Altertumsfreunden im Rheinland 1896/97 S. 226. Die erstaunlich verfehlte Konstruktion, die Rüstow vorgetragen hatte, ist ein Beweis, wie schwer die Sachkritik der antiken literarischen Überlieferung selbst für den besten Praktiker ist und wie leicht sie einmal fehlgeht. Das Verdienst, das richtige Pilum rekonstruiert zu haben, hat Lindenschmit, und als sehr wertvoll haben sich die Ausgrabungen, die Napoleon III. veranstalten ließ, auch für diese Frage erwiesen.

durch die Salve erschütterte feindliche Linie mit dem Schwert einbrachen. Man darf annehmen, daß dieselbe militärische Autorität, die die Phalanx durch die Manipular-Ordnung gliederte, auch die höhere Potenzierung des Nahkampfes durch die Kombination des Spieß- und Nahkampfes befohlen und durchgesetzt hat.

Für gewöhnlich kamen natürlich nur die beiden ersten Glieder zum Pilenwurf; die anderen behielten das ihrige in der Hand. Die Triarier, die fast nie zum Werfen kamen, nahmen das Pilum überhaupt nicht an, sondern behielten den alten Hoplitenspieß, die *hasta.*[1]

Bemerkenswert ist an der Manipular-Ordnung noch die Bildung nach Jahrgängen. In der älteren römischen Klassen-Phalanx standen die Bestbewaffneten und Zuverlässigsten vorn. Nunmehr kommen die Jüngsten in die vordersten, die Ältesten in die hinteren Glieder. Es ist das ein Zeichen, daß das militärische und das bürgerliche Prinzip beide in diesem Heer gelten und sich vermählt haben. Die hinteren Glieder einer tiefen Phalanx sind der Gefahr sehr wenig ausgesetzt, kommen fast nie zum Nahkampf und werden, ausgenommen den Fall einer allgemeinen Flucht, höchstens von einigen verlorenen Geschossen getroffen. In einem reinen Bürgerheer kann man die Gefahr

Z. 3. Aufl. A. SCHULTEN, Rhein. Museum. N. F. Bd. 66, S. 573 (1911) macht wahrscheinlich, daß das eigentliche *pilum* von den Iberern vielleicht erst im zweiten punischen Kriege übernommen worden sei. Das würde natürlich nicht ausschließen, daß die Römer die Methode, den Spieß rauszuschleudern und den eigentlichen Nahkampf mit Messer Dolch oder Schwert zu rühren schon lange vorher angenommen haben und nur die letzte technische Verbesserung in der Konstruktion des Wurfspießes den Iberern verdanken. Ein positives Zeugnis, wann die Römer die beschriebene Kombination des Spieß- und Schwertkampfes eingeführt haben, liegt nicht vor und kann der Natur der Sache nach nicht vorliegen.

1 Nach Polybius. In der Kaiserzeit finden wir, daß die Waffen in den Rüstkammern in »arma antesignana« und »arma postsignana« eingeteilt wurden, was auch kaum etwas anderes bedeuten kann, als daß die vorderen Glieder das pilum, die hinteren die hasta führten. Vgl. DOMASZEWSKI, Sitz.-Bericht d. Heidelb. Akad. 1910; S. 9.

nicht einfach nach dem Alter verteilen, denn ein Bürger ist so viel wie der andere; in einem reinen Söldner-Heer noch weniger, denn jeder hat sein Leben verkauft um denselben Sold. In einer kriegerischen organisierten Miliz jedoch ist es das Natürliche, daß die langgedienten Familienväter sich in die hinteren Glieder stellen lassen und den jungen Soldaten sagen: jetzt sollt ihr man drankommen. Es ist dasselbe, wie wenn bei uns die Landwehr mehr zu Besatzungen und Etappen verwendet wird als zu den Feldschlachten. *Res ad triarios venit*, heißt so wenig, daß nun die Elite, die vorzüglichsten Krieger, eingreifen müssen, wie wenn es bei uns heißt, »die Landwehr kommt«. Es heißt nur soviel wie »Not am Mann«. Auch unser Landwehrmann hat einen großen militärischen Stolz als alter Soldat gegenüber den jungen Kerlen, aber keineswegs gilt deshalb die Landwehr als eine Elite-Truppe.

Innerhalb der Hastaten, die also die Last des eigentlichen Kampfes zu tragen haben, werden, wie bei den Griechen, ausgewählte Leute bestimmt worden sein, die ersten Glieder zu bilden.

1. Als die normale Tiefe des Manipels habe ich 6 Mann angenommen; das ergibt also auf die ganze Phalanx, da die Triarier nur halb so stark sind, 15 Mann. Wir dürfen das erschließen aus dem Verhältnis der verschiedenen Zahlen. Zu jedem Manipel gehören 40 Ungewappnete, die bei der Musterung die hinteren Glieder bilden. Die Zahlen werden so gewählt sein, daß bei Vollzähligkeit keine blinden Rotten entstanden. Die Manipel der Triarier hatten ohne Zweifel dieselbe Tiefe, wie die der anderen Abteilungen, waren also nur halb so breit und standen mit sehr großen Intervallen. Nur auf diese Weise konnten sie ihren Zweck erfüllen. Hätten sie nur etwa 3 Mann tief gestanden, so hätte ihr Einrücken in die Front wenig genützt, da eine so flache Linie im Nahkampf keine genügende Widerstandskraft hat. Die großen Intervalle in der dritten Reihe schadeten nichts, da die Führer sich während des Vormarsches dahin ziehen konnten, wo die Lükken sich erweiterten und das Einspringen der Principes in die Hastaten-Linie in Aussicht stand oder sich vollzog.

Die Normal-Breite des Manipels muß also so gewesen sein, daß sie in die drei Zahlen 120, 60 und 40 aufgeht, und die Tiefe so, daß sie in 120 und 60 aufgeht. Das ergibt eine Hopliten-Breite von 20 (resp. 10 bei den Triariern) und -Tiefe von 6 Mann und für die ganze Phalanx teils 18, teils

12, im Durchschnitt 15 Hopliten. Die Ungewappneten standen bei der Musterung hinter den beiden jüngeren Abteilungen 2, und hinter den Triariern 4 Mann tief, sofern sie nicht ganz aus der Hopliten-Phalanx herausgezogen und hinter die Triarier gestellt wurden. Die zahlenmäßig auch denkbare Kombination, daß die Hopliten-Manipel nur 3 Mann tief gestanden hätten, ist sachlich ausgeschlossen, da die Gesamt-Phalanx dann zu flach geworden wäre und die Manipel für den Zweck des Einrückens in die Lücken zu breit.

Bei den Griechen wurde als Normal-Tiefe 8 Mann angenommen. Es erscheint auffällig, daß die Römer fast doppelt so tief gestanden haben sollen. Aber zunächst ist ja das nur eine Normal-Stellung, die ganz nach Bedürfnis verändert werden konnte; auch von den Griechen hören wir ja öfter, daß sie 12 oder gar 25 Mann tief standen. Ferner sind die Intervalle der Römer in Betracht zu ziehen. Der Nachteil der tiefen Aufstellung ist ja die kurze Front, die der Überflügelung und dem Flanken-Angriff ausgesetzt ist. Die römische Aufstellung aber wurde durch die Intervalle verlängert, und an der Stelle, wo die Principes in die Front rückten, sank die Tiefe, bis die nächsten Triarier-Manipel sich dahinterschoben, auf 6 Mann. Eine Legionar-Phalanx von durchschnittlich 15 Mann Tiefe würde also einer griechischen von etwa 10–12 Mann entsprechen.

2. In der älteren Legion sollen die Leichtbewaffneten »rorarii« genannt worden sein, später »Veliten«. Ob die Namensänderung auch irgend eine sachliche bedeutete, ist nicht klar. Livius XXVI, 4 heißt es zum Jahre 211 »institutum ut velites in legionibus essent«. Der Satz sieht ganz so aus, als ob er aus einer alten Aufzeichnung stamme. Die Erzählung, in die Livius ihn einflicht, läßt aber die Veliten als Hamippen, unter die Reiter gemischte Leichte, erscheinen, wodurch sie von den Legionen losgelöst worden wären. Auch sonst unterliegt die Erzählung starken Bedenken, z.B. wenn Livius den Veliten eine Lanze gibt mit einer Spitze, »quale hastis velitaribus inest«. Überdies spricht Livius auch in den früheren Büchern schon öfter von Veliten. Vgl. Marquardt II, 349 Anmerk. 4. Vielleicht ist der Zusammenhang der, daß erst im Jahre 211 aus den Rorariern die 200 Mann ausgeschieden und von jetzt an besonders eingeübt und mit besonderen Wurfspießen ausgestattet wurden, die vor der Legion ausschwärmen sollten. Diese wurden Veliten genannt, und von ihnen ist der Name allmählich auf alle Rorarier übergegangen.

3. Die Fahnen

Sehr schwierig ist die Frage der Fahnen im römischen Heer, und ich möchte es nicht wagen, das letzte Wort darüber zu sprechen. Domaszewski in seiner wertvollen Abhandlung (Abhandlungen des Archäol. Epigraph. Seminars der Universalität Wien 1885)[1] hat jedenfalls die praktische Bedeutung der Feldzeichen sehr überschätzt. Er meint (S. 2) »Sie bilden während des langdauernden Handgemenges die Stützpunkte der Unterabteilungen; um welche sich die Kämpfer ordnen, und indem der Feldherr ihre Bewegungen im Gefecht regelt, gelingt ihm die Leitung der Masse nach einem einheitlichen Plan.« Durch die Hornbläser meint er weiter (S. 6), habe der Feldherr die Bewegungen der *signa* geleitet und die Soldaten seien dann der signa gefolgt.

Diese ganze Vorstellung ist deshalb unrichtig, weil der Soldat, der schon im Handgemenge begriffen ist, überhaupt so gut wie nicht mehr geführt werden kann, und wenn schon, so gewiß höchstens durch ein Signal, das an sein Ohr schlägt, auch ohne daß er darauf hinhört, aber nicht durch eine Fahne, nach der er erst hinsehen muß.

In Konsequenz seiner Auffassung weist Domaszewski den Fahnen ihren Platz im ersten Glieder der Manipel an, wo sie von allen Soldaten gesehen werden können. Stoffel, Historie de Jules César II, 329 ff., glaubt, daß sie im zweiten Gliede gestanden haben, und ich möchte ihm darin beistimmen, mit dem Vorbehalt, daß doch auch dieser ebenso gelehrte wie praktische Militär mir die praktische Bedeutung der Fähnlein im Gefecht noch etwas zu hoch anzuschlagen scheint. Die Antesignani sind nach Stoffels völlig einleuchtender Darlegung die beiden ersten Glieder der Manipel. Fraglich ist mir jedoch, ob das für die Kohortentaktik zur Zeit Cäsars Zutreffende auf die ältere Zit übertragen werden darf. Es ist z. B. sehr gut möglich, daß in der Manipular-Phalanx mit dem Ausdruck Antesignani die ganzen Hastaten bezeichnet wurden und der Ausdruck mit der veränderten Taktik seine Bedeutung veränderte. Die von Domaszewski angeführten Stellen Livius 8, 11, 7. 9, 39, 7. 22, 5, 7 lassen die Auslegung, daß die signa im ersten oder zweiten Gliede gestanden haben, durchaus nicht zu, sondern machen es wahrscheinlich, daß die sämtlichen signa der Legion im Gefecht nebeneinander zwischen den Principes und den Triariern ihren Platz hatten. Da nun doch wieder auch schon in jener Zeit das signa sequi als besonderes Merkmal der römischen Soldaten angeführt wird und der Sprachgebrauch, die militärischen Bewegungen durch die Bewegung der signa auszudrücken (signa tollere, movere, ferre, efferre, proferre, constituere, inferre, conferre, convertere, referre, transferre, promovere, retro recipere; ad laevam ferre, obicere, signa armaque expedire), wie Domaszewski richtig bemerkt, jedenfalls aus alter Zeit stammt, so scheint hier ein

1 Nachtrag dazu in den Mitt. d. Östr. Archäol. Epigr. Instituts Bd. 15 1892. Vgl. die eingehende Besprechung von Mommsen, ebenda Bd. 10 (1886). S. 1 ff.

Widerspruch in den Quellen vorzuliegen. Domaszewski, S. 12, weiß ihn nicht anders zu lösen, als daß es sich um verschiedene signa handle. Er nimmt an, daß die von Plinius nat. hist. 10, 16 berichtete Erinnerung, daß die Römer in alter Zeit außer den Adlern auch Wölfe, Minotauren, Eber und Pferde als Feldzeichen geführt hatten, noch für die punischen Kriege gelte und diese Zeichen ihren Platz zwischen den Principes und Triariern gehabt hätten, während die Feldzeichen, die einen taktischen Zweck hatten, die Manipelfahnen bei jedem Manipel waren.

Ich halte noch eine andere Lösung für möglich, daß nämlich der praktische Gebrauch der Manipelfahnen nicht bloß auf dem Exerzierplatz entstanden ist, sondern sich auch auf diesen beschränkte. Im Ernstfall wurden die Feldzeichen nur beim Aufmarsch zum Ausrichten gebraucht und dann in die Mitte der Legion gebracht, wo sie nicht gefährdet waren und niemandem im ersten Gliede den Waffengebrauch einschränkten. Eine praktische Bedeutung für Ordnung und Ausrichten hatten sie im Gefecht ohnehin nicht, und der moralische Impuls, den ein geheiligtes, vorangetragenes Feldzeichen geben kann, kam, so lange die Phalanx sich als eine mächtige geschlossene Masse bewegte, noch nicht in Betracht.

Das wurde anders nach der Einführung der Kohorten-Taktik. Für diese einzeln agierenden kleinen taktischen Körper waren die Fahnen von viel größerer, namentlich moralischer Bedeutung. Jetzt gab man ihnen also den Platz auch im Gefecht, zwar nicht im ersten, aber doch im zweiten Gliede.

4. Appian (Celta cap. 1) berichtet, daß der Diktator C. Sulpicius in einem Kampfe mit den Bojern befohlen habe, daß die Wurfspieße gliederweise geworfen werden und die Glieder nach dem Wurf niederknien sollten, um das nächste über sich weg werfen zu lassen. Da das von vier Gliedern erzählt wird und endlich, nachdem »alle« geworfen, zur Attacke übergegangen werden sollte, so hat man geschlossen (Fröhlich, Kriegswesen Cäsars p. 146), daß die Hastaten vier Glieder tief gestanden hätten. Ich möchte diesen Schluß weder methodisch noch sachlich gelten lassen.

Alle Schlachten des vierten Jahrhunderts sind reine Phantasie Stücke ohne jeden historischen Wert in den Einzelheiten. Das Niederknien der drei vordersten Glieder so dicht vor der im Anmarsch, vielleicht im Ansturm befindlichen feindlichen Kolonne ist ganz unmöglich. Selbst als bloße Übung im Frieden ist es nicht ungefährlich, da gar zu leicht Einer aus dem vorderen Glied zu spät niederkniet oder zu früh wieder aufsteht oder aus dem hinteren Glied einer zu früh wirft, um nicht einige Leute zu verwunden; und wenn auch nicht, schon die bloße Möglichkeit, die Notwendigkeit, sich davor in acht zu nehmen, muß eine Unruhe und nervöse Unsicherheit in die vordersten Glieder bringen, die viel mehr schadet, als die vervielfachten Pilenwürfe nützen können.

5. Polybius IV, 22 ff. gibt uns eine eingehende Beschreibung der römischen Bewaffnung, aber in seiner bei aller Breite doch oft flüchtigen Art hat er die eigentliche Panzerkonstruktion vergessen. VI, 23, 14 heißt es »οἱ μὲν οὖν πολλοὶ προσλαβόντες χάλκωμα σπιθαμιαῖον πάντῃ πάντως, ὃ προστίθενται μὲν πρὸ τῶν στέρνων, καλοῦσι δέ καρδιοψύλακα, τελείαν ἔχουσι τήν καθόπλισιν· οἱ δὲ ὑπὲρ τὰς μυρίας τιμώμενοι δραχμὰς ἀντὶ τοῦ καρδιοφύλακος σὺν τοῖς ἄλλοις ἁλυσιδωτοὺς περιτίδενται θώρακας.« Nach dem Wortlaut müßte man annehmen, daß die Menge der römischen Legionäre überhaupt keine Panzer, sondern nur ein etwa um den Hals gehängtes Stück Eisenblech, eine Spanne breit und lang, als »Herzdecker« getragen hätten. Es kann aber keinem Zweifel unterliegen, daß dieser Herzdecker nur ein Aufsatz, eine Verstärkung auf einem irgendwie konstruierten Leder- und Linnen-Panzer gewesen ist. Zwischen den so ausgestatteten Legionären sollen nun die Bürger der ersten Klasse, wie man früher sagte, die über 10 000 Denare Vermögen geschätzten, wie wir jetzt mit Polybius sagen müssen, vollständige Schuppenpanzer getragen haben. (Vgl. Marquardt, II, 337 Anmk. 4 und Fröhlich, Kriegswesen Cäsars p. 68). Man pflegt das dem Polybius einfach nachzuerzählen, aber was soll man sich dabei denken? Sollen mitten unter den Hastaten, Principes und Triariern hier und da Leute, die zufällig wohlhabend waren, mit ganz anderer Bewaffnung gestanden haben? Der Staat kann unmöglich ein Interesse daran gehabt haben, daß einzelne Leute im Gliede besser bewaffnet waren als andere.

Ich denke, die Erklärung wird die sein, daß der »Herzdecker« die einfachste Form des Panzers war, die der Staat fabrikmäßig herstellen ließ und lieferte. Es stand jedoch jedem einzelnen frei, einem anderen, besseren oder schöneren Panzer zu tragen, und sehr Wohlhabende schafften sich den vollständigen Schuppenpanzer an. »Leute, die über 10 000 Drachmen geschätzt sind« bedeutet doch nicht, daß hier ein Rest einer alten Klassenordnung vorliegt, sondern es heißt nichts als »die Reichsten«, was Polybius in der mißverstandenen und mißverständlichen Weise wiedergibt.

Ebenso ist es ein zweifelloses Mißverständnis des Polybius, wenn er (IV, 23) jedem Legionär zwei Pilen, ein leichtes und ein schweres, gibt. Nicht jeder Legionär ist mit zwei Pilen ausgerüstet, sondern es gibt zwei verschiedene Pilen-Arten, außer dem leichten, das der Legionär im Felde führt, noch ein schwereres, das bei der Verteidigung von Befestigungen benutzt wird.

3. KAPITEL
Römisches Exerzieren, Lagerkunst und Disziplin

Man kann eine Phalanx nicht aufstellen und bewegen, ohne die Mannschaft darauf einzuüben. Von dem ersten Tage an, wo der Begriff der Phalanx existierte, müssen wir uns vorstellen, daß ein gewisses Exerzieren stattgefunden hat. In Sparta und bei den griechischen Söldnern wurde es systematisch ausgebildet. Der auf Disziplin gerichtete Sinn der Römer wird sich dieses ausgezeichnete Mittel nicht haben entgehen lassen, und die Manipular-Ordnung verlangte mehr als das griechisch-macedonische Soldatentum vermutlich je geleistet hat. Von dem eigentümlichen Exerzitium der Manipular-Legion ist uns eine Schilderung erhalten, die stark übermalt die Forschung lange irregeführt hat, aber nachdem die verkehrten Zutaten entfernt sind, als ein sehr gutes Bild gelten darf.

Die Hauptaufgabe der Manipular-Legion war, die einzelnen Manipel beim Vormarsch fest in sich zusammenzuhalten, und sobald in der vorderen Schicht Lücken entstanden, diese in geordneter Weise durch das Einrücken einer Centurie oder eines Manipels aus der zweiten oder dritten Schicht auszufüllen. Man übte das in der Weise ein, daß die Manipel von vornherein eine Manipel-Frontbreite von einander Abstand nahmen. Dann wurde vorwärts marschiert, wobei die Centurionen darauf zu achten hatten, daß die Distanzen gewahrt blieben.

Im Ernstfalle konnten die Intervalle zwischen den Manipeln natürlich nicht so breit gemacht werden, da jeder Zwischenraum dem Feind eine Einbruchstelle bietet.

Auf dem Exerzierplatz übte man aber in dieser Weise das genaue Geradeausmarschieren, was so sehr schwer ist. Die Manipel-Fahnen im ersten Gliede jedes Manipels erleichterten das Richtung-, Vordermann- und Abstand-Halten. Zuletzt machte man die Probe auf das Gelingen, indem man die Principes-Manipel in die Hastaten-Intervalle einspringen ließ. Dann gingen die Principes in die erste Linie vor, die Hastaten blieben zurück, um in derselben Weise auf Kommando wieder die Lücken zu füllen. Auch die Triarier werden in diese Übung hineingezogen worden sein, obgleich nicht zu erkennen ist, wie das gemacht wurde, da sie ja immer entweder einen Hastaten- oder einen Principes-Manipel vor sich hatten, so lange nicht eine Unordnung oder der Verlust im Ernstfall eine Lücke geschaffen hatte.

Einen fast nicht geringeren Unterschied als die Manipular-Gliederung bewirkt zwischen einem griechischen und römischen Heer das Lagerwesen.

Von den Lagern der Griechen hören wir sehr selten etwas. Xenophon erzählt uns in seiner Schilderung des Staats der Lacedämonier (Kap. 12), daß diese auf gute Ordnung im Lager hielten und es rund machten, wo das Gelände nichts Anderes gebot – daß sie es aber regelmäßig befestigt hätten, sagt er nicht. Nach dem ganzen Zusammenhang sollte man es fast schließen, und ein und das andere Mal wird uns auch von befestigten Lagern erzählt,[1] aber von einer ständigen Sitte, das Lager zu befestigen, kann offenbar weder bei den Lacedämoniern noch um so weniger bei den anderen Griechen die Rede sein. Auch bei Alexander dem Großen und seinen Nachfolgern wird eine Lagerbefestigung nur bei besonderen Umständen erwähnt und kam auch wohl nicht anders vor. Polybius sagt ausdrücklich (VI, 42), daß

1 Xenoph. Hell. III, 2, 2. IV, 4, 9. VI, 2, 23. Plutarch, Phokion cap. 13.

die Griechen, um sich die Mühe des Schanzens zu sparen, von Natur geschützte Örtlichkeiten im Gelände als Lagerplätze aussuchten.[1]

Die Römer aber hatten schon aus sehr alter Zeit her den festen Grundsatz, jedes Lager unbedingt mit Graben und pallisadiertem Wall zu umgeben. So mühselig das war, so viel Vorteile gewährte es. Die Gewohnheit der Griechen, den Schutz im Gelände zu suchen, verführte natürlich dazu, sich auch eimal und öfter mit einer sehr mäßigen Deckung zu begnügen und sich Überfällen auszusetzen. Der Feldherr mutet seinen Truppen nicht gern etwas zu, was sie nicht gewohnt sind. Der Fortgang der Operationen muß durch eine derartige Rücksicht fortwährend beeinflußt werden. Der römische Feldherr, der in der Übung und Gewohnheit seiner Soldaten seine Sicherung stets und an jeder Stelle mit sich führt, ist dadurch zu viel weiter ausgreifenden und viel länger ausdauernden Operationen befähigt, als der griechische. Die allmähliche, systematische Unterwerfung Italiens, auf der das römische Staatswesen beruht, wäre ohne die römische Lagerbefestigung nicht möglich gewesen. Auch nach verlorenem Gefecht bot das Lager eine vorläufige Zuflucht.

Fast nicht weniger wichtig ist aber eine indirekte Folge, die Polybius (a. a. O.) hervorhebt. Die Griechen, die ihr Lager nach Umständen nahmen, hatten keine festen Formen dafür; die Römer hatten ein ganz bestimmtes Schema,[2] wo jeder Truppen-

1 Polyän, III, 9, 11 läßt Iphikrates einen festen Punkt im Gelände vorwärts des Lagers besetzen, um dieses zu decken. Unmittelbar hinterher ist freilich auch wieder erzählt (§ 17), Iphikrates habe auch in Feindesland den Graben um das Lager ziehen lassen, um nicht als Feldherr vielleicht sagen zu müssen. »Das hätte ich nicht gedacht« (οὐ στρατηγικὸν τὸ οὐκ ᾤμην«). Danach ist es doch wohl öfter geschehen, als es nach den Quellen scheint, daß wenigstens ein Graben zum Schutz des Lagers aufgeworfen wurde.

2 Polybius nennt es quadratisch; die spätere Lagerbeschreibung von Hugin gibt die Form des Rechtecks. Die Ecken waren in der späteren Zeit und vermutlich von jeher abgerundet. Einigermaßen war natürlich die Ausführung immer, ohne die Grundform zu verwischen, dem Gelände ange-

teil und jeder Mann seinen festen Platz hatte. Das Lager war viereckig, hatte vier Tore, in der Mitte war das Feldherrnzelt, in bestimmten Linien liefen die Lagergassen und bestimmte Zeichen wiesen die Richtungen. Infolgedessen vollzog sich der Ein- und Ausmarsch in einer natürlichen Ordnung, ohne Unruhe und auch bei plötzlichen Alarmierungen kannte jeder Soldat sofort seinen Platz.

Bei Livius (XLIV, 39) hält Aemilius Paullus vor der Schlacht bei Pydna eine Rede an seine Soldaten, wo er von den Lagern sagt: »Eure Vorfahren haben das verschanzte Lager für einen stets offenen Hafen des Heeres gehalten, von wo sie zum Kampfe ausziehen, wohin sie, durch den Sturm der Schlacht verschlagen, eine sichere Zuflucht nehmen könnten. Das Lager ist für den Sieger ein Aufenthaltsort, für den Besiegten eine Zuflucht. Dieser kriegerische Wohnsitz ist das zweite Vaterland, der Wall sind die Mauern, und für jeden Soldaten ist sein Zelt sein Haus und Herd.«

Die Belastung, die das Gesetz der Lagerbefestigung für die Römer mit sich brachte, war ganz außerordentlich groß. Da man nicht immer Gelegenheit und Zeit gehabt hätte, die nötigen Schanzpfähle an Ort und Stelle zu schlagen, so mußten die Soldaten außer der schweren Hoplitenrüstung, dem Proviant- und Werkzeugen, Beilen, Spaten, Sägen, oft genug auch noch die Schanzpfähle selber mit sich schleppen.[1]

paßt. Von den Lagern Cäsars in Gallien sind einige noch heute so weit erhalten, daß Napoleon III. durch Ausgrabungen ihre Form und Größe ganz genau feststellen lassen konnte.

Auf die Einzelheiten des römischen Lagers ist hier nicht einzugehen. Ich verweise neben Marquardt auf Fröhlich, »Kriegswesen Cäsars« S. 74 und 220 ff.

1 Gewöhnlich (Marquardt S. 426) wird angenommen, auf Grund einer Schilderung Ciceros in den Tusculanen (II, 16, 37), daß die Legionare die Schanzpfähle regelmäßig mitgenommen. Mit Recht hat dagegen Liers p. 155 drei Livius-Stellen angeführt (VIII, 38, 7; X, 25, 6; XXV, 36, 5), wo es wie das Natürliche erzählt wird, daß die Soldaten sich die Pfähle erst an Ort und Stelle schlagen, so wie eine vierte (XXXIII, 6, 1), wo das Mitschleppen offenbar als etwas Ausnahmsweises erscheint.

Der griechische Hoplit, wie wir wissen, verlangte jeder einen Knecht oder Gehilfen; die römischen Legionäre hatten nur auf fünf Hopliten zwei Leichte. Die Griechen, sagt Polybius (XVIII, 18), glaubten auf dem Marsch kaum ihre Waffen tragen zu können; für die Römer sei es ein Leichtes, sich auch die Schanzpfähle noch aufzupacken. Cäsar (bell. civ. I, 78) erzählt gelegentlich, daß fremde Hilfstruppen die Lasten der Legionäre nicht auf sich nähmen.

Mit gutem Recht läßt die römische Legende den Camillus einmal sagen (Livius V, 27, 8), die Künste, durch die der Römer seine Feinde besiege, seinen »virtus, opus, arma«. Das »opus«, die mühselige, ruhmlose Schanzarbeit, hat keinen geringeren Teil an der römischen Weltbesiegung als die Tapferkeit und die Waffen.

Alle Verschiedenheiten des griechischen und römischen Kriegswesens gehen zurück auf die Verschiedenheit der Disziplin.

Die athenischen Feldherren hatten zwar ein gewisses Strafrecht, wendeten es jedoch, nach dem Zeugnis des Aristoteles,[1] nicht an. Selbst bei spezifisch militärischen Vergehen, wie Weigerung, bei dem Aufgebot zu erscheinen, Feigheit, Flucht vor dem Feinde, trat keine unmittelbare Ahndung ein, sondern die Feldherren erhoben nach Beendigung des Feldzuges in Athen eine Klage vor dem Volk.[2] Als im Peloponnesischen

Zur 3. Aufl. STOLLE, Der röm. Legionär u. sein Gepäck (1914) glaubt die Überlieferung daß zum regulären Gepäck des Legionars auch der Schanzpfahl gehört habe, doch festhalten zu sollen; es sei allerdings nur ein ziemlich dünner Stock gewesen, dessen Gewicht er auf 1310 Gramm anschlägt. Vgl. unten den Exkurs zu Buch VI, cap. 2.

1 Vgl. BAUER, Griech. Kriegsaltert. § 39.

2 GILBERT, Handb. d. griech. Staatsaltertümer I, S. 356 (2. Aufl.) Anmerk. meint, »der Strateg kann im Felde hinrichten lassen«, und zitiert dafür Lysias 13 (κατὰ Ἀγοράτου) 67. Die Stelle lautet »παραφρυκτωρευόμενος τοῖς πολεμίοις ληφθεὶς ὑπὸ Λαμάχου ἀπετυμπανίσθη«. Es ist also unter Lamachos vor Syrakus ein Mann wegen Verrats zu Tode geknüppelt worden. In welcher Form Rechtens das geschah, wissen wir nicht. Daß Verbrechen wie Verrat im Felde unmittelbar mit dem Tode geahndet werden konnten, ist von vornherein anzunehmen, aber wie weit dabei die Disziplinar-Gewalt des Feldherrn ins Spiel kam, ist aus der Stelle nicht zu ersehen.

Kriege Demosthenes den Plan faßte, Pylos zu befestigen, was nachher zu dem großen Siege von Sphakteria führte, da vermochte er anfänglich, wie uns Thucydides (VI, 4) ganz harmlos erzählt, weder seine Mitfeldherren noch die Soldaten dazu zu überreden. Erst als sie wegen schlechter See längere Zeit dort liegen bleiben mußten, entschlossen sich die Soldaten aus Langerweile, die Idee ihres Feldherrn auszuführen.

In seinen Erinnerungen an Sokrates läßt Xenophon den Perikles klagen, daß die Athener wohl den Turnlehrern und Chormeistern Gehorsam leisteten, die Ritter und Hopliten aber gegen ihre Vorgesetzten widerspenstig seien (III, 5, 19). Die Athener suchten womöglich ihren Ruhm darin, der Obrigkeit zuwider zu handeln (III, 5, 16). Sokrates findet den Grund darin, daß die Feldherren selber vom Kriegshandwerk nichts verständen; man solle Männer wählen, die durch die Überlegenheit ihres Wissens und Könnens, gerade wie die Meister der Gymnastik und des Chorgesanges, die freiwillige Folgsamkeit ihrer Scharen erzwängen.

Als Phokion einmal gefragt wurde (Plutarch, Phok. Kap. 23), wann er den Athenern zum Kriege gegen die Mazedonier raten würde, antwortete er, »wenn ich sehe, daß die jungen Leute bereit sind, ihren Dienst zu tun, die Reichen, Steuern zu bezahlen, und die Redner, keine öffentlichen Gelder zu unterschlagen«.

Berühmt waren wegen ihres Gehorsams gegen die Obrigkeit die Spartaner, und gewiß ist, daß diese Krieger-Genossenschaft durch ihren festen Zusammenschluß die Herrschaft über ihre zahlreichen Untertanen ausübte. Sieht man aber näher zu, so ist die spartanische Zucht doch mehr pädagogischer Natur, nicht eigentlich das, was wir militärische Disziplin nennen. Zum Begriff der Disziplin gehört, daß sie von der Kommandogewalt ausgeht. Gerade die Kommandogewalt aber war in Sparta sehr beschränkt. In diesem komplizierten Staatswesen lag die Heerführung in der Hand erblicher Könige; diese Könige regierten aber nicht, sondern hatten nur eine Art präsidierender Stellung innerhalb der Aristokratie, und um sie nicht darüber hinauswachsen zu lassen vermöge der Heerführung wurde die Kommandogewalt sehr eingeschränkt. Das Königtum war nicht ein einfaches, sondern ein doppeltes; beide Könige führten auch im Felde ursprünglich zusammen den Oberbefehl, und als man dies wegen schwerer Unzuträglichkeit abschaffte (etwa 510), sorgte man in anderer Weise dafür, daß ihre Gewalt auch im Felde eng begrenzt blieb, sonst würde sich dieses Königtum ganz anders geltend gemacht haben.[1]

Pausanias soll es bei Platää erlebt haben, daß einer der spartiatischen Obersten, Amampharetos, der seine Tätigkeit nicht verstand, sich weigerte, einen Befehl auszuführen, und sich mit dem Könige öffentlich darüber herumzankte. Später wurde den Königen ein Beirat von den Ephoren mit ins Feld gegeben. Dem König Agis rief, als er im Jahre 418 dem Feinde auf ungünstigem Terrain eine Schlacht liefern wollte und schon auf Steinwurfweite herangerückt war, einer der Älteren zu, er wolle wohl ein Übel durch ein anderes heilen, worauf er das Heer zurückführte. In der bald darauf folgenden Schlacht bei Mantinea versagten zwei Polemarchen den Gehorsam, führten eine befohlene Bewegung nicht aus und wurden dafür nicht etwa von dem Könige sofort, sondern nachträglich von den Behörden zu Hause mit Verbannung bestraft.

Als die griechischen Söldner-Heere aufkamen, entstand naturgemäß auch eine andere Disziplin als bei den Bürgerheeren. Schon in jenem Gespräch zwischen Perikles und Sokrates läßt Xenophon im Gegensatz zum Landheer den Sokrates die gute Ordnung auf der Flotte rühmen. Als der Spartaner Brasidas aus Heloten die Hoplitenschaar bildete, die er nach Thracien

1 Aristoteles, Politik III, 14 (9), 2, sagt, daß im Gefecht die spartanischen Könige Herren über Leben und Tod gewesen seien; außerhalb des Gefechts waren sie es also nicht. Diese Basis ist für die Ausbildung einer wirklichen militärischen Disziplin zu schmal.

führte, hat er sie sicherlich gut diszipliniert. Von Klearch, dem berühmtesten Condottiere der Zehntausend, erzählt uns Xenophon (II, 6, 10), er habe den Grundsatz aufgestellt, der Soldat müsse seinen Feldherrn mehr fürchten als den Feind, und selber den Stock gehandhabt, wenn er einen seiner Leute lässig sah. Als aber Xenophon selber einmal auf dem Rückzug einen Soldaten prügelte, weil er sich geweigert hatte, einem kranken Kameraden fortzuhelfen, verklagte ihn dieser vor der Heeresversammlung, und Xenophon behielt nur dadurch Recht, daß er den Grund der Bestrafung angab.

Bei den Macedoniern, unter der gesicherten Autorität eines königlichen Kriegsherrn, wird eine gute Zucht geherrscht haben; der König handhabt in schweren Fällen die Strafgewalt mit Zustimmung seines Heeres.[1] Auch unter den Nachfolgern Alexanders, wo die Heere stehende Söldnertruppen waren, muß die dieser Art des Kriegertums eigentümliche Disziplin obgewaltet haben, weil ohne sie Söldnerheere weder zu gebrauchen, noch zusammenzuhalten sind. Polybius (I, 66) spricht den weisen Satz aus, daß Ruhe für Söldner nichts tauge und die Quelle des Aufruhrs sei. Gewiß auch aus diesem Grunde wurde unter den Diadochen tüchtig exerziert. Schon von Iphikrates wurde erzählt (Polyän III, 9, 35), er habe die Soldaten stets beschäftigt, damit sie nicht auf Neuerungen kämen; das Exerzieren ist jedoch unter diesen Beschäftigungen nicht genannt, sondern graben, Bäume fällen, umpacken und umziehen.

Kann man nach alledem den Griechen nicht nachsagen, daß ihnen die Grundbegriffe der militärischen Disziplin ganz unbekannt gewesen seien, so ist es doch eigentlich erst mit dem Söldnertum, daß dieser Begriff aufkommt, und nach Polybius' Zeugnis haben die Griechen den wahren Gehorsam überhaupt nie gelernt. Eine ganz andere Luft umfängt uns, sobald wir ein römisches Feldlager betreten. Erst von den Römern ist der Be-

1 Richtig hervorgehoben von Beloch, Griech. Gesch. II, 479.

griff und die Kraft der Disziplin völlig erkannt und realisiert worden.

Der strengere Begriff des Imperiums war mit der Vertreibung der Könige nicht aufgehoben, sondern nur auf die beiden wechselnden Konsuln übertragen worden. Sechs Lictoren mit Ruten und Beil schritten jedem von ihnen voran, als unmittelbare Vollstrecker ihrer Befehle. Kaum daß innerhalb der Stadt der Bürger vor den Griffen dieser Amtsgewalt persönlich geschützt war; unumschränkt aber waltete sie im Felde über Leben und Tod, und unerbittlich schritt sie einher. Von den Konsuln übertrug sie sich auf die anderen Führer. Jeder Centurio führte den Stock; als sein recht eigentliches Standesabzeichen sah ihn die spätere Zeit an und meißelte ihn als solches in die Steine.[1] Vegez schildert uns ausführlich (II, 19), wie sorgsam über alles und jedes in den römischen Kompagnien Listen und Buch geführt worden sei, Löhnung, Dienst, Kommandos, Urlaub. Bei der Aushebung der Rekruten habe man deshalb darauf gesehen, auch einige Schreib- und Rechenkundige zu gewinnen. Wir

1 Für die ältere Zeit ist uns dies Recht der Centurionen nicht direkt bezeugt, und wer in dem römischen Bürgerheer das Aufgebot der Besitzenden sieht, könnte auf die Vermutung kommen, daß erst mit dem Übergang zur Werbung aus der Menge diese Art der Disziplin eingeführt worden sei. So wie ich die Geschichte der römischen Heeresverfassung jedoch auffasse, kann es nicht zweifelhaft sein, daß die Disziplin von je auf denselben Grundlagen geruht hat. Wo an der höchsten Stelle die Todesstrafe mit so diskretionärer Gewalt gehandhabt wird, liegt es in der Natur der Dinge, daß auch die interen Instanzen sehr weitgehende Befugnisse haben. Auf der andern Seite liegt es auch in der Natur der Dinge, daß, so lange der Centurio sich als Bürger unter seinen Mitbürgern fühlte, er gewisse Unterschiede zu machen wußte und der angesehene Hausvater tatsächlich der Gefahr der Schläge im gewöhnlichen Dienst nicht ausgesetzt war.

Gegen meine Auffassung könnte angeführt werden Polybius VI, 87, 8, wo das Recht zu strafen, zu pfänden und zu genießen (καὶ ζημιῶν καὶ ἐνεχυράξων καὶ μαστιγῶν), den Tribunen zugesprochen wird, ohne die Centurionen zu erwähnen. Aber Polybius spricht hier von der Strafe im förmlichen Verfahren, woneben ein gesetzlich nicht weiter fixiertes Zuschlagen der Hauptleute, um Ordnung zu halten, sehr wohl bestehen kann.

werden diese administrative Exaktheit schon in sehr frühe Zeit zurückverlegen dürfen, denn ohne solche gibt es keine Ordnung und dann auch keine Disziplin. Den Centurien waren deshalb von Alters her auch Unbewaffnete (accensi velati), d. h. Schreiber beigegeben. Nach einem festen Schema, erzählt uns Polybius (VI, 36 ff.), werden bei den Römern die Wachtposten visitiert. Findet die Ronde einen Mann nicht auf seinem Posten oder schlafend, so wird am andern Tage Standrecht über ihn gehalten. Der Tribun berührt den schuldig Befundenen mit seinem Stab, und darauf schlagen alle Soldaten auf ihn los oder werfen ihn mit Steinen. Sollte es ihm gelingen, der Steinigung zu entgehen und aus dem Lager zu entfliehen, so darf er doch niemals in seine Heimat zurückkehren. Dieselbe unerbittliche Strafe trifft die Centurionen (Polybius sagt »ὅ τε οὐραγὸς καὶ ὅ τῆς ἴλης ἡγεμών«), die nicht richtig die Ronde machen. Insubordination, Desertion, Feigheit werden mit dem Tode bestraft. Sind ganze Truppenteile schuldig, so werden sie dezimiert; das Los muß jeden zehnten Mann zum Tode bestimmen.

Selbst über hohe Offiziere vornehmster Abkunft ist zuweilen Körperstrafe verhängt worden.[1]

Keine Erzählung ist berühmter und charakteristischer in der römischen Legende, als von dem Konsul Manlius, der seinen eigenen Sohn hinrichten ließ, weil er einen Befehl übertreten und einen Einzelkampf mit einem der Gegner, der ihn herausgefordert, angenommen. Starr vor Entsetzen, so malt es uns Livius aus, blickte das Heer auf die schreckliche Exekution und kam erst wieder zu sich, als der Kopf vom Rumpf getrennt lag und das Blut herausströmte, aber der Gehorsam war gesichert.

1 Livius XXIX, 9, 4. Valerius Maximus II, 7, 4. Frontin Strategem. IV, 1, 30, 31. Cotta consul P. Aurelium sanguine sibi junctum, quem obsidioni Lipararum, ipse ad auspicia repetenda Messanam transiturus, praefecerat, cum agger incensus et capta castra essent, virgis caesum in numerum gregalium peditum referri et muneribus fungi jussit.

Einige Jahre später, so erzählen die römischen Geschichtsbücher weiter, geschah es, daß der Magister Equitum Qu. Fabius Rullianus gegen den Befehl des Diktators L. Papirius Cursor in dessen Abwesenheit eine Schlacht lieferte und gewann. Der Diktator rief das Beispiel des Manlius an und lud den ungehorsamen Unterfeldherrn vor sein Gericht. Fabius entfloh aus dem Lager nach Rom; der Senat legte sich ins Mittel; der Vater des Schuldigen, der selber Diktator und dreimal Konsul gewesen war, appellierte an das Volk und die Volkstribunen. Aber diese wagten um der Erhaltung der Grundgesetze der Disziplin willen nicht einzuschreiten.

Erst als alle, Fabius selbst, Sohn und Vater, der Senat, die Tribunen und das Volk sich aufs Bitten legten und dadurch das Recht des Imperiums und das Gesetz der Subordination anerkannt war, ließ der Diktator sich erweichen und schenkte den Verbrecher dem römischen Volk und der tribunicischen Gewalt, weil sie gebeten und nicht ein Recht geltend gemacht hätten.

Auf griechischem Boden ist weder die Erzählung von Manlius, noch von Papirius denkbar. Auch in Sparta hat ein solcher Begriff der Amtsgewalt nie existiert. Durch diese Amtsgewalt werden in Rom das aristokratische und demokratische Element zusammengehalten und balanziert; keines vermag das andere vollständig aufzuheben und zu unterdrücken. In diesem Staate des allgemeinen gleichen Stimmrechts, in dem formal das Prinzip der Volkssouveränität anerkannt wird, lebt zugleich praktisch eine herrschgewaltige, kommandoführende Aristokratie. Das Widerspiel dieser Kräfte hat den römischen Volkscharakter gebildet; die Amtsgewalt ist die Wurzel der Disziplin, und an dem Baum der Disziplin ist die Frucht der Manipular-Taktik und der regelmäßigen Lagerbefestigung gewachsen.

1. Die Schilderung, der ich das Bild altrömischen Exerzierbetriebes geglaubt habe entnehmen zu dürfen, ist von Livius eingeflochten in die Erzählung des Latinerkrieges (340) und verknüpft mit einem Überblick über die ganze Entwicklung der römischen Fechtweise. Bei der Wichtigkeit dieses Berichtes müssen wir ihn im Zusammenhang behandeln und dabei

die Art, wie wir ihn benutzt und verwertet haben, durch eine satzweise Analyse zu rechtfertigen suchen. (Livius VIII, 8) sagt:

Clipeis antea Romani usi sunt, dein postquam stipendiarii facti sunt, scuta pro clipeis fecere.

Diese Notiz ist offenbar die Konstruktion eines römischen Antiquars, der sich vorstellte, daß die Römer in alten Zeiten auch den Schild der homerischen Helden gehabt haben müßten, und, man möchte sagen gar nicht übel, den Übergang zu der Schildform des Legionärs seiner Zeit mit der Einführung der Soldzahlung verknüpfte.

et quod antea phalanges similes Macedonicis, hoc postea manipulatim structa acies coepit esse, postremo in plures ordines instruebantur.

Dieser Satz zeigt, daß wir es mit einem wirklichen Kenner zu tun haben; er ist zu übersetzen: die ursprüngliche Phalanx wurde zunächst manipelweise aufgestellt (gegliedert) und zuletzt in mehrere Treffen zerlegt.

Die Einführung der Treffen-Aufstellung fand, wie wir noch erfahren werden, gegen Ende des dritten Jahrhunderts, im zweiten punischen Kriege statt. Die nächste Stufe, die Kohorten-Taktik, die um die Wende des zweiten und ersten Jahrhunderts erreicht wurde, ist noch nicht erwähnt. Hieraus ist zu schließen, daß die Schilderung einem Autor zweiten Jahrhunderts entstammt und noch genauer aus der ersten Hälfte des zweiten Jahrhunderts. Der Erzähler vergleicht die altrömische Aufstellung mit der macedonischen; er will natürlich nicht sagen, daß die Römer in den ältesten Zeiten mit der Sarisse bewaffnet gewesen wären. Hätte er dies sagen wollen, so hätte er die Phalanx nicht bloß »ähnlich«, sondern gleich der macedonischen nennen müssen. Gemeint kann nur sein die geschlossene Linearaufstellung und die Bewaffnung mit dem Spieß – also die alte griechische Hopliten-Phalanx. Der Autor, vermutlich Cato, zieht aber statt dessen die macedonische Phalanx zum Vergleich heran, weil damals, wo man gerade die Kriege mit den Macedoniern führte oder geführt hatte, deren Phalanx in Rom ein sehr geläufiger Begriff war.

ordo sexagenos milites, duos centuriones, vexillarium unum habebat.

Der ordo, der 60 Mann hat, ist die spätere Centurie als Hälfte des Manipels. Dieser ordo hat aber nicht zwei, sondern einen Centurio und außer den 60 Hopliten noch 40 Leichte. Ferner hatte er schwerlich einen eigenen Fahnenträger, da nicht die Centurie, sondern der Manipel eine Fahne führte. Entweder Livius ist also hier ganz konfus gewesen, indem er das Wort »ordo« im Sinne von »Treffen« in seiner Vorlage lesend, an ordo im Sinne von Centurie dachte und eine Erklärung geben wollend, seine unbestimmte und schiefe Erinnerung daran einschob – oder ein späterer Interpolator hat den Text in dieser Weise verdorben. Der Satz ist daher zu streichen.

prima acies hastati erant, manipuli quindecim. …

Wir wissen sonst nur von einer Einteilung der Legion in die drei Schichten der Hastaten, Principes und Triarier, jede zu 10 Manipeln. Die 15 Manipel, von denen Livius hier berichtet, mögen aber sehr wohl historisch sein. Es ist dankbar, daß man die alte Phalanx ursprünglich nur in zwei Schichten, jede zu 15 Manipeln zerlegte und daß sich daran eine Erinnerung erhalten hat. Livius macht nun freilich den Fehler, daß er alle drei Schichten jede mit 15 Manipeln ansetzt. Eine Legion von 45 Maniplen hat aber sicherlich nie existiert. Durch die Stimmordnung der Centuriat-Komitien ist uns die Ur-Legion von 42 Centurien sicher bezeugt, und der Zusammenhang dieser Legion mit der von Polybius beschriebenen, in der auf 3000 Hopliten 1200 Leichte = 42 Centurien kommen, ist völlig deutlich. Diese Entwicklung kann unmöglich einmal durch einen ganz anderen Zahlen-Schematismus unterbrochen worden sein, aus dem man zufällig oder absichtlich wieder zu den alten Zahlen zurückgekehrt wäre. Die Identität dieser Zahlen in den verschiedenen Jahrhunderten zeigt uns viel mehr, wie konservativ man in der Festhaltung der einmal eingeführten Normal-Zahlen dachte.

… distantes inter se modicum spatium. manipulus levis vicenos milites, aliam turbam scutatorum habeat; leves autem qui hastam tantum gaesaque gererent vocabantur. haec primia frons in acie florem invenum pubescentium ad militiam habebat. robustior inde aetas totidem manipulorum, quibus principibus est nomen, hos sequebantur scutati omnes, insignibus maxime armis.

Wertvoll in diesem Absatz ist die Notiz, daß den Manipeln der Hastaten 20 Leichte beigegeben waren, denen der Principes aber keine. Man sieht nicht, weshalb jemand eine solche Behauptung hätte fingieren sollen, sie wird also als echt anzusehen sein und bestätigt unsere Auffassung, daß nur ein kleiner Teil der Leichten als wirkliche Kombattanten anzusehen sind.

hoc triginta manipulorum agmen antepilanos appellabant, quia sub signis jam alii quindecim ordines locabantur …

Eine besondere taktische Bedeutung der »antepilani« und der Truppen »sub signis« ist nirgends zu erkennen; auch das Wort »antepilani« ist nur insoweit zu erklären, als die Triarier einmal pilani geheißen haben, daher ihr erster Centurio noch in später Zeit primus pilus. Was aber die Worte pilus und pilani eigentlich bedeuten, weiß man nicht; mit dem pilum hängen sie, wie Soltau mit Recht ausgeführt hat, nicht zusammen. Man darf aber auch aus dieser Stelle schließen, daß im Gefecht die signa zwischen den Principes und den Triariern standen.

ex quibus ordo unus quisque tres partes babebat. earum unam quamque primam pilum vocabant. tribus ex vexillis constabat, vexillum centum octoginta sex homines erant. primum vexillum triarios ducebat, veteranum militem spectatae virtutis; secundum rorarios, minus roboris aetate factisque; tertium accensos, minimae fiduciae manum: eo et in postremam aciem reiciebantur.

Dieser Passus hat den Gelehrten viel Mühsal verursacht. Sind schon die 3 × 15 Manipel schwer zu verwinden, so sind die drei Fähnlein, jedes zu 186 Mann, schlechterdings nicht zu bewältigen. Man hat das handschriftliche »vexillum« in »vexilla III« verwandeln wollen, aber das ist auch nur eine Scheinhülfe. Man hat endlich den ganzen Satz »earum unam quamque bis octoginta sex homines erant als Interpolation herausgetan. Wie aber soll ein Interpolator gerade auf die Zahl 186 gekommen sein?

Daß sehr schwere Fehler vorliegen, darüber sind jetzt alle Forscher einig. Ich möchte die Heilung auf folgendem Wege versuchen. Auszuscheiden sind zunächst die 45 Manipel der Triarier. Sie sind dadurch hineingekommen, daß in der Vorlage des Livius von einer früheren Periode die Rede war, wo nur zwei Schichten, jede zu 15 Manipeln, in der Legion waren. Livius hat diese Zahl fälschlich auch auf die Triarier bezogen. Seitdem diese existierten, hatte auch jede Schicht nur zehn Manipel.

Falsch ist offenbar ferner die Unterscheidung der Triarier, Roarier und accensi nach ihrer kriegerischen Tüchtigkeit. Der Unterschied der Triarier und Rorarier lag im Alter, in der Bewaffnung und in der Funktion. Die accensi aber waren überhaupt nicht Soldaten.

Die Aufstellung, die uns Livius beschreibt, ist also nicht die Aufstellung zur Schlacht, sondern zur Musterung, und das ergibt auch die Erklärung der Zahl 186. Bei der Musterung standen die Nicht-Kombattanten resp. Halb-Kombattanten hinter den Kombattanten, also hinter den Triariern. Je eine Manipel der Hastaten, Principes und Triarier gehören zusammen. Hinter jedem Triarier-Manipel, der selbst 60 Mann stark ist, standen die 3 × 40 Rorarier der drei Manipel und die 6 accensi (Ordonnanzen, Kompagnie-Schreiber) der 6 Centurien = 186 Mann sub signis.

Die Konfusion, die Livius macht, ist nur, daß er den Rorariern und accensi eigene Fähnlein gibt und daß er, wie sich des Weiteren zeigt, das Ganze für die Aufstellung zur Schlacht hält. In diesem Sinne malt er aus, seine Vorlage aber, gerade die vielangefochtene Zahl 186 beweist das, war vortrefflich. Unten (Buch VI, Kap. 1) bei der Schlacht von Kynoskephalä werden wir eine Analogie für die Arbeitsweise unseres Autors kennen lernen: er macht bei seiner Benutzung des Polybius einen Übersetzungsfehler und malt dann einen mit eigener Phantasie auf Grund dieser falschen Übersetzung die Situation aus und fingiert sich Gründe dafür. Da wir in diesem Fall das Original, das er übersetzt hat, noch besitzen, so ist hier der Vorgang klar zu durchschauen.

Die accensi der Konsuln und der Tribunen, die es natürlich auch gegeben haben muß, traten als zum Stabe gehörig, bei der Musterung der Legion nicht mit an.

ubi his ordinibus exercitus instructus esset, hastati omnium primi pugnam inibant, si hastati profligare hostem non possent, pede presso eos retro cedentes in intervalla ordinum principes recipiebant. tum principum pugna erat; hastati sequebantur, triarii sub vexillis considebant sinistro crure porrecto, scuta innixa humeris, hastas suberecta cuspide in terra fixas, haud secus quam vallo saepta inhorreret acies, tenentes. si apud principes quoque haud satis prospere esset pugnatum, a prima acie ad triarios sensim referbantur. inde rem ad triarios redisse, cum laboratur, proverbio increbuit. triarii consurgentes, ubi in intervalla ordinum suorum principes et hastatos recepissent, extemplo compressis ordinibus velut claudebant vias, unoque continenti agmine iam nulla spe post relicta in hostem incidebant: id erat formidolosissimum hosti, cum velut victos insecuti novam repente aciem exsurgentem auctam numero cernebant.

Jede Möglichkeit eines Verständnisses der Entwicklung der römischen Taktik ist ausgeschlossen, so lange man mit Livius diese Schilderung als die einer römischen Schlacht ansieht. Damit die Manipel der Principes durch die Manipel der Hastaten hindurchgehen können, müssen diese mit Intervallen von Manipel-Front-Breite aufgestellt sein. Das ist einigermaßen durchführbar auf einen ganz ebenen Exerzierplatz, wo man nur eine kurze Stelle vorrückt und beliebig Halt macht, um Fehler zu korrigieren und wieder auszurichten. Es ist aber gänzlich unmöglich im Ernstfalle, da die Intervalle beim Vormarsch alle verloren gehen, bald zu groß, bald zu klein sein würden. Selbst wenn die Hastaten mit den richtigen Intervallen an den Feind kämen, so gäbe das die törichtste Schlachtordnung, die man denken kann. Jeder Manipel würde sofort in beiden Flanken umfaßt und erdrückt werden. Noch schlimmer ist die Vorstellung, daß die Hastaten zwar mit Intervallen angerückt, aber vor dem Zusammenstoß mit dem Feind größeren Abstand genommen hätten, um auf diese Weise die Front zu schließen. Es würde die heilloseste Unordnung geben, wenn die Soldaten in dem Augenblick, wo sie auf den Feind einstürmen sollen, erst ihre Aufmerksamkeit auf ein neues Abstandnehmen zu richten hätten. Nur gar um die Principes vorzulassen, müßten die Hastaten sich wieder zusammenziehen an der Front des Feindes, der fortwährend auf sie einhaut, entlang, zu einer Engheit, in der sie die eigenen Waffen nur schwer gebrauchen können, und ehe die Principes in die Intervalle, die doch erst allmählich groß genug werden können, eingerückt sein werden, benutzt natürlich der Feind die ihm freiwillig gebotenen Lücken, um einzudringen und die Hastaten in ihrer hilflosen bedrängten Lage völlig zu überwältigen. Die ganze Vorstellung von der schachbrettförmigen Aufstellung der Manipel in der Schlacht ist also auszumerzen. Sie wird aber auf der Stelle brauchbar und verständlich, sobald man, wie wir das oben getan haben, sie als ein bloßes Exerziermanöver auffaßt. Dazu ist sie ganz vortrefflich geeignet. Das Einzige, was in der Livianischen Erzählung unrichtig sein dürfte und wiederum auf bloße Ausmalung zurückzuführen ist, ist, daß die Hastaten sich zurückziehen sollen, während die Principes vorgehen. Eine solche Rückwärtsbewegung einer Kompagnie von 120 Mann ordnungsmäßig auszuführen, ist kaum möglich und dazu ganz zwecklos; das Manöver wird sich vielmehr so vollzogen haben, daß die Hastaten stehen blieben und die Principes aus der Front vorgingen. Livius mußte es umkehren, da er sich das Ganze ja nicht als einen Exerzier-, sondern als einen Gefechtsakt vorstellte und dementsprechend ausmalte.

Der Abstand der römischen Legionäre wie der griechischen Hopliten war, um des freien Gebrauchs der Waffen willen, viel größer als heute bei uns; man rechnete die Rottenbreite zu drei Fuß, während die Schulterbreite eines Mannes nur 1½ Fuß beträgt. Das Exerzieren ist bei dem Mangel an Fühlung natürlich viel schwerer. Das zweite Glied war vermutlich nicht auf den Vordermann, sondern auf die Lücken ausgerichtet oder trat wenigstens beim Zusammenstoß über auf die Lücken. Deshalb rechnet Vegetius III, 14 nicht 3, sondern 6 Fuß als Gliederabstand, nämlich vom ersten zum dritten, vom zweiten zum vierten Glied u.s.f. Vgl. Rud. SCHNEIDER, Philol. Wochenschr. v. 15. Mai 1886 Nr. 20 und unten Buch IV, Kap. 1 »Über die Sarisse und den Rottenabstand«.

2. In verdienstlicher Weise hat STEINWENDER[1] die Marschordnung des römisches Heeres quellenmäßig festzustellen gesucht. Mit völliger Sicherheit möchte ich jedoch bei dem Stande unserer Quellen über solche Einzelheiten nicht sprechen. Die Steinwendersche Untersuchung leidet überdies an dem Fehler, daß sie die allmähliche Entwicklung der römischen Taktik von der einfachen Phalanx durch die Manipularstellung zur Treffenordnung außer Acht läßt; die Manipularstellung wird behandelt, als ob sie von vornherein eine Treffenordnung gewesen wäre. In einer Besprechung der Abhandlung in de Militär-Literaturzeitung Nr. 9, 1907, S. 336 fügt Major BALCK hinzu: »Nach den zahlreichen römischen Lagern, die ich kenne, hatte die *porta praetoria* stets eine größere Breite, als die Tore in den Flanken. Der Aufbruch geschah nach meiner Auffassung unter Benutzung aller Ausgänge (siehe Zitat des Polybius: »und muß sich das ganze Lager in Bewegung setzen«), um den Augenblick der Entwicklung aus einer Enge möglichst abzukürzen, derart, daß die beiden Legionen gleichzeitig in zwei Marschkolonnen nebeneinander die porta praetoria, die Bundesgenossen die beiden Seitenausgänge verließen. Durch Auf-

1 TH. STEINWENDER, Professor am Königlichen Gymnasium zu Danzig. Die Marschordnung des römischen Heeres zur Zeit der Manipularstellung. Danzig. A. W. Kafeman. 1907.

marsch konnte dann in Erwartung einer Schlacht das »agmen quadratum« (im Gegensatz zum Verfasser verstehe ich darunter den Marsch in verkürzter Marschkolonne), »Anmarschform«, oder durch Regelung der Abmarschzeiten die gewöhnliche Marschkolonne, das »agmen pilatum« (zu vier Rotten Front) gebildet werden.«

4. KAPITEL
Pyrrhus

Die älteste römische Taktik haben wir erschlossen aus der mit der römischen Verfassungsgeschichte verflochtenen Überlieferung; von dem Verlauf eines bestimmten Gefechts jedoch ist uns keine Kunde erhalten. Die ältesten Römer-Schlachten, von denen wir nach der Natur der Quellen etwas wissen könnten, sind die Pyrrhus-Kämpfe. Zwar in Rom wurde auch damals und noch lange nachher keine eigentliche Geschichts-Erzählung aufgeschrieben, aber die beteiligten Griechen sind an diesen merkwürdigen Ereignissen nicht achtlos vorübergegangen: Pyrrhus selber hat Memoiren hinterlassen, die in den uns vorliegenden Quellen, namentlich Plutarch, benutzt worden sind.

Trotzdem ist für die Geschichte der Kriegskunst aus diesen Erzählungen so gut wie nichts zu gewinnen. Es mag sein, daß manches von den Einzelheiten der Überlieferung echt ist, und der Historiker mag die Erzählungen ohne Schaden wiederholen. Wir für unsern Zweck aber müssen einen strengeren Maßstab anlegen. Uns kommt es darauf an, die fortschreitende Entwicklung einer Technik festzustellen, und dafür dürfen nur unbedingt zuverlässige Einzelheiten verwandt werden. Die Erzählungen des Pyrrhus-Krieges aber, wenn auch auf ursprünglich gute Zeugnisse zurückgehend, sind aus der dritten Hand, wie wir sie haben, so wenig mehr auf ihre Herkunft zu prüfen und von der mitlaufenden Fabel und Legende zu sondern, daß keine der Einzelheiten als völlig zuverlässig betrachtet werden darf.

Pyrrhus war der Neffe und Nachahmer Alexanders des Großen; im Vertrauen auf das von den großen Macedoniern ausgebildete Kriegswesen und ihre Kriegskunst, deren Jünger er war, zog er aus, den Westen zu unterwerfen, wie jener den Osten unterworfen hatte. Durch die Zufügung der Elefanten hatte er diese Kriegsgewalt noch furchtbarer gemacht, als sie einst unter Alexander gewesen war. Aber den zähen Widerstand des Italien beherrschenden Stadtstaates mit seinem original gestalteten Heerwesen vermochte er nicht zu überwältigen. In der Schlacht mehrfach siegreich, mußte er den Krieg doch zuletzt aufgeben. Wir wissen nicht, ob er schließlich auch eine wirkliche taktische Niederlage erlitten hat oder ob der taktische Kampf unentschieden geblieben ist und nur die Unmöglichkeit, eine zuverlässige politische Basis zu gewinnen, den König-Condottiere bewogen hat, den Kampf als aussichtslos fallen zu lassen. Jedenfalls haben sich die Römer trotz wiederholter Niederlagen im Felde behauptet, und das war genug, Pyrrhus an der Einrichtung einer Herrschaft zu verhindern, aus der er die Mittel zur Fortsetzung des Kampfes hätte ziehen können, und ohne eine solche Herrschaft in Italien selbst, bloß auf den Nachschub aus dem unbedeutenden Epirus angewiesen, konnte er den Kampf nicht durchführen.

Neben den allgemeinen Darstellungen der römischen Geschichte von Mommsen und Ihne, wie Nieses Gesch. d. griech. und macedon. Staaten s. d. Schlacht bei Chäronea, kommen für Pyrrhus zwei Monographien in Betracht. R. v. Scala, der Pyrrhische Krieg, 1884. R. v. Schubert, Geschichte des Pyrrhus, 1894.

Die Wertlosigkeit der römischen Überlieferung über diese Epoche ist gut dargelegt von Schubert, S. 182.

2. *Die Schlacht bei Heraklea*

Die Stärke der Römer wird von Mommsen auf mindestens 50 000, von Scala auf etwa 36 000 Mann veranschlagt. Die Stärke des Pyrrhus kennen wir ebenso wenig.

Pyrrhus stellte sich hinter dem Flusse Siris auf und soll gewünscht haben, die Schlacht zu vermeiden, um noch Bundesgenossen abzuwarten.

Das ist in jeder Beziehung unwahrscheinlich. Pyrrhus war Feldherr genug, um zu wissen, daß ein kleiner Fluß, wie der Siris, kein wirkliches Hindernis abgebe. Erwartete er seinerseits noch Bundesgenossen, so hätten die Römer ebenfalls mit Leichtigkeit noch Verstärkungen heranziehen können; sie hatten bei weitem nicht ihre ganze Macht zur Stelle, angeblich sogar nur ein Viertel[1].

Richtig mag sein, daß den Römern mehr an einer baldigen Entscheidung lag, als dem Epiroten. Schon sein bloßes Verweilen auf italischem Boden schwächte die Autorität der Römer bei ihren untertänigen Landschaften, und was von den Römern abfiel, fiel dem Pyrrhus zu. War man aber einmal aneinander, so mußte Pyrrhus die taktische Entscheidung annehmen, um die Überlegenheit seiner Kriegskunst den gespannt erwartungsvollen Völkerschaften Italiens zu beweisen. Hinziehen hätte das Zutrauen zu ihm geschwächt. Pyrrhus wird also die Stellung mit dem Fluß vor der Stellung genommen haben, nicht um die Schlacht zu vermeiden, sondern um für die zu erwartende Schlacht den taktischen Vorteil zu gewinnen. Er schlug sein Lager nicht unmittelbar am Flusse auf, sondern in einiger Entfernung und bewachte den Übergang nur mit Kavallerie. Wenn die Quellen berichten, daß er bei der Meldung, die Römer hätten den Fluß überschritten, zuerst in Bestürzung geraten sei, so erscheint mir das durchaus nicht glaubwürdig, denn er konnte sich gar nichts Besseres wünschen.

Ebenso unglaubwürdig ist, daß er, nunmehr seinen Vorteil erkennend, um die Römer noch in der Unordnung des Überganges anzugreifen, mit der Kavallerie allein gegen sie vorgegangen sei, die Phalanx aber habe stehen lassen. Weshalb diese Zersplitterung der eigenen Kräfte?

Als die Reiterei wich, soll Pyrrhus die Phalanx vorgeschickt, und nachdem diese lange unentschieden gefochten, endlich durch die Elefanten die Entscheidung herbeigeführt haben. Jede Erklärung, weshalb Pyrrhus in solch' sinnwidriger Weise seine Kräfte vereinzelt eingesetzt haben soll, fehlt. Da der Übergang eines großen Heeres über einen Fluß, der, wie ausdrücklich berichtet wird (Plutarch), für Fußvolk nur in einer Furt zu durchschreiten war, eine sehr lange Zeit in Anspruch nimmt und Pyrrhus durch seine Reiter rechtzeitig von dem Anrücken der Römer unterrichtet war, so kann es keinem Zweifel unterliegen, daß er vollauf Zeit hatte, sein Heer regelrecht in Schlachtordnung zu stellen und geschlossen anrücken zu lassen. Irgend ein Grund, die Elefanten zurückzuhalten, ist nicht erfindlich. Pyrrhus hätte ja wahrlich mutwillig sein Fußvolk den schweren Verlusten ausgesetzt, wenn er, statt gleich im Anfang mit Hilfe seiner Elefanten

1 Schubert p 174.

die römischen Reiter zu verjagen und dann dem römischen Fußvolk in die Flanke zu fallen, seine Phalanx erst, wie Plutarchs Quelle fabuliert, siebenmal mit den römischen Legionären in Flucht und Verfolgung hätte abwechseln lassen. Der König hatte es ja völlig in der Hand, sowohl der Schlacht auszuweichen, indem er den Rückzug antrat, ehe die Römer den Fluß überschritten hatten – oder die Schlacht zu liefern, sei es unmittelbar am Fluß, sei es weiter rückwärts etwas später. Daß er in unbesonnener Hitze, um die Römer noch beim Übergang anzugreifen, seine Truppen stückweise gegen den Feind geführt, ist an sich bei einem anerkannt bedeutenden Feldherrn unglaublich, und endlich ganz unmöglich, daß die Elefanten später gekommen sein sollen als das Fußvolk, dessen Aufstellung immer längere Zeit in Anspruch nimmt.

Selbst wenn wir annehmen wollen, daß der König anfänglich noch keine Schlacht habe liefern, sondern mit der Einsetzung seiner Kavallerie den übergegangenen Teil der Römer bloß über den Fluß wieder habe zurücktreiben wollen, so würde es immer eine Unbegreiflichkeit bleiben, daß er nicht auch sofort das Fußvolk heranführte und gar, daß er die Elefanten dahinter ließ.

Die bei Zonaras erhaltene Tradition weiß zwar auch, daß die Schlacht entstand, indem die Römer über den Fluß gingen, und läßt auch die Elefanten erst zuletzt kommen, im übrigen aber ist sie sehr abweichend und meldet namentlich gar nichts von dem langen unentschiedenen Ringen der beiden Phalangen.

Die Verlustangaben schwanken für die Römer zwischen 7000 und etwa 15 000. Da wir aber die Stärke nicht kennen, haben sie geringeres Interesse. Auffällig ist, daß in den Quellen gar nichts gesagt wird von den Schwierigkeiten, die den geschlagenen Römern der Rückübergang über den Fluß gemacht haben muß; nur Zonaras erwähnt, daß sie wieder über den Fluß zurück mußten. Pyrrhus soll die Verfolgung wegen der Verwundung eines Elefanten, der darüber wild wurde und die anderen erschreckte, eingestellt haben.

3. Schlacht bei Askulum

Die Berichte sind noch unsicherer und widerspruchsvoller als die über Heraklea.

Bei Dionys ist eine sehr genaue Angabe über die Aufstellung der beiden Heere erhalten; bei Frontin II, 3, 21 eine andere. Schubert p. 194 hat dargetan, daß wir spätrömische Phantasien, vermutlich des Claudius Quadrigiarius und des Valerius Antias vor uns haben.

Nach Plutarchs Quelle (wohl Hieronymus) hat die Schlacht zwei Tage, nach Dionys hat nur *einen* Tag gedauert.

Am ersten Tage soll die Schlacht sich auf einem unebenen, sumpfigen, durch einen Strom eingeengten Terrain abgespielt haben, so daß Pyrrhus seine Reiter und Elefanten nicht gut gebrauchen konnte. Nach den Erzählungen der Schlacht von Heraklea hat er gerade durch diese Waffen endlich gesiegt – wie soll ein so geschickter Feldherr dazu gekommen sein, die Schlacht auf einem für ihn ausgesucht ungünstigen Gelände anzunehmen? Im Manövrieren war er den jährlich wechselnden Bürgermeistern, die die römischen Heere kommandierten, doch sicherlich überlegen. Am zweiten Tage wird die Schlacht in einer freien Ebene fortgesetzt – warum lassen sich denn die Römer, die einen Tag vorher die Sache so geschickt angelegt haben, darauf ein? Es ist ja nicht unmöglich, daß es so gewesen ist, aber von den Umständen, unter denen es geschehen ist und auf die alles ankommt, um die Ereignisse zu verstehen, wissen wir nichts.

Wie bei Heraklea soll, nach Plutarch wie nach Dionys, Pyrrhus die Elefanten erst zuletzt ins Gefecht geführt und dadurch die Schlacht gewonnen haben.

Beide Heere sollen etwa 70 000 Mann zu Fuß und 8000 Reiter, Pyrrhus außerdem 19 Elefanten gehabt haben. Die Zahlen sind, weil zufällig keine abweichenden vorliegen, nicht glaubwürdiger als andere dieser Zeit. Richtig aber, da aus den Memoiren des Pyrrhus stammend, mag sein, daß dieser 3505, das römische Heer etwa 6000 Tote verloren hat.

Nach Dionys hat Pyrrhus überhaupt keinen Sieg erfochten, sondern die Schlacht ist unentschieden geblieben, weil Pyrrhus selbst verwundet wurde. Nach Zonaras haben gar die Römer einen vollständigen Sieg erfochten.

4. *Schlacht bei Benevent*

Über die Schlacht bei Benevent sind unsere Berichte ganz wertlos; wir können nicht einmal sagen, ob Pyrrhus hier eine wirkliche Niederlage erlitt oder bloß seinen Angriff nicht durchführen konnte und die Schlacht unentschieden blieb. Ich verweise hier auf das, was Niese l. c. Bd. II, 52 sagt. Die übliche Erzählung, die den Ausgang der Schlacht daher ableitet, daß die Römer nunmehr gelernt hätten, sich der Elefanten zu erwehren, indem sie sie nämlich mit Brandpfeilen beschossen und dadurch gegen die eigene Mannschaft scheuchten, steht bei Eutrop und Orosius. Sie steht aber mit dem relativ besten Bericht, den wir haben, bei Plutarch, in Widerspruch, wonach die Elefanten den einen römischen Flügel bis an das Lager zurückdrängten und hier erst durch das Eingreifen der frischen Kräfte der Lagerbesatzung mit ihren Geschossen abgetrieben wurden. Brandpfeile sind in einer Schlacht auch wohl kaum verwendbar, da der Soldat so nahe dem Feinde keine Gelegenheit hat, den Pfeil in Brand zu setzen, und wir hören deshalb auch nicht, daß die angebliche Erfindung in späteren Kämpfen gegen Elefanten wieder benutzt worden sei. Von einer festen Stellung aus ist die Anwendung immerhin denkbar.

Zonaras versetzt die Anwendung des Feuers gegen die Elefanten schon in die Schlacht bei Askulum. Eigene Wagen, um die Elefanten von da aus und mit Feuer zu bekämpfen, sollen konstruiert worden sein. Sie halfen aber nichts, da Pyrrhus seine Elefanten boshafterweise gerade da, wo man die Wagen aufgestellt hatte, nicht angreifen ließ. Bei Benevent zieht nach ihm ein verwundeter junger Elefant, der seine Mutter sucht und dabei das Heer des Pyrrhus in Verwirrung bringt, dem König die Niederlage zu.

5. KAPITEL
Der erste punische Krieg

Ganz umgekehrt als mit dem pyrrhischen Kriege steht es mit unserer Kenntnis des ersten punischen Krieges. Mit diesem setzt ein Historiker ersten Ranges und ein Mann, der besonderes Interesse für das Kriegswesen und selbst lehrhafte Auseinandersetzungen darüber hat, Polybius setzt hier ein. Selbständige Quellen neben ihm existieren so gut wie garnicht, sachlich pflegen die Dinge bei ihm durchdacht zu sein, und dahinter steht seine wohlbegründete Autorität. So hat man ihm immer einfach nacherzählt. Aber es ist nicht unmöglich, daß dabei eine gewisse Täuschung unterläuft. Polybius hat den ersten punischen Krieg nicht mehr selbst erlebt, noch auch Zeitgenossen und Zeugen über die Vorgänge selber befragen können. Sein Buch stützt sich wesentlich auf zwei Quellen, eine römische, Fabius Pictor, und eine im karthagischen Sinne geschriebene griechische, Philinus. Polybius war kritisch und sachkundig genug, um die beiden Autoren sich gegenseitig kontrollieren zu lassen und auf diese Weise selber ein vortrefflich abgestimmtes Bild neu zu schaffen. Aber gerade indem er alles Anfechtbare seinerseits ausgeschieden hat, hat er es uns unmöglich gemacht, zu erkennen, welchen Wert eigentlich seine Quellen gehabt haben. Dieser Wert kann aber nicht sehr groß gewesen sein. Fabius Victor war geboren etwa 253 v. Chr. und hat sein Werk wahrscheinlich erst nach der Beendigung des zweiten punischen Krieges geschrieben; wir wissen aber, wie sehr die mündliche Tradition die Ereignisse schon im Verlaufe einer Generation verzerrt. Das Gerippe der äußeren Daten gab das Stadt-Jahrbuch, aber darauf kommt es uns hier nicht an. Die Reim-Chronik des Naevius, die Fabius in der Erzählung des ersten punischen Krieges vorausging, wird, obgleich der Dichter selbst Mitkämpfer gewesen war, doch die Gewähr für die Treue des Bildes, angenommen, daß Fabius sie benutzt hat, kaum verstärken. Philinus hat wohl auf karthagischer Seite an dem Kriege teilgenommen[1] und stand insofern den Dingen näher als Fabius, aber nach dem, was Polybius selber über ihn berichtet, war er wenig zuverlässig. Aus solchen Quellen kann nun auch der größte Meister schwer eine in den Einzelheiten zuverlässige Historie schaffen. Wir sind ja auch bei Alexander in der Lage, so gut wie keine primären Quellen zu besitzen, aber indem Arrian uns ähnlich wie Polybius die Nachrichten aus zweiter Hand bietet, sind wir, obgleich Polybius der schärfere Kritiker von beiden ist, doch besser daran, weil Arrians Urquellen die bei weitem besseren waren. Ptolemäus und Aristobul, die er hauptsächlich benutzt hat, waren unmittelbare Teilnehmer, sogar Augenzeugen bei den Ereignissen in hervorragender Stellung. Fabius und wahrscheinlich auch Philinus standen den Ereignissen des ersten punischen Krieges kaum näher als Herodot denen des persischen; bei Herodot können wir aber mit eigenen Augen sehen und prüfen, was wir annehmen sollen und was nicht, für den ersten punischen Krieg sind wir ganz und gar auf das Urteil des Polybius angewiesen. Man mag also die kritische und historische Befähigung des Polybius noch so hoch einschätzen, namentlich auch darauf Wert legen, daß er Quellen aus beiden Lagern hatte, unsere Kenntnis der Kämpfe in und um Sizi-

1 UNGER, Rhein. Museum, Bd. 34, S. 102. v. SCALA, Römische Studien (ein Festgruß aus Innsbruck an die XLII Versammlung deutscher Philologen, 1893) hat wahrscheinlich gemacht, daß auch Naevius, der erst in hohem Alter dichtete, schon den Philinus benutzt hat.

lien und Afrika im einzelnen ruht doch auf einem weniger sicheren Grunde als diejenige von Marathon und Platää.

Das Ergebnis dieser Betrachtung ist also, daß wir trotz Polybius auf die nähere Untersuchung der Erzählungen vom ersten punischen Kriege verzichten. Das für uns Wesentliche und Entscheidende, das Generelle, die römische Manipular-Taktik kennen wir bereits und verdanken es zum Teil eben dieser Quelle; den Einzelheiten dürfen wir aber nicht genügend trauen. Mit Wahrscheinlichkeiten und Hypothesen ein Gemälde auszuführen, würde unsere Kenntnis nicht vermehren. Wir gehen also auch über diesen Krieg kurz hinweg.

Unrichtig ist es, wie längst erkannt, in ihm den Kampf einer ausschließlichen Landmacht gegen eine Seemacht zu sehen. Rom war selber eine uralte Handelsstadt, das Emporium Latiums, und führte als Wappen die Galeere: die Eidgenossenschaft aber, deren Haupt es war, umschloß die seekundigen Städte von Großgriechenland, von Cumä und Neapel bis Tarent. Wenn es bis dahin alle seine Kraft auf den Landkrieg verwandt hatte, so war das geschehen, weil seine Gegner Landmächte waren, und so weit das nicht der Fall war, wie in den ältesten Zeiten die anderen latinischen Seestädte oder zuletzt Tarent, so hatte Rom diese Kämpfe im Bündnis gerade mit Karthago geführt,[1] was es der Schaffung einer stärkeren Seemacht überhob. Erst der Kampf gegen Karthago selber nötigte nunmehr zur Fortbildung auch in dieser Richtung. Rom baut sich die Penteren-Flotte, die es noch nicht besaß, aber mit seinem reichen Material an allem, was zum Schiffswesen gehörte, ohne große Schwierigkeit schaffen konnte.

Es wird nützlich sein, zu bemerken, daß die berühmte Erzählung, die Römer hätten schlechterdings nichts vom Seewesen verstanden, ihre Schiffe nach dem Muster einer gestrandeten

1 Sehr gut hierüber W. Soltau in d. N. Jahrb. f. Philologie, Bd. 154, S. 164 (1896).

karthagischen Pentere gebaut, ihre Ruderer auf Gerüsten auf dem Lande eingeübt, von Polybius stammt, der hier handgreiflich einer ungeheuerlichen rhetorischen Übertreibung zum Opfer gefallen ist.

Das Gegenstück dazu ist, daß sich die Karthager die Kriegskunst zu Lande von dem Spartaner Xanthippus lehren lassen mußten. Mommsen hält auch diese Erzählung für das Echo griechischer Wachtstubengespräche. Nitzsch hat ihm widersprochen, da man in der Weltgeschichte dem banausischen Unverstand, wie ihn hier die Karthager gezeigt haben, oft genug begegne. Das ist ganz richtig – so mag auch Polybius gedacht haben, als er die Erzählung etwa dem Philinus entnahm: aber, wenn es auch nicht eine so offenbare Fabel wie die Geschichte vom römischen Flottenbau ist, eine Bürgschaft, daß sie wahr ist, haben wir in der Erzählung des Polybius gewiß auch nicht.

Der Krieg endete mit dem Sieg Roms über Karthago sowohl zu Lande als zu Wasser. Diese Überlegenheit, die es entwickelt hatte, war aber nicht so sehr groß: 23 Jahre lang hatte das Ringen gedauert, bis sie endgültig erwiesen war, und zu Lande hatten sich die Karthager bis zuletzt auf Sizilien behauptet. Die schließliche Entscheidung war zur See gefallen. Ob die Erfindung der Enterbrücken wirklich soviel dazu beigetragen hat, den Römern das Übergewicht im Seekampf zu geben, wie die Überlieferung will, ist wohl auch einigermaßen zweifelhaft. In den späteren Seeschlachten ist gar nicht mehr die Rede davon, und die Römer haben trotz ihrer Erfindung auch noch eine große Seeschlacht verloren, und ihre Superiorität im Landkampf hat sie weder vor der Niederlage des Regulus in Afrika bewahrt, noch die Karthager ganz von der Insel Sizilien vertreiben können. Das Entscheidende, weshalb die Römer endlich die Oberhand behielten, ist nicht sowohl die Tapferkeit und Kriegskunst der Legionäre als die Leistungsfähigkeit der großen italischen, unter Rom vereinigten Eidgenossenschaft gewesen, die es ermöglichte, an die Stelle der gescheiterten oder geschlagenen Flotten nach einiger Zeit immer wieder neue aufs Wasser zu setzen.

Auch Karthago hätte das, wie der Söldnerkrieg und der an Rom abgeführte Kriegs-Tribut nachher zeigten, wohl noch gekonnt, aber die Fortsetzung des Krieges bot ihm keine Aussichten mehr. Es hätte sich gewiß noch länger behaupten, vielleicht auch noch einmal wieder einen Sieg erringen können, aber der Sieg hätte nichts genützt. Den Römern die Städte und Festen Siziliens wieder zu entreißen, war die karthagische Landmacht auf jeden Fall zu schwach, und mit bloßen Niederlagen zur See war, wie sich gezeigt hatte, Rom nicht niederzuzwingen. Überdies (falls unsere Quellen hier die volle Wahrheit berichten) hatten die Römer ihre größten Verluste zur See nicht sowohl den Karthagern als Wind und Wetter bei eigener leichtsinniger Führung zuzuschreiben.

So hatten die Karthager, ohne völlig überwunden zu sein, aber in der Erkenntnis, daß der endgültige, positive Sieg für sie unmöglich sei, sich auf leidliche Bedingungen zum Frieden bequemt. Auch die Römer fühlten sich nicht stark genug, mehr zu erkämpfen, als dieser Friede ihnen bot. Dazu hätten sie nach Afrika übergehen müssen – ein aussichtsloses Unternehmen, so lange sie nicht einmal vermochten, Hamilkar Barkas aus Sizilien zu vertreiben.

1. In der Entsatz-Schlacht vor *Agrigent* (Polyb. I cap. 19) sollen die Karthager ihre 50 Elefanten hinter ihre Söldner gestellt haben. Unter diesen Söldnern sind jedenfalls Leichtbewaffnete zu verstehen, da mit (oder hinter) den Elefanten noch andere τάξεις aufgestellt sind. Die Söldner werden von den Römern geworfen, und ihre Flucht soll die Elefanten und das ganze übrige Heer fortgerissen haben.

2. *Niederlage des Regulus in Afrika*

Nachdem bei einem voraufgehenden Treffen (cap. 30) die Karthager geschlagen waren, weil sie auf einem für ihre Reiter und Elefanten ungangbaren Terrain den Kampf annahmen, soll der Spartaner Xanthippus sie belehrt haben, wie sie die Römer besiegen müßten. Er wählte eine freie Ebene zum Schlachtfeld, hatte seine 100 Elefanten vor die Front der Infanterie und die Reiter mit den Leichtbewaffneten auf beide Flügel. So wie wir die Elefanten aus der Schlacht am Hydaspes kennen, hatte diese Aufstellung die Gefahr, daß die Elefanten durch die feindlichen Geschosse zurückgetrieben, die hinter ihnen stehende eigene Phalanx in Unordnung brachten. Die Römer, die die Elefanten jetzt aus wenigstens vier Schlachten kannten und bei Agrigent jüngst eine große Anzahl erbeutet hatten, wußten, wie man sich ihrer zu erwehren hatte. Sie stellten Wurfschützen ins Vortreffen und dahinter die Infanterie außergewöhnlich tief, damit sie nicht von den Elefanten durchbrochen werden könne. Diese Aufstellung lobt Polybius ausdrücklich als geeignet für den Kampf gegen die Elefanten. Dennoch verloren die Römer die Schlacht durch die große Überlegenheit der feindlichen Kavallerie (4000 gegen 500), die, nachdem sie die römische verjagt, der Phalanx in den Rücken fiel.

3. Obgleich nach der ausdrücklichen Aussage des Polybius es nicht die Elefanten, sondern die Reiter gewesen sind, die die Niederlage des Regulus in Afrika herbeigeführt hatten, so soll doch nach seiner weiteren Erzählung (cap. 39) die Furcht vor den Elefanten die Römer zwei Jahre abgehalten haben, sich in eine Landschlacht auf Sizilien einzulassen. Endlich getrauten sich (cap. 40) die Karthager ihrerseits, die Römer unmittelbar vor *Palermo*, an dessen Befestigungen sie sich anlehnten, anzugreifen. Mit Pfeilen, Wurfspießen und Lanzen, zum Teil von den Mauern aus geschossen und geworfen, verwundeten die Römer die Elefanten der Karthager so sehr, daß sie sie auf ihre eigenen Leute zurücktrieben und diese, in Unordnung gebracht, nunmehr von den Römern, die mit frischen Truppen einen Ausfall aus der Stadt machten, geschlagen wurden.

4. Die Schlacht, in der Hamilkar die meuterischen Söldner besiegt, (cap. 76), ist unverständlich. Im allgemeinen wird wiederholt hervorgehoben, daß es die Elefanten sind, mit deren Hilfe die Karthager endlich in dem gefährlichen Krieg die Oberhand behalten.

5. Daß auch die Zahlangaben aus dem ersten punischen Kriege besonders die ungeheuren Flotten, die beide Parteien aufgestellt haben sollen, den stärksten Bedenken unterliegen, hat Beloch, Bevölkerung S. 379 und S. 467 dargetan. Fabius Pictor hat die überlieferte Schiffszahl, die auch viele kleine Schiffe umfaßte, als lauter Penteren aufgefaßt und danach die Menge der Besatzung berechnet.

Die Unterwerfung des cisalpinischen Gallier

6. Den Übergang vom ersten zum zweiten punischen Kriege bildet die Unterwerfung des gallischen Oberitalien durch die Römer. Polybius berichtet ziemlich ausführlich darüber, und die Gelehrten, die das römische Kriegswesen behandelt haben, haben diese Erzählung viel benutzt. Gerade bei ihr darf man aber nie vergessen, daß Polybius eine abgeleitete, keine

ursprüngliche Quelle ist, daß die, die er benutzte, von sehr wechselndem, meist aber sehr geringem Wert waren, und daß er, sei es aus Unaufmerksamkeit, sei es geblendet durch die Farbenpracht der Legende oder das Pikante der Erfindung, der Kritik oft genug vergessen hat und Dinge berichtet, denen wir seiner Autorität zum Trotz den Glauben versagen müssen. Was er uns im zweiten Buch über die Kämpfe zwischen den Römern und den cisalpinischen Galliern 238–222 mitteilt, stammt zweifellos aus Fabius Pictor, der darüber als Zeitgenosse und öfter Augenzeuge berichten konnte. Aber die Erzählung flößt mir sehr wenig Vertrauen ein.

7. In der Schlacht bei *Telamon* sollen die Gallischen Gäsaten (transalpinische Reisläufer, die ihren oberitalischen Landsleuten zugezogen waren) ihre Kleider abgelegt und nackt in die Schlachtordnung getreten sein aus Renommage und weil sie besorgten, im Dorngesträuch hängen zu bleiben und im Waffengebrauch gehindert zu sein.

Als die Schlacht nun begann und die Römer ihre Pilen schleuderten, sollen die Gallier, die ihre Mäntel und Hosen anbehalten hatten, dadurch geschützt worden sein, die nackten Gäsaten aber, denen bei ihrem stattlichen Wuchs die gallischen Schilde keine Deckung gewährten, litten sehr. Ist es schon sehr auffällig, daß Hosen und Mantel einen besseren Schutz gegen die römischen Wurfspieße gewährt haben sollen als die Schilde, so ist es ganz unverständlich, daß der Angriff mit den Wurfspießen den Gäsaten unerwartet (παρὰ τὴν προσδοκίαν) gekommen sein soll, da doch der Schriftsteller unmittelbar vorher sagt, daß die Römer nach ihrer Gewohnheit (κατὰ τὸν ἐθισμόν) angegriffen hätten.

Nach dem Wortlaut der Erzählung (II, 30) müßte man sogar annehmen, daß die Gäsaten bloß durch die vor der Phalanx ausschwärmenden Leichtbewaffneten der Römer besiegt worden sind. »ἅμα τῷ τοὺς ἀκοντιστὰς προελθόντας ἐκ τῶν Ρωμαϊκῶν στρατοπέδων κατὰ τὸν ἐθισμὸν εἰσακοντίζειν ἐνεργοῖς καὶ πυκνοῖς τοῖς βέλεσι«. »τοὺς Ῥωμαίους δεξαμένους τοὺς ἑαυτῶν ἀκοντιστὰς προσβάλλειν σφίσι τὰς σπείρας.«

8. In der nächsten Schlacht gegen die *Insubrer* (Polyb. II, 33) sollen die römischen Tribunen ihren Soldaten eine besondere Kampfesart anempfohlen haben. Sie hatten sich überzeugt, daß die Gallier hauptsächlich beim ersten Angriff zu fürchten seien und daß die gallischen Schwerter, ohnehin nur zum Hiebe taugend, nicht zum Stich, so schlecht geschmiedet seien, daß sie sich nach dem Hiebe sowohl in die Breite, wie in die Länge krümmten; zum zweiten Hiebe mußten die Soldaten erst den Fuß aufsetzen und sie wieder gerade biegen.

In Erwägung dieses Umstandes gaben die Tribunen die Spieße der Triarier den Hastaten. An diesen Spießen schlugen die Gallier ihre Schwerter krumm, und ehe sie sie wieder gerade gebogen hatten, stürzten sich die Römer mit ihren spitzen Schwertern auf sie und stachen sie nieder.

Man sollte meinen, Leute zu besiegen, die solche Waffen haben, wie diese Gallier, sei für jede gutgerüstete Truppe leicht, und es bedürfe keiner besonderen Listen. Was aber hat die hier angegebene Kriegslist mit der Gefährlichkeit des ersten Ansturms der hitzigen Gallier zu tun, und weshalb schlagen sie ihre Schwerter gerade an den feindlichen Spießen krumm, statt die Spitze mit dem Schild aufzufangen und mit dem Schwert auf den Mann zu hauen? Seit eineinhalb Jahrhunderten schlugen sich die Römer mit den Gallilern, und jetzt fanden sie erst die beste Kampfart heraus? Ein krieggewohntes Volk wie die Gallier soll mit völlig unbrauchbaren Schwertern in den Kampf gezogen sein, statt, wenn denn ihre Schmiedekunst wirklich noch so tief stand, sich mit dem Stück Eisen den so leicht zu fabrizierenden und so trefflich verwendbaren Spieß zu schaffen?

Wenn irgendwo, so haben wir hier die handgreiflichsten Wachtstubengeschichten verirrt in die ernsthafte Geschichtserzählung, und wenn das, sobald es einmal ausgesprochen, nicht von selber einleuchten sollte, so sind wir auch in der Lage, aus der Altertumskunde einen direkten Gegenbeweis zu führen. Früher nahm man sogar an, daß bereits die Germanen eine tüchtige Metalltechnik besessen hätten. Das hat man aufgeben müssen, wie LINDENSCHMIT in seiner Abhandlung. »Das vorgeschichtliche Eisenschwert nördlich der Alpen« im 4. Bd. der »Altertümer unserer heidnischen Vorzeit« Heft 6 es ausdrückt:

»Das glänzende Licht, welches der entlegenen Vorzeit unseres Landes durch die Annahme einer selbständigen hochvollendeten Metalltechnik zugewendet wurde, erlosch in der Tatsache des plötzlichen Verschwindens derselben mit dem Schluß der Römerherrschaft.« Was aber die Germanen noch nicht hatten, hatten die Kelten. In Krain gab es einen uralten Eisenhüttenbetrieb, über den nicht nur viele klassische Zeugnisse,[1] sondern von dem uns auch viele Reste erhalten sind. Man hat das Eisen auf seine Qualität geprüft und gefunden, daß ein vortrefflicher Stahl produziert wurde. Zwar wurde bei der primitiven Zubereitungsmethode die Luppe nicht ganz gleichmäßig; man nahm aber die schlechtere zu den Äxten, wo die Masse die Hauptwirkung tut, die beste für die Schwerter. Wenn der Gelehrte, dem wir diese Untersuchung verdanken. MÜLLNER-LEUBACH, hinzufügt.[2] daß vielleicht die ärmeren Krieger sich mit Schwertern aus schlechterem Metall hätten begnügen müssen und sich hieraus die Erzäh-

1 Zusammengestellt bei L. BECK, Geschichte des Eisens S. 510, und hieraus Jähns, Gesch. der Trutzwaffen S. 72.

2 Korrespondenz-Blatt d. deutsch. Gesellschaft f. Anthropologie 1889. S. 206.

lung bei Polybius erkläre, so scheint mir, daß es durchaus nicht nötig, ja nicht einmal angängig ist, der Autorität des geschriebenen Wortes diese Konzession zu machen. Wenn es einmal feststeht, daß die Kelten eine vorzügliche Schmiedekunst kannten, so lag es zu sehr im Interesse der Gesamtheit wie jedes Einzelnen, als daß nicht hätte Sorge getragen sein sollen, jeden Mann in Reih und Glied mit einer brauchbaren Waffe zu versehen. Mangelte es wirklich an Schwertern, so gewiß nicht an Spießen. Da wir nun an anderer Stelle von Polybius selber hören (Fragm. 137 Dindorf, 100 Becker, sofern dies Fragment von Polybius herrührt), daß die Schwerter der Keltiberer, so vorzüglich gewesen wären, daß die Römer sie von ihnen angenommen, und auch Diodor (V 33) die Keltiberer als besonders gute Schmiede rühmt, so vereinigt sich tatsächlich alles, um die Erzählung des Polybius als eine reine Fabel darzutun.

Dasselbe Kapitel berichtet uns endlich, daß der Konsul Flaminius in dieser Schlacht das Eigentümliche der römischen Kampfesweise verdorben habe, indem er das Heer mit dem Rücken gegen einen Fluß aufstellte, so daß die Manipel keinen Platz zum Zurückweichen gehabt hätten. Mit dem Durchziehen der Manipel und Ablösen der Treffen, wie es auf dem Exerzierplatz geschah und wie man es früher auch für den Ernstfall annahm, hat dieser Vorwurf natürlich nichts zu tun, denn dazu ist kein Zurückgehen bis hinter die Stellung der Triarier notwendig. Wenn die Römer wirklich in der Schlacht den Fluß unmittelbar hinter sich hatten, so wäre das allerdings eine ganz unverständliche Anordnung gewesen – man müßte denn etwa glauben, daß der Konsul durch die Unmöglichkeit des Rückzuges die Tapferkeit der Seinen zu steigern gedachte – aber das gilt für jedes Heer und hat mit der besonderen Fechtweise nichts zu tun.

5. BUCH

Der zweite punische Krieg

Einleitung

Der zweite punische Krieg ist in der Geschichte der Kriegskunst epochemachend. Während wir die erste große Abwandlung der römischen Taktik, anders ausgedrückt, die Herausbildung der spezifisch-römischen, der Manipular-Taktik aus der allgemeinform der Hopliten-Phalanx nur prinzipiell festzustellen, aber nicht eigentlich konkret in bestimmten Gefechten bisher zu beobachten, noch chronologisch zu fixieren vermochten, so zeigt uns der zweite punische Krieg das letzte massive Auftreten dieser Fechtart in gewaltigen Schlachten, ihre Niederlage, ihre Unzulänglichkeit und die Umbildung zu einer neuen Taktik, deren technische Kunst den Römern binnen zwei Generationen die Weltherrschaft gibt. Das Glück will, daß uns die Kenntnis dieser Ereignisse auch ausführlich und anschaulich erhalten ist. Ihre Erzählung ist es, die Polybius den Ruhm und die Autorität eines großen Historikers verliehen hat. Von hier an war er in der Lage, so zu sagen in echtem Material zu arbeiten. Fabius Pictor, der ihm nach wie vor für die römische Seite als hauptsächlichster Führer dient, erzählt jetzt als Zeitgenosse und Teilnehmer an den Ereignissen; er war während des Krieges römischer Senator. Für die karthagische Seite aber berichtete ihm ein Grieche, der im Gefolge Hannibals dessen Taten beschrieb: die Schilderung der Schlacht bei Cannä ist so, daß sie nur von einem ganz großen Manne herrühren kann: ich habe keinen Zweifel, daß wir hier die eigene Erzählung, vielleicht ein Diktat Hannibals selber vor uns haben.

Die Gründe für diese Vermutung werden unten entwikkelt werden; mehr als eine Vermutung mag es nicht sein, aber schon die bloße Möglichkeit stimmt uns zu einem Gefühl von Ehrfurcht, indem wir auf diese Blätter blicken: die Stadt der Karthager ist zerstört worden, und kein Stein ist auf dem andern geblieben; das ganze Volk ist ausgerottet worden, und kein Denkmal seines Daseins, keine Schrift, kaum ein Laut seiner Sprache ist erhalten worden und hat einen Platz in den Erinnerungen der Menschheit. Nur die Historie erzählt von der Löwenbrut des Hamilkar und verfolgt das Leben Hannibals von dem Schwur des neunjährigen Knaben bis zu seinem Tode, bis zu dem Sterben des durch die Welt gehetzten, lebensmüden Greises von eigener Hand. Es ist wie eine Bereicherung der Menschheit, wenn wir uns vorstellen, daß wir in der Schilderung seines größten Sieges einen unmittelbaren Ausdruck des Geistes dieses Helden, das einzige verwehte Blatt aus dem Dasein des einst so gewaltigen, um die Weltherrschaft kämpfenden Karthago in der Hand halten.

Für die letzten Jahre dieses Krieges versagt diese Quelle, aber im Kreise des jüngeren Scipio, wo er lebte, konnte Polybius noch die lebendige Überlieferung selber auffangen und festhalten. Auf der Höhe des ersten Teiles steht diese Erzählung nicht; man erkennt wiederum, daß Polybius abhängiger von seinem Material ist, als es scheint,[1] aber trotz aller Einwendungen, die zu erheben sind, bleibt doch die Erzählung so, daß wir nach vorsichtiger kritischer Scheidung den Dingen auf den Grund zu sehen vermögen.

Karthago war den Römern in dem ersten großen Ringen weniger zu Lande als zu Wasser unterlegen. Wenn nun die karthagischen Patrioten, an ihrer Spitze Hamilkar Barkas, erwogen, wie sie eine künftige Wiederholung des Kampfes mit Rom be-

1 Diese Ansicht ist übrigens auch schon von anderer Seite ausgesprochen worden. UNGER im Rhein. Museum. Bd. 34, S. 97.

stehen sollten, so liegt es nahe, zu sagen, daß es für Karthago, die alte Handelsstadt, das Natürlichste gewesen wäre, das unbedingte Übergewicht zur See anzustreben. Aber der eben bestandene Krieg hatte anders gelehrt. Den zahlreichen unter Rom vereinigten Seestädten Italiens gegenüber, um so mehr, seit auch Sizilien mit seinen vielen Handelsstädten und Häfen dazu gehörte, war es für Karthago von vornherein ausgeschlossen, die wirkliche See-Überlegenheit zu gewinnen, und selbst wenn es, wie es ja im ersten punischen Kriege geschehen war, zeitweise gelang, so war damit wenig geleistet, wenn man nicht durch einen Landkrieg den Vorteil auszunützen und Rom direkt niederzukämpfen vermochte. Um sich nicht bloß zu behaupten, sondern auch über Rom einmal siegen zu können, mußte Karthago vor allem ein überlegenes Landheer schaffen und mit ihm Rom am Sitze seiner Macht selber angreifen.

Dieses Heer zu bilden und zugleich Karthago einen Ersatz für die verlorene Herrschaft in Sizilien zu geben, zog Hamilkar aus, um Spanien zu erobern. Hannibal war als sein Sohn auch der Erbe seiner Idee, ähnlich wie Alexander von Macedonien der Sohn und Erbe Philipps. Hannibal hat die Römer in wiederholten großen Schlachten besiegt und Rom dem Untergange nahe gebracht. Zur See aber blieb Rom der stärkere Teil, und wir werden sehen, wie wichtig das für den endlichen Ausgang geworden ist.

Es ist nicht die Aufgabe einer Geschichte der Kriegskunst, diese Ereignisse im einzelnen darzustellen – das würde zu einer immer mehr in die Breite gehenden allgemeinen Kriegsgeschichte führen –, sondern nur zu untersuchen und festzustellen, welche neuen Formen und Erscheinungen etwa die Kriegskunst in dieser Epoche zeigt, wie der strategische Genius des Karthagers die überlieferten Formen der Kunst handhabt und fortbildet. Wenn wir bisher jede bedeutsamere Kriegshandlung in den Kreis unserer Betrachtung gezogen haben, so durfte und mußte das geschehen, weil das Überlieferte nur gerade ausreichte, den

Fortgang der Entwicklung zu erkennen und anschaulich zu machen. Von jetzt an fließen die Quellen so viel reicher, daß es genügt, einzelne typische Ereignisse herauszugreifen; es muß das aber auch genügen, da die Kriegführung jetzt, wo sich sehr große, gleichartige und ebenbürtige Gegner gegenüberstehen, so kompliziert wird, daß die Untersuchung jeder einzelnen Aktion ins Grenzenlose führen würde.

Zunächst haben wir das Taktische festzustellen: worauf beruhte die Überlegenheit, die die Truppen Hannibals den Römern gegenüber im Gefecht zeigen? Dieses taktische Moment vor allem, die Zuversicht, die Römer in der offenen Feldschlacht zu besiegen, muß die Strategie Hannibals beherrscht haben. Ganz wie wir aus den taktischen Verhältnissen die strategischen Entschlüsse Miltiades', Themistokles', Pausanias', Perikles' zu erklären vermochten, so muß für Hannibals Verhalten, seine anfänglichen Siege, seinen endlichen Nicht-Erfolg hier der Schlüssel gesucht werden. Wir gehen daher nicht chronologisch vor, sondern suchen zunächst dasjenige kriegerische Ereignis auf, in dem die spezifische taktische Überlegenheit des karthagischen Heeres über das römische am klarsten und prägnantesten zu erkennen ist. Das ist die Schlacht bei Cannä. Die anderen Schlachten und Gefechte brauchen wir nur so weit zu behandeln, als nötig ist, um festzustellen, ob sie mit dem, was wir als das Typische der Schlacht bei Cannä auffassen, übereinstimmen. Erst wenn wir durch diese Vergleichung das eigentlich Charakteristische, die Taktik der beiden Parteien mit Sicherheit festgestellt haben, können wir uns der Untersuchung der Strategie zuwenden.

1912 ist erschienen der dritte Band von Kromayers »Antiken Schlachtfeldern«, die erste Hälfte enthaltend »Italien«, bearbeitet von Kromayer, die zweite, enthaltend »Afrika«, bearbeitet von G. Veith. Der zweite punische Krieg nimmt naturgemäß den größten Raum ein. Ich habe über die früheren Bände dieses Werkes recht abfällig geurteilt und muß auch jetzt sagen, daß im Verhältnis zu dem großen aufgewandten Fleiß und der auf die topographischen Untersuchungen an Ort und Stelle aufgewandten Mühe die brauchbaren Ergebnisse nur gering sind. Immerhin ist in bezug auf das strategische Räsonnement jetzt ein wesentlicher Fortschritt festzustellen; im besonderen gilt dies von Kromayers populärem Büchlein »Roms Kampf um die Weltherrschaft« (B. G. Teubner), das viel Vortreffliches enthält. Der Fehler steckt im Taktischen, dessen der Verfasser noch immer nicht Herr geworden ist. Wenn er auch eine Reihe meiner Ergebnisse jetzt angenommen hat, so ist er damit doch nicht zu klaren Anschauungen gelangt, sondern, indem er gleichzeitig die alten Philologen-Konstruktionen festhält, in innere Widersprüche geraten. Einige Einzelergebnisse konnte ich nichtsdestoweniger mit Dank aufnehmen.

Fast ganz dem zweiten punischen Kriege ist gewidmet die »Geschichte der Karthager von 218 bis 146« von Ulrich Kahrstedt (dritter Band des Werkes von Meltzer). 1913. Das Buch ist hochtrabend und verschwommen, die Ergebnisse durchweg unbrauchbar. Die Zahlenberechnungen, sei es für die Stadt Karthago, sei es für die Heeresstärken sind, wie Kromayer in dem Gött. Gel. Anz. 1917, Nr. 8 (S. 479 ff) schlagend nachgewiesen hat, nicht nur unrichtig, sondern entbehren auch jeder wirklichen Anschauung, wenn er z.B. die Römer ein Heer von *einer* Legion gegen Hannibal nach Spanien senden und die Karthager nach Cannä von zwei römischen Legionen allmählich niedergekämpft werden läßt. Ich will nicht verhehlen, daß Ed. Meyer dem Buche nachrühmt, daß es »das Verständnis des hannibalischen Krieges ganz wesentlich gefördert« habe, stelle ihm aber das Urteil Kromayers (S. 467) gegenüber, daß ihm »das ganze Verständnis des italischen Krieges nach Cannä verschlossen geblieben« sei.

Ed. Meyer hat in den Sitz.-Ber. d. Berl. Akad. drei »Untersuchungen z. Gesch. d. zweiten punischen Krieges« veröffentlicht. 1913, S. 688. 1915, S. 937. 1916, 1068. Wenn er in der letzten S. 1069 sagt: »Auch sonst ist ja Mommsens Urteil über militärische Fragen und die Kriegsgeschichte nur zu oft ganz unhaltbar; diese Dinge lagen ihm offenbar an sich ganz fern«, – so kann man dem zustimmen. Es gilt aber auch von anderen Historikern.

Über die Untersuchung von Dessau s. unten, Cannä, Exkurs 3.

1. KAPITEL
Die Schlacht bei Cannä

Das römische Heer bei Cannä war doppelt so stark als das, welches das erstemal an der Trebia versucht hatte, Hannibal in rangierter Feldschlacht die Stirn zu bieten; es zählte nicht weniger als acht römische Legionen und entsprechende Bundeskontingente, also kurz ausgedrückt sechzehn Legionen, oder nach Abzug der Lagerbesatzung und der Rorarier, die nicht als Kombattanten fungierten, gegen 55 000 Hopliten, 8–9000 Leichtbewaffnete und dazu 6000 Reiter. Die große Masse der Hopliten wurde nicht benutzt, die Front zu verlängern, sondern die Tiefe zu verstärken. Man stellte nicht Legionen hintereinander, da sie ja nach Altersklassen rangiert waren und man nicht die junge Mannschaft hinter die Familienväter stellen konnte. Die größere Tiefe wurde also, wie Polybius berichtet, dadurch hergestellt, daß jeder einzelne Manipel viel tiefer als breit aufgestellt wurde (ποιῶν πολλαπλάσιον τὸ βάθος ἐν ταῖς σπείραις τοῦ μετωπου), und der schmäleren Front entsprechend die Intervalle zwischen den Manipeln verkürzt. Ich nehme an, daß die Front der Infanterie nicht mehr als etwa 800–900 Meter breit war, indem ich die Tiefe auf einige 70 Mann ansetze.[1] Der Konsul Terentius Varro, der diese

1 Die Durchschnittstiefe ist natürlich erheblich geringer, da ja die Intervalle, die beim Vorrücken unregelmäßig geworden sind, vor dem Zusammenprall durch Einspringen von hinten geschlossen werden müssen. In den früheren Auflagen habe ich noch die Möglichkeit der doppelten Länge bei entsprechend geringerer Tiefe zugelassen. Aber ich bin jetzt zu

Anordnung traf und in einer Rede vorher die Römer darauf verwiesen haben soll, daß sie fast die doppelte Überlegenheit hätten, hat vermutlich gerechnet, daß, je länger die Front sei, desto schwerer und langsamer sich das Heer bewege; daß an ein Überflügeln und Umklammern des feindlichen Heeres bei der Überlegenheit der karthagischen Kavallerie, auf die sein Kollege Ämilius Paullus immer sorgenvoll hinwies, ohnehin nicht zu denken sei, daß also alles darauf ankomme, mit tiefer Masse einen unwiderstehlichen Stoß zu führen.

Die Reiterei stand auf beide Flügel verteilt: der rechte lehnte sich an den Fluß Aufidus.

Das Schlachtfeld bildete eine weite Ebene ohne Hindernisse.

Hannibal war an Infanterie nicht viel mehr als halb so stark wie sein Gegner, 32 000 Schwergerüstete gegen 55 000, etwa gleich stark an Schützen, je 8000, an Kavallerie aber ebenso sehr überlegen, 10 000 Pferde gegen 6000. Er verteilte seine Kavallerie ebenfalls auf beide Flügel und bildete die Phalanx aus seinen Iberern und Kelten, etwas über 20 000 Mann. Die Afrikaner stellte er, je die Hälfte, gegen 6000 Mann, hinter jeden Flügel, in der Art, wie Alexander bei Gaugamela, in einer tiefen Kolonne, da, wo die Infanterie und Kavallerie sich berührten. Aus solcher Stellung konnten die Afrikaner ebensowohl nach der einen Seite zur Verstärkung und Unterstützung des Zentrums, falls es nötig werden sollte, wie nach der anderen zur Verlängerung der Infanteriefront, Überflügelung und Umklammerung des Gegners aufmarschieren.

der Überzeugung gekommen, daß eine Front von annähernd zwei Kilometern sich nicht mehr geordnet hätte vorwärtsbewegen können. Man mache sich das anschaulich, indem man sich eine Straße wie »Unter den Linden« in Berlin vorstellt, die fast einen Kilometer lang und ca. 90 Schritt breit ist. Die römische Infanteriefront bei Cannä hätte also etwa vom Denkmal Friedrichs des Großen bis zur Wilhelmstraße gereicht und in der Tiefe die Breite dieser Straße um einiges überschritten.

Polybius gebraucht für diese Aufstellung ein sehr kühnes Bild. Zuerst habe alles eine gerade Linie gebildet, Reiter, Afrikaner, Iberer und Kelten, Afrikaner, Reiter, dann sei das Zentrum vorgeschoben und so, indem dieses sich verdünnte, die Figur eines Halbmondes entstanden.

Man hüte sich wohl, dem Reiz dieses Bildes zu sehr nachzugeben, wie es Polybius selber getan, und sich die Linie etwa als eine gebogene vorzustellen, oder zu glauben, daß das Zentrum durch das Vorschieben sich allmählich von selbst verdünnt habe. Gebogene Linien bilden sich zwar nur zu leicht beim Vormarsch, sind aber nicht Formen, in denen man sich taktisch bewegen kann, sondern Verbildungen, die nicht ganz zu vermeiden sind und mit denen man auszukommen versuchen muß, aber denen man nach Möglichkeit entgegen wirkt, um die gerade Linie zu behalten.

Auch würden, wenn man die Schilderung des Polybius wörtlich nimmt, die Afrikaner zwischen dem Zentrum und der Kavallerie geblieben und diese an die äußersten Hörner des Halbmondes gekommen sein, also am fernsten vom Feinde, während wir nachher hören, daß gerade sie den ersten Kampf hat, also dem Feinde zunächst gewesen sein muß; die Afrikaner aber sind es, die die römische Phalanx überragen. Das vereinigt sich nur so, daß, als der Zusammenstoß erfolgte, die Afrikaner hinter der Kavallerie standen. Am besten stellt man sich den Vorgang so vor, daß, als alle Korps noch in einer geraden Linie nebeneinander standen, sie noch nicht aufmarschiert waren. Die Front wurde also gebildet durch die Spitzen von etwa sechs Kolonnen, die solche Distanz voneinander genommen hatten, daß dazwischen aufmarschiert werden konnte, das, was in der Taktik des achtzehnten Jahrhunderts der flügelweise Abmarsch genannt wird. Statt aber nunmehr alle Kolonnen gleichmäßig aufmarschieren zu lassen, ließ Hannibal nur die Kavallerie und die Iberer-Kelten des Zentrums aufmarschieren, diese aber so flach, daß sie mit ihren 20 000 Mann den Raum ausfüllten, den drüben

55 000 Legionäre einnahmen. Hinter dieser Front, noch in Kolonne, da, wo Kavallerie an das Zentrum anschloß, standen auf beiden Flügeln die Afrikaner. Heute pflegen wir eine solche Stellung (indem wir von der Kavallerie absehen) Hufeisenform zu nennen, mit demselben Vorbehalt, wie bei dem Bilde vom Halbmond, daß nämlich die Linien nicht rund, sondern rechtwinklig sind. Da beim Vormarsch einer breiten Front die Mitte leicht vorprellt und sich nach vorne ausbiegt, so wird für das Auge des Betrachtenden von der Mitte aus, so zu sagen in der Perspektive des Höchstkommandierenden, das Bild vom Halbmond noch zutreffender gewesen sein, als für unsere taktische Analyse, die die Phalanx als eine gerade Front ansieht, auch wenn in der Praxis die Richtung sehr verloren gegangen ist.

Nachdem das Geplänkel der zahlreichen Schützen vor der Front auf beiden Seiten das Gefecht eröffnet, ging zunächst die Kavallerie des linken karthagischen Flügels unter Hasdrubal am Flußufer zu entschiedenem Angriff vor. Ohnehin war ja Hannibal in dieser Waffe bedeutend überlegen; dazu hatte er die gesamte schwere Kavallerie auf diesem Flügel vereinigt.[1] Die römischen Reiter wurden auf der Stelle überrannt, niedergehauen, in den Fluß getrieben und vom Schlachtfeld verjagt.

Auf dem andern Flügel hatten mittlerweile die leichten numidischen Reiter nur mit ihren Gegnern scharmutziert; nunmehr schickte ihnen Hasdrubal hinter der römischen Infanterie weg Unterstützung, und als darauf auch hier die römischen Reiter die Flucht ergriffen, führte der karthagische General seine

1 Polybius sagt, daß die iberische und gallische Reiterei auf dem linken, die numidische auf dem rechten Flügel stand, und charakterisiert nachher den Kampf der letzteren als bloßes Geplänkel. In der Schlacht an der Trebia unterscheidet er die schwere Kavallerie (τὴν κεχαλινωμενην ἵππον καὶ πᾶν τὸ στάσιμον) und die Numider. Danach waren also die iberischen Reiter die schweren – was nicht auszuschließen braucht, daß Hannibal auch afrikanische Kürassiere hatte –, nur *a potiori* mag die leichte Reiterei die numidische genannt worden sein.

ganze Reitermasse zum Angriff in den Rücken der römischen Phalanx.

Noch während des Reitergefechts war diese an das feindliche Fußvolk gelangt und hatte es mit ihrer ungeheuren Überlegenheit, 55 000 Hopliten gegen 20 000, zurückgetrieben. Da kam der Reiterangriff von hinten und brachte die vorwärtsdrängende Masse zum Stehen. Nicht daß die iberischen, keltischen und numidischen Reiter hätten in die Legionen einbrechen, die ungeheure Masse sprengen können – aber sie griffen sie mit ihren Wurfspeeren an, bald gesellten sich die punischen Schützen zu ihnen, und der Hagel von Spießen, Pfeilen und Schleuderkugeln, der von hinten in die Römer hineinprasselte, zwang die letzten Glieder, Kehrt zu machen und hemmte das weitere Vordringen der ganzen Phalanx. Das punische Zentrum hielt jetzt; die beiden zurückgehaltenen Kolonnen der karthagischen Infanterie, die Afrikaner marschierten vorwärts und kamen damit in die Flanke der römischen Phalanx, machten rechts und links um und vollendeten auf diese Weise die Einschließung, so daß die Römer ringsum von allen Seiten zugleich angegriffen wurden.

Obgleich ihre Reiter das Feld geräumt hatten, so waren die Römer immer noch an Zahl erheblich überlegen. »Konzentrisches Wirken gegen den Feind ziemt dem Schwächeren nicht,« sagt Clausewitz in seinem Werke »Vom Kriege«, und ähnlich hat Napoleon einmal gesagt, daß der Schwächere nicht auf beiden Flügeln zugleich umgehen dürfe. Hier hatte der Schwächere auf beiden Seiten umgangen, bis er den Ring hinten wieder geschlossen hatte. Wenn die Konsuln nach drei Seiten die Manipel anwiesen, sich defensiv zu verhalten, so konnten sie nach der vierten mit einem mächtigen Ansturm den nur mäßig starken Ring in der Front durchbrechen und das feindliche Heer von der Bruchstelle aus aufrollen. Aber zu einem solchen Manöver gehört mehr, als das römische Bürger-Heer in der Taktik leistete. Die Manipel sind keine selbständigen taktischen Körper; sie sind nur Gliedstücke des einen einheitlichen taktischen Körpers, der Phalanx. Auch die Legionen sind keine taktischen Körper, fähig und gewohnt, selbständig zu agieren; sie sind bloße Administrativ-Körper. Hätten je zwei Legionen hintereinander gestanden, so könnte man sich vielleicht vorstellen, daß in dieser äußersten Not die hinteren Kehrt gemacht hätten, die Flügel-Legionen die Wendung nach außen, um die feindliche Kavallerie und die Afrikaner abzuwehren, während die sechs übrigen die Iberer und Galllier der feindlichen Front, die sie ja bereits vor sich hertrieben, vollends warfen. Aber so standen die Römer keineswegs, sondern es stand Legion neben Legion. Keine konnte eine Bewegung für sich machen, ohne die gesamte Phalanx zu zerreißen. Die große Tiefe war hergestellt, nichts ist charakteristischer für den Stand der römischen Taktik, durch die Vertiefung jedes einzelnen Manipels, und die drei Schichten der Manipel, Hastaten, Principes, Triarier waren voneinander nicht zu trennen. Es erscheint uns so einfach, daß die Manipel der Triarier Kehrt machten, um mit ihren Spießen die Reiter Hasdrubals abzuwehren, während die Hastaten und Principes mit ihrer ungeheuren Überlegenheit den begonnenen Angriff fortsetzten. Aber solche taktischen Wendungen lassen sich, so einfach sie scheinen, nicht improvisieren, und die Triarier konnten den Kampf nach rückwärts um so weniger aufnehmen, als ja ihre Manipel mit sehr großen Intervallen standen und nicht imstande waren, sofort eine geordnete, geschlossene Front herzustellen. Die ganze römische Infanterie war es gewohnt, mit der geschlossenen Phalanx vorzudrücken, bis der Feind nachgab und wich. Sobald nunmehr der Ruf ertönte »Angriff von hinten« und die letzten Glieder Kehrt machen mußten, hörte der vorwärtsschiebende Druck der Masse auf, und damit kam die ganze Phalanx zum Stehen. In diesem Augenblick war sie rettungslos verloren. Der Vorteil der numerischen Überlegenheit war paralysiert. Er bestand ja ausschließlich in dem ungeheuren physischen und moralischen Druck, den die hinteren Glieder ausübten; der eigentliche Waffengebrauch beschränkt sich in jeder Phalanx auf einen ganz geringen Teil. In dem Augenblick, wo der Angriff von hinten den Druck aufhebt, kommen als Kämpfer nur noch die äußeren Ränder der Phalanx in Betracht, und diese sind auf die bloße Verteidigung beschränkt.

Ihres Sieges sicher, die Beute vor Augen, drängten die karthagischen Söldner von allen Seiten heran; kein Geschoß, in die Masse der Römer hineingeschleudert, konnte fehlgehen, und je mehr, von Entsetzen gepackt, die Römer sich zusammenpferchen ließen, desto weniger konnten sie ihre Waffen gebrauchen, desto sicherer mähte das feindliche Schwert.

In stundenlangem Morden wurde das ganze römische Heer abgeschlachtet, nur wenige wurden lebend gefangen genommen, noch nicht dem vierten Teil gelang es, aus dem Gewühl zu entrinnen.

Das Entscheidende ist der Rückenangriff der karthagischen Kavallerie. In Polybius' Darstellung ist hier eine merkwürdige Diskrepanz, insofern, als er vor der Schlacht Hannibal eine Rede an die Soldaten halten läßt, in der der Feldherr ihnen zeigt, wie sie in der Ebene von ihrer überlegenen Kavallerie den sicheren Sieg erwarten dürften, und auch selbst in seiner Schlußbetrachtung diese Überlegenheit als die Ursache des karthagischen Sieges nennt, in seiner Erzählung jedoch viel mehr den Flanken-Angriff der Afrikaner hervortreten, ja das Manöver der Kavallerie gar nicht einmal als eine Anordnung Hannibals, sondern als eine spontane Handlung Hasdrubals erscheinen läßt. Die Römer, sagt er, hätten, indem sie zuerst mit dem vorgeschobenen Zentrum der Punier zusammenstießen und dieses zurücktrieben, sich nach der Mitte zusammengedrängt und seien so allmählich zwischen die Afrikaner geraten, wie Hannibal das vorher berechnet hatte. Daß ein gewisses Zusammendrängen der Römer nach der Mitte stattfand, ist ganz natürlich. Ihre Flügel-Manipel, die das karthagische Zentrum wohl etwas überragten, schwenkten nicht gegen dessen Flanken ein, da sie ja die afrikanischen

Staffeln vor sich sahen, die ihnen selber dabei in die Flanke gekommen wären; sie blieben im Vormarsch, aber der Eifer der nächsten, die noch zum direkten Einhauen auf die Kelten und Iberer kommen zu können meinten, drängte dabei nach der Mitte. Überdies gingen die äußersten Flügel-Manipel wohl etwas langsamer war, da das ungünstig verlaufende Reiter-Gefecht neben ihnen ihre Aufmerksamkeit stark ablenkte. Der Vorgang ist aber natürlich nicht so zu verstehen, als ob durch diese Schiebung überhaupt erst die Überflügelung der Afrikaner entstanden wäre. Ebenso wenig kann es die Flanken-Bewegung der Afrikaner gewesen sein, die den Angriff des römischen Zentrums zum Stocken brachte. Wenn weiter nichts dazu gehörte, ein tapferes, überlegenes Heer zu überwältigen, als daß man die eigene Linie länger und dünner macht und die Überschießenden gegen die feindlichen Flanken führt, so würde der Kunstgriff oft angewandt worden sein. Die Gefahr ist aber, daß, während man überflügelt, das eigene Zentrum, das zu dem Zweck geschwächt werden muß, durchbrochen werden kann. Daß dies bei Cannä nicht geschah, ist das eigentlich Bedeutsame der Schlacht. Es kann nur erklärt werden durch den Angriff der punischen Reitermassen von hinten her, und mit Recht findet daher Polybius in seiner Schlußbetrachtung das Entscheidende in der Überlegenheit der karthagischen Kavallerie, und nicht auf eigene Hand, sondern in Erfüllung des Schlachtgedankens seines Feldherrn hat Hasdrubal das Manöver ausgeführt.

So einleuchtend die Regel ist, daß es dem Schwächeren nicht ziemt, auf beiden Seiten zugleich zu umgehen, da er sich dazu im Zentrum zu sehr schwächen muß – Hannibal hat es gewagt, dieser Regel zum Trotz mit 50 000 Mann 70 000 vollständig einzukreisen, und ließ sie in diesem eisernen Ring sterben, Mann für Mann. Stundenlang muß das entsetzliche Morden gewütet haben; die Karthager selber verloren nicht weniger als 5700 Tote, von den Römern aber deckten 48 000 das Schlachtfeld, 16 000 entkamen, der Rest wurde gefangen genommen.

Alles war darauf angekommen, daß das punische Zentrum standhielt, bis die Kavallerie die römische vertrieben und ihre Umgehung vollendet hatte: weshalb hat Hannibal da nicht seine zuverlässigsten Truppen, die Afrikaner, in die Mitte gestellt, und weshalb hat er noch dazu das Zentrum vorgeschoben? Je länger dies zurückgehalten wurde, je später hier der Kampf begann, desto größer die Wahrscheinlichkeit, daß die Kavallerie ihre Aufgabe rechtzeitig erfüllen, desto geringer die Gefahr, daß das Zentrum vorzeitig erliegen könne. Weshalb hat nicht Hannibal umgekehrt die Kavallerie vorgeschoben und sie vor die beiden Infanterie-Flügel gestellt, so daß der Halbmond, um in dem Bilde des Polybius zu sprechen, umgekehrt war?

Wenn wir es recht betrachten, so ist es auch so gewesen. Das Vorschieben des Zentrums bezieht sich nicht auf sein Verhältnis zur Kavallerie; im Gegenteil, diese ging vor, als noch die Schützen miteinander plänkelten. Gar zu früh aber durften sie nicht anreiten, denn sonst wäre es vielleicht gar nicht zu voller Entwicklung der Schlacht gekommen. Der punische Feldherr mußte darauf gefaßt sein, daß die Konsuln, wenn sie sahen, wie ihre Kavallerie weggefegt wurde, die Infanterie schleunigst wieder in die befestigten Lager zurückführten. Erst wenn das ganze römische Heer so nahe war, daß es sich der Schlacht auf keine Weise mehr entziehen konnte, durfte der Reitersturm losbrechen: deshalb stand die Kavallerie mit der Infanterie in einer Linie und die Afrikaner, die die Schwenkungen machen sollten, zurückgezogen hinter der Kavallerie.

Die gefährliche Zeitspanne, in der das schwache punische Zentrum ohne Hilfe dem Andrang der ungeheuren Masse der römischen Legionen ausgesetzt war, war also nicht zu vermeiden: doppelt auffallend, daß an diese Stelle die weniger zuverlässigen Bundesgenossen, die Gallier, gestellt wurden.

Aber das Zentrum war auch in dieser Schlacht der dem größten Verlust ausgesetzte Posten: nicht weniger als 4000 Tote haben die Gallier auf dem Platze gelassen, die Iberer und Afrikaner zusammen nur 1500. Hannibal mußte sparsam umgehen mit dem Blute der Allergetreuesten, die den dauernden Kern des antirömischen Heeres in Italien bilden sollten. Wie nahe liegt der Gedanke: die Garde an die Stelle, wo der unbedingt zuverlässige Widerstand geleistet werden muß! Wie unermeßlich die Folgen, wenn hier, wo es sich zuletzt um Minuten handeln mochte, die Römer durchbrachen, ehe Hasdrubal sie von hinten zurückriß – wenn der Feldherr sich dann hätte sagen müssen: die Afrikaner hätten es noch so lange ausgehalten; welch' ein Fehler, sie nicht an diesen Platz zu stellen!

Es läßt sich in der Kriegskunst nicht alles berechnen, wägen und messen: der Glaube an den eigenen Stern muß in dem Unberechenbaren die Entscheidung geben. Hannibal, um nicht die Zukunft der Gegenwart zu opfern, wagt es, die gefährliche Stelle den Galliern anzuvertrauen, zu mehrerer Sicherheit mischt er sie mit seinen Iberern, setzt ihnen vorher in einer Ansprache auseinander, wie in der weiten Ebene die überlegene Kavallerie wirken werde, und drückt das Siegel auf ihre Zuverlässigkeit, indem er selber bei ihnen seine Stellung nimmt. Alexander hatte an der Spitze seiner Ritter selber eingehauen. Hannibal übergibt das Kommando der Kavallerie einem seiner bewährten Generale und stellt sich mit seinem Stabe, seinen jungen Bruder Mago zur Seite, im Zentrum auf, um von hier die Schlacht zu leiten und durch die Macht seiner Persönlichkeit das schwache Eisen des Widerstandes zu stälen. Der Blick auf den Feldherrn, der Zuruf seiner Stimme gibt den Galliern das unerschütterliche Vertrauen in den Sieg, und sie bestehen die schwerste aller Prüfungen: vor einem übermächtigen Feinde zurückzuweichen, ohne sich von ihm überwinden zu lassen, unter den schwersten Verlusten den Kampf zu halten, bis die versprochene Hilfe von der anderen Seite erscheint. In keiner Schilderung der Schlacht darf der Hinweis auf die Bedeutung der Postierung Hannibals fehlen. Nicht bloß geistig, auch persönlich ist Hannibal der Mittelpunkt der Schlacht, nicht mehr, indem er selber den Flamberg schwingt, wie Alexander, noch nicht so, daß die Schlacht sich zu verschiedenen Akten differenziert hat, die der Feldherr selber dirigieren muß (mit dem Aufmarsch und dem Befehl zum Antreten ist die Schlacht vollständig vorgezeichnet), nur die Persönlichkeit als solche ist es, die in ihrem bloßem Dasein an einer bestimmten Stelle passiv-aktiv die entscheidende Wirkung ausübt.

Der einzige Befehl, den Hannibal, nachdem das Schlachtsignal ertönt war, zu geben hatte, war der zum Vormarsch der Afrikaner auf den beiden Flügeln. Da sie anfänglich noch in Kolonnen gestanden haben, so hat Hannibal dabei den Gedanken gehabt, daß er sie im Notfall statt zur Umklammerung der feindlichen Phalanx auch zur Verstärkung seines Zentrums aufmarschieren lassen könne, falls dieses etwa dem Druck der Römer nicht genügend widerstehen zu können schien, bis Hasdrubals Umfassung sich bemerklich machte. Wir erkennen die Ähnlichkeit der Schlachtanlage mit Gaugamela. Hannibal hatte griechische Schriftsteller in seinem Hauptquartier, die seine Taten beschreiben sollten, wie Alexander. Es wird nicht zu kühn vermutet sein, daß, wer solche Männer in seine Umgebung zog, auch ihrer Bildung teilhaftig war und gelernt hatte, was ihm Hellas zu bieten vermochte. Wie es sich auch immer mit jenem Spartaner Xanthippus verhalten haben mag, der im ersten punischen Krieg die Karthager gelehrt haben soll, den Regulus zu besiegen, kein Zweifel, daß Hannibal die griechisch-macedonische Kriegskunst studiert hat, und wir mögen uns vorstellen, wie an den Abenden im Winterquartier der Grieche Silen ihm das Buch des Königs Ptolemäus über die Taten des großen Alexander vorlas und der Karthager seine Ideen formte nach dem strahlenden Vorbild des Zeussohnes.

Die Karthager haben bei Cannä gesiegt mit ihren barbarischen Söldnern durch ihre Überlegenheit an Kavallerie, durch das Offizierkorps, die Generale und Stabsoffiziere, die ihre Truppen in der Hand hatten und taktisch zu dirigieren wußten, und durch den Feldherrn, der mit der untrüglichen Sicherheit des Genius die vorhandenen Kräfte zu organisch-einheitlichem Wirken verband.

Dem Feldherrn, wie ich meine, verdanken wir auch die Schilderung der Schlacht, wie wir sie heute bei Polybius und in den Hauptzügen auch bei Livius lesen. Das zeigt sich nicht sowohl in dem, was erzählt wird; daraus wäre noch nichts zu schließen, denn so großartig die Schilderung ist, so kann doch auch ein anderer Mann von Talent zur Stelle gewesen sein – aber es zeigt sich in dem, was übergangen und wie Licht und Schatten verteilt ist.

Das eigentlich Entscheidende, der Rückenangriff der Kavallerie, ist nicht besonders betont; ja er erscheint gar nicht als ein Befehl Hannibals, sondern als die Handlung eines Kavalleriegenerals. Der ganze Akzent der Erzählung liegt auf der Verteilung der Afrikaner auf die beiden debordierenden Flügel. Das Motiv der Schonung dieser Truppen ist dabei nicht erwähnt. Es liegt für den Feldherrn immer etwas Peinliches darin, wenn er gewisse Truppen, noch dazu Bundesgenossen, mit Absicht größerem Verluste aussetzt, als andere. Er wird es sich selber kaum eingestehen, daß und wann er so rechnet. Dennoch dürfen wir dieses Motiv in ihn hineinlegen; jeder Dritte hätte es gedurft und hätte dies so leicht zu erratende Motiv nicht übergangen. Unsere Erzählung aber sagt nichts davon, sondern verweilt ausschließlich bei dem taktischen Manöver der Umklammerung, denn dies ist der originale Gedanke dieser Schlachtanlage. Das eigentliche Entscheidende, der Kavallerie-Angriff, tritt dagegen zurück, denn dieses Manöver ist dem Feldherrn nichts Außerordentliches, es ist seine gewöhnliche Technik. Sie hätte auch diesmal ausgereicht, und mehr als das: hätte Hannibal die Afrikaner nicht zu jener Aufstellung verwandt, sondern einfach seine Phalanx durch sie verstärkt, so hätte er den unbedingt sicheren Sieg in Händen gehabt. Aber er wollte nicht bloß den Sieg, er wollte die völlige Vernichtung des feindlichen Heeres. Er wagt es darauf hin, sein Zentrum dünn zu machen und die Afrikaner für die Umklammerung aus beiden Flanken bereit zu stellen, denn das römische Heer soll auch nicht einmal die Flucht nach irgend einer Seite hin ergreifen können, sondern eingeschlossen werden. Auch in seiner Schlacht-Erzählung schlägt daher das Herz für die Afrikaner, denen er diese Aufgabe zuweist, und vernachlässigt darüber das Verdienst der Kavallerie.

In der Ausführlichkeit, mit der in dem Bilde vom Halbmond die Aufstellung geschildert, das Zusammendrängen der Römer nach der Mitte, das Einschwenken der Afrikaner von beiden Seiten, die Erschütterung des dünnen Zentrums und der Zuspruch des Feldherrn erzählt wird, empfindet der Leser noch heute nach, von welchem Standpunkt das ganze Schlachtbild gesehen ist und daß in dem, was uns erzählt wird, nicht das sachlich Wichtigste, sondern das, was den Geist des Feldherrn am meisten beschäftigte, den Vorrang hat.

1. Eine viel umstrittene wissenschaftliche Kontroverse ist, ob die Schlacht auf dem rechten oder linken Ufer des Aufidus geschlagen ist. Da feststeht, daß der rechte römische, der linke karthagische Flügel an den Fluß angelehnt waren, so muß man mit dem Wechsel des Flußufers auch die ganze Stellung der Heere umkehren. Ich drucke, was ich darüber in den vorigen Auflagen gesagt habe, nicht wieder ab, da es durch die Untersuchung von Konrad Lehmann, Klio Band 15, S. 162 (1917) überholt ist. Der Stand der Forschung war bis dahin, daß der Wortlaut der Quellen auf das rechte Ufer führe, niemand aber imstande war, eine strategische Erklärung zu finden, wie die Römer in dieser Stellung mit dem Rücken gegen das Meer gekommen seien, und wie die römischen Flüchtlinge sich aus der Schlacht nach Canusium und Venusia gerettet haben sollen. Ich habe das des Näheren in der Historischen Zeitschrift Band 109, S. 502. dargelegt. Konrad Lehmann hat nun festgestellt, daß auch die Vorstellung, die Quellenberichte zwängen dazu, die Schlacht auf dem rechten Ufer anzusetzen, irrig gewesen ist. Er stellt durch den Vergleich zwischen der Angabe des Polybius, daß Hannibal bei Beginn der Ernte von Gerunium aufgebrochen sei, mit dem Schlachtdatum (2. August) fest, daß die Schlacht nicht fast unmittelbar an den Aufbruch von Gerunium anschließend ist, sondern daß ein Zwischenraum von zwei Monaten angenommen werden

muß. In dieser Zeit fouragierte Hannibal in Apulien südlich des Aufidus. Die Flußübergänge kurz vor der Schlacht, die man bisher von Norden ausgehen ließ, müssen also von Süden ihren Ausgang nehmen und auf diese Weise eingestellt, ergibt die Quellen-Interpretation, daß das Schlachtfeld auf dem Nordufer zu suchen ist.

Der strategische Zusammenhang kann nunmehr folgendermaßen festgelegt werden. Hannibal zog von Gerunium in die Apulische Ebene. Die Römer folgten ihm, indem sie auf den Randhügeln des Berglandes unangreifbare Stellungen suchten. Da sie in Cannä ein Magazin anlegten und die Vorräte aus der Gegend von Canusium dahinbringen ließen, so müssen sie zuletzt eine Stellung gehabt haben, die näher an Cannä als an Canusium lag und doch nicht unmittelbar bei Cannä, da es Hannibal ja gelang, ihnen Cannä mit seinem Magazin wegzunehmen. Ich nehme also an, daß das Lager in der Gegend des Monte Altino gewesen ist, etwa 6 Kilometer südöstlich von Cannä, also so weit vorgeschoben wie möglich, um möglichst viel Land zu decken und doch durch das Terrain noch gegen einen punischen Überfall geschützt. Hannibal aber, gesichert durch seine starke Reiterei, zog von Süden nach Norden durch die Ebene an dem römischen Lager vorbei, nahm Cannä mit seinem Magazin durch Handstreich und zwang die Römer, sich weiter hinein ins Land gegen Canusium zurückzuziehen.

Lehmann stellt nun weiter die Vermutung auf, daß die Römer als Schlachtfeld einen Platz gewählt hätten, wo sie wegen der Überlegenheit der punischen Kavallerie für beide Flügel eine Anlehnung hatten. Er findet eine solche Stellung, die, etwa 3 Kilometer breit, rechts durch den Fluß, links durch eine steile Böschung begrenzt ist. Das Feld heißt noch heute »pezzo del sangue«. Ganz sicher ist das wohl nicht, und auf alle Fälle würde ich das eigentliche Schlachtfeld ein Stück weiter hinaufrücken, wo die Ebene enger wird da mir 3 Kilometer zu breit erscheint.

2. *Stärke- und Verlust-Berechnungen*

Die Stärke des römischen Heeres bei Cannä wird gewöhnlich auf 86 000 Mann angegeben, wovon 6000 Reiter. 10 000 Mann blieben im Lager, so daß 76 000 Römer von 50 000 karthagischen Söldnern, worunter 10 000 Reiter, überwunden wurden, Polybius, Livius und Appian stimmen über diese Zahlen im wesentlichen überein. Die 80 000 Mann Fußvolk sind dabei gerechnet gleich 8 römischen Legionen zu 5000 Mann und ebensoviel Bundesgenossen.

Erst neuerdings ist diese Berechnung angefochten worden von P. Cantalupi, »Le Legioni Romane nella Guerra d'Annibale«, von Beloch veröffentlicht in den Studi di Storia Antica, Band 1.

Cantalupi macht darauf aufmerksam, daß Livius ausdrücklich auch eine andere Überlieferung berichte, wonach die Römer im Jahre 216 nicht 4 neue Legionen aufgestellt, sondern bloß 10 000 Ersatzmannschaften ausgehoben hätten. Bei Zahlen kann man im allgemeinen die kleineren immer als die wahrscheinlicheren annehmen. Cantalupi schlägt daher das römische Heer nur auf 44 000 Mann an, und während Polybius die Zahl der gefallenen Römer auf 70 000 angibt, kommt Cantalupi nach sorgfältiger Vergleichung nur auf 10 500 bis 16 000. Das Schlachtbild würde sich also bei Annahme dieser Zahlen sehr wesentlich verändern.

Aber die Gründe, die Cantalupi für seine Berechnung anführt, sind keineswegs durchschlagend. Er meint, erst durch die Schlacht bei Cannä selber sei Hannibal der Schrecken der Römer geworden, als welcher er in der Geschichte lebt; vorher hätten die Römer keine Veranlassung gehabt, so außerordentliche Rüstungen vorzubereiten. Am Ticin war nur ein Reitergefecht, an der Trebia waren die Römer ohne sehr wesentlichen Verlust abgezogen; am Trasimenus hatte sich der Konsul überfallen lassen. Der Diktator Fabius hatte nicht mehr als 4 Legionen, und die öffentliche Meinung in Rom forderte, daß er mit dieser Streitmacht eine Schlacht liefere. Man war also der Meinung, daß bei guter Führung ein solches Heer dem Hannibal gewachsen sei. Als die neuen Konsuln mit den Verstärkungen anlangten, wurde außer dem alten ein neues Lager errichtet und mit einer Legion und 2000 Bundesgenossen besetzt. Die Verstärkungen können also nicht sehr groß gewesen sein, da sie mit Ausnahme dieses Detachements in dem alten Lager Platz fanden.

Diese Argumente sind gegenüber dem positiven Zeugnis des Polybius nicht gerade schwerwiegend. Daß Hannibal auch schon vor Cannä in Rom als ein furchtbarer Gegner galt, beweist die Kriegführung des Diktators Fabius, und wenn eine Gegenpartei von diesem forderte, daß er schlagen solle, so ist nicht gesagt, daß man forderte, er solle mit seinen vier Legionen schlagen. Die »Schlachtpartei« kann sehr wohl hinzugefügt haben, daß der Diktator das Heer erst auf die nötige Stärke bringen und dann schlagen solle. Auch daß die Verstärkungen zumeist in dem bestehenden Lager Platz fanden, ist keineswegs erwiesen; das Lager mag vergrößert worden sein, ohne daß Livius oder seine Quelle es für nötig gehalten hat, es zu erwähnen. Auffällig bleibt es freilich, daß Livius überhaupt divergierende Angaben gefunden und daß, wie Cantalupi ebenfalls hervorhebt, unter den Geretteten nur Kriegstribunen von vier Legionen erwähnt werden. Die sachlichen Erwägungen aber führen mit Notwendigkeit darauf, daß das römische Heer erheblich stärker als 44 000 Mann gewesen sein muß.

Um seine Ansicht glaublich zu machen, muß Cantalupi auch die von Polybius überlieferte Zahl des karthagischen Heeres erheblich reduzieren. Denn es ist von vornherein klar, daß die Römer, denen es an Mannschaft nicht gebrach, nicht ohne erhebliche numerische Überlegenheit zur Entscheidungsschlacht gegen Hannibal ausgezogen sein werden. Anders hätte die Cannensische Niederlage ja gar nicht eine so furchtbare Bedeutung gehabt, und der Konsul weist in der Rede, die er bei Polybius vor der Schlacht an seine Offizieren hält, ausdrücklich auf die doppelte Überlegenheit hin, über die man verfüge. Die Angabe des Polybius, daß das karthagische Heer bei Cannä 40 000 Mann zu Fuß und 10 000 Mann zu Pferde stark gewesen sei, geht auf die anerkannt vorzügliche karthagische Quelle, Silen, zurück, der wir überhaupt das Schlachtbild verdanken. Welchen Grund soll Silen gehabt haben, die karthagische Macht zu übertreiben? Müßten wir annehmen, daß auch die 86 000 Römer ihm entstammen, so könnte man bei sehr weit getriebenem Argwohn glauben, daß er auf beiden Seiten, unter dem ungeheuren Eindruck des Ereignsises, gleichmäßig vergrößert hat. Aber die 86 000 Römer stammen, wie Appian beweist, der aus römischer Quelle schöpft, von dieser Seite, und ein sachlicher Grund, die Stärke des punischen Heeres anzuzweifeln, existiert, wie wir unten bei einer näheren Prüfung der Zusammensetzung des punischen Heeres noch feststellen werden, nicht.

War nun Hannibals Heer 50 000 Mann stark, so kann das römische unmöglich bloß vier Legionen gezählt haben. Die positive Nachricht, es sei acht Legionen mit Bundesgenossen stark gewesen, ist als unzweifelhaft richtig anzusehen. Die Legion hatte damals 5000 Mann; man würde also auf 80 000 Mann römisches Fußvolk kommen. Diese Zahl ist jedoch nicht ohne weiteres den 50 000 karthagischen Söldnern vergleichbar. 1400 Mann in jeder Legion sind die Leichten, die nur einen sekundären militärischen Wert haben. Die 8000 Mann Balearen (Schleuderer) und Peltasten Hannibals sind zweifellos technisch geschulte Leute, Vollkrieger; die 22 400 römischen Leichten waren zum großen Teil, ganz abgesehen von ihrer technischen Minderwertigkeit, in der Schlacht gar nicht zu verwenden. An der Trebia wird uns ausdrücklich gesagt (Polybius III, 72, 2), daß 6000 Leichte vor der Phalanx ausschwärmten. Da vier Legionen zur Stelle waren, hatte Sempronius, mit den Bundesgenossen nach Abzug der Verluste, wenigstens 10 000 Leichte. Er hat also einen Teil im Lager gelassen. Die Hopliten-Phalanx an der Trebia wird etwa 1000 Mann breit gewesen sein. Standen auf jedem von den beiden Flügeln etwa 2000 Leichte, so bleiben für die Front 2000, d. h. zwei Glieder, und tiefer können Leichte auch nicht gestellt werden. Die Front der Phalanx bei Cannä war wahrscheinlich nicht breiter, vielleicht auch, daß wäre das allerhöchste, gegen 2000 Mann breit, bot also Platz für 2000 bis höchstens 4000 Leichte in der Front. Rechnen wir noch auf jeden Flügel 2–3000, so können wir mit einer gewissen Wahrscheinlichkeit sagen, daß etwa 8- bis höchstens 10 000 von den römischen Leichten an der Schlacht als Kombattanten teilgenommen haben. Ein anderer Teil mag der Phalanx als Krankenträger und für ähnliche Dienste gefolgt sein. Der Rest blieb im Lager.

Die Lagerbesatzung soll im ganzen 10 000 Mann stark gewesen sein, darunter jedenfalls auch einige Tausend Hopliten, deren im ganzen 16 × 3600 = 57 600 Mann vorhanden waren. Ich rechne hiernach das römische Heer in der Schlacht 55 000 Hopliten, 8–9000 kämpfende Leichte und 6000 Reiter stark, Summa gegen 70 000 Mann.

Nicht deutlich ist, ob auch Hannibal außer seinen 50 000 Mann in der Schlacht noch Truppen hatte, die er als Lagerbesatzung zurückgelassen hat, oder ob dafür von der Schlachtstärke vielleicht ein Abzug zu machen ist.

Bei den Verlustzahlen sind natürlich die römischen Leichten, die wir als Kombattanten nicht in Anrechnung gebracht haben, mitgezählt. Es ist also auszugehen von einem Bestande von 80 000 Mann zu Fuß und 6000 Reitern. Nach Polybius sind 70 000 gefallen, 3000 Mann zu Fuß und 370 Reiter haben sich gerettet, 10 000 sind gefangen genommen. Die 10 000 Gefangenen wären die in dem Lager Zurückgelassenen, die während der Schlacht das karthagische Lager angegriffen hatten und nachher eingeschlossen kapitulierten. Polybius' Ausdruck ist jedoch so unklar, daß man die Lesart angezweifelt hat. Es scheint auch möglich, daß er hat sagen wollen, daß außer den in den Lagern gefangen Genommenen auch auf dem Schlachtfeld 10 000 Mann lebend in die Hände der Karthager gefallen seien, und das entspricht wohl der Natur der Sache. Es ist kaum anzunehmen, daß, nachdem die große Mehrzahl bereits den Boden deckte, der Rest von den des Mordens müde gewordenen Söldnern nicht lieber verschont und für den Verkauf oder das Lösegeld aufbewahrt worden sei.

Dem widerspricht nun freilich die Rechnung des Polybius, der offenbar zu den 70 000 Gefallenen gekommen ist, indem er rund 10 000 Gefangene und einige Tausend Gerettete und Versprengte von den ursprünglichen 86 000 abzog.

Die 70 000 Gefallenen sind aber auf keinen Fall zu halten, denn es steht fest, daß die Römer aus den Geretteten zwei volle Legionen bildeten, und zwar römische. Außer diesen muß sich doch auch eine annähernd entsprechende Zahl Bundesgenossen gerettet haben. Die Zahl 70 000 beruht also nicht auf einer wirklichen Überlieferung, sondern auf einer etwas flüchtigen und fehlerhaften Berechnung und verliert damit für uns ihren Wert.

Nun berichtet Livius, daß sich der Verlust der Römer auf 45 000 Mann zu Fuß und 2700 Reiter belaufen habe, und so viel weniger auch im allgemeinen die Autorität des Livius gegenüber der des Polybius wiegt, so spricht doch alles dafür, daß er hier eine wirklich zuverlässige amtliche Berechnung überliefert. Es ist höchst unwahrscheinlich, ja unmöglich, daß, wie Polybius will, auch fast die ganze römische Reiterei auf dem Schlachtfelde geblieben sei. Sie wurde ja nicht eingeschlossen, sondern in die Flucht geschlagen und nicht einmal sehr weit und sehr energisch verfolgt, da das Gros der punischen Kavallerie sofort von ihr abließ und sich gegen die Legionen wandte. Ein Verlust von 2700 Toten und 1500 Gefangenen, wie Livius berichtet, scheint daher schon sehr hoch und gibt auch seiner Angabe über das Fußvolk Glaubwürdigkeit.

Gerettet sind nach Livius etwa 14000 Mann zu Fuß; in punische Gefangenschaft fielen auf dem Schlachtfelde 3000, in dem Dorf Cannä 2000, in dem Lager 13000, Reiter 1500.

Addiert man die Zahlen und bringt in Anschlag, daß die Etatstärke von 5000 Mann auf die Legion nicht überall voll erreicht sein wird, so kann man folgende Liste aufstellen.

Tot zu Fuß	45500
„ „ Pferd	2700
Gefangen zu Fuß	18000
„ „ Pferd	1500
Gerettet zu Fuß	14000
„ „ Pferd	1800
Fehlend am Soll-Bestand	2500
	86000

Die Stärke war

Hopliten in der Front	55000
Hopliten im Lager	2600
Rotarier in der Schlacht	8000
Rotarier als Burschen hinter der Front	7000
Rotarier im Lager	7400
Reiter	6000
	86000 Mann,

wovon also 2500 als manquierend abzusetzen wären.

Über Hannibals Heer unten Kap. 3.

3. Da wir für Cannä in der ausnahmsweise günstigen und ganz seltenen Lage sind, ein auf Berichten aus beiden Lagern aufgebautes zuverlässiges und anschauliches Schlachtbild zu besitzen, so ist es angebracht, sich an diesem Beispiel auch klar zu machen, wie wenig mit Schlachtschilderungen anzufangen ist, die der genannten Eigenschaft entbehren. Unsere

Historiker erliegen immer wieder der Versuchung, wenn gutes Material mangelt, das schlechte zu verwenden, und was nun einmal überliefert ist, wenn nicht andere Nachrichten da sind, die widersprechen, unter Ausmerzung des handgreiflich Falschen nachzuerzählen. Das ist aber nicht berechtigt. Es kann sehr wohl sein, daß in einer solchen Erzählung alles Richtige ausgefallen und nur Falsches stehen geblieben ist. Als Beweis diene die ausführliche Schilderung von Cannä, die uns bei Appian erhalten ist. Es wäre, wenn uns zufällig diese allein erhalten wäre, schlechterdings unmöglich, aus ihr eine Erzählung zu gewinnen, die mit der Wahrheit auch nur die entfernteste Ähnlichkeit hätte. Da so sehr viel darauf ankommt, daß die Leser dieses Buches sich mit der Wahrheit dieses methodischen Grundsatzes durchdringen, so setze ich die Schilderung Appians, der irgend eine römische Erzählung wiedergibt, in ihrer ganzen Ausführlichkeit hierher. Sie lautet:

Zu Konsuln wurden gewählt Lucius Aemilius, wegen des Kriegsruhms, den er sich im Kriege mit den Illyriern erworben hatte, und Terentius Varro wegen seiner Popularität, indem er ihnen auch diesmal voll Ehrgeizes, wie er immer war, große Dinge versprach. Beim Auszug beider Männer begleiteten und baten sie sie, den Krieg durch eine Feldschlacht zu entscheiden und nicht zu warten, bis die Stadt durch die lange Dauer, die endlosen Kriegsdienste, die Abgaben, die Hungersnot und das Brachliegen der verheerten Felder vollends erschöpft sei. Die Konsuln vereinigten darauf das Heer von Japygien mit dem ihrigen, so daß sie im ganzen siebzigtausend Mann Fußvolk und sechstausend Reiter hatten. Mit diesen bezogen sie ein Lager bei einem Dorfe, namens Cannä, und Hannibal lagerte sich ihnen gegenüber. Von Natur kampflustig und immer ein Feind der Untätigkeit, sah sich letzterer gerade in diesem Augenblicke durch drückenden Mangel an Lebensmitteln täglich veranlaßt, in Schlachtordnung auszurücken und die Feinde auf diese Art zum Kampfe herauszufordern, um so mehr, als er zugleich besorgen mußte, seine Mietssoldaten möchten wegen nicht erfolgender Ausbezahlung des Soldes zum Feinde übergehen oder zur Sammlung von Lebensmitteln sich zerstreuen.

Die Ansicht der Konsuln war geteilt. Aemilius meinte: man sollte den Hannibal, der ohnehin wegen Mangels an Lebensmittel nicht mehr in die Länge werde widerstehen können, durch Hinhalten aufreiben und sich mit einem an Kriege und Siege gewöhnten Feldherrn und Heere in keine Schlacht einlassen. Terentius dagegen, wie immer um Volksgunst buhlend, äußerte: man müßte des Auftrages eingedenk bleiben, den ihnen das Volk bei ihrem Auszuge gegeben hätte und so bald als möglich eine entscheidende Schlacht wagen. Dem Aemilius stimmte Servilius, der Konsul des vorigen Jahres, bei, welcher noch beim Heere anwesend war; für die Ansicht des Terentius dagegen erklärten sich alle Senatoren und Ritter, welche eine Befehlshaberstelle im Heere bekleideten.

Während beide Parteien sich noch nicht geeinigt hatten, griff Hannibal einmal ihre Leute an, welche auf Futter oder Holz ausgezogen waren, stellte sich, als sei er geschlagen, und setzte etwa um die letzte Nachtwache sein ganzes Heer in Bewegung, als wenn er aufbrechen wollte. Kaum bemerkte dies Terentius, so führte er sein Heer heraus, wie wenn es nichts gälte, als den Hannibal auf der Flucht zu verfolgen. Vergebens war es, daß ihm Aemilius noch in diesem Augenblicke abriet. Als er aber nicht nachgab, stellte Aemilius für sich allein die Auspizien nach römischer Sitte an, schickte ihm, der bereits ausgezogen war, nach und ließ ihm sagen; »Der Tag sei von unglücklicher Vorbedeutung«. Jetzt zog sich Terentius zwar aus Achtung für die Auspizien zurück, zerraufte sich aber im Angesichte des Heeres die Haare und beklagte sich bitter, daß ihm die Eifersucht seines Amtsgenossen den Sieg aus den Händen gewunden habe. Auch der Menge teilte sich dieser Unwille mit.

Sobald Hannibal seinen Versuch mißlungen sah, kehrte er unverzüglich in sein Lager zurück, zum offenbaren Beweise, daß es nur Verstellung von ihm gewesen sei. Doch selbst dieses war für den Terentius noch keine Lehre, daß man allen Unternehmungen Hannibals mißtrauen müsse. Er lief vielmehr bewaffnet, wie er zurückgekommen war, in das Feldherrenzelt, wo die Senatoren, Hauptleute und Obersten noch versammelt waren, und beschuldigte hier den Aemilius, er habe die Auspizien nur zum Vorwande genommen und die Stadt um einen offenbaren Sieg gebracht, weil er entweder aus Feigheit zaudere oder aus Eifersucht ihm den Ruhm mißgönne. Diese im Zorn laut ausgestoßenen Vorwürfe hörte das um das Zelt herumstehende Heer und lästerte nun ebenfalls den Aemilius, welcher zu den drinnen im Zelte Befindlichen viel Heilsames sprach, aber vergeblich sich bemühte. Alle übrigen, mit Ausnahme des Servilius, stimmten dem Terentius bei, und so gab auch er endlich nach und führte am folgenden Tage, wo er den von Terentius abgetretenen Oberbefehl hatte, das Heer in Schlachtordnung auf. Hannibal bemerkte es zwar, rückte aber an diesem Tage nicht aus, weil er noch nicht ganz zum Kampfe gerüstet war. Erst am dritten Tage stellten sich beide Teile unten in der Ebene auf.

Die Römer waren in drei Schlachtreihen geordnet, wovon jede in kleiner Entfernung von der anderen stand. Jede hatte das Fußvolk in de Mitte, die Leichtbewaffneten und die Reiter auf beiden Flügeln. Den Oberbefehl im Zentrum führte Aemilius, auf dem linken Flügel Servilius, auf dem rechten Terentius. Alle drei hatten Tausend auserlesene Reiter um sich, welche bestimmt waren, überallhin zur Hilfe zu eilen, wo es die Not erforderte. Dies war die Schlachtordnung der Römer.

Hannibal, welcher wußte, daß sich gegen Mittag in dieser Gegend gewöhnlich ein den Himmel verdunkelnder Südostwind erhebe, besetzte vor allen Dingen diejenigen Plätze, wo er diesen Wind im Rücken hatte. Hierauf legte er die Reiterei und Leichtbewaffnete (leichte Truppen) auf einen ringsum bewachsenen, von Schluchten durchschnittenen Berg in den Hinterhalt mit dem Befehle, sobald die Schlachtreihen des Fußvolkes recht in Arbeit wären und der Wind sich erhoben hätte, den Feinden in den Rücken zu kommen. Endlich mußten fünfhundert Celtiberier außer ihren langen Schwertern noch andere kürzere unter ihren Unterkleidern umhängen, und sie erhielten Anweisung, auf das Zeichen zu warten, wenn sie von diesen Gebrauch zu machen hätten. Sein Gesamtheer verteilte er hierauf ebenfalls in drei Schlachtreihen; die Reiterei aber ward in weiten Zwischenräumen auf die Flügel gestellt, um womöglich die Feinde zu umringen. Den Oberbefehl auf dem rechten Flügel übertrug er seinem Bruder Mago, den auf dem linken seinem Neffen Anno. In der Mitte befehligte er selbst, um sich dem Aemilius gegenüberzustellen, von dessen Kriegskunde er eine hohe Meinung hatte. Zwei Tausend auserlesene Reiter umgaben ihn und eine Schar von tausend anderen, an deren Spitze Maharbal stand, bestimmt, jeden Augenblick dahin zu eilen, wo er irgend Gefahr bemerke. Unter diesen Anordnungen verzog er bis zur zweiten Stunde des Tages, damit der Angriff nicht zu lange vor Erhebung des Windes erfolge.

Sowie auf beiden Seiten alles schlagfertig war, ritten die Heerführer herum und ermunterten ihre Leute. Die Römer erinnerten die Ihrigen an Eltern, Kinder, Weiber und an die frühere Niederlage. Die heutige Schlacht sei entscheidend für ihre Stellung. Hannibal dagegen gemahnte die Seinigen an ihre früheren glücklichen Taten gegen diese Leute und wie schändlich es wäre, von Besiegten besiegt zu werden. Jetzt ertönten die Trompeten und die Phalangen des Fußvolkes erhoben ein Geschrei; das Vorspiel machten die Bogenschützen und Schleuderer und Steinwerfer, welche in die Mitte sprangen und einander angriffen. Nach diesem schritten die Phalangen zum Werke und kämpften auf beiden Seiten so mutig, daß die Arbeit und das Blutbad groß war. Mittlerweile gibt Hannibal seiner Reiterei das Zeichen, die Feinde zu überflügeln. Aber die römische Reiterei, obgleich minder zahlreich als die feindliche, bot ihr die Spitze und focht, ungeachtet sie sich in eine dünne Schlachtreihe ausdehnen mußte, dennoch mit vielem Mute, wobei sich besonders der linke Flügel am Meere auszeichnete. Hannibal und Maharbal führten jetzt zu gleicher Zeit auch die Reiter, welche sie um sich hatten, mit einem unermeßlichen barbarischen Geschrei gegen sie, um ihre Gegner dadurch in Furcht zu setzen. Aber selbst diesen Angriff hielten die Römer mit unerschütterlicher Furchtlosigkeit aus.

Weil dem Hannibal auch dieser Versuch fehlgeschlagen war, so gab er den fünfhundert Celtiberiern das verabredete Zeichen. Plötzlich verließen diese ihre Glieder, gingen zu den Römern über und boten ihnen als Überläufer ihre Schilde, Spieße und Schwerter, welche sie offen trugen, dar. Servilius belobte sie, nahm ihnen sogleich die Waffen ab und stellte sie in bloßen Kleidern, wie er glaubte, hinter seine Glieder. Denn er hielt es nicht für gut, die Überläufer im Angesichte der Feinde binden zu lassen, schöpfte auch keinen Argwohn, da er sie in bloßen Kleidern sah, und hatte überhaupt in einem so heißen Kampfe keine Zeit, etwas Weiteres zu tun. Indessen stellten sich einige andere Abteilungen Libyer, als flöhen sie, und liefen mit großem Kriegsgeschrei bis an die Berge. Dieses Geschrei war das Zeichen für die in den Bergschluchten Versteckten, sich auf die verfolgenden Feinde zu werfen. Plötzlich kamen die Leichtbewaffneten und die Reiter aus ihrem Hinterhalte zum Vorschein. Zu gleicher Zeit erhob sich der heftige, den Himmel verfinsternde Wind, welcher den Römern so viel Staub ins Gesicht warf, daß sie die Feinde nicht mehr von ferne sehen konnten. Zugleich wurden alle Geschosse der Römer durch den Widerstand des entgegenkommenden Windes matter, die der Feinde dagegen flogen, durch die Kraft des Windes verstärkt, weit glücklicher. Die Römer konnten sie nicht mehr vorher sehen, ihnen deswegen nicht ausweichen, ihre eigenen nicht mehr gut abschießen, trafen sogar einander selbst und fingen bereits an, vielfältig in Unordnung zu geraten.

Dies war der, jenen Fünfhundert zum Voraus angedeutete Augenblick, den sie sich ersahen, ihre kürzeren Schwerter aus dem Busen hervorzuziehen und zuerst diejenigen niederzustoßen, hinter deren Reihen sie standen. Hernach nahmen sie ihnen ihre größeren Schwerter, Schilde und Spieße ab, rannten auf alle übrigen los und fielen sie schonungslos an; und das Blutbad, das diese Schar anrichtete, wurde gerade deswegen das bedeutendste, weil dieselbe im Rücken des ganzen (feindlichen) Heeres war. Groß und mannigfaltig war jetzt die Not der Römer, indem sie von dem gegenüberstehenden Feinde hart bedrängt, von dem Hinterhalt umringt, von der Schar, die sich in ihre eigenen Reihen gemischt hatte, niedergemacht wurden. Umwenden konnten sie sich gegen letztere nicht, weil die anderen ihnen zugleich von vorne zusetzten. Ebenso war es nicht mehr leicht, sie zu erkennen, da sie römische Schilde hatten. Über das alles aber ward ihnen der Staub so lästig, daß sie sich gar keine Vorstellung mehr von demjenigen machen konnten, was um sie her vorging. Sie dachten sich deswegen, wie es in der Unordnung und Bestürzung gewöhnlich der Fall, alles weit ärger, wußten nicht, daß der Hinterhalt nicht so bedeutend und die Zahl der Überläufer nur fünfundert sei, sondern meinten, ihr ganzes Heer sei ringsum von Reitern und Überläufern umgeben. Dies veranlaßte sie zum Umwenden und zu ordnungsloser Flucht, zuerst auf dem rechten Flügel, wo Terentius der erste war, der sich davon machte, hernach auch auf dem linken, von wo Servilius, der ihn befehligte, sich eilends zu Aemilius begab. Um diese beiden Männer sammelte sich eine Schaar von tapferen Leuten zu Pferd und zu Fuß, gegen 10 000 an der Zahl.

Jetzt sprangen die Heerführer und nach ihnen alle, die noch beritten waren, von den Pferden und fochten zu Fuß gegen die Reiterei Hannibals, von der sie umringt waren. Noch taten sie als geübte Krieger, teils aus wirklicher Tapferkeit, teils aus Verzweiflung, manche glänzende Tat, indem sie wütend auf die Feinde eindrangen; aber sie wurden von allen Seiten her niedergemacht. Denn Hannibal ritt um sie herum, ermunterte bald seine Leute und bat sie, das Letzte, Wenige vollends zu tun, um den Sieg zu vollenden, bald schalt er sie und nannte es schmachvoll, wenn sie nach dem Sieg über die Menge mit diesem kleinen Häuflein nicht fertig werden könnten. Gleichwohl blieben die Römer noch, so lange Aemilius und Servilius unter ihnen waren, in Reih und Glied und verkauften ihr Leben teuer. Nachdem aber diese ihre Anführer gefallen waren, da brachen sie mit großer Gewalt mitten durch die Feinde und flohen aufgelöst, die einen nach den beiden Lagern, in welche sich die vor ihnen Entflohnenen gerettet hatten, – sie beliefen sich zusammen auf 15 000 Mann, welche Hannibal durch eine eigene Heeresabteilung einschließen ließ – die andern, bei 2000 an der Zahl, nach Cannä. Letztere 2000 ergaben sich nachher dem Hannibal. Nur wenige entkamen nach Canusium. Der Rest zerstreute sich einzeln in die Wälder.

So endete die Schlacht bei Cannä zwischen Hannibal und den Römern, nachdem sie von der zweiten Stunde des Tages bis zwei Stunden vor Nacht gedauert hatte. Noch jetzt ist sie bei den Römern wegen der großen Niederlage, die sie erlitten, berüchtigt. Denn innerhalb dieser wenigen Stunden fielen 50 000 Römer, und eine große Menge wurde abends gefangen. Auch viele vom Senate, welche diesen Feldzug mitmachten, kamen um und außer diesen alle Obersten und Hauptleute und die beiden Tapfersten von den Oberbefehlshabern. Nur der feige Urheber dieser Niederlage war zu Anfang der Schlacht entronnen. In den beiden Jahren, in welchen die Römer mit Hannibal in Italien kämpften, hatten sie bereits gegen 100 000 Mann, teils an eigenen Leuten, teils an Bundesgenossen verloren.

So hatte denn Hannibal an einem Tage viererlei Kriegslist in Anwendung gebracht, die Berechnung des für ihn günstigen Windes, das verstellte Überlaufen der Celtiberier, die scheinbare Flucht mehrerer Abteilungen und die Verbergung eines Hinterhaltes in der Tiefe der Talschluchten. Nach dem glänzenden seltenen Siege, den er hierdurch davongetragen, unmittelbar nach der Schlacht ging er herum, die Gefallenen zu besehen. Unter diesen sah er auch die wackersten seiner Freunde getötet; er jammerte und sagte mit Tränen: er verlange keinen ähnlichen Sieg. Das nämliche soll früher Pyrrhus, König von Epirus, geäußert haben, als er ebenfalls mit einem ähnlichen Verluste die Römer in Italien geschlagen hatte.

Von den aus der Schlacht entflohenen Römern wählten die in dem größeren Lager noch am späten Abende den Publius Sempronius zu ihrem Heerführer, durchbrachen mit Gewalt die schlaftrunkenen und ermatteten Hüter Hannibals und entkamen 10 000 Mann stark um Mitternacht nach Canusium. Die 5000 Mann im kleineren Lager dagegen wurden am folgenden Tage von Hannibal gefangen genommen. Terentius sammelte hierauf den Rest seines Heeres, versuchte den Zersprengten Mut einzuflößen, gab ihnen einen von den Tribunen, den Scipio, zum Anführer und eilte nach Rom.

So weit Appian.

Zur dritten Auflage

Ich habe dieses Kapitel unverändert gelassen, obgleich in einem Punkt meine Auffassung erschüttert worden ist. Die allgemeine Ansicht war bisher, daß die Polybianische Darstellung in ihren Hauptzügen direkt auf eine Quelle ersten Ranges aus dem karthagischen Lager zurückgehe, und als diese Quelle galt der Grieche Silen, von dem wir wissen, daß er in Hannibals Umgebung war. Nun hat H. Dessau »Über die Quellen unseres Wissens vom zweiten punischen Kriege« (Hermes, Bd. 51, 3. Heft 1916) dargelegt, daß diese Vorstellung auf sehr schwachen Füßen steht. In zwei Beziehungen schießt Dessau m. E. über das Ziel hinaus. Er setzt die aus dem karthagischen Lager stammende Quelle immer gleich einer tendenziös-karthagischen, was doch nicht notwendig ist, und will überhaupt nicht glauben, daß Hannibal von Anfang an griechische Literaten um sich gehabt habe; solche Verbindungen werde er erst angeknüpft haben, als er Herr einer Anzahl griechischer Städte in Unteritalien geworden war. Das ist doch wohl sicherlich unrichtig. Das Griechische ist damals die allgemeine Welt-Vermittlungs- und Bildungssprache. Selbst der römische Senator Fabius schrieb sein Geschichtswerk in griechischer Sprache. Wir müßten uns Hannibal als einen ganz ungebildeten Menschen vorstellen, wenn er nicht perfekt griechisch gesprochen und gelesen hätte, und dazu mußte er auch im Lager gebildete Griechen um sich haben. Ich kann mir nicht denken, daß er nicht die toten Alexanders studiert hat, dazu hatte er griechische Lehrer und Vorleser nötig; und er hatte die Griechen auch nötig für diplomatische Verhandlungen und Kundschaftsdienst. Er wird also auch wohl von Anfang Literaten in seinem Gefolge gehabt haben wie Alexander, die seine Taten erzählen sollten. Aber ich will nicht in Dessaus Fehler verfallen, Dinge als beweisbar anzusehen, über die wir bei dem Zustand des Materials höchstens Vermutungen aufstellen können, sehe es deshalb auch nicht als bewiesen, auf jeden Fall aber als möglich an, daß wirklich, wie Dessau meint, die überaus wertvollen Schilderungen und Angaben bei Polybius, die wir bisher als silenisch angesehen haben, aus Fabius Pictor stammen. Sie wären dann also nur mittelbar karthagisch. Fabius hätte sie von karthagischen Gefangenen oder Überläufern begzogen. Im Besonderen weist Dessau darauf hin, daß im Jahre 210 der Kommandant einer numidischen Truppe Muttines, zu den Römern übertrat, in Rom eine sehr angesehene Stellung gewann und noch im Jahre 190 unter den Scipionen an dem Feldzug gegen Antiochus teilnahm. Dieser punische General könnte jene eminente militärische Quelle aus dem karthagischen Lager gewesen sein, die wir in der polybianischen Darstellung bemerken und bewundern.

Wenn diese Vermutung zutreffend sein sollte, so sind damit gerade in bezug auf die Schlacht bei Cannä einige Schwierigkeiten auf die allereinfachste Weise gelöst. Polybius schildert uns die Hufeisen-Stellung der punischen Infanterie als »mondförmig« und faßt diesen Halbmond als Krümmung (κύρτωμα) auf. Daß das eine taktische Unmöglichkeit ist, darüber ist jetzt die Forschung einig. Unmöglich kann ein so dilettantisches Mißverständnis von Polybius selber stammen; er muß es aus seiner Quelle übernommen haben. Es muß also zwischen der militärischen Urquelle und Polybius ein Mittelglied gewesen sein, dem ein solches Mißverständnis zuzutrauen ist. Das würde sehr gut darauf passen, daß wir die Erzählung eines hochbedeutenden numidischen Generals in der Wiedergabe des ganz unmilitärischen Senators Fabius vor uns haben. Bei Silen, der sich im Stabe Hannibals selbst befand, ist das Mißverständnis gewiß auch nicht ausgeschlossen, aber doch viel weniger wahrscheinlich.

Weiter ist in der polybianischen Schlacht-Schilderung auffällig, daß die Einwirkung des Rückenangriffs der Kavallerie so sehr zurücktritt gegen die Flanken-Umfassung durch die Infanterie, und damit im Zusammenhang die zu starke Akzentuierung des Zusammendrängens der römischen Infanterie nach der Mitte. Ich habe diese Verschiebung oben psychologisch aus dem Gesichtspunkt des Hauptquartiers zu erklären gesucht. Wenigstens ebenso gut und wohl noch besser wäre aber die Erklärung, daß die Erzählung aus Fabius stammt und dieser sie von einem der Führer der afrikanischen Infanterie, eben jenem Muttines gehabt hat, der militärisch intelligent genug war, um in seinem Räsonnement die Bedeutung des Kavallerie-Angriffs richtig zu charakterisieren, in seiner Erzählung aber doch die Taten seiner eigenen Truppe so sehr herausstrich, daß dadurch ein gewisser Widerspruch entstanden ist.

Eine starke Stütze empfänge Dessaus Untersuchung dadurch, daß schon vor ihm Beloch in einer Untersuchung über die Schlacht an der Trebia nachgewiesen hat (Hist. Zeitsch. Bd. 114, 1915), daß der polybianische Bericht nicht aus Silen, sondern aus Fabius stammt. Alle die vielen Unklarheiten beim Alpen-Übergang, der Schlacht an der Trebia, dem Übergang über den Apennin, der Schlacht am Trasimenus, die den modernen Forschern so viel Kopfzerbrechen kosten, würde also dadurch zu erklären sein, daß Polybius nicht den Bericht eines Mannes aus dem Hannibalischen Stabe, sondern nur die durch das Medium des Fabius gegangene Erzählung eines punischen Generals zur Verfügung gehabt hat.

Daß Polybius in viel höherem Grade als man gemeiniglich annimmt, von seinen Quellen abhängig war, stellt auch Dessau von Neuem fest. Kromayer schwankt in seiner Einschätzung der Autorität des Polybius von einem Extrem zum anderen. Während er anfänglich als sein Verteidiger auftrat, dann im zweiten Bande der »Schlachtfelder« weder seine militärischen Räsonnements noch seine tatsächlichen Angaben gelten lassen wollte (vgl. unten »Kriegerisches zur Schlacht bei Magnesia«), hat er seine Darstellung der Schlacht bei Cannä wieder in das Gewand des Festhaltens an Polybius gegenüber meiner Kritik gehüllt, und Kahrstedt (S. 434) erklärt, daß jemand es übernehme, »die klaren Worte des größten antiken Militärschriftstellers bis auf Cäsar zu verwerfen und zu korrigieren, geht über meine Fassungskraft«. Das mag man gelten lassen. Was aber die Kontroverse zwischen Kromayer und mir in bezug auf Cannä betrifft, so handelt es sich zunächst nicht um die Annahme oder Verwerfung des Polybius, sondern darum, wie die von ihm berichtete und von uns allen, Kromayer ebenso wie mir, verworfene gekrümmte Front der Punier rationell zu korrigieren ist. Ich habe den »Halbmond« umgedeutet in das, was wir heute »Hufeisenform« nennen; Kromayer faßt ihn als eine treppenförmige Aufstellung, die taktisch ganz ebenso unmöglich ist wie eine gekrümmte Linie. Die zweite Differenz betrifft das Zusammendrängen der Römer, in dem ich zwar einen wirklichen Vorgang, aber eine starke, oben erklärte, Übertreibung sehe. Die Römer haben nach meiner Auffassung die Schlacht von vornherein auf einen tiefen Massendruck angelegt, wie sie das bei ihrer numerisch sehr überlegenen, aber taktisch wenig geschulten Infanterie gar nicht anders konnten. Kromayer gibt ihnen eine ganz lockere Front, die erst beim Vorrücken (man muß annehmen, von einer Art Massen-Wahnsinn ergriffen) die überlieferte römische Fechtweise aufgebend sich nach der Mitte zusammenballte; wohl gemerkt, sie soll nicht etwa von den punischen Umfassungs-Kolonnen zusammengepreßt worden sein, sondern sie sollen freiwillig im Vormarsch die Front so sehr verkürzt haben, daß die Punier ihnen in die Flanken kommen konnten. So widersinnig das Bild in sich schon ist, so wird es vollends dadurch aufgelöst, daß bei den gemachten Voraussetzungen die römischen Flügelrotten nicht weniger als 700 Meter hätten seitwärts chassieren müssen; da die gleichzeitige Vorwärtsbewegung nur ganz kurz sein kann, so handelt es sich wirklich im wesentlichen um ein Seitwärtstreten, und man stelle sich vor, was 700 Meter Seitwärtstreten größerer Massen innerhalb eininger Minuten bedeutet.

Ich habe der Widerlegung dieser Tanz-Taktik, da sie sich scheinbar auf gute Quellen-Zeugnisse stützte, sich jedenfalls auf sie berief, eine eigene Untersuchung »Die Schacht bei Cannä« in der Hist. Zeitsch., Bd. 109, S. 481, gewidmet. In dem 1912 erschienenen Büchlein »Roms Kampf um die Weltherrschaft« hat sich übrigens Kromayer meiner Rekonstruktion der Schlacht sehr genähert, insofern auch er jetzt sehr betont, daß die Römer von Anfang an *»möglichst eng«* zusammengehalten hätten. Das spätere noch weitere Verkürzen der Front wird daher bei ihm, ganz wie bei mir, etwas Nebensächliches. Recht überlegt, ist überhaupt keine Differenz mehr da, da eine »möglichst enge« Aufstellung das Fechten mit Quincunx-Intervallen offenbar ausschließt und auch die treppenförmige Aufstellung der Karthager überflüssig geworden ist.

Ticinus. Trebia. Trasimenus

4. Die der Schlacht bei Cannä voraufgehenden und nachfolgenden Schlachten und Treffen dieses Krieges brauchen wir nicht im einzelnen zu untersuchen, sondern müssen nur feststellen, daß sie mit unseren aus Cannä gewonnenen Ergebnissen über die römische und punische Taktik der Epoche harmonieren.

Am *Ticinus* schlug die karthagische Reiterei die römische. Die römischen Leichtbewaffneten, die ihre Reiter begleiteten, kamen nicht einmal zum ersten Schleudern ihrer Geschosse, sondern ergriffen die Flucht, weil sie besorgten, von den anstürmenden feindlichen Reitern niedergeritten zu werden.

5. An der *Trebia* werden die Römer ganz ähnlich wie bei Cannä auf beiden Flügeln von der punischen Kavallerie und Leichtbewaffneten umgangen und endlich im Rücken angegriffen. Ein Hinterhalt, den Hannibal gelegt haben soll, soll noch diesen Rückenangriff verstärkt haben. Ein solcher Hinterhalt ist eine taktische Unmöglichkeit: entweder er lag unge-

fähr auf dem Wege, auf dem die Römer anrückten – dann waren diese 2000 Mann für den sehr wahrscheinlichen Fall, daß die Römer sie entdeckten, verloren. Oder aber der Hinterhalt lag erheblich seitwärts, so hatte er keinen Nutzen, da die Karthager durch die Umfassung der römischen Flügel viel schneller herumkamen. Ich halte daher für sicher, daß Polybius hier einer römischen Fabel zum Opfer gefallen ist; bei Cannä hat sich der römische Stolz durch ein ganz ähnliches Histörchen (was manche Historiker noch immer nacherzählen) zu trösten gesucht. Die Hauptsache ist, daß es den Römern, obgleich sie ganz wie später bei Cannä rings eingeschlossen wurden, gelang, nach verschiedenen Seiten durchzubrechen und den größten Teil des Heeres zu retten. Weshalb sie hier so viel besser davonkamen, als nachher bei Cannä, ist aus den Quellen nicht mit Sicherheit zu erkennen. Die allgemeinen Verhältnisse waren für die Römer nicht günstiger, sondern erheblich ungünstiger als bei Cannä. Bei Cannä waren sie numerisch wesentlich überlegen; an der Trebia wenig oder gar nicht. Bei Cannä hatten sie 6000 Reiter gegen die 10 000 karthagischen, an der Trebia nur 4000. Überdies hatten die Punier damals auch noch eine Anzahl Elefanten, die den Angriff der Reiter unterstützten. Dazu kommt, wenn man der Erzählung Glauben schenken will, noch der Hinterhalt der Punier, und endlich schildert Polybius des breiteren, wie die Römer durch den Übergang über die winterkalte, angeschwollene Trebia, wobei ihnen das Wasser bis an die Brust ging, ohne vorher gegessen zu haben, von vornherein physisch geschwächt in den Kampf gingen.

Daß die Römer in dieser Schlacht endlich dennoch günstiger davon kamen, scheint nur darauf zurückzuführen, daß Hannibal hier für die Umfassung bloß Reiter und Leichte bestimmte. Seine eigene Phalanx war also um so viel stärker, trotzdem wurde sie an einer Stelle, wo Kelten und Afrikaner standen, durchbrochen.

Für die sehr schwierigen Einzelfragen der Schlacht verweise ich auf die unten (Kap. 8) noch zu erwähnende ausgezeichnete Arbeit von Jos. Fuchs »Der zweite punische Krieg und seine Quellen Polybius und Livius«. Gegen Fuchs aber neuerdings Beloch in der Hist. Zeitschr. Bd. 114 (1915), der übrigens auch wieder feststellt, daß Kromayer Polybius' Darstellung in Widerspruch mit seiner an anderen Stellen vertretenen Auffassung in der einschneidendsten Weise korrigiert.

6. Die Schlacht am *Trasimenischen See* ist ein Überfall auf dem Marsch. Er zeigt die Sicherheit, mit der die karthagischen Reiterführer ihre Truppen selbständig zu dirigieren verstanden, während die Römer sich nicht zu helfen wußten. An der Trebia waren 10 000, am Trasimenus 6000 Mann durch die punische Umklammerung durchgebrochen, fanden aber nicht den Weg, ihrerseits den noch kämpfenden römischen Heerteilen zu

Hilfe zu kommen, während wir die punischen Heerführer selbständig handeln sehen.

Die Frage, wie Hannibal eigentlich aus Ober-Italien an den Trasimenischen See gekommen ist, schien bisher sehr dunkel, ist aber jetzt, wie ich nicht zweifle, definitiv gelöst durch die Untersuchung von Jos. Fuchs, Hannibal in Mittelitalien, Wiener Studien Bd. 26, Heft 1 (1904). Nicht einverstanden bin ich jedoch mit Fuchs' Darstellung der Schlacht selber, die er nicht als Überfall, sondern als von Flaminius mit Vorbedacht angenommene Feldschlacht auffaßt.

Zur dritten Auflage. Von neuerer Literatur zu dieser Schlacht verzeichne ich noch: Gärtner, Berl. Dissert. 1911. Gröbe, Zeitschr. f. österr. Gymnas. 1911, 7. Heft, S. 590. Caspari, Engl. Historical Rev. 1910 Juli. Reuss, Rhein. Museum 1910. Fuchs, Zeitschr. f. österr. Gymnasien 1911. Sadé, Klio 1909. Konr. Lehmann, Jahresber. d. Philologischen Vereins Bd. 41, 1915.

Auf die Kontroverse selber ist hier keine Veranlassung einzugehen: ich merke nur an, daß, wie namentlich K. Lehmann nachgewiesen hat, Kromayer auch hier sich in starken Widerspruch zu Polybius setzt. Das ist natürlich kein Tadel, sondern soll nur von neuem feststellen, daß Kromayer nicht als Verteidiger der Autorität des Polybius aufgefaßt werden darf.

2. KAPITEL

Das strategische Grundproblem des zweiten punischen Krieges

Erst durch die Feststellung der taktischen Verhältnisse auf beiden Seiten ist die Grundlage für die Betrachtung der Strategie gewonnen. Die Karthager waren der taktisch unbedingt überlegene Teil. Sie hatten einen Feldherrn, die Römer wählten jedes Jahr zwei regierende Bürgermeister, die auch die Armee kommandierten; sie hatten so wenig eine Vorstellung von den Postulaten einer großen Kriegführung, daß sie die Konsuln sich entweder die Legionen teilen ließen oder, wenn sie beisammen waren, beide abwechselnd einen Tag um den andern das Kommando führten. Man hat eine solche Ungeheuerlichkeit einem Hannibal gegenüber dadurch zu mildern gemeint, daß man bloß von dem abwechselnden Vorsitz im Kriegsrat spricht: in Wirklichkeit wäre das eine Verschärfung – denn dann hätte überhaupt nicht ein einzelner, sondern ein Kollegium kommandiert. Man bleibt aber richtiger – obgleich natürlich auch Kriegsrat gehalten ist – bei dem Ausdruck: abwechselndes Kommando. Wie die Feldherren, so das Offizierkorps: bei den Karthagern die in der Schule des Hamilkar Barkas ausgebildeten Berufsoffiziere; bei den Römern kriegerische Bürger von größerem oder geringerem natürlichen Talent. Die karthagischen Generale manövrieren mit den verschiedenen Korps, Infanterie und Kavallerie, nach Bedürfnis; die römischen Legionen können nichts als nebeneinander geradeaus marschieren. Die karthagische Kavallerie endlich ist auch an Zahl der römischen weit überlegen.

Allen diesen Vorzügen des Gegners haben die Römer den einen einzigen einer schier unerschöpflichen Menge kriegerisch tüchtiger und zuverlässiger Mannschaft entgegenzusetzen.[1]

Diese Verschiedenheit der Stärke hüben und drüben bringt ein Verhältnis hervor, das eine gewisse Analogie zu dem Verhältnis der Athener und Spartaner im peloponnesischen Kriege bietet. Lange, lange kann es zu keiner definitiven Entscheidung kommen, weil die Athener zur See, die Spartaner zu Lande die mächtigeren sind, und keiner den andern in seinem Elemente zu packen vermag. Im zweiten punischen Kriege ist der Kontrast nicht so scharf und wird von den Römern auch erst allmählich erkannt: anfänglich fordern sie keck die Feldschlacht heraus, um erst durch eine Reihe furchtbarer Niederlagen belehrt, in andere Bahnen einzulenken. Hannibal aber kannte von vornherein, wie seine Stärke, so auch seine Schwäche.

Wer den Krieg nach dem Grundsatz der Niederwerfung des Feindes führen will, muß imstande sein, nachdem er die feindliche Hauptmacht im freien Felde aufgesucht und geschlagen, den Sieg unablässig, bis zur Belagerung und Einnahme der feindlichen Hauptstadt und endlich, wenn auch das noch nicht zum Frieden führt, bis zur Debellatio zu verfolgen. Dazu war Hannibal zu schwach, und er war sich von Anfang an dessen bewußt, daß er trotz der größten Siege nicht imstande sein werde, Rom selbst zu belagern und einzunehmen.

Bei Cannä hatte er doch nur die kleinere Hälfte der römischen Legionen geschlagen und aufgerieben (8 von 18), und die Römer ersetzen den Verlust sehr bald durch neue Aushebungen; sie ließen nicht einmal die außerhalb, in Sizilien, Sardinien, Spanien stehenden Legionen nach Hause kommen. Unmittelbar nach der Schlacht in Rechnung auf die Wirkung des Schreckens

1 Polybius III, 89, 9.

gegen Rom zu ziehen, hätte Hannibal also keinen Nutzen gebracht und hätte, als nichtige Demonstration verlaufend, die sonstigen moralischen Wirkungen des Cannensischen Sieges paralysiert. Wenn jener berühmte Ausspruch des Reiterführers Maharbal, daß Hannibal zu siegen, aber nicht den Sieg zu benutzen verstehe, wirklich gefallen ist, so beweist es nur, daß der tapfere General ein bloßer Haudegen und kein Feldherr war. Das punische Heer hatte in dem stundenlangen Hinmorden der eingeschlossenen Legionare selber 5700 Tote eingebüßt, daneben also wenigstens 20 000 Verwundete, die erst nach Tagen und Wochen wieder marschfähig wurden. Gleich nach der Schlacht aufbrechend wäre Hannibal mit kaum 25 000 Mann vor Rom angekommen, und einem so kleinen Korps hätten die Römer auch im äußersten Schrecken sich nicht unterworfen.

Später, nach Ausheilung und Ergänzung des Heeres mag Hannibal so viel Mannschaft gehabt haben, daß er, sagen wir mit 50 000 oder 60 000 Mann, die Belagerung Roms hätte ins Auge fassen können. Rom aber war eine sehr große, gutbefestigte Stadt; die, wohl in der Zeit der Samniterkriege erbaute, sog. Servianische Mauer hatte einen Umfang von mehr als einer Meile. Große unbebaute Plätze innerhalb der Umwallung konnten die flüchtige Landbevölkerung aufnehmen. Als große Handels- und Hauptstadt war Rom mit Vorräten aller Art reichlich versehen. Hätte Hannibal die See beherrscht, erst Ostia genommen und sich dann zur See verpflegen können, so möchte es nicht unmöglich erscheinen, mit 50–60 000 Mann an die Belagerung Roms zu denken. Aber hier kommt in Betracht, daß zur See die Römer die stärkeren waren: Hannibal hatte, um sich nicht zu zersplittern, alle Kraft in das Landheer geworfen. Die Belagerungs-Armee hätte sich also vom Lande verpflegen müssen; ungeheure Transporte hätten arrangiert und durch ein ringsum feindliches Land, an zahllosen feindlichen, die Straßen sperrenden Städten und Kastellen vorbei herangeführt werden müssen. Ein sehr großer Teil der punischen Truppen hätte sich diesem

Dienst unterziehen müssen, und jede vereinzelte Abteilung wäre auf Schritt und Tritt den noch im Lande stehenden oder neugebildeten Legionen und Cohorten, römischen wie bundesgenössischen, ausgesetzt gewesen. Der Rest, der für die Belagerung blieb, durch den Tiberstrom geteilt, hätte den Ausfällen der an Zahl weit überlegenen Besatzung schwerlich standgehalten. Die Hauptwaffe der Karthager, die Kavallerie, konnte dabei nichts leisten.

Hannibal wußte sehr wohl, was er tat, als er weder nach dem Siege vom Trasimenus noch nach Cannä auf Rom marschierte. Von Anfang an hatte er ein anderes Mittel der Niederkämpfung des Gegners ins Auge gefaßt.

Außer Stande, die Römer völlig niederzuwerfen, sie als Großmacht zu vernichten, legte er den Krieg darauf an, sie zu ermatten und zu zermürben, bis sie willig wurden, einen Verständigungsfrieden zu schließen. Die Strategie wird zur Politik und die Politik zur Strategie. Nach dem, wie es schien, entscheidenden Siege von Cannä ließ der Punier doch den Römern sagen, es sei kein Krieg um Sein und Nichtsein, den er mit ihnen führe (non internecivum sibi esse cum Romanis bellum; Livius XXII, 58), und bot Friedensverhandlungen an. Die Römer lehnten ab, aber einen Gegner zu einem Ausgleichsfrieden willig zu machen, ist auch ohne große Entscheidungen, zu denen die Römer sich jetzt nicht mehr stellten, möglich, und Hannibal hatte es von Anfang an darauf abgesehen.

Gleich bei seinem Erscheinen in Italien erklärte er, daß er nicht komme, die Völker der Halbinsel zu bekämpfen, sondern sie von der Herrschaft der Römer zu befreien. Nach jeder Schlacht entließ er die gefangenen Bundesgenossen ohne Lösegeld, damit sie in ihrer Heimat das politische Ziel und die Großmut des karthagischen Feldherrn verkündeten. Die römischen Bürger machten kaum ein Drittel der Bewohnerschaft Italiens aus; der Rest bestand aus mehr oder weniger selbständigen Gemeinden und Kantonen, die beschließen konnten, sich der römischen Führung, der sie unterworfen waren, wieder zu entziehen.

Sie stellten zu der gemeinsamen Armee des Bundes selbständige Kontingente. Selbst Gemeinden, die als römische Kolonien gegründet waren, konnten es vielleicht vorteilhaft finden, ihr Schicksal von dem der Mutterstadt zu trennen.

Nach Cannä begann der Abfall in großem Stil. Capua, nach Rom die größte Stadt von Italien, die sogar das römische Bürgerrecht *sine suffragio* besaß, und eine große Zahl von Kantonen und kleineren Städten, endlich auch die dritte Stadt Italiens, Tarent, traten zu Hannibal über; und wie im Norden die Gallier den Karthagern ihre Unterstützung geliehen hatten, so ging auf Sizilien Syrakus auf ihre Seite über. Hätte durch unausgesetzten Druck und Bedrohung Hannibal diese Bewegung in stetem Fluß halten können, so mußte endlich der Moment kommen, wo die Römer ermatteten und Frieden schlossen oder wo die Basis Hannibals in Italien breit und sicher genug wurde, um zur Belagerung Roms schreiten zu können.

Nachdem Polybius die Ereignisse bis zur Schlacht von Cannä erzählt hat, unterbricht er sich, holt erst Dinge aus der griechischen Geschichte nach, und ehe er den punischen Krieg wieder aufnimmt, schiebt er eine Darstellung der römischen Verfassung ein. Diese Anordnung zeigt den wahrhaft großen Historiker. Wie wenig interessieren die abstrakten Formen einer Verfassung und der Usus einer Verwaltung um ihrer selbst willen! Bei Polybius aber beantworten sie die Frage: wie war es möglich, daß ein Staat eine Niederlage wie die von Cannä, nachdem schon die vom Ticinus, an der Trebia und vom Trasimenus vorausgegangen waren, überstand? Die ungeheure Spannung, die jene Ereignisse hervorgerufen, überträgt sich auf den Leser. Diese Frage und diese Antwort sind das Meisterstück der Polybianischen Kunst, denn kein äußerer Kunstgriff ist es, der die Spannung erzeugt, sondern die Natur der Sache selbst, die hier durch die Form zum künstlerischen Ausdruck gebracht ist.

Wir wollen suchen, Polybius nachzuahmen, indem wir der toten statistischen Zahl durch denselben Reflex Leben einhauchen. Wie groß war die Leistung Roms, mit der es dem Genie Hannibals das Gleichgewicht hielt und unter allem Abfall sich mit unzerbrechlicher Kraft behauptete? Die Einzel-Berechnung möge unten folgen, aber die Hauptzahlen, wie sie sich zwar nicht mit völliger, aber doch ausreichender Gewißheit aus der Überlieferung ergeben, sind diese:

Der römische Staat (abgesehen von den Bundesgenossen) hatte bei Ausbruch des zweiten punischen Krieges nach Ausweis der uns überlieferten amtlichen Census-Zahlen etwa eine Million freier Seelen und stellte bei Beginn des Krieges etwa 34 000 Mann zu Lande unter Waffen. Hierzu kommt ein Zuschlag für die Flotte, den wir aber nicht berechnen können, da der bei weitem größere Teil der Besatzung aus Bundesgenossen und Sklaven bestand.

Die 7–8 Legionen des ersten Jahres wurden nun trotz der Verluste von der Trebia und vom Trasimenus im Jahre 216 auf 18 vermehrt und der Etat derer des Hauptheeres auf 5000 Mann Infanterie erhöht. 8 Legionen standen beim Hauptheer gegenüber Hannibal, 2 in Spanien, 2 in Sizilien, 1 in Sardinien, 2 gegen die cisalpinischen Gallier, 2 in Rom als Besatzungs- und Ersatz-Truppen, 1 auf der Flotte; die letztgenannten 8 Legionen werden wir uns als sehr inkomplett vorzustellen haben. Rechnen wir für jeder der Legionen bei Cannä 4800, für die beiden in Spanien je 4000, für die acht anderen je 2500 Mann, so ergibt das rund 66 000 Mann oder reichlich 6½% der freien Bevölkerung. Bringen wir noch die 218 und 217 Gefallenen in Anschlag, so kommen wir auf 7½%.[1]

Da aus den Trümmern des Cannensischen Heeres zwei neue Legionen gebildet wurden, so können wir hier 6 als verloren rechnen; zwei weitere vernichteten bald darauf die Gallier.

1 Für die Flotte mache ich keinen Zuschlag mehr, da man römische Bürger in dieser Zeit sehr wenig auf den Schiffen gelassen haben wird. Da kein eigentlicher Seekrieg stattfand, konnte man sich (außer der Flotten-Legion) mit Bündnern und Sklaven als Besatzung begnügen.

Diesen Verlust war man nicht imstande, voll zu ersetzen, um so weniger, als ganze große Gemeinden von cives sine suffragio (Capua) zum Feinde übergingen. Indem man sogar die Gefängnisse leerte und Jünglinge von noch nicht 17 Jahren einstellte, brachte man zwei Legionen zusammen, und zwei weitere bildete man aus Sklaven, denen die Freiheit versprochen wurde. Rom hatte also wieder 14 Legionen, die in den nächsten Jahren allmählich auf 22 vermehrt wurden, indem man jährlich aus den kriegsfähig gewordenen Jünglingen zwei neue Legionen bildete. Der höchste Stand von 22 Legionen wurde erreicht in den Jahren 212 und 211; die Kopfzahl wird aber erheblich unter derjenigen des Jahres 216 geblieben sein, da der Ist-Bestand jeder einzelnen Legion viel schwächer war. Bis 216 waren die Gefangenen noch nach einem festen Abkommen, das schon im ersten punischen Kriege bestanden hatte, ausgelöst worden. Die Gefangenen von Cannä freizukaufen, lehnte der Senat um des Beispieles willen ab, obgleich Hannibal es anbot, und bildete lieber die Sklaven-Legionen. Sie wurden also in die Fremde verkauft, und noch ein halbes Menschenalter später fanden die Römer so viele ihrer Landsleute als Sklaven in Griechenland, daß, als im Jahre 194 der Konsul Flaminius ihre Freikaufung von den Griechen erbat, die Achäer allein 1200 zurückzugeben hatten[1], und noch sechs Jahre später sollen in Kreta abermals eine große Zahl befreit und in die Heimat zurückgeführt worden sein.[2]

Obgleich der Staat also während des Krieges auf die Bürger, die einmal in die Gewalt des Feindes gefallen waren, verzichtete und sie ihrem Schicksal überließ, werden wir wohl annehmen dürfen, daß, wenn auch nicht von Staatswegen, doch einzeln von den Ihrigen sehr viele Gefangene wieder losgekauft worden sind. Die Sklaven-Händler, die die Gefangenen aus dem karthagischen Lager übernahmen, hatten ja kein Interesse, sie

1 Livius XXXIV, 50.
2 Livius XXXVII, 60.

anders als zum bestmöglichen Preise loszuschlagen, und im Jahre 210 klagen die römischen Bürger über die unerschwinglichen Leistungen: nicht einmal so viel, um sich loszukaufen, sei ihnen übrig geblieben (Livius XXVI, 35). Der private Loskauf aus der Kriegsgefangenschaft war also ein Vorkommnis, mit dem man rechnete. Mag auch auf diese Weise der Verlust von Trasimenus und von Cannä um eine Anzahl Tausende reduziert werden, immer bleibt die Leistung des römischen Volkes beispiellos. Selbst die Leistung Preußens im Jahre 1813 wird nur auf 5½ Prozent der Seelenzahl berechnet, und sie wurde noch nicht 1 Jahr hintereinander in Anspruch genommen. Die Athener haben wohl zeitweilig einen noch größeren Prozentsatz der Bürger als Rom unter Waffen gehabt, aber immer nur für ganz kurze Zeit. Hier aber geschah es, daß jahraus, jahrein und auf ganz entfernten Kriegsschauplätzen fast die gesamte kriegsbrauchbare Mannschaft die Waffen trug. Auch von den Sklaven war ein sehr großer Teil entweder für die Legionen oder für den Schiffsdienst requiriert. Es ist erstaunlich, daß das Wirtschaftsleben und die Finanz-Verwaltung dabei sich haben aufrecht erhalten können. Außer den Steuern wurden Kredite bis nach Abschluß des Friedens, namentlich von den Lieferanten in Anspruch genommen, Sizilien wird sehr scharf ausgepreßt worden sein und eine Münzverschlechterung gab den Schuldnern Erleichterung und machte die Geldmittel flüssiger. Erst die Leistungen des deutschen Volkes im Weltkriege 1914 bis 1918 haben die der Römer noch überboten.

Indem die römische Verfassung in dieser Weise die eigenen Volkskräfte zur Verfügung des Staates stellte, bewährte sich auch der wohldurchdachte Bau der Bundesverfassung, deren Haupt die Tiberstadt war. Wohl fiel ein großer Teil der Eidgenossen ab, ging zum Feinde über oder wurde wenigstens lässig in den Leistungen. Aber alle römischen Kolonien, alle Latiner und eine große Anzahl Griechenstädte hielten fest zu Rom,[1]

1 Der Vorstellung, daß die Furcht vor den wilden Galliern, die einen so großen Teil des punischen Heeres bildeten, die Italiker bei Rom festgehal-

und gerade die Fortschritte, die Hannibal erzielte, veränderten die Bedingungen der Kriegführung. Schon vor der Schlacht bei Cannä, nach den Erfahrungen von der Trebia und vom Trasimenus hatte der Diktator Qu. Fabius Maximus den Krieg unter Vermeidung der taktischen Entscheidung führen wollen. Er stand aber fast allein mit dieser Idee, und man kann es der anderen Partei im Grunde wohl nicht so sehr verdenken, daß sie erst einmal einen Versuch machen wollte, ob es denn nicht möglich sei, den schrecklichen Feind niederzurennen, indem man die doppelte Überlegenheit auf ihn werfe. Die Niederlage führte nunmehr nicht nur auf die Strategie des Cunctators zurück, sondern gab ihr das, was ihr von Cannä noch gefehlt hatte und weshalb sie damals noch nicht hatte durchgesetzt werden können: das positive Ziel. Es liegt in der Natur des Krieges, daß jeder Erfolg, wenn er nicht zu völliger Niederwerfung des Feindes und zum Friedensschluß führt, ein Objekt für Gegenstöße und Rückschläge bildet. Hannibal gelangte, nach Clausewitz' Ausdruck, an den Kulminationspunkt des Sieges. Zu großen Feldschlachten stellten sich die Römer nicht mehr;[1] große Belagerungen zu unternehmen war Hannibal, so lange zahlreiche römische Legionen im Felde standen und ihm die Zufuhr abschneiden konnten, zu schwach. Umgekehrt aber war er selber nicht imstande, zu verhindern, daß die Römer die abgefallenen Städte ihrerseits belagerten, wieder zur Unterwerfung brachten

ten habe, möchte ich doch nicht beipflichten; denn der Abfall nahm in den Jahren 210 bis 211 fortwährend zu, obgleich jene Furcht, so weit sie vorhanden war, immer größer werden mußte.

1 Die zahlreichen Siege, die noch Livius die Römer von 216 bis 203 über Hannibal erfochten haben sollen, sind, wie W. Streit »Zur Geschichte des zweiten punischen Krieges in Italien nach der Schlacht bei Cannä« (Berlin 1887) vortrefflich dargelegt hat, patriotische römische Phantasien, rund herausgesagt, eitel Lügen. Sehr hübsch hat Streit zusammenaddiert, daß Hannibal in all diesen Gefechten von Cannä an 120000 Tote verloren haben soll. Wo es noch zu größeren Gefechten kam, wie bei Herdonea und Njmistro, ist der Sieg den Puniern geblieben. Die angeblichen Siege des Marcellus bei Nola reduzieren sich auf ganz unbedeutende Kämpfe.

und bestraften. Diese Belagerungen sind fortan die Mittelpunkte der Kriegführung. Ein befestigtes römisches Lager zu erstürmen, worin sich die Konsuln bei ihrer Belagerung deckten, reichte die kriegerische Überlegenheit des karthagischen Heeres nicht aus; hier kam der Choc der Kavallerie, das taktische Ineinandergreifen verschiedener Korps und Waffen nicht zur Geltung, und die zähe Tapferkeit der römischen Legionare behauptete das Feld.[1] Die Belagerung und Wiedereinnahme Capuas durch die Römer ist die virtuelle Krisis des Krieges. Ein ganz einzig dastehendes Ereignis in der Kriegsgeschichte: daß die eine Partei eine große, langwierige Belagerung durchzuführen vermag, obgleich die andere die unbedingte Überlegenheit in freiem Felde besitzt – nur erklärlich durch die eigentümliche Kräfteverteilung, daß die Heere nicht gleichartig sind, sondern jede Partei ihre eigentümlichen Forcen hat, die einen in der Kavallerie, die andern in der Masse der Infanterie.

Hannibal soll einen Versuch gemacht haben, die römische Circumvallationslinie zu erstürmen, während die Capuaner einen Ausfall machten. Die Nachricht stammt jedoch aus der Schatzkammer des römischen Siegesbulletins. Ein wirklicher großer abgeschlagener Sturm hätte stärkere Nachwirkungen haben müssen, und Polybius berichtet nichts davon. Hannibal erkannte von vornherein die Unmöglichkeit eines Erfolges – die Römer hatten wohl 40 bis 50 000 Mann in den Verschanzungen – und als es ihm nicht gelang, den Feind zu einer Schlacht herauszulocken, versuchte er es mit einer bloßen moralischen Wirkung. Er zog direkt gegen Rom und kam bis vor die Tore der Stadt. Aber die Römer ließen sich nicht einschüchtern, und Hannibal mußte Latium wieder verlassen. Es kam nichts heraus als ein Verwüstungszug und eine Demonstration, und Capua fiel.

Von jetzt an war es für Hannibal nicht mehr möglich, Rom zu besiegen. Schon vor Capua hatten die Römer Syrakus

1 Ganz so stellt schon Polybius IX, cap. 3 und 4 das Verhältnis dar.

erobert; bald fiel auch Tarent an sie zurück. Statt des weiter und weiter um sich greifenden Abfalles der Italiker, von dem Hannibal seinen endgültigen Sieg erwartet hatte, setzte eine Wiederausdehnung und Neubefestigung der römischen Herrschaft ein. Die Streitkräfte Hannibals aber, von der Heimat aus ungenügend ergänzt, schmolzen allmählich dahin; sogar einige seiner numidischen und spanischen Truppen gingen zum Feinde über. Auf den Nebenkriegsschauplätzen Sizililen, Sardinien, Spanien, wo die Furcht vor dem Genie Hannibals fehlte und die Stärke der Karthager, die Kavallerie, teils weniger vorhanden war, teils nicht zur Geltung kam, schwankte das Kriegsglück. Nachdem schon einmal der größte Teil Spaniens von den Römern eingenommen war, erlitten sie in demselben Jahr, in dem sie Capua zurückeroberten (211), eine vernichtende Niederlage, von der sie sich aber doch wieder erholten, Verstärkungen nachzogen und von neuem zur Offensive schritten. Noch ist nicht abzusehen, wie die letzte Entscheidung ausfallen wird, aber das Übergewicht, das die Karthager in den ersten Jahren des Krieges in den großen Feldschlachten gewonnen, ist ihnen allmählich wieder verloren gegangen, und die Kräfte sind ins Gleichgewicht gekommen. Keiner von beiden Teilen ist in der Lage, eine Entscheidung zu erzwingen. Die Römer wagen die Feldschlacht nicht, und Hannibal kommt nicht so weit, Rom belagern zu können.

Nachdem wir uns den strategisch-politischen Zusammenhang klar gemacht haben, ist es angebracht, zu vergleichen, wie die volkstümliche Erinnerung der Menschheit sich die Dinge zurechtgelegt hat. Ganz richtig verknüpft sie den Umschwung mit dem Namen Capuas, aber mit welcher Motivierung! In dieser üppigen und liederlichen Stadt, heißt es, verweichlichten sich die rauhen Krieger Hannibals und verloren Kraft und Mut. (Livius Buch 23, Kap. 18.) Weshalb die Römer dies unkriegerisch und zuchtlos gewordene Heer doch noch zwölf Jahre in Italien duldeten, kümmert die Legende nicht. Die sachlichen Zusammenhänge sind ihr gleichgültig; sie arbeitet ausschließlich mit Persönlichkeiten und persönlichen Motiven und stellt dabei den wirklichen Zusammenhang völlig auf den Kopf. »Capua« als Bezeichnung für ein verweichlichtes Heer ist in den Metaphernschatz aller gebildeten Völker übergegangen, wie »Xerxes« für das Massenheer, und wird darin verbleiben. Im zweiten punischen Krieg, wo wir Polybius als Quelle haben, unterscheiden wir die Geister ohne Schwierigkeit. Wir haben jenem nacherzählen können, was dem Namen Capuas in diesem Kriege in Wirklichkeit die große Bedeutung gegeben hat, und was in diesem unseren Kapitel gesagt ist, ist in den wesentlichsten Punkten längst Gemeingut der Geschichtsschreibung. Für die Perserkriege, wo uns in Herodot nichts als die Legende vorliegt, war die Scheidung naturgemäß schwieriger.

1. Über den *Zug Hannibals gegen Rom* weichen die Berichte sehr von einander ab, sind aber überhaupt wenig glaubwürdig. Polybius wie Livius legen Hannibal unter, daß er wirklich an die Möglichkeit, Rom zu überumpeln, gedacht habe. Daß Hannibal nicht von vornherein ausgesprochen, er halte selber die Einnahme Roms für unmöglich, ist selbstverständlich; wenn er nicht den Anschein eines ernsthaften Versuches erweckt hätte, hätte er überhaupt keine Wirkung erzielen können, und der Zufall spielt ja manchmal wunderbar. Aber dem Gedanken, eine Stadt wie Rom durch Überraschung zu nehmen, kann sich Hannibal unmöglich hingegeben haben, und er hat, als er ankam, auch nicht einmal den Versuch gemacht. Die Nachricht von seinem Anmarsch war natürlich, da eine große Armee sich immer nur langsam bewegt, schon tagelang vor ihm in Rom, und es war auf jeden Fall Zeit genug, die Mauerverteidigung zu organisieren. Selbst wenn gar keine Feldtruppen in der Stadt gewesen wären, so hätten vorläufig die seniores dafür genügt.

Wenn uns also Polybius erzählt, daß er völlig unerwartet vor Rom erschienen sei und die Stadt nur dadurch gerettet wurde, daß zufällig gerade die Mannschaften von zwei neu ausgehobenen Legionen sich stellten, so ist das die natürliche Übertreibung, in der der ungeheure Schreck der Römer seinen Ausdruck gefunden und auch noch nachträglich behalten hat. Cantalupi[1] hat wahrscheinlich gemacht, daß sich auch die beiden älteren legiones urbanae noch in der Stadt befanden, im ganzen also vier

1 Studi di Storia antica pubblicati di Giulio Beloch, I, 34.

Feldlegionen, darunter zwei unausgebildete, für die Verteidigung zur Verfügung standen. Der Vorwurf, den Streit in seiner sonst trefflichen Schrift[1] gegen den römischen Senat erhebt, daß er die Hauptstadt ohne Garnison gelassen, während Hannibal nicht fern war, ist also nicht gerechtfertigt.

Livius gibt überdies an, daß man, frühzeitig von der Bewegung Hannibals unterrichtet, von der Capuanischen Belagerungsarmee ein Korps unter Fulvius herangezogen habe, das mit den Puniern gleichzeitig angelangt sei, und ich sehe keinen Grund, diese Nachricht anzuzweifeln.

Nach beiden Autoren besetzen die römischen Truppen nicht bloß die Mauern, sondern rücken vor die Tore und stellen sich den Puniern zu offener Feldschlacht. Das ist eine offenbare römische Erdichtung. Eine offene Feldschlacht, in der ihm der Sieg noch nie gefehlt hatte, unmittelbar vor den Toren Roms, hätte dem karthagischen Feldherrn nicht nur den höchsten Lorbeer, sondern auch eine wirkliche Aussicht geboten, mit den geschlagenen Römern zugleich in die Tore einzudringen und Rom gegen alle rationelle Berechnung zu nehmen. Eine solche Schlacht sollte Hannibal nicht angenommen haben? Zweimal standen sich die Heere gegenüber und beide Male trennte ein Platzregen die Kampfbegierigen – nach Livius. Da erkannte Hannibal, daß die Götter gegen die Schlacht seien. Nach Polybius aber scheute Hannibal sich vor der unvermutet großen Zahl der römischen Krieger und stand von dem geplanten Angriff ab. Mit Wundern gibt Polybius sich nicht ab, aber er hätte in der Kritik der römischen Legende noch einen Schritt weitergehen und die ganze Aufstellung vor den Mauern streichen sollen. Daß es eine Aufstellung zur Schlacht gewesen sei, sagt er übrigens auch nicht ausdrücklich; man könnte etwa auch an eine vorgeschobene feste Stellung denken.

Das Korps des Fulvius, das die Römer von der Capuanischen Belagerungsarmee herangezogen hatten, hatte diese nicht so sehr geschwächt, um einen Angriff auf sie aussichtsvoll zu machen. So mußte Hannibal den Rückzug antreten und Capua seinem Schicksal überlassen.

2. *Die Anspannung Roms*

Mit welchen Kräften Rom den zweiten punischen Krieg geführt hat, kann einigermaßen daraus berechnet werden, daß wir für eine Reihe von Jahren bei Livius Angaben über die Zahl der vorhandenen Legionen haben, die den Stempel einer amtlichen Aufzeichnung tragen. Welche Stärke die Legionen hatten, wie weit sich der Istbestand vom Sollbestand entfernte, wieviel Bundesgenossen oder Söldner noch hinzukamewn, wieviel Schiffsvolk mitzuzählen ist, darüber haben wir wenig Anhaltspunkte. Überdies stimmt

1 Z. Gesch. d. zweiten pun. Krieges. S. 35.

die Zahl der angegebenen Legionen öfter nicht mit den Zahlen, die man erhält, wenn man die einzeln namhaft gemachten zusammenaddiert, so daß bei der Berechnung Fehler unterlaufen sein müssen. Trotzdem läßt sich bei sorgfältiger Vergleichung und Abschätzung aller Einzel-Daten wohl ein annähernd richtiges Resultat gewinnen. Die beste Grundlage bietet wieder Beloch außer seinem Buche in dem Nachwort, das er der Abhandlung von Cantalupi zugefügt hat (Studi di Storia antica I p. 42), wodurch die ältere Untersuchung von SCHEMANN, »De legionum per alterum bellum Punicum historia« (Bonner Dissertation 1875) überholt ist.

Den sechs Legionen, mit denen Rom den Krieg nach Livius begann, sind noch hinzuzuzählen Besatzungstruppen in Sizilien, Sardinen und Illyrien, die zusammen auch auf 1–2 Legionen zu schätzen sind, so daß im ganzen etwa 34 000 Mann zu Lande unter Waffen waren.

Über die Komplettierung des Heeres nach Cannä enthalten die Quellen Widersprechendes. Der Fehler ist aber zu erkennen und auszuscheiden.

Livius XXII, 57 erzählt erst, daß 4 Legionen, zum Teil aus praetextatis ausgehoben seien, dann die Aushebung von 8000 Sklaven. XXII, 14 berichtet er weiter, daß 6000 Verbrecher und Schuldgefangene eingestellt worden seien. Das ergäbe im ganzen 7½ Legionen zu den 10 noch vorhandenen. Im nächsten Jahre aber hören wir von ihm (XXVI, 11), daß, um 18 Legionen zu erreichen, 6 neue gebildet worden wären. Man fragt: woher sind die Männer dazu gekommen, da man im Jahre vorher schon zu Sklaven, Sträflingen und Unerwachsenen die Zuflucht genommen hatte?

Wären die Legionen aber wirklich gebildet worden, so hätte man ja nicht 18, sondern 23–24 gehabt. Diese Legionen sind also entweder ganz oder zum Teil Doublette: sie umfassen alle die Truppenteile, die überhaupt nach Cannä noch im Jahre 216 und 215 errichtet worden sind. Die Reihenfolge wird die gewesen sein, daß zunächst aus Sträflingen, Resten der vorhergehenden Aushebung und Prätextaten zwei Legionen formiert wurden, zwei aus Sklaven; und die beiden letzten erst im nächsten Jahr, 215, als wieder ein Jahrgang etwas reifer geworden war. Diese aus den ganz jungen Leuten gebildeten Legionen sind die urbanae, die im ersten Jahr in der Stadt bleiben, um ausgebildet zu werden und zugleich der Hauptstadt als Besatzung zu dienen.

Von den überlieferten Zahlen der Legionen will Beloch streichen 1) eine Legion auf Sardinien seit 215, wo die Insel nicht mehr bedroht war und 2 Legionen zu viel gewesen wären, 2) 2 Legionen an der gallischen Grenze als Doublette; dieselben nicht existenten Legionen erscheinen auch vor Capua; 3) die legiones urbanae. In den beiden ersten Punkten, namentlich dem zweiten, stimme ich ihm zu, bezüglich der legiones urbanae aber nicht. Beloch beruft sich darauf, daß die Erzählung des Polybius

(IX, 6,6) von der Bedrohung Roms durch Hannibal im Jahre 211 die Voraussetzung, daß die Stadt eine ständige Garnison gehabt habe, ausschließe. Das ist richtig, aber diese Erzählung selbst ist legendär und kann gegenüber der wiederholten ganz bestimmten Aussage des Livius nicht als beweisend angesehen werden. Sehr gut über die legiones urbanae in ihrer dreifachen Eigenschaft als Ersatz-, Garnison- und Rekruten-Legionen, von welchen Eigenschaften bald die eine, bald die andere vorwog, handelt STEINWENDER, Philologus Bd. 39, S. 527.

Nach der Einnahme von Syrakus und Capua (211) trat eine kleine Reduktion der Armee ein. Die ältesten Jahrgänge wurden entlassen und einige Legionen aufgelöst. Als Hasdrubal aus Spanien nahte, im Jahre 207, wurden abermals Sklaven in die Legionen eingestellt, und nach dem Siege am Metaurus traten wieder Reduktionen ein.

Für die Menge der römischen Bürger haben wir die überlieferten Zensurzahlen und die von Polybius aufbewahrten Zahlen der Wehrfähigen aus dem Jahre 225. Von den verschiedenen Auslegungen, die diese Zahlen erfahren haben, habe ich mich in der ersten Auflage derjenigen von Beloch angeschlossen und bin auf Grund dessen zu dem Ergebnis gekommen, daß das militärische Aufgebot nicht weniger als 9½% der Bevölkerung betragen habe. Zu demselben Ergebnis ist ED. MEYER gekommen in Conrads Jahrbüchern Bd. 70 1897, S. 59) und in dem Artikel »Die Bevölkrung im Altertum« im »Handwörterbuch der Staatswissenschaften«. »Im Hannibalschen Kriege«, heißt es hier, »haben jahrelang über 20 Legionen, d. i. mindestens 70 000 Mann, ohne die Bundesgenossen unter Waffen gestanden, d. i. nahezu 30% der erwachsenen männlichen und fast 10% der gesamten freien Bevölkerung.«

Seitdem hat nun NISSEN, »Italienische Landeskunde« Bd. II, Einleitung § 9, die Untersuchung von neuem aufgenommen und ist auf die Meinung Mommsens zurückgekommen, wonach die überlieferten Zensuszahlen nicht die ganze Bürgerschaft, sondern nur die tabulae juniorum wiedergeben. Dies sowie einige andere Korrekturen führen NISSEN dazu, die Bevölkerung Italiens zu Hannibals Zeit etwa doppelt so hoch wie Beloch, auf 7 Millionen, anzusetzen. Hierauf hat Beloch in einem Aufsatz in der KLIO (Bd. III, S. 471, 1903) eingehend geantwortet und seine Auffassung mit m. E. durchschlagenden Gründen verteidigt; höchstens bis zu 5 Millionen Seelen für die Halbinsel gesteht er zu. Der schwache Punkt Nissens ist, daß er die Differenz zwischen dem letzten vorliegenden republikanischen Zensus, v. J. 70/69 – 910 000 civium capita, nicht in Harmonie zu bringen vermag mit dem Zensus des Augustus v. J. 28, der 4 063 000 ergibt.

Nissen will (S. 118), daß in die 4 Millionen eingerechnet seien erstens alle Männer vom Eintritt der Mündigkeit ab, zweitens selbständige Frauen, drittens begüterte Waisen. Aber es ist klar, daß diese Modifikation der Zählart die Zahlen der juniores noch lange nicht hätte verdoppeln können; ebensowenig reicht natürliche Vermehrung und Bürgerrechtsverleihung aus, um die Differenz zu decken. Es gibt keine andere Erklärung als diejenige Belochs, wonach seit Augustus nicht nur die Männer, sondern die Seelen gezählt wurden,[1] und wenn dem so war, so geben die alten Zensuszahlen nicht bloß die juniores, sondern alle Männer.

Die Nachprüfung der Kontroverse hat mich jedoch an einem Punkt, wo ich schon in der ersten Auflage gewisse Zweifel geäußert habe und wo auch Beloch jetzt eine Konzession macht, zu einer wesentlichen Modifikation meiner Ansätze geführt. Es betrifft die numerische Stärke des römischen Heeresaufgebotes, welches ich gemäß der Zahl der Legionen, die als annähernd komplett angesehen wurden, im Jahre 216 auf 83 000 Mann zu Lande berechnete, eine Stärke, die annähernd einige Jahre nach der Schlacht bei Cannä durch fortwährende Einstellung der Jungmannschaften von neuem erreicht wurde. Rom hatte im Jahre 216 achtzehn, im Jahre 212/211 einundzwanzig (oder gar dreiundzwanzig) Legionen in Waffen.

Auch Beloch bekannte sich früher (Bevölkerung S. 383) zu der Ansicht, »daß zwischen 214 und 203 gegen 20 römische Legionen in Waffen gestanden haben, ist eine Tatsache, die sich in keiner Weise bestreiten läßt«. Jetzt will er, gestützt auf Polybius VIII, 3, die 20 (oder sogar 22 bis 23) Legionen für Renommisterei der römischen Annalisten erklären und meint er, daß Rom nicht mehr als acht Legionen im Felde gehabt habe, wovon nur vier in Italien. Das ist nun eine offenbare Entgleisung. Polybius sagt keineswegs, daß Rom acht Legionen im Felde gehabt habe, sondern er sagt, daß es in Italien zwei Heere unter der Führung der Konsuln gehabt habe und daß er darunter Zwei-Legionen-Heere verstanden habe, ist nicht nur nicht gesagt, sondern es wird direkt ausgeschlossen dadurch, daß er das Wort στρατόπεδον auch auf das Flottenkommando des Publius Scipio in Spanien bezieht. Wie wäre es auch möglich gewesen, daß die Römer mit bloß vier Legionen Capua wiedergenommen hätten, da Hannibal in den Jahren nach Cannä doch sicherlich noch über ein Heer von 40–50 000 Mann verfügte? Auch gehen die bei Livius genannten Legionszahlen offenbar auf eine offizielle Aufzeichnung zurück, und die Erzählung über die Aushebung aus dem Jahre 212, auf die wir gleich noch kommen werden, trägt durchaus den Stempel der Glaubwürdigkeit. Dennoch hat Beloch einen richtigen Instinkt gehabt und mit einigen leichten Korrekturen darf seine Ansicht angenommen werden und kann noch durch andere sehr wuchtige Beweismittel unterstützt werden.

1 In der ersten Auflage habe ich die Einwendungen Kornemanns in den »Conradschen Jahrbüchern«, N. F. Bd. 14, S. 291 (1897) mit eingehenderer Begründung zurückgewiesen (hier nicht wieder abgedruckt).

Wenn die zweiundzwanzig Legionen richtig wären, fragt Beloch, weshalb hat uns Polybius dann in dem Kapitel VIII, 3, wo er doch den Umfang der römischen Rüstungen eben in diesen Jahren schildern will, die Zahl der Legionen nicht genannt? Er wird es deshalb nicht getan haben, weil ein großer Teil dieser sogenannten Legionen kleine Körper von Garnisontruppen waren, die nur die Liebe der Römer für große Worte mit dem stolzen Legionsnamen geschmückt hat. Ich habe keinen Zweifel, daß uns in diesem Satz ein Erkenntnis erschlossen ist, die eine ganze Reihe von Schwierigkeiten gleichzeitig verschwinden macht. Den strikten Beweis vermögen wir zu führen an den legiones urbanae.

In den Jahren 215 bis 212 bildet Rom jährlich zwei neue Legionen, die in Rom selbst ausgebildet wurden und zugleich die Garnison der Hauptstadt bildeten, und bringt auf diese Weise die Zahl von 14 Legionen, mit denen man ins Jahr 215 eingetreten war, allmählich auf 22. Bei der Heeresergänzung nach der Schlacht bei Cannä war die disponible Mannschaft völlig erschöpft, so daß man dazu schritt, Schuldgefangene und Sklaven einzustellen. Wenn man nun weiter in den nächsten vier Jahren immer wieder zwei neue Legionen aufstellte, so stand dazu nur der neu ins achtzehnte Lebensjahr eingetretene Jahrgang zur Verfügung. Nach unsern Begriffen sind die Römer damit auf ein Lebensalter zurückgegangen, welches im allgemeinen noch nicht als kräftig genug zum soldatischen Dienst, geschweige denn zum Felddienst gelten kann. Praktisch wird es nicht so gewesen sein. Die Römer hatten keine Geburtsregister; das Alter der jungen Leute war also nicht so sicher zu bestimmen, und es mag oft genug vorgekommen sein, daß Unlustige ihr Alter zu gering angaben, um sich dem Dienst noch auf ein oder zwei Jahre zu entziehen. Dem wurde ein Riegel vorgeschoben, indem man schon die Siebzehnjährigen für stellungspflichtig erklärte, denn das hieß mit anderen Worten, daß die Aushebungsbehörde jeden, der ihr körperlich genügend entwickelt schien, nehmen konnte und den Einwand, der Ausgehobene habe noch nicht das gesetzliche Alter, der bei achtzehn bis zwanzig Jahren leicht gewesen wäre, nicht zu besorgen brauchte.

Die Zahl der erwachsenen männlichen Bürger betrug damals etwas über 270 000, wovon etwa 25 000 für die abgefallenen Capuaner abzurechnen sind. Der Jahrgang der Siebzehnjährigen beträgt im Deutschen Reich 3,13, in Frankreich 2,45% aller über 17 Jahre alten Männer.[1] Der Altersauf-

1 Nach der Volkszählung vom 1. Dezember 1900 betrug die Anzahl der über 17 bis unter 18 Jahre alten Männer im Deutschen Reiche 525 582 und die Anzahl aller über 17 Jahre alten Männer 16 806 581, vgl. Statistik des Deutschen Reichs Bd. 150 S. 118 ff. Nach der Volkszählung am Anfange des Jahres 1901 betrug in Frankreich die Anzahl der über 17 bis unter 18 Jahre alten Männer am 1. Januar 1901 330 318 und die Anzahl aller über 17 Jahre

bau der römischen Bürgerschaft war vermutlich demjenigen Frankreichs ähnlicher als dem Deutschlands; nehmen wir den Jahrgang der Siebzehnjährigen 2¾% stark an, so zählte es 6740 Köpfe, oder sagen wir, um sicher zu gehen, 7000 bis 7500. Davon gehen ab die Untauglichen. In Deutschland schwankt heute der Prozentsatz der bei der Rekrutierung für tauglich erklärten zwischen 52,7% (1898) und 59,9% (1896). Hierzu kommt jedoch die große Zahl derjenigen, die nur ganz kleine Fehler haben, der Ersatzreserve zugeschrieben werden und im Kriegsfalle zur Eisntellung gelangen würden. Die Zahl der völlig Untauglichen hat im letzten Jahrzehnt nur geschwankt zwischen 8,5% (1903) und 6,9% (1904). Auf Rom übertragen stellt danach ein Jahrgang rund 6500 kriegsbrauchbare Rekruten, wahrscheinlich weniger. Davon gehen ab die Unabkömmlichen. Livius erzählt uns (XXIV, 18), wie im Jahre 214 die Listen der juniores revidiert und 2000 Mann gefunden worden seien, welche in den letzten vier Jahren nicht gedient hatten, ohne sich auf rechtmäßige Befreiung oder Krankheit berufen zu können (qui quadriennio non militassent, quibus neque vacatio iusta militae neque morbus causa fuisset). Also auch in dieser Zeit gab es außer der Krankheit rechtmäßige Dispense, und der Zusatz *quadriennio* in Verbindung mit der späteren Vorschrift, daß der Mann zu 16, im Notfall zu 20 Feldzügen verpflichtet sei, läßt darauf schließen, daß eine gewisse Abwechslung stattgefunden hat, mit anderen Worten, die wirtschaftliche Unabkömmlichkeit, darauf hat Nissen mit Recht hingewiesen, hat bei den Aushebungen eine erhebliche Rolle gespielt, eine erheblichere, als auch ich früher in Rechnung gesetzt habe.

Annähernd die gesamten Männer vom siebzehnten bis zum sechsundvierzigsten Jahr in den Krieg zu führen, ist immer nur für wenige Tage möglich. Auf den kleinen Bauernhöfen, auf denen doch die große Masse der römischen Bevölkerung saß, mußte ein arbeitsfähiger Mann notwendig gelassen werden, oder allerwenigstens mußte auf einem Nachbarhof ein aushelfender Verwandter sein, wenn nicht Hungersnot und völliger wirtschaftlicher Zusammenbruch die Folge sein sollten. Das ist natürlich auch den Siebzehnjährigen zugute gekommen und ihnen ganz besonders, da man oft den Vater, der ein ausgebildeter Krieger war, hätte nach Hause gehen lassen müssen, wenn man der Bäuerin den heranwachsenden Sohn, der ihr zur Hand ging, genommen und an dem man einen bloßen Rekruten statt des ausgebildeten Kriegers gewonnen hätte. Wirtschaftlich und familiär freilig mag auch ein solcher Austausch gerade erwünscht gewesen sein; im Interesse der Kriegführung aber lag er nicht. Diese Auffassung

alten Männer 13 456 430, vgl. Résultats statistiques du recensement de 1901 tome IV, p. 58.

wird bestätigt durch die Erzählung bei Livius (XXV, 3), daß im Jahre 212 außer den beiden neuzubildenden Stadtlegionen für die älteren in Italien stehenden Legionen Ergänzungsaushebungen beschlossen worden seien. Einen solchen Beschluß konnte man nur fassen, wenn die vorhergehenden Jahre von den vorhandenen Rekruten einen guten Teil übrig gelassen hatten. Zwar berichtet uns Livius weiter, daß tatsächlich die Rekruten für die Ausführung jener Beschlüsse nicht zugereicht hätten und daß man deshalb Nicht-Siebzehnjährige (d. h. solche, die sich für noch nicht 17jährig ausgaben), die die genügenden Kräfte zeigten, eingestellt hätte. Aber da der Ersatz für die alten Legionen, die jahrelang vor dem Feinde gestanden hatten, doch wenigstens 5000 bis 8000 Mann in Anspruch nahm, wenn er etwas bedeuten sollte, so war der Bedarf so groß, daß man auf alle Fälle mit sehr erheblichen Resten aus den letzteingestellten Jahrgängen gerechnet haben muß. Wir haben also von den etwa 6500 kriegsbrauchbaren Rekruten, die vorhandenen waren, für die tatsächliche Einstellung noch einen sehr erheblichen Abstrich zu machen, und da zwei Legionen mit der Reiterei in der Normalstärke 9000 Mann verlangten, so folgt, daß diese Legionen von vornherein weit unter der Normalstärke organisiert und, da sie bei der großen Jugend der Rekruten großen Abgang hatten, wohl schwerlich auch nur die Hälfte des Normalen zählten, wenn sie ins Feld rückten.

Das wirkt zurück auch auf die anderen Legionen. Wenn man sich in Rom einmal gewöhnt hatte, Körper, die schon bei ihrem Ausrücken vielleicht nur 2000 Mann zählten, als Legion zu bezeichnen, so sind wir nicht mehr genötigt, bei den Feldlegionen stets die annähernde Normalstärke vorauszusetzen; im Gegenteil, wir werden von vornherein uns veranlaßt fühlen, namentlich bei den Truppen, die schon länger im Felde standen, einen sehr erheblichen Abschlag zu machen, und Polybius wußte was er tat, wenn er die Zahl der Legionen als Maßstab für das römische Heeresaufgebot überhaupt nicht verwertete.

Das Heer, das Hadsrubal im Jahre 207 seinem Bruder zu Hilfe über die Alpen führte, war gewiß nur sehr mäßig groß; ebenso war Hannibals Streitmacht sicherlich bereits sehr zusammengeschmolzen. Weshalb wären die Römer vor diesen beiden Heeren in so großer Besorgnis gewesen, wenn sie um die zwanzig wirkliche Legionen im Felde gehabt hätten? Weshalb mußte Nero seinen berühmten heimlichen Marsch zur Verstärkung des Nordheeres machen, wenn die Römer zwei wirkliche Legionen in Etrurien, zwei in Rom, eine bei Capua und außer der Feldarmee noch vier in Unter-Italien gehabt hätten?

Während ich früher annahm, daß die zweiundzwanzig Legionen etwa 80 000 Mann stark gewesen wären, glaube ich jetzt auf 50–60 000 heruntergehen zu können und zu müssen. Die Frage ist, ob auch für die achtzehn Legionen des Jahres 216, bei denen ausdrücklich berichtet wird, daß der Etat derjenigen beim Hauptheere auf 5000 Mann erhöht wäre, einen größeren Abstrich erleiden müssen, als wir ihn bisher angenommen. Natürlich waren sie dem Normalen erheblich näher als die Legionen der späteren Heere, und besonders die acht Legionen, die bei Cannä fochten und die beiden in Spanien werden annähernd komplett gewesen sein; bei den acht andern aber werden wir das nicht mehr anzunehmen brauchen, da die Aufgaben, die ihnen zugewiesen waren, tatsächlich nur mäßig starke Garnisontruppen verlangten. Setzen wir also für die zehn Hauptlegionen 45–47 000 Mann an, so wird doch das Gesamtaufgebot nicht mehr als etwa 66 000 Mann betragen haben.

Unsere Rechnung führt also jetzt auf etwa 6½% der Bevölkerung und mit Einschluß der Verluste 7½% als Maß der militärischen Anspannung, während wir früher auf 9½% kamen. Ich gestehe aber, daß ich gegen diese Zahl im Herzen schon immer Bedenken gehabt habe und sie nur niederschrieb, weil sich eben gegen die Berechnungen nichts machen zu lassen schien. Selbst 5% jahraus, jahrein, nach den enormen Schlachtverlusten ist schon eine so ungeheure Anspannung, daß wir vollauf damit zufrieden sein könnten und die Klagen der römischen Bürgerschaft, die uns reichlich genug überliefert werden, wohl verstehen können.

Soweit die römische Bürgerschaft in Betracht kommt, ist uns, wie wir sahen, das Kriegsaufgebot ziemlich genau bekannt. Die römischen Bürger machten aber nur ein Drittel der freien Einwohner der ganzen Eidgenossenschaft aus. Die Kriegslast war so verteilt, daß die Bundesgenossen zum Landheer ein etwas stärkeres Kontingent als Rom und außerdem den Hauptteil der Flotte stellten (socii navales). Hier hat nun unser Wissen ein Ende, wie viel von dieser Verpflichtung tatsächlich ausgeführt und nicht ausgeführt worden ist. Ein Teil der Bundesgenossen ging nach Cannä direkt zu den Puniern über; aber auch diejenigen, die den Römern treu blieben, werden schwerlich alle ihre Kräfte in derselben Weise angespannt haben, wie die Römer selbst, und jedenfalls konnte bei dem Abfall so vieler der Satz, daß die Hälfte jedes Heeres von den Bundesgenossen gestellt werden solle, nicht aufrecht erhalten werden. Wie groß also tatsächlich die römischen Heere nach Cannä waren, wissen wir nicht, da die Quellen Angaben über die Stärke der jedesmaligen Bundesgenossen nicht bringen, und das ist für die Beurteilung der späteren Feldzüge, namentlich desjenigen von 207, ein wesentlicher Mangel.

Zur dritten Auflage. Das Problem ist, seit das Vorstehende geschrieben wurde, mehrfach nachgeprüft worden, besonders von Beversdorff, Die Streitkräfte der Karthager und Römer im 2. pun. Kriege. Berl. Dissert. 1910;

Kromayer, Antike Schlachtfelder III, 476; Ed. Meyer, Sitz.-Ber. der Akad. 1915, 948. Kromayer will die Zahl der römischen Bürger wesentlich erhöhen durch die Annahme, daß in den Zensus-Zahlen die Männer über 60 Jahre ausgeschlossen seien und durch einige andere Korrekturen der Überlieferung. Nichtsdestoweniger stimmt er mit mir dahin überein, daß sehr viele von den bei Livius überlieferten Legionen zwar vorhanden, aber weit unter dem normalen Bestande gewesen seien. Wenn er dabei meint, daß ich zwischen konsularischen und Garnison-Legionen zu stark unterschiede, so beruht das auf Mißverständnis; ich pflichte in diesem Punkt seiner Darstellung völlig bei. Dahingegen seiner Annahme, daß die mehr als 60jährigen Männer nicht in den Censuszahlen enthalten seien, möchte ich nicht zustimmen, und die Vorstellung, daß 216 der Bestand an einziehbaren Bürgern so gut wie vollständig erschöpft gewesen sei, möchte ich festhalten. Denn wenn auch noch eine gewisse Anzahl kriegsverwendungsfähiger Männer zwischen 17 und 46 tatsächlich vorhanden waren, so werden doch die meisten von ihnen so unabkömmlich gewesen sein, daß man sie auch in dieser äußersten Not nicht einziehen konnte und lieber die Sklavenlegionen bildete. Ich möchte also bei meinen Ansätzen bleiben und sie nur insofern etwas mildern, als ich Kromayers Hinweis akzeptiere, daß im Winter viele Beurlaubungen, auch von ganzen Legionen stattgefunden haben.

Ed. Meyer hat seine früheren Ansätze insofern modifiziert (1915) als er das Landheer etwas heruntersetzt, dafür aber auch unter der Besatzung der Flotte etwa ein Drittel, das ist etwa 18 000 römische Bürger, voraussetzt. Da ich annehme, daß dieser Ansatz sehr viel zu hoch ist und auf der Flotte in dieser Zeit nicht viel mehr als das Kommando national-römisch war, so darf ich bei meinen Ansätzen, daß das Gesamtaufgebot an römischen Bürgern im Jahre 216 66 000, in den folgenden Jahren 50–60 000 Mann betragen habe, verbleiben.

Die englische United service Gazette veröffentlichte 1905 (Nr. 3787) eine Berechnung über die Stärke der englischen Wehrmacht in der Napoleonischen Zeit. Danach zählte sie 1805 bei einer Einwohnerzahl von weniger als 17 Millionen rund 800 000 Mann. Über die Leistungen der Völker im Weltkrieg 1914–1918 liegen amtliche Berechnungen noch nicht vor. Die Leistung des deutschen Volkes wird wenigstens das Doppelte der Leistung Preußens im Jahre 1813 betragen haben.

3. KAPITEL

Rückblick auf die strategische Einleitung des Krieges

Von dem nunmehr gewonnenen Punkt der Erkenntnis aus wollen wir noch einmal an den Anfang zu der beiderseitigen Einleitung des Krieges zurückkehren. Joseph Fuchs hat darüber vor kurzem ausgezeichnete Studien veröffentlicht,[1] denen ich mich im wesentlichen anschließe.

Hannibal nahm den Weg zu Lande, weil dieser Weg ihn zu demjenigen Volke führte, das bereit war, sich mit ihm sofort

1 *Der zweite punische Krieg und seine Quellen Polybius und Livius* nach strategisch-taktischen Gesichtspunkten beleuchtet. Die Jahre 219 und 218, mit Ausschluß des Alpenüberganges. Ein Versuch von Joseph Fuchs, k. k. Professor in Wiener-Neustadt Wiener-Neustadt, 1894. In Kommission bei: Carl Blumrich. Wiener-Neustadt; M. Perles, Wien; Th. Thomas, Leipzig.

Hannibals Alpenübergang. Ein Studien- und Reiseergebnis von Joseph Fuchs, k. k. Professor in Wiener-Neustadt. Mit zwei Karten und einer Abbildung. Wien. Bei Carl Konegen. 1897.

Die Frage des Passes, den Hannibal bei seinem Alpenübergang benutzt hat, gehört nicht in den Rahmen dieses Buches, da wesentliche strategische oder taktische Folgerungen sich aus der Verschiedenheit der Wege nicht ergeben. Fuchs hat sich für den Mont Genêvre entschieden. Konrad Lehmann, »Die Angriffe der drei Barkiden auf Italien« (1905) ist wieder mit sehr eingehender Begründung für den Kleinen Sanct Bernhard eingetreten. Seitdem ist auch noch der französische Genie-Kapitän Colin mit einem Werk »Annibal en Gaule« (1904) auf den Plan getreten. Allgemeine Zustimmung hat noch keine der verschiedenen Hypothesen zu finden vermocht.

gegen die Römer zu verbinden, den Galliern. Wäre er etwa von Afrika zunächst nach Sizilien übergesetzt, so wäre er lange auf sich allein angewiesen geblieben. Jede Seeexpedition aber war überdies dem Angriff der überlegenen römischen Seemacht ausgesetzt, und eine Transportflotte, groß genug, die 10 000 Pferde der Armee zu befördern, war sozusagen gar nicht zu beschaffen. Dies ist wohl der letzte ausschlaggebende Gesichtspunkt; denn von vornherein mit der unbedingt überlegenen Kavallerie einzusetzen und dadurch die erste Schlacht zu gewinnen, darauf war ja alles weitere aufgebaut.

In der Zuversicht, daß er sich in Italien selbst eine neue Basis verschaffen werde, verzichtete Hannibal deshalb auf die dauernde Verbindung mit der Heimat, beschränkte die Flotte auf das Notdürftige, verwandte statt dessen alle Mittel auf das Landheer und versah sich auch beim Ausmarsch mit einer wohlgefüllten Kriegskasse. Wenn er nicht die wirkliche Überlegenheit zur See hatte, nützte ihm eine mittelstarke Flotte weniger als das bare Geld, mit dem er seine Söldner regelmäßig auszahlen und bei den Galliern wie in Italien auftreten konnte, ohne den zu erwartenden Bundesgenossen gleich gar zu sehr zur Last zu fallen. Mit Recht hebt Polybius deshalb hervor (III, 17, 10), daß Hannibal auch Geld mitgenommen habe auf seine Expedition.

Weniger deutlich als der Gedankengang Hannibals tritt uns die Auffassung der Römer entgegen, so daß man, bis auf Fuchs, kaum etwas anderes als eine unbegreifliche und ganz unrömische Unentschlossenheit und zweckloses Zaudern darin zu entdecken vermochte.

Weshalb haben die Römer nicht von Anfang an die Offensive ergriffen und den Krieg nach Spanien getragen, womöglich während noch Hannibal mit der Belagerung Sagunts beschäftigt war?

So wie sich nachher die taktische Überlegenheit der Karthager bei Cannä offenbart hat, wäre jedes noch so große Heer, das die Römer ihm nach Spanien entgegenschickten, dort seine leichte Beute geworden. Hier war der Punier ja noch viel stärker als in Italien.

Hätte man statt dessen sofort einen großen Angriff gegen Karthago selbst unternommen, so hätte Hannibal, von Spanien herüberkommend oder auch nur detachierend, auch diesem Heer das Schicksal des Regulus im ersten Kriege bereitet.

Noch schlimmer, wenn die Römer gar ihre Kräfte teilten, Spanien und Afrika gleichzeitig angriffen und beide Expeditionen nacheinander dem Angriff der punischen Gesamtmacht aussetzten. Daran, daß etwa Karthago genommen werden könne, während Hannibal noch mit dem römischen Korps in Spanien schlug, war natürlich nicht zu denken. Karthago war eine gewaltige Festung, deren Belagerung Jahre in Anspruch nahm, und Hannibal hätte mit den gegen ihn ausgeschickten Römern nicht viel Federlesens gemacht.

Es ist also, mit Fuchs, derjenigen Partei im römischen Senat, die, nach Livius XXI, 6, meinte »non temere movendam rem tantam« völlig Recht zu geben. Gegenüber dem durch die Barciden in Spanien gebildeten punischen Heer waren die Römer nicht in der Lage, die Offensive zu ergreifen, und ihr Zögern, ihre lange Unentschlossenheit, die Preisgabe Sagunts, das ist alles sehr erklärlich, obgleich, wie wir unten feststellen werden, das karthagische Heer in Spanien nicht, wie man bisher nach Polybius angenommen, 130000, sondern nur etwa 82000 Mann stark war.

Mit dieser Auffassung scheint nun im Widerspruch zu stehen, wie die Römer, nachdem sie endlich in den Krieg getreten, tatsächlich handelten und was sie planten. Sie glaubten den Krieg mit sechs Legionen führen zu können, ja anfänglich, ehe eine Empörung der cisalpinischen Bojer sie in Anspruch nahm, scheinen sie sich mit ihrer gewöhnlichen Aufstellung von vier Legionen haben begnügen zu wollen, und davon schickten sie zwei unter dem Konsul Sempronius nach Sizilien, um nach Afrika überzusetzen, zwei sollte der andere Konsul, Scipio, nach Spanien führen. Wenn sie geglaubt haben, es mit zwei Legionen, alles in allem 22 400 Mann zu Fuß und 2000 Reitern (Liv. XXI, 17) gegen Hannibal in Spanien aufnehmen zu können, dann war es freilich unverantwortlich, daß sie nicht den Saguntinern zu Hilfe gekommen waren.

Fuchs hat Verstand in die Sache gebracht, indem er den Quellen folgende Auslegung entlockt. Die Römer haben den Kriegsplan des Hannibal von Anfang an geahnt und gewußt. Die natürlichen Schwierigkeiten des ungeheuren Marsches durch lauter feindliche Völkerschaften vom Ebro über die Pyrenäen bis zu den Alpen schienen ihnen natürlich noch viel größer als dem Hannibal. Sie rechneten darauf, daß dessen Macht, ehe er nur an den Fuß der Alpen gelangte, bereits sehr zusammengeschmolzen sein würde. Ihre Idee war daher, ihm erst hier, etwa an der Rhone, entgegenzutreten und den Widerstand der Eingeborenen gegen ihn zu organisieren. Scipios Expedition war von Anfang an für diese Gegend und erst in zweiter Linie nach Spanien bestimmt. Die Expedition des Sempronius wurde in Sicilien nur bereitgestellt und sollte nicht eher nach Afrika abgehen, als festgestellt war, daß Hannibal mit seinem Heer in Gallien engagiert war und ihm nicht vor Karthago plötzlich auf den Leib fallen konnte.

Auffällig bleibt auch hierbei die Schwäche der beiden konsulatorischen Heere; wäre für jede der beiden Unternehmungen etwa das Doppelte, vier Legionen, in Bewegung gesetzt worden, dann würde es völlig einleuchtend erscheinen, daß dem römischen Senat die Stärke der Punier bewußt war, daß er deshalb die Strategie der Defensiv-Offensive gewählt, Hannibal die Initiative überlassen, Sagunt geopfert hat und vorsichtig zögernd in den Krieg eingetreten ist.

Die Erklärung dafür, daß den beiden Konsuln nur je zwei Legionen mitgegeben wurden, wird darin liegen, daß es sich um See-Expeditionen handelte. Große Heere zur See zu befördern, erfordert ungeheure Mittel, und die großen Flotten sind nachher kaum zu regieren. Die Häfen reichen nicht aus, sie aufzunehmen, der Wind treibt sie auseinander und gibt die Losgelösten dem Feinde preis. Von der rasenden Sturmesgewalt einer Hannibals-Schlacht hatten die Römer noch nicht die entfernteste Vorstellung, und so mögen sie wohl gewußt haben, daß sie es unmittelbar in Spanien oder Afrika nicht mit ihm aufnehmen könnten, und sich trotzdem der Zuversicht hingegeben haben, daß ein volles konsularisches Heer an der Rhone, gestützt auf die befreundete Stadt Massilia und im Bunde mit den gallischen Stämmen, die den Durchmarsch der Punier nicht leiden wollten, erfolgreich kämpfen könne.

So betrachtet verliert das Verfahren der Römer seinen Anschein der Schwächlichkeit, der entschlußlosen, widerspruchsvollen Halbheiten. Es entspricht ganz den Anschauungen, nach denen der Senat vorher wie nachher das römische Staatswesen geleitet hat.

Zunächst kreuzte nun Hannibal die römische Berechnung dadurch, daß er die Hindernisse seines Marsches mit viel größerer Schnelligkeit überwand, als man erwartet hatte. Als Scipio mit seinen 24 400 Mann bei Marseille landete, in der Meinung, Hannibal stecke noch in den Pyrenäen, da war dieser bereits an der Rhone und vollzog seinen Übergang, ehe Scipio ihn zu hindern vermochte.

Man mag hier die Frage aufwerfen, weshalb Hannibal sich anscheinend ängstlich dem Zusammentreffen mit den Römern entzog, statt die Ankunft des Scipio als eine frohe Botschaft willkommen zu heißen. Er hätte ihn ja mit seinem numerisch wie qualitativ weit überlegenen Heer bloß zu umarmen brauchen, um ihn ins Gras zu legen: der schönste, sicherste Sieg wurde ihm von den ahnungslosen Römern entgegengetragen. Es zeigt die ganze Genialität des jungen karthagischen Feldherrn, die Vereinigung der höchsten Kühnheit mit der ruhigsten Besonnenheit, daß er der Versuchung dieses Lorbeers nicht nachjagte. Der Satz Napoleons »une victoire est toujours bonne à quelque chose«, so unanfechtbar er scheint, erleidet doch auch seine Ausnahmen und Einschränkungen. Hätte Hannibal sich auch nur wenige Tage mit einem Siege über Scipio aufgehalten, so wäre er in diesem Jahr nicht mehr über die Alpen gekommen. So sicher der Sieg war, so pflegten die Römer doch immer ihr Leben teuer zu verkaufen; den Verlust an sich hätten die Karthager ertragen, aber die große Masse der Verwundeten hätte man weder in dem feindlichen Lande preisgegeben noch ihnen den unmittelbaren Marsch über die Alpen zumuten können. Man war bereits im späten Herbst, in einigen Wochen machte der Schnee die Pässe ungangbar. Hätte das karthagische Heer aber den Winter in Gallien zugebracht, um im nächsten Frühjahr nach Italien hinabzusteigen, so war zu erwarten, daß die Römer, gewarnt und erschreckt durch die Niederlage des ersten Heeres, die Punier unmittelbar beim Austritt aus den Alpenpässen mit einer großen Übermacht erwarten würden. Dies war die gefährlichste Blöße in Hannibals Kriegsplan. Wenn die Römer von vornherein ihre Defensive bis an diesen Punkt zurückverlegt hätten und den Puniern unmittelbar bei ihren Austritt aus den Pässen, während ihre Kavallerie teils durch die Strapazen, teils durch das Terrain halb außer Aktion gesetzt war, zu Leibe gegangen wären, so sieht man nicht, wie Hannibal seine Invasion hätte durchführen können. Aber mit seinem durchdringenden, psychologischen Scharfblick hatte er, wie Fuchs meisterhaft ausführt, vorhergesehen, daß der alte tapfere Offensivgeist der Römer sie nicht innerhalb ihrer Grenzen auf die Ankunft des Feindes werde warten lassen. Wenn sie ihm nicht bis nach Spanien entgegenkamen, was er vielleicht anfänglich gehofft hat, so doch gewiß nach Gallien.

Auch über positive Nachrichten mag Hannibal verfügt haben. Wir dürfen annehmen, daß es ihm in Rom, wo alle Sorten Volk zusammenströmte, nicht an Verbindungen fehlte und daß er sich einen Nachrichtendienst organisiert hatte. Bei aller römischen Tugend waren Beschlüsse, die ein so großes Kollegium wie der Senat faßte, schwer ganz geheim zu halten und noch weniger die praktischen Vorbereitungen. Im Jahre 216 wollen die Römer einen punischen Spion in ihrer Stadt entdeckt haben, der sich zwei Jahre dort aufgehalten hatte, und schickten ihn zum abschreckenden Exempel mit abgehauenen Händen hinaus (Livius XXII, 33).

Hannibal erwartete also mit gutem Grund die Römer irgendwo schon unterwegs, und wenn er dann das Zusammentreffen vermeidend oder unmittelbar nach der Schlacht die Alpen überschritt, so fand er drüben am Ausgang der Pässe noch keine vorbereitete Verteidigung, selbst vielleicht dann nicht, wenn er die Schlacht noch in Spanien schlug. Denn der Ruf dieses Sieges hätte ihm den Marsch durch die keltischen Völkerschaften sehr erleichtert. Der Marsch, den Hannibal gemacht hat, vom Ebro bis in die Po-Ebene, beträgt in der Luftlinie etwa 120 Meilen und hätte dann vielleicht statt in fünf in drei Monaten zurückgelegt werden können. Aber man braucht nicht alle Möglichkeiten der Kombination zu erschöpfen: genug, daß Hannibal mit gutem Fug darauf rechnete, den Übergang über die Alpen vollziehen zu können, ohne daß die Römer ihn hindern würden, und daß er wiederum mit richtiger Berechnung den Sieg an der Rhone ausschlug, um mit völliger Sicherheit und, ohne sich durch Preisgebung von einigen Tausend Verwundeten selbst zu schwächen, seinen Einzug in das Po-Land zu halten und sich dort im Bündnis mit den cisalpinischen Galliern eine neue Basis zu schaffen.

Hannibals Berechnungen sind alle eingetroffen, die der Römer nicht. Aber man gehe deshalb nicht zu streng mit ihnen um: sie hatten es eben mit einem Hannibal zu tun, und da ist es nicht leicht zu bestehen. Ein Senat kann nicht beschließen nach genialen Intuitionen; er kann nicht anders handeln und beschließen als nach der Art der Väter, und das haben auch die Römer hier furchtlos und nach der Maßgabe der Einsichten des natürlichen Verstandes getan. In manchem Augenblicke der Geschichte aber reicht das nicht aus.

Stärke-Berechnung

Ehe Hannibal im Jahre 203 den Boden Italiens verließ, ließ er in dem uralt-heiligen Tempel der Hera Lacinia bei Kroton eine eherne Tafel aufrichten, in die seine Taten und Triumphe auf der Halbinsel eingegraben waren. Polybius erzählt uns, daß er diese Tafel selbst gesehen und ihr das ganze Verzeichnis der in Spanien und Afrika von Hannibal zurückgelassenen Truppen sowie die Heereszahl bei der Ankunft in Italien entnommen habe. (III, 33 und 56.)

Obgleich es immerhin große Feldherren gegeben hat, die geneigt waren, nach vollendetem Siege ihre Stärke zu gering zu schätzen, Cäsar, Friedrich und Napoleon das sogar in sehr starkem Ausmaß getan haben, so mag man den Angaben Hannibals doch zunächst vollen Glauben schenken. Es fragt sich aber, ob der Auszug des Polybius richtig ist und ob alle seine Zahlen aus dieser Quelle stammen.

Polybius gibt nach der lacinischen Tafel an, daß Hannibal als Besatzung in Afrika 19 920 Mann (die ausgefallene Zahl der Balearen aus Livius ergänzt), in Spanien 15 200 Mann zurückgelassen habe (III, 33). Etwas weiter erzählt er, daß Hannibal mit 102 000 Mann ausmarschiert sei. Er hätte also ein Heer von rund 137 000 Mann gehabt.

Von den 102 000 Mann ließ er für das Land nördlich des Ebro 11 000 zurück, und 11 000 Spanier entließ er in die Heimat. Mit 59 000 Mann ging er über die Pyrenäen. Die Unterwerfung der Spanier nördlich des Ebro hätte ihm also 21 000 Mann gekostet. Das ist für einen kurzen Feldzug gegen ein paar barbarische Völkerschaften eine schlechthin unglaubliche Zahl.

An der Rhone kam er mit 46 000 Mann (38 000 zu Fuß, 8000 Reitern) an. Der Zug bis dahin hatte ihm also 13 000 Mann gekostet.

Nach dem Alpenübergang zählte das punische Heer noch knapp 20 000 Mann zu Fuß und 6000 Reiter, und für diese Angabe beruft sich Polybius wieder auf die lacinische Tafel. Der Alpenübergang hätte also den Karthagern wieder 20 000 Mann gekostet.

Man hat diese ungeheuren Verluste nicht unwahrscheinlich finden wollen, da es ja bekannt ist, wie sehr Märsche durch feindliches Land auch ohne große Schlachten die Heere aufreiben, und erinnert an die Verluste, die Napoleons Heer schon auf dem Vormarsch auf Moskau erlitten hat. Diese Analogie trifft aber nicht zu. Napoleons Heer, namentlich die französischen Regimenter, waren zum weitaus größten Teil aus ganz jungen Leuten und widerwilligen Refraktärs zusammengesetzt, die nur mit Gewalt bei der Fahne festgehalten wurden. Hannibals Heer bestand zweifellos aus Kriegern, die jeder Strapaze gewachsen waren. Der Widerstand, den die keltischen Völker leisteten, hielt zwar den Marsch insofern auf, als man mit Vorsichtsmaßregeln marschieren mußte, kann aber unmöglich sehr viel Blut gekostet haben, da bei der erdrückenden numerischen und qualitativen Überlegenheit der Durchziehenden und der Stärke ihrer Reiterei die Barbaren sich auf Gefechte kaum einlassen konnten. Von einer größeren Schlacht, einem Zusammenstehen vieler Völkerschaften, die den Karthagern annähernd gewachsen gewesen wären, hören wir nichts. Nur bei ganz besonders günstigen örtlichen Gelegenheiten, also namentlich in den Alpen, konnten die Landesbewohner dem Durchzug einen erheblicheren Schaden zufügen. Wenn unter solchen Umständen ein kriegsgewohntes Heer auf einem etwa zweimonatlichen Marsch[1] natürlicherweise weit mehr als die Hälfte seines Bestandes einbüßen soll, so werden die Märsche Cäsars, zum großen Teil auf denselben Wegen gemacht wie die Hannibals, von Italien nach Spanien und von Spanien nach Italien, und gar die Alexanderzüge in Asien ganz undenkbar und es wird auch unverständlich, daß der Bestand des punischen Heeres bei den folgenden Feldzügen in Italien sich so gut erhalten hat.

Es ist daher garnicht anders möglich, als daß die lacinische Tafel eine Angabe über die Stärke des ausmarschierenden punischen Heeres nicht enthalten, daß Polybius Nachrichten aus anderen Quellen mit denen der lacinischen Tafel kombiniert und aus den Differenzen die ungeheuren Marschverluste berechnet hat; ganz so ist er ja auch zu dem übertriebenen Verlust der Römer von 70 000 Mann bei Cannä gekommen. Wie groß das Heer Hannibals beim Übergang über den Ebro tatsächlich gewesen ist, wissen wir also nicht. Es spricht aber durchaus nichts dagegen, daß der ganze Marschverlust, sagen wir 10 000 Mann nicht übersteigen hat, sicherlich war er sogar noch sehr viel geringer, denn es ist in keiner Quelle das allergeringste überliefert, das uns zwänge, Verluste von mehr als einigen hundert Mann anzunehmen. Eben deshalb wird Hannibal auf der lacinischen Tafel auch nur die Truppen, die er in Spanien und Afrika zurückgelassen und die, mit denen er in Italien angekommen, angegeben haben.

Dieser mein scharfer Einschnitt in die bisher anstandslos dem Polybius nacherzählten Angaben über die ursprüngliche Heeresstärke Hannibals und seine Marschverluste hat den Widerspruch Hirschfelds gefunden (Festschrift für Th. Gomperz, Wien, Alfr. Hölder 1902, S. 159). Ich habe aus der Polemik eine Korrektur im einzelnen aufgenommen, wieder-

1 Anfang Mai wird Hannibal von Neu-Karthago aufgebrochen sein, aber erst Anfang oder Mitte August die Pyrenäen überschritten haben; spätestens Mitte Oktober, vielleicht schon Ende September stieg er in die Po-Ebene hinab.

hole aber im übrigen die Verteidigung meines Standpunktes, die ich aus dem 2. Bande der 1. Auflage (S. 242) hierher versetze.

Hirschfeld spielt zunächst meine Anzweiflung der Angaben des Polybius auf das moralische Gebiet, als ob ich »eine schwere Anklage« erhöbe und den großen Alten »belaste«. In abstracto ist über eine Einschätzung dieser Art schwer zu streiten; ich glaube aber, daß wir uns sehr leicht einigen werden, sobald Hirschfeld sich entschließt, zu den Analogien, die ich aus den Werken Moltkes, Sybels, Droysens und Treitschkes Bd. I, S. 21, S. 387, Bd. II, S. 67, S. 294) angeführt habe, Stellung zu nehmen. Sobald man sich durch eine solche Analogie die Sache näher rückt, sieht man sofort, daß eine objektive Anzweiflung durchaus noch keine moralische Anklage einschließt, und dann sieht man auch zugleich, wie gefährlich es ist, auch bei sonst sehr hochgeschätzten Autoren jede Angabe mit einer Art Unfehlbarkeit zu umkleiden.

Im vorliegenden Falle hätte Hirschfeld diesen Ausgangspunkt um so weniger nehmen dürfen, als ich ja meine Kritik nicht auf diese eine Zahl beschränke, sondern sie stütze durch die Polybianischen Angaben über Cannä. Hier ist es ganz klar, daß der Autor nicht bloß aus seinen Quellen die Zahlen wiederholt, sondern auch durch Berechnung neue findet, und daß diese Berechnung flüchtig und falsch ist. Dieser Sachverhalt ist, glaube ich, unbestritten und unbestreitbar und offenbar für die Kritik anderer Zahlangaben dieses Autors sehr wichtig. Mit keinem Wort aber ist Hirschfeld auf dies für mich sehr wichtige Argument eingegangen. Ich habe es für überflüssig gehalten, noch mehr Belege dafür beizubringen, daß Polybius bei Zahlberechnungen keineswegs sehr sorgsam, sondern leicht übereilt ist. Da es aber jetzt bestritten scheint, so will ich auch noch auf seine Darstellung der Schlacht bei Issus hinweisen. Da es sich hier um die kritische Abfertigung eines andern Autors, des Kallisthenes handelt, so sollte man meinen, wäre Polybius doppelt vorsichtig gewesen: es ist aber allgemein anerkannt, daß seine Berechnung Fehler enthält. Ich darf das umso mehr hervorheben, da ich glaube, an dieser Stelle das Raisonnement des Polybius in der Sache selbst gegen die scharfen Angriffe, die es erfahren hat, mit Erfolg verteidigt zu haben, seine Zahlen aber sind handgreiflich zum Teil falsch und in Widerspruch untereinander. Schließlich ist jetzt auch wohl allgemein anerkannt, daß seine Zahlangaben über die römische Flotte im ersten punischen Kriege ungeheuer übertrieben sind und ebenfalls auf einer falschen Berechnung beruhen, nämlich der Ansetzung *aller* Schiffe, auch der kleinen, als Penteren. Vgl. BELOCH, Bevölkerung S. 379.

Hirschfeld sucht die Angabe des Polybius zu stützen durch eine Notiz bei Livius (XXI, 38), wonach Hannibal selbst zu Cincius Alimentus, der in seine Gefangenschaft gefallen war, gesagt habe, er habe nach seinem

Übergang über die Rhone 36 000 Mann verloren. Ich habe, wie alle früheren Bearbeiter der Zeit, diese Stelle außer Betracht gelassen, da sie mir wertlos schien. Hirschfeld gibt ihr nun eine neue Auslegung. Die Stelle lautet: »ex ipso autem audisse Hannibale, postquam Rhodanum transierit, triginta sex milia hominium ingentemque numerum equorum et aliorum jumentorum amisisse.« Das ist bisher so verstanden worden, daß Hannibal seit dem Übergang über die Rhone, also hauptsächlich beim Alpenübergang, 36 000 Mann verloren habe. Hirschfeld gibt auch zu, daß Livius selbst es wahrscheinlich so gemeint habe, glaubt aber doch als den ursprünglichen Sinn hineinlegen zu dürfen, daß der Marsch nicht seit der Rhone, sondern bis zur Rhone gemeint sei. Da nun Polybius' Zahlen für den Verlust dieser ersten Marschperiode auf 35 000 Mann führen, so scheinen die beiden Angaben einander zu stützen und zu bestätigen.

Ich vermag mich dieser Beweisführung in keiner Weise anzuschließen. Zunächst ist die Differenz von 1000 Mann, die bleibt, zwar sachlich sehr gleichgültig, kritisch aber doch recht wesentlich, da, wenn wirklich die beiden Berechnungen auf eine gemeinsame Urquelle zurückzuführen wären, sie auch genau übereinstimmen müßten. Ferner aber ist die Beziehung auf die erste Marschperiode sowohl durch den Zusammenhang, wie durch den besonderen Hinweis auf den Verlust an Vieh und Pferden vollständig ausgeschlossen. Livius schiebt die Notiz ein, nachdem Hannibal eben in Italien angekommen ist und den verlustvollen Alpenübergang mit all seinen Schrecken hinter sich hat. An dieser Stelle soll speziell der Verlust bis zur Rhone, nicht aber der des Alpenüberganges erwähnt worden sein? Hannibal soll überhaupt, wenn er den Cincius Alimentus einer Mitteilung über seine großen Verluste würdigte, dabei weder den Gesamtverlust des Marsches, noch den Spezialverlust des Alpenüberganges, sondern nur und speziell den Verlust bis zur Rhone erwähnt und hierbei auch noch den Verlust an Pferden und Vieh besonders hervorgehoben haben?

Ich für meine Person lege auf die Verwertung derartiger Zahlen überhaupt keinen Wert: wenn man denn aber einmal an dieser herumdoktorn und den offenbaren Fehler durch Raten irgendwie herausbringen will, so scheint mir das einzig Rationelle, daß man den Verlust auf die ganze Zeit vom Übergang über die Rhone bis zu dem Augenblick des Gespräches bezieht. Cincius war etwa 209 Prätor und wird erst hinterher in die Gefangenschaft gefallen sein und die Ehre persönlichen Gespräches mit Hannibal gehabt haben.

Statt uns in derartige Hypothesen zu verlieren, tun wir aber doch wohl am besten, darauf hinzuweisen, daß eben an derselben Stelle Livius auch berichtet, nach Cincius Alimentus habe Hannibal mit den Galliern und Ligurern zusammen 90 000 Mann über die Alpen geführt, und darauf zu sagen, daß wir Zahlen aus dem Munde dieses Autors keinerlei Wert beilegen.

Gänzlich verfehlt ist es auch, wenn Hirschfeld zur Erklärung der ungeheuren Verluste Hannibals auf dem Marsch »massenhafte Desertionen« der spanischen Truppen präsumiert. Weder in den Quellen noch in der Natur der Dinge hat diese Annahme den allergeringsten Anhalt. Sie ist durchaus willkürlich. Wo sollten denn diese Deserteure hin? Mitten durch fremde, oft sehr feindliche Stämme hindurch bettelnd und vagabundierend nach Hause? Erstens ist anzunehmen, daß Hannibal in den Völkern der Halbinsel genug kriegerische Elemente fand, die mit voller Neigung, gerade wie die Afrikaner, um Sold, Beute, Ruhm und Abenteuer zu haben, seiner Fahne folgten, und er nicht nötig hatte, Widerwillige zu pressen, und zweitens ist es klar, daß, einmal über den Ebro, die Rückkehr ganz ausgeschlossen war. In dieser Beziehung hatte Hannibal den Vorteil, der den russischen Heeren im 18. Jahrhundert nachgerühmt wurde, daß sie nämlich keine Desertion hätten, weil, einmal über die Grenze, der gemeine Mann sich im fremden Lande nicht helfen könne.

Ganz ebenso verfehlt ist es, wenn Hirschfeld meint, wir hörten nur deshalb so wenig von Kämpfen Hannibals auf dem Marsch, nicht weil wenig stattgefunden, sondern nur weil sie nicht aufgezeichnet seien. Man denke, es handelt sich bloß auf dem Marsch von den Pyrenäen bis zur Rhone um 13 000 Mann, auf ein Heer von angeblich 59 000, also über 22 Prozent. Man erinnere sich aus der ganzen antiken Kriegsgeschichte, besonders aus Cäsar, wie gering die Verluste eines organisierten, gut geführten Heeres gegen Barbaren sind, so lange man siegt, und erwäge dann, welch' furchtbare Kämpfe das gewesen sein müßten, von denen uns, obgleich die ungeheuren Verluste nicht verhehlt werden, kein Wort überliefert sein soll! Dabei ist diese ganze Marschstrecke von den Pyrenäen bis zur Rhone nicht länger als 35 Meilen. Wenn Hannibal auf diesem kurzen Marsch 13 000 Mann verloren hätte, so wäre das viel mehr gewesen als in all' seinen großen Siegen über die Römer, an der Trebia, am Trasimenus, bei Cannä zusammengenommen. Solche Kämpfe sollen die Historiker abgemacht haben mit der kurzen Wendung, er habe sich teils mit Gewalt, teils durch Geldzahlungen den Weg geöffnet?

All' diese ganz willkürlichen Unterstellungen werden gemacht, bloß weil es unmöglich sein soll, daß Polybius einmal unachtsam einer unzuverlässigen Quelle gefolgt sei! Derselbe Polybius, von dem es an drei anderen Stellen ganz klar ist, daß ihm mit Zahlangaben und Zahlberechnungen sehr wohl etwas Menschliches passieren konnte, wie ja die Aufmerksamkeit auf den Wert, die Bedeutung und Tragweite der Zahlen bei den Historikern überhaupt eine seltene Eigenschaft ist.

Polybius teilt uns III, 33 mit, welche Truppen Hannibal in Spanien und Afrika ließ; zwei Kapitel weiter, III, 35, mit wie viel er ausmarschiert sei und mit wie viel er die Pyrenäen überschritten habe. Viel später, III, 56, erfahren wir, mit wie viel er in Italien angekommen sei, und wieder vier Kapitel später, III, 60, wie viel er noch beim Übergang über die Rhone hatte. An der ersten und dritten Stelle gibt Polybius die lacinische Tafel als seine Quelle an. Hieraus schließt Hirschfeld, daß diese Tafel auch an den anderen Stellen die Quelle gewesen sei, da der Autor sonst »kaum von dem Vorwurf freizusprechen sei, daß er durch den zweimaligen Hinweis auf die lacinische Urkunde seinen Lesern ein durchaus ungerechtfertigtes Vertrauen, auch auf die übrigen, wie Delbrück meint, aus anderen, ganz unzuverlässigen Quellen geflossenen Zahlenangaben eingeflößt habe«. Diese Schlußfolgerung ist methodisch falsch. Polybius selbst hat seine Quelle für genügend zuverlässig gehalten – sonst hätte er sie nicht benutzt. Daß die moderne Kritik mit ihren schärferen Augen sie anzweifelt, kann nicht als ein Streit um die Moralität des Polybius ausgefochten werden. Ja, die Sache ist geradezu umzukehren: wenn Polybius alle diese Angaben aus einer und derselben Quelle entnommen hätte, so wäre es schwer verständlich, warum er sie so verzettelt hat. Naturgemäß gehören sie in zwei Gruppen zusammen, beim Ausmarsch und bei der Ankunft in Italien. Beim Ausmarsch ist aber die Zahl der Zurückbleibenden von der der Marschierenden durch ein ganzes Kapitel getrennt, und wenn es sich hier durch den Lauf der Erzählung auch noch rechtfertigen läßt, so ist es doch gewiß auffällig, daß bei der Ankunft erst die Zahl, die Italien erreicht, und erst vier Kapitel später die Stärke, die noch an der Rhone vorhanden gewesen war, mitgeteilt wird. Statt zu schließen: weil Polybius beidemal die erste Zahl aus der lacinischen Tafel entnommen hat (was er ausdrücklich sagt), muß er es auch bei der jedesmal zweiten getan haben (wo er es nicht sagt), ist umzukehren: wir können ganz sicher sein, daß die zweiten Zahlen nicht aus der lacinischen Tafel stammen.

Am Schluß wirft Hirschfeld mir vor, daß ich gute Quellenzeugnisse »nach eigenem Gutdünken korrigiere«. Ich hoffe, daß, je weiter mein Werk fortschreitet, desto mehr auch dieser verehrte Gegner allmählich zugestehen wird, daß meine Kritik keineswegs auf »Gutdünken« beruht, sondern auf Sachkenntnis.

Seitdem ist nun auch Konr. Lehmann, »die Angriffe der drei Barkiden auf Italien« S. 131 ff. mit weiteren Argumenten für meine Auffassung eingetreten.

Glaube ich so die Ausmarschstärke Hannibals ganz gewaltig reduzieren zu müssen, so glaube ich, liegen Gründe vor, die Ankunftsstärke in Italien gegen den Ansatz des Polybius wesentlich zu erhöhen.

Mit 12 000 Afrikanern, 8000 Iberern, 6000 Reitern soll Hannibal in Oberitalien angekommen sein. Das hat Polybius der lacinischen Tafel entnommen; seine Wiedergabe enthält aber eine offenbare Lücke.

In der Schlacht an der Trebia (Polybius III, 72) wird von 8000 Balearen und »Lanzenträgern« (λογχοφόροι, Peltasten[1]) gesprochen, die Hannibal gehabt habe, und Livius XXII, 37 wird in einer Rede der Gesandten des Königs Hiero der maurischen und anderen Schützen gedacht, die Hannibal bei sich gehabt habe (vgl. auch XXIII, 26 und XXVII, 18). Diese fehlen in der Notiz des Polybius aus der lacinischen Tafel. Es ist ganz ausgeschlossen, daß Hannibal gerade für die Kämpfe, die er unterwegs auf dem großen Marsche zu bestehen hatte, besonders in den Gebirgen, sein Heer nicht mit einem bedeutenden Korps Leichter ausgestattet habe.

Es ist aber auch ganz ausgeschlossen, daß die 8000 Leichtbewaffneten in die Summe der knapp 20 000 Mann Fußvolk im ganzen, wie Konrad Lehmann meint, einbegriffen sein sollten. Dann wäre Hannibal überhaupt nur mit 12 000 Hopliten nach Italien gekommen, von denen bei Cannä nur noch 9–10 000 übrig sein konnten. In dieser Schlacht mischte er die Iberer abteilungsweise unter die Kelten im Zentrum, mit den Afrikanern machte er rechts und links die Umgehung, aber man sieht nicht, wie weder die 3000 bis 4000 Iberer unter die 22 000 keltischen Hopliten gemischt, noch die auf die beiden Flügel verteilten 5–6000 Afrikaner die von ihnen verlangte und berichtete Wirkung haben ausüben können. Ein natürliches Gesicht bekommt die Schlacht erst bei der Voraussetzung, daß von den 32 000 Hopliten, etwa 11 000 Mann Afrikaner, 7000 Iberer, 14 000 Kelten waren. Nur bei dieser Voraussetzung ist auch erklärlich, daß im Jahre 203 noch ein so bedeutender Teil des afrikanisch-iberischen Heereskerns übrig war, um die widerstrebenden Kelten überwältigen zu können.

Gegen diese Berechnung scheint nun zu sprechen, daß Polybius (III, 72) in der Schlacht an der Trebia die Stärke des karthagischen Fußvolks mit Einschluß der ihnen mittlerweile zugezogenen Kelten nur auf 21 000 Hopliten und 8000 Leichte angibt. Konrad Lehmann weist darauf hin (S. 134), daß Hannibal sich in dieser Schlacht bereits durch nicht weniger als etwa 7000 keltische Reiter verstärkt zeige; man müsse aber annehmen, daß die Verstärkung durch keltisches Fußvolk gewiß nicht kleiner, sondern

1 Beversdorff, S. 16, bemängelt, daß ich Wurfspieß-Schützen als Peltasten auffasse. Ich möchte doch daran festhalten; da die Zahl der Wurfspieße, die der Mann führen kann, sehr viel kleiner ist, als etwa die Zahl der Pfeile oder der Schleuderbleie, die die eigentlichen Schützen haben, so müssen jene auch einigermaßen für den Nahkampf gerüstet, d. h. Peltasten sein.

noch um einiges größer gewesen sei. Dies Argument schlägt nicht durch. Was Hannibal gebrauchte, war nicht Fußvolk schlechthin, sondern diszipliniertes Fußvolk; die taktischen Manöver, vermöge deren er die Römer zu besiegen dachte und sie besiegt hat, waren nur ausführbar von gut zusammenhaltenden taktischen Körpern, die ganz fest in der Hand ihrer Führer waren. Solches Fußvolk hat er sich, wie der Erfolg zeigt, im Laufe des Winters 218/217 aus den ihm zulaufenden keltischen Soldnehmern gebildet. In der Schlacht an der Trebia hatte er es noch nicht oder nicht mehr als etwa 2000 Mann. Es ist durchaus nicht nur möglich, sondern im höchsten Grade wahrscheinlich, daß der karthagische Feldherr seinen keltischen Freunden bei der Ankunft erklärt hat, des Massenzuzuges ihres Fußvolkes bedürfe er nicht; das möge allenthalben die Heimat gegen die Römer schützen; mit seinem Heer vereinigt, würde es die Verpflegung gar zu sehr erschweren. Was er erbitte, sei der Zuzug ihrer so ausgezeichnet tapferen Ritterschaft und die Verpflegung. Erst nach der Schlacht an der Trebia ist dann für die Offensive in die apenninische Halbinsel hinein auch keltisches Fußvolk in großem Maßstabe organisiert worden.

Hiermit erledigt sich auch das Bedenken Cantalupis, daß Hannibals Heer bei Cannä nicht wohl 50 000 Mann stark gewesen sein könne, da es dann zur größeren Hälfte aus Galliern bestanden hätte; das sei ganz unwahrscheinlich, und bei der Unzuverlässigkeit dieser Bundesgenossen würde es ein Fehler gewesen sein, den man Hannibal nicht zutrauen dürfe.

Hat Hannibal 34 000 Mann über die Alpen gebracht, so wird er mit etwa 36 000 ausmarschiert sein; etwa 20 000 ließ er in Afrika, 26 000 in Spanien zurück. Er verfügte also im ganzen nicht über 137 000, sondern nur über etwa 82 000 Mann, aber auch diese Zahl genügt vollauf zur Begründung der oben entwickelten strategischen Verhältnisse.

Will man dem Polybius durchaus nicht zutrauen, daß er sich über den Punkt der Mitzählung oder Nichtmitzählung der Leichtbewaffneten nicht klar geworden und bei seiner Abschrift aus der lacinischen Tafel die 8000 Mann übersehen hat, so bleibt auch noch die Möglichkeit, daß Hannibal selber sie tatsächlich übergangen hat, sowie ja auch Cäsar, Friedrich und Napoleon in ihren Bulletins und Memoiren ihre Heeresstärken sehr häufig zu gering angegeben haben.

Zur 3. Aufl. Die mancherlei Einwendungen, die gegen die vorstehenden Berechnungen gemacht worden sind, haben mir wohl gezeigt, daß in der Überlieferung allerhand Momente sind, die widersprechen, mich aber doch nicht gezwungen, meine Auffassung fallen zu lassen. Der entscheidende Punkt ist und bleibt, daß Hannibal notwendig erheblich mehr als 12 000 schwerbewaffnete Spanier und Afrikaner gehabt haben muß; Cannä beweist es. Die entgegenstehenden Angaben fallen um so weniger ins Gewicht, je mehr man der Dessauschen Hypothese über die punische Quelle des Polybius zustimmt.

Niederwerfungs- und Ermattungs-Strategie im zweiten punischen Kriege

Kromayer in seiner Schrift »Roms Kampf um die Weltherrschaft« hat die interessante Frage aufgeworfen, inwieweit die Kriegführung des zweiten punischen Krieges in Niederwerfungs- und in die Ermattungsstrategie einzuordnen sei. Wie so viele Historiker hat er aber diese Begriffsbildung, die im vierten Bande dieses Werkes zu studieren ist, mißverstanden. Er meint, Hannibal sei bis zur Schlacht bei Cannä Niederwerfungs-Stratege gewesen und dann zur Ermattungs-Strategie übergegangen. Da Hannibal fortwährend die Feldschlacht herausfordert, so liegt diese Auffassung nahe; sie ist aber unrichtig. Wenn das Streben nach der Feldschlacht den Niederwerfungsstrategen machte, so wäre auch Friedrich der Große ein Niederwerfungsstratege gewesen und Hannibal wäre es nicht nur bis zum Jahre 216 gewesen, sondern weit darüber hinaus. Denn auch nach Cannä hat er sicherlich nicht aufgehört, nach der Feldschlacht zu streben, und daß es ihm nicht gelang, lag nicht an ihm, sondern an den Römern. Hannibal hat also nicht einen Wechsel in seiner Strategie vollzogen, sondern ist von Anfang an Ermattungsstratege gewesen und geblieben. Wäre er anfänglich Niederwerfungsstratege gewesen, so hätte er nach dem Niederwerfen des römischen Feldheeres suchen müssen, d. h. er hätte sich die Kräfte zutrauen müssen, die Stadt Rom selbst anzugreifen und zu nehmen. Das hat er offensichtlich niemals ins Auge gefaßt und nicht ins Auge fassen können. Treffend weist Kromayer selber darauf hin – auch ich selber bin erst durch ihn auf die Bedeutsamkeit dieser Stellen aufmerksam geworden und erkenne das dankbar an –, daß Hannibal nach dem Siege bei Cannä einen Verständigungsfrieden mit den Römern suchte und daß auch sein Vertrag mit Philipp von Macedonien (Polybius VII, 9) das Fortbestehen einer römischen Macht, wir dürfen sagen Großmacht, voraussetzt. Hannibals Strategie war demgemäß darauf gerichtet, Rom durch möglichst schwere Schläge, Ablösung seiner Verbündeten und Verwüstung seiner Landschaften dahin zu bringen, daß es Karthago gewisse Abtretungen machte und sich selber einschränkte. Seine Strategie war also doppelpolig, ganz wie diejenige Friedrichs, setzte sich aber niemals die völlige militärische Niederwerfung des Gegners zum Ziel wie Alexander und Napoleon.

Es ist also auch unrichtig, so nahe es liegt, Hannibal und Fabius Cunctator als Repräsentanten der beiden Arten der Strategie hinzustellen.

Hätte Hannibal Niederwerfungsstratege sein können, so hätte dem Cunctator all sein Manövrieren nichts genützt; Hannibal hätte Rom eben belagert und genommen, und der Krieg wäre zu Ende gewesen. Der Gegensatz zwischen Hannibal und Fabius ist kein prinzipieller, sondern ein rein praktischer, zurückgehend auf die Ungleichartigkeit der Waffen. Hannibal ging darauf aus, seine Stärke, das ist seine Kavallerie und seine taktische Manövrierfähigkeit zur Geltung zu bringen, und das führt ihn zur Feldschlacht. Fabius erkennt die Inferiorität der Römer in diesem Punkt und sucht den Gegner durch die sekundären Mittel der Kriegführung niederzuringen. Beide aber suchen den Gegner nicht kampfunfähig, sondern durch Zermürben friedenswillig zu machen oder aus dem Lande zu schaffen.

4. KAPITEL
Rom gewinnt das Übergewicht

Der zweite punische Krieg war in eine Art Gleichgewicht gekommen, dadurch, daß Hannibal das offene Feld beherrschte, die Römer aber die weitere Ausdehnung seiner Machtsphäre durch die befestigten, ihnen treu bleibenden oder wiedergewonnenen Städte verhinderten. Dann senkte die Wage sich allmählich mehr und mehr zugunsten der Römer, indem sie auf den Nebenkriegsschauplätzen völlig die Oberhand gewannen und auch in Italien den Karthagern mehr und mehr Städte wieder entrissen. Hannibal machte noch einen letzten großartigen Versuch, das Schicksal zu zwingen, indem er Spanien aufgab und die dortigen Truppen von seinem Bruder Hasdrubal auf der alten Straße über die Pyrenäen und Alpen nach Italien führen ließ. Aber dieses Heer wurde, ehe es sich mit ihm vereinigen konnte, von den Römern am Metaurus (207) angefallen, geschlagen und vernichtet,[1] und man muß sagen, selbst wenn Hasdrubal am Me-

1 RAIMUND ÖHLER, Der letzte Feldzug des Barkiden Hasdrubal und die Schlacht am Metaurus. Eine historisch-topographische Studie 1897. In seinen Ergebnissen im wesentlichen abgelehnt von KONR. LEHMANN, Deutsche Liter.-Zeit. 1897. Nr. 23. Sp. 902.

LEHMANN selber hat seitdem in seinem Buche »Die Angriffe der drei Barkiden« (1905) die Schlacht ausführlich behandelt und zu rekonstruieren versucht, aber das Ergebnis bleibt wesentlichen Bedenken unterworfen. Ich zweifle, ob bei dem Quellenbestande je etwas Positives zu gewinnen sein wird. Schon die Heereszahlen sind höchst unsicher. Lehmann berechnet, daß Hannibal noch 15 000, Hasdrubal 12 000 Mann gehabt habe,

taurus gesiegt hätte, hätte dieser Sieg die Niederlage der Römer noch nicht entschieden. Auch mit seinem Bruder vereinigt, hätte Hannibal, angesichts der Möglichkeit, daß die römische Flotte die siegreichen Legionen aus Spanien, Sardinien, Sizilien heimführte, die Belagerung Roms nicht unternehmen können. Ob sich die Römer dann zu einem Verständigungsfrieden hätten bereit finden lassen – wer will es wissen?

So vorteilhaft sich nun aber auch die Lage der Römer gestaltet hatte, eine endgültige Entscheidung konnten sie auf dem bisherigen Wege nicht gewinnen. Dazu war nötig, daß auch die karthagische Hauptarmee in offener Feldschlacht besiegt und ihre Kraft gebrochen wurde. Solange man sich nicht an Hannibal selber herantraute und dieser sich in Italien hielt, war an eine Unterwerfung Karthagos nicht zu denken. Immer war noch ein Umschwung möglich, etwa durch eine allgemeine Erhebung der spanischen Völker gegen die römische Herrschaft, durch das Eingreifen König Philipps von Macedonien, durch den völligen finanziellen Zusammenbruch des römischen Staates. Kam Rom über diesen Zustand nicht hinaus, so konnte es zwar schließlich vielleicht Karthago einen ungünstigen Frieden auferlegen, aber doch nicht seine Selbständigkeit als Großmacht völlig brechen, und hätte Karthago sich in solcher Selbständigkeit behauptet, so hätte es überhaupt zu der Unifizierung der alten Welt unter römischer Herrschaft nicht kommen können. In der nächsten Generation hat Rom Macedonien und Syrien niedergeworfen, und damit ist, wie das schon Polybius richtig aufgefaßt hat, seine Weltherrschaft im wesentlichen hergestellt. Hätte Karthago noch zugunsten jener beiden Reiche eingreifen können, so hätte sich eine Art Gleichgewicht der Mächte gebildet, das an mo-

während an Römern in Italien 150 000 in Waffen standen. Bei solchen Zahlen wäre denn doch das Verhalten der Römer unbegreiflich. Vgl. die Kritik von Kromayer, Gött. Gel. Ang. Bd. 169, Nr. II (Juni 1907), S. 458.

Beversdorff gibt Hasdrubal am Metaurus 15 000 Mann, Kromayer einige 30 000.

derne Verhältnisse – vor 1914 – erinnert und das ja auch nur dadurch erhalten worden ist, daß in kritischen Augenblicken alle Schwachen gegen den Stärksten zusammengehalten haben. Das entscheidende Moment der alten Geschichte liegt also darin, daß die Römer im Verlaufe des zweiten punischen Krieges endlich ein Kriegswesen ausbildeten, das imstande war, Hannibal in offener Feldschlacht zu überwinden und dadurch die Kraft Karthagos völlig zu brechen. Es gibt keine wichtigere Untersuchung in der Weltgeschichte, als die Frage: welche Wandlung im römischen Kriegswesen innerhalb der vierzehn Jahre zwischen Cannä und Zama vor sich gegangen ist.

Wir verfahren wieder am besten so, daß wir nicht die einzelnen noch unsicheren Spuren, wie sie uns hier und da aus den Quellen ansprechen, chronologisch zusammenstellen, sondern daß wir gleich dasjenige Ereignis ins Auge fassen und untersuchen, wo die Wandlung fertig und deutlich vor uns steht, den letzten Feldzug, in dem Hannibal dem Scipio erliegt, die Schlacht von Zama. Die einzelnen Zwischenstufen können wir dann entweder auf sich beruhen lassen, wo die Quellen nicht deutlich genug sind, oder sie erklären sich von selbst.

Der erste Unterschied, der in die Augen springt, wenn man die Römer bei Zama mit den Römern bei Cannä vergleicht, ist ein, man darf den Ausdruck gebrauchen, staatsrechtlicher. Das römische Heer bei Cannä wird kommandiert von den zwei derzeitigen Oberbeamten der Republik, bei Zama von einem Feldherrn. Die harte Erfahrung hatte die Römer gelehrt, daß einem Hannibal gegenüber die alte Methode, das Heereskommando wie alle Ämter jährlich unter den angesehensten Senatoren umgehen zu lassen, nicht aufrecht zu erhalten sei. Der Ausweg, einen Diktator zu ernennen, zu dem man nach der Niederlage vom Trasimenus gegriffen hatte, ließ sich nicht wiederholen. Dieses Amt war nach dem Gesetz und der Natur der Sache ein kurz befristetes, höchstens auf sechs Monate. Hätte man denselben Mann mit einer immer erneuten oder permanenten Diktatur betraut, so hätte das geradeswegs in die Monarchie geführt. Man hatte sich damit geholfen, die bewährtesten Führer wie Qu. Fabius Maximus, M. Claudius Marcellus, Qu. Fulvius Flaccus möglichst häufig, gegen die Vorschriften des Gesetzes und der Sitte, zu Konsuln zu wählen und ihnen nach Ablauf der Amtszeit als Prokonsuln Kommandos zu übertragen und zu verlängern.

Aber der Kompromiß genügte nicht. Männer, die geeignet sind, Armeen zu führen, sind rar, und wenn man einen hat, tut man gut, ihn nicht bloß in irgendwelchem Turnus oder auf jährliche Prolongation hin, sondern dauernd zum Kommando zu bestellen. Als im Jahre 211 die Nachricht kam, daß die römischen Heere in Spanien eine vernichtende Niederlage erlitten hätten, wählte das Volk zum Feldherrn mit konsularischer Gewalt auf diesem Kriegsschauplatz den Publius Cornelius Scipio und beließ ihn in dieser Stellung bis zu seinem definitiven Siege und völliger Austreibung der Karthager aus Spanien. Der Einbruch in die Verfassung war um so tiefer, als Scipio erst Aedil gewesen war und nicht einmal für dieses Amt das gesetzliche Alter hatte. Als Vorspiel zu dieser Neuerung kann angesehen werden, daß das Volk nach Cannä den Prätor Marcellus mit konsularischer Gewalt ausgestattet hatte.[1] Diese Irregularität war unvermeidlich, wenn man Karthago besiegen wollte, aber sie bedeutete die Auflösung der republikanischen Verfassung. Der Einzelne, dessen Geisteskraft man nicht mehr entbehren kann, erhebt sich über die Menge. Der Feldherr Scipio ist der Vorläufer des Feldherrn und Alleinherrschers Cäsar. Wie eine Weissagung klingt die Anklage, die der alte Cunctator gegen ihn im Senate erhob, er handhabe die Disziplin nach der Art der Könige.[2] Noch gehörte dazu eine Entwicklung von anderthalb Jahrhunderten. Der Rahmen der römischen Verfassung ist stark genug,

1 Mommsen, Staatsrecht II, 1, 652.

2 Livius XXIX, 19.

die Spannung lange zu ertragen und den großen Persönlichkeiten in den Formen des Gesetzes Wirksamkeit zu geben. Als Scipio aus Spanien zurückkam, wurde er zum Konsul gewählt und führte das Kommando in Afrika als Prokonsul, aber in der alten Form lebt ein neuer Geist: diesen Konsul oder Prokonsul kann man nicht mehr Bürgermeister nennen, und ausdrücklich beschloß der römische Senat (203), daß sein imperium in Afrika nicht zeitlich begrenzt, sondern dauern solle, donec debellatum foret.[1]

Wie einen Feldherrn, so hat der lange Krieg auch ein Offizierkorps gebildet, und die Armee selbst ist eine andere geworden.

Die Soldaten, die bei Cannä unterlagen, hatten noch den Charakter unter die Waffen gerufener Bürger. Selten hatte die Republik bis dahin mehr als vier Legionen, 18 000 Mann (abgesehen von den Bundesgenossen) im Felde gehabt, oft nur zwei Legionen.

Die 217 und 216 einberufenen Mannschaften werden noch ins Feld gezogen sein in der Meinung, sehr bald wieder an den heimischen Herd zurückkehren zu dürfen. Aber noch 14 Jahre später bildeten den Grundstock des Scipionischen Heeres die beiden Legionen, die aus den Resten des Cannensischen Heeres formiert und zweimal durch große Nachschübe im Jahre 214[2] und 209[3], durch Rekruten oder Reste anderer Legionen ergänzt waren. Neben ihnen standen Truppenteile aus Freiwilligen.

Zwar besteht der Verdacht, daß die Gemeinden, die diese Freiwilligen stellten, weniger aus gutem Willen sich dazu erboten haben, als um die Gnade der Römer, die sie durch Zurückhaltung und Lässigkeit während des Krieges verwirkt hatten, wiederzugewinnen; aber das schließt nicht aus, daß die Mann-

1 Livius XXX, 1, 10.
2 Livius XXIV, 18.
3 Livius XXVII, 7.

schaft doch wesentlich aus Angeworbenen bestand, die den Dienst um des Dienstes und der Beute willen aufsuchten, nachdem der Krieg sie zu Kriegern gemacht und dem bürgerlichen Leben entwöhnt hatte.

Das Scipionische Heer hat also den Charakter eines Berufssoldaten-Heeres nicht nur in seinen Tugenden, sondern auch schon in seinen Lastern, in der übermütigen Mißhandlung der eigenen bürgerlichen Bevölkerung.[1]

Wäre der römische Kriegsstaat im Jahre 204 noch gewesen, was er im Jahre 216 war, Bürger-Soldaten, Bürger-Offiziere, Bürger-Feldherrn, niemals hätte Rom wagen dürfen, ein Heer nach Afrika hinüberzuschicken und dort gegen Hannibal zu kämpfen. Man hätte endlich den Frieden geschlossen, indem Rom den Karthagern irgendein Zugeständnis machte und Hannibal dafür den Boden Italiens räumte. Die weltgeschichtliche Nachwirkung des zweiten punischen Krieges aber ist, daß Rom eine innere Wandlung durchgemacht hat, die seine kriegerische Potenz unermeßlich steigerte. Die Erzählung der Schlacht von Zama wird uns mit der neuen Erscheinung bekannt machen.

1 Die Lokrer führten darüber solche Klage, daß der Senat eine Untersuchung anstellte. Livius XXIX, 8–22.

5. KAPITEL

Die Schlacht von Zama-Naraggara und die Treffen-Taktik

Nur mit einem mäßigen Heer war Scipio nach Afrika übergegangen, aber wie Hannibal einst in Italien, hatte er in Afrika seine Ergänzung gesucht und gefunden. Er hatte die beiden ersten Jahre, während Hannibal noch in Italien war, sehr vorsichtig operiert und hauptsächlich erreicht, daß ein Teil der Numider sich von den Karthagern loslöste und auf die Seite der Römer trat. Der mächtigste Scheik der karthagerfreundlichen Numider, Syphax, fiel in römische Gefangenschaft, und sein Widerpart Masinissa gewann die Herrschaft. Nicht eher ließ sich Scipio in die Entscheidungsschlacht mit Hannibal ein, als bis ihm Masinissa 6000 Mann zu Fuß und 4000 numidische Reiter zugeführt hatte. Die Römer waren dadurch in dieser Waffe bei Zama-Naraggara den Puniern weit überlegen. Selbst die römischen Berichte, die wir allein haben, geben an, daß Hannibal nur 2000–3000 Reiter gehabt habe.

An Fußvolk waren wahrscheinlich die Karthager um einiges stärker, überdies hatten sie eine Anzahl Elefanten, die den Römern fehlten: aber die Elefanten spielen auch in dieser Schlacht keine wesentliche Rolle; in der Hauptsache sind es dieselben Truppenarten, umgekehrt verteilt wie bei Cannä. Die innere Struktur aber ist eine ganz andere.

Wie bei Cannä haben beide Heere auf beiden Flügeln der Infanterie die Kavallerie; diese beginnt die Schlacht, und die stärkere, also hier die römische, schlägt die schwächere, die karthagische, aus dem Felde.

Um den Sieg von Cannä zu gewinnen, war es aber einst nicht nur notwendig gewesen, daß die 10 000 punischen Reiter die 6000 römischen warfen und schlugen, sondern auch, daß sie unmittelbar nach ihrem Siege sich wieder sammelten und zu dem Angriff in den Rücken der römischen Phalanx schritten. Das ist außerordentlich schwer. Wir haben bereits eine Reihe von Schlachten kennen gelernt, wo ein Kavallerieflügel, selbst unter persönlicher Führung des Oberfeldherrn, siegte, die siegreichen Reiter aber, statt sich nun an das feindliche Fußvolk zu machen, hinter den geschlagenen feindlichen herjagten und dadurch ihren Erfolg für den Ausgang der Schlacht wertlos machten. So geschah es bei Ipsus unter Demetrius, bei Raphia unter Antiochus, bei Mantinea unter Machanidas, so ging es in späteren Jahrhunderten z. B. auch mit der österreichischen Kavallerie bei Mollwitz. Tapferen Reitern zugleich Appell beizubringen, dazu gehört eine militärische Erziehung, die nicht so leicht und nicht von heut auf morgen zu geben ist. Darum gehörte zu dem Siege von Cannä nicht bloß die numerische Überlegenheit, sondern auch das von Hamilkar Barkas gebildete Offizierkorps, das die Mannschaft auch im Gefecht in der Hand zu behalten wußte. Die Numider, die Masinissa dem Scipio zuführte, kamen frisch vom Atlas und aus den Oasen. Nach den römischen Berichten hat Hannibal außer seinen Reitern 80 Elefanten gehabt, und da wir wissen, daß Elefanten am wirksamsten gegen Reiterei verwandt werden, so könnte man sich durch Kombination seiner Reiter mit den Elefanten der römischen Übermacht zu erwehren. Aber das hat er nicht getan; vielleicht war ihre Zahl viel geringer, als die Römer angeben, jedenfalls zu gering, als daß Hannibal hierauf seine Hoffnung gesetzt hätte. Er ließ vielmehr das Reitergefecht ganz wie gewöhnlich auf beiden Flügeln beginnen, ohne es wie an der Trebia durch seine Elefanten zu unterstützen, und mit Leichtigkeit siegten die Römer – mit solcher Leichtigkeit, daß wir annehmen dürfen, der Karthager habe es von vornherein gar nicht anders gewollt: Hannibal hatte den Seinen den Befehl gegeben, nicht sowohl zu schlagen, als fliehend die Feinde hinter sich her vom Schlachtfelde wegzulocken. So geschah es. Auf beiden Flügeln jagte sowohl die numidische wie die italisch-römische Reiterei im Siegesrausch hinter ihren Gegnern her und entfernte sich weiter und weiter vom Platz der Entscheidung.

Im Zentrum hatten zunächst die Leichtbewaffneten miteinander geplänkelt und der Kampf war ernsthafter als gewöhnlich geworden, da Hannibal hier diesmal die Elefanten aufgestellt hatte. Da wir wissen, daß Elefanten gegen tüchtige geschlossene Infanterie nichts ausrichten, und verwundet, wild gemacht und zurückgetrieben der eigenen Infanterie gefährlich werden konnten, so fragen wir, wie Hannibal hier zu dieser Aufstellung kam. Ich denke, er wollte dadurch etwas Zeit gewinnen, um den Beginn des Infanteriekampfes hinauszuschieben. Das Manöver, das nach seiner Idee die Schlacht gewinnen sollte, konnte erst einsetzen nach Entfernung der Reiterei. Blieb die feindliche Reiterei in der Nähe, so war es für die Punier unmöglich, die Schlacht zu gewinnen. Wir werden annehmen dürfen, daß das Lager Hannibals befestigt und derartig angelegt war, daß es nicht sofort eingeschlossen werden konnte. Hannibal hätte also, wenn er es für nötig hielt, so lange noch die Elefanten vor der Front herumtobten, die Schlacht abbrechen und sich in das Lager wieder zurückziehen können. Bei Cannä hatte er sein Zentrum vorgeschoben, um möglichst schnell zum Nahkampf zu gelangen, aus dem es keinen geordneten Rückzug mehr gibt. Bei Naraggara verlängerte er künstlich durch die Einmischung der Elefanten das Gefecht der Vortruppen, um es selber möglichst lange in der Hand zu behalten, ob man in die eigentliche Schlacht eintreten solle oder nicht. Gegen die Gefahr, daß verwundete, wildgewordene

Elefanten umkehrten und die eigenen Truppen niedertraten, gab es ein Mittel: die Kornaks hatten einen spitzen stählernen Keil, den sie dem Tier, wenn es sich nicht mehr regieren ließ, in den Nacken schlugen, so daß es tot zusammenbrach.[1]

Die Ouverture hatte der Idee des Meisters entsprochen. Die beiderseitigen Reiter gingen auf und davon, während das Gefecht der Schützen und der Elefanten sich abspielte. Die Phalangen rückten vor und um ihre Flügel oder durch ihre Intervalle zogen die Vortruppen sich zurück.

Jetzt hätten wir die einfache alte Phalangenschlacht, wo die Masse und ihr Mut, nicht mehr der Feldherr entscheidet. Da geschieht etwas Neues, Unerhörtes.

Hannibal hat seine schwere Infanterie in zwei Treffen aufgestellt; im ersten stehen die karthagischen Bürger, die ihr Dasein gegen den furchtbaren Rivalen persönlich verteidigen, im zweiten das Korps, das Hannibal aus Italien mit zurückgebracht, die alte Garde, die ihm schon über die Pyrenäen und Alpen gefolgt und in zwanzigjährigem Kriege mit ihm grau geworden ist.

Naraggara ist die erste Schlacht in der Weltgeschichte, in der uns die Treffen-Taktik als ein großes neuentdecktes Prinzip maßgebend und entscheidend für die Schlachten-Führung entgegentritt.

In der Treffen-Aufstellung stehen die taktischen Körper hintereinander, so fern, daß jeder sich selbständig bewegen, so nah, daß sie sich unmittelbar unterstützen können.

Das Wesen der Phalanx beruht, wie wir gesehen haben, darauf, daß zwar nur die ersten oder gar nur das erste Glied eigentlich kämpft, also höchstens ein Viertel, vielleicht nur ein Fünfzehntel, Dreißigstel oder noch weniger der Bewaffneten. Der Wert dieser ganzen Masse besteht ausschließlich darin, daß sie die Gefallenen ersetzen, den Zusammenhang de Linie erhalten und von hinten einen physischen und moralischen Druck

1 Livius XXVII, 49.

ausüben. Wird nun die hintere Hälfte losgelöst und in einiger Entfernung von der vorderen aufgestellt, so geht von allen diesen Vorteilen viel verloren; namentlich der physische Druck ist völlig aufgehoben. Dafür aber ist das zweite Treffen in der Lage, selbständige Bewegungen machen zu können, also einen etwaigen Flanken- oder Rücken-Angriff abzuwehren und selber, sich herausziehend, Flanken-Angriffe zu machen.

Hannibal ließ sein zweites Treffen mehr als ein ganzes Stadion, über 300 Schritt, von dem ersten Distanz nehmen und komandierte es selbst. Hätte die römische Reiterei, statt die flüchtige punische zu verfolgen, sich sofort gegen die Infanterie gewandt, so hätte das zweite Treffen dem ersten den Rücken gedeckt. Zwischen die beiden hätten sich die feindlichen Reiter schwerlich gewagt. Das karthagische Heer hätte dann, nach allen Seiten ohne Schwierigkeit Front machend, während die Elefanten die römische Phalanx aufhielten, wie ich annehme, den Rückzug ins Lager angetreten.

Nun aber waren die feindlichen Reiter verschwunden, und sofort setzte Hannibal das zweite Treffen in Bewegung, um, während das erste Treffen mit den römischen Hastaten aneinandergeriet, geteilt, rechts und links auf die Flügel zu eilen und die Römer aus der Flanke anzugreifen. Es ist dieselbe Bewegung, die die Afrikaner bei Cannä machten, mit dem Unterschied, daß sie später einsetzte, weil die Truppen jetzt einen längeren Weg zu machen hatten, daß der gleichzeitige Rückenangriff der Kavallerie fehlte und daß die römische Infanterie diesmal nicht in der Überzahl, sondern numerisch schwächer, vielleicht erheblich schwächer als die punische war. So behauptete sich das erste Treffen der karthagischen Bürger ohne Schwierigkeit, und hätte ihm nun der doppelte Flankenangriff der »alten Banden« sekundiert, so hätten die Römer erliegen müssen. Hannibal hätte trotz der Überlegenheit der feindlichen Reiterei die Schlacht gewonnen.

Aber auch der genius Roms hatte einen Mann hervorgebracht, der die Zeichen der Zeit verstand und, wie 2000 Jahre später Gneisenau Napoleon, dem Kriegsgott seine eigene Kunst entgegensetzte.

Wir kennen die alte Einteilung der römischen Legion in die drei Jahresschichten der Hastaten, Principes und Triarier, die hintereinander standen. Bei der Aufstellung zur Schlacht von Naraggara, berichtet uns Polybius, stellte Scipio die Manipel der Principes und Triarier »mit Abstand« (ἐν ἀποστάσει) auf. Auch die römische Phalanx war also in zwei Treffen zerlegt. Bei Cannä hatten die Principes und Triarier noch fest an den Hastaten geklebt: jetzt führte Scipio, sobald er die Bewegung des zweiten punischen Treffens bemerkte, ihm das seinige ganz in derselben Art entgegen. Ein Bürgerheer und Bürgeroffiziere vermögen eine solche Bewegung nicht zu machen: aber der Krieg selbst hatte den Römern wie den Feldherrn, so Offiziere und Soldaten gebildet, die auf dem Schlachtfeld ebenso zu manövrieren vermochten wie ihre Gegner. Statt auf die Flanken der römischen Phalanx stieß Hannibals alte Garde auf eine verlängerte Schlachtlinie, und der Kampf blieb, was er gewesen war, eine Parallelschlacht.

Dennoch hatten die römischen Legionen gegen die verzweifelte Tapferkeit der karthagischen Bürger, die siegessichere Kriegsübung der Veteranen und vielleicht auch die Überzahl einen schweren Stand, und es scheint, daß sie nahe daran waren, zu erliegen, als die römische Reiterei von ihrem wahnwitzigen Verfolgungsritt zurückkehrte und den Puniern in den Rücken fiel. Welches Weltenschicksal hing an diesen Minuten!

Das karthagische Heer wurde geschlagen und auf der Flucht aufgerieben. Glücklich genug rettete sich Hannibal selber nach Hadrumet.[1]

1 Weshalb er nicht direkt nach Karthago ging, ist nicht überliefert. Vielleicht wollte er nicht bloß mit den wenigen aus der Schlacht Geretteten in der Hauptstadt ankommen und hatte wohl in Hadrumet noch Ersatz-Truppenteile und Waffenvorräte, die mitgeführt ihm immer noch eine Stellung und der Stadt eine Verteidigungsmöglichkeit gaben.

Vorläufer der Treffen-Taktik

Die Treffen-Taktik ist eine Erfindung von so außerordentlich großer Bedeutung in der Geschichte der Kriegskunst, daß man gern jeden einzelnen Moment in der Entwicklung feststellen möchte. Die Quellen lassen uns aber darüber im Stich. Plötzlich und auf beiden Seiten zugleich ist die Neuerung da. Vorläufer sind die Haken-Aufstellung von Hannibals Afrikanern bei Cannä und die kleinen Truppen-Abteilungen hinter Alexanders beiden Flügeln bei Gaugamela. Noch weiter zurück kann man die Reserve nennen, die Xenophon in dem Gefecht gegen Pharnabazus zurückhält. Auf der andern Seite ist die römische Gliederung der Phalanx nach den drei Schichten der Hastaten, Principes und Triarier zwar nicht eine direkte Vorstufe zur Treffen-Taktik, aber doch eine Einteilung, die dem Scipio zu Hilfe kam und ihm die Einführung der Neuerung erleichterte.

Aber von allen diesen Analogien bis zu dem organischen Prinzip ist doch ein gewaltiger Sprung. Die römischen Hastaten, als ihnen die Principes zum erstenmal nicht unmittelbar folgten, werden sich wie halb verraten vorgekommen sein, und nur ein Feldherr von höchstem persönlichen Ansehen und des unbedingten Vertrauens seiner Soldaten sicher, konnte eine solche Reform wagen. So einleuchtend die Vorteile eines zweiten Treffens sind, so muß man sich doch immer daneben halten, wieviel dadurch verloren ging. Wozu stellte man denn die ungeheuren Massen ins Feld? Wir haben gesehen, daß man sie viel weniger verwandte, die Schlachtlinien zu verlängern, als die Tiefen zu verstärken. Der Massendruck sollte den Sieg bringen. Löste man also die hintere Hälfte ab, so erschien das zunächst als ein Widerspruch gegen das ganze Phalangen-Prinzip. Die Füllung der beim Vormarsch entstehenden Lücken, für welchen Zweck die Manipel-Ordnung einst geschaffen war, war jetzt wegen des Abstandes der drei Schichten voneinander erschwert und der entscheidende Druck aus der Tiefe auf weniger als die Hälfte herabgesetzt.

Dieser Widerspruch wurde ausgeglichen durch die militärische Erziehung. Wie einst die römische Manipel-Ordnung dadurch möglich geworden war, daß der einzelne Mann wußte und glaubte, die Nachbar- wie die nachfolgenden Manipel würden ihre Pflicht tun, so war der militärische Sinn jetzt derart gesteigert, daß das erste Treffen der physischen Nähe und des physischen Nachdrückens der hinteren Hälfte entbehren konnte und sich an der moralischen Gewißheit, daß im Notfall die Hilfe nicht fehlen werde, genügen ließ. Soviel innere Sicherheit können Bürgersoldaten nicht haben; dazu gehören Krieger, die Berufssoldaten geworden sind, und Offiziere von langjähriger Übung. So klein der Unterschied scheint, daß zwischen die längst bestehenden Schichten der Hastaten, Principes und Triarier hundert oder einige hundert Fuß Abstand gelegt werden, so bedingt dieser Abstand doch ein ganz anderes Kriegswesen, einen ganz anderen militärischen Geist, im Feldherrn ebenso wie in den Offizieren wie in den Soldaten. Ein Bürgergeneral würde die Treffen-Taktik nicht handhaben; der größte Feldherr würde mit Bürgersoldaten sie nicht in Funktion setzen können.

Zweites Treffen und Reserve sind Begriffe, die in einander übergehen. Eine Reserve bleibt unbedingt zur Verfügung des Feldherrn; ein zweites Treffen folgt dem ersten so nahe, daß es auch ohne besonderen Befehl in den Gang des Gefechtes entweder ganz oder teilweise eingreifen oder hineingezogen werden kann. Man wird daher den Ausdruck Reserve gebrauchen, wenn es sich um etwas ferner stehende und deshalb kleinere Truppenkörper handelt, die im übrigen ganz so wie ein zweites oder drittes Treffen aufgestellt sein können.

Naraggara ist jedenfalls nicht das erste Gefecht gewesen, wo Scipio die neue Kampfesart erprobt. Auch von der vorhergehenden Schlacht auf den »großen Feldern«, wo er den Hasdrubal und Syphax besiegte (203), berichtet Polybius (XIV, 8, 11), daß das Fußvolk des feindlichen Zentrums von den Principes und Triariern auf beiden Flanken umgangen und eingeschlossen wurde. Diese haben also eine Bewegung ganz analog derjenigen von Naraggara gemacht. Das Wahrscheinlichste ist, daß Scipio die neue Taktik in Spanien ausgebildet hat, wo uns berichtet wird, daß er seine Soldaten tüchtig exerzieren ließ. Als der Senat seine Armee in Sicilien, über die allerhand Klagen gekommen waren, ehe sie nach Afrika hinüberging, durch eine Kommission inspizieren ließ, ließ Scipio dieser ein Land- und Seemanöver bei Syrakus vormachen,[1] um die Übung und Kunstfertigkeit seiner Soldaten zu zeigen. Etwas Näheres, wieweit diese Manöverbilder wirklich Vorbilder der Evolutionen auf dem Schlachtfelde gewesen sind, wissen wir aber nicht.

Es ist nicht unwahrscheinlich, daß um diese Zeit die Römer auch den Wurfspieß, mit dem die ersten Glieder der Manipel bewaffnet waren, nach einem Muster, das sie bei den Iberern fanden, verbesserten. Man darf also vielleicht sagen, daß zu den Heeresformen Scipios auch die Einführung des pilum gehört habe.[2]

1. Ich habe den Gang der Schlacht bei Naraggara vielleicht etwas sicherer dargestellt, als es uns der Stand der Quellen erlaubt. Aber ich wollte den Gang der Erzählung nicht fortwährend durch kritische Auseinandersetzungen mit den Quellen unterbrechen, um die Linien des Typischen in dem ganzen Ereignis, auf die es uns hauptsächlich ankommt, möglichst deutlich hervortreten zu lassen. Ich kann es mir aber auch ersparen, die kritische Begründung hier in allen Einzelheiten nachzuholen, da ich dafür auf eine ausgezeichnete Untersuchung von Konrad Lehmann[3] verweisen kann, der in derselben Weise, wie in den obengenannten Werken Josef Fuchs, philologische Akribie mit militärischem Urteil verbindet und den Gang der Schlacht völlig klargestellt hat.

Wir sind über die Schlacht bei Naraggara viel weniger gut berichtet, als über die Schlacht bei Cannä, weil Polybius hier nicht mehr über seine ausgezeichnete Quelle aus dem karthagischen Lager verfügte, sondern ausschließlich auf römische Berichte angewiesen war, und wir wissen

1 Livius XXIX, 22.

2 Vergl. oben S. 285.

3 Der letzte Feldzug des hannibalischen Krieges von Konrad Lehmann. Besonderer Abdruck aus dem 21. Supplementband der Jahrbücher für klassische Philologie. Mit einer Karte. Leipzig, B. G. Teubner. 1894.

schon, wie sehr Polybius, trotz seiner Kritik, von seinen Quellen abhängig ist. Er scheidet wohl das schlechthin Fabelhafte aus ihnen aus und hat z.B. den Zweikampf zwischen Hannibal und Scipio, durch den andere römische Berichte die Schlacht entschieden werden lassen, nicht aufgenommen, aber es ist immerhin noch sehr viel Falsches und Störendes stehen gebieben, was wir uns entschließen müssen, mit scharfem Messer auszuschneiden, wenn wir uns nicht auf das bloße Nacherzählen beschränken, sondern zu einem kriegsgeschichtlich verständlichen Bilde gelangen wollen. Man entschließt sich einem Polybius gegenüber ja immer sehr schwer, einen von ihm berichteten Vorgang für sachlich unglaubwürdig und unmöglich zu erklären, aber ich erinnere daran, wie wenig seine hellenischen Schlachtschilderungen befriedigen, was er uns über den römischen Flottenbau und über die römisch-gallischen Schlachten berichtet; daß seine Angabe über die Stärke des karthagischen Heeres in Spanien höchst anfechtbar ist; daß er uns die alberne römische Fabel berichtet, Hannibal habe sich vor seinen eigenen keltischen Bundesgenossen so gefürchtet, daß er sich immer durch verschiedenartige Perücken unkenntlich gemacht habe; daß er die römische Renommisterei, die Legionen hätten sich im Jahre 211 vor Rom den Puniern zu offener Feldschlacht gestellt, halbwegs nacherzählt.

Trotz alledem bleibt Polybius sicherlich eine Autorität ersten Ranges, aber es wäre verkehrt, sich ihm vollständig gefangen zu geben. Der großen Bestimmtheit gegenüber, mit der die römische Legende auftrat, und bei der tiefen inneren Verehrung, die ihn für das römische Staatswesen beseelte, hat er seiner Kritik nicht die unbedingt durchgreifende Kraft zu geben vermocht, deren die Wissenschaft bedarf, um zu völliger Klarheit zu gelangen. Lehmann hat höchst wahrscheinlich gemacht, daß sehr vieles aus dem Polybianischen Bericht aus dem Epos des Ennius stammt. Nicht so, daß Polybius so naiv gewesen wäre, die Schilderungen eines Heldengedichtes für historische Realitäten zu nehmen, aber in dem Kreise der Scipionen, wo er lebte und seine Nachrichten sammelte, hatten sich die Bilder der poetischen Phantasie des Ennius allmählich mit der wirklich historischen Tradition verschmolzen, so daß die Erzähler selber die Elemente wohl nicht mehr sicher voneinander zu unterscheiden vermochten, und durch dieses Zwischenglied, dem z.B. zweifellos auch der von Appian berichtete Zweikampf der Feldherren entstammt, ist auch ein rein fiktives Element in die Schilderung des ratonalistischen Analytikers Polybius gekommen.

2. Die Hauptpunkte, die bei der Polybianischen Erzählung von Naraggara kritisch zu beachten sind, sind folgende:

Polybius gibt einen Grund für den Treffenabstand zwischen Hastaten und Principes nicht an; statt dessen erwähnt er eine andere Änderung, die Scipio gegen den römischen Brauch anordnete, daß nämlich die Manipel nicht wie sonst auf die Intervalle, sondern aufeinander ausgerichtet waren. Das sei geschehen um der Menge der feindichen Elefanten willen. Dagegen ist zu sagen, daß erstens die Römer nicht wissen konnten, daß Hannibal diesmal die Elefanten, statt bei seiner Kavallerie, vor seinem Fußvolk aufstellen würde, und daß zweitens, wenn ein Treffenabstand dazwischen lag, das Ausrichten der Manipel aufeinander gar keinen Zweck mehr hatte. Angenommen selbst, die Elefanten hätten den Römern den Gefallen getan, immer richtig in die Intervalle zu laufen, so waren sie doch nicht an die gerade Linie gebunden und hätten die Lücken im zweiten Treffen auch gefunden, wenn sie einige Schritte – um mehr handelt es sich ja nicht – rechts oder links waren. Es ist klar, daß in die ebenso richtige wie wichtige historische Erinnerung von der Neuerung des Treffenabstandes, die den Sänger Ennius wenig interessierte, sich Bilder aus dem Elefantenkampf eingemischt haben, die er sich nach den freien Gesetzen dichterischer Taktik ausgestattet hatte.

Die Intervalle zwischen den Hastatenmanipeln soll Scipio mit Veliten ausgefüllt haben, die aus ihnen hervorbrechen sollten. Irgend ein Grund, weshalb grade in dieser Schlacht die Veliten anfänglich in den Intervallen gestanden haben sollen, ist nicht ersichtlich; der Vorteil, den die Intervalle für einen geordneten Vormarsch boten, wäre ja dadurch verloren gegangen. Lehmann vermutet, daß es sich nur um die Stellung beim ersten Aufmarsch handelte, ehe der Vormarsch begonnen wurde, wo Scipio die Ansprache an seine Truppen hielt und deshalb eine möglichst gedrängte Aufstellung vonnöten war.

Daß das *erste Treffen Hannibals* (Ligurer, Kelten, Balearen, Mauren) aus Schützen bestand, ist von Lehmann mit Sicherheit nachgewiesen. Nach unserem Sprachgebrauch bezeichnen wir es deshalb nicht als ein eigentliches »Treffen«.

Auch die Römer standen, wie Lehmann höchst wahrscheinlich gemacht hat, in zwei Treffen, indem die Principes und Triarier aufeinandergeschlossen waren. Bei der Normalstärke der Manipel würde sich dabei die Inkongruenz ergeben, daß das zweite Treffen erheblich stärker gewesen wäre, als das erste, während die Natur der Dinge eher des Umgekehrte mit sich bringt. Die Schützen, die man zum ersten Treffen rechnen kann, gleichen das doch nicht aus. Das erste Treffen muß immer so stark sein, daß es auf jeden Fall den Frontalangriff des Feindes aushält. Scipio muß das auf irgend eine Weise ausgeglichen haben.

Die künstliche Verzögerung des Phalangenkampfes hat in der römischen Legende den Niederschlag gefunden, daß das karthagische Bürgertreffen, statt dem ersten nachzurücken, aus Feigheit Halt gemacht habe und daß die Plänkler sich deshalb verraten geglaubt hätten.

Die Tatsache, das das römische Hastatentreffen sich mit dem karthagischen Bürgertreffen etwa die Wage hielt, ist von der patriotischen römischen Dichtung bei Polybius folgendermaßen wiedergegeben. Die Karthager wurden zunächst von ihren eigenen Söldnern angefallen, die umkehrten und sie für ihren feigen Verrat strafen wollten. In der Not wurden sie tapfer, und einmal im Zuge, brachten sie sogar die römischen Hastaten, die merkwürdigerweise den Kampf der Karthager untereinander nicht ausgenutzt haben, in Verwirrung. Endlich wurden sie von diesen doch geschlagen, aber Scipio ließ die siegreichen Hastaten von der Verfolgung durch Trompeten-Signale zurückrufen, weil das Feld so mit Toten, Verwundeten und Waffen bedeckt, der Boden von dem vielen Blut so schlüpfrig geworden war, daß die Truppen nicht mehr in Ordnung hindurchkommen konnten. Daß, wenn siegreich, die Hastaten ja über dies blutübergossene, glitscherige Feld schon hinüber sein mußten und erst der Rückzug sie nötigte, es wieder zu durchqueren, hat den Poeten natürlich nicht angefochten, zeigt uns aber sehr deutlich, wie wenig vorsichtig Polybius gewesen ist, indem er seinen Quellen vertraute.

Die entscheidende Bewegung Hannibals mit seinem zweiten Treffen ist von Polybius direkt gar nicht erwähnt: ein deutliches Zeichen, daß wir nur einen römischen Bericht ohne eigentliche historische und taktische Gesichtspunkte vor uns haben. Die Tatsache erhellt für uns aber indirekt aus der Bewegung Scipios, der seinerseits sein zweites Treffen rechts und links herauszieht und dabei mit den Veteranen Hannibals zusammenstößt, die also die analoge Bewegung von ihrem ursprünglichen Platz aus gemacht haben müssen. Als Motiv für die Bewegung Scipios wird aber nicht diejenige des Feindes angegeben, das wäre zu nüchtern, zu prosaisch gewesen, sondern jene Menge von Leichen und Blut in der Mitte, die nötigte, andere Wege einzuschlagen.

3. Über die *Stärke* haben wir auf beiden Seiten keine sicheren und zuverlässigen Nachrichten, mit Ausnahme des Punktes von der großen Überlegenheit der Römer an Reiterei. Die Gesamt-Stärke der Römer hat Lehmann (S. 532, S. 574) mit einer gewissen Wahrscheinlichkeit auf 35 000 Mann, eingeschlossen 10 000 Numider, angenommen. Daß Hannibal an Fußvolk überlegen war, dürfte weniger aus der Behauptung der römischen Quellen, als aus der Bedrängnis folgen, in die er die Römer zu setzen vermochte. Die Angabe, daß er nicht weniger als 80 Elefanten gehabt habe, ist als zweifellos übertrieben zurückzuweisen.

4. Die beiden Schlachten von *Bäcula*, die zweite auch Elinga, Silpia oder Ilipa gennant,[1] weisen höchst künstliche Manöver auf. Scipio umgeht beidemal den Feind auf beiden Flügeln, obgleich er in der zweiten Schlacht nur 45 000 Mann zu Fuß und 3000 Reiter gegen 70 000 Mann zu Fuß, 4000 Reiter und 32 Elefanten gehabt haben soll. Zweifellos ist auch hier Polybius nicht scharf genug in der Kritik gewesen und hat römische Fabeleien so rationell, wie es möglich war, nacherzählt. Ihne, Röm. Gesch. Bd. 2, S. 350 u. S. 369 ist der Ansicht, daß wahrscheinlich beide Schlachten, jedenfalls aber die erste, reine Erdichtungen sind. Beidemal hat die Schlacht keinen unmittelbaren Erfolg. Die erste soll Hasdrubal rechtzeitig abgebrochen und mit dem geschlagenen Heere den Zug nach Italien angetreten haben; die zweite voll auszunutzen verhinderte die Römer das plötzlich ausbrechende furchtbare Gewitter, das auch im Jahre 211 zweimal die Schlacht vor Rom verhinderte. Kriegsgeschichtlich ist jedenfalls aus diesen Schlachten nichts zu entnehmen. Ebensowenig aus dem Livius XXVIII, 33 und Fontin II, 3, 1 berichteten Treffen.

Die bei Livius[2] aufbewahrten Erzählungen von den vielfachen Gefechten in Italien nach Cannä zeigen öfter eine treffenartige Aufstellung von Legionen hintereinander. Alle diese Berichte haben jedoch nicht die allergeringste Glaubwürdigkeit.

1 Polybius X, 38, 39; XI, 20–24. Livius XXVII. 18, 19; XXVII, 12–15.

2 XXVII, 1, zweites Treffen von Herdonea: XXVII, 2, Numistro; XXVII, 12–14, Sieg des Marcellus in Apulien; XXX, 18, Besiegung des Mago bei den Insubrern.

6. KAPITEL
Hannibal und Scipio

Als Scipio von Sicilien nach Afrika hinüberging, stand Hannibal noch unbesiegt mit einem mäßigen Heer im unteren Italien. Man könnte die Frage aufwerfen, weshalb Scipio nicht erst hier, wo er leicht eine große Überlegenheit zusammenbringen konnte, Hannibal angegriffen und dem Kriege ein Ende gemacht hat. Die Antwort wird sein, daß Hannibal einem wirklich überlegenen Angriff wohl ausgewichen und endlich mit seinem Heer nach Afrika gegangen wäre. War er aber vor Scipio da, so würde es diesem sehr schwer geworden sein, sich in Afrika festzusetzen und den Anschluß an die Numider zu gewinnen.[1] Man kann also eher die Frage umkehren, weshalb Hannibal nicht früher freiwillig Italien geräumt hat, wo er einen positiven Erfolg nicht mehr erhoffen konnte. Die Antwort wird sein, daß Hannibal nicht mehr die Besiegung Roms, sondern einen leidlich günstigen Frieden anstrebte und annahm, daß die Römer für die Räumung Italiens immer noch einen Preis zahlen würden. Selbst als Scipio in Afrika gelandet war, folgte Hannibal ihm nicht sofort.

1 In der Rede, die Livius den alten Qu. Fabius Maximus und Scipio selber über die beabsichtigte Expedition im Senat halten läßt, erscheint dieses Motiv mit richtiger Empfindung nicht. Scipio hätte, wenn er darauf hinwies, zu sehr die Vorstellung von der Schwierigkeit des ganzen Unternehmens verstärkt, während seine Rede darauf angelegt ist und darauf angelegt sein mußte, den Offensivgedanken mit unbedingter Zuversichtlichkeit vorzutragen.

Er wußte, daß der Römer so sehr viel nicht werde ausrichten können, am wenigsten der Stadt Karthago selber, deren Befestigung den dreifachen Umfang des damaligen Rom hatte (26 905 Meter), etwas anhaben. Gelang es seinen Landsleuten, ohne ihn des Scipio Herr zu werden, während die Römer ihrerseits die Punier aus Italien nicht zu vertreiben vermochten, so waren die Kräfte einigermaßen im Gleichgewicht und auf dieser Basis konnte ein Friede geschlossen werden.

Erst als Scipio bereits zwei Jahre in Afrika war und durch einige glückliche Schläge und Unternehmungen eine unerwartet große Stellung gewonnen, namentlich Syphax in seine Gewalt gebracht und an Masinissa einen starken Bundesgenossen gefunden, da verließ Hannibal mit dem Rest seiner Truppen Italien und erschien zum letzten Kampfe in Afrika. Sein Erscheinen ermutigte die Karthager, einen bereits geschlossenen Waffenstillstand und Frieden zu brechen, und es kam nunmehr darauf an, wer die militärische Übermacht entwickeln würde. Außer Hannibals Veteranen waren auch Truppen seines Bruders Mago, Balearen, Ligurer, Kelten angelangt; man warb unter den afrikanischen Stämmen, und die karthagischen Bürger ergriffen selber die Waffen. Was fehlte, war die große Mehrzahl namentlich der näher zeltenden Numiderstämme, die jetzt von Masinissa für die Römer in die Waffen gerufen wurden.

Von beiden Seiten rüstete man mit der größten Anstrengung. Mit kluger Berechnung nahm Hannibal sein Hauptquartier nicht in Karthago selbst, sondern in einer kleinen Seestadt 5–6 Tagemärsche südlich von Karthago, Hadrumet. Hier wahrte er seine Veteranen vor der verführerischen Berührung mit der Hauptstadt, hier hatte er die auszubildenden neuen Truppen sicherer in der Hand, von hier hätte er jede Bewegung Scipios gegen Karthago selber im Rücken gefaßt und war seinerseits durch die Flankenstellung Karthagos wieder gedeckt gegen einen Angriff der Römer, ehe seine Rüstungen vollendet waren.

Es scheint, daß an dreiviertel Jahre vergangen sind,[1] bis Hannibal, immer noch mit einer sehr schwachen Kavallerie, sich gegen die Römer in Bewegung setzte. Er tat es mit gutem Grund. Noch hatte Scipio sich nicht mit Masinissa vereinigt; wenn es also gelang, ihn vor dieser Vereinigung zu fassen oder zwischen beide zu kommen und sie auseinanderzuhalten, so war der Sieg der Punier gesichert. Scipio hatte noch nicht einmal einen Hafen in Besitz, sondern auf einer Halbinsel nahe bei Utica, das er vergeblich berannt hatte, ein befestigtes Lager (castra Corneliana) als Stützpunkt angelegt. Von hier aus war er einige Tagemärsche das fruchtbare Bagradas-(Medjerdja-)Tal aufwärts ins Innere vorgerückt und plünderte und verwüstete das Land.

Da wurde ihm gemeldet, daß Hannibal von seinem Waffenplatz, Hadrumet, aus gegen ihn vorgerückt und bei Zama,

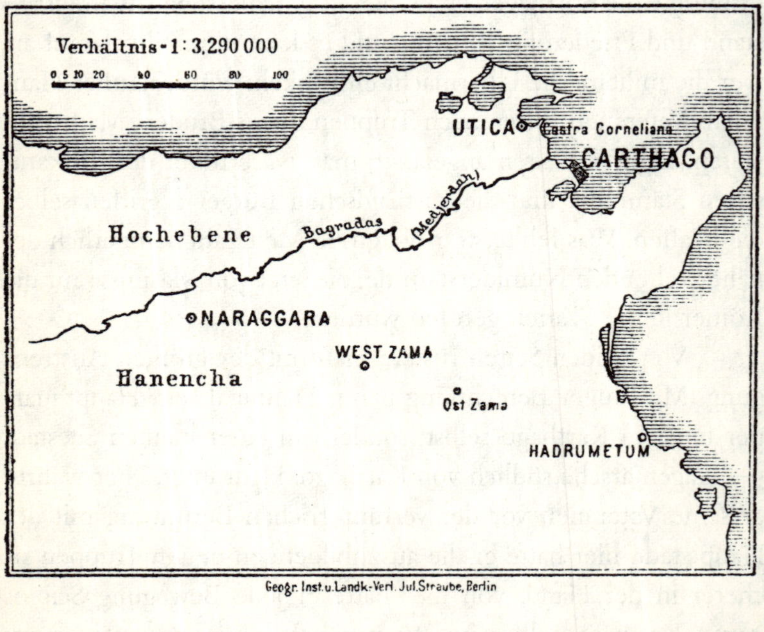

Geogr. Inst. u. Landk.-Verl. Jul. Straube, Berlin

1 Es ist anzunehmen, daß Hannibal im Herbst 203 nach Afrika zurückgekehrt ist und daß die Schlacht von Naraggara etwa in den August 202 fällt. LEHMANN S. 555.

dem westlicheren Orte dieses Namens, angelangt sei. Seine Lage war kritisch.

Blieb er abwartend im Bagradastal und wurde von Hannibal angegriffen, ehe die numidischen Verstärkungen angelangt waren, so war seine Niederlage besiegelt.

Ging er auf sein Strandlager zurück, so wurde er hier von Hannibal eingeschlossen, war definitiv von Masinissa getrennt und hatte Hannibals Führung gegenüber keine Aussicht, das Schicksal zu wenden. Die Expedition war gescheitert, und er hätte froh sein müssen, wenn er sein Heer leidlich unversehrt wieder nach Sicilien zurückbrachte.

In diesen Zeitpunkt versetzt die Tradition die berühmte persönliche Besprechung zwischen den beiden Feldherren, in der Hannibal als der Friedenbittende erscheint. Kein Zweifel, daß, wie Konrad Lehmann dargetan hat, diese Zusammenkunft ein Phantasiegemälde des Ennius ist. Nichts lag in jenem Augenblick dem Hannibal ferner, als die Römer um Frieden anzugehen, und Scipios Seele war mit ganz anderen Vorstellungen als unbedingter erhabener Siegesgewißheit erfüllt. Drei punische Spione, die in seinem Lager ergriffen wurden, soll er nicht bestraft, sondern sie in stolzem Selbstbewußtsein, nachdem ihnen alles gezeigt war, zu Hannibal entlassen haben. Die Erzählung ist fast wörtlich von Ennius aus Herodots Perserkriegen entnommen,[1] von ihm in die römische Tradition, so auch zu Polybius und in den festen Bestand der Geschichtsschreibung übergegangen. Wir erkennen, wie vorsichtig wir die Darstellung der Quellen betrachten müssen. Viel mehr aus dem Charakter der Sachlage als aus diesen freien Gestaltungen der Phantasie müssen wir die Maßstäbe unseres Urteils zu gewinnen suchen. Weder Scipio noch Hannibal werden dabei verlieren. Es ist dasselbe, was wir schon bei den Perserkriegen beobachten konnten: das Helden-

1 Nachgewiesen von Konr. Lehmann in d. Jahrb. f. klass. Philol. Bd. 153, S. 573.

tum der Griechen ist für das wahre Verständnis nicht geringer geworden, weil wir die Zahlen der Perserheere so stark reduziert haben. Legende und Poesie malen darum noch nicht falsch, weil sie mit anderen Farben malen als die Historie. Sie reden nur eine andere Sprache, und es handelt sich darum, aus dieser richtig ins Historische zu übersetzen.

Der große Entschluß Scipios, der Entschluß, der ihn unter die größten Feldherren der Weltgeschichte einreiht und allen poetischen Bildern, die Ennius zu seinem Preise erfand, das Recht der inneren Wahrheit verleiht, war, daß Scipio, die Hoffnung in die Kühnheit setzend, seine Verbindung mit dem Meere, jeden Rückzug und jede Möglichkeit der Rettung im Falle einer Niederlage aufgab und, da er es nicht wagen durfte, länger auf Masinissa zu warten, ihm in das Innere des Landes entgegenzog. Dicht vor Hannibal weg muß er abmarschiert sein. In der Nähe der Stadt Naraggara, an der Grenze des heutigen Tunis und Algier, traf er mit Masinissas Truppen zusammen und erwartete hier die Ankunft Hannibals, dem nichts übrig geblieben war, als ihm zu folgen, zur Entscheidungsschlacht.

Wir haben gesehen, wie bis zum letzten Augenblick das Zünglein der Wage in dieser Schlacht schwankte. Aber die ganze Kraft der Seele, die dazu gehörte, sowohl den Abmarsch auf Naraggara zu befehlen, wie die Einzelheiten der Schlacht nachher mit unbeirrbarer Kaltblütigkeit zu leiten, vermögen wir erst nachzuempfinden, nachdem wir beides ineinander eingeordnet, die Schlacht innerhalb der strategischen Situation, den strategischen Entschluß von des Schermessers Schneide aus, auf der die Schlacht stand, gemessen haben.

Sehr merkwürdig spiegelt sich in dem unrichtigen Namen, der sich in der Tradition für die Schlacht festgesetzt hat, Zama, das Verzweifelte des Entschlusses des römischen Feldherrn bis in die Gegenwart fort. Selbst nach dem Siege hat er nicht gewagt, in seiner Meldung nach Hause den ganzen strategischen Zusammenhang, den Marsch fort von der Küste in das

Innere einzugestehen, hat nicht den Ort der Schlacht selbst, sondern nur das Hauptquartier Hannibals bei seinem letzten Halt namhaft gemacht, und so ist die Schlacht nach diesem benannt und dadurch der strategische Zusammenhang so verwischt worden, daß man hat zweifeln können, ob das westliche oder östliche Zama gemeint sei. Man darf diesen Marsch Scipios vergleichen mit dem Abmarsch der Schlesischen Armee von der Mulde über die Saale im Oktober 1813 und dem Rückzug von Ligny auf Wavre 1815, welche beiden Operationen es gewesen sind, denen Napoleon strategisch unterlag, und wenn Scipio statt sich der unerhörten Kühnheit seines Entschlusses zu rühmen, die Gefahr, die er siegreich bestanden, eher versteckt und verschleiert hat, so erinnert das an Moltke, der seine genialste und kühnste strategische Tat, den getrennten Einmarsch in Böhmen, gegen die Kritikaster als »Abhilfe in einer ungünstigen Situation« bezeichnete.

Auch nach dem Siege von Naraggara konnte Scipio mit seiner mäßigen Macht nicht daran denken, Karthago selbst zu belagern und zu erobern. Rom war wirtschaftlich und moralisch durch den langen Krieg so erschöpft, daß es größere Mittel weder hergeben konnte noch wollte, und schon bildeten sich in der macedonisch-griechischen Staatengruppe Verhältnisse, die eine Einmischung und einen neuen Krieg in nahe Aussicht stellten. Wie die Weisen von Rom Scipios Expedition nach Afrika nicht hatten gutheißen wollen und Unheil prophezeiten, so waren sie auch jetzt nach dem Siege wieder zur Stelle, aber auf dem entgegengesetzten Ende, und fanden, daß der Sieg bis zur völligen Niederwerfung der Rivalin verfolgt werden müsse. Aber der Sieger von Naraggara zeigte, daß ebenso wie seine Kraft er auch die Grenze seiner Kraft richtig abzuschätzen wisse, und man sollte den Vorwurf derer, die schneidig sein wollten, indem sie nichts als neidisch waren, er habe den Frieden geschlossen, um nicht den Ruhm dieses Ereignisses einem Nachfolger zu hinterlassen, heute nicht mehr wiederholen. Es würde lange gedauert haben, bis ein Nachfolger Scipios in der Fortsetzung des Kampfes gegen Hannibal und die unübersteigliche Mauer Karthagos Ruhm geerntet hätte. Scipio wußte besser, was seiner Vaterstadt frommte, und nahm das Friedensangebot, das man ihm nunmehr unter Hannibals Befürwortung brachte, an. Die Bedingungen gingen nicht so sehr wesentlich über diejenigen hinaus, die Scipio schon ein Jahr früher, vor Hannibals Ankunft, gestellt, und das römische Volk genehmigt hatte. Die Bedeutung der Schlacht bei Naraggara liegt also nicht sowohl in dem positiven augenblicklichen Gewinn, den der römische Staat machte, als negativ darin, daß Karthago in seinem letzten Aufschwung gebrochen war und seine Bürger die Hoffnung auf die Zukunft verloren. Die hauptsächlichste Bedingung, die dem neuen Frieden hinzugefügt wurde, war, daß Karthago ohne Roms Zustimmung keinen Krieg führen dürfe, sich also seiner vollen Souveränität vergab.

Ob diese Bestimmung ein leerer Buchstabe bleiben würde oder wirklich der selbständigen karthagischen Politik ein Ende machte, war bei dem Abschluß des Friedens selber noch nicht mit Sicherheit zu erkennen. Von den Weltverhältnissen, von der Politik Macedoniens und Syriens, von der inneren Entwicklung Roms und Karthagos hing es ab, ob die besiegte Stadt sich dauernd dieser Bestimmung unterwerfen würde. Die Folge hat gezeigt, daß die Niederlage von Naraggara die Kraft Karthagos endgültig gebrochen hatte. Sechs Jahre später, im Jahre 195, nachdem die Römer mittlerweile ohne Eingreifen der Karthager auch die Macedonier niedergeworfen, trieben auf Anforderung der Römer die Karthager Hannibal aus der Vaterstadt aus, und erst dies Ereignis gab dem Frieden seine definitive Auslegung.

Hannibal und Napoelon sind die beiden großen Feldherren der Weltgeschichte, die schließlich besiegt wurden, ohne an ihrem Ruhme, an ihrer historischen Größe deshalb einzubüßen. Ja, sie sind so groß, daß die Historie sich stets versucht gefühlt hat, ihre Besieger strenger zu beurteilen als sie selbst, um nur ja nicht die Vorstellung aufkommen zu lassen, als ob der Sieger mehr gewesen sei als der Besiegte. Mögen die Römer Scipio gepriesen haben, wie die Engländer Wellington, allenthalben, wo der Nationalstolz nicht ins Spiel kam, hat man Vorbehalte gegen ihre Größe gemacht, ja von Wellington wohl gar mit einer gewissen Geringschätzung gesprochen, und am allerwenigsten ist der General zur Geltung gekommen, der um die strategische Überwindung Napoleons das größte Verdienst hatte: Gneisenau. Hier konnte von einer Vergleichung mit Napoleon überhaupt kaum die Rede sein, da ja nicht er, sondern Blücher der Feldherr der Preußen war und bei diesem wieder der Anspruch, als Stratege neben Napoleon zu gelten, gar nicht erhoben wurde.

Mag man den Besiegten diese Genugtuung in der Geschichtsschreibung gönnen, da ja die anderen an dem Siege selbst des Lohnes reichlich davongetragen haben, so muß eine Betrachtung wie die unsere doch sorgfältiger abwägen. Von den neueren Feldherren wird später zu reden sein. Von Scipio aber muß es ausdrücklich gesagt werden, wie schon unsere ganze Darstellung gezeigt hat, daß er zwar gewiß nicht über, aber doch mit vollem Recht neben Hannibal gestellt werden darf. Das nüchterne Römertum mit seinen strengen, autoritativen Staatsformen, läßt die Individualitäten nicht so lebensprudelnd hervortreten wie Griechenland. Der gemeinsame Zug der Disziplin beherrscht alles einzelne so, daß man sich fast scheut, von einem Genie zu sprechen, das doch immer durchaus individuell sein muß. Aber wahrlich, man darf mit diesem Wort nicht kargen bei dem Mann, der dem römischen Heer neue taktische Formen gab, der den Zug nach Afrika und den Abmarsch vom Bagradas-Tal nach Naraggara wagte, der die Schlacht gegen Hannibal durch die gefährlichste Krisis hindurch mit Sicherheit leitete und schließlich doch seine Forderungen nicht überspannte, sondern den rechten Frieden schloß. Wir erkennen aber von Scipio noch mehr als die Linien abstrakter Größe, wie sie uns die Ereignisse selber hinzeichnen. Es ist uns gestattet, diesen Feldherrn auch von Angesicht zu Angesicht zu erblicken, in dem Bilde, das uns

Mommsens Gestaltungskraft nach den Berichten der Quellen geschaffen und mit dem ich mir nicht versagen möchte, diese Darstellung des zweiten punischen Krieges abzurunden, freilich nachdem es mir gelungen ist, es, wie ich hoffe, vermöge dieser Forschung durch den letzten entscheidenden Zug, den Nachweis der vollen Größe des Feldherrn und des Staatsmannes zu ergänzen. Mommsen fügt die Charakteristik Scipios ein, als dieser vor dem römischen Volke auftritt, um sich, nachdem die römischen Heere geschlagen worden, um das Kommando in Spanien zu bewerben.

»Der Sohn, der den Tod des Vaters zu rächen ging, dem er neun Jahre zuvor am Ticinus das Leben gerettet hatte, der männlich schöne junge Mann mit den langen Locken, der bescheiden errötend in Ermangelung eines Besseren sich darbot für den Posten der Gefahr, der einfache Kriegstribun, den nun auf einmal die Stimmen der Centurien zu der höchsten Amtsstaffel erhoben – das alles machte auf die römischen Bürger und Bauern einen wunderbaren unauslöschlichen Eindruck. Es ruht ein besonderer Zauber auf dieser anmutigen Heldengestalt; von der heitern und sichern Begeisterung, die Scipio halb gläubig, halb geschickt vor sich hertrug, ist sie durchaus wie von einer blendenden Aureole umflossen. Mit gerade genug Schwärmerei, um die Herzen zu erwärmen, und genug Berechnung, um das Verständige überall entscheiden und das Gemeine nicht aus dem Ansatz wegzulassen; nicht naiv genug, um den Glauben der Menge an seine göttlichen Inspirationen zu teilen, noch schlicht genug, ihn zu beseitigen, und doch im Stillen innig überzeugt, ein Mann von Gottes besonderen Gnaden zu sein – mit einem Wort, eine echte Prophetennatur; über dem Volke stehend und nicht minder außer dem Volke; ein Mann felsenfesten Wortes und königlichen Sinnes, der durch Annahme des gemeinen Königtitels sich zu erniedrigen meinte, aber ebensowenig begreifen konnte, daß die Verfassung der Republik auch ihn band; seiner Größe so sicher, daß er nichts wußte von Neid und Haß und fremdes Verdienst leutselig anerkannte, fremde Fehler mitleidig verzieh; ein vorzüglicher Offizier und feingebildeter Diplomat ohne das abstoßende Sondergepräge dieses oder jenes Berufs, hellenische Bildung einigend mit dem vollsten römischen Nationalgefühl, redegewandt und anmutiger Sitte, gewann Publius Scipio die Herzen der Soldaten und der Frauen, seiner Landsleute und der Spanier, seiner Nebenbuhler im Senat und seines größeren (so Mommsen; hier ändere ich) karthagischen Gegners. Bald war sein Name auf allen Lippen und er der Stern, der seinem Lande Sieg und Frieden zu bringen bestimmt schien.«

Zur dritten Auflage

1. An dieser Stelle habe ich in den beiden ersten Auflagen den vollständigen Bericht Appians über die Schlacht abgedruckt, um dem Leser Gelegenheit zu geben, diesen Bericht mit meiner Darstellung zu vergleichen und so eine unmittelbare Anschauung zu gewinnen, daß es bei den antiken Autoren Schlachtberichte gibt, die mit den wirklichen Vorgängen keinerlei Ähnlichkeit haben und einfach in toto verworfen werden müssen. Von diesem Appianschen Bericht leugnet das niemand, weil wir in der glücklichen Lage sind, aus einer andern Quelle die Wahrheit schöpfen zu können. Das genügt aber nicht. Wir müssen den Mut haben, offenbar legendare Erzählungen auch dann zu verwerfen, wenn wir nicht in der Lage sind, Besseres an die Stelle zu setzen. Den Entschluß hierzu zu finden ist nicht leicht, und nur ganz allmählich gewöhnt sich die wissenschaftliche Welt an die richtigen Maßstäbe. Ich empfehle zu diesem Zweck dringend die Lektüre jenes Appianschen Berichts, muß ihn aber hier um der Raumersparnis willen unterdrücken.

2. Veith in dem von ihm bearbeiteten Bande (III, 2) der »Antiken Schlachtfelder« hat sich taktisch wie strategisch in den Grundzügen der von mir und Konr. Lehmann gebildeten Auffassung des Feldzuges von 202 angeschlossen und durch eine überaus sorgsame geographische und topographische Untersuchung auch den Ort der Schlacht so weit wie möglich festgestellt. Im Besonderen setzt auch er die Schlacht nicht bei Zama, sondern bei Naraggara an und sieht die rettende Wendung für die Römer in der von Scipio in Spanien ausgebildeten Treffen-Taktik und in der Rückkehr der von den Puniern zuerst fortgelockten Kavallerie. Was er aber darüber hinaus aus der Polybianischen Darstellung annimmt oder herausspinnt, dem kann ich nicht zustimmen.

Veith findet, daß Lehmann und ich der Polybianischen Darstellung zu viel Skepsis entgegenbringen; der einzige effektive Irrtum in ihr sei der Widerspruch, daß das Treffen der karthagischen Bürger einmal als feige und dann als tapfer geschildert werde; das sei aber nur eine *Erklärung* für ihr Verhalten und nicht eine *Tatsache*, und ein solcher Irrtum sei immerhin verzeihlich. Mir scheint gerade umgekehrt, daß eine vereinzelte falsche Tatsache eher entschuldbar wäre, als eine Erklärung, die überlegt sein will und doch so offenbar absurd ist, daß sie sich selbst aufhebt. Aber wie dem auch sei, daß Hannibal eben daran gewesen sei, die Schlacht zu gewinnen, obgleich seine beiden Treffen sich untereinander bekämpften, und die Zurückziehung des ersten römischen Treffens, weil das Schlachtfeld mit Blut und Leichen bedeckt gewesen sei, das sind Fabeleien, die sichtlich ganz aus derselben Rüstkammer stammen, wie die Perücken Hannibals, das Rudern auf dem Lande, die Ebbe, die bei Neu-Karthago am Nachmittag einzutreten pflegt, und so vieles andere, was Polybius trotz seines kritischen Blickes seinen Quellen unbedachtsamer Weise nachgeschrieben hat. Die taktischen Evolutionen aber, die Veith auf solches Nachrichten-Material aufbaut, sind nichts als Phantasie-Gebilde. Sie müssen es um so mehr sein, da dabei die Abwehr der angeblichen 80 Elefanten Hannibals eine große Rolle spielt und Veith selber bei der Stärke-Berechnung (S. 681) zu dem Ergebnis kommt, daß die Karthager nicht mehr als 15–20 dieser Tiere gehabt hätten. Um dieser wenigen Elefanten willen soll Scipio die übliche römische Schlachtordnung tiefgreifend verändert haben. Das ist um so weniger glaublich, als die Elefanten nicht gegen die Infanterie, sondern gegen die Kavallerie verwendet zu werden pflegten. Veith meint (S. 691), Scipio habe die Absicht Hannibals, die Elefanten in dieser Schlacht gegen die Infanterie zu verwenden, von weit her erkennen können, da die Elefanten vorn standen, also auch zuerst aufmarschiert waren. Ich kann Hannibal einen solchen Mangel an Vorsicht nicht zutrauen. Wenn er etwas ungewöhnliches tun wollte, so war es klar, daß es überraschend doppelt wirksam sein mußte. Hannibal hätte also befehlen müssen, daß die Elefanten sich zuerst wie gewöhnlich bei den Reitern aufstellen und erst im letzten Augenblick vor die Infanterie trabten; es gehörten ja nur einige hundert Schritt Weges dazu. Wenn nicht schon der ganze Aufbau, so würde diese Erwägung deutlich beweisen, daß die ganze Elefanten-Geschichte mit den im voraus gebildeten Gassen in der römischen Schlachtordnung zum Durchlaufen, die die Elefanten auch gehorsamst benutzen, ein Märlein ist. Wozu Hannibal sie tatsächlich und allem Anschein nach mit Nutzen gebraucht hat, ist oben dargelegt.

Daß in dem ganzen afrikanischen Feldzug strichweise die bewußte Erfindung eines Kunstdichters vorliegt, hat Konr. Lehmann nachträglich direkt erwiesen, indem er als Quelle der Spionengeschichte die Parallel-Erzählung bei Herodot aufgedeckt hat (Jahrb. f. klass. Philol. 1896, Bd. 153, Nr. 68). Polybius war kritisch genug, den natürlich aus der derselben Quelle stammenden Zweikampf zwischen Scipio und Hannibal auszulassen; daß aber die Spionen-Anekdote, die persönliche Unterredung der beiden Feldherren, der Kampf der Punier untereinander und der vor Blut und Leichen ungangbare Boden alle ebensowenig glaubwürdig sind, ist ihm entgangen. Der alte Laelius selber, bei dem sich wirkliche Erinnerung und Bilder aus der Ennianischen Dichtung verwischten, mag es ihm erzählt haben, und da hat seine Kritik geschwiegen. Hat doch sogar Thucydides sich durch seinen spartanischen Gastfreund mit der Geschichte von dem Landesverrat des Pausanias täuschen lassen.

Eine wesentliche Abweichung Veiths von meiner Auffassung liegt darin, daß er nicht annimmt, Scipio sei aus der Gegend von Zama bis Naraggara ausgewichen, um sich mit Masinissa zu verstärken, sondern habe sich schon vor Hannibals Annäherung in dieser Gegend befunden. Sollte dem so sein, so würde in merkwürdiger Weise die strategische Leistung nicht nur des einen, sondern beider Feldherren sinken. Der ungeheure Entschluß Scipios zum Abmarsch in einer Richtung, die keinen Rückzug mehr bot, fällt weg, und auf Hannibal fällt der Vorwurf, daß er ohne durchschlagenden Grund von Hadrumet aufbrach und die Entscheidung herausforderte, ehe er seine Rüstungen vollendet hatte. Denn war Scipio, als die Karthager von Hadrumet aufbrachen, in der Gegend von Zama, so hatte er Aussicht, ihn mit Übermacht zu schlagen, und sein vorzeitiges Losbrechen ist gerechtfertigt; war Scipio aber schon in der Gegend von Naraggara, so sprach die Präsumtion für seine Vereinigung mit Masinissa, und es war kein Grund, nicht erst die Rüstungen zu vollenden, ehe man in den Feldzug eintrat.

Diese, so zu sagen, Reduzierung der beiden welthistorischen Größen ist natürlich kein Grund gegen die Tatsachen, wenn sie sonst glaublich zu machen wären. Das ist aber nicht der Fall. Die Erwägungen, die Veith dagegen anführt (S. 639), sind sehr unklar und haben jedenfalls keinerlei Beweiskraft. Es ist ein ähnlicher Fall, wie mit der Schlacht auf dem Lechfelde, wo auch die welthistorische Größe Kaiser Ottos sehr wesentlich davon abhängt, ob die Schlacht auf dem rechten oder linken Ufer stattgefunden hat.

Veith (S. 641) will meine Annahme, daß Scipio selbst hinterher die unerhörte Kühnheit seines Abmarsches nach Naraggara nicht ganz eingestanden habe, als psychologisch sehr unwahrscheinlich ablehnen, da der *Erfolg* in den Augen der Mitwelt noch mehr als der Nachwelt rechtfertige. Ich kann diese angebliche psychologische unwahrscheinlichkeit mit historischen Analogien belegen. Als Napoleon 1800 den Österreichern in den Rücken marschiert war und sie abzuschneiden suchte, hatte er die Kühnheit, seine Armee auf die verschiedenen Straßen, die die Österreicher benutzen konnten, zu verteilen, um sie unter allen Umständen zu fassen. Die Folge war, daß er in die äußerste Gefahr kam, bei Marengo geschlagen zu werden, ehe der detachierte Desaix anlangte. Es ist Napoleon aber nicht eingefallen, sich nach dem Siege seiner Kühnheit zu rühmen (wozu er durchaus berechtigt gewesen wäre), sondern er hat die Schlachtberichte sogar direkt fälschen lassen, um an die Stelle der Kühnheit kluge Voraussicht zu setzen. Ein anderes Beispiel. Die größte strategische Tat Moltkes ist unzweifelhaft der Einmarsch in Böhmen in zwei getrennten Armen auf die Gefahr hin, daß die eine von der Hauptmacht der Österreicher angefallen werden konnte, ehe die andere zur Stelle war. Obgleich der Einmarsch glänzend gelang, hat die militärische Kritik der Besserwisser sich keineswegs dem Erfolge gebeugt, sondern immer wieder nachweisen wollen, daß nur unerhörtes Glück oder unerhörtes Ungeschick des Gegners ihm den Sieg in den Schoß geworfen habe, und der Feldmarschall hat selbst zur Feder gegriffen (1867), um sich dagegen zu verteidigen.

Sann, Untersuchungen zu Scipios Feldzug in Afrika[1], S. 24 widerlegt recht gut die Gründe, weshalb Veith Scipio nach Naraggara ziehen läßt. Was er aber selber anführt, um die Aufstellung Scipios bei Zama zu rechtfertigen, ist ebenso wenig haltbar. Er meint nämlich, Scipio habe auf diese Weise den Anmarsch Masinissas decken wollen. Das wäre sehr verkehrt gewesen. Woher kam denn Masinissa? Doch wohl aus dem Westen. Statt das römische Heer der Gefahr auszusetzen, in seiner deckenden Aufstellung selber mit Übermacht angefallen zu werden, hätte Scipio die Numider einfach angewiesen, auf einer der angeführten, nördlicheren Straßen an das römische Heer heranzuziehen.

Man wird die Kontroverse so formulieren müssen. Wenn die Schlacht bei Naraggara stattgefunden hat, so ist Scipios Marsch in diese Gegend nicht anders zu erklären, als daß er, aus der Not eine Tugend machend, Rettung und Sieg in der Kühnheit suchend, vor Hannibal bis dahin zurückgewichen ist, um sich mit Masinissa zu vereinigen. Veiths Erklärung, daß er freiwillig dahin marschiert sei, ist ungenügend. Hat die Schlacht bei Zama stattgefunden, so sieht man nicht, weshalb Hannibal sie geschlagen hat. Er hatte noch ein erhebliches Reiterkorps unter Vermina zu erwarten, das tatsächlich einige Wochen nach der Schlacht bei ihm eingetroffen ist. Daß er bei Naraggara schlug, obgleich er vermutlich wußte, daß nunmehr Scipio und Masinissa sich vereinigt hatten, ist natür-

1 Berliner Dissert. 1914.

lich, nachdem er einmal so weit vorgerückt war und Scipio in die denkbar ungünstigste strategische Lage gebracht hatte; standen sich aber die beiden Heere in der Gegend von Zama gegenüber, so verlor Hannibal wenig und gewann viel, wenn er die Entscheidung noch einige Wochen hinauszögerte und mittlerweile sich durch die so dringend notwendigen Reiter Verminas verstärkte. Veith hat also Recht, insofern er Zama als Ort der Schlacht ablehnt; er hat aber Unrecht, insofern er für Naraggara ein ungenügendes Motiv (Plünderungszug bis in diese Gegend) annimmt.

Ein Mißverständnis Veiths ist es, wenn er meint (S. 658), das Manöver Scipios, seine Front aus dem zweiten (oder dritten) Treffen zu verlängern, sei nach meiner Meinung den Karthagern *unverhofft* gekommen. Ich sage ja selber, daß Scipio die Treffentaktik schon in Spanien ausgebildet und in der Schlacht auf den großen Feldern angewandt hatte. Selbstverständlich hat Hannibal das gewußt, war also auch auf die Bewegungen, wie Scipio sie machte, vorbereitet. Nichtsdestoweniger rechnete er auf den Sieg und durfte einigermaßen auf den Sieg rechnen, da er ja an Infanterie überlegen war, und er hätte auch nach dem eigenen Zeugnis der Römer vermöge dieser Überlegenheit den Sieg gewonnen, wenn nicht die römisch-numidische Kavallerie zurückgekommen und ihm in den Rücken gefallen wäre.

Eines der wesentlichsten Ergebnisse meiner Untersuchungen zum antiken Kriegswesen ist die Feststellung, daß die Römer die Treffentaktik erst im zweiten punischen Kriege durch Scipio ausgebildet haben. Der erste, der, während Mommsen sich ganz ablehnend verhielt, zustimmte, war Fröhlich in der Schrift »Die Bedeutung des zweiten punischen Krieges für die Entwicklung des römischen Heerwesens«, 1884. Auch Kromayer und Veith haben sich jetzt auf diesen Standpunkt gestellt »Scipios Zerlegung der römischen Schlachtaufstellung in drei der Tiefe nach selbständige Treffen und seine glänzenden, *erst dadurch möglich gewordenen* Flankenevolutionen sind es gewesen, die dem großen Gegner den Sieg aus den Händen wanden«, schreibt Kromayer.[1] Das ist durchaus richtig, steht aber in Widerspruch mit der Vorstellung, die Kromayer sonst vertritt, daß die Römer von je die Kunst verstanden hätten, in ganz kleinen taktischen Körpern, den Manipeln, zu manövrieren. Wer diese Kunst kannte, für den waren auch Flankenbewegungen, wie sie Scipio bei Naraggara ausführte, nicht nur nichts Besonderes, sondern einfach wie das tägliche Brot; ja man muß sogar sagen, die Scipionische Ordnung wäre kein Fortschritt, sondern ein Rückschritt, keine Verfeinerung, sondern eine Vergröberung gewesen. Dem Eindruck, daß zwischen der hilflosen Plumpheit der römischen Tak-

1 Roms Kampf um die Weltherrschaft. S. 61.

tik bei Cannä und den Manövern von Naraggara eine fundamentale Reform liegen und daß hier eine der großen Taten Scipios gesucht werden müsse, haben sich auch Kromayer und Veith nicht entziehen können. Indem sie nun aber gleichzeitig die wundersame Feinheit der angeblichen uralten römischen Quincunx-Taktik festhalten wollen, sind sie in den unlösbaren inneren Widerspruch geraten.

Als ich meine Entdeckung, wie ich es bezeichnen darf, zuerst veröffentlichte (in der Histor. Zeitschr. Bd. 51; 1883), war ein Haupteinwand, den ich mir selber machte, daß Polybius von einer Wandlung der römischen Infanterietaktik im zweiten punischen Kriege nicht nur nichts berichtet, sondern auch offenbar nichts davon weiß. Heute ist alles so weit geklärt, daß dieser Einwand wohl von keiner Seite mehr erhoben werden wird; auch Kromayer hat sich ja in diesem entscheidenden Punkt jetzt meiner Auffassung angeschlossen. Wer die Tatsache aber recht erwägt, daß ein Mann wie Polybius über einen so fundamentalen Vorgang wie die Scipionische Heeresreform im Unklaren gewesen ist, der wird sich der weiteren methodologischen Folgerung nicht verschließen, daß wir alle die Einzelnachrichten und Redewendungen über taktische Vorgänge bei den antiken Schriftstellern mit der äußersten Skepsis betrachten müssen. Wie wenig sich Zeitgenossen fundamentaler Wandlungen in der Taktik bewußt sein können, sogar spezifische Militär-Schriftsteller, darüber vergleiche man jetzt im vierten Bande dieses Werkes die Betrachtungen des vortrefflichen, urteilsfähigen Hoyer über das Kriegswesen der französischen Revolutionsheere. Auch daß man hundert Jahre nach Friedrich im preußischen Generalstab dessen Strategie nicht mehr kannte, darf hier angezogen werden.

6. BUCH

Die Römer als Welteroberer

1. KAPITEL
Römer und Macedonier

Unmittelbar an den zweiten punischen Krieg schließt sich der Sieg der Römer über die Heere, die sich als die Erben Alexanders des Großen betrachten durften. Über die Organisation, Fechtart und Taktik der Truppen, die Hannibal gegen die Römer ins Feld geführt hatte, wird uns wenig berichtet. Da es heißt,[1] er habe ihnen römische Waffen gegeben, so ist anzunehmen, daß im ganzen und großen, namentlich was die Bewaffnung betrifft, die gegenüberstehenden Heere sich ziemlich gleichartig waren.

Die eigentümliche Manipulargliederung der Phalanx hat Hannibal, dessen Heer aus barbarischen Söldnern verschiedener Rassen mit wenigen karthagischen Oberoffizieren bestand, natürlich nicht gehabt, aber er mag von Anfang an kleine Ansätze zu einem zweiten Treffen gehabt haben, oder sonstige kleinere Mittel, die dasselbe bewirkten und seiner Phalanx dieselbe oder eine noch größere Beweglichkeit gaben, als der römischen.

In den Schlachten, die nunmehr die Römer den Macedoniern liefern, wird die Verschiedenartigkeit der Bewaffnung und Taktik besonders betont. Die Römer hatten die alte Hopliten-Phalanx erst durch die Manipularordnung gegliedert, dann durch die Treffenbildung aufgelöst, den Spieß in das Pilum verwandelt und ließen den Nahkampf mit dem kurzen spitzen Schwert aus-

1 Polybius XVIII, 28.

fechten. Die Macedonier hatten umgekehrt die alte Phalanx noch verdichtet und den Spieß in den Langspieß, die Sarisse, verwandelt.

Mit Spannung erwartete die Welt, welche Kriegsart sich als die stärkere erweisen werde.

Da es uns zweifelhaft erschien, ob die Sarisse und die eigentümliche macedonische Phalanx, so wie sie uns die letzten Waffengänge der Enkel Alexanders zeigen, schon zu seiner Zeit gebräuchlich waren, so haben wir die Untersuchung darüber bis an diese Stelle verschoben. Lernen wir zunächst die macedonische Kampfesart kennen, so wie sie uns Polybius, der als Zeitgenosse der Schlachten von Kynoskephalä und Pydna klassischer Zeuge ist, sie beschreibt (Buch 18, Kap. 28–32). Neben ihm haben wir noch ähnliche Beschreibungen in mehreren uns erhaltenen Lehrbüchern der Taktik; dennoch war die Untersuchung sehr schwierig und ist vielfältig in die Irre gegangen, da die Quellenaussagen einige unvereinbare Widersprüche enthalten und hier mehrere Probleme, nämlich die Frage der Länge der Sarisse mit der nach der Rottenbreite und nach dem Gliederabstand sowohl bei den Macedoniern wie bei den Römern ineinander verwickelt sind. Rüstow und Köchly haben den eigentlichen Langspieß (24 oder 21 Fuß) bei den Macedoniern ganz leugnen wollen, und indem sie statt πήχεις, Ellen, von denen Polybius spricht, πόδες, Fuß, lesen, die Sarisse in der Praxis nicht länger als 14 Fuß angenommen. Ich gestehe, daß auch ich dieser Ansicht lange gehuldigt habe, aber eine Spezialuntersuchung von Edmund Lammert, die Vergleichung mit den Schweizer- und Landsknechtspießen und endlich eine praktische Probe, die die Berliner akademischen Turnvereine auf meine Bitte durchführten, haben mir gezeigt, daß die größeren Zahlen hier einmal als die richtigen angesehen werden müssen, und es hat sich mir danach folgendes Bild ergeben:

Die Sarisse war ein reglementsmäßig bis zu 24 Fuß, in Wirklichkeit bis zu 21 Fuß langer Spieß, den der Mann mit beiden Händen so faßte, daß er die Spitze weit vorstreckte. Wenn die Phalanx dicht aufeinander aufschloß, so ragten die Sarissen von fünf Gliedern aus der Front hervor und kamen gleichzeitig zur Geltung, da die der vorderen drei Glieder abgestuft kürzer waren[1].

Daß die vorderen Glieder kürzere Spieße hatten, wird zwar weder von Polybius noch von anderen Quellen ausdrücklich berichtet, ergibt sich aber indirekt aus einer Notiz, wonach die gefällten Sarissen einen Kreisbogen gebildet hätten, ferner aus der augenscheinlichen Tatsache, daß der ganz lange Spieß für das vorderste Glied zwecklos gewesen wäre, endlich daraus, daß berichtet wird, die Phalangiten hätten Schilde getragen. Eine 21 oder auch nur 18 Fuß lange Sarisse kann nicht mehr mit einer Hand regiert werden, sondern bedarf, wie das auch ausdrücklich gesagt wird, beider Hände. Wer den Spieß mit beiden Händen führt, muß auf den Schutz des Schildes verzichten; er könnte ja vielleicht einen leichten, kleinen Rundschild über den Arm streifen, um ihn bei einem Nahkampf mit dem Schwert oder Dolch, nachdem die Sarisse außer Gefecht gesetzt ist, zu gebrauchen, aber in dem Gefecht mit der Sarisse selber würde er ihm so hinderlich sein und, fast senkrecht zum Körper gehalten, so wenig helfen, daß wir nicht annehmen dürfen, der Sarissenkämpfer habe auch einen Schild getragen. Die Nachrichten kommen aber dann in Harmonie, wenn das erste oder die ersten Glieder einen kürzeren Spieß trugen, den sie mit einer Hand regierten. Wenn also etwa das fünfte Glied 21füßige, das vierte 18, das dritte 15, das zweite 12, das erste 9füßige Spieße führte, so konnten die Spieße vor der Front fast in derselben Senkrechten oder einem leichten Bogen rückwärts liegen und einen undurchdringlichen Stachelwall bilden.

Diese Sarissen-Phalanx ist ganz und gar auf die Massenwirkung berechnet, nicht auf das Fechten des einzelnen Mannes.

1 So haben es schon Johann v. Nassau und Montecucoli aufgefaßt. Jähns I, 573. Montecucoli, Schriften II, 225.

Die Fühlung sowohl zum Nebenmann wie Vordermann kann daher viel enger sein als bei den pilumwerfenden und schwertkämpfenden Römern. Polybius sagt geradezu, es seien auf je einen Römer, die jeder einen Raum von drei Fuß brauchten, zwei Phalangiten gekommen und, da ja fünf Glieder der Phalangiten zugleich ihre Spieße nach vorn brachten, auf jeden Römer zehn Phalangiten.

Die ungeheuere Wucht des Stoßes der Sarissen-Phalanx wurde noch dadurch erhöht, daß sie doppelt so tief als die alte Hopliten-Phalanx, reglementsmäßig 16 Mann tief aufgestellt wurde. Die hinteren 11 Glieder hielten die Sarissen hoch und bildeten sich dadurch eine gewisse Schutzwehr gegen Pfeile und Wurfspieße.

Wenn diese ganze spießstarrende Masse sich vorwärts bewegte, so bildete das, wie uns berichtet wird, einen furchtbaren Anblick, und noch der römische Feldherr Aemilius Paullus erzitterte, als er sie bei Pydna sich heranwälzen sah.

Über das Wertverhältnis des macedonischen und römischen Taktik sagt Polybius: der einzelne Römer könne mit seinem Schwert die zehn Spieße, die gleichzeitig auf ihn eindringen, weder zerhauen noch durchbrechen. Aber der römische Legionar sei an jedem Platz, zu jeder Zeit und für jeden Zweck verwendbar; der Sarissenträger könne nur in der ganzen Phalanx, nicht einmal in kleinen Abteilungen und nicht als Einzelkämpfer fechten. Die Phalanx wiederum könne sich nur auf ganz ebenem Terrain bewegen; jeder Graben, jeder Hügel, jedes Loch, jedes Gehölz bringe sie in Unordnung; sei sie aber erst an irgend einer Stelle in Unordnung geraten oder kämen ihr römische Manipel, was bei der Treffenordnung der Römer leicht gemacht werden könne, in die Flanke, so sei sie verloren.

Diese Darlegung[1] ist so überzeugend und einleuchtend, daß man die Frage aufwerfen muß, wie es möglich war, daß die

1 Vgl. dazu noch Livius XXXIII, 18.

macedonischen Könige selber das nicht von vornherein begriffen, und daran knüpft sich nun die fernere Frage, da es schon klar ist, daß Alexanders Phalanx unmöglich so plumper Natur gewesen sein kann, wie und wann sich die eine aus der andern entwickelt hat.

Auch unter den nächsten Nachfolgern Alexanders kann die polybianische Sarissenphalanx kaum schon existiert haben. In den Schlachtschilderungen tritt sie jedenfalls nicht hervor, und namentlich die Geschichte des Pyrrhus, spricht dagegen. Es kann füglich keinem Zweifel unterliegen, daß Pyrrhus, der in so enger Beziehung zu Macedonien stand, den Gedanken hatte, durch die Taktik, durch die Alexander den Osten überwältigt hatte, auch den Westen zu besiegen. Es wird uns aber ausdrücklich berichtet, daß er in Italien Italiker mit italischer Bewaffnung in sein Heer einstellte, und zwar abwechselnd ein Fähnlein Epiroten und ein Fähnlein Italiker.[1] Das ist nur möglich bei einer Bewaffnung, die, wenn auch an sich verschieden, doch auf eine analoge Kampfesart angelegt ist; es würde z.B. nichts ausmachen, ob die eine Abteilung Schwerter und die andere Spieße trägt und ob die Spieße verschieden lang sind, wenn sie nur alle gleichmäßig in den Einzelkampf mit der blanken Waffe eintreten.

Nun kann allerdings, wie mir der praktische Versuch gezeigt hat, eine kleine Abteilung auch mit Langspießen eine Attacke mit Marsch-Marsch machen, dennoch bleibt natürlich ein Temperamentsunterschied zwischen einem Fähnlein mit Langspießen und einem mit Kurzspießen, und dabei verlieren die Sarissenträger, was ihnen schlechterdings unentbehrlich ist, die gesicherten Flanken. Die Sarissenphalanx, so lange sie in Ordnung bleibt, drückt alles vor sich nieder. Vor dem einzelnen Sarissenfähnlein aber kann der Gegner zurückweichen, um sich mit aller Macht auf die dazwischen stehenden Fähnlein der Kurzwaffen zu stürzen, und stößt er eins von ihnen heraus, so sind

1 Polybius 18, 28.

ihm auch die Sarissenträger ausgeliefert, da er sie dann in der Flanke faßt.

Schon das Unsicherheitsgefühl, daß diese Abhängigkeit von fremder Tapferkeit in der unmittelbaren Nachbarschaft erwecken muß, müßte einer solchen Schlachtordnung verderblich werden. Die Sarissenwaffe kann ihre Wirkung durchaus nur in der großen geschlossenen Masse, die auf den Flügeln durch andere Truppen gedeckt sein muß, ausüben. Die Nachricht von der Mischung der Fähnlein nötigt daher zu dem Schluß, daß die Phalangiten des Pyrrhus den eigentlichen Langspieß nicht geführt haben.

Wenn also Pyrrhus die polybianische Sarissenphalanx noch nicht gehabt hat, so bleibt die Wahl, ob sie allmählich entstanden, die Sarissen, die unter Alexander vielleicht nur bis zu 12 Fuß lang waren, mehr und mehr verlängert worden sind, oder ob erst gerade der bevorstehende Krieg mit den Römern König Philipp V. bewogen hat, den zweihändigen Langspieß in die Phalanx einzuführen. König Philipp V. war ein Mann von Geist und Schwung; an seinem Hofe, in seiner militärischen Umgebung müssen die römischen Siege über Hannibal doch wohl Eindruck gemacht haben. Man wird die Vorteile der hüben und drüben üblichen Fechtweise erwogen und verglichen haben. Ohne weiteres die römische Taktik anzunehmen, war für die Macedonier unmöglich, ist wohl auch schwerlich in Betracht gezogen worden. Man kann die Gewohnheiten und Anschauungen eines großen bestehenden Heeres und einer militärischen Tradition nicht plötzlich beiseite werfen und völlig zusammenhanglos etwas Neues an die Stelle setzen. Die Macedonier verstanden es, in dichter Ordnung mit einem sehr langen Spieß zu kämpfen, aber nicht den Spieß zu werfen und mit dem Schwert zu fechten. Wenn man nun sah, wie große Erfolge diese Fechtweise errungen hatte, so mag man auf den Gedanken gekommen sein, ihr dadurch zu begegnen, daß man die Stärke der eigenen einheimischen Kunst noch weiter steigerte, auf die höchste Potenz brachte, die

Spieße bis auf 21 Fuß verlängerte, die Aufstellung bis zu 1½ Fuß für den Mann zusammendrückte, und ließ darüber die Nachteile, die sich aus solcher Einseitigkeit ergaben, außer Acht. Der Entschluß würde, wenn diese Deutung richtig ist, eine gewisse Analogie mit der tiefen Stellung der römischen Manipel bei Cannä bieten: im Manövrieren konnte man es mit dem Gegner auf keinen Fall aufnehmen, also versuchte man es, ihn zu erdrücken.

Zu einer völlig einwandfreien Probe für den Schlachtenwert der beiden Kampfesarten ist es merkwürdigerweise gar nicht gekommen. Die beiden Schlachten, in denen die Macedonier den Römern erlagen, Kynoskephalä und Pydna, sind so sehr von Zufällen beeinflußt, daß die Allgemeingültigkeit ihres Ergebnisses bestritten werden könnte, und die dritte, die hierher zu rechnen wäre, Magnesia, wo das macedonisch-syrische Reich den Römern erlag, zeigt nach den freilich völlig phantastischen Schlachtberichten, die wir haben, überhaupt keine Phalangenaufstellung.

Kynoskephalä

Die Schlacht entspricht im ganzen dem generellen Bilde, das wir nach Polybius von einem Zusammentreffen der Phalanx mit der Legion entworfen haben. Die Entscheidung war aber nicht vorbedacht, sondern entwickelte sich aus einem Rekognoszierungsgefecht. Philipp, in der Meinung, einen günstigen Moment zu benutzen, nahm die Schlacht an, obgleich das hügelige, kupierte Terrain für die Sarissenphalanx ungünstig war. Überdies marschierte sie nicht gleichmäßig auf, und während der rechte Flügel siegreich vordrang, wurde der linke, noch in der Bildung begriffen, von den Elefanten der Römer durchbrochen und darauf ohne Mühe von den Legionären geworfen.

Da wir sonst nirgends in der Geschichte einen beglaubigten Elefantensieg dieser Art finden, so ist es wichtig, zu betonen, daß auch hier nicht eine geordnete Truppe von den Elefanten gesprengt wurde, sondern daß die Phalangiten, wie Polybius ausdrücklich berichtet, noch in der Marschordnung waren und durch das Terrain im Aufmarsch behindert wurden.

Als dieser Flügel der Macedonier geschlagen war, führte ein Tribun zwanzig Manipel der siegreichen Legionen, vermutlich aus dem zweiten Treffen, statt sie verfolgen zu lassen, dem andern macedonischen Flügel in den Rücken und entschied dadurch auch hier die Schlacht.

In großer Verlegenheit würde die Geschichte der Taktik sein, wenn der Zufall gewollt hätte, daß uns statt der Erzählung des Polybius allein die Überarbeitung des Livius über die Schlacht von Kynoskephalä erhalten wäre. Livius XXXIII, 8 hat nämlich den Befehl des Philipp an die Phalanx nach Polybius, mit gefällten Sarissen zu attackieren (καταβαλοῦσι τὰς σαρίσας ἐπάγειν) übersetzt: »Macedonum phalangem hastis positis, quarum longitudo impedimento erat, gladiis rem gerere jubet«. Das Beispiel ist höchst wertvoll, um daran sozusagen die kritische Entschlossenheit zu üben, wenn, wie so oft, der Wortlaut der Überlieferung sachlichen Bedenken unterliegt. Wie viele Gelehrte würde es geben, die eine so positive Aussage auf ein bloßes Mißverständnis zurückzuführen für erlaubt halten würden, wenn wir nicht zufällig den Urtext daneben legen könnten?[1]

Pydna

Über die Schlacht bei Pydna haben wir nicht den Bericht des Polybius selbst, sondern nur die wenig verläßlichen und auch nicht vollständigen Bearbeitungen des Livius und Plutarch. Auch diese Schlacht soll zufällig, ohne daß vorher eine korrekte Schlachtordnung gebildet worden wäre, entstanden sein.

1 Im 2. Bande seiner »Antiken Schlachtfelder« hat Kromayer seitdem das Schlachtfeld etwas anders, als es früher geschah lokalisiert; für die Vorgänge selbst hat sich daraus Neues nicht ergeben. Ob seine Darstellung der strategischen Zusammenhänge des ganzen Krieges, die sehr eingehend auf Grund topographischer Spezialforschung behandelt werden, zutreffend ist, habe ich nicht im einzelnen nachgeprüft.

Magnesia

Über die Schlacht bei Magnesia haben wir nur ganz phantastische Berichte bei Livius und Appian. Sichelwagen, Kamelreiter, die Aufgebote von 16 verschiedenen Völkern, indische Elefanten, weit überlegen den afrikanischen, schmücken das syrische Heer. Es ist den Römern mehr als doppelt überlegen (nach Florus zwanzigfach), an Reiterei vierfach; obgleich sehr tief aufgestellt, ist die Front doch so lang, daß bei dem nebligen Wetter von der Mitte die Flügel nicht mehr gesehen werden konnten; nichtsdestoweniger ist von einer Umklammerung durch die überschießende Masse nicht die Rede. Von den Römern und ihren Bundesgenossen fielen noch nicht 400, von den Syrern 53 000.

Als Besonderheit dieser Schlacht erscheint, daß die Sarissen-Phalanx in zehn Haufen geteilt und immer je zwei Elefanten in die Zwischenräume gestellt waren. Wahrscheinlich gehört auch diese Anordnung zu den Phantasien des Romanschreibers, dem wir die ganze Schlachtschilderung verdanken. Alle Torheit hat ihre Grenze, selbst die eines syrischen Königs, der Hannibal in seinen Diensten hat und ihn nicht zu benutzen weiß. Elefanten haben, wie wir wissen, ihre beste Wirkung gegen Reiterei. In geschlossenes Fußvolk dringen sie nicht ein, im Gegenteil, es geschieht leicht, daß sie durch Geschosse zurückgetrieben werden; oder aber, sie stürmen vorwärts, und dann kann man sie, indem die Soldaten zur Seite springen, durch die Schlachtreihe durchlassen. In jedem Falle entsteht für die Phalangiten das Schlimmste, was sie zu befürchten haben, eine breite Lücke in ihrer Front, wo die römischen Manipel eindringen und sie aus der Flanke packen können. Das geschieht um so sicherer, da die Elefanten schwerlich mit dem marschierenden Phalanxhaufen Schritt halten, sondern, sobald die feindlichen Geschosse empfindlich werden, mit möglichster Schnelligkeit (soweit sie nicht Kehrt machen) auf den Feind losstürmen werden.

Wer noch glaubt, daß es methodisch erlaubt und richtig sei, aus solchen Schlachtschilderungen durch kritische Sichtung eine historisch vortragbare Erzählung zu gewinnen, den bitte ich, das zunächst bei den beiden appianischen Schlachtschilderungen von Cannä und Naraggara zu versuchen, und wenn das gelungen ist, so will ich nichts mehr dagegen haben, daß es auch mit Magnesia geschehe.

Kritisches zur Schlacht bei Magnesia. Strategie des Königs Antiochus

Kromayer (Antike Schlachtfelder Bd. II) hat es versucht, die Schlacht rationell zu analysieren. Er gibt den Syrern 60 000 Mann z. F. und 12 000 Reiter, den Römern 27 600 z. F. und 2800 Reiter. Meine Frage, weshalb die Syrer bei solcher Überlegenheit nicht umgangen haben, beantwortet er dahin, daß die Umklammerung auf beiden Flanken beabsichtigt gewesen, auf der einen auch wirlich vollzogen, auf der anderen durch einen kühnen Offensivstoß der Römer zerrissen und vereitelt worden und dadurch die Schlacht zugunsten der Römer entschieden worden sei. Dies Schlachtbild richtet sich selbst; es ist nicht bloß unglaubwürdig, sondern absurd. Wenn es möglich wäre, eine mehr als vierfach überlegene, keineswegs minderwertige Kavallerie durch ein so einfaches Mittel zu überwältigen, wäre die Kriegskunst keine Kunst mehr, sondern ein Spiel.

Die Einreihung der Elefanten, denen Kromayer Schützen zugesellt, in die Phalanx erklärt er dahin, daß die Phalanx sich habe rein defensiv verhalten sollen und durch die Elefanten und Leichten in den Intervallen die feindlichen Schützen hätten von ihr ferngehalten werden sollen. Das sind taktisch in jeder Beziehung unmögliche Vorstellungen. Defensive Haltung des einen Teils verhindert doch nicht den Angriff des anderen; eine Phalanx aber mit eingesetzten Elefanten und Leichten hätte ihren Charakter völlig eingebüßt und wäre gegen einen Angriff der Legionen ohnmächtig gewesen, die die Elefanten und Leichten nur an einer einzigen Stelle aus den Intervallen herauszulocken oder herauszutreiben brauchten, um von da aus die Phalanx nach beiden Seiten aufzurollen; ohne Zweifel wären die Römer aber sogar in viele Intervalle zugleich eingedrungen.

Kromayer beruft sich darauf, daß die Berichte des Livius und Appian beide auf Polybius zurückgingen. Das ist immer noch nicht identisch mit dem Bericht des Polybius selbst – wir haben eben erst gesehen, was für Irrtümer bei Livius möglich sind, und es mögen überdies auch Elemente aus anderen Quellen eingemischt sein. Sollte wirklich ausschließlich Polybius zugrunde liegen, so müßte man sagen, daß der Meister hier so unaufmerksam in der Kritik gewesen ist, wie auch sonst nicht selten. Auch

Kromayer in seiner Darstellung der Schlacht von Magnesia schaltet doch einige der Abenteuerlichkeiten des livianisch-appianischen Berichtes, die ebenfalls Polybius zur Last fallen würden, aus. Die Vermutung, Polybius habe einer unzuverlässigen Quelle zu viel Vertrauen geschenkt und ihr Unsinniges nacherzählt, darf daher keineswegs von vornherein als unzulässig abgelehnt werden. Anders steht es mit den militärisch-politischen Räsonnements, die dem eigenen Nachdenken des Historikers entspringen; hier ist die Kraft seines Geistes auf ihrer Höhe, und es müssen ganz überaus starke Argumente vorgebracht werden, wenn man es wagen will, seinem Urteil zu widersprechen. Das ist meiner Ansicht nach der methodologische Grundsatz, den man bei der Benutzung des Polybius zu verfolgen hat. Wie Kromayer eigentlich über Polybius denkt, ist schwer zu sagen. Zuweilen behandelt er Polybius' tatsächliche Angaben wie ein orthodoxer Interpret die Aussagen der Bibel, sucht offenbar Unrichtiges durch die bizarrsten Konstruktionen zu retten und weist Zweifler mit harten Worten wie Religionsschänder zurück (wir werden sofort noch einen dieser Fälle zu behandeln haben); an andern Stellen verwirft er die positivsten Angaben, und über die militärischen und politischen Urteile des Polybius setzt er sich ohne jedes Bedenken hinweg. Wir haben schon Beispiele davon gehabt, und seine Darstellung im zweiten Bande der »Antiken Schlachtfelder« ist vielfach hierauf aufgebaut, besonders die Kriege gegen Antiochus und Perseus. In der strategischen Analyse dieser Kriege findet sich im einzelnen manche gute und einleuchtende Betrachtung, aber auch abgesehen davon, daß die schon gerügte Unklarheit über den Begriff der Ermattungsstrategie über dem ganzen liegt, ist es mir wenigstens unmöglich, über das Bedenken hinwegzukommen, daß das Urteil des Polybius nicht nur beiseite gesetzt, sondern mehrfach geradezu auf den Kopf gestellt wird. Ist Polybius in der Beurteilung dieser Kriege, die er so genau kannte, von so einseitigem Urteil, wie Kromayer es darstellt, so ist die Autorität, für die wir ihn bisher gehalten haben und trotz mancher tatsächlicher Irrtümer in Einzelheiten halten durften, in ihren Fundamenten erschüttert. Ein strikter Beweis im einzelnen ist vielfältig nicht zu führen weder dafür noch dagegen, z.B. ob Perseus, als er die Nachricht von der Umgehung seiner Stellung bei Dion im Jahre 169 erhielt, mit Recht oder aus bloßem Mangel an wahrer Feldherrnschaft den Rückzug angetreten und auch Tempe geräumt hat. Wer sich durch Kromayers sachkritische Erwägungen überzeugt fühlt, muß sich darüber klar sein, daß damit die Autorität Polybius', an die man bisher geglaubt hat, aufgegeben ist.

Grundfalsch ist jedenfalls Kromayers Idee, die er auf dem sog. Historikertag in Dresden vorgetragen und in einem Aufsatz »Hannibal und Antiochus der Große« (N. Jahrb. f. d. kl. Altert. Bd. 19 (1907) S. 681) entwikkelt, daß der Gegensatz zwischen der von Hannibal vorgeschlagen und der von Antiochus befolgten Strategie den Gegensatz zwischen karthagischer und seleucidischer Politik darstelle, Antiochus also, wenn er Hannibal gefolgt wäre, sich einem fremden Interesse dienstbar gemacht hätte. Der Gegensatz ist vielmehr derselbe, der die Politik Europas von 1805 an und noch im Winter 1813/14 das Hauptquartier der Verbündeten beherrschte; wo es bekanntlich auch eine Partei gab, die es für durchaus überflüssig hielt, Napoleon vollständig niederzuwerfen, und ganz ähnlich räsonnierte, wie jetzt Kromayer im Sinne des Königs Antiochus, es genüge, wenn man dem Feinde gewisse Gebiete und Landschaften entreiße. Heute bestreitet niemand mehr, daß Kaiser Alexander, wenn er mit den Stein und Gneisenau auf den Übergang über den Rhein und den Marsch auf Paris drang, nicht bloß sein russisches, sondern das allgemeine Freiheitsinteresse verrat. Ganz ebenso vertrag Hannibal, wenn er eine allgemeine Koalition gegen Rom und entsprechende Kriegführung betrieb, nicht karthagische Politik, sondern er vertrat die allgemeine Völkerfreiheit, d. h. ein Gleichgewicht unter den Mittelmeerstaaten und damit auch die Zukunft des syrischen Großstaates und seiner Dynastie. Die Niederlage Karthagos 202 und Macedoniens 197 brauchte noch so wenig die römische Weltherrschaft zu bedeuten, wie Jena und Wagram die französische. Erst dadurch, daß niemals die Schwächeren alle zusammen sich gegen den Überstarken vorhanden, ist der antike Universalstaat zum Siege gelangt. Man braucht vielleicht den König Antiochus nicht zu hart zu verurteilen, daß er die Aufgabe nicht gleich bei seinem ersten Zusammenstoß mit den Römern begriffen: auch dem Zaren ist erst in dem Brande von Moskau das wahre Licht darüber aufgegangen. In Hannibals Arbeiten am syrischen Hof einen Ausfluß spezifisch karthagischer Politik zu erblicken, ist aber etwa so berechtigt wie die Anklagen, mit denen die Stein, Scharnhorst und Gneisenau im Jahre 1812 bei ihren Werbungen unter den europäischen Mächten von den Klugen und Kleingläubigen verfolgt wurden, sie seien die Agenten eines Partikularinteresses.

Da Kromayers Arbeit ganz auf allgemeine Raisonnements aufgebaut ist, so kann man bei ihm ohne weiteres statt des Namens Rom Napoleon, statt Antiochus Alexander, statt Hannibal Stein, statt Macedonien und Karthago Preußen und Österreich einsetzen, und dann dürfte über das Niveau dieser Betrachtungsweise auch bald jeder Zweifel gehoben sein. Jeder Historiker hat die köstliche Ironie im Gedächtnis, mit der Theodor v. Bernhardi die politisch-strategische Weisheit des Feldmarschallleutnants Duka vorführt – vielleicht nimmt Kromayer sich auch noch einmal des seligen Duka an und verteidigt auf dem nächsten »Historiker-Tag« (der schon viel dergleichen mit Ergebung angehört hat) diesen Wackeren gegen die Bosheit

Bernhardis wie jetzt König Antiochus den Großen gegen den Zorn Mommsens. Ich will aber nicht unterlassen, dieser Kritik jetzt hinzuzufügen, daß Kromayer in der Schrift »Roms Kampf um die Weltherrschaft« die politischen Verhältnisse dieser Epoche ganz vortrefflich dargelegt hat.

Über die Sarisse und die Rottenbreite

Wir finden den Langspieß nicht bloß bei den Macedoniern, sondern auch öfters bei den barbarischen Völkerschaften. Xenophon (Anab. IV, 7, 16) erzählt von den Chalybern, daß sie 15 Ellen lange Spieße geführt hätten, und von den Mossynöken (V, 4, 25), sie hätten Spieße gehabt, so lang und dick, daß ein Mann sie kaum zu tragen vermochte. Auch die Aetolier haben Sarissen (Livius 38, 7), und bei den Germanen, endlich bei den Schweizern und Landsknechten werden wir sie wiederfinden und bei diesen letzteren noch einmal die Anwendung der Waffe genauer zu betrachten haben.

Ob das Wort »Sarisse« von je einen Langspieß bedeutet hat oder ursprünglich neben den vielen anderen Namen (δόρυ, λόγχη, αἰχμή, κοντός, ξυστόν, ἀκόντιον, σαύνιον, ὑσσός, παλτόν) nur im allgemeinen Spieß (wie wir ja auch Spieß, Speer, Lanze, Pike, Ger, Gleve, Pinne haben), ist unsicher. Strabo X, 1 12 (XC 448) sagt »διττὴ ἡ τῶν δοράτων χρῆσις, ἡ μὲν ἐκ χειρός, ἡ δὲ ὡς παλτοῖς, καθάπερ καὶ ὁ κοντὸς ἀμφοτέρας τὰς χρείας ἀποδιδωσι· καὶ γάρ συστάδην καὶ κοντοβαλούντων, ὅπερ καὶ ἡ σάρισσα δύναται καὶ ὁ ὑσσύς.« Wenn diese Angabe so aufzufassen ist, daß auch die Sarisse als Wurfspieß verwendet werden konnte, so kann diese nicht übermäßig lang gewesen sein.

Daß König Philipp II. es gewesen ist, der die macedonische Phalanx einrichtete, erzählt Diodor XVI, 3. Er nennt jedoch als ihre Eigentümlichkeit nur die enge Aufstellung, nicht den langen Spieß, aber aus der engeren Aufstellung der Phalanx läßt sich die Verlängerung des Spießes als ein notwendiges Komplement erschließen. Hätte Philipp seinen Leuten bei griechischer Bewaffnung nur die engere Aufstellung gegeben, so sieht man nicht, was er davon für einen Gewinn gehabt hätte. Die Griechen hatten eine so lange Erfahrung im Hoplitenkampf, daß sie sicherlich auch die für diese Art des Gefechts beste Dichtigkeit der Aufstellung angenommen hatten. Stellten die Macedonier sich dichter, d. h. für den Einzelkampf zu eng, so muß ihre Absicht auf einen geschlossenen Stoß oder passive Abwehr gerichtet gewesen sein, und dazu bedurften sie längerer Spieße, als diejenigen ihrer Gegner waren. Man darf annehmen, daß ein Spieß bis zu einer Länge von etwa 12 bis vielleicht 14 Fuß noch mit einer Hand regiert werden kann, und es ist möglich, daß auch die Griechen zuweilen schon so lange Spieße gebraucht haben. Wenn Cornelius Nepos Chabrias cap. 1 geschildert wird, wie der athenische Feldherr seine Phalanx »obnixo genu scuto projecta hasta impetum excipere hostium docuit«, so muß man dabei wohl an längere, als die gewöhnlichen Hoplitenspieße von kaum 8 Fuß denken.

Wie lang sie aber tatsächlich und im besonderen zu Philipps und Alexanders Zeit gemacht wurden, können wir nicht mit Bestimmtheit sagen. Arrian gibt nirgends eine deutliche Charakterisierung der Sarisse als Langspießes, und bei der Erzählung vom Tode des Klitus gebraucht er das Wort in einer Art, die den Sinn »Langspieß« ausschließt. Alexander, sagt er, habe nach dem einen die Lanze (λόγχην) eines der Adjutanten, nach dem andern die Sarisse eines Wachtpostens ergriffen und damit den Klitus erstochen. Dann habe er, wie einige berichteten, in der Verzweiflung die Sarisse gegen die Mauer gestemmt, um sich ineinzustürzen. Beides ist mit einem Langspieß kaum ausführbar; eine 18–21 Fuß lange Stange ist ein so überaus schwerfälliges Instrument, man braucht so viel Raum, es zu bewegen, so viel Zeit, es richtig, um Schwerpunkt anzufassen, daß man in einem von vielen Menschen angefüllten Bankettsaal kaum damit hantieren kann.

Als Alexander kurz vor seinem Tode Barbaren in sein Heer aufnimmt, gibt er ihnen nach Arrian (III, 6, 5) »δόρατα Μακεδονικὰ ἀντὶ τῶν βαρβαρικῶν μεσαγκυλῶν«. Daß die Quelle, der Arrian diese Nachricht entnommen hat, hier nicht den Ausdruck »Sarisse« gebraucht, sondern »macedonische Spieße«, scheint mir nicht dafür zu sprechen, daß der Unterschied zwischen den verschiedenen Arten der Spieße sehr groß war.

Die einzige Stelle, die bei Arrian dafür spricht, daß die Sarisse ein Langspieß war, ist die Schilderung des Anrückens der Phalanx in der Schlacht bei Gaugamela (III, 14): »ἥ τε φάλαγξ ἡ Μακεδονικὴ πυκνὴ καὶ ταῖς σαρίσσαις πεφρικυῖα ἐμβεβλήκει«. Wenn wir aber von dem Fußvolk in der Schlacht am Hydaspes, von dem ausdrücklich gesagt ist, daß es Hypaspisten waren, lesen (V, 17, 7): »τοὺς πεζοὺς ξυνασπίσαντας ὡς ἐς πυκνοτάτην ξύγκλεισιν ἐπάγειν τὴν φάλαγγα ἐσήμηνε«, so scheint die Beweiskraft der ersten Stelle wieder aufgehoben. Polybius IV, 64, 6 f. gebraucht sogar von Peltasten die Ausdrücke »συνασπίζειν« und συμφράττειν τοῖς ὅπλοις«. Unter dem König Perseus sind, wie Kromayer, Ant. Schlachtfelder II, 321 feststellt, Peltasten mit Sarissen bewaffnet.

Sehr häufig spricht Arrian (I, 27, 8; III, 23, 3; IV, 6, 3; IV, 28, 8) von den »leichteren Hopliten« (»τῶν ὁπλιτῶν ὅσοι κουφότεροι« »τῆς Μακεδονικῆσ φάλαγγος τούς κουφοτάτους« »τῆς φάλαγγος ἐπιλέξας τοὺς κουφοτάτους τε καὶ ἅμα εὐοπλοτάτους«) oder umgekehrt (II, 4, 3) von den schwer Bewaffneten »σύν ταῖς τάξεσι τῶν πεζῶν ὅσοι βαρύτερον ὡπλισμένοι ἦσαν«. Da die sonstigen Unterschiede der Bewaffnung innerhalb der Phalanx doch nicht so bedeutend gewesen sein können, so ist das vielleicht in der Hauptsache auf den kurzeren handlichen Spieß der vorderen Glieder im Gegensatz zu dem unbeholfenen Langspieß zu beziehen.

In den Schlachtschilderungen Diodors finden wir nichts, woraus über den eigentümlichen Charakter der Sarissenphalanx etwas zu entnehmen wäre. In der Schlacht am Hydaspes (XV 1, 88) erzählt er, wie die Macedonier mit ihren Sarissen das indische Fußvolk zwischen den Elefanten niederstachen. Da wir nun aus Arrian (vgl. oben die Analyse der Schlacht am Hydaspes) wissen, daß hier nur Hypaspisten, nicht Pezetären zur Stelle waren, so könnte man geradezu schließen, daß auch die Spieße der Hypaspisten Sarissen genannt wurden.

Buch XVII, cap. 100 schildert uns Diodor den Zweikampf des Atheners Dioxippos mit dem Macedonier Korragos. Dioxippos war nach Art des Herakles nur mit einer Keule bewaffnet. Korragos schleuderte zuerst eine Lanze (λόγχην) gegen ihn; Dioxippos wich ihr aus: εἶθ' ὁ μὲν τὴν Μακεδονικὴν σάρισαν προβεβλημένος ἐπεπορεύετο, ὁ δὲ ἐγγίσαντος αὐτοῦ τῷ ῥοπάλῳ πατάξας τὴν σάρισαν ἀπέθραυσεν« Hier ist die Sarisse zweifellos als ein Langspieß gedacht.

In der Pflanzenkunde des Philosophen Theophrast, des Schülers des Aristoteles, finden wir die Notiz (III, 12, 2) »τὸ δὲ ὕψος τοῦ ἄρρενος (κρανείας) δώδεκα μάλιστα πήχεων, ἡλίκη τῶν σαρισῶν ἡ μεγίστή«. »Der männliche Kornelkirschbaum wird höchstens 12 Ellen hoch, so lang wie die größte Sarisse.« Theophrast ist gestorben im Jahre 287; historische Ereignisse erwähnt er noch aus den Jahren 307 und 306.[1] Das Buch ist also geschrieben zur Zeit der Diadochen zwischen 306 und 287. Wenn damals die größte Sarisse 18 Fuß lang war, so läßt das den Schluß zu, daß sie in der Zeit Alexanders und Philipps jedenfalls nicht länger war. Es ist aber noch nicht gesagt, daß auch nur in der Zeit des Theophrast die Phalangiten 18füßige Sarissen gebraucht haben. Es wäre auch möglich, daß der Philosoph mit der »längsten Sarisse« keine Feldwaffe, sondern eine im Belagerungskrieg, bei der Mauerverteidigung oder auf den Schiffen gebrauchte, im Auge gehabt hat. Daß tatsächlich der männliche Kornelkirschbaum (das Holz, aus dem die sogenannten Ziegenhainer Stücke gemacht werden) in jenen Gegenden höchstens 18 Fuß lang wird, wird mir von unseren Botanikern bestätigt. Theophrast bezeugt uns also, daß auch die nächsten Nachfolger Alexanders die polybianische Sarissenphalanx mit 21 Fuß langen Spießen noch nicht hatten.

Die Schilderung, die Plutarch im Philopömen cap. 9 von der Einführung der Sarisse bei den Achäern gibt, ist nicht verwertbar. Es erscheint

1 ZELLER, Gesch. der Philosophie II, 2, S. 640.

nach ihm, als ob die Achäer bis auf Philopömen überhaupt keine wirklichen Hopliten gehabt hätten.

Bei den Lacedämoniern soll Kleomenes (nach Plutarch, Kleomenes cap. 23) die Sarisse eingeführt haben. Worin man ihren Vorteil sah, ist nicht gesagt; eine Polybianische Phalanx können die Lacedämonier doch wohl schwerlich gebildet haben. In der Schlacht von Sellasia soll gerade die macedonische Phalanx und ihre Bewaffnung den Kleomenes niedergerungen haben (cap. 28).

Die ausführliche Schilderung, die nun Polybius XVIII, 28–32 von de macedonischen Phalanx gegeben hat, hat deshalb so viel Schwierigkeiten gemacht, weil die Länge, die für die Sarisse angegeben wird, nämlich 16 Ellen reglementsmäßig, 14 Ellen tatsächlich, praktisch unmöglich schien und weil zweitens Polybius sowohl den Römern wie den Macedoniern drei Fuß Rottenbreite gibt, zugleich aber behauptet, ein Legionar habe die doppelte Breite eingenommen wie ein Phalangit. Die in der Hauptsache richtige Lösung ist gefunden in einem Artikel von RUD. SCHNEIDER in der Philolog. Wochenschr. vom 15. Mai 1866 (Nr. 20) und in der Abhandlung von Dr. EDMUND LAMMERT, »Polybius und die römische Taktik« Programm des Königl. Gymnasiums zu Leipzig, 1889.

Was die Rottenbreite betrifft, so ist klar, daß eine von den beiden Angaben Polybius' fallen muß. Früher neigte man meist dazu, die drei Fuß für die Phalangiten anzunehmen und den Legionaren, die für den Kampf mit dem Schwert Raum gebrauchen, 6 Fuß zu geben. Auch Stoffel in seiner Geschichte Cäsars nimmt dies an. Schneider und Lammert haben jedoch sowohl durch sachliche Betrachtung, wie durch kritische Erwägung aller überlieferten Quellenstellen ganz klar nachgewiesen, daß das unrichtig ist, und wenn ich selber früher den Einwand erhoben habe, daß bei 1½ Fuß auf den Mann kein Raum bleibe für das Halten der Spieße, da ja der Mann selbst etwa 1½ Fuß breit ist, so hat mich die Praxis gelehrt, daß dieser Einwand keine Berechtigung hat. Die Berliner akademischen Turnvereine waren so entgegenkommend, sich mir für ein Sarissenexerzieren zur Verfügung zu stellen. Wir komponierten auf dem großen Spielplatz von Schönholz eine Phalanx zunächst mit lauter Stangen von einigen 20 Fuß Länge und versuchten, in wie gedrängter Stellung sich der Haufe noch bewegen könne. Es ergab sich, daß mit gefälltem Spieß die Bewegung noch ganz gut möglich war, indem auf den Mann noch nicht zwei Fuß Breite kam. Die Stangen waren ja sehr schwer zu hantieren, aber es war ziemlich feuchtes starkes Fichtenholz. Die Angabe, daß die Phalangiten auf 1½ Fuß gestanden haben, wird ja namentlich im Ernstfall nicht mathematisch genau zu nehmen sein. Aber wenn man sich eingeübte Leute und Spieße von trockenem Holz vorstellte, so konnte man mit Fug behaupten, daß die Aufstellung und Bewegung zu anderthalb Fuß ganz wohl möglich sei.

Besonders gut gelang das Experiment, als wir nun nach Lammerts Vorschlag die vordersten Glieder nicht mit den ganz langen, sondern mit abgestuft kürzeren Stangen bewaffneten. Selbst die Spitzen des sechsten Gliedes ragten noch aus der Front hervor, und der ganze Haufe bewegte sich ohne Schwierigkeit, selbst im Marsch-Marsch.

Durch diesen Versuch wird auch definitiv der Widerspruch beseitigt, den SOLTAU im Anschluß an seinen Aufsatz im Hermes, Bd. 20, S. 362, gegen Lammert in der Deutsch. Lit.-Zeit., Nr. 37, Jahrg. 1890, erhoben hat. Soltau will die Polybiusstelle so auslegen, daß die Römer ursprünglich mit drei Fuß Rottenbreite gestanden, zwischen den Manipeln aber beim Anmarsch breite Lücken gelassen hätten und diese kurz vor der Attacke dadurch ausgefüllt, daß sie auf 5–6 Fuß Abstand nahmen; wenn Polybius noch einmal von drei Fuß spreche, so sei damit der Mann selbst nicht eingerechnet (χάλασμα καὶ διάστασις). Dem Wortlaut nach wäre diese Erklärung, wenn wir nichts als diese Polybiusstelle hätten, vielleicht nicht so ganz ausgeschlossen; man braucht aber nur einmal eine solche Aufstellung vor Augen gehabt und nachgemessen zu haben, um sich zu überzeugen, daß sie sachlich ganz unhaltbar ist. Eine Aufstellung mit drei Fuß Rottenbreite ist schon so überaus locker, daß es ganz ausgeschlossen ist, sie als πυκνότης zu bezeichnen; sechs Fuß aber würden kaum noch einen Zusammenhang bestehen lassen, und das Manöver des Abstandnehmens beim Anmarsch zur Attacke wäre ganz unausführbar. Die unter Berücksichtigung aller sonstigen einschlägigen Stellen sehr sorgfältig durchgeführte Interpretation Lammerts darf also bestehen bleiben. Ganz gut hat LIERS, Kriegswesen der Alten, S. 45 auch darauf aufmerksam gemacht, daß auch die Schilderung bei Thucydides V, 71, auf eine enge Stellung der griechischen Hopliten schließen lasse.

Lammert ist übrigens der Ansicht, daß der Widerspruch in Polybius' Darstellung nicht dem Historiker zur Last falle, sondern daß das Exzerpt, das uns vorliegt, überarbeitet worden ist. Für alle Einzelheiten verweise ich den Leser auf die vortreffliche Untersuchung.

Um dem Einwand Rüstows und Köchlys zu begegnen, daß die Sarissen, so wie Polybius sie beschreibt, nicht hätten gehalten werden können, da der Schwerpunkt zu weit vorn liege, hat Lammert noch die Annahme gemacht, daß das hintere Ende durch einen starken Metallbeschlag beschwert gewesen sei, und das schien auch mir zuerst ganz einleuchtend. Ich bin jedoch von dieser Ansicht zurückgekommen durch den Vergleich mit der Waffe, die der Sarisse am ähnlichsten, ja wohl kongruent ist, dem Langspieß der Schweizer und der Landsknechte. DEMMIN, »Die Kriegswaffen in ihrer geschichtlichen Entwicklung« (3. Aufl.) S. 779 gibt an, diese Spieße seien 7–8 Meter lang gewesen, »also 2–3 Meter länger als die 5–6

Meter lange macedonische Sarisse.« Diese Angabe ist wohl sicher unrichtig. Die Sarisse war, wie wir wissen, bis zu 24 Fuß, also über 7 Meter lang, deutsche Spieße dieser Länge aber scheint es nicht gegeben zu haben. WENDELIN BÖHEIM in seinem »Handbuch der Waffenkunde« gibt S. 319 als »durchschnittliche Länge« der deutschen Langspieße 4,5 Meter (= 15 Fuß) an und als Maximum 5 Meter (noch nicht 17 Fuß). Das ist, wie wir sofort sehen werden, wieder etwas zu wenig.

Diese alten deutschen Langspieße sind heute sehr selten, und das Berliner Zeughaus besaß früher keinen einzigen. Herr Direktor von Ubisch hatte jedoch die Güte, auf meinen Wunsch einen zu beschaffen. Außerdem habe ich Erkundigungen beim Museum Carolino-Augusteum in Salzburg und dem schweizerischen Landesmuseum in Zürich eingezogen, die die meisten Langspieße besitzen, und von beiden Direktionen in liebenswürdigster Weise Auskunft erhalten. Endlich hat mich bei der Untersuchung der Holzarten mein hiesiger Kollege der Botanik, Herr Privatdozent Dr. Reinhardt, unterstützt.

Der Berliner Langspieß ist 17 Fuß lang (über 5 Meter); von den 31 Spießen, die Salzburg besitzt, ist der längste etwas über 17 Fuß lang (515 Zentimeter); von den 18 Spießen in Zürich die vier längsten etwas über 18 Fuß (540 bis 544 Zentimeter). Bleibt diese Länge auch hinter der nach Polybius tatsächlich angewandten Sarisse von 21 Fuß um fast drei Fuß zurück, so sind die Waffen sich doch ähnlich genug, um einen Rückschluß zuzulassen.

Lammert teilt nun eine Berechnung mit, wonach eine Sarisse aus trockenem Eschenholz, 6,5 Meter (= rund 14 griech. Ellen oder 21 Fuß) Länge, unten 5 Zentimeter, oben 3 Zentimeter im Durchmesser, 5,6 Kilogramm Holzgewicht haben würde; dazu eine Eisenspitze 270 Gramm. An einem solchen Spieß hält er eine Beschwerung von 2,4 Kilogramm am Fußende für wahrscheinlich.

Ich habe ebenfalls sowohl für Kiefer wie Esche und Kornelkirsche Berechnungen machen lassen, die damit übereinstimmen. Das spezifische Gewicht des Eschenholzes ist 0,59, des besten Kiefernholzes 0,63, der Kornelkirsche 0,81. Das letzte ist also außerordentlich schwer, kommt aber für die ganz langen Spieße nicht in Betracht. Kiefernholz ist verschieden, je nach dem Boden, auf dem es gewachsen ist; es gibt auch noch brauchbares, das leichter ist als Esche. Vermutlich haben die Griechen wie die Schweizer passendes Holz auf magerem, nicht zu feuchtem Boden für den Bedarf an Spießen besonders gezogen. Esche wächst nicht leicht in dieser Länge ganz gerade. Ob die Macedonier nun Esche oder Kiefer gebraucht haben, der Unterschied ist nicht sehr erheblich.[1] Was die Stärke betrifft, so hat der

1 Bei BLÜMNER, Technologie und Terminologie der Gewerbe und Künste bei den Griechen und Römern, Bd. II, S. 252, S. 263, S. 285, S. 289 sind

Berliner Spieß fast gar keine Verjüngung und einen Durchmesser von etwa 3½ Zentimeter. Die Salzburger und Züricher Spieße sind durchweg in der Mitte am stärksten; die Salzburger haben hier 13 Zentimeter, am Fußende 8,5, am Beginn des Eisens 7,5 Zentimeter Umfang, also in der Mitte einen Durchmesser von etwas über 4 Zentimeter. Bei den Zürichern ist der stärkste in der Mitte 4 Zentimeter, an der Spitze 3,1, am Fußende 3,2 Zentimeter stark. Böheim (S. 312) gibt als Dicke 4,5 Zentimeter an. Das stimmt also im Durchschnitt mit Lammerts Annahme überein. Alle die deutschen Spieße aber haben kein Gegengewicht, nicht einmal eine Hülse am Fußende. Nur eine Anzahl kurzer Spieße des Züricher Museums, die ins 17. Jahrhundert gesetzt werden, haben eine solche.

Wenn also die Deutschen ihre Langspieße ohne Gegengewicht führen konnten, so werden wir von den Macedoniern dasselbe annehmen dürfen, und der oben beschriebene Versuch in Schönholz spricht ebenfalls dafür.

Besonders aufgefallen ist mir übrigens bei diesem Versuch noch, wie unbequem die langen Spieße im Marsch zu tragen waren; hier machten sie mehr Schwierigkeiten als gefällt in der Attacke.

Zweite Auflage. Ich habe seitdem die Langspieße in Zürich und auch in Wien persönlich untersucht und das obige Alles bestätigt gefunden. Ebenso haben wiederholte kleine Exerzierübungen mit den Stangenwaffen des Berliner Zeughauses, die ich die Teilnehmner meines kriegsgeschichtlichen Seminars habe machen lassen, die Ergebnisse des Experiments auf dem Schönholzer Turnplatz bestätigt.

Meiner Auffassung von der römischen wie von der macedonischen Phalanx hat jedoch Kromayer eine prinzipiell abweichende entgegengesetzt und in wiederholter Polemik verteidigt.[1] Er legt die oben behandelte

Quellenstellen angeführt, die auch Spieße (resp. Wurfspieße) aus Buchenholz, Eiche, Pinie, Eibe bezeugen. Bei der Kiefer ist die Verwendung für Spieße merkwürdigerweise garnicht genannt; dagegen Tanne S. 289. Über das Vorkommen der verschiedenen Hölzer im alten Griechenland Neumann und Partsch, »Physik. Geographie von Griechenland«, S. 365 ff.

1 »Vergleichende Studien zur Geschichte des griechischen und römischen Heerwesens.« Hermes. Bd. 35, Heft 2. Von mir beantwortet »Geschichte der Kriegskunst«, Bd. 2, S. 16. (In dieser Auflage nicht wieder abgedruckt.) Kromayer, Antike Schlachtfelder, B. 1, S. 321 ff. Dagegen »Theologische Philologie«, Preuß Jahrb. Bd. 116, S. 209 ff. Dagegen »Theologische Philologie«, Preuß. Jahrb. Bd. 116, S. 209 ff. (Mai-Heft 1905). Kromayer, »Wahre und falsche Sachkritik«, Historische Zeitschrift, Bd. 95 (1905), S. 1 ff. Von mir beantwortet »Preußische Jahrbücher«, Bd. 121, Juliheft 1905, S. 158 ff.

Polybiusstelle dahin aus, daß die macedonischen Phalangiten mit drei Fuß, die Römer ursprünglich ebenfalls mit drei Fuß, dann aber nach dem Zusammenprall sich gelockert und durch Vor- und Zurücktreten durchschnittlich mit sechs Fuß Distanz gefochten hätten. Seiner Meinung nach schließt eine Aufstellung mit bloß drei Fuß Distanz den Gebrauch des Schwertes aus. Nach dem ersten Choc also löst sich das erste Glied in eine dünne Kette von einzelnen Kunstfechtern auf, die allein das aktive Gefecht führt, während die Mannschaften der hinteren Glieder nur in den Kampf eingreifen, indem die den Augenblick erspähen, wo sie eine Lanze oder ein Geschoß durch die Lücken ihrer Vorkämpfer auf die Gegner richten, wo sie schützend den Ihrigen zur Seite springen, Hiebe abfangen oder einen zu weit vordringenden Gegner zurückwerfen, wo sie Gefallene oder Verwundete zurücktragen und zurückziehen können, schließlich indem sie die Gefallenen ersetzen. (Hist. Zeitschr. 95, 17). Zeitweilig wechselt das Einzelfechten des ersten Gliedes mit durchschnittlich sechs Fuß Raum für den Mann wieder mit der engeren Massierung ab.

Wenn diese Auffassung richtig wäre, so hätten wir an ihr eine wissenschaftliche Entdeckung ersten Ranges. Es ist der Kern der antiken Infanterietaktik, um den es sich handelt, nicht etwa eine untergeordnete technische Spezialität.

Der Waffengebrauch in Verbindung mit dem Massendruck ist es, der in der Darstellung dieses Werkes das Wesen der Phalanx macht, und die Entwickelung besteht in allmählich fortschreitender Gliederung. Dieses Entwicklungsbild ist in allen seinen Teilen zerstört, wenn Kromayers Theorie über die Rottenbreite und das Kunstfechten des ersten Gliedes richtig ist, eine Konsequenz, über die freilich der Autor selbst sich nicht klar geworden ist, da er doch wieder meiner Darstellung der Schlacht bei Cannä, die ja ganz und gar auf dem Begriff des Massendrucks der Phalanx basiert, ausdrücklich zustimmt. Aber daß der Autor sich der Konsequenzen seiner Idee selber nicht bewußt geworden ist, hebt ihre sachliche Tragweite nicht auf. Wir dürfen uns daher einer eingehenden Nachprüfung nicht entziehen.

Die Vorstellungen Kromayers sind falsch und unrealisierbar aus folgenden Gründen:

1. Er hält die Distanz von sechs Fuß für den Römer für nötig, weil man ohne diese mit dem römischen Schwert nicht habe fechten können. Danach wären also die Römer bei dem ersten Zusammenstoß, wo ja auch Kromayer nur drei Fuß Distanz annimmt, des Gebrauchs ihrer Waffen beraubt gewesen – eine sehr merkwürdige Weise, den Kampf zu eröffnen, besonders wenn der Gegner tückischerweise seine Leute so aufstellen sollte, daß sie ihre Waffen gebrauchen können.

2. Die sechs Fuß Distanz, die dann durch Lockerung entstehen, sollen »durchschnittlich« gemeint sein, da ja in dem Gewühl ein genaues Abstandnehmen nicht möglich war. »Durchschnittlich« ist eine Hilfslinie, die hier unbrauchbar ist. Dabei haben einige zu viel, andere zu wenig. An den zu weiten Stellen dringt der Feind ein, an den zu engen kann der Römer seine Waffe nicht gebrauchen. Polybius kann deshalb bei seiner Schilderung unmöglich an einen solchen »Durchschnitt« gedacht haben.

3. Der weitere Raum für die Krieger des ersten Gliedes soll gewonnen sein, indem sich »einzelne oder mehrere tiefer in die Feinde eingedrängt haben, an anderer Stelle die Genossen mehr zurückgeschoben sind.« Man fragt, wie sich bei diesem Eindrängen in den Feind der angeblich nötige Raum von sechs Fuß für den einzelnen wahren läßt und ob nicht die Einengung durch Gegner ebenso das Fechten beeinträchtigt wie durch die Nebenmänner der eigenen Linie.

4. Am allerwenigsten kann man sich dieses Eindringen von einzelnen in die gegnerische Front vorstellen bei einem Kampf der Römer gegen eine Phalanx mit Langspießen, wovon Polybius ja sprechen will. Denn der Legionar mit dem kurzen Schwert, der erst zwischen die Langspieße gelangt ist, ist dem Spießer so nah auf den Leib gerückt, daß dieser sich nicht mehr verteidigen kann. Polybius berichtet uns ja gerade, daß die Sarissenfront undurchdringlich gewesen sei – wie soll er da meinen, daß durchschnittlich alle sechs Fuß doch ein Römer dazwischen gekommen sei, und danach die Rottenbreite beider Teile berechnen?

5. Kromayer stellt sich vor, daß der römische Krieger seinen Stoß mit horizontal nach der Seite gestreckten Arm führe. Das wird er ganz gewiß nur höchst selten tun, da diese Art Stoß sehr unpraktisch und unwirksam ist; der hauptsächlichste Stoß geht mit gekrümmtem und sich streckendem Arm von hinten nach vorn. Das lehrt nicht nur die heutige Fechtkunst, sondern wird noch ausdrücklich bezeugt bei Vegez I, 12, wo den Legionaren empfohlen wird, nicht zu schlagen, sondern zu stechen, denn dies sei dem Gegner gefährlicher, »und ferner, während der Schlag geführt wird, wird der Arm und die rechte Seite entblößt, der Stich aber wird mit gedecktem Körper geführt.« Für diesen Stich, bei dem der Arm dicht am Körper bleibt, genügen also drei Fuß Raum vollständig. Selbst für einen Stich mit horizontal ausgestrecktem Arm sind aber nicht sechs Fuß nötig, sondern bloß vier.

6. Jeder Feldherr stellt seine Soldaten so eng nebeneinander, wie es der Gebrauch ihrer Waffen nur irgend zuläßt, denn je enger, desto mehr Waffen sind in der Front. Wenn es wahr wäre, daß der Kämpfer mit dem römischen Schwert sechs Fuß Raum gebrauchte, während z. B. der alte griechische Hoplit mit seinem Spieß nur drei gebrauchte, so ist es klar,

daß das Schwert eine völlig unbrauchbare Schlachtwaffe wäre. Auf jeden Schwertkämpfer hätte man dann zwei Spießer losgehen lassen können, und da hätte jenem kein Kunstfechten geholfen, er hätte erliegen müssen. Der Kampf mit dem kurzen, römischen Schwert und mit dem Hoplitenspieß können deshalb wesentlich verschiedenen Raum nicht in Anspruch genommen haben.

7. Wenn die römische Phalanx nicht auf dem Massendruck, sondern auf dem Kunstfechten des ersten Gliedes mit sekundärer Unterstützung des zweiten und dritten beruht hätte, so wären in einer tiefen Aufstellung wie bei Cannä wenigstens $^{9}/_{10}$, wahrscheinlich $^{19}/_{20}$ des Heeres so gut wie überflüssig gewesen.

8. Eine gewisse Tätigkeit für die Masse der römischen Krieger sucht Kromayer noch insofern zu reservieren, daß er eine Art Abwechslung zwischen dem Kunstfechten der ersten Glieder und dem Massendruck konstruiert. Das Kunstfechten soll einsetzen, nachdem der erste Zusammenprall mit einem »natürlichen Rückstoß« geendet und die Massen also wieder etwas auseinander geraten sind. Dann, »wenn der Gegner irgendwo wieder zum Massenangriffe überzugehen Miene macht«, soll sich ihm wieder »die gleiche lebendige Menschenmauer entgegenstellen und Stoß mit Stoß erwidern« (H. Z. 95, 17). So sollen enge und weite Aufstellung nicht *einmal*, sondern *unaufhörlich* ineinander übergehen. Dagegen ist einzuwenden, daß solche Vorgänge, wenn überhaupt, nur denkbar wären unter der Voraussetzung, daß beide Gegner immer beides, das Luftgeben zum Kunstfechten und das Drängen ohne Möglichkeit des Waffengebrauchs, ganz gleichzeitig machen, denn diejenige Partei, die sich überhaupt nicht auf Luftgeben und Kunstfechten einließe, sondern unablässig oder auch nur einen Augenblick länger drängt, als der Gegner, hätte ja den Sieg in der Hand. Die dünne Kette der Kunstfechter, mit 6 Fuß Distanz, wäre nicht imstande, das sieht auch Kromayer ein, der Wucht der feindlichen Masse von 10, 20, 30, vielleicht 60 Mann Tiefe auch nur einen Moment standzuhalten. Die Glieder hinter ihnen aber, wenn sie einmal ein auch noch so kleines Stückchen zurückgewichen sind, um dem ersten Gliede den nötigen Raum zum Kunstfechten zu geben, wie sollen sie wieder zum Vorwärtsgehen gebracht werden? In dem ungeheuren Getöse gibt es für die ganze Masse weder Kommando mehr, noch Signal, und selbst wenn es das gäbe: die Masse, die einmal vor dem Feinde nur einen Augenblick zurückgewichen ist, während dieser vordrängt, ist es so gut wie unmöglich, wieder vorwärts zu bringen – es sei denn durch Umstände, wie etwa in der Schlacht bei Cannä. Der erste Schritt rückwärts bei dem Kampf zweier Phalangen ist der entscheidende; er gibt den Vorankommenden ein

moralisches Übergewicht, das sich von Sekunde zu Sekunde steigert und fast immer, Eingreifen neuer Kräfte vorbehalten, zum Siege führen wird. Die Vorstellung Kromayers von einem »natürlichen Rückstoß« ist »natürlich« nur für den Unterliegenden, nicht für beide Parteien zugleich, und damit fällt auch die Möglichkeit eines unaufhörlichen Wechsels zwischen weiter und enger Aufstellung.

9. Kromayer beruft sich (H. Z. 17) für seine Vorstellung vom Kunstfechten in der Schlacht auf eine Schilderung der Schlacht bei Mutina, Appian, Bürgerkriege III, 68. Die Stelle hat für seine Hypothese aber keinerlei Beweiskraft. Es handelt sich nicht um eine rangierte Schlacht, sondern um drei selbständige Gefechte von Legions Bruchteilen nebeneinander, die für den eigentlichen phalangenmäßigen Druck gar nicht stark genug waren und sich deshalb bei der Tapferkeit der Veteranen naturgemäß in einen zäh durchgeführten Masseneinzelkampf auflösten. Von einem wiederholten Wechsel zwischen Druck und Einzelfechten ist nicht die Rede, und der lange Einzelkampf erscheint dem Erzähler so wenig als der normale, wennschon gesteigerte Gefechts-Typus, daß er sich umgekehrt auf die Analogie der Ringkämpfer beruft, die, um Athem zu schöpfen, einen Augenblick auseinander treten und dann wieder aufeinander losstürzen.

10. Kromayer beruft sich für die Annahme, daß die Phalangiten drei Fuß (deshalb also die Römer sechs Fuß) Raum gebraucht hätten, auf die Gewohnheiten der Schweizer und Landsknechte (Antike Schlachtfelder I, 323 und H. Z. 95, 18). Dem 4. Bande dieses Werkes (2. Buch, 3. Kapitel) habe ich eine Spezial-Untersuchung eingefügt, aus der sich ergibt, daß die angeführten Stellen nicht beweiskräftig sind. Für unsere Frage aber ist, wie auf der Hand liegt, überhaupt nichts daraus zu schließen. Die phalangitische Aufstellung, die Polybius mit der römischen kontrastiert, ist ja nicht aufzufassen als die altgriechische oder macedonische, sondern als eine Aufstellung, deren Engigkeit erst künstlich eben in jener Zeit zum Äußersten gebracht war und sich nicht bewährt hat. Es wäre deshalb garnicht zu verwundern, wenn die Schweizer und Landsknechte eine weitere Aufstellung gehabt haben; selbst bei diesen kommt aber auch die enge Aufstellung vor.

11. Kromayer setzt den Fall, daß zwei Phalangen der engen Aufstellung gegeneinander gefochten hätten und folgert daraus die Unmöglichkeit des ganzen taktischen Bildes, da sich die beiden Haufen, bloß fähig, vorwärts zu drücken und nicht fähig zu parieren und zu fechten, gegenseitig aufgespießt hätten. Ob jemals zwei solche Phalangen wirklich gegeneinander gestanden, ist sehr zweifelhaft. Ist es oder wäre es geschehen, so

hätten sich die verschiedenen Glieder in der Tat gegenseitig, ohne viel fechten zu können, in die Spieße hineingedrückt, oder wären von den hinten nachdrängenden Gliedern hineingedrückt worden. Eine gewisse Möglichkeit, zu parieren, möchte ja den vordersten Gliedern, die kürzere Spieße hatten, geblieben sein, aber sie war jedenfalls sehr gering. Das ist aber kein Grund, die ganze Vorstellung zu verwerfen. Auch auf diese Weise konnte und mußte schließlich der stärkere und entschlossenere Teil siegen. Überdies ist uns bei den Taktikern (Asklepiodot, Kap. IV) ausdrücklich eine Stellung mit 1½ Fuß Raum, also ohne die Möglichkeit des eigentlichen Fechtens, für die Verteidigung überliefert und bezeugt. Natürlich ist sie nur denkbar bei der Bewaffnung mit dem Langspieß, der in Massen vorgestreckt eine Wehr ist, während nicht nur das Schwert, sondern schon der Kurzspieß ohne Fechtraum fast nutzlos sein würden.

12. Nehme ich schließlich hinzu, daß wir bei Vegez (III, 14) das ausdrückliche Zeugnis haben, daß die Römer mit drei Fuß Distanz fochten, weil bei solcher Aufstellung die Schlachtlinie sowohl lückenlos sei als auch den Raum zum Waffengebrauch gewähre (Singuli autem aramati in directum ternos pedes inter se occupare consueverunt, hoc est in mille passibus mille sescenti sexaginta sex pedites ordinantur in longum, ut nec acies interluceat et spatium sit arma tractandi), so darf ich Kromayers mit der größten Sicherheit vorgetragene Auffassung jetzt wohl als sachlich wie quellenmäßig endgültig widerlegt betrachten.

Die Vorstellung Kromayers von der Auflösung der Legionenfront in eine dünne Kette von Kunstfechtern wird um so phantastischer, wenn wir später sehen, daß er an anderer Stelle (Ant. Schlachtfeld. II, 83) sich für die Theorie Veiths erklärt, wonach die Römer zwischen den Manipeln (resp. Kohorten) nicht bloß beim Anmarsch, sondern auch während des Kampfes breite Intervalle bewahrt hätten. Die ohnehin einer ganz dünnen Linie von Plänklern entsprechende Kampflinie der Legionare wird also nun noch viel schwächer besetzt, da immer auf Strecken, die im allgemeinen so lang sind, wie die Front der Fechtenden selbst, gar keine Kämpfer stehen. Von dem Druck, den die Masse schaffen soll, ist in den kleinen auseinandergezerrten Haufen selbst in den von Kromayer zugestandenen einzelnen Momenten des Stoßes nicht mehr die Rede.

Ob Kromayer sich darüber klar geworden ist, daß die Veithsche Theorie von den Intervallen im Kampf und die seinige von der Rottenbreite sich in der Verdünnung potenzieren und dadurch vollends gegenseitig vernichten, erscheint zweifelhaft. Ebenso, ob er bewußt oder unbewußt im zweiten Bande seiner »Antiken Schlachtfelder« seine Theorie fallen gelassen und eine andere aufgestellt hat. Er spricht nämlich hier (S. 83) von der »Gewohnheit« der Römer »im Kampf anfangs ein wenig zu weichen und den siegesfroh vordringenden Gegner durch die Zähigkeit des Widerstandes erst zu enttäuschen, dann zu ermatten und endlich zu überwältigen.« An die Stelle des »natürlichen Rückstoßes«, nach der älteren Theorie, der bei den Gegnern gleichartig erfolgen soll, um dem Einzelfechter Platz zu machen, ist also jetzt »eine Gewohnheit« bloß der Römer getreten. Daß diese neue Theorie ganz ebenso unmöglich ist, wie die alte, leuchtet ein, denn wenn die Römer wirklich nach dem ersten Zusammenprall freiwillig wieder ein Stück zurückgewichen wären und bloß die lockere Kette von Einzelfechtern am Feinde gelassen hätten, so ist es klar, daß diese lockere Kette dem Massenandrang des Feindes keinen Augenblick hätte standhalten können. Das hat Kromayer auch früher selber eingesehen, denn Hist. Z. 95, S. 17 stellt er es noch als Aufgabe der hinteren Glieder der Phalanx hin, »wenn der Gegner irgendwo wieder zum Massenangriffe überzugehen Miene macht, ihm alsbald die gleiche lebendige Menschenmauer entgegenzustellen und Stoß mit Stoß zu erwidern.«

Merkwürdig mutet an, daß Rud. Schneider in dem Gött. Gel.-Anz. 169, S. 445 erklärt, die Frage des Abstands sei für ihn ein noch ungelöstes Problem, da der Phalangit mit 1½ Fuß nicht auskomme, wenn man ihm aber drei Fuß gäbe, das Doppelte, 6 Fuß, für den Legionar offenbar zu viel sei. Warum hat er nicht einmal 100 Studenten zusammengebracht, sie mit Hopfenstangen bewaffnet und eine Phalanx bilden lassen? Wer aber einmal eine solche Phalanx gesehen und gemessen hat, ist zur selbigen Stunde über alle Zweifelsqualen bezüglich des Rottenabstandes hinaus. Gelehrte sind wunderliche Leute. Hier haben wir einmal die seltene Gelegenheit, ein historisches Problem durch ein ganz einfaches Experiment zu lösen, weshalb macht man es nicht?

Zu der Umwandlung der Lehre von dem »natürlichen Rückstoß« in eine bloße »Gewohnheit« speziell der Römer, scheint Kromayer bewogen worden zu sein, indem er nachträglich auf die Schilderung der Schlacht zwischen Römern und Galliern im Jahre 223 aufmerksam geworden ist, denn er belegt die neue Theorie mit folgender Anmerkung: »So schildert Polybius II, 33, 7 die Kampfweise der Römer in einer für ihre Taktik äußerst wichtigen Bemerkung. Flaminius – sagt er – habe in einer Gallierschlacht durch eine Aufstellung, die kein Zurückweichen zuließ, die den Römern eigentümliche Kampfart unmöglich gemacht »διέφθειρε τὸ τῆς Ρωμαϊκῆς μάχης ἴδιον, οὐχ ὑπολειμόμενος τόπον πρὸς τὴν ἐπὶ πόδα ταἰς σπείραις ἀναχώρησιν.« Die Stelle geht aber weiter: »εἰ γὰρ συνέβη βραχὺ μονον πιεσθὴναι τῇ χώρᾳ τοὺς ἄνδρας κατὰ τὴν μάχην, ῥίπτειν ἂν εἰς τὸν ποταμὸν αὐτοὺς ἔδει διὰ τὴν ἀστοχίαν τοῦ προεστῶτος.« Der Sinn ist also, daß es die Gewohnheit der Römer sei, auch bei nachteiligem Gefecht nicht zu fliehen, sondern nur schrittweise zurückzuweichen, daß aber Flaminius, inndem er das Heer mit dem Rücken gegen einen Fluß aufstellte, ein solches Zurückweichen unmöglich gemacht hatte; hätten die Römer auch nur ein kleines Stück zurückgehen müssen, so wären sie bereits in den Fluß gestürzt, wären dadurch in Unordnung geraten und hätten eine volle Niederlage erleiden müssen. Mit einer besonderen Taktik der Römer hat die Stelle nicht das geringste zu schaffen.

2. KAPITEL
Berufsarmee. Kohortentaktik

Die im zweiten punischen Kriege gebildeten militärischen Kräfte der Römer hatten genügt, die Mächte des Ostens zu überwinden; zwei, Macedonien und Syrien, wurden niedergeworfen, die dritte, Ägypten, und die meisten kleineren Staaten schlossen sich den Römern freiwillig an und ordneten sich ihnen unter. Von jetzt an gab es niemand mehr, der gegen Rom hätte offensiv werden können. Aber die allmähliche Durchführung der direkten römischen Weltherrschaft machte noch fortwährend kleinere und größere Kriege nötig, in denen sich die militärische Tradition erhielt und fortpflanzte. Man kämpfte gegen die Gallier in Oberitalien, in Spanien, machte Macedonien den Garaus, bändigte Griechenland, zerstörte Karthago, schlug sich mit einem Numiderkönig. Oft erst nach anfänglichen Niederlagen und nach langem Hin- und Herschwanken gewannen die Römer endlich in diesen Kriegen die Oberhand. Das neue Kriegswesen, wie es Scipio geschaffen, hätte, da es den Hannibal überwand, mit Leichtigkeit den *orbis terrarum* untertänig gemacht, wenn es sich als eine organische Institution dem Körper der römischen Republik hätte eingliedern lassen. Aber es stand, wie wir gesehen haben, in innerem Widerspruch zur Republik, und in diesem inneren Widerspruch bewegt sich von jetzt an die römische Kriegsgeschichte und mit ihr die römische Geschichte überhaupt. Die alte Verfassung, wonach die beiden Jahresbürgermeister die Heere kommandierten und die Legionen nach Bedürfnis aus den Bürgern ausgehoben und wieder aufgelöst wurden, bestand fort, hätte aber, tatsächlich angewandt, weder die Aufgaben der römischen Politik erfüllen noch ertragen werden können. Die allgemeine Wehrpflicht läßt sich nicht auf einen dauernden Kriegszustand anwenden, wie ihn Rom jetzt durchzuhalten hatte, und die Soldaten, die in Spanien und in Asien, in Afrika und an den Alpen zu fechten hatten, konnten nicht zugleich Bürger sein. Es läßt sich berechnen, daß bei gesetzlicher allgemeiner Wehrpflicht tatsächlich nur ungefähr der zehnte Teil der wehrfähigen römischen Jugend die Waffen trug[1], dieser aber streifte den Bürger allmählich mehr und mehr ab und bildete wirkliches Soldatentum aus. Dieses berufsmäßige Kriegertum war nun wohl eine Tatsache, aber keine konstitutionelle Einrichtung geworden, und die Maschine funktionierte infolgedessen mit der größten Unregelmäßigkeit. Die Bürgerwehr brach durch das Berufssoldatentum, namentlich im Oberbefehl, immer wieder durch.

Man siegte trotzdem, da bei dem ungeheuren materiellen Übergewicht Roms über alle anderen Staaten zeitweilige Niederlagen und längeres Hinschleppen wenig Schaden anrichteten und der Bestand von berufsmäßig ausgebildeten Kriegern, Generalen, Offizieren, Soldaten, groß genug blieb, um endlich doch, sobald ein wirklich fähiger Mann die Sache in die Hand bekam, ein brauchbares Heer zu organisieren und den entscheidenden Schlag zu führen.

Im dritten Jahrhundert, während der punischen Kriege, wird man annehmen dürfen, daß ein Drittel der freien Einwohner Italiens das römische Bürgerrecht besaß. Wenn also die Rö-

1 Schon J. J. MÜLLER im »Philoloaus« Bd. 34, S. 125 (1876) hat bemerkt, daß die vier regulären Legionen unmöglich die ganze Masse der Kriegsdienstpflichtigen (νεανίσκοι) hätten aufnehmen können; er meint, es seien deshalb je nach Bedürfnis die jüngsten Jahrgänge, also z.B. 10 eingezogen worden. Aber selbst das gibt schon viel zu viel.

mer die etwas kleinere, die socii die größere Hälfte des Landheeres stellten und die socii navales das Hauptkontingent für die Flotte, so war die Wehrpflicht ziemlich gleichmäßig verteilt. Während des zweiten punischen Krieges hatten jedoch die Römer selber die Hauptlast tragen müssen, da ein Teil der Bundesgenossen abfiel, ein anderer in der Gestellung lässig wurde. Nach dem Siege zogen nun die Römer die Bundesgenossen um so stärker heran; der bei weitem kleinere Teil des Heeres bestand jetzt aus Bürgern; man warb auch in den Provinzen und nahm alle Art Söldner, Numider, Balearen, Gallier, Iberer, Kreter in Dienst und ließ die griechischen Bundesgenossen Hilfstruppen stellen. Das eigentlich römische Heer war in der Regel nur 4 Legionen, 18 000–20 000 Mann stark; mit allen Kontingenten aber hatte die Republik etwa 50 000 Mann ziemlich ständig unter den Waffen, die von Zeit zu Zeit, wenn in Spanien eine Empörung ausbrach oder zum Zweck der Bezwingung Karthagos, während man gleichzeitig in Macedonien und Griechenland kämpfte, vermehrt wurden.

Auf eine etwas härtere Probe wurde die Republik gestellt, als ein neuer barbarischer Feind an der Grenze erschien und Italien mit einem Einfall bedrohte, die Germanen. Die Römer erlitten eine Reihe von Niederlagen (113 unter Papirus Carbo in Noricum, 109 unter M. Junius Silanus bei den Allobrogern, 107 unter L. Cassius an der oberen Garonne und 105 unter Mallius Maximus, Cäpio und Aurelius Scaurus bei Arausio), bis endlich C. Marius mit einem neugebildeten Heer bei Aquä Sextiä 102 die Teutonen und Ambronen und bei Vercellä 101 die Cimbern und Tigoriner besiegte und vernichtete. Wie groß die Furcht der Römer gewesen war, erkennen wir aus dem Ruhm und der Stellung, die Marius durch seinen Sieg gewann. Sechsmal hintereinander hatte das Volk ihn, den avancierten Feldwebel, zum Konsul gewählt, und nach dem Siege wurde er begrüßt als der dritte Gründer Roms, aber alle Einzelheiten des Krieges, die berichtet werden, erweisen sich bei näherer Betrachtung als

Wachtstubengeschichten und Adjutantenklatsch, so daß man für die Kriegsgeschichte nichts daraus entnehmen kann. Der Krieg ist aber für uns sehr wichtig dadurch, daß er die allmählich vollzogene Umwandlung des römischen Heeres aus einem Bürgerheer in eine Berufsarmee formell in einer neuen Organisation zum Ausdruck und dadurch zum Abschluß brachte. Direkt ist zwar auch das nur teilweise überliefert, aber alle Anzeichen weisen darauf hin, daß Marius der Schöpfer der Organisation war, die uns später mit größerer Deutlichkeit entgegentritt.[1]

Die Einteilung der Legionen nach den drei Jahrgangsgruppen, Hastaten, Principes, Triarier, muß schon im zweiten punischen Kriege zu einer reinen Formalität geworden sein. Die beiden legiones urbanae, die Jahr für Jahr gebildet wurden, müssen fast ganz aus eben zur Dienstfähigkeit herangewachsenen jungen Leuten bestanden haben, und die Triarier in ihnen waren so wenig erfahrene Kriegsgesellen[2] wie etwa die junge Garde Napoleons 1814, die aus lauter Rekruten bestand; umgekehrt waren in den älteren römischen Legionen auch die Hastaten schon nicht mehr so ganz jung, ja in den Cannensischen Legionen, die noch bei Naraggara fochten, müssen selbst die jüngsten erheb-

1 Fröhlich, Kriegswesen Cäsars p. 13, 14, macht einige Zweifel geltend, ob die definitive Einführung der Kohorten-Taktik wirklich Marius zuzuschreiben sei. Madwig hat sie erst in den Bundesgenossenkrieg setzen wollen. Auf der andern Seite kann man sie vielleicht schon im Jugurthinischen Kriege nachweisen. Ich denke doch, alle Wahrscheinlichkeit spricht dafür, daß Marius der Reformer war. Die Kohorten, die im Jugurthinischen Krieg (Sallust, 51, 3; 100, 4) genannt werden, brauchen nicht als taktische Körper, sondern als bloße Teile der Legion aufgefaßt zu werden, und wenn nach einem Sisenna-Fragmente noch im Bundesgenossen-Kriege einmal *manipulatim* gefochten wird, so ist daraus wenig zu schließen, da es ja nach wie vor Manipel gab.

2 Schon Nitzsch, Gesch. der röm. Republik (herausg. v. Thouret) I, 181 macht darauf aufmerksam, daß, wenn (nach Cannä) Legionen hintereinander aufgestellt erscheinen, das damit zusammenhänge, daß in den neugebildeten Legionen der Unterschied des Alters nicht in dem Maße wie früher hervortrat.

lich älter gewesen sein, als die berühmten Brummer, »die alte Garde« Napoleons.

Auch der Sinn der Altersgruppierung, die Schonung der älteren Jahrgänge, war geschwunden, seit die Abteilungen zu Treffen geworden waren. Indem die Triarier, die hatten geschont werden sollen, jetzt beliebig aus dem Hintertreffen auf eine Flanke oder zum Kehrtmachen oder zu einer Detachierung kommandiert wurden, konnten sie gerade auf Stellen gelangen, die die allergrößten Gefahren und Verluste drohten.

Wenn sich trotzdem der Schematismus der Dreiteilung noch 100 Jahre lang erhielt, so erklärt sich das durch die natürliche Stabilität jeder einmal bestehenden Organisation.[1]

Die Doppelstellung der Veliten, als Trainknechte und Burschen auf der einen, Leichtbewaffnete auf der andern Seite ist, wie wir sahen, vielleicht schon im zweiten punischen Kriege modifiziert worden.

Marius hob alle diese Unterscheidungen nunmehr auf. Die Trainknechte und Burschen wurden überhaupt nicht mehr als Kombattanten gezählt und schieden aus der Legion aus.[2] Der Dienst der Leichtbewaffneten wurde jetzt ganz an eigene Korps von Bogenschützen und Schleuderern verwiesen. Die Legion bestand aus gleichmäßig bewaffneten und gearteten Hopliten; die Zahl der Manipel blieb, aber jeder Manipel wurde gleichmä-

1 Wenn Livius VII, 34 (z. Jahre 340) die Hastaten und Principes einer Legion detachiert werden, oder X, 14 (z. Jahre 297) die Hastaten einer Legion, so hat das natürlich historisch keinerlei Wert, mag aber als Reflex des Verfahrens im zweiten Jahrhundert hier angeführt werden.

2 In der Livius-Epitome LXVII ist angegeben, daß in der Schlacht von Arausio 80 000 Soldaten, 40 000 Troßknechte und Marketender (calones et lixae) gefallen seien. Die Zahlen sind sicherlich sehr übertrieben, aber daß zu dieser Zeit auf den Troß 50% der Kombattanten gerechnet wurden, ist vielleicht zu verwerten. Man könnte da aus schließen, daß schon vor Marius die Veliten zum großen Teil oder zuweilen vielleicht ganz aus den Legionen verschwunden waren und das Burschen- und Troßwesen sich praktisch anders organisiert hatte.

ßig auf 200 Mann Stärke gebracht und je drei Manipel zu einer Kohorte zusammengefaßt.

Die Kohorte von 600 Mann, also etwa dem modernen Bataillon entsprechend, bildet von jetzt an den taktischen Körper. Die Legion hat 10 Kohorten oder 6000 Mann.[1]

Die neue Formation lehnt sich insofern an die Vergangenheit an, als eine Kohorte von drei Manipeln bereits existierte. Die Kontingente der Bundesgenossen, die ja keine ganzen Legionen stellen konnten, aber sonst dieselbe Organisation wie die Römer haben mußten, hießen von je Kohorten und waren eingeteilt in Hastaten, Principes und Triarier.[2] Diese Kohorten aber hatten keine taktische Bedeutung. Im Lager wurden sie vermutlich zu Legionen kombiniert und bei der Aufstellung zur Schlacht insofern aufgelöst, als die Hastaten zum ersten, die Principes und Triarier zum zweiten resp. dritten Treffen kamen. Die Kohorten des Marius sind etwas ganz anderes. Sie bleiben zusammen, sie bilden einen, sie bilden den taktischen Körper.

Die bisherigen Manipel bildeten noch keinen taktischen Körper; dazu sind sie zu klein. Sie haben noch keine wahre Selbständigkeit; wenn es auch im einzelnen Falle vorkommen mag, daß ein einzelner Manipel oder mehrere zusammen selbständige Bewegungen machen oder eine isolierte Aktion vollführen, so ist es im Prinzip doch das ganze Treffen oder ein zu bestimmender Teil des Treffens, der operiert. Der alte Manipel ist nur 60 oder 120 oder höchstens 150 Mann stark; die neue Kohorte hat 600. Diese Abteilung, durch und durch exerziert, kann nunmehr

1 Stolle, D. Lager und Heer d. Römer (1912) bestreitet, daß die Zahl 6000 für die Legion, also 600 für die Kohorte als die normale anzusehen sei, und es ist ihm zuzugeben, daß sie nicht so gut begründet ist, wie man bisher wohl geglaubt hat. Immerhin ist sie mir doch recht wahrscheinlich und die Abweichungen können, wenigstens für unsere Zwecke, auf sich beruhen.

2 Das ist freilich nicht direkt bezeugt, aber wie Marquardt II, 339 bemerkt hat, sehr wahrscheinlich. Vgl. Polybius XI, 23, wo gesagt ist, daß drei σπεῖραι (Manipel) eine Kohorte genannt werden.

jede Bewegung ausführen und jede Form annehmen, die befohlen wird. Die Treffen werden nach Kohorten gebildet. Der Feldherr kann anordnen, daß das Heer sich in einem, zwei, drei oder vier Treffen aufstelle. Er kann das eine Treffen stärker, das andere schwächer machen. Er kann einen Haken bilden; die Kohorten mit dem Rücken gegeneinander stellen, so daß eine doppelte Front entsteht. Er kann jede Kohorte von dem Platz, wo sie steht, wegziehen und auf einen anderen stellen.

Die Legion ist immer nur ein administrativer Körper gewesen; der ursprüngliche taktische Körper ist die ganze Phalanx, ob sie aus einer oder mehreren Legionen bestehe. Bei der Phalanx als dem taktischen Körper ist es im wesentlichen bei den Griechen und Macedoniern geblieben. Die Römer haben die Phalanx erst mit Gelenken versehen, sie dann in Treffen geteilt, endlich in eine Vielheit kleiner taktischer Körper aufgelöst, die imstande sind, bald zu einer kompakten, undurchdringlichen Einheit zusammenzuschließen, bald mit vollendeter Schmiegsamkeit die Form zu wechseln, sich zu teilen, sich nach dieser oder jener Seite zu wenden. Wie ängstlich mußte die alte griechische Hoplitenphalanx auf der Hut sein gegen einen Flankenangriff, namentlich durch Kavallerie! Der römische Feldherr seit Marius befiehlt einigen Kohorten, die Deckung nach der Flanke zu übernehmen und fühlt sich gesichert. Wie einfach erscheint eine solche Anordnung, aber dieses Einfache möglich zu machen, die Bildung kleiner Haufen, die so fest zusammenhalten, daß sie taktische Körper bilden, war unendlich schwer. Eine Jahrhunderte lange Entwicklung und die römische Disziplin gehörte dazu; nur dieser *eine* Staat des Altertums hat sie wirklich durchgeführt und hat dadurch die Herrschaft über alle anderen gewonnen.

Erst hat man gefunden, daß eine Menge von Einzelkriegern die größte Wirkung ausübe, wenn sie sich zu einer einheitlich wirkenden Masse zusammenschließe. Aber diese Masse war plump und unbehilflich und höchst empfindlich in Flanke und

Rücken. Die größte Zahl der Waffen in ihr konnte nicht in Tätigkeit treten.

Aber um an die Stelle des einen großen Haufens eine Anzahl kleinerer zu setzen, die sich gegenseitig sekundierend ihre Schwächen ausgleichen, dazu bedurfte es einer neuen Kraft, der militärischen Disziplin, die eine Summe von Einzelkriegern zu einer höheren geistigen Einheit verbindet, von *einem* Willen regiert, fest zusammenhaltend, so daß selbst die ungeheure seelische Erregung, das Gewühl, der Lärm, der Schrecken, die Todesgefahr der Schlacht sie nicht auseinandersprengt. Die Kohorte bleibt in der Hand des Führers, die Führer folgen dem Befehle des Feldherrn.[1]

Die Kohortentaktik bedeutet den Höhepunkt der Entwicklung, den die Gefechtskunst der antiken Infanterie zu erreichen vermochte. Die Sache des Künstlers, des Feldherrn ist es von jetzt an, nicht neue Formen zu finden, sondern die gefundenen durchzubilden und zu gebrauchen.

Die Voraussetzung für die Kohortentaktik ist das Berufsheer, das an die Stelle des Bürgerheeres getreten ist.

Bis auf Marius scheinen sich die alten Formen der Aushebung noch erhalten zu haben, wenn ihr Wesen auch längst verwandelt war. Die ursprüngliche allgemeine Wehrpflicht war schon lange vor dem zweiten punischen Kriege sehr mild gehandhabt worden. Während dieses Krieges hatte sie noch einmal

1 Die Stelle, wo Polybius diese Eigenschaft der römischen Schlachtordnung beschreibt, daß sie gleichzeitig undurchdringlich (also fest geschlossen) und in allen ihren Einzelgliedern fähig, sich nach jeder beliebigen Richtung zu wenden (XV, 15, 7) ist leider im Wortlaut etwas dunkel, dem Sinne nach aber ganz deutlich und sehr wertvoll. Die beiden Eigenschaften der Undurchdringlichkeit und der Beweglichkeit vereinigen sich nur so, daß Intervalle zwischen den Kohorten vorhanden und möglichst klein sind. Die großen Intervalle, die Veith III, 2, 701 mit dieser Stelle belegen will, werden dadurch nicht nur nicht bezeugt, sondern widerlegt, da eine Schlachtordnung mit Löchern in der Front nicht undurchdringlich ist. Die kleinen Intervalle, wie ich sie annehme, heben die Undurchdringlichkeit nicht auf, da sie beim Zusammenprall von hinten geschlossen werden.

in der größten Strenge und Ausdehnung funktioniert. Von da an wurde sie obsolet. Die Heere, die Rom ins Feld stellte, waren im Verhältnis zur Bürgerzahl so klein, daß wenige Jahrgänge genügt hätten, sie zu füllen. Statt aber, um der ausgleichenden Gerechtigkeit willen, immer neue Rekruten einzustellen und auszubilden, nahm man lieber die gedienten Krieger, auch wenn sie wenig Neigung dazu verrieten. Sold, Beute und Triumphalgeschenke waren aber so reichlich, daß oft auch viele freiwillig eintraten. Als der Krieg gegen Perseus von Macedonien ausbrach, erzählte Livius (XLII, 32), meldeten sich viele alte Soldaten freiwillig zum Dienst, da sie die reich sahen, die früher gegen Philipp und Antiochus zu Felde gewesen waren. Theoretisch blieb die allgemeine Wehrpflicht bestehen und wurde auch zuweilen angewandt, entweder, indem die Pflichtigen untereinander losten, oder, indem mit mehr oder weniger Willkürlichkeit die Behörden Einzelne herausgriffen. Man wird annehmen dürfen, daß bei der Losung der vom Los Getroffene nicht behindert war, einen passenden Ersatzmann zu stellen, und bei der diskretionären Bestimmung durch die Beamten wurden die Wohlhabenden, die für die Führung ihrer Wirtschaft schwerer entbehrlich waren, verschont oder wußten sich durch Bestechung dem Dienst zu entziehen. Wie sehr der Begriff der Dienstverpflichtung im zweiten Jahrhundert bereits verblaßt war, erkennt man besonders daraus, daß mehrfach berichtet wird, wie bei gefährlichen und wenig Beute verheißenden Feldzügen die Rekruten nicht zusammenzubringen gewesen seien. Die Aufgerufenen brachten allerhand Vorwände, um sich der Einstellung zu entziehen, und man scheute sich, nachzuforschen. Endlich aber blieb doch wieder nichts übrig, als zuzugreifen.[1]

Wiederholt sind Versuche gemacht worden, in dieses System der administrativen Willkür, eine gewisse Ordnung zu bringen. Während wir bei Polybius die Bestimmung lesen, daß

1 Livius XLIII, 14. Polybius XXXV, 4.

der römische Bürger verpflichtet sei, 16 Feldzüge oder im Notfall sogar 20 zu machen, findet sich bei Appian einmal die Bemerkung, daß, wer sechs Feldzüge mitgemacht habe, berechtigt sei, seinen Abschied zu fordern. Es scheint, daß Cajus Gracchus derartige Einschränkungen erneuert oder noch andere getroffen hat, die aber alle wieder aufgehoben werden mußten, als der Cimbernsturm Rom in Schrecken setzte und das Vaterland der bewährten und durchgebildeten Soldaten nicht entbehren konnte.[1] Ein wirkliches System und zuverlässige Ordnung in eine Aushebung zu bringen, die ein unbeschränktes Recht beansprucht, aber nur einen beschränkten Bedarf hat, ist unmöglich; wir werden das später bei Friedrich Wilhelm I. von Preußen kennen lernen. Das militärische Prinzip, altgediente Leute zu haben, drängt naturgemäß das humane, um der Gerechtigkeit willen die Last einigermaßen gleich zu verteilen, immer wieder zurück, und die Neigung vieler Soldaten, die sich in längerem Dienst dem bürgerlichen Leben entfremdet haben, ganz im Soldatenstande zu bleiben, kommt dieser Tendenz entgegen. So entsteht ein Widerspruch von Form und Inhalt, ein eigentümliches Zerrbild einer Aushebung, die tatsächlich aus administrativer Willkür und freier Werbung, »pressen«, wie es in der englischen Marinegeschichte genannt wird, zusammengesetzt war. Brachten die Konsuln das formale Recht in gar zu strenge Anwendung, so empfanden die Bürger das als Tyrannei und riefen die Hilfe der Volkstribunen an. Livius berichtet zweimal, zum Jahre 150 und zum Jahre 138 (Epitome 48 u. 55), daß die Volkstribunen die Konsuln in einem solchen Konflikt ins Gefängnis gesetzt hätten. Marius machte nun all den antiquierten Formen ein Ende und setzte die reine Werbung an die Stelle. Je mehr Kapitalismus und Sklaverei den alten Mittel- und Bauernstand zwischen sich zerrieben, desto mehr Material bot Italien dem Werbe-Offizier

1 Die Quellenstellen bei Mommsen, Röm. Gesch. II, 107 und 175; Marquardt II, 381.

und Marius soll sich sogar nicht gescheut haben, Sklaven einzustellen.[1] Auch jetzt wurde die allgemeine Dienstpflicht gesetzlich keineswegs aufgehoben und hat später noch die Grundlage zu Aushebungen gegeben, aber wie das Wesen der Armee schon längst bestimmt ist durch das Söldnertum, so hat sie von jetzt an auch die Formen.

Durch die Verleihung des Bürgerrechts an alle Italiker einige Jahre später wurde auch der Unterschied zwischen den eigentlich römischen Legionen und den socii aufgehoben. Dieser Unterschied war ja immer nur ein politischer, kein militärischer gewesen, etwa wie Rheinbund-Truppen, Italiener, Schweizer im Heere Napoleons. Die Organisation und Fechtart unterschied sich nicht wesentlich. Die auxilia, die seit dem Ende des zweiten punischen Krieges bei römischen Heeren erscheinen, sind anderer Natur, es sind besondere Truppengattungen, wie Bogner und Schleuderer, oder Barbaren je nach ihrer Stammesart. Namentlich die Reiterei besteht ausschließlich aus solchen Elementen.

1. Meine Auffassung von der Geschichte der römischen Dienstpflicht weicht von der bis jetzt herrschenden wesentlich ab. Während ich davon ausgegangen bin, daß sie in dem kleinen Urkanton im strengsten Sinne unbedingt allgemein war, will die herrschende Auffassung, daß sie erst allmählich erweitert und endlich im Zeitalter der punischen Kriege allgemein geworden sei. Während ursprünglich alle, die unter 12 500 (oder 11 000) As besaßen, vom Dienste frei gewesen seien, sei die Grenze später auf 4000 As oder noch weiter für den Landdienst herabgesetzt und die unterste Schicht zu dem Seedienst ausgehoben worden. Nach meiner Meinung ist, da die Dienstpflicht schon vorher allgemein war, durch die Einrichtung des Seedienstes nicht eine neue, bisher nicht existierende Verpflichtung für die Ärmeren eingeführt worden, sondern umgekehrt: man schuf eine Schutzbestimmung für die Wohlhabenderen: wer über 4000 As Vermögen hatte, durfte nur für den Land-, aber nicht für den Ruderdienst ausgehoben werden. Keineswegs wurden aber dadurch die unteren Klassen vom Landdienst freigestellt. Das geht mit Sicherheit aus der Tatsache hervor, daß man nach Cannä sogar zwei Legionen aus Sklaven bildete. Ganz

1 Plutarch, Marius cap. 9.

gewiß hätte man nicht zu diesem äußersten Mittel gegriffen, wenn noch eine ganze Schicht von Bürgern vorhanden gewesen wäre, die man heranziehen konnte. Man hätte dann doch lieber den Bürgern die Rüstung gegeben und die Sklaven rudern lassen. Die Worte des Polybius (IV, 17, 1–3) vereinigen sich hiermit sehr wohl. Er sagt, dienstpflichtig seien alle bis zum 46. Lebensjahre »πλὴν τῶν ὑπὸ τὰς τετρακοσίας δραχμὰς τετιμημένων· τούτους δὲ παρτᾶσι πάντας εἰς τὴν ναυτικὴν χρείαν«. Im zweiten Jahrhundert, als Polybius diese Worte schrieb, bedurfte Rom immer nur eines Teiles, meist eines ganz geringen der Wehrpflichtigen. Für den Landdienst werden in den meisten Fällen die Freiwilligen ausgereicht haben. Die besitzenden Klassen schonte man, oder sie wußten sich Schonung zu verschaffen. Für den sehr unbeliebten Matrosen- und Ruderdienst[1] mußte die Aushebung strenger sein; für diesen wurden also vorweg die Proletarier ausgesondert. Die Grenze von 400 Drachmen (4000 As), die Polybius angibt, beruhte vermutlich nicht auf Gesetz, sondern war eine Verwaltungsmaßregel, ein Senats-Beschluß, der nach Umständen modifiziert wurde. So wird es kommen, daß, während Polybius 4000 als Grenze nennt, Gellius mit 1500 und 375 As die Klasse der Proletarier und capite censi abschließt. Daß der aerarius in der Zeit des zweiten punischen Krieges felddienstpflichtig war, ist, wie schon Mommsen, Staatsr. III, 252 richtig gesehen hat, auch direkt durch mehrere Erzählungen bei Livius (XXIV, 18; XXVII, 11 und XXIX, 37) bezeugt. Diese Erzählungen sind völlig durchschlagend und müssen den letzten Zweifel beseitigen. Es wäre ganz unmöglich, daß uns berichtet wird, wie Leute zu Aerariern gemacht und gleichzeitig ins Feld geschickt wurden, oder daß ein Censor drohte, das ganze Volk zu Aerariern zu machen, wenn mit diesem Stande die Rechtsvorstellung der Dienstfreiheit verbunden gewesen wäre.

Die herrschende Meinung nähert sich nun der meinigen dadurch, daß sie zugibt, in Not- und Ausnahmefällen sei ohne Rücksicht auf Klassen und Census ausgehoben worden. Die Reform des Marius habe, wie Mommsen es ausdrückt, darin bestanden, daß er das außerordentliche Verfahren zum regelmäßigen machte. Der Ausweg scheint mir ungangbar 1) weil ich nachgewiesen zu haben glaube, daß schon in der älteren Zeit eine Beschränkung der Dienstpflicht auf »Klassen« nicht existiert hat; 2) weil, nachdem jedenfalls den ganzen zweiten punischen Krieg hindurch die allgemeine Felddienstpflicht praktisch bestanden und sich im Rechtsbewußtsein eingebürgert hatte, ganz undenkbar erscheint, daß, sage man nun

1 Daß es sich um diesen, nicht etwa um Seesoldaten-Dienst handelt, ist richtig bemerkt und belegt bei Marquardt, Röm. Staatsverf. II, 380, Anmerk. 10.

diese Pflicht oder dieses Recht wieder auf die oberen Klassen beschränkt worden wäre. Richtig ist, daß das Landheer eine gewisse höhere soziale Stufe einnahm, weil die Proletarier in erster Linie für die Flotte ausgehoben wurden, und möglicherweise spielte auch die Beschaffung der Waffen noch eine gewisse Rolle, so daß ein ganz Armer nicht direkt Hoplit werden konnte.[1] Trat ein Proletarier aber zunächst als Velit ein und meldete sich als schon etwas ausgebildeter und disziplinierter Soldat von neuem, so ist gewiß nicht anzunehmen, daß man ihn nicht zuletzt auch zum Hopliten gemacht hat.

Bestand nun in Rom die allgemeine Wehrpflicht, so ist klar, daß sie schon im ganzen zweiten Jahrhundert sehr lax gehandhabt worden sein muß. Die Censuszahlen des zweiten Jahrhunderts gehen von 243 704 bis auf 337 452[2] (im Jahre 164/3); ein Jahrgang Rekruten war danach wenigstens 10–15 000 Mann stark. Das Heer, das regelmäßig ausgehoben wurde, bestand aus 4 Legionen, also 18–20 000 Mann. Da wir mit Sicherheit annehmen dürfen, daß sicher viele, wohl die meisten von denen, die überhaupt Soldat wurden, dabei blieben und ihre 16, 20 oder auch noch mehr Jahre dienten, so brauchten in gewöhnlichen Zeiten jährlich nicht mehr als 1–2000 Rekruten neu eingestellt zu werden, also statt aller nur etwa der zehnte Teil der Tauglichen. Die Vorschrift, daß man, um ein öffentliches Amt zu bekleiden, zehn Feldzüge mitgemacht haben müsse, wurde gewiß nicht mehr eingehalten; immerhin war es in einem so kriegerischen Staat nötig, dem Heere praktisch angehört zu haben, wenn man im öffentlichen Leben eine Rolle spielen wollte, und neben denen, die der Soldatenberuf selber lockte, werden auch aus diesem politischen Grunde nicht wenige junge Leute bereit gewesen sein, einige Sommer die Waffen zu tragen. So fanden sich die willigsten und militärisch brauchbarsten Elemente leicht in genügender Zahl zusammen. Freilich, für den undankbaren Krieg in Spanien, gegen Numantia, soll es schwer gewesen sein, Offiiere wie Mannschaften zu erlangen – ein weiterer Beweis, daß eben von einer eigentlichen, regelmäßigen Aushebung für gewöhnlich nicht mehr die Rede war.

Polybius (VI, 19) schildert uns, wie die sämtlichen kriegsfähigen Römer jährlich nach Rom zur Aushebung zusammenkommen (ἐὰν δὲ

1 Nach Polybius VI, 39, 15 lieferte der Staat Kleider und Waffen, falls es nötig war, zog aber den Preis vom Solde ab. Dies soll Tib. Gracchus abgeschafft haben (Mommsen, Röm. Gesch. II, 107; es geschah aber nach Tacitus Ann. I, 17 auch noch in der Kaiserzeit, und die Soldaten beschwerten sich darüber.

2 Die Zahlen 394 736 und 394 336 für die Jahre 125 und 115 werden von Beloch mit gutem Grunde angezweifelt.

μέλλωσι ποιεῖσθαι τὴν καταγραφὴν τῶν στρατιωτῶν οἱ τὰς ὑπάτους ἔχοντες ἀρχάς, προλέγουσιν ἐν τῷ δήμῳ τὴν ἡμέραν, ἐν ᾗ δεήσει παραγενέσθαι τοὺς ἐν ταῖς ἡλικίαις Ῥωμαίους ἅπαντας), tribusweise die Soldaten aus ihnen ausgewählt und auf die Legionen verteilt werden.

Nach dem Gesagten ist das ein Idealbild, das in Wirklichkeit etwas anders ausgesehen haben muß. Alle kriegsfähigen Römer wären 150–200 000 gewesen, die unmöglich alle Jahre aus ganz Italien auf dem Kapitol zusammenkommen konnten.

Wir werden uns also vorzustellen haben, daß jede Tribus dafür sorgte, so viel Leute zu stellen, daß der Bedarf gedeckt werden konnte. Nach den Fehlenden wurde dann nicht weiter gefragt, und das Ganze galt als eine Gestellung aller Kriegsfähigen. Mußten einmal höhere Anforderungen gemacht werden und es fanden sich nicht genug Freiwillige, so wurde tatsächlich konskribiert und unter den Pflichtigen gelost.[1] In welcher Art das geschehen ist, wissen wir nicht. Jedenfalls nicht so, daß erst alle Kriegsfähigen in Rom zusammenkamen und hier die Passenden und Entbehrlichen ausgesucht und zwischen ihnen gelost wurde, oder so, daß nur gerade der zufällig jüngste Jahrgang herangezogen wurde. Wahrscheinlich fand eine Voruntersuchung und Bezeichnung der Geeigneten schon vorher in den Tribus statt, so daß bei der eigentlichen Aushebung in Rom nur eine übersehbare Anzahl antrat.

Diese Ausführungen würden sich in die herrschende Auffassung noch einfügen lassen. Die wesentliche Differenz bleibt, ob im zweiten Jahrhundert der Ersatz des römischen Heeres grundsätzlich auf die Söhne des Mittelstandes eingeschränkt wurde oder ob es bereits wesentlich ein Berufsheer war, das nur tatsächlich (insofern die Proletarier auf die Flotte kamen, falls für diese ausgehoben wurde) einen gewissen bürgerlich-bäuerlichen Charakterzug behielt. Im ersteren Falle hätte die Reform des Marius das Heer auf eine ganz andere Basis gestellt und etwas ganz Neues geschaffen; im anderen hätte sie einer bereits bestehenden Sache nur die entsprechende Form gegeben, denn jener Rest von bürgerlich-bäuerlichem Charakter ist auch mit Marius noch nicht völlig abgestreift, sondern erst ganz allmählich abgestorben.

Mit dieser meiner, auf die überlieferten Zahlen der Bevölkerung und der Heere gestützten Darstellung läßt sich nun ein anderes Quellenzeugnis nicht vereinigen, auf das die herrschende Ansicht sich wesentlich beruft und das man bisher als einen rechten Eck- und Grundstein der Geschichte der römischen Kriegsverfassung angesehen hat. Es ist die Erzählung, die Sallust (bell. Iug. cap. 86) von der Heeresreform des Marius

1 Appian, de reb. Hisp. cap. 49 zum Jahre 149.

gibt: »milites scribere, non more majorum neque ex classibus, sed uti cujusque lubido erat, capite censos plerosque.« Der natürlichen und wörtlichen Auffassung nach, müßte man meinen, daß bis dahin die Aushebung nach Klassen, d. h. den alten servianischen Schätzungsklassen stattfand, und die Proletarier (capite censi) dienstfrei waren. Daß dies nicht angehe, hat man nun längst erkannt. Polybius, der es doch wissen mußte, berichtet nichts von einer Aushebung nach Klassen und läßt nur die unter 4000 As Geschätzten auf die Flotte kommen. Man hat das so ausgeglichen, daß der ursprüngliche servianische Census der 5. Klasse von 12 500 auf 4000 As herabgesetzt worden sei und daß Sallust nicht eine Aushebung nach den 5 verschiedenen Klassen meine, sondern die »Klassen« als eine Einheit von Proletariern gegenüberstelle.

Ich halte das für eine Vergewaltigung des Wortlautes. Sallust hat wirklich geglaubt, was er sagt, daß bis auf Marius noch irgend ein Rest der Aushebung nach den servianischen Klassen bestanden habe, aber so wenig je nach servianischen Klassen ausgehoben worden ist, so wenig natürlich auch nach den im Jahre 179 geschaffenen Klassen. Was vorliegt, ist nichts, als daß Sallust ganz ebenso wie Cicero in der durch die »Kommentare des Königs Servius« hervorgerufenen Täuschung über die ältere römische Verfassung gelebt, und daß er sich die Frage vorgelegt hat, was denn aus dieser alten Einrichtung geworden, wann und unter welchen Umständen sie beseitigt worden, keine andere Antwort gefunden hat, als daß das unter Marius, wo ja eine große Reform stattgefunden, geschehen sein müsse. Daß solche Irrtümer bei sehr bedeutenden Historikern möglich sind, kann ich sofort mit sehr erlauchten Beispielen belegen.

Jedermann wird glauben, daß Heinrich von Sybel oder Heinrich von Treitschke die Geschichte der preußischen Armeeverfassung gekannt haben, und wenn beide gar dasselbe sagen, so werden zukünftige Geschlechter es für vermessen halten, eine solche Aussage zu bezweifeln. Beide aber setzen den Gedanken der allgemeinen Wehrpflicht in die Regierung Friedrich Wilhelms I., die bekanntlich erst unter Friedrich Wilhelm III. in den Freiheitskriegen eingeführt wurde. Sybel (Begründ. d. D. Reiches, I, 32) nennt das Kantonreglement von 1733 den »ersten Schritt zur allgemeinen Wehrpflicht«, und Treitschke (D. Gesch. I, 75 vgl. S. 153) findet, daß schon unter Friedrich dem Großen »eine der Säulen, welche diesen Staatsbau trugen, der Gedanke der allgemeinen Wehrpflicht, langsam ins Wanken geraten« sei. Auch die Quelle des Irrtums ist in diesem Falle festzustellen. Max Lehmann in seiner Jugendschrift »Knesebeck und Schön« (S. 284) hatte den Satz hingestellt, daß Friedrich Wilhelm I. »die Idee der allgemeinen Wehrpflicht, wenn auch nicht in vollem Glanze, so doch in gebrochenem Licht geschaut habe«. Diese Ausführung machte ihrer Zeit sehr viel Eindruck; Sybel und Treitschke haben sicherlich geglaubt, sie nur zu wiederholen, machten aber den Fehler, den sie enthält, durch die Ausdrücke, die sie gebrauchen, noch viel stärker, als er schon ursprünglich war. Kein anderer als Max Lehmann selber hat seitdem der besseren Erkenntnis am meisten zum Siege verholfen. Es ist der Grundgedanke seines »Scharnhorst«, daß die allgemeine Wehrpflicht nicht die Fortsetzung, sondern das diametrale Gegenteil der altpreußischen Heeresverfassung und des ganzen altpreußischen Staates gewesen sei. Was Friedrich Wilhelm I. wollte, war die schärfstmögliche Trennung zwischen Bürgerun Soldatenstand. Die allgemeine Wehrpflicht bedeutete in seinen Augen durchaus nichts anderes als das, was in allen anderen Staaten seiner Zeit, Frankreich, Österreich, Rußland, ebenfalls bestand, daß nämlich der Souverän das Recht habe, seine Untertanen nach diskretionärem Ermessen für den Heeresdienst auszuheben. Heute aber versteht man unter der allgemeinen Wehrpflicht nicht bloß ein abstraktes Prinzip, sondern ein praktisches System, wie es Preußen, und Preußen allein unter allen Staaten seit 1813 besaß.

In jenem anderen Sinne müßte man sagen, daß auch Frankreich und Österreich schon vor 1870 die allgemeine Wehrpflicht gehabt hätten, was auf ein Spiel mit Worten herauskommen würde. Die Möglichkeit jenes Doppelsinnes aber ist es offenbar gewesen, die zwei so große Gelehrte wie Sybel und Treitschke über ihren Irrtum, den sie, aufmerksam gemacht, natürlich selbst sofort erkannt und anerkannt haben würden, hinweggetäuscht hat.

Man entschuldige die breite Ausführung dieser Analogie, aber sie ist von der größten methodologischen Wichtigkeit. Immer und immer wieder bin ich im Laufe dieser Untersuchung in die Lage gekommen, ganz bestimmte Aussprüche der alten Schriftsteller über Leistungen und Einrichtungen ihrer Staaten auf Grund sachlicher Rückschlüsse zu verwerfen, so Herodots Acht-Stadien-Lauf bei Marathon, Livius' Schilderung des Manipulargefechts, Thucydides' Angabe über die athenische Bürgerzahl, so jetzt Sallusts Behauptung über die römische Rekrutierung. So fest ineinandergefügt meine Schlüsse mir auch scheinen, so kann ich mich doch selber zuweilen kaum der Besorgnis erwehren, ob das hochaufgetürmte Gebäude auch allen Stürmen des Widerspruchs gewachsen sein werde, und muß daher suchen, den spitzbogigen Mauern durch Strebepfeiler aus dem festen Stein neuester unbestreitbarer Tatsachen einen unerschütterlichen Halt zu geben.

Aus der Vorstellung des späteren Geschlechts über die uralten Klassen ist auch die Erzählung Livius X, 21 erzeugt, daß in dem Gallierschrekken des Jahres 295 vor der Schlacht von Sentinum befohlen sei, »omnis generis hominum dilectum haberi«, oder Orosius IV, 1, 3 aus Livius, daß man, als im Jahre 280 Pyrrhus nahte, die Legionen durch Proletarier, die eigentlich immer hätten in der Stadt bleiben sollen, um für Nachkommenschaft zu sorgen, vollzählig gemacht habe.

2. Den Übergang vom Bürger- zum Soldatenstand scheinen die *evocati* gebildet zu haben, über deren Wesen es schwer ist, zu klarer Anschauung zu kommen; die Lösung wird sein, daß der Name in den verschiedenen Zeiten Verschiedenes bedeutete. Solche Leute soll es schon im Jahre 455 gegeben haben (Dionys X, 43). Historisch begegnen sie uns, wie zu erwarten, vom Schluß des zweiten punischen Krieges an; es sind alte Soldaten, die freiwillig wieder Dienst genommen haben. Wann aber war damals ein alter Soldat ein evocatus?

Die gesetzliche Dienstpflicht währte ja bis zum 46. Jahr und umfaßte für den Infanteristen 16 und in Notfällen 20 Jahre. Selbst bei ununterbrochener Dienstzeit wäre danach ein evocatus stets ein Mann von allerwenigstens 33, meist wohl wenigstens 40 Jahren gewesen. Dann hätte ihre Zahl aber immer nur sehr gering sein können.

Wir werden uns also im zweiten Jahrhundert wohl den evocatus als einen Mann vorzustellen haben, den, wenn auch noch gesetzlich dienstpflichtig, doch aus Billigkeitsgründen die Ersatzbehörden eigentlich nicht mehr hätten nehmen dürfen, der sich aber doch freiwillig zum Dienste meldete. Als im Jahre 200 das römische Volk den Krieg gegen Philipp von Macedonien beschloß, wurde zugleich festgesetzt, daß von den alten Soldaten des zweiten punischen Krieges niemand gezwungen, nur Freiwillige genommen werden durften (Livius XXXI, 8). Solche Freiwillige, »Rengagés«, »Kapitulanten«, waren der Grundstock des neuen Heeres. Im nächsten Jahre aber meuterten sie, erklärten, sie seien gegen ihren Willen nach Macedonien eingeschifft worden, und forderten ihre Entlassung. Wenn später zeitweilig die Bestimmung bestand, daß eine sechsjährige Dienstzeit den Anspruch auf Entlassung gebe, so wären alle, die über sechs Jahre dienten, als evocati zu betrachten gewesen.

Als sich nun allmählich das reine Söldnertum durchsetzte, das keine andere Beschränkung der Dienstzeit als durch die Dienstfähigkeit kennt, ist für evocati in dem bisherigen Sinne kein Platz mehr, und wenn und wie wir sie erwähnt finden, so handelt es sich entweder um vorübergehend Aufgebotene,[1] oder sie haben einen andern Charakter. Sie bilden jetzt eine

1 Cäsar, bell. gall. III, 20, 2.

eigene Truppe,[1] sie haben einen eigenen Kommandanten,[2] sie haben Pferde,[3] ein Mann, der *primus pilus* gewesen ist, ist später *evocatus.*[4] Ich möchte daher annehmen, daß es sich um eine Art Stabswache handelt, in die die ältesten und bestgedienten Leute versetzt wurden.[5] Wenn Cäsar berichtet, daß Pompejus bei Pharsalus 2000 evocati gehabt habe, die er auf die ganze Schlachtlinie verteilte, so mag die Zahl stark übertrieben sein; zu dem angegebenen Begriff aber würde es ganz gut stimmen. Die evocati waren nicht mehr wie im zweiten Jahrhundert die Altgedienten, die das Knochengerüst jedes Manipels bildeten, sondern eine kleine Elite-Schar, die den gewöhnlichen Dienst nicht mehr zu tun brauchte, aber am Tage der Schlacht in Reih und Glied trat. Bei Thapsus sind nicht nur die Generale (legati), sondern auch die evocati um Cäsar und verlangen, er solle die Schlacht befehlen. Octavian soll später 10 000 alte Soldaten als Leibwache um sich gesammelt haben,[6] offenbar ein Kunstgriff, um die Veteranen zum Wiedereintritt in den Dienst zu bewegen, daß man sie in anderer Form als der des gewöhnlichen Legionsdienstes, unter Zubilligung der bei den evocati üblichen Privilegien zu den Waffen rief.

Die Stellen, wo in den Quellen evocati erwähnt sind, sind gesammelt bei Marquardt II, 387 und Fröhlich, Kriegswesen Cäsars S. 42, wo auch die Charakterisierung als »Stabswache« formuliert ist.

3. Die Abhandlung von G. Veith, »Die Taktik der Kohortenlegion«, Klio, Bd. 7 (1907), S. 303 und »Antike Schlachtfelder« III, 701 ist in ihrer Polemik gegen mich, wie in ihren positiven Ergebnissen aufgebaut auf lauter Mißverständnissen und Widersprüchen. Der Verfasser legt einleuchtend dar (S. 312), daß eine lange zusammenhängende Front das Gegenteil eines beweglichen, elastischen Körpers und die schwerfälligste Formation sei, die es gäbe. Die Beweisführung ist aber überflüssig, denn es ist ja eben dasselbe, was auch ich dargelegt, indem ich den Wert der Intervalle zwischen den Manipeln und Kohorten entwickelt habe. Der Unterschied

1 Cicero ad. famil. XV, 4, 3.

2 Cicero ad. famil. III, 6, 5.

3 Cäsar, bell. gallic. VII; 65.

4 bell. civ. III, 91.

5 Trotzdem glaube ich nicht, daß mit den Freiwilligen, die sich dem Konsul angeschlossen und nach Polybius VI, 31, 2 einen eigenen Platz im Lager haben, evocati, sondern vornehmere Leute gemeint sind. Die damaligen evocati sind noch keine eximierte Schar, wie Marquardt II, 338, Anmerkung 1 sie auffaßt.

6 Appian, bell. civ. III, 40.

ist, daß nach meiner Auffassung die Intervalle im Augenblick des Zusammenstoßes, des Beginns des Kampfes, zugehen, indem von hinten in die kleinen Lücken einzelne Leute desselben Manipels, in die größeren ganze Abteilungen (Centurien, Manipel, Kohorten) aus dem zweiten Treffen einspringen oder einrücken, während nach Veiths Auffassung um der Manövrierfähigkeit willen auch während des Kampfes zwischen den Kohorten größere Intervalle bleiben. Zugleich aber bemerkt Veith selbst (S. 328), daß »gefährlich große Lücken« nicht eintreten durften; (S. 324) daß man über Truppen, die einmal im Handgemenge sind, nicht mehr disponieren kann und (S. 328 Anmerk.) daß, je mehr der Kampf sich der Entscheidung näherte, desto mehr (durch Einschieben von hinten) die Intervalle restringiert und die Front zusammenhängender geworden sei.

Man braucht nicht lange nachzudenken, um sich klar zu machen, daß das, was Veith für den Entscheidungskampf postuliert, die zusammenhängende Front, für den Kampf überhaupt notwendig ist. Denn wo auch immer während des Kampfes in der Front eine Lücke war, hatte der Gegner, der eine geschlossene Front hatte, die Möglichkeit, die Fechtenden von der Front und Flanke zugleich anzugreifen. Oder sollen wir uns vorstellen, daß diejenigen Krieger, die auf eine Lücke beim Feinde stießen, davor stille standen? Aus dem zweiten Treffen konnte das Eindringen des Feindes in die Lücken nicht verhindert werden, denn ehe die Hilfe kam, war das Verderben schon da, sowohl das physische, wie namentlich das moralische, und nachträglich konnte nicht mehr viel geholfen werden, da ja die Eingedrungenen in der Front Widerstand leisten konnten und die Flügelrotten genügten, die umfaßten Glieder des Gegners, die sich ja nach vorn zu wehren hatten, von der Seite aus abzustechen; namentlich die auf diese Weise von rechts, von der unbeschilderten Seite aus Angegriffenen waren wehrlos. Veith meint, auch die in die Lücke Eingedrungenen seien ja nun ihrerseits von drei Seiten angegriffen. Inwiefern? Die bisher nach vorn Kämpfenden konnten doch nicht plötzlich den dortigen Gegner ignorieren und sich nach der Seite wenden? Es ist ein gewaltiger Unterschied, ob eine Abteilung in die feindliche Front einbricht und damit mitten unter die Feinde gerät, oder ob eine Abteilung von beiden Seiten umgangen und dadurch von drei Seiten vom Feinde eingeschlossen wird. Die erstgedachte Abteilung drückt ihrerseits vorwärts und die hinteren Glieder schieben naturgemäß gerade an dieser Stelle nach; die zweitgedachte Abteilung aber wird gedrückt und ist binnen kürzester Frist zerquetscht. Recht hat Veith, wenn er ausführt, daß das Eindringen in eine freiwillig gelassene Lücke nicht so gefährlich sei, wie wenn der Feind sich erst diese Lücke schaffe, indem er eine Abteilung in die Flucht schlage. Das ist ganz selbstverständlich, denn das wäre bereits die teilweise Niederlage. Aber das hebt den Satz, daß jede Lücke in dem Kampf zweier Schlachtreihen mit blanken Waffen höchst gefährlich ist und verhängnisvoll werden kann, nicht auf. Kommt die Hilfe, die das zweite Treffen bringen soll, nicht überhaupt zu spät, so gelingt es ihr im besten Falle, die Eingedrungenen wieder zurückzutreiben und die Lücke zu schließen, d. h. also, den Zustand herzustellen, von dem uns Veith hat lehren wollen, daß er unvorteilhaft sei! Dabei beruft sich der Schöpfer dieser erstaunlichen Kampfbilder fortwährend darauf, daß er praktischer Militär sei!

Um seine These zu beweisen, geht Veith sogar zu der Behauptung fort (S. 313), daß die verschiedenen Abteilungen, wenn sie im Anmarsch das Terrain ausgenützt hätten, im Moment des Zusammenstoßes garnicht imstande gewesen wären, sich plötzlich in eine zusammenhängende Linie zu vereinigen und alle Intervalle zu schließen. Es ist in der Welt nicht einzusehen, weshalb nicht, sobald man sich klar macht, daß auf geringe Distanz hinter dem ersten das zweite und hinter dem zweiten das dritte Treffen folgt. Es ist die so selbstverständliche, wie wichtige Aufgabe der Legaten, für die Veith mühevoll nach einer Tätigkeit in der Schlacht sucht, dafür zu sorgen, daß, wo immer beim Vormarsch im ersten Treffen Lücken entstehen, die zu groß sind, um sie durch einzelne Leute aus diesem Treffen selbst zu füllen, sofort die passende Abteilung aus dem zweiten oder nötigenfalls sogar dritten Treffen bereitgestellt und vorgeführt wird, die Lücke zu schließen.

Von einem quellenmäßigen Nachweis ist bei Veith natürlich nicht die Rede. Alles, was so scheint, beruht auf der fortwährenden Verwechslung der Intervalle im Anmarsch mit Intervallen im Kampf. Oder aber z.B., wenn der Verfasser die Gefechte, die Cäsar V, 15 und V, 34 schildert, für unsere Frage heranzieht, ist dabei der Umstand außer acht gelassen, daß es sich in Cäsars Erzählung garnicht um rangierte Schlachten handelt.

Ich wiederhole also: ich bin ganz der Meinung wie Veith, daß zwischen den Manipeln (resp. Kohorten) Intervalle waren und daß solche Intervalle vorhanden sein müssen, weil die Obersten und Generale sonst über die einzelnen taktischen Körper nicht verfügen können. Veith ist aber auch wieder ganz derselben Meinung wie ich, daß man über Truppen, die einmal im Handgemenge sind, nicht mehr disponieren kann. Wenn Veith also aus Polybius XV, 15, 7 schließt, daß Intervalle vorhanden waren, so hat er recht; wenn er aber schließt, daß die Intervalle auch während des Handgemenges vorhanden waren, so ist dieser Schluß unzulässig.

Zur 3. Aufl. 4. Die *römische Bürger-Reiterei* ist nach der allgemeinen Annahme seit dem zweiten punischen Kriege eingegangen und durch barbarische Söldner ersetzt worden. Soltau, Zeitschr. f. öster. Gymnasien, Bd. 22 (1911), S. 385, 481, 577 hat jedoch nachgewiesen, daß hier feiner unterschieden werden muß. Als eigentliche Kavallerie ist die Bürger-Reiterei allerdings durch fremde Söldner ersetzt werden; sie hat jedoch in kleinem Maßstabe fortbestanden als Truppe für die Söhne der senatorischen und wohlhabenden Bürgerfamilien und funktionierte als Stabswache, Meldereiter und ähnliche Dienste. Vgl. unten Buch VII, Kap. 1, Nr. 3.

5. Oehler, Neue Forschungen zur *Schlacht bei Muthul*, Jahresh. d. öster. archäol. Instituts, Bd. XII, S. 327 (1909) u. Bd. XIII, 257 entwirft ein Gefechtsbild, aus dem ich nur entnehmen kann, daß die Quellen nichts ergeben, was kriegsgeschichtlichen Wert hätte.

6. In der Frage des *Gepäcks*, das der römische Soldat trug, habe ich mich in den ersten Auflagen dieses Bandes einfach an Stoffel angeschlossen und sie erst eingehender im 2. Bande (Buch IV, 4. Kapitel) beim Lehnswesen behandelt. Stoffel lehnt die Vorstellung, daß der Legionar für 16 oder gar 30 Tage Mundvorrat getragen habe, als eine Unmöglichkeit ab. Seitdem ist die sehr beachtliche Untersuchung von Stolle, »Der römische Legionar und sein Gepäck«, Straßburg 1914 erschienen und sucht von Neuem zu beweisen, daß die 30 Tage zwar unrichtig, die 16 aber quellenmäßig sicher bezeugt seien, und zwar nicht als Ausnahme, auch nicht so, daß die Last täglich kleiner geworden sei, sondern als das einfach Normale.

Er reduziert das Gewicht des zu tragenden Mehlvorrates dadurch etwas, daß er einen Teil in Zwiebacks-Form mitnehmen läßt. Seine Berechnung lautet so:

Brot, Zwieback, Weizen	11,369 kg
Fleisch	1,910 „
Käse	0,436 „
Salz	0,327 „
Wein oder Limonade	0,327 „
Mundvorrat, Summa	14,369 kg
Geräte	5,278 „
Werkzeuge	7,149 „
Gepäck, Summa	26,796 kg
Waffen mindestens	14,463 „
Gesamtbelastung mindestens	41,259 kg

Stolle verhehlt sich nicht, daß diese Belastung sehr hoch ist und sucht den Ausgleich darin, daß die Römer nur kurze Tagemärsche gemacht hätten (Vgl. unten Buch VII, Kap. 3, Schluß).

Daß bei besonderen Veranlassungen der Soldat mit 41¼ kg und auch noch mit mehr bepackt werden kann, ist natürlich zugegeben; es handelt sich aber um das Normale. In der Untersuchung im zweiten Bande, die Stolle leider unbekannt geblieben ist, ist dargelegt, wie sehr eine Belastung von mehr als 31 kg die Marschierfähigkeit herabsetzt. Sollten die Römer wirklich, um 300 Maultiere für die Legion zu sparen, ihren Heeren die Möglichkeit von stärkeren Märschen, sagen wir über 15 Kilometer, genommen haben? Um das glaublich zu machen, sind Aussagen von Cicero und Ammian nicht stark genug. Cicero nicht, weil er unter dem Verdacht rhetorischer Übertreibung steht, Ammian nicht, obgleich er militärkundig ist, weil zu seiner Zeit die disziplinierten Truppen längst nicht mehr existierten und barbarische Reisläufer am allerwenigsten gewillt sind, sich schwer bepacken zu lassen. Zeugnisse aus der Zeit nach dem Untergang der Severe sehe ich daher von vornherein als wertlos an. Schon wenn in der Zeit der römischen Republik die Disziplin einmal lax geworden war, suchten sich ja die Legionare so sehr zu entlasten, daß sie sich privatim einen Knecht oder ein Tragtier hielten (Sallust, Bell. Iugurth 45,2; Plutarch, Marius Kap. 13). Ciceros und Ammians Zeugnis schlägt aber um so weniger durch, als ihnen das Zeugnis des Josephus B. J. III, 5,5 direkt widerspricht, wonach der Soldat nur für *drei* Tage Proviant selber trug. Dieses Zeugnis vermag Stolle nicht beiseite zu schieben, wenn er auch eine unrichtige Interpretation widerlegt. Auch mit bloß drei Tagen Mundvorrat war der Legionar schon ganz ordentlich bepackt.

3. KAPITEL
Die Centurionen

Der eigentliche Träger des neuen römischen Soldatenstandes ist der Centurio. Tatsächlich hat sich alles gewandelt, vom Feldherrn bis zum gemeinen Soldaten und Trainknecht, und ein Glied ist zuletzt wichtig wie das andere, die Centurionen aber sind in dem neuen Heerwesen das spezifisch römische. Die Feldherren und Oberoffiziere Roms sind, wie sie uns auch bei anderen Völkern begegnen, die Soldaten waren auch nicht wesentlich anders als andere Söldner auch. Die Centurionen aber sind eine ganz eigentümliche Erscheinung.

Von der sozialen Struktur des römischen Volkes im letzten Jahrhundert der Republik ein völlig klares Bild zu entwerfen, ist bisher nicht gelungen. Wir sehen wohl vor uns mit Deutlichkeit die Aristokratie, die über sehr große Reichtümer verfügt, sich die griechische Bildung aneignet und durch den Senat und die Ämter, die sie inne hat, den Staat beherrscht. Sie bildet keine geschlossene Kaste; einem sehr bedeutenden Talent irgendwelcher Art aus dem Volke ist es nicht unmöglich, in den regierenden Zirkel einzudringen und dort auch endlich eine gute Aufnahme und große Stellung zu gewinnen. Aber dieser Zufluß bleibt zuletzt nur gering; der Geist des regierenden Optimatenstandes ist der einer erblichen Aristokratie.

Nicht weniger deutlich erkennen wir einen Stand von reichen Geschäftsleuten, die als solche von den hohen Ämtern und vom Senat ausgeschlossen und von einer gewissen politischen Eifersucht gegen die regierenden Optimaten erfüllt sind. Aus der Zeit der Schätzungsklassen heißen diese Geschäftsleute die Reiter, was man, da es zu einer Standesbezeichnung geworden ist, Ritter zu übersetzen pflegt, eine Bezeichnung, bei der man immer hinzufügen muß, daß man sich durch sie nicht irreführen lassen darf.

Endlich erkennen wir auf dem andern Ende der sozialen Leiter ein großes städtisches und ländliches Proletariat, Kleinbürger und Kleinbauern.

Die undeutlichen Stellen liegen in der Mitte: wie groß, wie gestaltet, wie ökonomisch situiert, wie abgestuft, wie gebildet diejenigen sozialen Schichten waren, die wir heute als den eigentlichen Mittelstand bezeichnen. Noch mehr als die oberste und die unterste Stufe der freien Bevölkerung ist es diese mittlere, die durch das Institut der Sklaverei sozial verschoben wird und deshalb am schwersten mit den heutigen Zuständen verglichen werden kann. Wie dem aber auch sei und was zukünftige Forschung darüber noch einmal befinden möge, für uns genügt es, diese Feststellung zu machen, da dieser Stand, sozial schwach, wie er auf jeden Fall war, in der römischen Armee, von der wir handeln, keine Stelle hatte.

Bis auf einen gewissen Grad liegt das im Wesen jeder Söldnerarmee: entweder diese hat überhaupt keinen besonderen sozialen Typus oder die unterste und oberste Schicht der Gesellschaft vereinigen sich in ihr, der Mittelstand aber, welche Schicht nun freilich breiter und schmäler sein und breiter und schmäler gefaßt werden kann, fällt aus.

Die strenge Scheidung zwischen Offizierkorps und Mannschaft, die die heutigen Armeen (bis 1914) charakterisiert und die wir in Hellas noch nicht finden, erscheint zuerst bei den Römern, aber in anderer Schichtung, als sie uns heute in Deutschland natürlich erscheint. Das Offizierkorps im modernen Sinne bilden in Rom nur die Generale (legati) und Stabsoffiziere (tribuni militum). Diese Stabsoffiziere aber sind die jungen Herren der beiden Aristokratien, der Optimaten und des Ritterstandes, die den militärischen Beruf ergriffen haben. Ihre durchschnittliche militärische Tüchtigkeit ist gering;[1] aber aus ihrer aristokratischen Erziehung bringen sie doch so viele Vorbedingungen für ihren Beruf mit, daß man sie gut verwerten kann, und sobald einer unter ihnen mit natürlicher militärischer Begabung ausgestattet ist, so kann er leicht noch in den Jahren der besten jugendlichen Elastizität zu großen Kommandos kommen und sich zu einem tüchtigen General ausbilden. Die Erfahrung aller Zeiten lehrt, daß Aristokratie und Heerführung in einem psychologischen Rapport zu einander stehen, der jene zu einem besonders guten Mutterboden für die Heranbildung zu dieser macht.

Ein festes Verhältnis der römischen Oberoffiziere zu den taktischen Einheiten des Heeres hat sich erst allmählich gebildet; die Legaten übernahmen zunächst den Befehl über eine Legion auf Grund eines Spezialauftrages und ebenso die Tribunen über die Kohorten. Die Tribunen führen zugleich in einem durch das Los bestimmten Turnus die Aufsicht über die Anlegung und Reinhaltung des Lagers und den Wachdienst, versehen den Gerichtsdienst und üben die höhere Strafgewalt aus.[2]

Ganz anderer Art als diese Aristokraten sind die Leute, die den Dienst der heutigen Subalternoffiziere versehen, die Centurionen. Sie gehen aus den Reihen der Gemeinen hervor,

1 Richtig bemerkt und quellenmäßig begründet, aber etwas zu stark ausgedrückt von FRÖHLICH, Kriegswesen Cäsars S. 19.

2 Polybius VI, 34. Man sollte erwarten, daß entsprechend den zehn Kohorten der Legion 10 Tribunen zugeteilt worden seien; auch für die Kaiserzeit sind aber nur sechs bezeugt. Vegez II, 12 »cohortes a tribunis vel a praepositis regebantur«. Der Widerspruch, daß als die taktische Einheit die Kohorte erscheint, als der maßgebende Führer aber der Centurio, entsteht aus dem Erwachsen der Armee aus einem Bürgeraufgebot. Die Tribunen haben noch lange den Charakter von Magistratspersonen, während die Centurionen bloße Soldaten geworden sind.

die wieder wesentlich aus den untersten bildungslosen Schichten der Bevölkerung rekrutiert werden. Sie erhalten nicht mehr als dass Doppelte des Soldes des Gemeinen, den Cäsar von 120 Denaren (90 Mark) auf 225 (165 Mark) jährlich erhöhte. Die Centurionen entsprechen also unserem Stande der Unteroffiziere, ihre Funktionen aber sind die unserer Hauptleute. Sie üben die Disziplin; in ihrer Hand sind die Manipel, die Mannschaften.

Ausdrücklich hebt Polybius hervor (VI, 24), daß sie nicht bloß mit Rücksicht auf Tapferkeit, sondern besonders auf ihre Führerbefähigung und Festigkeit ausgewählt werden (ὡς ἡγεμονικοὺς καὶ στασίμους καὶ βαθεῖς ψυχαῖς).

Ihr Wesen dürfte für unsere Vorstellungen am anschaulichsten werden, wenn wir sie mit unseren Feldwebeln vergleichen. Die vollkommenste Analogie bieten die französischen Hauptleute, die aus den Unteroffizieren hervorgegangen sind, immer aber mit dem Unterschied, daß sie durch ihr Avancement ins Offizierkorps in eine höhere Gesellschaftsschicht emporgehoben sind, von der sie naturgemäß viele Eigenschaften annehmen, während der römische Centurio sozial bleibt, was er gewesen ist, und demgemäß der ganze Stand seinen eigentümlichen Charakter ausbildet und bewahrt. Er hat gleichzeitig das stolze Bewußtsein seiner Tüchtigkeit, macht aber doch keinen Anspruch, selber zu den Herrschenden zu gehören. Der Centurio ist römischer Patriot, tapfer und streng; aber sein Gesichtskreis ist eng, er bedarf einer höheren Führung und ist sich dessen bewußt. Nach der Tradition ist es der verfassungsmäßig, auch unter seiner Mitwirkung gewählte Magistrat und der Senat, dessen Autorität er sich unterwirft. Aber je mehr er aufhört, Bürger zu sein und sich bloß als Soldat fühlt, desto mehr muß diese konstitutionelle Autorität aus seinen Empfindungen schwinden und an ihre Stelle der Feldherr treten, der ja in demselben Maße den Formen der alten Verfassung entwachsen ist.

Die nächste Analogie zu dem Heer der welterobernden römischen Republik dürfte die englische Armee des 18. Jahrhunderts bieten. Die Oberoffiziere gehen aus der Aristokratie hervor und beginnen nach kurzer Lehrzeit ihre Laufbahn als Stabsoffiziere; Wellington war mit 24 Jahren Oberstleutnant. Die Masse des Heeres ist geworben und durch strengste Disziplin zusammengehalten; der Grundzug ist aber doch national-englisch. Die Fremden, die zur Ergänzung stark herangezogen werden, bilden eigene Truppenteile. Der Unterschied zwischen dieser Armee und der römischen liegt im Subalternoffizierkorps, das sich in England aus Gentlemen, dem ärmeren Adel und höheren Bürgerstand, rekrutierte und streng vom Unteroffizierkorps schied, während der römische Centurio die Funktionen dieser beiden Klassen zugleich versah.

Merkwürdig wenig hören wir von den Unteroffizieren, die (mit den Gefreiten zusammen) als principales bezeichnet werden. Der wichtigste Unteroffizier ist der »optio«, der aber nicht den eigentlichen Frontdienst mitversehen zu haben scheint, sondern für die Verwaltung, das Schreibwerk, verwandt wurde.[1] Die Korporalschaftsführer sind die decani, später »caput contubernii« genannt,[2] die aus in den Kriegserzählungen aber nirgends begegnen. Die Last der Kompagnie-Führung liegt auf dem Centurio, und seine Centurie ist zwar etwas schwächer als eine deutsche Kompagnie, aber immerhin 100 Mann stark. Man muß sich aber erinnern, daß die Soldaten, sofern es sich nicht um neuformierte Legionen handelte, fast lauter altgediente Leute waren, die nur in Ordnung zu halten, aber nicht mehr auszubilden und zu unterrichten waren.

Neben dem optio wird noch der tesserarius genannt als der Mann, der die Parole holt, und der signifer; daß diese jedoch

1 Vgl. die Stellen bei Marquardt II, 545; Festus p. 198 sagt, er sei an die Stelle des alten accensus getreten und p. 184, der Centurio habe ihn sich gewählt »rerum privatarum ministrum«.

2 Vegez II, 7.

irgendwelche Dienste als Vorgesetzte der Mannschaft getan hätten, erfahren wir nicht.[1]

Der zweite punische Krieg hat Rom virtuell das Berufsheer gegeben, aber nicht bloß formell blieb es ein Bürgerheer, sondern tatsächlich dauerte der Übergang auch noch sehr lange.

Der Zwischenzustand zwischen Bürgerheer und Berufsarmee im zweiten Jahrhundert prägt sich auch darin aus, daß bei der steten Neubildung der Legionen wie ihrer Offizierkorps dem Einzelnen stets von neuem seine Stellung angewiesen wird, der Begriff des regelmäßigen Avancements also noch fehlt. Wohl hatten die Centurionen unter sich die unumgängliche Rangordnung; der zweite Centurio des zehnten Manipels der Hastaten war der unterste, der erste Centurio des ersten Manipels der Triarier, der primus pilus, war der oberste, aber die Ernennung zu einer solchen Stelle gab keinen dauernden Charakter. Die Konsuln und Kriegstribunen, die ebenfalls fortwährend wechselten, besetzten die Stellen bei jeder Neuformierung nach diskretionärem Ermessen von neuem. So lange der bürgerliche Charakter der Legion vorherrschte, hatte das nichts Störendes; auch der Konsul dieses Jahres hatte ja im nächsten Jahr einem andern zu gehorchen, und bei den Athenern konnte ein Bürger in dem einen Jahr als Feldherr, im nächsten wieder als Gemeiner dienen.

Die römischen Centurionen aber empfanden allmählich zu soldatisch, um ein Wiederherabsteigen, das natürlich auch häufig vom bloßen Zufall oder Launen diktiert wurde, nicht als Kränkung anzusehen. Sie lehnten sich einmal dagegen auf, und die Erzählung, die uns Livius (XLII, 33 ff.) darüber aufbewahrt hat, ist für den römischen Staat, die Lebensführung und Denk-

1 In der Kaiserzeit kommen noch sehr viele Namen von Chargierten vor, die bei uns etwa als Gefreite oder als Unteroffiziere mit Verwaltungsfunktionen zu bezeichnen wären. J. H. Drake, »The principales of the early empire«, 1905, und jetzt Domaszewski, Die Rangordnung des römischen Heeres. 1908.

weise dieses Centurionenstandes so charakteristisch, daß ich sie hier wörtlich einschalten möchte.

Als im Jahre 171 der Krieg gegen Perseus von Macedonien unternommen wurde, befahl der Senat, möglichst viel alte Centurionen einzustellen, und viele meldeten sich auch freiwillig. 23 ehemalige primi pili aber riefen die Hilfe der Volkstribunen an und verlangten, daß, wenn man sie wieder aushebe, man ihnen auch ihren Rang wiedergebe. Da jede Legion nur einen primus pilus hat und zunächst nur 4, darauf noch 4 Reservelegionen ausgehoben werden sollten, so sieht man nicht recht, wie das möglich sein sollte. Es scheint, daß auch eine Beschränkung der Aushebung selbst damit beabsichtigt war. Aber wie dem auch sei, das Interessanteste für uns ist die Erzählung selber, die so lautet:

»Die Aushebung hielten die Konsuln mit viel größerer Sorgfalt als sonst. Licinius hob auch viele alte Soldaten und Centurionen aus, und viele stellten sich freiwillig, weil sie die reich sahen, welche in dem früheren macedonischen Kriege oder gegen Antiochus in Asien gedient hatten. Da die Kriegstribunen diejenigen, welche Centurionen gewesen waren, nach Gutdünken aufriefen, so appellierten 23 primi pili nach der Vorladung an die Volkstribunen. Zwei von diesen, Marcus Fulvius Nobilior und Marcus Claudius Marcellus, verwiesen sie an die Konsuln: die, denen die Aushebung, denen der Krieg übertragen wäre, müßten die Entscheidung haben. Die übrigen erklärten, sie würden es untersuchen, weswegen sie angerufen worden wären, und wenn ein Unrecht geschähe, würden sie ihren Mitbürgern Hilfe leisten.

Die Sache wurde vor den Stühlen der Volkstribunen verhandelt. Dahin kamen der Altkonsul Marcus Popillius als angerufener Beistand, die Centurionen und der Konsul. Als nun der Konsul verlangte, daß der Gegenstand in der Volksversammlung verhandelt werde, wurde das Volk zu einer Versammlung berufen. Für die Centurionen redete Marcus Popillius, welcher zwei

Jahre vorher Konsul gewesen war, folgendermaßen: »Kriegsleute, welche ihre gehörige Dienstzeit ausgehalten und deren Leiber durch Alter und beständige Anstrengung ermattet wären, weigerten sich dennoch nicht, dem gemeinen Wesen Dienste zu leisten; nur das möchten sie sich verbitten, daß ihnen ein niederer Rang angewiesen würde, als den sie während ihrer Dienstzeit gehabt hätten.

Der Konsul Publius Licinius befahl, die Senatsbeschlüsse vorzulesen, zuerst die, worin der Senat den Krieg gegen Perseus erklärt hatte; dann den zweiten, worin er so viel alte Centurionen wie möglich für den Krieg einzustellen geboten hatte und keinem, der nicht älter als fünfzig Jahre wäre, Dienstbefreiung zugestand. Nachher bat er, daß sie bei einem neuen, Italien so nahen Kriege weder die Kriegstribunen, wenn sie die Aushebung vornähmen, hindern, noch den Konsul abhalten sollten, jedem den Rang anzuweisen, wie es der Republik am nützlichsten sei.

Nachdem der Konsul gesprochen hatte, bat Spurius Ligustinus, einer von denen, die die Volkstribunen angerufen hatten, den Konsul und die Volkstribunen, daß ihm vergönnt werde, mit wenigen Worten zum Volke zu reden. Mit allgemeiner Erlaubnis soll er also geredet haben: »Bürger, ich, Spurius Ligustinus, stammte aus dem krustuminischen Bezirke im Sabinerlande; mein Vater hinterließ mir einen Morgen Landes und eine kleine Hütte, worin ich geboren und erzogen worden bin, und dort wohne ich noch heutigen Tages. Sobald ich das Alter hatte, gab mir mein Vater seines Bruders Tochter zur Frau, die weiter nichts mitbrachte, als die Freiheit und Keuschheit und eine Fruchtbarkeit, die auch für ein reiches Haus genügend wäre. Wir haben sechs Söhne und zwei Töchter, beide schon verheiratet. Vier Söhne haben schon die männliche Toga, zwei tragen noch den Knabenrock. Ich bin Soldat geworden unter den Konsuln Publius Sulpicius und Cajus Aurelius. In diesem Heere, das nach Macedonien übergesetzt wurde, bin ich zwei Jahre gemeiner

Soldat gewesen gegen König Philipp; im dritten Jahre gab mir Titus Quinctius Flamininus für meine Tapferkeit den zehnten Hastaten-Manipel. Da wir nach Besiegung Philipps und der Macedonier nach Italien gebracht und entlassen worden waren, bin ich sogleich als Freiwilliger mit dem Konsul Marcus Porcius Cato nach Spanien gezogen. Daß unter allen lebenden Feldherren keiner ein schärferer Beobachter und Beurteiler der Tapferkeit gewesen sei, wissen diejenigen, welche ihn und andere Anführer durch langen Kriegsdienst kennen gelernt haben. Dieser Feldherr hat mich für würdig erachtet, mir die erste Hastaten-Centurie zu übertragen. Fürs dritte bin ich nochmals Freiwilliger für das Heer geworden, welches gegen die Aetolier und den König Antiochus geschickt worden ist. Von Manius Acilius ist mir die erste Centuriostelle bei den Principes übergeben worden. nach Vertreibung des Königs Antiochus und Unterwerfung der Aetolier sind wir nach Italien zurückgebracht worden, und hernach habe ich zweimal in den Legionen gedient, welche ein Jahr lang Dienste taten. Hernach habe ich zweimal in Spanien gedient, einmal unter dem Quintus Fulvius Flaccus und noch einmal unter dem Prätor Tiberius Sempronius Gracchus. Von Flaccus bin ich mit den andern, welche er wegen ihrer Tapferkeit mit sich aus der Statthalterschaft zum Triumphe nahm, mitgenommen worden; von Tiberius Grachus bin ich gebeten worden, mit ihm in die Statthalterschaft zu gehen. Viermal innerhalb weniger Jahre war ich primus pilus, vierunddreißigmal bin ich wegen Tapferkeit von den Feldherren beschenkt worden; sechs Bürgerkronen habe ich erhalten. Ich habe zweiundzwanzig Dienstjahre beim Heere zugebracht, und ich bin älter als fünfzig Jahre. Wenn ich auch nicht alle Dienstjahre vollendet hätte und mich das Alter nicht frei machte, so wäre es doch billig, da ich vier Soldaten statt meiner stellen kann, mich zu entlassen. Aber dies will ich für meine Sache gesagt haben; ich selbst werde, so lange einer, der ein Heer bildet, mich für einen tauglichen Soldaten hält, niemals mich entschuldigen; bei den Kriegstribunen steht, welcher Stelle sie mich würdig achten; ich werde mir Mühe geben, daß mich keiner im Heere an Tapferkeit übertreffe, und daß ich dies immer getan, dafür sind sowohl meine Feldherren Zeugen, als diejenigen, welche zugleich mit mir Kriegsdienste getan haben. Auch Ihr, Kameraden, wenn Ihr schon durch Berufung Euer Recht geltend macht, müßt billigerweise, da Ihr als Jünglinge nie etwas gegen die Autorität der Behörden und des Senats getan habt, auch jetzt der Machtvollkommenheit des Senats und der Konsuln Euch unterwerfen und alle Stellen für ehrenhaft halten, wodurch Ihr dem gemeinen Wesen nützlich werden könnt.«

Nachdem er so gesprochen, belobte ihn der Konsul Publius Licinius mit vielen Worten und führte ihn aus der Versammlung in den Senat. Auch da wurde ihm mit Genehmigung des Senats gedankt und die Kriegstribunen gaben ihm seiner Tapferkeit wegen den ersten Manipel der ersten Legion. Die übrigen Centurionen gaben ihre Berufung auf und folgten gehorsam der Aufforderung zum Dienste.«

Unerklärt bleiben in diesem Geschichtchen, weshalb Ligustinus, der anfänglich mit Emphase für die Centurionen zu sprechen scheint, sich zuletzt gegen ihre Forderung erklärt. Der Zusammenhang erscheint für den Charakter des Ligustinus recht verdächtig. Mag die Sache sich nun so oder etwas anders zugetragen haben, die Rede des Ligustinus – fingiert oder nicht – ist zum wenigsten der Ausdruck der Gesinnung, wie der regierende römische Adel wünschte, daß der Centurionenstand sie haben möge.

4. KAPITEL
Mithridates

Wilde Parteikämpfe, der Abfall der Bundesgenossen und ein Bürgerkrieg, der durch ganz Italien hin- und herwogte, schienen das römische Weltreich wieder aufzulösen, ehe es noch vollendet war, und gaben einem kappadocischen Teilfürsten den Mut, sich gegen Rom zu erheben, um den griechischen Orient von ihm loszureißen und unter seiner Herrschaft zu vereinigen. Mithridates war von Abkunft ein Perser, vielleicht ein Verwandter des achämenidischen Königsgeschlechts, nach Bildung und Auftreten eine Grieche, das echte Produkt der Verschmelzung der Völker durch Alexander den Großen. Durch kluge und tatkräftige Politik hatte er sein Reich über die Ufer des Schwarzen Meeres erweitert, und die Griechen, durch die römischen Beamten und Steuerpächter zur Verzweiflung gebracht, traten zum großen Teil auf seine Seite, namentlich auch die Athener.

Der römische Staat schien völlig zerrüttet, Mithridates faßte die Kräfte seiner Länder monarchisch zusammen; wirtschaftlich und finanziell war zweifellos der Orient dem Occident überlegen; das Griechentum und selbst römisches Emigrantentum stellte dem pontischen König militärische und politische Talente und Intelligenzen in Fülle zur Verfügung; die Armeen hüben und drüben hatten wesentlich den Charakter von Söldnerscharen. Es scheint demnach, daß Mithridates, der selber zweifellos eine bedeutende Persönlichkeit war, den Römern wohl hätte die Stange halten können.

Dennoch unterlag er. Die Griechen gingen doch nur zum Teil zu ihm über; einige Staaten, namentlich Rhodos und auch die Macedonier hielten zu den Römern, und die Basis der römischen Macht war zu viel breiter und militärischer als die des Königs. Gaben diesem auch die Griechen Feldherren und konnte er nicht bloß aus seinen Untertanen, sondern auch aus kriegerischen Barbarenvölkern Söldner werben, so weit seine Geldmittel reichten, so fehlte ihm doch das, was jetzt die Kraft Roms machte, der Soldatenstand mit dem Begriff der Disziplin auf der nationalpolitischen Grundlage des römischen Bürgerbegriffes, der römische Centurio. Der römische Staat in all' seinen inneren Wirren hatte Konsistenz genug, um nicht auseinanderzufallen; eine geniale Persönlichkeit, Sulla, trat an die Spitze der Armee, und damit war die Überlegenheit der römischen Waffen entschieden. Wie der Sieg im einzelnen erfochten worden ist, wissen wir nicht, da die Überlieferung nicht mehr Wert hat als die Appianischen Berichte über die Hannibalsschlachten oder die Erzählungen vom Kriege mit den Cimbern und Teutonen. Die Memoiren Sullas selber, die Plutarch und andere benutzt haben, müssen prahlerisch und wenig anschaulich gewesen sein. In der Schlacht bei Chäronea soll Sulla mit 15 000 Mann und 1500 Reitern über 120 000 oder, nach der bescheideneren Angabe, 60 000 Asiaten gesiegt und von ihnen 100 000 oder 50 000 getötet, selber aber nur 14 Mann vermißt haben, von denen sich noch zwei wiederfanden. Vermutlich ist die ganze Schlacht ein Phantasiestück und reduziert sich (wie auch eine der Quellen berichtet)[1] auf einen Überfall, denn kurze Zeit darauf hatte Sulla fast an derselben Stelle, bei Orchomenos, abermals ein asiatisches Heer von 70 000 oder 80 000 Mann zu besiegen, was Mithridates mitsamt 10 000 Reitern zu Schiff auf die Nachricht von der ersten Niederlage nachgeschickt haben soll.[2]

1 Memnon, der auch von der zweiten Schlacht kein Wort sagt. Fragm. hist. Graec. ed. Carolus Müller III, 542.

2 Kromayer, Ant. Schlachtf. Bd. II, hat versucht, bei Chäronea eine rangierte Schlacht zu rekonstruieren, die quellenmäßig ebenso wenig beglau-

Später steigen die Heere des Mithridates bis zu 500 000 Mann. Es ist aber sehr wohl möglich, daß die Römer nicht bloß die qualitative, sondern auch die numerische Überlegenheit gehabt haben. Daß ein Mann wie Mithridates klug genug war, nicht unkriegerische Massen ins Feld zu führen, die zu verpflegen waren und auf dem Schlachtfeld nichts leisteten, ist selbstverständlich. Tüchtige Söldner aber viele Jahre im Felde zu halten, ist überaus kostspielig, und Mithridates hatte nicht bloß das Landheer, sondern auch eine bedeutende Flotte zu unterhalten. Sulla kam mit einem Heer von 30 000 Mann hinüber und belagerte zunächst Athen. Wenn es unbegreiflich erscheint, daß das große königliche Heer, das angeblich in Macedonien stand, keinen Versuch machte, die Stadt, die sich äußerst zäh verteidigte, zu entsetzen, so wird die Erklärung sein, daß jenes Heer nur in der Phantasie unserer Quellen existiert, in Wirklichkeit aber nur eine kleine Truppenmacht vorhanden war, die sich vor Ankunft von Verstärkungen nicht an die Römer heranwagte. In die Einzelheiten dieser Kriege einzutreten, hat bei derartigem Quellenmaterial für uns keinen Wert.

Hervorgehoben möge nur noch werden, wie ähnlich oft die Erzählung von dem Kriege des Marius gegen die Cimbern und Teutonen der von dem Kriege Sullas gegen Mithridates ist. Streckenweise laufen sie ganz parallel. Hier wie dort geraten die Soldaten in Furcht vor der ungeheuren Masse der Feinde; beidemal wird besonders ausgemalt, wie diese die Luft mit ihrem Lärm und Geschrei erfüllen und die Römer hinter ihrem Lagerwall verhöhnen. Marius läßt seine Soldaten einen Kanal graben, um sie abzuhärten; Sulla läßt sie den Kephissos ableiten, damit die harte Arbeit in ihnen selber den Wunsch erweckte, lieber zu kämpfen. Die Soldaten des Marius verlangen endlich den Kampf, nachdem sie sich an den schrecklichen Anblick der Bar-

bigt und sachlich ebenso unmöglich ist, wie desselben Autors Schlacht bei Magnesia. Es ist überflüssig, das wieder im einzelnen nachzuweisen.

baren gewöhnt haben; die Soldaten des Sulla, weil sie des Grabens überdrüssig geworden sind. Weshalb Archelaus, der Feldherr des Mithridates, die Römer bei ihrer Grabenarbeit nicht angreift, wird ebenso wenig erklärt, wie die Untätigkeit des Marius, der die Teutonen 6 Tage lang an seinem Lager vorbeiziehen läßt, ohne die Gelegenheit, täglich ein Sechstel abzutun, zu benutzen.[1]

Als die Cimbern geschlagen sind und in ihr Lager zurückfluten, werden sie von ihren eigenen Frauen mit Beilhieben empfangen und getötet; als die Asiaten fliehen, läßt Archelaus die Tore des Lagers schließen, um sie zu zwingen, wieder in den Kampf zu gehen, und hilflos zusammengedrängt, wird die Masse von den Römern niedergemetzelt. Um den Eindruck zu erhöhen, haben die cimbrischen Frauen noch Zeit gefunden, schwarze Gewänder anzulegen: die Soldaten des Mithridates haben so viel Gold und Silber auf ihren Kleidern, daß die Furcht der römischen Soldaten vor ihnen dadurch noch besonders erhöht wird. Nicht nur eine ungeheure Überzahl wird von den Römern besiegt, sondern auch ein hervorragend tapferer Feind: die Cimbern haben ihr erstes Glied mit Ketten aneinander geschlossen, und die Bogenschützen des Mithridates wehren sich zuletzt noch, indem sie ihre Pfeile als Schwerter gebrauchen.

Der Parallelismus der Erzählungen ist nicht etwa auf Nachahmung zurückzuführen, sondern entspringt einem psychologischen Vorgang. Um der möglichsten Steigerung der Glorifikation willen haben die Erzähler das eigentlich Historische fast ganz unterdrückt und sind so endlich bei allgemeinen Typen und Bildern angelangt, die bei dem einen Feldherrn und dem einen Kriege fast ebenso aussehen, wie bei dem andern; nur zuweilen scheint es durch, daß es sich dort um den groben Trou-

1 Daß der größte Teil des Heeres sich auf Plünderung zerstreut hat, ist kein genügender Grund, denn wenn der Rest viel schwächer war, als die Römer, so muß man sich wieder fragen, weshalb Sulla nicht seinerseits die Gelegenheit zum Angriff benutzt hat.

pier Marius, hier um den blasierten Aristokraten Sulla, dort um die rauhen Söhne des Nordens, hier um den asiatischen König Mithridates handelt.

Es ist derselbe psychologische Prozeß, der auch die Schweizer Erzählung über die Burgunderkriege mit ganz denselben Szenen und Charaktern ausgestattet hat, wie die griechische über die Perserkriege, nur mit dem Unterschied, daß wir hier eine Volksphantasie haben, die reich genug und in all' ihrer Freiheit wahrhaftig und an den Dingen selbst interessiert genug ist, um die wirklichen Vorgänge, indem sie sie umbildet und ausschmückt, doch nicht ganz verschwinden zu lassen, während die römischen Erzählungen über die Siege Marius' und Sullas die Produkte der dürftigen Phantasie eitler Rhetoren sind, die den Dingen selber ganz gleichgültig gegenüberstanden.

Die Überlieferung über die Feldzüge, in denen Lucullus und Pompejus nach Erneuerung des Krieges erst Mithridates und dann den König Tigranes von Armenien endgültig besiegten, hat ganz denselben Charakter und ist für uns wenigstens ohne Wert.[1] Der König von Armenien, der beim Anblick des römischen Heeres den berühmten Ausspruch tat, »für eine Gesandtschaft zu viel, für ein Heer zu wenig«, beherrschte selber nur ein mittelgroßes Gebiet, das meist gebirgig, keine starke Bevölkerung ernährt, also auch keine starken Heere aufgebracht haben kann, und den Armeniern sind selten besonders kriegerische Eigenschaften nachgerühmt worden.

1 K. Eckhardt, Die armenischen Feldzüge des Lucullus. Berliner Dissert. 1909 (Klio IX u. X). Das militärisch-sachkritische Urteil ist nicht durchgreifend genug. Auch Groebe, D. Lit. Zeit. 1910, Nr. 47 stimmt ihm nicht zu.

5. KAPITEL
Römer und Parther[1]

Eine Fortsetzung der Kriege gegen Mithridates und Tigranes ist der Feldzug, den Crassus als Statthalter von Syrien gegen die Parther unternahm. Die Parther sind ein den Persern nah verwandtes Volk, und ihre Kampfesweise war ganz die der alten Perser. Sie kämpften als Reiter und Bogenschützen; neben dem Bogen führten die Reiter aber auch, wie schon die Perser, blanke Waffen, namentlich Spieße.

Die Unterscheidung, die man auf Grund einiger Wendungen in den Quellen hat machen wollen, daß die große Masse der parthischen Krieger aus leichtbewaffneten Unfreien bestanden habe, eine ganz kleine Anzahl Freier gepanzerte Ritter gewesen seien, mag nicht ganz ohne einen reellen Kern sein, etwas Greifbares ist jedoch nicht zu erkennen, und weitere Folgerungen für die Ereignisse ergeben sich daraus nicht.

Das römische Heer war sieben Legionen, 4000 Reiter und 4000 Leichte stark; das scheint sehr bedeutend, da aber die Legionen nicht vollzählich waren, ist es doch nur auf 36 000 Mann zu schätzen, während das Heer Alexanders, auf 47 000 Mann angegeben wird. Das Heer Alexanders war überdies für den bevorstehenden Kampf günstiger zusammengesetzt als das römische:

1 Was in diesem Kapitel verändert ist, beruht auf der sorgsamen Arbeit von FRANCIS SMITH in d. Hist. Zeitschrift Bd. 115 (1916).

es zählte 7000, das römische nur 4000 Reiter; wie viel von dem macedonischen Fußvolk wir als Leichte anzusehen haben, ist mit Sicherheit nicht zu erkennen.

Über den Verlauf des römischen Feldzuges haben wir eine ziemlich ausführliche, wenn auch anekdotenhafte Schilderung in Plutarchs Crassus und eine Erzählung bei Dio Cassius. Mit einer gewissen Wahrscheinlichkeit läßt sich etwa folgender Kern herausstellen.

Wohin Crassus seinen Marsch letzten Endes richten wollte, ist nicht sicher überliefert, vielleicht nach Seleucia. Die Parther erwarteten die Römer nicht hinter dem Tigris, sondern gingen ihnen in die mesopotamische Ebene entgegen und schon nach wenigen Märschen erfolgte der Zusammenstoß. Es gelang den Parthern, einen Teil der römischen Reiterei unter Führung des jüngeren Crassus, des Sohnes des Feldherrn, der sich in Gallien unter Cäsar sehr ausgezeichnet hatte und seinem Vater mit 1000 gallischen Reitern zugezogen war, in einen Hinterhalt zu locken und zu vernichten. Das römische Heer war nun nicht mehr in der Lage, seine Offensive fortzusetzen, sondern mußte umkehren. Vergleichen wir die Situation mit der der 10 000 Griechen nach der Schlacht bei Kunaxa, so scheint sie noch nicht so sehr gefährdet. Bogenschützenreiter können einer geschlossenen Infanterie mit guten Schutzwaffen nicht so gar viel anhaben; die wehleidigen Schilderungen unserer Quellen über das schreckliche Schießen der Parther, die ganze Kamelladungen von Pfeilen in Reserve mitführten, um sich nicht zu verschießen, dürfen uns nicht darüber täuschen, daß diese Bogenschützen zu Pferde keine anderen sind, als wir sie auch sonst aus der Kriegsgeschichte namentlich der alten persisch-griechischen Kämpfe, kennen. Die Römer hatten dagegen doch auch noch eine gewisse Menge Leichte, die zu Fuß einen viel sichereren Schuß hatten als die Parther zu Pferde, und einen Rest der Reiterei, der Ausfälle machen konnte, wenn die feindliche sich gar zu nahe herandrängte.

Überdies wird von den Parthern ganz ebenso wie von den Persern berichtet, daß sie sich abends, um nicht einem nächtlichen Überfall ausgesetzt zu sein, sehr weit vom Feinde entfernten und den Römern die Möglichkeit unbelästigter Nachtmärsche gaben. Endlich war der Rückmarsch, den die Römer hatten, nur ganz kurz, gar nicht zu vergleichen mit dem der 10 000. Ihr Zusammentreffen mit den Parthern fand einen Marsch südlich von Carrhä, südöstlich von Edessa, statt, nur etwa 10 Meilen entfernt vom Euphrat.[1]

Wenn die Griechen dennoch entkamen und das römische Heer auf dem Rückzug fast aufgerieben wurde, so dürfte der Grund nicht in der besonderen Tapferkeit der Parther gesucht werden, denn auch den Persern hat es an persönlicher Tapferkeit nicht gefehlt. Auch die Zahl der Parther wird man nicht geneigt sein, höher anzusehen, als einst der Perser, wenn man die Übertreibungen der Griechen auch noch so sehr reduziert. Die Quellen machen viel Wesens von dem Verrat eines in dieser Gegend herrschenden Fürsten; worin aber eigentlich der Schaden bestand, den er den Römern zufügte, außer in einem angeblich falschen Rat, und daß er selbst mit seiner Hilfsmacht vor der Schlacht entfloh, wird nicht deutlich. Gerade da, wo man es erwarten sollte, bei dem Untergang der römischen Reiterei, wird er nicht erwähnt, so daß die römische Niederlage durch diesen Verrat nicht erklärt werden kann. Ich glaube vielmehr, das entscheidende Moment wird darin liegen, daß einst die Perser unter Tissaphernes es nicht für nötig hielten, mit eigener Blutarbeit das griechische Heer zu überwältigen; sie hofften, daß die Eindringlinge in den karduchischen Bergen ohnehin zugrunde gehen würden, und wenn die Karduchen dabei ihre Opfer zu bringen hatten, so war das den Persern um so lieber. Die Parther aber mußten alles daran setzen, die Römer nicht bloß zurückzutreiben, sondern ihnen das Wiederkommen zu verleiden, und

1 Regling, Crassus' Partherkrieg. Klio, Bd. VII (1907).

daß ihnen dies nun wirklich gelang, lag von seiten der Römer in ihrer großen Masse. Die Griechen Xenophons waren 13 000 Mann stark, mit allen Knechten wohl nicht über 20 000 und ohne großen Troß und Fuhrpark. Die Römer auch nach der Niederlage der Reiterei zählten noch 30 000 Kombattanten, mit sehr großem Troß und Fuhrkolonnen, im ganzen gewiß 50–70 000 Menschen. Diese Masse konnte sich dem Feinde nicht durch schnelle Märsche, besonders Nachtmärsche, die den Griechen halfen, entziehen.

Man teilte sich zwar, nachdem man Carrhä erreicht und von da den Weitermarsch angetreten hatte; ein Korps mit dem Feldherrn selbst wandte sich statt westwärts zum Euphrat nach Norden, um in den armenischen Bergen Deckung zu finden, aber die Lage wurde verschlimmert durch die einreißende Demoralisation. Die endliche Katastrophe wurde nicht durch ein allgemeines Gefecht herbeigeführt, sondern durch eine Verhandlung, auf die Crassus die Schwäche hatte, sich persönlich einzulassen und wobei er, sei es, daß der Argwohn Mißverständnisse hervorrief, sei es, daß die Parther mit Vorbedacht Verrat übten, umgebracht wurde.

Zwei aus den Resten seiner Armee gebildete Legionen haben noch bei Pharsalus unter Pompejus gegen Cäsar gefochten.

Antonius

An die Niederlage des Crassus wollen wir sofort die Betrachtung des Zuges anschließen, iin dem Antonius 17 Jahre später (36 v. Chr.) den Schimpf von Carrhä zu rächen unternahm. Er bereitete den Feldzug, wie es scheint, sehr sorgfältig vor. Sein Heer war mehr als doppelt so groß, als das des Crassus,[1] es zählte nicht weniger als 10 000 Reiter und war mit Schleuderern versehen,

1 Die Angaben über die Stärke des römischen Heeres schwanken zwischen 13 und 18 Legionen nach Gardthausen II, 1, 150, Anm. 6. Dazu sollten noch die armenischen Hilfstruppen stoßen.

deren Kugeln weiter flogen als die parthischen Pfeile und selbst Panzer durchschlugen[1]

Antonius ging an derselben Stelle wie Crassus über den Euphrat (bei Zeugma), und nahm dieselbe Richtung und auch ungefähr denselben Weg wie einst Alexander, direkt von West nach Ost, wo die armenisch-karduchischen Berge in die Ebene übergehen, die Richtung, in der die Städte Edessa, Nisibis, Tigranocerta liegen oder gelegen haben. Die Parther wagten dieses Heer nicht anzugreifen; Antonius überschritt den Tigris und drang, die Richtung nach Osten beibehaltend, in Medien (Atropatene) ein, das einen parthischen Vasallenstaat unter edem König Artavasdes bildete. Hier sollte der mit den Römern verbündete König von Armenien, ebenfalls des Namens Artavasdes, noch mit einer bedeutenden Streitmacht zu ihm stoßen. Sein Plan ist offenbar gewesen, basiert auf Armenien zunächst Medien von der parthischen auf die römische Seite hinüberzuziehen. Man hat gefragt, weshalb er nicht am Euphrat abwärts in das fruchtbare mittlere Mesopotamien gezogen sei, wo die große Griechenstadt Seleucia die Römer als Befreier erwartete. In Ktesiphon, dem Vorort von Seleucia residierten die parthischen Könige; sie von hier zu vertreiben, wäre also schon ein großer Erfolg gewesen. Die Antwort wird sein, daß von Seleucia aus die weitere Offensive für ein großes Heer über die Berge nach Parthien zu nicht leicht war. Gelang es aber, Medien zum Anschluß zu bewegen, so waren die Parther ohnehin gezwungen, Mesopotamien aufzugeben, und die Römer wären für die Fortführung des Krieges in jeder Richtung gut basiert gewesen. Antonius nahm also den Weg auf die medische Hauptstadt Phraaspa, wahrscheinlich heute Tachti Suleiman, 42 Meilen östlich von Gaugamela, wo der König Artavasdes seine Familie und seinen Schatz bewahrte. Die Römer werden gerechnet haben, daß, wenn sie diese Stadt genommen hätten, Artavasdes, dem man ja

1 Dio 49, 26.

gute Bedingungen stellen konnte, sich ihnen ebenso unterwerfen werde, wie sein Namensvetter von Armenien. Um die Belagerung mit imponierender Schnelligkeit durchführen zu können, brachte das römische Heer schon die Maschinen mit, unter anderem einen 80 Fuß langen Sturmbock, denn in Atropatene wuchs kein starkes Holz. Diese Maschinen, die nur langsam bewegt werden konten, wurden unter Bedeckung von zwei Legionen nachgeführt; Antonius selbst mit dem Gros zog vorauf, um schnell vor der feindlichen Feste zu erscheinen und die Belagerung einzuleiten.

Da geschah es, daß der nachziehende Train unter dem Kommando des Oppius Statianus sich von den Parthern überfallen ließ, aufgerieben und die Belagerungsmaschinen zerstört wurden. Wie das im einzelnen zugegangen ist, wissen wir nicht, aber der Vorgang ist nicht denkbar, ohne daß von seiten des römischen Generals die schwersten Fehler gemacht worden sind. Seine langen Wagenzüge mit zwei Legionen gegen das parthische Reiterheer zu schützen, war allerdings unmöglich, und ein Angriff der von Süden kommenden Parther war vorauszusehen, da man ja eine Art Flankenmarsch an ihnen vorbei machte. Es ist aber ausgeschlossen, daß Antonius dem Zuge nicht auch Reiterei zugeteilt hatte, die das Nahen der Parther rechtzeitig bemerken und melden konnte und mußte. Dann hätten die Römer ein befestigtes Lager beziehen müssen, worin sie sich gegen die feindlichen Reiter sehr gut verteidigen konnten, bis Antonius kam und sie entsetzte. Wen nun auch die Schuld an der Unaufmerksamkeit getroffen haben mag, jedenfalls wurde durch diese Niederlage dem Feldzugsplan des Antonius das Rückgrat gebrochen, um so mehr, als der armenische König Artavasdes, voller Schreck über die Nachricht und vermutlich im Herzen nicht einmal so sehr unglücklich darüber, mit seinem Heer das den Anschluß an die Römer noch nicht erreicht hatte, umkehrte und in sein eigenes Land, um es zu schützen und sich selbst zu retten, zurückkehrte.

Antonius hatte Zähigkeit genug, trotzdem noch nicht abzulassen, versuchte Phraaspa mit improvisierten Maschinen zu nehmen und zog auch noch ein Stück weiter ins Land hinein, in der Hoffnung, die Parther zu einer Schlacht zu verlocken. Man könnte die Frage aufwerfen, warum er sein noch immer gewaltiges Heer, dem die Parther nicht die Stirn zu bieten wagten, nicht teilte. Der Umfang von Tachti-Suleiman ist nur 1330 Schritte; ein mäßiges Korps hätte also genügt, die Felsenfeste einzuschließen und die Belagerung fortzusetzen; durch eine Circumvallation konnte man sich gegen die parthischen Reiter schützen, während das Gros auf Ekbatana oder nach Hyrkanien zu weiter vorging. Aber man hätte damit vermutlich nichts erreicht. Alles kam darauf an, ob man Atropatene von den Parthern losriß oder nicht. Von dieser Basis aus hätte man den Krieg fortsetzen können; ohne sie immer weiter in das feindliche Gebiet vorzudringen, wäre höchst gefährlich gewesen. Nach dem glänzenden Siege der Parther über Oppius Statianus hätte sicherlich nichts anderes als die Einnahme von Phraaspa den König von Atropatene zum Parteiwechsel bewogen. Antonius aber mußte erleben, daß, als er einmal ausgezogen war, die Belagerten einen glücklichen Ausfall machten und seinen Annäherungsdamm verbrannten, so daß der Feldherr voller Zorn die härteste Strafe, die Dezimierung über zwei Kohorten verhängte, die beschuldigt wurden, sich nicht gut genug geschlagen zu haben. Als mit Fouragierungen aus der Umgegend endlich keine Lebensmittel mehr zu beschaffen waren und keine Aussicht auf den baldigen Fall der Festung erschien, blieb nichts übrig, als den Rückmarsch anzutreten.

Wohl weniger, weil sein Heer nicht mehr kampffähig gewesen wäre, als weil er auf dem Wege, auf dem er gekommen, keine Lebensmittel mehr zu finden hoffen konnte, schlug Antonius eine andere Straße ein. Statt durch die mesopotamische Ebene, nahm er den Weg ins Gebirge, nach Norden, durch Armenien hindurch, wo der verbündete König ihn zu verpflegen hatte.[1] Die Parther fügten ihm auf diesem Rückzug noch erheblichen Schaden zu, und wenn auch in jedem eigentlichen Gefecht die Römer siegten, sie zurücktrieben und verjagten, so wurde doch das Heer moralisch stark erschüttert und Antonius hielt es für geraten, nicht in der üblichen Weise morgens, sondern mittags aus seinem Lager aufzubrechen, um gegen Abend möglichst viel Zeit für einen unbelästigten Marsch zu gewinnen.[2]

Die Feldzüge des Crassus und Antonius lenken den Blick so vorwärts wie rückwärts. Wir werden an sie anzuknüpfen haben, wenn wir im nächsten Bande erörtern, weshalb Mesopotamien dauernd die Grenze des Römergebietes blieb und kein römischer Feldherr den Zug Alexanders wiederholt hat.

Hier aber fragen wir noch einmal, wie es möglich war, daß der König des kleinen Macedonien Asien bis zum Indus unterwarf, während römische Heere, ebenso groß und viel größer als das seine, dabei scheiterten und zugrunde gingen. Die geniale Persönlichkeit Alexanders genügt nicht zur Erklärung; die Kriegskunst des Okzidents war mittlerweile in der römischen Kohortentaktik so sehr gesteigert, das Kriegswesen der Römer dabei so viel massiver als das der Macedonier, daß die Persönlichkeit allein das nicht ausgeglichen haben kann.

Die strategische Gestaltung des Feldzuges des Antonius hat mit dem Gaugamela-Feldzug Alexanders sogar eine noch größere Ähnlichkeit, als es auf den ersten Anblick scheint. Als die Parther Crassus überwältigt hatten, gingen sie nach einiger Zeit aggressiv weiter vor, wurden aber endlich von einem Legaten des Antonius im nördlichen Syrien geschlagen. Diese Niederlage kann man mit der von Issus vergleichen: ungefähr die Provinzen, die Darius nach Issus noch behielt, bildeten das parthische Reich des Königs Phraates IV., gegen den Antonius auszog. Der Römer nahm, wie wir gesehen haben, durch das obere

1 Plut. Anton., Kap. 49, Schluß. Dio 49, 31.
2 So wird Frontin. Stratag. II, 13, 7 zu verstehen sein.

Mesopotamien ungefähr denselben Weg wie Alexander, ist auch wohl in derselben Gegend wie dieser über den Tigris gegangen, ohne daß es bei diesem wie jenem vor her zum Kampf gekommen wäre. Wenn nun Darius, statt sich bei Gaugamela zur Schlacht zu stellen, wie Phraates die Schlacht vermieden, sich auf die Verteidigung seiner festen Plätze beschränkt und den Macedoniern die Lebensmittel abgeschnitten hätte?

Um dieses Stratagem durchführen zu können, muß die moralische Widerstandskraft von Volk und Staat sehr groß sein. Auch nach der Niederlage von Gaugamela hätten die Perser sich ja nach der Weise der Parther weiter verteidigen können, aber alle die großen Städte Babylon, Susa, Persepolis, Ekbatana öffneten den Macedoniern ohne jeden Widerstand die Tore, ja, die Befehlshaber luden sie wohl gar ein, zu kommen, und bald wurde der flüchtige König von einem seiner Satrapen entthront und ermordet. Darius Codomannus selber stammte aus einer Nebenlinie der Achämeniden und war nur durch eine Palastrevolution, der schon viele andere voraufgegangen waren, auf den Thron gekommen. Diese innere Schwäche des Perserreichs darf nicht außer acht gelassen werden, wenn man die unvergleichlichen Erfolge Alexanders betrachtet. Das Partherreich stellte eine Reaktion des Asiatentums gegen die hellenisch-macedonische Herrschaft dar, aber doch nicht die reine Barbarei, sondern unter einer gewissen Annahme hellenischer Kulturelemente. An dem Tage der Siegesfeier von Carrhä wurde an dem Hofe des parthischen Königs eine Tragödie des Euripides aufgeführt. Als Antiochus III. von Syrien sein Reich noch einmal bis nach Indien ausdehnte (209), konnte er die Parther und Baktrer doch nicht einfach unterwerfen, sondern mußte sie als halb unabhängige Vasallenstaaten bestehen lassen. Als Antiochus VII. es wiederum unternahm, das syrische Großkönigtum herzustellen und siegreich in Medien eingedrungen war, wurden seine Soldaten in den Winterquartieren, in die man sie der Verpflegung halber verteilt hatte, von den Einwohnern überfallen und umgebracht

(129 v. Chr.). Alexander der Große hat nirgends einen derartigen Widerstand erfahren. Das persische Reich, das er zerstörte, war zwar sehr groß, aber innerlich morsch und haltlos. Durch diese Bemerkung wird nicht etwa die persönliche Bedeutung Alexanders nachträglich herabgedrückt, so wenig wie man an dem Lorbeer Napoleons zupft, wenn man darlegt, wie kraftlos die Monarchie Friedrichs des Großen im Jahre 1806 geworden war. Persien war bereits in einer Art innerer Auflösung, als der macedonische Angriff nahte. Diese unzweifelhafte Tatsache läßt alle die griechischen Erzählungen von dem Übermut und der Zuversicht des persischen Hofes sehr anfechtbar erscheinen, und von diesem Gesichtspunkte aus ist es auch höchst unwahrscheinlich, daß Darius imstande gewesen sein soll, zwei sehr starke Heere hintereinander auf die Beine zu bringen. Dazu gehört nicht nur eine straffe staatliche Organisation, eine tüchtige Verwaltung, um die Verpflegung zu ermöglichen, sondern auch guter Wille von unten. Alles das fehlte bereits dem persischen Reiche; noch nachträglich daher haben wir hieran ein neues Argument, daß die Heere des Darius nicht nur nicht groß, sondern sogar numerisch kleiner gewesen sind als die macedonischen.

Von dem Feldzug des Antonius habe ich ein wesentlich anderes Bild gewonnen, als es bisher, namentlich von Gutschmidt in seiner »Geschichte Irans« (1888) und Gardthausen »Augustus und seine Zeit« (1891), gezeichnet worden ist.

Man nimmt an, daß unsere Berichte sämtlich auf eine einzige Quelle, einen Begleiter des Antonius, Dellius, zurückzuführen sind; der eine Historiker hat daraus dies, der andere jenes entnommen und dem Auszug seine subjektive Färbung gegeben. Die Färbung bei Plutarch ist dem Antonius wohlwollend gehalten, die bei Dio und den auf Livius zurückgehenden kleinen lateinischen Autoren ist ihm feindlich (Gutschmidt S. 97 Anmerk. 3). Die Hauptsache aber ist, daß Dellius, obgleich von den äußeren Vorgängen ganz gut unterrichtet, offenbar von dem eigentlichen Zusammenhang der Dinge nichts gewußt oder nichts verstanden hat. Vorzimmerklatsch über den Feldherrn, der die Kriegsregeln vergißt, weil er nach Kleopatra schmachtet, und rhetorische Ausmalungen waren sein Interesse. Vor dem Klirren der Waffen der römischen Legionen sollen den

Parthern die Pferde scheu geworden sein, und deshalb ergriffen sie die Flucht. Als Antonius den Rückzug antreten will, muß ein kluger Mann, ein ehemaliger Soldat des Crassus kommen, der siebzehn Jahre in parthischer Gefangenschaft gewesen ist, und den römischen Feldherrn belehren, daß die parthischen Reiter in den Bergen weniger gefährlich sind, als in der Ebene. Gegen die parthischen Pfeile machten die Römer ein Schilddach. Die Parther hielten das für ein Zeichen, daß es mit den Römern zu Ende sei, aber plötzlich stürmten die Römer wieder auf sie los. Alle diese Geschichten ebenso wie alle Angaben über die Heereszahlen der Parther sind natürlich vollständig zu streichen.

Von dem Hinmarsch des Antonius sagt Gardthausen, II, II, 153, die Route sei nicht zu begreifen, aber auch nicht zu bezweifeln, da die Quellen angeben, Antonius sei durch Armenien marschiert. Armenien aber ebenso wie Arabien ist ein viel zu unbestimmter geographischer Begriff und unsere Quellen in solchen Einzelheiten viel zu sehr Mißverständnissen ausgesetzt, als daß wir auf Grund solcher einzelnen Worte in den Erzählungen einem Feldherrn wie Antonius etwas ganz Unsinniges zuschreiben dürften; am allerwenigsten, wenn man in Betracht zieht, daß der Wortlaut der Nachricht bei Plutarch (Anton. cap. 37) sagt, Antonius sei (von Zeugma aus) »durch *Arabien* und Armenien« marschiert. Sachlich aber: weshalb soll er die Ebene vermieden haben? Er war ja in allen Waffen stark genug, den Parthern die Schlacht zu bieten, und suchte sie.

Gardthausen selber (I, I, 295) führt ganz richtig aus, daß Antonius bei Zeugma über den Euphrat gesetzt, durch Osroëne und Mygdonien zum Tigris und weiterhin südlich des Urmiases marschiert sei. Das ist die grade Linie, die weiter nach Phraaspa führt; Armenien ist dazwischen nicht einschiebbar und entweder einfach zu streichen, oder in seiner größten Ausdehnung, die das obere Mesopotamien einschließt, aufzufassen.

Damit fällt auch die Vorstellung, Antonius habe von Norden her in Parthien eindringen wollen; sie steht ja ohnehin in Widerspruch mit der Angabe, (Gardthausen I, I, 295) er sei südlich des Urmiases marschiert.

Zu streichen ist ferner die Vorstellung, als habe Antonius mit seinem Feldzugsplan die Parther getäuscht und überrascht; es war die ganz gewöhnliche Route, auf der er kam, und die Annäherung eines so ungeheuren Heeres macht sich lange vorher so bemerklich, daß König Phraates keine besondere Mühe aufzuwenden hatte, sie rechtzeitig zu erfahren.

Der Rückzug war natürlich nicht ohne Schwierigkeiten und Verluste, aber bei der starken Reiterei und den vortrefflichen Schleuderern, über die die Römer noch immer verfügten, können die Parther ihnen unmöglich so sehr viel angehabt haben. Die Schilderungen von den Leiden und Gefahren, wie von der Verzweiflung des Feldherrn sind rhetorische Übertreibungen.

Zur 2. Auflage. Die Untersuchungen KROMAYERS über diesen Feldzug, Hermes Bd. 31 (1896), war mir bei der Abfassung des Vorstehenden noch nicht bekannt geworden. Ich kann mich ihr aber auch nachträglich nicht anschließen, sondern halte sie in dem entscheidenden Punkt für verfehlt. Kromayer glaubt, daß Antonius sich mit dem Heer, das er bei Zeugma versammelte, nicht stark genug gefühlt habe, mit den Parthern in der mesopotamischen Ebene zu schlagen und deshalb in ungeheurem Bogen nach Norden den Weg durch Armenien genommen habe, um sich auf dem Marsch durch die Berge zu schützen und unterwegs noch Verstärkungen, die römischen Truppen unter Crassus, der im Jahre vorher im Kaukasus gefochten, und das Heer des Armeniers Artavasdes an sich zu ziehen. Der quellenmäßige Beweis aber, den er für diesen Marsch zu führen sucht, ist mißglückt – man braucht nur die von ihm zitierten Stellen im Zusammenhang nachzulesen – und sachlich ist es völlig unglaublich, daß Antonius, der, selbst wenn einige Korps noch nicht zu ihm gestoßen waren, ein ungeheures Heer zur Hand hatte, einer Schlacht mit den Parthern aus dem Wege gegangen sein soll. Schon sein Legat Ventidius hatte in den vorhergehenden Jahren die Parther mehrfach in großen Schlachten geschlagen, und Antonius hatte nicht weniger als 10 000 Mann Kavallerie. Die 16 000 schweren Reiter, die der Armenier Artasvasdes den Römern noch zuführen sollte, sind natürlich Fabel. Die Verstärkung, die Antonius auf seinem nördlichen Marsche durch das Kontingent der Armenier und vielleicht das Korps des Crassus gewann, wäre zum nicht geringen Teil durch die bloßen Marschverluste, die der Umweg von mehr als 100 Meilen durch Alpenland an Menschen und Material mit sich brachte, absorbiert worden. Wenn Kromayer anführt, daß auch Cäsar durch Kleinarmenien habe gegen Parthien ziehen wollen, so hat er nicht bedacht, daß dieser von Rom kam, des Antonius Heer aber aus Syrien; was für Cäsar also der gerade Weg gewesen wäre, war für Antonius der Umweg.

7. BUCH

Cäsar

1. KAPITEL

Einleitung

Wir haben bisher vorzugsweise die Methode verfolgt, unter Beiseitesetzung der Chronologie zuerst systematisch oder in Behandlung einer besonderen Schlacht von der Taktik der Epoche eine sichere Anschauung zu gewinnen und dann erst von diesem festen Punkt ausgehend zur Untersuchung der Strategie fortzuschreiten. Bei Cäsar ist es nicht nötig, so zu verfahren. Alle einzelnen Elemente seiner Feldherrnkunst sind uns bereits bekannt; wir haben nur zu zeigen, wie er in ihrer Anwendung die Kriegskunst des Altertums auf ihren Höhepunkt gebracht hat und selber deshalb als der größte Künstler der Antike anzusehen ist.

So eingehend und vorzüglich wir durch Cäsars eigene Schriften über seine Feldzüge unterrichtet sind, so bleiben wir doch unter dem Mangel der einseitigen Berichterstattung. Selbst über den Bürgerkrieg sind die Überlieferungen aus dem pompejanisch-senatorischen Lager verschwindend gering und unsicher im Verhältnis zu der breiten Erzählung Cäsars und seiner Anhänger, und über die gallisch-germanischen Kriege haben wir schlechthin nur die Aussagen der siegreichen Römer. Das darf man keinen Augenblick vergessen, und man kann auch nicht sagen, daß die Kritik es bisher vergessen habe, aber sie konnte, so zu sagen, nichts machen, sie war hilflos. So unermeßlich die Fülle der erläuternden Schriften zu den Cäsarischen Kriegen ist, so ist die Kritik doch noch nicht wirklich durchgedrungen. Es fehlten ihr die Mittel, dem großen Feldherrn, der zugleich sein eigener und nicht minder großer Historiker ist, zu Leibe zu gehen und durch seine Darstellung hindurch den Dingen auf den Grund zu kommen. Dazu gehörten Werkzeuge, die erst allmählich, in langer, aneinanderschließender Arbeit zu schaffen waren, eine Erkenntnis der Organisation und Taktik der Truppen, der Bedeutung der technischen Ausdrücke, geographische und topographische Untersuchungen und statistische Feststellungen über die Heereszahlen. Alle diese Vorbedingungen sind heute durch die generationenlangen Arbeiten von Philologen, Archäologen, Historikern und Militärs, durch Reisen, Ausgrabungen und methodische Vergleichungen so weit gefördert, daß die Kritik es wagen darf, den Kampf mit dem Titanen aufzunehmen, ihm ins Auge zu schauen und ihn zu zwingen, sich in seinem objektiven Sein zu enthüllen.

1. Von den älteren Werken über das Kriegswesen Cäsars sind die wichtigsten und noch heute heranzuziehen W. RÜSTOW »Heerwesen und Kriegführung C. Julius Cäsars«, 2. Aufl. 1862, und Freih. Aug. v. GÖLER, Großh. badischer Generalmajor, »Cäsars gallischer Krieg und Teile seines Bürgerkrieges«, 2. Aufl., herausg. v. E. A. v. Göler 1880. Eine Neubearbeitung des ganzen Stoffes unter sorgfältiger Benutzung der gesamten neueren Literatur bietet FRANZ FRÖHLICH, Das Kriegswesen Cäsars. 1889 u. 1890. Einige Ausstellungen an diesem Buche, aber nicht gerade sehr wesentliche, hat Fr. Cauer gemacht in der Hist. Zeitschr. Bd. 64 S. 123 und Bd. 66 S. 288. Sehr eingehend hat gegen eine Reihe von Punkten polemisiert Oberst Stoffel in der Revue de philologie Bd. XV (1891).

Das Leben Cäsars von NAPOLEON III. ist mit zwei Bänden nicht über den gallischen Krieg hinausgekommen und bricht mit der Überschreitung des Rubicon ab. Wenn es auch als schriftstellerische Leistung nicht gerade hoch steht, so ist es wissenschaftlich doch immer heranzuziehen und durch geographische Untersuchungen, Ausgrabungen und Experimente, zu denen es Veranlassung gegeben hat, von hohem Verdienst. Sehr viel höher aber steht die Fortsetzung »Histoire de Jules César, guerre civile, par le colonel Stoffel.« Zwei Bände in Großquart 1887. Oberst Stoffel war als Flügel-Adjutant des Kaisers schon bei den Vorarbeiten, die dieser machen ließ, sehr beteiligt, hat auch in den Jahren 1866 bis 1870, während seines Aufenthaltes in Berlin, noch daran gearbeitet und, nachdem die

Kriegsereignisse die Arbeiten unterbrochen und dem öffentlichen Leben des Obersten wie seines kaiserlichen Herrn ein Ende bereitet, die Arbeiten im Jahre 1879 wieder aufgenommen und sie unter Bereisung aller Kriegsschauplätze und Schlachtfelder Cäsars zu Ende geführt. Auf Schritt und Tritt bedeutet dieses Werk den wesentlichsten Fortschritt. Stoffel ist ebensosehr der wirkliche Gelehrte, dem auch nicht der leisteste Schimmer von Dilettantismus anhaftet, wie er der kriegserfahrene Soldat ist. Wenn ich trotzdem ziemlich häufig von ihm abweiche, so gehen diese Abweichungen wohl alle auf eine einzige tiefgehende Differenz zurück, den Grad der Skepsis und der Kritik, den ich Cäsars eigener Erzählung gegenüber für geboten halte und durch ein von Stoffel vernachlässigtes Moment, das statistische, zu begründen hoffe.

Außer dem Bürgerkrieg hat Oberst Stoffel als Nachtrag zu dem Werke des Kaisers noch eine sehr wertvolle Monographie über die beiden ersten Feldzüge des gallischen Krieges veröffentlicht: »Guerre de César et d'Arioviste et premières opérations de César en l'an 702 par le colonel Stoffel.« Paris 1890. 164 S. 40.

Eben indem ich die letzte Feile an dieses Kapitel legen will, um das Manuskript in die Druckerei zu schicken, gelangt noch »Caesars conquest of Gaule by T. Rice Holmes«, London 1899, 845 Seiten, in meine Hände. Es ist ein ebenso gelehrtes wie scharfsinniges Buch, das noch den besonderen Vorzug hat, mit einem reizenden Humor zu polemisieren, und alles, was sich unter irgend einem Gesichtspunkt auf das *bellum Gallicum* bezieht, in sich vereinigt. Ich begegne mich mit ihm in der Wertschätzung, die wir den Arbeiten und dem Urteil Stoffels entgegenbringen. Wo ich von ihm abweiche, was doch ebenso wie bei Stoffel ziemlich häufig ist, werde ich das noch besonders begründen.

Im übrigen verweise ich für die Literatur neben Jähns, Geschichte der Kriegswissenschaften, auf desselben Verfassers sehr eingehende Studie »Cäsars Kommentarien und ihre literarische und kriegswissenschaftliche Folgewirkung«, VII. Beiheft zum Milit. Woch. Bl. 1883, der ich mehrere wichtige Zitate und Beobachtungen verdanke.

1906 ist die Cäsar-Literatur vermehrt worden durch das Werk des k. k. Oberleutnants G. Veith »Geschichte der Feldzüge C. Julius Cäsars« (Wien, L. W. Seidel und Sohn). So groß das Werk angelegt ist, so bedeutet es doch keinen wissenschaftlichen Fortschritt. Der Verfasser bewegt sich noch in der Vorstellung, daß die römischen Cohorten in der Front zwischen sich ein Intervall von Cohortenbreite gelassen hätten und findet den »Beweis« dafür (S. 48, S. 486) in dem »militärischen Terminus technicus quincunx«, welcher militärische Terminus technicus aber nicht etwa von Livius, sondern von Lipsius stammt. (Vergl. die Kritik von Rud. Schnei-

DER, Götting. Gel. Anz. Jahrg. 169, S. 419 (Juniheft 1907). Die Angabe des Verfassers (S. 483), daß er »in allen wesentlichen Punkten ausschließlich auf die Originalquellen zurückgehe«, beruht daher auf einer Selbsttäuschung, nicht minder als seine Meinung, daß seine Eigenschaft als Oberleutnant ihn befähige, auf dem Gebiet der Kriegsgeschichte als Fachmann aufzutreten.

2. Über die Einzelfragen und Antiquitäten des Cäsarischen Kriegswesens halten sich deutsche Leser jetzt am besten an das Fröhlichsche Buch (276 Seiten). Indem ich generell auf dieses verweise, will ich einige Punkte, in denen ich, meist in Übereinstimmung mit Stoffel, von ihm abweiche, hier kurz zusammenstellen. Außer der oben schon erwähnten Kritik Stoffels kommen dabei wesentlich die *»Remarques générales«* in Betracht die Stoffel seinem Leben Cäsars angefügt hat.

Fröhlich S. 9 bezweifelt, daß die 13. Legion, mit der Cäsar den Rubicon überschritt, wie Plutarch berichtet, 5000 Mann stark gewesen sei, da sie viele Jahre im Krieg gewesen sei und niemals Ersatz bekommen habe. Stoffel, Revue de philol. S. 140, führt dagegen mit Recht aus, daß Cäsar zweifellos seine Legionen durch Ersatzmannschaften ergänzte. Wenn uns einmal von einem »supplementum« berichtet wird, das nicht eingestellt, sondern besonders organisiert war (b. G. VII, 57), so war das ein Übergangszustand. Wenn nun trotz dieses Systems der allmählichen Wiederauffüllung alte und junge Legionen immer unterschieden und endlich die alten Legionen, statt nur die alten Mannschaften aus ihnen zu entlassen, völlig aufgelöst werden, so wird sich das dadurch erklären, daß die Verluste an Toten in den antiken Schlachten in der Regel nur gering waren – es sei denn im Fall einer Niederlage, wo leicht der ganze Truppenteil vernichtet wurde. Die Zahl der ganz jungen Leute so gering, daß a potiori die Legionen selbst als alte und junge unterschieden werden konnten.

Stoffel will nun trotzdem die *Stärke der Legion* Cäsars sehr gering ansetzen und verwirft sogar den Begriff der »Normalstärke der Legion«, der nicht mehr Berechtigung habe, als ob man heute von der »Normalstärke einer Division« sprechen wolle. Eine Division ist aber etwas anderes als eine Legion zu Cäsars Zeiten. Die ältere römische Legion, die noch ihre feste Beigabe an Reitern und Leichten hatte, kann man wohl, insofern sie alle Truppengattungen in sich vereinigte, mit einer modernen Division vergleichen. Das war aber zu Cäsars Zeit längst nicht mehr der Fall: man kann diese Legion daher viel eher mit der modernen Infanterie-Brigade zusammenstellen, insofern sie etwa deren Stärke hat, oder mit dem Regiment, insofern sie einen Verwaltungskörper bildet. Alle diese Vergleiche aber fördern nicht. Das Entscheidende ist, daß nach ganz festem Schema die Legion 320 Kohorten zu je 3 Manipeln zu je 2 Centurien hatte. Diese kleinsten Körper müssen notwendig eine Normalzahl gehabt haben. Exerzitium, Lager, Verpflegung, Befehlserteilung wären unerträglich erschwert, wenn nicht die unteren taktischen Einheiten annähernd gleich stark sind. Hatten also die Centurien und Manipel eine Normalstärke, so hatte sie auch die Legion, und die bei Fröhlich angeführten Stellen lassen keinen Zweifel darüber, daß diese Normalstärke 6000 Mann für die Legion, 600 für die Kohorte, 200 für den Manipel, 100 für die Centurie war.

Der Haupteinwand, den man gegen diese Annahme erheben kann, wird bei der Stärkeberechnung für die Schlacht von Pharsalus erledigt werden.

S. 17 sagt Fröhlich, die *Centurionen* seien mit den modernen Feldwebeln, nicht den Hauptleuten, zu vergleichen. Das trifft, wie oben ausgeführt, nur auf ihren sozialen Status zu; ihrer Funktion nach entsprechen sie aber den modernen Hauptleuten, und es ist gerade für die Geschichte Cäsars von entscheidender Wichtigkeit, daß im römischen Heer die fundamentale Funktion des »Hauptmanns und Kompagniechefs« in der Hand von Männern des sozialen Unteroffiziers-Status war.

S. 19 legt Fröhlich die geringe militärische Qualität von Cäsars *Kriegstribunen* dar. Der Kern ist richtig, aber die Farbe ist doch zu stark aufgetragen, wie Rice Holmes S. 570 beweist, der zusammenstellt, wie viel wichtige Funktionen diese Tribunen doch nachweislich erfüllt haben.

Stoffel, Guerre de César et d'Arioviste p. 127 meint, daß im Laufe des gallischen Krieges die *Legaten*, die ja ursprünglich nur hohe Offiziere zur Verfügung des Feldherrn waren, in ein festeres Verhältnis zu den einzelnen Legionen getreten und deren ständige Kommandanten geworden seien. Holmes, p. 568, glaubt, wohl mit Recht, dem widersprechen zu müssen. Das Verhältnis der Legaten zu den einzelnen Truppenteilen blieb unter Cäsar, wie es bis dahin in der römischen Armee gewesen war; demgemäß erfuhr also auch die Tätigkeitssphäre der Tribunen nicht eine Einschränkung durch Cäsar.

Über die antesignani, Fröhlich S. 29, ist bereits oben das Nötige bemerkt.

S. 38 schließt sich Fröhlich der Ansicht Schambachs an, daß Cäsar wieder wie in alter Zeit mit jeder Legion einen festen Satz an *Kavallerie* verbunden habe. Mir wollen die Ausführungen Schambachs nicht recht beweiskräftig erscheinen. Es kommt indessen so sehr viel nicht darauf an. Auch Holmes S. 583 S. 583 verwirft die Ansicht Fröhlichs

S. 42 das Kapitel über die *evocati* ist gemäß dem oben S. 446 Ausgeführten dadurch zu vervollständigen, daß zwischen den evocati im zweiten Jahrhundert v. Chr., die bloße rengagés und sehr zahlreich waren, und denen des ersten, die eine Ehrentruppe, Stabswache der Feldherren bildeten, unterschieeden wird. Hieraus ergibt sich auch eine einfache und einleuchtende Interpretation des vielumstrittenen Kapitels bell. civ. III, 91 (nach R. Menge, Berl. Philol. Wochenschr. 1890 p. 273). Das Kapitel lautet:

»Erat Crastinus evocatus in exercitu Caesaris, qui superiore anno apud eum primum pilum in legione X duxerat, vir singulari virtute. Hic signo dato: Sequimini me, inquit, manipulares mei qui fuistis, et vestro imperatori, quem constituistis, operam date. Unum hoc proelium superest; quo confecto et ille suam dignitatem et nos nostram libertatem recuperabimus. Simul respiciens Caesarem: Faciam, inquit, hodie, imperator, ut aut vivo mihi aut mortuo gratias agas. Haec cum dixisset, primus ex dextro cornu procucurrit, atque eum electi milites circiter CXX voluntarii eiusdem centuriae sunt prosecuti.«

Die Centurie, die Crastinus anredet, ist eine Centurie der aus evocati bestehenden Stabswache, die auf dem rechten Flügel stand. Als es in den Bürgerkrieg ging, hatte Cäsar, wie wir annehmen dürfen, als Sporn für die ganze Armee die längstgedienten Leute, am meisten der zehnten Legion, zu evocati ernannt. Da Crastinus primipilus in dieser Legion gewesen war, so waren sie meist in seinem Manipel gewesen, und er konnte sie als seine ehemaligen Manipularen anreden. Als evocati galten sie für Leute, deren Dienstzeit eigentlich abgelaufen war, die nur für diesen Krieg sich noch einmal freiwillig verpflichtet und Cäsar als ihren Feldherrn anerkannt hatten, nach dem Kriege aber ihrer Verpflichtung entbunden waren und ihre »Freiheit wiedererlangten«.

S. 72 meint Fröhlich, die Legionen hätten bei den Schanzarbeiten den Panzer umbehalten. Mit Recht ist das von Stoffel, Revue de Philologie, S. 142, zurückgewiesen.

Ebenso weist Stoffel mit Recht die Meinung zurück (Fröhlich, S. 75 und 127) der Soldat habe sein Mehl für 16 Tage selber getragen.

Über das Marschieren der Römer, Fröhlich, S. 104 u. S. 200, vgl. unten Kap. 3.

Daß die Legionare auch den Bogen gehandhabt hätten, wie Fröhlich, S. 105, meint, ist nicht anzunehmen und wird durch die von ihm angeführte Stelle nicht bewiesen.

S. 121 moniert Stoffel, daß von einem Pilum mit amentum gesprochen werde; das Pilum wurde nie mit dem amentum (Wurfriemen) geworfen, sondern nur leichtere Geschosse.

Die Distanz der Türme in der Contravallationslinie um Alesia betrug 80 Fuß. Fröhlich, S. 145, will die Entfernung als die Breite einer Manipelfront ansehen. Stoffel erklärt sie besser durch die Tragweite der römischen Geschosse.

S. 169 übernimmt Fröhlich aus Vegetius gewisse unrichtige Vorstellungen über den cuneus, von dem im nächsten Bande zu handeln sein wird.

S. 183 schildert Fröhlich das Manöver, das Cäsar die 7. und 12. Legion in der Nervierschlacht machen ließ, als hätten die Legionen Rücken an Rücken gefochten. Richtiger hat es Giesing so aufgefaßt, daß von beiden die hinteren Glieder Kehrt machten. N. Jahrb. f. Philol. Bd. 145 (1892) S. 493.

3. Der Reiterei

Cäsars müßte eigentlich ein eigenes Kapitel gewidmet werden, oder noch richtiger, neben der Entwicklung der Infanterietaktik hätte von Anfang an eine parallele Geschichte der Kavallerie gehen müssen. Schon in den Perserkriegen, bei Philipp und Alexander, von Hannibal an in der römischen Geschichte macht sie sich aufs stärkste geltend oder gibt geradezu die Entscheidung. Bei der Infanterie haben wir eine organische Entwicklung der Kampfesformen beobachtet, sollte bei der Kavallerie nichts ähnliches festzustellen sein?

Es handelt sich hauptsächlich um zwei Fragen: wie weit haben die Alten den eigentlichen Choc, die geschlossene Attacke, in schneller Gangart ausgebildet? Und zweitens, wie haben wir uns den Mischkampf von Reitern und Leichtbewaffneten vorzustellen?

Trotz einer sorgfältig gearbeiteten Monographie von Schambach »Die Reiterei bei Cäsar« (Progr. Mühlhausen 1881), womit zu vergleichen bei Fröhlich, Buch III, Kap. 5, ist hier noch vieles unsicher geblieben, und auch wir wollen an dieser Stelle noch nicht in die Untersuchung eintreten, sondern sie nachholen, wenn wir aus viel späteren Epochen genügenden Vergleichsstoff gewonnen haben.

2. KAPITEL
Der Helvetier-Feldzug

Wir dürfen die Erzählung Cäsars von seinem Feldzug gegen die Helvetier als bekannt voraussetzen und unterwerfen sie zunächst einer Prüfung auf die Unwahrscheinlichkeiten, Lücken, Widersprüche, Unmöglichkeiten, die sie enthält.

Die Helvetier faßten nach Cäsar den Beschluß, mit Weib und Kind und allem Besitztum auszuwandern, um sich der Herrschaft von ganz Gallien zu bemächtigen (I, 30, 3); ihr eigenes Land war ihnen zu klein.

Wir sehen ab von den verfehlten Angaben, die Cäsar hierbei über die Größe des helvetischen Gebietes macht, aber wir fragen, wie sich das Motiv, das Cäsar den Auswandernden unterlegt, mit dem Modus der Ausführung vereinigt. Wenn die Helvetier sich die übrigen Gallier unterwerfen wollten, so war dazu nicht nötig, daß sie mit Weib, Kind, Herden und Hausgerät auszogen; im Gegenteil, daß mußte ihre kriegerische Aktion sehr beeinträchtigen.

Das Land, welches die Helvetier statt des ihren ins Auge gefaßt hatten, war das der Santonen zwischen La Rochelle und der Girondemündung am Atlantischen Ozean. Weder ist diese Landschaft besonders geeignet, von da aus Gallien zu beherrschen, noch, wenn die Helvetier wegen Übervölkerung neue Sitze suchten, war es nötig, daß das ganze Volk auswanderte und das prächtige, bisher bewohnte Land leer ließ. Angenommen, die Helvetier haben, statt in der Nachbarschaft irgendwo ihr Gebiet zu erweitern, wirklich den Plan gehabt, an den Ozean zu ziehen, die dort wohnenden Völker zu vertreiben oder auszurotten und sich von neuem anzusiedeln, so kann diese Absicht, schwer durchzuführen an sich, doch unmöglich kombiniert gewesen sein mit einem Plan, gleichzeitig die Hegemonie über alle anderen gallischen Völker zu erwerben. Die Kombination ist um so unmöglicher, als Gallien, wie wir zwar noch nicht in diesem Zusammenhang, aber bald darauf von Cäsar selbst erfahren, bereits einen Herrn hatte, nämlich den Germanenfürsten Ariovist, der die Gallier besiegt und sie gezwungen hatte, ihm Geiseln zu stellen und Tribut zu zahlen. Man sieht zwar nicht recht, wie weit sich die Herrschaft des Ariovist eigentlich erstreckte, bald sind es nur die Häduer und Sequaner mit ihrer Klientel, die unterdrückt erscheinen, dann sind es wieder die Gesandten von fast ganz Gallien (cap. 30), die Cäsar um Hilfe gegen ihn bitten – aber wie auch immer: jeder Plan der Helvetier, in Gallien eine Herrschaft zu erwerben, mußte in erster Linie mit Ariovist rechnen und auf ihn stoßen. Mit keinem Wort ist das von Cäsar berührt. So lange er von dem helvetischen Krieg erzählt, ist es, als ob Ariovist nicht existierte.

Zu den Vorbereitungen, die die Helvetier für ihren großen Eroberungskrieg machen, gehörten auch Friedens- und Freundschaftsbündnisse mit den Nachbarstaaten. Wir fragen: mit welchen? Die im Westen hätten zu den zu Unterwerfenden gehört, im Norden war Ariovist, der Osten kommt nicht in Betracht, der Süden gehörte den Römern.

Nur auf zwei Wegen, fährt Cäsar fort, konnten die Helvetier ihr Land verlassen, entweder auf dem nördlichen Ufer der Rhone, durch das Gebiet der Sequaner oder auf dem südlichen, bei Gend übergehend, durch die römische Provinz. Zu ergänzen ist dabei, »wenn sie in der Richtung auf das Gebiet der Santonen marschieren wollten«, da den Helvetiern sonst noch mancherlei Wege über den Jura oder nördlich des Jura zur Verfügung gestanden hätten, wenn sie Gallien erobern wollten.

Obgleich nach Cäsar die Helvetier schon seit zwei Jahren ihren Plan vorbereiteten und er allenthalben bekannt gewesen sein muß, so scheinen die Römer doch von einem beabsichtigten Marsch durch ihre Provinz nicht nur nichts gewußt, sondern dergleichen auch garnicht besorgt zu haben. Denn in diesem gefährdeten Grenzland stand nur eine Legion, als Cäsar ankam, und durch List mußte er Zeit gewinnen, um rasch von Genf bis zum Fort L'Ecluse, wo die Rhone an einigen Stellen durchwatbar ist, eine vier Meilen lange Befestigungslinie anzulegen und sie mit seiner Legion und dem aufgebotenen Landsturm zu besetzen.

Die Helvetier sollen nun vergebliche Versuche gemacht haben, diese Linie zu durchbrechen.

Dieser Behauptung muß der allerstärkste Zweifel entgegengesetzt werden. Die Helvetier waren ein sehr kriegerisches Volk, ihr Heer, wenn auch, wie wir sehen werden, nicht 92 000 Mann stark, doch gewiß recht bedeutend. Der Landsturm, den Cäsar aufgeboten hatte, kam militärisch wenig in Betracht. Wie soll es da mit den Kräften einer einzigen Legion möglich gewesen sein, eine vier Meilen lange Linie zu verteidigen? Das ist militärisch schlechterdings ausgeschlossen. Eine flüchtige, vier Meilen lange Feldbefestigung von mehrfacher Überlegenheit an drei Stellen zugleich angegriffen, wurde (ehe die modernste Waffenführung erfunden war) immer und unter allen Umständen durchbrochen, wenn der Angreifer Ernst machte.

Cäsar behauptet, nach seinem Siege über die Helvetier seien in deren Lager Tafeln gefunden worden, auf denen aufgezeichnet stand, wieviel Köpfe jeder Stamm zählte; im ganzen seien es 368 000 gewesen. Da man die Größe des von den helvetischen Stämmen bewohnten Landes annähernd berechnen kann (18 000 Quadratkilometer[1], so müßte es hiernach eine Volksdich-

1 So BELOCH; HUBO, Neue Jahrb. f. Philol. Bd. 147 (1893) S. 707 berechnet 25 000 und sucht Cäsars eigene Angabe, indem er ein C von dessen Zahl über die Breite streicht, zu rechtfertigen.

tigkeit von 20 auf den Quadratkilometer gehabt haben. Mit Recht hat Beloch das für eine Unmöglichkeit erklärt. Cäsar aber gibt uns noch eine zweite Zahl; er ließ, als er die Helvetier in ihr Land zurückführte, einen Census veranstalten, der 110 000 Köpfe ergab. Da nun nach Cäsars eigener Erzählung der Verlust des Volkes auf der Wanderung und in den Gefechten nicht so sehr groß gewesen sein kann, so ist Beloch von dieser Zahl ausgegangen, hat für den Verlust einen Zuschlag von 40 000 Seelen gemacht und die Volksdichtigkeit danach auf 7,5 für den Quadratkilometer berechnet.

Gegen diesen Schluß würde nichts Wesentliches einzuwenden sein, wenn wir uns völlig darauf verlassen könnten, daß Cäsar die Zählung wirklich veranstaltet hat und daß die Helvetier wirklich alle das Land verlassen hatten. In diesem Falle, da der Verlust von 40 000 noch sehr hoch zu sein scheint, würde man sogar noch auf eine etwas geringere Zahl als Beloch kommen. Bei der Unsicherheit der Grundlage, über die wir noch zu sprechen haben werden, lassen wir jedoch diesen Faden fallen. Nur das Negative, daß die ursprüngliche Masse auch nicht annähernd 368 000 Köpfe betragen haben kann, müssen wir noch sicherer feststellen und haben dazu auch die Mittel.

Cäsar behauptet, der Zug der Helvetier habe alles in allem 368 000 Menschen gezählt und für drei Monate Lebensmittel mit sich geführt. Napoleon III. hat berechnen lassen, daß bloß für Mehl hierzu 6000 vierspännige Wagen erforderlich seien; für 15 kg Gepäck auf den Kopf rechnet er weitere 2500 Wagen. 8500 Wagen auf einer Straße, 15 Meter auf den Wagen, nehmen 17 deutsche Meilen Raum ein.[1] Auf das Zugtier ist hierbei eine Nettolast von 10 Zentnern gerechnet. Ich habe mich jedoch seitdem überzeugt und den Nachweis geliefert, daß das für antike

1 So rechnet auch Clausewitz X, 66. Einen brauchbaren Vergleich bietet das Kriegsbuch Albrechts v. Brandenburg bei Jähns, Gesch. d. Kriegsw. I, 521.

Verhältnisse um das Doppelte bis Dreifache zu hoch ist. Die präsumierte Wagenreihe wäre also nicht 17, sondern etwa 40 deutsche Meilen lang geworden. Nur selten werden, wie wir uns die Straßen in dem damaligen Gallien vorzustellen haben, die Wagen in mehreren Reihen nebeneinander fahren können. Wenn auch nur an einer Stelle auf dem Wege eine Enge war, so mußte, mochte man auch sonst breit über das Feld fahren können, die Reihe eingehalten werden. Die Marschdisziplin ist selbstverständlich gering; Stockungen und Lücken sind häufig, die Wagen vorwiegend mit Ochsen bespannt. 3–4 Stunden wird ein solcher Zug mindestens auf die Meile zubringen. Selbst im Hochsommer, wo man um 3 Uhr aufbrechen kann und die Letzten erst um 9 Uhr abends im Lager einzutreffen brauchen, können also doch, selbst wenn der Tagemarsch zur 1 Meile beträgt, nicht mehr als 2500 Wagen ihn machen. 15 Stunden stehen zur Verfügung (von 3 Uhr morgens bis 6 Uhr abends, wo die Letzten abmarschieren müssen), und alle drei Stunden werden 500 Wagen in Bewegung gesetzt. Selbst wenn man die Geschwindigkeit nur mit 2 Stunden für die Meile ansetzt, so würden doch nur 250 Wagen in der Stunde in Bewegung gesetzt, also bei 16stündiger Marschzeit (von 3 Uhr morgens bis 7 Uhr abends) 4000 Wagen eine Meile weit befördert werden können.[1] Nun besteht aber der Zug, wovon Napoleon merkwürdigerweise nicht spricht, nicht bloß aus den Wagen, sondern wir haben noch die ganze Masse der Menschen, Weiber und Kinder, und außer dem Zugvieh die Herden, das Jungvieh und Kleinvieh.

Nach der Erzählung Cäsars bewegte sich, durch Absprengung der Tigoriner an der Saone um einiges[2] gemindert, der

1 Der Transport, der 1758 der preußischen Armee bei Olmütz zugeführt wurde, zählte fast 4000 meist vierspännige Wagen und hatte eine Länge von fast zwei Tagemärschen. Gen.-St.-Werk Bd. VII, S. 93.

2 Nicht um ein ganzes Viertel, wie öfter gesagt wird; das Viertel, wovon Cäsar spricht, bezieht sich nur auf die Helvetier im engeren Sinne: die Bundesgenossen waren schon hinüber, und Cäsar sagt auch nicht, daß das Viertel noch da war, als er es überfiel, sondern als seine Späher es beobachten. Vgl. STOFFEL, Guerre de César et d'Arioviste p. 75.

Zug der Helvetier in etwa 15 Tagen von der Übergangsstelle (etwa 2 bis 4 Meilen nördlich von Lyon, bei Trevoux oder Montmerle) bis in die Nähe von Bibracte (bei Autun). Das sind 14–16 Meilen Luftlinie, also täglich 1¼–1½ Meilen Marsch. Der Weg ging nur anfangs in dem breiten Saonethal, dann aber durch das bergland der Monts du Maconnais und Monts du Charolais, wo die Karren sicherlich sehr oft nur zu einem fahren konnten. Waren die Lebensmittelkarren zum Teil schon geleert, so werden die Helvetier sie darum nicht haben stehen lassen; Karren sind Wertstücke, und sie brauchten sie für die Beute, die sie machten, und Neuverproviantierung. Da der Zug durch feindliches Land ging, so konnten nicht etwa die Weiber und Kinder einen Tagemarsch vorausgeschickt und die Kolonne zerlegt werden. Nach Cäsars Schilderung unterliegt es keinem Zweifel, daß die Masse zusammenhielt und miteinander marschierte, daraus aber ergibt sich, daß von einer ursprünglichen Masse von 368 000 Seelen gar nicht die Rede sein kann. Selbst auf die Hälfte, auf ein Viertel, auf ein Achtel reduziert ist der Wagenzug mitsamt Menschen und Vieh viel zu lang, um sich auf *einer Straße in einer* Kolonne zu bewegen. Cäsars Zählung ist also, wie die Herodots über das Xerxesheer, nicht zu reduzieren, sondern schlechthin zu verwerfen.

Während Cäsar fünf weitere Legionen, darunter zwei neuausgehobene, aus Oberitalien heranzieht, marschieren die Helvetier über den Jura an die Saone und überschreiten diesen Fluß oberhalb von Lyon. Nachdem der Nachtrag von Cäsar beim Übersetzen angegriffen und zersprengt ist, ziehen die andern den Fluß aufwärts nach Norden.

Cäsar gibt keinerlei Grund an, weshalb sie diese Richtung einschlugen. Sie wollten ja, wie er uns sagt, zu den Santonen, d. h. nach Westen. Auf verschiedene Weise hat man diese Lücke ergänzt. Mommsen, Göler, Napoleon III. haben gemeint, Cäsar habe die Helvetier von ihrem Wege abgedrängt, und Napoleon III. fügt hinzu, auf dem geraden Weg zu den Santonen, über Roanne, hätten fast unzugängliche Berge gelegen; auch im

19. Jahrhundert noch sei die Post von Lyon nach Rochelle über Autun und Nevers gegangen.

Diese Erklärung will aber doch nicht recht genügen. Nach der gewöhnlichen Annahme stand Cäsar im Lande der Segusiaver bei Lyon, in dem Winkel zwischen Rhone und Saone, als er die Helvetier beim Übersetzen der Saone, etwa bei Trevoux-Villefranche, mit drei Legionen überfiel. Die drei anderen Legionen hatte er zurückgelassen. Selbst angenommen nun, daß diese auf dem rechten Saoneufer gestanden hätten, so hätten sie damit den Helvetiern keineswegs weder den Weg südwärts in die Provinz, noch westwärts ins Gebirge abgeschnitten. Zwei von den drei Legionen waren die beiden eben erst ausgehobenen Rekrutenlegionen; auf keinen Fall konnten die Römer es mit diesen auf eine Schlacht gegen die Helvetier ankommen lassen. Diese hätten ja nichts besseres wünschen können, als hier über einen Teil des römischen Heeres herzufallen, ganz wie Cäsar am Tage vorher über einen Teil des ihren. Wahrscheinlich hat die Armeeabteilung gar nicht auf dem andern Ufer gestanden, und wenn schon, ganz gewiß hinter einer Befestigung, aus der sie sich nicht heraustrauen durfte.[1] Vor den Legionen Cäsars selber hatten die Helvetier mindestens einen Tag, während dieser an der Saonebrücke baute, Vorsprung. Das Gebirge direkt im Westen, mag steil sein, aber es ist nicht, wie Napoleon III. behauptet hat, unzugänglich.

Bial in seinem Buche »Chemins de la Gaule« p. 289 f. glaubt mehrere Wege nachweisen zu können, welche über die Cevennen gingen, und Maissiat in seinem »Jules César en Gaule« I, 349 legt dar, daß durch das Tal der Azergues, die bei

1 Sollte Maissiat Recht haben, der die »Segusiaver« und »Sebusianer« unterscheiden will, letztere im südlichen Jura, nördlich der Rhone, am Ain sucht, demgemäß Cäsar nicht bei Lyon lagern, sondern vom Fort L'Ecluse den Helvetiern über Bourg au Bresse folgen läßt, Labienus also mit seinen drei Legionen während des Gefechts an der Saone einen Marsch ostwärts warten läßt, so hätten die Helvetier von Montmerle, wo sie überfallen wurden, erst recht volle Freiheit gehabt, den Weg direkt westlich oder südwestlich zu nehmen.

Trevoux-Villefranche mündet, man sehr leicht die Cevennen überschreiten kann und zum Abstieg ins Loiretal sogar nicht bloß eins, sondern drei Nebentäler (über Chauffaille, Tarare, Sainte-Foy) zur Auswahl hat. Dieser Weg hätte den doppelten Vorteil gehabt, daß die Helvetier die Loire und den Allier nahe den Quellen überschreiten konnten und daß sie sich sofort jedem römischen Angriff entzogen. Waren sie erst im Gebirge, so konnte eine kleine Nachhut die Römer aufhalten. Statt dessen zogen sie das bequeme Saonetal entlang, wo Cäsar ihren schwerfälligen Zug leicht überholen konnte, kamen erst später in das schützende Gebirge, und hatten nach kurzem abermals breite Ströme zu überschreiten.

Selbst wenn man annehmen will, daß die Helvetier sich nicht schnell genug zum Abzug entschlossen und Cäsar Zeit gelassen hätten, indem er etwas abwärts über die Saone ging, ihnen den Eingang in das Azerguetal zu sperren, so bleibt doch immer unerklärt, weshalb sie nicht aus den Monts du Charollais direkt ins Loiretal abstiegen und bei Briennon oder Digoin überzugehen suchten. Ja schließlich können wir feststellen, daß Cäsar selber gar nichts anderes erwartet hat, als daß die Helvetier den Fluß entlang marschieren würden, da er, wie wir nachher hören, seine Verpflegung zu Schiff beförderte und nicht für einen Wagenpark gesorgt hatte.

Daß die Helvetier die ernsthafte Absicht gehabt haben, ins Land der Santonen zu ziehen, dürfen wir danach billig bezweifeln.

Als Cäsar den Helvetiern den Durchmarsch durch die Provinz versagt hatte, vermittelte ihnen der Häduerfürst Dumnorix einen friedlichen Durchzug durch das Gebiet der Sequaner, Von den Sequanern gelangen die Helvetier ins Gebiet der Häduer, nach dem Vorhergehenden müßte man meinen, als Freunde. Aber sie erscheinen als Feinde, verwüsten das Land, und die Häduer rufen die Hilfe der Römer gegen sie an. Hier müssen sich im Hintergrunde Vorgänge abgespielt haben, die Cäsar uns verschweigt.

Nach ihrer Teilniederlage an der Saone boten die Helvetier, erzählt uns Cäsar weiter, Frieden an und erklärten sich bereit, in dasjenige Land zu ziehen, das ihnen Cäsar anweisen wolle. Die Verhandlungen zerschlugen sich daran, daß die Helvetier die Geiseln, die Cäsar verlangte, nicht stellen wollten. Sollte Cäsar ihnen aber auf die Hauptfrage gar nicht geantwortet haben? Er muß ihnen doch wohl gesagt haben: da ihr versprecht, in das Land zu ziehen, das ich Euch anweise, so ersuche ich Euch, in Euer eigenes altes Land zurückzukehren. Daß dieser Satz fehlt, macht die ganze Verhandlung oder aber den Zusammenhang, in den sie gestellt ist, sehr verdächtig.

In welcher Richtung die Helvetier nunmehr abzogen, sagt uns Cäsar nicht direkt; wir können es nur daraus schließen, daß Cäsar sagt, er habe sich nicht auf der Saone verproviantieren können, weil die Helvetier, denen er folgte, von dem Flusse abbogen, und daß die Schlacht endlich in der Nähe von Bibracte (Mont-Beuvray, 20 Kilometer westlich von Autun) geschlagen wurde. Cäsar machte einmal einen Versuch, vermittelst einer Umgehung die Helvetier von zwei Seiten anzugreifen, und als das durch einen Zufall vereitelt wurde, ließ er von ihnen ab um nach Bibracte zu gehen. Er mußte das tun, sagt er, um der Verpflegung willen, die ihm die Häduer, als sie ihn um Hilfe riefen gegen die Helvetier, versprochen hatten aber nicht lieferten. Sein Abschwenken aber führte die die Schlacht herbei: die Helvetier sahen entweder darin Furcht oder wollten die Römer von ihrer Verpflegung abschneiden und gingen ihrerseits zum Angriff vor.

Sollen wir es wirklich glauben, daß die Helvetier sich die Wendung der Römer gegen Bibracte nicht anders als durch Furcht haben erklären können und daß dadurch sie, die kurz vorher erst angeboten hatten, aus Cäsars Hand eine neue Heimat zu empfangen, die 15 Tage lang marschierend sich ihm zu entziehen gesucht hatten, so ermutigt wurden, daß sie plötzlich umkehrten und ihn angriffen? Das andere Motiv wiederum, die Römer von ihrer Verpflegung abzuschneiden – wie soll man es verstehen? Wollten die Helvetier Cäsar von seiner bisherigen Operationslinie und Basis abschneiden, so war dazu kein Angriff und keine Schlacht nötig. Wollten sie ihn von Bibracte abschneiden? Abschneiden von der Verpflegung und Schlacht sind Begriffe, die sich hier ausschließen: siegten die Helvetier, so brauchte kein Römer Verpflegung mehr; wurden sie besiegt, so war den Römern nichts mehr abgeschnitten. Weshalb waren die Helvetier fortwährend marschiert? Wollten sie ins Land der Santonen, so muß man annehmen, daß der Marsch bisher eine nordwestliche Richtung gehabt hatte und daß man der Loire schon ziemlich nahe war, daß sie also jetzt, da die Römer sich nach Osten wandten, unbehelligt weiterziehen konnten. Wollten sie ihre Niederlage an der Saone noch rächen, warum erst jetzt? Warum hatten sie nicht unterwegs eine günstige defensive Stellung gewählt und hatten abgewartet, ob die Römer anlaufen würden?

Die kurzen Nachrichten und vereinzelten Notizen, die wir sonst bei römischen Schriftstellern über diese Feldzüge finden, tragen zur Aufklärung nichts bei, und es möchte hoffnungslos erscheinen, wenn man ausschließlich auf eine Erzählung angewiesen ist, in der die Wahrheit offenbar mit Absicht an vielen Stellen verdunkelt wird, doch ein richtiges Bild von den Dingen gewinnen zu wollen. Aber man kann doch auch nicht dabei stehen bleiben, Cäsar einfach zu verwerfen, ohne etwas anderes an die Stelle zu setzen. Daß man ihm nicht einfach nacherzählen darf, ist anerkannt. Napoleon I. hat einmal gesagt[1], der helvetische Feldzug sei einfach unverständlich, und auch diejenigen Historiker, die Cäsar das größte Vertrauen entgegenbringen, halten doch für nötig, ihn in sehr wesentlichen Punkten zu ergänzen und zu korrigieren. Mommsen fügt als Auswanderungsmotiv die Furcht vor Ariovist hinzu, was sich doch wohl nicht mit dem Wunsch, die Hegemonie von Gallilen zu erwerben, verträgt; überdies behauptet Cäsar, als ob Ariovist nicht in der Welt gewe-

1 Las Cases, Mem. de St. Hélène II, 445.

sen wäre, das gerade Gegenteil: die Helvetier, rings von Bergen und Strömen eingeschlossen, hätten es schmerzlich empfunden, ihre Nachbarn nicht mit Krieg überziehen zu können. Mommsen läßt ferner die Friedensverhandlung an der Saone kurzerhand aus. Napoleon III. wiederum behandelt die Auswanderung und den Wunsch, sich Gallien zu unterwerfen, nicht als nebeneinander hergehende, sondern einander ablösende Pläne und läßt aus den Friedensverhandlungen das Angebot der Helvetier, sich von Cäsar Land anweisen zu lassen, aus. Holmes endlich meint, ähnlich wie Mommsen, daß die Helvetier, gedrängt von den Germanen, beschlossen hätten, sich eine neue Heimat zu suchen, und läßt den Plan der Unterwerfung Galliens als eine bloße Intrige des Fürsten Orgetorix erscheinen. Das ist gerade das Umgekehrte von dem, was uns Cäsar erzählt. Aber alle diese Korrekturen genügen doch immer noch nicht. Es fehlt eine Erklärung, wie sich die Helvetier bei der Unterwerfung Galliens zu Ariovist zu stellen gedachten. Es bleibt die Unmöglichkeit, mit einer einzigen Legion und bloßem Landsturm eine flüchtige Feldbefestigung von vier Meilen Länge gegen ein großes Heer zu verteidigen. Es fehlt ein Motiv für den Abmarsch vom Saoneübergang nach Norden und für das plötzliche Umkehren zur Schlacht. Man muß suchen, auch diese Fehler und Lücken zu eliminieren und auszufüllen, um ein Bild zu gewinnen, das, wenn auch nicht beweisbar, doch wenigstens den Vorzug hat, denkbar und möglich zu sein.

Versuchen wir es einmal mit folgender Skizze.

Das mittlere Gallien stand unter der Herrschaft des Germanenfürsten Ariovist.[1] Schwer ertrugen die Gallier dieses Joch

1 H. Bender, »Cäsars Glaubwürdigkeit über den Krieg mit Ariovist« (N. Korresp.-Bl. f. d. Gelehrtenschulen Württembergs 1894) weist nach, wie sehr Cäsars Angabe über die Herrschaft, die Ariovist in Gallien ausübte, übertrieben ist, aber die Tatsache selber, daß Ariovist eine Oberherrschaft über einen Teil des mittleren Gallien ausübte, wird darum nicht angezweifelt werden dürfen.

und zahlten ihren jährlichen Tribut. In aller Heimlichkeit hatte sich schon ein Häduerfürst, Divitiacus, an die Römer gewandt und ihre Hilfe erbeten, wie uns Cäsar zwar nicht im ersten, aber gelegentlich in einem späteren Buche (VI, 12) erzählt. In Rom ist man nicht geneigt gewesen, darauf einzugehen, sondern hatte im Gegenteil sich mit Ariovist gut zu stellen gesucht und ihn unter Cäsars eigenem Konsulat als König begrüßt und mit dem Ehrentitel eines Freundes und Bundesgenossen des römischen Volkes geschmückt. Die Häduer wollten trotzdem den Gedanken einer Befreiung nicht aufgeben. Eine andere Partei unter Führung des Dumnorix, eines Bruders des Divitiacus, hatte den Gedanken gefaßt, Gallien durch die Kraft der Gallier zu befreien.[1] Noch gab es ein mächtiges und kriegerisches Volk in dieser Gegend, das dem Ariovist nicht gehorchte, die Helvetier. Mit diesen knüpfte man an. Eine einfache Erhebung, in der Hoffnung auf helvetischen Zuzug war nicht möglich, da fast alle vornehmen Familien der Häduer wie der Sequaner und anderer Völker durch Geiseln in Ariovists Händen gebunden waren. Eine List sollte helfen. Der helvetische Führer Orgetorix schlug seinem Volke vor, auszuwandern. Sei es, indem er von Übervölkerung sprach, sei es, indem er vorstellte, daß sie in ihrem Lande binnen kurzem, wie die anderen Gallier, den Germanen erliegen müßten. Unter dem Vorwande der Auswanderung an den Ozean, zu den Santonen[2] sollte das helvetische Kriegsaufgebot

1 Diesen Gedanken läßt Cäsar ausdrücklich durch Liscus aussprechen (I, 17) in der Form, daß man lieber anderen Galliern als den Römern gehorchen wolle – was voraussetzt, daß diese anderen Gallier erst die Herrschaft der Germanen gebrochen hatten.

2 Daß die Helvetier gerade diese Gegend als ihr Wanderziel angeben, hat seine Erklärung durch eine höchst geistvolle Kombination O. Hirschfelds gefunden in seiner Untersuchung »Aquitanien in der römischen Zeit« (Sitz.-Ber. der Berl. Akad. 1896 p. 453), wo höchst wahrscheinlich gemacht ist, daß sowohl die Helvetier, wie vielleicht auch die mit ihnen ziehenden Boier an der unteren Garonne verwandte Stämme sitzen hatten. Schon Hirschfeld macht bei dieser Gelegenheit auch die Bemerkung, daß ein solcher Auswanderungszug doch nicht so leicht vorstellbar sei – nur ei-

im Lande der Häduer erscheinen, ehe der Argwohn des Ariovist erregt wäre, und gestützt auf sie, hoffte die gallische Patriotenpartei alle Bedenken niederzuschlagen und die allgemeine Erhebung gegen die Germanen zu bewerkstelligen. Selbstverständlich begleiteten auch Frauen und Kinder den Zug, wie noch später die Landsknechtsheere, und in diesem Falle vielleicht, um die Täuschung zu erhöhen, noch mehr als sonst bei solchen Zügen. Auch der plötzliche Tod des Orgetorix hielt die Ausführung nicht auf.

Von allen diesen Dingen war Cäsar in Rom durch den Divitiacus und die römische Partei unter den Häduern genau unterrichtet. Unter keinen Umständen wollte er ihn zur Ausführung kommen lassen, denn sein Plan war, daß die Gallier nicht aus eignen Kräften, sondern durch die Hilfe der Römer von dem Joche der Germanen befreit werden sollten, um dafür das römische auf die Schultern zu nehmen. Eine Anfrage der Helvetier, ob sie durch die Provinz ziehen könnten, war ihm gerade recht, sein Heer an die Grenze zu führen und zu verstärken. Die Helvetier hatten die Anfrage nur gestellt, um die Fiktion, daß sie zu den Santonen ziehen wollten, möglichst lange aufrecht zu erhalten. In demselben Sinne nahmen sie, als Cäsar sie abgewiesen hatte, doch den Weg möglichst südwärts, um erst, nachdem sie die Saone überschritten, ihren Weg auf ihr eigentliches Ziel, aufs Gebiet der Häduer zu richten. Unter dem Vorwand, daß sie eine Grenzverletzung begangen, griff Cäsar ihren Nachtrab beim Übergang über die Saone an. Mittlerweile hatte die römische Partei unter den Häduern, vermutlich durch römisches Geld unterstützt, die Oberhand erhalten und setzte durch, daß, statt die Helvetier als Befreier zu begrüßen, der häduische Staat die Hilfe Cäsars gegen ihre Invasion anrief. Die Helvetier waren nunmehr in großer Verlegenheit, schickten zu Cäsar und erboten sich, sich

nen Schritt weiter auf diesem Wege, und man ist bei der oben im Text aufgestellten Hypothese.

von ihm ein Land anweisen zu lassen, d. h. in ihr Land zurückzukehren. Das Abkommen ist, ganz wie Cäsar erzählt, nur an der Frage der Geiselstellung gescheitert. Cäsar bestand aber auf dieser Bedingung, nicht sowohl weil den Helvetiern sonst nicht zu trauen war, als weil ja dieses Unternehmen für ihn der Anfang der Unterwerfung ganz Galliens sein sollte. Die Helvetier wollten die Schmach nicht auf sich nehmen und zogen nach Norden, um im großen Bogen über die obere Saone wieder in ihr Land zurückzukehren. Sie blieben jedoch nicht im Flußtal, wo die Römer gar zu leichtes Spiel gehabt hätten, ihren Zug zu überholen und umfassend anzugreifen, sondern zogen sich so bald wie möglich in die Berge, wo eine starke Nachhut die Römer von Defilé zu Defilé aufhalten konnte. Cäsar folgte ihnen, indem er sich durch die Reiterei der Häduer verstärkte. Aber in dem ersten Gefecht, noch in der Ebene, versagte diese Reiterei und nahm vor den Helvetiern die Flucht, und Cäsar hatte den Verdacht, daß nicht bloß ein ungünstiges Terrain, sondern böser Wille dabei im Spiel war, da Dumnorix kommandierte.

Obgleich Cäsar den helvetischen Nachtrab täglich hätte angreifen und in Gefechte verwickeln können, so tat er das doch nicht, sondern folgte nur in einiger Entfernung mit der größten Vorsicht, die Gelegenheit zu einem großen Schlage erspähend.

Endlich schien sie sich zu finden; eine Umgehung der Helvetier mit zwei Legionen unter Labienus gelang, aber ein Zufall, eine falsche Meldung kam in die Quere und rettete den Feind. Darauf ließ Cäsar von den Helvetiern ab und wandte sich direkt auf die häduische Hauptstadt Bibracte, in deren Nähe man bereits angelangt war. Wie er selbst sagt, waren es Verpflegungsschwierigkeiten, die ihn dazu zwangen; man darf vielleicht auch annehmen, daß es Mißtrauen gegen die Häduer war, das ihn dazu nötigte: der römische Feldherr konnte nicht immer tiefer ins Land hineinziehen, ohne sich eines festen Stützpunktes zu versichern. Diese Wendung aber erzwang die Entscheidung.

Die Helvetier hätten freilich nunmehr unbehelligt weiterziehen und durch das Gebiet der ihnen ja befreundeten Sequaner in ihr Land zurückkehren können. Aber wenn sie das getan hätten, so hätten sie mit Bibracte die Häduer und damit das mittlere Gallien den Römern überlassen. Die häduische Patriotenpartei, die sie ihrerzeit gerufen hatte und vermutlich fortwährend in geheimer Beziehung zu ihnen stand, wird das aufs stärkste bei ihnen geltend gemacht, ihre Hilfe erfleht, vielleicht Übergang in der Schlacht in Aussicht gestellt haben. Da Cäsar, so nahe man einander täglich gewesen, doch seinerseits bisher nicht angegriffen hatte, so mögen die helvetischen Führer sich der Hoffnung hingegeben haben, daß er schließlich von ihnen ablassen werde. Bald mußte, wie sie von ihrem häduischen Freunde erfuhren, sein Vorrat an Lebensmitteln erschöpft sein, und die Häduer lieferten ihm nichts. Seine Wendung gegen Bibracte machte alle diese Hoffnungen zuschanden. Ohnehin mag es von Anfang an bei den Helvetiern nicht an einer Partei gefehlt haben, die es für schmachvoll erklärte, daß man, ohne die an der Saone heimtükkisch von den Römern überfallenen und abgeschlachteten Brüder gerächt zu haben, nach Hause zurückkehre. Jetzt erhielt diese Partei die Oberhand, man beschloß umzukehren und die Römer im Marsche anzugreifen.

Der Punkt, den Cäsar in dieser Geschichte zu verstecken wünschte, ist der Zweck, den die Helvetier bei ihrem Unternehmen hatten, den Kampf gegen Ariovist. Deshalb ist Ariovists Name in diesem ganzen Feldzug bei ihm gar nicht erwähnt. Es wird den Helvetiern imputiert, daß sie die Herren von Gallien werden wollten, als ob Gallilen nicht in dem furchtbaren germanischen Kriegsfürsten bereits einen Herrn gehabt hätte, und in widerspruchsvoller Verknüpfung mit jener Herrschaftsidee erscheint wieder die harmlose Auswanderung mit Weib und Kind zu den Santonen. Cäsar muß eine Grenzverletzung fingieren, muß den Bündniswechsel der Häduer unterdrücken, muß die Friedensverhandlung im Halbdunkel lassen, muß den Abmarsch der Helvetier nach Norden unmotiviert lassen, sucht vergeblich nach Motiven für ihren plötzlichen Schlachtentschluß – alles um des *einen* Punktes willen, daß er die wahre Absicht des ganzen helvetischen Kriegsunternehmens nicht angeben will. Hat man diesen aber erst zurechtgerückt, so ordnet sich alles andere von selbst.[1]

Ich wiederhole noch einmal: ich behaupte nicht, daß die Dinge gerade so verlaufen sind, wie ich sie eben erzählt habe; ich behaupte nur, daß die Erzählung Cäsars vor einem kritischen Blick nicht standhält und in sich unmöglich ist, und habe ihr eine andere, in sich mögliche und denkbare gegenüberstellen wollen, die sich dazu von den tatsächlichen Angaben Cäsars im Grunde weniger entfernt, als die Darstellungen bei Mommsen, Napoleon III. und Holmes. Wir haben uns dabei tiefer in das eigentlich Politische begeben müssen, als es unsere Aufgabe an sich erheischt, aber das war nötig, weil hier das Militärische in untrennbarem Zusammenhang mit dem Politischen steht und weil wir von vornherein zeigen wollten, mit welcher Vorsicht die Historie die Kommentare Cäsars benutzen muß.

Die Schlacht bei Bibracte

Schon aus allgemeinen Erwägungen haben wir schließen müssen, daß die Zahl, die Cäsar für den Helvetierzug angibt, 368 000 Köpfe, ungeheuerlich übertrieben ist. Die Betrachtung des politischen Charakters des Unternehmens wird weiter den Zweifel anregen, ob wirklich das ganze Volk der Helvetier mit seinen Bundesgenossen ausgezogen ist. Eine gewisse Menge Weiber und Kinder waren gewiß dabei, das erforderte der Plan, aber daß die Helvetier sich wirklich mit allen ihren Familien und ihrem ganzen Hausrat beladen und ihre Weiler und Dörfer hinter sich verbrannt haben sollten, ist doch schwer zu glauben. Die Tagemärsche, die sie machen, sind zwar nicht auffällig kurz, aber

1 Die lange Zeit, die sie zum Übersetzen über die Saone gebraucht haben sollen, ist kein Beweis, da man nicht wissen kann, wie sehr Cäsar auch hierbei übertrieben hat.

auch nicht lang, und sprechen für einen gewissen Troß; die Erzählung von der Schlacht zeigt, daß er nicht gar zu groß gewesen sein kann. Cäsar, der eine halbe Meile hinter den Helvetiern gelagert hatte, gab das weitere Nachfolgen auf und wandte sich in die Richtung auf Bibracte. Einige überlaufende Knechte brachten den Helvetiern diese Nachricht, sie kehrten um, und um die siebente Stunde, also zwischen 12 und 1 Uhr mittags, begann das Gefecht. Die Helvetier waren mit allen ihren Karren gefolgt und bildeten aus ihnen eine Wagenburg. Die Helvetier haben also mit allen ihren Karren erst ihren Marsch in der einen Richtung angetreten, dann sind sie umgekehrt und sind Cäsar in der andern Richtung gefolgt. Anderthalb bis zwei Meilen muß der Karrenzug an diesem Morgen doch wohl wenigstens gemacht haben; wir wissen, was das bedeuten will, wenn auch Cäsars Worte natürlich nicht besagen, daß alle Karren schon wieder zur Stelle waren, als die Schlacht begann. Man kann es nicht spezifizieren, aber daß die Menge, die solche Bewegungen macht, doch im ganzen nur eine mäßige sein kann, leuchtet ein.

Cäsar hatte sechs Legionen und Hilfsvölker, darunter 4000 Reiter (cap. 15). Sechs Legionen würden normal 36 000 Mann stark sein; davon mag Cäsar 30 000 zur Stelle gehabt haben, unter ihnen zwei Rekrutenlegionen, die er rückwärts aufstellte und nicht an der Schlacht teilnehmen ließ. Cäsar hatte also, seine Hilfsvölker[1] eingerechnet 36 000 bis 40 000 Mann und damit eine erhebliche numerische Überlegenheit auf dem Flecke.

1 Ich halte es dabei für ausgeschlossen, daß, wie häufig angenommen wird, Cäsar außer den Reitern noch wesentliche weitere gallische Hilfsvölker, sei es aus der Provinz, sei es von den Häduern oder anderen Stämmen, bei sich gehabt habe. Seine sechs Legionen waren den Helvetiern gegenüber in der Schlacht stark genug, und wenig zuverlässige Hilfsvölker bringen keinen Nutzen, sondern nur Schaden durch die Verpflegungsschwierigkeiten, die sie machen. Die auxilia, von denen Cäsar spricht, sind in der Hauptsacher die Numider, Balearen und Kreter, die er nach II, 7 bei sich hat.

Sobald Cäsar bemerkte, daß die Helvetier anrückten, schickte er ihnen seine Reiterei entgegen, um sie möglichst aufzuhalten, ließ seine vier Veteranenlegionen in drei Treffen auf dem Abhang eines Hügels aufmarschieren und verwandte die beiden Rekrutenlegionen mit sämtlichen Hilfsvölkern dazu, hinter der Schlachtlinie eine Lagerbefestigung anzulegen und zu besetzen, in die der ganze Train gefahren wurde.[1]

Die Helvetier liefen gegen die sehr vorteilhaft gewählte Stellung der Römer an und wurden zurückgeworfen. Als die Römer ihnen nachdrangen, wurden sie von den Boiern und Tulingern in der Flanke angegriffen, sei es, daß diese erst jetzt auf dem Schlachtfeld eintrafen, sei es, daß in der ursprünglichen Position die Römer im Terrain eine Flankendeckung gehabt hatten, aus derr die Helvetier sie mit Absicht hervorlockten. Der Flankenangriff ermutigte auch die Front der Helvetier zu erneutem Vorgehen, und die Lage wäre bei der außerordentlichen Tapferkeit, mit der die Gallier kämpften, für die Römer gefährlich geworden, wenn nicht die römische Treffentaktik sich gegen den Doppelangriff bewährt hätte: Cäsar ließ das dritte Treffen gegen die Boier und Tulinger einschwenken und ging nach beiden Seiten offensiv vor (Romani conversa signa biparito intulerunt). Langsam wichen die Gallier zurück; erst in der Dunkelheit gelang es den Römern, die Wagenburg zu erstürmen. Eine Verfolgung ließ Cäsar nicht eintreten, sondern verweilte drei Tage auf dem Schlachtfelde, um der Wunden willen, wie er sagt, und um die Toten zu begraben. Die Helvetier flohen nach Osten (Nord-Osten) ins Land der Lingonen und ergaben sich einige Tage später.

Auffällig ist, daß Cäsar seine beiden Rekrutenlegionen gar nicht verwandte, sondern den Flankenangriff der Boier und Tu-

1 Die Stelle über die Aufstellung ist handschriftlich nicht ganz sicher überliefert und wird von den Editoren sehr verschieden verbessert und gelesen. Der Sinn ist jedoch bei allen derselbe.

linger bloß durch das dritte Treffen zurückweisen ließ. Er erzählt uns mit starker Betonung, wie schwer die Helvetier den Römern den Sieg gemacht hätten und daß sie nur zurückgedrängt worden seien, niemand von ihnen aber den Rücken gewandt habe. Warum zog er da nicht seine Reserve ins Gefecht?

Die Erklärung wird wohl die sein, daß Cäsar, als er die Helvetier so plötzlich anrücken sah, den Verdacht faßte, daß die Häduer Verrat planten und daß er plötzlich, während er sich mit den Helvetiern schlug, von einem häduischen Aufgebot im Rücken angegriffen werden könne. Er hat das nicht sagen wollen, nicht nur, weil es nicht eingetroffen ist, sondern auch, weil er ja das ganze Verhältnis der Häduer zu den Helvetiern möglichst zu verdunkeln suchte. Er erzählt uns immer bloß von Dumnorix, der das Volk verführe. Nach unserer Auffassung ist diese Partei aber sehr viel stärker gewesen, und wir finden sie aufs neue dadurch bestätigt, daß sich aus ihr auch eine Erklärung für das sonst unbegreifliche Zurückhalten aller Schützen und eines vollen Drittels der Hopliten ergibt.

1. Nach unserer Auffassung von der Natur des ganzen Feldzuges müssen die Helvetier östlich von Bibracte vorbeigezogen sein, während diejenigen Gelehrten, die das Wanderziel bei den Santonen festhalten, das Schlachtfeld westlich von der häduischen Hauptstadt ansetzen. Daß die Helvetier, wenn sie wieder nach Hause wollten, sich dennoch so nahe an Bibracte, also so weit nach Westen zogen, spricht nicht gegen unsere Auffassung, da sie fortwährend mit einem politischen Umschwung bei den Häduern gerechnet haben werden. Ein sehr starkes Argument für die Richtigkeit unserer Rekonstruktion ist aber Cäsars Angabe, daß sie ihren Rückzug zu den Lingonen, also nach Osten genommen haben. Wie sollen sie dahin gelangt sein, wenn sie, wie andere Gelehrte annehmen, die Schlacht mit der Front nach Osten geschlagen hatten? Ein völlig geschlagenes Heer flieht in der Richtung seiner Niederlage und jedenfalls nicht nach der gerade entgegengesetzten. Haben die Helvetier aber, wie ich annehme, die Schlacht mit der Front nach Westen geschlagen, so können sie nicht auf dem Wege zur Loire und weiter, zu den Santonen gewesen sein.

Napoleon III. und Stoffel, Guerre de César et d'Arioviste p. 78 suchen den Vorgang dadurch möglich zu machen, daß sie, nachdem die

Schlacht bei Luzy, südwestlich von Autun, mit der Front nach Süden geschlagen war, die Helvetier den Rückzug über Moulins-Engilbert, Lormes, Avallon auf Tonnerre, also nordwärts machen lassen. Zu dem Zweck muß man aber annehmen, daß bei Tonnerre schon Gebiet der Lingonen war, was, da es im Süden bis an die Saone reichte[1] und ihr Hauptort Langres war, kaum glaublich erscheint. Auch steht diese Annahme in direktem Widerspruch mit Cäsars Angabe, daß die Helvetier auf ihrem Rückzuge am vierten Tage zu den Lingonen gekommen seien. Von Luzy bis Tonnerre sind 120 Kilometer Luftlinie, eine Strecke, die die Helvetier unter keinen Umständen, auch wenn sie Tag und Nacht marschierten,[2] in vier Tagen zurücklegen konnten.

Daraus, daß Cäsar nach der Kapitulation der Helvetier noch einen ziemlich bedeutenden Marsch bis Besancon zu machen hat (b. G. I, 38), ist nichts zu schließen, da er zwischendurch eine von ihm nicht weiter berichtete Bewegung gemacht haben kann.

Stoffel glaubt, zwischen Montmort und Toulon-sur-Arroux, gegen zwei Meilen südöstlich von Luzy, direkt südlich von Mont-Beuvray durch Ausgrabungen Spuren des Schlachtfeldes festgestellt zu haben. Aber irgend eine direkte Beziehung auf diese Zeit, ja auch nur auf eine Schlacht zeigen die gefundenen Gegenstände nicht, so daß ein Beweis hieraus nicht zu führen ist. Nach Holmes S. 619 sind seitdem auch Trümmer von Schwertern, Wurfspießen und Helmen in der Nähe der aufgedeckten Verschanzungen gefunden worden, aber ein wirklicher Beweis ist auch das noch nicht.

Einen direkten Gegenbeweis aber bietet eine Stelle in Cäsars Text. Er sagt, die Boier und Tulinger hätten die Römer a latere aperto umgangen. Nach der gewöhnlichen Auffassung heißt »latus apertum« die rechte, vom Schilde nicht gedeckte Seite. Es ist aber klar, daß, wenn der Zug der Helvetier, wie Stoffel will, nach Westen gegangen und ihre Front zuletzt nach Süden gerichtet war, ihr Nachtrab den Römern nur in die linke Flanke kommen konnte. Stoffel tritt deshalb einen ausführlichen Beweis an, daß latus apertum nicht speziell die rechte, sondern überhaupt die

1 Strabo IV, 1, 11. Im Norden soll das Gebiet der Lingonen noch über das der Mediomatriker hinaus gereicht haben. Strabo IVv, 2, 4.

2 Man hat darüber gestritten, wie Cäsars Ausdruck »nullam partem noctis itinere intermisso« zu verstehen ist. Meusel klammert ihn ein, und er sieht in der Tat stark nach Glossem aus. Der Sinn kann weder sein, daß sie nur nachts, noch daß sie vier Tage Tag und Nacht ununterbrochen marschiert seien, sondern allein ein hyperbolischer Ausdruck dafür, daß sie in ihrer Eile und Angst die Nacht zum Marschieren zu Hilfe nahmen.

ungedeckte Flanke heiße. Diesen Beweis aber hat Holmes umgestürzt durch den Hinweis auf die Stellen bell. Call. V, 35, 2 und VII, 4, wo latus apertum offenbar als technischer Ausdruck für »rechte Flanke« gebraucht wird. Holmes selber, so treffend ihm sonst Stoffels Ausführungen erscheinen, will sich deshalb doch nicht mit unbedingter Sicherheit aussprechen. Ich möchte umgekehrt sagen, daß hiermit der strikte Beweis erbracht sei, daß die Schlacht östlich von Bibracte geschlagen wurde. Denn wenn die Helvetier nach Westen abzogen und schließlich den Rückzug nach Norden nahmen, so müssen sie nach der linken Flanke aufmarschiert sein und während der Schlacht die Front nach Süden gehabt haben; die Boier und Tulinger also, welche von Westen her nachgerückt kamen, konnten den Römern nur in die linke Flanke fallen. Fand die Schlacht aber östlich von Bibracte statt und die Helvetier nahmen die Flucht ungefähr nach Nordosten, so hatten die *Helvetier* die Front nach Südwesten oder Süden, die nachrückenden Boier und Tulinger konnten also den Römern in die rechte Flanke fallen. Das würde durchschlagend sein, wenn nicht Holmes feststellte, daß die Cäsar-Handschriften bloß »latere aperto« haben, was sich vielleicht auslegen ließe »indem ihre Flanke entblößt war«. Immerhin fällt das »latere aperto« mit viel größerer Wahrscheinlichkeit für einen Angriff der Boier in die rechte Flanke der Römer, damit für die Feststellung des Schlachtfelders östlich von Bibracte, damit für die Auffassung, daß die Helvetier nicht auf dem Wege zu den Santonen waren ins Gewicht.

2. Manche von den notwendigen Einwendungen gegen Cäsars Darstellung sind bereits ganz richtig in dem groben Büchlein »Die Kämpfe der Helvetier, Sueben und Belgier gegen C. J. Cäsar. Neue Schlaglichter auf alte Geschichten von Max Eichheim. Neuburg a. D. Selbstverlag. 1866« gemacht, aber bei dem offenbaren wissenschaftlichen Dilettantismus des Verfassers und seinem wilden Ausfahren nach rechts und links von der gelehrten Welt nicht beachtet oder abgelehnt worden. In einer Jenenser Dissertation hat dann H. Rauchenstein (Der Feldzug Cäsars gegen die Helvetier, 1882) versucht, Eichheims Kritik so zu sagen vernünftig zu machen und dessen Einwendungen wissenschaftlich und methodisch zu verwerten und zu gestalten. Auch er hat jedoch keine Zustimmung gefunden, da er an den äußeren Tatsachen zu gewaltsame Operationen vornimmt. Die Konsequenz seiner Auffassung zwingt ihn zuletzt, anzunehmen, daß Cäsar bei Bibracte nicht gesiegt habe, sondern im Gegenteil in sein Lager zurückgetrieben worden sei; der Kampf um die Wagenburg, sei nicht um die der Helvetier, sondern der Römer geführt worden, und die Helvetier hätten endlich, da sie doch nicht stark genug waren, die Römer zu überwinden, ein Abkommen mit ihnen getroffen.

Der Punkt, wo Rauchenstein vom rechten Wege abirrt, ist gleich im Anfang bei dem Zweck des helvetischen Auszuges. Wohl alle Bearbeiter des gallischen Krieges ohne Ausnahme haben empfunden, daß die beiden Zwecke, die Cäsar nebeneinander angibt, Auswanderung und Eroberung der Hegemonie über die gallischen Völker, sich nicht miteinander vertragen. Rauchenstein erkennt das, aber ebenso wie alle anderen sucht er die Korrektur in der falschen Richtung; er läßt die Eroberung beiseite und behält die Auswanderung bei.

So macht es freilich auch Cäsar selbst, der, obgleich er ausdrücklich sagt, daß die Helvetier auch nach dem Tode des Orgetorix an dem einmal gefaßten Beschluß (Auswanderung *und* Eroberung) festhalten, doch von da an nur noch von der Auswanderung spricht. Er konnte nicht umhin, diese Lücke zu lassen, da er uns ja den eigentlichen Grund des Helvetierzuges, den beabsichtigten Kampf gegen Ariovist, der die Einmischung der Römer in die gallischen Dinge überflüssig und untunlich gemacht hätte, nicht gestehen will. Setzt man diesen wahren Zweck in seine Erzählung ein, d. h. streicht man von den beiden Motiven, die er gibt und von denen eins unter allen Umständen fallen muß, die Auswanderung oder vielmehr reduziert diese auf eine bloße politisch-militärische Maske, so ist alles vollständig klar.

Rauchenstein legt Gewicht darauf, daß Cäsar trotz seines Sieges weder die Helvetier verfolgte noch nach Bibracte ging, während er uns doch vorher gesagt hat, daß seine Soldaten nichts mehr zu leben hatten. Die Erklärung ist, daß der Sieg Cäsars bereits alles gab, was er brauchte. Er verfolgte die Helvetier nicht, weil ihm nicht nur nichts daran lag, sie zu vernichten, sondern er im Gegenteil sie, nachdem sie besiegt waren, zu schonen wünschte, da er ja jetzt als Vorkämpfer aller Gallier gegen Ariovist aufzutreten gedachte. Dazu stimmt sehr gut, daß der römische Feldherr, was er selber nicht erzählt, Mommsen aber Hermes, Bd. 16 S. 447 nachgewiesen hat, den Helvetiern einen sehr günstigen Vertrag gewährte. Wiederum sofort in der entgegengesetzten Richtung auf Bibracte abzumarschieren, wäre unklug gewesen, da es den Anschein erwecken konnte, als ob der Sieg nicht so ganz zweifellos gewesen wäre. Lebensmittel aber werden die Häduer den Römern nach dem Siege schon geliefert haben, wo sie auch standen.

3. Die Untersuchung von H. Klövekorn »Die Kämpfe Cäsars gegen die Helvetier i. J. 68« (Leipzig 1889) kenne ich nur aus der Besprechung von Ackermann in der »Wochenschr. f. klass. Philologie« 1889, Sp. 1392.

Eine Untersuchung über denselben Gegenstand von Bircher habe ich angeführt gefunden, habe sie jedoch nicht erlangen können.

4. Ein merkwürdiger Beweis, wie schwer es ist, sich von der Autorität des geschriebenen Wortes zu befreien, ist das Verhalten Napoleons III. und Stoffels zu Cäsars Zahlangabe. Napoleon gibt uns die Berechnung

über die Länge, die der helvetische Wagenzug eingenommen haben müßte, wenn Cäsars Zahlen richtig wären. Aber weder er noch sogar Stoffel haben den Gedanken nun zu Ende gedacht und die Zahl Cäsars verworfen, und darauf gestützt erklärt wieder Holmes S. 224, da Stoffel doch ein Mann sei, der wisse, was er schreibe, daß Cäsars Zahlen sich nicht anfechten ließen. Aber nicht die Autorität, sondern die Natur der Dinge entscheidet hier, und das einzige sachliche Rettungsmittel, das Holmes gefunden hat, ist unbrauchbar. Er beruft sich darauf, daß die Helvetier doch nicht ihre Wagen alle in einer Reihe fahren zu lassen brauchten, sondern mehrere Reihen bilden konnten. Das kann man gewiß tun, aber nur so lange es über ebenes Feld geht. Ist auf dem Wege nur eine einzige schmale Stelle, eine Brücke, eine Furth, ein Hohlweg, so wirkt das ebenso, als wenn der ganze Weg schmal wäre. Mit sehr gutem Material und durchgebildeter Disziplin kann man wohl durchsetzen, daß die Wagen die Enge mit verdoppelter Schnelligkeit nehmen und dadurch das Hindernis ausgleichen. Aber das Mittel versagt bei einem Zuge, dessen Karren mit Ochsen bespannt und hauptsächlich mit Weibern und Kindern besetzt sind. Es versagt auch immer da, wo sehr weicher oder vom Regen aufgeweichter oder unebener Boden das zeitweilige Traben verhindert. Es ist deshalb anzunehmen, daß die »Völkerwanderungen«, wo sie tatsächlich vorgekommen sind, sich meist in *einer* Wagenlinie fortbewegten und ihr Hilfsmittel in sehr kurzen Tagemärschen hatten.

5. Daß Cäsars Angabe zu hoch sei, haben besonnene Köpfe auch damals schon in Rom erkannt. Wir dürfen das daraus entnehmen, daß wir bei Orosius (VI, 7, 6) eine andere Tradition finden, wonach der Auszug nur 157 000 Köpfe stark war, von denen 47 000 unterwegs umkamen. Diese Nachricht geht vermutlich auf einen der Generale Cäsars im Bürgerkrieg, Asinius Pollio zurück.

Aber obgleich dieser hiernach die 110 000 Köpfe, die bei der Rückkehr der Helvetier in ihr Land gezhält sein sollen, akzeptiert hat, so muß auch diese Zahl noch viel zu hoch sein. Vermutlich ist die Zählung mehr eine Abschätzung oder Zusammensetzung nach der Angabe der Altermänner (der Hundertschaft-Vorsteher) gewesen, die es so genau nicht nahmen, als ein wirklicher Census. Wenn ich alle Bewegungen überdenke, die der Zug gemacht hat, so kann ich mir nicht vorstellen, daß er je auch nur annähernd 110 000 Köpfe gezählt hat, und vermute deshalb, daß in dieser Zahl auch die in der Heimat Gebliebenen einbegriffen sind. Bei Strabo IV 3,3 finden wir die Nachricht, daß die Zahl der Übriggebliebenen 8000 gewesen sei. Sollte diese Notiz so ganz aus der Luft gegriffen sein? Beziehen wir sie nur auf die Krieger und nehmen an, daß in Anbetracht der großen Verluste und der Lostrennung der Boier, die bei den Häduern blieben, die

Zahl ursprünglich um die Hälfte größer gewesen ist, so hat sie alle innere Wahrscheinlichkeit für sich. 12 000 tapfere Barbaren mögen sich wohl zugetraut haben, es mit 4 römischen Legionen aufnehmen zu können, und die Heeresbewegungen erregen bei einem Zuge, der im ganzen vielleicht 20 000 Köpfe zählte, keine Bedenken mehr.

Die Untersuchung von WACHSMUTH Klio Bd. III (1903) S. 281 beruht auf der Voraussetzung der Glaubwürdigkeit der von den antiken Schriftstellern überlieferten Bewegungen der Hunderttausende.

6. VEITH a. a. O. gibt im Text seines Werkes Cäsars Erzählung wieder, im Anhang meine Auffassung, mit dem Vorbehalt, daß Cäsar nicht bewußt entstellt, sondern selber den Zusammenhang nicht durchschaut habe.

7. In Widerspruch zu meiner Auffassung haben mehrere neuere Untersuchungen die Glaubwürdigkeit von Cäsars Bericht in den Hauptsachen zu verteidigen gesucht, namentlich den Auswanderungsplan der Helvetier festgehalten und demgemäß die Schlacht nicht östlich, sondern südwestlich oder südlich von Bibracte angesetzt. Ich nenne: ZIEHEN, Der neueste Angriff auf Cäsars Glaubwürdigkeit. (Ber. d. fr. deutschen Hochstifts zu Frankfurt a. M. 1901.) FR. FRÖHLICH, die Glaubwürdigkeit Cäsars in seinem Bericht üb. d. Feldzug geg. d. Helvetier. Aarau 1903. H. BIRCHER, Bibracte. Aarau 1904.

Der entscheidende Punkt ist, ob die Helvetier wirklich an die Garonne-Mündung haben auswandern wollen, oder ob dieser Plan nur ein Vorwand war, um einen Hilfszug für die häduische Patriotenpartei gegen Ariovist einzuleiten.

Bei der zweiten Annahme erklärt sich sowohl das Abschwenken des Zuges nach Norden, nach dem Saone-Übergang, wie das Umkehren zur Schlacht sehr einfach, bei der ersten bleibt beides schlechthin unerklärlich.

Ziehen sagt: »Ich muß nun zunächst sagen, daß sich im Jahre 1900 auf Grund vorzüglicher Karten sehr leicht Ratschläge über Wege, die man wählen kann, geben lassen, für die armen Helvetier aber vor 2000 Jahren diese Kenntnis nicht so einfach zu erwerben war, zumal sie die Römer hinter sich hatten. Woher weiß ferner Delbrück, ob die von den französischen Gelehrten ausfindig gemachten Wege schon damals wirklich gangbar waren? Aber nehmen wir selbst an, sie seien es gewesen und die Helvetier hätten davon gewußt, so ist es durchaus möglich, daß sie ihnen durch die dortigen Gebirgsbewohner versperrt wurden. Wir wissen aus den Verhandlungen mit den Sequanern am Anfang des Zuges, wie viel den Helvetiern darauf ankam, schwierige Defilees zu vermeiden, und Delbrück selbst sagt gerade an unserer Stelle, die Helvetier hätten auf jenen Gebirgswegen die Römer leicht mit einer kleinen Nachhut aufhalten können. Was aber *für* die Helvetier gilt, muß auch *gegen* sie gelten; sie durften also diesen Weg nur dann wagen, wenn die Bevölkerung dort ihnen keine Schwierigkeiten machte, und die Möglichkeit, daß dies doch geschah, kann kein Mensch bestreiten.«

Ich erwidere darauf: daß durch die Gebirgstäler in dem ganz gut bevölkerten, an Städten und Verkehr keineswegs armen Lande auch Wege gingen, ist ganz selbstverständlich. Ebenso, daß die Helvetier sie kannten. Sie hatten ihren Zug seit langem vorbereitet und waren nicht so gedankenlos, ins Blaue zu marschieren. Ihre kundgegebene Absicht war zweifellos, den geraden Weg zu den Santonen zu nehmen – wozu hätten sie sonst die Saone so weit südlich überschritten und sich nicht schon weit früher, entweder von Genf aus, oder von ihrem Eintritt in die Ebene an, nordwestlich gewandt? Was hatte nun der Umweg im rechten Winkel für einen Zweck? Denkbar scheint, daß die Völkerschaften im Gebirge ihnen unerwartet die Pässe zu sperren suchten. Das Motiv ist aber nicht stark genug, um eine Maßregel, wie die völlige Änderung der Marschrichtung zu rechtfertigen. Paßbesetzungen in einem so mäßig hohen Bergland bereiten wohl Aufenthalt, sind aber zu umgehen und die Schwierigkeit, die dabei entsteht, ist nicht zu vergleichen mit der Gefahr, der die helvetische Heereszug sich in der Flußebene aussetzte, indem die Römer ihn verfolgten. Vor allem aber ist die hier erwartete Feindseligkeit der Bergvölker eine ganz leere Vermutung; Cäsar sagt davon kein Wort; er gibt uns nicht nur kein Motiv an für die erstaunliche Richtungs-Änderung des feindlichen Zuges, sondern es ist auch deutlich, daß er selber von vornherein nichts anderes als den Marsch nordwärts an der Saone entlang erwartet hat. Denn die Verproviantierung seines Heeres, auf die er sich eingerichtet hat, folgt ihm auf dem Fluß, und als er sich von der Saone abwendet, fehlt ihm der Wagenpark, der ihm die Lebensmittel nachfahren kann. Hätte der Römer sich ursprünglich den Feldzug vorgestellt als über die Berge ins Loire-Tal gehend, so hätte er notwendig für einen genügenden Train sorgen müssen. Cäsar gibt uns für die Abschwenkung der Helvetier nach Norden kein Motiv an, weil er selber nie an den Zug zu den Santonen geglaubt hat und die Schwenkung der Helvetier nach Norden ihm die natürlichere und selbstverständlichere ist.

Ganz ebenso steht es mit dem plötzlichen Umkehren der Helvetier zur Schlacht. Wollten sie zu den Santonen, warum in aller Welt ließen sie sich mit den Römern in eine Schlacht ein gerade in dem Augenblick, wo diese von der Verfolgung abstanden und eine andere Richtung einschlugen? Niemand hat bisher diese Frage auch nur einigermaßen plausibel zu beantworten übernommen.

Umgekehrt hat Fröhlich in dem Zeugnis Cäsars selbst den letzten Zweifel beseitigt. Ich habe oben geschrieben, daß der Angriff der Boier und Tulinger »latere aperto« den Ausschlag geben müsse, falls dieser Ausdruck auch ohne die Zufügung der Präposition »a« die »rechte Flanke« bedeute. Fröhlich (S. 29) bringt nun zwei Stellen aus dem bellum Alexandrinum bei (20, 3 u. 40, 2), aus denen hervorgeht, daß die Zufügung der Präposition in der Tat bedeutungslos ist. Kamen nun die Boier und Tulinger den Römern in die rechte Flanke, so muß nach der natürlichen Stellungnahme der Armeen der Abzug der Helvetier nach Ost oder Nord-Ost, also rechts von Bibracte erfolgt sein und Stoffels Konstruktion ist unmöglich geworden, da er den Angriff von links kommen lassen muß. Diesem Argument tritt nun freilich Bircher entgegen, indem er die hohen Heere bei der Aufstellung eine so starke Drehung (Römer Front nach Südwest) machen läßt, daß der Flankenangriff sie doch noch von rechts treffen konnte. Ich halte das für völlig ausgeschlossen; namentlich auch deshalb, weil das Gros der Helvetier dann nicht den Rückzug zu den Lingonen hätte nehmen können. Bircher selbst fügt noch hinzu, »am dunkelsten« seien die Folgen der Schlacht, sonderlich die rasende Flucht, 30 Kilometer den Tag. Jede Dunkelheit aber schwindet, wenn die Schlacht östlich von Bibracte, d. h. nicht sehr weit von den Grenzen der Lingonen stattfand.

8. Alfr. Klotz, Der Helvetierzug. N. Jahrb. f. d. klass. Altert. 1915. 35. u. 36. Bd. 10. Heft sucht wieder Cäsars Bericht zu retten, indem er über die Schwierigkeiten hinweggleitet.

9. Konr. Lehmann, Sokrates, 69. Bd. 10/11. Heft. 1915. S. 488 verteidigt Cäsar im wesentlichen im Anschluß an meine Auffassung gegen die Angriffe Ferreros.

3. KAPITEL
Ariovist

Nach der Unterwerfung der Helvetier ließ Cäsar Deputationen gallischer Fürsten vor sich erscheinen, die ihn baten, sie von der Herrschaft des Ariovist zu befreien. Cäsar machte sich auf und stieß in der Gegend von Belfort oder im oberen Elsaß auf die Germanen.

Eine sichere Bestimmung des Ortes ist nicht möglich. Ariovist ging nicht direkt auf die Entscheidungsschlacht los, sondern umging das römische Lager und schlug eine kleine halbe Meile entfernt, an einen Berg angelehnt, seine Wagenburg auf, so daß er seine Reiter von dort aus vorschicken und die Straße, auf der die Römer ihre Lebensmittel bezogen, unterbrechen konnte. Da Ariovist nicht gedacht haben kann, ohne Schlacht fertig zu werden, ihm auch nicht daran gelegen haben kann, Cäsar einige Meilen zurückzumanövrieren, so dürfte der Zweck seines Manövers gewesen sein, Cäsar um der Verpflegung willen zu einer Rückwärtsbewegung zu nötigen und ihn dann im Marsche anzugreifen. Die Stärke seines Heeres lag in der Verbindung von Reitern und leichten Fußkämpfern, die miteinander eingeübt und sehr gefürchtet waren. Gegen diese Truppe trauten sich die gallischen Reiter, die Cäsar bei sich hatte, nicht heraus.

Dieses Waffenverhältnis, die Überlegenheit der Germanen in dem eigentümlichen Mischkampf muß auch zur Erklärung von Ariovists Manövererfolg dienen. Man könnte sich sonst kaum vorstellen oder müßte in Cäsar im Verhältnis zu Ariovist einen ganz inferioren Feldherrn sehen, daß es diesem gelungen ist, so unmittelbar am römischen Lager, also ganz nahe vorbei- und herummarschierend, seine Wagenburg aufzuschlagen. Auch wenn Cäsars Schilderung noch so sehr übertrieben ist, wenn nicht ganze germanische Völkerschaften mit Weib und Kind, sondern sozusagen nur mobile Krieger mit einem kleinen Gefolge von Troß und Frauen die Bewegung gemacht haben, so sind bloß einige hundert Karren doch schon eine schwere Belastung und dürfen während des Zuges oder beim Aufmarsch zur Wagenburg nicht einem geordneten feindlichen Angriff ausgesetzt werden. Verständlich wird der Vorgang erst, wenn man hinzunimmt, daß Ariovist imstande war, seine Umgehungsbewegung gleichzeitig durch eine geschickte Benutzung des Geländes und durch die Hamippen zu decken. Nachdem die Umgehung gelungen war, beherrschte Ariovist die Ebene und fing die Zufuhren ab, und wenn das römische Heer sich nach irgend einer Richtung in Marsch setzte, so mußte es ihm sehr schwer werden, sich selbst und seinen Troß gegen die bald hier, bald dort ansetzenden Schwarmattacken dieser todverachtenden Barbaren zu verteidigen. Ariovist hatte mit vollendeter Geschicklichkeit operiert, aber Cäsar war ihm überlegen. Zunächst forderte er ihn wiederholt zur Schlacht heraus, indem er sein Heer in der Ebene aufmarschieren ließ. Ariovist hütete sich, aus seiner Wagenburg herauszukommen, und das hob die Moral der römischen Soldaten, die die Zurückhaltung der Germanen als Feigheit auslegten. Aber man mußte vor allem die Zufuhrstraße wieder frei machen. Cäsar rückte mit seinem Heer in Schlachtordnung auf einen Platz, der den Germanen den Eintritt in die Ebene in der Richtung auf Cäsars Zufuhrstraße versperrte, ließ die beiden vorderen Treffen in Schlachtordnung stehen und hinter ihnen von dem dritten eine Befestigung anlegen, die für zwei Legionen Platz bot und mit ihnen besetzt wurde. Vergeblich versuchte Ariovist, sobald das Gros der Römer in das Hauptlager zurückgekehrt war, das kleine Lager in einem schnellen Anlauf zu erstürmen. Cäsar konnte sich aus seine Anlage und die Besatzung so sehr verlassen, daß er nicht einmal das Gros zum Entsatz herausführte. Am andern Tage aber stellte er sich mit seinem ganzen Heer von neuem zur Schlacht auf und rückte nah an die germanische Wagenburg heran. Ariovist entschloß sich nunmehr, die Schlacht anzunehmen. Cäsar konnte es jetzt besser aushalten, als er; er hatte seine Verpflegung gesichert und die Germanen hatten durch Hinziehen nichts mehr zu gewinnen. Ariovist muß ja seit vielen Wochen oder Monaten auf das Herannahen des Krieges vorbereitet gewesen sein und hatte sicherlich alle verfügbaren Kräfte herangezogen, ehe er den Römern entgegen ging. Er hätte ja sonst ohne Schwierigkeit und wesentliche Opfer noch weit zurückweichen und Cäsar hinter sich herziehen können. Aber das hat ihm gewiß sehr fern gelegen. Zu einem Sturm auf die germanische Wagenburg wiederum hätten sich die Römer sicherlich nicht verlocken lassen, und längeres Warten hätte, da sie die Herausfordernden waren, ihre Moral erhöht, die der Germanen geschwächt. Ariovist trat also aus seiner Wagenburg heraus und ordnete seine Krieger völkerschaftsweise zur Schlacht.

Abermals bewährte sich die Treffentaktik der Römer. Als ihr linker Flügel in Bedrängnis geriet, führte der junge Crassus, der eigentlich die Reiterei kommandierte, das dritte Treffen auf diese Seite und gewann durch diese Verstärkung, wie schon Cäsar auf dem andern Flügel, die Oberhand.

In Cäsars Erzählung vermissen wir jede Angabe über die Stellung und das Verhalten der Reiterei. Wo waren die gefürchteten germanischen Doppelkämpfer? Weshalb fielen sie nicht, nachdem sie die gallischen Reiter verjagt, den römischen Legionen in Flanke und Rücken, wie Hannibals Reiter bei Cannä? Daß sie durch irgend einen Zufall nicht zur Stelle gewesen, ist völlig ausgeschlossen, da Ariovist sonst nicht gerade an diesem Tage aus seiner Wagenburg herausgekommen wäre.

Auf die Beantwortung dieser Frage kommt natürlich alles an. Cäsar schweigt darüber. Die Antwort ist, glaube ich, bei seinem berufensten Kommentator, Napoleon I., zu finden, der in seinem Diktat auf St. Helena über die Kriege Cäsars, entgegen allen damaligen Anschauungen, ausspricht, daß die Germanen nicht stärker gewesen sein können als Cäsar. Wir dürfen einen Schritt weiter gehen: für das Fehlen der germanischen Reiter in der Schlacht gibt es nur die *eine* Erklärung, daß Ariovist an Fußtruppen so schwach war, daß er die Beigänger der Reiterei mit in die Infanterie hatte einstellen müssen. Diese Reduzierung ermöglichte es den gallischen Reitern, sich einigermaßen gegen die germanischen zu halten und ihnen die Flankenwirkung auf die Legionen zu versagen. Cäsar hat uns das verschwiegen, weil er weder die numerische Überlegenheit seines Heeres über das germanische, noch die Mitwirkung und das Verdienst der verbündeten gallischen Reiter erzählen wollte.

Eine willkommene Bestätigung der Vermutung, daß Ariovists Heer nur sehr klein war, ergibt sich aus der Mitteilung Cäsars (I, 40) über die Art, wie der Germanenkönig die Herrschaft über die Gallier erlangt hatte. Monatelang, sagt er, habe er sich durch Sümpfe gedeckt im Lager gehalten (cum multos menses castris se ac paludibus tenuisset neque sui potestatem fecisset). Selbst wenn die Monate auch nur Wochen gewesen sein sollten, so ist doch damit schon mit Sicherheit ausgeschlossen, daß das Heer mehrere Zehntausende stark war, um so mehr, da es ja Weiber und Kinder mit sich führte und außer den Pferden sicherlich auch Viehherden zu füttern hatte. Mag man sich vorstellen, so unwahrscheinlich es ist, daß die Germanen noch viel mehr Getreide als selbst die Helvetier auf ihren Karren mit sich geführt haben, die Helvetier blieben in Bewegung und entnahmen die Fourage der Landschaft: die Germanen im Lager mußten ihre Pferde aus ihren Vorräten füttern. Sicherlich ist das Heer, das Ariovist den Römern entgegenführte, stärker gewesen als das, mit dem er erst seine Herrschaft begründete, aber der Kern war doch derselbe; man kann vielleicht an eine Verdoppelung, aber nicht an eine Verzehnfachung denken.

Die Feststellung der Tatsache der wahrscheinlich sehr erheblichen numerischen Überlegenheit der Römer macht uns nun rückwärts schauend auch Ariovists Manövrieren noch verständlicher und erklärt eine andere berühmte Episode dieses Krieges.

Als Cäsar auf seinem Vormarsch gegen Ariovist bis Besançon gekommen war, meuterten die Truppen und wollten ihm gegen die schrecklichen Germanen nicht weiter folgen. Cäsar sprach ihnen Mut ein, erzählte von jenem früheren Feldzug des Ariovist und schloß seine Rede mit der Verkündigung, wenn die andern nicht wollten, so werde er mit der zehnten Legion allein vormarschieren.

Wären die Germanen wirklich einem Heer von sechs Legionen an Zahl überlegen gewesen, so hätte die Ankündigung des Krieges mit *einer* Legion auf die Soldaten doch kaum einen guten Eindruck machen können; sie hätten von ihrem Feldherrn den Eindruck eines miles gloriosus gehabt. Cäsar wird aber noch einen Satz hinzugefügt haben, den er nicht in die Kommentare aufnahm: nämlich die Germanen seien so schwach an Zahl, daß er sich getrauen wollte, sie mit der zehnten Legion allein zu schlagen. Das werden die Gallier den römischen Soldaten bestätigt haben, und daraufhin faßten die Römer sich ein Herz und ließen sich von ihrem Feldherrn in die ferne, unbekannte Wildnis zum Kampf mit den ungeschlachten germanischen Recken hinausführen.

Wir würden über diesen Feldzug viel mehr und mit größerer Bestimmtheit sprechen können, wenn wir imstande wären, mit einiger Sicherheit die Märsche der beiden Heere und das Schlachtfeld zu bestimmen. Nicht nur um Cäsars und der römischen Kriegskunst willen wäre das wünschenswert, sondern auch um der Gegner willen; Ariovist muß eine nicht nur gewaltige, sondern auch strategisch genial angelegte Persönlichkeit gewesen sein. Er geriet an seinen Stärkeren und ist zugrunde gegangen, aber in der Mitte zwischen den Cimbern und Arminius ist er ein gewichtiger Zeuge für die ursprüngliche kriegerische

Veranlagung des germanischen Volkes. Von den Cimbern wissen wir so gut wie nichts, als daß sie römische Heere besiegt haben und endlich besiegt worden sind. Es wäre denkbar, daß sie keine andere Eigenschaft als rohe Kraft besessen haben, aber da wir sehen, wie geschickt und kühn, geradezu kunstvoll schon Ariovist manövriert, und wie wieder bald nach Ariovist Arminius vor unsern Blicken erscheint, so können wir nicht zweifeln, daß von Anbeginn an nicht bloß das sozusagen wilde, sondern auch das höhere, intellektuelle Moment des Krieges dem germanischen Geiste innewohnte und bedauern, daß wir nicht noch ein anschaulicheres, konkreteres Bild von der Führung des Ariovist gewinnen können.

1. Bei Dio Cassius finden sich hier und da Wendungen, die mit der oben vorgetragenen Auffassung des helvetischen und germanischen Feldzuges übereinstimmen. Als Quellenzeugnis sind sie jedoch nicht zu verwerten, seitdem J. Melber in einem Münchener Programm (1891) »Der Bericht des Dio Cassius über die gallischen Kriege Cäsars« schlagend nachgewiesen hat, daß dieser Bericht nichts als ein rhetorisch überarbeitetes Exzerpt aus den Kommentaren ist. Auch diesem Bearbeiter aber entgingen die Lücken und Widersprüche in Cäsars Darstellung nicht ganz, und er hat sie zuweilen aus eigener Einsicht in der rechten Richtung ergänzt.

2. Schon Napoleon I. klagt in seinem Précis, daß Cäsars Schlachten in Gallien »ohne Namen« topographisch nicht zu fixieren und deshalb nicht vollständig zu beurteilen seien.

Unzählige Versuche sind gemacht worden, den Ort der Germanenschlacht zu bestimmen, aber keiner hat allgemeine Anerkennung gefunden. Die Möglichkeit der verschiedenen Kombinationen wird in diesem Fall noch besonders dadurch vermehrt, daß eine der wichtigsten Lesarten unsicher ist. Die Cäsarhandschriften sagen übereinstimmend, daß die Römer die geschlagenen Germanen 5000 Schritt (passus) weit bis an den Rhein verfolgt hätten, also eine deutsche Meile. Plutarch aber, der aus Cäsar geschöpft hat, sagt 400 Stadien, das sind 50 000 Schritte, und eben diese Zahl liest man bei Orosius, der ebenfalls auf Cäsar zurückgeht. Es ist also möglich, ja wahrscheinlich, daß die Zahl in den Cäsarhandschriften verdorben und die Flucht der Germanen nicht eine, sondern zehn Meilen weit bis an den Rhein gegangen ist. Das ist um so wahrscheinlicher, als nur *eine* Meile vom Rhein, also mitten in der elsässischen Ebene, die Manöver Cäsars und Ariovists gar nicht zu erklären wären; man bedarf notwendig eines von den Bergen in gewissen Beziehungen begrenzten und beengten Geländes.

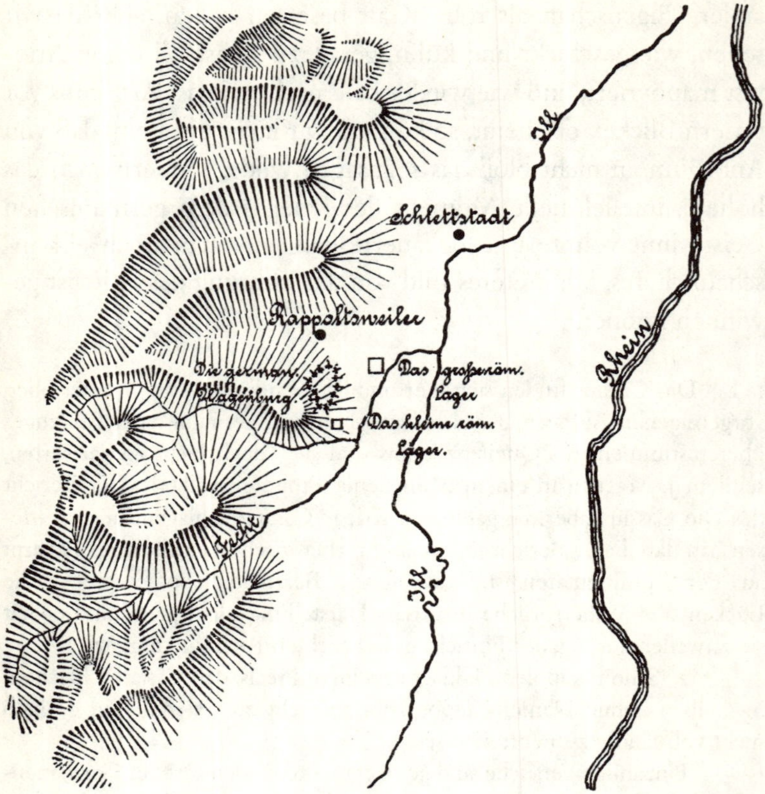

Dies würde durchschlagen, wenn nicht gelegentlich der rheinregulierung Wasserbautechniker zu der Ansicht gekommen wären, daß in alter Zeit ein Arm des Rheins durch das Gebiet der jetzigen Ill geflossen sei. Auf Grund dieser Feststellung hat Göler an den 5000 Schritten festgehalten und sucht das Schlachtfeld an der Südgrenze der Vogesen bei Sennheim (Cennay) nordöstlich von Belfort.

In dieselbe Gegend, aber in den Manövern entgegengesetzt, verlegt Napoleon III. die Schlacht.

40 Kilometer weiter nördlich an dem Fuß der Vogesen, zwischen Colmar und Schlettstadt, nahe bei Rappoltsweiler, sucht Oberst Stoffel das Schlachtfeld. Nach der Schilderung dieses scharfblickenden Militärs

und trefflichen Kenners des Cäsarischen Kriegswesens ist bei dem Dorfe Zellenberg eine Gegend, in die die von Cäsar geschilderten Manöver vollständig hineinpassen. Der Wagenzug der Germanen konnte etwa drei Kilometer von dem römischen Lager entfernt über die Vorberge der Vogesen hinübergeführt werden, wo die Legionen bergauf nur schwer einen Angriff auf sie machen konnten, und das kleine römische Lager wieder findet seinen Platz etwas südwärts, wo es den Germanen den Eintritt in die Ebene verschließt.

Gegen diese Hypothese hat WIEGAND[1] geltend gemacht, daß die Germanen aus einer Schlacht mit der Front nach Osten nicht den Rückzug zum Rhein hätten machen können. Der Einwand ist berechtigt, aber er läßt sich heben. Es ist sehr wohl möglich, daß die Germanen die Schlacht nicht unmittelbar vor ihrer Wagenburg um Zellenberg angenommen, sondern vorher eine Bewegung gemacht haben, so daß sie die Front nach Süden hatten. Cäsar berichtet eine solche Bewegung nicht direkt, sie kann aber erschlossen werden aus der Notiz, die Germanen hätten ihre Schlachtordnung mit ihren Wagen und Karren umgeben: sie haben also vor dem Gefecht mit der Wagenburg tatsächlich irgend eine Bewegung gemacht. Das Motiv, das Cäsar angibt, »damit keine Hoffnung der Flucht bleibe«, gehört in die Gattung der mit Ketten aneinandergeschlossenen Glieder in den Cimbernschlacht, und überdies sind die Germanen, wie wir nachher hören, trotzdem geflohen.

Nicht so leicht ist ein anderer Einwand zu beseitigen, den Colomb und Stolle[2] erhoben haben. Cäsar sagt, daß er am siebenten Tage seines Abmarsches von Vesontio von der Annäherung des Ariovist Meldung erhalten und das Lager geschlagen habe, in dessen Nähe nachher die Schlacht stattfand; er habe jedoch nicht die gerade Straße genommen, sondern um durch offenes Gelände zu marschieren, einen Umweg, circuitus, gemacht

1 Mitt. d. Gesellsch. f. Erhalt. d. geschichtl. Denkmäler im Elsaß. B. 16. 1893.

2 G. COLOMB, Campagne de César contre Arioviste in der Revue archéologique III. Serie. Bd. 33 (1898). FRANZ STOLLE, »Wo schlug Cäsar den Ariovist?« Straßburg 1889. Colomb hat die topographischen Studien gemacht, die ihn auf Arcey geführt haben; Stolle hat ihn in philologischer Richtung ergänzt. Seine Abhandlung ist höchst sorgfältig und in mehrfacher Richtung wertvoll, aber leider durch ein künstliches System von Formeln und Abkürzungen fast unlesbar gemacht. Er gibt am Schluß eine tabellarische Übersicht über die verschiedenen aufgestellten Ansichten und ein vollständiges Literaturverzeichnis, auf das hier verwiesen sei. WINCKLERS Arbeiten sind mir nicht zugänglich gewesen. Zu Stolle ist zu vergleichen die Besprechung von KONR. LEHMANN i. d. D. Lit. Zeit. 1899 Nr. 44 Sp. 1682.

von 50 000 passus = 10 deutschen Meilen. Stoffel, wie die meisten andern, faßt nun den circuitus nur als einen Teil des ganzen Weges auf, nimmt an, daß das römische Heer in den sieben Tagen bis in die Gegend von Rappoltsweiler marschiert sei, was eine tägliche Marschleistung von 27 km im Durchschnitt bedeutet. Das ist gewiß keine unbedingte Unmöglichkeit, aber doch eine so starke Leistung, daß wir zum wenigsten ein Motiv für eine derartige Anstrengung finden können müßten. Ein solches Motiv ist aber nicht ersichtlich. Unmöglich kann Cäsar seine Truppen abgehetzt haben, in der Hoffnung, durch einen Gewinn von zwei oder drei Tagemärschen Ariovist noch unfertig gerüstet zu überfallen. Ariovist hätte, wenn er noch Verstärkungen erwartete, statt Cäsar entgegenzugehen, bloß stehen zu bleiben oder höchstens einen Tagemarsch zurückzugehen brauchen, um alles wieder auszugleichen. Auch wäre es, wenn Cäsar solche Gedanken gehabt hätte, unverständlich, weshalb er, als ihm gemeldet wird, Ariovist sei noch 38 km entfernt, Halt macht und ein Lager aufschlägt, statt ihm zu Leibe zu gehen. Colomb und Stolle haben also darin recht, daß unter den obwaltenden Umständen Cäsar nicht in sieben Tagen von Besancon nach Rappoltsweiler gelangt sein kann.

Trotzdem möchte ich die Stoffelsche Hypothese nicht aufgeben. Wir verlassen uns darauf, daß Cäsars Angabe, er sei sieben Tage marschiert, unbedingt richtig sei. Aber ist das so sicher? Der Bericht ist erst acht Jahre nach dem Ereignisse niedergeschrieben worden. Es ist möglich, daß irgendeine gleichzeitige schriftliche Aufzeichnung dabei eingesehen worden ist; aber vielleicht ist sie auch nicht eingesehen worden, vielleicht enthielt sie keine Zeitangabe. Wenn wir in einem späteren Bande die Memoiren Friedrichs und Napoleons über ihre Feldzüge durchzugehen haben werden, die wir urkundlich kontrollieren können, wird man sehen, wie viele und wie starke Irrtümer, auch ohne jede Tendenz, sich dabei eingeschlichen haben. Es ist keineswegs ausgeschlossen, daß Cäsar sich in seiner Erinnerung getäuscht und daß der Marsch nicht sieben, sondern neun oder zehn Tage gedauert hat, und damit ist der Einwand gegen Stoffel behoben.

Noch weniger Gewicht lege ich auf den anderen, daß von Rappoltsweiler bis zum Rhein die Verfolgung nicht zehn Meilen weit gegangen sein könnte. Der direkte nächste Weg zum Rhein würde allerdings nur etwa 2½ Meilen betragen haben, aber wenn die Schlacht mit der Front nach Süden geschlagen wurde, so konnten die Germanen nur in einem sehr spitzen Winkel an den Rhein gelangen, und es ist auch nicht ausgeschlossen, ja höchst wahrscheinlich, daß Cäsars Angabe wieder sehr übertrieben ist.

Einer so weitgetriebenen Skepsis gegenüber wirft vielleicht jemand die Frage auf, wie wir für die Perserkriege überhaupt wagen könnten, etwas auszusagen. Hier haben wir die Aufzeichnung eines vielleicht befangenen und einseitigen, aber eines sachkundigen und mithandelnden Zeugen ersten Ranges – dort die Niederschrift eines gänzlich sachunkundigen Erzählers, der das Gerede der Leute nach einem halben Jahrhundert wiedergibt. Gewiß ist Cäsar eine unendlich viel bessere Quelle als Herodot, und ich möchte zunächst umgekehrt denen gegenüber, die Herodot nacherzählen zu dürfen glauben, betonen, daß, wenn selbst bei Cäsar so große Vorsicht geboten ist, Herodot noch viel verdächtiger erscheinen muß. Für die historische Erkenntnis der Perserkriege brauchen wir aber dennoch nicht zu verzweifeln, denn gerade hier besitzen wir ein Hilfsmittel der Sachkritik, das wir bei Cäsar so schmerzlich entbehren: die Perserschlachten sind topographisch fixierbar, und das Gelände ist ein so wesentlicher Teil jedes Gefechts, daß, wo wir diesen Zeugen sicher haben, viele Ungenauigkeiten der überlieferten Erzählung dadurch aufgehoben werden.

Die *früheren Hypothesen* über den Ort der Ariovistschlacht haben alle den Fehler, unerklärbare sachliche Schwierigkeiten zu bieten. Die Gölersche, die überdies die Einschiebung eines von Cäsar nicht berichteten Marsches der Legionen erfordert, gibt namentlich für das kleinere römische Lager und seinen Zweck keinen passenden Platz. Napoleon III. läßt die Germanen ihre Umgehung durch die elsässische Ebene machen, wo ihnen das Gelände keinerlei Schutz gegen einen römischen Flankenangriff während des Marsches geboten hätte. Die Stoffelsche Hypothese hebt alle sachlichen Schwierigkeiten. Es ist auch durchaus verständlich, daß Ariovist, in dem Bewußtsein, daß seine Stärke in seinen Doppelkämpfern liege, die Römer erst ganz in die elsässische Ebene hineinkommen ließ, ehe er ihnen entgegenging. Aber es ist nicht zu leugnen, daß die Ortsbestimmung mit dem Wortlaut des Textes der Kommentare, wie er vorliegt, nicht zu vereinigen ist.

Die neueste Hypothese von Colomb und Stolle[1] wonach die Schlacht bei Arcey, 10 Kilometer östlich von Mömpelgard geschlagen wurde, hat den Vorzug, den beiden positiven Raum- und Zeitangaben Cäsars (über 50 000 passus mit dem circuitus von Besançon und 50 000 passus vom Rhein) genau zu entsprechen. Auf dem Umwege etwa über Voray, Pennesières, Villersexel ist Arcey etwas über 10 Meilen von Besancon und ebenso viel in gerader Linie vom Rhein entfernt. Der Einwand, daß nur wenig über zehn Meilen für einen Marsch von 7 Tagen zu wenig sei, ist mit Recht zurückgewiesen. Die Römer mußten mit großer Vorsicht marschieren und jeden Abend ihr Lager befestigen; sie hatten keinen Grund zu besonderer Eile, und es ist ja auch denkbar, daß schlechtes Wetter die Wege verdorben und den Marsch aufgehalten hat.

1 Stolle hat diese Lokalisierung jetzt fallen lassen. »Lager und Heer der Römer« (1912). Vorwort.

Was dennoch gegen die Hypothese einzuwenden ist, ist folgendes:

Erstens. Es ist nicht einzusehen, weshalb Cäsar, als ihm bei Arcey gemeldet wurde, Ariovist sei 36 Kilometer entfernt, Halt machte. War er schon tief im Elsaß, so ist dieses Halt verständlich und natürlich: der römische Feldherr wollte seine Operationslinie nicht unnötig verlängern und den Verpflegungsnachschub erschweren. Ein Halt bei Arcey, noch mitten im Sequanerlande, fern vom Feinde, hätte den Eindruck der Ängstlichkeit gemacht; bei Rappoltsweiler war man dem Feinde so weit entgegengegangen, daß davon keine Rede mehr sein konnte.

Zweitens. Bei Arcey begreift man weder den Zweck noch die Ausführbarkeit des germanischen Umgehungsmanövers. Stolle hat seine Untersuchung nicht so weit erstreckt, und Colombs Ausführungen sind weder sachlich noch quellenkritisch haltbar. Er nimmt an, Cäsars Lager sei zwischen Sésmondans und Désandans gewesen und Ariovist habe ihm, von Mömpelgard kommend, bei Arcey die Zufuhrstraße verlegt. Weder war aber dadurch den Römern wirklich die Zufuhr abgeschnitten, denn sie konnten sie von den Lingonen und Leukern kommen lassen, noch hätten die Germanen durch die Ebene an dem römischen Lager vorbeikommen können, denn sie wären dabei nicht nur von den gallischen Reitern, sondern auch von den Legionen angegriffen worden.

Schon Fröhlich, Cäs. Kriegswesen, S. 206, hat die Ansicht Rüstows, der auf Vegez gestützt einen gewöhnlichen römischen Tagemarsch »justum iter« zu 30 Kilometer ansetzte, als erheblich zu hoch zurückgewiesen. Colomb und in sehr sorgfältiger und gelehrter Untersuchung Stolle suchen nun darzutun, daß er im Ernstfalle im Feindesland nicht mehr als 12–14 Kilometer betragen habe. Stoffel nimmt 25 Kilometer an, was immer noch etwas mehr wäre, als bis in unsere Tage für normal galt, obgleich der römische Soldat an jedem Abend noch die Lagerbefestigung anzulegen hatte. In einer neueren Untersuchung »Das Lager und Heer der Römer« Straßburg 1912 hat Stolle seine Ansicht erfolgreich verteidigt.

3. Winkler. Der Cäsar-Ariovistsche Kampfplatz, Kolmar 1907, glaubt festzustellen, daß in einigen Punkten sich die von Stoffel bestimmte Gegend doch nicht mit der Beschreibung Cäsars vereinigen lasse und sucht das Schlachtfeld noch 23 Kilometer weiter nördlich. Fabricius, Zeitschr. f. d. Gesch. d. Oberrheins, hat die topographischen Untersuchungen nachgeprüft, findet manches bestätigt, anderes aber wieder nicht.

4. Chr. Ebert, Üb. die Entstehung des Bellum gallicum (1909) will jetzt nachweisen, daß Cäsar jedes Buch einzeln sofort geschrieben und publiziert habe. Überzeugt hat er mich nicht; aber selbst wenn er recht haben sollte, so ist nach meiner Kenntnis kriegsgeschichtlicher Memoiren ein Irrtum, wie der oben angenommene, daß ein Marsch nicht sieben, sondern neun Tage gedauert habe, keineswegs ausgeschlossen.

4. KAPITEL
Die Unterwerfung der Belgier

Als Befreier der Gallier von der germanischen Herrschaft und an ihrer Spitze hatte Cäsar den Ariovist besiegt und darauf an dessen Stelle seine eigene Herrschaft im Lande aufgerichtet. Gleich im nächsten Jahr schritt er weiter, um auch die nördlichen Landschaften, die er selbst unter dem Namen der Belgier zusammenfaßt, zu unterwerfen.

Die Belgier hatten eine Vorstellung von der ihnen drohenden Gefahr, vereinigten sich und traten Cäsar, als er ihre Grenzen überschritt, mit einem großen Bundesheer entgegen.

Aber die Zivilisation hat Mittel der Kriegführung, die der Barbarei fehlen. Die Belgier waren wohl imstande, ein großes Heer zusammenzubringen, aber nicht, es zusammenzuhalten und zu ernähren. Wie die Cimbern und Teutonen auf ihrem Zuge nach Italien sich hatten teilen müssen und dann von Marius einzeln geschlagen wurden, so fand, statt es sofort auf eine entscheidende Schlacht gegen ein gleich starkes oder vielleicht erheblich überlegenes Heer ankommen zu lassen, Cäsar Mittel, die Bundesarmee aufzulösen, um es dann nur mit den einzelnen Völkerschaften zu tun zu haben. Cäsar hatte abermals zwei neue Legionen ausgehoben, so daß er im ganzen jetzt acht hatte; mit den Hilfstruppen, Numidiern, Kretern, Balearen, gallischen Reitern, mag das Heer 50 000 Kombattanten, 80–100 000 Köpfe gezählt haben. Eine solche Masse auf einem Fleck längere Zeit zu ernähren, dazu gehört eine sehr starke und zuverlässige Organisation, Fuhrpark, Lieferanten und Kassenwesen. Die Römer hatten solche Hilfsmittel, die Belgier nicht.

Cäsar aber hatte noch andere Hilfsmitel. Er schlug auf dem nördlichen Ufer der Aisne ein Lager auf, und sein Heer war so reich mit Werkzeugen ausgerüstet, die Soldaten in so guter Disziplin, die Technik so durchgebildet, daß binnen kürzester Frist eine uneinnehmbare Festung dastand. Napoleon III. hat auf einem von Göler bezeichneten Fleck nachgraben lassen und bei dem Dorfe Berry au Bac, einer Übergangsstelle, die auch im Jahre 1814 eine Rolle gespielt hat, sehr bedeutende Reste einer militärischen Anlage aufgefunden und festgestellt. Die Gräben waren 18 Fuß breit und 9–10 Fuß tief; der Wall mit Pallisaden-Brustwehr 12 Fuß, also 21–22 Fuß über der Grabensohle. Vor der Front des Lagers, das auf einem langgestreckten Hügel lag, zog sich ein sumpfiger Bach, die Miette, hin.

Soweit stimmt alles. Aber die Beschreibung, die Cäsar im einzelnen von der Richtung der Gräben und der Beziehung des Aufmarsches zu dem Lager gibt, läßt sich doch mit dem Befunde nicht vereinigen. Manche Forscher haben deshalb angenommen, Cäsar selber habe, als er seine Erzählung niederschrieb, die Lage nicht mehr deutlich und sicher im Gedächtnis gehabt,[1] andere aber haben einen Platz, eine Meile abwärts (westlich) bei dem Dorfe Chaudardes als den Lager- und Kampfplatz bezeichnet,[2] wo jedoch noch keine Ausgrabungen stattgefunden haben, die Vermutung sei es zu bestätigen, sei es zu widerlegen. Prinzipiell hat die Frage keine Bedeutung. Das Wesentliche bleibt, daß Cäsar auf dem nördlichen Flußufer seine Stellung nahm, den Flußübergang hinter sich (etwas seitwärts) durch einen Brückenkopf deckte und außerdem noch ein Kastell, das er mit sechs Kohor-

1 Dittenberger in der Neuauflage von Kraners Cäsar-Ausgabe.

2 Konr. Lehmann, N. Jahrb. f. kl. Altert. 1901. Bd. 7, H. 6, S. 506, und Klio, Bd. 6, Heft 2, S. 237 (1906).

ten besetzte, zur Deckung der Zufuhrstraßen auf der Südseite des Flusses anlegte.

Cäsar nahm seine Stellung auf der dem Feinde zugekehrten Seite des Flusses. Im Falle einer Schlacht hätte er den Fluß im Rücken gehabt, aber das feste Lager gab ihm so viel Sicherheit, daß er das wagen durfte, und er selber konnte von hier aus jeden Augenblick zur Offensive übergehen.

Das römische Lager war im Lande der Remer, einer belgischen Völkerschaft, die aber schon zu den Römern übergetreten war. Das belgische Bundesheer berannte zunächst die remische Grenzstadt Bibrax (Vieux-Laon oder Bièvres), jedenfalls in der Hoffnung, Cäsar dadurch aus seinem Lager herauszulocken, da die Eroberung des Städtchens an sich für ein großes Heer weder eine Aufgabe gewesen wäre, noch Bedeutung gehabt hätte. Es gelang Cäsar jedoch, die Besatzung durch Schützen und Schleuderer aus seinem Heer zu verstärken, so daß die Stadt sich hielt und die Belgier die Belagerung aufgaben. Nun gingen sie gegen das römische Lager selbst vor, und Cäsar ließ sein Heer ausrücken und stellte es in Schlachtordnung. Es kam jedoch über die Demonstration nicht hinaus, da mit Recht keiner von beiden Teilen sich zum Angriff durch das sumpfige Tal entschließen wollte.

Die Belgier machten noch den Versuch, mit einigen leichten Truppen weiter unterhalb über die Aisne zu gehen, um den Römern die Zufuhr abzuschneiden, aber Cäsar ließ das Ufer gut bewachen, konnte auf die erste Nachricht über seine Brücke seine eigenen Reiter und Schützen abschicken und verhinderte den Übergang. Wären die Belgier mit dem Gros ihres Heeres übergegangen, so hätten die leichten römischen Truppen das natürlich nicht verhindern können, aber das war für die strategische Fähigkeit der Belgier zu viel. Sie hätten ja in diesem Falle in der Tat den Römern die Operationslinie durchschnitten und die Zufuhr verhindert, aber in demselben Maße wären sie selber von ihrem Lande abgeschnitten gewesen und hätten es dem Einfall der Römer preisgegeben. Was sollten sie nun tun? Da die

Römer zur Schlacht im freien Felde nicht herauskamen, so hätten sie ihr Lager von allen Seiten einschließen und sie aushungern müssen; bei dem durch die Aisne und den Sumpf durchschnittenen Felde hätten sie dazu einen sehr großen Kreis machen müssen. Nach Cäsars Angabe (der ihnen 306 000 Mann gibt)[1] hätte ihre numerische Überlegenheit, aber selbst wenn sie sie hatten, die Schwierigkeit der Verpflegung eines so großen Heeres überstieg ihre Kraft. Sie waren mit ihrer Kriegskunst zu Ende, und als nun noch die Nachricht kam, daß die mit den Römern verbündeten Häduer auf Cäsars Geheiß an anderer Stelle in ihr Land eingefallen seien und es verwüsteten, da faßten sie den Beschluß, nach Hause zu gehen. Es blieb ihnen nichts weiter übrig. Das Versprechen, sich gegenseitig zu Hilfe zu kommen, wenn die Römer ins Land fielen, war nichts als eine dekorative Verhüllung der vollständigen Niederlage. Cäsars Kriegskunst hatte es verstanden, die Überlegenheit des römischen Heeresorganismus über das barbarische Volksmassenaufgebot so zu verwenden, daß zunächst die Massen fast ohne Blutvergießen zerteilt und dann die einzelnen Teile mühelos überwältigt wurden. Der Erfolg war so groß, daß Cäsar im ersten Augenblick selber davon überrascht war und den Abzug der feindlichen Scharen für eine Kriegslist hielt. In der Nacht hatten die Belgier den Rückzug angetreten, erst am Morgen nahm die römisch-gallische Reiterei die Verfolgung auf und setzte den Flüchtigen noch scharf zu.

Auch die festen Plätze der Belgier ergaben sich jetzt den Römern, sobald diese ihre kunstvollen Belagerungsmaschinen gegen sie aufführten.

Eine einzige Gruppe von drei Völkerschaften, die Nervier, Veromanduer und Atrebaten, machten noch einen Versuch,

1 Streng genommen sagt Cäsar, worauf Konr. Lehmann aufmerksam gemacht hat, nicht, daß die 306 000 Mann wirklich zur Stelle gewesen seien, sondern er sagt nur, daß die Römer ihm mitgeteilt hätten, sie wüßten genau, wie viel auf der Tagsatzung jede Völkerschaft zu stellen versprochen hatte.

durch Tapferkeit, verbunden mit Kriegslist, die Freiheit zu retten. Sie überfielen die Römer, deren Patrouillen nicht sorgsam genug gewesen waren, in dem Augenblick, als sie in einem waldigen Gelände an der Sambre das Lager aufschlugen. Die gallische Hilfsreiterei, die leichten Truppen und der Troß nahmen die Flucht, aber die römischen Legionare hatten Disziplin genug, sich nicht von der Panik ergreifen zu lassen und schnell ihre Ordnung zu finden. Sobald das Gefecht erst zum Stehen gekommen war, war es auch gewonnen, da die Römer es nur mit drei gallischen Stämmen zu tun hatten und deshalb, auch ohne die entflohenen Hilfstruppen, jedenfalls noch eine große, vielleicht die doppelte Überlegenheit besaßen. Zwei Legionen, die eine Zeit lang in großer Bedrängnis waren, wurden bald durch die anderen, die bereits gesiegt hatten, und die beiden letzten, die noch auf dem Marsch waren und herbeieilten, degagiert.

Schon in der Helvetierschlacht und wieder in der Germanenschlacht und jetzt zum drittenmal in der Nervierschlacht sind wir zu der Meinung gekommen, daß die numerische Überlegenheit auf seiten der Römer gewesen sei. Bei den Helvetiern schlossen wir das aus dem Heeresbewegungen vor der Schlacht: bei den Germanen aus ihrem früheren Feldzug gegen die Gallier und aus dem Verlauf der Schlacht selbst; bei den Nerviern wird uns die Bevölkerungsstatistik den Beweis liefern, und wer alle diese Beweise nur als Wahrscheinlichkeitsbeweise gelten lassen will, wird doch die Steigerung der Wahrscheinlichkeit dadurch anerkennen müssen, daß es nicht dieselbe, sich wiederholende Wahrscheinlichkeitsrechnung, sondern jedesmal ein ganz anderer Zusammenhang ist, der auf dasselbe Ergebnis führt. Zugleich sind wir jetzt bei einer Zahlangabe Cäsars angelangt, von der schon längst niemand mehr bestreitet, daß sie durch seine eigenen Aussagen als eine ungeheuerliche Übertreibung dargetan werden kann. Als die Nervier sich unterwarfen, sollen sie gemeldet haben, von ihren 600 Altermännern seien nur 3, von 60 000

Waffenfähigen 500 übrig geblieben. Nichtsdestoweniger läßt Cäsar sie drei Jahre später schon wieder mit einem bedeutenden Heer auftreten (V, 329), und wieder zwei Jahre später schicken sie 5000 Mann nach Alesia, nicht etwa als ihr ganzes, sondern als ein bloßes Teilaufgebot. Ist es schon methodisch falsch, dem Autor, der uns die offenbar falsche Verlustangabe überliefert, die Stärkeangabe ohne weiteres zu glauben, so sind wir hier auch in der Lage, ihr eine positive Gegenberechnung gegenüberzustellen.

Durch den römischen Census haben wir eine vortreffliche, zuverlässige Grundlage für die Abschätzung der Bevölkerung Italiens zu Cäsars Zeit. Die eigentliche Halbinsel, ohne die Inseln, hatte damals etwa 3½ bis 4 Millionen Einwohner oder 25 bis 28 auf den Quadratkilometer, Ober-Italien (Gallia cisalpina) 1½ bis 2 Millionen oder 14–18 auf den Quadratkilometer. Etwas weniger als Cisalpina muß die römische Provinz gehabt haben, die noch nicht so lange dem zivilisierten Wirtschaftsleben angehörte, und wieder noch weniger das freie Gallien, wo die Völker vortwährend unter sich im Kriege lagen. Die obere Grenze für die Volksdichtigkeit des freien Gallien muß also etwa 9–12 Seelen auf den Quadratkilometer sein.

Eine untere Grenze läßt sich gewinnen durch den Vergleich mit Germanien. Die großen kriegerischen Leistungen der Germanen postulieren notwendig eine gewisse, nicht gar zu geringe Masse. Wie wir im nächsten Bande des nähern nachweisen werden, kann man unter etwa fünf Seelen auf den Quadratkilometer (250 auf die Quadratmeile) nicht herabgehen. Belgien ist jedenfalls schon stärker bevölkert gewesen als Germanien, das mittlere Gallien wieder stärker als Belgien. Die untere Grenze für die mittlere Volksdichtigkeit Galliens würde also etwa bei 7–8 Seelen auf den Quadratkilometer zu suchen sein. Das Gebiet der drei an der Sambre kämpfenden Völkerschaften läßt sich auf 18000 bis 22000 Quadratkilometer (400 Quadratmeilen) berechnen, davon 11 000 auf die Nervier entfallend, sie zählten daher zusammen höchstens 150 000 Seelen oder 40 000 erwachsene Männer, von denen nach Abzug der Unfreien, der Alten, Kranken und Verhinderten allerhöchstens 30 000, vermutlich sehr viel weniger, zur Stelle gewesen sein können während das römische Heer allein an Legionaren wenigstens 40 000 Mann zählte.

1. Es könnte auffallend erscheinen, daß die apenninische Halbinsel gegen Ende unserer Zeitrechnung nur 25 bis 28 Einwohner auf den Quadrat-Kilometer gehabt haben soll, während wir für den römischen Kanton im Jahre 510 schon gegen 60 berechnet haben. Wenn jedoch in diesen Zahlen ein Fehler sein sollte, so müßte die zweite zu hoch, nicht die erste zu niedrig sein, da diese durch die in ihrem Zusammenhang völlig gesicherten Zahlen des römischen Zensus als durchaus beglaubigt angesehen werden kann, und wenn wir oben darzutun hatten, daß Rom im Jahre 510 nicht mehr als 60 000 Einwohner gehabt haben kann, so müssen wir hier schon glaubhaft zu machen suchen, daß es wirklich so viel gewesen sein können. So ist es aber auch tatsächlich, da wir annehmen dürfen, daß 1) in dem halben Jahrtausend von Tarquinius bis Cäsar eine sehr wesentliche Vermehrung der Bevölkerung in Italien nicht stattgefunden hat; 2) fast die ganze Sklavenbevölkerung und mit ihr wohl ein Viertel bis ein Drittel der ganzen Bevölkerung des Kantons Rom i. J. 510 in der Stadt lebte, die Zufuhren von außen erhielt; 3) auch das Land relativ sehr stark bevölkert war, nicht nur wegen seiner Fruchtbarkeit, sondern auch weil es unter dem mächtigen Schutz der großen Stadt stand und im Verhältnis zu anderen Landschaften auf eine relativ Sicherheit genoß.

2. Die Grundlagen für unsere Berechnung sind wieder BELOCH entnommen, der die Aufstellungen seines Buches etwas modifiziert und eingehend verteidigt hat in einem Aufsatz im Rhein. Museum N. F. Bd. 54 S. 414 (1899), auf den ich für die Einzelheiten verweise, ferner vgl. oben S. 365. Seiner Verwertung der Zahlen, die Cäsar für das große Entsatzheer von Alesia angibt, vermag ich jedoch nur teilweise zuzustimmen. Er berechnet nämlich nach der Stärke der einzelnen Stammeskontingente, da Cäsar seine Zahlen doch einigermaßen den Größenverhältnissen der Völkerschaften angepaßt haben wird, eine in der Entfernung von der römischen Provinz nach Norden abnehmende Bevölkerungsdichtigkeit. Das ist eine sehr wertvolle statistische Bestätigung einer Tatsache, die wir sonst nur als eine aus den allgemeinen Verhältnissen zu erschließende hinstellen könnten. Weiteres aber ist aus diesen Zahlen nicht abzuleiten, da wir ja

gar keinen Anhalt dafür haben, wie sich das Aufgebot zur Gesamtzahl der vorhandenen Männer verhielt und mit wie großer Sorgfalt oder Nachlässigkeit Cäsar seine Ansätze gemacht hat. Nur umgekehrt, da wir ja auf anderem Wege eine Vorstellung von der Bevölkerungsmenge Galliens gefunden haben, mag man zu der Wahrscheinlichkeit kommen, daß die angeblichen Alesia-Aufgebote etwa den dritten Teil der Waffenfähigen, den zwölften der Bevölkerung umfaßten.

Im Schlußergebnis neige ich mich auf Grund des Vergleichs mit den Germanen einer etwas höheren Schätzung der Gesamtbevölkerung Galliens zu als Beloch, nämlich 7–12 statt 6,3 auf den Quadratkilometer, was für das gesamte freie Gallien (523 000 Quadratkilometer) 4 bis 6 Millionen Menschen ergibt.

3. Beloch l. c. Rhein. Mus. schätzt das Gebiet der Nervier (südliche Hälfte des Departement du Nord, Antwerpen, Hennegau, Hälfte von Brabant) auf 11 000 Quadratkilometer; das Gebiet der Atrebaten und Moriner zusammen (Depart. Pas du Calais) auf 7000 Quadratkilometer. Die Veromanduer (Grafschaft Vermandois, Dep. Aisne) sind, da von Cäsar vor Alesia nicht genannt, von Beloch nicht besonders erwähnt. Daß gerade diese drei Völkerschaften etwa eine den Durchschnitt wesentlich übersteigende Volksdichtigkeit gehabt haben sollten, ist nicht anzunehmen, wenn auch ihr Land sehr schön und fruchtbar war. Die Nervier galten für die wildesten, »maxime feri« der Belgier und hatten überhaupt noch keine Stadt (als die Römer anrückten, bargen sie ihre Familien an durch Sümpfe geschützten Orten); das sind sichere Zeichen, daß ihr Wirtschaftsleben noch sehr unentwickelt, also auch ihre Nahrungsproduktion und ihre Bevölkerungsdichtigkeit gering war.

4. Auf Grund der jetzt gewonnenen Daten wollen wir noch einmal einen Blick auf die *Helvetier* werfen, deren Volksauszug Cäsar gemäß einer angeblichen Zählung auf 368 000 Köpfe angibt.

Das Gebiet der Helvetier und ihrer Bundesgenossen ist, wie wir oben S. 497 gesehen haben, auf 18 000 bis 25 000 Quadratkilometer berechnet worden; die Volksdichtigkeit kann, wenn die kleinere Zahl genommen wird, die weniger Gebirgsland einschließt, größer gewesen sein als bei den Belgiern. Danach könnten die Helvetier 180–250 000 Seelen gezählt haben.

So groß kann der Heereszug unmöglich gewesen sein: also nicht das ganze, sondern nur ein Teil des Volkes war in dem Zuge. War aber nur ein Teil des Volkes auf dem Zuge, so gibt das eine nachträgliche Bestätigung für die Vermutung, daß es sich überhaupt nicht um eine Volksauswanderung, sondern um einen Kriegszug gehandelt hat, dem nur um der politischen Maskierung willen eine gewisse Menge von Familien folgte.

5. KAPITEL
Vercingetorix

Cäsar hat Gallien unterworfen in kühnem, raschem Vorgehen, das doch mit großer Vorsicht, ja geradezu Behutsamkeit gepaart war. Strategie und Politik gingen Hand in Hand. Von Anfang an war er im Bunde mit einem Teil der Gallier selbst und wußte die Übrigen zu teilen, ehe er sich mit ihnen schlug. In den drei Schlachten, die ihn zum Herrn des ganzen gewaltigen Gebietes machten, verfügte er zweifellos jedesmal, sowohl gegen die Helvetier wie gegen Ariovist, wie gegen die Nervier, über eine bedeutende numerische Überlegenheit.

Nach den ersten Siegen reduzierte er seine Streitkräfte nicht nur nicht, sondern vergrößerte sie noch sehr erheblich. Gegen die Helvetier hatte er sechs Legionen geführt; zuletzt hatte er in dem eroberten Gallien 10 Legionen[1] und überdies noch zur Deckung der Provinz zwei Legionen und zwei Kohorten[2] und vermutlich in der Cisalpina noch 8 Kohorten, im ganzen also 13 Legionen.

1 Cäsar selbst gibt (VII, 34) zehn Legionen an, das sind die 7. bis 15. und die 1. Dazu erscheint nach der Belagerung von Alesia die 6. Vgl. die Anmerkung bei Napoleon III. (in d. d. Übers. II, S. 282). Göler p. 333 verwirft die »6. Legion« und nennt dafür die »3.« Meusel sowohl wie Kübler haben jedoch VIII, 4 mit Recht die Lesart »VI« aufgenommen. Vgl. Domaszewski i. d. N. Heidelberger Jahrb. Jahrg. IV (1894) S. 158. Vgl. ferner hierzu unten Kap. 7, Anfang.

2 Bell. gall. VII, 65.

Wir brauchen weder die weiteren Teilkämpfe noch die verwegenen Übergänge nach Britannien und über den Rhein zu verfolgen, sondern wenden uns gleich der Hauptentscheidung zu, die erst erfolgte, als im siebenten Jahr seiner Statthalterschaft sich alle gallischen Stämme zusammen erhoben und sich unter der Führung des Arverners Vercingetorix gegen ihn vereinigten.

Man sollte meinen, es hätte dem Vercingetorix nicht schwer fallen können, da ja Gallien gewiß eine Million felddienstfähiger Männer hatte, eine ungeheure Übermacht zusammenbringen und damit die Römer in einer Entscheidungsschlacht zu erdrücken. Aber das geschah nicht. Vercingetorix empfahl vielmehr seinen Landsleuten, ihre Überlegenheit an Reiterei zu benutzen, um den Römern die Zufuhr abzuschneiden und ihr eigenes Land sogar ringsum wüstzulegen, um auf diese Weise die Römer zum Abzug zu nötigen. Wäre das die Summe der strategischen Weisheit des Vercingetorix gewesen, so würden wir ihn für einen sehr dürftigen Geist halten müssen – denn was hätte es den Galliern genützt, wenn die Römer für einen Augenblick der Verpflegung wegen in ihre Provinz zurückgewichen wären? Sie wären sehr bald wiedergekommen. Die Befreiung Galliens war nicht zu erreichen durch bloßes Manövrieren: man mußte, wenn man der Römer wirklich ledig werden wollte, ihr Heer so schlagen, daß es die Luft wiederzukommen verlor, es womöglich vernichten, so wie es die Cherusker später im Teutoburger Walde vorgeführt haben. In der Tat sind auch die Gedanken des Vercingetorix dahin gegangen. Cäsar sagt uns das allerdings nicht das erste-, aber das zweitemal, wo er auf den gallischen Kriegsplan zu sprechen kommt (VII, 66), und da er uns selber Vercingetorix als eine höchst bedeutende Persönlichkeit schildert, so dürfen und müssen wir annehmen, daß der gallische Nationalheld von Anfang an die richtige strategische Einsicht gehabt hat, daß es nämlich darauf ankomme, nicht die Römer zu entfernen, sondern sie zu besiegen. Das Abschneiden der Lebensmittel ist nur als eine vorbereitende Maßregel zu verstehen, um für die Schlacht günstige Bedingungen zu schaffen.

Dieser günstigen Bedingungen, die Vercingetorix anstrebte, waren zwei: erstens die Gewinnung derjenigen gallischen Stämme, die anfänglich noch zu den Römern hielten, namentlich der Häduer, für die nationale Sache, und zweitens die Gelegenheit zu einem Überfall, zu einem Angriff auf das römische Heer im Marsch.

Das erste gelang. Da die Gallier sich zur Schlacht nicht stellten, so mußte Cäsar zu Belagerungen schreiten, nahm die Hauptstadt der Bituriger, Avaricum (Bourges), durch förmlichen Angriff und teilte endlich sein Heer, um die Völkerschaften einzeln zu unterwerfen und ihre Städte zu erobern. Mit vier Legionen sandte er Labienus gegen Paris, mit sechs Legionen schritt er selbst zur Belagerung des Hauptortes der Arverner Gergovia. Aber die Teilkräfte waren für ihre Aufgabe zu schwach. Cäsar erlitt selber vor Gergovia bei einem Überrumpelungsversuch eine Schlappe, und mit Mühe schlug sich Labienus durch die Gallier, die ihm den Weg verlegten, durch, um sich mit Cäsar wieder zu vereinigen (im Gebiet der Seine), der ihm entgegenzog. Hochgemut durch diesen Erfolg schlossen sich jetzt fast alle gallischen Stämme den Arvernern an.

Obgleich Cäsar sein vereinigtes Heer auch noch durch neu angeworbene germanische Reiter verstärkte, so war er dennoch nicht imstande, sich im mittleren Gallien zu halten, sondern mußte suchen, sich für seine Verpflegung auf die römische Provinz zu basieren. Er richtete seinen Marsch durch das Gebiet der Lingonen (bei Langres), die noch zu ihm hielten, auf das Gebiet der Sequaner. Göler, wie Napoleon III., sind der Meinung, daß er nach Besançon habe ziehen wollen, um diese Stadt als Waffenplatz zu benutzen.

Von dort, meint Göler, hätte er der römischen Provinz leichter Hilfe bringen können, als wenn er nördlich im Lande der Senonen geblieben wäre, und hatte auf diese Weise Gallien wenigstens nicht ganz geräumt. Napoleon fügt hinzu, er habe nicht daran denken können, den direkten Weg durch das Land der Häduer, den Herd der Empörung, zu nehmen. Wenn das richtig wäre, so hätten wir das merkwürdige Schauspiel, daß die gegnerischen Heere beide gleichmäßig die Schlacht direkt zu vermeiden gesucht hätten.

War es wirklich so weit, daß Cäsar nicht bloß Gallien räumen mußte, sondern daß er, ohne eine Niederlage im freien Felde erlitten zu haben, dem Feinde aus dem Wege ging? Mußte er schon zurück bis an die Grenzen der Provinz, so wäre es doch immer etwas anderes gewesen, wenn er seine Straße gerade durch das feindliche Gebiet nahm und, indem die Gegner der Herausforderung auswichen, die moralische Überlegenheit behauptete, als wenn er sich so, wie Göler und Napoleon meinen, sozusagen wegstahl.

Die Auslegung Gölers und Napoleons ist aber zweifellos unrichtig. Das Gebiet der Sequaner war den Römern ganz ebenso feindlich wie das der Häduer, und es ist durchaus nicht gesagt, daß Cäsar gerade nach Besançon wollte. Die Stadt war von Natur sehr fest, und es ist nicht anzunehmen, daß sie eine römische Besatzung hatte. Sie hätte also erst belagert und genommen werden müssen, wenn Cäsar sie zu seinem Waffenplatz machen wollte, wozu sie übrigens nicht nur keinerlei besonders vorteilhafte Bedingungen bot, sondern ganz besonders ungünstig gewesen wäre.

Der Marsch Cäsars zu den Sequanern wird also anders erklärt werden müssen. Er selber sagt, er habe diese Richtung eingeschlagen, damit er um so leichter der Provinz hätte Hilfe bringen können. Denn Vercingetorix hatte sich nicht begnügt, gegen das römische Heer direkt zu operieren, sondern hatte auch Einfälle in die Provinz machen lassen, um Cäsar durch diese Diversion aus Gallien herauszumanövrieren. Noch wichtiger als die Hilfe, die er der Provinz zu bringen hatte, war aber für Cäsar jedenfalls die Hilfe, die die Provinz ihm zu leisten hatte, nämlich die geregelte Verpflegung, die die wenigen treugebliebenen Stämme in Gallien seinem gewaltigen Heer auf die Dauer unmöglich liefern konnten. Was Cäsar jetzt brauchte, war eine Stellung, in der er sich verpflegen konnte, die Provinz deckte und aus der er zugleich einen dauernden Druck auf die Gallier ausübte. Er richtete seinen Marsch daher nicht auf Besançon, sondern auf die Saone und zwar in dem freieren Gelände östlich der Côte d'Or über das Plateau von Langres, wo ihm nicht so leicht ein Hinterhalt gelegt werden konnte. An der Saone konnte er das Manöver, durch das er Belgien unterworfen hatte, wiederholen. Wenn er an diesem Flusse etwa bei Auxonne, oder weiter abwärts, wo der Doubs in die Saone fließt, ein festes Lager schlug, so waren die Gallier nicht imstande, ihn daraus zu vertreiben. Auf dem rechten Ufer stehend, hielt er die angrenzenden Völkerschaften, namentlich die Häduer, in unausgesetzter Besorgnis vor einer plötzlichen Invasion, während einige detachierte Legionen die Völkerschaften auf dem linken Ufer, die Sequaner und Helvetier wieder unterwarfen. Vercingetorix hätte ihnen keine Hilfe bringen können, da er weder das Gebiet der Häduer völlig preisgeben, noch auch nur es hätte wagen dürfen, die Saone und den Doubs zu überschreiten auf die Gefahr hin, jenseits von dem ganzen römischen Heer angegriffen zu werden. War dann das ganze linke Ufer erst wieder pazifiziert, so hatte Cäsar eine gesicherte Etappenstraße, die ihn mit der Provinz verband, ja, er hätte seine Verpflegung mit einigen Vorsichtsmaßregeln auf dem allerbequemsten Wege, zu Wasser auf der Saone, die bis Gray hinauf schiffbar ist, aus der Provinz beziehen können.

Ich glaube, es kann keinem Zweifel unterliegen, daß dies die strategische Absicht Cäsars gewesen ist, und Vercingetorix hatte eine Vorstellung davon, daß jetzt de Moment gekommen sei, wo er die Entscheidung herbeiführen müsse, indem er Cäsar auf dem Marsche angriff, ehe er die Saone erreichte. Er glaubte durch Reiterangriffe die feindliche Marschkolonne auflösen zu können.[1] Diese Angriffe aber mißlangen, und zwar deshalb, weil Cäsar seine durch die jüngsten germanischen Anwerbungen verstärkten Reiter durch die geschlossene Infanterie unterstützte, während Vercingetorix die seine dem Kampfe fernhielt. Die Gallier wurden vollständig geschlagen. Statt seinen Marsch an die Saone fortzusetzen, begab sich das römische Heer nunmehr auf die Verfolgung. Vercingetorix vermochte der Flucht nicht anders Einhalt zu tun, als daß er sich in einen festen Ort, die Stadt *Alesia* (Alise Ste. Reine auf dem Mont Auxois zwischen Nuits und Dijon) warf. Sofort schloß ihn Cäsar hier ein, um ihn zu belagern; da die Gallier das Feld geräumt hatten, so hatte er auch Raum und Zeit, das Belagerungsheer, wenn auch nur mit Mühe,[2] zu verpflegen.

1 Holmes nach sorgfältiger Prüfung all' der verschiedenen Vermutungen, die über den Platz dieser Schlacht aufgestellt sind, entscheidet sich dahin (S. 780), daß volle Sicherheit nicht zu erlangen sei, daß aber die größte Wahrscheinlichkeit für die Hypothese GOUGETS spreche, der das Schlachtfeld nahe bei *Dijon* an der Ouche sucht. Jedenfalls unrichtig ist die Ansetzung von Napoleon III. gegen 6 Meilen weiter nordöstlich zwischen der Vingeanne und dem Badin, südlich von Langres.

2 Vergl. Bellum civile III, 47. Wie ein Heer, das im ganzen gewiß 100 000 Köpfe, wahrscheinlich noch erheblich mehr, zählte, sich mit allen seinen Pferden fast sechs Wochen lang mitten im feindlichen Lande auf einem Fleck hat ernähren können, ist nicht leicht sich vorzustellen. Ganz gewaltige Zufuhren von weither mußten herangebracht werden. Wie kamen sie durch die feindlichen Völkerschaften hindurch? Ich denke mir, daß in Vienne bereits Vorräte angesammelt waren und die Saone hinauf transportiert wurden bis zu der Stelle, wo nur noch etwa zehn Meilen Landweg bis Alesia waren. Wir finden später die VI. Legion mit dem Hauptheer vereinigt; vielleicht ist sie, den Transport geleitend, schon während der Belagerung dazu gestoßen. Sie mag den Marsch bereits angetreten gehabt haben, als Cäsar von Norden her ihr entgegenzog. In der ersten Zeit nach seinem Siege, während die Gallier noch in der Rüstung und Sammlung begriffen waren, konnte die Legion wohl, am linken Ufer der Saone entlang marschierend, den Transport ziemlich ungefährdet hinaufbringen, und für das letzte Stück mag Cäsar Truppen zur Aufnahme und Fuhrwerk entgegengeschickt haben. Erstaunlich bleibt es freilich immer, daß, wenn er auch durch den Fluß gegen die Hauptmasse der Gallier einigermaßen gedeckt war, die Sequaner verbunden mit den Helvetiern nicht versucht ha-

Nun kam ein großes Aufgebot aller gallischen Stämme zusammen, um das in Alesia eingeschlossene Heer zu entsetzen. Die große Schlacht, ohne die es keine großen Entscheidungen gibt, mußte jetzt geschlagen werden. Aber wenn schon vorher Vercingetorix sich nicht getraut hatte, seine Infanterie im offenen Felde gegen die Legionen zu führen, so war der Sieg jetzt für die Gallier nur noch mehr erschwert.

Cäsar hatte die Zwischenzeit von 5–6 Wochen von der Einschließung bis zur Ankunft des Entsatzheeres benutzt, nach beiden Seiten eine Befestigung anzulegen. Napoleon III. hat Nachgrabungen machen lassen, die fast den ganzen Zug dieser Befestigungen aufgedeckt haben und mit den Angaben des Bellum gallicum völlig übereinstimmen. Die Contravallationslinie war etwa 16 Kilometer lang, die Circumvallationslinie 20; wo es über das freie Feld ging, erschwerten künstliche Annäherungshindernisse aller Art, Fußangeln, Wolfsgruben mit spitzen Pfählen in acht Reihen schachtbrettartig hintereinander, endlich Verhacke den Angriff.

Für die Beurteilung der Entscheidungsschlacht fehlt uns leider noch mehr als früher das wichtige Moment der Stärke. Cäsar hatte 11 Legionen, numidische und kretische Schützen und germanische Reiter und Doppelkämpfer, im ganzen wohl 70 000 Mann. Für die Gallier gibt er in Alesia 80 000, das Entsatzheer

ben, den Transport abzufangen. Aufs Abschneiden der Lebensmittel war ja bis dahin alle Strategie der Gallier eingerichtet gewesen. Sollten etwa die Sequaner entgegen Cäsars Behauptung sich an dem Aufstand überhaupt nicht beteiligt haben? Wie dem auch sei, bloß aus der nächsten Umgegend konnte ein so großes Heer wie das römische vor Alesia nicht leben; ohne daß große Lebensmittel- und Fouragetransporte glücklich durchgekommen sind, ist die Durchführung der Belagerung von Alesia nicht denkbar, und zu den Transporten gehörten Truppen, die sie deckten. Man vergleiche, welche Schwierigkeit die Verpflegung des deutschen Heeres machte, das 1870 Metz belagerte – trotz der unmittelbaren Nähe der deutschen Grenze und trotz der Eisenbahn-Verbindung. Dargestellt in meiner Rede »Geist und Masse in der Geschichte«. Preuß. Jahrb. Bd. 174, S. 193 (1912).

auf 250 000 Mann zu Fuß und 8000 Reiter an. Da wir seine Übertreibung bei feindlichen Heereszahlen bereits kennen, so werden wir uns auch auf diese Angabe nicht verlassen dürfen, und namentlich die 80 000 Eingeschlossenen sind schon oft angezweifelt worden. 20 000 Mann genügten zur Verteidigung des Platzes, und es wäre sehr verkehrt von Vercingetorix gewesen, mehr zu behalten, da er nur wenig Lebensmittel hatte. Da uns Cäsar überdies berichtet, daß er in der Hoffnung auf die Überlegenheit seiner Reiterei ein allgemeines Aufgebot des Fußvolks garnicht veranstaltet hatte und er vor der Vollendung der römischen Befestigung noch Raum hatte, seine Reiter aus Alesia fortzuschicken, so dürfen wir mit Sicherheit annehmen, daß er auch an Fußvolk nur das Notwendige, also allerhöchstens 20 000 Mann bei sich behalten hatte.

Die für das Entsatzheer angegebenen 250 000 Mann zu Fuß und 8000 Reiter scheinen auf den ersten Anblick nicht unglaublich. Fast ganz Gallien, eine Volksmasse von wenigstens 4, vielleicht 8 Millionen Seelen mit 1 bis 2 Millionen Männern, beteiligte sich an dem Kampf; die könnten für die letzte, entscheidende Schlacht um die nationale Freiheit wohl 250 000 Krieger ins Feld geschickt haben.

Aber man überlege, was ein Heer von einer Viertelmillion bedeutet. Es wäre dreimal so groß gewesen als das größte Heer, von dem bis dahin die beglaubigte Weltgeschichte zu erzählen weiß, dem römischen Heer bei Cannä. Wäre ein gallischer Feldherr imstande gewesen, mit einem Heer von 250 000 Mann zu operieren, so bliebe es ein unverzeihlicher, ein ganz unbegreiflicher Fehler des Vercingetorix, nicht von vornherein das Aufgebot veranstaltet und mit solcher Überlegenheit die Feldschlacht gesucht zu haben.

Wir sind aber genötigt, noch einen Schritt weiterzugehen und zu sagen, daß nicht nur 250 000 Mann ein Aufgebot gewesen wäre, mit dem kein gallischer Feldherr mehr hätte operieren können, sondern daß auch die Vorstellung, eine so große Volksmasse wie die Gallier habe leichtlich 250 000 Krieger aufbringen können, unrichtig ist. Denn wie viel Krieger ein Volk aufbringen kann, hängt – das haben wir schon bei den Heeren der Perser bemerkt – nicht bloß von der Zahl der Männer, sondern auch von der Kriegsverfassung und den sozialen Zuständen ab. In den uns jetzt genügend bekannten mittelalterlichen Reichen ist irgend eine Beziehung zwischen Heereszahl und Zahl der waffenfähigen Männer nicht mehr herstellbar; die Heereszahl wird bestimmt nicht durch die Volksmasse, sondern durch einen besonderen Kriegerstand. Eben das aber ist die Kriegsverfassung, die uns Cäsar von den Galliern berichtet. Das gemeine Volk lebe fast im Zustande der Sklaverei, sagt er uns (VI, 13); Krieger seien die Ritter mit ihren Gefolgsleuten. Wir werden anzunehmen haben, daß das nicht für alle gallischen Völkerschaften gleichmäßig zutrifft. Bei den Helvetiern und den gesamten Belgiern wird auch die Masse den kriegerischen Geist noch nicht in so hohem Grade verloren gehabt haben. Auch sonst werden wir die Analogie der mittelalterlichen und der gallischen Kriegsverfassung nicht auf die Spitze zu treiben haben, sondern vorbehalten müssen, daß auch sehr wesentliche, wennschon für uns im einzelnen nicht erkennbare Unterschiede obwalteten. Die Tatsache aber eines besonderen Kriegerstandes über einer unterdrückten und deshalb der Waffen ungewohnte Volksmasse, unterliegt keinem Zweifel.

Um die von Cäsar berichteten gallischen Riesenheere aufzubringen, müßten wir uns also vorstellen, daß der Landsturm aufgeboten worden sei. Ein Landsturm aber aus kriegsungewohnten Leuten ist für den großen Krieg unverwertbar, im Gefecht ohne Nutzen, und durch den Anspruch auf Verpflegung von Schaden. Deshalb sind die mittelalterlichen Heere auch bei den größten Entscheidungen, wie wir noch sehen werden, überaus klein.

Vor Alesia stand es nun insofern etwas anders, als hier alles auf eine unmittelbare Entscheidung ankam; die Schwierigkeit der Verpflegung also für unbestimmte Zeit und unberechenbare Operationen fielen weg, ebenso wie die taktischen Manöver des Gefechts. Ein gewisses Massenaufgebot auch von Landsturm könnte hier angebracht erscheinen. Aber der Verlauf des Kampfes läßt von einer numerischen Überlagenheit der Gallier durchaus nichts sehen. Das hat schon mit seinem scharfen Blick für alles Praktische Napoleon I. erkannt: auch er nimmt an, daß in Alesia Vercingetorix nicht mehr als 20 000 Mann gehabt habe, und sagt, die Entsatzarmee kampiere und manövriere nicht wie eine dem Feinde weit überlegene, sondern wie eine gleich starke. Aus dem Verlauf des Kampfes selber also müssen wir auch eine Vorstellung von der mutmaßlichen Stärke der Gallier zu gewinnen suchen.

Am Tage der Ankunft des Entsatzheeres, das südöstlich lagerte, fand ein Reitergefecht statt, in dem nach Cäsar wieder die germanischen Reiter, gestützt auf römische Kohorten, siegreich blieben. Vermutlich haben die Gallier durch dieses Gefecht nur den Anmarsch ihres Fußvolkes decken wollen.

Dann versuchten sie, nachdem sie einen Tag mit Zurüstungen verbracht, einen nächtlichen Überfall auf die Verschanzungen in der Ebene von Laumes, die etwa drei Kilometer breit ist. Als der Überfall abgewiesen wurde, schickten sie in der nächsten Nacht eine Kolonne an den nördlich gelegenen Berg Réa, wo die römische Circumvallation über den Abfall hatte geführt werden müssen und deshalb von oben her besonders vorteilhaft angegriffen werden konnte. Um Mittag begann dann von beiden Seiten zugleich der Sturm, während wie an den vorhergehenden Tagen Vercingetorix zugleich von innen die Contravallation bestürmte. Am Berge Réa drangen die Gallier so mächtig an, daß die Römer im Begriff schienen, zu erliegen; da führte Labienus auf Befehl Cäsars weiter oberhalb, etwa an dem Bach Rabutin, eine Anzahl Kohorten[1] und Kavallerie aus der Verschanzung

1 Nach den Handschriften unternahm Labienus den Ausfall mit 39 oder 40 Kohorten. Diese Zahl ist, wie man schon lange erkannt hat, zu groß;

heraus und fiel den Sturmkolonnen in die Flanke und den Rükken. Dieser Offensivstoß entschied. Die Gallier ergriffen zunächst an dieser Stelle, dann auch in der Ebene von Laumes die Flucht; Vercingetorix kehrte mit den Seinen in die Stadt zurück und ergab sich.

Der Umkreis der Contravallation und Circumvallation zusammen betrug, wie wir gesehen haben, etwa 36 Kilometer. Wenn also Cäsars Heer 70 000 Mann stark war, so hätte die Belsetzung der ganzen Brustwehr, einen halben Meter auf den Mann, gerade die Armee absorbiert bis auf den letzten Mann.

Die Gallier griffen das erstemal nur in der Ebene von Laumes an, die drei Kilometer breit ist. Wären sie wirklich 250 000 Mann stark gewesen, so hätten sie etwa bei einer Front von 2000 mit einer Tiefe von 120 Mann, rechts und links gedeckt durch die Reiterei, gestürmt. Wenn wir uns eine solche Masse überhaupt bewegungsfähig denken könnten, so mußte sie wohl jede Verschanzung nehmen, denn die hinteren Glieder, kaum von den feindlichen Geschossen berührt, drücken die vorderen vor, füllen mit ihnen jeden Graben aus, überdecken jedes Hindernis und würden über einen Damm von Leichen endlich eindringen. Diese Phantasie ist aber nicht realisierbar; eine geschlossene Masse von einer Viertelmillion ist nicht mehr zu bewegen. Die natürliche, selbstverständliche Verwendung der Masse ist vielmehr der mehrfache, geteilte Angriff, und das ist besonders bei der Nacht das gegebene Manöver, da der Feind nicht zu unterscheiden vermag, wo etwa der stärkere, wo der bloße Scheinangriff erfolgt.

mehr als ein Drittel der ganzen schweren Infanterie kann unmöglich an einer Stelle für einen Ausfall disponibel gewesen sein. Man hat deshalb statt XL–XI konjiciert, und die neueren Editoren, Meusel wie Kübler, haben XI in den Text aufgenommen. Wäre die Zahl überliefert, so würde aus ihr zu schließen sein, daß die gallischen Sturmkolonnen nicht so stark gewesen sein können, wie Cäsar sie schildert; da die Zahl aber doch nur auf Konjektur beruht, so kann man sie nicht weiter verwerten.

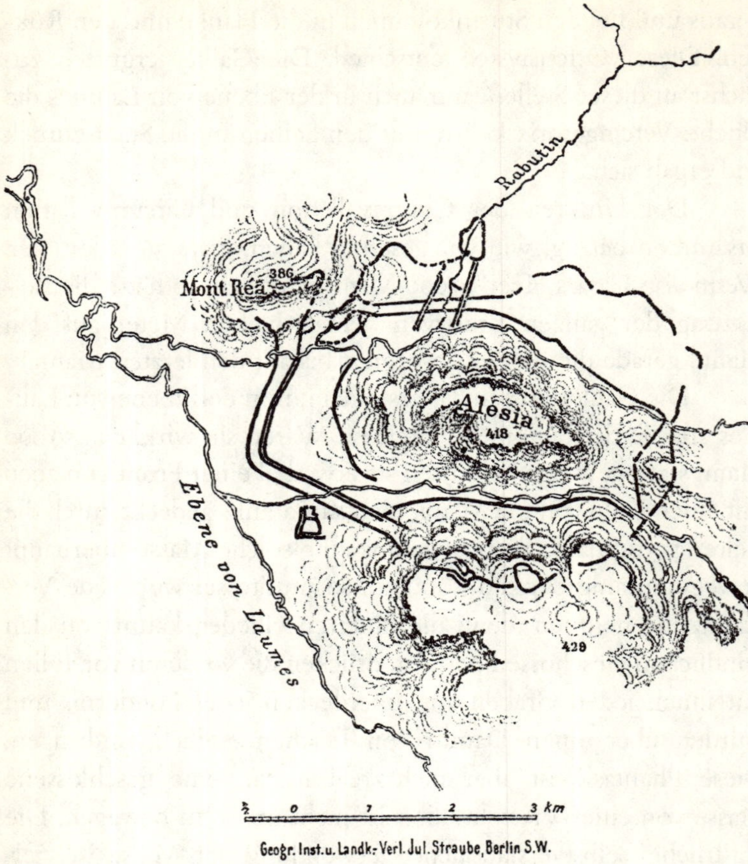

Erst am zweiten Tage erfassen die Gallier den Gedanken der Teilung, aber auch jetzt beschränken sie sich auf zwei Punkte, statt ringsum von allen Seiten zugleich, wo nur ein Zugang war, zu stürmen oder wenigstens zu demonstrieren.

Das ist der zweifellose Beweis, daß sie keine Übermacht gehabt haben, ja wahrscheinlich die erheblich schwächeren gewesen sind. Hätten sie nur 10 000 Mann übrig gehabt, um im Rabutintal aufzutreten, so hätten sie damit ihrem Angriff auf dem Mont Réa die Flanke gedeckt, und Labienus hätte den entscheidenden Ausfall nicht machen können. Es war keineswegs bloße Gedankenlosigkeit, die diese Versäumnis verschuldete; Cäsar selbst berichtet uns, die Gallier hätten den ersten nächtlichen Angriff beim Aufgang der Sonne endlich abgebrochen, da sie fürchteten, daß die Römer sie ausfallend in der Flanke angreifen würden.

Napoleons I. Bemerkung, daß die Gegner etwa gleich stark gewesen sein dürften, hat alle Wahrscheinlichkeit für sich, wenn sie nicht für die Gallier schon zu hoch greift. Man muß immer bedenken, daß Cäsar keinen Punkt seiner meilenlangen Linien ganz ohne Bewachung und ohne eine Reserve in erreichbarer Nähe lassen durfte. Er konnte gar nicht anders, als seine Truppen zersplittern; der Feind wählte sich die Punkte, wo er mit seinem massierten Angriff einsetzen wollte, und wo er einsetzte, war mit Sicherheit von der anderen Seite der Ausfall der Belagerten zu erwarten, und die römischen Soldaten standen unter dem moralischen Druck des drohenden Rückenangriffs. Die Verteidigung einer belagernden Armee gegen ein Entsatzheer gehört deshalb zu den schwierigsten strategischen Aufgaben, auch bei gleichen Kräften, und viele Feldherren haben die Annahme des Kampfes in solcher Stellung grundsätzlich als fehlerhaft verworfen. Wir werden in den späteren Bänden dieses Werkes noch oft davon zu sprechen haben.

Wenn es richtig ist, daß bei Alesia die Kräfte numerisch etwa gleich waren, daß also, wenn Cäsar 70 000 Mann hatte, etwa 20 000 in der Stadt eingeschlossen waren und 50 000 Gallier zum Entsatz heranrückten, so geben wir damit dem Heer der Gallier eine Größe, die der eigentliche Kriegerstand auch aus einem so gewaltigen Gebiet sicherlich nicht zusammenbringen kann. Wir dürfen aber annehmen, daß die Ritterschaft sich, wie die Sachsen in ihrem Kampf gegen Heinrich IV., in dieser letzten äußersten Not durch tapfere Gesellen aus der Volksmasse, der hörigen Bauernschaft, verstärkt hat. Viele Ritter saßen ab und stellten sich ein unter das Fußvolk, wie wir daraus schließen dürfen, daß Cäsar die Reiter des Vercingetorix auf 15 000, die des

Entsatzheeres nur auf 8000 angibt. Die mittelalterliche Kriegsgeschichte erzählt uns sehr häufig von solchem Absitzen der Ritter, um den Fußknechten oder dem Volke voran zu kämpfen.

Ist dies eine zutreffende Charakteristik für die Stärke und Komposition des gallischen Entsatzheeres, so ist damit auch das Verhalten des Vercingetorix in dem vorhergehenden Feldzug völlig verständlich geworden. Der Widerspruch, daß vor Alesia eine gallische Infanterie auftritt, die mit der äußersten Tapferkeit die römischen Verschanzungen bestürmt und daß Vercingetorix sich nicht getraut hat, seine Infanterie den römischen Legionen im offenen Felde entgegenzustellen, ist gelöst.

Das Heer von Alesia ist als das Höchste anzusehen, was die Gallier an Truppen auf einem Punkt zusammenzubringen vermochten. Es kam nur gerade und höchstens dem römischen Heer gleich. Die Römer aber waren den losen Scharen der Gallier in jeder Art Manövrieren, wie in Bewegungen auf dem Schlachtfelde überlegen.[1] Ihr durchgebildeter Heeresorganismus, ihre strenge Disziplin ermöglichte es ihnen noch, sich zu verpflegen, wo die wenig geordneten gallischen Heerhaufen ihre Vorräte bald vergeudet hatten. Vercingetorix mußte deshalb auf die Entscheidung durch die rangierte Schlacht verzichten. Eine Überlegenheit, die ihm den Sieg verbürgt hätte, stand ihm nicht zu Gebote, und Cäsar hätte, wenn er sie für einen Augenblick zusammenbrachte, so wenig wie im zweiten Jahr des Krieges bei den Belgiern, die Entscheidung sofort angenommen, sondern

1 VEITH S. 177 erzählt, Vercingetorix habe weder Zeit noch Mühe gespart, um die Armee fortgesetzt nach römischem Muster einzuexerzieren. Davon steht nicht nur bei Cäsar kein Wort, sondern es gründet sich auch auf eine falsche Ansicht vom Wesen des Exerzierens. Zum Exerzieren gehört eine Disziplin, die auch vermittelst der äußersten Strenge nicht zu improvisieren ist, sondern erst sehr allmählich in Gewöhnung und Tradition ausgebildet werden kann. Was Cäsar sagt (VII, 4) ist, daß Vercingetorix mit äußerster Strenge und Grausamkeit sein Heer zusammengebracht und behandelt habe und (VII, 29, 30), daß er sie gegen ihre Gewohnheit angehalten habe, auf römische Weise ihr Lager zu befestigen.

das große gallische Heer durch Hinhalten erst wieder zur Auflösung gezwungen. Vercingetorix ließ also das allgemeine, verstärkte gallische Aufgebot garnicht erst zusammenkommen, sondern begnügte sich mit vielleicht 20 000 bis 30 000 Mann zu Fuß und erwartete alles von der zusammenberufenen, zahlreichen und tüchtigen gallischen Ritterschaft. Selbst als nun die Gelegenheit zu dem geplanten Überfall kam, wurde das Fußvolk, um es nicht einem Angriff der weit überlegenen Römer auszusetzen, nicht herangeführt. Das war alles garnicht schlecht gedacht; die vortreffliche Ordnung des römischen Heeres aber, das es verstand, den Troß in der Marschkolonne zu schützen und zugleich seinen Reitern den Rückhalt und die aktive Unterstützung der Infanterie zu gewähren, machte den Plan des Vercingetorix zuschanden. Nun blieb nichts übrig, als der letzte verzweifelte Versuch, es auf eine Belagerung und Entsatzschlacht ankommen zu lassen, die wohl den Vorteil hatte, daß die Gallier mit größeren Massen auftreten konnten; daß Cäsar nicht mehr manövrieren konnte, den Galliern die Wahl des Angriffspunktes überlassen mußte und zwischen zwei Attacken genommen wurde, dafür aber ihnen die furchtbaren Befestigungen entgegensetzte, an denen sich der tapfere Anlauf brach.

6. KAPITEL

Römische Kriegskunst wider Barbaren

Die Strategie Cäsars in Gallien beruht darauf, daß er die Stärke der Gallier zu vermeiden und die Stärke der Römer stets gegen die Schwäche der Gallier auszuspielen weiß. Die Stärke der Gallier ist die große Zahl mehr oder weniger kriegerisch tüchtiger Völkerschaften. Hätte Cäsar seine Legionen verteilt, um sie alle gleichzeitig zu bekämpfen und nachher ihre Festungen und Hauptstädte mit Garnisonen versehen, um sie im Zaum zu halten, so wären die Römer sicherlich erlegen. Einmal im vierten Jahr, als Cäsar nach einer schlechten Ernte aus Verpflegungsrücksichten sein Heer in verschiedene Winterquartiere verlegte, wurden eineinhalb Legionen von dem Volk der Eburonen überfallen, und da die Führer uneins wurden und sich ungeschickt benahmen, vollständig vernichtet. Mit ihren Hilfstruppen und Reitern werden die anderthalb Legionen gegen 9000 Kombattanten stark gewesen sein.

Im Vercingetorix-Kriege versuchte es Cäsar, als er sah, daß die Gallier die Feldschlacht vermieden, ebenfalls mit einer Teilung; der Erfolg war wiederum eine Niederlage. Cäsar selbst mit dem Hauptheer war nicht stark genug, die Gallier in Gergovia einzuschließen, und ein Handstreich mißlang unter großem Verlust. Nur dadurch daß das ganze römische Heer beisammen war, wurde die Einschließung von Alesia möglich.

Als aber Alesia gefallen war, da wurde es nicht schwer, im Laufe des nächsten Jahres die einzelnen Völkerschaften, die noch widerstanden, zu unterwerfen. Das Meisterstück aber der Strategie Cäsars ist wohl im zweiten Jahre die Unterwerfung Belgiens. Hätten nicht die Nervier noch ihren Überfall versucht, so wären alle diese kriegerischen Völkerschaften so gut wie ohne Kampf unter die schwere Hand der Römer gebeugt worden: nicht etwa, daß Cäsar die Schlacht als solche vermieden hätte, sondern weil er, ehe er auf sie ausging, durch die Zerteilung der feindlichen Streitkräfte den Römern so günstige Bedingungen, nämlich eine so große Überlegenheit in loco schuf, daß die belgischen Völkerschaften es garnicht mehr auf einen Kampf ankommen zu lassen wagten.

Wenn moderne Völker mit Barbaren zusammentreffen, so ist die Entscheidung von vornherein durch die Waffentechnik gegeben. Im Altertum ist das Verhältnis nicht so einfach.

Es fragt sich, worin die Überlegenheit des römischen Kriegswesens über Barbaren eigentlich bestand. Barbaren haben vor zivilisierten Völkern den Vorzug, daß sie über die kriegerische Kraft der ungezügelten animalischen Instinkte, der Roheit, verfügen. Zivilisation verfeinert den Menschen, macht ihn empfindlicher und mindert dadurch den Kriegswert, nicht etwa bloß die körperliche Kraft, sondern auch den physischen Mut. Auf künstlichem Wege muß dieser natürliche Mangel wieder ersetzt werden. Scharnhorst ist vielleicht der erste gewesen, der es ausgesprochen hat, daß dies das Verdienst der stehenden Heere sei, durch die Disziplin gesittete Völker fähig zu machen, roheren zu widerstehen. Ein beliebiger Haufe Römer, die sonst als Bürger oder Bauern lebten, einem ebenso starken Haufen Barbaren gegenübergestellt, würde ohne Zweifel besiegt worden sein, vermutlich ohne Kampf die Flucht ergriffen haben. Erst die Bildung des fest zusammengeschmiedeten taktischen Körpers der Kohorten machte sie wieder gleich.

Aus Cäsar können wir so direkt nicht mit Sicherheit entnehmen, in welchem Stadium der Entwicklung die Gallier sich zu seiner Zeit befanden.[1] Ein ausschließlich kriegerisches Barbarenvolk waren sie seit Generationen nicht mehr. Sie hatten Städte, Industrie, Handel und Wandel. Die nationale Priesterschaft der Druiden war zu einer Art Hierarchie geworden. Das Volk, sagt Cäsar (VI, 13), wird wie Sklaven behandelt: durch Schulden, Steuern und Drangsale bringen die Mächtigen den gemeinen Mann dahin, sich als Hörigen zu bekennen. Diese Mächtigen sind der Kriegerstand, die Ritter mit ihren Dienstmannen, und ein aus der Masse abgesonderter Kriegerstand kann keine Massenheere aufstellen. Was wir aber an der Zahl abgezogen haben, müssen wir der Qualität gutschreiben. Cäsar macht Unterschiede zwischen den verschiedenen Völkern; die Helvetier, die Nervier, die Bellovaker werden als hervorragend tapfer genannt. Gewiß werden solche Unterschiede existiert haben, aber auch bei den Arvernern, Biturigern, Carnuten waren die kriegerischen Tugenden im Volke nicht erloschen, und diejenigen Elemente, die zuletzt im Felde den Römern gegenüberstanden, werden als persönlich unverweisliche Kriegsleute anzusehen sein, ein Kriegertum, das zum Teil auf dem Ehrbegriff eines besonderen Kriegerstandes, zum Teil aber auf den noch fortlebenden kriegerischen Instinkten des Barbarentums beruhte.

Auch das römische Heer bestand nicht aus den von der Kultur am meisten verfeinerten Elementen des römischen Bürgertums. Die Legionen Cäsars, meist in Gallia cisalpina und der Provincia Narbonensis angeworben oder ausgehenden, bestanden zum großen Teil sicherlich aus romanisierten Kelten. Wenn ehedem die römischen Bürger das Heer gebildet hatten, so hatte sich dieser Satz jetzt praktisch nahezu umgekehrt: der Eintritt in das Heer war der Weg zum römischen Bürgerrecht, und das römische Heer entbehrte auch seinerseits nicht der Berührung mit dem Urboden ungebrochener Naturkraft.

1 Auch die Schilderung Diodors, Buch V, Kap. 28 ff., ist wohl farbenreich, aber doch für uns unergiebig.

Immer aber ist es nur noch eine Berührung – so weit nicht rein barbarische Elemente, wie namentlich die gefürchteten germanischen Reiter dem römischen Heerwesen angefügt waren – im Vergleich zu den Legionaren sind die Gallier noch die vollen Barbaren, und der römische Legionar als Einzelner ist diesen Kriegern nicht überlegen. Es ist kein Grund, anzunehmen, daß eine römische Kohorte von 600 Mann einen gallischen Heerhaufen von gleicher Stärke bei sonst gleichen Umständen besiegt hätte. Wir haben gesehen, wie es Cäsar vermeidet, gegen die numerische Überlegenheit zu kämpfen, im Gegenteil dafür sorgt, daß er selber über die numerische Überlegenheit verfüge. Die Feinheit der römischen Kohorten- und Treffentaktik macht doch nicht so viel aus, um die stürmische Tapferkeit von Barbarenscharen aufzuwiegen, wenn diese noch dazu numerisch überlegen sind. Dies ist ein Satz von fundamentaler Bedeutung für die nächstfolgende Zeit, und wir werden noch in ganz anderen Epochen der Weltgeschichte auf ihn zurückzugreifen haben.

Die Überlegenheit des römischen Kriegswesens beruht hiernach auf dem Heeresorganismus als ganzem, der es gestattete, sehr große Massen auf einem Punkt zusammenzubringen, ordnungsmäßig zu bewegen, zu verpflegen und zusammenzuhalten. Das alles konnten die Gallier nicht. Nicht sowohl die römische Tapferkeit, der die ihrige nichts nachgab, als die römische Masse hat sie erdrückt – wiederum nicht, als ob nicht ihre Masse an sich viel größer gewesen wäre, aber ihre Masse blieb tot, war nicht bewegungsfähig. Die römische Kultur siegte über die Barbarei, denn eine große Masse bewegungsfähig zu machen, ist ein Kunstwerk, das nur hoher Kultur gelingen kann. Die Barbarei ist dessen unfähig. Das römische Heer ist nicht bloß Masse, sondern organisierte Masse, und es kann nur deshalb Masse sein, weil es organisiert, ein vielgestaltiger, lebendiger Organismus ist. Nicht bloß Soldaten und Waffen gehören dazu, Reiter und Fußgänger, nicht bloß Legaten, Tribunen, Centurionen, Legionen, Kohorten, Manipel, Centurien, Disziplin von unten, Führung von oben, Vorhut, Nachhut, Patrouillen, Meldungen, Lagerabstecken, sondern auch der Quästor und sein Heer von Beamten und Kontrolleuren, Ingenieure mit ihren Werkzeugen, geschickt Brücken, Wälle, Blockhäuser, Sturmböcke, Geschütze, Schiffe zu bauen, Intendanten mit ihren Fuhrparks, Armee-Lieferanten mit ihren Agenten, Ärzte mit Lazaretten, Magazine, Zeughäuser, Feldschmieden und endlich das Haupt des Ganzen, der Feldherr, in dem sich angeborene Urkraft vermählen muß mit der Flexibilität und Feinheit des in der Sphäre der höchsten Kultur gebildeten Geistes, um intellektuell alles zu umfassen und von *einem* Punkt aus in *einem* Willen zu lenken.

All' diese Erkenntnis wird verdeckt und verdunkelt durch die Vorstellung, daß die gallischen Heere, die Cäsar besiegte, ihm stets numerisch vielfach überlegen gewesen wären. Daß Cäsar uns selbst seinen Sieg in dieser Form darstellt, darf man, um es auch an dieser Stelle zu wiederholen, ihm nicht so sehr verübeln, denn der Sieg der Minderzahl über die große Mehrzahl ist einmal die Denk-Kategorie, in der die Menge sich Heldentaten und strategisches Genie vorstellt. Sache der wissenschaftlichen Erkenntnis ist es, durch diese Schale hindurchzudringen zu dem Kern, und das Ergebnis ist keineswegs eine Minderung der römischen und der historischen Feldherrngröße, sondern sie gelangt so erst wahrhaft zur Anerkennung. So lange man 70 000 Mann über 300 000 siegen läßt, mag man dadurch eine unbestimmte Vorstellung von Tapferkeit und Feldherrntum erwecken, eine rationelle Erkenntnis aber existiert noch nicht. Erst indem man sich sagt, daß der einzelne Gallierr dem einzelnen Römer und noch 10 000 Gallier 10 000 Römern vollauf gewachsen waren, geht uns eine Vorstellung von der Größe der strategischen Aufgabe Cäsars auf, und nun sieht man auch wieder, daß nicht bloß Cäsar über Ariovist und Vercingetorix, sondern Rom über Germanen und Gallier, Kultur über Barbarei gesiegt hat.

Diese Erkenntnis zu finden, mußte erst Cäsars eigene Autorität als Berichterstatter eingeschränkt werden, und es wird manchen Gelehrten geben, dem diese Kritik noch weniger in den Sinn will, als bei Herodot, und der der Sachkritik, die solche Ergebnisse zu Tage fördert, ein prinzipielles Mißtrauen entgegensetzen möchte. Als eine Art Glück ist es deshalb zu betrachten, daß doch wenigstens *eine* Stelle vorhanden ist, wo Cäsar selber uns das wahre Zahlenverhältnis verrät und der Sachkritik dadurch zu Hilfe kommt. Bei der schwersten Niederlage, die sein Heer in Gallien erlitt, der Vernichtung der anderthalb Legionen durch die Eburonen, fügt er selbst hinzu, an Tapferkeit und Zahl seien die Gegner gleich gewesen, aber die Römer seien von der Führung und vom Glück im Stich gelassen worden (V, 34). Daß dieser Satz in unausgleichbarem Widerspruch mit allen seinen anderen Schlachtschilderungen steht, haben die Forscher längst empfunden. Heller im Philologus (Bd. 31, 1873, S. 512) nennt den Ausspruch »sinnlos«. »Wie?« ruft er aus, »wie? die Römer sollten den Galliern an Zahl der Kämpfenden gewachsen gewesen sein? Und ohne eine beträchtliche Übermacht ins Feld zu stellen, sollten die Eburonen ein aufs Stärkste verschanztes Lager anzugreifen, sollten trotz der unglücklichen Erfahrungen in fünf Kriegsjahren ein gleich großes Heer der Römer zu überfallen gewagt haben? Kein Militär wird sich das einreden lassen; nur Schulknaben können über eine solche Frage getäuscht werden.« …

Statt »erant et virtute et numero pugnando pares nostri; tametsi ab duce et a fortuna deserebantur« will er, gestützt darauf, daß die Codices »pugnandi« haben, lesen »virtute et studio pugnandi«, und Meusel in der neuesten Ausgabe weiß sich nicht anders zu helfen, als daß er »erant et virtute et numero pugnandi« vollständig tilgt. Wir unsererseits erkennen jetzt, daß gerade dieser Satz die Wahrheit enthält, daß die Eburonen an Ritterschaft und Landsturm mit einigem Zuzug wohl gegen 9000 Mann, also ebensoviel wie das römische Korps aufbringen konnten, und daß wir nun nicht mehr Cäsars Zahlenangaben einfach zu verwerfen, sondern nur zwischen seinen eigenen widersprechenden Angaben zu wählen haben. Wir nehmen Hellers Argumentation an, kehren die Spitze aber nach der andern Seite: da hier Cäsar selbst berichtet, daß eine gleich starke Schar Gallier die Römer, sobald die Führung einmal versagte, zu überwinden vermochte, so können die Römer nicht in anderen Schlachten die doppelte bis vierfache Überlegenheit stets besiegt haben. Wenn es uns Cäsar selber so dargestellt hat, so schrieb er eben für seine Landsleute, und die Römer waren es gewohnt, Siegesberichte zu empfangen, wie die von Sulla, der bei Chäronea mit 16 500 Mann 120 000 Mann unter 12 Mann Verlust, oder Lucullus, der bei Tigranocerta mit 14 000 Mann[1] unter einem Verlust von 5 Toten und 100 Verwundeten 250 000, dabei 55 000 Reiter, geschlagen haben wollte. Das ist ja immer noch bescheiden gegen die 900 000 Perser, die nach Xenophon oder seinem Interpolator von den 13 000 Griechen bei Kunaxa besiegt wurden, aber es zeigt doch, daß die Römer ganz wie die Griechen inbezug auf Barbarenheere in einer Art Zahlenhypnose lebten, die auch den Geist der Klügsten verdunkelte. Mag nun Cäsar ebenfalls mehr oder weniger in dem Bann dieser Vorstellung gelebt oder ihr mit Bewußtsein Konzessionen gemacht haben, jedenfalls ist von seinen Zahlenangaben über die gallischen und germanischen Heere nur diejenige über die Eburonen anzunehmen und das Verhältnis römischer zu barbarischer Kriegführung auf Grund ungefähr gleicher kriegerischer Qualität der einzelnen Soldaten zu beurteilen.

Der Satz, den wir gefunden haben, ist so wichtig, daß ich ihn noch einmal umgekehrt formulieren möchte.

Die überlieferte Vorstellung ist, daß Barbarenheere Massenheere seien. Wir haben gefunden, daß umgekehrt Barbaren nicht imstande sind, Massenheere aufzustellen. Selbst wo die Masse kriegsbrauchbarer Männer unzweifelhaft vorhanden war,

1 Theodor Reinach, Mithridates Eupator. Übers. v. Goetz p. 355 und 358.

wie in Gallien, konnte man kein Massenheer aufstellen. Man konnte es nicht bewegen, nicht mit ihm operieren. Die Fähigkeit, große Menschenmassen zu bewegen, ist ein Erzeugnis der Kultur. Menschenmassen sind kein toter Stoff, den rohe Kraft beliebig aufzutürmen vermag. Um Massen zu bilden, bedürfen Menschen der Gliederung, der Organisation. Sieg durch die Masse, was auf den ersten Anblick Sieg durch die bloße Naturkraft zu bedeuten scheint und unter Umständen auch bedeuten kann, muß, wenn die Masse sehr groß wird, gerade umgekehrt Sieg durch den organisierenden und führenden Geist bedeuten.

Ich habe diese Gedanken seitdem noch etwas weiter ausgeführt und auch mit neueren Beispielen belegt in einer akademischen Rede »Geist und Masse in der Geschichte«, Preuß. Jahrb., Bd. 147, S. 193, 1912; ferner in einer in englischer Sprache im Jahre 1913 an der Universität London gehaltenen Serie von Vorlesungen, die unter dem Titel »Numbers in history« bei Hodder & Stoughton, London, Warwick Square erschienen sind.

7. KAPITEL
Der Bürgerkrieg in Italien und Spanien

Strategie, wie wir sie in Gallien an Cäsar kennen gelernt haben, ist, die Stärke des Feindes zu eludieren und die eigene Stärke gegen seine Schwäche auszuspielen. Dasselbe tut Cäsar im Bürgerkrieg, aber dieselben Grundsätze verlangten eine andere Art der Ausführung, da die Kriegsbedingungen andere waren. Feste Lager zu schlagen, sich regelmäßig zu verpflegen, vorteilhafte Stellungen zu besetzen, zu manövrieren, verstanden die römischen Gegner Cäsars ebensogut wie sein eigenes Heer. Die materielle Überlegenheit der bestehenden Regierung über den autonomen General war so groß, daß die Machthaber in Rom bis zum letzten Augenblick nicht recht an den Krieg glauben wollten. Cäsar hatte von seinen 13 Legionen zwei an Pompejus abgegeben und hatte noch 11.[1] Pompejus hatte in Spanien sieben

1 Vgl. oben S. 535, 540. Wenn diese Zahlen auch nicht direkt so überliefert sind, so kann man sie, glaube ich, doch mit Sicherheit aussprechen. Domaszewski in seiner wertvollen Abhandlung »Die Heere der Bürgerkriege i. d. Jahren 49 bis 42 v. Chr.« N. Heidelb. Jahrb. IV (1894) hat nachgewiesen, daß Cäsar bei Ausbruch des Bürgerkrieges 11 Legionen hatte. Da nun in dem Vercingetorix-Feldzug nur 10 genannt werden, in den darauf folgenden Winterquartieren 11, Cäsar aber zwei Legionen abgegeben hatte, so hätte er eigentlich nur noch 9 haben können. Domaszewski erklärt das so, daß Cäsar sofort, wie er den Konflikt kommen sah, zwei neue Legionen bildete als Ersatz für die abgegebenen. Aber mir scheint, es gibt noch eine bessere Erklärung. Cäsar hatte im Jahre 52 außer den vorgenann-

alte tüchtige kriegsgeübte Legionen, in Italien außer den beiden cäsarianischen eine dritte, in der Bildung begriffene und hinter diesen, den cäsarianischen schon fast gleichen Kräften stand die

ten zehn Legionen noch 22 Kohorten, die die Provinz verteidigten (VII, 65) und aus ihr selbst ausgehoben waren, also nicht alle aus römischen Bürgern bestanden. Die V. Legion, Alauda, war eine solche Nicht-Bürger-Legion. Nach Sueton, Cäsar Kap. 24 bildete Cäsar sie schon während des gallischen Krieges, nicht erst, wie Domaszewqski glaubt, i. J. 50. Nichts natürlicher, als daß wir annehmen, sie gehörte zu jenen 22 Kohorten des Jahres 52 und ebenso die VI, obgleich freilich Sueton nur von *einer* solchen Barbaren-Legion spricht. Halten wir aber zusammen, daß die VI. Legion erst jetzt in den Kommentaren erscheint; daß sie, wie schon Napoleon III. bemerkt hat, vor Alesia beim Hauptheer eintraf; daß Cäsar unmöglich damals noch eine Veteranenlegion in der Cisalpina gehabt haben kann; daß nichts natürlicher ist, als daß Cäsar nach der Niederlage des Vercingetorix, wo die Provinz keine Deckung mehr nötig hatte, einen Teil der dortigen Garnison für die Entscheidungsschlacht noch an sich zog – so bleibt kaum ein anderer Schluß übrig, als daß diese Legion ebenfalls ein Teil jener 22 Kohorten »praesidia ex ipsa coacta provincia« war.

Hiergegen könnte eingewandt werden, daß im bell. Alex. 69 von der sechsten Legion gesagt wird, sie sei durch Strapazen und Kriegsverluste (crebritate bellorum) auf 1000 Mann reduziert gewesen, und daß sie als Veteranenlegion i. J. 45 mitaufgelöst wurde. War sie aber auch erst im Winter 53/52 gebildet (vielleicht auch schon früher), so hatte sie doch schon die Kämpfe zur Verteidigung der Provinz, die Entsatzschlacht von Alesia und nachher den ganzen Bürgerkrieg mitgemacht, also wenigstens sechs, meist überaus intensive Kriegsjahre hinter sich, als sie Cäsar von Ägypten gegen den Pharnaces folgte. Domaszewski S. 171 Anm. bezeichnet die V. Legion Alauda sogar unter der Voraussetzung, daß sie erst i. J. 50 gebildet worden, i. J. 48 als Veteranenlegion.

Zur 2. Auflage. Gröbe (Festschr. f. Otto Hirschfeld 1903; wiederabgedruckt in der 2. Auflage von Drumanns Röm. Gesch., Bd. III, S. 702) in einer Untersuchung über die Legionen Cäsars ist ebenfalls zu dem Ergebnis gekommen, daß die V. Legion aus dem im Jahre 52 genannten Kohorten in der Provinz gebildet worden sei. Aber er setzt diese Bildung erst ins Jahr 51. Die VI. des Bürgerkrieges soll erst im Jahre 50 gebildet worden sein, nachdem die ältere VI. an Pompejus abgetreten war (und bei diesem die Nummer I führte).

Die acht Kohorten, die ich in der Cisalpina annehme, fallen bei ihm fort. Er gibt Cäsar also im Jahre 52 nur 10 Legionen. Der Unterschied ist aber geringer als er scheint, da es sich nur darum handelt, ob aus den 22 Kohorten etwas früher oder später Legionen formiert worden sind und ob die 8 Kohorten in der Cisalpina schon im Jahre 52 existiert haben. Für er-

ganze Masse des römischen Reichs mit allen seinen Hilfsmitteln, so daß man Legionen sozusagen ganz nach Belieben formieren konnte. Der einzige Vorteil, über den Cäsar verfügte (abgesehen von der lebhaften Sympathie weiter Volkskreise für ihn und die demokratischen Grundsätze, die er vertrat) war, daß die feindlichen Streitkräfte noch nicht beisammen waren. Sie auseinanderzumanövrieren, wenn sie sich erst vereinigt hatten, wie einst die Belgier, war keine Hoffnung; noch weniger war darauf zu rechnen, daß Pompejus nicht imstande sein würde, seine überlegenen Massen auf einen Punkt zusammen zu bringen, sobald man ihm Zeit ließ. Cäsar also konnte nur siegen, indem er die feindlichen Streitkräfte schlug, ehe die vorhandenen sich vereinigt, ehe die Neubildungen den bestehenden Legionen zugewachsen waren. Hatte in Gallien die strategische Kunst darin bestanden, die Gegner räumlich auseinanderzuhalten, so kam es jetzt darauf an, daß es zeitlich geschehe.

An der Spitze nur *einer* Legion in Oberitalien führte Cäsar die Verhandlungen, so daß Pompejus es noch nicht für so eilig hielt, seinerseits zu rüsten. Aber schon hatte Cäsar zwei weitere Legionen herbeigerufen und brach los. Diese drei Legionen, mit den Hilfstruppen etwa 20 000 Mann, genügten in dem Augenblick, Cäsar in Italien das Übergewicht zu verleihen. Wohl hatte auch Pompejus drei Legionen auf der Halbinsel. Aber darunter waren die beiden cäsarianischen, die er sich nicht traute direkt gegen ihren alten Kriegsherrn zu führen, und eine kaum kriegstaugliche Neubildung. Fast ohne Widerstand durchzog Cäsar Italien. Die neugebildeten pompejanischen Kohorten lösten sich auf, gingen zu ihm über oder traten, gefangen genommen, nach-

hebliche Neubildungen im Jahre 50 scheint der Brief Ciceros an Attikus (aus dem Dez. 50) zu sprechen, den Gröbe zitiert. (VII, 7, 6) »imbecillo resistendum fuit et id erat facile; nunc legiones XI, equitatus tantus, quantum volet, Transpadanai.« Aber aus dieser Stelle ist doch eigentlich nichts zu folgern, da ja auf jeden Fall Cäsar außer seinen 10 Legionen im Jahre 52 die 22 Kohorten gehabt hatte.

träglich in seinen Dienst. Die optimatischen Senatoren mit Pompejus an der Spitze flohen nach Griechenland.

Man hat Pompejus den Vorwurf gemacht, daß, als ein senatorisches Truppenkorps unter Domitius Ahenobarbus in Corsinium von Cäsar eingeschlossen wurde, er nicht zum Entsatz herangekommen sei. Sehr schön und treffend hat Oberst Stoffel darauf ausgeführt, daß das derselbe Fehler gewesen sein würde, den Mac Mahon 1870 machte, als er mit unzulänglichen Kräften Bazaine in Metz entsetzen wollte. Er stürzte sich damit nur selbst ins Verderben. Pompejus hatte strategischen Blick und Konsequenz genug, das zu erkennen, überließ Domitius Ahenobarbus seinem Schicksal und rettete dadurch den Kern des Heeres für den letzten Entscheidungskampf.

Cäsar wandte sich nunmehr nach Spanien. Er hätte auch dem Pompejus unmittelbar folgen und seine Legionen aus Gallien auf dem Landwege durch Illyrien vorführen können. Dann würde er ohne wesentlichen Widerstand den ganzen Orient, wo die Rüstungen eben erst begannen, in seine Gewalt gebracht haben. Mittlerweile aber hätte er den Okzident den republikanischen Legionen in Spanien preisgegeben. Pompejus würde sich ohne Zweifel selber dorthin geflüchtet, sich an ihre Spitze gestellt und die Offensive ergriffen haben. Wenn Cäsar in Antiochien angekommen wäre, wäre Pompejus vielleicht wieder in Rom gewesen. Cäsar befolgte den Grundsatz, als erstes und wichtigstes die feindliche Streitmacht, da wo sie war, aufzusuchen und zu zerstören.

Mehrere in Italien neugebildete Legionen wurden nach Sardinien, Sizilien und Afrika gesandt; andere deckten Italien selbst; von den neun alten sieggewohnten gallischen wurden drei zur Belagerung von Marseille bestimmt, welche Stadt auf die Seite der Regierung getreten war, und sechs wurden nach Spanien dirigiert.

Pompejus hatte in Spanien sieben Legionen, aber unter drei verschiedenen Legaten. Zwei von ihnen, Afranius und Petrejus, vereinigten sich im nördlichen Spanien gegen den von Norden drohenden Angriff, der dritte, Varro, kein anderer als der berühmte Antiquar und Sprachforscher, blieb mit seinen beiden Legionen im Süden des Landes. Guischard hat den Verdacht ausgesprochen, Varro, der sich nachher mit Cäsar aussöhnte und von ihm hoch geehrt wurde, habe sich vielleicht mit Absicht der Entscheidung entzogen; jedenfalls ist ein militärischer Grund, weshalb er seine Streitkräfte nicht mit denen der beiden anderen Legate vereinigte, nicht zu entdecken. Das südliche Spanien hätte nicht besser gesichert werden können, als wenn es gelang, den Cäsarianern schon an den Pyrenäen einen unüberwindlichen Widerstand entgegenzusetzen.

Mit ihren fünf Legionen fühlten sich Afranius und Petrejus den Angreifern gegenüber von vornherein als die Schwächeren. Obgleich zuerst nur drei Legionen Cäsars anrückten, so beobachteten die Pompejaner doch eine rein defensive Haltung. Vielleicht waren die fünf Legionen, die ja in Spanien wenig zu tun gehabt hatten, nicht gerade mit Sorgfalt vollzählig erhalten worden. Cäsar spricht von 80 Kohorten Spaniern, die die Pompejaner überdies gehabt hätten; diese Zahl werden wir, wie die Angaben über die Stärke der Gallier, als sehr übertrieben ansehen dürfen. Sicher ist, daß das Heer Cäsars mit einer starken germanischen und gallischen Reiterei und anderen gallischen Hilfsvölkern das wesentlich überlegene war.

Die Strategie der Pompejaner konnte also nicht auf eine Entscheidung angelegt sein, sondern nur darauf, Cäsar festzuhalten und Zeit zu gewinnen, bis Pompejus selbst im Orient seine Rüstungen vollendet hatte und entweder ebenfalls auf dem spanischen Kriegsschauplatz erschien oder durch einen Angriff auf Italien Cäsar zum Umkehren veranlaßte.

In den Pyrenäenpässen fanden die Cäsarianer nur geringen Widerstand. Wahrscheinlich haben die Pompejaner nicht einmal Zeit gehabt, sie zu besetzen; aber auch wenn sie sie gehabt haben, so wissen wir schon von den Thermophylen her, wie wenig aussichtsvoll und wie gefährlich es ist, Gebirgspässe sperren zu wollen. Auch den Römern war diese Kriegsregel geläufig; als einst die Cimbern vom Brenner herniederstiegen, hatte, wie uns Plutarch berichtet (Marius, Kap. 23), der römische Feldherr Catulus von vornherein darauf verzichtet, die Pässe zu besetzen, weil er dadurch seine Kräfte zersplittert hätte, und erwartete lieber den Feind in der Ebene. Auch Afranius und Petrejus zeigten, daß sie die Kriegskunst verstanden.

Etwa 20 Meilen (150 Kilometer) südlich der Pyrenäenpässe, noch 5–6 Meilen nördlich des Ebro liegt an dem rechten Ufer des mächtigen Stromes Sicoris (Segre) auf einer Höhe die Stadt Ilerda mit einer steinernen Brücke über den Fluß. Dicht südwärts der Stadt erhebt sich eine für ein römisches Lager sehr geeignete zweite Höhe am Fluß. Hier nehmen Afranius und Petrejus ihre Stellung. Sie war von Natur so fest, daß ihr kein gewaltsamer Angriff etwas anhaben konnte. An ihr vorbeizugehen, war für Cäsar unmöglich, da er damit dem feindlichen Heer den Weg nach Massilia und Italien freigegeben hätte. Die Stellung endlich einzuschließen war sehr schwer, da der Sicoris ein sehr tückisches Gewässer ist, plötzlich anschwillt und in wilden Strudeln die Brücken fortreißt, so daß das einschließende Heer in zwei Teile zerrissen wird, während das eingeschlossene im Besitz der festen steinernen Brücke mit ganzer Kraft nach Bedarf das Ufer wechseln kann. Große Vorräte wurden zusammengebracht, um die Verpflegung auf lange Zeit sicher zu stellen.

Man hätte vielleicht auch eine ähnliche Stellung am Ebro selbst finden können; auf dem nördlichen Ufer, um in jedem Augenblick die Offensive ergreifen zu können, mit einer festen Brücke hinter sich, um auch das andere zu beherrschen; so wie einst Cäsar an der Aisne. Aber Afranius und Petrejus hielten es vermutlich nicht für nötig, gleich so weit zurückzugehen. Bei Ilderda deckten sie noch ein erheblich größeres Stück ihrer Provinz; mußten sie sich endlich zu weiterem Rückzug entschließen, so war anzunehmen, daß sie sich entweder auf dem einen oder anderen Ufer des Sicoris den Weg öffnen könnten. Sie beherrschten das südliche Ebroufer und konnten jeder Zeit, wo sie wollten, eine Schiffbrücke schlagen lassen. Der Feind konnte unmöglich so rasch damit zustande kommen. Sie gewannen also an dem Ebro sofort einen neuen Abschnitt und eine Deckung, die ihnen freie Bewegung gewährleistete.

Da Afranius und Petrejus die Stellung bei Ilerda nahmen, nachdem ein Sendbote des Pompejus, Vibullius Rufus bei ihnen angekommen war, so ist wohl möglich, daß Jener selbst, der ja Spanien sehr genau kannte, den Feldzugsplan und das Lager angegeben hat.

Die Stellung von Ilderda hat den Pompejanern alles geleistet, was von einer Stellung erwartet werden kann. Nachdem schon die drei zuerst angekommenen Legionen unter Fabius hier vier Wochen (etwa vom 17. Mai bis 24. Juni 49 v. Chr.)[1] davor gelegen, ohne etwas auszurichten.

Fabius hatte sein Lager eine halbe Meile nördlich von Ilerda, auf demselben Ufer angelegt und zwei Brücken, sechs Kilometer von einander entfernt, über den Fluß geschlagen. Einmal riß ihm der Strom die untere Brücke fort, während gerade zwei Legionen drüben fouragierten. Afranius und Petrejus führten sofort drei Legionen hinüber und drohten sie zu überwältigen, als Fabius noch gerade mit zwei weiteren Legionen über die andere Brücke, die gehalten hatte, zu Hilfe kam und sie degagierte.

Ein zweites Mal riß, als Cäsar schon selbst den Oberbefehl übernommen hatte, der Strom beide Brücken zugleich fort. Nun besetzten die Pompejaner das linke Ufer und verhinderten, unterstützt durch das Hochwasser, die Wiederherstellung der Brükken. Cäsar erwartete gerade einen großen Proviantransport aus

1 Das obige Datum nach der Umrechnung Stoffels, der sich auf die von Napoleon III. veranlaßten Berechnungen des Astronomen Leverrier stützt. Nach Ideler, Mommsen, Matzat, Soltau und Unger würden die Ereignisse etwa drei Wochen früher fallen.

Gallien, der nun nicht über den Fluß konnte, abgeschnitten war und von den Pompejanern wieder in die Berge zurückgetrieben wurde. Die Gegend um das Lager herum war erschöpft und konnte keine Lebensmittel mehr liefern; Caesars Truppen gerieten in die größte Not, während die Pompejaner durch die von lange her aufgehäuften Lebensmittel in Ilerda reichlich ernährt wurden.

Da aber die pompejanischen Legaten doch nicht wagten, sich gar zu weit von ihrem Lager zu entfernen und den Proviantzug Cäsars bis ins Gebirge zu verfolgen, um ihn zu vernichten, so gelang es Cäsar endlich, ihn heranzuziehen. Er schlug mehr als vier Meilen oberhalb, wo keine feindlichen Posten mehr standen, eine neue Brücke und stellte dadurch die Verbindung mit seiner Operationsbasis, Gallien, wieder her.

Die Kommunikation war zu weit, um das pompejanische Lager auf beiden Ufern einzuschließen. Ein kühner Versuch, den Cäsar gleich nach seiner Ankunft gemacht hatte, sich zwischen das feindliche Lager und die eigentliche Stadt Ilerda mit der Brücke zu drängen, war mißglückt. Eine direkte Gefahr schien die Pompejaner immer noch nicht zu bedrohen. Dennoch beschlossen sie jetzt abzuziehen. So fern die neue Brücke des Feindes war, so genügte sie doch, daß er seine überlegene Reiterei auf das linke Ufer des Sicoris entsandte und den Pompejanern das Fouragieren unmöglich machte. Mehrere spanische Völkerschaften, darunter die Jacetaner und Illurgavonenser auf beiden Ufern des unteren Ebro traten zu Cäsar über. Endlich war vorauszusehen, daß, wenn das Hochwasser sich verlaufen habe, eine Furt durch den Sicoris dicht oberhalb Ilerda gangbar werden und den Truppen Cäsars den unmittelbaren Uferwechsel und damit die vollständige Einschließung ermöglichen werde. Cäsar machte sogar den Versuch, durch breite Gräben, die er ziehen ließ, den Wasserspiegel künstlich zu senken, um die Furt gangbar zu machen.

In voller Ruhe, ohne besondere Vorsichtsmaßregeln, außer daß man schon in der Nacht, um die dritte Nachtwache (zwischen 12 und 3) aufbrach, mit allem Troß bewerkstelligten die Pompejaner ihren Abzug zum Ebro, über den sie bei Octogesa, am Zusammenfluß mit dem Sicoris, hatten eine Schiffbrücke schlagen lassen. Wohl wurde der Zug von den feindlichen Reitern angegriffen und belästigt, so daß er nur langsam vorwärts kam; aber wenn man nur erst das freiere wellige Gelände hinter sich und das Bergland des Ebro, etwa 5 Meilen südlich von Ilerda, erreicht hatte, so hörte auch diese Plage auf, und nichts konnte den Übergang über den Ebro mehr verhindern. Etwa vier Meilen war man bereits marschiert, da sah man plötzlich die feindlichen Legionen im Eilmarsch anrücken.

Das Wasser des Sicoris war so weit gefallen, daß es in der Ilerdaer Furt dem Manne noch über die Brust ging. Die Furt war also eigentlich für Infanterie noch nicht gangbar. Aber Cäsar hatte, wie er uns erzählt, auf die Bitte seiner Soldaten selbst es gewagt, den Übergang zu machen; unterhalb der Furt aufgestellte Reiter fingen die von der Strömung fortgerissenen Legionare auf, so daß niemand umkam. Jenseits angelangt, setzten sich die Legionen in Marsch, und ohne Troß und Kampfaufenthalt gelang es ihnen, noch am Spätnachmittag den Gegner einzuholen. Wenn Afranius und Petrejus nicht in einem Nachtrabsgefecht einen großen Teil ihrer Truppen opfern wollten, so mußten sie das ganze Heer Halt machen und eine Stellung einnehmen lassen. Ohnehin war ja der Tagemarsch schon sehr lang gewesen.

Immer schien die Lage noch nicht verzweifelt; man hatte ja nur noch eine Meile bis zu den schützenden Bergen und dann noch eine bis zum Strom mit der Brücke. Einen Versuch, den Marsch in der Nacht zu machen, gab man wieder auf, aus Besorgnis, dabei angegriffen zu werden. Es konnte zuletzt nicht unmöglich sein, die kurze Strecke auch angesichts des Feindes zurückzulegen.

Da gelang es dem außerordentlichen Eifer der cäsarischen Truppen, im Bogen um die Pompejaner auf kaum passierbarem

Terrain herummarschierend, vor ihnen, die wieder durch die Angriffe der Reiterei aufgehalten wurden, das Defilé und die beherrschenden Punkte zu besetzen und ihnen die Wege zum Ebro zu verlegen.

Die Tatkraft und Schnelligkeit Cäsars, der gute Wille und die Leistungsfähigkeit seiner Truppen hatten erreicht, was nach gewöhnlicher militärischer Berechnung unmöglich schien. Das pompejanische Heer, daß sich aus einer unangreifbaren Position in eine andere zurückziehen wollte, war auf dem kurzen Wege zum Stehen gebracht und von seinem Ziel abgedrängt. Es mußte jetzt entweder schlagen oder sich binnen kurzer Frist ergeben. Die stets entschlossene Offensive hatte sich über die noch so gut gestützte Defensive überlegen gezeigt. Das wohl schwächere, aber doch nicht so sehr viel schwächere pompejanische Heer hatte den Gegner einige Monate beschäftigt, aber um den Preis seines endlichen gänzlichen Unterganges. Über die einzelnen Manöver bleiben noch mancherlei Zweifel, und es ist wohl möglich, daß zuletzt ein Zwiespalt zwischen Afranius und Petrejus den Sieg Cäsars erleichtert hat. In einer solchen Krisis, wo alles von dem Entschluß des Augenblicks abhängt, muß die Koordination zweier Feldherren ganz besonders schädlich wirken. Namentlich auffällig ist, daß die Pompejaner, als sie von Cäsar eingeholt waren einen ganzen Tag stehen blieben und erst Rekognoszierungen veranstalteten. Wenn sie überhaupt glaubten, angesichts des Feindes noch Bewegungen machen zu können, so sieht man nicht, warum sie nicht versuchten, auf der Straße nach Octogesa direkt vorwärts zu kommen. Daß Cäsar sie wieder loslassen würde, konnten sie nicht wohl erwarten[1]; er war ohne Gepäck und Mundvorräte ausgerückt, aber die Kolonnen waren natürlich schon auf dem Marsch, um das nötigste nachzuführen.

1 Als Cäsar am andern Tage ausrückte und zunächst wieder den Weg nach Ilerda einschlug, glaubten die Pompejanischen Soldaten freilich, der Mangel zwinge den Feind zum Rückzug. Aber das widerlegt den obigen Satz nicht.

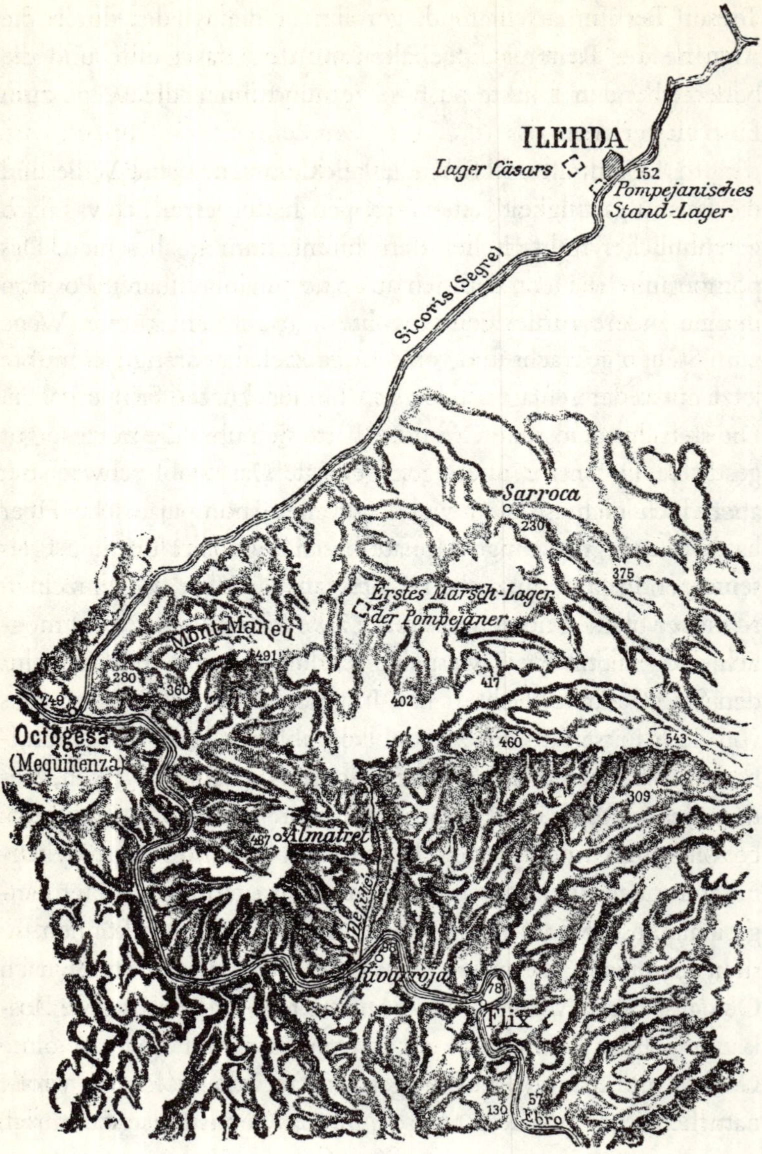

Verhältnis – 1:386,000.

1 0 1 2 3 4 5 10 15 km

Geogr. Inst. u. Landkarten-Verl. Jul. Straube, Berlin S.W.

Dieser Tag Aufenthalt ist es gewesen, der die Pompejaner ins Verderben gestürzt hat, und er ist kaum anders als durch Unentschlossenheit und Zwiespalt im Pompejanischen Hauptquartier zu erklären. Aber das Verdienst Cäsars und seiner Truppen wird dadurch kaum gemindert. Der Fehler, den die Pompejaner machten, ist doch auch schon eine Folge der moralischen Überlegenheit des Gegners, die ihren Druck ausübte, und in solcher Lage müßte der schon ein sehr großer Feldherr gewesen sein, der gar keinen Fehler gemacht hätte.

Cäsar fühlte sich, als die Gegner sich wieder nach Ilerda zurückwandten, des endlichen vollen Erfolges so sicher, daß er ein Gefecht nicht mehr für nötig hielt. Seine Soldaten forderten die Schlacht, wo ihnen der Sieg nicht fehlen konnte, aber Cäsar begnügte sich, eine Aufstellung im freien Felde zu nehmen und es dem Gegner zu überlassen, ob er angreifen wollte. Selbst der tapfere Petrejus, der bis zum Äußersten durchzuhalten entschlossen war, mußte einsehen, daß die Schlacht selbst eine zwecklose Schlächterei sein würde, und so blieb endlich nichts übrig, als zu kapitulieren.

Dieser Sieg Cäsars steht wohl einzig da in der Weltgeschichte, insofern der absolute Erfolg, die vollständige Vernichtung des feindlichen Heeres erreicht wurde ohne Schlacht, durch bloßes Manövrieren und einige mittlere Gefechte. Das römische Heer am Trasimenus und bei Cannä, das preußische Heer 1806, drei französische 1870/71 wurden vollständig vernichtet, aber immer erst nach zäh durchgefochtenen Schlachten. Man verwechsele aber darum nicht etwa die Strategie Cäsars mit der des Perikles: dieser im Bewußtsein der Inferiorität der athenischen Landmacht, vermied von vornherein und grundsätzlich die große Land-Entscheidung und suchte, da der Gegner wiederum sich einer Entscheidung zur See nicht stellte, den Krieg durch Ermattung zu Ende zu bringen. Cäsar hätte nichts lieber gesehen, als daß die Legaten des Pompejus sich sofort zur taktischen Entscheidung gestellt hätten, um, mit ihnen fertig geworden, sich möglichst schnell wieder gegen Pompejus selbst wenden zu können. Nur dadurch, daß die Legaten ihrerseits die taktische Entscheidung vermieden, wurde der Krieg zu einem Manöver-Krieg, und erst zu allerletzt, als die Schlacht unnötig geworden war, verzichtet auch Cäsar darauf – wohlgemerkt auf das Schlagen, nicht auf den Zweck des Schlagens, die Vernichtung der feindlichen Streitkraft.

Schlachten würden kaum je geschlagen werden, wenn die Feldherren die beiderseitigen Kräfte, die physischen, wie die moralischen, sicher abzuschätzen wüßten. Wer von vornherein der Niederlage sicher ist, sucht (es handle sich denn um eine Lage wie die des Leonidas) die Schlacht zu vermeiden. In dem Feldzuge von Ilerda haben wir das seltene Beispiel dafür, daß die Entscheidung ohne Schlacht gegeben werden konnte, weil beide Parteien die Lage so gut und richtig abschätzten, daß sie die praktische Probe auf die Rechnung nicht nötig hatten.

Die beiden Legaten, im Bewußtsein ihrer numerischen Inferiorität, vermieden die Schlacht und wählten eine Stellung, wo sie nicht angegriffen und nur sehr schwer eingeschlossen werden konnten. Cäsar die Unangreifbarkeit der feindlichen Stellung erkennend, trifft die Vorbereitungen für die Einschließung. Die Legaten entziehen sich ihr. Schon sind sie auf dem Marsch, da gewinnt Cäsar eine Stellung, die virtuell einer Einschließung gleich kommt, und da wieder beide Teile erkennen, der eine, daß er die Schlacht nicht mehr braucht, der andere, daß sie keinen Erfolg haben kann, so ist das Facit die Vernichtung des Schwächeren, ohne daß noch weiter Blut vergossen wird.

Der Feldzug von Ilerda ist sehr eingehend schon von GUISCHARD (Mémoires critiques et historiques sur plusieurs points d'antiquités militaires T. I.) behandelt worden. Dann von GÖLER und in einer Spezialuntersuchung von RUD. SCHNEIDER »Ilerda« (Berlin 1886). Alle diese Arbeiten sind aber überholt und antiquiert durch das Werk des Obersten STOFFEL, der eine von den bisherigen sehr wesentlich abweichende Karte bringt und das Terrain auch persönlich studiert hat. Stoffel (g. c. I, 256) gibt an, das Napoleon III. im Jahre 1863 die spanische Regierung gebeten habe, von der Gegend von Ilerda und Munda Generalstabskarten aufnehmen zu lassen, und daß ihm solche bereits im Jahre 1865 in vorzüglicher Ausführung überreicht worden seien. Seine eigenen Karten seien verkleinerte Reproduktionen davon. Diese spanischen Karten müssen in Deutschland unbekannt geblieben sein, da noch die Karte, die Schneider seinem Buche beigibt, von Heinr. Kiepert herrührend, sie nicht berücksichtigt hat.

Unter diesen Umständen erübrigt es, auf die einzelnen Abweichungen Gölers und Schneiders von Stoffel einzugehen, und man ist geneigt, sich ganz der Führung dieses in jeder Beziehung trefflichsten Kenners anzuvertrauen. Einige Bedenken kann ich aber doch nicht unterdrükken und habe deshalb, wie in dem Ariovist-Feldzug, meine Darstellung auf die allgemeineren Züge beschränkt.

Daß Octogesa Mequinenza ist, wird sich wohl kaum noch bezweifeln lassen. Ich möchte den Gründen Stoffels noch eine Erwägung hinzufügen. Wenn die Legaten die Schiffbrücke bei Almatret (Göler) oder Flix (Schneider) hätten anlegen lassen, so mußten sie riskieren, daß Cäsar sofort mit seinem ganzen Heer auf das linke Sicoris-Ufer überging und ihnen den Weg verlegte. Hätten sie dann auf dem rechten Ufer abmarschieren wollen, so hätten sie die Schiffbrücke erst stromaufwärts bis über den Sicoris hinaus bringen müssen. Die gegebene Stelle für das Brückenschlagen war daher ganz nahe abwärts der Sicoris-Mündung, wodurch man die Freiheit gewann, noch im letzten Augenblick, je nach dem Verhalten Cäsars, auf dem rechten oder linken Ufer von Ilerda abzumarschieren.

Wenn nun aber Octogesa an der Sicoris-Mündung lag, so ist nicht genügend erklärt, weshalb die Pompejaner nicht am linken Ufer des Flusses entlang marschierten. Stoffel nimmt an, sie hätten das ebene Glände am Flußufer gescheut, da sie voraussahen, daß die feindliche Reiterei den Marsch stören würde. Allerdings führt der Weg über Sarroca durch Hügelland, aber wie der Erfolg gezeigt hat, doch frei genug, um die Aktion der Reiter nicht zu verhindern. Hätte man den Weg am Fluß genommen, so wäre doch wenigstens immer die eine Flanke gedeckt gewesen, und der Weg war überdies, was sehr in Betracht kam, ein gut Stück kürzer. Sollten etwa die Pompejaner, unmittelbar am Ufer marschierend, die Pfeile und Schleuderbleie der feindlichen Schützen vom jenseitigen Ufer zu fürchten gehabt haben?

Ferner ist nicht genügend erklärt, weshalb die Legaten, als sie von Cäsar eingeholt waren, beschlossen, wie STOFFEL annimmt, den Weg durch das Défilé von Rivarroja zu nehmen. Man kann ja annehmen, daß sie gleichzeitig an den Kommandanten der Schiffbrücke den Befehl sandten, die Brücke nach Rivarroja zu bringen. Abr ein Grund für den Wechsel der Marschrichtung ist nicht ersichtlich, um so weniger, als ja im letzten

Augenblick der Marsch nach Octogesa wieder aufgenommen werden sollte. Auch der Weg am Mont Maneu entlang muß doch défiléartige Stellen gehabt haben, wo man Deckung gegen die Cäsarianer gefunden hätte.

Ganz besonders auffällig ist endlich, daß die Legaten nicht, als der anscheinende Rückzug Cäsars auf Ilerda begann und namentlich, als man sah, daß der Marsch auf die Straße nach Rivarroja ging, sofort ihrerseits den Marsch über den Mont Maneu nach Octogesa aufgenommen haben.

Alle diese Schwierigkeiten würden gehoben sein, wenn man annehmen dürfte, daß Cäsar bei dem Satz »ubi paullatim retorqueri agmen ad dextram conspexerunt« (Kap. 69) die eigentliche Front, nicht die augenblickliche Stellung der Sehenden vorgeschwebt hat, so daß also der Cäsarische Heereszug nach *links*, westwärts, umschwenkte. – Ich habe bei erneuter Prüfung keinen Zweifel behalten, daß es so ist, daß also das ganze Zwischenspiel mit der Wendung der Pompejaner auf Rivarroja zu streichen ist. Sie haben nie ein anderes Marschziel als Octogesa (Mequinenza) gehabt und diesen Weg verlegte ihnen Cäsar, indem er sich zwischen ihrem Marschlager und dem Sicoris in der Richtung auf den Mont Maneu durchschob.

2. Sehr eigentümlich ist die Erzählung Cäsars von seinen Bemühungen, eine künstliche Furt im Sicoris herzustellen. Man fragt zunächst, weshalb er nicht lieber eine neue Brücke baute. Hatten ihm die Wildwasser auch schon mehrfach die Brücken fortgerissen, so wurde eine Furt doch noch viel sicherer ungangbar gemacht, und die Arbeit, die die Furt machte, war nach Cäsars eigener Schilderung größer als der Bau vieler Brücken. Da man mit der Kavallerie bereits das linke Ufer beherrschte, so hätte der Feind die Anlage nicht verhindern können.

Man findet keinen anderen Grund als etwa absoluten Holzmangel, obgleich man auch wieder fragen muß, ob nicht auf dem Sicoris von den Pyrenäen her Holz zu beschaffen war.

Die Hauptfrage aber ist, ob auf die von Cäsar beabsichtigte Art eine Furt überhaupt herzustellen ist. Wie die Grabenanlage eigentlich zu verstehen ist, darüber gehen die Ansichten sehr auseinander. Schneider, in Anlehnung an Guischard, nimmt eine förmliche Ableitung des Flusses an, ein Werk von so gewaltigen Dimensionen, daß es mir, da doch kaum mehr als zehn Tage darauf verwandt sein können, unausführbar erscheint. Stoffel hat ein viel einfacheres Bild. Er geht davon aus, daß zwei Kilometer aufwärts von Ilerda der Strom sich teilt und Inseln bildet; durch diese Inseln ließ Cäsar mehrere 30 Fuß breite Gräben ziehen, verbreiterte also um so viel das Flußbett und senkte dadurch den Wasserspiegel. Wie weit das technisch möglich und richtig ist, entzieht sich meiner Beurteilung.

8. KAPITEL
Der Feldzug in Griechenland

Der Sieg in Spanien gab Cäsar die Überlegenheit zu Lande über seine Gegner. Neben den 11 Legionen, mit denen er den Krieg begonnen, hatte er allmählich 17 neue errichtet[1], zum großen Teil aus den Soldaten des Pompejus, die überwunden in seinen Dienst traten. Zwei von den neuen Legionen unter dem Befehl Curios hatte er auf einem Zuge nach Afrika, anderthalb unter C. Antonius im adriatischen Meer, an der illyrischen Küste verloren. Von den übrigen versammelte er etwa die Hälfte, 12 Legionen und 10 000 Reiter, bei Brundisium, um nach Epirus überzugehen und den Krieg gegen Pompejus zu führen; die anderen waren in Italien, Sizilien, Gallien und Spanien verteilt.

Dem Heer, welches nach Epirus übersetzen sollte, hatte Pompejus zunächst nur 9 Legionen gegenüberzustellen, denen aus Syrien noch zwei weitere unter Scipios Führung nachzogen. Nicht nur an Zahl, sondern auch an Qualität waren diese Truppen denen Cäsars nicht gewachsen. Zwei von den Legionen waren die alten Cäsarischen und nicht unbedingt zuverlässig; die anderen waren Neubildungen oder ältere Stämme, durch Aushebungen in Griechenland und Asien vollzählig gemacht. Pompejus hätte, nach der Vernichtung seines eigentlichen Hauptheeres in Spanien, jede Hoffnung auf Erfolg aufgeben müssen, wenn er

1 Vielleicht auch noch einige mehr. GRÖBE l. c. S. 710.

nicht so wie Cäsar zu Lande seinerseits die unbedingte Überlegenheit zur See gehabt hätte. Mit den vorhandenen römischen Schiffen hatte er die der orientalischen Klientelstaaten vereinigt. Cäsar hatte zwar ebenfalls den Bau von Schiffen angeordnet, aber ihm fehlte der Stamm. Die bedeutendste Seestadt seines ursprünglichen Gebietes, Massilia, war auf die Seite seiner Gegner getreten und hatte erst in einer harten Belagerung wieder unterworfen werden müssen. Die Flotte im adriatischen Meer wurde von den Pompejanern geschlagen und vernichtet. Der Vorsprung, den Pompejus durch diese Umstände und Ereignisse gewann, war so groß, daß Cäsar ihn nicht einzuholen vermochte. Als er nach Brundisium kam, waren nicht einmal genug Schiffe vorhanden, um das für die Offensive bestimmte Heer mit *einer* Fahrt überzusetzen.

Heute gilt es strategisch für unausführbar, daß eine Armee über die See gehe, ohne sie wenigstens zeitweilig zu beherrschen. Cäsar beschloß es zu tun, obgleich nicht einmal seine Transportschiffe ausreichten. Hätte er gewartet, um so viel Schiffe zusammenzubringen, daß sie für das ganze Heer genügten, so hätte die große Masse doch auch wieder den Transport erschwert, und vor allem wäre mittlerweile die feindliche Flotte, die jetzt noch ruhig in den Häfen lag, aufmerksam geworden. Noch war Pompejus selbst mit seinem Heer nicht in Epirus angelangt; die Küstenstädte, in denen große Depots angelegt waren, waren ohne den Schutz der Landtruppen. Schnelligkeit stellte die größten Erfolge in Aussicht. Durch Beschränkung des Trosses vermochte man etwa die Hälfte des Heeres, 7 Legionen und ein Reiterkorps in die Schiffe zu bringen, und sie kamen glücklich hinüber, da der Feind um diese Zeit, mitten im Winter,[1] auf die Expedition nicht gefaßt war. Man hat beobachtet, daß ein regelmäßiges Umspringen des Windes von Süden nach Norden um diese Jahreszeit, dem mehrere Tage stilles Wetter zu

1 28. November 49 nach Stoffel; 5. November nach Mommsen.

folgen pflegen, dem Unternehmen Cäsars sehr günstig gewesen sein muß. Der Nordwind brachte seine Flotte in 12 bis 15 Stunden an einen Teil der Küste, der gerade gegen diesen Wind gut geschützt ist und einen vortrefflichen Strand zu schnellster Ausschiffung bietet.[1]

Erst jetzt begann die eigentliche Schwierigkeit. Zwar waren einige der epirotischen Küstenstädte, namentlich Oricum und Apollonia sofort genommen worden, aber den Hauptplatz, Dyrrhachium hatte Pompejus noch gerade vor Cäsar mit seinem Heer erreicht und gedeckt, und die pompejanischen Kriegsschiffe erreichten und verbrannten einen Teil der Transportflotte auf der Rückfahrt und verhinderten von Stund an durch angespannte Aufmerksamkeit den zweiten Transport. Abgeschnitten von seiner Basis, war Cäsar mit der Hälfte seines Heeres in Epirus lahmgelegt. In direkte Gefahr kam er darum noch nicht. Obgleich an Infanterie um zwei Legionen und an Kavallerie sehr erheblich stärker, wagte Pompejus doch nicht, mit seinen minderwertigen Truppen die Veteranen Cäsars direkt anzugreifen oder sie in ihrem befestigten Lager einzuschließen.

So hielten sich die beiden Feldherren gegenseitig fest, ohne zu kämpfen. Pompejus wartete auf die Legionen Scipios, um eine sichere Überlegenheit zu gewinnen, und auf den Sommer, um mit der Flotte agieren zu können. Cäsar hoffte, daß seine Generale ihm die zweite Hälfte seines Heeres von Brundisium nachführen würden.

Man kann die Frage aufwerfen, weshalb er nicht die nötigen Verstärkungen auf dem Landwege, über Illyrien heranzog, und die Frage ist noch dahin zu erweitern, weshalb er nicht von vornherein seine Legionen, als sie von Spanien und Gallien kamen, diesen Weg hat einschlagen lassen, der die gefährliche

1 Diese Beobachtungen und Feststellungen hat schon eine von Napoleon III. i. J. 1861 ausgeschickte Kommission gemacht; veröffentl. v. L. Heuzay, »Les opérations militaires de Jules César, étudiées sur le terrain par la mission de macédoine«, Paris 1886, bestätigt durch Stoffel, Vie de César I, 138.

Meerfahrt vermied und sogar kürzer war. Die Antwort wird sein, daß der Marsch eines großen Heeres durch das gebirgige und feindselige Illyrien im Winter unüberwindliche Verpflegungsschwierigkeiten gemacht hätte. Zum wenigsten hätten sehr große Vorbereitungen dazu gehört, während der Marsch durch Italien bis Brundisium sicher und ohne Aufenthalt gemacht werden konnte. Auch der Übergang war, wie wir gesehen haben, wohl eine gewagte und kühne, aber keineswegs unvernünftige Tat. Erstaunlich erscheint erst, daß Cäsar es wagte, auch dem zurückgebliebenen Teil des Heeres die Fahrt zu befehlen, und daß sie gelang. Man muß sich dabei klar machen, daß die antiken Kriegsschiffe mit ihrer massenhaften, dichtgedrängten Rudermannschaft nicht längere Zeit hintereinander die See halten konnten. Sie konnten also nicht etwa Brundisium blockieren. Wohl machte der pompejanische Admiral Libo den Versuch, dies zu tun, und besetzte zu diesem Zweck eine kleine, vor dem Hafen gelegene Insel. Aber die Insel hatte nicht genügend Wasser, und Marcus Antonius, der in Brundisium kommandierte, verhinderte durch weit verteilte Reiterposten die Schiffsmannschaft, ans Festland zu gehen und Wasser zu holen. So mußten die Pompejaner die Blockade wieder aufgeben und sich darauf beschränken, von den epirotischen Häfen aus das Meer zu beobachten, um die etwa ansegelnde Transportflotte der Cäsarianer anzugreifen. Wehte nun aber ein starker, den Cäsarianern günstiger Wind, so konnten die rudernden Kriegsschiffe den segelnden Transportschiffen nicht viel anhaben. Immer blieb die Fahrt sehr riskant, da sie völlig dem Zufall des Windes preisgegeben war. Volle zwei Monate vergingen, bis auf wiederholten Befehl Cäsars selbst Antonius und die anderen Generale sich entschlossen, das Wagestück zu unternehmen, und das Glück war ihnen so günstig, daß nicht nur die ganze Flotte ohne Schaden hinüberkam, sondern sogar die feindliche Flotte, die sie abfangen wollte, durch ein plötzliches Umschlagen des Windes auf die Klippen getrieben wurde.

Wie es scheint, hat Cäsar, bei der Unsicherheit des See-Transports, auch über Illyrien Verstärkungen in Bewegung gesetzt, die jedoch, durch die feindlichen Bergvölker aufgehalten, nicht mehr vor der Entscheidung angelangt sind.[1]

Antonius führte Cäsar 4 Legionen und Kavallerie zu, so daß er jetzt die unbedingte Überlegenheit hatte. Was aber sollte er damit machen? Es gelang ihm, durch einen seiner plötzlichen Gewaltmärsche sich zwischen Pompejus und Dyrrhachium zu drängen, aber es war wenig damit gewonnen. Pompejus verschanzte sich unmittelbar am Strande und blieb vermöge seiner Schiffe sowohl mit seinem Hauptmagazin, dem wohlverwahrten Dyrrhachium, wie mit der übrigen Welt in regelmäßiger Verbindung. Er konnte sich ohne Schwierigkeit auf dem Wasserwege verpflegen, während Cäsar auf die mühseligen Landzufuhren aus einem zum Teil schon stark ausfouragierten Gebiet angewiesen blieb. Trotz seiner Überlegenheit war Cäsar nicht in der Lage, eine Entscheidung zu erzwingen.

Er beschloß, sein Heer zu teilen. Fast die ganze Verstärkung, die ihm zuletzt zugekommen war, 3½ Legionen, schickte er ins Innere des Landes. Zwei Legionen gingen dem Scipio entgegen, um ihn womöglich abzufangen und zu schlagen. Anderthalb Legionen wandten sich nach Hellas, um möglichst viele Städte und Landschaften zu unterwerfen oder für Cäsar zu gewinnen. Mit dem Gros seines Heeres unternahm Cäsar, das Heer des Pompejus einzuschließen. Das Gelände begünstigte das Unternehmen, so daß zeitwielig nur die natürlichen Abhänge der Hügel etwas abzuschroffen und einzelne Redouten anzulegen waren. Aber die Arbeit blieb ungeheuer, und der zu erwartende Gewinn war gering. Cäsar selbst gibt an, er habe dreierlei mit der Einschließung bezweckt. Er wollte seine eigene Zufuhr ge-

1 Domaszewski, l. c. 171 u. 172 hält es für unmöglich, daß Legionen von Italien nach Illyrien gekommen seien, da die Pompejaner das Meer beherrschten. Der Grund schlägt nicht durch, da der Weg zu Lande frei war.

gen die überlegene Reiterei des Pompejus decken; diese Reiterei durch Abschneiden von der Fouragierung schädigen und schwächen; endlich die feindliche Partei moralisch drücken, indem allenthalben bekannt wurde, Pompejus sei eingeschlossen und wage keine Schlacht zu liefern. Daß er durch die Einschließung Pompejus endlich zur Kapitulation oder auch nur zu einer Friedensverhandlung hätte bringen können, meint Cäsar selber nicht, und es war auch ganz ausgeschlossen. Nichts konnte Pompejus hindern, sobald er wollte, sein Heer einzuschiffen und irgendwo andershin zu schaffen.

Die Frage ist, weshalb Pompejus nicht einfach nach Italien überging, was manche seiner Freunde rieten. Er hatte guten Grund, das nicht zu tun. Cäsar hätte in diesem Falle sein Heer durch Illyrien ebenfalls nach Italien geführt, was ihm zum wenigsten mit einem Teil etwas früher oder später gelingen mußte, und dann hätte, auch wenn Italien mittlerweile in Pompejus' Hände gelangt war, sofort die Entscheidungsschlacht geschlagen werden müssen, die Pompejus keine Aussicht geboten hätte, denn er hatte nur 9 Legionen bei sich, Cäsar 11 und mehr als noch einmal soviel in Italien, Gallien, Spanien und den Inseln.

Der beste Plan für Pompejus wäre wohl gewesen, nicht sowohl direkt auf Italien und Rom loszugehen, als den Cäsarianern erst wieder, mit Hilfe des Königs Juba von Numidien, Sizilien Sardinien und Spanien abzunehmen und dann erst, nachdem man aus diesen Provinzen die Streitkräfte wesentlich vermehrt, die Entscheidungsschlacht anzunehmen. Mit Hilfe der Flotte konnten alle diese Unternehmungen zugleich oder sehr schnell hintereinander durchgeführt werden. Die vier Legionen, die Cäsar in Spanien hatte, bestanden zum größten Teil aus den alten pompejanischen Soldaten; vielleicht war es möglich diese zurückzugewinnen. Wir wissen nicht, ob Pompejus sich mit derartigen Plänen getragen hat. Wir haben keine Quelle, die uns einen zuverlässigen Einblick in die intimeren Erwägungen seines

Hauptquartiers gewährt.[1] Da jedoch allseitig berichtet wird, daß Pompejus eine Schlacht zu vermeiden gewünscht habe, und nicht anzunehmen ist, daß seine Strategie in eine bloße Negation auslief, so sind wir berechtigt, Gedanken ungefähr von der Art der eben entwickelten bei ihm zu supponieren.

Das Vorgehen Cäsars aber wird in ihm die Vorstellung hervorgerufen haben, daß hier noch größere Aussichten auf Erfolg geboten seien. Das Heer, mit dem Cäsar die Einschließung durchführte, war kleiner als das Heer des Pompejus; mit Hilfe seiner Schiffe konnte dieser die Belagernden jederzeit im Rükken angreifen. Wir dürfen einem so erfahrenen Feldherrn wie Pompejus zutrauen, daß er erkannte, welche Vorteile das überkühne Unterfangen Cäsars ihm bot, und deshalb beschloß, statt jedes anderen weitausschauenden Planes zunächst hiervon Gebrauch zu machen und Heer und Flotte zusammenzuhalten. Alle Tüchtigkeit der Cäsarischen Veteranen verhinderte endlich auch nicht, daß einmal ein groß angelegter Überfall der Pompejaner mit Hilfe der Schiffe gelang. Die Cäsarianer wurden auf drei Seiten zugleich angegriffen, vom Pompejanischen Lager aus, vom Strande und vom Rücken, erlitten eine schwere verlustvolle

1 Dies ist bisher wohl nicht genügend betont worden. Ranke in der »Weltgeschichte« meint sogar, wir hätten über die Schlacht bei Pharsalus Beschreibungen, die von Anhängern des Senats und des Pompejus herrühren. Das ist nur insofern der Fall, als Livius in Pompejanischem Sinn geschrieben und namentlich Lucan den Bürgerkrieg mit dieser Tendenz besungen hat. Aber diese beiden waren bereits wesentlich auf schriftliche Quellen angewiesen, und da sie nun trotz ihrer Tendenz so gut wie nichts haben, was nicht entweder auf Cäsar oder auf Pollio zurückginge, so ist das ein sicherer Beweis, daß eine wirklich pompejanische Urquelle mit eigentümlicher Information nicht existiert hat oder schon damals untergegangen war. Lucan wird sich doch wohl nach Kräften danach umgetan haben, aber es ist geradezu erstaunlich, wie wenig Positives er hat, das nicht auch sonst bekannt wäre. Plathner, Zur Glaubwürdigkeit d. Gesch. des Bürgerkrieges (Progr. Bernburg 1882), hat das gut zusammengestellt und dargetan, daß Lucan aus Livius geschöpft hat. Beide konnten ihre Sympathie für die Sache des Pompejus doch nur mit dem von der feindlichen Seite gelieferten Material zum Ausdruck bringen.

Niederlage, und ihre Befestigungen wurden da, wo sie im Süden den Strand berührten, durchbrochen.

Dies Ergebnis ist so natürlich, daß man geneigt ist, Cäsar den Versuch, ein größeres, unbesiegtes Heer, das über die See verfügte, vom Lande aus einzuschließen, als einen schweren Fehler anzurechnen. Er hatte dabei im besten Fall nur wenig zu gewinnen, aber sehr viel zu verlieren. Aber im Kriege spielt der Zufall und das Glück, und Cäsar stellte die Frage an das Schicksal nicht aus Übermut, sondern da ihm nichts anderes zu tun übrig blieb. Überdies hatte er auch die Hoffnung, durch Verbindungen, die er in der Stadt angeknüpft hatte, Dyrrhachium in seine Gewalt zu bekommen. Hätte er, statt der Belagerung, mit seinem ganzen Heer den Marsch ins Innere angetreten, so hätte er auch nicht mehr erreicht, als die detachierten Legionen ausrichteten. Weder hätten die Seestädte sich ihm ergeben, noch hätte er Scipio überwältigt, der sich natürlich von dem feindlichen Hauptheer in vorsichtiger Entfernung gehalten hätte. Pompejus aber hätte unterdessen mit der Flotte seine Legionen Expeditionen machen lassen können, die vermutlich größere Erfolge gehabt hätten, als die Märsche Cäsars mit seinem Heer. Die Übermacht des Gegners zur See, die es ihm ermöglichte, der Entscheidung auszuweichen, wäre dann noch viel stärker zur Geltung gekommen.

Die Belagerung des Pompejanischen Heeres hat nun freilich zu gar nichts und zu Schlimmerem, zu einer Niederlage geführt. Aber gerade dieser Schlag rief den ersehnten Rückschlag hervor.

Geschwellt durch den Erfolg, wären die Pompejaner bereit gewesen, jetzt auf der Stelle die Entscheidungsschlacht anzunehmen, aber Cäsar, in weiser Erwägung, daß er seinen Truppen etwas Zeit geben müsse, sich von der Erschütterung moralisch zu erholen, entzog sich dem Kampf. Durch ein geschicktes Manöver gewann er einen Vorsprung und schlug den Weg nach Thessalien ein, um sich mit seinen detachierten Truppen wieder zu vereinigen. Diese hatten ihm einen großen Teil der inneren Landschaften gewonnen; das Hauptkorps unter Domitius manövrierte, aber ohne Erfolg, um Scipio herum, der der Entscheidung auswich.[1]

Am sichersten wäre es auch jetzt noch für Pompejus gewesen, nicht direkt auf die Entscheidung loszugehen, sondern gestützt auf dem moralischen Erfolg seines Sieges bei Dyrrhachium, zunächst die westlichen Provinzen wieder zu gewinnen und dann erst mit verdoppelter Kraft auf Cäsar selbst zu fallen. Aber selbst wenn Pompejus dergleichen gedacht hat, wie denn in der Tat Cäsar berichtet, daß er noch immer der Entscheidungsschlacht abgeneigt gewesen sei, so war er doch nicht genügend Herr seiner Partei, um bei ihr einen so langwierigen Plan durchzusetzen. Cäsar erzählt, er habe seinerseits die drei Möglichkeiten erwogen: daß Pompejus nach Italien ginge; daß er die epirotischen Seestädte, die Besatzungen Cäsars hatten und seine Depots bildeten, belagerte, und daß er ihm selbst nachfolgte. Von diesen drei Möglichkeiten wäre ohne Zweifel die zweite für Pompejus die beste gewesen. Cäsar sagt, in diesem Falle würde er seinerseits Scipio belagert und dadurch Pompejus zum Entsatz gezwungen haben. Scipio hatte aber die Möglichkeit, in eine Seestadt, etwa Thessalonike oder bis nach Byzanz zurückzugehen, wo ihm Cäsar ohne Flotte nichts hätte anhaben können, während Pompejus die Festungen Cäsars zu Lande und zu Wasser hätte angreifen können. Die Waffen waren also keineswegs gleich. Aber die Pompejaner waren jetzt viel zu selbstbewußt, um sich auf solchen Umwegen an den Sieg heranschlängeln zu wollen. Zunächst machten sie einen Versuch, ob sie nicht das

1 Appian und Dio erzählen von großen Niederlagen, die diese detachierten Korps sich abwechselnd beigebracht. Die Nachrichten müssen wohl aus Asinius Pollio stammen, wären sie aber richtig, so hätten sich irgendwelche bedeutenderen Folgen daraus ergeben müssen. Wir müssen daher den Bericht Cäsars vorziehen; Pollio wird den übertreibenden Erzählungen irgend welcher Beteiligten zum Opfer gefallen sein.

Korps des Domitius, das in Macedonien gegen Scipio manövrierte, abschneiden könnten, und als das noch im letzten Augenblick mißlang und Domitius mit seinen beiden Legionen zu Cäsar entkam, da zog man ihm nach in die Ebene von Thessalien und bot die Entscheidungsschlacht. Beide Feldherren verfügten im ganzen auf dem Kriegsschauplatz jetzt über 11 Legionen; Cäsar hatte in seinen epirotischen Seeplätzen 8, Pompejus in Dyrrhachium 15 Kohorten zurückgelassen. Aber Cäsar hatte die anderthalb nach Hellas detachierten Legionen noch nicht zurück, so daß das Pompejanische Heer, wie durch den Sieg moralisch gekräftigt, so auch an Zahl erheblich überlegen war.

Cäsar selbst gibt an, daß er nur 22 000 Mann Infanterie und 1000 Mann Kavallerie, Pompejus hingegen 45 000 Mann Infanterie und 7000 Mann Kavallerie gehabt habe. Fügen wir gleich hinzu, daß er seinen Sieg mit einem Verlust von nur 200 Mann erfochten haben will, während 15 000 Pompejaner das Schlachtfeld bedeckt haben sollen, so konnte man solchen Zahlen Glauben schenken, so lange man überhaupt noch überlieferte Zahlen arglos nachsprach, etwas erstaunlich ist es aber, daß sie auch noch heute eifrig verteidigt werden. Unmöglich wie sie an sich sind, stehen sie noch in besonderem Widerspruch mit der weiteren Behauptung Cäsars, daß Pompejus bis zuletzt die Schlacht eigentlich nicht gewollt und nur durch die blinde Siegeszuversicht und das unausgesetzte Drängen seiner Umgebung endlich dazu getrieben worden sei. Was für eine Persönlichkeit müßte Pompejus gewesen sein, wenn er mit mehr als doppelter Überlegenheit an Infanterie und siebenfacher an Kavallerie der Entscheidung hätte aus dem Wege gehen wollen? Wie konnte er hoffen, Cäsar, der ihm ja, wie wir wissen, an Landtruppen damals im ganzen weit überlegen war, je wieder unter so günstigen Verhältnissen zu begegnen? Nach den Bewegungen, die Pompejus macht, dürfen wir annehmen, daß er eine gewisse Überlegenheit in der Zahl gehabt hat, daß diese Überlegenheit aber doch nicht bedeutend genug war, um ihm gegen die qualitative Überlegenheit der Veteranen Cäsars die Zuversicht zu einer offenen Feldschlacht schon bei Dyrrhachium einzuflößen. Erst jetzt, wo der glückliche Überfall des feindlichen Lagers bei Dyrrhachium die Moral seiner Truppen sehr gehoben, die der Gegner, wie er glauben durfte, geschwächt hatte, kam er zu dem Entschluß, die Entscheidung zu wagen, suchte aber bis zuletzt auch noch kleine Vorteile im Terrain für sich zu gewinnen und zögerte die Schlacht dadurch hin. Nehmen wir die andern Nachrichten, die uns erhalten sind, zu Hilfe, die vielleicht auf Cäsars General Asinius Pollio zurückgehen, der auch ein Werk über die Bürgerkriege geschrieben hat, so darf man – unter dem Vorbehalt, daß sich etwas Sicheres nicht sagen läßt – das Heer des Pompejus auf vielleicht 40 000 Legionare und gegen 3000 Reiter, das des Cäsar auf gut 30 000 Legionare und vielleicht 2000 Reiter veranschlagen; auch an Leichtbewaffneten, die beide außerdem hatten, war wohl Pompejus überlegen.

Daß Pompejus auch jetzt noch Bedenken gegen die Schlacht gehabt habe, verdient keinen Glauben. Nachdem man einmal Cäsar in das Innere gefolgt war, konnte das Hinziehen keinen Nutzen mehr bringen. Man konnte Cäsar nicht verhindern, durch die fruchtbaren Landschaften vom Schwarzen Meer bis zum Isthmus zu ziehen und sich von ihnen ernähren zu lassen. Der Vorteil, den das Pompejanische Heer in der Verpflegung hatte, daß es durch Verbindung mit den Seestädten Transporte aus der Ferne heranziehen konnte, war doch nicht groß genug, um den Nachteil aufzuwiegen, daß durch langes Hinhalten der ganze moralische Gewinn des bisherigen Feldzuges wieder verloren ging. Dabei hatte Cäsar noch die anderthalb Legionen aus Hellas und wahrscheinlich auch zwei Legionen, die über Illyrien aus Italien kamen, zu erwarten.[1] Wenn Pompejus wirklich noch Bedenken geäußert hat, so mußte das noch bei Dyrrhachium, ehe man beschloß, Cäsar zu folgen, oder spätestens als

1 Plutarch, Cäsar, Kap. 43.

der Schlag gegen das Korps des Domitius mißglückt war, gewesen sein; nicht mehr, als man ihm einmal in Thessalien gegenüberstand. Daß es trotzdem nicht sofort, als die Heere einander wieder in Sicht hatten, zur Schlacht kam, lag nur daran, daß jeder in der Meinung, der andere suche nunmehr die Entscheidung, einen für sich recht günstigen Platz wählte und hoffte, der Gegner werde sich dahin locken lassen.[1]

Endlich rückte Pompejus so weit von seinem Lager in die Ebene vor, daß er keinen Terrain Vorteil mehr hatte, und darauf beschloß Cäsar, der schon abmarschieren wollte, nicht weiter auf seine Verstärkungen zu warten, sondern die Schlacht anzunehmen, und ging ihm entgegen.

Versuchen wir ein Bild dieses folgenschweren Entscheidungstages zu entwerfen. Es wird sich von den bisher angenommenen Darstellungen nicht unwesentlich unterscheiden, da, wie ich glaube, die Darstellung Cäsars selber, der man zu folgen pflegt, auf Grund der Aussagen der andern Quellen, wie schon bei den Heereszahlen, einschneidend zu korrigieren ist.

1 Das ist der Sinn von b. c. Kap. 84, 2 u. 85, 1.

9. KAPITEL
Schlacht bei Pharsalus

Der rechte Flügel des Pompejus lehnte sich an einen tiefeingeschnittenen Bach. Hierauf gestützt, beschloß der Feldherr, in einem wesentlichen Punkt von dem üblichen Schema der Schlachtordnung abzuweichen. In dem Vertrauen, daß der Bach seinen Legionen auf dieser Seite die genügende Flankendeckung gewähren werde, zog er fast seine gesamte Kavallerie mit den Leichtbewaffneten unter dem Kommando seines besten Generals, des Labienus, der von Cäsar zur Optimatenpartei übergegangen war, auf den andern, den linken Flügel. Gewann die Kavallerie hier die Überlegenheit und schlug die ihr gegenüberstehenden Truppen Cäsars aus dem Felde, so sollte sie sofort den feindlichen Legionen in die Flanke und den Rücken fallen, und damit das Infanteriegefecht bis zu diesem Augenblick möglichst hingehalten werde, sollten die Pompejanischen Legionen sich nicht in der üblichen Weise im Sturmschritt auf die feindlichen werfen, sondern deren Anlauf abwarten. Dabei soll Pompejus noch den besonderen Vorteil erhofft haben, daß die Cäsarianer in der Erwartung, die Gegner würden ihnen auf halbem Wege entgegenkommen, sich zu früh in Lauf setzen und ohne Atem und Ordnung zum Handgemenge gelangen würden.

Cäsar berichtet nicht ausdrücklich, ob auch er seine ganze oder fast ganze Kavallerie dem Flügel in der Ebene zugeteilt hatte, aber es ist wohl so anzunehmen, da er ja schon von weitem die Anordnung auf der feindlichen Seite sehen konnte und Kavallerie auf dem Flügel am Fluß, die nur in der Front angreifbare Infanterie vor sich hatte, nichts ausrichten konnte.

Angesichts der Überlegenheit der feindlichen Kavallerie hatte er der seinigen aus den jüngeren Mannschaften seiner Legionen und den gewandtesten Antesignanen ausgewählte Leute in leichter Rüstung beigegeben, die mit den Reitern in der Art der Hamippen, wie sie auch bei den Germanen üblich war, zusammen kämpften und schon einige Tage vor der Schlacht in diesem Zusammenwirken ein glückliches Gefecht geliefert hatten. Er tat aber noch mehr. Noch während die beiden Heere schon im Anmarsch begriffen waren, zog er aus seinem dritten Treffen sechs starke Kohorten, 3000 Mann heraus, führte diese auf seinen rechten Flügel in eine Hakenstellung zur Unterstützung seiner Kavallerie und hielt den Rest des dritten Treffens, statt ihn mit den beiden ersten antreten zu lassen, als allgemeine Reserve zurück. Die drei Treffen des Pompejus waren jedes zehn Mann[1], also zusammen dreißig Mann tief, auf die die Cäsarianer, ohne ihr drittes Treffen zunächst nur etwa halb so tief, aufprallten, aber Cäsar durfte seinen bewährten Legionen zutrauen, daß sie auch so dem Feinde längere Zeit Widerstand leisten würden, und gerade die Anordnung des Pompejus, den Infanteriekampf etwas zu verzögern, kam ihm zu statten.

Als die Pompejanischen Reiter mit ihren Schützen, der Phalanx etwas voraus, zum Angriff einsetzten, nahmen die germanischen und gallischen Reiter ihrer Instruktion gemäß die Attacke nicht an, sondern gingen zurück. Aber als die Pompejaner ihnen nunmehr nachsetzten, fielen die sechs Kohorten aus dem Haken sie in der Flanke an; die Cäsarischen Reiter schwenkten Kehrt und gingen ihnen mit ihren Leichten wieder entgegen. Die Pompejaner wurden jetzt geworfen, und die Cäsarianer setzten ihnen nach.

1 Frontin II, 3.

Obgleich keine Quelle es ausdrücklich meldet, wird man Generalen wie Pompejus und Labienus zutrauen dürfen, daß sie wußten, was sie gegen die ihnen nun drohende Flankierung durch die feindliche Kavallerie zu tun hatten. Sie holten aus dem dritten Treffen der Infanterie Unterstützung heran und suchten gegen die Überflügelung einen Haken zu bilden. Aber die Dinge entwickelten sich zu schnell; es ist ein Unterschied, ob die Hilfe aus dem dritten Treffen bereits vorgesehen ist, wie bei Cäsar, oder erst in dem Augenblick, wo die flüchtende Masse und dahinter der verfolgende Feind sich bereits heranwälzen, befohlen wird und den schwierigen Frontwechsel vollziehen soll. Eben waren auch die beiden Phalangen aneinander geraten und hatte das Handgemenge der ersten Treffen begonnen.

Zu einem Gegenstoß gegen die überflügelnden Reiter und Kohorten, der sie wieder zurückgeworfen hätte, reichte unter diesen Umständen die Kraft der Pompejaner nicht aus; trotz der Flucht ihrer Reiter und Schützen waren sie an Zahl ihren Gegnern immer noch gewachsen oder sogar überlegen, aber die Form, in der diese jetzt fochten, die Umklammerung und die Waffenkombination war wirksamer. Cäsar verstärkte seine Phalanx von hinten durch das dritte Treffen, und unter dem Druck des Doppelangriffs in Front und Flanke, der Hilfe der eigenen Reiter und Schützen beraubt, wich allmählich zunächst der linke Flügel der Pompejaner, endlich das ganze Heer.

Die Schlacht ist angelegt nach dem uns altbekannten Schema der Flügelschlacht, aber unendlich verfeinert durch die Kombination mit der Treffenstellung und der Defensivoffensive. Beide Feldherren bestimmen die korrespondierenden Flügel zur Offensive. Ganz sachgemäß hat Pompejus den seinen durch Konzentrierung all seiner Kavallerie mit den Leichtbewaffneten so stark wie möglich gemacht und hätte nach dem gewöhnlichen Lauf der Dinge dem gegnerischen überlegen sein müssen. Aber Cäsar, in Voraussicht des Geschehenden, hat seinem Kavallerieflügel eine extraordinäre Verstärkung zugeführt und sie zugleich für den günstigsten Moment zurückgehalten. Hätte er einfach die 3000 Legionare mit der Kavallerie zusammen vorgehen lassen, so hätten sie dieser nicht viel genützt und wären vielleicht bei ihrem vorauszusehenden Zurückfluten mit umgerissen worden. Deshalb stellte Cäsar sie im Haken auf, in einen Hinterhalt, wie eine der Quellen es ausdrückt; hier ließen sie die eigene Kavallerie erst an sich vorüber und fielen dann erst die feindliche aus der Flanke an, während die eigene wieder umkehrte und den Kampf aufnahm.

Diese Unterstützung der Kavallerie durch schwere Infanterie, die gegen die feindliche Kavallerie offensiv vorgeht, ist die denkbar höchste Leistung der Kohortentaktik. Nur völlig durchgebildete taktische Körper mit unbedingter Sicherheit geführt, nicht ganze Phalangen, sondern nur Kohorten, denen ihre Kleinheit die Elastizität gibt, sind imstande, so zu operieren.

Durch dieselbe Verbindung der Waffen hatte Cäsar einst die Reiter des Vercingetorix besiegt, die kein Infanterietreffen neben sich hatten, bei Pharsalus aber entwickelte sich der Teilsieg sofort zum Vollsieg auch über die feindliche Infanterie. So kompliziert der ganze Heeresorganismus geworden ist, so gilt doch noch immer der Satz, den Polybius einst aussprach (35, 1), daß *ein* Moment die Schlachten entscheide.

Wie Hannibals Zentrum bei Cannä, so hatte Cäsars Phalanx den Druck der weit überlegenen feindlichen Phalanx so lange ertragen, bis die Flügelwirkung sie entlastet: die Leistung ist aber deshalb noch höher als bei Cannä, weil die Flügelwirkung nicht gleich einsetzte, sondern sich erst aus der Defensive heraus im Gegensatz zur Offensive zu entwickeln hatte.

Wie die Legionen, so müssen auch Cäsars Kavallerie und die ihr beigegebenen Leichten von einem ausgezeichneten Geist und voller Zuversicht in die Führung ihres Feldherrn und ihrer Offiziere erfüllt gewesen sein, daß es gelang, sie, nachdem sie bei der ersten Attacke gewichen waren, sofort zum Umkehren zu bringen, als das Eingreifen der Kohorten das

Zünglein herumgeworfen hatte. Die Reiter waren Gallier und Germanen.

So siegt eine Minderheit über eine erhebliche Mehrheit wesentlich gleichartiger Truppen durch ihre bessere Qualität, die die Führung des Feldherrn in der genialsten Weise auszunutzen versteht.

Der Befehl des Pompejus, der den Beginn des Infanterie-Gefechts verzögerte, war an sich nicht falsch gedacht, mußte aber bei der Gegenmaßregel, die der feindiche Feldherr ergriffen hatte, zu desen Gunsten ausschlagen, insofern sie ihm die Bildung des vierten Treffens und dadurch den Sieg in dem Reitergefecht erleichterte.

Eine Schlacht wie die pharsalische geht um Sein und Nichtsein. Was konnte es den Pompejanern helfen, wenn sie noch einen geordneten Rückzug machten und ihr Lager verteidigten? Sie wären darin einngeschlossen worden, wie Vercingetorix in Alesia oder Afranius und Petrejus bei Ilerda, und da kein Entsatz möglich war, früher oder später zur Kapitulation gezwungen worden. So für das Heer, anders für die Führer. Die Sache der Optimatenpartei war mit dieser Schlacht noch nicht endgültig verloren: noch waren allenthalbe starke, der Monarchie widerstrebende Kräfte, und Cäsar hat noch zwei große Schlachten schlagen müssen, um seine Herrschaft ganz zu vollenden. Die Quellen werfen einstimmig dem Pompejus vor, daß er unter dem Eindruck der Niederlage völlig zusammengebrochen, der Schlacht vorzeitig entwichen, ins Lager geeilt sei, auch dort aber nichts für die Verteidigung getan habe. Cäsar erzählt nur, er habe sich in das Feldherrnzelt begeben, den Ausgang abgewartet, und als die Feinde ins Lager eindrangen, es nach Ablegung der Feldherrn-Insignien zu Pferde verlassen. Plutarch und Appian malen es des Weiteren aus, wie er stumm und starr in seinem Zelt gesessen, bis die Annäherung der über den Lagerwall einbrechenden Feinde ihn verscheucht. Es mag vielleicht so gewesen sein, aber es ist auch nötig, darauf hinzuweisen, daß es, sobald die Schlacht entschieden war, für Pompejus nichts mehr zu tun gab. Das Heer war nicht mehr zu retten; die Führer aber, indem sie sich retteten, hatten noch die Möglichkeit, an anderer Stelle den Kampf fortzusetzen. Rein militärisch erscheint Pompejus' Verhalten, wie Plutarch es beschreibt, als ob er vergessen habe, daß er Pompejus Magnus sei und Zeus ihm die Sinne verwirrt habe, wie einst dem Ajax. Politisch wird sein Verhalten dadurch erklärlich, daß das Interesse des Heeres und der Führer nicht mehr zusammenging. Appian berichtet, daß Cäsar Herolde unter die Kämpfenden gesandt habe, welche ausriefen, daß seine Soldaten die Landsleute schonen und sich nur gegen die Bundesgenossen wenden sollten. Wörtlich richtig kann die Erzählung nicht sein, da sich im Kampfgetümmel solche Befehle nicht mehr verkünden lassen und man den Pompejanischen Legionaren (denn nur um die handelt es sich noch) nicht ansehen konnte, ob sie römische Bürger oder untergemischte Fremde seien. Aber wenn dieser Zug als realistisch auch nicht beizubehalten ist, virtuell zeichnet er das Wesen der Situation. Etwa ein Drittel der Pompejanischen Legionare bestand aus Soldaten, die noch vor kurzem Cäsar als ihren Kriegsherrn verehrt hatten, und auch die beiden anderen Drittel waren durch kein inneres Band mit der Partei verknüpft, für die sie fochten. Sie haben getreu dem Fahneneid und unter dem Gesetz der militärischen Disziplin die Schlacht tapfer durchgekämpft; für einen weiteren hoffnungslosen Widerstand aber waren die Dinge bei ihnen nicht angetan.

So endete die Schlacht, indem Pompejus entfloh, das Lager nach einer kurzen Verteidigung preisgegeben wurde, das geschlagene Heer sich zunächst auf die Berge rettete und, von den Cäsarianern unablässig verfolgt und eingekreist, noch in derselben Nacht, ohne weiter zu fechten, kapitulierte.

1. Über die Heereszahlen in dem Feldzuge von 48 haben wir sehr verschiedene Nachrichten, von denen zwei Gruppen, Cäsar selbst, und eine

zweite Plutarch, Appian, Eutrop und Orosius, die auf Asinius Pollio zurückgeht, in Betracht kommen. Bisher hat man den Zahlen Cäsars den Vorzug gegeben und sie einfach angenommen, aber das läßt sich nicht aufrechterhalten[1].

Wenn wir beim Gallischen Kriege gesehen haben, daß Cäsar die Zahlen der besiegten Gegner bis ins Ungeheuerliche übertreibt, so läßt das noch keinen Rückschluß auf die Unzuverlässigkeit seiner Zahlen im Bürgerkrieg zu. Das Publikum, für das er den Gallischen Krieg beschrieb, hätte ihn gar nicht verstanden, wenn er die richtigen Zahlen angegeben hätte; es waren Barbaren-Heere, die er besiegt hatte, und Barbaren-Heere waren nach griechischer wie römischer Vorstellung ein für allemal Massenheere. Wir müssen also sehen, ob in der Erzählung des Bürgerkrieges selbst Zahlen vorhanden sind, an denen sich die Zuverlässigkeit des Autors kontrollieren läßt.

Im spanischen Kriege gibt Cäsar außer den Legionen dem Afranius und Petrejus 80 Kohorten Bundesgenossen (b. c. I, 39). Schon Stoffel I, 265 hat dargelegt, daß das unmöglich richtig sein könne, und vorgeschlagen, statt »LXXX« »XXX« zu lesen.

b. c. III, 37, 7 hören wir von einem Gefecht, in dem die Pompejaner 80, die Cäsarianer 2 Tote verloren.

III, 45 u. 46 ist ein sehr hartnäckiges, hin- und hergehendes Gefecht der IX. Legion vor Dyrrhachium erzählt, in dem diese zum Schluß im ganzen fünf Mann, der Feind »complures« verloren hat.

III, 54 wird uns erzählt, wie an ein und demselben Tage um Dyrrhachium herum sechs verschiedene Gefechte stattfanden. Ein Teil der Erzählung dieser Gefechte ist verloren gegangen, die Handschriften des bellum civile haben hier eine Lücke, die aber einigermaßen aus den anderen Quellen zu ergänzen ist. Es war jedenfalls ein blutiger Tag, und der Gesamtverlust der Pompejaner betrug nach Cäsar 2000, seiner eigenen Truppen nicht mehr als 20 Mann.

Bei Pharsalus werden nach Cäsars eigener Erzählung seine Reiter zunächst geworfen, die Legionen führen den Nahkampf mit Zähigkeit, und erst das Einrücken von Cäsars drittem Treffen in Verbindung mit der Flankierung bringt die Pompejaner zum Weichen, endlich wird auch noch das Lager zwar weniger von den Pompejanischen Legionären, aber doch von den thracischen und anderen barbarischen Bundesgenossen eine Zeitlang tapfer verteidigt und zuletzt erstürmt. Trotzdem will Cäsar nach der

1 Über die Glaubwürdigkeit der Kommentare ist schon oft gehandelt worden. Als besonders verdienstlich nenne ich Pfannschmidt »Zur Geschichte des Pompejanischen Bürgerkrieges«, Progr. Weißenfels 1888.

Schlacht nicht mehr als 200 Soldaten vermißt haben, von den Popejanern aber sollen 15 000 gefallen sein.

Es ist unmöglich, alle diese Zahlen in der Art, wie es Stoffel mit den spanischen Kohorten versucht hat, durch Text-Verderbnis zu erklären. Ebenso unmöglich aber ist es, sie anzunehmen. Ich habe selber mehrfach darauf hingewiesen, wie gering in antiken Schlachten die Verluste des Siegers zu sein pflegten, aber was hier geboten wird, geht doch gar zu sehr über alle Wahrscheinlichkeit hinaus. Die auf beiden Seiten kämpfenden Truppen sind, wenn auch nicht gleichwertig, doch als römische Legionen so ähnlicher Art, daß wir die angegebenen Verlust-Unterschiede als einfach unmöglich ablehnen müssen.

Wir sind nicht die Ersten, die das tun. Wie wir schon oben bei den Zahlen der Gallier bemerkten, haben schon Zeitgenossen Cäsars in Rom sehr wohl gewußt, daß seinen Zahlangaben nicht zu trauen sei. Die Hauptquelle, aus der bei Weitem die meisten aller Nachrichten, die außer Cäsars eigener Aussage auf uns gekommen sind, zurückgehen, war unzweifelhaft das bereits mehrfach erwähnte Werk des Asinius Pollio. Ich habe nicht den Eindruck, daß Pollio ein wirklich kritischer und objektiver Historiker gewesen sei, was man anzunehmen geneigt ist, wenn man sieht, daß er, obgleich selber Cäsarischer General, Cäsar oft widerspricht und Übertreibungen abweist. Mir will scheinen, daß dieser Widerspruch nicht sowohl auf Objektivität, sondern eher auf eine gewisse, süffisante Fronde-Stimmung gegen den großen Mann zurückgehe, wie sie nicht selten gerade in der Umgebung solcher Heroen existiert und auch in den Memoiren mehrerer Napoleonischen und Friderizianischen Generale zu Tage tritt.

Man darf also nicht schließen, daß, wenn Pollio als ein Cäsarischer General etwas für Cäsar Ungünstiges sagt, dies deshalb verbürgt sei, ebenso wenig, daß, wo er mit Cäsar übereinstimmt, dadurch die Glaubwürdigkeit erhärtet sei. Wenn wir aber finden, daß Pollio durchweg den Zahlangaben Cäsars den Glauben versagt, so erhält unsere aus sachlichen Erwägungen gewonnene Kritik dadurch jedenfalls eine sehr bedeutsame Bestätigung, auch dann, wenn wir finden, daß Pollio selber einmal über das Ziel hinausgeschossen ist. Ein solcher Fall, glaube ich, ist da. Cäsar gibt als seinen Verlust in der letzten Niederlage vor Dyrrhachium 960 Mann und 32 Offiziere an: bei Orosius, d. h. zweifellos Pollio, lesen wir 4000 Mann und 22 (Schreibfehler für 32) Offiziere. 4000 Tote auf ein Heer von einigen 30 000 Mann würde, da wir doch 12 000–20 000 Verwundete hinzurechnen müßten, für längere Zeit Kampfunfähigkeit bedeuten. Fast 1000 Tote, wie Cäsar, angibt, sind bereits ein so großer Verlust, daß ich einen sachlichen Einwand dagegen nicht erheben möchte. Offenbar ist hier Pollios genereller Argwohn, daß Cäsar in seinen Zahlangaben unzuverlässig sei, sozusagen mit ihm durchgegangen, und er hat irgend ein übertriebenes Gerücht ohne nähere Überlegung nacherzählt.

Gehen wir über zu den Stärke-Berechnungen.

Cäsar hatte nach seiner Angabe bei Pharsalus 80 Kohorten in der Front, zwei hüteten das Lager. Da er 23 Kohorten detachiert hatte (15 in Griechenland, 4 in Apollonia, 3 in Oricum, 1 in Lissus), so fehlen von den 11 Legionen = 110 Kohorten, über die er im Ganzen verfügte, 5. Wohl nicht mit Unrecht hat Stoffel (und schon vor ihm Heller) hier den Text emendiert; er findet, daß 2 Kohorten als Lagerbesatzung unzureichend seien, und liest statt dessen sieben.

Die 80 Kohorten in der Front zählten nach Cäsar 22 000 Mann; die Kohorte also im Durchschnitt 270 Mann; überdies hatte Cäsar eine Anzahl Antesignanen seiner Reiterei beigegeben. Die ganze Legionsinfanterie wäre also nach seinen Angaben gegen 24 000, die Kohorten durchschnittlich gegen 300 Mann stark zu berechnen.

Orosius aber (VI, 15) und Eutrop (VI, 20) geben Cäsars Infanterie auf weniger als 30 000 Mann an, und Appian (II, 76) und Plutarch (Pompejus 71) beziffern das vierte Treffen Cäsars, das nach seiner Angabe 6 Kohorten stark war, auf 3000 Mann; das gäbe auf die Kohorte nicht 300, sondern 500 Mann. Hieraus einen Schluß auf das ganze Heer zu machen und die Legionen auf (500 × 80 =) 40 000 Mann zu berechnen, ist unzulässig, da ja Cäsar möglicherweise die sechs stärksten Kohorten, die sehr ungleich gewesen sein mögen, aus dem dritten Treffen herausgezogen hat. Aber wenn man auch nicht einfach multiplizieren darf, so ist doch klar, daß wenn auch nur 6 Kohorten zu 500 Mann allein im dritten Treffen waren, der Durchschnitt nicht noch unter 300 gewesen sein kann. Überdies lesen wir in Plutarchs Antonius (Kap. III), daß die vier Legionen, die dieser mit 800 Reitern dem Cäsar nachführte, 20 000 Mann (Hopliten) stark gewesen seien. Rechnen wir auch für die Käpfe bei Dyrrhachium erhebliche Verluste ab, nicht bloß die Toten, sondern auch Verwundeten, die in Apollonia und Lissus zurückgeblieben sein werden, supponieren auch daß die nachkommenden Legionen numerisch stärker waren, so ist es doch ganz ausgeschlossen, daß 80 Kohorten bei Pharsalus nur 24 000 Mann stark waren, wenn vier Monate vorher 40 Kohorten 20 000 Mann stark waren.

Da wir nun die Unzuverlässigkeit der Zahlangaben Cäsars an anderen Stellen genügend festgestellt und hier nicht etwa die Angabe eines Gegners, sondern eines seiner eigenen, in der Schlacht gegenwärtigen Generale haben, so werden wir nicht zweifeln, dieser den Vorzug zu geben. Mag nun Cäsar seine Zahl ganz willkürlich gegriffen, mag er statt einer

Durchschnittsziffer die seinem Gedächtnis gegenwärtige niedrigste Präsenzziffer einer Kohorte seiner Multiplikation zugrunde gelegt haben, jedenfalls haben wir seine Zahl erheblich zu erhöhen, und ich zweifle nicht, daß selbst die »weniger als 30 000« aus Pollio noch zu niedrig sind, und daß wenigstens die aus den Kohorten herausgenommenen, der Kavallerie zugeteilten Antesignanen noch hinzuzuaddieren sind.

Cäsar gibt an, daß die VIII. und IX. Legion so schwach gewesen seien, daß sie zusammen eigentlich nur eine gebildet hätten. Nehmen wir den Ausdruck wörtlich, so waren sie zusammen etwa 6000 Mann, d. h. jede Kohorte etwa 300 Mann stark.

Wir haben damit Fingerzeige für die Stärke sowohl der stärksten, wie der schwächsten Kohorten in Cäsars Heer gefunden, 500 Mann und 300 Mann. Nehmen wir für das ganze Heer den Durchschnitt, 400 Mann, so zählten die 80 Kohorten in der Front 32 000 Mann, wovon vielleicht 2000 für die zur Kavallerie abkommandierten Antesignanen abgehen mögen. Diese Berechnung erfährt eine gewisse Beglaubigung dadurch, daß sie mit der auf Pollio zurückgehenden Zahl, 30 000, übereinstimmt.

Auf eine noch etwas höhere Zahl kommen wir, wenn wir M. BANG folgen, »Die Germanen im römischen Dienst« (1906), S. 27, der es als »ganz unzweifelhaft« hinstellt, daß Cäsar bei Pharsalus auch ein starkes Kontingent germanischer Fußtruppen in der Front gehabt habe. Er beruft sich dafür auf B. C. I, 83 und III, 52. Ganz beweisend sind diese Stellen aber nicht. An der ersten ist ausdrücklich von Germanen »levis armaturae« die Rede: das sind also vermutlich die den Reitern beigegebenen Mischkämpfer gewesen (vgl. oben Buch VII, Kap. 3). Eben diese Leute mögen auch in der zweiten Stelle, deren Lesart überdies nicht ganz sicher ist, gemeint sein.

Die Stärke der Pompejanischen Infanterie gibt Cäsar auf 110 Kohorten zu 45 000 Mann an; 2000 evocati werden außerdem besonders genannt, 7 Kohorten hüteten überdies noch das Lager.

Arsinius-Pollio gibt nur 88 Kohorten in der Front an, und es kann keinem Zweifel unterliegen, daß diese Zahl die richtige ist.

Cäsar teilt selber mit (III, 4), daß Pompejus ursprünglich 9 Legionen gehabt habe, wozu noch die beiden des Scipio kamen. Demgemäß gibt er ihm bei Pharsalus 110 Kohorten. Er hat aber vergessen abzuziehen, daß Pompejus 15 Kohorten in Dyrrhachium unter Cato als Besatzung zurückgelassen hatte, und er sagt selbst, daß 7 Kohorten im Lager blieben. Man hat das auf verschiedene Weise ergänzen wollen. Stoffel (I, 343) nimmt an, daß es keine Legionskohorten aus römischen Bürgern gewesen seien, die in Dyrrhachium blieben; Göler (II, 163) will, daß die 15 Kohorten

Cäsarianer, die im Adriatischen Meer gefangen genommen und eingestellt waren, noch zu den 11 Legionen hinzukämen. Beide erklären die weiteren überzähligen 7 Kohorten als diejenigen, die von der entlassenen spanischen Armee zu Pompejus gewandert waren. Aber alle diese Auskünfte versagen. Die 15 gefangenen Kohorten sind nach Cäsars eigener ausdrücklicher Aussage (III, 4, 2) nicht als besondere Truppen formiert, sondern untergesteckt worden, und daß in einzelner Wanderung 7 volle Kohorten, ohne von den Kommandanten Cäsars sistiert zu werden, durch Italien zu Pompejus gelangt seien, ist ganz ausgeschlossen. Wenn das einige hundert Mann unternommen und durchgeführt haben, so ist das schon sehr viel.

Hätten wir nicht das Zeugnis des Pollio, so könnten wir immerhin glauben, daß wenigstens eine oder zwei eigene Kohorten aus diesen Veteranen gebildet worden seien, da es Cäsar so positiv behauptet und ihrer sogar in der Schlachtordnung besonders gedenkt, und daß die übrigen noch auf irgend eine andere, bei Cäsar an einer verloren gegangenen Stelle erwähnten Weise dem Heere zugeführt worden seien. Da aber Pollio die Angaben Cäsars gekannt, ihnen die seinigen also mit Bewußtsein entgegengesetzt hat und die Zahl genau stimmt, wenn wir die 22 Kohorten, von deren Detachierung wir wissen, von dem Gesamtheer mit seinen 110 Kohorten abziehen, so kann es keinem Zweifel unterliegen, daß Pompejus nie mehr als jene 110 Kohorten gehabt und daß von diesen 88 bei Pharsalus in der Front gestanden haben.

Konsequenterweise werden wir, wie in der Zahl der Kohorten, so auch in ihrer Stärke die auf Pollio zurückgehende Zahl (bei Eutrop und Orosius), das ist 40 000 Mann, derjenigen Cäsars vorziehen. Die Kohorten des Pompejus waren also im Durchschnitt etwas stärker (etwa 455 Mann) als diejenigen Cäsars. Da ist nur natürlich, daß Pompejus, wie Cäsar berichtet (b. c. III, 4) und wir ihm glauben dürfen, seine Legionen durch Aushebungen in Thessalien, Böotien, Achaja und Epirus komplettiert und die ganzen gefangenen 15 Kohorten untergesteckt hatte.

Die Aussage Appians (II, 70), daß nach der niedrigsten Angabe Pompejus an Infanterie das Anderthalbfache seines Gegners gehabt habe und daß nach einigen 70 000, nach anderen aber weniger als 60 000 Italiker sich in dieser Schlacht als Gegner gegenübergestanden, dürfen wir auf sich beruhen lassen.

Alles wohl erwogen, wird das Verhältnis etwa 40 000 zu gut 30 000 gewesen sein, also wenn auch nicht 47 000 gegen 22 000, wie Cäsar will, so doch immerhin eine sehr große Überlegenheit.

Am schwierigsten ist die Frage der Reiterei. Cäsar selbst behauptet, er habe nur 1000. Pompejus, 7000 Pferde gehabt.

Von den Pompejanischen 7000 Reitern zählt Cäsar (III, 4) die einzelnen Kontingente auf:

600 Gallier des Dejotarus
500 Kappadocier
500 Thracier
200 Macedonier
500 Gallier und Germanen aus Ägypten
800 Hirtensklaven
300 Gallogräcier
200 Syrer.

Außer diesen 3600 noch Dardaner, Bessier, Macedonier, Thessalier und andere Völkerschaften. Was sollen das für andere Völkerschaften gewesen sein, die die volle Hälfte der Kavallerie stellten und doch nicht genannt werden konnten?

7000 Mann Kavallerie zusammenzubringen war in jenen Zeiten überhaupt eine sehr schwierige Sache. Alexander der Große war allerdings mit 5100 Reitern über den Hellespont gegangen und hatte noch 1500 zuhause gelassen. Drei Jahre später bei Gaugamela hatte er gar 7000 Reiter. Auch zur Zeit der Diadochen und später bis zum Untergang der selbständigen Staaten des Ostens finden wir bedeutende Reitermassen. Aber seitdem waren über 100 Jahre vergangen und Völker, die aus dem dauernden Kriegszustand heraustreten, verlieren am allerschnellsten die Fähigkeit, Kavallerie aufzustellen. Man erinnere sich, welche Bedeutung für die Römer bei Cannä ihre Schwäche an Kavallerie hatte; sie hatten mit der ungeheuersten Anstrengung gerüstet, eine unerhörte Masse von Infanterie aufgestellt und konnten den 10 000 Reitern Hannibals doch nur 6000 ihrerseits entgegensetzen. Im zweiten Jahrhundert ist die römische Bürger-Reiterei allmählich ganz eingegangen, während die Legionen sich zu immer größerer Technik und Tüchtigkeit emporarbeiten. Um Kavallerie zu haben, mußte man werben bei den Barbaren, die nicht immer so leicht und schnell in genügender Zahl zu haben waren. Der Beweis dafür ist der Parther-Feldzug des Crassus, der ja, wie wir gesehen haben, an der Schwäche der Kavallerie scheiterte. Obgleich Cäsar ihm 1000 gallische Reiter unter seinem Sohn Publius geschickt hatte, gebot Crassus doch nur über 4000 Mann Kavallerie im ganzen. Es ist unmöglich, daß man aus bloßer Unachtsamkeit und Bequemlichkeit diese Waffe so schwach gelassen hat; man wußte ja, daß man gegen ein Reitervolk in den Krieg zog und daß der Marsch durch weite Ebenen gehen würde. Crassus hat auch Zeit genug gehabt, sein Herr zu bilden; erst im zweiten Jahre seines Kommandos überschritt er den Euphrat. Wenn er trotz alledem in einem Heer von im ganzen 45 000 Mann nicht mehr als 4000 Reiter hatte, so gibt es dafür keine andere Erklärung, als daß brauchbare Reiter eben überaus schwer zu haben waren. Cäsar hatte seine Germanen und Gallier; Pompejus standen derartige Bezugsquellen nicht zur Verfügung. Es ist charakteristisch, daß er, der die Reste des Crassus-Heeres unter seinen Truppen hatte, zum Parther-König schickte und um seine Unterstützung, d. h. also um Reiter warb[1].

Cäsar selbst will nur 1000 Reiter gehabt haben, und um diese 1000 den 7000 des Pompejus entgegenstellen zu können, erzählt er uns weiter, (III, 84) habe er ihnen ausgewählte junge Männer und Antesignanen in leichter Rüstung zu Fuß beigegeben, und sie hätten so vortrefflich zusammengewirkt, daß die 1000 sich nicht scheuten, den 7000 in freiem Felde entgegenzutreten, und ihnen kurz vor der Schlacht ein glückliches Gefecht lieferten.

In der Schlacht selbst sollen die Cäsarischen Reiter zwar vor der Überzahl ihrer Gegner gewichen sein, dann aber sollen 6 Kohorten, das wären nach den eigenen weiteren Angaben Cäsars kaum 1800 Mann Infanterie gewesen, die Pompejanischen Reiter nicht nur zurückgewiesen, sondern indem sie offensiv gegen sie vorgigen, sie in die Flucht gejagt und sie vollständig vom Schlachtfeld vertrieben haben. Jedes kriegsgeschichtliche Verständnis hört auf, wenn das glaublich sein soll, auch wenn die sechs Kohorten nicht 1800, sondern 3000 Mann stark waren. Weder ist es denkbar, daß ein General wie Labienus eine jeden kriegerischen Geistes bare Kavallerie geführt, noch daß eine auch nur leidliche Kavallerie, und es waren ja darunter Gallier, Germanen, Thracier, Macedonier, Thessalier, vor einer verhältnismäßig kleinen Schar schweren Fußvolkes auf die Berge (altissimos montes) flüchte, und Cäsar läßt nicht einmal seine eigenen geworfenen Reiter wieder umkehren und dabei mitwirken.

Nach alledem werden wir bereits geneigt sein, die 7000 Pferde des Pompejus für eine sehr starke Übertreibung zu halten. Aber ein nicht nur verändertes, sondern ein ganz anderes Bild steigt vor uns auf, wenn wir bei Eutrop (VI, 20) und Orosius (VI, 15) lesen, Pompejus habe auf dem rechten Flügel 500, auf dem linken 600 Reiter gehabt.

Hat Asinius Pollio das wirklich berichtet, so sind damit nicht nur die Zahlen, sondern es ist auch die ganze Vorstellung des taktischen Vorganges, wie wir sie bisher gehabt haben, zerstört, denn dieser war begründet auf der Konzentrierung der ganzen beiderseitigen Kavallerie auf *einem* Flügel.

Das Problem, das uns die Quellen hier aufgeben, hat mich sehr lange beschäftigt und ich darf sagen, irritiert. Die Aussagen liegen so weit

1 Dio 41, 55. *Bell. civ.* III, 82.

auseinander, daß sie auf keine Weise zu vereinigen sind, sondern eine von beiden irgendwie weggeschafft werden muß. Die Nachrichten bei Eutrop und Orosius, wie man bisher getan hat, einfach zu ignorieren, ist unmöglich um so weniger, als jedenfalls auch ein Korn Wahrheit in ihnen steckt.

Cäsar selbst und Plutarch im »Cäsar« lassen zwar ausdrücklich die ganze Reiterei beider Parteien auf dem *einen* Flügel stehen. Appian aber läßt die Pompejanische Kavallerie auf den Flügeln stehen (cap. 75) und nachträglich (cap. 76) die Besten, also nicht Alle, auf den linken Flügel hinüberziehen, und ebenso berichtet Plutarch im »Pompejus« (cap. 69), daß »fast alle« (ὀλίγου δεῖν ἅπαντες) Reiter des Pompejus dem linken Flügel zugeteilt wurden. Es ist also zweifellos, daß Pompejus auch auf seinem rechten Flügel eine Reiter-Abteilung gehabt hat, die Cäsar nicht der Mühe wert gehalten, besonders zu erwähnen, Pollio aber ausdrücklich aufgeführt hat.

Zwei Lösungen scheinen mir möglich. Die eine ist, eine Text-Verderbnis anzunehmen. Zwar sind die Zahlen doppelt bezeugt, aber Eutrop und Orosius haben beide nicht direkt aus Livius geschöpft (der seinerseits Pollio benutzt hat), sondern aus einer und derselben verloren gegangenen Epitome[1]. Es wäre also denkbar, daß in dieser Epitome die Tausendzahl vor den »600« auf dem linken Flügel ausgefallen oder die Zahl sonst korrumpiert war und beide Autoren gleichmäßig denselben Fehler übernommen haben. Polio hat also vielleicht geschrieben: Pompejus hatte auf seinem rechten Flügel nur 500, auf dem linken x Tausend 600 Reiter. Daraus haben Appian und Plutarch im »Pompejus« gemacht, daß er »fast« die ganze Reiterei auf dem linken Flügel hatte, ohne die Zahlen zu nennen; der Epitomator des Livius hat die Zahlen übernommen, sie aber dabei verdorben.

Die zweite Möglichkeit ist, daß Pollio wirklich dem Pompejus nur 1100 Reiter, also nur eine minimale Überlegenheit zugeschrieben hat; daß diese Reiter anfänglich zu 500 und 600 auf die Flügel verteilt waren und erst nachträglich, wie Appian berichtet, das Gros der Reiter auf den linken Flügel gezogen wurde, diese nachträgliche Änderung aber auf dem Wege von Pollio bis zu dem Epitomator des Livius verloren gegangen ist.

Diese letztere Lösung wird man deshalb ungern annehmen, weil die Übertreibung, deren Cäsar sich dann in dem Zahlverhältnis schuldig gemacht hätte (7000 gegen 1000 statt 1100 gegen 1000), gar zu ungeheuerlich sein würde, sachlich unmöglich ist sie aber nicht. Unzweifelhaft müssen wir annehmen, daß die Pompejaner eine wesentliche Überlegenheit hatten; aber eine Überlegenheit von 10 000 Mann in der schweren Infan-

1 ZANGEMEISTER in der Vorrede zu seiner Ausgabe des Orosius p. XXV.

trie, Überlegenheit in den Schützen und eine immerhin noch bemerkbare Überlegenheit in der Kavallerie würden doch genügen, um den Entschluß der Pompejaner, die Schlacht anzunehmen, moralischgehoben, wie sie durch den Erfolg der Schlacht bei Dyrrhachium waren, zu erkären.

Der Haupteinwand, den ich dagegen habe, liegt eigentlich auf der anderen Seite: die tausend Reiter, die Cäsar nur gehabt haben will, wollen mir nicht recht glaubhaft erscheinen, obgleich alle Quellen, auch die, die Pollio benutzt haben, diese Zahl geben.

Cäsar selbst erzählt uns, er habe bei Brundisium seine ganze Reiterei versammelt gehabt, und Appian gibt ihre Zahl auf 10 000 an. Hinübergeführt soll Cäsar bei dem ersten Transport nur 600, bei dem zweiten 800 haben. Da er von diesen 1400 einige verloren, andere detachiert hatte und da einige zum Feinde übergegangen waren, so erscheinen ganz konsequent bei Pharsalus 1000. Wir fragen aber, weshalb Cäsar von dem Reiterüberfluß, den er bei Brundisium hatte, nicht noch eine Anzahl hat kommen lassen. Es war ja monatelang Zeit dazu, und wenn es bei Brundisium zu gefährlich war, so konnten einzelne Abteilungen in der Zeit, wo Cäsar das Pompejanische Heer eingeschlossen hielt, das Meer von irgend einem Hafen ausfahrend, irgendwo weiter nördlich oder südlich durchqueren, an der illyrischen oder epirotischen Küste landen und ihrem Feldherrn zuziehen. Waren auch viele Transportschiffe zerstört, aus Tarent oder Syrakus oder den adriatischen Häfen konnte man neue beschaffen; bei Messina und bei Vibo in Bruttien hatte Cäsar zwei erhebliche Geschwader liegen[1]. War Antonius einst mit seinem großen Transport trotz der feindlichen Schiffe glücklich hinübergekommen, so konnten es einzelne Reiterabteilungen um so mehr wagen; es brauchten sogar nur einzelne Schiffe zu sein, die irgendwo die Ostküste zu erreichen hatten, um sicher zu sein, da das ganze Heer des Pompejus bei Dyrrhachium festlag. Ist Pferdetransport auch immer schwierig, von Unmöglichkeit kann nicht die Rede sein.

Unklar ist schließlich auch der Stand der Leichtbewaffneten. Cäsar nennt sie überhaupt nicht. Appian (II, 70) sagt, er habe Doloper, Akarnanier und Ätolier gehabt. Man hat daraus geschlossen, daß er Leichtbewaffnete überhaupt nicht übers Meer gebracht, sondern den Mangel durch Anwerbung in den nächstgelegenen Landschaften ersetzt hat. Aber bei der Berennung des Pompejanischen Lagers nach der Schlacht, das energisch von Thraciern und barbarischen Hilfstruppen verteidigt wurde, erzählt uns Cäsar, daß die Verteidiger durch die Menge der Geschosse vom Walle vertrieben worden seien. Unter diesen Geschossen (tela) müssen, da es sich bei dem großen Lager um sehr große Massen handelt, zunächst die Pilen

1 B. civ. III, 101.

der Legionare verstanden werden. Deren Wurfweite aber war gering und die barbarischen Verteidiger des Lagers waren sicherlich Schützen, seien es Bogner, seien es Schleuderer, die den anstürmenden Legionaren, ehe sie zum Pilenwurf kamen, sehr große Verluste hätten beibringen müssen, es sei denn, daß die Stürmenden selbst von zahlreichen Schützen begleitet waren, die das Feuer der Verteidiger schon von weit her dämpften und niederhielten. Deshalb gebraucht Cäsar den allgemeinen Ausdruck »tela«, nicht »pila«. Wenn also auch die Ereignisse bei Dyrrhachium zeigen, daß die Pompejaner an Schützen erheblich stärker waren, so ist doch schwer glaublich, daß Cäsar bloß die angeworbenen Griechen gehabt und gar keine übers Meer gebracht habe. Auch die Reiter nennt er bei dem ersten Transport nicht; wir kennen ihre Zahl, 600, bloß aus Plutarch und Appian.

Schließlich kommt entscheidend in Betracht, daß Pompejus sich so sehr zögernd zur Schlacht entschlossen hat. Bis zuletzt opfert er noch einige Tage, in der Hoffnung, einen kleinen Vorteil im Terrain zu gewinnen, und auch in der Rede, die ihn Cäsar schließlich halten läßt, ist keinerlei Hinweis auf die erdrückende Überlegenheit. Hätte Pompejus wirklich 45 000 Mann Infanterie gegen 22 000, 7000 Pferde gegen 1000, dazu auch noch Überlegenheit an Schützen gehabt, so wäre sein Verhalten schlechthin unbegreiflich. Nicht einmal der Wachtmeister, dessen Eigenschaften ihm doch Mommsen noch zugestehen wollte, bliebe von dem Mann übrig, den Rom doch ob seiner Kriegstaten den großen Pompejus genannt hatte.

Man könnte gegen alle diese Berechnungen einwenden, daß, wenn die Zahlen Cäsars wirklich so sehr und namentlich bei der entscheidenden Waffe, der Kavallerie, von der Wahrheit sich entfernten, von Pompejanischer Seite ein stärkerer Einspruch erhoben und uns davon irgendwo, wie z.B. in Ciceros Briefen oder bei Lukan eine Spur erhalten worden wäre. Selbst wenn, wie oben dargetan, keine wirklich eingeweihte Pompejanische Aufzeichnung bekannt geworden ist, eine so fundamentale Tatsache hätte sich doch auch in mündlicher Tradition lange erhalten. Es ist hier aber einer von den seltenen Fällen, wo das Interesse in beiden Lagern, die Wahrheit zu verschleiern, aus verschiedenen Motiven doch zusammentraf, wenigstens sich nicht widersprach. Hätten die Pompejaner ihre Niederlage auf die zu geringe Streitmacht geschoben, so wäre mit doppelter Wucht der Vorwurf auf die Führung, nicht bloß auf den Pompejus allein, sondern die ganzen führenden Kreise gefallen, daß sie die Schlacht unnötigerweise angenommen hätten. Die innere Überlegenheit der Veteranenlegionen Cäsars war unbestreitbar. Auch die Pompejaner brauchten zu ihrer Rechtfertigung also die Behauptung, sie seien numerisch überlegen gewesen, und erklärten vermutlich, wie das zu geschehen pflegt, die Niederlage nur durch falsche Führung oder Verrat.

Bei solcher Unsicherheit und Unzuverlässigkeit der Quellen muß man entweder ganz auf eine Zahlangabe verzichten, oder man setzt, um die Darstellung und das Schlachtbild anschaulicher zu machen, eine Zahl ein, wie sie dem Verlauf der Ereignisse am besten zu entsprechen scheint, mit dem Vorbehalt, daß sie als solche nach subjektivem Eindruck, also willkürlich gegriffen ist. Auf Grund einer solchen Erwägung habe ich oben für Cäsar gegen 2000, für Pompejus gegen 3000 Reiter eingestellt. Man kann dagegen einwenden, daß doch wenigstens für Cäsar 1000 Reiter auch durch Pollio bezeugt seien. Aber erstens ist es doch nicht so durchaus sicher, daß Pollio hier Cäsars Angabe ohne jeden Vorbehalt wiederholt, daß nicht etwa eine Abweichung bei seinen Benutzern ausgefallen ist, und zweitens wäre doch auch Pollios Zeugnis noch keineswegs unbedingt beweisend. Bei solchen Zahlangaben spielen, wie auch die neuere Kriegsgeschichte gelehrt hat, oft genug zufällige Irrtümer und Mißverständnisse eine Rolle. Gegen die 1000 Reiter Cäsars aber spricht sowohl die sehr starke Einwirkung, die sie auf jeden Fall in der Schlacht gehabt haben, wie die uns nunmehr genügend festgestellte Gewohnheit Cäsars, seine Stärken zu gering anzugeben.

2. Die Frage der Stärke der beiderseitigen Kavallerie führt zu dem Hauptpunkt, in dem ich glaube, daß die Erzählung Cäsars von dem Verlauf der Schlacht korrigiert werden muß. Nach seiner Darstellung wurden die Pompejanischen Reiter ausschließlich durch die 6 Kohorten des vierten Treffens geschlagen. Diese Kohorten metzelten darauf die Leichtbewaffneten nieder, die die Reiter begleitet hatten, fielen endlich der Infanterie in die Flanke und den Rücken und entschieden die Schlacht. Nach der von mir gegebenen Darstellung, gestützt auf Appian (II, 78), haben hingegen die Reiter gemeinsam mit ihren Leichten und den Kohorten den Sieg erfochten und den Flankenangriff auf die feindlichen Legionen gemacht.

Die Neueren haben sich bisher der Erzählung Cäsars in dem Grade angeschlossen, daß die Herausgeber Appians sogar das Wort »ἱππεῖς« eingeklammert haben, in Anbetracht, daß auch bei Plutarch von ihnen nicht mehr die Rede ist. Die Natur der Dinge spricht aber so sehr für die Beteiligung der Reiter, daß sie sogar angenommen werden müßte, selbst wenn Appian sie nicht ausdrücklich bezeugte.

Cäsar selber erzählt uns, wie er durch Zuteilung von Antesignanen seine Reiter befähigt habe, es mit den Gegnern aufzunehmen. Die Erzählung wäre verfehlt, wenn die Reiter in der Schlacht nichts getan hätten, als die Flucht zu ergreifen.

Cäsar selber erzählt uns, wie die geschlagenen Schützen, die die Pompejanischen Reiter begleiteten, sämtlich niedergemetzelt wurden. Weshalb entflohen sie nicht? Die schweren Legionare konnten sie doch nicht einholen? Die Erzählung hat nur dann einen Sinn, wenn die Cäsarischen Reiter und Leichten umgekehrt waren und sich von neuem auf ihre Gegner gestürzt hatten.

Endlich die Überwältigung der Pompejanischen Legionen selber verlangt die Mitwirkung dieser Truppen. Ein Flankenangriff von bloß 6 Kohorten hätte eine so sehr starke Wirkung auf die weit überlegene Pompejanische Infanterie nicht ausüben können. Selbst die Zeit, die die 6 Kohorten brauchten, um den Weg des Herumschwenkens zurückzulegen, wäre zu lang gewesen; die feindlichen Generale hätten mittlerweile ihre Gegenmaßregeln ergriffen. Ganz anders, wenn es zunächst die Reiter und Schützen waren, die eilenden Laufes die Bewegung vollzogen und denen die geschlossenen Kohorten erst nachfolgten.

Cäsar hatte aber einen guten Grund, weshalb er den Ruhm der Entscheidung nicht der Reiterei, sondern den Kohorten zusprach. Schon in der Schlacht gegen Ariovist haben wir den Anteil, den die gallischen Reiter an dem Siege hatten, vermißt. Jetzt machte ihm die öffentliche Meinung in Rom den Vorwurf, daß er Barbaren gegen die Republik geführt habe[1]. Sollte er ihnen auch den entscheidenden Sieg verdanken? Welchen Stammes diese Barbaren waren, bezeugt uns nur zu deutlich ein kleiner Zug, den uns Appian aufbewahrt hat. Beim Einmarsch in Thessalien hatte man sich an den Weinvorräten gütlich getan, »am lächerlichsten aber waren die Germanen in ihrer Betrunkenheit«, führt Appian (II, 65) hinzu. Es sind die germanischen Reiter, die schon den Sieg der Römer über Vercingetorix entschieden haben. Noch ein anderes, wenn auch halbverwischtes, doch noch lesbares Zeugnis ist uns darüber enthalten. Florus (II, 13, 48) sagt: »Germanorum cohortes tantum in effusos equites (Pompei) fecere impetum, ut illi esse pedites, hi venire in equis viderentur.« Hat Cäsar jemals germanische Kohorten gehabt? Hatte er Germanen in seine Legionen eingestellt? Schwerlich. Es kann kaum anders sein, als daß hier die Erzählung Cäsars, seine 6 Kohorten hätten die feindliche Reiterei geschlagen, zusammengeflossen ist mit einer anderen, wonach seine Germanen es gewesen waren, die diesen Sieg erfochten hatten. Indem wir diese falsche Verschmelzung wieder scheiden, restaurieren wir das Bild, wie der gemeinschaftliche Angriff der Kohorten und der gallischen und germanischen Reiter und Doppelkämpfer das Treffen gewann.

Wie sehr Cäsars Erzählung von politischen Motiven beherrscht wurde, läßt sich noch an einem anderen Punkte erkennen. Cäsar reicht in den Kommentaren den Siegeslorbeer ausschließlich den sechs Kohorten. Bei Appian (II, 79) aber lesen wir, Cäsar habe in seinen Briefen geschrie-

1 Dio XXXXI, 54, 2.

ben, die zehnte Legion, die auf seinem äußersten rechten Flügel stand, habe den von der Reiterei entblößten feindlichen Flügel umfaßt und von der Flanke angegriffen. (τὸ γὰρ δέκατον τέλος σὺν αὐτῷ περιδραμεῖν τὰ λαιὰ τοῦ Πομπηίου ἔρημα ἱππέων γενόμενα, καὶ πανταχόθεν ἀτρεμοῦντας ἐς τὰ πλευρὰ ἐσακοντίζειν μέχρι θορυβουμένοις ἐμπεσόντας βίᾳ τρέψασθαι καὶ τῆς νίκης κατάρξαι). Das ist jedenfalls eine sehr merkwürdige Abweichung, deren Genesis aber schon Schweighäuser erraten hat. Als Cäsar die Kommentare über den Bürgerkrieg schrieb und veröffentlichte, im Herbst 47, ehe er von Rom nach Afrika ging, hatte die zehnte Legion gemeutert und ihren Kriegsherrn dadurch aufs schwerste verletzt. Jetzt war sie es nicht mehr, die den Sieg von Pharsalus entschieden hatte, sondern das aus den Kohorten sechs verschiedener Legionen zusammengesetzte vierte Treffen. Wir aber entnehmen daraus, daß der Feldherr erst nachträglich zu dieser Darstellung kam, daß der Akzent der Entscheidung unmöglich bei diesen Truppen gelegen haben kann, sondern künstlich auf sie übertragen worden ist, weil der Feldherr aus guten Gründen nicht bekennen wollte, wem er sie hauptsächlich verdankte, nämlich den tapferen barbarischen Reitern.

Je länger ich mich mit Cäsar beschäftigt habe, desto bestimmter hat sich bei mir die Ansicht gebildet, daß seine Kommentare geschichtlich nicht anders verwertet werden dürfen, als die Memoiren von St. Helena. Sie sind wie diese ein wunderbares Gewebe von realistischer, eindringlicher Wahrheit und völlig bewußter und beabsichtigter Täuschung. Wer die Napoleonische Literatur kennt, weiß, daß auch gerade der Zug, den Ruhm eines Sieges nach augenblicklichen politischen Motiven diesem oder jenem Truppenteil oder General zu verleihen, wenn auch gar kein Anspruch darauf bestand, dem großen Korsen eigentümlich war.

3. Im Zusammenhang mit der Verschiebung der Leistungen der verschiedenen Truppenteile steht auch eine temporelle, sehr wichtige Verschiebung in der Erzählung der Kommentare. Cäsar läßt zuerst die beiden Infanteriephalangen zusammenprallen, dann erzählt er das Reitergefecht, eingeleitet durch die Wendung »eodem tempore«.

Appian aber (II, 78) sagt ausdrücklich, die Reiter seien dem Fußvolk etwas vorausgekommen, und es ergibt sich aus der Schlachtidee des Pompejus, der ja sein Fußvolk künstlich zurückhielt, daß es so gewesen sein muß. Cäsar aber konnte es nicht so erzählen, weil dann das Heldentum des *evocatus* Crastinus, das jetzt so wirkungsvoll die Schlacht einleitet und ein so prächtiges Bild von dem Verhältnis dieser alten Soldaten zu ihrem Kriegsherrn gibt, nicht zu seinem Recht gekommen wäre. Plutarch folgt im »Cäsar« dessen Erzählung; im »Pompejus«, wo er den Pollio vor sich hatte, legt er sich die Sache auf die Weise zurecht, daß er jedem Autor mit der Hälfte des Heeres folgt: nach Cäsar läßt er den Kampf mit der Infanterie beginnen; nach Pollio Pompejus, da es nicht das Ganze sein kann, den rechten Flügel zurückhalten.

4. Wenn Pompejus ein Interesse hatte, den Zusammenprall der Phalangen hinzuhalten, bis seine Kavallerie gesiegt hatte, so könnte man dasselbe von Cäsar meinen, der ja ebenfalls durch die Flankierung zu siegen hoffte und für Cäsar hätte das sogar um so mehr gegolten, als er ja erst im Rückstoß den Sieg auf dem Reiterflügel zu erlangen rechnete. Trotzdem hören wir nicht, daß Cäsar seine Legionen zurückhielt, und mit Recht. Für Cäsar kam alles darauf an, daß Pompejus nicht, nachdem seine Kavallerie geworfen war, aus seinem dritten Treffen seinerseits eine Gegenbewegung entwickelte, die seine Flanke wieder degagierte und die Überflügelung wett machte. Das hätte um so leichter geschehen können, da ja die Entscheidung des Reiterkampfes sich ziemlich entfernt von der Pompejanischen Infanterie abspielte. Es wurde aber erschwert, wenn mittlerweile bereits der Kampf auf der ganzen Linie entbrannt war, die Aufmerksamkeit in Anspruch nahm, und das Getöse auch das dritte Treffen umwölkte. Cäsar hatte, wie wir wissen, die Vorsicht beobachtet, auch den Rest seines dritten Treffens zurückzuhalten, um ihn auf alle Fälle zur Verfügung zu haben. Pompejus, in dem festen Vertrauen auf den Sieg seiner Reiter, hatte das vermutlich nicht getan. Dadurch war die Masse der Pompejanischen Infanterie, ohnehin viel stärker, anfänglich wohl doppelt so stark als die beiden vorderen Treffen Cäsars, die den Kampf eröffneten. Aber Cäsar vertraute seinen Veteranen, daß sie unter allen Umständen eine lange Zeit auch dem Druck einer doppelten Überlegenheit Stand halten würden, und mittlerweile vollzog er die Umgehung.

Nach mir haben Veith und Kromayer die Schlacht bei Pharsalus behandelt, beide unter scharfer Polemik gegen meine Darstellung, aber ohne Gründe vorzubringen, die mich hätten bewegen können (mit Ausnahme der Erwägungen über die Stärke der Kavallerie), etwas zu ändern. Die meisten Einwendungen sind so, daß für den aufmerksamen Leser eine ausdrückliche Widerlegung überflüssig erscheint. Was etwa noch einer besonderen Erläuterung bedarf, sei hier zusammengestellt.

Kromayer bezweifelt, ob die abweichenden Zahlangaben auf Asinius Pollio zurückgehen, da nicht nachgewiesen sei, daß Livius, das Mittelglied zu Orosius, Eutrop, Lukan, Dio, den Pollio benutzt habe. Ja, sie könnten gar nicht aus Pollio stammen, weil die Quellen, die sicher auf Pollio zurückgehen, Appian und Plutarch die Zahlen Cäsars bringen. Ich vermag nicht einzusehen, inwiefern sich hieraus ein Schuß ergeben soll. Aber selbst angenommen, Plutarch und Appian hätten Cäsar selber nicht benutzt, sie hätten ihre Zahlen aus Pollio entnommen, dieser also habe die Zahlen Cäsars gehabt, und die abweichenden Zahlen, auf Livius zurückgehend, stammten aus irgend einer anderen Quelle, die dieser für vertrauenswürdig gehalten – was wäre damit geändert? Ich habe ja keineswegs mich auf Pollio als auf eine ganz besondere Autorität berufen (was Kromayer mir unterlegt), im Gegenteil, ich habe seine Autorität als solche recht mäßig eingeschätzt. Wesentlich ist nur, daß tatsächlich die zweite, abweichende Überlieferung existiert. Da wir nun aber wissen (Appian II, 82), daß Pollio von Cäsar abweichende Zahlangaben über die Schlacht gebracht hat, so sind die fraglichen Varianten mit großer Wahrscheinlichkeit auf ihn zurückzuführen. Denn, wie ich eben hervorgehoben habe, sind die selbständigen Nachrichten, die wir neben Cäsar haben, so geringfügig, und zeigen namentlich nichts von Informationen aus dem Pompejanischen Lager, daß eine bedeutende Quelle dieser Art schon zu Livius' und Lukans Zeiten nicht mehr existiert haben, und auch Livius, für den ja noch eine gewisse Möglichkeit vorlag, wesentliche mündliche Überlieferung nicht mehr aufgesucht und fixiert haben kann.

In der Sache wollen die beiden Opponenten Cäsar der falschen Angaben, die ich ihm vorwerfe, nicht für fähig halten. Um einzusehen, daß ich Cäsar mit meinen Einwendungen keineswegs unrecht getan, gibt es ein ganz sicheres Mittel. So wie man die rechte Stellungnahme zu Herodot am sichersten findet, wenn man Bullingers Geschichte der Burgunder-Kriege kritisch studiert, so ist es ein unfehlbares Mittel, mit Cäsar auf den rechten Fuß zu kommen, wenn man die Memoiren seiner großen Kollegen, Friedrichs und Napoleons und die kritische Literatur dazu durcharbeitet. Man wird dann finden, daß es wahre Bagatellen sind, die ich bei Cäsar moniert und kritisch ausgesondert habe. Selbst bei Friedrich, dem man mit Recht einen sehr hohen Grad von Wahrhaftigkeit nachrühmt, ist die Schwäche, die Zahlangaben zu höherem Ruhme der Preußen etwas zu verschieben, vielfach nachgewiesen,[1] und auch sonst fehlt es nicht an Fehlern und Widersprüchen mit und ohne Tendenz. Scharnhorst, um auch diesen erlauchten Namen heranzuziehen, gibt in seinem »Bericht von der Schlacht bei Auerstädt und Jena« die Stärke der Preußen auf 96 840 Kombattanten an; Höpfner hat dann nach den Akten die Kopfstärke auf 141 911 Mann berechnet. Von Moltke habe ich oben bereits ein Beispiel angeführt (S. 22). Von Napoleon weiß es jedermann und hat man es von je gewußt,

1 A. Ritter, Über die Zuverlässigkeit der Orts-, Zahl- und Zeitangaben in den kriegsgeschichtlichen Werken Friedrichs d. Gr. Berl. Dissert. 1911, Wernigerode, Rudolf Vierthaler.

wie indifferent ihm die historische Wahrheit war. Zu besonderem Studium aber empfehle ich jetzt die Geschichte der offiziellen Bearbeitung der Schlacht bei Marengo, die jüngst HÜFFER in seiner Einleitung zu den »Quellen zur Geschichte des Krieges von 1800« gegeben hat. Da kann man sich auch überzeugen, wie wenig Gewicht der Einwand hat, zeitgenössische Publikationen müßten durchaus wahrhaftig sein, weil sie sonst von den Wissenden, die noch lebten, desavouiert werden könnten. Als Autorität, wie man operiert und wie man Schlachten zu gewinnen hat, kann Napoleon gewiß nicht überboten werden, und ich glaube daher mich mit Recht auf ihn bei der Beurteilung der Vorgänge bei Alesia berufen zu haben. Wenn aber Kromayer Napoleons Autorität ins Feld führt, weil er die Behauptung Cäsars über die Verluste bei Pharsalus für glaublich erklärt hat, so hat er, fürchte ich, übersehen, daß hier der Bulletin-Schreiber Napoleon dem Kriegshistoriker etwas ins Handwerk gepfuscht haben könnte und daß eine gewisse unbewußte Selbstverteidigung die im übrigen zutreffenden Darlegungen über antike Schlachten beeinflußt hat. Nach meiner Kenntnis der Kriegsgeschichte kann ich auf das einseitige Zeugnis des siegreichen Feldherrn hin, weder den Sieg von 1000 Reitern und 6 Kohorten über 7000 Reiter mit vielen Leichtbewaffneten, noch den Sieg von 22 000 Mann römischer Infanterie über 47 000 Mann römischer Infanterie, noch die Erkämpfung eines solchen Sieges mit einem Verlust von 200 Toten für glaublich halten.

Der Vorwurf, den man wegen solcher tendenziös unrichtigen Zahlen gegen Cäsar erheben kann, ist subjektiv schon deshalb kein sehr schwerwiegender, weil es sich um eine allgemeine menschliche Schwäche handelt, ganz besonders aber deshalb, weil die Römer ja noch von ganz anderen Kontrasten zu hören gewohnt waren. Der Cäsarische Offizier, der nachher den Afrikanischen Krieg beschrieb, hat kein Arg dabei gefunden, daß in der Schlacht bei Thapsus die Cäsarianer 50 000 Feinde[1] niedergemetzelt und dabei selber nur 50 Mann verloren hätten. Als Hannibal bei Cannä an 50 000 eingekreiste Römer zusammenhauen ließ, kostete ihn das doch wenigstens selber 5700 Tote. Es ist nach alledem kaum nötig, auf die Interpretationskunststücke einzugehen, mit Hilfe deren KROMAYER die Zeugnisse bei Livius, Appian, Plutarch aus der Welt zu schaffen sucht. Die 85 Kohorten (statt 110), die nach Livius Pompejus in der Front gehabt hat, sollen sich nach KROMAYER bloß auf die römischen Bürgerkohorten beziehen, während außerdem noch 22 andere Kohorten vorhanden gewesen

1 Nach Plutarch. Die Handschriften des Bellum Africanum geben X statt L, was offenbar mit Unrecht von neueren Herausgebern festgehalten worden ist.

seien. Diese aber werden dadurch gewonnen, daß Cäsars eigene Angabe (III, 4), Pompejus habe seine Legionen aus Thessalien, Böotien, Achja, Epirus ergänzt und auch die gefangenen Cäsarianer unter Antonius untergesteckt, dahin ausgelegt wird, er habe besondere Ergänzungskohorten gebildet. »Praeterea magnum numerum ex Thessalia, Boeotia, Achaja, Epiroque supplementi nomine in legiones distrubuerat, his Antonianos milites admiscuerat« lautet die Stelle bei Cäsar (III, 6). Daß Ersatzmannschaften, ehe sie zur Einstellung gelangen, besondere Körper bilden, ist natürlich und wird zuweilen berichtet; daß aber dauernde Ersatzkohorten an die Legionen angegliedert worden seien, statt die Kohorten möglichst auf den normalen Stand zu bringen, ist weder sachlich glaublich, noch dem Wortlaut unserer Nachricht entsprechend. Dem widerspricht nicht, daß nach Cäsars Bericht die Soldaten des spanischen Heeres, die nach ihrer Entlassung durch Cäsar zu ihrem alten Feldherrn Pompejus hinübergewandert waren, eigene Kohorten bildeten. Man ehrte die Treue dieser Krieger, indem man sie beieinander ließ, statt sie als Neulinge unter fremde Truppenkörper zu verteilen. Die Neuerworbenen und Gefangenen aber mußte man, um sie einigermaßen brauchbar zu machen, bei den alten Verbänden eingliedern, sie, wie man es im 18. Jahrhundert nannte, unterstecken; eigene Bataillone aus ihnen zu bilden, wäre zu gefährlich gewesen.

Für die topographische Frage hat Kromayer eine neue Lösung zu geben versucht, der jedoch sofort Rud. Schneider in den Gött. Gel.-Anz. 169, S. S. 438 (Juni 1907) seine Bedenken entgegengestellt hat; Victor Dusmanis, Major i. griechischen Generalstabe, in dem Beihefte zum Militär-Wochengl. 1909, 7tes Heft »Bemerkungen z. Bestimmung der Örtlichkeit der Thessalischen Schlacht zw. Cäsar und Pompejus« will auf Grund eines Buches üb. die »Geschichte u. Geographie Thessaliens in militärischer Beziehung« das Schlachtfeld überhaupt nicht nahe der Stadt Pharsalus, (die Cäsar gar nicht nennt) sondern etwa 40 km weiter westlich bei Kardhitza suchen.

Wahre Kritik und willkürliche Quellenbehandlung, wahre Sachkunde und bloßes Spielen mit militärischen Begriffen sind nicht so auf den ersten Blick zu unterscheiden. Kromayer und Veith berufen sich gegenseitig aufeinander; der Gelehrte führt die Autorität des Militärs ins Feld, der Militär die Autorität des Gelehrten. Das scheint das denkbar günstigste Zusammenwirken; dennoch ist, wie wir in diesem ganzen Bande gesehen haben, nichts als Verkehrtes und Verwirrendes dabei herausgekommen. Weshalb, mögen zwei Schlußreihen uns lehren, die die beiden Autoren gelegentlich der Schlacht bei Pharsalus noch entwickeln. Die Gegenüberstellung darf geradezu als ein Schulbeispiel gelten, wie leicht es ist, aus einer historischen Quelle das Entgegengesetzte zu deduzieren, wenn man nur über eine gewisse Gewandtheit verfügt und sich an strenge Sachlichkeit nicht gewöhnt hat.

Bei KROMAYER II, 431 lesen wir: »Ob der Nahkampf der Legionen lange gedauert hat, darüber haben wir keine Angabe. Am Mittag war schon alles entschieden (b. c. III 85), als sich plötzlich die Aussichten für eine Schlacht günstig gestalteten; dann rückte er erst zur Schlacht aus – der Weg war fast eine Stunde (S. 405) – und der Aufmarsch ist auch auf mehrere Stunden zu veranschlagen. Viel Zeit bleibt da überhaupt nicht übrig. Aber die Entscheidung auf dem Flügel selber muß vor allem sehr schnell erfolgt sein.«

»Das Zurückgehen von Cäsars Reiterei, der Flankenangriff der sechs Kohorten, sind Dinge, deren Dauer nach Minuten, höchstens nach Viertelstunden zählt. Nimmt man nun noch gar mit Delbrück an, daß der Angriff der Pomepejanischen Reiterei früher erfolgt sei als Cäsars Angriff mit den Legionen, so wird die Zeit für den Nahkampf der letzteren noch mehr verkürzt.«

KROMAYER will also, daß die Schlacht sehr kurz gewesen sei und zwar, um zu beweisen, daß Cäsars Angabe, er habe in der Schlacht nur 200 Mann verloren, für durchaus glaublich gehalten werden könne.

VEITH aber (Klio vII, 332) schreibt: »Die Schlacht von Pharsalus dauerte – ohne den Kampf um das Lager und die Verfolgung – vom Morgen bis Mittag. … Die überlieferte Dauer des Kampfes ist nur erklärlich, wenn wir ein räumlich und zeitlich differenziertes, aus zahlreichen lokalen und temporären Phasen bestehendes Gefecht annehmen. … So konnte allerdings der Kampf der Hauptkräfte bei Pharsalus auch mehrere Stunden sich hinziehen.«

VEITH also will, daß die Schlacht lange gedauert hat, und zwar will er es, um zu beweisen, daß die römische Schlachtordnung auch im Kampf nicht eine einfache, zusammenhängende Linie gebildet habe, sondern auf eine viel kompliziertere Taktik angelegt gewesen sei.

Nehmen wir hinzu, daß VEITH die Antesignanen Cäsars an dem Reiterkampf in der Schlacht nicht teilnehmen lassen will, KROMAYER ihm darin widerspricht; daß VEITH erklärt, auch ein Sieg seiner Kavallerie würde Pompejus nicht den Sieg in der Schlacht gegeben haben, KROMAYER das Gegenteil dartut, so erweitert sich die Kluft immer mehr und der Verdacht wird dringend, daß es sich hier nicht bloß um Einzeldifferenzen, wie sie auch unter sachlich gleichgesinnten Forschern stets vorkommen, handelt, sondern um ein tiefer liegendes, organisches Übel. Dieser Verdacht wird zur Gewißheit werden, wenn wir uns nun überzeugen, daß beide mit ihren Ergebnissen nicht bloß einer dem Andern, sondern sich selbst widersprechen, und das selber gar nicht gemerkt haben. VEITH hat vollkommen recht, daß zu seiner Vorstellung von einer Römer-Schlacht mit kleinen, getrennten Infanteriekörpern ein langes Hinziehen des Gefechts gehört – dann aber ist ein Verlust von bloß 200 Mann bei Pharsalus unmöglich und Cäsars Glaubwürdigkeit in Zahlangaben, für die sonst Veith mit aller Entschiedenheit eintritt, erschüttert. KROMAYER hat deshalb recht, wenn er wegen das geringen Verlustes eine sehr kurze Dauer der Schlacht postuliert, aber damit fällt Veiths Vorstellung von der Kohortentaktik, die, wie wir sahen, Kromayer akzeptiert hat. Dieser Selbstwiderspruch ist das Entscheidende und er entspringt dem Grundfehler der Methode, daß nämlich jede Frage nur für sich behandelt, aber nicht in den ganzen Zusammenhang der Kriegsgeschichte eingeordnet und in ihren Konsequenzen nach allen Seiten zu Ende gedacht und durchgearbeitet wird. Erst wer diese Arbeit gemacht hat, ist zur wahren Sachkritik befähigt. KROMAYER hat es, trotz seiner ausgebreiteten Lektüre moderner Militär-Schriftsteller, nicht getan und ist deshalb zur militärischen Sachkritik ebenso wenig befähigt, wie VEITH zur philologischen Quellenkritik. Jedem dieser Forscher sind die Quellen das bloße Wachs, das nach den Bedürfnissen des Augenblicks so oder so zurechtgeknetet wird. Der Professor, der eine Phalanx von 15 000 Mann 600 Meter rückwärts treten läßt und der Oberleutnant, der seine Vorstellung von der römischen Taktik »quellenmäßig« beweist durch den »terminus technicus quincunx«, der aus dem 16. Jahrhundert stammt, sie befinden sich beide nicht im Tempel, sondern erst im Vorhof der Wissenschaft.

Zur 3. Aufl. Ich drucke diese polemische Auseinandersetzung auch hier wieder ab, verweise aber zugleich auf das oben Gesagte, wo ich bei beiden Autoren erhebliche Fortschritte in der Erkenntnis des antiken Kriegswesens festgestellt habe, und noch mehr auf das, was unten zu dem afrikanischen Feldzug Cäsars zu bemerken sein wird.

10. KAPITEL

Die letzten Feldzüge des Bürgerkrieges

Der Feldzug in Griechenland und die Schlacht bei Pharsalus, der Kampf der Römer untereinander unter der Führung ihrer beiden berühmtesten Feldherren bildet den Höhepunkt der antiken Kriegskunst. Die weiteren Feldzüge Cäsars sind zwar noch reich an individuellen Erscheinungen, aber prinzipiell Neues, eine weitere Entwicklung bieten sie nicht mehr. Wenn sie bisher auch zu unsicher überliefert schienen, um sie kriegsgeschichtlich zu verwertern, so darf man sagen, daß diese Mangel jetzt behoben ist. Es ist VEITH durch die Verbindung der topographischen Forschung mit sorgsamer Quellenanalyse gelungen, ein höchst anschauliches und völlig einleuchtendes Bild des afrikanischen Feldzuges herzustellen. Das einzige, was ich an seiner vortrefflichen Darstellung auszusetzen habe, ist die wiederholte Polemik gegen mich, die gegenstandslos ist, da ich mit ihm ganz und gar einer Meinung bin, es sei denn, daß er meiner Meinung nach hier und da die Lichter etwas zu scharf aufgesetzt hat.

Cäsar selbst hat uns ja die Feldzüge nach Pharsalus nicht mehr beschrieben, sondern einige seiner Offiziere von verschiedenem Talent und viel gröberer Parteilichkeit als Cäsar selbst. Das *bellum Africanum* rührt her von einem Truppenoffizier engen Gesichtskreises, den wir aber ergänzen können durch die bei

Dio und Plutarch erhaltene Darstellung des in die strategischen Zusammenhänge eingeweihten Asinius Pollio.

Cäsar will Thapsus belagern, das auf einem Isthmus zwischen dem Meer und einem Binnensee gelegen ist. Scipio versucht den Isthmus auf beiden Seiten abzusperren. Cäsar beherrscht zwar das Meer, aber da die Aktion in den Anfang Februar fällt, so war diese Basis sehr unsicher; er hätte, wenn die Landverbindung gänzlich abgeschnitten war, in große Not kommen können. Cäsars Erkundungsdienst ist aber so aufmerksam, daß er die Annäherung des Feindes im Norden bemerkt, ihn angreift, ehe er seine Befestigung vollendet hat und ihn zurückwirft. Unmittelbar von diesem Schlage gegen die eine Hälfte des feindlichen Heeres stürmt Cäsar fort gegen die andere Hälfte, 10 Kilometer davon am Südeingang des Isthmus, erreicht sie, ehe die im Norden Geschlagenen sich wieder mit ihr vereinigt haben, und jagt sie ohne weiteres Schlagen auseinander.

Das Einzelne lese man bei Veith. Von allgemeinstem Interesse ist seine bis zur größten Wahrscheinlichkeit gesteigerte Vermutung, daß Scipio, über dessen Unfähigkeit sich Cäsar selber lustig gemacht hat, nur den nominellen Oberbefehl geführt habe, die wirkliche Leitung aber in den Händen des Labienus gewesen sei. Wenn also der Feldzug von Pharsalus erscheint als das Duell der beiden berühmtesten Feldherren ihrer Zeit, so wird der afrikanische Feldzug dadurch interessant, daß sich hier Cäsar und sein eigener erster General aus dem gallischen Kriege einander gegenüberstehen. Veith hat allem Anschein nach mit vollem Recht festgestellt, daß Labienus sich als ein seines Meisters durchaus würdiger Schüler gezeigt hat. Seine Operationen sind überaus tatkräftig, wohlüberlegt und entschlossen. Wenn er schließlich dennoch unterlegen ist, so stand er eben nicht bloß Cäsar gegenüber, sondern auch Cäsars Truppen, mit denen diese frisch gebildeten afrikanischen Legionen sich nicht messen konnten. Die Niederlage bei Thapsus war taktisch zunächst nicht viel mehr als ein mißglücktes Unternehmen und wurde erst zu einer Katastrophe, weil die nicht geschlagenen Truppen von der Panik ergriffen, ihr Lager verließen und auf und davon gingen. Als die im Norden Geschlagenen hier, wo sie eine Zuflucht zu finden vermeinen, ankommen, finden sie die Kameraden nicht mehr vor, wollen sich ergeben, werden aber von kampferhitzten Legionaren Cäsars zusammengehauen. Es sind römische Legionen auf beiden Seiten, aber es sind dem Charakter nach Söldner, und Söldner schonen sich, wie wir noch in den späteren Bänden sehen werden, keineswegs gegenseitig. Bei Ilerda hatte Cäsar das Gemetzel noch verhindern können, hier nicht mehr.

1. Das Treffen von Ruspina

bedarf deshalb einer Betrachtung, weil es den Anschein erweckt und auch von den Neueren so aufgefaßt ist, als ob Cäsars Taktik hier tatsächlich noch etwas ganz Neues geleistet hätte, nämlich ein Rettungsmittel gefunden aus der Situation, in der Crassus in Mesopotamien, Cäsars General Curio in Afrika noch ein Jahr vorher mit ihren ganzen Heeren zu Grunde gegangen waren. Der Zusammenhang muß jedoch anders aufgefaßt werden.

Cäsar hatte von seinem Lager bei der Seestadt Ruspina im östlichen Tunis mit drei Legionen und geringer Begleitung von Reitern und Schützen einen Marsch ins Innere gemacht, um zu fouragieren, als er auf freier Ebene von den numidischen Reitern und Schützen unter Führung des Labienus angegriffen wurde. Er ließ seine Infanterie in möglichst flacher Aufstellung nach allen Seiten Front machen und wehrte die feindlichen Angriffe ab, indem von Zeit zu Zeit Kohorten mit Unterstützung der wenigen Reiter vorstürmten und durch einen Pilenwurf die feindlichen Schwärmer zurückjagten. Nach der Erzählung des Pseudo-Hirtius, wie wir den Verfasser des bellum Africanum nennen wollen, endigte das Treffen mit einem Siege, indem die Kohorten unter Anspannung der letzten Kräfte endlich den leichtfüßigen Feind über die nächsten Hügel hinüberjagten. Nach Appian (II, 95) jedoch wurde Cäsar geschlagen, und die Gegner vollendeten ihren Sieg nur aus Lässigkeit nicht. Da bei Männern wie Labienus und Petrejus eine solche Begründung nicht annehmbar erscheint, so ist man in Verlegenheit wegen einer ausreichenden Erklärung; sie ist jedoch ohne Schwierigkeit im Pseudo-Hirtius selber zu finden, wenn man sich erinnert, was Xenophon in der Anabasis über die analoge Situation der Zehntausend berichtet. Die Nacht ist es, die die bedrängte Infanterie vor den Pfeilen der berittenen Schützen birgt. Auch Antonius, als er auf seinem Rückzug von den Parthern bedrängt wurde, hat sie, wie wir in seinem vorweggenommenen Feldzuge gesehen haben, zu Hilfe genommen. Die Erzählung im bellum Africanum, daß die Kohorten endlich durch ihre Offensive den Feind verjagt, ist deshalb unglaubwürdig, weil man nicht einsieht, weshalb sie das nicht gleich im Anfang getan haben, wenn sie dazu fähig waren. Was sie geleistet haben, vermutlich unter nicht geringem Verlust, so daß Appians Quelle das Treffen als eine Niederlage Cäsars darstellen konnte, war, daß sie sich den ganzen Tag bis zum Einbruch der Dunkelheit behaupteten. In der Nacht gingen die feindlichen Reiter, um sich nicht einem Überfall auszusetzen, weit zurück, und da Cäsar nur 3000 Passus (4½ Kilometer) von seinem Lager entfernt war, so konnte er sich nunmehr ohne Schwierigkeit dahin zurückziehen. Sein militärisches Verdienst bleibt, daß er in der peinlichen Lage die Moral und die Ordnung seiner Truppen aufrecht erhielt und durch Aufstellung in einer Art Karree mit möglichst langen, dünnen Linien der Anwendung der hier allein brauchbaren Waffe, des Pilum, den größtmöglichen Spielraum und der Wirksamkeit der feindlichen Pfeile und Wurfspieße möglichst wenig Chancen gab. Da eine dünne Aufstellung immer etwas Unsicheres hat, so ist das ein Zeichen, wie sehr Cäsar seinen Truppen vertraute und wie vortrefflich unter seiner Führung ihre Haltung war. Das Entscheidende ist jedoch die Nähe des Lagers und auch, da man im Winter war, die Kürze des Tages, die die Krisis nicht gar zu lange dauern ließ. Curio, der das Jahr vorher in derselben Lage zu Grunde gegangen war, war schon in der Nacht (um die vierte Nachtwache [bell. civ. II, 29] ausmarschiert und hatte unter mehrfachen Gefechten 16 000 Passus (24 Kilometer) gemacht, als er auf die feindliche Hauptmacht stieß. Seine Reiteei hatte sogar schon einen Nachtmarsch hinter sich und war völlig erschöpft. Auch wenn man sich bis zum Abend gehalten hätte (die Schlacht fällt in den Hochsommer), so war doch gar keine Möglichkeit, in der Nacht wieder in das Lager zurückzugelangen. So ergriff die Soldaten die Verzweiflung, sie gaben den Widerstand auf und wurden zusammengehauen.

Die taktischen Evolutionen, die Cäsar machen ließ, um sich der feindlichen Schwärmer zu erwehren, sind sehr verschieden ausgelegt worden: die drei bedeutendsten Militärs, die in neuerer Zeit den Bericht untersucht haben, Göler, Rüstow und Stoffel, haben sehr verschiedene Bilder geliefert, und die Philologen habern sich nicht anders als durch eine Änderung des Textes zu helfen gewußt.

Mir scheint folgende Erklärung die natürlichste. Als Cäsar plötzlich gemeldet wurde, daß der Feind in Masse anrückt und man schon die Staubwolke sich nähern sah, ließ er zunächst seine drei Legionen zu einem

Treffen aufmarschieren, die schwache Kavallerie auf beiden Flügeln. Die ungewöhnliche Aufstellung in einem Treffen empfahl sich deshalb, weil sie einen gewissen Schutz gegen die Überflügelung bot und ihrerseits den Feind mit Umklammerung bedrohte. Für gewöhnlich durfte man das nicht tun, weil man nicht sicher war, mit dem ersten Treffen die feindliche Infanterie zu werfen: deshalb dahinter das zweite und dritte Treffen, um es nach Bedürfnis, sei es zur Verstärkung der Front, sei es zu Flankenbewegungen zu verwenden. Hier aber, wo man es nicht mit Schwerbewaffneten zu tun hatte, sondern mit dichten Scharen Leichtgerüsteter, konnte man darauf vertrauen, daß die Linie keiner Verstärkung von rückwärts bedürfen würde, und deshalb die Front möglichst lang machen.

Die Gegner ließen es aber gar nicht zum regelrechten Kampf kommen, sondern begnügten sich mit einem Schützengefecht, indem ihre Reiter gleichzeitig die römische Front, so lang sie war, umgingen und sie, indem sie die wenigen gegnerischen Reiter zurücktrieben, vom Rücken bedrohten. Man mußte jetzt nach beiden Seiten Front machen, und das hätte alle taktischen Verbände, indem man bald nach dieser, bald nach jener Seite einen Ausfall machte, zerrissen. Das zu verhindern, befahl Cäsar, daß jede zweite Kohorte Kehrt mache, sich hinter ihre Nachbar-Kohorte setze und Rücken an Rücken mit ihr kämpfe. Die Lücken wurden ausgefüllt, indem jede Kohorte eindublierte und sich dadurch auf die doppelte Breite setzte. Wenn also die Kohorten vorher, sagen wir, acht Glieder tief gestanden hatten, so standen sie jetzt nur vier Glieder tief. In der Mitte zwischen den beiden Fronten blieb natürlich ein gewisser Raum, in dem die etwa vorhandenen Fahrzeuge Aufnahme fanden, wohin die geworfenen Reiter sich zurückziehen konnten und wo die höheren Offiziere sich frei hin und her bewegen konnten. Den einzelnen Soldaten wurde es verboten, aus dem Gliede zu springen, um etwa einem sich gar zu keck nähernden, feindlichen Schützen zu Leibe zu gehen. Die ganzen Kohorten aber, namentlich die Kohorten auf den Flügeln in Verbindung mit der Reiterei, machten Ausfälle, die den Kreis der Einschließenden zuweilen sprengten, und diese Augenblicks-Erfolge hat Pseudo-Hirtius zu vollständigen Siegen aufgebauscht. Da aber die ausfallenden Kohorten, aus Furcht, in einen Hinterhalt zu fallen, sich immer bald wieder zum Gros zurückziehen mußten, werden wir vermuten dürfen, daß auch die flüchtenden Feinde sofort wieder umgekehrt sind, denn der Autor berichtet uns selbst, daß der Kampf bis zum Sonnenuntergang, wo er von selbst erlöschen mußte, gedauert habe.

Die hauptsächlichste Stelle lautet (Kap. XVII): »Caesar interim consilio hostium cognito iubet aciem in longitudinem quam maximam porrigi et alternis conversis cohortibus, ut una post alteram signa tenderet, ita coronam hostium dextro sinistroque cornu mediam dividit.« Sie ist zu übersetzen: »Cäsar, nachdem er den Plan der Feinde (ihn zu umzingeln) erkannt, befiehlt, die Schlachtlinie so sehr als möglich auszudehnen und jeder zweiten Kohorte, Kehrt zu machen und sich hinter die nächste zu setzen, aus welcher Stellung er den feindlichen Ring mit dem rechten und linken Flügel durchbricht.« Die Änderung, die man vorgeschlagen hat: »ut una post, altera ante signa contenderet«, besagt im Schlußeffekt dasselbe, läßt aber das Hintereinanderziehen der Kohorten ausfallen und verschleiert dadurch den Vorgang, statt ihn zu erhellen. Sie ist daher mit Stoffel abzulehnen, dem ich mich auch sonst in der Hauptsache angeschlossen habe, mit dem Unterschied, daß ich keine Intervalle zwischen den Kohorten annehme, sondern, wie das schon Göler aufgefaßt hat, das Ausrecken der Front in der Länge als eine Verringerung der Gliederzahl auslege. In der Revue de philologie I, 154 hat übrigens Stoffel selber schon erklärt, daß er so große Intervalle, wie sie auf seiner Skizze gezeichnet sind, nicht gemeint, sondern nur die kleinen Intervalle, die naturgemäß zwischen den taktischen Einheiten der Ordnung halber bleiben müssen, im Auge gehabt habe. Wenn er Fröhlich wegen dieses Mißverständnisses Vorwürfe macht, so ist das doch wohl nicht berechtigt, da er ja in seinem Buch nicht angegeben hat, in welcher Art er sich die Lücken, die durch das Herausziehen der 15 Kohorten entstanden waren, ausgefüllt dachte.

Vergleiche: Rüstow, Heerwesen und Kriegsführung Cäsars. Zweite Aufl., S. 133. Göler, Cäsars gallischer Krieg. Zweite Aufl., Bd. II, S. 272. Stoffel, *Guerre civile.* Bd. II, S. 284 Domaszewsk, Die Fahnen im römischen Heer. S. 3. Fröhlich, Kriegswesen Cäsars. S. 194.

Zur dritten Aufl. Veith Ant. Schlachtfelder III, 1, 784 hat dieselbe Auffassung wie ich; wenn er trotzdem, wie er sagt, »scharfe Verwahrung gegen meine quellenwidrige Rekonstruktion einlegt«, so kann das nur auf sehr flüchtiger Lektüre beruhen, da die Abweichungen, gegen die er polemisiert, garnicht vorhanden sind, es sei denn, daß Veith den Erfolg der Cäsarschen Offensivstöße höher einschätzt, als ich es tue. Ich habe kein Wort der 2. Auflage verändert.

3. Über die *Schlacht bei Munda* ist es bisher nicht gelungen, den Berichten ein glaubwürdiges Bild zu entlocken. Einige Schriftsteller lassen Cäsar persönlich in völlig abteuerlicher Weise die Schlacht entscheiden. Bemerkenswert aber ist vielleicht, daß nicht nur wie bei Pharsalus die Reiterei (woran Cäsar bei Munda die Überlegenheit hatte[1]) auf dem einen

1 Bellum Hisp. cap. XXX kann nicht wohl anders ausgelegt werden; es wäre auch erstaunlich, wenn in keiner der drei großen Schlachten des Bürgerkrieges die Überlegenheit, die Cäsar in dieser Waffe naturgemäß hatte, zur Geltung gekommen wäre. Außer seinen gallischen und germanischen Reitern hatte er bei Munda auch numidische.

Flügel die Entscheidung gab, sondern daß unsere Quellen sichtlich bemüht sind, ihr nur ein indirektes Verdienst zusprechen zu wollen, die eigentliche Siegespalme aber den Legionen zu reichen. Der Verfasser des bellum Hispaniense erzählt uns, die zehnte Legion habe ihre Gegner so bedrängt, daß man eine Legion vom andern Flügel zu Hilfe holen wollte. Diese Gelegenheit benutzte die Cäsarische Reiterei, um zu attackieren, und verhinderte dadurch das Manöver. Dio (43, 38) erzählt, die Entscheidung sei dadurch herbeigeführt worden, daß, während keine der Phalangen der andern weichen wollte, der numidische König Boguas außerhalb der Schlachtlinie das Pompejanische Lager angriff; da habe Labienus aus der Front fünf Kohorten herausgenommen und dem Lager zu Hilfe geschickt. Den Abmarsch dieser Kohorten hätten die anderen Soldaten als Beginn der Flucht aufgefaßt und den Mut verloren. Sollen wir dem besten General der Cäsarischen Schule zutrauen, daß er im Augenblick der Krisis Truppen aus dem Gefecht zieht, um die Bagage zu schützen? Ich glaube, es ist nicht zu kühn, wenn man eine direktere Einwirkung der numidischen Reiterei auf den Gang der Schlacht vermutet, die uns die Eifersucht der Waffengattungen untereinander und der Römer gegenüber den barbarischen Bundesgenossen zu verdecken gesucht hat.

11. KAPITEL

Die Elefanten

Die letzte Schlacht des Altertums, in der Elefanten zur Verwendung gekommen sind, war die Schlacht bei Thapsus. Es wird also passend sein, an dieser Stelle einen Überblick zu geben über das, was wir über die militärische Verwendung dieser Tiere im Altertum nunmehr aus der Betrachtung sämtlicher Schlachten, in denen sie vorkommen, gewonnen haben.

Die Schlacht am Hydaspes gab uns zu der Bemerkung Veranlassung, daß die Überwältigung der Elefanten den Macedoniern doch recht schwer geworden sein müsse, da wir nachher sehen, wie sehr sie selber sich bemühen, dieses Kriegsinstrument zu erwerben. Sehen wir nun aber auf den Erfolg, so scheint sich die umgekehrte Schlußfolgerung zu ergeben, da wir nicht eine einzige beglaubigte Schlacht finden, in der die Elefanten etwas Wesentliches ausgerichtet haben, im Gegenteil meistens der an Elefanten stärkere Teil geschlagen worden ist. Das Unglück will, daß die berühmtesten Elefantenschlachten alle mehr oder weniger nur legendarisch oder anekdotenhaft überliefert sind. Die einzige, von der wir uns ein historisch brauchbares Bild machen können, bleibt die erste, die Schlacht am Hydaspes. Die Diadochenschlachten, die Pyrrhusschlachten, die Schlachten des ersten punischen Krieges gewähren alle keine zuverlässige Ausbeute. Bei Zama-Naraggara und Thapsus erfahren wir wohl, daß Elefanten in angeblich großer Zahl vorhanden waren, aber nichts von ihrer Leistung, und ihre Herren wurden geschlagen. Die Bilanz der Siege und Niederlagen, wenn wir alle Nachrichten nehmen, wie sie sind, spricht gegen die Elefanten. Sie sind beteiligt an den Siegen von Ipsus, Antiochus I. über die Gallier, von Heraklea, Asculum, Tunes, Hamilkars über die Söldner, am Tajo (Hannibal über die Spanier[1]), an der Trebia, bei Kynoskephalä und Pydna. Sie haben aber, obgleich auf ihrer Seite in großer Mehrzahl oder allein vorhanden, die Niederlage nicht verhindert am Hydaspes, in Parätakene, in Gabiene, bei Gaza, Benevent, Agrigent, Panormus, Raphia, Himera[2], Bäcula, Metaurus, Zama, Magnesia, Muthul[3], Thapsus. Irgend ein Beispiel, daß die Elefanten geschlossene Infanterie durchbrochen hätten, ist nicht berichtet. Das einzige Mal, das in Betracht kommen könnte, bei Kynoskephalä, wird ausdrücklich gesagt, daß die Macedonier noch nicht geordnet waren, als die Römer sie angriffen und die Elefanten sie sprengten.

Bei Zama sollen die Römer Intervalle zwischen ihren Manipeln gelassen haben, damit die Elefanten durch diese Gassen gingen. Bei Tunes stellten sie sich umgekehrt sehr tief auf, und Polybius (I, 33, 10) lobt ausdrücklich diese Aufstellung als eine gegen Elefanten geeignete. Beide Nachrichten gehen, wie wir wissen, auf ungenügende Quellen zurück; das Wertvollste ist wohl das Urteil des Polybius, der die tiefe Aufstellung billigt, den Elefanten also nicht die Kraft zutraut, sie zu durchbrechen. Nach seiner eigenen Erzählung hätten die Elefanten immerhin in den vordersten Gliedern der römischen Phalanx eine ziemliche Verheerung angerichtet, aber die Schilderung muß doch wohl übertrieben sein, da wir sonst in den späteren Schlachten öfter dergleichen hören müßten.

1 Polyb. III, 14.
2 Livius XXV, 41.
3 Sallust, Jugurtha 53.

Die wirklich gut beglaubigte Wirkung der Elefanten ist nur die gegen Reiter, deren Pferde sie scheu machen, und Leichtbewaffnete.

Das beste Zeugnis für ihre Nützlichkeit im Gefecht aber bleibt immer, daß auch die großen Feldherren sie immer von neuem gebraucht haben, namentlich Hannibal und auch Cäsar, von dem wenigstens Cicero einmal in einer der Philippiken sagt (V, 17, 46), daß er für den parthischen Krieg Elefanten angeschafft habe. Tatsächlich verwandt hat er sie nicht. Die Römer haben nach dem zweiten punischen Krieg, als sie mit den numidischen Königen in enge Beziehungen getreten waren, die ihnen Tiere lieferten, sie das ganze zweite Jahrhundert hindurch gebraucht, freilich immer nur in Verbindung mit Hilfsvölkern und in geringer Zahl[1]. Sie haben sie verwandt nicht bloß gegen die Macedonier, sondern auch in Spanien[2] und gegen die Gallier. Obgleich sie hier gegen die nordischen Barbaren sehr gute Dienste geleistet haben sollen[3], erscheinen sie merkwürdigerweise schon im Cimbernkrieg nicht mehr und auch nicht in Cäsars gallischem Krieg. Als ihm in Afrika der Numiderkönig Juba mit Elefanten gegenübertrat, ließ er sich Tiere aus Sizilien nachkommen, um seine Soldaten und Pferde an den Anblick zu gewöhnen und zum Kampf mit ihnen einzuüben.

Fassen wir die ganze kriegsgeschichtliche Erfahrung des Altertums zusammen, so dürfen wir sagen, daß die Brauchbarkeit und der Nutzen der Elefanten für das Gefecht jedenfalls nicht zu hoch veranschlagt werden darf. Gegen Völker, die sie noch gar nicht kannten und gegen Reiter und Schützen haben sie Erfolge gehabt, die aber z.B. für die Pyrrhusschlachten von den Besiegten, um sich dadurch zu entschuldigen, sehr übertrie-

1 Nach der Beobachtung von FRÖHLICH, Die Bedeutung d. zweiten punischen Krieges S. 20.

2 Valer. Max. IX, 3. Appian, Iber. Kap. 46.

3 Orosius V, 13. Florus I, 37.

ben worden sind[1]. Truppen, die sie kennen und sich nicht vor ihnen fürchten, ihnen auszuweichen und sie richtig anzugreifen wissen, werden, wie schon Alexander am Hydaspes, mit ihnen fertig, nicht durch irgendwelche Kunststücke, durch Scheumachen und Feuerpfeile, sondern durch sachgemäßen Waffengebrauch. Was dieser sachgemäße Waffengebrauch sein mußte, erkennen wir, wenn wir die naturwissenschaftlichen Werke nachschlagen, wo sie charakterisiert werden.

Der Elefant ist danach keineswegs unverwundbar, sondern hat sogar eine ziemlich empfindliche Haut, und wenn Spieße und Pfeile ihn auch nicht direkt töten, so dringen sie doch so tief ein, daß sie im Leibe stecken bleiben[2], und der Schmerz macht die Tiere unlenksam und scheucht sie zurück. Oft genug wird berichtet, daß sie dann in die Reihen der eigenen Truppen eindringen, sie verwirren und Niederlagen veranlassen, z.B. einmal eine der Römer vor Numantia[3]. Als äußerstes Mittel für solchen Fall hatten, wie schon oben erwähnt, die Kornaks einen spitzen Stahlkeil bei sich, den sie dem Tier mit einem Hammer in den Nacken schlugen, um es zu töten und unschädlich zu machen.

Die bei den Alten immer wieder auftauchende Behauptung, daß der indische Elefant dem afrikanischen überlegen sei (auch Livius bei Magnesia XXXVII, 39) haben wir ebenfalls schon oben als Fabel abgewiesen.

Die Taktiker, Asklepiodot, Älian, Arrian, enthalten nichts über ihre Verwendung.

1 Schubert, Pyrrhus, p. 222 macht darauf aufmerksam, daß in der Erzählung von Pyrrhus' Feldzug in Sizilien, die auf Timäus zurückgeht, der Elefanten kaum jemals Erwähnung getan wird.

2 J. Chr. D. Schreber, Die Säugetiere Bd. I, S. 245 (Erlangen 1775), das noch heute maßgebende Werk für beschreibende Zoologie, hebt dies stark hervor und sagt, daß der Elefant sogar die Stiche der Fliegen schmerzlich empfinde. In demselben Werke Bd. VI von J. A. Wagner (1835) S. 265 ist erzählt, wie die Wurfspeere der Jäger in dem Körper stecken bleiben und den Elefanten allmählich töten. Baker, The Albert Nyanza I, S. 284 erzählt, wie geschickte Jäger den Elefanten direkt durch einen Stich mit dem Spieß von unten zu töten vermögen.

3 Appian, Iber. Kap. 46.

Die sämtlichen Nachrichten aus dem Altertum über die Elefanten sind zusammengestellt bei A. W. SCHLEGEL in der »Indischen Bibliothek« Bd. I, S. 129 und namentlich in dem sehr brauchbaren Werke »Histoire militaire des éléphans depuis les temps les plus reculés jusqu'à l'introduction des armes à feu« par le chev. P. ARMANDI, ancien colonel d'artillerie. Paris 1843.

Vgl. ferner oben S. 221 und S. 252 Anmerkung.

Schluß

In Cäsar gipfelt die antike Kriegskunst. Nicht daß man ihn persönlich höher als Miltiades oder Alexander, Hannibal oder Scipio zu stellen hätte – was eine ebenso verkehrte wie unfruchtbare Art der Betrachtung und der Vergleichung wäre –, aber er ist unter all den großen Künstlern derjenige, dem zugleich die vollendetsten und größten Kunstmittel zur Verfügung standen. Die Kohorte ist ein unendlich feineres Instrument als die alte einfache, und noch als die Drei-Treffen-Phalanx.

Die Kohorten in organischer Verbindung mit wirksam ausgebildeten Schützen, starker Kavallerie, Feldbefestigung und systematischer Verpflegung, das ist die Armee, die Cäsar mit der persönlichen Tapferkeit des Soldaten und der Strategie des vollkommenen Feldherrn handhabt. In der Armee selber ist nichts Neues; wir kennen sowohl alle die einzelnen Elemente vor ihm wie ihre Verbindung. Insofern könnte man sagen, daß Cäsar in der Geschichte der Kriegskunst eine entscheidende Rolle gar nicht spiele. Miltiades, Perikles, Epaminondas, Alexander, die Manipularphalanx, Hannibal, Scipio, Marius bezeichnen eigentümliche Neuerscheinungen, originale Gedanken in der Art der Heerführung. Cäsar findet alles, die Mittel wie die Ideen bereits vor, aber er bringt sie in der reichsten Allseitigkeit, im größten Maßstab und in der vollendetsten Form zum Ausdruck und zum Zusammenwirken.

Es ist ein Ausspruch von ihm überliefert, er siege lieber durch den Hunger als durch das Eisen[1], und man hat das so

1 Frontin IV, 7, 1. Ähnlich bell. Afric. 31.

auffassen wollen, als ob er die Neigung gehabt habe, den Feind nicht durch Überwältigung, sondern durch die bloße Ermattung unterwerfen zu wollen. Jeder Schritt seiner Feldherrnlaufbahn zeigt, daß der Ausspruch anders verstanden werden muß. Die Strategie der Ermattung kann es berechtigterweise nur geben, wo nach Clausewitz' Ausdruck[1] der Wille und die Kraft zu einer großen Entscheidung nicht hinreichen. Cäsars Verhältnisse aber waren stets derartig, daß ihm die Kraft wie der Wille eignete, seinen Gegner völlig niederzuwerfen, und das natürliche Mittel dazu ist der Angriff auf seine Hauptmacht, die Entscheidungsschlacht. Stets hat Cäsar diese im Auge, aber jener Ausspruch kann darum doch sehr wohl echt sein. Denn das Hinarbeiten auf eine große Entscheidung besteht nicht in blindem Draufgehen, sondern in der kunstvollen Heraufführung günstiger Bedingungen, und hierbei spielt zu allen Zeiten der Hunger, die Verpflegung die Hauptrolle: bei Cäsar aber noch in besonderem Maße, ja die Verpflegungsrücksicht wertet bei ihm nicht als Abschwächung, sondern als Steigerung des Vernichtungsgedankens, und dies ist der Gesichtspunkt, den man nehmen muß, wenn man ihn als Strategen charakterisieren will.

In Gallien ist es die Überlegenheit des römischen Verpflegungswesens, die es Cäsar ermöglicht, das Schlagen gegen die großen gallischen Massen zu vermeiden und die Entscheidung zu erzwingen, indem er mit seiner ganzen Macht gegen Bruchteile der feindlichen kämpft. Insofern konnte er sagen, er siege mehr durch den Hunger als durch das Eisen.

Anders im Bürgerkrieg. Hier ist es die Feldbefestigung, die der Strategie den Stempel aufprägt. Cäsar hatte offenbar eine natürliche Neigung für die Technik; er war ein geborener Ingenieur. Man sieht, mit welcher Liebe seine Werke und Anlagen in den Kommentaren geschildert werden: die Befestigung des Rhoneufers gegen die Helvetier, das Lager an der Aisne, die Er-

1 Vom Kriege, Buch VII, Kap. 16.

findung der langen Sicheln in dem Seekrieg gegen die Veneter, die Rheinbrücken, die Belagerungsmaschinen von Aduatuca, Avaricum, Massilia, die Annäherungshindernisse um Alesia, der Wasserstollen bei Uxellodunum, die künstliche Furt durch den Sicoris, die Riesenanlage zur Einschließung des Pompejus bei Dyrrhachium. Aber es ist nicht bloß persönliche Begabung und Neigung dieses Feldherrn, die diesen Dingen einen so breiten Raum in der Kriegführung verschafft, sondern es ist der natürliche Gang der Dinge, der es mit sich bringt. Die alte römische Lagerkunst wie jede Technik hatte die Tendenz, sich zu vervollkommnen und durch neue Erfindungen zu ergänzen. Diese Lagerkunst gab der Defensive eine solche Überlegenheit, daß auch die Mindermacht sich sehr gut im freien Felde behaupten konnte. Wenn kein Fehler gemacht war, konnte es zur Schlacht nur kommen, falls beide Teile darüber einverstanden waren. Das Gegenmittel für den Stärkeren, wenn der Schwächere sich der Entscheidung entzog und den Krieg zu verschleppen suchte, war die Einschließung des feindlichen Lagers – also abermals die Kriegführung durch den Hunger: dort als Ausdruck der Kultur- und Organisationsüberlegenheit der Römer über die Barbaren, hier als das Hilfsmittel der Offensive gegen die technische Übermacht der Defensive. Hier wie dort aber bildet diese Kriegführung keinen Gegensatz zur Niederwerfungsstrategie, sondern ist nur ein Mittel für ihre möglichst sichere, energische und vollständige Durchführung. Die Auflösung des belgischen Heeres durch das Lager an der Aisne und die Aushungerung der Pompejaner bei Ilerda sind beides große strategische Erfolge, die eine gewisse äußere Ähnlichkeit haben, aber doch zuletzt verschiedenen Ursachen entsprungen sind. An der Aisne getraute Cäsar sich nicht gegen die belgische Gesamtmacht die offene Feldschlacht zu schlagen und erkannte in der Überlegenheit des römischen Lager- und Verpflegungswesens das Mittel, die Streitkräfte des Feindes zunächst zu teilen. Bei Ilderda hatte er seinerseits die Überlegenheit, und die Gegner waren es, die die

Schlacht vermieden; deshalb bedrohte er sie mit der Einschließung, bekämpfte sie in der Verpflegung und brachte es dadurch so weit, daß endlich, als sich die Gelegenheit zur Schlacht bot, er sie nicht mehr nötig hatte.

Hätte Hannibal schon in dieser Weise operieren, hätte er die römischen Heere, die sich seinem Angriff entzogen, einschließen und durch den Hunger überwinden können, so wäre die alte Welt nicht lateinisch geworden. Aber Hannibals Kriegsmittel reichten dafür nicht aus; er kam auf den Kulminationspunkt des Sieges, von dem er langsam wieder zurückglitt. Cäsars Offensive war der stärksten Defensive noch überlegen und brach sie; er türmt einen Sieg über den anderen; es ist, wie wenn seine Kriege keine Zeit kennten; seine Strategie ist blitzartig; in der Vereinigung von Schwert und Hunger bringt er jeden Krieg auf dem Schauplatz, wo er spielt, in *einem* Feldzug zu Ende. In dieser ungeheuren Steigerung liegt seine Originalität. Man wird eine Entwicklung der allerjüngsten Zeit in Parallele stellen können. Die Verbesserung der Feuerwaffen schien zunächst der Defensive zugute zu kommen; gegen modernes Infanterie- und Artillerie-Feuer ist der Angriff über eine freie Ebene nicht mehr möglich – so wenig wie römische Legionen imstande waren, eine Attacke gegen eine römische Feldbefestigung zu machen. Aber die gesteigerte Waffenwirkung erlaubt dem modernen Angreifer, sich seinerseits beliebig auszudehnen, sogar in weit getrennten Kolonnen aus verschiedenen Fronten zum Angriff zu schreiten und durch die Umfassung die Feuer-Überlegenheit für sich zu gewinnen. So ist der Vorteil der Defensive in den Vorteil der Offensive umgeschlagen – wie die römische Feldbefestigung, die das Heer, das nicht schlagen will, erst deckt, dann aber dem Gegner die Möglichkeit gibt, durch Einschließung erst recht die Entscheidung zu erzwingen und zu seinen Gunsten zu wenden. (Geschrieben 1908.)

Der Weltkrieg hat gezeigt, daß auch diese Steigerung sich noch wieder überbieten ließ. Es ist eingetreten, was kein Theoretiker vorauszusehen vermocht hat, daß die Schlachtlinien ausgedehnt worden sind, bis sie an absoluten Grenzen ein Hindernis gefunden haben und sich durch keine Operation mehr umfassen ließen: vom Ärmelmeer bis zur Schweizer Grenze; von der Ostsee bis nach Rumänien. So mußte die Taktik von der Flankierung wieder zurückkehren zum Frontalangriff, zum Durchbruch, von der Überlegenheit der Offensive zur Überlegenheit der Defensive. (Geschrieben 1920.)

Cäsar war ein unendlich beweglicher Geist; er hatte in Rhodos studiert und beschäftigte sich zeitweilig damit, über Fragen der Grammatik nachzudenken und zu schreiben. Kein Zweifel, daß er auch das Wesen der Kriegskunst theoretisch sich anzueignen bemüht gewesen ist; in zufälligen Erwähnungen wird berichtet, daß er Xenophons Cyropädie[1] und Schriften über den großen Alexander[2] gelesen hatte. In seinen eigenen Werken aber kommen theoretische Reflexionen fast gar nicht vor, so daß Friedrich der Große den auffälligen Ausspruch tun konnte[3], der Soldat könne aus ihm eigentlich nichts lernen, und Napoleon, so sehr er sein Studium empfahl, hat doch auch einmal über seinen Mangel an Anschaulichkeit geklagt: seine Schlachten hätten keine Namen – und es ist ja einleuchtend, daß strategisches Studium mit einem Feldzug wenig anfangen kann, so lange er nicht geographisch fixiert ist. Dazu kommen alle die unmöglichen Zahlverhältnisse. Aber das sind Mängel, die sich durch den politischen Zweck, den Cäsar mit seinen Büchern verfolgte, erklären, die ihrer Wirkung doch nur wenig Eintrag getan haben und die durch die fortschreitende Wissenschaft ergänzt und verbessert werden können und worden sind. Wenn Friedrich sich darüber noch viel stärker ausgedrückt hat als Napoleon, so hat das seine guten Gründe, die wir seinerzeit bei der Behand-

1 Sueton cap. 88.

2 Plutarch cap. 11.

3 In der Vorrede zu seiner Bearbeitung der Kommentare Folards zu Polybius. 1755.

lung dieses Meisters selber zu erörtern haben werden. Cäsar hatte bei seinen Werken nicht die Absicht, speziell militärisch zu belehren, darum erspart er sich die Einzelheiten, Motive und Reflexionen, die dazu nötig wären. Die Belehrung geben die Taten selber, nicht die Worte. Einige Male aber bricht doch der philosophische Geist des Denkers durch den leichten Fluß der Erzählung hindurch und zeigt theoretische Erkenntnisse, die wir bei den reflektierenden Militär-Schriftstellern des Altertums, Xenophon und Polybius, noch nicht so treffen. Als er in der Erzählung der Schlacht von Pharsalus berichtet, wie Pompejus seinen Leuten befohlen habe, den Angriff stehenden Fußes zu erwarten, da tadelt er das und hebt, wie wir es heute ausdrücken, den moralischen Wert der Offensive hervor; seine Worte lauten in der anschaulicheren Ausdrucksweise der antiken Sprache: »Dies scheint uns Pompejus nicht klug getan zu haben, deshalb, weil jedem eine gewisse Leidenschaft und Reizbarkeit des Geistes eingeboren ist, welche durch den Kampfeseifer entzündet wird. Diese sollen die Feldherren nicht unterdrücken, sondern verstärken, und nicht umsonst ist es von Alters her Brauch, daß die Trompeten blasen und das Schlachtgeschrei von allen Seiten erhoben wird, weil man glaubte, hierdurch den Feind zu erschrecken und die Seinigen zu ermutigen.« »Quod nobis quidem nulla ratione factum a Pomepio videtur, propterea quod est quaedam animi incitatio atque alacritas naturaliter innata omnibus, quae studio pugnae incenditur. Hanc non reprimere, sed augere imperatores debent, neque frustra antiquitus institutum est, ut signa undique condinerent, clamoremque universi tollerent: quibus rebus et hostes terreri et suos incitari existimaverunt.«

Eine andere theoretisch bedeutsame Reflexion darf man darin sehen, daß Cäsar mit Vorliebe betont, welche Rolle der Zufall im Kriege spiele. Der früher oft gebrauchte Vergleich der Strategie mit dem Schachspiel ist deshalb das Gegenteil des Richtigen, weil dieses Spiel auf der umfassendsten und feinsten Berechnung, die Strategie auf der Beherrschung auch des Unberechenbaren beruht. Deshalb verlangt die Ausübung der Kunst der Heerführung nicht bloß die Intelligenz, sondern die ganze Persönlichkeit des Mannes, der auch dem Zufalle trotzt, ihm mit immer neuen Auskünften begegnet und dadurch endlich das launische Glück zwingt und an seinen Wagen fesselt. Als den ersten, der sich das Wesen des Krieges nach dieser Richtung klar gemacht hat, werden wir Thucydides anzusehen haben. Das Wort, welches er dem Perikles in den Mund legt, »daß die Gelegenheiten im Kriege nicht warten«, haben wir oben bereits angeführt. Aber auch die Korinther läßt er den Satz aussprechen (I, 122): »der Krieg nimmt nur zum allergeringsten Teil nach bestimmten Gesetzen seinen Lauf; er selbst schafft sich durch sich selber nach den eintretenden Umständen das meiste«, und abermals König Archidamus von Sparta (II, 11, 3): »verborgen ist der Kriegslauf, und vieles entsteht aus geringerem, und die Leidenschaft bewirkt Unternehmungen«[1]. Es sind die Grundgedanken der Clausewitzschen Kriegsphilosophie, die hier zuerst aufleuchten, die Erkenntnis, daß es ein irrationales Element im Kriege gibt, dem der Feldherr sein Schicksal anzuvertrauen wagen muß. Schon bei Cicero finden wir, daß er neben *scientia rei militaris, virtus, auctoritas* auch *felicitas* als Eigenschaft des großen Feldherrn fordert[2], und Cäsar schreibt (b. c. III, 68): »sed fortuna, quae plurimum potest quum in reliquis rebus tum praecipue in bello, parvis momentis magnas rerum commutationes efficit.«

Cäsar hat öfter die Meinung hervorgerufen, daß er dem Glück gar zu viel vertraut, daß er es wie ein Spieler herausgefordert habe, und sicher ist, daß er an seinen Stern glaubte, wie Napoleon. Die Erzählung, wie er in der Sturmesbrandung den Schiffer damit vertröstete, er fahre den Cäsar und sein Glück, mag wörtlich wahr sein, wenn er uns auch selber nichts davon

1 Die schöne Zusammenstellung der drei Zitate bei AD. BAUER »Ansichten des Thucydides überr Kriegführung«. Philologus Bd. 50, S. 416.
2 In der Rede pro lege Manilia i. J. 66.

berichtet. Unrichtig aber wäre es, ganz wie bei Napoleon, bloß die Kühnheit an ihm zu sehen, und sie, sei es nun zu loben oder zu tadeln. Wir haben uns von Schritt zu Schritt überzeugt, daß sie stets mit kluger Besonnenheit und Berechnung gepaart war. Das haben auch schon die Alten gewußt. Sueton rühmt ihm nach (cap. 58): »in obeundis expeditionibus dubium cautior an audentior«, und ganz wie bei modernen Feldherren ging seine Strategie vor allem darauf aus, auf dem entscheidenden Punkte, auf dem Schlachtfeld die numerische Überlegenheit zu haben. Wir haben dargetan, daß er sie stets in Gallien und in Spanien bei Ilerda gehabt hat. Thapsus war keine rangierte Schlacht; über Munda haben wir keine zuverlässigen Zahlen, aber es kann von vornherein kaum einem Zweifel unterliegen, daß Cäsar, der damals bereits Reichsherrscher war, mehr aufgebracht hatte, als die Gegner, die nur noch über ein einziges Land verfügten. Sehen wir ab von den ganz eigentümlichen Verhältnissen in Ägypten und dem wenig in Betracht kommenden fünftägigen Feldzug gegen Pharnaces, so ist die Schlacht bei Pharsalus die einzige, in der Cäsar mit vermutlich erheblich geringeren Kräften gesiegt hat. Er hätte diese Schlacht noch vermeiden und erst Verstärkungen heranziehen können, anderthalb Legionen aus Hellas und zwei aus Illyrien. Aber wenn er das erst tat, so hätte sicherlich Pompejus die Schlacht nicht mehr angenommen, sondern vermöge seiner Schiffe sein Heer und den Krieg in eine andere Gegend versetzt. Die Überlegenheit des Gegners zur See hatte ja auch Cäsar von Anfang an in diesem Feldzug verhindert, die Überlegenheit an Landtruppen, die ihm an sich zu Gebote stand, in Wirksamkeit zu setzen. Er mußte die größere Hälfte seiner Mannschaft, freilich die minderwertige, die neugebildeten Legionen verwenden, Italien, Gallien, Spanien, Sizilien zu decken, und schon vor Dyrrhachium hatte er, um überhaupt irgend etwas Positives zu erreichen, so viel detachiert, daß er gegen Pompejus selber in der Minderzahl war. Nach allen Richtungen ist es sehr bedeutsam, sich klarzumachen, daß und weshalb Cäsar gerade die Entscheidungsschlacht und sie allein mit Mindermacht schlug. Die Seegewalt der Pompejaner legte durch ihre mittelbare Einwirkung seiner Heerführung so starke Fesseln an, daß er nicht frei über sie verfügte; aber Cäsar erscheint persönlich nur um so größer, indem er, so sehr er die Bedeutung der Zahl schätzte, doch hier nach Lage der Sache von ihr absah und nur auf die Qualität vertrauend und auf seine Führung die Entscheidung annahm.

Die römische Kriegskunst, wie sie uns in Cäsar als die ausgereifte Frucht einer Jahrhunderte langen Entwicklung erscheint, ist nicht mit ihm wieder abgestorben, sondern lebt als seine Schule im Römertum weiter. Noch große Gebiete, namentlich die Alpen, die Länder südlich der Donau und England sind für das römische Reich nach ihm erobert worden. Zwei Völker setzen endlich den Welteroberern ihre Grenzen; von dem einen haben wir bereits vorwegnehmend gesprochen, den Parthern, das andere sind die Germanen. Mit dem Kriegswesen der Germanen werden wir unseren zweiten Teil zu eröffnen haben. Welcher Art war die Kraft, die hier der römischen Kunst widerstand?

Einleitung zum Nachdruck der dritten Auflage von 1964

von Karl Christ

Der erste, dem Altertum gewidmete Band von Hans Delbrücks »Geschichte der Kriegskunst im Rahmen der politischen Geschichte« hat bei seinem Erscheinen im Jahre 1900 eine ungewöhnlich starke Resonanz hervorgerufen. Schon die 1908 und 1920 folgenden Neuauflagen des Buches lassen in den überarbeiteten Partien und in den Zusätzen erkennen, wie leidenschaftlich jene Probleme erörtert wurden, die Delbrück berührt hatte. Dabei war diese Diskussion nicht allein auf den engeren Kreis der Spezialisten beschränkt, sondern sie fand ihren Nachhall auch noch in den Klassenzimmern zumindest der deutschen Gymnasien. Um diese Wirkung zu verstehen, empfiehlt es sich, wenigstens mit einigen Strichen die damalige Lage auf den Feldern der Altertums-, Geschichts- und Kriegswissenschaft in Erinnerung zu rufen und den breiten Strom der Forschung zu skizzieren, der Delbrücks Werk auch dort mittrug, wo sich der Verfasser seinem Lauf entgegenstemmte.

1877, als Hans Delbrücks Monographie »Die Perserkriege und die Burgunderkriege, zwei kombinierte kriegsgeschichtliche Studien nebst einem Anhang über die römische Manipular-Taktik« veröffentlicht wurde, eine Monographie, welche man gleichsam als Ouverture des ersten Bandes der Geschichte der Kriegskunst bezeichnen kann, klang in der Altertumswissenschaft noch immer der seit August Boeckh entfesselte Kampf zwischen reiner Sprachphilologie und Sachphilologie nach. In der Geschichtswissenschaft begann sich die fortschreitende Auffächerung abzuzeichnen, obwohl die Universalgeschichte in Rankes Alterswerk, der erstmals zwischen 1881 und 1888 publizierten »Weltgeschichte«, noch einmal einen späten Triumph feiern konnte. Das antike Kriegswesen erfreute sich eines heute fast kaum vorstellbaren allgemeinen Interesses, wie wenigstens einige Tatsachen vergegenwärtigen mögen: Seit dem Jahre 1892 hatte die Reichs-Limes-Kommission auf Anregung Mommsens ihre Tätigkeit aufgenommen, ein Gremium, in welchem sich Militärs, Archäologen und Historiker zu gemeinsamer Arbeit zusammenfanden. Seit 1898 begann unter dem Protektorat Kaiser Wilhelms II. der Wiederaufbau des Saalburgkastells. Probleme der antiken Kriegsgeschichte waren noch immer so gegenwartsnah, daß zum Beispiel der ehemalige kgl. württembergische Generalstabschef, General von Kallee, die römische Besetzung Südwestdeutschlands in der Art eines historischen Planspiels bearbeitete[1]. 1909–1913 erschien Graf Schlieffens Cannae-Studie, wohl die folgenschwerste Darlegung in diesem Bereich, die nun bereits von Delbrücks Forschungen ausging[2].

Aber obgleich Delbrück selbst seine Verbindungen zu älteren und zeitgenössischen Arbeiten der Kriegs- und Geschichtswissenschaft stets dankbar betont hat – er bekannte sich nachdrücklich zu Ranke, Mommsen und vor allem zu Beloch – wurde seine eigene »Forschung zur Weltgeschichte« doch ein Werk sui generis. Sein Buch unterschied sich von allen vergleichbaren Untersuchungen zur Geschichte der antiken Kriegskunst schon im Ansatz und in der *Methode.* Denn für seine Rekonstruktion der Vorgänge und Entwicklungen stützte sich Delbrück neben der Interpretation der antiken Quellen in erster Linie auf das Studium der »sachlichen Bedingungen« und der »technischen Möglichkeiten der Ereignisse«, kurz auf die »Sachkritik«, die seither zu einem festen Begriff der allgemeinen wissenschaftlichen Terminologie geworden ist. Für die Zeitgenossen war es eine Revolution, als Delbrück zur Lösung der Probleme der antiken Kriegsgeschichte Analogien der Burgunder- und Freiheitskriege heranzog und als die Länge der Marschkolonnen eines modernen Armeekorps, Bestimmungen des preußischen Reglements »Vorschriften über das Turnen der Infanterie« oder Ergebnisse eines »Sarissen-Exerzierens« der Berliner Akademischen Turnvereine zu Beweismitteln für die Kriegsgeschichte des Altertums erhoben wurden. Aber in dieser Bahn hat Delbrück durchaus konsequent die wichtigsten Entwicklungen des antiken Kriegswesens, den Ablauf der großen Schlachten und Feldzüge und die Leistungen der hervorragenden Feldherrn neu durchdacht.

Seine unerbittliche Kritik, die vor keiner Angabe eines antiken Autors haltmachte, schlug sich zunächst im Ergebnis der »kleinen Heereszahlen« nieder, d. h. Delbrück konnte mehrfach, besonders für die Perserkriege und für die Kämpfe Caesars, den Nachweis führen, daß die in den Quellen überlieferten großen Heereszahlen aus sachlichen Gründen nicht zutreffen können. Er selbst hielt »die Richtigstellung des Zahlen-Verhält-

1 E. v. Kallee, Das rätisch-obergermanische Kriegstheater der Römer, Württbg. Vierteljahrshefte für Landesgeschichte 11, 1908, 81–127.

2 O. Haintz, Vorrede zur Neuausgabe der ersten vier Bände. 1962, 9.

nisses in Cäsars gallischem Krieg« für »das wichtigste Ergebnis des ganzen Buches«. Für die allgemeine taktische Entwicklung der antiken Heeresformationen ob Delbrück bei der griechischen Phalanx die Verbindung von Waffengebrauch und Massendruck hervor, im makedonischen Heer der Alexanderzeit das »Ineinandergreifen aller einzelnen Teile«, im römischen Kriegswesen die in sich folgerichtige Entwicklung von der Manipular-Phalanx zur Treffen- und Kohortentaktik – um nur einige der wichtigeren allgemeinen Akzente zu nennen. Alle diese Erscheinungen aber wurden nun nicht etwa abstrakt analysiert, sondern in ihrer praktischen Entfaltung aufgezeigt in den klassischen Schlachten von Marathon bis Munda und verbunden mit einer neuen Würdigung der großen Feldherrn des Altertums von Miltiades bis Caesar, aber auch derjenigen ihrer Gegner, eines Hannibal, Mithradates und Vercingetorix.

Für die Erläuterung der wissenschaftlichen Auswirkung des Buches liegen die Voraussetzungen ganz anders als etwa beim vierten Band des Werkes. Denn auf die zeitgenössische Kritik hat Delbrück wiederholt noch persönlich geantwortet, wie die schon erwähnten Zusätze der späteren Auflagen zeigen. Diese einst so heftige Tagespolemik ist inzwischen längst verklungen und weithin nur noch von rein forschungsgeschichtlichem Belang. Ein lückenloser Bericht über die weitere wissenschaftliche Diskussion der vielen, von Delbrück berührten oder aufgeworfenen Streitfragen aber käme nahezu einer allgemeinen Forschungsgeschichte der antiken Kriegskunst und des antiken Kriegswesens gleich[3]. So kann hier lediglich die Beurteilung der wichtigsten Auffassungen und Thesen Delbrücks in der neueren Geschichtsforschung aufgezeigt werden. Dabei wird zweckmäßig zu unterscheiden sein zwischen der Nachwirkung der Gesamtkonzeption einerseits und der Stellung der modernen Forschung zu den Methoden und Hauptergebnissen Delbrücks andererseits.

Wie schon angedeutet, war der Zuschnitt von Delbrücks *Gesamtkonzeption* mit ihrer Verflechtung von sachkritischer Analyse, Würdigung individueller Leistungen und allgemeiner historischer wie technischer Entwicklung so persönlich, daß Delbrück hierin gar keine Nachfolge finden konnte. Sieht man aufs Ganze, so kamen ihm am ehesten noch die beiden Monographien von Sir Frank Adcock über die griechisch-makedonische und die römisch-republikanische Kriegskunst[4] nahe oder die knappen Ka-

3 Die letzten umfassenderen Forschungberichte über das Griechische (1918–1938) und Römische Kriegswesen (1934–1939) wurden von F. Lammert und C. Blümlein in Bursians Jahresberichten über die Fortschritte der klassischen Altertumswissenschaft 1941, Band 274, vorgelegt.

4 F. E. Adcock, The Greek and Roman Art of War. 1957. Ders., The Roman Art of War under the Republic. 1940.

pitel in dem Werk von Johannes Ullrich[5] – während das von Delbrücks alten Widersachern Kromayer und Veith verfaßte, häufig benützte Handbuch[6] schon a limine einen Gegenpol zu Delbrück markierte, indem es die historischen Fragen hinter den technischen und organisatorischen zurückstellte. Dasselbe gilt für das Handbuch von M. Marin y Peña, Instituciones Militares Romanas, 1956 und auch für die übrigen Gesamtdarstellungen auf engerem Raum[7]. Vor allem ist hier die Tatsache nicht zu unterschätzen, daß das antike Kriegs- und Heerwesen in den letzten Jahrzehnten überwiegend unter völlig anderen Fragestellungen erforscht wurde als in Delbrücks Zeit. Die vornehmlich von prosopographischer Grundlage ausgehenden Untersuchungen der antiken Heere und ihrer Führungsschichten[8] oder die Erforschung des Einflusses der Waffentechnik auf das soziale Leben der Antike[9] sind hervorstechende Beispiele solch moderner Sicht.

Auf den ersten Blick könnte es scheinen, als wäre selbst die Methode der Sachkritik, die doch der Grundhaltung des technischen Zeitalters so sehr entgegenkam, ganz in den Hintergrund getreten. Das ist jedoch nicht der Fall, und hier wurde nun Delbrücks Weg nicht nur von manchen neueren Forschern zum Teil unbewußt fortgesetzt, sondern auch unter ausdrücklicher Berufung auf seine Autorität. Am lehrreichsten sind dafür

5 J. Ullrich, Das Kriegswesen im Wandel der Zeiten. 1940, 7–46.

6 J. Kromayer, G. Veith, Heerwesen und Kriegführung der Griechen und Römer. (Im Handbuch der Altertumswissenschaft hrsg. W. Otto) 1928. Vgl. dazu die Kritik von F. Lammert, Gnomon 6, 1930, 592–599.

7 E. Daniels, Geschichte des Kriegswesens. I. Das antike Kriegswesen. 1920². P. Schmitthenner, Krieg und Kriegführung im Wandel der Weltgeschichte. 1930. H. Popp, Antike Kriegskunst. 1935 (Tusculum-Schriften 27). – Nicht zugänglich war J. A. Razin, Geschichte der Kriegskunst I: Die Kriegskunst der Sklavenhalterperiode des Krieges. 1959. (Ostberlin, Verlag des Minist. f. nationale Verteidigung).

8 Als wichtige Beispiele seien genannt: G. Forni, Il relutamento delle legioni da Augusto a Diocleziano. 1953. E. Birley, Roman Britain and the Roman Army. 1953. K. Kraft, Zur Rekrutierung der Alen und Kohorten an Rhein und Donau. Diss. Bern. I, 3. 951. – Vgl. auch die in den Anm. 32 und 43 genannten Werke.

9 J. Volkmann, Die Waffentechnik in ihrem Einfluß auf das soziale Leben der Antike, in: Die Entwicklung der Kriegswaffe und ihr Zusammenhang mit der Sozialordnung, hrsg. L. v. Wiese. 1953, 62–117, welcher vornehmlich die Wechselbeziehungen zwischen Waffentechnik, kriegerischem Ethos, Sozialordnung und Staatsform skizzierte, nicht zuletzt auch die von der Gegenwart aufgeworfene Frage nach dem Verhältnis von Technik und Moral.

wohl die Untersuchungen zu den *Perserkriegen* geworden, damit die jener Probleme, welche einst auch Delbrück selbst zuerst beschäftigt hatten. 1930 ging dabei General Sir F. Maurice in einem neuen Versuch der sachkritischen Erforschung der persischen Heereszahlen von den Möglichkeiten der Wasserversorgung der persischen Invasionsarmee aus und kam so zur Berechnung einer Gesamtstärke des Xerxesheeres von höchstens ungefähr 210 000 Mann, darunter etwa 60 000 Nichtkombattanten[10]. Wenig später nahm General R. v. Fischer dann die Versorgungsprobleme und die Marschzeiten zur Grundlage einer Studie, die eine Höchststärke der kämpfenden persischen Truppe von 50 000 Mann ergab[11] – während Delbrück selbst zuletzt nur 20 000 persische Soldaten angenommen hatte. Wie neuerdings C. Hignett, damit ein Gelehrter, der den Wert von Delbrücks Methode gewiß nicht verkannte, in seiner Monographie des Xerxeszuges feststellte[12], zeigten sich bei Maurice wie bei Delbrück doch auch sehr deutlich die Grenzen der sachkritischen Methode. Diese war wohl geeignet, die Widersprüche oder die innere Unwahrscheinlichkeit der antiken schriftlichen Überlieferung ans Licht zu ziehen, primär blieb sie jedoch stets negierend, und bei allen Versuchen, an die Stelle der offensichtlich falschen überlieferten Zahlen verläßliche neue zu setzen, war sie meist auf subjektive Schlüsse und Beurteilungen angewiesen. In der Frage der Stärke des persischen Invasionsheeres von 480 v. Chr. hat die neuere Forschung im übrigen auch auf anderen Wegen keine Übereinstimmung erzielen können. Die Ansätze schwanken zwischen mehreren Hunderttausend und 80 000 Mann[13], H. Bengtson hielt das ganze Problem für »praktisch unlösbar«[14]. Trotz aller Unsicherheiten, die hier offenkundig geblieben sind, haben jedoch auch moderne Kriegswissenschaftler und Militärs wie General Blumentritt gerade in diesem Zusammenhang die großen Verdienste

10 F. Maurice, The Size of the Army of Xerxes in the Invasion of Greece, 480 B. C., Journal of Hellenic Studies 50, 1930, 210–235.

11 R. v. Fischer, Das Zahlenproblem im Perserkriege 480–479 v. Chr., Klio 25, 1932, 289–333.

12 C. Hignett, Xerxes' Invasion of Greece. 1963, bes. 350 ff.

13 N. G. L. Hammond, A History of Greece. 1959, 228 rechnet mit einer Gesamtstärke für alle Teilnehmer auf persischer Seite (Heer und Flotte, Kombattanten und Nichtkombattanten) von rund 500 000 Mann, U. Wilcken, Griechische Geschichte. 1962[9], 140 mit ca. 100 000 Kämpfern. Auch E. Meyer, Geschichte des Altertums 4,1[5]. 1954, 353 hatte sich dazu bekannt, daß man die persische Landarmee des Jahres 480 auf nicht mehr »als höchstens etwa 100 000 Mann« schätzen dürfe. Hignett nimmt a. O. eine Heeresstärke von ca. 80 000 Mann an.

14 H. Bengtson, Griechische Geschichte. 1960[2], 163.

gewürdigt, die sich Delbrück sowohl im speziellen Falle als auch allgemein dadurch erwarb, daß er die Bedeutung der »Zahl« im Kriege und die Wechselbeziehungen zwischen den Heeresstärken und dem Ablauf der Operationen kritisch beleuchtete[15].

Einen zweiten Schwerpunkt der Forschungen Delbrücks bildeten seine Erörterungen der attischen *Bevölkerungs- und Heeresstärken zu Beginn des Peleponnesischen Krieges.* Hier lag die Quellensituation für ihn jedoch gerade umgekehrt als im Falle der herodoteischen Überlieferung für die Perserkriege, denn hier mußte Delbrück im Prinzip versuchen, die von Thukydides gegebenen »kleinen« Zahlen zu sichern und zu erklären. In einer sehr eingehenden Interpretation der von Thukydides II, 13 gemachten Angaben und durch die Kombination dieser Zahlen mit dem Bericht über das Jahr 428 v. Chr. in III, 17 ist Delbrück zu dem Ergebnis gekommen, daß Athen im Jahre 431 »im ganzen 37 500–50 000 Bürger und Metöken« aufwies, »wovon wir 30–40 000 als Bürger ansetzen dürfen, davon 22 500–30 000 Waffenfähige«. Die Ermittlung der richtigen Zahlen war für Delbrück keinne statistische Spielerei, sondern geradezu die »Grundfrage bei der Beurteilung des Peloponnesischen Krieges«. Denn, wenn »es wahr wäre, daß Athen damals 60 000 Bürger hatte, während es bestehen bleibt, daß Lacedaemon nicht mehr als 2–3000 Spartiaten und 9000 Perioken-Bürger zählte, so hätte Athen wohl eine Politik und Kriegführung nach der Weise Roms wagen können«. Delbrück zögerte nicht, die Beurteilung des Perikles und des Thukydides von »der richtigen Feststellung dieser trockenen Zahlen« abhängig zu machen und er verkündete schließlich mit voller Emphase: »Die Autorität des größten aller Historiker ist unrettbar zerstört, eine Säule der griechischen Literatur ist umgestürzt – wenn jemand nachweist, daß Athen im Jahre 431 60 000 Bürger gehabt hatte«.

Mit dieser Zuspitzung zog Delbrück nun freilich eine teilweise auch berechtigte Kritik auf sich. Sein erster Gegner war in diesem Punkte Eduard Meyer, der in seinen Forschungen zur alten Geschichte II, 1899, 179 tatsächlich eine Bürgerzahl von ca. 55 000 angenommen hatte. Damit setzte sich Delbrück kritisch auseinander. Aber einer an anderer Stelle vorgetragenen Ansicht E. Meyers wird man doch wohl beipflichten müssen, seinem Hinweis nämlich, daß es problematisch war, die Frage der athenischen Bevölkerungszahl so sehr in den Mittelpunkt zu stellen, da nun einmal »bei einem Staat wie Athen, dessen Hauptmacht in der Flotte bestand, die ärmere Bevölkerung nicht zum Felddienst herangezogen werden

15 G. Blumentritt, Strategie und Taktik. 1960, 22.

konnte«[16], so daß hier eine eventuell größere Bürgerzahl nicht unbedingt auch eine größere Heereszahl nach sich zog.

In einer ganzen Reihe von neueren Untersuchungen sind seither die athenischen Bevölkerungszahlen zu Beginn des Peloponnesischen Krieges erörtert worden, wie auch das zweite Problem, das die Angaben des Thukydides in II, 13 stellen, der scheinbare Widerspruch zwischen den 13 000 »Feldhopliten« und den 16 000 Mann Garnisontruppen innerhalb der damaligen Festung Athen. Zu einer Übereinstimmung ist es in beiden Fragen nicht gekommen. Immerhin bewegen sich die modernen Schätzungen der athenischen Bevölkerung nicht allzuweit von Delbrücks Werten: So nimmt, um nur zwei Beispiele zu zeigen, A. W. Gomme für jenen Zeitpunkt in Athen rund 43 000 Bürger, 9500 Metoiken und 115 000 Sklaven an[17], V. Ehrenberg dagegen 35–45 000 Bürger, 10–15 000 Metoiken und 80 bis 110 000 Sklaven[18]. – Die Zahl von 13 000 Hopliten suchte A. H. M. Jones zuletzt in der Weise zu erklären, daß sie lediglich die 20- bis 39jährigen umfaßt habe, während man sich früher in der Regel darunter die 20–49jährigen vorgestellt hatte[19]. Allerdings brachte dagegen nun wiederum A. W. Gomme gewichtige Einwände vor, die Kontroverse dauert an[20]. Doch, um auf den Kern von Delbrücks Fragestellung zurückzukommen, darin hat Delbrück jedenfalls Zustimmung gefunden, daß die relativen Zahlenverhältnisse im Jahre 431 die von Perikles im Peleponnesischen Krieg gewählte Strategie begründeten und rechtfertigten – wie immer es um die Höhe der absoluten Zahlen bestellt sein mag.

In ähnlicher Schärfe wie bei den herodoteischen Zahlen der Perserkriege, so hat Delbrück auch die in der antiken Überlieferung für den *Zug Alexanders d. Gr.* berichteten Zahlen in Frage gestellt. Seiner Ansicht nach war das Heer Alexanders d. Gr. »wohl etwa doppelt so groß als dasjenige, mit dem einst Xerxes zur Eroberung Griechenlands ausgezogen war«. Von den in der Überlieferung für die persischen Heere am Granikus, bei Issos und bei Gaugamela angegebenen Zahlen sei »gänzlich abzusehen«. Für die

16 E. Meyer, Geschichte des Altertums. 4,2[4]. 1956, 24 Anm.

17 A. W. Gomme, The Population of Athens in the Fifth and Fourth Centuries B. C. 1933, 26.

18 V. Ehrenberg, Der Staat der Griechen, I. 1960, 24 f. Vgl. dort auch S. 106, wo weitere Literatur zu diesem Fragenkreis genannt ist.

19 A. H. M. Jones, Athenian Democracy. 1957, 161–180. – Ausführliche Erörterung der Stelle zuvor bei A. W. Gomme, A historical Commentary on Thucydides. II, 1956, 34 ff.

20 A. W. Gemme, the Population of Athens again, Journal of Hellenic Studies 79, 1959, 61–68.

Schlacht am Granikus nahm Delbrück eine numerische Überlegenheit der Makedonen an, für Issos zumindest in der Infanterie. Im Falle von Gaugamela erklärte er apodiktisch, daß Dareios gewiß nicht mehr als 12 000 Reiter zur Verfügung standen und »eine relativ geringe Zahl Fußsoldaten«, »gewiß nicht mehr, eher weniger als die Mazedonier«. Soweit ist die moderne Kritik Delbrück freilich in der Regel nicht gefolgt. Zwar nahm auch sie gewisse Abstriche an den konventionellen Vorstellungen der persischen Massenheere vor, doch nicht entfernt so drastisch wie Delbrück. Eine bemerkenswerte Ausnahme von der communis opinio bildet indessen der englische Gelehrte W. W. Tarn, der selbst für die Schlacht von Gaugamela eine zahlenmäßige Unterlegenheit der Perser postulierte[21] und der im Prinzip Delbrücks Kritik auch hinsichtlich des Indischen Feldzuges folgte. Delbrück hatte dazu Plutarchs Angabe eines Heeres von 120 000 Mann für schlechterdings unmöglich erklärt. Mit verwandter Bestimmtheit versicherte Tarn, daß jede über 30 000 Teilnehmern liegende Gesamtzahl einfach undenkbar sei. Auch hier haben freilich andere Gelehrte, wie H. Strasburger und H. Berve[22], an den großen Zahlen Plutarchs festgehalten.

Als letztes Beispiel von Delbrücks Kritik der »großen Zahlen« sei diejenige an *Caesars* Angaben über den Helvetierzug und die Kämpfe um Alesia hervorgehoben, da sie, wie schon erwähnt, Delbrück besonders am Herzen lag. Die von Caesar für den Helvetierzug angeführte Gesamtzahl von 368 000 Teilnehmern hat Delbrück kategorisch verworfen. Er selbst gelangte nach dem Durchdenken aller Bewegungen zu der Überzeugung, daß der Zug nicht einmal annähernd 110 000 Köpfe zählte, sondern im ganzen vielleicht 20 000. Ähnlich radikal war sein Eingriff im Falle von Alesia. Statt der 80 000 Personen, die Caesar in Alesia eingeschlossen sein ließ, schätzte Delbrück deren Zahl auf rund 20 000, statt eines Entsatzheeres von 250 000 Galliern rechnete Delbrück mit lediglich etwa 50 000 Mann. Schon Delbrücks Erörterung der folgenden Kontroversen lehrt, daß er sich mit seiner Vorstellung von den Zielen, dem Verlauf und insbesondere der Größe des Helvetierzuges nicht durchsetzen konnte. Die von Delbrück berührten Fragen gingen auf in der größeren nach Caesars Glaubwürdigkeit. Aber obwohl auf diese nun in der Gegenwart wiederholt sehr skeptische Antworten gegeben wurden[23], folgte die Mehrzahl der

21 W. W. Tarn, Alexander the Great. II, 1948, 188.

22 H. Strasburger, Alexanders Zug durch die Gedrosische Wüste, Hermes 80, 1952, 486. H. Berve, Das Alexanderreich auf prosopographischer Grundlage I, 1926, 180 f.

23 M. Rambaud, L'art de la déformation historique dans les Commentaires de César. 1953. G. Walser, Caesar und die Germanen. Historia-Einzelschriften 1. 1956, 1 ff. (Dort auch Überblick über die neueren Studien zu den Ursachen des Helvetierauszugs). – Die diplomatischen Zusammen-

neueren Forscher hier doch weiterhin der konservativen Auffassung. F. Staehelin hielt zum Beispiel an den caesarischen Zahlen ebenso fest wie E. Kirsten[24]. In der Caesarbiographie von M. Gelzer findet man hingegen die Bemerkung, daß »moderne Kritik« Caesars Ziffern »auf die Gesamtzahl 150 000, wovon ein Viertel Waffenfähige« gesenkt habe[25]. Eine gewisse Sonderstellung nimmt in dieser Kontroverse Ernst Meyer ein, der von Caesars Zahlen lediglich die für die Helvetier, nicht dagegen diejenigen für die übrigen Stämme in Frage stellte, und der der Ansicht ist, daß die Zahl der Helvetier beim Auszug höchstens zwischen 24–32 000 Krieger und insgesamt ca. 52 000 Personen betragen haben könne[26]. Immerhin ist es daneben reizvoll zu sehen, daß in mehreren neueren Darstellungen der römischen Geschichte Caesars Zahlen entweder lediglich mit einem gewissen Vorbehalt genannt oder überhaupt durch unbestimmte und allgemeine Angaben ersetzt wurden.

Ein zweiter kurzer Querschnitt mag das Verhältnis der späteren Forschung zu *Delbrücks Vorstellungen der antiken Strategie sowie der taktischen und organisatorischen Entwicklung der antiken Heere* aufzeigen. Natürlich hatte der Strategiestreit, dessen Verlauf bereits an anderer Stelle dargelegt ist[27], auch für den Bereich des Altertums seine Auswirkungen. Es ist dabei bemerkenswert, daß Delbrücks Gegner aus seinem Schatten nicht heraustreten konnten, sondern sich vielmehr gezwungen sehen, in seinen Bahnen mitzudenken und seine Definitionen abzuwandeln. So setzte Johannes Kromayer Delbrücks Definitionen von Niederwerfungs- und Ermüdungsstrategie modifizierte eigene entgegen[28], die es ihm zugleich erlaubten, an seiner alten Auffassung des Epameinondas als eines Niederwerfungsstrategen festzuhalten, wobei er ausdrücklich einräumte, daß er diesen Begriff in ganz anderer Weise verstehe als Delbrück selbst[29].

hänge wurden erörtert von F. Stoeßl, Caesars Politik und Diplomatie im Helvetierkrieg, Schweiz. Beitr. zur Allg. Gesch. 8, 1950, 5–36.

24 F. Staehelin, Die Schweiz in römischer Zeit 1948³, 73. E. Kirsten, Raum und Bevölkerung in der Weltgeschichte. I, 1956, 229.

25 M. Gelzer, Caesar. 1960⁶, 93.

26 E. Meyer, Die Zahl der Helvetier bei Caesar, Ztschr. für Schweiz. Gesch. 29, 1949, 65–70.

27 Vgl. O. Haintz, Einführung zum 4. Band dieses Neudrucks. 1962, IV ff.

28 J. Kromayer, Heerwesen und Kriegführung, 148. – Er hatte seine prinzipiellen Einwände zuvor schon in dem Aufsatz, Waren Hannibal und Friedrich d. Gr. wirklich Ermüdungsstrategen?, HZ. 131, 1924, 393–408 formuliert. Delbrück erwiderte HZ. 132, 1925, 447–449, Kromayer erneut a. O. 449 f.

29 Heerwesen und Kriegführung, 156.

Vereinfacht läßt sich wohl sagen, daß Delbrücks Beurteilung der »defensiv-offensiven« Kriegskunst des Miltiades bei Marathon, seine primär moralische Bewertung des Handelns des Leonidas an den Thermopylen, seine nüchterne Analyse der Strategie des Themistokles bei Salamis und des Pausanias bei Plataiai, die berühmte Rechtfertigung der Perikleischen Konzeption des Peloponnesischen Krieges und die knappe, aber klare und ausgewogene Würdigung der »prinzipiellen Neuerung« des Epameinondas noch immer den Anspruch auf Gültigkeit erheben können, wobei man gerade die persönlichen Akzente nicht missen möchte. Dasselbe gilt für die Beurteilungen der Feldherrnkunst eines Alexander d. Gr., Pyrrhus, Hannibal, Scipio und Caesar: Für jeden dieser großen Kriegsherren des Altertums liegen seit Delbrücks Buch zahlreiche neuere Einzelstudien vor, indessen keine einzige, welche Delbrücks Wertungen als falsch erwiesen hätte[30].

Beachtenswerte Einwände oder Ergänzungen wurden indessen gegenüber seinen Vorstellungen der taktischen und organisatorischen Entwicklung der antiken Heere vorgebracht. Am wenigsten betroffen war davon noch Delbrücks Auffassung von der griechischen Phalanx und der Taktik in der klassischen Epoche, doch für die Themenkreise der Söldner[31] des 4. und 3. Jh. v. Chr. und für das makedonische Heerwesen[32] haben großangelegte neuere Studien ein sehr viel differenzierteres und auch klareres Bild erkennen lassen. Delbrücks dem Forschungsstand seiner Zeit

30 Einige der wichtigsten neueren Arbeiten, die den interessierten Leser in den speziellen Fragen weiterführen, seien dazu zusammengestellt. Fr. Miltner, Pro Leonida, Klio 28, 1935, 228 ff. J. Labarbe, La loi navale de Thémistocle. 1957. Fr. Miltner, Des Themistokles Strategie, Klio 31, 1938, 219–243. H. Schaefer, Pausanias, RE. XVIII, 4 Sp. 2563–2578 (1949). G. de Sanctis, Pericle. 1944. L. Homo, Périclès. 1954. M. Fortina, Epaminonda. 1958, W. W. Tarn, Alexander the Great, 2 Bde. 1948. J. F. C. Fuller, Alexander d. Gr. als Feldherr. 1961. P. Lévêque, Pyrrhos. 1957. W. Hoffmann, Hannibal. 1962, 47 ff. H. H. Scullard, Scipio Africanus in the second Punic war. 1930. B. H. Liddell Hart, Der Feldherr. 1938. M. Gelzer, Caesar. 1960[6]. J. Vogt, Caesar und seine Soldaten. 1940 (= Orbis, 1960, 89–101).

31 W. W. Tarn, Hellenistic military and naval developments. 1930. H. W. Parke, Greek mercenary soldiers from the earliest times to the battle of Ipsus. 1933. G. T. Griffith, The mercenaries of the Hellenistic world. 1935. M. Launey, Recherches sur les armées hellénistiques. 1949. 1950 (Biblioth. École franç. d'Ath. et Rome 169).

32 H. Berve, Das Alexanderreich auf prosopographischer Grundlage. I, 1926, 103–217. F. Granier, Die makedonische Heeresversammlung. 1931 (Münchner Beitr. z. Papyrusforschung und antiken Rechtsgesch. 13).

verhaftete Skizzen können hier heute nicht mehr genügen, doch teilen sie damit lediglich das Schicksal aller großen historischen Längsschnitte, die immer wieder durch systematische Untersuchungen berichtigt werden. Bei der Entwicklung des römischen Heeres liegen die Dinge anders. Hier hatte sich Delbrück durch seine Thesen persönlich sehr viel stärker engagiert und sogleich eine äußerst lebhafte Kritik ausgelöst. Diese richtete sich schon gegen seine Auffassung der altrömischen *Ritterschaft*, gegen die G. Veith leidenschaftlich in die Schranken trat, obwohl sich auch E. Meyer[33] Delbrück hier zum Teil angeschlossen hatte. Mit in der Hauptsache allgemeinen Einwänden versteifte sich Veith darauf, daß für das römische Kriegswesen nichts charakteristischer sei »als das gänzliche Fehlen dessen, was wir ›Reitergeist‹ nennen«. Er sprach von der grotesken Delbrückschen Erfindung der Reitergesellschaften und kam zu dem Schluß, daß sich Delbrücks römisches »Rittertum« auf die Tatsache reduziere, »daß im ältesten Rom der Reiterkampf – einzig infolge der Primitivität des gesamten Kriegswesens – eine größere Rolle gespielt hat als später, und daß seine Last – einzig aus timokratischen Gründen – auf dem Patrizierstand lag«[34]. Hier verdient nun jedoch hervorgehoben zu werden, daß Delbrücks Vorstellung von der in den Anfängen ausschlaggebenden Macht der römischen Ritter in der Gegenwart in einer Monographie von A. Alföldi geteilt wurde[35], der von ganz anderen Fragestellungen und Quellen ausgegangen war als Delbrück, indessen gleichfalls starken Widerspruch erfuhr[36].

Die Entwicklung der frühen römischen Heeresverfassung war in den letzten Jahrzehnten im Zusammenhang mit einer besonders intensiven Erörterung der Verfahrensgeschichte der römischen Republik Gegenstand so vieler Einzeluntersuchungen und zum Teil noch andauernden Kontroversen, daß sich diese hier weder aufzählen, geschweige denn besprechen lassen. Es kann dafür nur auf den souveränen Bericht von Ernst Meyer[37] hingewiesen werden, der alle wesentlichen Studien registrierte

33 E. Meyer, Das römische Manipularheer. Abh. Preuss. Ak. d. Wiss. 1923, 3.

34 G. Veith, Heerwesen und Kriegführung, 257.

35 A. Alföldi, Der frührömische Reiteradel und seine Ehrenabzeichen. 1952. Wichtig daneben für die Frühzeit immer noch J. Wiesner, Reiter und Ritter im ältesten Rom, Klio 36, 1943, 45–100.

36 F. Altheim, Römische Geschichte. II, 1953, 429 ff. – Beachtenswert die Vorbehalte von E. Meyer, Gnomon 25, 1953, 186 f.

37 E. Meyer, Römischer Staat und Staatsgedanke. 1961², bes. 41 f., 55 f., 479 ff.

und selbst eine sehr nüchterne und kritische Auffassung vortrug, welche ein hohes Maß von Wahrscheinlichkeit für sich beanspruchen darf. Für den allgemeinen Wechsel in den Perspektiven der Forschung ist es bezeichnend, daß es um die jahrzehntelang so erbittert ausgetragene Streitfrage der »Rottenbreite« oder des Frontraums des einzelnen Mannes in Phalanx und Legion sehr still geworden ist[38]. Acht Jahre nach dem Erscheinen der 3. Auflage dieses Bandes, in welcher Delbrück seinen Standpunkt mit neuen Argumenten vertreten hatte, charakterisierte G. Veith im Handbuch den unüberbrückbaren Gegensatz zwischen den beiden Lehren auf folgende Weise: »Heute hält nur noch Delbrück und seine Schule an der quellenwidrigen Auffassung von 1½ Fuß für die Bereitstellung (sc. des römischen Legionärs) und 3 Fuß für den Kampf fest. Die richtige Ansicht, die durch lange Zeit hauptsächlich von Kromayer formuliert und verteidigt, neuestens von E. Meyer[39] ... wohl abschließend festgelegt wurde, gründet sich auf Pol(ybios) XVIII, 29 f. und besagt, daß der römische Legionar in der Grundstellung gleich dem griechisch-mazedonischen Phalangiten drei Fuß im Geviert beanspruchte, diesen Raum aber im Gefecht, im Gegensatz zu jenem, auf das Doppelte erweiterte. Es ist gar kein Zweifel, daß mit 1½ bzw. 3 Fuß weder der Phalangit noch der Legionar in ihrer überlieferten Art hätten kämpfen können.« Allerdings räumte Veith ein, daß »die Art des Überganges von drei auf sechs Fuß beim Legionar noch ein strittiges Problem« wäre und daß die Überlieferung hier keine Entscheidung erlaube[40]. Zu einer überzeugenden, einhellig aufgenommenen Lösung haben denn auch die späteren Arbeiten nicht geführt[41]. Seit dem Tode der Archegeten (G. Veith † 1925, H. Delbrück † 1929, G. Kromayer † 1934) kam der Streit zur Ruhe, nach dem 2. Weltkrieg trat das Problem vollends in den Hintergrund. Ganz ähnlich wie im Falle der hellenistischen Heere, bei denen die soziologischen Probleme der Söldner und die Frage nach deren politischer Bedeutung innerhalb der hellenistischen Monarchien in der Forschung der letzten Jahrzehnte ein wesentlich stärkeres Interesse fanden als diejenigen der Kampfweise und Taktik, so standen

38 Siehe die Zusammenstellung der älteren Kontroversliteratur unten S. 436 A. 1.

39 Das römische Manipularheer, 7.

40 Veith, Heerwesen und Kriegführung, 358.

41 Die Auffassung Delbrücks wurde geteilt von E. Lammert in dem Artikel Sarisse, RE IA, 2527 (1920), die alte Streitfrage dargelegt bei E. und F. Lammert, s. v. Schlachtordnung, RE IIA, 484 f. (1921). Die Auffassungen der beiden Interpretengruppen sind zuletzt skizziert bei M. Marin y Peña, Instituciones Militares Romanas. 1956, 287 f.

auch bei den Studien über das Heer der späten Republik die Wechselbeziehungen zwischen den politischen Wandlungen und den neuen Organisationsformen und Kräften der Heere voran[42], während die militärischen Sachfragen im allgemeinen zurückgestellt wurden. Die Zahl der Publikationen[43] darf nicht darüber hinwegtäuschen, daß sich die allgemeine Aufmerksamkeit neuen Fragestellungen zugewandt hat.

In einem letzten Abschnitt sei schließlich noch kurz auf die modernen Untersuchungen der von Delbrück analysierten antiken *Schlachten* verwiesen, wobei hier naturgemäß nur das Wichtigste genannt werden kann. An die Spitze zu stellen sind dabei die beiden großen Sammelwerke von J. Kromayer und G. Veith, Antike Schlachtfelder, 4 Bände. 1903–1931, und Schlachtenatlas zur antiken Kriegsgeschichte, 1922 bis 1929, mit deren ersten Partien sich Delbrück noch auseinandergesetzt hatte[44]. Es ist nicht zu verkennen, daß diese monumentalen Werke Delbrücks Darlegungen überschatteten, so daß beispielsweise H. Berve zu der Überzeugung gelangte, »die weder durch eingehende Geländeforschung noch durch eindringliche Quelleninterpretation gestützten, rationalistisch willkürlichen Schlachtdarstellungen, die Delbrück in seiner ›Geschichte der Kriegskunst‹ gegeben hat, sind durch ihn (Kromayer) in ihrer Haltlosigkeit erwiesen worden, eine Tat von nicht geringer methodischer Bedeutung«[45]. Ging dieses Verdikt doch wohl zu weit, so liegen heute immerhin für jede der großen, von Delbrück besprochenen Schlachten neuere Studien vor, ohne daß dabei jedoch in den Einzelheiten auch schon das letzte Wort gesprochen wäre.

42 R. E. Smith, Service in the Post-Marian Army. 1958. J. Suolathi, The Junior Officers of the Roman Army in the Republican Period. 1955.
W. Schmitthenner, Politik und Armee in der späten römischen Republik, HZ. 190, 1960, 1–17. Über den Einfluß der Heeresgefolgschaften A. v. Premerstein, Vom Werden und Wesen des Prinzipats. 1937.

43 44 A. v. Domaszewski, Die Phalangen Alexanders und Caesars Legionen. 1926. A. Küsters, Cuneus, Phalanx und Legio. Diss. Berlin 1939. E. Sander, Die Reform des römischen Heerwesens durch Julius Caesar, HZ. 1979, 1955, 225–254. F. Lammert, Die römische Taktik zu Beginn der Kaiserzeit und die Geschichtsschreibung. Philologus Suppl. 23, 2. 1931. – Für die Behandlung des Kriegswesens bei Caesar leistet noch immer gute Dienste die jetzt wieder abgedruckte Zusammenfassung bei Oppermann-Meusel-Kraner-Dittenberger, C. Iulii Caesaris Commentarii De Bello Gallico. 1960[18], 35 ff.

44 Neben den in dieser Auflage enthaltenen Kritiken (z.B. S. 245 ff., 252 ff., 427 ff., 596 ff.) auch in dem Aufsatz Marathon und die persische Taktik, Klio 17, 1921, 221–229.

45 HZ. 151, 1935, 222.

Für *Marathon* trug u. a. f. Schachermeyr eine neue These vor[46], derzufolge der athenische Angriff erst nach dem Abtransport der gefürchteten persischen Reiterei begonnen hätte. In der Regel wird jetzt angenommen, daß sich die Athener nicht im Vranatal bereitstellten, wie Delbrück geglaubt hatte, sondern auf dem Nordostabhang des Agrieliki. Die archäologischen und historischen Untersuchungen der übrigen Schlachten der Perserkriege sind nun in der Monographie von C. Hignett[47] zusammengestellt und kritisch gewürdigt. Doch sei erwähnt, daß wir Ernst Meyer für den Kampfplatz der *Thermopylen* einen neuaufgenommenen Plan verdanken[48], dem amerikanischen Archäologen W. K. Pritchett eine ganze Reihe von wichtigen, wenn auch gelegentlich hypothetischen Studien[49]. In der Lokalisierung der Seeschlacht von *Salamis* hat die neuere Forschung die von Delbrück im Anschluß an G. Zinn vertretene These, daß die Schlacht im Innern der Bucht von Eleusis geschlagen wurde, nicht aufgenommen. Im allgemeinen werden die Kämpfe in den Raum zwischen Aigaleos-Insel Psyttaleia-Halbinsel Kynosura verlegt[50]. Auch für *Plataiai* sind von Delbrück abweichende Auffassungen erörtert worden[51].

Bezüglich der Schlachten *Alexanders d. Gr.* sei erwähnt, daß Tarn inzwischen die ungewöhnliche persische Schlachtordnung am *Granikus* dadurch zu erklären suchte, daß er den persischen Kommandeuren die Ab-

46 F. Schachermeyr, Marathon und die persische Politik, HZ. 172, 1951, 1–35, dort S. 15 f. auch eine Zusammenstellung der älteren Einzelstudien. Zu den Problemen der schriftlichen Überlieferung zuletzt G. Gottlieb, Das Verhältnis der außerherodoteischen Überlieferung zu Herodot, 1963, 59 ff.

47 siehe oben Anm. 12.

48 E. Meyer, Thermopylen. Athen. Mitt. 71, 1956, 101 ff.

49 W. K. Pritchett, New Light on Thermopylai, American Journal of Archaeology 62, 1958, 203–213. Ders., Towards a Restudy of the Battle of Salamis, ebendort 63, 1959, 251–262. Ders., New Light on Plataia, ebendort 61, 1957, 9–28. Ders., Marathon, Univ. of California Publ. in Class. Arch. 4, 1960, 137 ff.

50 A. Wilhelm, Zur Topographie der Schlacht bei Salamis. S. B. Wien 211. 1929, 3–39. Fr. Miltner, Der taktische Aufbau der Schlacht bei Salamis, Österr. Jahresh. 26, 1930, 115–128. J. Keil, Die Schlacht bei Salamis, Hermes 73, 1938, 329–346. N. G. L. Hammond, The Battle of Salamis, Journal of Hellenic Studies 76, 1956, 32–54 griff dagegen die alte These von J. Beloch, Griechische Geschichte II, 2, 106 ff. wieder auf.

51 Eingehende Behandlung der topographischen Probleme bei Hignett, a. O. 422 ff. – Vgl. daneben A. E. Wardman, Tactics and the Tradition of the Persian War, Historia 8, 1959, 49–60 sowie E. Kirsten, Athener und Spartaner in der Schlacht bei Plataiai, Rhein. Museum 86, 1937, 50 ff.

sicht unterstellte, sie hätten in erster Linie Alexaneder selbst töten wollen[52]. Die Schlacht von *Issos* wird heute in der Regel am Deli Tschai angesetzt[53], nicht am Payas, wie Delbrück zu erweisen suchte. Auch für *Gaugamela*[54] und die Schlacht am *Hydaspes*[55] sind neben den taktischen vornehmlich die topographischen Fragen neu untersucht worden.

Von allen Schlachtenkontroversen, in die Delbrück eintrat, fand jedoch diejenige von *Cannae* die stärkste Resonanz. Von der Bedeutung dieser Schlacht für die Konzeption der Vernichtungsstrategie ist bereits in anderem Zusammenhang die Rede gewesen[56], hier bleibt lediglich daran zu erinnern, daß die Auseinandersetzung um die Lokalisierung der Kämpfe noch in der Gegenwart anhält. Delbrück selbst hat dabei seine ältere Auffassung in der 3. Auflage unter dem Eindruck einer Untersuchung von K. Lehmann abgeändert und die Schlacht nördlich des Aufidus lokalisiert. Heute sucht man das Schlachtfeld in der Regel wieder südlich des Flusses[57], die Deutung wichtiger archäologischer Funde bleibt vorläufig noch immer umstritten. Eine ähnlich lebhafte Diskussion hielt um die Schlachten und Belagerungen *Caesars* an. Besonders die Schlacht gegen Ariovist im Elsaß[58] und die Kämpfe um Alesia[59] wurden wiederholt von Archäologen, Historikern und Militärs behandelt, ohne daß eine abschließende Lösung gefunden worden wäre. Auch inmitten aller neuen Hypothesen bewahren Delbrücks kritische Analysen jedenfalls ihren Rang[60].

52 W. W. Tarn, Alexander the Great. I, 1948, 16.

53 J. F. C. Fuller, The Generalship of Alexander the Great. 1958, 156 ff.

54 E. W. Marsden, The Campaign of Gaugamela. 1963. (Liverpool Monogr. in Arch. and Orient. Stud.). G. T. Griffith, Alexanders Generalship at Gaugamela, Journal of Hellenic Studies 67, 1947, 77–89. Fuller, a. O., 163 ff. Vgl. auch Fr. Schachermeyr, Alexander d. Gr. 1949, 511 Anm. 153.

55 J. R. Hamilton, The Cavalry Battle at the Hydaspes, Journal of Hellenic Studies 76, 1956, 26–31. Fuller, a. O. 180–199. W. W. Tarn, a. O. II, 190 ff. B. Breloer, Alexanders Kampf gegen Poros. 1933.

56 Vgl. O. Haintz, Einleitung zum 4. Band, IV, XIV.

57 Die wichtigsten neueren Spezialuntersuchungen: D. Ludovico, La battaglia di Canne. 1959. A. Riontino, Canne. 1942. F. Cornelius, Cannae. 1932 (Klio-Beih. 26). K. Lehmann, Das Cannae-Rätsel, Klio 24, 1931, 70–99. W. Judeich, Cannae, HZ. 136, 1927, 1–24.

58 R. Schmittlein, La première campagne de César contre les Germains. 1955. Fr. Miltner, Die Schlacht im Elsaß 58 v. Chr., Klio 34, 1941, 181–195.

59 G. Colomb, La bataille d'Alésia. 1950. M. Gelzer, RE VIIIA, 999 ff. (1955).

60 Auch die Lage des Schlachtfeldes von Pharsalus ist noch immer umstritten: J. van Ooteghem, Pompée le Grand. 1954, 624 f. Gelzer, Caesar, 218 A. 210. M. Rambaud, Le soleil de Pharsale, Historia 3, 1955, 346–378. Y. Bé-

Jede Begegnung mit einem in seiner Art klassischen Werk, wie demjenigen Hans Delbrücks, lehrt nicht nur den wissenschaftlichen Fortschritt in Einzelfragen abzuschätzen, sondern häufig auch das, was seither verlorenging. Wenn Delbrücks Name in der Gegenwart in der Altertumswissenschaft nicht mehr so häufig genannt wird wie zu Anfang des Jahrhunderts, so liegt dies zunächst daran, daß der Gegenstand seiner Untersuchungen in den Hintergrund gedrängt wurde. Eine zweite Ursache für die mangelnde Aktualität Delbrücks ist indessen positiver Art. Nicht wenige seiner Bestrebungen, wie beispielsweise die Kritik der großen Heereszahlen, sind längst so sehr zur Selbstverständlichkeit geworden, daß der Mann in Vergessenheit geriet, der hier die erste Bresche schlug.

Delbrücks Beitrag zur Geschichte des Altertums ist heute der Tagespolemik enthoben, in vielen Einzelheiten auch ergänzt oder modifiziert worden. Als Ganzes aber besteht sein Buch nach wie vor, wie es Sir Frank Adcock ausdrückte, wegen seiner »Originalität und seiner realistischen Beherrschung der gesamten Kriegskunst«. Und noch immer gelten gerade für diesen Band und für seinen Verfasser die ehrenden Sätze aus Friedrich Meineckes schöner Würdigung: »Bornierter Philologenhochmut hat ihm den Ruhm des großen und bahnbrechenden Forschers bestreiten wollen. Das war eben sein Schicksal, daß er Ärgernis und Bewunderung immer zugleich bei seinen Zeitgenossen erregen mußte. Solche Naturen aber haben die Bürgschaft, daß sie dauernd etwas bedeuten und wirksam bleiben. Seine Werke gleichen den Steinen, die nicht aufhören, Funken zu sprühen, sobald man an sie schlägt«[61].

quignon, Études thessaliennes X. Nouvelles observations sur le champ de bataille de Pharsale, Bulletin de Correspondence Hellénique 84, 1960, 176–188.

61 HZ. 140, 1929, 703.

Namen- und Sachregister